Grundrechte

Grundrechte

sowie Grundzüge der Verfassungsbeschwerde

von

Prof. Dr. jur. Rolf Schmidt

Hochschule für Angewandte Wissenschaften
Hamburg

20. Auflage 2016

Schmidt, Rolf: Grundrechte (sowie Grundzüge der Verfassungsbeschwerde)
20. völlig neu bearbeitete und aktualisierte Auflage – Grasberg bei Bremen 2016
ISBN 978-3-86651-178-1; Preis 22,50 EUR

Autor: Prof. Dr. Rolf Schmidt c/o Verlag Dr. Rolf Schmidt GmbH

Druck: Druckhaus Pinkvoss GmbH, 30519 Hannover

Verlag: Dr. Rolf Schmidt GmbH, Wörpedorfer Ring 40, 28879 Grasberg bei Bremen
Tel. (04208) 895 299; Fax (04208) 895 308; www.verlag-rolf-schmidt.de
E-Mail: info@verlag-rolf-schmidt.de

Für Verbraucher erfolgt der deutschlandweite Bezug über den Verlag versandkostenfrei.

Vorwort

Anliegen dieses nunmehr in der 20. Auflage vorgelegten Buches ist es, die Grundrechte des Grundgesetzes sowie die Grundzüge der Verfassungsbeschwerde in einer verständlichen Sprache zu vermitteln, ohne die Komplexität der Materie zu verschleiern oder prüfungsrelevante Detailfragen auszuklammern. Dementsprechend hat sich auch die Neuauflage zum Ziel gesetzt, Schwieriges nicht auf ein unzulässiges Maß zu reduzieren, sondern den Stoff mit Bezug auf den Aufbau von Klausuren so aufzubereiten, dass der Leser einen realistischen Einblick in die Erwartungen und Bewertungen hinsichtlich Übungs- und Examensarbeiten erhält. Bezüge zur Europäischen Menschenrechtskonvention wurden dabei ebenso aufgenommen wie solche zur Charta der Grundrechte der Europäischen Union.

Die konzeptionelle Besonderheit des Buches besteht darin, dass es Elemente der deduktiven und induktiven Lernmethode miteinander verbindet. So wird in den jeweiligen Abschnitten der Stoff zunächst abstrakt erläutert und danach anhand von Beispielsfällen konkretisiert. Dadurch erhält der Leser nicht nur das notwendige materiell-rechtliche Wissen, sondern auch die Befähigung, das Erlernte im Rahmen einer Prüfungsarbeit gutachterlich umzusetzen.

Zudem werden durch Zusammenfassungen, Prüfungsschemata, hervorgehobene Lerndefinitionen und Klausurhinweise das Lernen und die Examensvorbereitung deutlich erleichtert.

Mein Mitarbeiter, Herr Marc Bieber, hat zuverlässig Korrektur gelesen. Dafür danke ich ihm sehr herzlich.

Kritik und Verbesserungsvorschläge sind weiterhin willkommen und werden unter *rs@jura-institut.de* erbeten.

Hamburg, im September 2016 *Prof. Dr. jur. Rolf Schmidt*

Inhaltsverzeichnis

Abkürzungsverzeichnis

a.A.	anderer Ansicht
a.a.O.	am angegebenen Ort
a.F.	alte(r) Fassung
abl.	ablehnend (-e, -er)
Abl.	Amtsblatt
Abs.	Absatz
AcP	Archiv für die civilistische Praxis (Zeitschrift)
AEUV	Vertrag über die Arbeitsweise der Europäischen Union
AFG	Arbeitsförderungsgesetz
AG	Aktiengesellschaft; Ausführungsgesetz
AGG	Allgemeines Gleichbehandlungsgesetz v. 14.8.2006
AgrarR	Agrarrecht
AGVwGO	Ausführungsgesetz zur Verwaltungsgerichtsordnung
AkkStiftG	Gesetz zur Errichtung einer Stiftung „Stiftung zur Akkreditierung von Studiengängen in Deutschland"
AktG	Aktiengesetz
allg.	allgemein (-e, -er)
Alt.	Alternative
Anm.	Anmerkung
AO	Abgabenordnung
AöR	Archiv des öffentlichen Rechts (zitiert nach Bänden und Jahrgang)
ApoBetrO	Apothekenbetriebsordnung
ApothekenG	Apothekengesetz
Art.	Artikel
ASOG	Allgemeines Sicherheits- und Ordnungsgesetz
AsylG	Asylgesetz
ATDG	Antiterrordateigesetz
AtomG	Atomgesetz
AufenthG	Aufenthaltsgesetz (früher: AuslG)
Aufl.	Auflage
AWG	Außenwirtschaftsgesetz
Bad.-Württ.	Baden-Württemberg, baden-württembergisch
BAföG	Bundesausbildungsförderungsgesetz
BAG	Bundesarbeitsgericht
BauGB	Baugesetzbuch
BauR	Baurecht, Zeitschrift für das gesamte öffentliche und private Baurecht
Bay	Bayern
BayVBl.	Bayerische Verwaltungsblätter
BayVerfGH	Bayerischer Verfassungsgerichtshof
BayVGH	Bayerischer Verwaltungsgerichtshof
BBergG	Bundesberggesetz
BBG	Bundesbeamtengesetz
Bbg.	Brandenburg, brandenburgisch
Bd.	Band
BeamtStG	Beamtenstatusgesetz
Berl.	Berlin
BetrVG	Betriebsverfassungsgesetz
BFH	Bundesfinanzhof
BFHE	Sammlung der Entscheidungen des Bundesfinanzhofes
BGB	Bürgerliches Gesetzbuch
BGBl	Bundesgesetzblatt Teil I-III
BGH	Bundesgerichtshof
BGH LM	Nachschlagewerk des Bundesgerichtshofes, herausgegeben von Lindemaier-Möhring
BGHZ	Entscheidungen des Bundesgerichtshofes in Zivilsachen
BHO	Bundeshaushaltsordnung
BImSchG	Bundesimmissionsschutzgesetz
BJagdG	Bundesjagdgesetz
BK	Berliner Kommentar zum GG
BKA	Bundeskriminalamt
BKAG	Gesetz über das Bundeskriminalamt
BNatSchG	Bundesnaturschutzgesetz
BNDG	Gesetz über den Bundesnachrichtendienst

BNotO	Bundesnotarordnung
BR	Bundesrat
BR-Dr.	Bundesratsdrucksache (Nummer und Jahrgang)
Bran.	Brandenburg, brandenburgisch
BRAO	Bundesrechtsanwaltsordnung
Brem	Bremen, bremisch
BRRG	Beamtenrechtsrahmengesetz (wurde zum 1.4.2009 vom BeamtStG abgelöst)
BSE	Bovine Spongiforme Enzephalopathie („Rinderwahnsinn")
BSG	Bundessozialgericht
BSGE	Entscheidungen des Bundessozialgerichts
BSHG	Bundessozialhilfegesetz (jetzt: SGB XII)
bspw.	beispielsweise
BT-Drs.	Drucksache des Deutschen Bundestages (Wahlperiode und Nummer)
BtMG	Betäubungsmittelgesetz
BT-Prot.	Stenographische Berichte der Verhandlungen des Deutschen Bundestages (Wahlperiode und Seite)
Buchholz	Sammel- und Nachschlagewerk der Rechtsprechung des BVerwG (zitiert mit Gliederungsziffer, §, Entsch-Nr.)
BundesPolG	Bundespolizeigesetz (vor dem 1.7.2005: Bundesgrenzschutzgesetz)
BUrkG	Bundesurlaubsgesetz
BVerfG	Bundesverfassungsgericht
BVerfGE	Entscheidungssammlung des Bundesverfassungsgerichts
BVerfGG	Gesetz über das Bundesverfassungsgericht
BVerwG	Bundesverwaltungsgericht
BVerwGE	Entscheidungssammlung des Bundesverwaltungsgerichts
BVFG	Gesetz über die Angelegenheiten der Vertriebenen und Flüchtlinge
BW	Baden-Württemberg, baden-württembergisch
CR	Computer und Recht (Zeitschrift)
DAR	Deutsches Autorecht (Zeitschrift)
DB	Der Betrieb (Zeitschrift)
ders.	derselbe
dgl.	dergleichen
DJT	Deutscher Juristentag
DÖD	Der Öffentliche Dienst (Zeitschrift)
DÖV	Die Öffentliche Verwaltung (Zeitschrift)
DRiG	Deutsches Richtergesetz
DRiZ	Deutsche Richterzeitung
Drs.	Drucksache
DStR	Deutsches Steuerrecht (Zeitschrift)
DtZ	Deutsch-Deutsche Rechts-Zeitschrift
DV	Die Verwaltung (Zeitschrift)
DVBl	Deutsches Verwaltungsblatt (Zeitschrift)
EA	Vertrag zur Gründung der Europäischen Atomgemeinschaft in der seit dem 1.5.1999 vom EuGH benutzten Zitierweise (davor: EAG-Vertrag)
EAGV	siehe EA
EDV	Elektronische Datenverarbeitung
EGKSV	siehe KS
EGMR	Europäischer Gerichtshof für Menschenrechte
EinlPrALR	Einleitung des Preußischen Allgemeinen Landrechts
EMRK	Europäische Menschenrechtskonvention
ErbStG	Erbschaftsteuer- und Schenkungsteuergesetz
Erl.	Erläuterungen
EStG	Einkommensteuergesetz
EU	Europäische Union
EuGH	Gerichtshof der Europäischen Gemeinschaften
EuGRZ	Europäische Grundrechtszeitung
EUV	Vertrag über die Europäische Union
EuZW	Europäische Zeitschrift für Wirtschaftsrecht
EV	Vertrag zwischen der Bundesrepublik Deutschland und der Deutschen Demokratischen Republik über die Herstellung der Einheit Deutschlands – Einigungsvertrag
EWG	Europäische Wirtschaftsgemeinschaft

f.	folgende(r/s)
FeV	Fahrerlaubnis-Verordnung
ff.	fortfolgende
Fn.	Fußnote
FS	Festschrift
FStrG	Bundesfernstraßengesetz
G 10	Gesetz zur Beschränkung des Brief-, Post- und Fernmeldegeheimnisses
GastG	Gaststättengesetz
GenG	Genossenschaftsgesetz
GewArch	Gewerbearchiv
GewO	Gewerbeordnung
GG	Grundgesetz
ggü	gegenüber
gGmbH	gemeinnützige GmbH
GmbH	Gesellschaft mit beschränkter Haftung
GmbHG	Gesetz betreffend die Gesellschaft mit beschränkter Haftung
GMBl	Gemeinsames Ministerialblatt
GRC	Grundrechtecharta der EU
GüKG	Güterkraftverkehrsgesetz
GVBl	Gesetz- und Verordnungsblatt
GVG	Gerichtsverfassungsgesetz
GWB	Gesetz gegen Wettbewerbsbeschränkungen
Halbs.	Halbsatz
Hamb.	Freie und Hansestadt Hamburg, hamburgisch
HandwO	Handwerksordnung
HdbStR	Handbuch des Staatsrechts, herausgegeben von Isensee/Kirchhof
Hess.	Hessen, hessisch
HGB	Handelsgesetzbuch
h.L.	herrschende Lehre
h.M.	herrschende Meinung
HochschG	Hochschulgesetz
HRG	Hochschulrahmengesetz
Hrsg.	Herausgeber
HWG	Heilmittelwerbegesetz
i.d.F.	in der Fassung
InfSchG	Infektionsschutzgesetz
IRG	Gesetz über die Internationale Rechtshilfe in Strafsachen
i.S.e.	im Sinne eine (r) oder (s)
i.V.m.	in Verbindung mit
JA	Juristische Arbeitsblätter (Zeitschrift)
JGG	Jugendgerichtsgesetz
JöR	Jahrbuch des Öffentlichen Rechts der Gegenwart
JR	Juristische Rundschau (Zeitschrift)
Jura	Juristische Ausbildung (Zeitschrift)
JuS	Juristische Schulung (Zeitschrift)
JuSchG	Jugendschutzgesetz
JZ	Juristenzeitung (Zeitschrift)
KS	Vertrag zur Gründung der Europäischen Gemeinschaft für Kohle und Stahl (Atomgemeinschaft in der seit dem 1.5.1999 vom EuGH benutzten Zitierweise); davor: EGKSV. Abgelöst durch EUV bzw. AEUV.
KSchG	Kündigungsschutzgesetz
KStZ	Kommunale Steuerzeitschrift
KUG	Kunsturhebergesetz
KWaffG	Kriegswaffenkontrollgesetz
KWG	Kreditwesengesetz
LadÖG	Ladenöffnungsgesetz
LBG	Landesbeamtengesetz
LFGB	Lebensmittel-, Bedarfsgegenstände- und Futtermittelgesetzbuch (früher: LMBG)
LHO	Landeshaushaltsordnung

lit.	Buchstabe
Lit.	Literatur
LKV	Landes- und Kommunalverwaltung (Zeitschrift)
Ls.	Leitsatz
LStrG	Landesstraßengesetz
LuftSiG	Luftsicherheitsgesetz
LuftVG	Luftverkehrsgesetz
LuftVO	Luftverkehrsordnung
LVwG	Landesverwaltungsgesetz
MDR	Monatsschrift des Deutschen Rechts (Zeitschrift)
MePolG	Musterentwurf eines einheitlichen Polizeigesetzes des Bundes und der Länder
MeckVor	Mecklenburg-Vorpommern, mecklenburg-vorpommerisch
MRK	(Europäische) Konvention zum Schutze der Menschenrechte und Grundfreiheiten
MuSchG	Mutterschutzgesetz
m.w.N.	mit weiteren Nachweisen
Nds.	Niedersachsen, niedersächsisch
n.F.	neue Fassung/neue Folge
NJ	Neue Justiz (Zeitschrift)
NJOZ	Neue Juristische Online-Zeitschrift
NJW	Neue Juristische Wochenschrift (Zeitschrift)
NRW	Nordrhein-Westfalen, nordrhein-westfälisch
NuR	Natur und Recht (Zeitschrift)
NVwZ	Neue Zeitschrift für Verwaltungsrecht
NVwZ-RR	Neue Zeitschrift für Verwaltungsrecht-Rechtsprechungsreport
NWVBl	Nordrhein-Westfälische Verwaltungsblätter (Zeitschrift)
NZV	Neue Zeitschrift für Verkehrsrecht
OBG	Ordnungsbehördengesetz
OLG	Oberlandesgericht
ÖPNV	Öffentlicher Personennahverkehr
OVG	Oberverwaltungsgericht
OVGE	Rechtsprechungssammlung der Oberverwaltungsgerichte Münster und Lüneburg
OWiG	Gesetz über Ordnungswidrigkeiten
PAG	Polizeiaufgabengesetz
PartG	Parteiengesetz
PBefG	Personenbeförderungsgesetz
PflSchG	Pflanzenschutzgesetz
POG	Polizeiorganisationsgesetz
PolG	Polizeigesetz
POR	allgemeines Polizei- und Ordnungsrecht
PostG	Postgesetz
PresseG	Pressegesetz
Preuß.	Preußen, preußisch
RDG	Rechtsdienstleistungsgesetz
RelKErzG	Gesetz über die religiöse Kindererziehung
Rhl.Pfl.	Rheinland-Pfalz, rheinland-pfälzisch
RIW	Recht der Internationalen Wirtschaft (Zeitschrift)
Rn	Randnummer
Rspr.	Rechtsprechung
Saarl.	Saarland, saarländisch
Sachs.	Freistaat Sachsen
Sächs.	sächsisch
S.	Satz oder Seite
s.	siehe
Schl.-Holst.	Schleswig-Holstein, schleswig-holsteinisch
SeeArbG	Seearbeitsgesetz
SG	Sozialgericht
SGB	Sozialgesetzbuch (die römischen Ziffern bezeichnen das jeweilige Buch)
s.o./u.	siehe oben/unten
SOG	Gesetz über die öffentliche Sicherheit und Ordnung
SoldatenG	Soldatengesetz

Sp.	Spalte
SprengstoffG	Sprengstoffgesetz
st. Rspr.	ständige Rechtsprechung
StAG	Staatsangehörigengesetz
StGB	Strafgesetzbuch
StGH	Staatsgerichtshof
StPO	Strafprozessordnung
StuW	Steuer und Wirtschaft (Zeitschrift)
StVG	Straßenverkehrsgesetz
StVO	Straßenverkehrsordnung
StVollzG	Strafvollzugsgesetz
StVZO	Straßenverkehrs-Zulassungsordnung
TA	Technische Anleitung (Luft, Lärm)
Thür.	Thüringen
ThürVBl	Thüringische Verwaltungsblätter
TierSchG	Tierschutzgesetz
TKG	Telekommunikationsgesetz
TMG	Telemediengesetz
TPG	Transplantationsgesetz
TVG	Tarifvertragsgesetz
tw.	teilweise
UrhG	Urheberrechtsgesetz
UWG	Gesetz gegen den unlauteren Wettbewerb
VBlBW	Verwaltungsblätter für Baden-Württemberg
VereinsG	Gesetz zur Regelung des öffentlichen Vereinsrechts
VerfGH	Verfassungsgerichtshof
VerfGHE	Entscheidungssammlung des Bayerischen Verfassungsgerichtshofes
VerfR	Verfassungsrecht
VerfSchG	Verfassungsschutzgesetz
VersG	Versammlungsgesetz
VersR	Versicherungsrecht (Zeitschrift)
VerwArch	Verwaltungsarchiv (zitiert nach Bänden und Jahrgang)
VerwR	Verwaltungsrecht
VG	Verwaltungsgericht
VGH	Verwaltungsgerichtshof
vgl.	vergleiche
VR	Verwaltungsrundschau (Zeitschrift)
VVDStRL	Veröffentlichungen der Vereinigung der Deutschen Staatsrechtslehrer
VwGO	Verwaltungsgerichtsordnung
VwVfG	Verwaltungsverfahrensgesetz
VwVG	Verwaltungsvollstreckungsgesetz
WaffG	Waffengesetz
WHG	Wasserhaushaltsgesetz
WRV	Weimarer Reichsverfassung
ZAR	Zeitschrift für Ausländerrecht und Ausländerpolitik
ZBR	Zeitschrift für Beamtenrecht
ZfBR	Zeitschrift für deutsches und internationales Baurecht
ZG	Zeitschrift für Gesetzgebung
ZHR	Zeitschrift für das gesamte Handelsrecht und Wirtschaftsrecht
ZPO	Zivilprozessordnung
ZRP	Zeitschrift für Rechtspolitik
zust.	zustimmend (-e, -er)

Lehrbücher, Grundrisse und Kommentare

Berliner Kommentar zum Grundgesetz, 4 Bände (Loseblatt), Stand: 2016

Bonner Kommentar zum Grundgesetz, 17 Bände (Loseblatt), Stand: Juli 2016

Dreier, Horst: Grundgesetz, Kommentar, Band I, 3. Auflage 2013

Epping, Volker: Grundrechte, 6. Auflage 2015

Herdegen, Matthias: Europarecht, 17. Auflage 2015

Isensee, Josef/Kirchhof, Paul: Handbuch des Staatsrechts der Bundesrepublik Deutschland, Band I, 3. Auflage 2003; Band II, 3. Auflage 2004; Band III, 3. Auflage 2005; Band IV, 3. Auflage 2006; Band V, 3. Auflage 2007; Band VI, 3. Auflage 2008; Band VII, 3. Auflage 2009; Band VIII, 3. Auflage 2010; Band IX, 3. Auflage 2011; Band X, 3. Auflage 2012; Band XI, 3. Auflage 2013; Band XII, 3. Auflage 2014; Band XIII, 3. Auflage 2015

Jarass, Hans D./Pieroth, Bodo: Grundgesetz für die Bundesrepublik Deutschland, Kommentar, 14. Auflage 2016

Mangoldt, Hermann von/Klein, Friedrich/Starck, Christian: Kommentar zum Grundgesetz, 3 Bände, jeweils 6. Auflage 2010

Maunz, Theodor/Dürig, Günter: Grundgesetz, Kommentar, 7 Bände (Loseblatt), Stand: Dezember 2015

Maurer, Hartmut: Allgemeines Verwaltungsrecht, 18. Auflage 2011; Staatsrecht I, 6. Auflage 2010

Michael, Lothar/Morlok, Martin: Grundrechte, 5. Auflage 2016

Münch, Ingo von/Kunig, Philip: Grundgesetz, Kommentar, 2 Bände, jeweils 6. Auflage 2012

Pieroth, Bodo/Schlink, Bernhard/Kingreen, Thorsten/Poscher, Ralf: Grundrechte, 31. Auflage 2015 (zit: P/S/K/P)

Sachs, Michael: Grundgesetz, Kommentar, 7. Auflage 2014

Schmidt, Rolf: Allgemeines Verwaltungsrecht, 19. Auflage 2016; Fälle zum Polizei- und Ordnungsrecht, 6. Auflage 2014; Öffentliches Baurecht, 16. Auflage 2015; Polizei- und Ordnungsrecht, 18. Auflage 2016; Staatsorganisationsrecht, 17. Auflage 2016; Verwaltungsprozessrecht, 18. Auflage 2016

Schmidt-Bleibtreu, Bruno/Hofmann, Hans/Henneke, Hans-Günter: Kommentar zum Grundgesetz, 13. Auflage 2014

Stern, Klaus: Das Staatsrecht der Bundesrepublik Deutschland, Band I, 2. Auflage 1984; Band II, 1980; Band III/1, 1988; Band III/2, 1994; Band IV/1, 2006; Band IV/2, 2011; Band V, 1999

Umbach, Dieter C./Clemens, Thomas: Grundgesetz, Mitarbeiterkommentar und Handbuch, 2 Bände, 2002

Wassermann, Rudolf: Kommentar zum Grundgesetz für die Bundesrepublik Deutschland (Reihe Alternativkommentare), Loseblatt, Stand: 2002

Weitere Literatur, insbesondere Aufsatzliteratur, ist in den Fußnoten angegeben.

1. Teil – Allgemeine Grundrechtslehren

Die Prüfung von Grundrechten beinhaltet nicht nur die spezifischen Besonderheiten der einzelnen Grundrechte, sondern auch allgemeine, für alle Grundrechte gleichermaßen geltende Problemkreise. Eine Auseinandersetzung mit den materiellen Problemen der einzelnen Grundrechte ist daher erst dann sinnvoll, wenn die Grundbegriffe und Grundstrukturen der Grundrechte und die Technik der Grundrechtsprüfung sicher beherrscht werden. Die Vermittlung dieses Wissens ist Gegenstand des 1. Teils dieses Buches. Die einzelnen Grundrechte werden im 2. Teil erläutert und die Prüfung der Verfassungsbeschwerde ist Inhalt des 3. Teils.

A. Menschenrechte, Bürgerrechte, Grundrechte

Menschenrechte sind naturrechtlich begründet; sie stehen jedem Menschen allein aufgrund seines Menschseins zu, sind egalitär begründet, universell, unveräußerlich und unteilbar.[1] Sie stehen über jedwedem positiven (d.h. geschriebenen) Recht und gelten daher jenseits von verfasster (Staats-)Gewalt. Ziel der Menschenrechte ist, die Menschen vor der Willkür des Staates bzw. Herrschaftsregimes zu schützen. Daher spielt es für ihre Geltung auch keine Rolle, ob sie (in einer Verfassungsurkunde) kodifiziert sind. 1

Bürgerrechte sind alle Grund- und Menschenrechte, die ein Staat den Mitgliedern seines Staatsvolkes (seinen Bürgern) gesetzlich zugesteht. In einer Demokratie gehört auch das Wahlrecht zu den Bürgerrechten.

Grundrechte sind wesentliche Rechte, die ein Staat, Staatenbund oder Staatenverbund den Mitgliedern der Gesellschaft gewährt. Wesensmerkmal von Grundrechten ist, dass sie als beständig, dauerhaft und einklagbar verbürgt sind und zudem Verfassungsrang haben oder zumindest verbindliche Wirkung entfalten.[2] Grundrechte werden daher i.d.R. in der Verfassung, in Verfassungszusätzen, in Gesetzen oder in völkerrechtlichen Verträgen kodifiziert. Wegen ihrer Bedeutung unterliegen Grundrechte i.d.R. nicht der Disposition des (einfachen) Gesetzgebers. So enthält das Grundgesetz der Bundesrepublik Deutschland zahlreiche Grundrechte, die Verfassungsrang genießen und die die drei Staatsgewalten unmittelbar binden (Art. 1 III GG). Grundrechte, die durch völkerrechtliche Verträge vereinbart worden sind, finden sich etwa in der Europäischen Menschenrechtskonvention (EMRK, dazu Rn 4b ff.). Auch die Charta der Grundrechte der Europäischen Union (GRC), welche mit Wirkung zum 1.12.2009 verbindliche Rechtsquelle für Unionsbürger geworden ist (Rn 9-9h), enthält Grundrechte im dargelegten Sinn. Zu den Grundrechtsfunktionen vgl. Rn 10 ff.

Freilich ist eine klare Unterscheidung bzw. Abgrenzung zwischen Menschen- und Grundrechten jedenfalls dann nicht möglich, wenn die Verfassung Menschenrechte als Grundrechte garantiert.

> **Beispiel:** Obwohl die Überschrift des 1. Abschnitts des Grundgesetzes der Bundesrepublik Deutschland von „Grundrechten" spricht, finden sich dort sowohl Menschenrechte als auch Bürgerrechte und Grundrechte.
>
> ⇨ So stehen die Menschenwürde (Art. 1 I GG), das Recht auf Leben und körperliche Unversehrtheit (Art. 2 II S. 1 GG), die Religionsfreiheit (Art. 4 I GG), die Meinungsfreiheit (Art. 5 I GG), das Brief-, Post- und Telekommunikationsgeheimnis (Art. 10 I GG) und die Unverletzlichkeit der Wohnung (Art. 13 I GG) jedem Menschen zu. Es handelt sich also um im Grundgesetz kodifizierte Menschenrechte.

---

[1] *Koenig*, Menschenrechte, 2005, S. 9.
[2] Vgl. etwa *Dreier*, in: Dreier, GG, Vorb Rn 69.

⇨ Demgegenüber stehen die Versammlungsfreiheit (Art. 8 I GG), die Vereinigungs- und Koalitionsfreiheit (Art. 9 I, III GG), die Freizügigkeit (Art. 11 I GG) und die Berufsfreiheit (Art. 12 I GG) nach dem Verfassungstext nur Deutschen zu. Es handelt sich also um Bürgerrechte.

⇨ Da alle genannten Menschen- und Bürgerrechte durch Aufnahme in das Grundgesetz beständig, dauerhaft und einklagbar garantiert sind und zudem Verfassungsrang haben, sind sie gleichzeitig Grundrechte.

Grundrechte lassen sich bereits in der Magna Charta Libertatum von 1215 finden, deren Zweck darin bestand, im angelsächsischen Bereich die königliche Macht zu beschränken; sie garantierte in Art. 39 und 40 jedem freien Menschen in England ein Minimum an Rechtsschutz gegen staatliche Willkür. Im Habeas Corpus Amendment Act von 1679 wurden weitere Grundrechte gewährt, etwa der Schutz vor willkürlicher Verhaftung und das Recht, einem Richter vorgeführt zu werden. Im angloamerikanischen Bereich erklärte 1776 die Virginia Bill of Rights in Art. 1 in starker Ausprägung des Naturrechts, dass alle Menschen von Natur aus gleich und frei und ihr Leben und Eigentum unverletzlich seien. Art. 8-11 normierten verfahrensrechtliche Absicherungen zum Schutz eines Angeklagten im Strafprozess. Die tragende Bedeutung der Pressefreiheit wurde in Art. 12 festgehalten und die freie Ausübung der Religion wurde durch Art. 16 gewährleistet. Später, in der Amerikanischen Unabhängigkeitserklärung (Declaration of Independence) von 1776, wurden das Leben, die Freiheit und das Streben nach Glück zu unveräußerlichen Rechten (Naturrechten) erklärt.

Einen Meilenstein in der verfassungsrechtlichen Entwicklung der Vereinigten Staaten von Amerika markiert die Verfassung von 1787, in der die demokratische und republikanische Staatsform mit einem Präsidenten an der Spitze, das Bundesstaatsprinzip mit starker föderaler Struktur und die Gewaltenteilung (checks and balances) festgeschrieben wurden. Sie ist noch heute, wenn auch durch zahlreiche weitere Artikel ergänzt, in Kraft. Von besonderer Bedeutung sind die ersten zehn Zusatzartikel (Amendments) zur Verfassung, die sog. Federal Bill of Rights, weil sie den Einwohnern (also nicht nur den Bürgern) im Rahmen einer freien und demokratischen Gesellschaft – auf der Basis von Werten der Aufklärung – bestimmte unveräußerliche Grundrechte gewähren. Die Besonderheit der Federal Bill of Rights liegt v.a. im Grundsatz der Verfassungsgerichtsbarkeit, d.h. in der Einklagbarkeit der Rechte am Obersten Gerichtshof.

Die ersten 10 Zusatzartikel der Verfassung der Vereinigten Staaten lauten: 1. Trennung von Staat und Kirche, Gewährung von Meinungsfreiheit, Religionsfreiheit, Pressefreiheit, Versammlungsfreiheit; 2. Recht zum Tragen von Waffen durch das Volk; 3. Verbot der Zwangseinquartierung von Soldaten in Privathäusern; 4. Keine Durchsuchung ohne richterlichen Durchsuchungsbeschluss; 5. Verbot des Prozesses ohne ordentliche Anklage, Verbot eines erneuten Prozesses gegen Freigesprochene, Zeugnisverweigerungsrecht, Kompensationsrecht; 6. Recht auf öffentlichen Geschworenenprozess in Strafsachen, Recht auf Hinzuziehung von Entlastungszeugen, Recht auf einen Anwalt; 7. Recht auf ordentlichen Geschworenenprozess in Zivilsachen; 8. Verbot überhöhter Kaution und besonders grausamer Strafen; 9. Bestehenbleiben von in der Verfassung nicht erwähnten Grundrechten; 10. Gewährung von in der Verfassung nicht genannten Rechten durch die Einzelstaaten

In der Französischen Erklärung der Menschen- und Bürgerrechte von 1789 finden sich Freiheit, Gleichheit, Meinungs-, Glaubens- und Gedankenfreiheit sowie die Gewährleistung von Eigentum. In Deutschland finden sich im Grundrechteteil der Paulskirchenverfassung von 1848/49 die Freizügigkeit, die Berufsfreiheit, die Auswanderungsfreiheit, das Briefgeheimnis, die Meinungsfreiheit, die Pressefreiheit, die Glaubensfreiheit, die Gewissensfreiheit, die Versammlungsfreiheit und das Recht auf Eigentum. Allerdings trat die Paulskirchenverfassung v.a. wegen des Widerstands des preußischen Königs nie in

Kraft. Die Verfassung des Deutschen Reichs von 1871 enthielt dagegen keine Grundrechte. Die Weimarer Reichsverfassung von 1919 knüpfte bzgl. der Grundrechte dagegen wieder an die Paulskirchenverfassung an; sie enthielt nicht nur die dort genannten Grundrechte, sondern darüber hinaus auch zusätzliche soziale Grundrechte wie das Grundrecht auf Arbeit (Art. 163 II S. 1 WRV; vgl. auch noch heute Art. 8 I der Verfassung der Freien Hansestadt Bremen).

B. Stellung der Grundrechte in der Rechtsordnung

Die im Grundgesetz kodifizierten Grundrechte bilden zusammen mit dem übrigen Verfassungsrecht, d.h. dem Staatsorganisationsrecht, die Spitze der (innerstaatlichen) Rechtsordnung. Gemäß Art. 1 III GG handelt es sich bei den Grundrechten des Grundgesetzes um unmittelbar geltendes Recht, das alle Staatsgewalten bindet. Sie sind somit innerhalb ihres räumlichen und sachlichen Anwendungsbereichs insbesondere gegenüber den einfachen Gesetzen **höherrangiges Recht**. 2

I. Räumlicher Geltungsbereich der Grundrechte

Klar ist, dass die Grundrechte des Grundgesetzes jedenfalls auf dem gesamten Territorium der Bundesrepublik Deutschland gelten. Das schließt die Geltung in deutschen Botschaften und Konsulaten, in Luftfahrzeugen mit deutschem Luftfahrzeugkennzeichen und auf unter deutscher Flagge fahrenden Schiffen[3] ein. Fraglich ist indes, ob deutsche Behörden (mit Sitz im Inland) die Grundrechte des Grundgesetzes auch dann zu beachten haben, wenn der Sachverhalt Auslandsbezug hat. 3

Beispiel[4]: Der Bundesnachrichtendienst überwacht aus sicherheitspolitischen Gründen auf der Basis des § 5 G 10[5] im Rahmen seiner Aufgaben nach dem BNDG die Telekommunikation zwischen Ausländern im Ausland.

Würde in diesem Fall Art. 10 I GG nicht gelten, wären dem Einsatz lediglich die einfachgesetzlichen Grenzen des G 10 und des BNDG gesetzt.

Bereits frühzeitig hat das BVerfG entschieden, dass die öffentliche Gewalt auch dann an die Grundrechte des Grundgesetzes gebunden sei, soweit Wirkungen ihrer Betätigungen außerhalb des Hoheitsgebiets der Bundesrepublik einträten.[6]

Damit ist jedoch noch nicht die Frage geklärt, ob eine Grundrechtsbindung besteht, wenn auch der Eingriff selbst außerhalb des Staatsgebiets der Bundesrepublik erfolgt. In seinem Urteil über die Telekommunikationsüberwachung durch den BND hat das BVerfG formuliert, dass sich aus der in Art. 1 III GG angeordneten umfassenden Bindung aller Staatsgewalt an die Grundrechte keine abschließende Festlegung der räumlichen Geltungsreichweite der Grundrechte ergebe. Jedoch begnüge sich das Grundgesetz nicht damit, die innere Ordnung des deutschen Staates festzulegen, sondern bestimme auch in Grundzügen sein Verhältnis zur Staatengemeinschaft.[7] So sei der räumliche Schutzumfang des Fernmeldegeheimnisses nicht auf das Inland beschränkt. Art. 10 GG könne vielmehr auch dann eingreifen, wenn eine im Ausland stattfindende Telekommunikation durch Erfassung und Auswertung im Inland hinreichend mit inländischem staatlichem Handeln verknüpft sei.[8]

---

[3] Bezüglich der Schiffe, die auf der gebietsrechtlich niemandem gehörenden Hohen See fahren, greift das sog. Flaggenstaatsprinzip. Danach untersteht ein Schiff auf Hoher See grundsätzlich nur der Hoheitsgewalt des Staats, unter dessen Flagge es fährt (vgl. Art. 92 I Seerechtsübereinkommen) – Flaggenhoheit.
[4] Vgl. BVerfGE 100, 313 ff. (Telekommunikationsüberwachung durch BND).
[5] Gesetz zur Beschränkung des Brief-, Post- und Fernmeldegeheimnisses („Artikel-10-Gesetz" - G 10).
[6] BVerfGE 57, 9, 23 (Einlieferungsersuchen) mit Verweis auf BVerfGE 6, 290, 295 (Washingtoner Abkommen).
[7] BVerfGE 100, 313, 362.
[8] BVerfGE 100, 313 Leitsatz 2.

Daraus wird man folgern müssen, dass nicht nur der BND an Art. 10 I GG, sondern dass jedwedes Handeln staatlicher Stellen umfassend an sämtliche Grundrechte des Grundgesetzes auch dann gebunden ist, wenn der Eingriff im Ausland vorgenommen wird.[9]

II. Verhältnis zu anderen Rechtskreisen

3a Grundrechte sind nicht nur im Grundgesetz, sondern auch in den Landesverfassungen enthalten. Das führt zu der Frage nach deren Verhältnis zueinander.

1. Verhältnis zu den Grundrechten der Landesverfassungen

3b Soweit bei Grundrechten der Landesverfassungen Beschränkungen vorgesehen sind, die über diejenigen von Grundrechten des Grundgesetzes hinausgehen, sind diese Beschränkungen entgegenstehendes Recht und gem. Art. 31 GG ungültig (vgl. etwa Art. 21 I Hessische Verfassung, wonach die Todesstrafe möglich ist, wohingegen gem. Art. 102 GG die Todesstrafe abgeschafft ist). Inhaltsgleiche und inhaltlich weiter gefasste Grundrechte sind jedoch (ggf. gem. Art. 142 GG) gültig[10], können jedoch selbstverständlich lediglich vor dem zuständigen Landesverfassungsgericht geltend gemacht werden.

> **Hinweis für die Fallbearbeitung:** Inhaltsgleiche Grundrechtsnormen des Grundgesetzes und von Landesverfassungen schützen jedoch jeweils nur dasselbe Grundrecht.[11] Daraus folgt, dass in der Fallbearbeitung inhaltsgleiche landesrechtliche Grundrechte i.d.R. nicht gesondert zu prüfen sind.

2. Verhältnis zum Völkerrecht/zur EMRK

4 Sofern es um **allgemeine Regeln des Völkerrechts** geht, sind diese gem. Art. 25 GG Bestandteil des Bundesrechts, gehen den Gesetzen vor und erzeugen unmittelbar Rechte und Pflichten für die Bewohner des Bundesgebiets (Art. 25 S. 2 GG). Hierarchisch stehen die allgemeinen Regeln des Völkerrechts damit jedenfalls über dem einfachen Bundesrecht (und damit auch über dem Landesrecht einschließlich Landesverfassungsrecht). Die Frage kann daher nur sein, ob sie auch über dem Grundgesetz stehen. Nach h.M.[12] stehen sie im Rang unter dem Grundgesetz, wegen Art. 25 S. 2 GG aber über den Landesverfassungen und dem einfachen Bundesrecht. Man spricht von **Zwischenrecht**.[13] Es bleibt mithin zu klären, was unter „allgemeine Regeln des Völkerrechts" zu verstehen ist. Das sind solche Regeln, die zwar nicht als völkerrechtliche Verträge verabschiedet wurden, aber von einer weitaus größeren Zahl der Staaten – nicht notwendigerweise (auch) von der Bundesrepublik Deutschland – anerkannt werden.[14] Darunter fallen das Völkergewohnheitsrecht und die allgemeinen völkerrechtlichen Rechtsgrundsätze wie bspw. die Staatenimmunität und das Gewaltverbot.[15]

4a Auch die am 10.12.1948 von der Generalversammlung der Vereinten Nationen verkündete **Allgemeine Erklärung der Menschenrechte** (**AEMR**), auch als UN-Menschen-

---

[9] Siehe auch *Papier*, NVwZ 2016, 1057 ff.
[10] Vgl. BVerfGE 96, 345, 364; *v. Münch*, in: v. Münch/Kunig, GG, Vorb. Art. 1-19 Rn 37 ff.
[11] BVerfGE 22, 267, 271.
[12] BVerfG NJW 2016, 1295, 1296 f.; zuvor bereits *Herdegen*, in: Maunz/Dürig, GG, Art. 25 Rn 42; *Hillgruber*, in: Schmidt-Bleibtreu/Hofmann/Henneke, GG, Art. 25 Rn 11; *Tomuschat*, in: Bonner Kommentar, Art. 25 Rn 86; wohl auch BVerfGE 112, 1, 25 f.; a.A. *Koenig*, in: v. Mangoldt/Klein/Starck, GG, Art. 25 Rn 55 (Verfassungsrang); *Wollenschläger*, in: Dreier, GG, Art. 25 Rn 25 f. (Überverfassungsrang bei zwingenden allgemeinen Regeln des Völkerrechts).
[13] Das BVerfG betont den Zwischenrang in BVerfG NJW 2016, 1295, 1296 f. unter Verweis auf BVerfGE 6, 309, 363; 37, 271, 279; 111, 307, 318; 112, 1, 24, 26; *Herdegen*, in: Maunz/Dürig, GG, Art. 25 Rn 42; *Hillgruber*, in: Schmidt-Bleibtreu/Hofmann/Henneke, GG, Art. 25 Rn 11; *Rojahn*, in: v. Münch/Kunig, GG, Art. 25 Rn 55.
[14] BVerfGE 15, 25, 34; 95, 96, 129; 46, 342, 367 ff.; 118, 124, 134.
[15] Vgl. etwa BVerfG NJW 2016, 1295, 1297 mit Verweis auf BVerfGE 15, 25, 32 ff.; 23, 288, 317; 31, 145, 177; 94, 315, 328; 95, 96, 129; 96, 68, 86; 117, 141, 149; 118, 124, 134. Vgl. auch *Herdegen*, in: Maunz/Dürig, GG, Art. 25 Rn 23.

rechtskonvention oder UN-Menschenrechtscharta bezeichnet, ist keine verbindliche völkervertragsrechtliche Rechtsquelle; insbesondere stellt sie deshalb keinen völkerrechtlichen Vertrag dar, weil sie lediglich als rechtlich nicht verbindliche Resolution der UN-Generalversammlung verabschiedet wurde, eine Art „Absichtserklärung" darstellen und mit ihren Menschenrechten als „Vorlage" für die Verfassungen der Staaten dienen sollte bzw. soll. Völkerrechtliche Bindung erlangt sie aber über Art. 25 GG, da sie aufgrund ihrer überragenden Bedeutung und allgemeinen Anerkennung als Bestandteil des Völkergewohnheitsrechts angesehen wird.

Die AEMR formuliert bereits in ihrer Präambel die angeborene Würde und die gleichen und unveräußerlichen Rechte aller Menschen (insofern wiederholt in Art. 1 S. 1 AEMR) als Grundlage von Freiheit, Gerechtigkeit und Frieden in der Welt und erklärt die Menschenrechte als das von allen Völkern und Nationen zu erreichende gemeinsame Ideal. In 30 Artikeln formuliert sie sodann grundlegende Ansichten über die Rechte, die jedem Menschen zustehen, „ohne irgendeinen Unterschied, etwa nach Rasse, Hautfarbe, Geschlecht, Sprache, Religion, politischer oder sonstiger Anschauung, nationaler oder sozialer Herkunft, Vermögen, Geburt oder sonstigem Stand" (Art. 2 I AEMR). Auch stellt sie klar, dass kein Unterschied gemacht werden darf aufgrund der politischen, rechtlichen oder internationalen Stellung des Landes oder Gebiets, dem eine Person angehört (Art. 2 II AEMR).

Die Ausrichtung der Grundrechte des Grundgesetzes für die Bundesrepublik Deutschland an den Menschenrechten der AEMR ist nicht zu übersehen, was nicht zuletzt auch durch Art. 1 II GG zum Ausdruck kommt, wonach sich das deutsche Volk zu den unverletzlichen und unveräußerlichen Menschenrechten bekennt.

Andere Regeln des Völkerrechts bedürfen dagegen einer speziellen Geltungsanordnung, um innerstaatliche Geltung zu erlangen.[16] Soweit es sich um völkerrechtliche Verträge handelt, die die politischen Beziehungen des Bundes regeln oder sich auf Gegenstände der Bundesgesetzgebung beziehen, geschieht dies durch die in Art. 59 II S. 1 GG vorgeschriebene Zustimmung der gesetzgebenden Körperschaften (Bundestag und Bundesrat).[17] Die **Europäische Menschenrechtskonvention** (**EMRK**), die 1950 vom **Europarat**[18] erarbeitet wurde und den Zweck verfolgt, auf dem Vertragsgebiet die Einhaltung der Menschenrechte zu gewährleisten, ist ein solcher **völkerrechtlicher Vertrag**. 4b

Der EMRK gehören die 47 Staaten („Hohe Vertragsparteien", vgl. Art. 1 EMRK) des Europarats an, darunter alle 28 EU-Staaten. Mithin lässt sich sagen, dass alle Staaten, die der EU angehören, auch Vertragsstaaten der EMRK sind. Gegliedert ist die EMRK in drei Abschnitte, die wiederum in Artikel untergliedert sind. Der Abschnitt I (Rechte und Grundfreiheiten) enthält die einzelnen, durch die Konvention geschützten Menschenrechte (Art. 2-18). Als Beispiele zu nennen sind das Recht auf Leben (Art. 2), das Folterverbot (Art. 3), das Verbot der Sklaverei und der Zwangsarbeit (Art. 4), das Recht auf Freiheit und Sicherheit (Art. 5), das Recht auf ein faires Verfahren (Art. 6), das Recht auf Achtung des Privat- und Familienlebens (Art. 8), die Gedanken-, Gewissens- und Religionsfreiheit (Art. 9), die Freiheit der Meinungsäußerung (Art. 10), die Versammlungs- und Vereinigungsfreiheit (Art. 11), das Recht auf Eheschließung (Art. 12) und das Diskriminierungsverbot (Art. 14). Der Abschnitt II („Europäischer Gerichtshof für Menschenrechte") enthält die Regelungen über die Zusam-

---

[16] Das schließt jedoch nicht aus, dass auch Völkergewohnheitsrecht transformiert werden kann (BVerfGE 118, 124, 134).

[17] Durch das Erfordernis der Zustimmung der gesetzgebenden Körperschaften soll gewährleistet werden, dass die Exekutive die Legislative nicht durch völkerrechtliche Verträge in ihren Zuständigkeiten beschneidet (vgl. dazu BVerfG NJW 2016, 1295, 1297; BVerfGE 68, 1, 88; 90, 286, 357; 111, 307, 318; 118, 244, 258).

[18] Bei dem Europarat handelt es sich um eine am 5.5.1949 gegründete supranationale Organisation von heute 47 europäischen Staaten mit Sitz in Straßburg. Gemäß Art. 1 seiner Satzung hat der Europarat die Aufgabe, einen engeren Zusammenschluss unter seinen Mitgliedern zu verwirklichen. Institutionell ist er strikt von der Europäischen Union und damit auch von den Unionsorganen Europäischer Rat und Rat der Europäischen Union (dazu *R. Schmidt*, Staatsorganisationsrecht, Rn 762 ff.) zu unterscheiden. Zu den bedeutendsten Abkommen des Europarats gehört die am 4.11.1950 in Rom unterzeichnete EMRK mit ihren zahlreichen Zusatzprotokollen.

mensetzung und das Verfahren des Gerichtshofs (Art. 19-51). Schließlich enthält der Abschnitt III „Verschiedene Bestimmungen" (Art. 52-59). Von besonderer Bedeutung ist Art. 53, wonach die Konvention nicht so ausgelegt werden darf, als beschränke oder beeinträchtige sie Menschenrechte und Grundfreiheiten, die in den Gesetzen einer der Vertragsparteien oder in einer anderen Übereinkunft, deren Vertragspartei sie ist, anerkannt werden.[19] Die EMRK gibt damit lediglich einen Mindeststandard des Menschenrechtsschutzes vor, der – jedenfalls aus völkerrechtlicher Sicht – von den Vertragsstaaten überschritten, aber nicht unterschritten werden darf.

5 Als völkerrechtlicher Vertrag gilt die EMRK zwar nur im Verhältnis zu den anderen Vertragsstaaten, kraft gesetzlicher Übernahme („Rechtsanwendungsbefehl") gem. Art. 59 II S. 1 GG[20] kommt ihr in Deutschland aber innerstaatlich der Rang eines **einfachen Bundesgesetzes** zu.[21] Daraus folgt, dass die EMRK mit ihren Grund- und Menschenrechten in ihrem Rang *unterhalb* der Grundrechte des Grundgesetzes auf der Ebene von Bundesgesetzen steht. Denn ein einfaches Bundesgesetz kann einem völkerrechtlichen Vertrag keinen höheren Rang verleihen, als Ersterem selbst zukommt.[22] Allerdings ist es ständige Rspr. des BVerfG, dass aufgrund der Völkerrechtsfreundlichkeit des Grundgesetzes (Art. 1 II GG)[23] sowie der völkervertraglichen Bindung, die die Bundesrepublik mit der Unterzeichnung der EMRK eingegangen ist, Inhalt und Entwicklungsstand der EMRK nicht nur bei der Anwendung von einfachem Recht, sondern auch bei der Bestimmung von Inhalt und Reichweite von Grundrechten und rechtsstaatlichen Grundsätzen des Grundgesetzes zu berücksichtigen sind[24] (zur **konventionskonformen Auslegung** und zu deren Grenzen vgl. sogleich Rn 7 ff.).

6 Da es sich bei der EMRK um einen völkerrechtlichen Vertrag handelt, der zudem formal nur den innerstaatlichen Rang von Bundesrecht hat, kann zur Durchsetzung der gewährten Rechte nicht etwa das BVerfG angerufen werden, weil dieses lediglich über die Auslegung des Grundgesetzes entscheiden kann (vgl. Art. 93 GG).[25] Vielmehr erfolgen die Auslegung der einzelnen Konventionsrechte und die Überwachung von deren Einhaltung durch die Vertragsstaaten durch den Europäischen Gerichtshof für Menschenrechte (**EGMR**), eine Institution des Europarats mit Sitz in Straßburg, dessen Urteile gem. Art. 46 I EMRK für alle staatlichen Stellen bindend sind. Hierbei ist jedoch zu beachten, dass den Urteilen eine Gesetzeskraft (wie dies gem. § 31 II BVerfGG bei einigen Urteilen des BVerfG der Fall ist) nicht zukommt. Auch gelten sie nicht über den Einzelfall hinaus, sind also insbesondere für den nationalen Gesetzgeber nicht unmittelbar bindend. Ebenfalls lassen sie die Rechtskraft nationaler Gerichtsentscheidungen unberührt, sind aber (wegen der völkerrechtlichen Bindung) in nachfolgenden Verfahren zu berücksichtigen. Schließlich ist zu beachten, dass Zwangsmittel zur Durchsetzung von Urteilen des EGMR ebenfalls nicht vorgesehen sind.

---

[19] Ergänzt wird die EMRK durch 14 Zusatzprotokolle. Während das 1., 4., 6., 7. und 13. Zusatzprotokoll (ZP) materiellrechtliche Bestimmungen enthalten (d.h. über die EMRK hinausgehende Menschenrechte wie der Schutz des Eigentums in Art. 1 des 1. ZP) und das 12. Zusatzprotokoll das auf Konventionsrechte beschränkte Diskriminierungsverbot nach Art. 14 EMRK zu einem allgemeinen Diskriminierungsverbot ausweitet, betreffen die übrigen Zusatzprotokolle den Verfahrensablauf vor dem EGMR oder sprechen dem Gericht mehr Kompetenzen zu.

[20] Vgl. das Gesetz über die Konvention zum Schutze der Menschenrechte und Grundfreiheiten v. 7.8.1952 (BGBl II 1952, 685); die EMRK ist gemäß der Bekanntmachung v. 15.12.1953 (BGBl II 1954, 14) am 3.9.1953 für die Bundesrepublik Deutschland in Kraft getreten. Vgl. auch die Neubekanntmachung der Konvention i.d.F. des 11. Zusatzprotokolls, BGBl II 2002, 1054.

[21] Vgl. zu diesem Rangverhältnis BVerfG NVwZ 2016, 1079 f.; BVerfG NJW 2016, 1295, 1297; BVerfG 4.5.2015 - 2 BvR 2169/13; BVerfGE 128, 326, 367; 111, 307, 317; 82, 106, 120; 74, 358, 370; BGH NJW 2016, 91, 95. Vgl. auch *Sachs*, FS Klein 2013, 321, 325; *Masing*, JZ 2015, 477 ff.

[22] Insoweit klarstellend BVerfG NJW 2016, 1295, 1297.

[23] Vgl. dazu BVerfGE 111, 307, 316 f. (Görgülü).

[24] Vgl. aus jüngerer Zeit BVerfG NVwZ 2016, 1079 f.; BVerfG NJW 2016, 1295, 1299 f.; BVerfGE 128, 326, 366 ff.; 123, 257, 344 ff.; 113, 273, 296; 112, 1, 26; 111, 307, 317; 92, 26, 48; 83, 119, 128; 74, 358, 370. Vgl. auch BAG NJW 2016, 1034, 1035.

[25] Insofern klarstellend BVerfGE 128, 326, 366 ff.; 111, 307, 317; 83, 119, 128; 74, 358, 370; 74, 102, 128.

Der umfassende Schutz persönlicher Freiheit, den die EMRK gewährleistet, kann von jedem Einzelnen eingeklagt werden: So entscheidet nach Art. 34 EMRK der EGMR über Individualbeschwerden, mit denen jeder Bürger eines Vertragsstaates nach Erschöpfung des innerstaatlichen Rechtswegs[26] eine Verletzung der EMRK rügen kann (Art. 35 EMRK).[27] Stellt der EGMR daraufhin einen **Verstoß gegen die EMRK** fest, ist – aus völkerrechtlicher Sicht – der verurteilte Staat **zur Abhilfe** bzw. ggf. zur Entschädigung verpflichtet (Art. 46 I EMRK). **6a**

Aus Sicht des BVerfG gilt dies jedoch nicht uneingeschränkt. Zwar seien die Bestimmungen des Grundgesetzes völkerrechtsfreundlich auszulegen (Art. 1 II GG), jedoch folge daraus keine verfassungsrechtliche Pflicht zur uneingeschränkten Befolgung aller völkerrechtlichen Verträge und damit der EMRK.[28] Folgerichtig spricht das BVerfG der EMRK und den Urteilen des EGMR eine zwingende Bindungswirkung ab. In seiner Entscheidung über die Sicherungsverwahrung vom 4.5.2011 wird dies überaus deutlich. Hierin betont das BVerfG ausdrücklich, dass die völkerrechtsfreundliche Auslegung des Grundgesetzes ein **Aufnehmen der Wertungen der EMRK nur so weit fordere, wie dies methodisch vertretbar und mit den Vorgaben des Grundgesetzes vereinbar sei**.[29] Das „letzte Wort" liege bei der deutschen Verfassung.[30] Daher dürfe die Berücksichtigung der EMRK keinesfalls dazu führen, dass der Grundrechtsschutz des Grundgesetzes eingeschränkt werde.[31] Das schließe aber auch die EMRK selbst aus (Art. 53 EMRK).[32] **7**

Relevant kann der zuletzt genannte Aspekt v.a. in mehrpoligen Grundrechtsverhältnissen werden, wenn also Grundrechte verschiedener Grundrechtsträger kollidieren, bei denen ein „Mehr" an Freiheit für einen Grundrechtsschutz zugleich ein „Weniger" für einen anderen bedeutet[33] (siehe dazu Rn 193 ff.). In diesem Fall darf die Aufnahme der Wertungen der EMRK nicht zu einer Grundrechtsverkürzung führen.

Der Standpunkt des BVerfG hinsichtlich der (begrenzten) Bindungswirkung der EMRK und der Urteile des EGMR findet seine Begründung darin, dass die deutsche Staatsgewalt (lediglich) an die Grundrechte des Grundgesetzes, das Rechtsstaatsprinzip und das Demokratieprinzip gebunden ist (vgl. Art. 1 III, 20 III GG). Somit ist auch formaler Prüfungsmaßstab des BVerfG allein das Grundgesetz (vgl. Art. 93 GG). Andererseits hat sich die Bundesrepublik Deutschland mit Unterzeichnung und Ratifizierung der EMRK dazu verpflichtet, nicht nur die Inhalte der Konvention zu beachten, sondern auch den Urteilen des EGMR Folge zu leisten (Art. 46 I EMRK); das schließt auch den Gesetzgeber und in gewisser Weise die Verfassungsgerichtsbarkeit mit ein, möchte man eine Völkerrechtsverletzung vermeiden. Bei einem Konflikt zwischen der nationalen Rechtsordnung und der EMRK muss das nationale (einfache) Recht daher konventionskonform ausgelegt werden.[34] Jede andere Auffassung würde Art. 46 EMRK widersprechen[35] und gäbe den Konventionsstaaten die Möglichkeit, sich den Urteilen des EGMR zu entziehen und **7a**

---

[26] Vgl. dazu EGMR NJW 2016, 2243, 2244 (Unzulässigkeit der Individualbeschwerde einer Rechtsanwältin, die sich nicht fristgerecht mit nationalen Rechtsbehelfen gegen ein Verbot des Auftretens mit Kopftuch im Gerichtssaal gewehrt hatte).

[27] Vgl. dazu etwa aus jüngerer Zeit EGMR NJW 2014, 2925 ff. (kein Verstoß gegen EMRK durch Verbot der Gesichtsverschleierung – Tragen eines Niqab durch eine Muslima – in einem Konventionsstaat). Zum Niqab-Verbot vgl. auch Rn 384 (Bsp. 4 und 5).

[28] BVerfG NJW 2016, 1295, 1299 f.

[29] BVerfGE 128, 326, 366 ff. Vgl. auch BVerfG NStZ 2016, 49, 51; NJW 2016, 1939, 1944 („Auslegungshilfe"); BGH NJW 2016, 91, 95. Enger BGH NStZ 2015, 541, 544 („prägend") und NJW 2014, 2029, 2031 („interpretationsleitend").

[30] BVerfGE 128, 326, 366 ff.

[31] BVerfGE 128, 326, 371. Vgl. auch BAG NJW 2016, 1034, 1035.

[32] BVerfGE 128, 326, 371; 111, 307, 317. Vgl. auch BAG NJW 2016, 1034, 1035.

[33] BAG NJW 2016, 1034, 1035 mit Verweis auf BVerfGE 137, 237.

[34] *Sachs*, FS Klein 2013, 321, 330 f.; *Meyer-Ladewig*, Handkommentar EMRK, 3. Aufl. 2011, Art. 46 Rn 22 ff. (insb. Rn 33) sowie Rn 39 ff.; *Breuer*, in: Karpenstein/Mayer, EMRK, 2. Aufl. 2015, Art. 46 Rn 47 ff., 55 ff. Vgl. nun auch BVerfG 4.5. 2015 - 2 BvR 2169/13.

[35] *Meyer-Ladewig* a.a.O.; *Breuer*, in: Karpenstein/Mayer a.a.O. Vgl. auch *Masing*, JZ 2015, 477 ff.

sich so hinter ihrer jeweiligen Verfassung zu verstecken, wenn ihnen eine bestimmte Entscheidung nicht zusagt.[36] Zu begrüßen ist es daher, wenn auch das BVerfG betont, dass der Grundsatz der Völkerrechtsfreundlichkeit (immerhin) als Auslegungshilfe für die Grundrechte und die rechtsstaatlichen Grundsätze der Verfassung sowie das einfache Recht diene[37] mit der Folge, dass nicht nur der Gewährleistungsgehalt der EMRK bei der Auslegung des Grundgesetzes und des einfachen Rechts zu berücksichtigen sei[38] (s.o.), sondern auch, dass bei der Auslegung der Grundrechte des Grundgesetzes der Rechtsprechung des EGMR eine „normative Leitfunktion" zukomme, auch wenn eine mit § 31 BVerfGG vergleichbare Bestimmung fehle.[39]

Beispiel: Gemäß § 9 I S. 1 BJagdG bilden Eigentümer von Grundflächen, die zu einem gemeinschaftlichen Jagdbezirk gehören, eine Jagdgenossenschaft (= Körperschaft öffentlichen Rechts). K ist Eigentümer eines solchen Grundstücks und damit kraft Gesetzes Mitglied der Jagdgenossenschaft. Folge daraus ist, dass er nicht nur Mitgliedsbeiträge zu entrichten hat, sondern auch die Ausübung der Jagd durch Jagdpächter auf seinem Grundstück dulden muss. K macht geltend, dass die Zwangsmitgliedschaft[40] und die gesetzliche Übertragung des Jagdausübungsrechts ihn in seinen Grundrechten aus Art. 2 I, 4 I, 9 I, 14 I, 3 I GG verletzten.

Das BVerfG entschied, dass die Zwangsmitgliedschaft in Jagdgenossenschaften verfassungsgemäß sei.[41] Daraufhin erhob K gem. Art. 34 EMRK Beschwerde beim EGMR. Dieser entschied, dass die gesetzliche Übertragung des Jagdausübungsrechts gegen Art. 1 Zusatzprotokoll Nr. 1 zur EMRK verstoße. Es greife unverhältnismäßig in das Eigentumsrecht ein, wenn einem aus ethischen Gründen gegen die Jagd eingestellten Eigentümer die Pflicht auferlegt werde, die Jagd auf seinem Grundstück zu dulden.[42]

Steht damit ein Konventionsverstoß fest, stellt sich die Frage nach den Auswirkungen. Urteile des EGMR haben keine Auswirkung auf die Rechtskraft von Gerichtsentscheidungen. Die Rechtsprechung des EGMR muss aber (infolge der völkerrechtlichen Bindung) in Folgeverfahren bzw. nachfolgenden Gerichtsverfahren berücksichtigt werden. So muss etwa ein Verwaltungsgericht, das (erneut) über die Zwangsmitgliedschaft in einer Jagdgenossenschaft und die erwähnte Duldungspflicht zu entscheiden hat, sich mit der Rechtsprechung des EGMR auseinandersetzen. Dazu gehört es, dass es die EMRK sowie die Rechtsprechung des EGMR in die Auslegung der streitentscheidenden Vorschriften des BJagdG einbezieht (konventionskonforme bzw. EGMR-konforme Auslegung). Sollte es die vom EGMR vorgenommene Auslegung der EMRK bzw. den Konventionsverstoß tragen, kann es aber nicht einfach die der EMRK entgegenstehenden Vorschriften des BJagdG unangewendet lassen. Auch kann es nicht die Rechtssache aussetzen und dem EGMR vorlegen. Denn dazu fehlt es an entsprechenden Regelungen. Es kann aber das Verfahren aussetzen und die Sache dem BVerfG gem. Art. 100 I GG vorlegen. Das BVerfG prüft dann, ob die Vorschriften des BJagdG über die Zwangsmitgliedschaft und die Duldungspflicht mit den Grundrechten des GG in deren konventionskonformer Auslegung vereinbar sind.[43]

Hinweis für die Fallbearbeitung: Wie bereits erläutert, ist formaler Prüfungsmaßstab für das BVerfG zwar allein das Grundgesetz (vgl. Art. 93 GG), sodass ein Verstoß gegen die EMRK auch nicht mittels Verfassungsbeschwerde geltend gemacht werden kann. Da sich aber die Bundesrepublik Deutschland mit Unterzeichnung und Ratifizie-

[36] *Ruffert*, EuGRZ 2007, 245, 251.
[37] BVerfG NJW 2016, 1295, 1300 f. Vgl. auch BVerfG NVwZ 2016, 1079 f.
[38] Vgl. aus jüngerer Zeit BVerfG NVwZ 2016, 1079 f.; BVerfG NJW 2016, 1295, 1299 f.; BVerfGE 128, 326, 366 ff.; 123, 257, 344 ff.; 113, 273, 296; 112, 1, 26; 111, 307, 317; 92, 26, 48; 83, 119, 128; 74, 358, 370.
[39] Vgl. BVerfGE 128, 326, 366 ff.; BVerfG NVwZ 2007, 808, 811; BVerfGE 111, 307, 317 ff.; 82, 106, 115; 75, 1, 19; 74, 358, 370; 63, 343, 33. Vgl. auch *Maierhöfer*, NVwZ 2012, 1521.
[40] Vgl. dazu Rn 680.
[41] BVerfG NVwZ 2007, 808.
[42] EGMR NJW 2012, 3629, 3631 (Herrmann gegen Deutschland)
[43] *Winkler*, JA 2013, 676, 680. Zur konventionskonformen Auslegung vgl. auch BAG NJW 2016, 1034, 1035.

rung der EMRK dazu verpflichtet hat, nicht nur die Inhalte der Konvention zu beachten, sondern auch den Urteilen des EGMR Folge zu leisten (Art. 46 I EMRK), und auch das BVerfG betont, dass die Gewährleistungen der EMRK bei der Auslegung des Grundgesetzes und damit auch der Grundrechte jedenfalls insoweit zu berücksichtigen seien, wie dies methodisch vertretbar und mit den Vorgaben des Grundgesetzes vereinbar sei, sind die Gewährleistungen damit mittelbar doch in gewisser Weise im Rahmen eines Verfahrens vor dem BVerfG Prüfungsmaßstab, wenn auch „nur" als Interpretationshilfe bei der Auslegung der Grundrechte des Grundgesetzes.

Besonders problematisch ist es, wenn die EMRK Rechte gewährt, die von der **Verfassung** eines Konventionsstaates nicht vorgesehen sind bzw. durch nationale Verfassungsinterpretation ausgeschlossen werden. **7b**

Beispiel[44]**:** Unter den „hergebrachten Grundsätzen des Berufsbeamtentums" (Art. 33 V GG) fällt nach allgemeiner Verfassungsinterpretation das Verbot für Beamte, sich an kollektiven Kampfmaßnahmen zu beteiligen oder diese zu unterstützen („Streikverbot für Beamte").[45] Insofern schränkt Art. 33 V GG die Koalitionsfreiheit nach Art. 9 III GG ein (vgl. Rn 712). Demgegenüber interpretiert der EGMR die Gewährleistungen der Koalitionsfreiheit nach Art. 11 I EMRK[46] dergestalt, dass die Vorschrift denjenigen Angehörigen des öffentlichen Dienstes ein Recht auf Tarifverhandlungen und kollektive Kampfmaßnahmen einräumt, die nach ihrem Aufgabenbereich nicht an der Ausübung genuin hoheitlicher Befugnisse beteiligt sind (etwa Lehrer). Daraus folgt: Gemäß der vom EGMR vorgenommenen Interpretation des Art. 11 I EMRK steht Beamten, die keine genuin hoheitlichen Aufgaben wahrnehmen, das Streikrecht nach der EMRK zu; lediglich Beamte der genuinen Hoheitsverwaltung (insbesondere Polizei, Feuerwehr, Soldaten, Finanzverwaltung, aber auch allgemeine (Ordnungs-)Verwaltung) nimmt er aus dem konventionsrechtlichen Streikrecht aus. Demgegenüber ist gem. Art. 33 V GG das Streikrecht *allen* Beamten verwehrt. Der Gewährleistungsgehalt des Art. 11 I EMRK reicht also weiter als der nach Art. 33 V GG eingeschränkte Art. 9 III GG, was die Frage nach der Lösung dieser „Kollision" aufwirft. Das BVerwG anerkennt einen „Vorrang" der EMRK und fordert den Gesetzgeber auf, Abhilfe zu schaffen. Doch die Aufforderung an den Gesetzgeber dürfte sich als nicht gangbar erweisen, weil der einfache Gesetzgeber sich nicht über eine Verfassungsnorm (hier: Art. 33 V GG) und deren Interpretation durch das BVerfG hinwegsetzen darf. Wegen der Notwendigkeit der völkerrechtlichen Beachtung der EMRK einschließlich der Urteile des EGMR bliebe nur eine Änderung des Art. 33 V GG. Ob dies aber tatsächlich so kommen wird, bleibt fraglich. Denn auch das BVerfG lehnt eine zwingende Bindungswirkung der Urteile des EGMR ab, zumal die vom EGMR vorgenommene Interpretation des Art. 11 I EMRK angesichts der Schranken in Art. 11 II EMRK[47] m.E. nicht zwingend ist. So lässt sich sicherlich auch vertreten, dass ein Streikverbot auch von nicht genuin hoheitlich tätigen Beamten für eine demokratische Gesellschaft zur Aufrechterhaltung der öffentlichen Ordnung notwendig ist. Praktisch lässt sich das Problem aber dadurch umgehen, dass der Staat das Beamtentum nur noch für die Wahrnehmung von genuin hoheitlichen Aufgaben vorsieht und alle anderen öffentlichen Bediensteten im Angestelltenverhältnis beschäftigt. Wie das BVerfG entscheiden wird, bleibt abzuwarten. Gegenwärtig sind Verfassungsbeschwerden anhängig.[48] Zu vermuten ist, dass das BVerfG zwar Stellung und Bedeutung der EMRK im Normengefüge rekurriert, jedoch (erneut)

---

[44] Vgl. BVerwG NVwZ 2014, 736 ff. und EGMR NZA 2010, 1425 (Streikrecht für Beamte). Vgl. auch BVerwG NVwZ 2015, 811 f. (mit Bespr. v. *Hufen*, JuS 2016, 88 ff.).

[45] Ausdrücklich in diesem Sinne BVerwG NVwZ 2014, 736, 737; BVerwG NVwZ 2015, 811 f. – zurückgehend auf BVerfGE 8, 28, 33 ff. (Besoldungsrecht).

[46] Art. 11 I EMRK lautet: „Jede Person hat das Recht, sich frei und friedlich mit anderen zu versammeln und sich frei mit anderen zusammenzuschließen; dazu gehört auch das Recht, zum Schutz seiner Interessen Gewerkschaften zu gründen und Gewerkschaften beizutreten."

[47] Art. 11 II S. 1 EMRK lautet: „Die Ausübung dieser Rechte darf nur Einschränkungen unterworfen werden, die gesetzlich vorgesehen und in einer demokratischen Gesellschaft notwendig sind für die nationale oder öffentliche Sicherheit, zur Aufrechterhaltung der Ordnung oder zur Verhütung von Straftaten, zum Schutz der Gesundheit oder der Moral oder zum Schutz der Rechte und Freiheiten anderer."

[48] 2 BvR 1737/12; 2 BvR 1738/12; 2 BvR 1394/13; 2 BvR 1395/13; 2 BvR 1068/14; 2 BvR 642-646/15; 2 BvR 871/15.

eine verfassungsrechtliche Pflicht zur uneingeschränkten Befolgung der EMRK und der Urteile des EGMR verneinen wird mit der Begründung, dass weder die EMRK noch die Urteile des EGMR geeignet seien, sich über Strukturprinzipien des Grundgesetzes hinwegzusetzen.

7c Haben völkerrechtliche Verträge kraft gesetzlicher Übernahme gem. Art. 59 II S. 1 GG formell den Rang (einfacher) Bundesgesetze, können sie entsprechend dem Lex-posterior-Grundsatz[49] durch spätere, ihnen widersprechende Bundesgesetze verdrängt werden; Art. 59 II S. 1 GG schließt dies nicht aus.[50] Für die EMRK könnte dies bedeuten, dass der deutsche Gesetzgeber durch Erlass eines einfachen Bundesgesetzes in der Lage wäre, von den Inhalten der EMRK abzuweichen, zumal nach Auffassung des BVerfG dem Lex-posterior-Grundsatz auch nicht der (ungeschriebene) Grundsatz der Völkerrechtsfreundlichkeit des Grundgesetzes entgegensteht.[51] Zwar betont das BVerfG den Verfassungsrang dieses Grundsatzes, stellt aber gleichzeitig fest, dass der Gesetzgeber keine verfassungsrechtliche Pflicht zur uneingeschränkten Befolgung aller völkerrechtlichen Normen habe.[52] Der Gesetzgeber könnte demnach also in der Tat durch Bundesgesetz von den Inhalten der EMRK abweichen. Da der Gesetzgeber aber uneingeschränkt dem Grundgesetz untersteht, muss er sich stets innerhalb der vom Grundgesetz vorgegebenen Grenzen bewegen, die sich insbesondere aus den Grundrechten, dem Rechtsstaatsprinzip und dem Demokratieprinzip ergeben. Da die Grundrechte des Grundgesetzes qualitativ den Gewährleistungen der EMRK nicht nachstehen und der Gesetzgeber durch die Grundrechte unmittelbar gebunden ist (Art. 1 III GG), dürfte schon allein deswegen kein von der EMRK negativ abweichendes Bundesgesetz zulässig sein. Zudem muss auch ein von der EMRK abweichendes Bundesgesetz trotz des Lex-posterior-Grundsatzes im Rahmen vertretbarer Verfassungsinterpretation Inhalt und Entwicklungsstand der EMRK berücksichtigen (s.o.).

7d Sind die Gewährleistungen der EMRK also **bei der Auslegung der Grundrechte des Grundgesetzes zu berücksichtigen** (Rn 5 ff.), gilt dies auch für die **Strafgerichte**, die Straf(verfahrens)normen anzuwenden haben, und für die **Zivilgerichte**, die über Streitigkeiten zwischen Privaten zu entscheiden haben. Das fordert allein schon die Bindung an Gesetz und Recht (Art. 20 III GG).

Beispiel 1[53]: A und B standen im Verdacht, sich wegen Geldwäsche sowie wegen Drogenhandels strafbar gemacht zu haben. Im Zuge des Ermittlungsverfahrens wurden durch richterlichen Beschluss eine längerfristige Observation sowie die Überwachung der Telekommunikation der Tatverdächtigen angeordnet. Im Rahmen der Observation wurde festgestellt, dass sich die Tatverdächtigen in den Niederlanden mit X trafen, gegen den in den Niederlanden mehrfach, wenn auch ergebnislos, wegen internationalen Drogenhandels ermittelt worden war. Trotz längerfristiger Observation und Telekommunikationsüberwachungsmaßnahmen konnte der Verdacht gegen A und B aber nicht bestätigt werden. Daher setzte die Polizei Verdeckte Ermittler aus Deutschland und den Niederlanden ein, um die Sachverhaltsaufklärung voranzubringen. Diese versuchten, über einen Zeitraum von mehreren Monaten die Tatverdächtigen dazu zu bringen, ihnen große Mengen Ecstasy aus den Niederlanden zu besorgen (das würde den Tatbestand des § 30 BtMG, ggf. sogar den des § 30a BtMG – 5-15 Jahre Freiheitsstrafe – erfüllen), was den Ermitt-

---

[49] Korrekt lautet der Grundsatz: „Lex posterior derogat legi priori" („Das jüngere Gesetz verdrängt das ältere Gesetz"). Dieser Grundsatz stellt eine Kollisionsregel dar und besagt, dass das jüngere Gesetz dem früheren Gesetz derselben Rangordnung vorgeht, es sei denn, die ältere Regelung ist spezieller als die jüngere (vgl. BVerfG NJW 2016, 1295, 1298). Denn dann griffe der (vorrangige) Grundsatz: „Lex specialis derogat legi generali" („Das spezielle Gesetz verdrängt das allgemeine Gesetz").
[50] BVerfG NJW 2016, 1295, 1298 ff.
[51] BVerfG NJW 2016, 1295, 1298.
[52] BVerfG NJW 2016, 1295, 1299 f.
[53] Nach BGH NJW 2016, 91 (Strafverfahrenshindernis bei rechtsstaatswidriger Tatprovokation) – abgeändert und vereinfacht, um die Probleme des Falles zu verdeutlichen.

lern jedoch zunächst nicht gelang, da sich A und B nicht das Geschäft einließen. Erst, nachdem einer der Verdeckten Ermittler drohend aufgetreten war und ein anderer wahrheitswidrig behauptet hatte, seine Familie werde mit dem Tod bedroht für den Fall, dass er seinen „Auftraggebern" das Ecstasy nicht besorge, halfen A und B bei der Beschaffung und Einfuhr von Ecstasy aus den Niederlanden, ohne dafür ein Entgelt gefordert oder erhalten zu haben.

In diesem Fall stellt sich nicht nur die Frage nach der Strafbarkeit von A und B, sondern auch nach der Zulässigkeit einer derartigen Tatprovokation durch Angehörige von Strafverfolgungsbehörden (und von ihnen gelenkten Dritten). In einem Rechtsstaat mutet es nahezu grotesk an, wenn Polizeibeamte oder von ihnen beauftragte Dritte Tatverdächtige, bei denen die bisherigen Beweise für eine Anklage nicht ausreichen, durch Lügen und Drohungen dazu bringen dürften, eine Straftat zu begehen, für die diese dann später angeklagt und verurteilt werden.

Die bisherige Rechtsprechung (des BGH) sah in diesen Fällen weder einen Verstoß gegen Art. 2 II S. 2 GG (Recht auf Freiheit) noch gegen das im Rechtsstaatsprinzip (Art. 20 III GG) verankerte Fair-trial-Prinzip (Grundsatz des fairen Verfahrens[54]) und nahm demzufolge kein Strafverfahrenshindernis an, sondern berücksichtigte die Tatprovokation lediglich in der Strafzumessung des oder der Verurteilten (sog. „Strafzumessungslösung"), was aber gleichwohl in vielen Fällen (der Betäubungsmittelkriminalität) nichts an der Verurteilung zu teilweise hohen Haftstrafen änderte.[55]

Erstaunlicherweise wurde diese Auffassung vom BVerfG dem Grunde nach gebilligt. So heißt es in seinem Beschluss v. 18.12.2014: „Selbst wenn man ein Verfahrenshindernis aufgrund rechtsstaatswidriger Tatprovokation im Grundsatz für möglich erachten wollte, könnte ein derartiges Verbot der Durchsetzung des staatlichen Strafanspruchs nur in extremen Ausnahmefällen aus dem Rechtsstaatsprinzip hergeleitet werden, weil das Rechtsstaatsprinzip nicht nur Belange des Beschuldigten, sondern auch das Interesse an einer der materiellen Gerechtigkeit dienenden Strafverfolgung schützt".[56] Einen solchen „extremen Ausnahmefall" wollte das BVerfG indes nur annehmen, wenn „gänzlich unbescholtene Bürger zu Straftaten angestiftet werden"[57]. Freilich dürfte ein solcher Fall faktisch kaum vorkommen, sodass die Tatprovokation von Tatverdächtigen im Ergebnis auch nach dem BVerfG lediglich auf Strafzumessungsebene Berücksichtigung fand.

Nun aber änderte der BGH seine Rechtsprechung, wenn auch (nur) unter dem Einfluss der Rechtsprechung des EGMR, der zu Recht die Aufgabe der Ermittlungsbehörden in der *Aufklärung* von Straftaten sieht, nicht in deren *Provokation*.[58] So sieht der EGMR in der eines Rechtsstaates unwürdigen Tatprovokation durch Polizeibeamte einen Verstoß gegen Art. 6 I S. 1 EMRK (Recht auf faires Verfahren).[59]

Diese Rechtsprechung des EGMR hat der BGH in das deutsche Strafrechtssystem überführt, indem er eine Nichtverwertbarkeit aller auf die rechtsstaatswidrige Tatprovokation zurückzuführenden unmittelbar und mittelbar erlangten Beweismittel angenommen hat, was in der Sache ein Verfahrenshindernis zur Folge habe.[60] Das Verfahren gegen A und B war daher gem. §§ 206a, 260 III StPO einzustellen.

Bewertung: Der Wandel in der Rechtsprechung war längst überfällig. Die EMRK mit ihren Gewährleistungen ist „Gesetz und Recht" i.S.d. Art. 20 III GG und daher auch vom BGH zu beachten. Aufgrund der Völkerrechtsfreundlichkeit des GG (Art. 1 II GG) sowie der völkervertraglichen Bindung, die die Bundesrepublik Deutschland mit der Unterzeichnung

---

[54] Das Recht auf ein faires Verfahren gehört zu den wesentlichen Grundsätzen eines rechtsstaatlichen Strafverfahrens. Der Angeklagte darf nicht nur Objekt des Verfahrens sein; ihm muss vielmehr die Möglichkeit gegeben werden, zur Wahrung seiner Rechte auf den Gang und das Ergebnis des Verfahrens Einfluss zu nehmen (*Hartmann/Schmidt*, StrafProzR, 6. Aufl. 2016, Rn 102 mit Verweis u.a. auf BVerfGE 26, 66, 67 ff.; 63, 380, 390; 66, 313, 318; BGHSt 45, 321, 355; 46, 93, 100).

[55] Vgl. etwa die Fälle BGHSt 32, 345, 348 ff.; 45, 321, 324 f.; 47, 44, 47; BGH NStZ 2014, 277, 280.

[56] BVerfG NStZ 2016, 49.

[57] BVerfG NStZ 2016, 49, 50.

[58] EGMR NJW 2015, 3631 ff.

[59] EGMR NJW 2015, 3631, 3634 f.

[60] BGH NJW 2016, 91, 96.

der EMRK eingegangen ist, sind Inhalt und Entwicklungsstand der EMRK bei der Anwendung und Auslegung des nationalen Rechts einschließlich des Verfassungsrechts zu berücksichtigen. Mit Unterzeichnung und Ratifizierung der EMRK hat sich die Bundesrepublik Deutschland zudem dazu verpflichtet, auch den Urteilen des EGMR Folge zu leisten (Art. 46 I EMRK). Insofern war die Überführung der Rechtsprechung des EGMR in die staatliche Strafrechtsordnung konsequent und geboten. Aber auch bei rein nationaler Betrachtung des Falls war das Verhalten der Ermittlungsbehörden rechtsstaatswidrig und von solcher Intensität, dass auch auf dem Boden des GG die Annahme eines Verfahrenshindernisses die allein richtige Konsequenz war. Dem BGH ist daher vollauf beizupflichten. Somit bleibt (lediglich) die Erwartung, dass sich nunmehr auch das BVerfG klar von der „Strafzumessungslösung" verabschiedet und in der Tatprovokation von Tatverdächtigen durch Polizeibeamte stets ein zwingendes Verfahrenshindernis sieht.

Beispiel 2[61]: In dem Presseerzeugnis P wird über persönliche Sachverhalte der Prominententochter T berichtet. Diese verlangt vor dem Zivilgericht Unterlassung der Veröffentlichung auf Grundlage des § 1004 I S. 2 BGB analog.[62]

Bei rein nationaler Betrachtung sind in diesem Fall das allgemeine Persönlichkeitsrecht (APR) der T aus Art. 2 I i.V.m. 1 I GG und die Pressefreiheit des P aus Art. 5 I GG untereinander abzuwägen. Unter Heranziehung der Gewährleistungen der EMRK tritt auf Seiten des APR Art. 8 I EMRK (Achtung des Privat- und Familienlebens) und auf Seiten der Pressefreiheit Art. 10 I EMRK (Freiheit der Meinungsäußerung). Eine grundsätzliche Verschiebung in die eine oder andere Richtung ist damit aber nicht gegeben, wobei der EGMR das Persönlichkeitsrecht tendenziell stärker zu betonen pflegt (vgl. dazu Rn 286 ff.). Vgl. auch Rn 518a.

8 Gemäß Art. 6 II S. 1 EUV tritt die **EU** der EMRK bei. Ein solcher Beitritt ist aber noch nicht erfolgt. Sollte – trotz vehement geäußerter Bedenken des EuGH[63] – ein Beitritt erfolgen, erhielte die EMRK nicht nur ihren 48. Vertragsstaat, sondern die 28 EU-Mitgliedstaaten wären dann auch „parallel" vertreten, und zwar zunächst direkt (d.h. über den Europarat) und parallel dazu über die EU. Weitere Folge wäre, dass die EMRK entgegen dem bei Rn 4b ff. Gesagten zur unmittelbar geltenden Rechtsquelle erhoben (vgl. Art. 216 II AEUV) würde. Die EU und ihre Organe müssten sich dem Regime der EMRK unterwerfen. Der EGMR würde die Zuständigkeit erhalten, Maßnahmen der EU (einschließlich der Entscheidungen des EuGH) am Maßstab der EMRK zu überprüfen.[64]

3. Verhältnis zum Recht der Europäischen Union/zur GRC

9 Die **EU-Grundrechtecharta** (GRC) wurde zwar bereits auf dem EU-Gipfel von Nizza am 7.12.2000 feierlich proklamiert, jedoch kam ihr eine unmittelbare Rechtswirkung vorerst nicht zu. Erst mit dem Vertrag von Lissabon wurde sie rechtsverbindlich in das europäische Primärrecht integriert. Zwar wurde sie nicht in den Vertragstext des EUV inkorporiert, Art. 6 I Halbs. 2 EUV i.d.F. von Lissabon bestimmt aber die rechtliche Gleichrangigkeit mit den Unionsverträgen; sie ist also trotz unterbliebener Integration in den EUV (n.F.) oder den AEUV integraler Bestandteil des **primären Unionsrechts**. Sekundäres Unionsrecht ist somit stets im Lichte der GRC auszulegen.[65] Auch ist die

---

[61] Vgl. BGH NJW 2014, 768 (Veröffentlichung von Informationen über Prominententochter). Vgl. auch BGH NJW 2015, 489 ff. (Internetbewertungsportal, Rn 266, 276, 517c, 787), wo der BGH (ebenfalls) erfreulicherweise den Einfluss der EMRK auf die nationale Rechtsordnung betont.

[62] Anmerkung: Da § 1004 I BGB nur von „Eigentum" spricht, bedarf es einer analogen Anwendung der Vorschrift auf das allgemeine Persönlichkeitsrecht (dazu Rn 517b).

[63] EuGH, Gutachten C-2/13 v. 18.12.2014. Vgl. dazu *Streinz*, JuS 2015, 567 ff.

[64] Genau hier setzen (hintergründig) die Bedenken des EuGH an, die er in seinem genannten Gutachten geäußert hat. Letztlich geht es um die Frage, ob das aus einem Beitritt der EU zur EMRK resultierende Mehrebenensystem mit dem EU-Primärrecht vereinbar wäre. Der EuGH sieht eine Gefahr für die Zuständigkeiten der EU und deren Organe (vgl. dazu näher *Wendel*, NJW 2015, 921 ff. m.w.Nachw.).

[65] EuGH NVwZ 2013, 1139 f.

GRC verbindliche und mit einem **Anwendungsvorrang** gegenüber nationalem Recht versehene Rechtsquelle für Unionsbürger.[66]

Die in der GRC kodifizierten Grund- und Menschenrechte sind in sechs große Kapitel unterteilt: Kapitel I (Würde): Würde des Menschen; Recht auf Leben; Recht auf Unversehrtheit; Verbot der Folter und unmenschlicher oder erniedrigender Strafe oder Behandlung; Verbot der Sklaverei und der Zwangsarbeit; Kapitel II (Freiheiten): Recht auf Freiheit und Sicherheit; Achtung des Privat- und Familienlebens; Schutz personenbezogener Daten; Recht, eine Ehe einzugehen und eine Familie zu gründen; Gedanken-, Gewissens- und Religionsfreiheit; Freiheit der Meinungsäußerung und Informationsfreiheit; Versammlungs- und Vereinigungsfreiheit; Freiheit von Kunst und Wissenschaft; Recht auf Bildung; Berufsfreiheit und Recht zu arbeiten; unternehmerische Freiheit; Eigentumsrecht; Asylrecht; Schutz bei Abschiebung, Ausweisung und Auslieferung; Kapitel III (Gleichheit): Gleichheit vor dem Gesetz; Nichtdiskriminierung; Vielfalt der Kulturen, Religionen und Sprachen; Gleichheit von Männern und Frauen; Rechte des Kindes; Rechte älterer Menschen; Integration von Menschen mit Behinderung. Kapitel IV enthält Solidaritätsrechte sowie Umweltschutz und Verbraucherschutz, Kapitel V enthält Bürgerrechte wie das Wahlrecht bei den Wahlen zum Europäischen Parlament und bei den Kommunalwahlen die Freizügigkeit und die Aufenthaltsfreiheit; in Kapitel VI sind justizielle Rechte gewährleistet und Kapitel VII enthält allgemeine Bestimmungen. 9a

Die GRC gilt zunächst für die Organe und Einrichtungen der Union unter Einhaltung des Subsidiaritätsprinzips. Die Charta gilt mit ihrem Anwendungsvorrang vor nationalem Recht auch für EU-Mitgliedstaaten, wenn diese das Unionsrecht umsetzen (Art. 51 I S. 1 Hs. 2 GRC).[67] Nach dem Wortlaut des Art. 51 I S. 1 Hs. 2 GRC findet die GRC somit keine Anwendung auf rein nationale Sachverhalte, d.h. auf Sachverhalte, deren zugrunde liegende Vorschriften nicht in Durchführung des EU-Rechts ergangen sind. Hier sind an sich die mitgliedstaatlichen Grundrechte alleiniger Prüfungsmaßstab. Allerdings hat der EuGH in seinem Åkerberg-Fransson-Urteil entschieden, dass die durch die GRC garantierten Grundrechte auch bei rein nationalen Sachverhalten zu beachten seien, wenn die betreffende nationale Vorschrift in den Geltungsbereich des Unionsrechts falle.[68] Damit weitet der Gerichtshof den Anwendungsbereich der GRC entgegen dem Wortlaut des Art. 51 I S. 1 Hs. 2 GRC aus und erstreckt ihn auf den gesamten Geltungsbereich des Unionsrechts. Der Geltungsbereich des Unionsrechts wiederum bestimmt sich nach den Bestimmungen des EU-Primärrechts und das dieses konkretisierende EU-Sekundärrecht. Nach der Aussage des EuGH in seinem Åkerberg-Fransson-Urteil gilt also: „Die Anwendbarkeit des Unionsrechts umfasst die Anwendbarkeit der GRC". Das ist abzulehnen. Insbesondere macht Art. 6 EUV deutlich, dass durch die Bestimmungen der GRC die in den Primärverträgen festgesetzten Zuständigkeiten der Union (und damit auch die Jurisdiktion des Gerichtshofs) in keiner Weise erweitert werden. Gerade darauf läuft die genannte Rechtsprechung des EuGH aber hinaus. Kritisch hat sich dementsprechend auch das BVerfG geäußert. In seiner Entscheidung zur Antiterrordatei hat es überaus deutlich gemacht, dass es diese weite Interpretation hinsichtlich des Anwendungsbereichs der GRC nicht trägt.[69] 9b

Doch wenig beeindruckt von derartiger Kritik nimmt der EuGH in seinem sog. Pfleger-Urteil v. 30.4.2014[70] nicht nur mehrfach Bezug auf seine Åkerberg-Fransson-Entscheidung v. 26.2.2013, sondern erstreckt den Anwendungsbereich der GRC nunmehr sogar auf Konstellationen, bei denen ein Mitgliedstaat von den Grundfreiheiten des AEUV abweichen will. Konkret ging es um das österreichische Glücksspielmonopol. Ebenso wie in 9c

[66] Zum Anwendungsvorrang des EU-Rechts vgl. ausführlich *R. Schmidt*, Staatsorganisationsrecht, Rn 327 ff.
[67] Vgl. dazu EuGH EuZW 2011, 137 ff. Vgl. auch *Jarass*, NVwZ 2012, 457 ff.
[68] EuGH NJW 2013, 1415, 1416 (Åkerberg Fransson).
[69] BVerfGE 133, 277, 316. Kritisch auch *Rabe*, NJW 2013, 1407 f. Vgl. auch *Ohler*, NVwZ 2013, 1433, 1436; *Thym*, NVwZ 2013, 889 ff.; *Lange*, NVwZ 2014, 169 ff.; *Geiß*, DÖV 2014, 265, 267 ff. Vgl. auch *Safferling*, NStZ 2014, 545 ff.
[70] EuGH EuZW 2014, 597 ff. (Pfleger u.a./Österreich).

Deutschland ist es nach österreichischem Recht Privaten grundsätzlich verboten, Glücksspiele zu betreiben bzw. mit Glücksspielen Handel zu treiben. Ziel soll sein, Spielsucht und Kriminalität zu bekämpfen. Allerdings vergibt der Staat (gegen nicht geringe Gebühr) Lizenzen, was eine lukrative Einnahmequelle für den Staat darstellt. Nur allzu offensichtlich ist daher, dass mit solchen einschneidenden Marktregulierungen immer auch eine Beschränkung der Grundfreiheiten (hier: Dienstleistungsfreiheit gem. Art. 56 ff. AEUV) einhergeht. Zwar ist die Dienstleistungsfreiheit – wie alle Grundfreiheiten – nicht schrankenlos gewährt und kann insbesondere aus Gründen der öffentlichen Ordnung, Sicherheit oder Gesundheit eingeschränkt werden (vgl. Art. 62 AEUV i.V.m. Art. 52 AEUV)[71], jedoch müssen Einschränkungen mit höherrangigem Recht vereinbar sein. Als Prüfungsmaßstab in Betracht kommt die nach Art. 15 bis 17 GRC geschützte Berufs- und Eigentumsfreiheit. Doch dazu muss die GRC überhaupt auf diesen Sachverhalt anwendbar sein. Das ist mit Blick auf den Wortlaut des Art. 51 I S. 1 GRC zweifelhaft. Gleichwohl erstreckt der EuGH – unter ausdrücklicher Bezugnahme auf seine Åkerberg-Fransson-Entscheidung – den Anwendungsbereich der GRC auch dann auf die Überprüfung der Einhaltung der Grundfreiheiten, wenn die Vorschriften zum mitgliedstaatlichen Glücksspielmonopol nicht „in Durchführung des EU-Rechts ergangen sind".[72] Immerhin überlässt der EuGH die Prüfung der Verhältnismäßigkeit von Grundfreiheiten einschränkenden Regelungen den nationalen Gerichten und wahrt damit ein gewisses föderatives Element in der europäischen Jurisdiktion. Eine Abkehr von der doch sehr weiten Interpretation des Anwendungsbereichs der GRC findet sich in jüngeren Entscheidungen des EuGH[73], was mit Blick auf den Wortlaut des Art. 51 I S. 1, II GRC[74] zu begrüßen ist.[75]

9d Eine **horizontale Direktwirkung** („unmittelbare Drittwirkung" – also eine unmittelbare Wirkung zwischen Privaten) der Gewährleistungen der GRC ist **abzulehnen**. Wortlaut und Ratio des Art. 51 I S. 1 GRC sprechen dagegen.[76] Ähnlich, wie das bei den Grundrechten des GG aber anerkannt ist[77], wird man auch bei den Grundrechten der GRC eine objektive Wertordnung annehmen und daraus eine **mittelbare Drittwirkung** ableiten müssen.

Fraglich ist, ob die **Grundfreiheiten** des primären EU-Rechts, d.h. der freie Personenverkehr (Art. 21 AEUV) mit den Unterarten Arbeitnehmerfreizügigkeit (Art. 45 ff. AEUV) und Niederlassungsfreiheit (Art. 49 ff. AEUV), die Warenverkehrsfreiheit (Art. 28 ff. AEUV), die Dienstleistungsfreiheit (Art. 56 ff. AEUV) und die Kapital- und Zahlungsverkehrsfreiheit (Art. 63 ff. AEUV)[78], auch zwischen Privaten gelten, d.h. auf Verträge zwischen Privaten einwirken können. Vielfach wird eine derartige Drittwirkung von Grundfreiheiten abgelehnt mit dem Argument, die Grundfreiheiten verpflichteten lediglich die öffentliche Hand, jedoch nicht Private. Diese Auffassung verneint damit also eine objektive Wertordnung der Grundfreiheiten, was nicht überzeugt. Der EuGH misst (jedenfalls) der Warenverkehrsfreiheit und den

---

[71] Zu den Grundfreiheiten vgl. *R. Schmidt*, Staatsorganisationsrecht, Rn 341b ff.
[72] EuGH EuZW 2014, 597, 598 f. Leicht „zurückrudernd" EuGH EuZW 2014, 795 f. Vgl. dazu insgesamt *R. Schmidt*, Staatsorganisationsrecht, Rn 357/362.
[73] EuGH NVwZ 2014, 575; EuZW 2014, 795; NJW 2015, 145; EuZW 2015, 439.
[74] In Art. 51 I S. 1 GRC heißt es: „Diese Charta gilt für die Organe, Einrichtungen und sonstigen Stellen der Union unter Wahrung des Subsidiaritätsprinzips und für die Mitgliedstaaten ausschließlich bei der Durchführung des Rechts der Union". Und Art. 51 II GRC lautet: „Diese Charta dehnt den Geltungsbereich des Unionsrechts nicht über die Zuständigkeiten der Union hinaus aus und begründet weder neue Zuständigkeiten noch neue Aufgaben für die Union, noch ändert sie die in den Verträgen festgelegten Zuständigkeiten und Aufgaben".
[75] Vgl. auch *Wollenschläger/Krönke*, NJW 2016, 906.
[76] EuGH NZA 2014, 193 ff. Insoweit besteht also kein Unterschied zum nationalen Recht. So regelt für die Bundesrepublik Deutschland Art. 1 III GG eindeutig, dass die Grundrechte des GG (unmittelbar) nur die Staatsgewalt binden. Eine unmittelbare Geltung von Grundrechten zwischen Privaten liegt nur dort vor, wo das Grundgesetz dies eindeutig anordnet (so Art. 9 III S. 2 GG).
[77] Die allgemein anerkannte mittelbare Geltung der Grundrechte zwischen Privaten fußt auf der „objektiven Wertordnung", die von den Grundrechten ausgeht. Denn die Grundrechte nehmen Einfluss auch auf die gesamte (Zivil-)Rechtsordnung. Sie gelten für alle Bereiche des Rechts als Richtlinie und Impuls und damit auch mittelbar im Verhältnis der Bürger untereinander (dazu Rn 21 und 105).
[78] Zur jüngeren Rspr. des EuGH zu den Grundfreiheiten vgl. *Epiney*, NVwZ 2015, 777 ff. Zu den Grundfreiheiten vgl. i.Ü. *R. Schmidt*, Staatsorganisationsrecht, Rn 341 ff.

Personenverkehrsfreiheiten auch eine Bindungswirkung für privatrechtliche Handlungsformen (horizontale Wirkung) bei.[79]

Ist die GRC mithin anwendbar, genießt sie wegen ihres Status als primäres Unionsrecht (im Anwendungsbereich des Unionsrechts) auch **Anwendungsvorrang** vor den Grundrechten des GG. Dieser Anwendungsvorrang auch gegenüber den Grundrechten des Grundgesetzes wird insbesondere dann virulent, wenn man berücksichtigt, dass die GRC **soziale Grundrechte** enthält, die in ihrem Gewährleistungsbereich weiterreichen als die Grundrechte des Grundgesetzes. **9e**

Aber auch wenn Grundrechte nationaler Verfassungen weiter reichen als diejenigen der GRC, ist die Schutzniveauklausel des Art. 53 GRC zu beachten, wonach der von der EMRK und den Verfassungen der Mitgliedstaaten gewährleistete Grundrechtsschutz von der GRC nicht berührt wird. Das darf nach Auffassung des EuGH jedoch nicht dazu führen, dass der Anwendungsvorrang des Unionsrechts unterlaufen wird.[80] Das bedeutet: Auch wenn nationaler Grundrechtsschutz weiter geht als derjenige nach der GRC, darf dies den Anwendungsvorrang des Unionsrechts nicht beeinträchtigen. Ob dies mit der Solange-II-Rechtsprechung[81] und dem Lissabon-Urteil[82] des BVerfG in Einklang steht, darf bezweifelt werden; die Auffassung des EuGH befindet sich jedoch auf der Linie des Honeywell-Beschlusses des BVerfG, bei dem das BVerfG seine Grundsätze des Lissabon-Urteils relativierte. Hierbei machte das BVerfG einschränkend deutlich, dass es sich hinsichtlich der Überprüfung von Rechtsakten der EU am Maßstab des Grundgesetzes nur dann für zuständig erachte, wenn der gerügte Kompetenzverstoß „praktisch kompetenzbegründend wirkt". Das ist laut BVerfG der Fall bei einem „hinreichend qualifizierten" Verstoß dergestalt, „dass das kompetenzwidrige Handeln der Unionsgewalt *offensichtlich* ist und der angegriffene Akt im Kompetenzgefüge zwischen Mitgliedstaat und Union im Hinblick auf das Prinzip der begrenzten Einzelermächtigung und die rechtsstaatliche Gesetzesbindung *erheblich ins Gewicht fällt*".[83] **9f**

Art. 6 III EUV (n.F.) bestimmt schließlich, dass die Grundrechte, die zum einen nach der EMRK gewährleistet sind und zum anderen aus den gemeinsamen Verfassungsüberlieferungen der Mitgliedstaaten als Rechtserkenntnisquellen hergeleitet werden, als allgemeine Grundsätze des Unionsrechts gelten. Das entspricht der früheren Rechtslage. **9g**

Da die Garantien der verschiedenen Grundrechtstypen inhaltlich weitestgehend übereinstimmen[84], ist jedoch weder mit einer quantitativen noch mit einer qualitativen Verdreifachung des europäischen Grundrechtsschutzes zu rechnen (str.).[85] Für den EU-Bürger hat dies jedoch den Vorteil, dass er bei einer (Grund)Rechtsverletzung nicht mehr allein auf das Verfassungsgericht seines Landes angewiesen ist. **9h**

---

[79] EuGH EuZW 2012, 797 ff.; NZA 2012, 863 ff. Vgl. dazu *Schmahl/Jung*, NVwZ 2013, 607 ff. Zur horizontalen Wirkung vgl. *R. Schmidt*, AllgVerwR, Rn 171.
[80] EuGH NJW 2013, 1215, 1216 f. (Melloni).
[81] BVerfGE 73, 339 ff.
[82] BVerfGE 123, 267 ff.
[83] BVerfGE 126, 286, 304 ff. Das Sondervotum BVerfGE 126, 286, 318 ff. sieht in den Einschränkungen der Ultra-vires-Kontrolle ein Abweichen vom Lissabon-Urteil und die Gefahr, dass (auch) dieser Kontrollvorbehalt „nur noch auf dem Papier" steht. Vgl. dazu auch *Koch/Ilgner*, JuS 2011, 540 ff.; *Michels*, JA 2012, 515 ff. Vgl. dazu insgesamt näher *R. Schmidt*, Staatsorganisationsrecht, Rn 327 ff.
[84] Vgl. dazu Rn 274a (Anzeige der Suchergebnisse von Internetsuchmaschinen) sowie das Prüfungsschema bei Rn 224a.
[85] *Pache/Rösch*, EWS 2009, 393, 400; a.A. *Schlacke/Domröse*, JA 2011, 842, 845.

C. Allgemeine Grundrechtslehren (Grundrechtsfunktionen)

I. Die subjektiv-rechtlichen Funktionen der Grundrechte

10 Historisch gesehen sind die Grundrechte als **Abwehrrechte** des Bürgers gegen den Staat konzipiert. Das hat den Hintergrund, dass der Staat das sog. Gewaltmonopol innehat. Nur er ist Inhaber legitimer Gewalt. Das bedeutet, dass der Staat auch unter Ausübung körperlicher Gewalt die Einhaltung seiner Anordnungen und Gesetze erzwingen kann. Er ist unter bestimmten Voraussetzungen zum Eingriff in die persönliche Sphäre seiner Bürger befugt, insbesondere in Freiheit und Eigentum. Gleichwohl muss in einem demokratischen Staatswesen die Staatsgewalt rechtlich geordnet sein, kann also nicht willkürlich ausgeübt werden und ist bestimmten staatlichen Institutionen vorbehalten. Die Grenze staatlichen Eingreifens bilden die Grundrechte als Abwehrrechte. In dieser Funktion stellen sie rechtliche Vorkehrungen zum Schutz vor freiheitsverkürzenden staatlichen Maßnahmen dar. Auch schützen sie vor sachlich nicht gerechtfertigten Ungleichbehandlungen.

11 Das moderne Verständnis der Grundrechte beschränkt sich aber nicht auf die Abwehr staatlichen Handelns, sondern erstreckt sich, da der Einzelne zunehmend von staatlichen Leistungen abhängig wird, auch auf Leistungsansprüche gegenüber dem Staat. Man spricht in diesem Zusammenhang von Leistungsgrundrechten (Teilhaberechte, soziale Grundrechte).

12 Die Grundrechte lassen sich daher entsprechend ihrer rechtlichen Wirkung in drei Gruppen einteilen, in Abwehr-, Leistungs- und Gleichheitsrechte. Darüber hinaus fungieren sie als Mitwirkungsrechte.

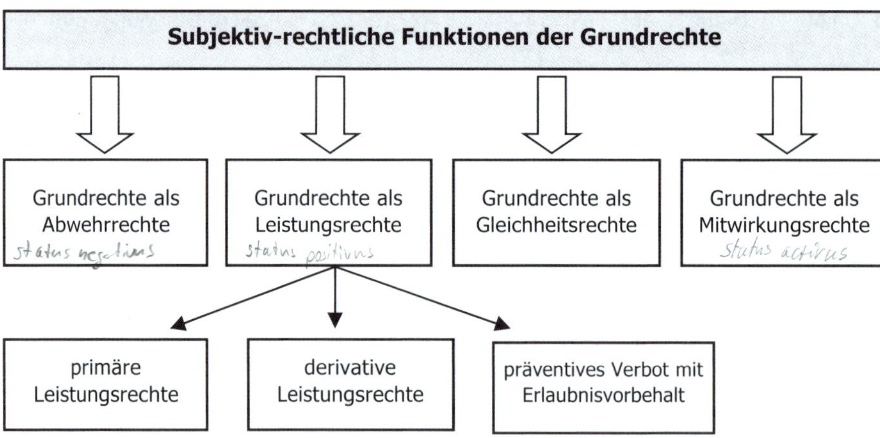

1. Grundrechte als Abwehrrechte (*status negativus*)

13 Sind also die Grundrechte in erster Linie als Abwehrrechte (negativer Status[86]) des Bürgers gegenüber dem Staat konzipiert, dienen sie dazu, „die Freiheit des Einzelnen vor Eingriffen der öffentlichen Gewalt zu sichern“[87]. Daher werden sie üblicherweise als **Freiheits**- bzw. **Abwehrgrundrechte** bezeichnet.

Beispiele: Art. 2 I GG schützt die allgemeine Verhaltensfreiheit und (i.V.m. Art. 1 I GG) das allgemeine Persönlichkeitsrecht; Art. 4 GG schützt die Glaubens- und Gewissensfreiheit; Art. 5 I GG schützt die Meinungs-, Informations-, Presse-, Rundfunk- und Filmfrei-

[86] Die Statuslehre wurde - wie die Drei-Elemente-Lehre - begründet von *Georg Jellinek*, System der subjektiven öffentlichen Rechte, 2. Aufl. 1905, S. 44 ff.
[87] BVerfGE 7, 198, 204 (Lüth); 50, 290, 337 (Mitbestimmung); 68, 193, 205 (Innungen).

heit; Art. 5 III GG schützt die Kunst- und Wissenschaftsfreiheit; Art. 6 GG schützt Ehe und Familie; Art. 8 GG schützt die Versammlungsfreiheit; Art. 9 schützt die Vereinigungs- und Koalitionsfreiheit; Art. 10 GG schützt das Brief-, Post- und Telekommunikationsgeheimnis; Art. 12 GG schützt Berufswahl und Berufsausübung; Art. 14 GG schützt das Eigentum.

Hinweis für die Fallbearbeitung: Die Abwehr belastenden, d.h. freiheitsverkürzenden staatlichen Handelns ist primär mit verwaltungsrechtlichen Rechtsbehelfen zu erreichen. Besteht das fragliche Handeln in einem Verwaltungsakt, sind Widerspruch und Anfechtungsklage statthaft (vgl. §§ 68 ff. und 42 I Var. 1 VwGO). Besteht das belastende Handeln in einem schlicht-hoheitlichen Handeln, ist die allgemeine Leistungsklage einschlägig. Wird ein generelles Verbot mit einem Genehmigungsvorbehalt verknüpft, kann aus dem Grundrecht ein Anspruch auf Erteilung der Genehmigung folgen. Vgl. dazu ausführlich Rn 17 ff. Schließlich kann die Verletzung eines Grundrechts einen Folgenbeseitigungsanspruch nach sich ziehen. Ist der Rechtsweg erschöpft oder steht ein solcher nicht offen, kommt die Individualverfassungsbeschwerde (Art. 93 I Nr. 4a GG, §§ 13 Nr. 8a, 90 ff. BVerfGG) in Betracht.
Bei der Begründetheit des jeweiligen Rechtsbehelfs ist bei der möglichen Verletzung eines Freiheitsgrundrechts zunächst zu prüfen, ob ein Eingriff in den Schutzbereich des Grundrechts vorliegt, dann, ob das Grundrecht einschränkbar ist, und schließlich, ob die einschränkende staatliche Maßnahme ihrerseits verfassungsrechtlich gerechtfertigt ist. Vgl. dazu ausführlich Rn 112 ff. (allgemeine Grundrechtsprüfung) und die Ausführungen zu den jeweiligen Grundrechten.

Beispiel: Die zuständige Ordnungsbehörde ist der Auffassung, dass der gewerbetreibende G aufgrund wiederholten Vorenthaltens und Veruntreuens von Sozialversicherungsbeiträgen (vgl. § 266a StGB) unzuverlässig sei, und untersagt ihm die weitere Ausübung seines Gewerbes.

Durch die Gewerbeuntersagung greift die Behörde in das Grundrecht der Berufsfreiheit (Art. 12 I S. 1 GG) ein. Dieser Eingriff ist nur dann gerechtfertigt, wenn das Grundrecht einschränkbar ist und es den konkreten Eingriff zulässt.

Die Einschränkbarkeit des Grundrechts ist Art. 12 I S. 2 GG zu entnehmen. Ob es den Eingriff zulässt, ist eine Frage der verfassungsrechtlichen Rechtfertigung des Eingriffs. Minimalvoraussetzung ist das Vorliegen einer Rechtsgrundlage. Diese ist § 35 I GewO zu entnehmen, der für anzeige-, aber nicht genehmigungspflichtige Gewerbe eine Gewerbeuntersagung wegen Unzuverlässigkeit vorsieht. Ob die Gewerbeuntersagung in Anbetracht der Bedeutung des Art. 12 I S. 1 GG rechtmäßig ist, muss unter strikter Wahrung des Grundsatzes der Verhältnismäßigkeit beantwortet werden. Vgl. dazu Rn 154 ff.

2. Grundrechte als Leistungsrechte (*status positivus*)

Der Einzelne ist in gewissem Maße von staatlichen Leistungen abhängig. Diese Abhän- 14
gigkeit gilt es durch die Grundrechte abzusichern. Die Grundrechte fungieren daher nicht nur als Abwehrrechte des Bürgers gegen staatliche Eingriffe (*status negativus*), sondern können auch als Leistungs- bzw. Teilhaberechte (*status positivus*) und Mitwirkungsrechte (*status activus*) fungieren. Man spricht von **Leistungsgrundrechten** bzw. **sozialen Grundrechten**. Zu beachten ist jedoch, dass die Grundrechte unter Berücksichtigung von Wortlaut und Funktion überwiegend nicht als Anspruchsgrundlagen konzipiert sind und dass sich nur bei einigen Grundrechten (und grundrechtsgleichen Rechten) aus dem Wortlaut oder dem Inhalt bereits ein Leistungs- und Teilhabeanspruch des Bürgers (Leistungsrechte i.e.S. oder primäre Leistungsrechte[88]) ergibt.

[88] *P/S/K/P*, Rn 78 f. bzw. *Jarass*, in: Jarass/Pieroth, GG, Vorb. vor Art. 1 Rn 2.

Beispiele: Art. 1 I S. 2 Hs 1 GG (Anspruch auf Menschenwürde); Art. 6 IV GG (Anspruch der Mutter auf Schutz und Fürsorge der Gemeinschaft); Art. 6 V GG (Anspruch nichtehelicher Kinder auf Gleichstellung mit ehelichen); Art. 7 IV GG (Anspruch auf Errichtung von Privatschulen); Art. 16a I GG (Anspruch auf politisches Asyl); Art. 17 GG (Petitionsrecht); Art. 19 IV GG (Rechtsschutzgarantie gegen Maßnahmen der Exekutive[89]); Art. 2 I, 20 III GG (Rechtsschutzgarantie im Privatrecht; Anspruch auf faires Verfahren); Art. 33 II GG (Anspruch auf Berücksichtigung des Leistungsprinzips im Beamtenrecht[90]); Art. 101 I S. 2 GG (Anspruch auf den gesetzlichen Richter); Art. 103 I GG (Anspruch auf rechtliches Gehör)

Anspruch auf Leistung nicht nur über Art. 3 I GG

15 Die Zurückhaltung des Grundgesetzes bei der Gewährung von sozialen Grundrechten (zumeist in Verbindung mit dem Sozialstaatsprinzip) hat den Hintergrund, dass Leistungsansprüche zu erheblichen finanziellen Belastungen des Staates führen können, die Budgethoheit aber dem Parlament unterliegt. Gäbe es z.B. ein grundgesetzlich garantiertes Recht auf Arbeit, müsste der Staat sämtliche Vorkehrungen treffen, um jedem Einzelnen einen Arbeitsplatz zu garantieren. Dies wäre mit erheblichen finanziellen Aufwendungen verbunden, was eine Zurückdrängung anderer Aufgaben zur Folge hätte.[91] Um den freiheitlichen Charakter der Verfassung zu wahren, lassen sich deshalb – bis auf die genannten Beispiele – subjektive Leistungsrechte aus den Grundrechten grundsätzlich nicht ableiten.[92] Vgl. dazu auch *R. Schmidt*, AllgVerwR, Rn 244.

16 Ein Anspruch auf Leistung kommt aber regelmäßig in Betracht, wenn der Staat Leistungen *bereits anderen gewährt hat*. Denn gem. Art. 3 I GG ist der Staat zur Gleichbehandlung verpflichtet und darf ohne sachlichen Grund Dritte nicht von der Leistungsgewährung ausschließen (**derivatives Leistungsrecht bzw. Teilhaberecht**).

Beispiel: Die im Bundesland X ansässigen A-Werke befinden sich in wirtschaftlichen Schwierigkeiten. Um die Arbeitsplätze in der Region zu sichern, gewährt X ihnen – in Übereinstimmung mit dem Haushaltsplan – eine Beihilfe. Die ebenfalls in X ansässigen und sich in einer ebenso schwierigen Lage befindenden B-Automobilwerke wollen aus Gründen der Gleichbehandlung ebenfalls subventioniert werden.

In diesem Beispiel findet sich die Konstellation der sog. Partizipationserzwingungsklage in Form der Konkurrentengleichstellungsklage. Wenn man unterstellt, dass die an die A-Werke gewährte Subvention unter Kapazitätsvorbehalt (Vorbehalt des Möglichen) stand und das Kontingent bereits erschöpft ist, wird eine auf Art. 12 I i.V.m. 3 I GG gestützte Klage mit dem Ziel, ebenfalls in den Genuss der Begünstigung zu kommen, mangels Klagebefugnis unzulässig sein, da es nichts mehr zu verteilen gibt.[93] Die Klagebefugnis entfällt aber auch bei einem noch nicht erschöpften Kontingent, wenn die B-Werke selbst die Förderungsvoraussetzungen nicht erfüllen. Erfüllen sie diese allerdings, wäre eine Verpflichtungsklage unter dem Aspekt der Ermessensreduzierung auf Null (aus Art. 3 I GG abgeleitete Selbstbindung der Verwaltung[94]) zulässig und möglicherweise auch begrün-

---

[89] Der Ausschluss von Akten der Legislative ist damit zu begründen, dass Rechtsschutz gegen Akte der Legislative durch das BVerfG selbst gewährt wird (Verwerfungsmonopol!). Der Ausschluss von Akten der Judikative hat seinen Grund darin, dass Art. 19 IV GG nur Rechtsschutz *durch* den Richter, nicht aber *gegen* den Richter garantieren soll. Freilich bezieht sich der Ausschluss der Judikative nur auf solche Akte, in denen das Gericht als „klassische Streitschlichtungsinstanz" tätig wurde. Wird ein Gericht also nicht spruchrichterlich tätig (etwa, wenn es eine Telekommunikationsüberwachung gem. § 100b StPO anordnet), gehört es folgerichtig zur öffentlichen Gewalt i.S.v. Art. 19 IV GG; der Rechtsweg steht offen.

[90] Der Beamte hat ein subjektives Recht auf fehlerfreie Anwendung des Art. 33 II GG (sowie der nachgebildeten Vorschriften des Bundes- und Landesrechts); vgl. VG Stuttgart NVwZ 2000, 959; VG Lüneburg NJW 2001, 767; BVerwGE 116, 359 ff. (Tragen eines Kopftuchs als Eignungsmangel im Beamtenrecht).

[91] Ein anderer Weg, dem Recht auf Arbeit nachzukommen, bestünde etwa darin, dass sich der Staat die Verfügungsbefugnis über die Arbeitsplätze verschaffte. Dies würde aber faktisch zur Abschaffung des Art. 12 I GG führen.

[92] Vgl. BVerfGE 33, 303, 331 (Numerus clausus); *Wernsmann*, Jura 2001, 106, 111. Sofern in den *Landes*verfassungen weitergehende soziale Grundrechte anzutreffen sind (etwa ein Recht auf Arbeit), stellen diese keine einklagbaren Rechte dar, sondern lediglich Staatszielbestimmungen. Zu Begriff und Funktion von Staatszielbestimmungen vgl. die entsprechenden Ausführungen bei *R. Schmidt*, Staatsorganisationsrecht, Rn 314.

[93] Vgl. BVerwGE 30, 191, 197.

[94] Vgl. dazu sehr anschaulich BVerwG NVwZ 1998, 273; VGH Mannheim NVwZ 1991, 1199.

det. Die Begründetheit hängt davon ab, ob eine Selbstbindung der Verwaltung tatsächlich besteht und der Kläger auf Fortbestand der Leistungsgewährung vertrauen durfte. Dies wird auch – mit Blick auf das Haushaltsrecht der Legislative – nur in Ausnahmefällen anzunehmen sein.[95] Vgl. zum Gleichbehandlungsgrundsatz auch Rn 18.

Hinzu kommt, dass die in den Grundrechten garantierten Rechtspositionen in den über- 16a
wiegenden Fällen der einfachgesetzlichen Ausgestaltung und Konkretisierung bedürfen. Es ist in erster Linie Aufgabe des einfachen Gesetzgebers, subjektive Rechte zu gewähren. Auch darf nicht verkannt werden, dass die einschlägigen Grundrechte häufig sowohl dem Begünstigten als auch dem Belasteten zur Seite stehen.

Beispiel: Art. 14 GG garantiert einerseits die Baufreiheit des Bauherrn, schützt andererseits aber auch den Nachbarn vor Beeinträchtigungen seines Grundstücks.

Daraus resultiert ein genereller **Anwendungsvorrang** unterverfassungsrechtlicher 16b
Normen und Ansprüche gegenüber den Grundrechten.[96] Es müssen also zunächst einfachgesetzliche Normen auf subjektive Rechte hin untersucht werden. Soweit die betreffende einfachgesetzliche Norm keinen ausdrücklichen Individualschutz gewährt, ist danach zu fragen, ob die Norm nur Allgemeininteressen oder auch Individualinteressen schützt. Bei dieser Auslegung sind jedoch die Grundrechte maßgeblich heranzuziehen (**norminterne Wirkung der Grundrechte**). Im Zweifel spricht eine grundrechtskonforme Auslegung in Verbindung mit der Rechtsschutzgarantie aus Art. 19 IV GG für die Annahme eines Individualschutzes.[97]

Fehlen einfachgesetzliche Regelungen, ist von vornherein auf die Grundrechte zurück- 16c
zugreifen. Dann ist zu prüfen, ob die Wertentscheidungen der Grundrechte die Anerkennung eines Leistungsrechts fordern (**normexterne Wirkung der Grundrechte**).[98] So sind bei der beamtenrechtlichen Konkurrentenklage stets Art. 33 II, III GG zu beachten[99], bei wirtschaftlichen Konkurrentenklagen Art. 12 und 14 GG[100] usw.

Ein Grundrecht kann aber auch dann ein Leistungsrecht sein, wenn es in seiner Rechts- 17
folge eigentlich eine Abwehrfunktion ausübt. Das hat folgenden Hintergrund: Die Grundrechte in ihrer Funktion als Freiheitsrechte gewähren dem Bürger einen Anspruch auf freie Entfaltung seiner Persönlichkeit. Der Gesetzgeber kann dem Bürger ein Tätigwerden nur innerhalb der von den Grundrechten vorgesehenen Möglichkeit materiellrechtlich verbieten. Er darf allerdings ein Tätigwerden vorweg darauf hin kontrollieren, ob es dem materiellen Recht entspricht. Bei Einhaltung dieser Voraussetzung kann das Verbot nicht aufrechterhalten werden. Der Bürger hat aus dem Abwehrrecht einen Anspruch auf Genehmigung eines Vorhabens. Die Versagung der Leistung bzw. Genehmigung würde einen Eingriff in die subjektiven Rechte des Bürgers darstellen. Die Kontrollerlaubnis ist also **ein (präventives) Verbot mit Erlaubnisvorbehalt**. Dieser Erlaubnisvorbehalt ermöglicht der Behörde die rechtzeitige Nachprüfung, ob sich die beabsichtigte Tätigkeit *materiell* im Bereich des gesetzlich Erlaubten oder Verbotenen hält.

---

[95] BVerwG NVwZ 1998, 273, 274 f.; VGH Mannheim NVwZ 1991, 1119.

[96] Auch das BVerfG und das BVerwG bestätigen konsequent ihre Abneigung, subjektiv-rechtliche Positionen unter Vernachlässigung des einfachen Rechts sogleich unmittelbar aus den Grundrechten abzuleiten (vgl. etwa BVerfG NJW 2015, 805, 811; NVwZ 2001, 1148, 1149 f.; BVerwG DVBl 2000, 1614; vgl. auch *Ortloff*, NVwZ 2005, 1381, 1384 f.; *Frenz*, JA 2011, 433, 438). Dagegen prüft das VG Sigmaringen (NJW 2001, 628, 630) die Grundrechte vorrangig vor dem einfachen Recht.

[97] Vgl. *Wallerath*, NJW 2001, 781, 785; *Winter*, NVwZ 1999, 467, 468.

[98] Vgl. ausführlich *Wahl/Schütz*, in: Schoch/Schneider/Bier, VwGO, § 42 Abs. 2 Rn 56 ff.

[99] Der Beamte hat ein subjektives Recht auf fehlerfreie Anwendung des Art. 33 II GG (sowie der nachgebildeten Vorschriften des Bundes- und Landesrechts), vgl. VG Stuttgart NVwZ 2000, 959; VG Lüneburg NJW 2001, 767; BVerwG 2002, 3344 ff., dazu auch BVerfGE 108, 282, 294 ff.

[100] Vgl. dazu BVerwGE 32, 173, 178 f.; 50, 282, 287 f.

Beispiel 1: Art. 12 I S. 1 GG gewährt u.a. die Gewerbefreiheit. Allerdings steht dieses Grundrecht im Interesse der Allgemeinheit unter einem Schrankenvorbehalt (vgl. Art. 12 I S. 2 GG). Eine solche Schrankenregelung stellt z.B. § 2 GastG[101] dar. Demnach kann der Gesetzgeber (präventiv) die Tätigkeit darauf hin kontrollieren, ob die Schranken einschlägig sind, d.h. ob der Gewerbetreibende zuverlässig ist. Diese Prüfung erfolgt anhand von § 4 GastG. Zeigt das Prüfungsverfahren, dass die Voraussetzungen für das bestimmte Gaststättengewerbe vorliegen, hat der Anspruchsteller einen Anspruch auf die Genehmigung (§§ 2, 3 GastG i.V.m. Art. 12 I S. 1 GG). Der Genehmigungsvorbehalt soll gewährleisten, dass von den Vorhaben keine Gefahren für die Allgemeinheit ausgehen. Die rechtstechnische Einkleidung macht aus dem Abwehrrecht ein Leistungsrecht.

Beispiel 2[102]: Cannabis gehört zu den Betäubungsmitteln, deren Anbau (besser gesagt: Der Anbau von Hanf) nach dem Betäubungsmittelgesetz erlaubnispflichtig und die nur unter den gesetzlich beschriebenen Voraussetzungen verkehrsfähig sind (vgl. §§ 3, 5 I BtMG). Beantragt A beim Bundesinstitut für Arzneimittel und Medizinprodukte die Erlaubnis zum Anbau von indischem Hanf in kleinen Mengen und trägt dazu vor, dass er sich zum Glauben der jamaikanischen Rastas bekenne, für die das Rauchen von Marihuana eine kultische Handlung darstelle, und dass der Anbau von Hanf deshalb von seinem Grundrecht auf ungestörte Religionsausübung geschützt sei, ist fraglich, ob Art. 4 I, II GG zum Vorliegen eines Ausnahmetatbestands zwingt.[103]

Das Grundrecht des A auf ungestörte Religionsausübung könnte bei der Auslegung der Ausnahmebestimmungen der §§ 3, 5 I BtMG dazu führen, dass ein anderer, im öffentlichen Interesse liegender Zweck i.S.v. § 3 II BtMG anzunehmen und daher A die Genehmigung zu erteilen ist. Dem steht aber wiederum die durch Art. 2 II GG geschützte Volksgesundheit entgegen, die ohne Zweifel ebenfalls Verfassungsrang genießt. Eine ablehnende Entscheidung des Bundesinstituts für Arzneimittel und Medizinprodukte wäre also nur dann rechtmäßig, wenn der Schutz der Volksgesundheit Vorrang vor der ungestörten Religionsausübung genösse. Zu den Kriterien vgl. Rn 384 ff.

3. Grundrechte als Gleichheitsrechte

18 Die dritte Kategorie von Grundrechten bilden die sog. Gleichheitsgrundrechte. Diese zielen primär auf ein relatives Verhalten des Staates. Dem Staat soll es grundsätzlich verwehrt sein, sich in bestimmten Fällen anders zu verhalten, als er sich bereits in gleichgelagerten Fällen verhalten hat. Wenn er sich aber in bestimmten Fällen anders verhält, darf er nicht unzulässige Differenzierungskriterien verwenden oder sonst ohne ausreichende Legitimation eine Ungleichbehandlung vornehmen. Diese **Nichtdiskriminierungs-** oder **Gleichbehandlungsfunktion** findet sich primär bei den Gleichheitsgrundrechten. Das sind Art. 3 I GG und die besonderen Gleichheitsgrundrechte der Art. 3 II, Art. 3 III S. 1 und 2, Art. 6 V, Art. 33 I-III, Art. 38 und Art. 21 GG. Ein solcher Anspruch auf Gleichbehandlung besteht in erster Linie bei der Leistungsvergabe. Zwar besteht dort grundsätzlich nur ein Anspruch auf ermessensfehlerfreie Entscheidung, der Gleichbehandlungsgrundsatz kann aber bei gegebener Sachlage aus der Ermessensentscheidung eine gebundene Entscheidung machen, sich also im Einzelfall *faktisch* zu einem Anspruch auf staatliches Handeln konkretisieren.

Wenn die Behörde in den fiktiven Fällen A, B und C von ihrer Berechtigung zum Einschreiten rechtmäßigerweise Gebrauch gemacht hat und in solchen Fällen auch künftig tätig bleiben will, darf sie im **gleichgelagerten Fall** D ebenfalls nicht untätig bleiben. Eine Abweichung von der bisherigen Verwaltungspraxis ist nur dann zulässig, wenn sich Sachgründe finden lassen, warum künftig anders verfahren werden soll. Unter Umständen können dann eine Härtefallregelung und/oder eine Übergangsregelung erforderlich werden. Zu beachten ist je-

[101] Zur Föderalismusreform 2006, die u.a. die Gesetzgebungskompetenzen beeinflusst hat, vgl. Rn 635.
[102] Nach BVerwGE 112, 314 ff.
[103] Geht es nicht um die Religionsausübung, sondern um Schmerzbehandlung chronisch kranker Patienten, denen außer der illegalen Droge Cannabis nichts gegen ihre Schmerzen hilft, ist Art. 2 II S. 1 GG einschlägig, vgl. dazu Rn 294.

doch, dass sich eine Ermessensreduzierung auf Null insbesondere im Bereich eines Leistungsanspruchs des Bürgers gegenüber der Verwaltung ergeben kann. Verwaltungsprozessual ist die Verpflichtungsklage einschlägig. Vgl. dazu *R. Schmidt*, VerwProzR, Rn 310 ff.

Beispiel: Alle Parteien sollen grundsätzlich formal gleich behandelt werden.[104] Das ist zwar nicht direkt dem Wortlaut des Art. 21 GG zu entnehmen, ergibt sich aber zwingend aus der Gründungsfreiheit und dem daraus folgenden Mehrparteiensystem. § 5 PartG konkretisiert diese verfassungsrechtliche Vorgabe. Stellt danach ein Träger öffentlicher Gewalt (etwa eine Gemeinde) den Parteien Einrichtungen zur Verfügung (etwa die Stadthalle zur Abhaltung eines Parteitags) oder gewährt er andere öffentliche Leistungen, sollen die Parteien gleich behandelt werden. Für den Fall, dass einer bestimmten Partei bereits die Stadthalle einer Gemeinde zur Verfügung gestellt wurde, folgt für die Gemeinde im Grundsatz die Pflicht, dass sie ihre Stadthalle auch anderen Parteien zur Verfügung stellen muss.[105]

Hinweis für die Fallbearbeitung: Die gutachtentechnische Prüfung des *allgemeinen Gleichheitssatzes* (Art. 3 I GG) stellt sich anders dar als die bei Freiheitsrechten, da er keinen Schutzbereich hat: Zunächst ist festzustellen, dass eine tatsächliche Gleich- oder Ungleichbehandlung vorliegt. Sodann ist zu prüfen, ob diese Gleich- bzw. Ungleichbehandlung sachlich gerechtfertigt ist. Die Gleich- bzw. Ungleichbehandlung ist nicht sachlich gerechtfertigt, wenn sie willkürlich oder unverhältnismäßig erfolgte.
Bei *besonderen Gleichheitsrechten* (etwa Art. 3 II oder III GG) kann man wie bei Freiheitsgrundrechten verfahren. Denn dadurch, dass in diesem Zusammenhang der Schutz nur bestimmten Personen zusteht, kann durchaus von einem „Schutzbereich" gesprochen werden.
Sind schließlich durch eine staatliche Maßnahme sowohl Freiheits- als auch Gleichheitsgrundrechte betroffen, sind diese grundsätzlich *nebeneinander anwendbar* (gutachtentechnisch sollten dann die Freiheitsrechte vor den Gleichheitsrechten geprüft werden). Lediglich, wenn der Schwerpunkt des staatlichen Handelns eindeutig im Bereich der Ungleichbehandlung liegt, können Freiheitsrechte von Gleichheitsrechten verdrängt werden.

Aber auch Freiheitsrechte können eine Nichtdiskriminierungsfunktion einnehmen, wenn 19
man davon ausgeht, dass ein grundrechtlich geschütztes Verhalten nicht Anknüpfungspunkt diskriminierenden Handelns sein darf.

Beispiele:

(1) Die sachlich nicht gerechtfertigte Ungleichbehandlung verschiedener Religionsgemeinschaften stellt nicht nur einen Verstoß gegen den Gleichbehandlungsgrundsatz, sondern auch einen Eingriff in den Schutzbereich der Religionsfreiheit des Art. 4 GG dar.[106]

(2) Die selektive Förderung (d.h. Subventionierung) von Zeitungen stellt nicht nur eine Verletzung des Art. 3 I GG, sondern auch eine Beeinträchtigung der durch Art. 5 I S. 2 GG geschützten Pressefreiheit dar.[107]

4. Grundrechte als Mitwirkungsrechte (*status activus*)

Die Funktion der Grundrechte beschränkt sich nicht nur auf Abwehr, Leistung und 20
Gleichheit, sondern erstreckt sich auch auf die Mitwirkung an der staatlichen Willensbildung. Der Einzelne hat das Recht, sich im und für den Staat zu betätigen (sog. *status activus*).

[104] BVerfGE 8, 51, 64 f.; 69, 257, 268; 82, 322, 337; NWVerfGH NVwZ 2000, 666, 667.
[105] Vgl. dazu ausführlich *R. Schmidt*, Staatsorganisationsrecht, Rn 380 ff.
[106] Vgl. BVerfGE 93, 1, 15 ff. (Kruzifix).
[107] Vgl. BVerfGE 80, 124, 133 ff. (Staatliche Presseförderung).

Beispiele:

(1) Gemäß Art. 33 II GG hat jeder Deutsche nach seiner Eignung, Befähigung und fachlichen Leistung gleichen Zugang zu jedem öffentlichen Amt.

(2) Gemäß Art. 38 I S. 1 und II GG hat jeder Deutsche grundsätzlich das Recht, zu wählen und sich wählen zu lassen.

Hinweis für die Fallbearbeitung: Die Prüfung eines Grundrechts in seiner Funktion als Mitwirkungsrecht unterscheidet sich nicht von der Prüfung eines Grundrechts als Abwehrrecht. Es ist also zunächst die Eröffnung des Schutzbereiches zu prüfen, sodann der Eingriff in denselben festzustellen und schließlich die verfassungsrechtliche Rechtfertigung des Eingriffs zu untersuchen.

II. Die objektiv-rechtlichen Funktionen der Grundrechte

21 Grundrechte verleihen nicht nur Individualansprüche, sondern verkörpern zugleich eine **objektive Wertordnung**, die – nach der Kernaussage der Lüth-Entscheidung des BVerfG – als verfassungsrechtliche Grundentscheidung für alle Bereiche des Rechts gilt und Richtlinien sowie (wegen Art. 1 III GG) Impulse für Gesetzgebung, Verwaltung und Rechtsprechung gibt.[108] Das bedeutet, dass der Staat die Grundrechte unabhängig von ihrem individualrechtlichen Charakter bei all seinen Entscheidungen stets berücksichtigen muss. Speziell hinsichtlich Art. 2 II S. 1 GG hat das BVerfG in seinem ersten Urteil zum Schwangerschaftsabbruch aus der objektiven Wertordnung zudem die Verpflichtung des Staates herausgearbeitet, sich schützend vor das Grundrecht auf Leben und körperliche Unversehrtheit zu stellen und dieses auch vor Übergriffen Dritter zu bewahren (sog. **staatliche Schutzpflicht**).[109] Daraus folgt, dass die Grundrechte mittelbar auch zwischen Privaten gelten (sog. **Ausstrahlungswirkung** oder **Drittwirkung** bzw. **Horizontalwirkung** der Grundrechte).[110] Diese Aspekte werden im Folgenden erörtert.[111] Des Weiteren wird der Frage nach der Geltung der Grundrechte im Verwaltungsprivatrecht und in der Fiskalverwaltung sowie im (abzulehnenden) „Sonderstatusverhältnis" nachzugehen sein. Schließlich werden die Einrichtungsgarantien erörtert.

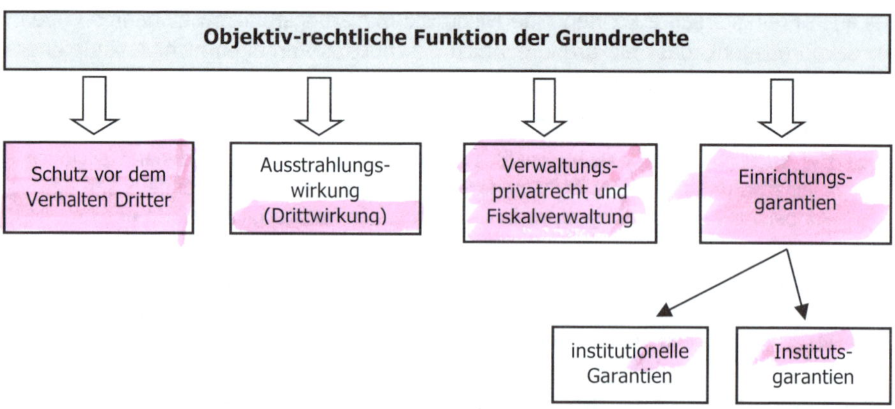

[108] BVerfGE 7, 198, 203 ff. Vgl. auch *Voßkuhle/Kaiser*, JuS 2011, 411, 412; *Voßkuhle*, NVwZ 2013, 1, 6.

[109] BVerfGE 39, 1, 42 ff. Vgl. auch BVerfGE 49, 89, 140 ff. (Kalkar I); BVerfG NVwZ 2013, 502 sowie *Stern*, DÖV 2011, 241, 243 und *Voßkuhle*, NVwZ 2013, 1, 6. Vgl. auch EGMR NJW 2012, 1053, 1054.

[110] Grundlegend BVerfGE 7, 198, 204 ff. (Lüth).

[111] Speziell zur Horizontalwirkung vgl. Rn 24 und 105 ff.

1. Staatliche Schutzpflicht (insb. Schutz vor dem Verhalten Dritter)

Wie soeben erwähnt, stellen Grundrechte nicht nur subjektive Abwehrrechte des Bürgers gegen den Staat dar, sondern sie verkörpern auch eine objektive Wertordnung, die alle Staatsgewalten berücksichtigen müssen. Aus einigen Grundrechten ergibt sich daher auch die Pflicht des Staates, die grundgesetzlich gewährten Rechtsgüter vor Beeinträchtigungen durch private Dritte, durch nichtdeutsche staatliche Stellen oder durch Naturgewalten zu schützen. Insbesondere die Pflicht der Staates zum Schutz vor dem Verhalten Dritter wird immer wieder betont[112], was den Staat verpflichtet, eine Rechtsordnung zu schaffen, die Pflichten in Bezug auf das Verhältnis zwischen Privaten regelt.[113] 22

Beispiel[114]**:** Der Staat ist durch das Grundrecht auf Versammlungsfreiheit (Art. 8 I GG) gehalten, die diesbezügliche Grundrechtsausübung möglichst vor Störungen und Ausschreitungen Dritter zu schützen und behördliche Maßnahmen primär gegen die Störer zu richten, um die Durchführung der (friedlichen und angemeldeten) Versammlung zu ermöglichen. Der Staat darf nicht zulassen, dass friedliche Demonstrationen einer bestimmten, wenn auch politisch unerwünschten Richtung (hier: von Rechtsextremisten) durch gewalttätige Gegendemonstrationen verhindert werden. Gewalt von „links" ist keine verfassungsrechtlich hinnehmbare Antwort auf eine Bedrohung der rechtsstaatlichen Ordnung von „rechts".

Allerdings hat auch die staatliche Schutzpflicht ihre Grenzen. So darf die Versammlungsbehörde bzw. die Polizei gegen die Versammlung selbst etwa dann vorgehen, wenn mit hinreichender Wahrscheinlichkeit feststeht, dass der Staat wegen der Erfüllung vorrangiger staatlicher Aufgaben und gegebenenfalls trotz Heranziehung externer Polizeikräfte nicht in der Lage wäre, die Versammlung vor Störungen Dritter zu schützen. Vorausgesetzt sind aber Tatsachen, die die Annahme rechtfertigen, dass die Gefahr auf andere Weise nicht abgewehrt und die Störung auf andere Weise nicht beseitigt werden kann und die Verwaltungsbehörde nicht über ausreichende eigene, eventuell durch Amts- und Vollzugshilfe ergänzte Mittel und Kräfte verfügt, um die gefährdeten Rechtsgüter wirksam zu schützen. Vgl. dazu im Einzelnen Rn 603 ff.

Da sich eine Schutzverpflichtung ansonsten insbesondere aus Art. 2 II S. 1 GG ergibt, sei auf die Ausführungen bei Rn 301 ff. verwiesen. 23

2. Ausstrahlungswirkung (Drittwirkung)

Gemäß Art. 1 III GG verpflichten die Grundrechte grundsätzlich nur den Staat, nicht die Bürger. Diese sind keine Grundrechtsadressaten und können daher auch nicht (jedenfalls nicht unmittelbar) Grundrechte anderer verletzen.[115] Gleichwohl ist seit Langem anerkannt, dass die Grundrechte ihre Geltung auch im Privatrecht entfalten.[116] Denn das Grundgesetz stellt – wie bereits bei Rn 21 ausgeführt – Ordnungsprinzipien auf, die als verfassungsrechtliche Grundentscheidung zugleich auch für die gesamte gesellschaftliche Ordnung gelten. Insofern sind die Grundrechte nicht nur „vertikal" Abwehr- (und Leistungs-)rechte des Bürgers gegen Eingriffe des Staates, sondern zugleich Ausdruck einer hinter den Abwehr- (und Leistungs-)rechten stehenden **objektiven Wertordnung**, die **mittelbar** (und „horizontal") auch das **Verhältnis zwischen Privaten beeinflusst**. Da der Komplex der mittelbaren Drittwirkung bzw. der horizontalen Wir- 24

[112] Vgl. nur BVerfGE 39, 1, 42; 46, 160, 164; 49, 89, 140 ff.; 56, 54, 73; 69, 315, 355 ff.; 115, 118, 152.
[113] Dies fordert auch der EGMR (NJW 2012, 1053 ff.).
[114] Vgl. BVerfG NVwZ 2006, 1049 f. mit Bezug auf BVerfGE 69, 315, 355 ff. (Brokdorf).
[115] Vgl. auch *Hager*, JuS 2006, 769, 770 f.; *Schnapp/Kaltenborn*, JuS 2000, 937, 939 f.; *Voßkuhle/Kaiser*, JuS 2011, 411, 412; *Jarass*, in: Jarass/Pieroth, GG, Art. 1 Rn 24; vgl. aber die Regelung des Art. 9 III S. 2 GG und die Ausführungen bei Rn 700 ff.
[116] Vgl. nur BVerfGE 7, 198, 204 ff. (Lüth); *v. Münch*, in: v. Münch/Kunig, GG, Vorb. Art. 1-19 Rn 28 ff.; *Sachs*, JuS 2008, 451, 452; BGH NJW 2010, 534, 535. Vgl. auch BVerfG NJW 2015, 2485 f.

kung der Grundrechte aber ausführlich bei Rn 105 ff. erläutert wird, sei insoweit darauf verwiesen.

3. Verwaltungsprivatrecht und Fiskalverwaltung

25 Die öffentliche Verwaltung ist nicht stets verpflichtet, sich der öffentlich-rechtlichen Handlungsform zu bedienen. In bestimmten Fällen hat sie die Wahlfreiheit, d.h. sie kann wählen, ob sie öffentlich-rechtlich oder privatrechtlich tätig sein will. Die Wahlfreiheit bezieht sich sowohl auf die Organisationsform der Einrichtung als auch auf die Ausgestaltung des Leistungs- bzw. Benutzungsverhältnisses (sog. doppelte Wahlfreiheit der Verwaltung). Nimmt die Verwaltung genuine, d.h. *öffentlich-rechtliche* Aufgaben in Privatrechtsform wahr, spricht man von **Verwaltungsprivatrecht**. Ist die (Wirtschafts-) Verwaltung demgegenüber im Beschaffungs- und Investitionswesen (Bedarfsdeckungsgeschäfte, Auftragsvergabe = *fiskalische Hilfsgeschäfte*) oder erwerbswirtschaftlich (Betrieb von Staatsbrauereien, staatliches Weingut, Kieswerke = *erwerbswirtschaftliche Betätigung*) tätig, handelt sie *nicht unmittelbar* hoheitlich, sondern nimmt als eine den Privatrechtssubjekten gleichgeordnete juristische Person am Privatrechtsverkehr teil. Man spricht dann von **Fiskalverwaltung**. Die Verwaltung tritt in diesen Fällen rechtlich nicht anders auf als ein privater Unternehmer. Maßgebend sind die Normen des Privatrechts; im Streitfall sind dann die ordentlichen Gerichte zuständig. Problematisch ist in diesem Bereich die Ausstrahlung der Grundrechte in das Privatrecht bzw. generell die Bindung der Exekutive an die Grundrechte. Vgl. dazu ausführlich Rn 87 ff.

4. Einrichtungsgarantien

26 Aus dem Wortlaut einiger Grundrechte ergibt sich nicht nur, dass sie subjektive Rechte gewähren, sondern auch, dass sie den Bestand bestimmter Rechtseinrichtungen garantieren. In diesen Fällen ist der Staat dazu verpflichtet, die Ausübung des betreffenden Grundrechts im Rahmen des Möglichen umfassend zu fördern, ggf. eine entsprechende Organisation zu schaffen und zu erhalten und rechtswidrige Beeinträchtigungen zu unterlassen. Terminologisch und inhaltlich ist zwischen Institutsgarantie und institutioneller Garantie zu unterscheiden:

27 Unter **Institutsgarantie** versteht man die Verbürgung eines Rechtsinstituts des *Privatrechts* durch die Grundrechte.[117]

Beispiele:

(1) Art. 2 I GG gewährleistet die Privatautonomie und Vertragsfreiheit als solche.

(2) Art. 6 I GG gewährleistet über das Recht, eine Ehe zu schließen, hinaus, dass Ehe und Familie als Rechtsinstitut bestehen.[118] *Ob* zwei zur Eheschließung berechtigte Menschen die Ehe eingehen, obliegt ihrer Entschließungsfreiheit.

(3) Art. 7 IV GG gewährleistet nicht nur das Recht des Einzelnen, eine Privatschule zu errichten, sondern auch, dass die Einrichtung Privatschule als solche nicht abgeschafft werden darf und dass sie der Staat unter dem Vorbehalt des Möglichen fördern muss.

(4) Art. 9 III GG gewährleistet die Koalitionsfreiheit, d.h. die Freiheit, Arbeitgeber- und Arbeitnehmerverbände zu gründen und zu unterhalten. *Ob* es solche Verbände gibt, obliegt der Entschließungsfreiheit der zur Gründung Berechtigten.

(5) Art. 14 I S. 1 GG schützt nicht nur das Eigentum vor Beeinträchtigungen, sondern garantiert auch das Eigentum und das Erbrecht als Rechtsinstitute.

---

[117] *v. Münch*, in: v. Münch/Kunig, GG, Vorb. Art. 1-19 Rn 23.
[118] Zur Art. 6 I GG als Institutsgarantie vgl. unten Rn 552 ff. sowie auch BVerfGE 131, 239, 255 ff.

(6) Umstritten ist dagegen, ob sich aus Art. 6 I GG auch eine Garantie der elterlichen Sorge ergeben kann oder ob Art. 5 I S. 2 GG die freie Presse als Institution gewährleistet.[119]

Die Institutsgarantie gewährleistet also, dass es die entsprechenden Einrichtungen (abstrakt) geben muss, auch wenn einzelne Menschen davon keinen Gebrauch machen (können). So verstieße z.B. eine Bargeldabschaffung durch die EZB (auch) gegen die Institutsgarantie des Art. 14 I S. 1 GG. Zu beachten ist jedoch, dass die Institutsgarantie keine zusätzlichen Rechte verschafft; vielmehr ist sie im Rahmen der Prüfung eines Grundrechts als Abwehrrecht bedeutsam und führt zur Verletzung des Grundrechts, wenn sie missachtet wird. Sie ist in der Fallbearbeitung aus Zweckmäßigkeitsgesichtspunkten bei der Angemessenheit (dazu Rn 179 f.) zu prüfen. **28**

Institutionelle Garantien entziehen demgegenüber *öffentlich-rechtliche* Einrichtungen der Disposition des Gesetzgebers.[120] **29**

Beispiele:

(1) Art. 7 III S. 1 GG garantiert den Religionsunterricht an öffentlichen Schulen mit Ausnahme der bekenntnisfreien Schulen.[121]

(2) Art. 33 V GG garantiert das Berufsbeamtentum.

(3) Umstritten ist, ob Art. 5 III S. 1 Var. 2 GG die Universität in ihrer traditionellen Gestalt garantiert.[122] Zumindest sollte der Wissenschaftsfreiheit die institutionelle Garantie entnommen werden, dass der Staat die baulichen, personellen und organisatorischen Mittel zur Verfügung stellt, damit das Grundrecht nicht ausgehöhlt wird. Vgl. dazu auch Rn 538b.

Institutionelle Garantien ergeben sich auch außerhalb von Grundrechten, und zwar aus den Art. 28 II GG (kommunale Selbstverwaltung) und Art. 7 I GG in seiner Funktion als staatliche Garantie der Schulaufsicht. **30**

- **Art. 28 II GG** garantiert, dass es generell Gemeinden und Kreise als Untergliederungen der Bundesländer geben muss, ohne den konkreten Bestand einer Gemeinde festzuschreiben. Darüber hinaus ist der Kernbereich der kommunalen Selbstverwaltung der gesetzgeberischen Disposition entzogen.
- **Art. 7 I GG** betrifft die staatliche Schulaufsicht. Damit ist nicht nur die staatliche Aufsicht über alle Schulen gewährleistet, sondern auch gleichzeitig eine Rechtsgrundlage für den Staat zum Erlass von Aufsichtsmaßnahmen gegenüber der jeweiligen Schule geschaffen.

III. Grundrechte als Auslegungsmaßstab

a. Von Grundrechten ausgehende objektive Wertordnung

Einzelne Grundrechte enthalten in ihrer objektiv-rechtlichen Funktion vor allem objektive Wertentscheidungen der Verfassung für das gesamte staatliche und gesellschaftliche Leben. Die Gesamtheit der Grundrechte bildet eine **objektive Wertordnung** (Rn 21). Das bedeutet, dass die Grundrechte über ihre klassischen Wirkungen (Abwehrrechte, Leistungsrechte, Mitwirkungsrechte) hinausgehen, insbesondere Wirkungen zeigen für **31**

⇨ die Auslegung des einfachen Rechts, gerade auch des Privatrechts,
⇨ den Schutz, den der Staat den Bürgern gewähren muss und den die Bürger vom Staat fordern können,

---

[119] Dafür *Degenhart*, in: Bonner Kommentar, Art. 5 I u. II Rn 88 f.; kritisch BVerfGE 93, 85, 95.
[120] *v. Münch*, in: v. Münch/Kunig, GG, Vorb. Art. 1-19 Rn 23.
[121] Vgl. dazu *Heimann*, NVwZ 2002, 935 ff.; *Holzke*, NVwZ 2002, 903 ff.
[122] Dafür *Oppermann*, in: HdbStR VI, S. 837 f. und wohl auch BVerfGE 35, 79; kritisch *P/S/K/P*, Rn 72 mit dem Argument, dass die Universität in Art. 5 III GG anders als z.B. das Berufsbeamtentum in Art. 33 V GG überhaupt nicht genannt sei.

⇨ und die Einräumung von Teilhabe an staatlichen Einrichtungen, Leistungen und Verfahren.

Zur sog. Drittwirkung oder Horizontalwirkung der Grundrechte vgl. auch Rn 105 f.

b. Notwendigkeit grundrechtskonformer Auslegung

32-35 Bei der Funktion der Grundrechte als Vorgaben für die Wirksamkeit bzw. für die Auslegung und Anwendung des einfachen Rechts ist vor allem der Regelungsgehalt der Art. 1 III und Art. 20 III GG zu beachten. Nach diesen Bestimmungen ist die Gesetzgebung von Bund und Ländern verpflichtet, keine grundgesetzwidrigen Gesetze zu erlassen. Ähnliches gilt auch für die Exekutive in Bund und Ländern bezüglich des Erlasses von Rechtsverordnungen und Satzungen. Darüber hinaus müssen die Exekutive und die Judikative bei der Anwendung und Auslegung einfachen Rechts die Grundrechte beachten (Art. 1 III GG), was zu einer **grundrechtskonformen Auslegung** des einfachen Rechts zwingt:

Beispiel: Mitglieder der NPD verteilen Flugblätter in einer Fußgängerzone. Der vorbeikommende Polizist P untersagt dies mit der Begründung, dass das Verteilen von Flugblättern einer landesstraßenrechtlichen Sondernutzungserlaubnis bedürfe und eine solche nicht vorliege. Daher sei das Verteilen nicht erlaubt und einzustellen.

Ob das Verteilen von Flugblättern in Fußgängerzonen erlaubnisfrei oder erlaubnispflichtig ist, richtet sich danach, ob es im Rahmen des sog. Gemeingebrauchs liegt oder eine Sondernutzung darstellt. Liegt es im Rahmen des sog. Gemeingebrauchs, ist eine Genehmigung nicht erforderlich. Die Verfügung des P wäre rechtswidrig.

Gemeingebrauch liegt vor, wenn das Verhalten im Rahmen der öffentlich-rechtlichen Zweckbestimmung, der Widmung, liegt. Demgegenüber spricht man von Sondernutzung, wenn der Gebrauch über den Widmungszweck hinausgeht.[123]

Fußgängerzonen dienen im Allgemeinen nicht nur der Fortbewegung und dem Einkaufen, sondern auch dem Flanieren und der Kommunikation. Steht jedoch der kommerzielle Charakter einer Handlung im Vordergrund, liegt eine Sondernutzung vor. Das Verteilen von **Handzetteln** zu Zwecken **gewerblicher Werbung** stellt daher grds. eine (zulassungspflichtige) Sondernutzung dar und ist nicht vom (zulassungsfreien) Gemeingebrauch umfasst.[124] Steht jedoch die **politische, religiöse und künstlerische Kommunikation** im Vordergrund, ist der Begriff des Gemeingebrauchs vor dem Hintergrund der Art. 4 und 5 I, III GG (bei politischen Parteien tritt Art. 21 GG hinzu) **weit auszulegen**. So hat das BVerfG entschieden, dass die sog. kommunikative Begegnung grundsätzlich zum Gemeingebrauch zähle, da die Straße den Charakter eines erweiterten Lebensraums für die Allgemeinheit besitze.[125] Auch das OLG Köln hat entschieden, dass eine Fußgängerzone nicht nur zum Aufsuchen der Geschäfte und der Fortbewegung im Allgemeinen diene, sondern auch die Möglichkeit zum kommunikativen Gebrauch umfasse. Als Teil des so erlaubten kommunikativen Verkehrs bestehe damit grundsätzlich für jedermann das Recht, auf dem der Öffentlichkeit zur Verfügung gestellten Raum seine Meinung zu äußern.[126]

Im vorliegenden Fall steht die Ideologie im Vordergrund. Ein kommerzieller Charakter ist nicht ersichtlich. Legt man also die Vorschriften des Landesstraßengesetzes so aus, dass das Verteilen der Flugblätter durch die Mitglieder der NPD eine Sondernutzung darstellt, ist die Verfügung des P wegen Verstoßes gegen Art. 5 I GG rechtswidrig, weil sie dann die Bedeutung des Art. 5 I GG verkennt. Wie gesehen, ist aber auch eine Auslegung möglich, die das nicht-kommerzielle Verteilen von Flugblättern in einer Fußgängerzone als zulassungsfreien Gemeingebrauch qualifiziert, weil sie den Widmungszweck von Fußgän-

---

[123] Vgl. dazu die Bestimmungen des Straßengesetzes des Bundes und die der Straßengesetze der Länder.
[124] BVerwGE 35, 326 ff.
[125] BVerfG NVwZ 1992, 52, 53. Vgl. auch *Limpens*, JA 2001, 592 ff.
[126] OLG Köln NVwZ 2000, 350, 351.

gerzonen in Orientierung an Art. 5 I GG auch auf den sog. kommunikativen Verkehr erstreckt (sog. **verfassungskonforme Auslegung**). P hätte also die straßenrechtlichen Vorschriften grundrechtskonform auslegen müssen. Da er die Bedeutung des Art. 5 I GG verkannt hat, war die Verfügung rechtswidrig.[127]

IV. Grundrechtsschutz durch Organisation und Verfahren

Quer zur subjektiv-rechtlichen und zur objektiv-rechtlichen Funktion der Grundrechte liegt deren organisations- und verfahrensrechtliche Dimension. Das Verwaltungs- bzw. Gerichtsverfahren muss so gestaltet sein, dass **keine Gefahr für eine Entwertung der materiell-rechtlichen Grundrechtsposition besteht**.[128] Dies hat v.a. für das Verwaltungsverfahren Bedeutung[129]: So das Verfahren zur Anerkennung als politisch Verfolgter die Regelung des Art. 16a GG zu beachten. Und die aus Art. 2 II S. 1 GG abgeleitete staatliche Schutzpflicht hat Eingang zu finden in Genehmigungsverfahren bei gefährlichen Anlagen (Kraftwerke o.Ä.). Eine Verletzung der verfahrensrechtlichen Dimension des Grundrechts und somit der staatlichen Schutzpflicht kommt in Betracht, wenn die Genehmigungsbehörde solche Verfahrensvorschriften außer Acht lässt, die der Gesetzgeber zur Erfüllung seiner Pflicht zum Schutz der in Art. 2 II S. 1 GG genannten Rechtsgüter erlassen hat. Keinesfalls dürfen daher die Gerichte bei der Überprüfung von Genehmigungsbescheiden ohne weiteres davon ausgehen, dass ein klagebefugter Dritter zur Geltendmachung von Verfahrensfehlern in der Regel nicht befugt ist.[130] **36**

Aber auch die anderen Grundrechte müssen bei der Ausgestaltung des Verwaltungsverfahrens und des Gerichtsverfahrens so berücksichtigt werden, dass dem Einzelnen zur Verwirklichung seiner Grundrechtsgewährleistungen eine effektive Verfahrensbeteiligung ermöglicht wird.[131] **37**

- So muss das Verfahren bei der Auswertung einer Videoüberwachung öffentlicher Plätze das Grundrecht auf informationelle Selbstbestimmung sichern.[132]
- Das Verfahren zur Indizierung einer als Kunstwerk anzusehenden Schrift als jugendgefährdend hat bei der Frage, ob von ihr eine jugendgefährdende Wirkung ausgeht, eine Abwägung mit der Kunstfreiheit des Art. 5 III S. 1 Var. 1 GG vorzusehen.[133]
- Bei Prüfungsverfahren zu berufsspezifischen Prüfungen besteht zwar grundsätzlich ein nicht weiter gerichtlich überprüfbarer Beurteilungsspielraum der Prüfer.[134] Allerdings besteht unter dem Aspekt der Chancengleichheit und des Willkürverbots (Art. 3 I GG) ein Anspruch auf ein faires Prüfungsverfahren.[135]
- Bei Beamtenernennungsverfahren gem. Art. 33 II GG ist das Leistungsprinzip richtungweisend.[136] Die Nichteinhaltung von rechtssatzmäßigen **Verfahrensbestimmungen** zum Auswahlprozess, der die Bestenauslese gewährleisten soll, macht die Auswahlentscheidung rechtswidrig.

Fraglich ist, ob sich aus der verfahrensrechtlichen Dimension der Grundrechte ein **subjektives öffentliches** und damit **einklagbares Recht** auf angemessenen Schutz durch Organisation und Verfahren ergeben kann. Dies wird überwiegend bejaht. Aus **38**

---

[127] Beachte aber BVerfG NVwZ 2007, 1306 ff. (Straßenverkaufs von Zeitungen ist Sondernutzung).
[128] BVerfGE 63, 131, 143 (Gegendarstellung).
[129] BVerfGE 53, 30, 65 ff. (Mülheim Kärlich). Vgl. dazu auch *Pünder*, JuS 2011, 289 ff.
[130] BVerfGE 53, 30, 64 ff. (Mülheim Kärlich).
[131] St. Rspr. vgl. nur BVerfGE 17, 108, 114 ff. (Hirnkammerluftfüllung); 42, 212, 219 f. (Durchsuchung); 46, 325, 334 f. (Zwangsversteigerung zum Schleuderpreis).
[132] Zur Videoüberwachung öffentlicher Plätze bzw. Flächen vgl. Rn 270 ff.
[133] BVerfGE 83, 130, 136 ff. (Josefine Mutzenbacher).
[134] Vgl. dazu ausführlich *R. Schmidt*, AllgVerwR, Rn 283 ff.
[135] BVerfGE 84, 34, 49 (Juristische Prüfung); 84, 59, 77 (Medizinische Prüfung); 88, 40, 59 (Zulassung einer privaten Grundschule).
[136] BVerfG NJW 1990, 501 (Verfahren bei Beamtenernennungen). Vgl. auch VG Lüneburg NJW 2001, 767.

dem Erfordernis, den objektiven Funktionen der Grundrechte auch eine subjektive Komponente zuzuordnen, und der als fließend angesehenen Grenze zwischen objektivrechtlichem Gehalt der Grundrechte und deren Funktion als Leistungs- und Teilhaberechte folge, dass ggf. ein einklagbarer Anspruch auf den Ausbau von Verfahrensregelungen bestehen müsse. Dieser Anspruch bestehe darin, in einem fairen Verfahren die Rechte geltend zu machen und durchzusetzen.[137]

[137] Vgl. BVerfGE 33, 303, 329 ff. (Numerus clausus); 109, 13, 23 (Auslieferung ins Ausland); *Hill*, HdbStR VI, S. 1321 ff.

V. Grundrechtsfähigkeit und Grundrechtsmündigkeit

Grundrechtsfähigkeit bedeutet die Fähigkeit, Träger von Grundrechten zu sein.[138] 39

Kategorisch muss zwischen der Grundrechtsfähigkeit natürlicher Personen und der 40
Grundrechtsfähigkeit juristischer Personen unterschieden werden.

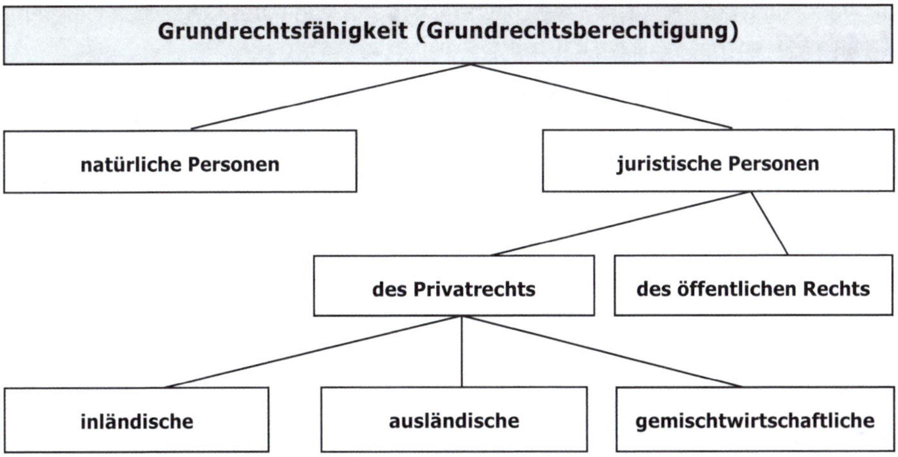

> **Hinweis für die Fallbearbeitung:** Die Grundrechtsfähigkeit ist eine Frage des materiellen Verfassungsrechts und somit eine Frage der Begründetheit eines gerichtlichen Verfahrens (z.B. einer Verfassungsbeschwerde). Die Grundrechtsfähigkeit wird allerdings auch schon für die Zulässigkeit eines gerichtlichen Verfahrens bedeutsam: Zum Beispiel kann eine Verfassungsbeschwerde nur von einem Grundrechtsfähigen erhoben (vgl. Rn 1021) und nur gegen einen Grundrechtsverpflichteten (also gegen denjenigen, der an das Grundrecht gem. Art. 1 III GG gebunden ist) gerichtet werden (vgl. ebenfalls Rn 1021).[139]

1. Grundrechtsfähigkeit natürlicher Personen

Grundsätzlich sind alle natürlichen Personen grundrechtsfähig. Das Grundgesetz unter- 41
scheidet aber bei der Frage, auf welche Grundrechte sich ein Mensch berufen kann, zwischen Grundrechten, die für jedermann (sog. *Jedermannsrechte*), und solchen, die nur für Deutsche gelten (sog. *Deutschenrechte*).

Als „**Jedermannsrechte**" werden solche Grundrechte und grundrechtsgleiche Rechte 42
bezeichnet, die keine Einschränkungen im Adressatenkreis (Berechtigtenkreis) vorsehen. Man erkennt sie an den im Grundgesetz verwendeten Bezeichnungen wie „jeder", „jedermann", „alle Menschen" oder „niemand".

Beispiele: Art. 1 I GG (Menschenwürde), Art. 2 I (freie Entfaltung der Persönlichkeit), Art. 2 II S. 1 (Recht auf Leben und körperliche Unversehrtheit), Art. 3 I (allgemeiner Gleichheitssatz; Willkürverbot), Art. 3 III (Diskriminierungsverbot), Art. 4 III S. 1 (Recht auf Kriegsdienstverweigerung), Art. 5 I S. 1 (Meinungsfreiheit), Art. 9 III (Koalitionsfreiheit), Art. 12 II (Schutz vor Zwangsarbeit), Art. 33 III S. 2 (Schutz vor Benachteiligung aus religiösen oder weltanschaulichen Gründen), Art. 101 I S. 2 (Recht auf den gesetzlichen Richter), Art. 103 III (Strafklageverbrauch), Art. 17 (Petitionsrecht)

---

[138] *v. Münch*, in: v. Münch/Kunig, GG, Vorb. Art. 1-19 Rn 7. Vgl. auch BVerwG NVwZ 2001, 1399.
[139] *P/S/K/P*, Rn 118.

43 Aber auch den Personenkreis nicht nennende Grundrechte gehören zu den „Jedermannsrechten".

> **Beispiele:** Art. 4 I (Glaubensfreiheit), Art. 5 III (Kunst- und Wissenschaftsfreiheit), Art. 6 I (Ehe und Familie), Art. 13 I (Wohnungsgrundrecht), Art. 14 I (Eigentum und Erbrecht)

44 **Deutschenrechte** (**Bürgerrechte**) sind demgegenüber solche Grundrechte, die nach dem Verfassungstext nur Deutschen zustehen. Den Begriff des Deutschen bestimmt Art. 116 I GG.

> **Beispiele:** Art. 8 I (Versammlungsfreiheit), Art. 9 I (Vereinigungsfreiheit), Art. 11 (Recht auf Freizügigkeit im gesamten Bundesgebiet), Art. 12 I (Recht, Beruf, Arbeitsplatz und Ausbildungsstätte frei zu wählen), Art. 16 I (Schutz vor Entzug der deutschen Staatsangehörigkeit), Art. 16 II (Schutz vor Auslieferung), Art. 20 IV (politisches Widerstandsrecht), Art. 33 I (gleiche Rechte und Pflichten), Art. 33 II (gleicher Zugang zu öffentlichen Ämtern) und Art. 33 III S. 1 (Unabhängigkeit der Bekleidung öffentlicher Ämter von der Religion). Zu den Deutschenrechten zählt auch das Grundrecht der allgemeinen, unmittelbaren, freien, gleichen und geheimen Wahl aus Art. 38 I S. 1. Das geht zwar nicht direkt aus dem Wortlaut der Vorschrift hervor, ergibt sich aber aus Art. 20 II: Wahlen sind Ausdruck der Volkssouveränität und ein Recht des Staatsvolkes der Bundesrepublik Deutschland. Dieses Staatsvolk umfasst aber nur Deutsche.[140]

45 Für **Ausländer** (bezüglich Bürger der EU vgl. Rn 48) gelten die Deutschenrechte nicht, weil anderenfalls die ausdrückliche Entscheidung des Grundgesetzes unterlaufen würde, bestimmte Grundrechte nur deutschen Staatsbürgern zu gewähren.[141] Ausländer genießen aber selbstverständlich Schutz über **Art. 2 I GG**, da dieses Grundrecht als Auffangtatbestand verstanden wird, der die Freiheit allgemein, also stets dann schützt, wenn kein spezielles Freiheitsgrundrecht einschlägig ist.[142]

> **Beispiel:** Der aus Syrien stammende A bittet in der Bundesrepublik Deutschland um politisches Asyl. Die zuständige Behörde verbindet mit der vorläufigen Aufenthaltsgestattung die Beschränkung gem. § 56 AsylG, dass A sich für die Dauer des Asylverfahrens lediglich innerhalb des räumlichen Zuständigkeitsbereichs der Behörde bewegen darf. A ist der Auffassung, durch den Verwaltungsakt in seinen Grundrechten verletzt zu sein.
>
> In sachlicher Hinsicht ist das Grundrecht auf Freizügigkeit (Art. 11 GG) betroffen. In persönlicher Hinsicht ist dieses Grundrecht aber nur auf Deutsche anwendbar. A ist syrischer Staatsangehöriger, sodass er nicht Träger des Grundrechts aus Art. 11 GG sein kann. Möglicherweise liegt aber ein Eingriff in Art. 2 I GG (allgemeine Verhaltensfreiheit) vor. Insbesondere bei Ausländern, die nicht Träger von Deutschengrundrechten sein können, wird allgemein angenommen, dass sie sich wenigstens auf das Auffanggrundrecht aus Art. 2 I GG berufen können. A kann sich daher auf Art. 2 I GG berufen. Fraglich ist, ob Art. 2 I GG auch verletzt ist. In das Grundrecht der allgemeinen Verhaltensfreiheit wird eingegriffen, wenn eine Aufenthaltsbeschränkung erlassen wird. Die Aufenthaltsbeschränkung könnte jedoch verfassungsrechtlich gerechtfertigt sein. Sie beruht auf § 56 AsylG. Diese Vorschrift müsste zur „verfassungsmäßigen Ordnung" gehören. Hiervon kann ausgegangen werden.[143] Auch davon, dass die Behörde die Vorschrift verhältnismäßig ange-

---

[140] *P/S/K/P*, Rn 122. Das BVerfG hat deshalb die Zuerkennung des Wahlrechts an Ausländer und Staatenlose für unzulässig erklärt. Das gilt aufgrund der Homogenitätsklausel des Art. 28 I S. 1 GG auch für die Länder (vgl. BVerfGE 83, 37 ff. und 60; a.A. *Meyer*, in: HdbStR II, S. 272 ff.). Etwas anderes gilt aber auf Kommunalebene, da dort keine Parlamente gewählt werden, sondern im Rahmen der örtlichen Gemeinschaft Organe der kommunalen Selbstverwaltung (vgl. Art. 28 I S. 3 GG). Diesbezüglich sind auch EU-Bürger wahlberechtigt.
[141] BVerfG NVwZ 2000, 1281 (Grundrechtsschutz für Ausländervereine).
[142] BVerfG NVwZ 2000, 1281 (Grundrechtsschutz für Ausländervereine); BVerfGE 35, 382, 399 (Palästinenser); 78, 179, 196 f. (Heilpraktiker); *Stern*, StaatsR III/1, S. 1041; a.A. *Erichsen*, in: HdbStR VI, S. 1205 ff.
[143] In der Klausur wäre eine nähere Prüfung angezeigt. So müsste geprüft werden, ob die Regelung des § 56 AsylVerfG abstrakt gesehen geeignet, erforderlich und angemessen ist (zum Grundsatz der Verhältnismäßigkeit vgl. Rn 169 ff.).

wendet hat, kann ausgegangen werden.[144] Die Maßnahme der Behörde ist deshalb verfassungsrechtlich gerechtfertigt.

Von der Geltung der Grundrechte ist die des einfachen Rechts zu unterscheiden. **46**

Beispiel: Ausländer können sich nicht auf Art. 8 I und 9 I GG berufen (s.o.). Die Versammlungs- und Vereinigungsfreiheit wird ihnen aber gem. Art. 11 EMRK, § 1 I VersG und § 1 VereinsG gewährt. Jedoch hat die EMRK (wie das VersG und das VereinsG) lediglich den Rang eines einfachen Bundesgesetzes. Verbote und Beschränkungen gem. §§ 14 und 15 VersG, die über die in Art. 8 II und 9 II GG genannten Schranken hinausgehen, verstoßen also nicht gegen Art. 8 I bzw. 9 I GG. Unproblematisch ist daher auch das Verbot politischer Betätigung gem. § 47 AufenthG.

Darüber hinaus haben Ausländer über Art. 2 I GG Anspruch darauf, dass ihnen der **47**
Staat die Regeln des objektiven Verfassungsrechts zur Verfügung stellt. Ausländer können also die Einhaltung des Rechtsstaatsprinzips (insbesondere Verhältnismäßigkeit, ermessensfehlerfreie Entscheidung, Vertrauensschutz) einklagen. Darüber hinaus gelten für diesen Personenkreis unbestrittenermaßen die justiziellen Grundrechte aus Art. 19 IV, 101 I und 103 I GG.

Bezüglich der Bürger aus anderen **Mitgliedstaaten der EU** ist umstritten, ob sie sich **48**
auf Deutschengrundrechte berufen können.

Beispiel[145]**:** Der belgische Unternehmer U stellt Einbauschränke her. Als er von einem Hauseigentümer in Aachen den Auftrag erhält, in dessen Wohnzimmer eine Schrankwand aus Naturholz einzubauen, verlangt die hiesige Handwerkskammer, dass er sich dort registrieren lässt. U, der schon in Belgien registriert ist, sieht nicht ein, sich noch einmal in Deutschland registrieren zu lassen. Kann er sich unter Bezugnahme auf Art. 12 I GG gegen die nach seiner Ansicht unverhältnismäßige Inanspruchnahme seiner Person zur Wehr setzen?

⇨ Für die Anwendbarkeit der Deutschengrundrechte auch auf Bürger anderer EU-Staaten sprechen das allgemeine Diskriminierungsverbot des Art. 18 I AEUV und die besonderen Diskriminierungsverbote der Grundfreiheiten (etwa Art. 45 und 56 AEUV). Diese Vorschriften, die wegen des Anwendungsvorrangs und des Effet-utile-Prinzips des EU-Rechts[146] auch bei der Heranziehung von Grundrechten des Grundgesetzes berücksichtigt werden müssen, ordnen eine Gleichstellung aller EU-Bürger an und fordern für diese das gleiche Schutzniveau innerhalb der Union.[147]

Der Anwendungsvorrang des EU-Rechts führt demnach dazu, dass *alle* EU-Bürger, und damit auch U, sich (u.a.) auf Art. 12 I GG berufen können. Zwar findet (auch) in diesem Fall keine analoge Anwendung des Art. 12 I GG statt, da eine analoge Anwendung von Grundrechten nicht möglich ist. Jedoch wird man wegen des Anwendungsvorrangs und des Effet-utile-Prinzips des EU-Rechts den Begriff des Deutschen als EU-Bürger lesen müssen. Methodisch lässt sich dies nach der hier vertretenen Auffassung damit herleiten, dass man den Begriff des Deutschen nicht anwendet. Folgt man dieser Auffassung, kann sich auch U zur Durchsetzung seines Abwehranspruchs uneingeschränkt auf Art. 12 I GG berufen.

⇨ Gegen eine Anwendbarkeit der Deutschengrundrechte (und damit auch des Art. 12 I GG) auf Bürger anderer EU-Staaten spricht aber die ausdrückliche verfassungstextliche Begrenzung auf Deutsche.[148]

---

[144] Auch hier wäre in der Klausur unter dem Aspekt der Verhältnismäßigkeit eine nähere Prüfung angezeigt.
[145] Nach EuGH DVBl 2001, 114.
[146] Vgl. dazu *R. Schmidt*, Staatsorganisationsrecht, Rn 354 ff.
[147] So etwa vertreten von *Breuer*, in: HdbStR VII, § 170 Rn 43; *Jarass*, in: Jarass/Pieroth, GG, Art. 12 Rn 12.
[148] So etwa vertreten von *Gubelt*, in: v. Münch/Kunig, GG, Art. 12 Rn 5; *Scholz*, in: Maunz/Dürig, GG, Art. 12 Rn 97; *Mann*, in: Sachs, GG, Art. 12 Rn 34 f.; *Wieland*, in: Dreier, GG, Art. 12 Rn 66; *Dreier*, in: Dreier, Vorb., Rn 115 f.

Folgt man diesem Wortlautargument, kann sich U jedenfalls auf den auf Ausländer unstreitig anwendbaren Art. 2 I GG berufen. Dann aber müssten wegen der genannten Diskriminierungsverbote des EU-Rechts und des Effet-utile-Prinzips die strengen Maßstäbe des Art. 12 I GG herangezogen werden, sodass sich im Ergebnis derselbe (juristische) Grundrechtsschutz wie bei Art. 12 I GG ergibt.

Der Anwendungsvorrang des EU-Rechts mit seinen Diskriminierungsverboten spricht für die unmittelbare Anwendung der Deutschengrundrechte auch für andere EU-Bürger. Gleichgültig aber, welcher Auffassung man sich anschließt, ist der verfassungsändernde Gesetzgeber berufen, dem materiellen Gehalt des Art. 18 AEUV und der speziellen Diskriminierungsverbote etwa dadurch Rechnung zu tragen, dass er den Begriff des „Deutschen" durch den Begriff „Bürger der Europäischen Union" ersetzt.[149]

49 Das GG kennt mit Art. 16a auch ein Grundrecht, das ausschließlich **Nicht-Deutschen** zusteht. Denn das Grundrecht auf politisches Asyl kann seinem Wesen nach nur Ausländern und Staatenlosen zukommen, niemals Deutschen.

50 Die Grundrechtsfähigkeit natürlicher Personen **beginnt** mit der Vollendung der Geburt. Das ist nach allgemeiner Auffassung der Zeitpunkt, in dem das Kind vollständig vom Mutterleib getrennt ist. Dabei kommt es nicht darauf an, ob die Geburt natürlich oder künstlich (etwa durch Kaiserschnitt) vollzogen wird. Freilich ist zu beachten, dass das jeweilige Grundrecht seiner Ratio nach auf den Personenkreis anwendbar sein muss. Es leuchtet ein, dass sich z.B. ein Kleinkind zwar auf das Recht auf Leben und körperliche Unversehrtheit, nicht aber auf die Wissenschaftsfreiheit berufen kann. Das **Ende** der Grundrechtsfähigkeit tritt mit dem Tod ein, der richtigerweise dann angenommen wird, wenn die Gehirnfunktionen irreversibel ausgeschaltet sind (sog. Hirntod).[150] Von diesem Zeitpunkt geht auch der einfache Gesetzgeber aus, vgl. § 3 II Nr. 2 TPG. Problematisch ist (auch) der Bereich vor der Geburt und nach dem Tod. Bezüglich des noch **ungeborenen Menschen** (*nasciturus*) hat das BVerfG den Schutz aus Art. 2 II S. 1 GG (Recht auf Leben und körperliche Unversehrtheit)[151] und aus Art. 1 I GG (Menschenwürde)[152] bejaht. Dabei hat das Gericht die Frage, ob der *nasciturus* Grundrechtsfähigkeit besitzt oder ob er mangels Grundrechtsträgerfähigkeit „nur" von den objektiven Normen der Verfassung in seinem Recht auf Leben geschützt wird, unbeantwortet gelassen. Denn die Grundrechtsnormen enthielten nicht nur subjektive Abwehrrechte des Einzelnen gegen den Staat, sondern sie verkörperten zugleich eine objektive Wertordnung, die alle staatliche Gewalt binde. Ob und gegebenenfalls in welchem Umfang der Staat zu rechtlichem Schutz des noch ungeborenen Lebens von Verfassungs wegen verpflichtet sei, könne deshalb schon aus dem objektiv-rechtlichen Gehalt der grundrechtlichen Normen erschlossen werden.[153] Jedenfalls sei der *nasciturus* ab dem 14. Tag nach der Empfängnis (d.h. ab der Nidation) objektiv-rechtlich dem Schutz des Art. 2 II S. 1 GG unterstellt.[154]

Nach dieser Rechtsprechung spielt es also keine Rolle, ob man dem *nasciturus* eine Grundrechtsfähigkeit zuspricht, da der Staat jedenfalls schon objektiv-rechtlich verpflichtet ist, sich schützend und fördernd vor das noch ungeborene Leben zu stellen.

51 Geht man dennoch von der (grundsätzlichen) Grundrechtsfähigkeit des *nasciturus* aus, indem man sich auf den Standpunkt stellt, die Menschenwürde gebiete es, auch dem

---

[149] So vertreten vom Verfasser seit der 4. Aufl. 2003.
[150] *Heun*, JZ 1996, 213 ff.; *Seewald*, VerwArch 1997, 199, 209; a.A. *Höfling*, JZ 1995, 26, 31; *Herdegen*, in: Maunz/Dürig, GG Art. 1 Rn 56.
[151] BVerfGE 39, 1, 36 f. (Schwangerschaftsabbruch I).
[152] BVerfGE 88, 203, 251 f. (Schwangerschaftsabbruch II).
[153] BVerfGE 39, 1, 41 f. Für Grundrechtsfähigkeit *Kunig*, Jura 1991, 415 ff.; *Höfling*, in: Sachs, GG, Art. 1 Rn 51.
[154] BVerfGE 39, 1, 37 (Schwangerschaftsabbruch I).

noch ungeborenen Menschen die Grundrechtsträgereigenschaft zuzusprechen[155], ist klar, dass nur solche Grundrechte in Betracht kommen, deren Regelungsgehalt der *nasciturus* auch sinnvollerweise ausüben kann. So kann er sich nicht auf die Meinungsfreiheit gem. Art. 5 I GG berufen (Gleiches gilt auch für Art. 8 I, 9 und 12 I GG), wohl aber auf das Recht auf Leben und körperliche Unversehrtheit gem. Art. 2 II S. 1 GG sowie auf die Menschenwürde gem. Art. 1 I S. 1 GG und die Verpflichtung des Staates, sie zu achten (Art. 1 I S. 2 GG). Auch kommt das allgemeine Persönlichkeitsrecht (Art. 1 I GG i.V.m. 2 I GG) in Betracht.

Fraglich ist auch, von welchem Zeitpunkt an von einem ungeborenen Menschen gesprochen werden kann. Denkbar ist, auf den frühestmöglichen Zeitpunkt, also auf den der Verschmelzung von Ei und Samenzelle (das Entstehen der Zygote) abzustellen. Es lässt sich aber auch erwägen, auf den Zeitpunkt der Einnistung der befruchteten Eizelle in der Gebärmutter (die Nidation) abzustellen. Das BVerfG hat sich auch diesbezüglich nicht festgelegt, aber entschieden, dass der Schutz aus Art. 1 I GG und aus Art. 2 II S. 1 GG jedenfalls vom Zeitpunkt der **Nidation** an bestehe (s.o.).[156] 52

Die Rechtsprechung des BVerfG wird teilweise als widersprüchlich kritisiert. Wenn das Gericht einerseits die Tötung ungeborenen Lebens auch jenseits der medizinischen Indikation für zulässig halte[157], andererseits demselben Leben „unantastbare" Menschenwürde zuspreche, verstricke es sich in einen Widerspruch.[158]

Tote sollen nach dem **Mephisto-Beschluss** des BVerfG[159] aus Art. 1 I GG in Bezug auf solche Grundrechte grundrechtsberechtigt sein, die nicht an die Eigenschaft eines *lebenden* Menschen anknüpfen. Dem Beschluss lag folgender Sachverhalt zugrunde: 53

> Der Verleger des Buches „Mephisto Roman einer Karriere" von Klaus Mann erhob Verfassungsbeschwerde gegen das von dem Adoptivsohn und Alleinerben des verstorbenen Schauspielers und Intendanten Gustaf Gründgens gegen ihn erwirkte Verbot, das fragliche Buch zu vervielfältigen, zu vertreiben und zu veröffentlichen. 54
>
> Der Autor, der im Jahre 1933 aus Deutschland ausgewandert war, hatte den Roman 1936 im Querido-Verlag, Amsterdam, veröffentlicht. Nach seinem Tode im Jahre 1949 war der Roman 1956 im Aufbauverlag in Ost-Berlin erschienen. Der Roman schildert den Aufstieg des hochbegabten Schauspielers Hendrik Höfgen, der seine politische Überzeugung verleugnet und alle menschlichen und ethischen Bindungen abstreift, um im Pakt mit den Machthabern des nationalsozialistischen Deutschlands eine künstlerische Karriere zu machen. Der Roman stellt die psychischen, geistigen und soziologischen Voraussetzungen dar, die diesen Aufstieg möglich machen.
>
> Der Romanfigur Hendrik Höfgen hat der Schauspieler Gustaf Gründgens als Vorbild gedient. Gründgens war in den zwanziger Jahren, als er noch an den Hamburger Kammerspielen tätig war, mit Klaus Mann befreundet und mit dessen Schwester Erika verheiratet, von der er nach kurzer Zeit wieder geschieden wurde. Zahlreiche Einzelheiten der Romanfigur des Hendrik Höfgen – seine äußere Erscheinung, die Theaterstücke, an denen er mitwirkte, die zeitliche Reihenfolge seiner Auftritte, der Aufstieg zum Preußischen Staatsrat und zum Generalintendanten der Preußischen Staatstheater - entsprechen dem äußeren Erscheinungsbild und dem Lebenslauf von Gründgens. Auch an Personen aus der damaligen Umgebung von Gründgens lehnt sich der Roman an.

---

[155] Kein Argument kann es indes sein, auf das Schutzbedürfnis des (noch ungeborenen) Menschen abzustellen (so aber *Kunig*, in: v. Münch/Kunig, GG, Art. 2 Rn 47; *Murswiek*, in: Sachs, GG, Art. 2 Rn 146). Denn dem Schutzbedürfnis des *nasciturus* wird ja gerade durch die Schutzverpflichtung des Staates und die vom Gesetzgeber erlassenen Schutzgesetze Rechnung getragen.
[156] Vgl. BVerfGE 39, 1, 49 f. (Schwangerschaftsabbruch I); 88, 203, 254 ff. (Schwangerschaftsabbruch II).
[157] Vgl. ebenfalls BVerfGE 39, 1, 49 f. (Schwangerschaftsabbruch I); 88, 203, 254 ff. (Schwangerschaftsabbruch II).
[158] *Ipsen*, Grundrechte, Rn 213.
[159] BVerfGE 30, 173 ff. (Mephisto). Bestätigt in BVerfG NJW 2001, 594 (Willy-Brandt-Gedenkmünze) und in BVerfG NJW 2006, 3409 ff. (Marlene Dietrich).

55 Das Gericht meinte, dass es mit dem verfassungsverbürgten Verbot der Unverletzlichkeit der Menschenwürde unvereinbar sei, wenn der Mensch, dem Würde kraft seines Personseins zukomme, in diesem allgemeinen Achtungsanspruch auch nach seinem Tode herabgewürdigt oder erniedrigt werden dürfe.[160] Diese Auffassung ist nicht ganz unproblematisch, weil es letztlich regelmäßig um die Erben geht, die sich auf die Grundrechte des Verstorbenen berufen, um (zivilrechtliche) Unterlassungs- oder Schadensersatzansprüche (bzw. „Lizenzgebühren") geltend zu machen.[161] Hintergründig geht es also um Interessen der (lebenden) Erben. Wenn überhaupt, sollte die Grundrechtsberechtigung Verstorbener nur hinsichtlich des allgemeinen Persönlichkeitsrechts und nicht auch hinsichtlich anderer Grundrechte angenommen werden. Auf keinen Fall aber kann der Persönlichkeitsschutz Verstorbener weiter gehen als der von lebenden Personen.[162]

56 **Fazit:** Nach dieser Rspr. endet die in Art. 1 I GG aller staatlichen Gewalt auferlegte Verpflichtung, dem Einzelnen Schutz vor Angriffen auf seine Menschenwürde zu gewähren, also nicht mit dem Tod. Für die Persönlichkeit des Einzelnen, die zu seinen Lebzeiten durch das allgemeine Persönlichkeitsrecht aus Art. 2 I i.V.m. 1 I GG geschützt wird, bedeutet dies, dass sie postmortalen Schutz durch Art. 1 I GG genießt (sog. **postmortaler Persönlichkeitsschutz**).[163] Das betrifft insbesondere das Recht am eigenen Bild, aber auch den allgemeinen Achtungsanspruch, der dem Menschen kraft seines Personseins zusteht, sowie den sittlichen, personalen und sozialen Geltungswert, den die Person durch ihre Lebensleistung erworben hat.[164] Die alleinige Geltung des Art. 1 I GG nach dem Tod des Grundrechtsträgers führt aufgrund der Unantastbarkeit der Menschenwürde zu der Konsequenz, dass eine Handlung, die das postmortale Persönlichkeitsrecht **beeinträchtigt**, stets **rechtswidrig** ist.[165] Eine Güterabwägung – wie sie bei der zusätzlichen Geltung des Art. 2 I GG in Bezug auf lebende Personen stattfinden würde – ist gerade nicht möglich. Ob diese Besserstellung von Toten gerechtfertigt ist, darf bezweifelt werden. Nach der hier vertretenen Auffassung ist das nicht der Fall. Es ist nicht einzusehen, warum der Schutz verstorbener Personen keiner Relativierung zugänglich sein soll, wohingegen der Schutz lebender Personen der Abwägung mit widerstreitenden Rechtsgütern offensteht.

Unabhängig davon gilt, dass die genannten Rechte aufgrund der Vererbbarkeit des allgemeinen Persönlichkeitsrechts nach dem Ableben des Grundrechtsträgers von den Erben geltend gemacht werden können. Diese können, da das allgemeine Persönlichkeitsrechts nicht nur ideelle, sondern auch kommerzielle Interessen umfasst, Abwehransprüche, Bereicherungs- und ggf. Schadensersatzansprüche gegen denjenigen geltend machen, der unbefugt, d.h. ohne Einwilligung der Erben, Bildnisse des Verstorbenen (etwa zu Werbezwecken) verwendet.[166] Vgl. dazu auch Rn 271.

2. Grundrechtsfähigkeit juristischer Personen des Privatrechts

57 Von der Grundidee des Grundgesetzes her sind *natürliche* Personen grundrechtsberechtigt. Diese individuelle Grundrechtsberechtigung bleibt auch bestehen, wenn sich natürliche Personen zu Personenmehrheiten zusammenschließen. Mitglieder einer Personenmehrheit können also individuell und voneinander unabhängig Verfassungsbeschwerde erheben. Fraglich ist lediglich, ob dieses Recht auch der Personenmehrheit als solcher

---

160 BVerfGE 30, 173, 194 (Mephisto).

161 Zu beachten ist, dass der Anspruch auf Geldentschädigung (Schmerzensgeld) wegen Verletzung des allgemeinen Persönlichkeitsrechts grundsätzlich nicht vererbbar ist, da bei einer Geldentschädigung der Genugtuungsgedanke im Vordergrund steht (BGH NJW 2014, 2871 f.).

162 BVerfG NJW 2001, 594, 595 (Willy-Brandt-Gedenkmünze).

163 Vgl. dazu auch BGH NJW 2014, 3786 (Postmortale Vaterschaftsfeststellung).

164 Zu den besonderen Erscheinungsform des allgemeinen Persönlichkeitsrechts vgl. Rn 268 ff.

165 BVerfG NVwZ 2008, 549, 550 (Theaterstück „Ehrensache" - mit Bespr. v. *Muckel*, JA 2008, 827); BVerfG NJW 2006, 3409 ff.; NJW 2001, 2957; BGH NJW 2009, 751, 752; grundlegend BVerfGE 30, 173, 194 (Mephisto).

166 Vgl. näher BVerfG NJW 2006, 3409 ff. (Marlene Dietrich). Demgegenüber ist ein Anspruch auf Geldentschädigung wegen Verletzung des allgemeinen Persönlichkeitsrechts grundsätzlich nicht vererbbar, da bei einer Geldentschädigung der Genugtuungsgedanke im Vordergrund steht (BGH NJW 2014, 2871 f.).

zusteht. Dies ist in Art. 19 III GG geregelt, wonach die Grundrechte auch für inländische juristische Personen gelten, soweit sie ihrem Wesen nach auf diese anwendbar sind.[167]

> **Hinweis für die Fallbearbeitung:** Relevant wird Art. 19 III GG immer dann, wenn eine überindividuelle Organisation geltend macht, in *ihren* Grundrechten verletzt zu sein. Hinsichtlich der Fallbearbeitung muss unterschieden werden:
>
> ⇨ In *materieller* Hinsicht erlangt die Grundrechtsberechtigung juristischer Personen Bedeutung beim Eingreifen des Schutzbereichs eines bestimmten Grundrechts (Prüfungspunkt: „Personaler Schutzbereich" oder „Träger des Grundrechts"). Denn nur wenn sich die juristische Person in personeller Hinsicht auf das als verletzt gerügte Grundrecht berufen kann, ist eine Verletzung dieses Grundrechts denkbar.
>
> ⇨ In *prozessualer* Hinsicht wird man die Zulässigkeit (d.h. die Partei- bzw. Beteiligtenfähigkeit) eines Rechtsbehelfs (bspw. einer Verfassungsbeschwerde) nur dann annehmen können, wenn die Organisation grundrechtsberechtigt in Bezug auf das als verletzt gerügte Grundrecht ist.
>
> Die Lösung dieser Ungewissheiten hängt gemäß der Normstruktur des Art. 19 III GG von drei Voraussetzungen ab:
>
> **(1)** Bei der Organisation muss es sich um eine „juristische Person" handeln.
> **(2)** Das im konkreten Fall in Rede stehende Grundrecht muss „seinem Wesen nach" auf die juristische Person anwendbar sein.
> **(3)** Die juristische Person muss eine „inländische" sein.

Da das Grundgesetz den Begriff der **juristischen Person** nicht definiert, ist diese Aufgabe dem einfachen Recht unterstellt. Der Begriff bezieht sich auf Organisationen und Personenmehrheiten, denen das Privatrecht oder das öffentliche Recht die Fähigkeit zuspricht, Träger von Rechten und Pflichten zu sein (sog. Rechtsfähigkeit).[168] Dazu gehört auch die Fähigkeit, klagen zu können und verklagt zu werden (sog. Partei- oder Beteiligtenfähigkeit).[169] 58

Beispiele: Juristische Personen des Privatrechts sind die Aktiengesellschaft (§ 1 I S. 1 AktG), die Gesellschaft mit beschränkter Haftung (§ 13 I GmbHG), die Kommanditgesellschaft auf Aktien (§ 278 AktG), die Genossenschaft (§ 17 I GenG), der Versicherungsverein auf Gegenseitigkeit, der rechtsfähige und nun auch der nichtrechtsfähige Verein (§§ 21 und 54 BGB)[170] und die Stiftung (§ 80 BGB).

Zu den juristischen Personen im Sinne von Art. 19 III GG gehören nicht nur die o.g. juristischen Personen des Privatrechts, sondern auch die sonstigen Personenmehrheiten des Privatrechts, soweit sie zumindest **teilrechtsfähig** sind, d.h. zumindest teilweise (partiell) als eigene Rechtspersönlichkeit auftreten.[171] Das entspricht zwar nicht dem Wortlaut des Art. 19 III GG. Würde man aber nur juristischen Personen im formalen Sinne die Grundrechtsträgereigenschaft zuerkennen, hätte es der einfache Gesetzgeber in der Hand, durch Formung des Gesellschaftsrechts die Reichweite der Grundrechte für Personenmehrheiten zu bestimmen. Daher ist lediglich die Vergleichbarkeit einer Vereinigung mit den Grundstrukturen einer juristischen Person zu fordern. Dabei ist insbe- 59

---

[167] Beachte aber die Besonderheiten bei den Art. 4 I, II und 9 III GG.
[168] *P/S/K/P*, Rn 158; vgl. auch dazu *K. Schmidt*, NJW 2001, 993 ff.; *Krausnick*, JuS 2008, 869 f.
[169] *P/S/K/P*, Rn 158.
[170] Nach dem Grundsatzurteil des BGHZ 146, 341 ff. ist auch der „nichtrechtsfähige Verein" rechtsfähig. § 50 II ZPO, der bestimmt, dass auch der nichtrechtsfähige Verein vor den Zivilgerichten verklagt werden kann, ist damit gegenstandslos. Als „nichtrechtsfähige Vereine" wurden z.B. Parteien und Gewerkschaften organisiert. Diese Organisationen sind jetzt also „rechtsfähig". Der Betriebsrat besitzt eine Teilrechtsfähigkeit auf dem Gebiet des Betriebsverfassungsrechts.
[171] Vgl. BVerfGE 10, 89, 99; 20, 283, 290; 53, 1, 13; *Schoch*, Jura 2001, 201, 202.

sondere die Fähigkeit zur *eigenständigen Willensbildung* und zu *eigenem Handeln* von Bedeutung.[172]

Beispiele: Zu den juristischen Personen i.S.v. Art. 19 III GG gehören demnach auch die Gesellschaft bürgerlichen Rechts (§ 705 BGB)[173], die offene Handelsgesellschaft (§§ 105, 124 I HGB) und die Kommanditgesellschaft (§ 161 II HGB). Zum „nichtrechtsfähigen Verein" (§ 54 BGB) vgl. bereits oben.

Gegenbeispiele: Die Fähigkeit zur eigenständigen Willensbildung und zu eigenem Handeln fehlt bei sog. schlichten Personenmehrheiten. Das ist bspw. anzunehmen bei einem „Kegelclub", einem „Streichquartett" oder bei der Belegschaft eines Betriebs, sodass hinsichtlich dieser Personenmehrheiten (jedenfalls solange sie keine GbR darstellen) die Grundrechtsfähigkeit fehlt.

60 Voraussetzung für die Grundrechtsfähigkeit einer juristischen Person im Sinne von Art. 19 III GG ist darüber hinaus, dass das betreffende Grundrecht **seinem Wesen nach** auf die juristische Person anwendbar ist. Ob das der Fall ist, hängt entscheidend von der Frage ab, ob die von dem Grundrecht geschützten Tätigkeiten auch von einer juristischen Person selbst ausgeübt werden können.[174] Dies ist anzunehmen, wenn sich die juristische Person in einer mit einer natürlichen Person vergleichbaren **grundrechtstypischen Gefährdungslage** befindet.[175] Das betreffende Grundrecht darf also **weder an die physische Existenz natürlicher Personen noch an die natürlichen Eigenschaften des Menschen** anknüpfen. Geht es um Wirtschaftsunternehmen, muss inhaltlich die **Unternehmenspersönlichkeit** (Ruf des Unternehmens am Markt) betroffen sein.

Beispiele fehlender Grundrechtsfähigkeit:

(1) Klar ist, dass eine juristische Person sich nicht auf Menschenwürde berufen kann. Gleiches gilt hinsichtlich des Lebens und der körperlichen Unversehrtheit. Art. 1 I S. 1 und Art. 2 II S. 1 GG sind also nicht anwendbar.

(2) Auch das Grundrecht auf Freiheit der Person (Art. 2 II S. 2 GG, Art. 104 I GG) knüpft an die natürliche Eigenschaft des Menschen.

(3) Gleiches gilt für das Grundrecht auf Ehe und Familie (Art. 6 I GG).

(4) Auch stehen die Gleichberechtigung von Mann und Frau und sonstige Rechte aus Art. 3 II, III GG nur natürlichen Personen zu.

(5) Schließlich sind das Elternrecht (Art. 6 II GG) und das Asylrecht (Art. 16a I GG) genannt.

Beispiele gegebener bzw. möglicher Grundrechtsfähigkeit:

(1) Demgegenüber sind Beruf und Eigentum ohne weiteres auch bei juristischen Personen denkbar und auch gängige Praxis. Art. 12 I, 14 I und subsidiär Art. 2 I GG sind also auch auf juristische Personen i.S.v. Art. 19 III GG anwendbar.[176]

(2) Gleiches gilt für die Meinungsäußerungsfreiheit (Art. 5 I S. 1 GG)[177], die Pressefreiheit (Art. 5 I S. 2 GG)[178], die Rundfunkfreiheit (Art. 5 I S. 2 GG)[179], die Versamm-

---

[172] *Jarass*, in: Jarass/Pieroth, GG, Art. 19 Rn 16; *Sachs*, in: Sachs, GG, Art. 19 Rn 60.
[173] Vgl. dazu das bereits erwähnte Grundsatzurteil BGHZ 146, 341 ff.; vgl. auch BGHZ 179, 102 ff. (GbR kann als solche ins Grundbuch eingetragen werden).
[174] BVerfGE 42, 212, 219 (Durchsuchung); 105, 252, 265 (Glykolwein).
[175] BVerfGE 45, 63, 79 f.; 61, 82, 101; 95, 220, 242; BVerfG NJW 1996, 584; *Schoch*, Jura 2001, 201, 203; vgl. auch *Krausnick*, JuS 2008, 869, 871 ff.
[176] Vgl. nur BVerfG JZ 2011, 1112 f.; BVerfGE 115, 276, 300 ff.; 105, 252, 265; 102, 197, 203; 97, 228, 253; 97, 12, 25; 95, 173, 181; 85, 97, 104.
[177] Vgl. nur BVerfGE 113, 63, 75 (Junge Freiheit).
[178] BVerfGE 80, 124, 131.
[179] BVerfGE 95, 28, 34 f.; 95, 220, 234; 97, 298, 310.

lungsfreiheit (Art. 8 I GG), die Vereinigungsfreiheit (Art. 9 I GG[180]), die Koalitionsfreiheit (Art. 9 III GG), das Wohnungsgrundrecht (Art. 13 GG)[181] und das Brief-, Post- und Telekommunikationsgeheimnis (Art. 10 GG)[182].

(3) Auch die Ausübung der Religions- bzw. Glaubensfreiheit (Art. 4 I u. II GG) ist denkbar, wenn sich der Zweck der Personenmehrheit auf eine religiöse oder weltanschauliche Tätigkeit bezieht, obwohl Glaube und Gewissen an sich nur natürliche Personen haben können.[183] Schließlich sind der allgemeine Gleichheitssatz (Art. 3 I GG)[184] und das allgemeine Persönlichkeitsrecht (Art. 2 I i.V.m. 1 I GG) jedenfalls in Bezug auf die informationelle Selbstbestimmung[185] zu nennen. Im Übrigen sei auf die Ausführungen zu den jeweiligen Grundrechten verwiesen.

Schließlich muss es sich bei der betreffenden Personenmehrheit um eine **inländische** 61
Personenmehrheit handeln. Ob das der Fall ist, richtet sich nach ihrem *Sitz* (sog. Sitztheorie). Maßgeblich ist dabei das tatsächliche Aktionszentrum, nicht die formale, d.h. satzungsmäßige Bestimmung.[186] Eine auf dem Bundesgebiet agierende Unterorganisation einer ausländischen Gesamtorganisation (Beispiel: Scientology) kann sich – sofern sie (etwa aufgrund einer Vereinsregistereintragung gem. § 21 BGB i.V.m. §§ 55 ff. BGB) rechtlich selbstständig ist – auf Grundrechte berufen. Dieser Umstand genügt für die Anerkennung als inländische juristische Person i.S.v. Art. 19 III GG.[187]

Ausländische juristische Personen können sich aber (wie jede rechts- bzw. teilrechtsfä- 62
hige Personenmehrheit) auf die sog. Justizgrundrechte (Art. 19 IV, 101 I S. 2 und Art. 103 I GG) berufen.[188] → allg. Waffengleichheit

Hinsichtlich juristischer Personen und (teil-)rechtsfähiger Personenmehrheiten aus ande- 63
ren **EU-Mitgliedstaaten** ist der bereits genannte Anwendungsvorrang des EU-Rechts zu beachten. Das allgemeine Diskriminierungsverbot (Art. 18 I AEUV) und das Recht auf Freizügigkeit der Arbeitnehmer innerhalb der Union (Art. 45 AEUV) zwingen zu einer unionsrechtskonformen Handhabung des Art. 19 III GG (vgl. Art. 26 II AEUV, aus dem sich ein Anwendungsvorrang der Grundfreiheiten im Binnenmarkt ergibt). Das Merkmal „inländisch" ist demnach so zu verstehen, dass auch juristische Personen mit Sitz im EU-Gebiet erfasst werden.[189]

Dieser (zwingenden) Auffassung hat sich nunmehr auch das BVerfG angeschlossen. Die Erstreckung der Grundrechtsberechtigung auf juristische Personen aus Mitgliedstaaten der EU stelle eine aufgrund des Anwendungsvorrangs der Grundfreiheiten im Binnenmarkt (Art. 26 II AEUV) und des allgemeinen Diskriminierungsverbots wegen der Staatsangehörigkeit (Art. 18 AEUV) vertraglich veranlasste Anwendungserweiterung des deutschen Grundrechtsschutzes dar.[190]

---

[180] BVerfG NVwZ 2000, 1281. Zur strittigen Frage, ob die kollektive Vereinigungsfreiheit unmittelbar aus Art. 9 I GG oder über Art. 19 III GG hergeleitet wird, vgl. Rn 681.
[181] BVerfGE 76, 83, 88.
[182] BVerfGE 100, 313, 356 (Telekommunikationsüberwachung).
[183] Vgl. BVerfG NVwZ 2010, 570, 571 ff.; BVerfGE 105, 279, 293; 102, 370, 383; 99, 100, 118. Hat die Gesellschaft aber im Wesentlichen nur eine wirtschaftliche Zielsetzung, scheidet Art. 4 GG von vornherein aus.
[184] BVerfGE 95, 267, 317; 95, 335, 367 u. 389.
[185] BVerfGE 106, 28, 42 f.; OVG Münster NVwZ 2015, 304 f.
[186] BVerfGE 21, 207, 208; 129, 78 ff. Vgl. auch BFH NJW 2001, 2199; OLG Zweibrücken NJW-RR 2001, 341; *Rüfner*, in: HdbStR V, S. 512 f.; *Quaritsch*, in: HdbStR V S. 686 f.; *Jarass*, in: Jarass/Pieroth, GG, Art. 19 Rn 15; *Schoch*, Jura 2001, 201, 203; *Milstein/Lippold*, NVwZ 2013, 182, 184; *Bäcker*, JuS 2013, 522, 523.
[187] Wie hier *Jarass*, in: Jarass/Pieroth, GG, Art. 19 Abs. 17; *Quaritsch*, in: HdbStR V, S. 686; VGH München NVwZ 2003, 998, 999. Anders *Werner*, Scientology im Spiegel des Rechts, 2002, S. 411.
[188] BVerfGE 21, 362, 373; 64, 1, 11; *Schoch*, Jura 2001, 201, 203.
[189] Vgl. bereits die Vorauflagen dieses Buches sowie *Schoch*, Jura 2001, 201, 203; *Ehlers*, Jura 2001, 266, 273; *Kluth*, Jura 2001, 371; *Krausnick*, JuS 2008, 869, 871.
[190] BVerfGE 129, 78, 94 ff. (mit Bespr. v. *Muckel*, JA 2012, 156 und *Sachs*, JuS 2012, 379).

In Anlehnung an das zu den Deutschengrundrechten Gesagte wird der verfassungsändernde Gesetzgeber aber auch hier letztlich nicht umhinkommen, eine Klarstellung im Verfassungstext vorzunehmen.

Unabhängig von dem Anwendungsbereich des Art. 19 III GG gilt aber, dass Mitglieder deutscher Nationalität, auch wenn sie ausländischen Personenmehrheiten angehören, in jedem Fall aus dem betreffenden individuellen Grundrecht berechtigt sind.

64 Studien- und prüfungsrelevant ist auch der umgekehrte Fall, nämlich die Frage, ob sich eine inländische juristische Person auf **Deutschengrundrechte** berufen kann, wenn die **Vereinigung von Ausländern beherrscht** wird.

Beispiel: Drei Libanesen betreiben in Hamburg eine Diskothek (Konzession nach § 2 I GastG[191]) in der Rechtsform einer GmbH und lassen dort den Handel mit Drogen zu. Nachdem die Behörde sie mehrmals erfolglos aufgefordert hat, den Drogenhandel in ihrer Diskothek zu unterbinden, entzieht sie der GmbH die Erlaubnis gem. § 15 GastG i.V.m. § 4 I Nr. 1 GastG und erlässt eine auf § 15 II GewO gestützte Stilllegungsverfügung. Könnte sich die GmbH auf Art. 12 I GG berufen?

65 Bei Grundrechten, die nur Deutschen zustehen, ist ihrem Wesen entsprechend zu verlangen, dass die Vereinigung nicht von Ausländern beherrscht wird.[192] Anderenfalls würden die betreffenden Grundrechte individuell handelnden Ausländern nicht zustehen, wohl aber kollektiv handelnden.

Im obigen **Beispiel** gilt: Art. 12 I GG ist seinem Wesen nach auf eine GmbH anwendbar. Da Art. 12 I GG aber nur auf Deutsche anwendbar ist, die o.g. GmbH jedoch von Libanesen getragen wird, besteht insoweit keine Grundrechtsträgereigenschaft der GmbH. Die GmbH kann sich daher nicht auf Art. 12 I GG berufen. Ihr verbleibt nur das Grundrecht aus Art. 2 I GG (allgemeine Verhaltensfreiheit).[193]

3. Grundrechtsfähigkeit juristischer Personen des öffentlichen Rechts

66 In Anbetracht der (primären) Funktion der Grundrechte als Abwehrrechte des einzelnen Menschen gegen Eingriffe des Staates (dazu Rn 13) ist zweifelhaft ist, ob die Grundrechte auch für juristische Personen des öffentlichen Rechts gelten. Denn juristische Personen des öffentlichen Rechts nehmen i.d.R. öffentliche Aufgaben wahr und stehen in dieser Aufgabenwahrnehmung nicht in einer Abwehrposition zum Staat (Rn 72). Doch zunächst soll der Begriff der juristischen Person erläutert werden. Zu den juristischen Personen des öffentlichen Rechts zählen Körperschaften, Stiftungen und Anstalten des öffentlichen Rechts. Hinzu kommen die Beliehenen.[194]

67 **Körperschaften des öffentlichen Rechts** sind durch staatlichen Hoheitsakt ins Leben gerufene, (teil-)rechtsfähige, mitgliedschaftlich verfasste, aber vom Wechsel der Mitglieder unabhängige Rechtsträger zur Erfüllung hoheitlicher Aufgaben.

Beispiele: Bund, Länder und Gemeinden; Rechtsanwaltskammern (vgl. §§ 60 ff., 176 I BRAO); Hochschulen (Art. 5 III S. 1 GG, § 58 I HRG); Landesärztekammern, Handwerksinnungen und -kammern (§§ 53, 90 HandwO); Industrie- und Handelskammern (§ 3 I

---

[191] Zur Föderalismusreform 2006, die Auswirkungen auf die Gesetzgebungskompetenzen ausübt, vgl. Rn 635.
[192] BVerfG NVwZ 2000, 1281, 1282; *Wolff*, in: Hömig/Wolff, GG, Art. 9 Rn 2; *Löwer*, in: v. Münch/Kunig, GG, Art. 9 Rn 7 f.; *Huber*, in: v. Mangoldt/Klein/Starck, GG, Art. 19 Rn 118; *Jarass*, in: Jarass/Pieroth, GG, Art. 19 Rn 17; *Isensee*, in: HdbStR V, § 118 Rn 49 f.; *Sachs*, in: Sachs, GG, Art. 19 Rn 51; *Dreier*, in: Dreier, GG, Art. 19 Rn 32; *Quaritsch*, in: HdbStR V, § 120 Rn 60 f.; *Schoch*, Jura 2001, 201, 203; *v. Mutius*, in: Bonner Kommentar, Art. 19 Rn 59; *Stern*, StaatsR III/1 1148.
[193] In diesem Sinne auch BVerfG-K NVwZ 2000, 1281, 1282 zu Art. 9 I GG.
[194] Im Folgenden wird lediglich ein kursorischer Überblick gegeben. Eine umfassende Darstellung der juristischen Personen des öffentlichen Rechts findet sich bei *R. Schmidt*, AllgVerwR, Rn 82 ff.

IHKG); Träger der Sozial- und Rentenversicherung (z.B. AOK[195] oder Deutsche Rentenversicherung Bund); Kassenärztliche Vereinigung nach §§ 77 ff. SGB V; Jagdgenossenschaften (§ 9 BJagdG); Landwirtschaftskammern; Studierendenschaften; Religionsgesellschaften, soweit sie durch Verfassung und Mitgliederzahl die Gewähr der Dauer bieten und den Status als Körperschaften des öffentlichen Rechts anerkannt bekommen haben (vgl. Art. 140 GG i.V.m. Art. 137 V S. 2 WRV)[196]

Eine **öffentliche Anstalt** ist eine Zusammenfassung personeller und sächlicher Mittel in der Hand eines Trägers öffentlicher Verwaltung, die einem besonderen öffentlichen Zweck dauernd zu dienen bestimmt ist. 68

Beispiele: ZVS; öffentliche Sparkassen[197]; öffentlich-rechtliche Rundfunkanstalten (Art. 5 I S. 2 GG) und damit auch der Beitragsservice der 9 Landesrundfunkanstalten, dem ZDF und dem Deutschlandradio; Deutsche Bibliothek; Bundesagentur für Arbeit

Stiftungen des öffentlichen Rechts sind organisatorisch verselbstständigte, rechtsfähige Institutionen mit dem Zweck der Verwaltung eines Bestandes an öffentlichem Vermögen. 69

Beispiele: Bundesstiftung Umwelt; Stiftung Denkmal für die ermordeten Juden Europas; Stiftung zur Akkreditierung von Studiengängen in Deutschland (§ 1 I AkkStiftG)

Beliehene sind natürliche oder juristische Personen des Privatrechts, denen der Staat durch Gesetz oder aufgrund eines Gesetzes die Kompetenz zur selbstständigen Wahrnehmung einzelner hoheitlicher Aufgaben übertragen hat.[198] 70

Durch diese Definition wird deutlich, dass die Beliehenen auch bei der Ausübung von hoheitlichen Kompetenzen statusrechtlich Privatrechtssubjekte sind. Nur funktionell sind sie – im Rahmen der Ausübung der ihnen übertragenen Aufgaben – als Behörde i.S.d. mittelbaren Staatsverwaltung tätig. Sinn der Beleihung ist, dass sich der Staat die besondere Fachkunde solcher Personen zunutze macht und gleichzeitig den Verwaltungsapparat (kostenmäßig) entlastet.[199] 71

Beispiele: Notare hinsichtlich öffentlicher Beurkundungen und Beglaubigungen (§ 1 BNotO); Seeschiffs- und Flugkapitäne (vgl. §§ 79 I, 50 III, 121 II SeeArbG, § 12 LuftSiG); Luftsicherheitsassistenten (§ 5 V LuftSiG); Jagdaufseher (§ 25 II BJagdG); Deutsche FlugsicherungsGmbH (DFS)[200]; Bezirksschornsteinfegermeister hinsichtlich der technischen Brandsicherheit; Sachverständige (z.B. des TÜV, der DEKRA oder der KÜS) für die Untersuchungen bzw. Abnahmen nach §§ 19, 21 ff., 29 StVZO (vgl. § 6 StVG i.V.m. Anlage VIIIb zur StVZO), aber auch andere beliehene Sachverständige; privatrechtlich organisierte Einrichtungen des Rettungsdienstes (etwa Malteser-Hilfsdienst, vgl. BGH NJW 1998, 2109); Private (etwa „Stadtwerke-GmbH"), die aufgrund der Regelungen der Kommunal-

---

[195] Die Aufgaben der Sozialversicherung (Unfall-, Kranken- und Altersversicherung) übernimmt der Staat nicht selbst, sondern hat sie den Körperschaften des öffentlichen Rechts übertragen, vgl. z.B. §§ 29 ff. SGB IV. § 29 SGB IV bestimmt, dass Träger der Sozialversicherung Körperschaften des öffentlichen Rechts sind.

[196] Zur Verleihung des Körperschaftsstatus bzw. von Körperschaftsrechten an Religionsgemeinschaften vgl. BVerfGE 102, 370 ff. (Zeugen Jehovas); BVerfG NVwZ 2015, 1434 ff. (Zeugen Jehovas); BVerwG NVwZ 2013, 943 ff. (Baha´i) mit Bespr. *Löhnig/Preisner*, NVwZ 2013, 945 f. Vgl. ferner BVerfG NVwZ 2009, 389 f. Speziell zur Grundrechtsberechtigung von Religionsgemeinschaften (bzgl. Art. 4 GG) vgl. BVerfG NVwZ 2010, 570 ff. Zu beachten ist aber, dass die Religionsgesellschaften, auch wenn sie den Status als Körperschaften des öffentlichen Rechts verliehen bekommen haben, grds. keine Organe der öffentlichen Gewalt sind. Vgl. näher Rn 394.

[197] Nicht zu den öffentlichen Sparkassen im dargelegten Sinne gehören die wenigen „freien" Sparkassen, die einen besonderen privatrechtlichen Status haben (Beispiele: Hamburger Sparkasse, Sparkasse Bremen, Frankfurter Sparkasse, Württembergische Landessparkasse), vgl. *Bull/Mehde*, AllgVerwR, § 4 Rn 170 Fn 9.

[198] Vgl. BVerfG NJW 2012, 1563, 1564 ff.; BVerwG DVBl 1970, 735; NVwZ-RR 1991, 330; NVwZ 2011, 368, 369 f.; BremStGH NVwZ 2003, 81, 82 f.; BGHZ 161, 6, 11 ff.; *Waldhoff*, JuS 2011, 191 f.; *Muckel*, JA 2011, 559/JA 2012, 396, 397.

[199] Vgl. dazu (sowie zu den verfassungsrechtlichen Problemen) ausführlich *R. Schmidt*, AllgVerwR, Rn 110 ff.

[200] Die DFS ist vom Bundesministerium für Verkehr, Bau und Stadtentwicklung durch Rechtsverordnung mit der Wahrnehmung hoheitlicher Aufgaben zur Flugsicherung beliehen. Diese Aufgaben, die einen Sonderpolizeicharakter haben, sind in § 27c LuftVG aufgezählt.

abgabengesetze (KAG) der Länder beauftragt sind, Abgaben für die Abwasserbeseitigung zu berechnen und Gebührenbescheide zu erlassen[201]; Agenturen zur Akkreditierung von Studiengängen in Deutschland (vgl. § 2 I Nr. 1 AkkStiftG - dazu auch Rn 547, 549a)

72 Das BVerfG hat für die juristischen Personen des öffentlichen Rechts schon seit jeher entschieden, dass die Grundrechte **grundsätzlich nicht gelten**. Hinter den juristischen Personen stünden keine Menschen, sondern der Staat. Der Staat sei aber Grundrechtsverpflichteter, nicht Grundrechtsberechtigter. Es sei mit dem Wesen der Grundrechte unvereinbar, wenn der Staat gleichzeitig Grundrechtsberechtigter und Grundrechtsverpflichteter sei[202] (Konfusionsargument). In neueren Entscheidungen stellt das BVerfG weniger auf das Konfusionsargument ab als auf die **Aufgabenwahrnehmung**. Handele eine juristische Person des öffentlichen Rechts in Wahrnehmung einer ihr gesetzlich zugewiesenen öffentlichen Aufgabe, sei sie insoweit nicht grundrechtsberechtigt. Bei einem Übergriff durch ein anderes Staatsorgan gehe es der Sache nach daher um einen **Kompetenzkonflikt**, nicht um einen Eingriff in subjektive (Grund-)Rechte.[203]

Keine Grundrechtsberechtigten sind daher zum **Beispiel**[204]**:** Rentenversicherungsträger, Allgemeine Ortskrankenkassen, öffentlich-rechtliche Sparkassen, Kassenärztliche Vereinigung, Handwerksinnungen, Landwirtschaftskammern, Ärztekammern, Studentenschaften, Gebietskörperschaften wie Bundesländer und Kommunen.[205]

73 Die Grundrechtsfähigkeit wird vom BVerfG auch dann verneint, wenn sich die betreffende juristische Person zur Wahrnehmung öffentlicher Aufgaben privatrechtlicher Organisationsformen (etwa AG oder GmbH) bedient. Die fehlende Grundrechtsfähigkeit des Staates könne nicht durch die Rechtsformenwahl unterlaufen werden.[206] Ein typisches Beispiel ist die kommunale **Eigengesellschaft** (etwa Stadthallen-GmbH, Straßenbahn-AG), bei der sämtliche Anteile in der Hand der Kommune liegen.

74 Jedoch gelangen **Justiz**- und **Verfahrensgrundrechte** (Art. 101 I S. 2 GG und Art. 103 I GG) für den der Justizhoheit unterworfenen Staat zur Anwendung.[207]

75 Auch kann eine Grundrechtsträgereigenschaft durchaus angenommen werden, wenn die juristische Person des öffentlichen Rechts **keine gesetzlich zugewiesene öffentliche Aufgabe** wahrnimmt.

Beispiel: Das Bayerische Rote Kreuz ist zwar eine Körperschaft des öffentlichen Rechts, übt aber keine hoheitlichen Tätigkeiten aus. Die Grundrechtsberechtigung liegt vor.

76 Diesbezüglich ist das BVerfG aber nicht konsequent. So hat es einer Gemeinde, die sich gegen die Genehmigung eines Kernkraftwerks wehren wollte, die Grundrechtsfähigkeit hinsichtlich des Eigentumsgrundrechts abgesprochen. Art. 14 I GG schütze nicht das Privateigentum, sondern das Eigentum Privater.[208] Die Gemeinde sei daher nicht antragsberechtigt im Rahmen einer Individualverfassungsbeschwerde (Art. 93 I Nr. 4a GG). Dagegen können sich die Gemeinden auf ihr Selbstverwaltungsrecht aus Art. 28 II GG berufen und eine Verlet-

---

[201] Vgl. etwa § 2 III S. 1 KAG BaWü, wonach die Kommunen ermächtigt sind, Satzungen zu erlassen, in denen sie Dritte (etwa eine „Stadtwerke-GmbH") beauftragen können, die genannten Aufgaben durchzuführen. Diese „Dritten" sind dann Beliehene. Vgl. dazu VGH Mannheim DVBl 2010, 196, 197.

[202] BVerfGE 21, 362, 369 ff.; 61, 82, 103 f.; 68, 193, 205 ff.; 75, 192, 196; BVerfG NJW 1996, 1588. Vgl. auch *P/S/K/P*, Rn 170.

[203] BVerfG DVBl 2001, 63; NVwZ 2007, 1420; NJW 2011, 511 (Bundeszentrale für politische Bildung).

[204] Vgl. BVerfGE 21, 262, 277; 21, 362, 367 ff.; 39, 302, 312 ff.; 39, 302, 312 ff.; 61, 82, 100 f.; 68, 193, 208 ff.; 75, 192, 198 ff.; 77, 340, 344; 81, 310, 334; 98, 17, 47; BVerfG NJW 1996, 1588; BVerwG NJW 2000, 3150 ff.; BVerfG NJW 1997, 1634 f.; BerlVerfGH NVwZ 2000, 549; OVG Berlin NVwZ 1999, 95, 96; vgl. aber für Bayern BayVerfGH NVwZ 1985, 260.

[205] Zur nicht gegebenen Klagebefugnis einer Gemeinde vgl. OVG Hamburg NVwZ 2005, 347 ff.; BVerfG NVwZ 2007, 1420 f.

[206] BVerfG NVwZ 2009, 1282 f.

[207] BVerfGE 6, 45, 49 f.; 61, 82, 104; 75, 192, 200; BVerfG NVwZ 2007, 1420 f. Bislang offengelassen hat das BVerfG die Frage, ob auch Art. 19 IV GG für juristische Personen der öffentlichen Rechts gilt. Der SächsVerfGH hat diese Frage für kommunale Selbstverwaltungsträger verneint (LKV 2007, 511).

[208] BVerfGE 61, 82, 108 f. Vgl. auch BVerfG NVwZ 2005, 82 f.

zung dieser Autonomie im Rahmen einer Kommunalverfassungsbeschwerde (Art. 93 I Nr. 4a GG) rügen.

Fazit: Von einer Grundrechtsträgereigenschaft der betreffenden juristischen Person des öffentlichen Rechts ist auszugehen, wenn sie keine staatliche Aufgabe wahrnimmt, sondern sich in einem Bereich bewegt, in dem sie vom Staat *unabhängig* ist, sie sich also in einer mit einem Privatrechtssubjekt vergleichbarenen **grundrechtstypischen Gefährdungslage** befindet. Nach der Rechtsprechung des BVerfG sind die grundrechtstypische Gefährdungslage und somit eine (partielle) Grundrechtsfähigkeit in folgenden Bereichen anerkannt: 77

(1) Bei **Rundfunkanstalten** (Rundfunkfreiheit aus Art. 5 I S. 2 GG, aber auch Telekommunikationsfreiheit aus Art. 10 I GG).[209]

(2) Bei staatlichen **Universitäten** bzw. **Fakultäten** (Wissenschaftsfreiheit aus Art. 5 III S. 1 GG).[210]

(3) Eine Sonderstellung unter den juristischen Personen des öffentlichen Rechts nehmen die öffentlich-rechtlichen **Religionsgemeinschaften** ein. Diese können sich uneingeschränkt auf die Glaubens- und Bekenntnisfreiheit (Art. 4 GG) berufen (vgl. Art. 140 GG i.V.m. Art. 137 V WRV).[211]

(4) Auch **bestimmte berufsständische Körperschaften** sind beschwerdebefugt, wenn diese die Interessen ihrer Mitglieder wahrnehmen (Art. 9 I GG).[212]

Hinweis für die Fallbearbeitung: Neuerdings wird versucht, die klassische Ausnahme vom materiellen Grundrechtsausschluss der öffentlichen Hand über die vier genannten Fallgruppen hinaus zu erweitern. So hat das BVerfG auch die Grundrechtsfähigkeit von Landesmedienanstalten in Bezug auf die Rundfunkfreiheit angenommen.[213] In der Fallbearbeitung muss aber eine Erweiterung der Beschwerdebefugnis gut begründet werden. Es muss sich geradezu ein grundrechtliches Spannungsverhältnis zeigen, um den grundsätzlichen Ausschluss der juristischen Person des öffentlichen Rechts von der Grundrechtsfähigkeit nicht aufweichen zu lassen. Insbesondere darf nicht von der allgemeinen Rechtsfähigkeit ohne weiteres auf die Grundrechtsfähigkeit geschlossen werden.

Zusammenfassung: Juristische Personen des öffentlichen Rechts können sich grundsätzlich nicht auf Grundrechte berufen. Sie sind in Wahrnehmung von öffentlichen Aufgaben tätig und nicht in Ausübung von Grundrechtspositionen. Eine Ausnahme gilt nach der Rechtsprechung des BVerfG aber für den Bereich der **Justiz**- oder **Verfahrensgrundrechte** (Art. 101 I S. 2 GG und Art. 103 I GG) und vor allem für den Fall, dass die betreffende juristische Person Rechte in einem Bereich verteidigt, in dem sie vom Staat *unabhängig* ist, sich also in der gleichen **grundrechtstypischen Gefährdungslage** befindet wie der Bürger. Dies ist bei den bei Rn 77 genannten vier Bereichen anerkannt. Darüber hinaus sollte eine Grundrechtsfähigkeit nur unter sehr engen Voraussetzungen angenommen werden. Es muss sich geradezu ein grundrechtliches Spannungsverhältnis zeigen, um den grundsätzlichen Ausschluss der juristischen Person des öffentlichen Rechts von der Grundrechtsfähigkeit nicht aufweichen zu lassen. Insb. darf von der allgemeinen Rechtsfähigkeit nicht ohne weiteres auf die Grundrechtsfähigkeit geschlossen werden. 78

[209] BVerfGE 31, 314, 321 f.; 59, 231, 255; 78, 101, 102 f.; 83, 238, 296; 107, 299, 313. Zu beachten ist jedoch, dass sich öffentlich-rechtliche Rundfunkanstalten nicht auf Eigentumsfreiheit (BVerfGE 78, 101, 102) und Pressefreiheit (BVerfGE 83, 238, 312) berufen können.

[210] BVerfGE 15, 256, 261 f.; 31, 314, 322; vgl. auch BVerfGE 51, 369, 381; 67, 202, 207; 85, 360, 384; BVerwG NJW 2016, 1113, 1114.

[211] BVerfGE 19, 1, 3 ff.; 30, 112, 119 f.; 70, 138, 160 f.; 102, 370, 371; BVerfG NVwZ 2010, 570, 571 ff.

[212] BVerfGE 70, 1, 21; BVerfG NJW 1994, 3765 (jeweils Steuerberaterkammer); einschränkend BVerwG NJW 2000, 3150 (Landwirtschaftskammer).

[213] BVerfG NVwZ-RR 1993, 550; vgl. dazu ausführlich *Bethge*, NJW 1995, 558.

79 Ein diesbezügliches Randproblem ergibt sich bei den sog. **kunstvermittelnden Medien**: Als potentielle Grundrechtsträger aus Art. 5 III S. 1 GG kommen neben natürlichen Personen und juristischen Personen des Privatrechts auch u.U. öffentlich-rechtlich strukturierte Rechtsträger und Einrichtungen in Betracht, die von der öffentlichen Hand unterhalten werden.

Beispiele: als Eigen- oder Regiebetrieb geführte Theater, Museen, Orchester oder Opernhäuser. Selbst wenn man bei ihnen wegen des starken Schutzes, den Art. 5 GG entfaltet, von einer grundsätzlichen Grundrechtsfähigkeit ausgeht, muss man sich die Frage stellen, wer denn eine Klage erheben wollte; immerhin wird der Betrieb doch gerade von *dem* Hoheitsträger (personell und sächlich) unterhalten, gegen den sich eine Klage richten könnte.

4. Sonderfall gemischtwirtschaftliche Unternehmen

80 Unter gemischtwirtschaftlichen Unternehmen sind privatrechtlich organisierte Unternehmen zu verstehen, deren Geschäftsanteile sich überwiegend (aber nicht ausschließlich) im Eigentum eines Trägers öffentlicher Gewalt befinden.

Beispiele: Zu den gemischtwirtschaftlichen Unternehmen gehören von Gemeinden und Städten errichtete und betriebene Aktiengesellschaften und Gesellschaften mit beschränkter Haftung zur Unterhaltung der Daseinsvorsorge (Stadthallen-GmbH, Straßenbahn-AG, Energieversorgungs-AG[214] bzw. -GmbH[215], Wasserwerke-AG, kommunale Wohnungsbau-GmbH[216] etc.), deren Geschäftsanteile sich überwiegend, aber nicht ausschließlich bei der Gemeinde bzw. Stadt befinden. Auch bei der Fraport-AG, deren Aktien sich zu 52% im Eigentum der öffentlichen Hand befinden, handelt es sich um ein gemischtwirtschaftliches Unternehmen.[217]
Bei der Deutschen Bahn AG handelt es sich dagegen nicht um ein gemischtwirtschaftliches Unternehmen, da der Bund (noch) alle Anteile hält und es sich aufgrund dieser Eigentümerstruktur um ein privatrechtlich organisiertes Staatsunternehmen handelt.[218]
Umgekehrt befinden sich die Anteile der Deutschen Telekom und der Deutschen Post mittlerweile weit überwiegend in Privatbesitz, sodass es sich auch bei diesen Unternehmen nicht um gemischtwirtschaftliche Unternehmen handelt.

Hinsichtlich der Frage nach der Grundrechtsfähigkeit von gemischtwirtschaftlichen Unternehmen muss berücksichtigt werden, dass die Grundrechte vorrangig dem Schutz der Freiheitssphäre des einzelnen Menschen als natürliche Person gegen Eingriffe der staatlichen Gewalt dienen (s.o.). Auch juristische Personen des Privatrechts sind Träger von Grundrechten, soweit diese ihrem Wesen nach auf sie anwendbar sind (Art. 19 III GG). Nehmen aber juristische Personen des Privatrechts staatliche Aufgaben wahr, handeln sie in Wahrnehmung einer öffentlichen Aufgabe und sind insoweit Teil des Staates, nicht Träger von Grundrechten (Rn 72 ff.).

Folgerichtig war das BVerfG bei den kommunalen Betrieben der Daseinsvorsorge in seiner Kammerentscheidung zu den Hamburger Elektrizitätswerken bei der Annahme der Grundrechtsfähigkeit äußerst zurückhaltend. Dadurch, dass die Daseinsvorsorge eine *öffentliche* Aufgabe sei, komme bei den kommunalen (Eigen-)Gesellschaften, die diese Aufgabe wahrnähmen, eine Grundrechtsfähigkeit nur ausnahmsweise in Betracht. Die Grundrechtsfähigkeit sei jedenfalls dann abzulehnen, wenn der jeweilige Hoheits-

[214] Vgl. dazu etwa BVerfG NVwZ 2009, 1282 (mit Bespr. v. *Muckel*, JA 2010, 837).
[215] Vgl. dazu etwa BVerfG 3.11.2015 - 1 BvR 1530/15 und 1 BvR 1531/15.
[216] Vgl. dazu etwa BVerfG NVwZ-RR 2016, 242 f,
[217] Vgl. BVerfGE 128, 226, 244 ff. (Fraport).
[218] Das gilt auch für die Flughafen Berlin Brandenburg GmbH, die sich zu 100% in der öffentlichen Hand befindet und u.a. den Flughafen Berlin-Schönefeld betreibt (dazu BGH NVwZ 2015, 1622, 1623).

träger gemäß den (§ 65 I Nr. 3 BHO entsprechenden) Vorschriften der jeweiligen LHO die Möglichkeit habe, **entscheidenden Einfluss** auf die Gesellschaft auszuüben.[219]

Bei einer GmbH wird dies durch eine Vereinbarung im Geschäftsführeranstellungsvertrag der Fall sein (vgl. §§ 6 und 35 GmbHG) und bei einer AG durch überwiegende oder ausschließliche Aktienanteile (das BVerfG hat in seiner genannten Entscheidung zu den Hamburger Elektrizitätswerken einen Anteil von 76% der Aktien als ausreichend angesehen[220]; bei einer StromversorgungsAG der Stadt Frankfurt/M hat es bei einer Beteiligung der Stadt von 75,2% eine Grundrechtsfähigkeit der AG abgelehnt[221]).

Umgekehrt lässt sich sagen, dass ein gemischtwirtschaftliches Unternehmen unmittelbar an die Grundrechte **gebunden** ist, wenn es von den öffentlichen Anteilseignern beherrscht wird. Dies ist in der Regel der Fall, wenn (wie im Fall der Fraport-AG) mehr als die Hälfte der Anteile im Eigentum der öffentlichen Hand stehen.[222]

Hinsichtlich der Telekom AG hat das BVerfG entschieden, dass die Grundrechtsfähigkeit nicht etwa deswegen entfalle, weil der Bund Anteile an dieser halte. Denn bei einem Vergleich mit der Deutschen Post ergebe sich, dass ein (damals bestehender) beherrschender Einfluss des Bundes auf die Unternehmensführung der Post, der die Grundrechtsfähigkeit habe in Zweifel ziehen können, gesetzlich ausgeschlossen gewesen[223] und nach der Privatisierung erst recht nicht begründet worden sei.[224] Für die Frage nach der Grundrechtsfähigkeit der Telekom AG bedeutet dies somit[225]: Man braucht nicht auf den Grad der Beteiligung des Bundes abzustellen. Stattdessen ist die Grundrechtsfähigkeit bereits deshalb zu bejahen, weil der Bund kraft gesetzlicher Regelungen die Einflussmöglichkeit auch auf die Telekom AG ausgeschlossen hat.[226]

Fazit: Gemischtwirtschaftliche Unternehmen sind nicht Träger von Grundrechten, wenn sie bestimmungsgemäß öffentliche Aufgaben wahrnehmen. Sie sind umgekehrt wegen Art. 1 III GG unmittelbar an die Grundrechte gebunden (vgl. dazu wiederum Rn 94).

5. Grundrechtsmündigkeit

Von der Grundrechtsfähigkeit muss die Grundrechtsmündigkeit unterschieden werden.

Die **Grundrechtsmündigkeit** betrifft die Fähigkeit einer natürlichen Person, ein Grundrecht, dessen Träger sie ist, in allen denkbaren Rechtsrelationen entsprechend ihrer Einsichts- und Entscheidungsfähigkeit ausüben zu können. **81**

Eine Aussage dazu, in welchem Lebensalter die Grundrechtsmündigkeit eintritt, trifft das Grundgesetz nur an einigen Stellen, etwa in Art. 12a I und Art. 38 II GG. Zahlreiche Altersgrenzen nennt aber das einfache Recht: **82**

- ⇨ So bestimmt § 106 BGB, dass die beschränkte Geschäftsfähigkeit mit Vollendung des 7. Lebensjahres eintritt.
- ⇨ Gemäß § 5 S. 2 RelKErzG kann ein Kind nach Vollendung des 12. Lebensjahres nicht gegen seinen Willen zu einem anderen Bekenntnis gezwungen werden.

---

[219] BVerfGE 45, 63, 79 f.; BVerfG NJW 1990, 1783. Vgl. auch BVerfG NVwZ 2009, 1282.
[220] BVerfG JZ 1990, 335 mit abl. Anm. von *Kühne*.
[221] BVerfG NVwZ 2009, 1282 (mit Bespr. v. *Selmer*, JuS 2010, 187).
[222] BVerfGE 128, 226, 244 ff. - dazu Rn 94 und 617b, c. Vgl. auch *Muckel*, JA 2011, 557 ff.
[223] Vgl. § 3 IV des Gesetzes über die Errichtung einer Bundesanstalt für Post und Telekommunikation Deutsche Bundespost vom 14.9.1994 (BGBl I S. 2325) und § 32 der Satzung der Bundesanstalt für Post und Telekommunikation Deutsche Bundespost vom 14.9.1994 (BGBl I S. 2331).
[224] BVerfG NVwZ 2006, 1041 f.
[225] Etwa wenn es um Streitigkeiten zwischen ihr und der Regulierungsbehörde hinsichtlich der Genehmigung von Entgelten für die Durchleitung von Signalen anderer Telekommunikationsunternehmen geht.
[226] So auch schon BVerwGE 114, 160, 189.

⇨ Gemäß § 5 S. 1 RelKErzG steht dem Minderjährigen bei Vollendung des 14. Lebensjahres die Entscheidung darüber zu, welchem Bekenntnis er angehören möchte. Eine entgegenstehende Auffassung des gesetzlichen Vertreters (i.d.R. die Eltern) ist unbeachtlich.

⇨ Gemäß § 12 AsylG ist ein Ausländer, der das 18. Lebensjahr vollendet hat (vgl. § 2 BGB), zur Vornahme von Verfahrenshandlungen berechtigt.

83 Zu beachten ist jedoch, dass die Frage nach der Grundrechtsmündigkeit nur die Verfassung selbst, nicht das einfache Recht beantworten kann. Das einfache Recht kann aber als Interpretationshilfe herangezogen werden.

84 Richtigerweise entscheidet die **individuelle Einsichts- und Entscheidungsfähigkeit** der konkret betroffenen Person. Danach ist grundrechtsmündig, wer über die Fähigkeit verfügt, die Tragweite des Grundrechts zu erkennen. Indizien ergeben sich dabei aus den o.g. Altersbegrenzungen im Grundgesetz (Art. 12a I GG = 18 Jahre; Art. 38 II GG = 18 Jahre) oder den Regelungen des einfachen Rechts (§ 5 RelKErzG, § 12 AsylG), die, wie gesagt, aber lediglich als Auslegungshilfe herangezogen werden können.[227]

85 Eine besondere Problematik ergibt sich im Bereich des **elterlichen Erziehungsrechts** (Art. 6 II GG). Dieses Erziehungsrecht kann mit der zunehmenden Selbstständigkeit des Minderjährigen in Widerspruch treten. Dabei kann für den Eingriff der Eltern in die Rechtssphäre des Minderjährigen nicht einfach Art. 6 II GG als Rechtsgrundlage herangezogen werden, da die Eltern nicht Träger öffentlicher Gewalt sind und die Grundrechte daher nicht unmittelbar gelten. Der Gesetzgeber hat dazu aber einige Regelungen in die eine oder andere Richtung getroffen. So ist im Anwendungsbereich des bereits erwähnten § 5 RelKErzG ein entgegenstehender Wille der Eltern unbeachtlich, da der Gesetzgeber diesbezüglich das Recht des Kindes zur Selbstbestimmung als vorrangig gegenüber dem allgemeinen Erziehungsrecht der Eltern ansieht. Im Übrigen bleibt es bei der Regelung der §§ 1626 ff. BGB. Diese Vorschriften regeln die Innehabung und Ausübung des elterlichen Sorgerechts. Aber auch hier bleibt die Einschränkung, dass Fragen von größerer Bedeutung wie Aufenthaltsbestimmung und Berufswahl dadurch begrenzt sind, dass die das Kindeswohl gefährdenden Entscheidungen der Eltern durch das Familiengericht bzw. den Ergänzungspfleger ersetzt werden können (vgl. § 1643 BGB bzw. § 1909 BGB).

86 Von den bisher genannten materiell-rechtlichen Problemen ist die prozessuale Seite (im Rahmen einer Verfassungsbeschwerde) zu unterscheiden. Es geht um die Frage der Prozessfähigkeit bei der Geltendmachung von Grundrechten, vgl. Rn 1028.

---

[227] Vgl. dazu *v. Münch*, in: v. Münch/Kunig, GG, Vorb. Art. 1-19 Rn 11 ff.; *P/S/K/P*, Rn 138; *Morlok/Dişçi*, JA 2016, 45, 47.

VI. Grundrechtsbindung

Gemäß Art. 1 III GG binden die Grundrechte staatliche Gewalt (Legislative, Exekutive **87** und Judikative) umfassend und insgesamt. Das ist so unstreitig wie selbstverständlich.[228] Inhaltlich geht es bei der Grundrechtsbindung um die Frage nach der Verpflichtung, Grundrechte zu beachten, also um die Grundrechtsverpflichtung:

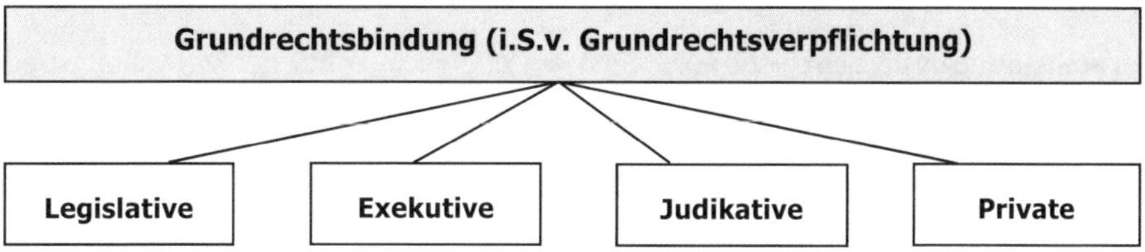

1. Grundrechtsbindung der Legislative

In der Weimarer Reichsverfassung war nur die vollziehende Gewalt, nicht die Gesetzge- **88** bung an die Grundrechte gebunden. Darüber hinaus wurden viele Grundrechte nur als Programmsätze verstanden, deren Nichtbeachtung weitgehend sanktionslos blieb. Das hatte fatale Folgen, als die Nationalsozialisten 1933 die Herrschaft übernahmen und die Weimarer Reichsverfassung praktisch beseitigten. Aus diesem Grund sind die Grundrechte an die erste Stelle des Grundgesetzes gestellt; sie binden Gesetzgebung, vollziehende Gewalt und Rechtsprechung als *unmittelbar geltendes Recht* (Art. 1 III GG). Zudem bindet Art. 20 III GG die Legislative an die verfassungsmäßige Ordnung, zu der wiederum (und insbesondere) die Grundrechte gehören. Man kann also sagen, dass in der Weimarer Reichsverfassung die Grundrechte nur im Rahmen der Gesetze galten, heute die Gesetze nur im Rahmen der Grundrechte gelten. Das gilt nicht nur für den Erlass von Gesetzen des öffentlichen Rechts und des Strafrecht, sondern selbstverständlich auch für den Erlass von Normen des Zivilrechts.[229]

2. Grundrechtsbindung der Exekutive

Die Grundrechte binden auch die Exekutive (die vollziehende Gewalt) als unmittelbar **89** geltendes Recht (Art. 1 III GG, s.o.). Oberster Grundsatz des Rechtsstaatsprinzips ist zudem weiter, dass Judikative und Exekutive an Gesetz und Recht gebunden sind und daher auch deshalb die Grundrechte zu beachten haben (Art. 20 III GG). Bezüglich der Exekutive gilt, dass die Grundrechtsbindung jedenfalls dann uneingeschränkt besteht, wenn staatseigene Organe hoheitlich handeln und dabei in die Grundrechte der Bürger eingreifen (Beispiel: polizeilicher Platzverweis). Aber auch für den Fall, dass sich die öffentliche Hand zur Wahrnehmung ihrer hoheitlichen Aufgaben Privatrechtssubjekte bedient (sog. **Beleihung**), kann nichts anderes gelten. Denn Kennzeichen der Beleihung ist gerade, dass die Beliehenen – auch wenn sie bei der Ausübung von hoheitlichen Kompetenzen statusrechtlich Privatrechtssubjekte sind – hoheitliche Aufgaben wahrnehmen.[230] In dieser Tätigkeit zählen die Privaten zur mittelbaren Staatsverwaltung und unterliegen damit (wie die staatseigenen Organe) uneingeschränkt der Geltung der Art. 1 III, 20 III GG.

Allerdings ist die öffentliche Verwaltung nicht stets verpflichtet, sich der öffentlich- **89a** rechtlichen Handlungsform zu bedienen. In bestimmten Fällen hat sie die Wahlfreiheit, d.h. sie kann wählen, ob sie öffentlich-rechtlich oder privatrechtlich tätig werden will. In

---

[228] Klarstellend BVerfGE 128, 226, 244 (Fraport); BVerfG 19.7.2016 – 2 BvR 470/08 (gemeindliches Freizeitbad).

[229] Wegen Art. 1 III GG (und Art. 31 GG) kann eine Landesverfassung auch keine Grundrechte oder grundrechtsgleiche Rechte des GG einschränken (OVG Hamburg NVwZ 2014, 1386).

[230] Zur Beleihung vgl. Rn 70 ff.

diesem Zusammenhang muss kategorisch zwischen Verwaltungsprivatrecht und Fiskalverwaltung unterschieden werden.

a. Verwaltungsprivatrecht

90 Nimmt die Verwaltung *öffentlich-rechtliche* Aufgaben in Privatrechtsform wahr, spricht man von Verwaltungsprivatrecht. Allgemein wird folgende Definition verwandt:

91 **Verwaltungsprivatrecht** liegt vor, wenn ein öffentlich-rechtlicher Verwaltungsträger öffentliche Aufgaben in privatrechtlicher Form erfüllt.

Beispiele:

(1) Die Stadt nimmt den öffentlichen Personennahverkehr durch eine AG wahr, deren Aktien sich ausschließlich oder überwiegend in ihrer Hand befinden. Mit den Fahrgästen werden privatrechtliche Beförderungsverträge abgeschlossen.

(2) Die Stadt versorgt ihre Einwohner mit Wasser und Strom (Versorgungsenergien) (a) über ihre öffentlich-rechtlich organisierten Eigen- oder Regiebetriebe oder (b) über die von ihr beherrschten privatrechtlich organisierten Energieversorgungsunternehmen (AG oder GmbH). In beiden Konstellationen schließt sie mit den Einwohnern privatrechtliche Energielieferungsverträge.

(3) Die Stadt betreibt eine öffentliche Einrichtung (z.B. eine Stadthalle oder ein Freizeitbad) durch eine GmbH. Die Mietverträge bzw. Benutzungsverträge werden privatrechtlich gem. §§ 535 ff. BGB bzw. gem. § 311 I BGB geschlossen.

92

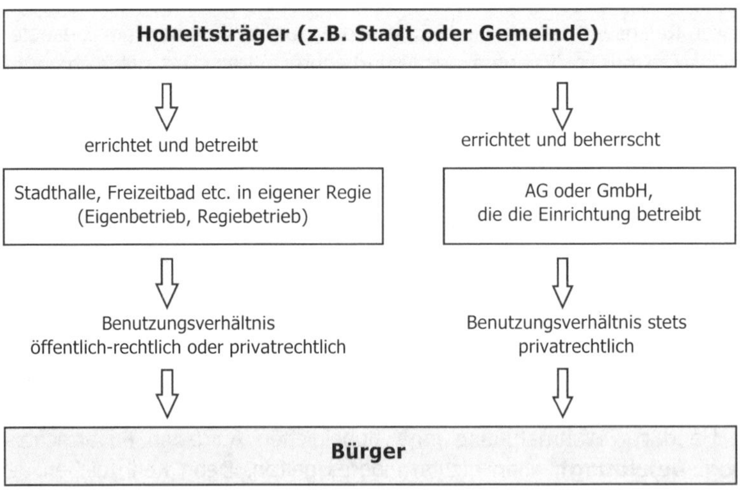

93 Da die Verwaltung in Bereichen dieser Art grundsätzlich eine Wahlfreiheit der Rechtsform besitzt, d.h., sie diesbezüglich auch zivilrechtlich tätig werden darf, soweit nicht öffentlich-rechtliche Normen oder Rechtsgrundsätze entgegenstehen, wirft dies zahlreiche Probleme (v.a. bei der Vergabe von **Subventionen** und der Zulassung zur **Benutzung von öffentlichen Einrichtungen**) auf; vgl. dazu *R. Schmidt*, AllgVerwR, Rn 48 ff. und 1008 ff.

94 Hinsichtlich der **Grundrechtsbindung** in diesem Bereich ist zu beachten, dass die Verwaltung – auch wenn sie in Privatrechtsform auftritt – *öffentliche* Aufgaben erfüllt. Daher ist es selbstverständlich, dass sie an die **Grundrechte**, insbesondere an den allgemeinen Gleichheitssatz und an die allgemeinen **Grundsätze rechtsstaatlichen**

Handelns (Art. 1 III, 20 III GG, Grundsatz der Verhältnismäßigkeit) gebunden ist.[231] Den Verwaltungsbehörden ist es somit bei der Erfüllung von (Wirtschafts-)Verwaltungsaufgaben in Privatrechtsform anstelle von öffentlich-rechtlichen Formen untersagt, sich den grundrechtlichen Bindungen zu entziehen (**„keine Flucht ins Privatrecht"**). Die Grundrechtsbindung gilt dabei nicht nur für die dahinterstehende Körperschaft des öffentlichen Rechts, sondern auch unmittelbar für die juristische Person des Privatrechts selbst.[232] Wegen des Anwendungsvorrangs des EU-Rechts kann sich die Körperschaft darüber hinaus auch nicht den unionsrechtlichen Bindungen entziehen.[233]

> **Beispiel**[234]**:** Betreibt eine Gemeinde ein Freizeitbad, ist sie auch dann uneingeschränkt an das EU-Recht und die Grundrechte (des GG) und dabei insbesondere an den Gleichheitssatz gebunden, wenn sie das Freizeitbad in der Rechtsform der GmbH betreibt. Verfolgt sie also ein Benutzungsgebührenmodell, das Einheimische privilegiert, benötigt sie dafür einen rechtfertigenden Sachgrund. Allein der Wohnort stellt keinen solchen Sachgrund dar. Verfolgt die Gemeinde aber das Ziel, Gemeindeangehörigen einen Ausgleich für besondere Belastungen zu gewähren oder Auswärtige für einen erhöhten Aufwand in Anspruch zu nehmen, oder sollen die kulturellen und sozialen Belange der örtlichen Gemeinschaft dadurch gefördert und der kommunale Zusammenhalt dadurch gestärkt werden, dass Einheimischen besondere Vorteile gewährt werden, kann dies mit Art. 3 I GG daher vereinbar sein.[235]

Hinsichtlich **gemischtwirtschaftlicher Unternehmen**, also solcher Unternehmen, bei denen neben dem Staat auch Private Anteile halten (Rn 80), hat das BVerfG entschieden, dass diese wegen Art. 1 III GG unmittelbar an die Grundrechte gebunden seien, wenn sie von den öffentlichen Anteilseignern beherrscht würden. Dies sei in der Regel der Fall, wenn mehr als die Hälfte der Anteile im Eigentum der öffentlichen Hand stünden. In diesem Fall sei das Unternehmen wegen seiner Beherrschung durch öffentliche Anteilseigner genau wie ein Unternehmen, das im Alleineigentum des Staates stehe, als Träger hoheitlicher Gewalt zu qualifizieren. Der Staat solle sich durch die Wahl der Privatrechtsform im Rahmen seines Handelns nicht der Grundrechtsbindung entziehen, das heißt ins Privatrecht fliehen können. Daher sei die Fraport-AG, deren Geschäftsanteile sich zu 52% in öffentlicher Hand befänden, **unmittelbar an die Grundrechte** gebunden.[236] Übereinstimmend hat der BGH hinsichtlich der Flughafen Berlin Brandenburg GmbH entschieden, die sich sogar zu 100% in öffentlicher Hand befindet.[237]

Daraus folgt, dass Bürger unmittelbar gegen das Unternehmen vorgehen können, wenn es um die Ausübung von Grundrechten, etwa um eine Demonstration gegen die Abschiebepraxis, geht. Die unmittelbare Grundrechtsbindung des Unternehmens führt nach Auffassung des BVerfG aber nicht dazu, dass dem Bürger zur Wahrnehmung seiner Meinungsäußerungsfreiheit aus Art. 5 I S. 1 GG oder seines Versammlungsrechts aus Art. 8 I GG ein generelles Zutrittsrecht zu beliebigen Orten gewährt werde. Ein solches bestehe vielmehr nur an denjenigen Orten, die das Unternehmen für einen allgemein öffentlichen Verkehr zugänglich gemacht habe und an denen eine Stätte kommunikativen Verkehrs entstanden sei.[238] Der Frankfurter Flughafen umfasse neben den flugspezifischen und abgegrenzten Bereichen wie dem Sicherheitsbereich und der

---

[231] BVerfGE 128, 226, 244 ff. (Fraport); BVerfG 19.7.2016 – 2 BvR 470/08 (gemeindliches Freizeitbad); BGH NVwZ 2015, 1622, 1623 (Flughafen Berlin-Schönefeld); BGH NVwZ 2010, 531, 532 ff.; BGHZ 52, 325, 327 ff.; BGH DVBl 2003, 942; NJW 1992, 171, 173; *Peine*, AllgVerwR, Rn 197.
[232] BVerfGE 128, 226, 245 (Fraport); BVerfG 19.7.2016 – 2 BvR 470/08 (gemeindliches Freizeitbad).
[233] EuGH NJW 1991, 3086 ff.; BVerfG 19.7.2016 – 2 BvR 470/08 (gemeindliches Freizeitbad).
[234] Nach BVerfG 19.7.2016 – 2 BvR 470/08 (gemeindliches Freizeitbad).
[235] BVerfG 19.7.2016 – 2 BvR 470/08 (gemeindliches Freizeitbad).
[236] BVerfGE 128, 226, 244 ff.
[237] BGH NVwZ 2015, 1622, 1623. Siehe auch BVerfG 19.7.2016 – 2 BvR 470/08 (gemeindliches Freizeitbad in der Rechtsform der GmbH, deren Anteile zu 100% die Gemeinde hält).
[238] BVerfGE 128, 226, 244 ff.

Gepäckausgabe jedoch auch Orte, die zum Konsumieren, Flanieren und damit auch zum Kommunizieren ausgestaltet seien. Daher stelle er insoweit eine Stätte kommunikativen Verkehrs dar, und die Grundrechtsträger seien berechtigt, dort von ihrer Meinungsäußerungs- und Versammlungsfreiheit Gebrauch zu machen.[239] Noch weiter geht der BGH, indem er hinsichtlich des Flughafens Berlin-Schönefeld entschieden hat, dass die Fläche selbst dann, wenn sie nicht zum Verweilen oder Flanieren offenstehe, sondern eher einem Gewerbegebiet gleiche, als Versammlungsort genutzt werden dürfe, solange sie nur der Öffentlichkeit allgemein zugänglich sei.[240]

Fazit: Bei der Frage nach der Grundrechtsbindung von gemischtwirtschaftlichen Unternehmen handelt es sich **nicht um einen Fall der sog. mittelbaren Drittwirkung** bzw. der horizontalen Wirkung der Grundrechte (dazu Rn 105 f.). Denn während sich die Drittwirkungsfrage nur stellt, wenn sich tatsächlich zwei Private gegenüberstehen, gelten die Grundrechte **unmittelbar**, wenn der Staat beherrschend an einem wie auch immer organisierten Unternehmen beteiligt ist.[241]

Auch bei der Vergabe von Leistungen durch die Versorgungsanstalt des Bundes und der Länder (VBL), einer Anstalt des öffentlichen Rechts, stellen sich ähnliche Fragen, da bei der Leistungsvergabe die privatrechtliche Form gewählt wurde. Die VBL ist wegen Art. 1 III GG jedenfalls an die Gleichheitsberechtigungsgrundsätze aus Art. 3 I, II, III GG gebunden.[242]

95 Schwieriger ist die Frage nach der Grundrechtsbindung der öffentlichen Hand im Bereich der **Fiskalverwaltung** zu beantworten.

b. Fiskalverwaltung

96 **Fiskalverwaltung** liegt vor, wenn die öffentliche Verwaltung Geschäfte zur Bedarfsdeckung (fiskalische Hilfsgeschäfte) tätigt, sich erwerbswirtschaftlich betätigt oder ihre Vermögensgegenstände verwaltet.

97 Bei der eigentlichen Fiskalverwaltung tritt die Verwaltung als **Privatrechtssubjekt** auf und nimmt wie jeder andere am Wirtschaftsleben teil. Das Verhältnis zwischen ihr und dem Bürger kann in diesem Bereich also ausschließlich privatrechtlich sein und der Regelung des § 13 GVG unterfallen. Eine etwaige Grundrechtsbindung wird von den **ordentlichen Gerichten** beachtet (§ 17 II S. 1 GVG).[243]

98 **Fiskalische Hilfsgeschäfte:** Darunter sind zum einen das Beschaffungswesen bzw. Veräußerungswesen und zum anderen das öffentliche Auftragswesen zu verstehen.

Beispiele: Kauf von Büromaterial, Dienstfahrzeugen, Grundstücken etc. (Beschaffungswesen); Verkauf von Grundstücken (Veräußerungswesen)[244]; Abschluss von Verträgen mit Baufirmen über den Bau von Straßen, Schulen, Regierungsgebäuden etc. (öffentliches Auftragswesen)

99 Zur **Grundrechtsbindung** der Verwaltung in diesem Bereich gilt folgende Überlegung: Obwohl hier die Verwaltung – im Gegensatz zum Verwaltungsprivatrecht – lediglich wie jeder andere Private privatrechtlich am Wirtschaftsleben teilnimmt, nimmt das BVerfG eine umfassende unmittelbare Grundrechtsbindung an und erteilt der insoweit abweichenden Rechtsprechung des BGH, der (lediglich) Art. 3 I GG anwendete[245], eine Absa-

[239] BVerfGE 128, 226, 244 ff. Vgl. auch unten Rn 617b, c.
[240] BGH NVwZ 2015, 1622, 1623. Vgl. auch *Muckel*, JA 2016, 75, 76.
[241] So ausdrücklich BVerfGE 128, 226, 245.
[242] BVerfG NZA 2011, 857 ff.
[243] Vgl. BGH NVwZ 2002, 1141 ff.; *Meyer*, NVwZ 2002, 1075 ff.; *Renck*, JuS 2000, 1001.
[244] Vgl. dazu OVG Münster NJW 2001, 698 ff.
[245] BGHZ 36, 91, 95; BGH NJW 2004, 1031; NVwZ 2004, 377.

ge.[246] Das überzeugt nicht. Denn eine umfassende unmittelbare Grundrechtsbindung passt nicht zum privatrechtlichen Grundprinzip der Vertragsautonomie. Die Auffassung des BVerfG hätte zur Konsequenz, dass der Staat, der mit gutem Verhandlungsgeschick Vorteile aus einem Rechtsgeschäft erlangt, sich unmittelbar verfassungsrechtlich dafür rechtfertigen müsste, dass er Art. 12 I GG beeinträchtigt. Lässt man also die Fiskalverwaltung zu, ist eine umfassende unmittelbare Grundrechtsbindung der öffentlichen Hand, die hier ja gerade keine öffentliche Aufgabe wahrnimmt, nicht sachgerecht. Der Gefahr, dass der Träger öffentlicher Gewalt Grundrechte seiner Geschäftspartner missachtet, kann bereits hinreichend über §§ 138, 242, 315, 826 BGB, §§ 3 UWG und 1 GWB begegnet werden. Sind deren Voraussetzungen erfüllt, führt dies (i.V.m. Art. 12 I, 14 I GG, die über die Figur der **„mittelbaren Drittwirkung der Grundrechte"** zur Anwendung gelangen[247]) zur Nichtigkeit des Rechtsgeschäfts oder zumindest zu dessen Korrektur. Davon unabhängig gelten aber der allgemeine Gleichheitssatz aus Art. 3 I GG und die besonderen (auch unionsrechtlichen) Diskriminierungsverbote unmittelbar.

Fazit: Nach der hier vertretenen Auffassung erscheint es sachgerecht, im Bereich der fiskalischen Hilfsgeschäfte zwar keine unmittelbare volle Grundrechtsbindung, jedoch eine über die zivilrechtlichen Generalklauseln und Korrekturvorschriften begründete mittelbare Grundrechtsbindung anzunehmen sowie unmittelbar den allgemeinen Gleichheitssatz und das Willkürverbot (Art. 3 I GG) anzuwenden.

> **Beispiel:** Kauft also eine Gemeinde ihre Büromaterialien (= fiskalisches Hilfsgeschäft zur Bedarfsdeckung) nur deshalb nicht von einem bestimmten Büroausstatter, weil dieser eine andere politische Meinung vertritt, verstößt dieses Verhalten gegen den Gleichheitssatz und das Willkürverbot.

Erwerbswirtschaftliche Betätigung: Der Hoheitsträger wird erwerbswirtschaftlich tätig, wenn er in unternehmerischer Weise am Wirtschaftsverkehr teilnimmt bzw. sich an einem privaten Unternehmen (Handelsgesellschaft oder juristische Person des Privatrechts) beteiligt. **100**

> **Beispiele:**
> **(1)** Den klassischen Fall einer erwerbswirtschaftlichen Betätigung des Staates bildet die Beteiligung des Landes Niedersachsen an der Volkswagen AG.
> **(2)** Außerhalb von Handelsgesellschaften unternehmerisch tätig wird der Verwaltungsträger bspw. bei der Bewirtschaftung eines Weinguts mit staatlichen Bediensteten.
> **(3)** Auch wenn eine Gemeinde über ihren Eigenbetrieb etwa im Bereich des Garten- und Landschaftsbaus Aufträge privater Auftraggeber ausführt, wird sie erwerbswirtschaftlich tätig (und tritt gleichsam in Konkurrenz zu privaten Anbietern).[248] Weitere Betätigungen stellen der Partyservice durch eine städtische Kantine, der Betrieb eines Nagelstudios, Instandsetzungsarbeiten, Elektroinstallationsarbeiten[249], die Gebäudeunterhaltung und der Umzugsservice dar.[250]

Bei der Beantwortung der Frage, ob sich die öffentliche Hand erwerbswirtschaftlich betätigen und wie jedes Wirtschaftsunternehmen Gewinne erzielen darf, muss zunächst (auch hier) die **Grundrechtsbindung** geklärt werden. Denn verfassungsrechtlich ist es nicht ohne weiteres möglich, den damit verbundenen Eingriff in die Wettbewerbsfreiheit, d.h. in die individuellen Interessen privater Wettbewerber, zu legitimieren.[251] Viru- **101**

---

[246] BVerfG 19.7.2016 – 2 BvR 470/08 (gemeindliches Freizeitbad). Für eine umfassende Grundrechtsbindung zuvor schon etwa *Höfling*, in: Sachs, GG, Art. 1 Rn 95; *Jarass*, in: Jarass/Pieroth, GG, Art. 1 Rn 28; *Cremer*, DÖV 2003, 923 ff.
[247] Zur sog. Drittwirkung (oder Horizontalwirkung) der Grundrechte vgl. sogleich Rn 106 f.
[248] Vgl. OLG Karlsruhe NVwZ 2001, 712 ff.
[249] Vgl. BGH NVwZ 2002, 1141 ff.
[250] Weitere Beispiele bei *Schink*, NVwZ 2002, 129 f.; vgl. auch *Meyer*, NVwZ 2002, 1075 ff.
[251] Vgl. dazu OVG Münster NVwZ 2008, 1031; OLG Düsseldorf NVwZ 2002, 248, 249; OLG Karlsruhe NVwZ 2001, 712 ff.; LG Offenburg NVwZ 2000, 717 f.; *Stehlin*, NVwZ 2001, 645 ff.; *Horn*, NVwZ 2001, 647 ff.

lent wird dies insbesondere auf kommunaler Ebene. Aufgrund der prekären Finanzlage der Kommunen ist es zwar nachvollziehbar, dass die erwerbswirtschaftliche Betätigung in den letzten Jahren extrem zugenommen hat (man denke nur an Landschafts- oder Friedhofspflege, die von gemeindeeigenen Betrieben durchgeführt werden), jedoch ist auch klar, dass damit eine Wettbewerbsverzerrung zu Lasten der privaten Betriebe stattfindet. Immerhin stammt die Ausrüstung (Fahrzeuge, Werkzeuge etc.) u.U. aus Steuergeldern, wohingegen diejenige der privaten Betriebe aus Eigenleistung finanziert wird. Die rechtliche Zulässigkeit ist vermeintlich durch die Gemeindeordnungen geregelt und näher bei *R. Schmidt*, AllgVerwR, Rn 1041 ff. behandelt. Vereinfacht lässt sich an dieser Stelle sagen, dass die Grenzen dort zu ziehen sind, wo die öffentliche Hand ihre Machtstellung dazu missbraucht, einen Auszehrungs- oder Verdrängungswettbewerb zu betreiben. Als Bewertungsgrundlage können (wie bei der Fiskalverwaltung) die §§ 138, 242, 315, 826 BGB, §§ 3 UWG und 1 GWB herangezogen werden. Sind deren Voraussetzungen erfüllt, besteht (i.V.m. Art. 12 I, 14 I GG, die über die Figur der „mittelbaren Drittwirkung der Grundrechte" zur Anwendung gelangen, s.o.) ein zivilrechtlicher Abwehranspruch gegen die erwerbswirtschaftliche Betätigung der öffentlichen Hand. Ein entsprechender Abwehr- bzw. Unterlassungsanspruch kann aber auch vor den Verwaltungsgerichten geltend gemacht werden, soweit er auf die Verletzung von Vorschriften der Gemeindeordnung bzw. von Grundrechten gestützt wird.[252]

102 **Verwaltung eigener Vermögensgegenstände:** Einen Unterfall der erwerbswirtschaftlichen Betätigung stellt die Verwaltung eigener Vermögensgegenstände dar. Die Träger öffentlicher Verwaltung sind auch privatrechtliche Eigentümer von Vermögensgegenständen (Fahrzeugen, Grundstücken etc.). Soweit die Gegenstände nicht der Erfüllung hoheitlicher Aufgaben dienen (etwa weil sie nicht durch Widmungsakt dem öffentlichen Recht unterstellt werden - modifiziertes Privateigentum), kommt eine privatwirtschaftliche Nutzung in Betracht (vgl. dazu *R. Schmidt*, AllgVerwR, Rn 1041 ff.).

Beispiele: Vermietung der Kellerräume des Rathauses an einen Gastronomen („Ratskeller") oder Zur-Verfügung-Stellen der Außenflächen von Bussen und Straßenbahnen gegen Entgelt für Werbezwecke

103 Hinsichtlich der **Grundrechtsbindung** gilt das zur erwerbswirtschaftlichen Betätigung Gesagte.

104 **Zusammenfassung: Grundrechtsbindung der Verwaltung**

Öffentlich-rechtliche Handlungsform	**Verwaltungsprivatrecht**	**Fiskalische Hilfsgeschäfte**	**Erwerbswirtschaftliche Betätigung**
⇩	⇩	⇩	⇩
Grundrechtsbindung in vollem Umfang (Arg.: Art. 1 III, 20 III GG)	Grundrechtsbindung in vollem Umfang (Arg.: Art. 1 III, 20 III GG, da öffentlich-rechtlich tätig)	wenigstens Art. 3 I GG (Arg.: erhebliche Steuerungsmöglichkeit der öffentlichen Hand in diesem Bereich); i.Ü. mittelbare Drittwirkung der Grundrechte	keine unmittelbare Grundrechtsbindung; auf kommunaler Ebene sind Gemeindeordnungen zu beachten. Grenze: Auszehrungs- oder Verdrängungswettbewerb (mittelbare Drittwirkung der Grundrechte).

[252] Vgl. dazu OVG Lüneburg NVwZ 2009, 258, 259 f.; OVG Münster NVwZ 2003, 1520 ff.; 2005, 1211, 1212; *Roling*, NVwZ 2009, 226 ff.; *R. Schmidt*, AllgVerwR, Rn 1046 ff. Zur Frage, ob die kostenlose Anfertigung von Passfotos durch eine Gemeinde bei der Beantragung von Ausweispapieren eine wirtschaftliche Betätigung darstellt und einen Unterlassungsanspruch nach sich zieht, vgl. VG Münster NVwZ 2015, 1399, 1400 (dazu *Hebeler*, JA 2016, 79).

3. Grundrechtsbindung zwischen Privaten (Drittwirkung bzw. Horizontalwirkung der Grundrechte)

Wie bereits festgestellt, stellen die Grundrechte im klassischen Sinne Abwehr-, Leistungs- und Teilhaberechte im Verhältnis zwischen Bürger und Staat dar. Art. 1 III GG stellt dies verfassungsrechtlich klar, indem er die Grundrechtsgeltung nur auf Gesetzgebung, Verwaltung und Rechtsprechung bezieht. Private Rechtssubjekte können (von dem Sonderfall der Beleihung[253] einmal abgesehen) daher keine Grundrechtsadressaten sein und daher auch nicht (jedenfalls nicht unmittelbar) Grundrechte anderer Privater verletzen. Gleichwohl können einzelne Grundrechte kraft grundgesetzlicher Anordnung unmittelbar Einfluss auch auf die Rechtsbeziehungen der Bürger untereinander haben. So ordnet Art. 9 III S. 2 GG an, dass Abreden, die das Grundrecht der Koalitionsfreiheit einschränken oder behindern, nichtig sind. Hierauf gerichtete Maßnahmen sind rechtswidrig. Dieser Effekt wird als **unmittelbare Drittwirkung der Grundrechte** bezeichnet.[254] In der Sache wird klargestellt, dass der Koalitionsfreiheit Vorrang vor der Vertragsfreiheit beigemessen wird. Jenseits dieser gesetzlich angeordneten unmittelbaren Geltung der Grundrechte kann eine unmittelbare Drittwirkung der Grundrechte aber nicht angenommen werden (vgl. wiederum Art. 1 III GG). 105

Aber auch über den Fall der unmittelbaren Grundrechtsgeltung hinaus üben die Grundrechte, die ja nicht nur subjektive Rechte gegenüber dem Staat begründen, sondern auch eine **objektive Wertordnung** verkörpern (Rn 21 ff.), Einfluss auf die gesamte (Zivil-)Rechtsordnung aus. Sie gelten daher für alle Bereiche des Rechts als Richtlinie und Impuls und damit auch mittelbar im Verhältnis der Bürger untereinander.[255] Diesbezüglich hat sich der Begriff **„mittelbare Drittwirkung der Grundrechte"** etabliert. Möglich ist es aber auch, von **„Horizontalwirkung der Grundrechte"** zu sprechen, was sogar zutreffender ist, gerade weil man davon ausgeht, dass die Grundrechte nicht nur im „vertikalen" Über- und Unterordnungsverhältnis zwischen Bürger und Staat gelten, sondern wegen der objektiven Wertordnung auch im „horizontalen" Verhältnis der Bürger untereinander. In der jüngeren Rechtsprechung des BVerfG ist indes zu beobachten, dass das Gericht bei der Prüfung, ob die Fachgerichte die Bedeutung der Grundrechte im Verhältnis zwischen Privaten in verfassungsrechtlich nicht zu beanstandender Weise berücksichtigt haben, nicht (mehr) explizit den Begriff der „mittelbaren Drittwirkung der Grundrechte" verwendet[256], sondern zunächst die streitentscheidende Norm verfassungskonform (d.h. am Maßstab der einschlägigen Grundrechte) auslegt, um sodann festzustellen, ob die zu überprüfenden Urteile der Fachgerichte dieser verfassungskonformen Auslegung entsprechen. 106

Kulick[257] nennt diese Vorgehensweise des BVerfG „zweistufige verfassungskonforme Auslegung" bzw. „verfassungskonforme Auslegung plus" und entnimmt der neueren Rechtsprechung des BVerfG dadurch eine „Methodenehrlichkeit". Sie führe (u.a.) zu einer erkennbaren Stärkung der Gewaltenteilung zugunsten des Gesetzgebers und damit zur stärkeren Kontrolle demokratietheoretisch prekärer richterlicher Rechtsfortbildung. Dem ist jedenfalls insoweit zuzustimmen, dass eine Eindämmung richterlicher Rechtsfortbildung mit Blick auf das Gewaltenteilungsprinzip richtig ist und schon seit jeher vom Verfasser dieses Buches angemahnt wird.[258] Was die (vermeintliche) Gewinnung von „Methodenehrlichkeit" betrifft, so gilt auch unter expliziter Zugrundelegung des Begriffs der „mittelbaren Drittwirkung der Grundrechte", dass stets eine verfassungskonforme Auslegung der involvierten, d.h. kollidierenden Grund-

---

[253] Vgl. dazu bereits Rn 70.
[254] BVerfGE 93, 352, 360 f.; *Löwer*, in: v. Münch/Kunig, Art. 9 Rn 56 ff. Vgl. dazu auch Rn 700 ff.
[255] Allgemeine Ansicht, vgl. etwa BGH NJW 2015, 489, 491. Vgl. auch BVerfG NJW 2015, 2485 f. Grundlegend BVerfGE 7, 198, 203 ff. (Lüth).
[256] So die Analyse von *Kulick*, NJW 2016, 2236 ff. im Hinblick insbesondere auf BVerfG NJW 2016, 2247, 2249; BVerfGE 129, 78, 101.
[257] *Kulick*, NJW 2016, 2236, 2241
[258] Vgl. *R. Schmidt*, Staatsorganisationsrecht, Rn 224.

rechte vorzunehmen und zu prüfen ist, ob die Fachgerichte bei der Auslegung und Anwendung der streitentscheidenden Normen die (vom BVerfG festgestellten) grundrechtlichen Vorgaben beachtet haben (siehe sogleich). Ein Mangel an Methodenklarheit ist auch dabei nicht zu erkennen.

107 Gleichgültig, welcher Terminologie (expliziter Verweis auf die Figur der „mittelbaren Drittwirkung der Grundrechte" oder „zweistufige verfassungskonforme Auslegung") man sich anschließt, entfalten die Grundrechte eine **Doppelfunktion** (Abwehrrechte einerseits und Statuierung objektiver Wertvorgaben andererseits). Ein Gericht, das über einen Rechtsstreit zwischen Privaten entscheidet, muss daher bei jeder Entscheidung prüfen, ob und inwieweit das anzuwendende Gesetz (insbesondere dort normierte Generalklauseln und unbestimmte Rechtsbegriffe) grundrechtlich beeinflusst ist. Verkennt das Gericht bei Auslegung und Anwendung des einfachen Rechts die grundlegende Bedeutung der Grundrechte, verletzt es diese in seiner Funktion als Impulsgeber einer objektiven Wertordnung; darüber hinaus greift es mit seinem Urteil als Hoheitsakt zugleich in einschlägige Grundrechte des Bürgers, zumindest aber in das Grundrecht des Bürgers auf allgemeine Verhaltensfreiheit (Art. 2 I GG) ein, das nicht durch eine rechtswidrige Gesetzesanwendung beeinträchtigt werden darf. Insofern kann der betroffene Bürger gegen ein solches Urteil sogar mit der Verfassungsbeschwerde vorgehen.[259]

108 Fazit: Die Grundrechte sind für die gesamte Rechtsordnung interpretationsleitend. Sie gelten als Impulsgeber einer objektiven Wertordnung auch *mittelbar* zwischen Privaten (sog. mittelbare Drittwirkung bzw. horizontale Wirkung der Grundrechte): Der objektive Rechtsgehalt der Grundrechte wirkt über das Medium der Vorschriften, die das einzelne Rechtsgebiet unmittelbar beherrschen. Das gilt insbesondere für die Generalklauseln und sonstigen auslegungsfähigen und auslegungsbedürftigen Begriffe. „Einfallstore" der Grundrechte in das Zivilrecht sind unbestimmte Rechtsbegriffe und Generalklauseln wie:

- Auslegung von Willenserklärungen/Verträgen nach Treu und Glauben (§§ 133, 157 BGB)
- Sittenwidrigkeit in § 138 I BGB, sittenwidrige vorsätzliche Schädigung in § 826 BGB
- Treu und Glauben in § 242 BGB[260]
- Widerrechtlichkeit der Verletzung eines sonstigen Rechts (Recht am eingerichteten und ausgeübten Gewerbebetrieb; allgemeines Persönlichkeitsrecht) in § 823 I BGB[261]
- Benachteiligung in §§ 1 ff. AGG
- Unlauterkeit in § 3 I UWG
- Diskriminierung, Behinderung, unbilliges Verhalten in §§ 1 und 20 GWB
- Eigenbedarf bzw. berechtigtes Interesse bzw. wichtiger Grund im Rahmen einer Wohnraumkündigung in §§ 543, 569, 573 BGB oder vertragswidriger Gebrauch einer Mietwohnung in § 541 BGB[262]
- Billiges Ermessen in § 315 BGB
- Duldungspflicht in § 1004 II BGB[263]
- Berechtigtes Interesse in § 23 II KUG[264]
- Störung in § 1004 I S. 2, § 862 I S. 2 BGB[265]
- schutzwürdiges Interesse in § 29 BDSG[266]

---

[259] Vgl. BVerfGE 7, 198, 203 ff.; 58, 377, 396; 73, 261, 268 ff.; 105, 252 ff.; 105, 279 ff.; BVerfG NJW-RR 2008, 200 f. Vgl. auch *Brohm*, NJW 2001, 1 ff. Zur Dritt- bzw. Horizontalwirkung von Grundrechten, die bei Missachtung zu einer Verfassungsbeschwerde führen kann, vgl. näher Rn 276, 284, 517 ff., 787.
[260] Vgl. dazu BVerfG NJW 2015, 1506, 1507 ff. (dazu Rn 281a).
[261] Vgl. dazu BGH NJW 2015, 782, 783 ff.
[262] Vgl. dazu BGH NJW 2015, 1239, 1240 f.
[263] Vgl. dazu BVerfG NJW 2010, 220, 221 f.; NJW 2006, 207 ff.; NJW-RR 2008, 200 f.; BGH NJW 2008, 216 ff.; NJW 2006, 1054 ff. Vgl. auch Rn 517 ff.
[264] Vgl. dazu Rn 284 ff. und Rn 537.
[265] Vgl. BGH NJW 2010, 534, 535. Hier ging es um ein Stadionverbot, das in Ausübung des Hausrechts verhängt wurde. Der BGH hat entschieden, dass der Veranstalter bestimmte Personen vom Vertragsschluss und damit vom Betreten des Stadions ausschließen könne, solange der Ausschluss nicht gegen Art. 3 I GG verstoße (also nicht willkürlich erfolge).
[266] Zwar ist das BDSG nicht Teil des Zivilrechts, aber ein Streit unter Privaten über die Reichweite der Datenerhebung ist privatrechtlicher Natur. Vgl. dazu Rn 787.

Aber auch, wenn es keine direkt anwendbaren „Einfallstore" gibt (etwa, weil es an einer entsprechenden vertraglichen Ausgestaltung fehlt, die unter Heranziehung der streitentscheidenden Norm am Maßstab der Grundrechte geprüft werden könnte), kann die Figur der mittelbaren Drittwirkung Anwendung finden. Wer z.B. ein Internetforum betreibt, dieses der breiten Öffentlichkeit zugänglich macht und dieser eine Diskussionsgrundlage schafft, ist aufgrund der mittelbaren Drittwirkung der Grundrechte daran gehindert, unerwünschte bzw. ihm nicht gelegene Einträge zu löschen. Zwar kann sich der Forenbetreiber auf ein Art. 14 I GG zuzuordnendes „virtuelles Hausrecht" stützen, er muss andererseits aber auch unter Heranziehung der Figur der mittelbaren Drittwirkung der Grundrechte die Kommunikationsgrundrechte der Beitragsersteller aus Art. 5 I GG beachten. Eine Grenze ist lediglich dort zu ziehen, wo Foreneinträge wiederum (mittelbar) Grundrechte anderer verletzen. Das wird man insbesondere bei Vorliegen von Schmähkritik annehmen müssen. Denn in diesem Fall überwiegen die Persönlichkeitsrechte des von der Schmähkritik Betroffenen. Das gilt insbesondere dann, wenn der die Schmähkritik Übende unter einem Pseudonym auftritt und den Geschmähten unter dessen Klarnamen diskreditiert. Erst recht ist ein Einschreiten des Forenbetreibers geboten, wenn Straftaten (insbesondere Ehrdelikte gem. §§ 185 ff. StGB; Straftaten nach §§ 130, 130a, 131, 86, 86a, 91 StGB) verwirklicht werden. Im Übigen hat sich der Forenbetreiber zurückzuhalten. 109

Ähnliches dürfte für Wikipedia und andere Internetenzyklopädien gelten. Wer sein Geschäftsmodell danach ausrichtet, dass die Artikel nach dem Prinzip des kollaborativen Schreibens (d.h. danach, dass jeder Besucher der Webseiten Artikel und Beiträge verfassen und Texte ändern kann) fortwährend bearbeitet und diskutiert werden, darf keine Moderatoren bzw. „Sichter" einsetzen, die nach „Gutsherrenart" über Inhalte entscheiden. Vielmehr sind über die Figur der mittelbaren Drittwirkung die Kommunikationsgrundrechte der Autoren, aber auch deren Grundrecht auf Wissenschaftsfreiheit (Art. 5 I GG bzw. Art. 5 III S. 1 Var. 2 GG) zu beachten. Korrigierend eingegriffen werden darf selbstverständlich aber dann, wenn wiederum höherrangige Rechte Dritter oder andere Verfassungsgüter dies fordern.

4. Grundrechtsbindung der Judikative

Dass gem. Art. 1 III GG auch die rechtsprechende Gewalt an die Grundrechte gebunden ist, ist aus rechtsstaatlicher Sicht selbstverständlich, tritt der Richter doch im gerichtlichen Verfahren den Beteiligten „formell und in unmittelbarer Ausübung staatlicher Hoheitsgewalt gegenüber"[267]. Unstreitig ist der Richter bei der Auslegung und Anwendung einfachen Rechts an die Grundrechte gebunden und hat diese, insbesondere über die Generalklauseln (z.B. §§ 138, 242, 826 BGB, s.o.), zu beachten. Ob das Fachgericht die Grundrechte (insbesondere bei der Auslegung der Generalklauseln) hinreichend beachtet hat, kann vom BVerfG im Rahmen einer Individualverfassungsbeschwerde (Urteilsverfassungsbeschwerde) gem. Art. 93 I Nr. 4a GG, §§ 13 Nr. 8a und §§ 90 ff. BVerfGG überprüft werden. Das BVerfG prüft dann, ob der Beschwerdeführer gerade durch die fachgerichtliche Entscheidung in einem seiner Grundrechte oder grundrechtsgleichen Rechte verletzt ist (sog. spezifische Grundrechtsverletzung). Eine spezifische Grundrechtsverletzung wird angenommen, wenn 110

- durch das gerichtliche Verfahren selbst Grundrechte oder grundrechtsgleiche Rechte (z.B. Art. 103 I GG) verletzt wurden,
- das Gericht seine Entscheidung auf eine grundrechtswidrige Norm gestützt
- oder bei der Auslegung und Anwendung einfachen Rechts die Bedeutung der Grundrechte verkannt hat (mittelbare Drittwirkung von Grundrechten)

[267] BVerfGE 52, 203, 207 (Rechtliches Gehör).

und die Entscheidung auf einem dieser Fehler beruht.[268]

Beispiel: Steuerberater A schließt mit der Steuerfachgehilfin B einen Arbeitsvertrag. Nach einer Bestimmung des Arbeitsvertrags wird der Vertrag auflösend bedingt (vgl. § 158 II BGB) für den Fall, dass B schwanger wird. Als B schwanger wird, beruft sich A auf die Klausel und geht von dem Nichtvorhandensein eines Arbeitsvertrags aus.

Die auflösende Bedingung ist sittenwidrig und verstößt gegen § 138 BGB.[269] Für die Sittenwidrigkeit der „Schwangerschaftsklausel" spricht die grundgesetzliche Wertung des Art. 6 I GG (Fall der mittelbaren Drittwirkung, s.o.). Der Arbeitsvertrag ist daher unbedingt zustande gekommen. Sollte das Arbeitsgericht dennoch die Wirksamkeit der auflösenden Bedingung annehmen, verletzte es mit seinem Urteil das Grundrecht der B aus Art. 6 I GG. Hiergegen könnte B Verfassungsbeschwerde erheben.

5. Spezifische Grundrechtsverletzung bei Gerichtsentscheidungen

111 Schwierig scheint es zu werden, wenn nicht erkennbar ist, welche „Generalklausel" vom einschlägigen Grundrecht beeinflusst werden soll. Da aber auch die Zivilgerichte (wie die Strafgerichte) stets an die Grundrechte gebunden sind, lässt sich davon ausgehen, dass Verurteilungen durch die Zivil- und Strafgerichte stets einen Grundrechtseingriff darstellen: Es handelt eine staatliche Instanz (das Zivil- oder Strafgericht) aufgrund staatlicher Normen (der des Zivil- oder Strafrechts sowie des jeweiligen Verfahrensrechts). Zivil- und Strafrechtsprechung sowie das jeweilige materielle Recht und Verfahrensrecht sind genauso grundrechtsverpflichtet wie etwa die Verwaltungsrechtsprechung oder die Gesetzgebung hinsichtlich öffentlich-rechtlicher Normen (Art. 1 III GG).

Beispiel[270]**:** Das Amtsgericht wies eine Schadensersatzklage des K ab; die Berufung gegen dieses Urteil blieb ohne Erfolg. K erhob daraufhin eine Dienstaufsichtsbeschwerde gegen die zuständige Richterin des Amtsgerichts, in der er u.a. ausführte, er protestiere „gegen das schäbige, rechtswidrige und eines Richters unwürdige Verhalten der Richterin" und meine, sie habe „Erfindungen in ihr Urteil eingebaut" und „sie müsse effizient bestraft werden, um zu verhindern, dass diese Richterin auf eine schiefe Bahn gerät". Aufgrund dieser Äußerungen verurteilte das Amtsgericht K wegen Beleidigung gem. § 185 StGB. Im Berufungsverfahren sprach das Landgericht K zunächst frei. Dieses Urteil hob das Oberlandesgericht jedoch im Revisionsverfahren auf und verwies das Verfahren zurück. Das Landgericht verwarf die Berufung des K daraufhin als unbegründet. Die erneute Revision des K blieb vor dem Oberlandesgericht ohne Erfolg. Gegen diese letztinstanzliche Entscheidung erhob K Verfassungsbeschwerde vor dem BVerfG.

Das BVerfG entschied, dass das Landgericht, dem sich das Oberlandesgericht anschloss, in verfassungsrechtlich nicht mehr tragbarer Art und Weise angenommen habe, dass es sich bei den für strafbar erachteten Äußerungen um Schmähkritik handele (und diese damit dem § 185 StGB unterfalle). Das Landgericht habe die verfassungsrechtlichen Maßstäbe zur Einordnung einer Äußerung als Schmähkritik verkannt. Der Begriff der Schmähkritik sei eng zu definieren. Danach mache auch eine überzogene oder ausfällige Kritik eine Äußerung für sich genommen noch nicht zur Schmähung. Hinzutreten müsse vielmehr, dass bei der Äußerung nicht mehr die Auseinandersetzung in der Sache, sondern die Diffamierung der Person im Vordergrund steht. Sie müsse jenseits auch polemischer und überspitzter Kritik in der persönlichen Herabsetzung bestehen. Wesentliches Merkmal der Schmähung sei mithin eine das sachliche Anliegen völlig in den Hintergrund drängende persönliche Kränkung. Nur dann könne von Schmähkritik gesprochen werden.[271]

---

[268] Vgl. BVerfGE 7, 198, 203; 18, 35, 93; 30, 173, 196 f.; 57, 250, 272; 74, 102, 127; 86, 59, 64; 59, 231, 268 f.; 77, 240, 255 f.; 101, 361, 388; 103, 142, 150; 105, 252 ff.; 105, 279 ff. Zusammenfassend BVerfG NJW 2015, 3158, 3159.

[269] Ob hier (auch) ein Fall des § 3 I S. 2 AGG vorliegt, kann an dieser Stelle nicht ohne nähere Prüfung geklärt werden.

[270] BVerfG NJW 2014, 3357 f. – vgl. dazu auch Rn 440 (Bsp. 4).

[271] Vgl. auch OLG Karlsruhe NJW 2015, 1618 (Bezeichnung des Landesvorsitzenden der AfD Kölmel als Betrüger, Rechtsbrecher, Lügner, Halunke und Gauner jedenfalls dann keine Schmähkritik, wenn die Äußerung im politischen Wahlkampf

Mit der fehlerhaften Einordnung der fraglichen Äußerung als Schmähkritik haben die Instanzgerichte nach Auffassung des BVerfG also die Bedeutung des Grundrechtsschutzes aus Art. 5 I S. 1 GG (Meinungsäußerungsfreiheit) verkannt und damit spezifisches Verfassungsrecht verletzt. Die Verfassungsbeschwerde war damit erfolgreich.

Hinweis für die Fallbearbeitung: Bezüglich des Prüfungsstandorts der Drittwirkung der Grundrechte muss wie folgt differenziert werden: Ist z.B. gefragt, ob das letztinstanzliche Gerichtsurteil, das den Unterlassungsanspruch des Vermieters bestätigt, gegen Grundrechte des Mieters verstößt, muss zunächst geprüft werden, ob ein Eingriff in den Schutzbereich des betreffenden Grundrechts vorliegt. Das kann nur der Fall sein, wenn derjenige, von dem die belastende Maßnahme ausgeht, überhaupt an die Grundrechte gebunden ist. Bei Gerichten, die mit ihren Urteilen die unterliegenden Parteien belasten, ist das der Fall, weil die Judikative wegen Art. 1 III GG unmittelbar an die Grundrechte gebunden ist. Da dem Gerichtsurteil aber letztlich ein Streit zwischen Privaten (hier: Vermieter und Mieter) zugrunde liegt, ist nun das Problem der Drittwirkung zu diskutieren. Nach Feststellung der Grundrechtsgeltung auch zwischen Privaten ist dann eine Güterabwägung zwischen den Grundrechten, die dem Vermieter zur Seite stehen (z.B. Art. 14 I, 12 I oder subsidiär 2 I GG), und den Grundrechten, die dem Mieter zur Seite stehen (z.B. Art. 4 I, 5 I oder 12 I GG), vorzunehmen (sog. praktische Konkordanz).[272]

getätigt werde und es sich bei dieser Äußerung ihrem Sinn und systematischen Kontext nach um eine bewertende Stellungnahme zu einer die Öffentlichkeit bzw. eine politische Partei interessierende Frage handele).

[272] Vgl. zu dieser Abwägung auch Rn 276 ff. und 517 ff.

VII. Grundrechtsprüfung

112 Zentrales Element eines Leistungsnachweises im Staatsrecht ist die Prüfung der Vereinbarkeit einer staatlichen Maßnahme (z.B. ein Gesetz oder ein letztinstanzliches Urteil) mit den Grundrechten bzw. grundrechtsgleichen Rechten des Grundgesetzes.

Hinweis für die Fallbearbeitung: Oft ist die genannte Prüfung Bestandteil einer Verfassungsbeschwerde (etwaige Fragestellung: „Ist die Verfassungsbeschwerde erfolgreich?")[273]. Bei der dann vorzunehmenden Begründetheitsprüfung sollte zunächst darauf geachtet werden, dass die einschlägigen Grundrechte **hintereinander geprüft** werden. Die ***gemeinsame*** Prüfung zweier oder mehrerer Grundrechte, die sich gelegentlich in den Entscheidungen des BVerfG findet („Schutzbereichsverstärkung")[274], sollte in der Falllösung **vermieden** werden. Denn das Schutzniveau und die Rechtfertigungsvoraussetzungen sind regelmäßig so verschieden, dass eine gemeinsame Prüfung diese Unterschiede verwischt und zudem sehr fehleranfällig ist.

Begründet ist die Verfassungsbeschwerde gem. § 95 I BVerfGG, wenn durch die öffentliche Gewalt (Legislative bei der Rechtssatzverfassungsbeschwerde, Exekutive und Judikative bei der Urteilsverfassungsbeschwerde) ein Grundrecht oder ein grundrechtsgleiches Recht verletzt worden ist. Hinsichtlich der Grundrechtsprüfung folgt die Prüfung traditionell einem stringenten Schema: Zunächst wird die **Eröffnung des Schutzbereichs** des ersten der als einschlägig befundenen Grundrechte geprüft, dann die Frage untersucht, ob in den Schutzbereich dieses Grundrechts **eingegriffen** worden ist, und zuletzt die Frage erörtert, ob der Eingriff seinerseits im Einklang mit der Verfassung steht, also **verfassungsrechtlich gerechtfertigt** ist. Sodann wird nach diesem Schema die fragliche staatliche Maßnahme am Maßstab der übrigen Grundrechte geprüft.

Im Übrigen sind alle Grundrechte zu prüfen, die durch den Beschwerdegegenstand verletzt sein könnten, auch wenn sie vom Beschwerdeführer nicht explizit als verletzt gerügt werden. Denn auch das BVerfG prüft von Amts wegen umfassend die Begründetheit der Verfassungsbeschwerde, d.h. alle ernsthaft in Betracht kommenden Grundrechte.[275]

Beispiel: Eine Ehefrau erhebt vor dem BVerfG wegen der Abschiebung ihres Ehemanns in den Sudan Verfassungsbeschwerde. In der Beschwerdeschrift rügt sie allerdings nur eine Verletzung ihres Rechts aus Art. 11 GG, welches tatsächlich aber nicht einschlägig ist. Aus dem Antrag geht aber (indirekt) hervor, dass auch Art. 6 GG verletzt sein könnte. Dies genügt im Rahmen von § 92 BVerfGG.

113 Die nachfolgende Darstellung bezieht sich auf die Prüfung der Grundrechte des **Grundgesetzes**. Hinsichtlich der Prüfung der Grundrechte der **Europäischen Grundrechtecharta** (GRC) vgl. Rn 9-9h sowie das Schema bei Rn 224a. Zur **Europäischen Menschenrechtskonvention** (EMRK) vgl. Rn 4b ff.

Allgemeine Grundrechtsprüfung am Maßstab des Grundgesetzes

I. Schutzbereich des Grundrechts

Der sachliche und personale Schutzbereich ist durch Auslegung i.S. einer Verfassungsinterpretation zu ermitteln. Die Auslegung erfolgt mit Hilfe der anerkannten Auslegungsmethoden, in erster Linie aus dem Wortlaut und der systematischen Stellung des Grundrechts. Dabei sind die im Verfassungstext vorgesehenen **sachlichen** (z.B. Beschränkung auf Friedlichkeit bei Art. 8 I GG) und **personalen Begrenzungen** (z.B. Beschränkung auf Deutsche bei Art. 8 I, 12 I, 9 I oder 11 I GG) zu berücksichtigen. Weiterhin muss die Möglichkeit berücksichtigt werden, ex-

[273] Vgl. dazu unten Rn 1019 ff.
[274] Vgl. BVerfGE 104, 337 ff. (Schächten von Tieren).
[275] BVerfGE 42, 237, 240; 57, 220, 241; 53, 366, 390.

trem sozialschädliche Verhaltensweisen auch dann aus dem Schutzbereich herauszuhalten, wenn der Verfassungstext diesbezüglich keine sachliche Schutzbereichsbegrenzung vornimmt (sog. **verfassungsunmittelbare Schutzbereichsbegrenzung**).

II. Eingriff in den Schutzbereich

Ist der Schutzbereich eröffnet, muss als Nächstes der Eingriff in denselben geprüft werden. Zu beachten ist jedoch, dass nicht jede belastende Maßnahme einen Eingriff in den Schutzbereich eines Grundrechts darstellt. So werden sog. **Bagatelleingriffe** nicht erfasst (daher stellt z.B. das bloße Streifegehen von Polizisten auf öffentlichen Verkehrsflächen keinen Eingriff in das allgemeine Persönlichkeitsrecht aus Art. 2 I i.V.m. 1 I GG dar). Darüber hinaus ist ein Eingriff zu verneinen, wenn der Betroffene wirksam auf das Grundrecht verzichtet hat. Ein **Grundrechtsverzicht** liegt vor, wenn der Betroffene rechtlich bindend auf den Schutz des betreffenden Grundrechts verzichtet hat. Kommt einer staatlichen Maßnahme aber eine Eingriffsqualität zu, ist ggf. die Art des möglichen Eingriffs (direkter oder indirekter Eingriff) zu untersuchen: Nach dem klassischen Eingriffsbegriff liegt ein Eingriff immer dann vor, wenn ein Rechtsakt final und unmittelbar freiheitsverkürzend in die Rechtssphäre des Bürgers eingreift (sog. **enger Eingriffsbegriff,** der auf die Imperativität des staatlichen Handelns abstellt). Aber auch bei **faktisch-mittelbaren Maßnahmen** kann ein Eingriff vorliegen (sog. **weiter Eingriffsbegriff**). Voraussetzung ist aber wegen der Unüberschaubarkeit und Vielgestaltigkeit von Neben- und Folgewirkungen, dass die Belastung von einiger Intensität ist.

III. Verfassungsrechtliche Rechtfertigung

Ein Grundrecht ist verletzt, wenn der Eingriff verfassungsrechtlich nicht gerechtfertigt ist. Dazu muss zunächst die durch das betreffende Grundrecht eröffnete **Einschränkbarkeit** (Ausgestaltungs- bzw. Regelungsvorbehalt; einfacher oder qualifizierter Gesetzesvorbehalt etc.) geklärt werden (dazu Rn 154 ff.). Ist das Grundrecht einschränkbar und liegt eine entsprechende Grundrechtsschranke vor (z.B. ein förmliches Gesetz), muss diese Schranke ihrerseits **verfassungsmäßig** sein, insb. den formellen Anforderungen (Beachtung von **Zuständigkeits-, Verfahrens- und Formvorschriften**) und den materiellen Anforderungen (insb. Beachtung des **Bestimmtheits- und Verhältnismäßigkeitsgrundsatzes**) entsprechen (sog. **Schranken-Schranken**). Vgl. dazu das Prüfungsschema bei Rn 168 sowie die Ausführungen bei Rn 169 ff. Ist das Gesetz verfassungsmäßig, folgt die Prüfung des Einzelakts (sofern vorhanden).

1. Eröffnung des Schutzbereichs

Ausgehend von der „klassischen" Unterscheidung zwischen Schutzbereich, Eingriff in den Schutzbereich und verfassungsrechtliche Rechtfertigung des Eingriffs werden zunächst die rechtsdogmatischen Hintergründe für die „klassische" Unterscheidung dargestellt. Sodann wird die Prüfung des Schutzbereichs erläutert. 114

a. Rechtsdogmatische Hintergründe für die allgemein vorgenommene Unterscheidung von Schutzbereich, Eingriff und Rechtfertigung

Hintergrund der allgemein vorgenommenen dreigliedrigen Prüfung ist die Aussage des Art. 1 III GG, wonach die Grundrechte Gesetzgebung, vollziehende Gewalt und Rechtsprechung binden. Diese Verfassungsbestimmung verlangt eine Grundrechtsdogmatik, die eine gedanklich nachvollziehbare und berechenbare Reichweite des Grundrechtsschutzes ermöglichen muss. Ein brauchbares und in der deutschen Verfassungsgeschichte bewährtes Instrument, dies zu erreichen, stellt die Unterscheidung zwischen **Schutzbereich** (Gewährleistungsbereich), **Eingriff in den Schutzbereich** („Grundrechtsschranke")[276] und **verfassungsrechtlicher Rechtfertigung** des Eingriffs („Schranken-Schranke") dar. Diese Unterscheidung hat sich bewährt. Denn sie stellt klar, dass Grundrechtseingriffe einer (besonderen) Rechtfertigung bedürfen, die termi- 115

[276] So die allgemein anerkannte Konvention, wie sie bspw. auch von *P/S/K/P*, Rn 223/263 zugrunde gelegt wird. Als „Schranken-Schranke" wird die verfassungsrechtliche Rechtfertigung eines Eingriffs verstanden (vgl. *P/S/K/P*, Rn 285).

nologisch, dogmatisch und prüfungstechnisch vom Schutzbereich zu trennen ist.[277] Würde man Gemeinwohlbelange, die zur Beschränkung der gewährleisteten Freiheit führen, bereits auf Schutzbereichsebene berücksichtigen, nähme man damit dem grundrechtsbeschränkenden Staat den (besonderen) Rechtfertigungsdruck, der auch und gerade durch das Erfordernis einer Rechtsgrundlage zum Ausdruck kommt. Gleichwohl kommt es vor, dass das Grundgesetz selbst bereits eine Schutzbereichsbegrenzung vornimmt, um bestimmten gemeinschaftsschädlichen Verhaltensweisen von vornherein den Grundrechtsschutz zu versagen. In diesem Fall gewährt das betroffene Grundrecht die Freiheit bereits verfassungstextlich unter Ausschluss bestimmter gemeinwohlschädlicher Aspekte. Das lässt sich am Beispiel des Art. 8 I GG aufzeigen, wo von „Friedlichkeit" und „Waffenlosigkeit" gesprochen wird. Damit beschränkt das Grundgesetz **verfassungsunmittelbar** die Reichweite der Grundrechtsgewährleistung auf „Friedlichkeit" und „Waffenlosigkeit". Daneben wird diskutiert, ob eine Begrenzung des Schutzbereichs auch dann in Betracht kommt, wenn *keine* diesbezügliche verfassungstextliche Aussage besteht. Vgl. dazu nebst Beispielen Rn 124 f. sowie 126 ff.

116 Folgt man der allgemein anerkannten und auch diesem Buch zugrunde gelegten Unterscheidung von Schutzbereich, Eingriff und verfassungsrechtliche Rechtfertigung, ist die Grundrechtsprüfung wie folgt prädeterminiert: Zunächst ist danach zu fragen, ob das Verhalten des Bürgers in den **Schutzbereich** eines Grundrechts fällt. Ist dies der Fall, muss die den Bürger belastende Maßnahme darauf hin untersucht werden, ob sie in den Schutzbereich des ermittelten Grundrechts **eingreift**. Schließlich ist nach der **verfassungsrechtlichen Rechtfertigung** des Eingriffs zu fragen.

b. Bestimmung des Schutzbereichs durch Auslegung

117 Der Schutzbereich einer Grundrechtsnorm ist durch **Auslegung** zu ermitteln. Da es sich bei den Grundrechtsnormen um Normen der Verfassung handelt, gelten auch insoweit die allgemeinen Methoden und Prinzipien der **Verfassungsinterpretation**.[278] Maßgebend für die Auslegung einer Verfassungsnorm ist der in der Norm zum Ausdruck kommende objektivierte Wille des Normgebers, wie er sich aus dem **Wortlaut** und **Sinnzusammenhang** ergibt. Dagegen kommt der **Entstehungsgeschichte** (genetische und historische Auslegung) einer Norm nur subsidiäre Bedeutung zu, nämlich die, dass sie „die Richtigkeit der nach den angegebenen Grundsätzen ermittelten Auslegung bestätigt oder Zweifel behebt, die auf dem angegebenen Weg allein nicht ausgeräumt werden können"[279].

118 Geht man von der historischen Konzeption der Grundrechte als Abwehrrechte des Bürgers gegen den Obrigkeitsstaat aus, muss man im Zweifel eine **großzügige Interpretation der Schutzbereiche** vornehmen, d.h. von einer **grundsätzlichen Freiheitsvermutung** ausgehen („in dubio pro libertate"), die nur unter bestimmten Voraussetzungen (gemeinwohlschädliches Verhalten des Grundrechtsträgers) auf der Ebene der Grundrechtsschranken (d.h. des Eingriffs) eingeschränkt werden darf.[280] Eine Einschränkung durch Eingriff ist aber grundrechtsdogmatisch etwas anderes als eine Schutzbereichsverengung.

---

[277] Vgl. auch BVerfGE 32, 54, 72 f.; 85, 386, 397; *Kloepfer*, FG-BVerfG II, 1976, S. 405, 407; *Starck*, in: v. Mangoldt/Klein/Starck, GG, Art. 1 III Rn 228.

[278] Vgl. dazu etwa *Starck*, in: HdbStR VII, § 164 (passim).

[279] BVerfGE 1, 299, 312. Vgl. auch *v. Münch*, in: v. Münch/Kunig, GG, Vorb. Art. 1-19 Rn 50; *Böckenförde*, NJW 1974, 1529 ff.; *ders.*, NJW 1976, 2089 ff.; *Starck*, in: HdbStR VII, § 164 Rn 39.

[280] Vgl. dazu BVerwG NVwZ 2007, 1431, 1432 f.; BVerwGE 42, 79, 83; *v. Arnauld*, Die Freiheitsrechte und ihre Schranken, 1999, 272 f.; *Hesse*, Grundzüge des Verfassungsrechts, Rn 72; *v. Münch*, in: v. Münch/Kunig, GG, Vorb. Art. 1-19, Rn 51; a.A. *P. Schneider*, FS DJT Bd. 2, 1960, S. 263 ff.; *Denninger*, in: AK, vor Art. 1 Rn 13.

Beispiel: Art. 4 I GG betrifft (vorbehaltlos) die Glaubensfreiheit. Dazu kann auch das Schächten (d.h. das Ausblutenlassen von lebenden warmblütigen Tieren) gehören. Werden dem Tier dabei aber unnötige Schmerzen zugefügt oder wird es auf andere Weise gequält, muss die Frage erlaubt sein, ob das an sich vorbehaltlos erlaubte Verhalten nicht auch seine Grenzen hat. Diese können sich insbesondere aus der Verfassungsbestimmung *Tierschutz* (Art. 20a GG) ergeben. Rechtsdogmatisch und prüfungstechnisch ist dabei fraglich, inwieweit eine einengende Interpretation des Schutzbereichs möglich ist, mit der Folge, dass bestimmte gemeinwohlschädliche Verhaltensweisen bereits aus dem Schutzbereich herausgenommen werden oder erst auf der Ebene der verfassungsrechtlichen Rechtfertigung des Eingriffs Beachtung finden können (vgl. dazu Rn 126 ff.).[281]

Auch das BVerfG hat in zahlreichen Entscheidungen in Zweifelsfällen eine **weite**, nämlich diejenige Auslegung gewählt, **„welche die juristische Wirkungskraft der Grundrechtsnorm am stärksten entfaltet"**[282]. Insbesondere in einem Beschluss zu Art. 13 GG aus dem Jahre 1971 hat das Gericht die Problematik gesehen und mit folgenden Worten umschrieben: „Eine enge Auslegung des Wohnungsbegriffs ist ersichtlich von der Sorge bestimmt, dass anderenfalls viele herkömmliche Betretungs- und Besichtigungsrechte von Verwaltungsbehörden im Rahmen der Wirtschafts-, Arbeits- und Steueraufsicht nicht aufrechterhalten werden könnten, weil sie durch die Schrankenbestimmung des Art. 13 III GG (heute: Art. 13 VII GG) nicht mehr gedeckt sind. Es ist bedenklich, den Wirkungsbereich des Grundrechts vom Schrankenvorbehalt her zu bestimmen und die engere Auslegung zu wählen, weil die weitere Auslegung praktische Schwierigkeiten bereitet. Daher ist zunächst die materielle Substanz des Grundrechts zu ermitteln; erst danach sind unter Beachtung der **grundsätzlichen Freiheitsvermutung** und des Verfassungsgrundsatzes der Verhältnismäßigkeit und Zumutbarkeit die rechtsstaatlich vertretbaren Schranken der Grundrechtsausübung zu fixieren."[283] **119-121**

c. Unterscheidung von Regelungs- und Schutzbereich

Ausgehend von der Prämisse des in drei Schritten gegliederten Prüfungsaufbaus *Schutzbereich, Eingriff in den Schutzbereich* und *verfassungsrechtliche Rechtfertigung des Eingriffs* ist also zunächst der Schutzbereich des in Betracht kommenden Grundrechts zu ermitteln. Dies geschieht durch Auslegung, d.h. durch Verfassungsinterpretation. **122**

Dabei ist zunächst vom (übergeordneten) **Regelungsbereich** auszugehen. Unter Regelungsbereich wird der (natürliche) **Lebensbereich** verstanden, in dem das Grundrecht gilt und in dem es den (juristischen) Schutzbereich erst bestimmt. Welcher Lebensbereich von dem betreffenden Grundrecht erfasst wird, ist durch Verfassungsinterpretation, in erster Linie aus dem Wortlaut und der systematischen Stellung des Grundrechts, zu ermitteln. **123**

Beispiele:

(1) Die Thematik des Art. 4 I und II GG umfasst neben der Freiheit des Einzelnen zum privaten und öffentlichen Bekenntnis seiner Religion oder Weltanschauung auch die Freiheit, sich mit anderen aus gemeinsamem Glauben oder gemeinsamer weltanschaulicher Überzeugung zusammenzuschließen.[284] Die durch den Zusammenschluss gebildete Vereinigung selbst genießt das Recht zu religiöser oder weltanschaulicher Betätigung, zur Verkündigung des Glaubens, zur Verbreitung der Weltanschauung sowie zur Pflege und Förderung des jeweiligen Bekenntnisses.[285]

---

[281] Jede irgendwie einengende Bestimmung des Schutzbereichs hat jedenfalls zur Folge, dass ein Rückgriff auf Art. 2 I GG erfolgt (dazu später).
[282] Vgl. nur BVerfGE 7, 377, 397; 32, 54, 72; 39, 1, 38; 78, 179, 193.
[283] BVerfGE 32, 54, 72 (Schnellreinigung).
[284] BVerfGE 105, 279, 293; 53, 366, 387; 83, 341, 355. Vgl. auch VGH München NVwZ 2003, 998.
[285] BVerfGE 105, 279, 293 unter Berufung auf BVerfGE 19, 129, 132; 24, 236, 246 f.; 53, 366, 387. Vgl. auch VGH München NVwZ 2003, 998 und BVerfG NJW 2015, 1359, 1360 (Kopftuchverbot).

(2) Bei der Frage nach dem von Art. 5 III S. 1 GG erfassten Lebensbereich darf der Kunstbegriff nicht nur auf die künstlerische Betätigung selbst (sog. Werkbereich) beschränkt, sondern muss auch auf die Vermittlung des Kunstwerks an Dritte (sog. Wirkbereich) erstreckt werden.[286]

(3) Das Grundrecht der Versammlungsfreiheit (Art. 8 I GG) ist thematisch einschlägig bei Versammlungen.

(4) Die Berufsfreiheit (Art. 12 I GG) ist thematisch einschlägig beispielsweise beim Verkauf von Wein zum Zwecke der Gewinnerzielung.

124 Ist der Lebensbereich von dem thematisch einschlägigen Grundrecht erfasst, führt dies zwar regelmäßig, aber nicht zwangsläufig zur Bejahung des Schutzbereichs. Vielmehr müssen weitere Voraussetzungen erfüllt sein. Insbesondere müssen die im Verfassungstext enthaltenen bzw. vorgesehenen **sachlichen** und **personalen Begrenzungen** (= **grundrechtsimmanente Schutzbereichsbegrenzungen**) berücksichtigt werden.

Beispiele:

(1) Art. 8 I GG bezieht sich thematisch auf die Versammlung (Regelungsbereich). Sein Schutzbereich ist jedoch auf friedliche und waffenlose Versammlungen beschränkt. Damit sind unfriedliche bzw. gewalttätige Versammlungen zwar vom Regelungs-, nicht aber vom Schutzbereich des Art. 8 I GG erfasst. Eine weitere Schutzbereichsbegrenzung der Versammlungsfreiheit findet sich in der erforderlichen Mitgliederzahl. Dass nämlich eine Versammlung – um von einer solchen überhaupt reden zu können – nicht aus einer einzelnen Person bestehen kann, unterliegt keinem Zweifel (eine Einzelperson kann sich schon begrifflich nicht versammeln). Fraglich ist lediglich, ob zwei Personen ausreichen oder ob mindestens drei Personen erforderlich sind (vgl. zum Meinungsstand Rn 612 ff.). Schwierigkeiten bereitet schließlich die Beantwortung der Frage, ob auch das Umfeld, insbesondere der Bereich der Anreise zum Versammlungsort, vom Schutzbereich des Art. 8 I GG umfasst ist. Aber auch diesen Bereich wird man erfassen müssen, da das Grundrecht sonst weitgehend leerliefe. Denn gerade Handlungen des Umfelds schaffen erst die Voraussetzungen für die Grundrechtsausübung.[287] In persönlicher Hinsicht nimmt Art. 8 I GG eine Begrenzung auf Deutsche vor (sog. Deutschengrundrecht oder Bürgerrecht). Ausländer (jedenfalls Nicht-EU-Bürger[288]) und Staatenlose können sich daher nicht auf Art. 8 I GG berufen; für diese kommt lediglich der abgeschwächte Schutz der allgemeinen Verhaltensfreiheit (Art. 2 I GG) in Betracht.

(2) Das Grundrecht auf Informationsfreiheit (Art. 5 I S. 1 Var. 2 GG) ist sachlich auf die „allgemeinen Informationsquellen“ beschränkt.

(3) Die Vereinigungsfreiheit des Art. 9 I GG umfasst keine Vereinigungen, die Ziele des Art. 9 III GG verfolgen (demgegenüber handelt es sich bei Art. 9 II GG nicht um eine Schutzbereichsbegrenzung des Art. 9 I GG, sondern um einen Schrankenvorbehalt).

125 Die verfassungstextliche Begrenzung des Schutzbereichs macht es mithin möglich, in bestimmten Situationen schon den Schutzbereich zu verneinen, sodass die (zumeist von subjektiven Wertungen beeinflusste) Frage nicht erörtert zu werden braucht, ob der Eingriff verfassungsrechtlich gerechtfertigt ist.

Beispiel: Im Fall des Art. 8 I GG können – da sich der Schutzbereich nur auf friedliche und waffenlose Versammlungen bezieht und gewalttätige Handlungen gerade nicht umfasst – gewalttätige Demonstrationen verboten werden, ohne dass es einer rechtfertigenden Abwägung mit anderen wichtigen Verfassungsgütern bedarf.

---

[286] Vgl. BVerfGE 30, 173, 189 (Mephisto); 67, 213, 224 (Anachronistischer Zug).

[287] Vgl. BVerfGE 69, 315, 349 (Brokdorf II); 84, 203, 209 (Republikaner).

[288] Zur Frage, ob Bürger anderer EU-Staaten mit Blick auf das allgemeine Diskriminierungsverbot aus Art. 18 I AEUV überhaupt als „Ausländer“ angesehen und damit aus den Schutzbereichen der „Deutschengrundrechte“ herausgenommen werden dürfen, vgl. Rn 48.

d. Begrenzung grundrechtlicher Schutzbereiche durch Kriterien auch außerhalb des geschriebenen Grundrechtstatbestands?

Fraglich ist, ob eine Begrenzung des Schutzbereichs auch dann in Betracht kommt, wenn *keine* diesbezügliche verfassungstextliche Aussage besteht, oder ob man in diesem Fall stets von der Eröffnung des Schutzbereichs ausgehen muss und gemeinwohlschädliche Verhaltensweisen ausschließlich auf der Ebene der verfassungsrechtlichen Rechtfertigung im Rahmen einer Güterabwägung würdigen kann. Das soll anhand folgender Beispiele verdeutlicht werden: **126**

(1) Keinem vernünftigen Zweifel dürfte es zunächst unterliegen, dass ein **Totschlag** (§ 212 StGB) auf der Bühne einer Theaterveranstaltung nicht vom Grundrecht der Kunstfreiheit (Art. 5 III S. 1 Var. 1 GG) gedeckt sein kann.[289] Das erfolgt schon allein aus einer allgemeinen Rechtsgüterabwägung. Die Reichweite der Kunstfreiheit kann sich trotz ihrer vorbehaltlosen Gewährleistung selbstverständlich nicht auf die Beeinträchtigung fremden Lebens zum Zwecke der künstlerischen Entfaltung (sei es im Werk- oder Wirkbereich der Kunst) erstrecken. Das Recht auf Leben entfaltet einen größeren Schutz als die Kunstfreiheit.

(2) Wenn jemand ein „**Happening**" veranstaltet, indem er die Verkehrsregelungsanlage einer vielbefahrenen Kreuzung derart manipuliert, dass „auf Knopfdruck" aus allen Richtungen kommende Fahrzeug „grün" erhalten und kollidieren, kann er sich ebenfalls nicht auf die Kunstfreiheit berufen. Fraglich kann allein sein, ob man derartiges Verhalten bereits aus dem Schutzbereich der Kunstfreiheit heraushält oder aber auf der Ebene der verfassungsrechtlichen Rechtfertigung bei einer Abwägung mit kollidierenden Verfassungsgütern (Leib, Leben, Gesundheit, Eigentum) zurücktreten lässt.

(3) Auch eine Organisation, die sich nur nach ihrem bekundeten Selbstverständnis als **Religions- oder Weltanschauungsgemeinschaft** sieht, in Wirklichkeit aber ausschließlich **wirtschaftliche** oder andere **religionsfremde** Ziele verfolgt, kann sich im Ergebnis nicht auf Art. 4 I und II GG berufen. Sollte man hier bereits den Schutzbereich verneinen, brauchen sich von einer staatlichen Stelle ausgehende öffentliche Warnungen vor einer solchen Organisation nicht am strengen Maßstab des Art. 4 I und II GG, sondern lediglich am Maßstab des Art. 2 I GG messen zu lassen.

Die Grenzen der Grundrechtsausübung, die sich nicht ohne weiteres dem Tatbestand des Grundrechts entnehmen lassen, sich aber aus anderen, kollidierenden Verfassungsgütern ergeben können, werden meist als **verfassungsimmanente Schutzbereichsbegrenzung** (oder als verfassungsimmanente Grundrechtsbegrenzung) bezeichnet.[290] Diese Überlegung geht von der Prämisse aus, dass bestimmte missbilligenswerte Verhaltensweisen auch dann nicht vom Schutzbereich eines Grundrechts erfasst sein sollen, wenn der Verfassungstext des einschlägigen Grundrechts eine Schutzbereichsbegrenzung nicht vornimmt. Diese Überlegung ist Ausdruck der **Lehre vom funktionalen Schutzbereich**. Diese Lehre geht davon aus, dass sich der Schutzbereich nur unter Berücksichtigung der Funktion eines Grundrechts ermitteln lässt. Aufgabe der Grundrechte sei es, (nur) vor bestimmten Eingriffen Schutz zu vermitteln. Sei der Eingriff verhältnismäßig, sei bereits der Schutzbereich des in Betracht kommenden Grundrechts nicht eröffnet. Gleiches gelte hinsichtlich der Kollision mit Grundrechten Anderer. Hier werde der Schutzbereich des einen Grundrechts durch den Schutzbereich eines anderen begrenzt („**Schutzbereichsbegrenzung durch kollidierendes Verfassungsrecht**").[291] **127**

---

[289] Beispiel nach *Muckel*, FS Schiedermair, 2001, S. 347.

[290] *Muckel*, FS Schiedermair, 2001, S. 347 mit Verweis auf *Isensee*, in: HdbStR V, § 111 Rn 56; *Dreier*, in: Dreier, GG, Vorb. Rn 88 ff. Vgl. auch *Stern*, Staatsrecht III/2, 1994, S. 530 ff.

[291] Vgl. bereits *Gallwas*, Faktische Beeinträchtigungen im Bereich der Grundrechte, 1970, S. 94 ff. Zu beachten ist jedoch, dass nach noch herrschender Grundrechtsdogmatik die Kollision verschiedener Grundrechte auf der Ebene der verfassungsrechtlichen Rechtfertigung behandelt wird (dazu Rn 193).

128 **Hinweis:** Die verfassungsimmanente Schutzbereichsbegrenzung ist nicht zu verwechseln mit der grundrechtsimmanenten Schutzbereichsbegrenzung:

- **Grundrechtsimmanente Schutzbereichsbegrenzung** bedeutet, dass der Schutzbereich eines Grundrechts seine Grenzen bereits verfassungstextlich im Tatbestand des betreffenden Grundrechts findet (Rn 124 f.).
- Demgegenüber bedeutet **verfassungsimmanente Schutzbereichsbegrenzung** (auch verfassungsimmanente Grundrechtsbegrenzung genannt), dass der Schutzbereich eines Grundrechts seine Grenzen nicht im verfassungstextlichen Tatbestand des betreffenden Grundrechts, sondern in anderen Verfassungsgütern findet (Rn 126 f.).

129 Auch wenn eine verfassungsimmanente Schutzbereichsbegrenzung regelmäßig zu keinem anderen Ergebnis führen dürfte wie die auf der Ebene der verfassungsrechtlichen Rechtfertigung vorzunehmende Abwägung der gegenläufigen Verfassungsgüter, ist doch zu beachten, dass es vom allgemeinen Grundrechtsverständnis her einen Unterschied macht, dem Betroffenen bereits den Schutzbereich des Grundrechts zu versagen, oder seinem Verhalten erst auf der Ebene der verfassungsrechtlichen Rechtfertigung zu begegnen.[292] Ein entscheidender rechtstechnischer Unterschied liegt aber darin, dass es bei Verneinung des Schutzbereichs schon **keiner gesetzlichen Rechtsgrundlage** i.S.d. Grundsatzes vom Vorbehalt des Gesetzes bedarf, die bei Annahme eines Eingriffs erforderlich wäre. Folgt man also der Lehre vom funktionalen Schutzbereich, kann das Fehlen einer gesetzlichen Rechtsgrundlage unschädlich sein.

130 Möglicherweise muss das Institut der verfassungsimmanenten Schutzbereichsbegrenzung jedoch **aus systematischen Gründen abgelehnt** werden, wenn man einen Vergleich mit den grundrechtsimmanenten, d.h. verfassungstextlichen Schutzbereichsbegrenzungen heranzieht: So hat eine Schutzbereichsbegrenzung unter dem Aspekt der Unfriedlichkeit im Grundrechtekatalog bspw. in Art. 8 I GG ihren Niederschlag gefunden. Bei Art. 5 III GG fehlt demgegenüber eine diesbezügliche Formulierung. Hätte der Verfassungsgeber gewollt, dass auch die „unfriedliche" Kunst aus dem Schutzbereich der Kunstfreiheit herausgehalten werden sollte, hätte er dies mit einer entsprechenden Formulierung im Verfassungstext zum Ausdruck gebracht bzw. bringen müssen. Da er dies nicht getan hat, spricht der Umkehrschluss (*argumentum e contrario*) gegen die Anerkennung der Figur der verfassungsimmanenten Schutzbereichsbegrenzung. Zudem dürfte es gerade erst eine Frage der Güterabwägung im Einzelfall sein, inwiefern betroffene Rechte hinter der Kunstfreiheit zurücktreten müssen. Schließt man sich diesem Gedanken an, sind eine Übertragung des Vorbehalts der Friedlichkeit in Art. 8 I GG auf Art. 5 III GG und damit – generell gesprochen – eine verfassungsimmanente Schutzbereichsbegrenzung abzulehnen.

131 Sofern man dennoch eine verfassungsimmanente Schutzbereichsbegrenzung annimmt, kann man im Grunde die Prüfung von „Schutzbereich" und „Eingriffsrechtfertigung" nicht trennen. Im Ergebnis erreicht man dadurch eine Ausgrenzung bestimmter Verhaltensweisen aus dem Schutzbereich und vermeidet folgerichtig die sonst im Rahmen der verfassungsrechtlichen Rechtfertigung vorzunehmende Güterabwägung im Einzelfall. Auch das BVerfG schließt sich gelegentlich der Lehre vom funktionalen Schutzbereich an, ist in seiner Rechtsprechung aber nicht konsequent. Denn während das Gericht bspw. in den so genannten **Graffiti-Fällen** bereits eine verfassungsimmanente Schutzbereichsbegrenzung vornahm[293], schloss es in seiner Entscheidung, in der es um die

---

[292] Vgl. *Muckel*, FS Schiedermair, 2001, S. 347, 348.

[293] Der bisweilen vom BVerfG verwandte Begriff „verfassungsunmittelbare Schranken" (vgl. z.B. BVerfGE 59, 231, 261) ist – wie deutlich geworden sein sollte – missverständlich, denn es handelt sich im vorliegenden Zusammenhang nicht um eine Grundrechtsbeschränkung, sondern um eine verfassungsunmittelbare Beschreibung der sachlichen Gewährleistungsreichweite einer Grundrechtsbestimmung (*Schnapp*, JuS 1978, 729, 730; *v. Münch*, in: v. Münch/Kunig, GG, Vorb. Art. 1-19 Rn 49).

vermeintliche **Verunglimpfung des Staates** ging, nicht den Schutzbereich des Art. 5 III S. 1 GG wegen Erfüllung des Straftatbestands des § 90a StGB aus, sondern betonte ausdrücklich, dass die Kunstfreiheit ihre Grenzen allein in den Grundrechten Dritter und in anderen verfassungsrechtlich geschützten Gütern finde. Diese Grenzen seien im Rahmen der verfassungsrechtlichen Rechtfertigung festzustellen.[294] Damit stellt das Gericht klar, dass der strafrechtliche Ehrschutz, der Schutz der Religion, das Persönlichkeitsrecht etc. erst dann eingriffen, wenn der Kern des jeweiligen anderen Rechts durch ein satirisches Werk tangiert sei. Das setze jedoch eine Abwägung im Einzelfall voraus (praktische Konkordanz[295]), die nicht im Rahmen der Eröffnung des Schutzbereichs, sondern bei der Frage nach der verfassungsrechtlichen Rechtfertigung vorzunehmen sei. Bei **Schmähkritik**, also bei einer Äußerung, bei der nicht mehr die Auseinandersetzung in der Sache, sondern die Diffamierung der Person im Vordergrund steht, entscheidet das BVerfG wiederum uneinheitlich hinsichtlich der Frage, ob bereits der Schutzbereich des Art. 5 I GG nicht eröffnet ist oder ob die Schmähkritik bei der Prüfung der verfassungsrechtlichen Rechtfertigung hinter den Ehrschutz zurücktritt. In einigen Entscheidungen sieht das Gericht Schmähkritik (noch) als vom Schutzbereich des Art. 5 I GG erfasst an, lässt sie aber (selbstverständlich) auf Schrankenebene hinter den Ehrschutz zurücktreten.[296] In anderen Entscheidungen geht es dagegen von einer Regelvermutung für das Überwiegen des Ehrschutzes aus und verzichtet auf eine (umfassende) Abwägung aller Umstände des Einzelfalls[297], verneint also rechtsdogmatisch die Eröffnung des Schutzbereichs. Vgl. dazu näher Rn 439 ff.

Vor dem Hintergrund der Lehre vom funktionalen Schutzbereich ist auch die Rechtsprechung **132**
des BVerfG zur Osho-Bewegung zu beurteilen, wonach allein die Bezeichnung als „Sekte", „Jugendsekte" und „Psychosekte" nicht den Schutzbereich des Grundrechts der Religions- oder Weltanschauungsfreiheit (Art. 4 I und II GG) berühre, weil diese Äußerung keine diffamierende oder verfälschende Darstellung enthalte, sondern sich im Rahmen einer sachlich geführten Informationstätigkeit über die betroffenen Gemeinschaften bewege und damit die Zurückhaltung wahre, zu welcher der Staat und seine Organe nach dem Gebot der religiös-weltanschaulichen Neutralität verpflichtet seien.[298] Dieser Ansatz wird verständlich, wenn man bedenkt, dass keine Rechtsgrundlage bestand, auf deren Grundlage sich die Warnung hätte rechtfertigen lassen. Zur Rechtmäßigkeit der Warnung kam das Gericht also nur deswegen, weil es eine Schutzbereichseröffnung verneinte.

> **Hinweis für die Fallbearbeitung:** Ist der Schutzbereich unproblematisch eröffnet, ist **133**
> es zulässig und sogar geboten, dies nur mit knappen Ausführungen festzustellen. Zahlreiche Fallkonstellationen erfordern jedoch eine weitergehende Auseinandersetzung mit dem Schutzbereich des betreffenden Grundrechts. Zu diesbezüglichen Handhabung vgl. den Hinweis bei Rn 529.

---

[294] Vgl. BVerfG NJW 2001, 596 (Verunglimpfung des Staates). Vgl. auch BVerfG NJW 2009, 908, 909 (mit Bespr. *Muckel*, JA 2009, 312 f. und *Preisner*, NJW 2009, 897 f.), wo das Gericht die Bezeichnung der Farben der Bundesflagge als „Schwarz-Rot-Senf" als vom Schutzbereich des Art. 5 I S. 1 Var. 1 GG umfasst ansah und die gegenläufigen Belange des Staatsschutzes sodann schulmäßig im Rahmen der verfassungsrechtlichen Rechtfertigung des Eingriffs berücksichtigte, der durch die strafgerichtliche Verurteilung wegen Verwirklichung des § 90a StGB gegeben war. Vgl. dazu Rn 429 (Bsp. 6) und Rn 511.

[295] Vgl. dazu Rn 111, 162, 193, 196, 197a, 197b, 284 ff., 384, 517.

[296] Vgl. etwa BVerfGE 93, 266, 293 f. („Soldaten sind Mörder"); BVerfG NJW 2013, 3021, 3022 (Bezeichnung einer Rechtsanwaltskanzlei als „Winkeladvokatur" keine Schmähkritik).

[297] BVerfG K&R 2016, 494 f. („ACAB" nicht ohne weiteres Beleidigung); BVerfG NJW 2014, 3357, 3358 (harsche Kritik an Richterin keine Schmähkritik). Ähnlich auch OLG Karlsruhe NJW 2015, 1618 (Bezeichnung des Landesvorsitzenden der AfD Kölmel als Betrüger, Rechtsbrecher, Lügner, Halunke und Gauner keine Schmähkritik, die ohne weitere Abwägung der betroffenen Interessen unzulässig wäre).

[298] BVerfGE 105, 279, 295 (Osho). Dem sich anschließend VGH München NVwZ 2003, 998.

e. Bedeutung des bisher Gesagten für Art. 2 I GG

134 Seit dem Elfes-Urteil (ausführlich Rn 247 und 756) versteht man Art. 2 I GG einhellig als Auffanggrundrecht, das alle Verhaltensweisen schützt, die nicht einem speziellen Freiheitsrecht unterfallen.[299] Fällt demnach das zu untersuchende Verhalten in sachlicher Hinsicht in den Schutzbereich eines speziellen Freiheitsgrundrechts, ist ein Rückgriff auf das Grundrecht der allgemeinen Verhaltensfreiheit selbst dann versperrt, wenn sich die Beeinträchtigung des speziellen Grundrechts als rechtmäßig erweisen sollte.

> **Beispiel:** Weinhändler W verkauft u.a. einen Wein, bei dem sich später herausstellt, dass er diethylenglykolhaltig ist. Bei Diethylenglykol handelt es sich um eine Flüssigkeit, die zum Süßen des Weins verwendet wurde, die jedoch gesundheitsschädlich ist. Daher erlässt die zuständige Ordnungsbehörde gegenüber W ein Verkaufsverbot in Bezug auf den betreffenden Wein.
>
> Das Verkaufsverbot greift in den Schutzbereich des Art. 12 I GG ein, weil generell der Verkauf von Wein der Schaffung und Erhaltung der Lebensgrundlage des W dient. Art. 2 I GG ist neben dem sachlich einschlägigen Art. 12 I GG unanwendbar (subsidiär). Diese Sperrwirkung gilt unabhängig davon, ob der Eingriff in Art. 12 I GG rechtmäßig oder rechtswidrig ist.
>
> Da es bei dem Verkaufsverbot um den vorrangigen Schutz der Gesundheit von Menschen geht, ist der Eingriff im Übrigen aber gerechtfertigt.

135 Fraglich ist hingegen, ob auf Art. 2 I GG zurückgegriffen werden kann, wenn das zu beurteilende Verhalten zwar dem Regelungs-, nicht aber dem Schutzbereich eines speziellen Freiheitsgrundrechts unterfällt. Geht man aber auch hier von den allgemeinen Grundsätzen der Grundrechtskonkurrenz (Rn 136) aus, bezieht sich die Sperrwirkung nur auf den Schutz-, nicht auch auf den Regelungsbereich. Art. 2 I GG wird also nicht verdrängt, wenn das fragliche Verhalten lediglich in den Regelungsbereich eines speziellen Grundrechts fällt.

> **Beispiel:** Hooligan H nimmt an einer insgesamt unfriedlichen Demonstration teil. Zusammen mit anderen Randalierern wirft er Molotow-Cocktails in die Schaufenster der anliegenden Ladenlokale. Die Polizei nimmt H daraufhin in Gewahrsam.
>
> Da der Regelungsbereich des Art. 8 I GG alle Versammlungen erfasst, der Schutzbereich jedoch auf friedliche und waffenlose Versammlungen begrenzt ist, ist im vorliegenden Fall zwar der Regelungsbereich, nicht aber der Schutzbereich des Art. 8 I GG betroffen. Daher entfaltet Art. 8 I GG auch keine Sperrwirkung gegenüber Art. 2 I GG. Folge ist, dass nicht der Gesetzesvorbehalt des Art. 8 II GG, sondern der des Art. 2 I GG zur Anwendung gelangt. Damit muss nicht der Frage nachgegangen werden, ob die Polizei auf der Grundlage des Polizei- und Ordnungsrechts H in Gewahrsam nehmen kann oder ob das Versammlungsgesetz einen Rückgriff auf das Polizei- und Ordnungsrecht ausschließt (vgl. dazu näher Rn 635 ff.).

Erst recht wird Art. 2 I GG nicht verdrängt, wenn das fragliche Verhalten noch nicht einmal vom Regelungsbereich eines speziellen Freiheitsrechts erfasst ist. Auf diesen Befund wird bei der Beantwortung der Frage eingegangen, ob eine von einer staatlichen Aufklärung oder Warnung betroffene Organisation, die sich nach ihrem bekundeten Selbstverständnis als Religionsgemeinschaft bezeichnet, in Wirklichkeit aber ausschließlich wirtschaftliche Ziele verfolgt und sich daher nicht auf Art. 4 I und II GG berufen kann, sich wenigstens auf Art. 2 I GG stützen kann (Rn 387 ff.).

---

[299] Vgl. grundlegend BVerfGE 6, 32, 37 (Elfes) und später BVerfGE 105, 252, 279 (Glykolwein). Aus der Lit. vgl. bspw. *Kunig*, in: v. Münch/Kunig, GG, Art. 2 Rn 12; *Kube*, JuS 2003, 111 ff.

f. Grundrechtskonkurrenz

Von Grundrechtskonkurrenz spricht man, wenn *ein* Verhalten in den Schutzbereich *mehrerer* Grundrechte *eines* Grundrechtsträgers fällt. Dabei muss folgendermaßen unterschieden werden: Fällt das Verhalten des Grundrechtsträgers in den Schutzbereich mehrerer Grundrechte, die in einem Spezialitätsverhältnis zueinander stehen, spricht man von **unechter Grundrechtskonkurrenz**. Fällt das Verhalten des Grundrechtsträgers dagegen in den Schutzbereich mehrerer Grundrechte, die gleichrangig nebeneinander stehen, spricht man von **echter Grundrechtskonkurrenz**. 136

> **Hinweis für die Fallbearbeitung:** Die Grundrechtskonkurrenz ist ein Problem des Schutzbereichs.[300] Denn ist ein Grundrecht aufgrund einer Konkurrenzsituation zu einem anderen Grundrecht nicht anwendbar, entfaltet es auch keine Schutzwirkung für den Betroffenen. In der Fallbearbeitung empfiehlt sich daher folgende Vorgehensweise: Zunächst sind alle möglicherweise zutreffenden Grundrechte in Betracht zu ziehen. Dann ist (gedanklich) der jeweilige Schutzbereich zu bestimmen und zu untersuchen, ob das fragliche Verhalten darunter subsumiert werden kann. Erst wenn feststeht, dass das fragliche Verhalten in den Schutzbereich mehrerer Grundrechte fällt, ist deren Verhältnis zueinander zu bestimmen.

Beispiel: Art. 12 GG schützt nach umstrittener, aber vorzugswürdiger Auffassung auch die Wettbewerbsfreiheit. Folgt man dieser Auffassung, stellt sich die Frage nach der Konkurrenz zu Art. 2 I GG, da die Wettbewerbsfreiheit jedenfalls auch von Art. 2 I GG geschützt wird.

aa. Unechte Grundrechtskonkurrenz

Wie gesagt, liegt eine unechte Grundrechtskonkurrenz vor, wenn *ein* Verhalten in den Schutzbereich *mehrerer*, in einem Spezialitätsverhältnis zueinander stehender Grundrechte *eines* Grundrechtsträgers fällt. In diesem Fall bestimmt sich der Schutz allein nach dem speziellen Grundrecht. 137

Beispiele:

(1) Die behördliche Warnung vor **glykolhaltigem Wein** hat zur Folge, dass sämtliche Weine eines Winzers gemieden werden.[301] Hier genießt der Winzer nach umstrittener, aber zutreffender Auffassung (vgl. dazu im Einzelnen die Ausführungen zu Art. 12 GG) den Schutz des Art. 12 I GG, sodass ein Rückgriff auf Art. 2 I GG nicht erforderlich ist. Nach allgemeiner Grundrechtsdogmatik würde Art. 2 I GG aber dann greifen, wenn der sachliche und/oder persönliche Schutzbereich des Art. 12 I GG nicht eröffnet wäre.

(2) Der **Chefredakteur einer Zeitung** kann sich bei einem Eingriff in seine Arbeit nicht nur auf Art. 5 I S. 2 GG (Pressefreiheit) berufen, sondern grundsätzlich auch auf Art. 12 I GG (Berufsfreiheit), da er am Geschäftsverkehr teilnimmt und damit einen Beruf ausübt. Allerdings wird es bei einer staatlichen Maßnahme regelmäßig an der berufsspezifischen Regelungstendenz fehlen, sodass bei näherer Betrachtung der Schutzbereich des Art. 12 I GG nicht einschlägig ist. Ein Konkurrenzverhältnis zwischen Art. 5 I S. 2 GG und Art. 12 I GG stellt sich also in aller Regel nicht. Die Frage nach der Grundrechtskonkurrenz muss diesbezüglich demnach nicht beantwortet werden. Ein Konkurrenzverhältnis des Art. 5 I S. 2 GG liegt aber zu Art. 5 I S. 1 GG vor, da die Äußerungen eines Chefredakteurs auch in den Schutzbereich des Grundrechts auf Meinungsfreiheit fallen. Fällt ein Verhalten in den Schutzbereich mehrerer Grundrechte, die in einem Spezialitätsverhältnis zueinander stehen, bestimmt sich der Schutz allein nach dem speziellen Grundrecht. Die Pressefreiheit umfasst nur einen Teilbereich der Meinungsfreiheit, nämlich die Freiheit zur Verbreitung aller an

---

[300] Anders verhält es sich bei der Grundrechtskollision; vgl. dazu Rn 193 und 196.

[301] Vgl. BVerfGE 105, 252 ff. (Glykolwein).

die Allgemeinheit gerichteten Druckerzeugnisse. Art. 5 I S. 1 GG wird also im Anwendungsbereich des Art. 5 I S. 2 GG von diesem Grundrecht verdrängt (str., vgl. Rn 461).

Hinweis für die Fallbearbeitung: In der Fallbearbeitung empfiehlt sich folgende Vorgehensweise: Zunächst ist zu prüfen, ob ein Grundrecht als speziellere Norm (lex specialis) vorgeht. Dies ist regelmäßig bei Art. 12 I und 14 I GG als spezielle Freiheitsgrundrechte gegenüber Art. 2 I GG als allgemeines Freiheitsgrundrecht der Fall. Entsprechendes gilt für Art. 8 und 9 GG. Hier tritt Art. 2 I GG subsidiär zurück. Eine vergleichbare Situation besteht bei der Pressefreiheit (Art. 5 I S. 2 GG) gegenüber der Meinungsfreiheit (Art. 5 I S. 1 GG). Hier ist Art. 5 I S. 2 GG vorrangig vor Art. 5 I S. 1 GG zu prüfen. Erst wenn der Schutzbereich des Art. 5 I S. 2 GG nicht eröffnet ist oder der Sachverhalt nicht abschließend von Art. 5 I S. 2 GG gewürdigt werden kann, ist auf Art. 5 I S. 1 GG zurückzugreifen. Zu beachten ist immer, dass das verdrängte allgemeine Grundrecht auch dann nicht anwendbar ist, wenn das spezielle Grundrecht dem Betroffenen nicht weiterhilft (sog. Sperrwirkung der speziellen Norm). Das allgemeine Grundrecht ist in der Fallbearbeitung also immer erst dann zu prüfen, wenn der Schutzbereich des speziellen Grundrechts nicht eröffnet ist oder das Grundrecht den Sachverhalt nicht abschließend würdigt.

bb. Echte Grundrechtskonkurrenz

138 Von der unechten Grundrechtskonkurrenz ist die **echte Grundrechtskonkurrenz** (sog. Idealkonkurrenz) zu unterscheiden. Diese liegt vor, wenn auf *ein* Verhalten *eines* Grundrechtsträgers *mehrere* Grundrechte Anwendung finden.[302] Der Grundrechtsträger kann sich also auf mehrere Grundrechte berufen. In diesem Fall ist ein Eingriff nur dann gerechtfertigt, wenn er den Anforderungen *aller* anwendbaren Grundrechte entspricht. Der Grundrechtsträger genießt also mehrfachen Schutz.[303]

Beispiele:

(1) Art. 14 I GG (Eigentumsgarantie) und Art. 12 I (Berufsfreiheit) werden nach folgender, allgemein anerkannter Faustformel abgegrenzt: „Art. 14 GG schützt das Erworbene, das Ergebnis einer Betätigung. Der Erwerb, die Betätigung selbst, wird dagegen durch Art. 12 GG geschützt".[304] Hat nun aber eine behördliche Warnung vor Lebensmitteln eines bestimmten Lebensmittelherstellers zur Folge, dass sämtliche Produkte dieses Herstellers gemieden werden, genießt der Hersteller nach der hier vertretenen Auffassung sowohl den Schutz des Art. 12 I GG als auch den Schutz des Art. 14 I GG, da nicht nur die Berufsfreiheit tangiert, sondern auch die Existenz des Betriebes gefährdet wird. Die Warnung ist also nur dann gerechtfertigt, wenn sie den Anforderungen beider Grundrechte standhält.

(2) Im Bereich einer Versammlung kommt Art. 5 I S. 1 Halbs. 1 GG selbstständig neben Art. 8 I GG zur Anwendung, da die versammlungsspezifischen Tätigkeiten des Art. 8 GG nach der Rspr. des BVerfG zwingend auf den Zweck der (öffentlichen) Meinungsbildung und -kundgabe gerichtet sind.[305] Ein Versammlungsverbot muss sich demnach auch am Maßstab des Art. 5 I, II GG messen lassen.

139 Relevant wird die echte Grundrechtskonkurrenz vor allem, wenn der grundrechtliche Schutz unterschiedlich stark ausgeprägt ist. Dann ist eine freiheitsverkürzende staatliche Maßnahme nur gerechtfertigt, wenn sie auch den Anforderungen an die verfassungsrechtliche Rechtfertigung des am stärksten schützenden Grundrechts entspricht.

---

302 *v. Münch*, in: v. Münch/Kunig, GG, Vorb. Art. 1-19 Rn 42.

303 Zu den abw. Lösungsmöglichkeiten vgl. *v. Münch*, in: v. Münch/Kunig, GG, Vorb. Art. 1-19 Rn 43.

304 BVerfGE 30, 292, 335 (Erdölbevorratung); 84, 133, 157 (Warteschleife); 88, 366, 377 (Tierzuchtgesetz II); 105, 252, 264 ff. (Glykolwein).

305 BVerfGE 90, 241, 246 („Auschwitz-Lüge"); BVerfG NJW 2001, 2459, 2460 („Loveparade"/„Fuckparade").

Beispiel: Die Prozession einer Glaubensgemeinschaft unterfällt nach umstrittener, aber zutreffender Auffassung sowohl dem Schutzbereich des Art. 4 I GG als auch dem des Art. 8 I GG. Während Art. 8 I GG einem Gesetzesvorbehalt unterliegt, wird Art. 4 I GG jedenfalls nach Auffassung des BVerfG vorbehaltlos gewährleistet.[306] Wird für die Prozession also eine Route gewählt, die eine besondere Beziehung zur Glaubensfreiheit hat, muss sich ein Eingriff in die Wegführung an Art. 4 I GG messen lassen. Dieser Eingriff hat sich dann an den verfassungsimmanenten Einschränkungsmöglichkeiten messen zu lassen.

Hinweis für die Fallbearbeitung: Sind zwei oder mehrere Grundrechte im konkreten Fall betroffen, sind alle hintereinander durchzuprüfen. Dabei sollte zunächst das Grundrecht geprüft werden, das den stärksten Schutz bietet. Eine analoge Anwendung eines Grundrechts ist ausgeschlossen.

Abzugrenzen ist die Grundrechtskonkurrenz von der **Grundrechtskollision**, die immer dann vorliegt, wenn die Verwirklichung eines Grundrechts durch einen Grundrechtsträger ein Grundrecht eines anderen beschneidet. Die Grundrechtskollision spielt nicht nur im Bereich der oben dargestellten verfassungsimmanenten Schutzbereichsbegrenzung eine Rolle (Rn 126 f.), sondern (sofern man die Figur der verfassungsimmanenten Schutzbereichsbegrenzung ablehnt) v.a. im Bereich der verfassungsrechtlichen Rechtfertigung (vgl. Rn 111, 193, 196, 276, 278 und 517). **140**

cc. Konkurrenz zwischen Freiheitsrechten und Gleichheitsrechten

Ein Problem, das sich in Fallbearbeitungen immer wieder stellt, ist das Konkurrenzverhältnis zwischen Freiheitsrechten und Gleichheitsrechten. Das BVerfG ist der Auffassung, dass Freiheitsrechte Gleichheitsrechten vorgingen, es sei denn, dass Gleichheitsrechte den stärkeren Bezug zum konkreten Fall hätten.[307] Das ist abzulehnen. Im Grundsatz muss gelten, dass Freiheitsrechte gleichrangig neben Gleichheitsrechten anwendbar sind, da der jeweilige Schutzgehalt ein anderer ist („Freiheit" vs. „Gleichheit").[308] Jedoch können (umgekehrt) Freiheitsrechte von Gleichheitsrechten verdrängt werden, wenn der Sachverhalt zu diesen in einer stärkeren sachlichen Beziehung steht. Das gilt insbesondere für das Steuerrecht. Dort wird eine steuerrechtliche Regelung zwar die Freiheit des betroffenen Bürgers aus Art. 12 I GG tangieren. Auch soll nach einer Minderheitsauffassung das Eigentumsrecht aus Art. 14 I GG einschlägig sein.[309] Sofern aber die Belastung nicht eine besondere Grundrechtsrelevanz in Bezug auf diese beiden Grundrechte vorweist, werden diese Freiheitsrechte in aller Regel vom Gleichheitssatz nach Art. 3 I GG verdrängt, weil zu diesem dann eine stärkere sachliche Beziehung besteht.[310] Denn im Mittelpunkt wird zumeist die Frage stehen, ob die unterschiedliche steuermäßige Belastung eine sachlich nicht zu rechtfertigende Ungleichbehandlung ist. **141**

Beispiel[311]**:** Der Bundestag folgt der Gesetzesinitiative der Regierungsfraktion und beschließt in einem Artikelgesetz zum Steuerrecht u.a., die Vorschrift des § 4 V Nr. 6b EStG zu ändern, wonach die steuerliche Abzugsfähigkeit eines häuslichen Arbeitszimmers auf 1.250,- € begrenzt wird, während ein außerhäusliches Arbeitszimmer nach wie vor voll abzugsfähig ist. Nachdem auch der Bundesrat zugestimmt hat, tritt das Gesetz in Kraft. Oberschullehrer L, der ein häusliches Arbeitszimmer unterhält, sieht sich in seinen Grundrechten verletzt.

---

[306] Zu der Entscheidung des BVerwG (E 112, 227, 231 – ausdrücklich ablehnend von demselben Senat in E 112, 314, 315 ff. und von BVerfGE 104, 337, 345 ff.), wonach Art. 136 I WRV einen (einfachen) Gesetzesvorbehalt zur Einschränkung des Art. 4 I, II GG enthält, vgl. Rn 381 ff.
[307] Vgl. BVerfGE 64, 229, 238 f.; 75, 348, 357; BVerfG-K NJW 2001, 1853 und 1854.
[308] Siehe bereits sämtliche Vorauflagen; wie hier nun auch *Sachs/Jasper*, JuS 2016, 769, 775.
[309] So *Leisner*, NJW 1995, 2591, 2594; ablehnend *Jarass*, in: Jarass/Pieroth, GG, Art. 14 Rn 15.
[310] Vgl. auch hierzu BVerfGE 64, 229, 238 f.; 75, 348, 357; BVerfG-K NJW 2001, 1853 und 1854.
[311] Nach BVerfGE 101, 297 ff.

Hier könnte die vom Bundestag beschlossene Regelung zunächst gegen Art. 14 I und 12 I GG verstoßen. Jedoch werden diese Freiheitsrechte vom Gleichheitssatz nach Art. 3 I GG verdrängt, weil im Mittelpunkt die Frage steht, ob die Unterscheidung zwischen der Abzugsfähigkeit für ein häusliches und derjenigen für ein außerhäusliches Arbeitszimmer eine sachlich nicht zu rechtfertigende Ungleichbehandlung ist. Hinsichtlich der Vereinbarkeit der Regelung mit Art. 3 I GG gilt nach Auffassung des BVerfG, dass die in § 4 V Nr. 6b EStG vorgenommene Differenzierung im Hinblick auf Art. 3 I GG sachlich gerechtfertigt sei. Denn die Aufwendungen für ein häusliches Arbeitszimmer berührten den Bereich der allgemeinen Lebensführung, der (für sich genommen) steuerlich nicht abzugsfähig ist. Außerdem könne die Überprüfung der tatsächlichen Nutzung des häuslichen Arbeitszimmers nur durch unangemeldete Kontrollen vorgenommen werden. Ein solches Vorgehen werde vor dem Hintergrund des Art. 13 I GG aber kaum Bestand haben. Daher sei die Differenzierung in der vorgenommenen Form sogar geboten.

142 Auch die **Gewerbesteuerpflicht** bestimmter selbstständiger Tätigkeiten soll mit Blick auf den Gleichheitssatz verfassungsgemäß sein. Nach dem BVerfG liegt ein Verstoß gegen Art. 3 I GG (das Gericht prüft auch hier kein Freiheitsgrundrecht) nicht vor.[312]

2. Eingriff in den Schutzbereich

143 Ist der Schutzbereich eröffnet, muss als Nächstes der Eingriffsakt (Gesetz, Verwaltungsakt, Urteil, schlicht-hoheitliches Handeln etc.) geprüft werden.

Hinweis für die Fallbearbeitung: Nicht selten liegen mehrere Akte der öffentlichen Gewalt in der gleichen Sache vor (etwa Verwaltungsakt – Widerspruchsbescheid – Entscheidung des Verwaltungsgerichts – Entscheidung des Oberverwaltungsgerichts/Verwaltungsgerichtshofs – Entscheidung des Bundesverwaltungsgerichts). Hier lässt das BVerfG dem Beschwerdeführer die Wahl, ob er sich nur gegen die letztinstanzliche Gerichtsentscheidung wendet oder ob er auch alle anderen gerichtlichen Entscheidungen bzw. den Verwaltungsakt angreifen möchte.[313] Nach richtiger Auffassung liegt in diesem Fall nur *eine* Verfassungsbeschwerde vor (objektive Beschwerdehäufung).[314] Kommt das BVerfG zu dem Ergebnis, dass der Beschwerdeführer sowohl durch den Verwaltungsakt als auch durch die (letztinstanzliche) Entscheidung in einem Grundrecht verletzt wurde, sind grundsätzlich alle Entscheidungen einschließlich des Verwaltungsakts aufzuheben. Das gilt auch dann, wenn nicht auszuschließen ist, dass der Verwaltungsakt bei Fortsetzung des fachgerichtlichen Ausgangsverfahrens im Ergebnis bestätigt würde.[315] In der Fallbearbeitung erkennt man diese Konstellation in aller Regel daran, dass der Beschwerdeführer gegen einen Verwaltungsakt nach Erschöpfung des Rechtswegs Verfassungsbeschwerde erhebt. Durch diese Vorgehensweise schränkt der Beschwerdeführer den Beschwerdegegenstand nicht ein, sodass davon auszugehen ist, dass er alle Akte der öffentlichen Gewalt angreift. Dies geschieht mit *einer* Verfassungsbeschwerde.

Wendet sich der Beschwerdeführer dagegen explizit gegen das letztinstanzliche Urteil mit der Behauptung, das Urteil lasse Fehler erkennen, die auf einer grundsätzlich unrichtigen Anschauung von der Bedeutung des Grundrechts beruhen[316] (dass das Urteil also spezifisches Verfassungsrecht missachtet), ist dieses Urteil Gegenstand der Verfassungsbeschwerde.

Wendet sich der Beschwerdeführer dagegen gegen einen ihn belastenden Einzelakt, der auf der Grundlage eines Gesetzes ergangen ist, ist in der Fallbearbeitung nicht nur der

---

[312] Vgl. die die bisherige Rspr. des BVerfG bestätigenden Beschlüsse der *2. Kammer* des *Zweiten Senats* NJW 2001, 1853 und 1854. Dem sich anschließend BFH DStRE 2004, 33. Vgl. auch BVerfGE 120, 1, 12 ff.

[313] *P/S/K/P*, Rn 1233 mit Bezugnahme auf BVerfGE 19, 377, 389 (Fall Niekisch); 54, 53, 64 ff. (ausgebürgerte Personen in der NS-Zeit).

[314] *P/S/K/P*, Rn 1233; vgl. auch *Kahl*, JuS 2000, 1090, 1091; a.A. *Stelkens*, DVBl 2004, 403.

[315] Vgl. BVerfGE 84, 1, 3 ff. (Umfang der Verfassungsbeschwerde; Kindergeldkürzung).

[316] So die oft anzutreffende Formulierung des BVerfG, vgl. etwa BVerfG 28.6.2016 - 1 BvR 3388/14 (Rn 15).

Einzelakt, sondern es ist auch das Gesetz auf seine Vereinbarkeit mit der Verfassung, insbesondere mit den Grundrechten, zu prüfen.

Wendet sich der Beschwerdeführer schließlich gegen ein Gesetz, das ihn selbst, unmittelbar und gegenwärtig belastet, ist auch nur dieses Gesetz Gegenstand der Verfassungsbeschwerde.

Zu beachten ist jedoch, dass nicht jede belastende Maßnahme einen Eingriff in den Schutzbereich eines Grundrechts darstellt. So werden zunächst sog. **Bagatelleingriffe** nicht erfasst. Daher werden etwa bloße Streifengänge von Polizeibeamten oder das „Surfen" von Polizeibeamten im Internet nicht als Eingriff in das allgemeine Persönlichkeitsrecht aus Art. 2 I i.V.m. 1 I GG angesehen, auch wenn Derartiges mit Unbehagen einhergehen sollte.[317] Eingriffe liegen erst dann vor, wenn Folgemaßnahmen (Gefahrenabwehrmaßnahmen; Ahndung von Ordnungswidrigkeiten; strafrechtliche Ermittlungsmaßnahmen) ergriffen werden. **143a**

Darüber hinaus ist der Gesetzgeber bei einer Reihe von Grundrechten zur Ausgestaltung und näheren Regelung berechtigt oder sogar verpflichtet (sog. Grundrechte mit **Ausgestaltungs-** und **Regelungsvorbehalt**). Andere Grundrechte sind auf die **Konkretisierung** bzw. **Definition** des Schutzbereichs durch den einfachen Gesetzgeber angewiesen. **144**

Beispiele:

(1) Gemäß Art. 14 I S. 2 GG werden Inhalt und Schranken des Eigentums durch die Gesetze bestimmt. Das heißt, dass der Gesetzgeber den (verfassungsrechtlichen) Begriff des Eigentums (einfachgesetzlich) definieren muss. Man spricht insoweit von einem normgeprägten Schutzbereich.

(2) Art. 4 III S. 2 GG bestimmt: „Das Nähere regelt ein Bundesgesetz". Auch hier bestimmt das Grundrecht, dass der Schutzbereich einfachgesetzlich konkretisiert werden muss.

(3) Art. 5 III S. 1 GG schützt die Wissenschafts- und Lehrfreiheit. Um dieser Freiheitsverbürgung Konturen zu verleihen, untersteht sie trotz der an sich vorbehaltlosen Gewährleistung in gewisser Weise der (organisationsrechtlichen) Ausgestaltung durch den Gesetzgeber, etwa indem dieser ein Hochschullehrerdienstrecht erlassen darf, aber auch im erforderlichen Umfang personelle, finanzielle und organisatorische Mittel bereitzustellen hat (vgl. näher Rn 538 ff.).

(4) Art. 6 I GG spricht von „Ehe", ohne dabei jedoch zu konkretisieren, welche sozialen und rechtlichen Gebilde sich hinter dem Begriff verbergen.

(5) Art. 12 I S. 2 GG bestimmt, dass die Berufsausübung durch Gesetz oder aufgrund eines Gesetzes *geregelt* werden kann.

Nimmt der einfache Gesetzgeber solche Ausgestaltungen, Regelungen oder Konkretisierungen des Schutzbereichs vor, könnte man annehmen, dass diese grundsätzlich keine Eingriffe darstellten, auch wenn dies zu ungünstigen Rückwirkungen für bestimmte, an sich geschützte Grundrechtsausübungen führte. Folge wäre, dass Grundrechtsausgestaltungen oder -regelungen bzw. -konkretisierungen damit nicht die Qualität eines Eingriffs hätten, sondern lediglich die Reichweite des Schutzbereichs bestimmten und sich daher auch nicht an den Rechtmäßigkeitsvoraussetzungen, die an Grundrechtseingriffe gestellt werden, messen lassen müssten. Diese Sichtweise greift zu kurz. Denn das Grundgesetz hat dem Gesetzgeber in diesen Fällen lediglich erlaubt, den Schutzbereich *überhaupt* auszugestalten oder zu regeln. Damit kann nicht gemeint sein, dass eine Grundrechtsbeschränkung in großzügigerer Weise zulässig wäre. Daher müssen die Ausgestaltungs-, Regelungs- und Konkretisierungsvorbehalte wie einfache Gesetzesvor- **145**

---

[317] So nun auch *Ostendorf/Frahm/Doege*, NStZ 2012, 529, 537.

behalte behandelt werden. Das bedeutet, dass das ausgestaltende, regelnde bzw. konkretisierende Gesetz den allgemein anerkannten Grundsatz der Verhältnismäßigkeit zu beachten hat: Je bedeutsamer das Grundrecht ist, desto hochwertiger müssen die Rechtsgüter sein, zu deren Gunsten die Einschränkung erfolgt. Vgl. dazu auch Rn 156 ff. Ein bedeutsamer Unterschied zu den „echten" Gesetzesvorbehalten besteht aber in der Anwendung des Zitiergebots des Art. 19 I S. 2 GG. Denn dieses gilt nicht für Grundrechte mit Ausgestaltungs- bzw. Regelungsvorbehalt, sondern nur für Grundrechte, die aufgrund eines Gesetzesvorbehalts einschränkbar sind. Auch das Verbot des Einzelfallgesetzes gilt nur für „echte" Grundrechtseingriffe.

146 Ein Eingriff ist allerdings in jedem Fall zu verneinen, wenn der Betroffene wirksam auf das Grundrecht verzichtet hat. Ein **Grundrechtsverzicht** liegt vor, wenn der Betroffene rechtlich bindend auf den Schutz des betreffenden Grundrechts verzichtet hat.

Beispiele: Verzicht auf Versammlungsteilnahme; Verzicht auf Eintritt in einen Verein; zwangloses Hereinbitten der Polizei in die Wohnung. Von einem Grundrechtsverzicht wird dagegen *nicht* gesprochen, wenn der Betroffene von einem Grundrecht schlicht keinen Gebrauch macht, er z.B. zu Hause bleibt statt an einer Versammlung teilzunehmen etc.

147 Ob ein Grundrechtsverzicht möglich, also rechtlich bindend ist, beantwortet das Grundgesetz nur bei einigen Grundrechten. So hängt der Eingriff in Art. 6 III GG vom Willen der Erziehungsberechtigten ab. Entsprechendes gilt für Art. 7 III S. 3 GG und wohl auch für Art. 16 I S. 1 GG („Entziehen"). Andererseits stellt das Grundgesetz in Art. 9 III S. 2 GG das Grundrecht auf Koalitionsfreiheit (Art. 9 III S. 1 GG) nicht zur Disposition der Berechtigten. Die übrigen, ungeregelten Fälle müssen mit Hilfe der juristischen Methodenlehre gelöst werden, indem auf die *Funktion des jeweiligen Grundrechts* abgestellt wird. Hebt man das klassische Grundrechtsverständnis hervor und betont die Wirkung der Grundrechte als Freiheitsrechte, scheint ein wirksamer Verzicht möglich. Stellt man andererseits auf den objektiv-rechtlichen Gehalt der Grundrechte ab (objektive Wertentscheidung, wie dies insbesondere bei der Menschenwürde angenommen wird), scheint ein Verzicht nicht möglich. Hinzu kommt, dass der Betroffene oftmals die Bedeutung eines Grundrechtsverzichts nicht überschauen kann. Eine sachadäquate Lösung wird daher in der Mitte liegen: Im Grundsatz sollte die Zulässigkeit eines Grundrechtsverzichts angenommen werden. Ist die Beeinträchtigung jedoch von besonderer Dauer und Intensität, bzw. ist die Bedeutung des Grundrechts besonders hoch (z.B. bei Art. 13 I GG), wird ist Disponibilität zweifelhaft und stets eine Frage des Einzelfalls. Jedenfalls muss ein Grundrechtsverzicht freiwillig, frei von Täuschung und Willensmängeln, konkret und für den Betroffenen überschaubar sein, weshalb ein völliger Verzicht auf ein bedeutsames Grundrecht i.d.R. ausgeschlossen ist. Allenfalls kommt ein partieller Verzicht in Betracht.

Beispiele: Im Bereich des verwaltungsrechtlichen Vertrags (§§ 54 ff. VwVfG) ist ein partieller Grundrechtsverzicht (insb. auf Art. 12 I und 14 I GG) möglich, da anderenfalls der Zweck eines Vertrags (individuelle Vereinbarung und gegenseitiges Nachgeben) nicht erfüllt werden könnte. Zumindest partiell zulässig ist auch der Verzicht auf die Unverletzlichkeit der Wohnung (Art. 13 GG) und auf das Post-, Brief- und Telekommunikationsgeheimnis (Art. 10 GG), etwa wenn jemand die Durchsuchung seiner Wohnung gestattet, obwohl kein richterlicher Durchsuchungsbeschluss und auch keine Gefahr im Verzug vorliegen (Art. 13 II GG), oder von der Telekom eine Fangschaltung installieren lässt, was ebenfalls gesetzlich nicht vorgesehen ist (vgl. Art. 10 II S. 1 GG).

Demgegenüber kann ein Wähler nicht auf die Geheimheit seiner Wahl während der Stimmabgabe verzichten. Eine Offenbarung ist aber vor und nach der Wahl möglich.[318]

---

[318] Vgl. OVG Lüneburg OVGE 12, 418; *Pieroth*, in: Jarass/Pieroth, GG, Art. 38 Rn 17.

> **Hinweis für die Fallbearbeitung:** Die Prüfung des Grundrechtsverzichts hat im dreigliedrigen Aufbau (Schutzbereich, Eingriff, verfassungsrechtliche Rechtfertigung) im Rahmen des Eingriffs zu erfolgen, denn liegt ein wirksamer Grundrechtsverzicht vor, kann nicht von einem Eingriff gesprochen werden.

Kommt einer staatlichen Maßnahme nach dem bisher Gesagten möglicherweise eine Eingriffsqualität zu und liegt auch kein wirksamer Grundrechtsverzicht vor, ist ggf. die Art des möglichen Eingriffs (direkter oder indirekter Eingriff) zu untersuchen: 148

Nach dem klassischen Eingriffsbegriff liegt ein Eingriff immer dann vor, wenn ein Rechtsakt final und unmittelbar freiheitsverkürzend in die Rechtssphäre des Bürgers eingreift – sog. **enger Eingriffsbegriff**, der auf die Imperativität des staatlichen Handelns abstellt.[319] 149

Mit **Rechtsakt** ist **rechtsförmliches Handeln** gemeint. Darunter fallen Gesetze, Verwaltungsakte und Gerichtsurteile. **Finalität** bedeutet, dass eine staatliche Maßnahme gezielt bzw. beabsichtigt eine Grundrechtsbeeinträchtigung bewirken will und nicht bloß eine unbeabsichtigte Folge eines auf ganz andere Ziele gerichteten Staatshandelns darstellt. **Unmittelbar** ist die staatliche Maßnahme, wenn sie direkt bzw. primär auf bestimmte (belastende) Rechtsfolgen bei Grundrechtsberechtigten gerichtet ist. So ist ein klassischer Eingriff stets bei Verbotsgesetzen, verfügenden Verwaltungsakten (Ge- und Verboten) und Gerichtsurteilen anzunehmen. 150

Beispiele:

(1) Ge- und Verbot: Polizeilicher Platzverweis nach dem Landespolizeigesetz, Gewerbeuntersagung nach § 35 GewO, Bauabbruch- bzw. Baueinstellungs- oder Nutzungsuntersagungsverfügungen nach der Landesbauordnung

(2) Duldung einer Maßnahme: Die behördliche Anordnung zur Feststellung des genetischen Fingerabdrucks (DNA-Feststellung) beinhaltet die Verfügung, dass der Betroffene die Entnahme von Körperzellen zu dulden hat.[320]

(3) Verweigerung einer Erlaubnis: Verweigerung einer Baugenehmigung, einer Gaststättengenehmigung oder einer sonstigen Gewerbeerlaubnis

(4) Verweigerung des Schutzes vor Dritten: Soweit die staatliche Schutzpflicht zum Tragen kommt, besteht in der Verweigerung des Schutzes ein Eingriff in dasjenige Grundrecht, das dem Betroffenen den erforderlichen Schutz gewährt. Wegen der Einschätzungsprärogative des Gesetzgebers bzw. der Verwaltung kommt einem Untätigbleiben jedoch nur ausnahmsweise die Qualität eines Eingriffs zu.

(5) Rechtsgestaltung: Rücknahme oder Widerruf einer Subventionsbewilligung oder einer Gaststättenerlaubnis, Enteignung eines Grundstücks entweder durch Gesetz (Legislativenteignung) oder durch Verwaltungsakt (Administrativenteignung).

> **Hinweis für die Fallbearbeitung:** Greift ein Verbotsgesetz, ein Verwaltungsakt oder ein Gerichtsurteil freiheitsverkürzend in die Rechtssphäre des Grundrechtsträgers ein, wird ein Eingriff in den Schutzbereich stets anzunehmen sein. Längere Ausführungen zur Eingriffsqualität bringen das Gutachten nicht voran und sind deshalb i.d.R. entbehrlich.

Den Eingriff auf rechtsförmliches Handeln (insbesondere auf imperative Maßnahmen) zu begrenzen, wird moderner Grundrechtsdogmatik nicht gerecht. Denn für den Betroffenen macht es i.d.R. keinen Unterschied, ob er durch rechtsförmliches Handeln, eine (sonstige) zielgerichtete unmittelbare Maßnahme oder eine heimliche Maßnahme (etwa 151

[319] Vgl. BVerfGE 105, 252 ff. und 279 ff.; *v. Münch*, in: v. Münch/Kunig, GG, Vorb. Art. 1-19 Rn 51a.
[320] Vgl. BVerfG NJW 2001, 2320, 2321.

Telekommunikationsüberwachung) belastet wird oder ob die Belastung von einer nicht zielgerichteten, also **faktisch-mittelbaren Maßnahme** ausgeht. Daher wird die Eingriffsqualität auch von solchen Maßnahmen anzunehmen sein (sog. **weiter Eingriffsbegriff**). Wegen der Unüberschaubarkeit und Vielgestaltigkeit von Neben- und Folgewirkungen ist nach h.M. aber Voraussetzung, dass eine *Zurechenbarkeit* besteht. Die Zurechenbarkeit sei das zentrale Element bei der Frage nach dem Eingriff. Wann diese bejaht werden könne, sei eine Frage des Einzelfalls und hänge von dem betreffenden Grundrecht ab. Generell lasse sich sagen, dass faktisch-mittelbare Einwirkungen umso eher zurechenbar seien, je stärker sie das betreffende Grundrecht belasteten, d.h. in ihrer Intensität einer unmittelbaren Verhaltenssteuerung gleichstünden. Weiter dürfe eine Rolle spielen, ob die Beeinträchtigung Ausdruck derjenigen Gefahr sei, gegen die das Grundrecht Schutz bieten wolle. Schließlich dürfe bedeutsam sein, ob die betroffene Aktivität wesentlich für die Grundrechtsausübung sei.[321]

Beispiele für mittelbare und zurechenbare Grundrechtsbeeinträchtigungen:

(1) Das Bundesland X erlässt ein Gesetz zum Schutz der Jugend vor ultravioletter Strahlung, die von Solarien ausgeht. § 5 des Gesetzes sieht vor, dass die Benutzung von Anlagen zur Bestrahlung der Haut mit künstlicher ultravioletter Strahlung in sog. Sonnenstudios und ähnlichen Einrichtungen Minderjährigen nicht gestattet werden darf. ⇨ Durch dieses an die Betreiber von Sonnenstudios gerichtete Verbot werden Minderjähige zwar gezielt, aber lediglich mittelbar betroffen. Es liegt ein (final-mittelbarer und auch zurechenbarer) Eingriff in Art. 2 I GG vor.

(2) Auch wenn die Behörde eine Baugenehmigung zur Errichtung einer emittierenden Industrieanlage erlässt, greift sie faktisch-mittelbar in die Grundrechte der Nachbarn (Art. 14 I und 2 II S. 1 GG) ein.

(3) Das Gleiche gilt, wenn die Baubehörde dem Bauherrn eine Baugenehmigung erteilt, durch deren Realisierung dem Nachbarn Licht und Sonne genommen wird. Auch hier greift sie unbeabsichtigt und damit faktisch-mittelbar in die Grundrechte des Nachbarn (Art. 14 I GG) ein.

(4) Auch bei Warnungen der Bundesregierung vor diethylenglykolhaltigem Wein oder vor jugendgefährdenden Sekten liegt eine mittelbare Grundrechtsbeeinträchtigung der betroffenen Kreise vor. *Mittelbar* sind die Grundrechtsbeeinträchtigungen, weil die Bundesregierung nicht gezielt in Grundrechte der Winzer, Weinhändler (Art. 12 I GG) oder Jugendsekten (Art. 4 I, II GG) eingreift, sondern die Warnungen gegenüber der Bevölkerung ausspricht, um diese vor möglichen Schäden zu bewahren (vgl. dazu Rn 200 sowie *R. Schmidt*, AllgVerwR, Rn 893 ff.).

(5) Ebenfalls einen mittelbaren Grundrechtseingriff stellt die Aufnahme eines Verlags in den Verfassungsschutzbericht mit der Bezeichnung als verfassungsfeindlich dar.[322] Dadurch wird die Pressefreiheit (Art. 5 I S. 2 Var. 1 GG) beeinträchtigt.

(6) Schließlich stellt es einen mittelbaren Eingriff (in das Grundrecht auf körperliche Unversehrtheit aus Art. 2 II S. 1 GG) dar, wenn ein mit hoheitlichen Aufgaben betrauter Arzt einen Patienten mit Medikamenten zwangsbehandelt. Denn um einen Grundrechtseingriff anzunehmen, ist keine schädigende Zielrichtung erforderlich.[323]

152 Bei einigen Grundrechten hat das BVerfG Kriterien für die Intensitätsprüfung entwickelt.

- Ein Eingriff in den Schutzbereich der **Eigentumsfreiheit** (Art. 14 I GG) wird nur dann bejaht, wenn die Maßnahme den Grundrechtsträger **schwer und unerträglich** belastet.

---

[321] Vgl. BVerfG NJW 2011, 2113, 2114 ff.; BVerfGE 105, 252 ff.; 105, 279 ff.; 76, 1, 42 ff.; BVerwGE 71, 183 ff.; 82, 76 ff.; 87, 37 ff.; 90, 112, 119 f.; VGH München NVwZ 2003, 998 ff. Vgl. auch *v. Münch*, in: v. Münch/Kunig, GG, Vorb. Art. 1-19 Rn 51a; *Murswiek*, NVwZ 2003, 1 ff.; *Cremer*, JuS 2003, 747, 749. Allesamt (wenn teilweise auch nicht explizit) zurückgehend auf *Gallwas*, Faktische Beeinträchtigungen, 1970, S. 58 ff.

[322] BVerfG NJW 2005, 2912 („Junge Freiheit").

[323] BVerfG NJW 2011, 2113, 2114 ff.

- Bei einem Eingriff in die Wettbewerbsfreiheit (Art. 12 I oder 2 I GG) muss das hoheitliche Handeln einen **Auszehrungs- und Verdrängungswettbewerb** ausgelöst haben, d.h. der mittelbar betroffene Gewerbetreibende muss vor dem wirtschaftlichen Ruin stehen; erhebliche Umsatzeinbußen reichen noch nicht aus.[324]

- Im Übrigen muss das staatliche Handeln, um einen Eingriff in die **Berufsfreiheit** (Art. 12 I GG) darzustellen, (objektiv) eine **berufsregelnde Tendenz** deutlich erkennen lassen.[325] Seit einiger Zeit tendiert das BVerfG jedoch dazu, die objektiv berufsregelnde Tendenz von Handlungen des Staates, die lediglich das **berufliche Umfeld** betreffen, **zu verneinen**. Insbesondere spricht es in derartigen Fällen der fraglichen staatlichen Maßnahme (zumindest im Bereich des staatlichen Informationshandelns, wenn es zur Informationsverbreitung keine materiell-gesetzliche Rechtsgrundlage existiert[326]) die Eingriffsqualität ab, wenn die staatliche Stelle materiell **rechtmäßig** gehandelt hat.[327] Damit kommt das Gericht im Einzelfall zu dem Ergebnis, dass ein **Eingriff nicht vorliegt**. Die Frage, ob die Maßnahme auch ohne gesetzliche Rechtsgrundlage verfassungsrechtlich gerechtfertigt wäre, kann somit dahinstehen.

Fazit: Eine staatliche Maßnahme stellt immer dann einen **Eingriff** in den Schutzbereich eines Grundrechts dar, wenn sie freiheits- oder gleichheitsverkürzend wirkt. 153

- Bei **imperativen belastenden Verwaltungsentscheidungen**, bei belastenden **Gerichtsentscheidungen** sowie bei zielgerichtetem, faktischem und belastendem Verwaltungshandeln ist dies stets der Fall.
- Auch bei **heimlichen Maßnahmen** wie Überwachung des Wohnraums, der Telekommunikation etc. ist ein Eingriff anzunehmen.
- Belasten bestimmte Maßnahmen ein Grundrecht nur **mittelbar**, stellen sie nur dann einen Eingriff dar, wenn die Belastung in ihrer Intensität einer unmittelbaren Verhaltenssteuerung gleichsteht.

3. Verfassungsrechtliche Rechtfertigung des Eingriffs

a. Allgemeines

Greift eine staatliche Maßnahme (Gesetz oder Einzelmaßnahme) in den Schutzbereich eines Grundrechts ein, folgt daraus noch nicht notwendigerweise die Rechtswidrigkeit. Verletzt ist ein Grundrecht vielmehr erst dann, wenn der Eingriff verfassungsrechtlich nicht gerechtfertigt ist. 154

Hinweis für die Fallbearbeitung: Wenn in der Fallbearbeitung bislang die Eröffnung des Schutzbereichs des betreffenden Grundrechts und der Eingriff in denselben geprüft wurden, muss nun der Frage nachgegangen werden, ob der Eingriff mit der Verfassung vereinbar ist (man spricht von der verfassungsrechtlichen Rechtfertigung des Eingriffs). Anderenfalls ist der Eingriff rechtswidrig und der gegen die Maßnahme eingelegte Rechtsbehelf (im Rahmen der Verfassungsrechtsklausur ist das i.d.R. die Verfassungsbeschwerde) begründet. Die verfassungsrechtliche Rechtfertigung des Grundrechtseingriffs erfolgt (zumindest gedanklich) dreistufig: Unterstellt, der Eingriffsakt sei ein Gesetz, wird zunächst festgestellt, ob das betreffende Grundrecht **einschränkbar** ist, dann, ob ein einschränkendes Gesetz (also die **Grundrechts-**

[324] BVerfGE 32, 311, 316 ff.; 46, 120, 137 f.; 86, 28, 37; 82, 209, 223 f. Vgl. aber auch OVG Münster NWVBl 2005, 343, das einen Verdrängungswettbewerb der öffentlichen Hand zulässt.
[325] Vgl. BVerfGE 70, 191, 214; 52, 42, 54; 55, 7, 25; 13, 181, 185 f.; BVerwGE 61, 291, 308; 81, 108, 121 f. Fehlt die berufsregelnde Tendenz, ist auf Art. 2 I GG abzustellen (vgl. *Jarass*, in: Jarass/Pieroth, GG, Art. 2 Rn 4). Zur berufsregelnden Tendenz vgl. Rn 791 ff.
[326] Etwa, wenn die Bundesregierung über bestimmte Gefahrenen oder Verhaltensweisen informiert oder gar warnt und sich dabei auf keine materiell-gesetzliche Rechtsgrundlage stützen kann. Siehe dazu auch Rn 200.
[327] BVerfGE 105, 252, 268 ff. (Glykolwein).

schranke) vorliegt, und schließlich, ob das Gesetz seinerseits mit der Verfassung vereinbar ist (**Schranken-Schranke**).[328]

155 Zentrales Element bei der Frage nach der verfassungsrechtlichen Rechtfertigung ist die durch das betreffende Grundrecht eröffnete Einschränkbarkeit.

156 **aa.** Zunächst sind die Grundrechte mit **Ausgestaltungs- bzw. Regelungsvorbehalt** sowie diejenigen, die auf eine **Konkretisierung** bzw. **Definition des Schutzbereichs** durch den einfachen Gesetzgeber angewiesen sind, zu nennen. Beispiele finden sich bei Rn 144. Anders als bei den meisten anderen Grundrechten bedeutet hier nicht jede Maßnahme, die den Schutzbereich eines Grundrechts mit Ausgestaltungs- bzw. Regelungsvorbehalt berührt, zugleich einen Eingriff.

157 Ausgangspunkt der Überlegung ist, dass Grundrechte mit Ausgestaltungs- bzw. Regelungsvorbehalt gesetzliche Regelungen über die konkrete Ausgestaltung des jeweiligen Schutzbereichs nicht nur zulassen, sondern sie geradezu voraussetzen. So gehören etwa die Institute von Ehe und Familie (Art. 6 I GG), Beruf (Art. 12 I GG) und Eigentum (Art. 14 I GG) zu den Einrichtungen der sozialen Wirklichkeit, die gerade auf definitorische Klärung und Ausgestaltung im Gesetz angewiesen sind.

Grundrechtsausgestaltende gesetzliche Regelungen sind solche, die den verfassungsrechtlichen Schutzbereich eines Grundrechts, das unter einem Ausgestaltungs bzw. Regelungsvorbehalt steht, durch Ausformung definieren bzw. zu diesem (nähere) Einzelheiten festlegen.

157a Legen den Schutzbereich ausgestaltende Regelungen somit lediglich die Reichweite des Grundrechtsschutzes fest, können sie auch nicht gleichzeitig Grundrechtseingriffe darstellen. Das heißt jedoch nicht, dass der Gesetzgeber bei der Ausgestaltung bzw. Regelung völlig frei wäre. Er muss stets verfassungsinterpretatorisch vertretbar vorgehen. Insbesondere entbinden ihn die Ausgestaltungs- bzw. Regelungsvorbehalte nicht von der Beachtung der Wesensgehaltsgarantie (Art. 19 II GG), der Institutsgarantie (Rn 27) und des Grundsatzes der Verhältnismäßigkeit (Rn 169). Dem Gesetzgeber wird nur ein weiterer Spielraum als bei grundrechtsbeschränkenden Regelungen eingeräumt. Auch muss er das Zitiergebot (Art. 19 I S. 2 GG) nicht beachten.

157b Überschreitet die ausgestaltende/definierende Regelung den Ausgestaltungs- bzw. Definitionscharakter, schlägt die Ausgestaltung bzw. Regelung in einen **Grundrechtseingriff** um, für den dann die allgemeinen, für alle Grundrechtseingriffe gleichermaßen geltenden verfassungsrechtlichen Vorgaben bestehen (vgl. dazu 165 ff.).

Davon zu unterscheiden ist der Grundrechtseingriff, der durch die **Einzelmaßnahme** herbeigeführt wird. So ist es möglich, dass eine gesetzliche Regelung nur einen ausgestaltenden/definierenden Charakter hat, jedoch die Verwaltung ermächtigt, durch Einzelakt (insbesondere durch Verwaltungsakt) das betreffende Grundrecht zu beschränken (zur Rechtfertigung des Grundrechtseingriffs bei Einzelmaßnahmen vgl. Rn 183 ff.).

157c Schließlich ist der Frage nachzugehen, worin der Unterschied zu den (sogleich bei Rn 158 ff. dargestellten) Gesetzesvorbehalten (etwa Art. 8 II GG oder Art. 10 II S. 1 GG) besteht. Bei genauer Betrachtung ist eine exakte Grenzziehung unmöglich, denn auch Ausgestaltungs- und Regelungsvorbehalte stellen Ermächtigungen zu Grundrechtseingriffen dar. Folgerichtig werden Ausgestaltungs- bzw. Regelungsvorbehalte vom BVerfG i.d.R. auch wie Gesetzesvorbehalte behandelt. Gelegentlich (insbesondere bzgl. Art. 12 I

[328] Ist der Eingriffsakt eine Einzelmaßnahme (etwa ein Verwaltungsakt oder ein Gerichtsurteil), erfolgt eine Stufenprüfung, vgl. dazu Rn 183 ff.

GG) spricht das Gericht sogar ausdrücklich von einem „Gesetzesvorbehalt", obwohl das betreffende Grundrecht von „Regelung" spricht.[329] Freilich sollen – in Bezug auf Art. 12 I GG – bei der Frage nach der verfassungsrechtlichen Rechtfertigung höhere Anforderungen an die Beschränkung der Berufswahl gelten als bei der (bloßen) Berufsausübung. Darauf wird im Rahmen der Darstellung des Art. 12 GG eingegangen.

> **Hinweis für die Fallbearbeitung:** Obwohl das BVerfG den Regelungs- bzw. Ausgestaltungsvorbehalt als Gesetzesvorbehalt ansieht, könnte im Rahmen der Fallbearbeitung der Obersatz folgendermaßen formuliert werden: „Die staatliche Maßnahme (Gesetz oder Einzelakt) ist verfassungsrechtlich gerechtfertigt, wenn sie eine verfassungsmäßige, insbesondere verhältnismäßige, Konkretisierung des Ausgestaltungs- bzw. Regelungsvorbehalts des Art. ... GG darstellt".

bb. Bei den im herkömmlichen Sinne **einschränkbaren Grundrechten** sind **drei** Einschränkungen zu unterscheiden: 158

1. Das Grundrecht selbst enthält Schranken (sog. **verfassungsunmittelbare** bzw. **grundrechtsimmanente Grundrechtsschranke**). 159

Beispiele:

(1) Art. 9 II GG bestimmt, dass Vereine, deren Zwecke u.a. Strafgesetzen zuwiderlaufen, verboten sind.

(2) Art. 13 III Halbs. 1 GG lässt Beschränkungen der Unverletzlichkeit der Wohnung bei dringenden Gefahren zu.

> **Hinweis für die Fallbearbeitung:** In der Fallbearbeitung könnte der Obersatz folgendermaßen formuliert werden: „Die staatliche Maßnahme (Gesetz oder Einzelakt) ist verfassungsrechtlich gerechtfertigt, wenn sie eine verfassungsmäßige, insbesondere verhältnismäßige, Konkretisierung der verfassungsunmittelbaren Schranke des Art. ... GG darstellt".

2. Das Grundrecht enthält einen **einfachen Gesetzesvorbehalt**, der es dem Gesetzgeber ermöglicht, das Grundrecht einzuschränken. Einen einfachen Gesetzesvorbehalt haben Grundrechte, die ihrem Wortlaut nach für Eingriffe lediglich verlangen, dass sie „durch Gesetz oder aufgrund eines Gesetzes" (zu diesen Begriffen vgl. Rn 165) erfolgen. Qualifizierte Anforderungen werden an das eingreifende Gesetz also nicht gestellt. 160

Beispiele:

(1) Gemäß Art. 8 II GG können Versammlungen unter freiem Himmel durch oder aufgrund eines Gesetzes beschränkt werden.

(2) Gemäß Art. 10 II S. 1 GG können Beschränkungen des Brief-, Post- und Telekommunikationsgeheimnisses nur aufgrund eines Gesetzes angeordnet werden.

> **Hinweis für die Fallbearbeitung:** In der Fallbearbeitung könnte der Obersatz folgendermaßen formuliert werden: „Die staatliche Maßnahme (Gesetz oder Einzelakt) ist verfassungsrechtlich gerechtfertigt, wenn sie eine verfassungsmäßige, insbesondere verhältnismäßige, Konkretisierung des Gesetzesvorbehalts des Art. ... GG darstellt".

3. Das Grundrecht enthält einen **qualifizierten Gesetzesvorbehalt**, der es dem Gesetzgeber ermöglicht, das Grundrecht einzuschränken. Von einem qualifizierten Gesetzesvorbehalt spricht man, wenn das Grundrecht nicht nur fordert, dass der Eingriff durch Gesetz oder aufgrund eines Gesetzes erfolgen muss, sondern dass das ein- 161

[329] BVerfGE 54, 224, 234; 54, 237, 246 in Bezug auf Art. 12 I S. 2 GG.

schränkende Gesetz auch an bestimmte Situationen anknüpft, bestimmten Zwecken dient oder bestimmte Voraussetzungen aufstellt.[330]

Beispiele:

(1) Art. 16a I GG gewährt politisches Asyl. Jedoch können gem. Art. 16a III S. 1 GG durch zustimmungsbedürftiges Gesetz Staaten bestimmt werden, bei denen aufgrund der Rechtslage, der Rechtsanwendung und der allgemeinen politischen Verhältnisse gewährleistet erscheint, dass dort weder politische Verfolgung noch unmenschliche oder erniedrigende Bestrafung oder Behandlung stattfindet. Mit dieser Regelung gibt die Verfassung dem Gesetzgeber also bestimmte Prüfkriterien vor, an denen er seine Entscheidung, ob ein Staat die Anforderungen für die Bestimmung zum sicheren Herkunftsstaat erfüllt, auszurichten hat.[331]

(2) Gemäß Art. 5 II Var. 1 GG kann die Meinungsfreiheit durch *allgemeine Gesetze* eingeschränkt werden. Hier bedeutet der Zusatz „allgemein", dass nicht irgendwelche Gesetze in Betracht kommen, sondern nur solche, „die sich nicht gegen die Äußerung einer Meinung als solche richten, sondern die vielmehr dem Schutze eines schlechthin, ohne Rücksicht auf eine bestimmte Meinung, zu schützenden Rechtsgutes dienen"[332].

(3) Gemäß Art. 11 II GG kann die Freizügigkeit „nur durch Gesetz oder auf Grund eines Gesetzes und nur für die Fälle eingeschränkt werden, in denen eine ausreichende Lebensgrundlage nicht vorhanden ist und der Allgemeinheit daraus besondere Lasten entstehen würden oder in denen es zur Abwehr einer drohenden Gefahr ... erforderlich ist". Hier knüpft der Gesetzesvorbehalt an bestimmte Situationen an und dient bestimmten Zwecken.

(4) Gemäß Art. 6 III GG dürfen Kinder nur aufgrund eines Gesetzes von der Familie getrennt werden, wenn die Erziehungsberechtigten versagen oder wenn die Kinder aus anderen Gründen zu verwahrlosen drohen.

Zur Obersatzformulierung vgl. den Hinweis zum einfachen Gesetzesvorbehalt.

162 **cc.** Schließlich gibt es Grundrechte, die keinerlei Gesetzesvorbehalte enthalten, also scheinbar **schrankenlos** gewährt sind. Das darf aber nicht dazu führen, dass andere Werte von Verfassungsrang (z.B. Grundrechte Dritter) bei einer Kollision stets zurückstehen müssen. Sofern man bei einer Kollision mit höherrangigen Verfassungsgütern (insbesondere mit höherrangigen Grundrechten Dritter) nicht schon eine **Schutzbereichsbegrenzung** annimmt (siehe Rn 126 f.), ist im Rahmen einer **Einzelfallabwägung** eine **praktische Konkordanz**[333] zwischen den widerstreitenden Verfassungsgütern herzustellen. Das scheinbar schrankenlos gewährte Grundrecht findet also durch entgegenstehendes Verfassungsrecht, insbesondere Grundrechte Dritter, eine Einschränkungsmöglichkeit (sog. **verfassungsimmanente Schranken**). Von daher sollte man auch nicht von „schrankenloser" Gewährleistung, sondern von „vorbehaltloser" Gewährleistung sprechen. Zur praktischen Konkordanz nebst **Beispielen** vgl. Rn 193.

Hinweis für die Fallbearbeitung: In der Fallbearbeitung könnte der Obersatz folgendermaßen formuliert werden: „Die staatliche Maßnahme (Gesetz oder Einzelakt) ist verfassungsrechtlich gerechtfertigt, wenn sie eine verfassungsimmanente Schranke des Art. ... GG darstellt."

---

[330] Vgl. *P/S/K/P*, Rn 266.
[331] So BVerfGE 94, 115, 139 (Sichere Herkunftsstaaten).
[332] Grundlegend BVerfGE 7, 198, 209 (Lüth) und aus jüngerer Zeit BVerfGE 111, 147, 153.
[333] Begriff nach *Hesse*, Grundzüge des Verfassungsrechts, Rn 317 ff. Später verwendet bspw. auch von BVerfGE 89, 214, 232; 129, 78, 101 f.; 134, 204, 223; BVerfG NJW 2016, 2247, 2250 (Verwendung von Samples in Musikstück).

dd. Allen Einschränkungen mit oder ohne Gesetzesvorbehalt ist gemeinsam, dass der Eingriff in Grundrechte **nicht ohne gesetzliche Grundlage** erfolgen darf.[334] Mit diesem Erfordernis, das sich nicht nur aus Art. 20 III GG ergibt, sondern sich auch in Art. 19 I S. 1 GG findet, ist gemeint, dass die Einschränkung durch ein **förmliches Gesetz** (Parlamentsgesetz) oder – soweit man auf die Formulierung „aufgrund eines Gesetzes" trifft – aufgrund eines solchen förmlichen Gesetzes durch **Rechtsverordnung**, **Satzung** oder **Verwaltungsakt** erfolgen kann.[335] Allerdings muss das förmliche Gesetz, wie auch sonst, alle für die Grundrechtsausübung wesentlichen Fragen regeln (**Wesentlichkeitsrechtsprechung** des BVerfG – dazu sogleich Rn 166). 163

Zusammenfassung: Die bisherigen Ausführungen haben gezeigt, dass zwischen Grundrechten, die nach ihrem Wortlaut durch oder aufgrund eines Gesetzes eingeschränkt werden können, und solchen, die scheinbar schrankenlos (d.h. vorbehaltlos) gewährt sind, zu unterscheiden ist. Die Unterscheidung übt vor allem Einfluss auf die verfassungsrechtliche Rechtfertigung aus. So sind die Grundrechte ohne Schrankenvorbehalt (sofern man nicht schon eine Schutzbereichsbegrenzung vornimmt) nur durch kollidierendes Verfassungsrecht (Grundrechte Dritter und andere wichtige Güter von Verfassungsrang) einschränkbar. Wegen des bei freiheitsverkürzenden Maßnahmen uneingeschränkt geltenden Grundsatzes vom Vorbehalt des Gesetzes (vgl. aber die genannte aktuelle Rspr. des BVerfG) ist aber auch hier stets eine gesetzliche Grundlage für den Eingriff zu fordern. Im Folgenden wird zunächst auf die Rechtfertigung von Eingriffen in Grundrechte mit Schrankenvorbehalt eingegangen. Sodann wird die Möglichkeit der Einschränkung von Grundrechten ohne Gesetzesvorbehalt erörtert. 164

b. Rechtfertigung aufgrund eines Gesetzesvorbehalts

Ob ein Grundrecht unter einem Gesetzesvorbehalt[336] steht, lässt sich an den bereits erwähnten Formulierungen „durch Gesetz" (vgl. Art. 14 I S. 2, Art. 15 S. 1, Art. 16 II S. 2 GG), „durch Gesetz oder aufgrund eines Gesetzes" (vgl. Art. 8 II, Art. 11 II, Art. 12 I S. 2, Art. 14 III S. 2 GG) oder „aufgrund eines Gesetzes" (vgl. Art. 2 II S. 3 i.V.m. 104 I, 6 III, 10 II S. 1, 16 I S. 2 GG) entnehmen. 165

- Die Formulierung „**durch Gesetz**" spricht für die Einschränkbarkeit des betreffenden Grundrechts ausschließlich durch ein Parlamentsgesetz in Form eines selbstvollziehenden Gesetzes. Selbstvollziehend ist ein Gesetz, wenn es ohne weiteren Ausführungsakt (Rechtsverordnung, Verwaltungsakt) unmittelbar Rechte und Pflichten für den Bürger begründet. Vgl. dazu Rn 1051.
- Die Formulierung „**durch Gesetz oder aufgrund eines Gesetzes**" deutet darauf hin, dass das betreffende Grundrecht nicht nur durch ein Parlamentsgesetz eingeschränkt werden kann, sondern auch durch einen ausführenden Exekutivakt (d.h. durch Rechtsverordnung, Satzung oder Verwaltungsakt), der auf dem Parlamentsgesetz basiert.
- Grundrechte, die „**aufgrund eines Gesetzes**" eingeschränkt werden können, lassen vermuten, dass eine Einschränkung ausschließlich durch Exekutivakt erfolgen kann.

Die staatsrechtliche Praxis nimmt diese grundgesetzlichen Formulierungen jedoch nur als Anhaltspunkt. Bei der Frage, wie die o.g. Formulierungen auszulegen sind, besteht jedenfalls insoweit Einigkeit, dass sämtliche Grundrechtseingriffe, auch wenn die Einschränkbarkeit nach dem Wortlaut des Grundrechts nur „durch Gesetz" erfolgen kann, 166

---

[334] Insoweit klarstellend BVerfGE 116, 69, 80 (Jugendstrafvollzug). Grundlegend für den Strafvollzug BVerfGE 33, 1, 9 f.
[335] St. Rspr. seit BVerfGE 33, 1, 7 ff. (Strafvollzug). Vgl. auch *v. Münch*, in: v. Münch/Kunig, GG, Vorb Art. 1-19 Rn 57; *Mager*, in: v. Münch/Kunig, GG, Art. 4 Rn 52. Die EMRK stellt kein taugliches Gesetz i.S.d. Vorbehalts des Gesetzes (Art. 20 III GG) dar und kann daher keine Grundrechte des GG einschränken (vgl. auch *Payandeh*, JuS 2009, 212 ff.). Sie kann (und muss) aber bei der Auslegung nationaler Gesetze herangezogen werden (vgl. dazu Rn 4b ff.).
[336] Im Folgenden wird nicht weiter zwischen den Gesetzesvorbehalten i.e.S. und den Ausgestaltungs- bzw. Regelungsvorbehalten unterschieden (zur Differenzierung vgl. Rn 144 ff. und 156 ff.).

durch **Verwaltungsakt** möglich sind (eine Ausnahme besteht nur bei Art. 14 III S. 2 GG, der wortgetreu zu verstehen ist). Umstritten ist aber, ob es sich bei dem einschränkenden Gesetz um ein Parlamentsgesetz handeln muss oder ob ein nur-materielles Gesetz (also eine Rechtsverordnung oder Satzung) genügt. Diese Frage beantwortet die **Wesentlichkeitsrechtsprechung**: Für die Grundrechtsausübung wesentliche Fragen sind vom Parlament selbst zu regeln, da ausschließlich das Parlament durch Wahlen unmittelbar demokratisch legitimiert ist. Nur Rand- und Detailfragen dürfen der Exekutive überlassen werden.[337]

167 **Hinweis für die Fallbearbeitung:** Sind in der Fallbearbeitung sowohl die Einschränkbarkeit des einschlägigen Grundrechts festgestellt als auch das einschränkende Gesetz bzw. die Verwaltungsentscheidung oder das Gerichtsurteil (also die Grundrechtsschranke) benannt worden, muss geprüft werden, ob auch diese Grundrechtsschranke ihrerseits mit der Verfassung, insbesondere mit Grundrechten, vereinbar ist (Prüfung der sog. Schranken-Schranken). Denn nur dann ist der Eingriff verfassungsrechtlich gerechtfertigt. Das in Grundrechte eingreifende Gesetz muss aber nicht nur in materieller, sondern auch in formeller Hinsicht mit der Verfassung vereinbar sein. Denn auch ein Gesetz, das z.B. „nur" an einem Form- oder Verfahrensfehler leidet, kann in einem Rechtsstaat keine wirksame Grundrechtsschranke darstellen. Das bedingt in der Fallbearbeitung eine vollständige Rechtmäßigkeitsprüfung. Die einzelnen Prüfungspunkte sind dem unten stehenden Prüfungsschema zu entnehmen (zur näheren Erläuterung siehe *R. Schmidt*, Staatsorganisationsrecht, Rn 181 ff.). In der Fallbearbeitung ist aber stets darauf zu achten, dass Unproblematisches nicht gesondert geprüft, sondern schlicht als gegeben unterstellt werden muss. So wäre es z.B. völlig verfehlt, die Gesetzgebungszuständigkeit des Bundes für den Erlass der Gewerbeordnung zu prüfen. Diese ist unter Verweis auf Art. 74 I Nr. 11 i.V.m. Art. 72 II GG schlicht zu nennen. Dagegen ist der Grundsatz der Verhältnismäßigkeit stets umfassend zu prüfen. Er bildet sozusagen das Kernstück jeder Prüfung. Daher soll auch vorliegend trotz der umfassenden Darstellung bei *R. Schmidt*, Staatsorganisationsrecht, Rn 202 ff., näher darauf eingegangen werden (vgl. unten Rn 169 ff.).
Ist „aufgrund eines Gesetzes" in ein Grundrecht eingegriffen worden, muss auch der administrative „Zwischenakt", also die Rechtsverordnung oder Satzung, mit der Verfassung vereinbar sein. Auch deren Prüfung soll – um eine doppelte Darstellung zu vermeiden – vorliegend lediglich schematisch dargestellt werden. Die umfassende Erläuterung befindet sich ebenfalls bei *R. Schmidt*, Staatsorganisationsrecht, Rn 207 ff. und 210 ff.
Schließlich gilt es in der Fallbearbeitung zu prüfen, ob auch die administrative Einzelmaßnahme (Verwaltungsakt etc.) und die sie bestätigende Gerichtsentscheidung das Grundrecht rechtmäßig beschränkt haben. Ist eine Gerichtsentscheidung Gegenstand einer Verfassungsbeschwerde, ist darauf zu achten, dass die Verfassungsbeschwerde nur dann begründet ist, wenn das Urteil Fehler erkennen lässt, die auf einer grundsätzlich unrichtigen Anschauung von der Bedeutung des Grundrechts beruhen[338] (das Urteil also spezifisches Verfassungsrecht verletzt hat). Vgl. dazu die Darstellung zur Begründetheit einer Verfassungsbeschwerde bei Rn 1080. Für die Prüfung eines formell-materiellen (Bundes-)Gesetzes am Maßstab des Grundgesetzes bietet sich folgendes Schema an:

[337] Zur Wesentlichkeitsrechtsprechung vgl. näher *R. Schmidt*, Staatsorganisationsrecht, Rn 241 ff.
[338] So die oft anzutreffende Formulierung des BVerfG, vgl. etwa BVerfG 28.6.2016 - 1 BvR 3388/14 (Rn 15).

Prüfung eines formell-materiellen Gesetzes am Maßstab des Grundgesetzes 168

I. Formelle Rechtmäßigkeit

1. Zuständigkeit des Gesetzgebers

Die Gesetzgebungszuständigkeit ergibt sich aus den Art. 30, 70 ff., 105 ff. GG (vgl. *R. Schmidt*, Staatsorganisationsrecht, Rn 791 ff.).

2. Ordnungsgemäßes Gesetzgebungsverfahren

Das Gesetzgebungsverfahren richtet sich bei Bundesgesetzen nach den Art. 76 ff. GG (vgl. *R. Schmidt*, Staatsorganisationsrecht, Rn 852 ff.).

3. Zitiergebot, Art. 19 I S. 2 GG

Das Zitiergebot soll den Gesetzgeber darauf aufmerksam machen, dass er die Möglichkeit der Grundrechtsbeeinträchtigung geschaffen hat (Warn- und Besinnungsfunktion). Darüber hinaus hat es eine Klarstellungsfunktion, die den Gesetzesanwender wissen lassen soll, in welche Grundrechte er bei Anwendung des Gesetzes eingreifen darf. Das Zitiergebot gilt allerdings nur für Gesetze, die aufgrund eines grundrechtlichen Gesetzesvorbehalts ergehen sollen. Bei Grundrechten mit Ausgestaltungsvorbehalten (z.B. Art. 6 I, 14 I GG) und Regelungsvorbehalten (Art. 4 III S. 1, 12 I GG), bei Art. 2 I GG sowie für vorkonstitutionelle Gesetze gilt es nicht (vgl. näher *R. Schmidt*, Staatsorganisationsrecht, Rn 186).

II. Materielle Rechtmäßigkeit

1. Besondere (grundrechtsspezifische) Anforderungen

Insbesondere sind die Anforderungen bei sog. *qualifizierten* Gesetzesvorbehalten zu beachten. (Beispiele: Art. 2 II S. 3 i.V.m. 104 II GG ⇒ Richtervorbehalt; Art. 10 II S. 2; 11 II GG ⇒ Schutz der freiheitlichen demokratischen Grundordnung; Art. 14 III GG ⇒ Wohl der Allgemeinheit; Art. 5 II GG ⇒ allgemeine Gesetze; Art. 16a III S. 1 GG ⇒ Bestimmung von sicheren Herkunfts- bzw. Drittstaaten). Beispiele für den *einfachen* Gesetzesvorbehalt sind: Art. 2 I GG ⇒ verfassungsmäßige Ordnung; Art. 8 II GG ⇒ nur für Versammlungen unter freiem Himmel; Art. 12 I S. 2, 14 I GG ⇒ durch Gesetz oder aufgrund eines Gesetzes (weil Ausgestaltungs- und Regelungsvorbehalte als Gesetzesvorbehalte zu verstehen sind). Enthält das betroffene Grundrecht einen qualifizierten Gesetzesvorbehalt, muss das einschränkende Gesetz an bestimmte Situationen anknüpfen, bestimmten Zwecken dienen oder bestimmte Mittel benutzen. So genügt § 45 I BundesPolG nach seinem Wortlaut den qualifizierten Anforderungen des Art. 13 VII Halbs. 2 GG.

2. Allgemeine Rechtmäßigkeitsanforderungen

a. Verbot des Einzelfallgesetzes, Art. 19 I S. 1 GG

Mit der Regelung soll dem Gewaltenteilungsprinzip Rechnung getragen werden: Dem Gesetzgeber soll untersagt werden, mit individuell bezogenen Rechtsakten in den Funktionsbereich der Verwaltung einzugreifen. Nicht stets grundrechtseinschränkende Gesetze (= Gesetze unter Ausgestaltungs- bzw. Regelungsvorbehalt wie Art. 6 I, 7 IV, 12 I, 14 I bzw. Art. 4 III S. 2, 12a II S. 2, 38 GG) sowie Gesetze, die lediglich grundrechtsimmanente Schranken aufweisen, sind nach Auffassung des BVerfG *nicht* am Maßstab des Art. 19 I S. 1 GG zu messen. Ebenso stehen Maßnahmegesetze, d.h. Regelungen, die an konkrete, situationsgebundene Sachverhalte anknüpfen (z.B. ein Wahlgesetz für eine bestimmte Bundestagswahl), in keinem Zusammenhang mit Art. 19 I S. 2 GG (vgl. *R. Schmidt*, Staatsorganisationsrecht, Rn 195 ff.).

b. Verhältnismäßigkeit

Kernstück der Grundrechtsprüfung ist die **Verhältnismäßigkeit**. Die fragliche gesetzliche Bestimmung muss einen legitimen Zweck verfolgen, *allgemein* geeignet, erforderlich und angemessen sein (vgl. sogleich Rn 169 ff.).

c. Kein Verstoß gegen den Parlamentsvorbehalt, die Wesensgehaltsgarantie (Art. 19 II GG) und den Bestimmtheitsgrundsatz (*R. Schmidt*, Staatsorganisationsrecht, Rn 203/191).

aa. Insbesondere: Verhältnismäßigkeit der gesetzlichen Regelung

169 Während der Gesetzesvorbehalt für Eingriffe in Grundrechte stets eine parlamentarische Gesetzesgrundlage (Rechtsgrundlage) fordert, die die wesentlichen Voraussetzungen für den Grundrechtseingriff regelt, besagt der Grundsatz der Verhältnismäßigkeit, dass die Freiheit des Einzelnen nur so weit eingeschränkt werden darf, wie es im Interesse des Gemeinwohls unabdingbar ist[339] („nicht mit Kanonen auf Spatzen schießen"). In einem Rechtsstaat ist der Grundsatz der Verhältnismäßigkeit daher ebenso wie der Gesetzesvorbehalt von herausragender Bedeutung.[340] Er genießt ebenso Verfassungsrang und gilt für alle staatlichen Maßnahmen. Eine gesetzliche Regelung (generell: eine staatliche Maßnahme), die in Grundrechte eingreift, ist nach allgemeiner Auffassung nur dann verhältnismäßig, wenn

- der vom Staat verfolgte **Zweck legitim** ist, also als solcher verfolgt werden darf,
- der Einsatz des Mittels zur Erreichung des Ziels **geeignet**,
- der Einsatz des Mittels zur Erreichung des Ziels **erforderlich**
- und der Einsatz des Mittels zur Erreichung des Ziels **angemessen** ist.

> **Hinweis für die Fallbearbeitung:** Aufgrund der herausragenden Bedeutung des Verhältnismäßigkeitsgrundsatzes hängt der Wert einer Fallbearbeitung zu einem wesentlichen Teil davon ab, dass die Argumentationsstrukturen dieses Grundsatzes erkannt und umgesetzt werden. Dabei ist zu beachten, dass der jeweilige Schritt konstitutiv für den nächsten ist. Ist das Gesetz also z.B. mangels Erforderlichkeit verfassungswidrig, bedarf es zu der Angemessenheit keiner Ausführungen mehr.

a.) Legitimer Zweck der gesetzlichen Regelung

170 Der erste Prüfungsschritt der Verhältnismäßigkeit besteht in der Feststellung des Zwecks der gesetzlichen Regelung. Dazu können zumeist die ersten Paragraphen des Gesetzes oder (in einer Hausarbeit) die Gesetzesmaterialien (z.B. die Begründung) herangezogen werden.

171 **Legitim** ist der Zweck, wenn er auf das Wohl der Allgemeinheit gerichtet ist bzw. wenn für den Zweck ein staatlicher Schutzauftrag besteht.

172 Zu beachten ist jedoch, dass dem Gesetzgeber ein weiter Prognosespielraum eingeräumt wird; immerhin ist er bei Erlass des Gesetzes gezwungen, zukunftsorientiert zu arbeiten. Man spricht darum von der Zwecksetzungskompetenz des Gesetzgebers. Bei der gutachterlichen Bewertung des Zwecks ist daher großzügig zu verfahren. Der Zweck ist erst dann verfehlt, wenn die Erwägungen des Gesetzgebers vernünftigerweise keine Grundlage für gesetzgeberische Maßnahmen abgeben können.[341]

> **Beispiel:** Es existiert ein Gesetz, das ab einer bestimmten Smog-Konzentration die Durchfahrt von Dieselfahrzeugen, die nicht mit einem Dieselruß-Partikelfilter ausgestattet sind, durch Stadtzentren untersagt (Eingriff in Art. 2 I GG). Zweck des Gesetzes sind also die Verringerung der Schadstoffbelastung und letztlich der Gesundheitsschutz und die Erhaltung der natürlichen Lebensgrundlagen. Solche Zwecke sind legitim in Anbetracht der Staatszielbestimmung Umweltschutz (Art. 20a GG) und des staatlichen Auftrags, sich schützend und fördernd vor das menschliche Leben zu stellen (Art. 2 II S. 1 GG). Normen von Verfassungsrang, die den legitimen Zweck einer Maßnahme unterstreichen oder gar begründen, sind in der Fallbearbeitung stets zu zitieren.

---

[339] Vgl. nur BVerfGE 19, 342, 348 f. (Haftverschonung).

[340] Klarstellend BVerfG NJW 2015, 3158, 3159: „Grundrechte dürfen nur durch Gesetz oder aufgrund eines Gesetzes und nur unter Beachtung des Grundsatzes der Verhältnismäßigkeit eingeschränkt werden."

[341] BVerfGE 77, 84, 106 (Arbeitnehmerüberlassung im Baugewerbe).

Exkurs: Bei Eingriffen in **Grundrechte ohne Gesetzesvorbehalt** ist der legitime Zweck auf die Durchsetzung kollidierenden Verfassungsrechts beschränkt. Die Verfassungsgüter, deren Schutz der Eingriff bezweckt, sind in der Fallbearbeitung exakt zu benennen und auch zu subsumieren. 173

Beispiel[342]**:** Eine Satire ist vom Kunstbegriff umfasst und daher von Art. 5 III GG geschützt. Dieses Grundrecht kann in Ermangelung eines Schrankenvorbehalts nur durch Grundrechte Dritter oder andere Güter von Verfassungsrang (sog. kollidierendes Verfassungsrecht) eingeschränkt werden. Wenn nun jemand eine politische Satire in Form einer Collage veröffentlicht, auf der eine Bundesfahne im Zusammenhang mit einem öffentlichen Soldatengelöbnis Ziel eines Urinstrahls ist, und deswegen nach § 90a I Nr. 2 StGB verurteilt wird, ist bei der (innerhalb einer Urteilsverfassungsbeschwerde stattfindenden) Prüfung, ob das Strafgericht bei seinem Urteil Fehler erkennen lässt, die auf einer grundsätzlich unrichtigen Anschauung von der Bedeutung des Grundrechts beruhen[343] (es also spezifisches Verfassungsrecht verletzt hat), nach dem legitimen Zweck des Urteils zu fragen. Nur wenn das Urteil auf die Durchsetzung kollidierenden Verfassungsrechts abzielt, dient es einem legitimen Zweck.
Die Nationalflagge müsste also ein Gut von Verfassungsrang sein. Der normative Gehalt des Art. 22 GG beschränkt sich zwar darauf, die Farben der Flagge festzulegen, doch setzt diese Norm das Recht des Staates voraus, sich zu seiner Selbstdarstellung solcher Symbole zu bedienen. „Als freiheitlicher Staat ist die Bundesrepublik Deutschland ... auf die Identifikation ihrer Bürger mit den in der Flagge versinnbildlichten Grundwerten angewiesen."[344] *Insoweit* genießt die Bundesflagge Verfassungsrang.
Kunstfreiheit bedeutet aber auch, dass der rechtlichen Würdigung von mehreren möglichen Interpretationen eines Kunstwerks diejenige zugrunde zu legen ist, in der das Kunstwerk fremde Rechte nicht beeinträchtigt.[345] So wäre es mit der Kunstfreiheit unvereinbar, die tiefere Bedeutung von künstlerischer Satire und Ironie mit dem angeblich gesunden Menschenverstand zu messen und Verletzungen des Ehr-, Persönlichkeits- oder auch Staatsschutzes anzunehmen, wo es auch andere, symbolische und metaphorische Interpretationen gibt. Daher muss auch eine Collage, bei der ein Mann auf die anlässlich eines Gelöbnisses von Bundeswehrsoldaten gezeigte Bundesflagge uriniert, nicht notwendigerweise den Staat und die verfassungsmäßige Ordnung angreifen, sondern kann als satirische Aussage über den Militärdienst und militärische Einrichtungen gelten. Das Urteil muss deshalb daran anknüpfen, dass der Satiriker eine antistaatliche und nicht eine vorrangig antimilitärische Tendenz verfolgt.[346] Anderenfalls ist es wegen Verfehlung eines legitimen Zwecks aufzuheben.

b.) Geeignetheit der gesetzlichen Regelung

Geeignet ist die gesetzliche Regelung, wenn mit ihrer Hilfe das angestrebte Ziel zumindest gefördert werden kann.[347] 174

Maßgeblich ist allein, ob die Regelung ein zwecktaugliches Mittel darstellt. Auf Fragen der Effektivität kommt es (noch) nicht an. Was die Frage nach dem (gerichtlichen) Prüfungsumfang betrifft, ist zu beachten, dass – anders als bei Maßnahmen der Exekutive – die Einhaltung der Geeignetheit von formal-gesetzlichen Regelungen nur beschränkt überprüfbar ist. Denn der Gesetzgeber hat nicht nur hinsichtlich des legitimen Zwecks, sondern auch hinsichtlich der Geeignetheit einen weiten Prognosespielraum. Immerhin hat der Gesetzgeber den Verfassungsauftrag, künftige Entwicklungen antizipiert in den Normen aufzunehmen. Ebendies erfordert die Anerkennung eines Prognosespielraums, 175

342 Nach BVerfGE 81, 278 ff. (Verunglimpfung der Bundesflagge).
343 So die oft anzutreffende Formulierung des BVerfG, vgl. etwa BVerfG 28.6.2016 - 1 BvR 3388/14 (Rn 15).
344 BVerfGE 81, 278, 293; *Michael*, JuS 2001, 654, 656.
345 BVerfGE 67, 213, 230 (Anachronistischer Zug); 81, 298, 307 (Verunglimpfung der Nationalhymne).
346 BVerfGE 81, 278, 295; *Michael*, JuS 2001, 654, 656.
347 Vgl. allgemein zur Geeignetheit BVerfGE 81, 156, 192; 96, 10, 21; *Klatt/Meister*, JuS 2014, 193, 195.

der nicht hinterher für den Fall, dass die Einschätzung des Gesetzgebers nicht vollständig aufgegangen ist, ohne weiteres von den (Verfassungs-)Gerichten verworfen werden darf. Die Zwecktauglichkeit und damit die Geeignetheit sind daher nur bei evidenter Untauglichkeit der gesetzlichen Regelung nicht gegeben.[348] Nur dann ist die fragliche gesetzliche Regelung verfassungswidrig.[349]

Beispiel: Ein gesetzliches Fahrverbot in Innenstädten für Dieselfahrzeuge, die nicht mit einem Dieselruß-Partikelfilter ausgestattet sind, ist zur Begrenzung der Schadstoffbelastung (Eingriff in Art. 2 I GG) unter dem Aspekt der Geeignetheit nur dann verhältnismäßig, wenn es überhaupt in der Lage ist, die Schadstoffbelastung zu verringern. Zur entsprechenden Beurteilung können bewährte empirische Untersuchungen oder bewährte Hypothesen herangezogen werden.

Hinweis für die Fallbearbeitung: Da bereits ein „Schritt in die richtige Richtung" genügt, lässt sich diese Hürde der Verhältnismäßigkeitsprüfung relativ leicht überwinden. In der Fallbearbeitung genügen daher eine kurze Subsumtion und die Feststellung, dass die fragliche gesetzliche Bestimmung zwecktauglich, also geeignet war.

c.) Erforderlichkeit der gesetzlichen Regelung

176 **Erforderlich** ist die gesetzliche Regelung, wenn es kein milderes Mittel gibt, welches den gleichen Erfolg mit der gleichen Sicherheit und einem vergleichbaren Aufwand herbeiführen würde.[350]

177 Die Erforderlichkeit stellt auf das Interventionsminimum ab. Unter dem Aspekt der Erforderlichkeit sind daher nur solche gesetzliche Regelungen verhältnismäßig, die nicht durch andere, gleich wirksame, aber mildere Mittel ersetzt werden können.

Hinweis für die Fallbearbeitung: Bei der Suche nach anderen, milderen Mitteln ist Ideenreichtum gefragt. Es ist nach einem Mittel zu suchen, das weniger intensiv in das Grundrecht eingreift oder schwächere Schutzbereiche (z.B. den des Art. 2 I GG statt eines speziellen Freiheitsgrundrechts) eröffnen würde. Daher ist ggf. schon hier die Intensität des konkreten Eingriffs zu gewichten, was sonst der Angemessenheit vorbehalten ist. Im Rahmen der Fallbearbeitung kann an dieser Stelle somit hervorragend die Fähigkeit zu juristischer Argumentation und Rhetorik demonstriert werden. Es können Argumente vorgetragen werden, die verdeutlichen, welche Nachteile die zu prüfende gesetzliche Regelung für den Betroffenen hat und wie diese Nachteile bspw. gemildert werden könnten, damit der Zweck der Regelung trotzdem erreicht wird. Anschließend können Alternativen aufgezeigt werden, die ebenso geeignet sind, aber weniger intensiv in die Rechtssphäre des Betroffenen eingreifen. Ob das mildere Mittel angemessen ist, spielt für die Verfassungsmäßigkeit der zu prüfenden gesetzlichen Regelung keine Rolle. Ist das mildere Mittel nicht angemessen, wird die zu prüfende gesetzliche Regelung erst recht nicht angemessen sein. Falls doch, ist das „mildere" Mittel in Wahrheit gerade kein solches.

Beispiel: Ein gesetzliches Fahrverbot in Innenstädten für Dieselfahrzeuge, die nicht mit einem Dieselruß-Partikelfilter ausgestattet sind, ist zur Begrenzung der Schadstoffbelastung (Eingriff in Art. 2 I GG) unter dem Aspekt der Erforderlichkeit nur dann verhältnismäßig, wenn es kein anderes Mittel gibt, das den gleichen Erfolg mit der gleichen Sicherheit und einem vergleichbaren Aufwand herbeiführen würde. Als andere Maßnahme zur Schadstoffverringerung kommt z.B. eine Verbannung sämtlicher Industrieanlagen aus dem Stadtgebiet in Betracht. Ob eine solche Maßnahme aber ein milderes Mittel wäre,

---

[348] Insoweit besteht eine Parallele zum sog. Beurteilungsspielraum, der in bestimmten Fällen auch der Exekutive eingeräumt worden ist (vgl. *R. Schmidt*, AllgVerwR, Rn 283 ff.).
[349] BVerfGE 67, 157, 173 (Überwachung des Brief- und Telefonverkehrs).
[350] Vgl. allgemein zur Erforderlichkeit BVerfGE 90, 145, 172; 77, 84, 109; *Klatt/Meister*, JuS 2014, 193, 195.

scheint fraglich. Grundsätzlich lässt sich sagen, dass eine Alternativmaßnahme immer dann in Betracht zu ziehen ist, wenn bewährte empirische Untersuchungen und Hypothesen einen Zusammenhang zwischen der anderen Maßnahme und dem mit dem Gesetz verfolgten Zweck beweisen.

Wird im Ergebnis festgestellt, dass die gesetzliche Regelung erforderlich war, muss zuletzt die Verhältnismäßigkeit i.e.S. (Angemessenheit) geprüft werden. 178

d.) Angemessenheit der gesetzlichen Regelung

Angemessen ist die gesetzliche Regelung, wenn der mit ihr verfolgte Zweck in seiner Wertigkeit nicht außer Verhältnis zur Intensität des Eingriffs steht (Zumutbarkeit der Belastung = Verhältnismäßigkeit i.e.S.).[351] 179

In diesem Prüfungsschritt muss eine **Abwägung** stattfinden zwischen der Intensität des Eingriffs in das grundrechtlich geschützte Rechtsgut und der Wertigkeit des verfolgten Zwecks der gesetzlichen Regelung (bzw. der Maßnahme). 180

Beispiel: Ein gesetzliches Fahrverbot in Innenstädten für Dieselfahrzeuge, die nicht mit einem Dieselruß-Partikelfilter ausgestattet sind, ist zur Begrenzung der Schadstoffbelastung unter dem Aspekt der Angemessenheit verhältnismäßig, wenn das mit ihm verfolgte Ziel in seiner Wertigkeit gegenüber der Intensität des Eingriffs nicht unverhältnismäßig ist. Vorliegend lässt sich eine Unverhältnismäßigkeit nicht erkennen. Die betroffenen Fahrzeughalter sind frei in ihrer Entscheidung, ihre Fahrzeuge nachzurüsten. Der damit verbundene Eingriff in Art. 14 I S. 1 GG ist durch die Sozialpflichtigkeit gem. Art. 14 II GG gerechtfertigt sowie durch das Recht auf körperliche Unversehrtheit (Art. 2 II S. 1 Var. 2 GG) und die Staatszielbestimmung Umweltschutz (Art. 20a GG). Das Fahrverbot steht nicht außer Verhältnis zu diesen Zielen und ist daher angemessen.

Allgemein lässt sich die Frage nach der Verhältnismäßigkeit anhand folgender Formel beantworten: Je stärker das Gesetz (bzw. die Maßnahme) das betroffene Grundrecht einschränkt, desto gewichtiger müssen die gegenläufigen Verfassungsgüter sein, damit der Grundrechtseingriff verfassungsrechtlich gerechtfertigt ist. 180a

Hinweis für die Fallbearbeitung: Trotz Heranziehung dieser Formel und der Umstände des konkreten Falls ist der Abwägungsprozess mitunter sehr schwierig und nicht selten dominieren subjektive Einschätzungen desjenigen, der die Abwägung vorzunehmen hat. Umso wichtiger sind daher die Heranziehung objektivierbarer Maßstäbe und ein nachvollziehbares Prüfungsverfahren. In Anwendung der o.g. Formel bietet sich für die Fallbearbeitung daher eine Prüfung in drei Schritten an[352]:

⇨ Zunächst sollte die Intensität des Grundrechtseingriffs festgestellt werden.

⇨ Sodann sollte (abstrakt) die Wichtigkeit des Zwecks bestimmt werden, der mit der in Rede stehenden Maßnahme verfolgt wird.

⇨ Schließlich erfolgt die konkrete Abwägung, bei der danach zu fragen ist, ob die Wichtigkeit des Zwecks den Grundrechtseingriff rechtfertigen kann. Bei dieser Abwägung ist die o.g. Formel heranzuziehen: Je stärker das Grundrecht beeinträchtigt ist, desto gewichtiger muss der Zweck sein, der mit der Maßnahme verfolgt wird.

Beispiel: Die Freiheit der Person (Art. 2 II S. 2 GG) ist ein hohes Rechtsgut.[353] Folgerichtig ordnet das Grundgesetz in Art. 104 I S. 1 GG an, dass sie nur aufgrund eines förmlichen Gesetzes und nur unter Beachtung der darin vorgeschriebenen Formen be-

---

[351] Vgl. nur BVerfGE 133, 277, 322.

[352] *Klatt/Meister*, JuS 2014, 193, 196 unter Bezugnahme auf BVerfG NJW 2013, 3228, 3229 (Fall Mollath).

[353] Insoweit klarstellend BVerfG NJW 2013, 3228, 3229. Zu Art. 2 II S. 2 GG vgl. Rn 311 ff.

schränkt werden darf. Als „**förmliches Gesetz**" in diesem Zusammenhang zählen insbesondere solche des Strafrechts und des Strafverfahrensrechts, die freiheitsentziehende Maßnahmen zulassen, etwa § 63 StGB (Unterbringung in einem psychiatrischen Krankenhaus), § 66 StGB (Unterbringung in der Sicherungsverwahrung), §§ 112 ff. StPO (Untersuchungshaft) und § 126a StPO (einstweilige Unterbringung). Zudem stellt der **Grundsatz der Verhältnismäßigkeit** strenge Anforderungen an die freiheitsbeschränkende Maßnahme. Zutreffend hat das BVerfG entschieden, dass eine freiheitsentziehende Maßnahme (im Fall war es die Unterbringung in einem psychiatrischen Krankenhaus) einen tiefgreifenden Eingriff in die Freiheit der Person darstellt und daher nur aus besonders gewichtigen Gründen und unter strengen formellen Gewährleistungen angeordnet werden dürfe.[354] Zu den besonders gewichtigen Gründen, die eine Freiheitsbeschränkung bzw. -entziehung rechtfertigen, zähle insbesondere der **Schutz der Allgemeinheit**.[355]

Gemessen an den oben aufgezeigten drei Schritten hat das BVerfG also zunächst die Intensität der grundrechtsbeschränkenden Maßnahme festgestellt („tiefgreifender Eingriff in die Freiheit der Person"). Sodann hat es die Wichtigkeit des Zwecks der Maßnahme bestimmt, indem es ausführt, dass durch die Unterbringung die Allgemeinheit geschützt werden solle. Schließlich hat das BVerfG eine Abwägung vorgenommen, indem es formuliert, dass die Sicherungsbelange („Schutz der Allgemeinheit") und der Freiheitsanspruch des Untergebrachten als wechselseitiges Korrektiv anzusehen seien und im Einzelfall gegeneinander abgewogen werden müssten.[356] Dabei gelte: Je länger die Unterbringung in einem psychiatrischen Krankenhaus andauere, umso strenger seien die Voraussetzungen für die Verhältnismäßigkeit des Freiheitsentzugs.[357]

In der Fallbearbeitung wäre also anhand der Sachverhaltsangaben eine umfassende Rechtsgüterabwägung vorzunehmen und dabei wären die Sicherheitsinteressen der Allgemeinheit mit den Freiheitsinteressen des Betroffenen abzuwägen.

181 Neben Art. 104 I GG enthalten auch andere Gesetzesvorbehalte eine präjudizierende Wirkung. So misst z.B. Art. 5 II GG der freien Meinungsäußerung und Presseberichterstattung weniger Gewicht zu als dem Schutz der Jugend und der Ehre und mehr Gewicht als z.B. der Selbstdarstellung des Staates durch Propaganda. Im Übrigen findet eine echte Güterabwägung statt. Es ist zu prüfen, ob eine Ausübung des Grundrechts nahezu völlig unmöglich oder ob nur eine bestimmte Modalität beschnitten wird, die durch funktional gleichwertige Grundrechtsbetätigungen ersetzbar ist. Bei Grundrechten ohne Gesetzesvorbehalt ist im konkreten Fall eine Güterabwägung zwischen den widerstreitenden Werten von Verfassungsrang vorzunehmen (praktische Konkordanz).

Beispiele: Im **Lüth-Urteil** führt das BVerfG aus: „Das Recht zur Meinungsäußerung muss zurücktreten, wenn schutzwürdige Interessen eines anderen von höherem Rang durch die Betätigung der Meinungsfreiheit verletzt würden"[358]. Und im **Apotheken-Urteil** heißt es: „Eine Regelung .., die schon die Aufnahme der Berufstätigkeit von der Erfüllung bestimmter Voraussetzungen abhängig macht und die damit die Freiheit der Berufswahl berührt, ist nur gerechtfertigt, soweit dadurch ein überragendes Gemeinschaftsgut, das der Freiheit des Einzelnen vorgeht, geschützt werden soll"[359]. Schließlich führt das BVerfG im Urteil hinsichtlich der **Verunglimpfung der Nationalflagge** aus, dass trotz des wichtigen Schutzzwecks der Integrationswirkung von Staatssymbolen hinsichtlich der durch sie verkörperten Grundwerte das von § 90a StGB geschützte Rechtsgut nicht abstrakt als der Kunstfreiheit übergeordnet bezeichnet werden könne. Vielmehr sei

---

[354] BVerfG NJW 2013, 3228, 3229.
[355] BVerfG NJW 2013, 3228, 3229 mit Verweis auf BVerfGE 22, 180, 219; 45, 187, 223; 58, 208, 224 f.
[356] BVerfG NJW 2013, 3228, 3229 mit Verweis auf BVerfGE 22, 180, 219.
[357] BVerfG NJW 2013, 3228, 3230. Vgl. dazu auch *Klatt/Meister*, JuS 2014, 193, 196 f. und *Muckel*, JA 2014, 73, 74 f.
[358] BVerfGE 7, 198, 210.
[359] BVerfGE 7, 377, 406.

ein fallbezogener Ausgleich der widerstreitenden Schutzgüter vorzunehmen. Dabei ist zu beachten, dass die „Höhe" der Kunst keinen Eingang in die Abwägung finden kann. Einer Bewertung der „Höhe" der Kunst hat sich der Staat zu enthalten. Kunst ist einer staatlichen Stil- und Niveaukontrolle nicht zugänglich.[360]

Hinweis für die Fallbearbeitung: Eine Abwägung ist durchgängig von (subjektiven) Wertungen beeinflusst. Deshalb empfiehlt es sich bei erheblichen Bedenken hinsichtlich der Akzeptanz der vertretenen Meinung, das fragliche Gesetz erneut darauf hin zu prüfen, ob es nicht eher an der Erforderlichkeit scheitert. Das gilt umso mehr, als auch das BVerfG dem Prüfungspunkt der Angemessenheit nur eine geringe Bedeutung beimisst und die Probleme des Falles bereits weitgehend im Rahmen der Erforderlichkeit behandelt. Nur für den Fall, dass die Problematik dort nicht sachadäquat gelöst werden kann, mag die Frage nach der Angemessenheit gestellt werden.

bb. Zusammenfassung

Die grundrechtseinschränkende gesetzliche Regelung muss – um als wirksame Grund- 182
rechtsschranke zu bestehen – ohne Berücksichtigung des konkreten Falls bestimmten verfassungsrechtlichen Voraussetzungen entsprechen. Zu diesen Voraussetzungen gehört insbesondere der Grundsatz der Verhältnismäßigkeit. Die Prüfung einer gesetzlichen Regelung war Gegenstand der vorangehenden Darstellung.

- In Anlehnung an den zweckmäßigen Aufbau einer Fallbearbeitung wurde zunächst in einer Übersicht die Prüfung der formellen Rechtmäßigkeitsvoraussetzungen des Gesetzes dargestellt. Denn wenn z.B. der das Gesetz erlassende Verband (Bund, Land) nicht zuständig war, also seine Gesetzgebungskompetenz überschritten hat, ist das Gesetz schon deshalb verfassungswidrig; der Rechtsbehelf (z.B. Verfassungsbeschwerde) ist begründet. Gleiches gilt bei Nichteinhaltung von Verfahrens- und Formvorschriften. Eine besondere Formvorschrift stellt das Zitiergebot (Art. 19 I S. 2 GG) dar.
- Materiell verfassungsmäßig ist die grundrechtseinschränkende gesetzliche Regelung, wenn sie zum einen den grundrechtsspezifischen Anforderungen genügt (so bei den Grundrechten mit qualifizierten Gesetzesvorbehalten) und zum anderen den allgemeinen verfassungsrechtlichen Anforderungen entspricht. Zu diesen allgemeinen Anforderungen gehören der Bestimmtheitsgrundsatz (Art. 20 III GG), das Verbot des Einzelfallgesetzes (Art. 19 I S. 1 GG), der Grundsatz der Verhältnismäßigkeit (legitimer Zweck, Geeignetheit, Erforderlichkeit, Angemessenheit) sowie die Wesensgehaltsgarantie (Art. 19 II GG).
- Zu beachten ist jedoch, dass die Voraussetzungen unabhängig vom Einzelfall geprüft werden. Die fragliche gesetzliche Regelung muss also **abstrakt** geeignet, erforderlich und angemessen sein. Ob die Regelung auch im Einzelfall in verhältnismäßiger Weise angewendet wurde, ist eine andere, im Folgenden zu erörternde Frage.

cc. Rechtmäßigkeit des Einzelakts

In den überwiegenden Fällen bedarf ein Gesetz zu seiner Ausführung noch eines **Ein-** 183
zelakts. Ein solcher Einzelakt ist in der Regel ein **Verwaltungsakt**.

Beispiele:

(1) § 35 I GewO regelt die Untersagung der Ausübung eines Gewerbes wegen Unzuverlässigkeit des Gewerbetreibenden. Damit ist aber die Untersagung im Einzelfall noch nicht ausgesprochen. Vielmehr bedarf es zur Umsetzung der Untersagungsregelung einer konkreten Untersagung in Form einer Untersagungsverfügung (eines Verwaltungsakts).

(2) § 81g StPO regelt die Voraussetzungen, unter denen im konkreten Einzelfall das DNA-Identifizierungsmuster („genetischer Fingerabdruck") festgestellt, gespeichert

[360] BVerfGE 81, 278, 291.

und (künftig) verwendet werden darf.[361] Diese abstrakt zulässige Rechtsfolge muss im konkreten Fall durch Anordnung bzw. Durchführung umgesetzt werden.

184 Wird durch einen Einzelakt in Grundrechte eingegriffen, ist die Frage nach der Verfassungsmäßigkeit des Eingriffs durch ein **zweistufiges Prüfungsverfahren** zu beantworten. In der ersten Stufe ist die Verfassungsmäßigkeit des **Gesetzes** zu prüfen, denn ist schon das Gesetz verfassungswidrig, kann es keine taugliche Rechtsgrundlage für den Einzelakt darstellen. Erst wenn feststeht, dass das zugrunde liegende Gesetz verfassungsmäßig ist, kann der **Einzelakt** selbst auf einen Anwendungsfehler (d.h. auf einen Grundrechtsverstoß) hin überprüft werden. Im Rahmen dieser Prüfung ist festzustellen, ob die abstrakt-generelle Wertung des Gesetzgebers durch den Rechtsanwender in grundrechtskonformer Weise auf den konkret-individuellen Einzelfall übertragen wurde.

1. Stufe Gesetz

2. Stufe Einzelakt

Hinweis für die Fallbearbeitung: Die überwiegende Zahl von Klausuren betrifft nicht allein die Verfassungsmäßigkeit des Gesetzes. Regelmäßig wird auch nach der Rechtmäßigkeit des Einzelakts gefragt sein. In diesem Fall ist das zweistufige Prüfungsverfahren (Prüfung zunächst des Gesetzes, dann der Einzelmaßnahme) anzuwenden. Bei der Prüfung des Einzelakts sind aber nur Ergänzungen zu derjenigen des Gesetzes vorzunehmen. Vor allem ist der Grundsatz der Verhältnismäßigkeit konkret auf den Einzelfall bezogen zu prüfen. Zu beachten ist aber stets, dass das BVerfG im Rahmen einer Verfassungsbeschwerde ausschließlich die Grundrechte bzw. grundrechtsgleichen Rechte als Prüfungsmaßstab heranzieht. Ob die den Einzelakt erlassende staatliche Stelle einfaches Recht missachtet hat, spielt insoweit keine Rolle. Das gilt auch hinsichtlich der Prüfung durch den Klausurbearbeiter.

185 Zu beachten ist, dass die Einzelmaßnahme auch eine Entscheidung der Judikative sein kann. Das kann eine gerichtliche Entscheidung über eine freiheitsentziehende Maßnahme etwa gem. Art. 104 GG sein, aber auch eine Entscheidung, die eine Maßnahme der Exekutive bestätigt. Ist das der Fall, ist zu prüfen, ob die gerichtliche Entscheidung Fehler erkennen lässt, die auf einer grundsätzlich unrichtigen Anschauung von der Bedeutung des Grundrechts beruhen[362] (das Gericht also spezifisches Verfassungsrecht verletzt hat). Gegenstand der Prüfung ist in diesem Fall also die (letztinstanzliche) gerichtliche Entscheidung. Freilich wird in diesem Fall dennoch (inzident) das der angegriffenen Gerichtsentscheidung zugrunde liegende Gesetz zu prüfen sein. Denn sind das Gesetz (und – soweit ergangen – der das Gesetz ausführende Einzelakt der Verwaltung) verfassungsmäßig, wird das bestätigende Gerichtsurteil kein spezifisches Verfassungsrecht verletzen. Eine Urteilsverfassungsbeschwerde wäre in diesem Fall nur dann begründet, wenn das Urteil aus anderen Gründen verfassungswidrig wäre (etwa wegen Verstoßes gegen Verfahrensvorschriften wie das rechtliche Gehör etc.). Geht es um eine gerichtliche Entscheidung, die aufgrund eines Richtervorbehalts ergangen ist (etwa eine freiheitsentziehende Maßnahme gem. Art. 104 GG oder eine Entscheidung gem. §§ 81a oder 105 StPO), ist diese Entscheidung unmittelbar am Maßstab der betroffenen Grundrechte zu messen (dazu Rn 180a).

dd. Verfassungskonforme Auslegung des Gesetzes

186 Ist eine Norm ihrem Wortlaut nach unter verfassungsrechtlichen Gesichtspunkten bedenklich, lässt aber auch eine Auslegung i.S.d. Verfassung zu, ist sie nur mit *dieser* Auslegung verfassungsmäßig und gültig (verfassungskonforme Auslegung).[363]

---

[361] Vgl. BVerfG NJW 2001, 2320, 2321.

[362] So die oft anzutreffende Formulierung des BVerfG, vgl. etwa BVerfG 28.6.2016 - 1 BvR 3388/14 (Rn 15).

[363] Vgl. nur BVerfG NVwZ 2015, 510; NJW 2004, 2663; BVerfGE 59, 336, 350 f.

Beispiel[364]**:** Wer in konkreten fremden Angelegenheiten selbstständig eine rechtliche Prüfung des Einzelfalls (= Rechtsdienstleistung) vornehmen möchte, darf dies nur, soweit es ihm nach dem Rechtsdienstleistungsgesetz (RDG) oder anderen Gesetzen erlaubt ist (vgl. § 3 RDG). Bis auf bestimmte Rechtsdienstleistungen im Zusammenhang mit einer anderen Tätigkeit ist also regelmäßig eine Erlaubnis erforderlich. Die Erbringung unentgeltlicher Rechtsdienstleistungen ist hingegen grds. erlaubnisfrei (§ 6 I RDG). Wer aber unentgeltliche Rechtsdienstleistungen außerhalb familiärer, nachbarschaftlicher oder ähnlich enger persönlicher Beziehungen erbringen möchte, muss gewährleisten, dass die Rechtsdienstleistung durch eine Person, der die entgeltliche Erbringung dieser Rechtsdienstleistung erlaubt ist, durch eine Person mit Befähigung zum Richteramt oder unter Anleitung einer solchen Person erfolgt (§ 6 II S. 1 RDG).
Verstöße gegen bestimmte Vorschriften des RDG sind ordnungswidrig und können mit einer Geldbuße von bis zu 50.000,- € geahndet werden (§ 20 RDG).
Dr. P ist Juraprofessor an der Universität des Landes L; als Beamter auf Lebenszeit verfügt er nicht über eine Anwaltszulassung und damit nicht über eine Zulassung i.S.d. RDG. Dennoch hat P häufig und in großem Umfang unentgeltlich rechtsbesorgende Tätigkeiten ausgeübt und wiederholt Bürger in Rechtssachen eingehend individuell beraten. Daher wurde von der zuständigen Justizbehörde gegen ihn eine Geldbuße verhängt. Rechtsmittel blieben ohne Erfolg. Mit seiner Verfassungsbeschwerde rügt P u.a. die Verletzung seiner allgemeinen Verhaltensfreiheit.

Die Verfassungsbeschwerde ist begründet, wenn die Gerichte bei der Auslegung und Anwendung einfachen Rechts Fehler erkennen lassen, die auf einer grundsätzlich unrichtigen Anschauung von der Bedeutung des Grundrechts beruhen[365] (sie also spezifisches Verfassungsrecht verletzt haben). In Betracht kommt eine Verletzung des Art. 2 I GG (hier: allgemeine Verhaltensfreiheit). Hierbei ist zunächst zu prüfen, ob der den gerichtlichen Entscheidungen zugrunde liegende gesetzliche Erlaubnisvorbehalt des RDG verfassungsgemäß ist. Sollte dies der Fall sein, ist des Weiteren zu prüfen, ob Sinn und Zweck des Erlaubnisvorbehalts bei P zutreffen, ob er also tatsächlich ungeeignet ist, Rechtsberatungen durchzuführen.

Der Erlaubnisvorbehalt für die Besorgung fremder Rechtsangelegenheiten nach dem RDG kann als verfassungsgemäß angesehen werden. Das RDG dient dazu, die Rechtsuchenden, den Rechtsverkehr und die Rechtsordnung vor unqualifizierten Rechtsdienstleistungen zu schützen (vgl. § 1 I S. 2 RDG). Zur Erreichung dieser Zwecke ist der abstrakt-generelle Erlaubnisvorbehalt erforderlich und angemessen.

Fraglich ist jedoch, ob auch die angegriffenen Gerichtsentscheidungen, soweit sie die Einzelfallentscheidung der Justizbehörde bestätigen, den verfassungsrechtlichen Anforderungen, die sich aus dem Grundrecht der allgemeinen Verhaltensfreiheit (insbesondere aus dem Grundsatz der Verhältnismäßigkeit) ergeben, genügen.

Das Grundrecht der allgemeinen Verhaltensfreiheit ist insbesondere dann verletzt, wenn die Auslegung und Anwendung des einfachen Rechts die grundrechtliche Freiheit unverhältnismäßig einschränkt. Zwar hat das BVerfG die Auslegung und Anwendung des einfachen Rechts grundsätzlich nicht nachzuprüfen. Bei Auslegungsfehlern in einer Entscheidung jedoch, die auf einer grundsätzlich unrichtigen Auffassung von der Bedeutung eines Grundrechts, insbesondere von dessen Tragweite, beruhen, hat das BVerfG einen Verstoß gegen Verfassungsrecht zu korrigieren.

P hat die „erforderliche Sachkunde" gemäß den Vorschriften des RDG durch seine Tätigkeit als Juraprofessor hinreichend unter Beweis gestellt. Die Schutzzwecke des RDG sind durch die rechtsbesorgende Tätigkeit des P nicht berührt. Der Wortlaut der Regelung des RDG über den Erlaubnisvorbehalt geht daher im Fall des P über den Sinn und Zweck des Gesetzes hinaus, sodass von Verfassungs wegen eine einschränkende Auslegung geboten ist. Anderenfalls würde das groteske Ergebnis vorliegen, dass jemand, der nicht über die

---

[364] In Anlehnung an den ähnlichen Fall BVerfG NJW 2004, 2663.
[365] So die oft anzutreffende Formulierung des BVerfG, vgl. etwa BVerfG 28.6.2016 - 1 BvR 3388/14 (Rn 15).

„erforderliche Sachkunde" verfügt, um Rechtsberatungen durchzuführen, dennoch als Juraprofessor angehende Juristen (die später wiederum nach bestandener Zweiter Juristischer Staatsprüfung und Anwaltszulassung Rechtsdienstleistungen vornehmen dürfen) ausbilden darf. Die von P unentgeltlich übernommenen Rechtsbesorgungen sind daher entweder nicht genehmigungsbedürftig i.S.v. § 3 RDG oder die Genehmigung hätte ihm erteilt werden müssen.

Da die Justizbehörde und die ihre Rechtsauffassung bestätigenden Gerichte die Möglichkeit der verfassungskonformen Auslegung, die sich am Sinn und Zweck der gesetzlichen Regelung orientiert, unberücksichtigt gelassen haben, ist die Verfassungsbeschwerde des P begründet.

ee. Grundrechtseingriff und Rechtsverordnung

187 Rechtsverordnungen sind (nur-materielle) Rechtsnormen, die von der Exekutive, d.h. von einer Regierung, von Ministern oder von Verwaltungsbehörden erlassen wurden. Wie bereits erläutert, unterscheiden sie sich von den formell-materiellen Normen nur in Bezug auf den Normgeber. Da aber der Erlass von Rechtsnormen originäre Aufgabe der Legislative ist, bedeutet die Befugnis der Exekutive zum Normenerlass eine Durchbrechung des Gewaltenteilungsprinzips. Dennoch bestehen verfassungsrechtlich keine Bedenken, weil die Exekutive nur aufgrund einer Ermächtigung der Legislative und unter Beachtung des dreifachen Delegationsfilters (gem. Art. 80 I S. 2 GG müssen Inhalt, Zweck und Ausmaß der Ermächtigung in der Ermächtigungsnorm bestimmt sein) tätig werden darf.[366] Es muss **vorhersehbar** sein, „in welchen Fällen und mit welcher Tendenz von der Ermächtigung Gebrauch gemacht werden und welchen Inhalt die zu erlassende Rechtsverordnung haben kann".[367] Darüber hinaus sind in der Rechtsverordnung die Rechtsgrundlage, d.h. die Ermächtigungsnorm sowie der Verordnungsadressat (Bundesregierung, Bundesminister oder Landesregierung), anzugeben (Art. 80 I S. 1 und S. 3 GG). Insbesondere, wenn es um **mehrdimensionale, komplexe Grundrechtskonstellationen** geht, in denen miteinander konkurrierende Freiheitsrechte und andere (widerstreitende) Verfassungsgüter in Einklang gebracht werden müssen, ist zudem die **Wesentlichkeitsrechtsprechung** des BVerfG zu beachten: Der parlamentarische Gesetzgeber ist verpflichtet, in grundlegenden grundrechtsrelevanten Bereichen alle wesentlichen Regelungen selbst zu treffen, und darf diese nicht über mehr oder minder globale Ermächtigungen an die Exekutive delegieren.[368]

Beispiel: Die Festlegung von Altershöchstgrenzen für die Einstellung in den öffentlichen Dienst ist derart wesentlich für die betroffenen Bewerber, dass sie nur durch formelles Gesetz (hier: Beamtengesetz) erfolgen kann. Werden Altersgrenzen lediglich in Laufbahnverordnungen (Rechtsverordnungen) festgelegt, ist dies bereits wegen Verstoßes gegen Art. 80 I S. 2 GG bzw. die Wesentlichkeitsrechtsprechung rechtswidrig, wenn es an einer hinreichend bestimmten Ermächtigungsgrundlage fehlt.[369]

Fazit: Der dreifache Delegationsfilter, das Zitiergebot und die Wesentlichkeitsrechtsprechung gewährleisten, dass das Parlament seine Aufgabe, zu der es berufen ist, nicht veräußert, sondern alle wesentlichen Entscheidungen selbst trifft.

188 Gleichwohl ist die Rechtsverordnung ein sehr wichtiges Instrument. Der parlamentarische Gesetzgeber wäre überfordert, wenn er sämtliche Detailfragen selbst behandeln

---

[366] Vgl. VG Düsseldorf NVwZ 2002, 1269, 1271; OVG Berlin NVwZ-RR 2002, 720.

[367] Vgl. nur BVerfGE 1, 13, 60; 47, 46, 79; 49, 89, 126; 58, 257, 268; 84, 212, 226; 88, 103, 116; BVerfG NVwZ 2015, 1279, 1280 f.; DVBl 2002, 479, 480; NVwZ 2002, 858; BVerwGE 112, 194, 200; VG Düsseldorf NVwZ 2002, 1269, 1271; OVG Berlin NVwZ-RR 2002, 720 (st. Rspr.) und *Böckenförde*, NJW 1999, 1235.

[368] Vgl. nur BVerfGE 33, 125, 158 (Facharzt); 84, 212, 226 (Aussperrung); BVerfG NVwZ 2015, 1279, 1280 (Altershöchstgrenzen für die Einstellung in den öffentlichen Dienst).

[369] BVerfG NVwZ 2015, 1279, 1280. Zur materiell-rechtlichen Frage (Vereinbarkeit mit Art. 33 II GG und Art. 12 I GG) vgl. Rn 367, 775 (Bsp. 6), 798, 805, 806.

müsste. Dazu ist die Exekutive durch ihre Fachministerien und die Ministerialinstanzen besser imstande. Dennoch darf der dadurch entstandene Machtzuwachs der Exekutive nicht übersehen werden, denn allzu oft sind es Detailfragen, denen entscheidende Bedeutung zukommt.[370] Man denke etwa an die (gem. § 1 II BtMG von der Bundesregierung auszugestaltenden) Listen der strafrechtlich relevanten Betäubungsmittel in den Anlagen I-III zum BtMG oder an die Bußgeldkatalogverordnung und die Anlagen zur Fahrerlaubnisverordnung, bei denen gem. § 6 StVG der Bundesverkehrsminister ermächtigt wurde, Bußgelder, Fahrverbote und Punkteeintragungen im Fahreignungsregister festzusetzen. Daher darf in der Fallbearbeitung die Vereinbarkeit einer Rechtsverordnung mit Art. 80 I S. 2 GG i.d.R. nicht unterstellt werden. Es ist i.d.R. danach zu fragen, ob die Ermächtigungsgrundlage mit den Vorgaben des Art. 80 I GG vereinbar ist bzw. die Vorgaben der Wesentlichkeitsrechtsprechung erfüllt und ob sich die Rechtsverordnung an die Vorgaben der Ermächtigungsgrundlage hält.

Wie bei den formellen Gesetzen ist auch bei den Rechtsverordnungen kategorisch zwischen Bundes- und Landesrecht zu unterscheiden. **Bundesrechtsverordnungen** werden von einer Einheit der Exekutive des Bundes erlassen. Als renommiertestes Beispiel dürfte die StVO gelten, die vom Bundesverkehrsminister auf der Grundlage des § 6 I StVG erlassen wurde. Demgegenüber liegen **Landesrechtsverordnungen** vor, wenn der Verordnungsgeber der Exekutive des Landes angehört. Dabei spielt es für die Einstufung als Landesrechtsverordnung keine Rolle, ob die Ermächtigungsgrundlage ein Bundesgesetz oder ein Landesgesetz ist. Denn eine Landesregierung übt auch bei Gebrauchmachen von einer bundesgesetzlichen Ermächtigung nur Landesgewalt aus und kann deshalb nur Landesrecht setzen.[371] **189**

> **Beispiel:** Erlässt eine Landesregierung eine gastronomiebezogene Sperrzeitenverordnung auf Grundlage des § 18 GastG[372], handelt es sich bei der Sperrzeitenverordnung um eine Landesrechtsverordnung. Daran ändert auch der Umstand nichts, dass die Ermächtigungsgrundlage (§ 18 GastG) ein Bundesgesetz darstellt. Denn entscheidend bei der Einstufung als Bundes- oder Landesrecht ist stets die erlassende Stelle.

Ein Unterschied zwischen Bundes- und Landesrechtsverordnungen besteht aber hinsichtlich der Geltung des Art. 80 I GG. Denn diese Vorschrift bezieht sich unmittelbar nur auf Bundesrechtsverordnungen und auf Landesrechtsverordnungen, die auf der Grundlage eines Bundesgesetzes erlassen werden sollen. Ermächtigt ein förmliches Landesgesetz zum Erlass von Rechtsverordnungen, ist Art. 80 I GG nicht unmittelbar anwendbar, weil diese Norm systematisch keine Normativbestimmung für das Landesrecht darstellt. Die meisten Landesverfassungen enthalten jedoch eine Art. 80 I GG entsprechende Vorschrift.[373] In den übrigen Ländern ergibt sich die Forderung bzgl. der Bestimmtheit von Inhalt, Zweck und Ausmaß aus dem Rechtsstaatsprinzip. Denn dadurch, dass Art. 80 I S. 2 GG eine Konkretisierung des Rechtsstaatsprinzips darstellt, gelten die Grundsätze der Gesetzmäßigkeit der Verwaltung und des Vorbehalts und Vorrangs des Gesetzes auch für die Landesgesetzgebung, und zwar entweder unmittelbar kraft des **Art. 20 III GG oder mindestens über Art. 28 I S. 1 GG** (Homogenitätsklausel).[374] Landesgesetze, die Landesbehörden zur Verordnungsgebung ermächtigen, müssen also Inhalt, Zweck und Ausmaß in gleicher Weise bestimmen wie ermächtigende Bundesparlamentsgesetze, auch wenn ein entsprechender Verfassungsgrundsatz in den Landesverfassungen nicht explizit aufgeführt ist. **189a**

---

[370] *Maurer*, AllgVerwR, § 4 Rn 18.
[371] Vgl. BVerfGE 18, 407, 418.
[372] Zur Föderalismusreform 2006, wonach auch das Gaststättenrecht der Gesetzgebungskompetenz der Länder unterfällt, vgl. Rn 635.
[373] Vgl. Art. 61 I BaWü; Art. 80 Brand; Art. 53 Hamb; Art. 57 MeckVor; Art. 43 Nds; Art. 70 NRW; Art. 110 RhlPfl; Art. 104 Saar; Art. 75 Sachs; Art. 79 SachsAnh; Art. 38 SchlHolst.
[374] So auch BVerwG NVwZ 2003, 95, 96.

189b Auf der (rechtmäßigen) Rechtsverordnung aufbauend, wird dann in der Regel eine **Einzelmaßnahme** (Verwaltungsakt) erlassen.

Beispiel: Gegen den in verkehrsgefährdender Weise überholenden Autofahrer wird aufgrund der § 24 StVG, § 49 I Nr. 5 i.V.m. § 5 StVO ein Bußgeldbescheid erlassen.

Hinweis für die Fallbearbeitung: Es ist also eine Stufenfolge feststellbar: Aufgrund eines Parlamentsgesetzes (= Ermächtigungsgrundlage) ergeht eine Rechtsverordnung. Diese ist wiederum Grundlage für den Erlass einer grundrechtseinschränkenden Einzelmaßnahme. Gegenstand der Untersuchung ist daher regelmäßig die dem Bürger gegenüber erlassene Einzelmaßnahme. Daraus ergibt sich folgende Überlegung bezüglich der Prüfungsreihenfolge: Die Einzelmaßnahme kann nur dann rechtmäßig sein, wenn ihre Rechtsgrundlage (hier die Rechtsverordnung) ihrerseits rechtmäßig ist. Die Rechtsverordnung selbst ist nur dann rechtmäßig, wenn ihre Ermächtigungsgrundlage, das Parlamentsgesetz, rechtmäßig ist. Daraus folgt, dass in der Fallbearbeitung in einem dreistufigen Verfahren zunächst das Parlamentsgesetz, dann die Rechtsverordnung und schließlich die Einzelmaßnahme zu prüfen sind. Die Grundrechtsschranke bildet dabei die Rechtsverordnung, da nur sie, nicht das Parlamentsgesetz, sich im Einzelfall anwenden lässt. Ein Prüfungsschema der Rechtsverordnung findet sich bei *R. Schmidt*, Staatsorganisationsrecht, Rn 940.

ff. Grundrechtseingriff und Satzung

190 Bestimmte gesellschaftliche Gruppen (im Bereich des öffentlichen Rechts Körperschaften, Stiftungen und Anstalten des öffentlichen Rechts – dazu bereits Rn 66 ff.) können zur Regelung ihrer Angelegenheiten eigenes Recht setzen und damit Grundrechte beschränken, sog. Satzungsrecht. Durch das Institut der Satzung werden die Aufgaben des Autonomieträgers, seine Verwaltung und die Rechtsbeziehungen zu den Mitgliedern normiert.

Beispiele: Bebauungspläne[375]; Bettelverbotssatzungen; Taubenfütterungsverbotssatzungen[376]; Satzungen von Verbänden, Universitäten[377], Berufskammern (z.B. Ärztekammer), Anstalten und Stiftungen des öffentlichen Rechts; Geschäftsordnungen eines kommunalen Vertretungsorgans (z.B. des Gemeinderats)[378] oder andere kommunale Satzungen außerhalb des BauGB (z.B. aus dem Kommunalabgabenrecht[379]); Satzungen über Anschluss- und Benutzungszwang[380]; Hundesteuersatzungen[381]; Abfallwirtschafts- und Gebührensatzungen[382]

190a Das Recht zum Erlass von Satzungen ist Ausfluss des Selbstverwaltungsrechts (Autonomie; daher auch der überkommene Begriff der *autonomen* Satzung). Zu beachten ist aber, dass die Satzungsautonomie gesetzlich verliehen sein muss.[383] Für die Gemeinden bspw. ergibt sich die Satzungsautonomie nach umstrittener Auffassung nicht unmittelbar aus Art. 28 II S. 1 GG. Diese Vorschrift garantiert zwar die Satzungsautonomie, verleiht sie aber nicht selbst (str.). Die Verleihung findet richtigerweise durch die Gemeindeordnungen der Länder statt. Auch haben die Länder in den sog. Kammergesetzen den Landesärztekammern (= Körperschaften des öffentlichen Rechts) das Recht verliehen, die Berufspflichten der Ärzte in einer Berufsordnung (Satzung) zu re-

---

[375] Vgl. dazu *R. Schmidt*, Öffentliches Baurecht, Rn 14 ff.
[376] Vgl. hierzu OVG Lüneburg NuR 1997, 610; VGH München BayVBl 1998, 311; *Jahn*, JuS 1999, 1004.
[377] Vgl. dazu etwa BVerwG NJW 2016, 1113, 1114 (Promotionssatzung).
[378] Je nach Ausgestaltung des Regelungsgefüges ist es auch möglich, die GO des Gemeinderats als Rechtssatz sui generis zu qualifizieren.
[379] Vgl. dazu BVerwG NVwZ 2002, 1123 ff.
[380] Vgl. dazu OVG Magdeburg NVwZ-RR 2008, 810.
[381] Vgl. dazu BVerwG NVwZ 2005, 1325 ff.
[382] Vgl. VGH München NVwZ 2001, 704.
[383] Vgl. dazu BVerfGE 102, 370 ff. (Zeugen Jehovas); *Schnapp/Kaltenborn*, JuS 2000, 937 f.

geln. Entsprechendes gilt auf Bundesebene für den Erlass einer Berufsordnung für Rechtsanwälte durch die Rechtsanwaltskammer.

Fraglich sind die Grenzen der Satzungsautonomie. Zwar gilt Art. 80 I GG direkt nur für Rechtsverordnungen des Bundes sowie für Landesrechtsverordnungen, die auf der Grundlage eines Bundesgesetzes ergangen sind. Allerdings haben der **Parlamentsvorbehalt** und die **Wesentlichkeitsrechtsprechung** des BVerfG auch Auswirkungen auf die Zulässigkeit der Satzungsautonomie. Nach dem Facharztbeschluss des BVerfG[384], der insoweit eine Leitentscheidung darstellt, bleibt auch im Rahmen einer an sich zulässigen Autonomiegewährung der Grundsatz bestehen, dass sich der Gesetzgeber seiner Rechtsetzungsbefugnis nicht völlig entäußern und seinen Einfluss auf den Inhalt der von den körperschaftlichen Organen zu erlassenden Normen nicht gänzlich preisgeben dürfe. Das folge sowohl aus dem Rechtsstaats- als auch aus dem Demokratieprinzip: Fordere das eine, die öffentliche Gewalt in allen ihren Äußerungen auch durch klare Kompetenzordnung und Funktionentrennung rechtlich zu binden, sodass Machtmissbrauch verhütet und die Freiheit des Einzelnen gewahrt würden (*checks and balances*), gebiete das andere, dass es möglich sein müsse, jede Ordnung eines Lebensbereichs durch Sätze objektiven Rechts auf eine Willensentschließung der vom Volke bestellten Gesetzgebungsorgane zurückzuführen. Der Gesetzgeber darf also seine eigentliche Aufgabe nicht anderen Stellen innerhalb oder außerhalb der Staatsorganisation überlassen, sondern hat sie in den Grundzügen durch ein förmliches Gesetz, eine Ermächtigungsgrundlage, festzulegen.[385] Die dann noch erforderlichen ergänzenden Regelungen können nach Ermessen des Gesetzgebers dem Satzungsrecht der öffentlich-rechtlichen Körperschaften überlassen werden.[386] Schließlich darf die förmliche Rechtsgrundlage nicht zulassen, dass die satzungsgebende Körperschaft durch Satzungsbeschluss die Partizipation der Verbandsmitglieder ausschließt.[387] 191

Fazit: Mit der Verleihung der Satzungskompetenz wird den juristischen Personen des öffentlichen Rechts ein Bereich eigener Rechtsetzungskompetenz übertragen, der sich grundsätzlich durch die demokratische Begründung des satzungsgebenden Organs und zugleich aus sich selbst heraus legitimiert. Die Verleihung von Satzungsautonomie ist dabei nicht auf (mitgliedschaftlich organisierte) Körperschaften (z.B. Gemeinden, Hochschulen, Berufskammern), in denen gleichgerichtete Interessen gebündelt werden, beschränkt. Vielmehr kommen auch (hierarchisch organisierte) Anstalten des öffentlichen Rechts (z.B. ZVS, öffentlich-rechtliche Rundfunkanstalten[388], öffentliche Sparkassen) in Betracht, sofern der Gedanke der Betroffenen-Partizipation bei der Ausgestaltung der Entscheidungsgremien wenigstens durch *Beteiligung* der relevanten Gruppen seinen Niederschlag findet.[389] In diesem Fall muss aber als Ausgleich für die fehlende demokratische Legitimation der Entscheidungsträger eine Normsetzungsermächtigung in einem Parlamentsgesetz festgelegt sein, das den inhaltlichen Anforderungen des Art. 80 I S. 2 GG (Inhalt, Zweck und Ausmaß) entspricht. Zudem ist eine ausreichende Einwirkungs- und Überwachungsmöglichkeit der dem demokratischen Gesetzgeber verantwortlichen staatlichen Exekutive erforderlich. Zur Prüfung einer Satzung und zum entsprechenden Prüfungsschema vgl. *R. Schmidt*, Staatsorganisationsrecht, Rn 210 ff. 192

[384] BVerfGE 33, 125 ff.
[385] BVerfGE 33, 125, 158. Das förmliche Gesetz stellt also die Rechtsgrundlage für den Erlass der Satzung dar.
[386] BVerfGE 33, 125, 163.
[387] BVerfG NVwZ 2002, 851 ff. (Grenzen der Satzungsgewalt).
[388] Vgl. dazu VGH Mannheim NVwZ-RR 1999, 580 mit Bespr. v. *Dörr*, JuS 2000, 491 f.
[389] BVerfGE 37, 1, 27.

c. Rechtfertigung durch kollidierendes Verfassungsrecht

193 Wie bereits bei Rn 162 eingehend erläutert, enthalten einige Grundrechte weder verfassungsunmittelbare Schranken noch stehen sie unter einem Gesetzesvorbehalt. Sie werden scheinbar schrankenlos gewährt. Die scheinbar schrankenlos gewährte Freiheit darf aber nicht dazu führen, dass ihr bei einer Kollision mit anderen wichtigen Verfassungsgütern stets der Vorrang einzuräumen ist. Vielmehr ist nach ständiger Rechtsprechung des BVerfG[390] eine Einzelfallabwägung erforderlich: Das scheinbar schrankenlos (i.S.v. vorbehaltlos) gewährte Grundrecht des von der staatlichen Maßnahme betroffenen Bürgers muss mit den widerstreitenden Verfassungsgütern (etwa den Grundrechten Dritter, aber auch mit dem Erfordernis der institutionellen Funktionsfähigkeit des Staates und seiner Einrichtungen als verfassungsimmanente Schranke der Grundrechtsausübung) in einen gerechten Ausgleich gebracht werden (sog. praktische Konkordanz[391]). Sofern man nicht schon eine Schutzbereichsbegrenzung vornimmt (kollidierendes Verfassungsrecht als Schutzbereichsbegrenzung - ausführlich oben Rn 126 ff.), wird im Rahmen der Prüfung der verfassungsrechtlichen Rechtfertigung ein Verfassungsgut zur Schranke des anderen. Dann aber gilt stets auch der Grundsatz vom Vorbehalt des Gesetzes, sodass die verfassungsimmanente Einschränkung des scheinbar vorbehaltlos gewährten Grundrechts nur durch Gesetz oder aufgrund eines Gesetzes erfolgen darf.[392]

Beispiele:

(1) Nach Art. 5 III GG sind freie Kunst sowie Wissenschaft, Forschung und Lehre gewährleistet. Von einer Einschränkungs-, Beschränkungs-, Ausgestaltungs- oder Regelungsmöglichkeit durch Gesetz oder aufgrund eines Gesetzes ist nichts zu lesen. Insbesondere stellt Art. 5 II GG keinen Schrankenvorbehalt dar. Gleichwohl ist es nachvollziehbar, dass die Ausübung eines vorbehaltlos gewährten Grundrechts nicht dazu führen darf, dass andere wichtige Verfassungsgüter Schaden erleiden. So darf durch die Kunstfreiheit nicht das Leben Dritter (Art. 1 I, 2 II S. 1 GG) gefährdet werden. Auch fremde Eigentumsrechte (Art. 14 I GG), insbesondere Urheberrechte, sind zu beachten.[393] Daraus folgt: Entgegenstehendes wichtiges Verfassungsrecht, insbesondere Grundrechte Dritter, aber auch die institutionelle Funktionsfähigkeit des Staates und seiner Einrichtungen sowie Staatsschutzbelange, begrenzen also die offenbar schrankenlos (i.S.v. vorbehaltlos) gewährten Grundrechte. Die gegenläufigen Verfassungsgüter müssen (im Rahmen der Prüfung der verfassungsrechtlichen Rechtfertigung des Grundrechtseingriffs) im Wege einer **praktischen Konkordanz** gegeneinander abgewogen werden.[394]

(2) Auch Versammlungen in geschlossenen Räumen sind vorbehaltlos gewährt (vgl. Art. 8 GG). Selbstverständlich sind auch hier Einschränkungen möglich, wenn dies zum Schutz der Grundrechte Dritter oder anderer mit Verfassungsrang ausgestatteter Rechtsgüter notwendig ist.[395]

(3) Ein besonderes Problem bereitet Art. 4 I und II GG. Nach dieser Verfassungsbestimmung wird die Religions- bzw. Weltanschauungsfreiheit vorbehaltlos gewährt, da ein entsprechender Gesetzesvorbehalt in der Vorschrift nicht enthalten ist. Glaubensüberzeugungen, die durch Art. 4 I und II GG geschützt sind, fänden demnach ihre Grenzen lediglich im kollidierenden Verfassungsrecht bzw. in den Grundrechten Dritter.[396]

---

[390] BVerfGE 128, 1, 41 (Gentechnikgesetz); 81, 298, 304; 81, 278, 292; 75, 369, 376; 67, 213, 223 f.; 57, 70, 99; 47, 327, 369; 32, 98, 107; 28, 243, 261.

[391] Begriff nach *Hesse*, Grundzüge des Verfassungsrechts, Rn 317 ff. Später verwendet bspw. auch von BVerfGE 89, 214, 232; 129, 78, 101 f.; 134, 204, 223; BVerfG NJW 2016, 2247, 2250 (Verwendung von Samples in Musikstück).

[392] Vgl. auch BVerfGE 128, 1, 41 (Gentechnikgesetz).

[393] BVerfG NJW 2016, 2247, 2250 ff. (Verwendung von Samples in Musikstück). Vgl. dazu unten Rn 536 Bsp. 3.

[394] Vgl. BVerfGE 128, 1, 41 (Gentechnikgesetz); BVerfG NJW 2016, 2247, 2250 (Verwendung von Samples in Musikstück) mit Verweis auf BVerfGE 89, 214, 232; 129, 78, 101 f.; 134, 204, 223.

[395] BVerwG NVwZ 1999, 991 unter Berufung auf BVerwGE 90, 112, 122 (zu Art. 4 GG).

[396] So BVerfGE 33, 23, 31 (Eidesleistung). Vgl. auch BVerfGE 93, 1, 21 (Kruzifix); BVerfG NJW 2015, 1359, 1360 (Kopftuchverbot); vgl. auch *Kokott*, in: Sachs, GG, Art. 4 Rn 110 f.; *Morlok*, in: Dreier, GG, Art. 4 Rn 90; *Pieroth/Kingreen*, NVwZ 2001, 841, 842. Das BVerwG entscheidet widersprüchlich (dazu sogleich).

Grundrechtsschranken (d.h. Gesetzesvorbehalte) finden sich aber in den gem. Art. 140 GG inkorporierten Vorschriften der Weimarer Reichsverfassung (Art. 136, 137, 138, 139, 141 WRV), die (gem. Art. 140 GG) vollgültiger Teil des Grundgesetzes sind:

- Gemäß Art. 136 I WRV können durch die Ausübung der individuellen Religionsfreiheit die bürgerlichen und staatsbürgerlichen Rechte und Pflichten weder bedingt noch beschränkt werden.
- Art. 136 III S. 2 WRV enthält einen Gesetzesvorbehalt für Eingriffe in die negative Glaubens- und Bekenntnisfreiheit. Dieser Gesetzesvorbehalt wird auch gegenüber der *individuellen* Glaubensfreiheit etwa auf statistische Erhebungen bei Volkszählungen angewendet.[397]
- Art. 137 III WRV enthält einen Gesetzesvorbehalt, sofern es um die Regelung eigener Angelegenheiten der religiösen oder weltanschaulichen Vereinigungen geht.

Trotz der eindeutigen Aussage des Art. 140 GG, wonach die genannten Bestimmungen der Weimarer Reichsverfassung Bestandteil des Grundgesetzes sind, wird nach Auffassung des BVerfG jedenfalls Art. 136 I WRV von Art. 4 I und II GG „überlagert" und somit in seiner Anwendung gesperrt.[398] Demnach bliebe es bei der vorbehaltlosen Gewährleistung der individuellen Glaubensfreiheit. Wenn das BVerfG andererseits aber konstatiert, Art. 4 GG und die durch Art. 140 GG inkorporierten Vorschriften der Weimarer Reichsverfassung bildeten ein „organisches Ganzes"[399], stellt sich die Frage, wie diese Vorschriften dann von Art. 4 I und II GG überlagert werden können.[400] Nach der hier vertretenen Auffassung greifen wegen Art. 140 GG, der u.a. Art. 136 I WRV zum vollgültigen Verfassungsrecht erklärt, die Schranken der bürgerlichen und staatsbürgerlichen Rechte und Pflichten, die durch die allgemeinen Gesetze geregelt sind. Art. 4 I GG untersteht damit einem (einfachen) Gesetzesvorbehalt.[401] In Anlehnung an Art. 5 II Var. 1 GG, der die Grundrechte aus Art. 5 I GG unter den Vorbehalt der allgemeinen Gesetze stellt, wären hinsichtlich Art. 4 I, II GG i.V.m. Art. 140 GG i.V.m. Art. 136 I WRV solche Gesetze allgemein, die nicht eine Religion bzw. eine kultische Handlung oder ein Bekenntnissymbol als solche(s) verbieten oder sich dagegen richten, sondern die vielmehr dem Schutz eines schlechthin, ohne Rücksicht auf eine bestimmte Religion, zu schützenden Rechtsguts dienen, das gegenüber der Betätigung der Religionsausübungsfreiheit den Vorrang hat.[402]

Demzufolge käme es bei der Prüfung der verfassungsrechtlichen Rechtfertigung des Eingriffs in Art. 4 I, II GG also nicht darauf an, dass mit der Maßnahme Werte von Verfassungsrang geschützt würden, die bei einer Abwägung mit der Religionsfreiheit den Vorrang genössen. Vielmehr genügte es, dass die Durchsetzung des einfachgesetzlichen Schutzzwecks auf den geringstmöglichen Eingriff beschränkt bliebe (also dem Grundsatz der Verhältnismäßigkeit entspräche), wobei das einschränkende Gesetz freilich (ähnlich wie bei der Wechselwirkungstheorie in Bezug auf Art. 5 I, II GG) im Lichte der besonderen Bedeutung des Art. 4 I, II GG ausgelegt und angewendet werden müsste. Vgl. dazu ausführlich die Erläuterungen zu Art. 4 GG (Rn 381 ff.).

---

[397] BVerfGE 65, 1, 39 (Volkszählung). Der Offenbarungszwang im Rahmen der Volkszählung war deshalb verfassungsrechtlich nicht zu beanstanden (BVerfG a.a.O., S. 38 f.).

[398] So BVerfGE 33, 23, 31 (Eidesleistung). Vgl. auch BVerfGE 93, 1, 21 (Kruzifix); 104, 337, 345 ff. (Schächten). Aus der Literatur *Kokott*, in: Sachs, GG, Art. 4 Rn 83; *Morlok*, in: Dreier, GG, Art. 4 Rn 90.

[399] BVerfGE 53, 366, 400; 102, 370, 371. Vgl. auch BVerfG NVwZ 2015, 1434, 1438.

[400] Zweifelnd auch BVerwGE 112, 227, 231 f. (Schächten von Tieren). Allerdings erwähnt der gleiche Senat in der nur vier Wochen später ergangenen Entscheidung zum Cannabisanbau und -konsum (BVerwGE 112, 314, 315 ff.) Art. 136 I WRV nicht mehr, sondern rechtfertigt das Verbot von (auch) religiös motiviertem Anbau von Cannabis mit kollidierendem Verfassungsrecht, wozu kein Anlass bestehen würde, wenn ein (einfacher) Gesetzesvorbehalt vorhanden wäre. Das BVerfG stellt indes ausdrücklich klar, dass Einschränkungen des Art. 4 I, II GG nur aufgrund verfassungsimmanenter Schranken ergehen können (BVerfGE 104, 337, 345 ff. - Schächten; BVerfG NJW 2015, 1359, 1362 - Kopftuchverbot).

[401] Art. 136 I WRV als Gesetzesvorbehalt qualifiziert etwa (auch) *Muckel*, in: de Wall/Muckel, Kirchenrecht, 4. Aufl. 2014, § 10 Rn 27 ff.; VG Freiburg 29.10.2015 – 6 K 2929/14 unter Berufung auf BVerwGE 112, 227, 231 f. (Schächten) und *Kästner*, in: Stern/Becker, Grundrechte-Kommentar, 2. Aufl. 2015, Art. 4 Rn 211/212); *Muckel*, JA 2016, 313, 315.

[402] Vgl. zu dieser (in Bezug auf Art. 5 I, II GG entwickelten) Formel Rn 507.

194 **Zusammenfassung:** Aus den bisherigen grundsätzlichen Überlegungen folgt, dass auch scheinbar vorbehaltlos gewährte Grundrechte begrenzt werden dürfen. Die Begrenzung darf allerdings nur zugunsten

- kollidierender Grundrechte Dritter
- und anderer mit Verfassungsrang ausgestatteter Werte

erfolgen. Die Grundrechtsschranke bildet dabei entweder das kollidierende Grundrecht oder das andere Rechtsgut von Verfassungsrang.

195 Der Weg der praktischen Konkordanz ist auch dann einzuschlagen, wenn ein scheinbar **vorbehaltlos** gewährtes Grundrecht mit einem Grundrecht **mit Schrankenvorbehalt** kollidiert. Auch hier löst das BVerfG die Kollision widerstreitender Verfassungsgüter durch eine gerechte Einzelfallabwägung (kollidierendes Verfassungsrecht als Eingriffsrechtfertigung). Dabei müssen die betroffenen Verfassungsgüter „im Konfliktfall nach Möglichkeit zum Ausgleich gebracht werden; lässt sich dies nicht erreichen, so ist unter Berücksichtigung der falltypischen Gestaltung und der besonderen Umstände des Einzelfalls zu entscheiden, welches Interesse zurückzutreten hat"[403]. Notwendig ist „ein Ausgleich der gegenläufigen ... Interessen mit dem Ziel ihrer Optimierung"[404].

Beispiel: Y ist wissenschaftlicher Mitarbeiter einer Universität und arbeitet an einem Bericht über die Arbeitsweise der Printmedien. Dazu befragt er einige Mitarbeiter und Journalisten des großen politischen Magazins Z. Er bekommt umfangreiches Material über interne Entscheidungsabläufe und Namen von Informanten sowie deren Informationsquellen zur Verfügung gestellt. In dem späteren Bericht des Y werden die internen Entscheidungsabläufe und die Namen der Informanten genannt. Z beantragt daraufhin den Erlass einer einstweiligen Verfügung auf Unterlassung der geplanten Veröffentlichung. Die Veröffentlichung greife in die Pressefreiheit ein. Das entscheidende Gericht gibt dem Antrag statt. Nachdem Y dagegen erfolglos Rechtsmittel eingelegt hat, erhebt er Verfassungsbeschwerde.

196 **Hinweis für die Fallbearbeitung:** Die Figur der praktischen Konkordanz löst also die Kollision widerstreitender Verfassungsgüter durch eine gerechte Einzelfallabwägung. Dabei ist die Abwägung folgendermaßen vorzunehmen: Zunächst ist eine abstrakte, d.h. eine vom zu entscheidenden Fall unabhängige Bewertung der widerstreitenden Rechtsgüter vorzunehmen. Ist z.B. das eine Grundrecht einfacher einzuschränken als das andere, besitzt es grundsätzlich eine geringere Wertigkeit. Entscheidend ist aber letztlich der konkrete Einzelfall. Es ist zu untersuchen, bei welchem Grundrecht der Eingriff schwerer wiegt. Dabei ist die Unterscheidung zwischen Peripherie und Kernbereich nützlich: Ist bei dem abstrakt gesehen höherwertigen Grundrecht lediglich der Randbereich betroffen, bei dem abstrakt gesehen geringerwertigen Grundrecht dagegen in den Kernbereich eingegriffen worden, kann die konkrete Bewertung für den Vorrang des an sich geringerwertigen Grundrechts ausfallen.

197 Eine praktische Konkordanz ist schließlich bei Kollisionen zwischen **Grundrechten mit jeweiligem Schrankenvorbehalt** erforderlich.

Beispiel: Im gerichtlichen Strafverfahren, bei dem es um die Feststellung der Strafbarkeit des Angeklagten (hier: Egon Krenz) wegen Totschlags geht, sind bei der Frage nach der Zulässigkeit von Ton- und Fernsehaufnahmen während der Hauptverhandlung die Informations-, Presse- und Rundfunkfreiheit (Art. 5 I GG) der Berichterstatter mit dem Persönlichkeitsrecht der am Verfahren Beteiligten, dem Anspruch der Beteiligten auf ein faires Verfahren sowie mit dem öffentlichen Interesse an der Funktionstüchtigkeit der

---

[403] BVerfGE 35, 202, 225; 59, 231, 261 ff.; 67, 213, 228. Vgl. auch BVerfGE 128, 1, 41 f. (Gentechnikgesetz).

[404] BVerfGE 81, 278, 292 (Verunglimpfung der Bundesflagge); vgl. auch BVerfGE 93, 1, 21 ff. (Kruzifix) und BVerfG NJW 2015, 1359, 1362 (Kopftuchverbot): Beschränkungen des Art. 4 I, II GG nur aufgrund verfassungsimmanenter Schranken.

Rechtspflege, insbesondere der ungestörten Wahrheits- und Rechtsfindung, gegeneinander abzuwägen. Dabei führt das BVerfG aus, dass der Gesetzgeber mit § 169 S. 2 GVG eine verfassungskonforme Regelung getroffen habe (Rn 460, 493).

Mittelbare Grundrechtsbindung zwischen Privaten: Der bei Rn 195 angesprochene Fall hatte zum Gegenstand, dass eine Privatperson Rechte einer anderen Privatperson beeinträchtigt. Zwar kann eine Privatperson nicht unmittelbar Grundrechte einer anderen Privatperson verletzen (dies kann nur eine staatliche Stelle, da Privatpersonen keine Grundrechtsadressaten sind, vgl. Rn 71 und 105). Eine Privatperson kann jedoch mittelbar Grundrechte einer anderen Person verletzen, indem sie gegen eine einfachgesetzliche Bestimmung verstößt, die auch und gerade dem Schutz von Grundrechten Dritter dient (vgl. dazu Rn 106 ff. sowie die Beispiele etwa bei Rn 111 und 787). 198

Beispiel: Der Produzent eines Hip-Hop-Songs verwendet in dem betreffenden Song eine 2-sekündige Rhythmusfolge aus einem anderen Werk, ohne dessen Urheber und Rechteinhaber um Erlaubnis gefragt zu haben.[405]

Hier ist offenkundig, dass die widerstreitenden Interessen (Kunstfreiheit des Produzenten des Hip-Hop-Songs auf der einen Seite; in der Eigentumsgarantie wurzelndes Urheberrecht des Rechteinhabers auf der anderen Seite) kollidieren und daher miteinander und gegeneinander abgewogen werden müssen.

Zumeist wird die geltend gemachte Rechtsverletzung in Form eines Unterlassungs-, Widerrufs- und/oder Schadensersatzanspruchs (gem. § 1004 BGB oder § 823 BGB) vor dem Zivilgericht ausgetragen. Aufgabe des Zivilgerichts ist es dann, die kollidierenden Grundrechte i.S. einer praktischen Konkordanz[406] miteinander und gegeneinander abzuwägen. Ebendieses richterliche Urteil ist es, das als staatlicher Eingriffsakt unmittelbar Grundrechte (der unterlegenen Partei) beeinträchtigt und Gegenstand einer Verfassungsbeschwerde sein kann. Erhebt die unterlegene Partei nun Verfassungsbeschwerde vor dem BVerfG gegen das (letztinstanzliche) Urteil, hat das BVerfG (und somit der Klausurbearbeiter) zu prüfen, ob das Fachgericht bei seiner Urteilsfindung spezifisches Verfassungsrecht verletzt hat.[407] Dabei ist streng zu beachten: Verletzung spezifischen Verfassungsrechts bedeutet *nicht*, dass das BVerfG (und damit der Klausurbearbeiter) prüft, ob das Gericht die Vorschriften des einfachen Rechts richtig angewendet hat („Verletzung einfachen Rechts"). Das BVerfG ist keine Superrevisionsinstanz. Vielmehr liegt eine spezifische Verfassungsverletzung vor, wenn das Fachgericht grundrechtliche Normen und Maßstäbe missachtet hat. Das ist der Fall, wenn es 199

- selbst Grundrechte oder grundrechtsgleiche Rechte (z.B. Art. 103 I GG) verletzt (etwa in seiner Entscheidung das entsprechende Grundrecht unverhältnismäßig beschränkt),
- seine Entscheidung auf eine grundrechtswidrige Norm gestützt
- oder bei der Auslegung und Anwendung einfachen Rechts Fehler erkennen lässt, die auf einer grundsätzlich unrichtigen Anschauung von der Bedeutung des Grundrechts beruhen[408]. Vgl. dazu auch Rn 106 und insb. Rn 276, 284 ff. und 517. Zur Lösung des Beispiels von Rn 198 vgl. Rn 536.

---

[405] Vgl. BVerfG NJW 2016, 2247 ff. (Verwendung von Samples in Musikstück).
[406] Begriff nach *Hesse*, Grundzüge des Verfassungsrechts, Rn 317 ff. Später verwendet bspw. auch von BVerfGE 89, 214, 232; 129, 78, 101 f.; 134, 204, 223; BVerfG NJW 2016, 2247, 2250 (Verwendung von Samples in Musikstück).
[407] Vgl. dazu aus jüngerer Zeit etwa BVerfG 28.6.2016 - 1 BvR 3388/14 (Nichterweislichkeit einer Tatsachenbehauptung); BVerfG NJW 2016, 2247, 2250 ff. (Verwendung von Samples in Musikstück).
[408] Vgl. BVerfG 28.6.2016 - 1 BvR 3388/14 (Nichterweislichkeit einer Tatsachenbehauptung).

VIII. Grundrechtsprüfung und staatliche Warnungen

200 Es kommt wiederholt vor, dass der Staat Sachverhalte lenken möchte, ohne sich dabei des Mittels des förmlichen Gesetzes bedienen zu müssen. Das betrifft namentlich die regierungsamtliche Öffentlichkeitsarbeit, insbesondere Aufklärung, Warnung, Empfehlung und Kritik in Bezug auf angeblich umwelt- bzw. gesundheitsschädliche Wirkungen bestimmter Produkte. Exemplarisch seien Warnungen vor diethylenglykolhaltigem Wein, mit Nitrofen belasteten Produkten des ökologischen Anbaus, mit BSE-Erreger infiziertem Rindfleisch, salmonellenverseuchtem Flüssigei in Teigwaren, aber auch Informationen über die Entstehung von Krebs erregendem Acrylamid bei der Zubereitung von Speisen oder über die Tauglichkeit von bestimmten Arzneimitteln genannt. Von nicht geringerer Bedeutung sind Warnungen vor Organisationen, die sich zu Recht oder zu Unrecht auf die Religions- bzw. Weltanschauungsfreiheit berufen und denen bspw. vorgeworfen wird, sie beuteten ihre Mitglieder aus, brächten diese in totale psychische Abhängigkeit oder verfolgten (insbesondere im Streit um Scientology) gegen den demokratischen Verfassungsstaat gerichtete Ziele. Das Gleiche gilt hinsichtlich Warnungen vor so genannten Jugendsekten, denen vorgeworfen wird, sie seien „destruktiv" und „pseudoreligiös", sie manipulierten ihre Anhänger unter Ausschluss der Öffentlichkeit und übten negativen Einfluss auf Jugendliche aus.

201 Dass Warnungen vor bestimmten Produkten oder Institutionen für die Betroffenen zum Teil erhebliche Nachteile wie z.B. Imageverlust oder Umsatzeinbußen nach sich ziehen können, liegt auf der Hand. Denn wenn z.B. eine Warnung vor bestimmten Lebensmitteln ausgesprochen und von der Bevölkerung ernst genommen wird, dann wird das Produkt eben nicht mehr gekauft. Darüber hinaus ist es möglich, dass die Verbraucher dann das ganze Sortiment des Herstellers meiden, weil man sich ja nie sicher sein kann, ob nicht auch andere Produkte mangelhaft sind. Damit sind die Fragen nach der Grundrechtsrelevanz und den Anforderungen an die verfassungsrechtliche Rechtfertigung aufgeworfen.

202 Da die Vereinbarkeit von staatlichem Informationshandeln mit Grundrechten (und anderen Verfassungsprinzipien) allerdings bei *R. Schmidt*, AllgVerwR, Rn 893 ff. behandelt wird, sei insoweit darauf verwiesen.

IX. Grundrechte im (abzulehnenden) Sonderstatusverhältnis

203 Nach der insbesondere von *Otto Mayer*[409] entwickelten Lehre vom besonderen Gewaltverhältnis[410] bestand eine enge Beziehung zwischen dem Staat und solchen Bürgern, die aufgrund von Soldaten-, Beamten-, Strafgefangenen-, Schul- oder (sonstigen) Anstaltsverhältnissen in einem Unterordnungsverhältnis zum Staat standen. Der in einem „besonderen Gewaltverhältnis" zum Staat stehende Bürger wurde gleichsam in den Staatsapparat einbezogen mit der Folge, dass die Grundrechte und der Gesetzesvorbehalt – die nur das allgemeine Bürger-Staat-Verhältnis bestimmen – nicht zur Geltung kamen. Eine gesetzliche Rechtsgrundlage war dementsprechend auch bei Eingriffen in die Grundrechte der im besonderen Gewaltverhältnis stehenden Bürger nicht erforderlich. Vielmehr war es gängige Praxis, z.B. Postkontrollen oder Disziplinarmaßnahmen auf Verwaltungsvorschriften (bzw. Anstaltsordnungen) zu stützen. Das „besondere Gewaltverhältnis" wurde sogar noch nach Inkrafttreten des Grundgesetzes vertreten, was dem modernen Demokratieverständnis (d.h. dem Vorbehalt des Gesetzes und der Wesentlichkeitsrechtsprechung) selbstverständlich nicht entspricht. Dementsprechend hat das BVerfG diesem Standpunkt in seiner berühmten Strafgefangenenentscheidung[411] eine

---

[409] Vgl. *Otto Mayer*, Deutsches Verwaltungsrecht, Bd. 1, 3. Aufl. 1924, S. 101 f.
[410] Auch Sonderstatusverhältnis oder Sonderrechtsverhältnis genannt.
[411] BVerfGE 33, 1 ff.; vgl. auch BVerfGE 41, 251 ff.

Absage erteilt, die es bezüglich des Jugendstrafvollzugs noch einmal bestätigt hat.[412] Das besondere Gewaltverhältnis als rechtfertigende Grundlage für Eingriffe in die Rechtssphäre der Betroffenen ist somit abzulehnen. Greift also ein Träger öffentlicher Gewalt in die (Grund-)Rechtssphäre eines Beamten, Richters, Soldaten, Schülers oder Strafgefangenen ein, bedarf er dazu einer **gesetzlichen Rechtsgrundlage**, die zudem alle wesentlichen Voraussetzungen für die Grundrechtsverkürzung enthält.[413] Lediglich Randfragen dürfen der Exekutive überlassen bleiben. Damit steht fest: Grundrechte, grundrechtliche Vorbehaltsklauseln sowie die allgemeinen Schranken-Schranken (insbesondere der Grundsatz der Verhältnismäßigkeit) gelten auch für das „Sonderstatusverhältnis".[414] Daher kann die Figur des Sonderstatusverhältnisses nur noch als Schlagwort für eine Rechtslage aus längst vergangener Zeit verstanden werden. Unter der Geltung des Grundgesetzes kann es folgerichtig nur noch um die Klärung der Frage gehen, unter welchen Voraussetzungen ein Grundrechtseingriff anzunehmen und wie der Rechtsschutz ausgestaltet ist. Terminologisch sollte daher der Begriff des **Eingliederungsverhältnisses** verwendet werden.[415]

Da sämtliche damit zusammenhängenden Rechtsfragen bei *R. Schmidt*, AllgVerwR, Rn 457 ff. behandelt sind, sei auch insoweit darauf verwiesen. **204 -218**

X. Die Wesensgehaltsgarantie, Art. 19 II GG

Art. 19 II GG bestimmt, dass kein Grundrecht „in seinem Wesensgehalt" angetastet werden darf. Die Bestimmung des Wesensgehalts kann **219**

(1) *absolut* unter Bezug auf die verbleibende Bedeutung des Grundrechts im Allgemeinen, d.h. unabhängig von der jeweiligen Konstellation (sog. Theorie vom absoluten Wesensgehalt) oder
(2) *relativierend* mit Hilfe des Verhältnismäßigkeitsgrundsatzes (sog. Theorie vom relativen Wesensgehalt) bestimmt werden.

- Nach der **Theorie vom absoluten Wesensgehalt** ist der Wesensgehalt eine feste, vom einzelnen Fall und von der konkreten Frage unabhängige Größe, d.h. ein Grundrechtskern, der unabhängig von der jeweiligen Fallgestaltung unantastbar ist.[416] Wird also der Wesensgehalt eines Grundrechts *im Allgemeinen* nicht berührt, ist er auch dann nicht verletzt, wenn vom Grundrecht *im konkreten Fall* nichts übrig bleibt. **220**

  Beispiel[417]**:** Durch den polizeilichen finalen Rettungsschuss wird dem Betroffenen das Leben genommen. Von dem Grundrecht auf Leben Art. 2 II S. 1 Var. 1 GG) bleibt im konkreten Fall also nichts übrig. Dadurch wird aber die *allgemeine* Gewährleistung des Rechts auf Leben nicht angetastet. Art. 19 II GG ist demnach nicht verletzt.

- Die von der h.M. vertretene **Theorie vom relativen Wesensgehalt** stellt demgegenüber nicht nur auf den Wesensgehalt des jeweiligen Grundrechts ab, sondern erfordert darüber hinaus, dass der Wesensgehalt für jeden einzelnen Fall gesondert bestimmt wird.[418] Eine Verletzung des Wesensgehalts des betreffenden Grundrechts liegt demnach vor, wenn dem Grundrecht bei einer Güterabwägung das höhere Gewicht für die konkret zu entscheidende Frage beizumessen ist.[419] **221**

---

[412] BVerfGE 116, 69 ff. – vgl. dazu Rn 319.
[413] Heute ganz selbstverständlich BVerfG NJW 2013, 3291.
[414] Insofern klarstellend BVerfG NVwZ 2015, 1279, 1280 ff.
[415] Vgl. *Kielmansegg*, JA 2012, 881, 882 mit Verweis u.a. auf *Loschelder*, in: HdbStR, Bd. 9, 3. Aufl. 2011, § 202; *Stern*, Staatsrecht Bd. III/1, 1988, S. 1376 ff.; *Peine*, in: Merten/Papier, Hdb der Grundrechte, Bd. 3, § 65; *Schmidt-Aßmann*, in: HdbStR Bd. 2, 3. Aufl. 2004, § 26 Rn 23 Fn 80.
[416] Vertreten von *Stern*, StaatsR III/2, S. 865 ff.; *Jarass*, in: Jarass/Pieroth, GG, Art. 19 Rn 7; *P/S/K/P*, Rn 312 ff.; *Herzog*, Festschrift für Zeidler, 1987, 1415, 1425.
[417] Nach *P/S/K/P*, Rn 316.
[418] BVerwGE 47, 330, 358; 61, 82, 113; BVerfG NJW 1996, 1201, 1202; *Remmert*, in: Maunz/Dürig, GG, Art. 19 Abs. 2 Rn 16 ff.; *Hesse*, Grundzüge des Verfassungsrechts, Rn 332; wohl auch BVerwGE 84, 375, 380 f.
[419] BVerwGE 47, 330, 359 (herangezogen auch von *P/S/K/P*, Rn 313).

Beispiel: Bei der Beurteilung der Frage, ob durch den polizeilichen finalen Rettungsschuss (s.o.) in den Wesensgehalt des Grundrechts eingegriffen worden ist, kommt es auf dem Boden der Theorie vom relativen Wesensgehalt auf die Verhältnismäßigkeit der Maßnahme an: Entsprach sie dem Grundsatz der Verhältnismäßigkeit, ist – da auf den konkreten Einzelfall abgestellt wird – der Wesensgehalt nicht angetastet. Art. 19 II GG ist nicht verletzt. War die Maßnahme dagegen unverhältnismäßig, ist Art. 19 II GG – da im konkreten Fall von dem Grundrecht nichts übrig bleibt – verletzt.

Hinweis für die Fallbearbeitung: Durch die Bezugnahme auf die Verhältnismäßigkeit rückt die Theorie vom relativen Wesensgehalt in die Nähe des Grundsatzes der Verhältnismäßigkeit, der bei der Prüfung der Rechtmäßigkeit der Grundrechtsschranke (i.d.R. das grundrechtseinschränkende Gesetz) stets im Vordergrund steht. Bei Befolgen der Theorie vom relativen Wesensgehalt hat dies zur Folge, dass bei Bejahung der Verhältnismäßigkeit des Gesetzes zur Wesensgehaltsgarantie nicht mehr viel gesagt werden muss. Ohnehin kommt es nur selten vor, dass ein in der Fallbearbeitung zu prüfendes Gesetz in den Kernbereich eines Grundrechts eingreift.

XI. Abschaffung einzelner Grundrechte

222 Von der Wesensgehaltsgarantie des Art. 19 II GG zu unterscheiden ist die völlige **Abschaffung eines einzelnen Grundrechts** durch den verfassungsändernden Gesetzgeber. Die Frage, ob die Abschaffung eines einzelnen Grundrechts zulässig ist, bemisst sich nach **Art. 79 III GG**. Durch diese Bestimmung wird zwar nicht ein einzelnes Grundrecht in seinem Bestand geschützt, es wird aber von der Unabänderlichkeit der in den Art. 1 und 20 GG niedergelegten Grundsätze gesprochen. Stellt ein bestimmtes Grundrecht eine besondere Ausprägung der Menschenwürde (Art. 1 I GG) dar, folgt aus Art. 79 III GG i.V.m. Art. 1 I GG eine Bestandsgarantie für dieses bestimmte Grundrecht. Aber nicht alle Grundrechte stellen eine besondere Ausprägung der Menschenwürde dar. So gehört z.B. das Asylgrundrecht (Art. 16a GG) nach der Rechtsprechung des BVerfG nicht zum Gewährleistungsgehalt von Art. 1 I GG und ist damit der Aufhebung durch den verfassungsändernden Gesetzgeber zugänglich.[420] Das BVerfG geht sogar noch weiter und lässt die völlige Abschaffung eines Grundrechts ohne Rücksicht auf seine Relevanz für die Menschenwürde zu, weil Art. 1 I GG selbst deren Schutz in dem gebotenen Umfang gewährleiste.[421]

XII. Verwirkung von Grundrechten

223 Unter den Voraussetzungen des Art. 18 GG können die in der Vorschrift genannten Grundrechte verwirkt werden. Voraussetzung für die Verwirkung ist der vom Betroffenen ausgehende **Missbrauch seiner Grundrechte zum Kampf gegen die freiheitliche demokratische Grundordnung** (FDGO).[422] Art. 18 GG ist damit Ausdruck der streitbaren Demokratie und will die verfassungsfeindliche Gesinnung des Angreifers sanktionieren, indem er die Grundlage für die Versagung des Grundrechtsschutzes in Bezug auf politische Betätigung bildet. Die Grundrechtsverwirkung tritt allerdings nicht ipso jure ein. Vielmehr bedarf es wegen der Bedeutung der Grundrechtsversagung einer konstitutiven Entscheidung des BVerfG (Art. 18 S. 2 GG). Insofern besteht eine Parallele zu Art. 21 II S. 2 GG. Einzelheiten über das Verfahren der Grundrechtsverwirkung (Antragsberechtigung, Antragsgegenstand, Antragsgegner, Vorverfahren und Formerfordernisse) sind in §§ 23 I, 36 bis 41 BVerfGG geregelt. Begründet ist der Antrag, wenn ein in Art. 18 S. 1 GG genanntes Grundrecht zum Kampf gegen die freiheitliche demokratische Grundordnung missbraucht wird. Andere Grundrechte als die in § 18 S. 1 GG genannten können nicht für verwirkt erklärt werden.

---

[420] BVerfGE 94, 49, 103 f. (Asylrecht).
[421] BVerfG a.a.O.; anders MeckVorVerfG LKV 2000, 345 ff.; vgl. dazu auch *Sachs*, JuS 2000, 1113, 1115.
[422] Zum Begriff der FDGO, der wie bei Art. 21 II GG zu verstehen ist, vgl. *R. Schmidt*, Staatsorganisationsrecht, Rn 421 ff.

XIII. Exkurs: Prüfung von Grundrechten der GRC

Die Prüfung von Grundrechten der GRC unterscheidet sich prinzipiell nicht von der des GG (vgl. auch Rn 9-9h sowie 274a). Insofern soll ein Kurzschema genügen: 224

Prüfung von Grundrechten der GRC

I. Schutzbereich des Grundrechts

Der sachliche Schutzbereich ist dem Wortlaut des jeweiligen Grundrechts zu entnehmen. Persönlich berechtigt sind Unionsbürger.

II. Eingriff in den Schutzbereich

Ein Eingriff ist bei jeder Verkürzung des Gewährleistungsgehalts des Grundrechts gegeben. Insofern ergeben sich keine Besonderheiten im Vergleich zur Prüfung eines Grundrechts des GG.

III. Verfassungsrechtliche Rechtfertigung des Grundrechtseingriffs

Aus Art. 52 I S. 1 und 2 GRC ergibt sich, dass die Grundrechte der GRC eingeschränkt werden dürfen, allerdings nur auf Grundlage eines Gesetzes, unter Beachtung ihres Wesensgehalts und unter Wahrung des Grundsatzes der Verhältnismäßigkeit. Gemäß Art. 52 I S. 2 GRC muss dazu die Beschränkung notwendig sein und den von der Union anerkannten, dem Gemeinwohl dienenden Zielsetzungen oder den Erfordernissen des Schutzes der Rechte und Freiheiten anderer entsprechen (Rn 274a). Es findet also stets eine Abwägung statt zwischen dem Grundrecht des Betroffenen und dem widerstreitenden Gemeinwohl der Union bzw. den Rechten Dritter.

2. Teil – Die einzelnen Grundrechte

A. Schutz der Menschenwürde – Art. 1 I GG

225 Die Menschenwürde ist **oberstes Gut der Verfassung**.[423] Sie zu achten und zu schützen gehört zu den Konstitutionsprinzipien des Grundgesetzes.[424] Unter Zugrundelegung des **naturalistischen** Ansatzes, der sich der christlichen Naturrechtslehre Kants (1724-1804) verbunden fühlt und die Menschenwürde als von Gott oder der Natur gegeben sieht, ist sie jeglicher normativer Regelung entzogen.[425]

226 Mit der Erklärung der Unantastbarkeit und der systematischen Stellung am Anfang des Grundgesetzes (Art. 1 I S. 1 GG) zieht das Grundgesetz die Konsequenzen aus der Missachtung der Grundrechte durch das nationalsozialistische Regime und gewährt dem Menschen einen umfassend gedachten, nicht einschränkbaren Schutz vor Erniedrigung und Herabwürdigung. Vor diesem Hintergrund sollte die Handhabung des Begriffs der Menschenwürde erfolgen (vgl. dazu Rn 227).

Unabhängig vom absoluten Schutz, den Art. 1 I S. 1 GG gewährleistet, stellt sich in Anbetracht der Formulierung in Art. 1 III GG („die *nachfolgenden* Grundrechte ...") die Frage, ob die Menschenwürde ein eigenständiges Grundrecht darstellt oder ob es sich bei ihr um ein den Grundrechten vorangestelltes Konstitutionsprinzip handelt. Für die Einordnung als Grundrecht spricht die systematische Stellung des Art. 1 I S. 1 GG unter der Überschrift „Die Grundrechte". Die ganz herrschende Auffassung sieht mit dem Argument der zentralen Bedeutung, die die Menschenwürde einnimmt, in Art. 1 I S. 1 GG nicht nur ein Konstitutionsprinzip, sondern auch ein Grundrecht.[426] Dem ist zuzustimmen. Die Schutzfunktion, die die Menschenwürde entfaltet, kommt nur dann voll zur Geltung, wenn man sie nicht nur als Konstitutionsprinzip versteht, sondern auch als subjektives Abwehrrecht, das der Einzelne auch prozessual durchsetzen kann.

> **Hinweis für die Fallbearbeitung:** Aus prozessualer Sicht ist die Qualifikation als Grundrecht letztlich nur für die Erhebung einer Verfassungsbeschwerde relevant, da dabei der Beschwerdeführer die Verletzung eines Grundrechts (oder grundrechtsgleichen Rechts) geltend machen muss. In der Fallbearbeitung ist Art. 1 I GG wie jedes andere Abwehrrecht zu prüfen.

227 In jüngerer Zeit wird angesichts unüberwindbarer und auswegloser Konfliktsituationen diskutiert, der Menschenwürde nicht den naturalistischen Ansatz zugrunde zu legen, sondern den **positivistischen**. Folge wäre, dass der Begriff der Menschenwürde durchaus – zumindest zu einem gewissen Grad – einer Definition durch den (verfassungsändernden) Gesetzgeber zugänglich wäre, weil der (Grund-)Gesetzgeber durch entsprechende – positive – Bestimmungen ein anderes Verständnis der Menschenwürde zum Ausdruck bringen könnte. Zumindest aber stünde der Menschenwürdebegriff einer Verfassungsinterpretation offen. Der Einwand, man relativiere dadurch das (nach der Philosophie Kants) nicht Relativierbare, würde dann nicht greifen, weil man mit dem positi-

[423] Insoweit klarstellend BVerfG NJW 2016, 1149, 1152 (Identitätskontrolle) mit Verweis auf BVerfGE 27, 1, 6 (Mikrozensus); 30, 173, 193 (Mephisto); 32, 98, 108 (Gesundbeter); 117, 71, 89 (Strafrestaussetzung).

[424] Vgl. BVerfG NJW 2016, 1149, 1152 mit Verweis auf BVerfGE 45, 187, 227 (Lebenslange Freiheitsstrafe); 131, 268, 286 (Sicherungsverwahrung).

[425] Vgl. BVerfGE 32, 98, 108 (Gesundbeter); 45, 187, 227 (Lebenslange Freiheitsstrafe); 50, 166, 175 (Ausweisung eines straffälligen Ausländers); 54, 341, 357 (Asylgewährung); 87, 209, 228 (Tanz der Teufel); 96, 375, 398 (Kind als Schaden); 102, 370, 389 (Zeugen Jehovas); 109, 133 149 (Sicherungsverwahrung).

[426] *Hufen*, JuS 2010, 1, 2; *ders.*, NJW 1999, 1504, 1509; *Stern*, StaatsR III/1, S. 26 f.; *Kunig*, in: v. Münch/Kunig, GG, Art. 1 Rn 3 und wohl auch *Benda*, NJW 2001, 2147. Auch das BVerfG vertritt in seinem 1. Urteil zum Schwangerschaftsabbruch durch die Formulierung „Das menschliche Leben ... ist die vitale Basis der Menschenwürde und die Voraussetzung aller anderen Grundrechte" diesen Standpunkt (vgl. BVerfGE 39, 1, 42; vgl. auch BVerfGE 61, 126, 137; 125, 175 ff.). Anders *Epping*, Rn 584 (kein Grundrecht) und wohl auch *Dreier*, in: Dreier, GG, Art. 1 Rn 124 ff.

vistischen Ansatz zum einen gerade nicht von der Prämisse der Unrelativierbarkeit ausginge, und zum anderen auch nicht die Menschenwürde relativierte, sondern – bei bestimmten unüberwindbaren und ausweglosen Konfliktsituationen – schon nicht als berührt ansähe (vgl. auch Rn 232 f.). Diese rechtstheoretische bzw. rechtsphilosophische Überlegung ist deshalb notwendig, weil auch nach dem positivistischen Ansatz eine Beeinträchtigung der Menschenwürde selbstverständlich nicht zu rechtfertigen ist. Denn durch die Formulierung „die Menschenwürde ist unantastbar" in Art. 1 I S. 1 GG bedeutet jegliche Beeinträchtigung der Menschenwürde zugleich deren Verletzung. Durch den positivistischen Ansatz wird die Menschenwürde also ebenfalls nicht relativiert (was vor dem Hintergrund der Art. 1 I S. 1 GG und Art. 79 III GG auch schon gar nicht möglich wäre), sondern lediglich unter bestimmten, vom verfassungsändernden Gesetzgeber festzulegenden oder durch Verfassungsinterpretation zu bestimmenden Voraussetzungen als nicht berührt angesehen (s.o.). Diese Diskussion ist wichtig, um Antworten zu finden z.B. auf die Frage nach der Zulässigkeit des polizeilichen **finalen Rettungsschusses**, des **Abschusses eines von Terroristen entführten Verkehrsflugzeugs**, um unschuldige Menschen am Boden vor den Schäden, die durch das als Bombe missbrauchte Flugzeug entstehen, zu schützen, sowie der **Androhung von Gewalt**, um **unzählige Menschen** vor den Folgen einer von Terroristen gezündeten (atomaren) **Bombe** zu bewahren (vgl. dazu Rn 233, 244 und 306). Da die Menschenwürde zumindest mittelbar auch von Privaten verletzt werden kann, sind darüber hinaus die **Präimplantationsdiagnostik** (PID), die „verbrauchende" **Forschung mit Embryonen** und die (aktive) **Sterbehilfe**, aber auch die **Genforschung** am menschlichen Erbgut, die **Genomanalyse**, das sog. **DNA-Fingerprinting** und das **Klonen von Menschen** von besonderer gesellschaftlicher und juristischer Bedeutung. Das Eingehen auf diese Diskussion würde aber den Rahmen dieser Bearbeitung sprengen.

Schutz der Menschenwürde, Art. 1 I GG

I. Schutzbereich

Wegen des umfassenden Schutzes, den Art. 1 I GG entfaltet, ist der Begriff der Menschenwürde nach dem naturalistischen Ansatz, der sich der christlichen Naturrechtslehre Kants verbunden fühlt und die Menschenwürde als von Gott oder der Natur gegeben sieht, jeglicher Definition selbst durch den verfassungsändernden Gesetzgeber entzogen.

Jedoch liefern die Vertreter des naturalistischen Ansatzes keine präzisen Kriterien zur Bestimmung der Menschenwürde. Es heißt nur, es müsse stets auf den sozialen Wert- und Achtungsanspruch abgestellt werden, der dem Menschen wegen seines Menschseins zukomme. Unter welchen Umständen der soziale Wert- und Achtungsanspruch verletzt sei, lasse sich nicht generell sagen, sondern immer nur in Ansehung des konkreten Falls. Anhaltspunkte für eine Bestimmung seien „der Eigenwert des Menschen schlechthin" (sog. Mitgifttheorie) oder „die Würde aufgrund der Leistung der eigenen Identitätsbildung" (sog. Leistungstheorie). Und nach der auf Dürig zurückgehenden „Objektformel" ist die Menschenwürde verletzt, wenn der Mensch zum Objekt, d.h. „zu einem bloßen Mittel, zur vertretbaren Größe herabgewürdigt wird".

Präziser erscheint das Hervorheben des Schutzes vor Erniedrigung, Demütigung, Brandmarkung, Verfolgung und Ächtung. Hebt man zudem den positivistischen Ansatz für die Bestimmung der Menschenwürde hervor, wonach man im Wege einer Verfassungsinterpretation bis zu einem gewissen Grad eine Bestimmung des Menschenwürdebegriffs vornehmen könnte (freilich unter Beachtung der Grenzen der Art. 1 I S. 1 GG und Art. 79 III GG), lässt sich herausarbeiten, dass sich der Betroffene immer dann auf die Menschenwürde berufen kann, wenn ihm **in menschenverachtender Weise seine Menschqualität abgesprochen und er zum Objekt eines beliebigen Verhaltens erniedrigt bzw. zu einer vertretbaren Größe herabgewürdigt wird**. Nur auf der Basis dieses Verständnisses lässt sich überhaupt der Frage nachgehen, ob es in extremen unüberwindbaren und ausweglosen Konfliktsituationen zur Abwehr einer Katastrophe möglich ist, Maßnahmen zu ergreifen, ohne die Menschenwürde zu verletzen, etwa durch Verneinung des Schutzbereichs oder zumindest durch Verneinung eines Eingriffs in den Schutzbereich.

Art. 1 I S. 1 GG steht allen **natürlichen Menschen** zu. Auch das **werdende Leben** im Mutterleib ist Schutzgut der Menschenwürde. Denn die Schutzpflicht des Staates verbietet nicht nur unmittelbare staatliche Eingriffe in das sich entwickelnde Leben, sondern gebietet dem Staat auch, sich schützend und fördernd vor dieses Leben zu stellen. Schließlich wirkt der Schutz vor Erniedrigung und Herabwürdigung nach dem Mephisto-Beschluss des BVerfG auch über den **Tod des Rechtsträgers** hinaus. Es sei mit dem verfassungsverbürgten Verbot der Verletzung der Menschenwürde unvereinbar, wenn der Mensch auch nach seinem Tod herabgewürdigt oder erniedrigt werden dürfe.

Nicht geschützt sind **juristische Personen** sowie Personenmehrheiten als solche; hiervon unberührt bleibt selbstverständlich die mögliche Rechtsverletzung der dahinter stehenden natürlichen Personen.

II. Eingriff in den Schutzbereich bei gleichzeitiger Verletzung der Menschenwürde

Auch nach dem hier zugrunde gelegten positivistischen Ansatz ist die Menschenwürde unantastbar. Eingriffe sind nicht zu rechtfertigen.

I. Schutzbereich

228 Der Schutz aus Art. 1 I GG steht allen **natürlichen Menschen** zu, selbstverständlich auch Menschen mit Behinderungen, Ausländern, Straftätern etc. Auch der noch im Mutterleib befindliche ungeborene Mensch (der Nasciturus) ist Schutzgut der Menschenwürde. In den beiden Urteilen zum Schwangerschaftsabbruch[427] hat das BVerfG allerdings offengelassen, ob der Nasciturus Grundrechtsfähigkeit besitzt oder ob er mangels Grundrechtsträgereigenschaft „nur" durch die aus Art. 1 I GG folgende objektive Schutzverpflichtung des Staates in seinem Recht auf Leben geschützt wird. Denn die Grundrechtsnormen enthielten nicht nur subjektive Abwehrrechte des Einzelnen gegen den Staat, sondern sie verkörperten zugleich eine objektive Wertordnung, die alle staatliche Gewalt binde. Ob und ggf. in welchem Umfang der Staat zu rechtlichem Schutz des noch ungeborenen Lebens von Verfassungs wegen verpflichtet sei, könne deshalb schon aus dem objektiv-rechtlichen Gehalt der grundrechtlichen Normen erschlossen werden.[428] Jedenfalls sei der *nasciturus* ab dem 14. Tag nach der Empfängnis (Nidation) objektiv-rechtlich dem Schutz des Art. 1 I i.V.m. Art. 2 II S. 1 GG unterstellt.[429]

229 Die Schutzpflicht des Staates verbietet daher nicht nur unmittelbare staatliche Eingriffe in das sich entwickelnde Leben, sondern gebietet dem Staat auch, sich **schützend und fördernd vor dieses Leben zu stellen**. Die Reichweite der staatlichen Schutzpflicht für das ungeborene menschliche Leben ist mit Blick auf die Bedeutung und Schutzbedürftigkeit des zu schützenden Rechtsguts einerseits und damit kollidierender Rechtsgüter andererseits zu bestimmen (Herstellung praktischer Konkordanz). Als vom Lebensrecht des Ungeborenen berührte Rechtsgüter kommen dabei – ausgehend vom Anspruch der schwangeren Frau auf Schutz und Achtung ihrer Menschenwürde (Art. 1 I S. 1 GG) – vor allem ihr Recht auf Leben und körperliche Unversehrtheit (Art. 2 II S. 1 GG) sowie ihr Persönlichkeitsrecht (Art. 2 I i.V.m. 1 I GG) in Betracht. Diesbezüglich hat der einfache Gesetzgeber in den §§ 218 f. StGB ein differenziertes, einer politischen Kompromisslösung geschuldetes Regelungswerk entwi-

[427] BVerfGE 39, 1 ff.; 88, 203 ff. Vgl. dazu *Benda*, NJW 2001, 2147 f.; *Sendler*, NJW 2001, 2148.
[428] BVerfGE 39, 1, 41 f. (Schwangerschaftsabbruch I). Für eine Grundrechtsfähigkeit *Kunig*, Jura 1991, 415, 417 f.; *Höfling*, in: Sachs, GG, Art. 1 Rn 51.
[429] BVerfGE 39, 1, 37. Vgl. dazu näher *Kunig*, in: v. Münch/Kunig, Art. 1 Rn 12 ff. und Art. 2 Rn 47.

ckelt. Jedenfalls kann eine schwangere Frau die Tötung ihres noch ungeborenen Kindes außerhalb der Grenzen der §§ 218 f. StGB nicht mit der Berufung auf Art. 4 I GG rechtfertigen.

230 Der Schutz vor Erniedrigung und Herabwürdigung wirkt nach dem Mephisto-Beschluss des BVerfG (vgl. dazu Rn 53 f.) auch über den **Tod des Rechtsträgers** hinaus. Es sei mit dem verfassungsverbürgten Verbot der Verletzung der Menschenwürde unvereinbar, wenn der Mensch auch nach seinem Tod herabgewürdigt oder erniedrigt werden dürfe. Der damit verbundene Abwehranspruch sei von den Angehörigen des Toten geltend zu machen.[430] Dieser Standpunkt kann nicht ohne Kritik bleiben. Statt auf den Verstorbenen abzustellen, wäre es durchaus möglich, vom Standpunkt der Angehörigen aus zu argumentieren und aus dem ihnen originär zustehenden allgemeinen Persönlichkeitsrecht den Anspruch abzuleiten, dass das Andenken des Verstorbenen nicht verunglimpft werde. Mit diesem Ansatz müsste man nicht die Menschenwürde eines Verstorbenen bemühen, um den Angehörigen einen Anspruch auf Achtung der Person des Verstorbenen in der Öffentlichkeit zu gewähren. Dann könnte auch die Frage dahinstehen, ob ein Verstorbener überhaupt Träger von Grundrechten sein kann.

Die unterschiedlichen Standpunkte führen zu folgender Konsequenz: Dadurch, dass das BVerfG den postmortalen Persönlichkeitsschutz nicht an Art. 2 I i.V.m. 1 I GG, sondern ausschließlich an Art. 1 I GG misst (vgl. Rn 56), führt eine Beeinträchtigung des postmortalen Persönlichkeitsrechts stets zur Rechtswidrigkeit, weil Beeinträchtigungen des Art. 1 I GG keiner verfassungsrechtlichen Rechtfertigung zugänglich sind. Folgt man dem hier vorgeschlagenen Weg, ist wegen der Geltung des Art. 2 I GG, der lediglich durch Art. 1 I GG eine Modifikation des Schutzbereichs und Schutzniveaus erfährt, die Beeinträchtigung sehr wohl einer Abwägung zugänglich (zur Anwendung der in Art. 2 I GG enthaltenen Schrankentrias auf das allgemeine Persönlichkeitsrecht vgl. Rn 277 ff.).

231 Jedenfalls **nicht** geschützt sind **juristische Personen** sowie Personenmehrheiten als solche.[431] Hiervon unberührt bleibt selbstverständlich die mögliche Rechtsverletzung der dahinter stehenden natürlichen Personen.

232 Wegen des umfassenden Schutzes, den Art. 1 I GG entfaltet, ist der Begriff der Menschenwürde nach dem oben dargestellten (herrschenden) naturalistischen Ansatz einer Definition auch des (verfassungsändernden) Gesetzgebers entzogen. Jedoch liefern die Vertreter des naturalistischen Ansatzes keine subsumtionsfähigen Kriterien zur Bestimmung der Menschenwürde. Vielmehr beschränken sie sich i.d.R. auf die Vorgabe einer Richtung, ohne präzise zu beantworten, *wann* die Menschenwürde verletzt ist. So müsse stets auf den sozialen Wert- und Achtungsanspruch abgestellt werden, der dem Menschen wegen seines Menschseins zukomme.[432] Unter welchen Umständen der soziale Wert- und Achtungsanspruch verletzt sei, lasse sich nicht generell sagen, sondern immer nur in Ansehung des konkreten Falls. Anhaltspunkte für eine Bestimmung seien „der Eigenwert des Menschen schlechthin" (sog. Mitgifttheorie) oder „die Würde aufgrund der Leistung der eigenen Identitätsbildung" (sog. Leistungstheorie). Und nach der auf Dürig zurückgehenden „Objektformel" ist die Menschenwürde verletzt, wenn der Mensch zum Objekt, d.h. „zu einem bloßen Mittel, zur vertretbaren Größe herabgewürdigt wird".[433] Präziser erscheint aber das Hervorheben des Schutzes vor Erniedrigung, Demütigung, Brandmarkung, Verfolgung und Ächtung. Stellt man auf den bei Rn 227 dargestellten positivistischen Ansatz für die Bestimmung der Menschenwürde ab, wonach man durch Verfassungsinterpretation bis zu einem gewissen Grad eine positivrechtliche Bestimmung des Menschenwürdebegriffs vornehmen könnte (freilich unter

---

[430] BVerfGE 30, 173, 194. Vgl. auch BVerfG NVwZ 2008, 549, 550 (Theaterstück „Ehrensache").
[431] *Jarass*, in: Jarass/Pieroth, GG, Art. 1 Rn 5.
[432] BVerfGE 87, 209, 228.
[433] *Dürig*, AöR 81 (1956), S. 117, 126.

Beachtung der Grenzen der Art. 1 I S. 1 GG und Art. 79 III GG), lässt sich herausarbeiten, dass die Menschenwürde (nur) dann verletzt ist, wenn dem Betroffenen **in menschenverachtender Weise seine Menschqualität abgesprochen und er zum Objekt eines beliebigen Verhaltens erniedrigt bzw. zu einer vertretbaren Größe herabgewürdigt wird**.

233 Nach diesem Ansatz bleibt es somit bei der Unantastbarkeit der Menschenwürde, jedoch steht der Begriff der Menschenwürde einer gewissen Interpretation offen. Nur auf der Basis dieses Verständnisses lässt sich überhaupt der Frage nachgehen, ob es in extremen unüberwindbaren und ausweglosen Konfliktsituationen zur Abwendung einer unsäglichen Katastrophe möglich ist, Maßnahmen zu ergreifen, ohne die Menschenwürde des Aggressors zu verletzen, etwa durch Verneinung des Schutzbereichs oder zumindest durch Verneinung des Eingriffs in den Schutzbereich.[434]

Fall: Terrorist T, der aus ideologischen Gründen jederzeit bereit wäre, für die Erreichung seiner Ziele zu sterben, hat im Zentrum einer deutschen Millionenmetropole eine sog. schmutzige Bombe[435] versteckt und mit einem Zeitzünder versehen. Mit Hilfe von Informationen eines V-Mannes gelingt es der Polizei, T zu fassen. Da nach dem Stand der Ermittlungen nur noch 2 Stunden bis zur Explosion verbleiben und T nicht bereit ist, den Standort der Bombe preiszugeben, sieht der ermittelnde Polizeibeamte P keine andere Möglichkeit, als T anzudrohen, ihm würden „Schmerzen, wie er sie bisher nicht gekannt" habe, zugefügt, und denkt dabei an Nadelstiche in das Schmerzzentrum des Ohres. Aufgrund dieser Androhung nennt T die Lage der Bombe, die wenige Minuten vor der Detonation entschärft werden kann.

T macht geltend, ihm sei Folter angedroht worden, wodurch seine Menschenwürde verletzt worden sei.

Die Darstellung der Problematik würde den Rahmen dieses Buches sprengen. Sie steht aber auf der Internetseite des Verlags zur Verfügung.

234 **Zusammenfassung:** Selbstverständlich bleibt es auch nach dem positivistischen Ansatz bei der Unantastbarkeit der Menschenwürde. Eingriffe sind nicht zu rechtfertigen. Lediglich bei der Frage, *ob* die Menschenwürde berührt ist, ist Raum für eine Differenzierung: Abzustellen ist nicht auf den sozialen Wert- und Achtungsanspruch, der dem Menschen allein wegen seines Menschseins zukommt, sondern darauf, ob dem Betroffenen **in menschenverachtender Weise seine Menschqualität abgesprochen und er zum Objekt eines beliebigen Verhaltens erniedrigt wird**. Nur auf der Basis dieses Verständnisses lässt sich überhaupt der Frage nachgehen, ob es in extremen unüberwindbaren und ausweglosen Konfliktsituationen zur Abwendung einer unsäglichen Katastrophe möglich ist, Maßnahmen zu ergreifen, ohne die Menschenwürde des Aggressors zu verletzen, etwa durch Verneinung des Schutzbereichs oder zumindest durch Verneinung des Eingriffs in den Schutzbereich. Ob hierbei „Rettungsfolter" bzw. deren Androhung zur Vermeidung einer unsäglichen Katastrophe (gezieltes Steuern eines Verkehrsflugzeugs in ein Hochhaus; Detonation einer atomaren Bombe in einer Metropole) ein angemessenes Mittel wäre, ist höchst bedenklich, andererseits ist aber auch völlig unklar, wie auf andere Weise der Eintritt der Katastrophe abgewendet werden könnte. Immerhin grenzt das BVerfG neuerdings „Berührungen" von „Verletzungen" der Menschenwürde ab und macht offen-

[434] Vgl. bereits die 7. Aufl. 2005 und nunmehr auch *Hufen*, JuS 2010, 1, 9; *Classen*, DÖV 2009, 689. Auch das BVerfG scheint sich diesem Standpunkt anzunähern, indem es bei „Berührungen" der Menschenwürde noch keinen Eingriff annimmt (BVerfG NJW 2009, 3089, 3090 f. – dazu Rn 244). Vgl. später auch *Amelung*, JR 2012, 18, 20 („Täter kann sich nicht auf Menschenwürde berufen") und *Kudlich*, NStZ 2016, 170 („... gehört es doch zu den Lebenslügen der Grundrechtsdogmatik, dass bei einer Menschenwürdebetroffenheit aufgrund des Unantastbarkeitsgebots auch eine Abwägung ausgeschlossen sei.").

[435] Das ist eine Bombe, die mit Hilfe von konventionellem Sprengstoff explodiert und dabei radioaktives Material in die Atmosphäre verbringt. Sie ist relativ einfach herzustellen, was ihren Einsatz durch Terroristen nicht unwahrscheinlich macht.

bar „Berührungen" der Menschenwürde einer Abwägung mit anderen Verfassungsgütern zugänglich.[436]

Zum **Luftsicherheitsgesetz**, das den Abschuss von mit Passagieren besetzten Verkehrsflugzeugen zuließ, vgl. Rn 306. **235**

Unabhängig von der soeben behandelten Problematik der Bestimmung der Menschenwürde haben sich im Laufe der Zeit bestimmte (freilich auf der Grundlage des naturalistischen Ansatzes) **Fallgruppen** herausgebildet, anhand derer sich der Schutzbereich bestimmen lässt. Art. 1 I GG (i.V.m. dem allg. Persönlichkeitsrecht aus Art. 2 I GG) bietet demnach bspw. Schutz vor **236**

- (rassistischen) Diskriminierungen, die dem Diskriminierten die Würde absprechen,
- Sklaverei, Leibeigenschaft, Menschenhandel,
- (systematischer) Folter, Misshandlungen, körperliche Strafen,
- Gehirnwäsche, Brechung des Willens durch Wahrheitsdrogen oder Hypnose,
- (Dauerhafte) Unterbringung eines Häftlings in einem Einzelhaftraum mit einer Grundfläche von ca. 5,25 qm[437],
- systematischen Demütigungen oder Erniedrigungen,
- massiven Verletzungen der körperlichen und seelischen Identität und Integrität[438],
- Entzug des Existenzminimums (etwa durch zu hohe Abgabenlast)[439],
- massiver Vernachlässigung der sozial- und rechtsstaatlichen Verantwortung gegenüber dem Einzelnen,
- Einsatz von Polygraphen (Lügendetektoren)[440],
- Betrachtung eines Kindes als Schaden (i.S.d. § 823 I BGB - dazu sogleich),
- schuldunangemessener Bestrafung[441], was zur Versagung der Auslieferung eines verurteilten Straftäters in ein anderes (EU-)Land führen kann[442].
- rufschädigenden Behauptungen[443],
- heimlichem Aufnehmen eines Gesprächs mittels Tonbandes[444]
- dem – jedenfalls nach der (antiquierten) Rspr. des BVerwG – Veranstalten einer Peepshow[445]
- und dem Vorenthalten eines menschenwürdigen Existenzminimums[446].

---

[436] BVerfG NJW 2009, 3089, 3090 f.
[437] BVerfG NJW 2016, 389, 390; Vgl. zuvor schon BVerfG NJW 2002, 2698. Nach BVerG NJW 2016, 1872, 1874 liegt ein Verfassungsverstoß nahe, wenn die Unterbringung (in einem 4,5 qm großen Haftraum) mehrere Wochen andauert.
[438] BVerfGE 49, 286 ff. (Transsexueller); 35, 202, 236 (Soldatenmord von Lebach – vgl. jetzt dazu BVerfG NJW 2000, 1859); 47, 46, 73 f. (Sexualkundeunterricht); 47, 239, 247 f. (Schutz der Haar- und Barttracht).
[439] BVerfG NJW 1999, 561, 562 (Ermittlung des einkommensteuerlichen Existenzminimums).
[440] BVerfG NStZ 1982, 38; BGH NJW 1999, 657; *Hamm*, NJW 1999, 922.
[441] Vgl. BVerfG NJW 2016, 1149, 1152 f. (Identitätskontrolle).
[442] Vgl. BVerfG NJW 2016, 1149 ff., wo es auf S. 1152 f. heißt: „Mit seiner Grundlage in der Menschenwürdegarantie des Art. 1 I GG gehört der Schuldgrundsatz zu der wegen Art. 79 III GG unverfügbaren Verfassungsidentität, die auch vor Eingriffen durch die supranational ausgeübte öffentliche Gewalt geschützt ist". Und auf S. 1154 heißt es: „... darf die deutsche Hoheitsgewalt die Hand nicht zu Verletzungen der Menschenwürde durch andere Staaten reichen".
[443] BVerfG NJW 1999, 1322 ff. (Rufschädigende Behauptung einer Scientology-Mitgliedschaft).
[444] BVerfGE 34, 238, 247 f. (Heimliche Tonbandaufnahme).
[445] BVerwGE 64, 274, 279. In späteren Entscheidungen hat das Gericht aber nicht mehr auf die Menschenwürde, sondern auf die Mehrheitsüberzeugung der Bevölkerung abgestellt, wonach Peepshows für anstößig gehalten würden (BVerwGE 84, 314, 317 f.; BVerwG NJW 1996, 1423 ff.). Zuletzt hat sich das Gericht (GewArch 1998, 419, 420) von den tatsächlichen gesellschaftlichen Anschauungen gelöst, indem es nun das „ethisch Gesollte", das in der Gesellschaft anerkannt werde, für maßgeblich erklärt. Diese Rechtsprechung läuft darauf hinaus, dass die Ermöglichung, Stimulierung und kommerzielle Ausnutzung der sexuellen Selbstbefriedigung Dritter schlechterdings sittenwidrig sind (vgl. *Kempen*, NVwZ 2000, 1119). Ob diese Rspr. mit Blick auf das am 1.1.2002 in Kraft getretene Prostitutionsgesetz, wonach die Prostitution nicht mehr schlechthin sittenwidrig ist (siehe dazu sogleich), noch Geltung beanspruchen kann, ist zu bezweifeln. Das gilt erst recht, wenn die Zurschaustellung freiverantwortlich erfolgt. Hier ist eine weitere gerichtliche Klärung abzuwarten.
[446] BVerfGE 132, 134 ff.; zuvor schon BVerfGE 125, 175 ff.

- Da auch die EMRK zu beachten ist (vgl. dazu Rn 4b ff.), tritt bei Folter oder unmenschlicher oder erniedrigender Strafe oder Behandlung auch der Schutz aus Art. 3 EMRK hinzu. Mit Blick auf die Menschenwürde hat der EGMR völlig zu Recht entschieden, dass das Einsperren eines Angeklagten während der Gerichtsverhandlung in einen Käfig erniedrigend („Käfighaltung"; „wie ein Affe im Zoo") und unvereinbar sei mit den Anforderungen an ein zivilisiertes Verhalten, das Kennzeichen einer demokratischen Gesellschaft sei.[447]

237 Insbesondere das **Vorschubleisten der Prostitution** und die Prostitution selbst wurden lange Zeit als Verstoß gegen die Menschenwürde angesehen. Durch das am 1.1. 2002 in Kraft getretene Prostitutionsgesetz (BGBl I 2001 S. 3983) und das jüngst geplante Prostituiertenschutzgesetz hat der Gesetzgeber aber klargestellt, dass die Prostitution selbst nicht (mehr) schlechthin sittenwidrig ist. Insbesondere sind Forderungen der Prostituierten, die aus entsprechenden „Dienstleistungsverträgen" entstanden sind, gerichtlich durchsetzbar. Daraus folgt, dass das **bloße Vorschubleisten der Prostitution** und erst recht die **Prostitution** selbst nicht gegen die Menschenwürde verstoßen. Etwas anderes gilt selbstverständlich für die Falle der Verwirklichung der §§ 180a, 181a StGB (Ausbeutung der Prostituierten; Zuhälterei).

238 **„Kind als Schaden":** Der Begriff des Familienplanungsschadens umfasst sowohl die **unerwünschte Geburt** eines (gesunden) Kindes (= *wrongful birth*) als auch die (unerwünschte) **Geburt eines behinderten Kindes** (= *wrongful life*), denn auch die ungewünschte bzw. übermäßige Belastung der Eltern mit einem gesetzlichen Unterhaltsanspruch kann als sog. Mehrbedarf Schadensqualität haben. Dabei versteht es sich von selbst, dass aufgrund der unantastbaren Menschenwürde **nicht das Kind als Schaden gelten kann, sondern nur sein Bedarf**.[448] Allerdings ist die Rechtsprechung schon sehr bald nach ihrer Anerkennung der grundsätzlichen Schadensersatzpflicht dazu übergegangen, den Umfang des Schadensersatzes zu begrenzen und auch tatbestandliche Einschränkungen vorzunehmen.[449]

239 Folgt man dem naturalistischen Ansatz, ist ein etwaiges **Einverständnis** des Betroffenen in seine Individualität stets **unbeachtlich**.[450] Eine Ausnahme gilt aber selbst nach der h.M. z.B. bei einer Organentnahme nach dem Tod zur Rettung anderer Menschen. Hier sei ein Einverständnis des Betroffenen bzw. von dessen Angehörigen beachtlich.

240 Fraglich ist, ob **simulierte Tötungshandlungen** an Menschen, selbst wenn sie nur im Rahmen von (gewerblich veranstalteten) Spielen (Schießen mit Laserpistolen auf Mitspieler) erfolgen, gegen die Menschenwürde verstoßen. Da jedoch auch hier die Teilnehmer freiwillig an dem Geschehen mitspielen und die Verletzungshandlungen zudem nur simuliert werden, könnte dies einen Grundrechtsverzicht bedeuten. Ob allerdings die Menschenwürde in diesem Fall disponibel ist, scheint fraglich. Überzeugend scheint es, nur den in Extremfällen berührten objektiven Kern der Menschenwürde für indisponibel zu erachten, was wiederum nur dann angenommen werden sollte, wenn dem Betroffenen (im Vergleich zu anderen) in menschenverachtender Weise seine Menschqualität abgesprochen wird und er zum Objekt eines beliebigen Verhaltens erniedrigt wird. Ob das im vorliegenden Fall angenommen werden muss, darf bezweifelt werden. Denn bei dem „Kampf" im Laserdrome bestehen prinzipiell die gleichen Chancen für alle, sodass kein Mitspieler im Vergleich zu anderen in irgendeiner Weise zum Objekt erniedrigt wird. Auch übt der Veranstalter keine Machtposition aus und

---

[447] EGMR NVwZ 2015, 3423, 3424 ff.

[448] Grundsätzlich BGHZ 76, 249 ff. (Missglückte Sterilisation); 124, 128 ff. (Unterhaltsschaden bei fehlgeschlagenem Schwangerschaftsabbruch) und BGH NJW 2002, 886 ff. (Unterhaltsschaden bei unterbliebenem Schwangerschaftsabbruch) und NJW 2002, 2636 ff. (Geburt eines schwerbehinderten Kindes). Die vom *2. Senat* des BVerfG (NJW 1993, 1751, 1778) vertretene Ansicht, die Menschenwürde verbiete es, auch die Unterhaltspflicht gegenüber einem Kind als Schaden anzusehen, überzeugt nicht und hat als *obiter dictum* auch nicht die Bindungswirkung des § 31 BVerfGG (richtig der *1. Senat* des BVerfG NJW 1998, 519, 522 f. und BGHZ 124, 128, 136; a.A. der *2. Senat* NJW 1998, 523, 524).

[449] Vgl. dazu ausführlich *R. Schmidt*, SchuldR BT II, 11. Aufl. 2016, Rn 1127.

[450] BVerfGE 86, 362, 366 (lebenslange Freiheitsstrafe); BVerwGE 64, 274, 279 ff.; *Hintz/Winterberg*, ZRP 2001, 293, 295.

versetzt die Kandidaten nicht in eine psychische Zwangslage. Dennoch hat das BVerwG – auf dem Boden des naturalistischen Ansatzes – in zweifelhafter Weise entschieden, dass sich die Teilnehmer mit der Gewaltanwendung gegen andere identifizierten, die dadurch bagatellisiert werde. Sie verspürten ein Vergnügen an simulierten Tötungshandlungen, wenn sie mit ihren an Maschinenpistolen erinnernden Waffen im Nahkampf auf den „Gegner" zielten und nur durch gezielte Schüsse die nötigen Punkte erreichten. Es gehe mithin um das „spielerische Töten" von Menschen, nicht nur um sportlichen Wettkampf, sodass die menschliche Individualität, Identität und Integrität banalisiert und damit die Wertvorstellungen des Grundgesetzes konterkariert würden.[451] Mit Blick auf die Verbrechen des nationalsozialistischen Regimes verstießen daher auch lediglich simulierte Tötungshandlungen generell gegen die Menschenwürde. Auch sei eine Einwilligung der betroffenen Spieler unbeachtlich, denn die aus Art. 1 I und Art. 2 II S. 1 GG herzuleitende Wertordnung der Verfassung stehe nicht im Rahmen eines Unterhaltungsspiels zur Disposition.[452]

Verneint man aber eine Verletzung des nur in Extremfällen berührten objektiven Kerns der Menschenwürde, liegt eine Beeinträchtigung des Schutzguts der öffentlichen Ordnung nicht vor. In diese Richtung geht auch ein Beschluss des VGH Mannheim, wonach zumindest bei einer summarischen Prüfung Paintball-Spiele nicht mit Tötungshandlungen gleichgesetzt werden können.[453] 241

Ob die **Abschaffung eines einzelnen Grundrechts** durch den verfassungsändernden Gesetzgeber die Menschenwürde desjenigen verletzt, der durch das abgeschaffte Grundrecht geschützt wurde, wurde bereits bei Rn 222 behandelt. 242

II. Eingriff in den Schutzbereich und Verletzung des Art. 1 I GG

Auch nach dem positivistischen Ansatz stellt ein **Eingriff** in den Schutzbereich des Art. 1 I GG zugleich dessen **Verletzung** dar. Dies folgt zum einen bereits aus der klaren und unmissverständlichen Formulierung „unantastbar" in Art. 1 I S. 1 GG, womit ein Gesetzesvorbehalt ausscheidet, und zum anderen daraus, dass die Menschenwürde in einer freiheitlichen Demokratie oberster Wert sein muss und deshalb weder durch Grundrechte anderer noch durch Werte mit Verfassungsrang (verfassungsimmanente Schranken) beeinträchtigt werden darf.[454] Es lässt sich also die Feststellung treffen: *Eingriff = Verletzung*. Freilich eine andere Frage ist es, ob es möglich ist, in extremen unüberwindbaren und ausweglosen Konfliktsituationen zur Abwendung einer unsäglichen Katastrophe Maßnahmen zu ergreifen, ohne die Menschenwürde des Aggressors zu verletzen, etwa durch Verneinung des Schutzbereichs oder zumindest durch Verneinung des Eingriffs in den Schutzbereich (Rn 232 f.). 243

Keine Eingriffe in die Menschenwürde des Täters stellen daher lediglich „**Berührungen**" der Menschenwürde dar.[455] Das Gleiche gilt für den polizeilichen **finalen Rettungsschuss** (dazu Rn 299). Denn nicht jede Tötung führt zu einer Würdeverletzung. Eine solche Verletzung läge nur dann vor, wenn die Tötung einherginge mit Verhaltensweisen, durch die dem Betroffenen der Achtungsanspruch als Mensch abgesprochen würde, etwa bei Erniedrigung, Brandmarkung, Verfolgung oder Ächtung. Solche Umstände sind jedoch bei Anwendung des finalen Rettungsschusses nicht gegeben. Der Adressat handelt selbstbestimmt und hält das Geschehen in seinen Händen. Er könnte die Anwendung des finalen Rettungsschusses jederzeit durch Aufgabe abwenden. Ihm wird daher nicht in menschenverachtender Weise seine Menschqualität abgesprochen 244

---

[451] BVerwGE 115, 189, 201 f.

[452] BVerwGE 115, 189, 202. Vgl. dazu auch EuGH NVwZ 2004, 1471 ff. (mit Bespr. v. *Streinz*, JuS 2005, 63 ff.; *Frenz*, NVwZ 2005, 48 ff.) sowie ausführlich *R. Schmidt*, POR, Rn 648.

[453] VGH Mannheim NVwZ-RR 2005, 472.

[454] BVerfGE 93, 266, 293 („Soldaten sind Mörder"); *Benda*, NJW 2001, 2147 f.; *Kunig*, in: v. Münch/Kunig, GG, Art. 1 Rn 4; *Hillgruber*, in: Epping/Hillgruber, GG Art. 1 Rn 10; a.A. *Kloepfer*, FS 50 Jahre BVerfG, 2001, Bd II, S. 77, 98.

[455] Vgl. BVerfG NJW 2009, 3089, 3090 f.

und er wird nicht zum Objekt eines beliebigen Verhaltens erniedrigt bzw. zu einer vertretbaren Größe herabgewürdigt. Zur Frage nach der Menschenwürdeverletzung für den Fall des **Abschusses eines von Terroristen entführten Verkehrsflugzeugs**, um unschuldige Menschen am Boden vor den Schäden, die durch das als Bombe missbrauchte Flugzeug entstehen, zu schützen, vgl. Rn 306. Davon abgesehen, dürfte die Beantwortung der Frage, ob die **Androhung von Gewalt**, um **unzählige Menschen** vor den Folgen einer von Terroristen gezündeten (atomaren) **Bombe** zu bewahren (dazu Rn 233), zulässig ist, die größte Herausforderung eines Rechtsstaates sein.

III. Verhältnis zu (anderen) Grundrechten

245 In jedem Grundrecht steckt ein Menschenwürdegehalt. Gleichwohl kann es ein Konkurrenzverhältnis des Art. 1 I GG zu den (übrigen) Grundrechten nicht geben, da Art. 1 I GG nicht betroffen ist, wenn ein bestimmtes Verhalten zwar in den Schutzbereich eines Grundrechts fällt, aber verfassungsrechtlich gerechtfertigt ist. Denn ein (nach übrigen Grundrechten) gerechtfertigtes Verhalten verstößt nicht gegen die Menschenwürde. Hinzu kommt, dass wegen der Regelung des Art. 1 III GG, wonach alle Staatsgewalten an die Grundrechte gebunden sind, ein Grundrecht stets im Sinne der Menschenwürde auszulegen ist („Ausstrahlungswirkung der Menschenwürde"). Auch von daher kann es nach entsprechender Auslegung eines Grundrechts einen Eingriff in Art. 1 I GG nicht geben.

B. Freie Entfaltung der Persönlichkeit – Art. 2 I GG

In seiner ursprünglichen Bedeutung soll Art. 2 I GG jedes beliebige Verhalten schützen, **246**
um der selbstbestimmten Individualität des Einzelnen Rechnung zu tragen.[456] Man kann insoweit von einem Grundrecht auf **„allgemeine Verhaltensfreiheit"** sprechen.[457] Folgerichtig wird das Grundrecht seit dem Elfes-Urteil des BVerfG[458] denkbar weit verstanden; es stellt jegliches menschliches Verhalten unter Schutz, das nicht einem speziellen Freiheitsgrundrecht unterfällt. Das führt in der Konsequenz zur **Subsidiarität** gegenüber allen speziellen Freiheitsgrundrechten. Abzugrenzen ist die allgemeine Verhaltensfreiheit vom (dogmatisch ebenfalls in Art. 2 I GG verankerten) **allgemeinen Persönlichkeitsrecht**, das die enge Persönlichkeitssphäre schützt (dazu Rn 266 ff.).

Allgemeine Verhaltensfreiheit, Art. 2 I GG

1. Schutzbereich
Nach heute h.M. ist Art. 2 I GG in Form der allgemeinen Verhaltensfreiheit gegenständlich nicht begrenzt. Erfasst werden alle **Verhaltensweisen bzw. Lebensbereiche, die nicht einem speziellen Freiheitsrecht unterfallen**. Durch Art. 2 I GG wird demnach jedes menschliche Tun bzw. Unterlassen geschützt, sofern das Verhalten nicht vom Schutzbereich eines speziellen Freiheitsgrundrechts erfasst wird. Große Bedeutung erhält Art. 2 I GG auch im **wirtschaftlichen Bereich**. Nicht nur die Vertragsautonomie fällt in den Schutzbereich dieses Grundrechts, sondern grundsätzlich auch die **Wettbewerbsfreiheit**, die etwa durch die Vergabe von **Subventionen** an Konkurrenten oder durch wirtschaftliche Betätigung von Gemeinden betroffen wird. Weist der Eingriff in die Wettbewerbsfreiheit allerdings zumindest objektiv eine berufsregelnde Tendenz auf, ist stets Art. 12 I GG vorrangig und abschließend. Bei unmittelbar betriebsbezogenen Eingriffen ist Art. 14 I GG einschlägig und abschließend.

2. Eingriff in den Schutzbereich
Wegen des weiten Schutzbereichs des Art. 2 I GG wird die allgemeine Verhaltensfreiheit durch jede Regelung der öffentlichen Hand berührt, die das geschützte Verhalten beeinträchtigt. Dadurch entsteht das Problem, dass die Möglichkeit, Verfassungsbeschwerde zu erheben, ausufert. Daher ist eine **Beeinträchtigung von erheblichem Gewicht** zu fordern. Auch das BVerwG hat mittelbare Beeinträchtigungen im Bereich des wirtschaftlichen Wettbewerbs, etwa durch die Erteilung von Ausnahmegenehmigungen oder Subventionen an Konkurrenten, nur dann als Eingriff in Art. 2 I GG qualifiziert, wenn die Beeinträchtigung von erheblichem Gewicht ist.

3. Verfassungsrechtliche Rechtfertigung
Sowohl die allgemeine Verhaltensfreiheit als auch das allgemeine Persönlichkeitsrecht stehen unter dem Schrankenvorbehalt des Art. 2 I Halbs. 2 GG. Nach der dort genannten **Schrankentrias** werden die Grundrechte des Art. 2 I GG nur soweit gewährt, als das Verhalten des Betroffenen nicht die Rechte anderer verletzt und nicht gegen die verfassungsmäßige Ordnung oder das Sittengesetz verstößt.

Unter **verfassungsmäßiger Ordnung** wird die gesamte verfassungsmäßige Ordnung verstanden. Dazu gehören alle Normen, die formell und materiell mit der Verfassung in Einklang stehen. Das ist die Folge der Ausweitung des Schutzbereichs (Kernaussage des Elfes-Urteils).

Die **Rechte anderer** und das **Sittengesetz** sind kaum von Bedeutung. Denn Vorschriften, die Rechte anderer begründen, gehören schon zu den Gesetzen der verfassungsmäßigen Ordnung. Und wegen des heutigen Grads der Durchnormiertheit nahezu aller erdenklichen Lebenssachverhalte sowie im Hinblick auf den Vorbehalt des Gesetzes ist kaum ein Sittengesetz denkbar, das über Vorschriften der verfassungsmäßigen Ordnung hinausgeht.

---

[456] Vgl. *Sachs*, § 47 Rn 11; *Leibholz/v. Mangoldt*, JöR, Neue Folge Bd. 1, 1951, 53 ff.
[457] Vgl. *Sachs*, § 47 Rn 11.
[458] BVerfGE 6, 32 ff. Aktuell vgl. etwa BVerfG NJW 2012, 1062 ff. (Verbot der Benutzung von Sonnenstudios).

I. Die allgemeine Verhaltensfreiheit

1. Schutzbereich

a. Sachlicher Schutzbereich

aa. Weite Auslegung des Schutzbereichs

247 Obwohl der Wortlaut des Art. 2 I GG von „freier Entfaltung der Persönlichkeit" spricht, ist man sich einig, dass damit nicht die reine „Persönlichkeit des Menschen" gemeint ist, sondern die allgemeine Verhaltensfreiheit (s.o.). Der historische Verfassungsgeber, der der Vorschrift ursprünglich den Wortlaut **„Jeder kann tun und lassen, was er will"** geben wollte, wählte aufgrund einer heftigen Debatte lediglich eine sprachlich elegantere Fassung, ohne die inhaltliche Bedeutung verändern zu wollen.[459] Daher erfasst Art. 2 I GG in der Ausformung der allgemeinen Verhaltensfreiheit nach heutigem Verständnis **alle Verhaltensweisen (Tun oder Unterlassen)[460], die nicht einem speziellen Freiheitsrecht unterfallen**. Es handelt sich bei der allgemeinen Verhaltensfreiheit um ein „supplementäres Generalfreiheitsrecht, das Betätigungen jedweder Art und Güte schützt, ohne dass diese einen besonders prägenden Bezug zur Entfaltung der Individualpersönlichkeit aufweisen müssten".[461] Für die genannte weite Auslegung des Schutzbereichs spricht nicht nur die bereits erwähnte Intention des historischen Grundgesetzgebers, sondern auch der sehr umfangreiche Schrankenvorbehalt des Art. 2 I Halbs. 2 GG (*verfassungsmäßige Ordnung*, *Rechte anderer* und *Sittengesetz*), der das Grundrecht anderenfalls weitgehend leerlaufen lassen würde.

248 Dieses weite Verständnis hat **zwei Folgen**: Zum einen führt es dazu, dass die allgemeine Verhaltensfreiheit als generalklauselartiges Auffanggrundrecht verstanden werden muss, das gegenüber speziellen Grundrechten **subsidiär** ist. Zum anderen definiert es gerade aufgrund seiner Auffangfunktion und als Generalgrundrecht einen weiten Anwendungsbereich der **Verfassungsbeschwerde** (zu den damit verbundenen Konsequenzen vgl. Rn 252 und 1019 ff.).

a.) Subsidiarität gegenüber speziellen Freiheitsgrundrechten

249 Aufgrund des weiten Verständnisses des Schutzbereichs werden begriffslogisch auch alle Verhaltensweisen von Art. 2 I GG erfasst, die in die Schutzbereiche der speziellen Grundrechte fallen. Die allgemeine Verhaltensfreiheit ist daher gegenüber anderen Freiheitsrechten **subsidiär**.

> **Hinweis für die Fallbearbeitung:** In der Fallbearbeitung empfiehlt sich folgende Vorgehensweise: Zunächst ist zu prüfen, ob das Verhalten des Betroffenen von einem speziellen Freiheitsgrundrecht geschützt ist. Ist dies der Fall, geht das spezielle Freiheitsgrundrecht der allgemeinen Verhaltensfreiheit vor. Typische, die allgemeine Verhaltensfreiheit verdrängende Freiheitsgrundrechte sind Art. 12 I, 14 I, 8 I und 9 I GG, aber auch Art. 4 I, II, 5 I, III und 6 I, II GG. Ist eines dieser Grundrechte einschlägig, tritt Art. 2 I GG hinter dieses subsidiär zurück. Zu beachten ist aber, dass das verdrängte Grundrecht der allgemeinen Verhaltensfreiheit auch dann nicht anwendbar ist, wenn das spezielle Grundrecht dem Betroffenen nicht weiterhilft (sog. Sperrwirkung der speziellen Norm). Für das Grundrecht der allgemeinen Verhaltensfreiheit verbleibt nur dann Raum, wenn das Verhalten des Betroffenen über den Schutzbe-

---

[459] Vgl. *Leibholz/v. Mangoldt*, JöR, Neue Folge Bd. 1, 1951, 54 f. Vgl. auch BVerfGE 80, 137, 154 (Reiten im Wald).

[460] Die Bezeichnung „allgemeine Verhaltensfreiheit" statt „allgemeine Handlungsfreiheit" trägt also bereits sprachlich dem Umstand Rechnung, dass das geschützte Verhalten in einem Tun oder Unterlassen bestehen kann. Gleichwohl hat sich der Begriff „allgemeine Handlungsfreiheit" durchgesetzt.

[461] BVerfGE 6, 32, 37 (Elfes); 21, 227, 234 (Heilmittelkosten); 67, 157, 171 (Überwachung des Brief- und Telefonverkehrs); 70, 1, 23 (Steuerberater); 77, 84, 118 (Arbeitnehmerüberlassung im Baugewerbe); 80, 137, 157 (Reiten im Wald); *Murswiek*, in: Sachs, GG, Art. 2 Rn 10; *Kunig*, in: v. Münch/Kunig, GG, Art. 2 Rn 12; *Dreier*, in: Dreier, GG, Art. 2 Rn 20. Vgl. auch *Kube*, JuS 2003, 111 ff.

reich eines speziellen Freiheitsgrundrechts hinausgeht. Die allgemeine Verhaltensfreiheit ist also **erst dann zu prüfen, wenn der Schutzbereich des speziellen Grundrechts nicht eröffnet ist oder das spezielle Grundrecht den Sachverhalt nicht abschließend würdigt**. Vgl. auch Rn 250 f. Zum Konkurrenzverhältnis zum allgemeinen Persönlichkeitsrecht aus Art. 2 I i.V.m. 1 I GG vgl. Rn 287a.

Beispiele, in denen die allgemeine Verhaltensfreiheit Prüfungsmaßstab ist[462]**:** **(1)** Beschränkungen der Vertragsfreiheit, d.h. des Rechts, einen privatrechtlichen Vertrag zu schließen oder nicht (sog. Vertragsautonomie), soweit es nicht speziell um eigentumsrelevante oder berufsbezogene Verträge sowie um Gesellschafts-, Ehe- oder Erbverträge geht[463]; **(2)** Beschränkungen des Führens eines Kraftrads ohne Schutzhelm[464] oder eines Kraftfahrzeugs ohne Sicherheitsgurt[465]; dazu zählt auch die Beschränkung, bei winterlichen Straßenverhältnissen nicht mit Sommerbereifung fahren zu dürfen; **(3)** Beschränkungen des Genusses von Betäubungsmitteln[466]; **(4)** Verbot, in Gaststätten zu rauchen[467]; **(5)** Verbot der Benutzung von Sonnenstudios durch Minderjährige[468]; **(6)** Verbot, im Wald zu reiten[469]; **(7)** Beschränkungen, Geld- oder Sachspenden zu sammeln[470]; **(8)** Auferlegung von Steuern[471], eines Konjunkturzuschlags[472], anderer Abgaben[473] oder einer Geldbuße[474], da das Vermögen als solches nicht durch Art. 14 I GG geschützt ist; **(9)** Regelungen zur Haar- und Barttracht[475]; **(10)** Verpflichtung, nach bestimmten Rechtschreibregeln zu schreiben[476]; **(11)** Beschränkungen des Gemeingebrauchs von öffentlichen Sachen (z.B. Straßen); **(12)** Uniformverbot gegenüber Soldaten bei politischen Veranstaltungen[477]; **(13)** Anschluss- und Benutzungszwang, soweit nicht ein spezielles Freiheitsgrundrecht greift[478]; **(14)** Regelung des BJagdG (§ 15 VII S. 1 i. V. mit § 15 V S. 1), wonach Bewerber um den Falknerjagdschein waffentechnische und waffenrechtliche Kenntnisse nachweisen und eine Schießprüfung ablegen müssen[479]; **(15)** Zwangsmitgliedschaft in Körperschaften des öffentlichen Rechts (z.B. Industrie- und Handelskammer; Jagdgenossenschaft), da sich Art. 9 I GG nach h.M. nur auf private Verbände bezieht[480]

Generell lässt sich sagen, dass die Freiheit, etwas zu unterlassen oder nicht in Anspruch genommen zu werden (negative Freiheit), häufig nicht von speziellen Freiheitsgrundrechten geschützt wird.[481]

Ein besonderes Problem stellt sich, wenn ein bestimmtes Verhalten zwar in den **Regelungs-**, **nicht** aber in den **Schutzbereich**[482] eines speziellen Freiheitsgrundrechts fällt. **250**
In diesem Fall ist fraglich, ob auf Art. 2 I GG zurückgegriffen werden darf.

---

[462] Vgl. *Di Fabio*, in: Maunz/Dürig, GG, Art. 2 Rn 50 ff.; *Kunig*, in: v. Münch/Kunig, GG, Art. 2 Rn 29: *Jarass*, in: Jarass/Pieroth, GG, Art. 2 Rn 4 ff.; *P/S/K/P*, Rn 388.
[463] Vgl. BVerfGE 95, 267, 303 f. (DDR-Altschulden); 103, 197, 215 (private Pflegeversicherung).
[464] BVerfGE 59, 275, 278 (Schutzhelm). Vgl. dazu §§ 21a, 46 I S. 1 Nr. 5b StVO. Auch die Einführung einer Helmpflicht für Fahrradfahrer würde Art. 2 I GG tangieren.
[465] BVerfG NJW 1987, 180 (Gurtanlegepflicht für Kraftfahrzeugführer).
[466] BVerfGE 90, 145, 179 (Cannabis). Wird der Cannabis-Konsum aber als kultische Handlung verstanden, ist Art. 4 I GG einschlägig (vgl. BVerwGE 112, 314, 315 ff.). Wird Cannabis zu therapeutischen Zwecken benötigt, kann Art. 2 II S. 1 GG einschlägig sein (und sogar eine Ausnahmegenehmigung hinsichtlich des Selbstanbaus erfordern), vgl. VG Köln PharmR 2014, 426, 427 ff.
[467] Vgl. BVerfGE 121, 317, 345 ff. (Nichtraucherschutzgesetz).
[468] BVerfG NJW 2012, 1062 f.
[469] BVerfGE 80, 137, 152 (Reiten im Wald); BVerwG NVwZ 2000, 1296.
[470] BVerfGE 20, 150, 154 (Sammlungsgesetz).
[471] BVerfGE 87, 153, 169 (Grundfreibetrag); BVerfG NJW 1999, 1098, 1100 (Grunderwerbsteuer).
[472] BVerfGE 29, 402, 410 (Konjunkturzuschlag).
[473] BVerfGE 78, 232, 244 f. (Altershilfe der Landwirte).
[474] BVerfGE 92, 191, 196 (Verweigerte Personalien).
[475] Vgl. dazu aus jüngerer Zeit BVerwG NVwZ-RR 2014, 767 f. (Haar- und Barttracht von Soldaten).
[476] BVerfGE 98, 218 ff. (Rechtschreibreform). Vgl. auch die abw. Rspr. des BVerwG (NJW 1999, 3503).
[477] BVerfG NJW 1981, 2112 f. (Uniformverbot und gewerkschaftliche Veranstaltung).
[478] *Jarass*, in: Jarass/Pieroth, GG, Art. 2 Rn 5. Vgl. auch OVG Magdeburg NVwZ-RR 2008, 810.
[479] BVerfGE 55, 159 f. (Falkner).
[480] BVerfGE 38, 281, 297 f. (Arbeitnehmerkammer); 32, 54, 64 f. (Schnellreinigung); BVerwGE 74, 254, 255; BVerwG NJW 1998, 3510; VGH München NVwZ 2013, 236 f. Vgl. dazu auch Rn 680.
[481] Vgl. nur BVerfGE 91, 207, 221 (Hafengebührenpflicht); 19, 206, 215 (Kirchensteuerpflicht einer juristischen Person); 64, 208, 214 (Unterwerfung von Nichtmitgliedern unter die Normsetzung eines privaten Verbands).
[482] Zur Unterscheidung von Regelungs- und Schutzbereich vgl. Rn 123 f.

Beispiel: Art. 8 I GG schützt die Versammlungsfreiheit. Das bedeutet, dass sich der *Regelungsbereich* des Grundrechts auf die Versammlung bezieht. Um aber gewaltsame und unfriedliche Versammlungen bereits aus dem Schutzbereich herauszuhalten, begrenzt der Wortlaut des Art. 8 I GG den *Schutzbereich* auf friedliche und waffenlose Versammlungen. Gewaltsame Demonstrationen sind somit zwar vom Regelungs-, nicht aber vom Schutzbereich des Art. 8 I GG umfasst (= grundrechtsimmanente Schutzbereichsbegrenzung).

251 Geht man von den allgemeinen Grundsätzen der Grundrechtskonkurrenz (Rn 136) aus, bezieht sich die Sperrwirkung nur auf den Schutz-, nicht auch auf den Regelungsbereich. Art. 2 I GG wird also nicht verdrängt, wenn das fragliche Verhalten lediglich in den Regelungsbereich eines speziellen Grundrechts fällt. Erst recht wird Art. 2 I GG nicht verdrängt, wenn das fragliche Verhalten noch nicht einmal vom Regelungsbereich eines speziellen Freiheitsrechts erfasst ist.

Demnach fällt im obigen Beispiel die unfriedliche Versammlung in den Schutzbereich des Art. 2 I GG. Aufgrund des weit gefassten Schrankenvorbehalts wäre ein Eingriff (etwa ein Versammlungsverbot oder eine Auflage) aber relativ leicht zu rechtfertigen.

b.) Weit reichender Zugriff auf die Verfassungsbeschwerde

252 Weitere Folge des weiten Grundrechtsverständnisses des Art. 2 I GG in Bezug auf die allgemeine Verhaltensfreiheit als „Generalfreiheitsrecht" ist, dass nahezu alle erdenklichen Lebenssachverhalte von dessen Schutzbereich erfasst werden. Dieser Umstand und das in der Bundesrepublik Deutschland stark ausgebaute System des gerichtlichen Rechtsschutzes („Rechtswegestaat", vgl. Art. 19 IV S. 1 GG) sowie das gestiegene Selbstbewusstsein der Bürger haben die Neigung verstärkt, sich gegen Akte der öffentlichen Gewalt zur Wehr zu setzen, und zu prozessualen Schritten ermuntert. Sichtbares Zeichen dafür ist die ständig steigende Zahl von Verfassungsbeschwerden, die gem. Art. 93 I Nr. 4a GG, §§ 13 Nr. 8a, 90 I BVerfGG mit der Behauptung erhoben werden können, der Beschwerdeführer sei durch die öffentliche Gewalt in einem seiner Grundrechte oder einem grundrechtsgleichen Recht (die in Art. 20 IV, 33, 38 I S. 1, 101, 103 und 104 GG genannten Rechte) verletzt worden. Versuche, die Zahl der zur Entscheidung anzunehmenden Verfassungsbeschwerden[483] „auf ein erträgliches Maß" zu reduzieren[484], haben nicht wesentlich zu einer Verringerung der eingehenden Zahl von Verfassungsbeschwerden geführt. Daher sind sowohl die *Kammern* des für Individualverfassungsbeschwerden zuständigen *Ersten Senats* des BVerfG (vgl. § 14 BVerfGG) als auch der *Erste Senat* selbst dazu übergegangen, der Zulässigkeitsvoraussetzung des „Behauptens" im Sinne des Art. 93 I Nr. 4a GG ein neues, engeres Verständnis zugrunde zu legen. Das Gericht fordert in einigen Verfahren, dass der Beschwerdeführer den gerügten Verfassungsverstoß hinreichend darlegt und begründet. Im Verfahren über die Verfassungsmäßigkeit der Gewerbesteuer hatte die *2. Kammer* des *Zweiten Senats* zwei Verfassungsbeschwerden nicht zur Entscheidung angenommen mit der Begründung, die Beschwerdeführer hätten einen Verfassungsverstoß nicht hinreichend dargelegt.[485] Auch der *Zweite Senat* tendiert in Fällen, in denen er offenbar eine folgenschwere Sachentscheidung vermeiden möchte, dazu, die Beschwerdebefugnis zu verneinen. Beispielsweise betrachtete er eine Vorlage von sekundärem EU-Recht (es ging im konkreten Fall um die Vereinbarkeit der europäischen Bananenmarktordnung mit dem Grundgesetz)

---

[483] Zum verfassungsrechtlich bedenklichen Annahmeverfahren durch die Kammern vgl. Rn 1079.

[484] Zwischen 1951 und 2015 musste sich das BVerfG nach eigenen Angaben mit 212.827 Verfassungsbeschwerden auseinandersetzen, von denen es nur sehr wenige überhaupt zur Entscheidung annahm. Lediglich 4.051 von 141.083 Verfassungsbeschwerden waren zwischen 1987 und 2015 erfolgreich, was einer Erfolgsquote von 2,87% entspricht (https://www.bundesverfassungsgericht.de/DE/Verfahren/Jahresstatistiken/2015/statistik_2015_node.html - Download am 26.8.2016).

[485] Vgl. BVerfG-K NJW 2001, 1853 und 1984 mit kritischer Bespr. von *Jachmann*, NJW 2001, 1840.

gem. Art. 100 I GG oder Art. 93 I Nr. 4a GG zwar grundsätzlich als zulässig, knüpfte die Zulässigkeit aber an eine dezidierte Begründung des Vorlagebeschlusses bzw. der Verfassungsbeschwerde. Das vorlegende Gericht bzw. der Beschwerdeführer müssten substantiiert darlegen, dass eine Kompetenzüberschreitung oder eine evidente und generelle Missachtung der Grundrechte durch die Union vorlägen (= besondere Zulässigkeitsvoraussetzung). Beides hatte der *Zweite Senat* der Begründung des Vorlagebeschlusses hinsichtlich der Bananenmarktordnung nicht entnommen.[486] In die gleiche Richtung gingen auch die in jüngerer Zeit getroffene Kammerentscheidung hinsichtlich der Vorlagepflicht nach Art. 267 AEUV (früher: Art. 234 EGV[487]) und der Senatsbeschluss zur nicht zulässigen Vorlage gem. Art. 100 I GG in Bezug auf die Verfassungsmäßigkeit der allgemeinen Wehrpflicht[488].

Mit Hilfe des Prozessrechts versucht das BVerfG also, die Folgen der von ihm selbst konstatierten weiten Auslegung des Schutzbereichs einzudämmen. Das ist mit der Regelung des Art. 93 I Nr. 4a GG nur schwer vereinbar. **253**

bb. Art. 2 I GG und wirtschaftliche Verhaltensfreiheit

Große Bedeutung hat Art. 2 I GG auch im wirtschaftlichen Bereich. Nicht nur die bereits genannte Vertragsautonomie fällt in den Schutzbereich dieses Grundrechts, sondern grundsätzlich auch die Wettbewerbsfreiheit, etwa im Rahmen der Vergabe von Subventionen an Konkurrenten oder bei der wirtschaftlichen Betätigung von Gemeinden. Weist der Eingriff in die Wettbewerbsfreiheit allerdings subjektiv oder objektiv eine berufsregelnde Tendenz auf, ist stets Art. 12 I GG vorrangig und abschließend.[489] Bei unmittelbar betriebsbezogenen Eingriffen ist Art. 14 I GG einschlägig und (im Vergleich zu Art. 2 I GG) abschließend. **254**

> Dagegen kommt ein Schutz der unternehmerischen Dispositionsfreiheit von vornherein nicht in Betracht. Entsprechende Verhaltensweisen betreffen die Verhaltensfreiheit im Bereich des Berufsrechts, die ihre spezielle Gewährleistung in Art. 12 GG gefunden hat. Für eine Prüfung am Maßstab von Art. 2 I GG ist insoweit kein Raum.

Zusammenfassend lässt sich sagen, dass durch Art. 2 I GG jedes menschliche Tun bzw. Unterlassen geschützt wird, sofern das geschützte Verhalten nicht vom Schutzbereich eines anderen Freiheitsgrundrechts erfasst wird. **255**

b. Persönlicher Schutzbereich

Träger des Grundrechts sind zunächst alle natürlichen Personen. Das gilt selbstverständlich auch für Minderjährige, Behinderte und Geisteskranke. Auch auf juristische Personen und Vereinigungen im Sinne von Art. 19 III GG ist das Grundrecht anwendbar.[490] Bei Wirtschaftsgesellschaften bezieht sich das Grundrecht auf die wirtschaftliche Betätigungsfreiheit.[491] Juristische Personen des öffentlichen Rechts sind dagegen grundsätzlich nicht geschützt (vgl. Rn 66 ff.). Auch der Nasciturus (d.h. der noch ungeborene Mensch) ist kein Grundrechtsträger der allgemeinen Verhaltensfreiheit. Verstorbenen steht ebenfalls das Recht nicht zu, da es „die Existenz einer wenigstens potentiellen **256**

---

[486] BVerfGE 102, 147 ff. (Vereinbarkeit der Bananenmarktordnung mit dem Grundgesetz) mit Bespr. von *Lecheler*, JuS 2001, 120 ff. und *Odendahl*, JA 2001, 283 ff.
[487] BVerfG NJW 2001, 1267.
[488] BVerfG NVwZ 2002, 922.
[489] BVerfGE 105, 252, 279 (Glykolwein); BVerfGE 82, 209, 223 f. (Krankenhausplan); BVerwGE 71, 183, 191; *Breuer*, in: HdbStR VI, S. 1002 ff. Generell auf Art. 2 I GG abgestellt wird in BVerwGE 30, 191, 198; 60, 154, 159; 65, 167, 174.
[490] BVerfGE 20, 323, 336 (Lesering); 44, 353, 372 (Suchtkrankenberatungsstelle).
[491] BVerfGE 66, 116, 130 (Springer/Wallraff).

oder zukünftigen Person als unabdingbar" voraussetzt.[492] Zu den Besonderheiten bei Ausländern und Staatenlosen siehe sogleich.

257 **Schutz für Ausländer und Staatenlose bei Bürgerrechten**: Ein eigener Anwendungsbereich wird Art. 2 I GG auch dort zugesprochen, wo das spezielle, den Art. 2 I GG an sich verdrängende Grundrecht vom sachlichen Schutzbereich her einschlägig ist, aber vom personalen Schutzbereich her nur Deutschen zukommt.[493]

Beispiele von Deutschengrundrechten bzw. nur Deutschen zustehenden grundrechtsgleichen Rechten: Art. 8 I GG (Versammlungsfreiheit), Art. 9 I GG (Vereinigungsfreiheit), Art. 11 GG (Recht auf Freizügigkeit im gesamten Bundesgebiet), Art. 12 I GG (Recht, Beruf, Arbeitsplatz und Ausbildungsstätte frei zu wählen), Art. 16 I GG (Schutz vor Entzug der deutschen Staatsangehörigkeit), Art. 16 II GG (Schutz vor Auslieferung), Art. 20 IV GG (politisches Widerstandsrecht), Art. 33 I GG (gleiche Rechte und Pflichten), Art. 33 II GG (gleicher Zugang zu öffentlichen Ämtern) und Art. 33 III S. 1 GG (Unabhängigkeit der Bekleidung öffentlicher Ämter von der Religion). Ein Deutschenrecht ist auch das grundrechtsgleiche Recht der allgemeinen, unmittelbaren, freien, gleichen und geheimen Wahl aus Art. 38 I S. 1 GG. Das geht zwar nicht direkt aus dem Wortlaut der Vorschrift hervor, ergibt sich aber aus Art. 20 II GG: Wahlen sind Ausdruck der Volkssouveränität und ein Recht des Staatsvolkes der Bundesrepublik Deutschland. Und dieses Staatsvolk besteht eben nur aus Deutschen.

258 Würde man einen Rückgriff auf Art. 2 I GG verwehren, wären Ausländer und Staatenlose ohne Grundrechtsschutz. Nach richtiger Auffassung entfaltet Art. 2 I GG daher eine Schutzwirkung auch zugunsten von Ausländern und Staatenlosen.

Hinweis für die Fallbearbeitung: Ist in der Fallbearbeitung der Rechtsschutzsuchende ein Ausländer, muss zunächst das sachlich einschlägige spezielle Freiheitsgrundrecht benannt und festgestellt werden, dass es nur Deutsche schützt. Sodann ist auf Art. 2 I GG einzugehen und zu diskutieren, ob er in seiner Funktion als Auffanggrundrecht Schutzwirkung zugunsten Ausländer entfaltet. Wird dies verneint, ist der betreffende Ausländer ohne Schutz. Wird dies dagegen richtigerweise bejaht, muss später bei der Verhältnismäßigkeitsprüfung festgestellt werden, dass der Schutz des Art. 2 I GG i.d.R. nicht so weit reicht wie bei dem speziellen Freiheitsgrundrecht. So ist z.B. bei einer Versammlung nicht die Versammlungsfreiheit als wichtiges politisches Grundrecht zu gewichten. Das führt zu dem Ergebnis, dass Eingriffe, die bei Einschlägigkeit von speziellen Freiheitsgrundrechten nicht gerechtfertigt sind, bei Art. 2 I GG schon eher rechtmäßig sind, der Schutz durch Art. 2 I GG also i.d.R. geringer sein wird.

259 Darüber hinaus haben Ausländer über Art. 2 I GG Anspruch darauf, dass ihnen der Staat die Regeln des objektiven Verfassungsrechts zur Verfügung stellt. Ausländer können also die Einhaltung des Rechtsstaatsprinzips (insbesondere Verhältnismäßigkeit, ermessensfehlerfreie Entscheidung, Vertrauensschutz) einklagen.

Beispiel: Ist einem Ausländer die Aufenthaltserlaubnis mehrmals verlängert worden (vgl. §§ 6, 7 AufenthG), kann es der Vertrauensschutz erforderlich machen, dass ihm auch weiterhin der Aufenthalt erlaubt wird.[494]

---

[492] BVerfGE 30, 173, 194 (Mephisto).

[493] BVerfGE 35, 382, 399 (Palästinenser); 78, 179, 196 f. (Heilpraktiker); *Stern*, StaatsR III/1, S. 1040 ff.; *Quaritsch*, in: HdbStR V, S. 736; *Lerche*, in: HdbStR V, S. 748 f.; a.A. *Erichsen*, in: HdbStR VI, S. 1205 ff. und Jura 1987, 367, 370 mit dem Argument, dass die Regelungen durch die speziellen Freiheitsgrundrechte abschließend seien und gerade klargestellt werden sollte, dass für Ausländer hier kein Grundrechtsschutz bestehe. Vgl. dazu auch BVerfG NVwZ 2000, 1281.

[494] Vgl. BVerfGE 49, 168, 185 (Aufenthaltserlaubnis).

Bezüglich der Bürger aus anderen **Mitgliedstaaten der EU** ist umstritten, ob sie sich auf Deutschenrechte berufen können, oder ob ihnen lediglich Art. 2 I GG zur Verfügung steht. *Für* die Anwendbarkeit der Deutschenrechte auch auf Bürger anderer EU-Staaten[495] spricht das Diskriminierungsverbot des Art. 18 AEUV. Diese Vorschrift ordnet eine Gleichstellung aller EU-Bürger an und fordert für diese das gleiche Schutzniveau innerhalb der Union. *Gegen* eine Anwendbarkeit der Deutschenrechte auf Bürger anderer EU-Staaten[496] spricht aber die ausdrückliche verfassungstextliche Begrenzung der betreffenden Grundrechte auf Deutsche. Zumindest hinsichtlich des geforderten gleichen Schutzniveaus ist eine Einbeziehung anderer EU-Bürger in den Schutzbereich der Deutschenrechte nicht erforderlich. Denn die europarechtlichen Vorgaben lassen sich bereits bei der Auslegung des auf Ausländer unstreitig anwendbaren Art. 2 I GG hinreichend berücksichtigen, indem man das jeweilige hohe Schutzniveau des Deutschengrundrechts auf Art. 2 I GG überträgt. Auf jeden Fall ist der verfassungsändernde Gesetzgeber berufen, dem materiellen Gehalt des Art. 18 AEUV etwa dadurch Rechnung zu tragen, dass er den Begriff des „Deutschen" durch den Begriff „Bürger der Europäischen Union" ersetzt. 260

2. Eingriff in den Schutzbereich

Die **Weite des Schutzbereichs** des Art. 2 I GG hat zur Folge, dass die allgemeine Verhaltensfreiheit durch **jede belastende Regelung** der öffentlichen Hand (etwa durch Gesetze, Verordnungen, Satzungen oder Verwaltungsakte) beeinträchtigt wird (vgl. nur die zahlreichen bei Rn 249 genannten Beispiele). Dadurch entsteht das ebenfalls bereits genannte Problem, dass die verfassungsrechtlich garantierte Möglichkeit, gegen Akte öffentlicher Gewalt **Verfassungsbeschwerde** zu erheben, zu **weit** greift. Daher ist man bestrebt, neben dem ebenfalls bereits genannten prozessualen Weg, den Eingriffscharakter einer staatlichen Maßnahme auf finale, d.h. zielgerichtete Beeinträchtigungen zu begrenzen.[497] Dem ist jedoch entgegenzuhalten, dass auch faktische bzw. mittelbare Beeinträchtigungen den Grundrechtsträger ebenso verletzen können wie zielgerichtete. Für den Grundrechtsträger macht es keinen Unterschied, ob er durch gezielte Maßnahmen oder ob er rein faktisch bzw. mittelbar in seiner allgemeinen Verhaltensfreiheit beeinträchtigt wird. Allerdings ist angesichts der Vielzahl und Unübersehbarkeit von Folge- und Nebenwirkungen hoheitlichen Handelns eine Beschränkung auf diejenigen Fälle zu fordern, die in ihrer Intensität einer unmittelbaren Verhaltenssteuerung gleichkommen. Daher ist eine **Zurechnung** in Form einer **Beeinträchtigung von erheblichem Gewicht** zu fordern. Auch das BVerwG hat mittelbare Beeinträchtigungen im Bereich des Wettbewerbs, etwa durch Erteilung von Ausnahmegenehmigungen[498] oder Subventionen[499] an Konkurrenten, nur dann als Eingriff in Art. 2 I GG qualifiziert, wenn die Beeinträchtigung von erheblichem Gewicht sei[500]. 261

3. Verfassungsrechtliche Rechtfertigung (Grundrechtsschranke)

Sowohl die allgemeine Verhaltensfreiheit als auch das allgemeine Persönlichkeitsrecht stehen unter dem Schrankenvorbehalt des Art. 2 I Halbs. 2 GG.[501] Nach der dort genannten Schrankentrias werden die Grundrechte des Art. 2 I GG nur soweit gewährt, als nicht die Rechte anderer verletzt werden und nicht gegen die verfassungsmäßige Ordnung oder das Sittengesetz verstoßen wird. 262

---

[495] So vertreten etwa von *Breuer*, in: HdbStR VI, S. 895 f.; *Jarass*, in: Jarass/Pieroth, GG, Art. 12 Rn 10.
[496] So vertreten etwa von *Gubelt*, in: v. Münch/Kunig, GG, Art. 12 Rn 5; *Scholz*, in: Maunz/Dürig, GG, Art. 12 Rn 97; *Mann*, in: Sachs, GG, Art. 12 Rn 19 f.; *Wieland*, in: Dreier, GG, Art. 12 Rn 66.
[497] Vgl. nur BVerfGE 105, 252, 264 ff. (Glykolwein - mit Blick auf Art. 12 I GG).
[498] BVerwGE 65, 167, 174.
[499] BVerwGE 30, 191, 198 f.; 60, 154, 160.
[500] BVerwGE 30, 191, 198; 54, 211, 221 f.; 65, 167, 174; vgl. auch *Erichsen*, in: HdbStR VI, S. 1218.
[501] BVerfGE 65, 1, 43 (Volkszählung).

a. Verfassungsmäßige Ordnung

263 Den wichtigsten Gesetzesvorbehalt stellt die verfassungsmäßige Ordnung dar. Darunter wird – anders als in anderen Regelungen des GG, die von freiheitlicher demokratischer Grundordnung sprechen (etwa Art. 18 S. 1 oder Art. 21 II GG) – die gesamte verfassungsmäßige Rechtsordnung verstanden, d.h. alle Normen (auch Rechtsverordnungen und Satzungen), die **formell und materiell verfassungsmäßig sind**.[502] Nach der Rechtsprechung des BVerfG handelt es sich bei der verfassungsrechtlichen Ordnung um einen einfachen Gesetzesvorbehalt. Nicht erforderlich ist daher, dass das einschränkende Gesetz an bestimmte Situationen anknüpft, bestimmten Zwecken dient oder sich durch bestimmte Mittel kennzeichnet. Es muss überhaupt nur ein Gesetz bestehen, das am Maßstab des Art. 2 I GG zu messen ist. Wird der Gesetzgeber zur Verhütung von **Gefahren** oder der **Gesundheit** tätig, überlässt ihm die Verfassung bei der Prognose und Einschätzung der in den Blick genommenen Gefährdung einen **Beurteilungsspielraum** (Einschätzungs- und Gestaltungsspielraum), der vom BVerfG bei der verfassungsrechtlichen Beurteilung je nach der Eigenart des in Rede stehenden Sachbereichs, den Möglichkeiten, sich ein hinreichend sicheres Urteil zu bilden, und der auf dem Spiel stehenden Rechtsgüter nur in begrenztem Umfang überprüft werden kann. Der Beurteilungsspielraum ist erst dann überschritten, wenn die Erwägungen des Gesetzgebers so offensichtlich fehlsam sind, dass sie vernünftigerweise keine Grundlage für die angegriffenen gesetzgeberischen Maßnahmen abgeben können.[503]

Beispiel[504]**:** Erlässt der Landesgesetzgeber ein an die Betreiber von Bräunungsstudios gerichtetes gesetzliches Verbot der Benutzung von UV-Anlagen durch Minderjährige, greift er damit in die Berufsfreiheit der Betreiber und zugleich in die allgemeine Verhaltensfreiheit der betroffenen Minderjährigen ein. Der Eingriff in die Berufsfreiheit ist damit zu rechtfertigen, dass Beschränkungen der bloßen Berufsausübung durch vernünftige Erwägungen des Allgemeinwohls gerechtfertigt werden können (vgl. dazu Rn 806). Der Schutz Minderjähriger vor ionisierenden Strahlen ist daher in jedem Fall geeignet, den Grundrechtseingriff in Art. 12 I GG zu rechtfertigen. Hinsichtlich der betroffenen Minderjährigen ist die Einschränkung der allgemeinen Verhaltensfreiheit gerechtfertigt, weil der Gesetzgeber seinem Schutzauftrag (aus Art. 2 II S. 1 GG), vorliegend dem Jugend- und Gesundheitsschutz, nachkommt und zudem die Eingriffsintensität auch nicht sehr hoch ist. Immerhin bleibt den Betroffenen ja noch die Möglichkeit des Sonnenbadens im Freien und der Benutzung von UV-Anlagen im privaten Bereich.

Hinweis für die Fallbearbeitung: Die genannte **weite Grundrechtsschranke** korrespondiert mit der erläuterten **Ausweitung des Schutzbereichs**. Rechtskonstruktiv und rechtstechnisch bedeutet dies, dass die allgemeine Verhaltensfreiheit des Einzelnen gegenüber dem Staat nur durch ein formell und materiell **verfassungsmäßiges** Gesetz beschränkt werden kann. Hat der Einzelne Zweifel an der Verfassungsmäßigkeit eines (ihn in seiner Freiheit beschränkenden) Gesetzes, kann er im Wege der Verfassungsbeschwerde die Vereinbarkeit des Gesetzes mit der Verfassung überprüfen lassen. Hervorzuheben ist dabei, dass durch Art. 2 I GG indirekt auch die Verletzung von Verfassungsbestimmungen gerügt werden kann, die dem Schutz von Verfassungsorganen und nicht dem Schutz des Einzelnen dienen. Sind beispielsweise im Gesetzgebungsverfahren die Rechte des Bundesrates verletzt oder die Kompetenzen des Bundes überschritten worden, kann der Einzelne diese vor dem BVerfG erfolgreich rügen, weil er sich in seiner grundrechtlich geschützten Freiheit nicht durch ein Gesetz einschränken

[502] BVerfGE 6, 32, 37 f. (Elfes); 63, 88, 108 (Altershilfe für Landwirte); 80, 137, 163 (Reiten im Wald); 90, 145, 172 (Cannabis); BVerfG-K NJW 2000, 649 (Verfassungsmäßigkeit der Rundfunkgebührenpflicht); BVerwG NVwZ 2000, 1296, 1297 (Reitverbot im Landschaftsschutzgebiet); BVerfG NJW 2012, 1062 f. (Verbot der Benutzung von Sonnenstudios durch Minderjährige).
[503] BVerfGE 121, 317, 350 (Rauchverbot in Gaststätten); BVerfG NJW 2012, 1062 f. (Verbot der Benutzung von Sonnenstudios durch Minderjährige).
[504] Nach BVerfG NJW 2012, 1062 (mit Bespr. v. *Muckel*, JA 2012, 312 f. und *Sachs*, JuS 2012, 761).

lassen muss, das (formell) verfassungswidrig ist.[505] Bei Eingriffen in die allgemeine Verhaltensfreiheit ist also zu prüfen, ob das belastende staatliche Verhalten formell und materiell der verfassungsmäßigen Ordnung entspricht. Jeder Verstoß gegen die verfassungsmäßige Ordnung stellt auch einen Verstoß gegen Art. 2 I GG dar. Der Schwerpunkt der Prüfung liegt dabei in der Schranken-Schranke, also in der Verhältnismäßigkeit der einschränkenden Maßnahme. Wird durch Gesetz eingegriffen, muss dieses abstrakt-generell **geeignet**, **erforderlich** und **angemessen** sein, wobei dem Gesetzgeber ein Beurteilungsspielraum eingeräumt wird, wenn er Art. 2 I GG zugunsten der Verhütung von Gefahren bzw. zum Schutz der Gesundheit einschränkt.

Wird aufgrund eines Gesetzes, d.h. durch eine Einzelmaßnahme, in den Schutzbereich des Art. 2 I GG eingegriffen, ist zunächst das Gesetz zu prüfen, aufgrund dessen die Einzelmaßnahme erlassen wurde, und erst in einem zweiten Schritt ist die Einzelmaßnahme darauf hin zu untersuchen, ob sie konkret-individuell dem Grundsatz der Verhältnismäßigkeit entspricht. Das BVerfG hat dabei folgende Direktive aufgestellt: „Je mehr dabei der gesetzliche Eingriff elementare Äußerungsformen der menschlichen Handlungsfreiheit berührt, umso sorgfältiger müssen die zu seiner Rechtfertigung vorgebrachten Gründe gegen den grundsätzlichen Freiheitsanspruch des Bürgers abgewogen werden"[506]. Zur Prüfung des Verhältnismäßigkeitsgrundsatzes vgl. Rn 169 ff.

b. Rechte anderer und Sittengesetz

Fraglich ist die Bedeutung der beiden anderen Komponenten der Schrankentrias. Da Vorschriften, die Rechte anderer begründen, schon zu den Normen der verfassungsmäßigen Ordnung gehören, erlangt diese Komponente der Schrankentrias in der Praxis kaum eigenständige Bedeutung. Unter „Sittengesetz" ist ein Verweis auf sozialethische, also außerrechtliche Vorstellungen zu verstehen. Ein Verweis auf Sozialnormen ist aus rechtsstaatlicher Sicht aber sehr bedenklich. Insbesondere scheint sich eine Unvereinbarkeit mit dem Grundsatz vom Vorbehalt des Gesetzes aufzudrängen, was vorliegend zu der Frage nach verfassungswidrigem Verfassungsrecht führt.[507] Die gerichtliche Praxis einschließlich der des BVerfG tendiert in derartigen Fällen aber – vermutlich, um die Frage nach der Verfassungsmäßigkeit nicht mehr nachgehen zu müssen – eher dazu, aufgrund des heutigen Grades der Durchnormiertheit aller erdenklichen Lebenssachverhalte dem Tatbestandsmerkmal des „Sittengesetzes" (wie dem der „Rechte anderer") keine eigenständige Bedeutung mehr beizumessen.[508] In jedem Fall ist wegen Art. 20 III GG aber stets eine gesetzliche Eingriffsgrundlage zu fordern, auf die sich der Eingriff zurückführen lässt. 264

4. Übungsfall

Der folgende Übungsfall, dessen ausformulierte Lösung auf der Internetseite des Verlags zur Verfügung steht, soll die Ausführungen zu Art. 2 I GG konkretisieren. 265

Reiten im Wald[509]**:** In dem Bundesland X ist durch Landschaftsgesetz das Reiten im Wald auf öffentlichen Wegen nur dann zulässig, wenn die Waldwege entsprechend ausgewiesen

---

[505] *Wahl*, JuS 2001, 1041, 1044.

[506] BVerfGE 17, 306, 314 (Mitfahrerzentralen); 20, 150, 159 (Sammlungsgesetz); vgl. dazu auch BVerwG NVwZ 2000, 1296, 1297 (Reitverbot im Landschaftsschutzgebiet).

[507] Die Möglichkeit der Existenz von verfassungswidrigem Verfassungsrecht wird vom BVerfG (wohl) abgelehnt, indem es von einer inneren Einheit der Verfassung spricht. Aus dem Gesamtinhalt der Verfassung ergäben sich verfassungsrechtliche Grundsätze und Grundentscheidungen, denen die einzelnen Verfassungsbestimmungen untergeordnet seien. Daraus ergebe sich, dass jede Verfassungsbestimmung so ausgelegt werden müsse, dass sie mit jenen elementaren Verfassungsgrundsätzen und Grundentscheidungen des Verfassungsgesetzgebers vereinbar seien (BVerfGE 1, 14, 32 f.; aufgegriffen in BVerfG NVwZ 2016, 922, 927). Immerhin räumt das BVerfG ein, dass die Rechtsfigur „umstritten" sei und dass Verfassungsbestimmungen (lediglich) „grundsätzlich" nicht aneinander gemessen werden könnten (BVerfG NVwZ 2016, 922, 927). Mit dem „grundsätzlich" hält sich das BVerfG wohl eine „Hintertür" für gegenwärtig noch nicht absehbare abweichende Fälle offen.

[508] Vgl. BVerfG NJW 2001, 1048 ff. mit Bespr. von *W. Schmidt*, NJW 2001, 1035 f.

[509] Nach SächsVerfGH LKV 1997, 251 ff.; grundlegend BVerfGE 80, 137 ff.

und gekennzeichnet sind. Y betreibt Pferdesport. Sie ist Eigentümerin mehrerer Pferde, die sie zur Ausübung des Reitsports und zu Zuchtzwecken hält. Darüber hinaus ist sie Inhaberin eines gewerblichen Reiterhofs mit Gaststätten- und Beherbergungsbetrieb; sie bietet auch kommerzielle Kremserfahrten an. Y meint, durch die genannte Beschränkung in ihren Rechten verletzt zu sein. Zu Recht?

II. Allgemeines Persönlichkeitsrecht, Art. 2 I i.V.m. Art. 1 I GG

Allgemeines Persönlichkeitsrecht (APR), Art. 2 I i.V.m. 1 I GG

1. Schutzbereich

Dogmatisch in Art. 2 I GG verortet ist auch das allgemeine Persönlichkeitsrecht (APR). Dieses Grundrecht schützt vor Eingriffen, die geeignet sind, die enge Persönlichkeitssphäre zu beeinträchtigen. Es lassen sich verschiedene Aspekte des Schutzbereichs ausmachen:

- ⇨ Zunächst schützt das APR die **enge persönliche Lebenssphäre**. Es verleiht die Befugnis, sich zurückzuziehen, abzuschirmen, für sich und allein zu bleiben.
- ⇨ Des Weiteren ist das **Recht auf Selbstbestimmung** umfasst. Damit ist das Recht gemeint, die eigene Abstammung zu kennen. Dem Betroffenen darf die Kenntnis der eigenen Abstammung nicht vorenthalten werden. Auch das Recht eines Straftäters auf Resozialisierung gehört hierher. Weiterhin sind die **Ehre** und der **soziale Geltungsanspruch** geschützt. Das Grundrecht schützt daher auch vor Äußerungen, die geeignet sind, sich abträglich auf das Ansehen des Betroffenen in der Öffentlichkeit auszuwirken.
- ⇨ Das APR schützt auch das Recht auf **informationelle Selbstbestimmung**. Der Einzelne soll grds. selbst entscheiden, wann und innerhalb welcher Grenzen persönliche Lebenssachverhalte offenbart werden. Daraus folgt die Befugnis, sich herabsetzender, fälschlicher und unerbetener öffentlicher Darstellungen, aber auch unerbetener heimlicher Wahrnehmungen seiner Person erwehren zu können.
- ⇨ In der modernen Kommunikationsgesellschaft kann das Recht auf informationelle Selbstbestimmung jedoch nicht stets dem gesteigerten Drang des Staates auf Erhebung und Verarbeitung persönlicher Informationen gerecht werden. Daher schützt das APR auch die **Integrität und Vertraulichkeit informationstechnischer Systeme**.
- ⇨ Es gibt ein **Recht am eigenen Bild**. Die ganz h.M. versteht darunter das Recht, die Darstellung der eigenen Person anderen gegenüber grundsätzlich selbst zu bestimmen. Dem korrespondiert das **Recht am eigenen Wort**, also die Befugnis, selbst und allein zu bestimmen, wer das Wort aufnehmen soll, sowie ob und von wem die auf einem Tonträger aufgenommene Stimme wieder abgespielt werden darf.
- ⇨ Schließlich umfasst das APR auch den Schutz vor **Fragen im Berufsleben** (z.B. im Bewerbungs- oder im Kündigungsverfahren) über persönliche Lebensumstände (etwa nach einer bestehenden HIV-Infektion, einer Schwangerschaft oder nach bestimmten sexuellen Vorlieben).

2. Eingriff in den Schutzbereich

Oft sind es faktische Maßnahmen, die in das APR eingreifen. Das können Erhebung, Speicherung und Weitergabe von personenbezogenen Daten, aber auch heimliche Sprachaufnahmen sein. Wird das APR durch private Dritte (etwa Pressevertreter oder Bewerter auf Bewertungsportalen) beeinträchtigt, ist zunächst der Zivilrechtsweg einzuschlagen. Das Zivilgericht nimmt dann eine Abwägung zwischen dem APR des Betroffenen und den Rechten des Dritten (etwa der Pressefreiheit bzw. der Meinungsäußerungsfreiheit) vor. Sollte das Zivilgericht dabei spezifisches Verfassungsrecht verletzen (etwa bei der Abwägung der gegenläufigen Belange die Bedeutung des APR verkennen), liegt wiederum ein staatlicher Eingriffsakt vor und der Betroffene kann (nach Erschöpfung des Rechtswegs) Verfassungsbeschwerde erheben.

3. Verfassungsrechtliche Rechtfertigung

Eingriffe in das APR bedürfen zu ihrer Rechtfertigung zunächst einer **formellen gesetzlichen Grundlage**. Insoweit zieht die Rspr. die Schrankentrias des Art. 2 I GG entsprechend heran. Das Zitiergebot des Art. 19 I S. 2 GG gilt nicht. Im Rahmen der **Verhältnismäßigkeitsprüfung** ist wegen der Hochrangigkeit und Absolutheit des Würdeschutzes ein strengerer Maßstab anzulegen als bei der allgemeinen Verhaltensfreiheit: Je schwerer ein Eingriff ist, desto gewichtiger müssen die gegenläufigen Interessen sein, die den Eingriff rechtfertigen sollen. Eingriffe in die Intimsphäre, d.h. in den letzten unantastbaren Bereich privater Lebensgestaltung (Kernbereich des allgemeinen Persönlichkeitsrechts), sind grds. unzulässig. Wurde von privaten Dritten in das APR eingegriffen, ist regelmäßig (im Rahmen einer praktischen Konkordanz) eine Abwägung zwischen den Grundrechten des Eingreifenden (etwa Pressefreiheit, Art. 5 I S. 2 GG) und dem allg. Persönlichkeitsrecht des Betroffenen vorzunehmen.

Der BGH und das BVerfG haben mit Blick auf die Menschenwürde (Art. 1 I GG) schon frühzeitig die Notwendigkeit erkannt, dass dem Einzelnen ein verfassungsrechtlich verankertes Recht auf **Achtung und Entfaltung seiner Persönlichkeit** zustehen muss, das über das reine Abwehrrecht des Art. 2 I GG hinausgeht.[510] Dem Einzelnen muss das Recht zustehen, sich Eingriffen in die Privat- und Intimsphäre erwehren zu können.[511] Auch muss der Einzelne einen entsprechenden Schutz genießen vor herabsetzenden, fälschlichen und unerbetenen öffentlichen Darstellungen, aber auch vor unerbetenen (heimlichen) Wahrnehmungen seiner Person bzw. vor der Erhebung und der Offenbarung seiner persönlichen Daten.[512] Art. 2 I GG allein wird diesem Schutzbedürfnis nicht gerecht. Daher haben der BGH und das BVerfG aus einer wertenden Zusammenschau des Art. 2 I i.V.m. 1 I GG heraus im Zuge einer Verfassungsinterpretation den Schutz des Art. 2 I GG um Elemente der Menschenwürde (Art. 1 I GG) angereichert und auf diese Weise ein allgemeines Persönlichkeitsrecht (APR) entwickelt, das Elemente der Persönlichkeit schützt, die nicht Gegenstand besonderer Freiheitsgarantien sind.[513] 266

Beispiel 1[514]**:** P betreibt ein Internetportal zur Arztsuche und Arztbewertung. Internetnutzer können dort u.a. anonym Ärzte bewerten. Die Anonymität wird den Nutzern von P zugesagt. A ist niedergelassener Gynäkologe und wird im Portal des P unter voller Namensnennung und Angabe seiner Praxisadresse mehrfach bewertet, mitunter auch negativ. So wird seine ärztliche Leistung als „mäßig" bezeichnet.

Hier ist es nachvollziehbar, wenn A sich u.a. in seinem Persönlichkeitsrecht verletzt sieht und gegen P gerichtlich vorgeht (⇨ vgl. Rn 276, 284 ff., 517c, 517f und 787).

Beispiel 2[515]**:** Richterin R wird verdächtigt, Dienstgeheimnisse verraten zu haben. Daher durchsucht die Polizei die Wohnung der R und stellt einen Computer und ein Mobiltelefon sicher. Nach Auswertung der auf diesen Geräten gespeicherten Daten wird der Verdacht jedoch nicht bestätigt.

Hier ist es erst recht nachvollziehbar, wenn R sich in ihrem Persönlichkeitsrecht verletzt sieht und gegen die Maßnahmen gerichtlich vorgeht (⇨ vgl. Rn 283, 287).

Legt man die ständige Rechtsprechung (des BVerfG) zugrunde, lassen sich verschiedene Aspekte des Schutzbereichs ausmachen: 267

1. Schutzbereich

Zunächst schützt das allgemeine Persönlichkeitsrecht die **Intimsphäre**, insbesondere das Schamgefühl[516] und das Sexualleben[517]. Darüber hinaus schützt es die **enge per-** 268

[510] Vgl. BGHZ 13, 334, 337 ff. (Caterina Valente); BVerfGE 35, 202, 220 ff. (Soldatenmord von Lebach).
[511] Klarstellend BVerfG NJW 2015, 3158, 3159 (Körperliche Durchsuchung bei nacktem Körper).
[512] Vgl. (aus jüngerer Zeit) BVerfG NVwZ 2016, 53 f. (Bildaufnahmen von Polizisten); NJW 2015, 1506, 1507 ff. (kein Auskunftsanspruch Scheinvater gegen Mutter auf Nennung des Namens des biologischen Vaters); NJW 2006, 3409, 3410 (Marlene Dietrich); NJW 2006, 2836, 2837 u. 2838 (Veröffentlichung von Luftbildaufnahmen von Feriendomizilen Prominenter); NJW 2011, 511 (Bundeszentrale für politische Bildung); BVerfGE 114, 339, 346 (Mehrdeutige Meinungsäußerungen); 101, 361 ff. (Caroline von Hannover); 99, 185, 193 f. (Scientology); 82, 236, 269 (Schubart).
[513] Vgl. nur BVerfGE 120, 180, 197 (Caroline von Hannover) und BVerfG NJW 2016, 1939, 1940 (isolierte Klärung der Abstammung). Damit gehört das APR den unbenannten Freiheitsrechten (sog. Innominatfreiheitsrechte) an, vgl. BVerfG NJW 2001, 594 (Willy-Brandt-Gedenkmünze); BVerfGE 101, 361 ff.; BVerfG NJW 2000, 2734 (Werbung für Zahnklinik) und grundlegend BVerfGE 30, 174 ff. (Mephisto) und BVerfGE 65, 1 ff. (Volkszählung). Grundlegend BGHZ 13, 334, 337 ff. (Caterina Valente); BVerfGE 35, 202, 220 ff. (Soldatenmord von Lebach).
[514] In Anlehnung an BGH NJW 2015, 489 ff. Vgl. auch BGH NJW 2016, 2106, 2107 f. (zum Prüfungsaufwand des Providers); AG München 11.8.2015 – 161 C 7001/15.
[515] BVerfGE 115, 166, 183 ff.
[516] Vgl. BVerfG NJW 2015, 3158, 3159 (Körperliche Durchsuchung bei nacktem Körper).
[517] BVerfG NJW 2015, 1506 ff. (kein Auskunftsanspruch Scheinvater gegen Mutter aus § 242 BGB auf Nennung des Namens des biologischen Vaters).

sönliche Lebenssphäre; es verleiht dem Einzelnen die Befugnis, sich (räumlich) zurückzuziehen, abzuschirmen, für sich und allein zu bleiben.[518] Eine schutzbedürftige Privatsphäre besteht aber auch außerhalb des häuslichen Bereichs bspw. dann, wenn sich jemand in eine örtliche Abgeschiedenheit zurückgezogen hat, in der er objektiv erkennbar für sich allein sein will.[519] Danach sind ein umfriedetes Grundstück, und selbst ein öffentlicher Ort, jedenfalls dann der Privatsphäre zuzurechnen, wenn dem Betroffenen die Möglichkeit offensteht, frei von öffentlicher Beobachtung zu sein. Denn die freie Entfaltung der Persönlichkeit wäre erheblich behindert, wenn der Einzelne nur im eigenen Haus der öffentlichen Neugier entgehen könnte.[520] Daher sind der Rückzug und die Abschirmung i.S. dieses Rechts sozial zu verstehen. Aus diesem Grund ist bspw. auch der Urlaub[521] vom Schutzbereich erfasst.

269 Des Weiteren ist das **Recht auf Selbstbestimmung** umfasst. Damit ist zunächst das Recht gemeint, die **eigene Abstammung zu kennen**, was dem Betroffenen grds. nicht vorenthalten werden darf, da anderenfalls das Persönlichkeitsrecht verletzt sein kann.[522] Auch hat er ein Recht der freien Vornamenwahl[523] und ihm darf das Recht nicht verwehrt werden, seinen Namen zu behalten[524] und den entsprechenden Personenstand und die eigene Fortpflanzung[525] zu bestimmen. Auch das Recht eines Straftäters auf Resozialisierung[526] gehört hierher. Generell sind die **sexuelle Selbstbestimmung** (und damit auch die Zugehörigkeit zu einem bestimmten Geschlecht)[527], die **Ehre**[528] und der **soziale Geltungsanspruch** geschützt. Das Grundrecht schützt daher auch vor Äußerungen, die geeignet sind, sich abträglich auf das Ansehen des Betroffenen in der Öffentlichkeit auszuwirken.[529]

270 Umfasst auch das Recht auf **informationelle Selbstbestimmung**.[530] Der Einzelne soll grds. selbst entscheiden, wann und innerhalb welcher Grenzen persönliche Lebenssachverhalte offenbart werden.[531] Daraus folgt die Befugnis, sich herabsetzender, fälschlicher oder sonst unerbetener öffentlicher Darstellungen, aber auch unerbetener (heimlicher) Wahrnehmungen seiner Person (etwa am Urlaubsort[532]) bzw. generell der Erhebung und Offenbarung persönlicher Daten (wozu allein die Namensnennung in einem Internetforum oder auf einem Internetbewertungsportal gehört[533]) erwehren zu kön-

---

[518] Vgl. nur BVerfGE 120, 180, 199; 101, 361, 382 ff. (jeweils Caroline von Hannover).
[519] BVerfGE 101, 361, 382 ff.; BGHZ 131, 332, 338 ff.
[520] BVerfGE 101, 361, 383.
[521] Vgl. aus jüngerer Zeit BGH NJW 2015, 2500 f.
[522] BVerfGE 90, 263, 270 f. (Anfechtung der Ehelichkeit); 96, 56, 63 (Recht auf Kenntnis des Vaters); BVerfG NJW 2016, 1939, 1940 (isolierte Klärung der Abstammung). Vgl. auch BGH NJW 2014, 3786 f. (Vaterschaftsfeststellung auch nach Tod des vermeintlichen Vaters); OLG Hamm NJW 2013, 1167, 1168 ff. (durch heterologe Insemination gezeugtes Kind kann vom behandelnden Arzt Auskunft über seine genetische Abstammung verlangen).
[523] BVerfG NJW 2009, 663 ff. (Schutz der freien Wahl des Vornamens jedenfalls, soweit keine Kindeswohlgefährdung vorliegt). Ist der Betroffene (altersbegingt) noch prozessunfähig, wird er von den gesetzlichen Vertretern vertreten.
[524] BVerfGE 78, 38, 49 (Gemeinsamer Familienname).
[525] Zur Schwangerschaft vgl. BVerfGE 88, 203, 254 (Schwangerschaftsabbruch II); zur Sterilisation BGH NJW 1995, 2407, 2409.
[526] BVerfGE 35, 202, 235 f. (Soldatenmord von Lebach – vgl. jetzt dazu BVerfG NJW 2000, 1859); vgl. auch BVerfGE 45, 187, 239 (Lebenslange Freiheitsstrafe) und BVerfGE 64, 261, 276 f. (Hafturlaub bei lebenslanger Freiheitsstrafe).
[527] BVerfGE 47, 46, 73 (Sexualkundeunterricht); 49, 286, 287 ff. (Transsexueller); BVerfG NJW 2011, 909 (Transsexueller).
[528] BVerfG NJW 2015, 2022 f. (vgl. dazu auch Rn 276 a.E. sowie Rn 514 und 537).
[529] BVerfGE 99, 185, 193 f. (Scientology); 114, 339, 346 (Mehrdeutige Meinungsäußerungen); BVerfG NJW 2011, 511 (Bundeszentrale für politische Bildung).
[530] Vgl. dazu aus neuerer Zeit BVerfG NVwZ 2016, 53 f. (Bildaufnahmen von Polizisten); BVerfGE 133, 277, 316 (Antiterrordateigesetz); 128, 1, 41 f. (Gentechnikgesetz); BVerfG NJW 2011, 740 ff. (Caroline von Hannover); NJW 2009, 3293 f. (Video-Verkehrskontrollen); BVerfGE 119, 1, 29 ff. (Esra); BVerfG NJW 2006, 2836, 2837 und 2838 (Veröffentlichung von Luftbildaufnahmen von Feriendomizilen Prominenter); BVerfGE 115, 320, 341 f. (Rasterfahndung); 115, 166, 183 ff. (Auswertung von Daten aus PC und Handy); BVerfG NJW 2001, 2320 ff. (DNA-Identitätsfeststellung); BVerfGE 101, 361, 383 (Caroline von Hannover); BVerwG NVwZ 2012, 757, 758 (Videoüberwachung der Reeperbahn); BGH NJW 2014, 768 (Veröffentlichung von Informationen über Prominententochter) - allesamt zurückgehend auf BVerfGE 65 1, 43 (Volkszählung).
[531] St. Rspr. vgl. nur BVerfGE 84, 192, 194; BVerfG NJW 2013, 3086; BGH NJW 2015, 782, 783 f.; NJW 2015, 489, 491. Vgl. auch OVG Münster NVwZ 2015, 304.
[532] Vgl. aus jüngerer Zeit BGH NJW 2015, 2500 f.
[533] Vgl. BVerfG 29.6.2016 – 1 BvR 3487/14.

nen.[534] Auch der Schutz der Vertraulichkeitssphäre gehört hierher[535], insbesondere der vertrauliche Kontakt zwischen Arzt und Patient[536], (sonstige) Befunde über Gesundheitszustand, seelische Verfassung und Charakter[537], aber auch die Vertraulichkeit des Tagebuchs[538].

Das Recht auf informationelle Selbstbestimmung wurde maßgeblich 1983 durch das Volkszählungsurteil[539] nicht nur näher konkretisiert, sondern auch verfahrensrechtlich ausgestaltet. So setze der Zwang zur Abgabe personenbezogener Daten eine spezifische und präzise Rechtsgrundlage voraus. Diese spezielle Rechtsgrundlage müsse auch die Verwendung von Daten und deren Verarbeitung auf bestimmte Zwecke beschränken (sog. bereichsspezifische Befugnisnorm). Auch sei eine Sammlung nicht-anonymisierter Daten auf Vorrat oder ohne konkrete Zweckbindung unzulässig. Daneben hat das BVerfG Grundsätze für den Umgang mit persönlichen Daten aufgestellt. So seien die Verarbeitungsvoraussetzungen gesetzlich klar zu formulieren, es seien besondere Vorkehrungen zur Durchführung und Organisation der Datenverarbeitung und -erhebung zu treffen und schließlich seien unabhängige Datenschutzbeauftragte zu beteiligen.[540]

Das Recht auf informationelle Selbstbestimmung hat in den letzten Jahren hinsichtlich der **Videoüberwachung öffentlicher Orte**, des **Straßenverkehrs** und von **Versammlungen**, der Abfrage von **Kontostammdaten**, der DNA-Identitätsfeststellung („**genetischer Fingerabdruck**"), der **Rasterfahndung**, der Speicherung und des Abrufs von **Verkehrsdaten** (Verkehrsdatenspeicherung), der Errichtung einer **Antiterrordatei**, der Ermittlung des **Standorts eines Mobiltelefons**, der **automatischen Erfassung von Kfz-Kennzeichen** sowie der **Onlinedurchsuchung von Computern** zur Terrorismusbekämpfung an Bedeutung gewonnen (vgl. dazu sogleich sowie die Beispiele bei Rn 273). Aber auch im Verhältnis zwischen Privaten (etwa Pflicht zur Erteilung von Auskunft über persönliche Angelegenheiten) stellt sich die Frage nach der Grundrechtsbeeinträchtigung (vgl. dazu Rn 284 ff./517 ff.).

Im Jahre 2008 hat das BVerfG entschieden, dass das allgemeine Persönlichkeitsrecht **270a**
auch die **Integrität und Vertraulichkeit informationstechnischer Systeme** schütze. In der modernen Kommunikationsgesellschaft bestehe ein besonderes Bedürfnis, dass auf Speichermedien befindliche Daten nicht unkontrolliert vom Staat eingesehen und abgerufen werden dürfen. Denn eine Überwachung der Nutzung solcher Systeme und eine Auswertung der Daten könnten weit reichende Rückschlüsse auf die Persönlichkeit des Nutzers bis hin zu einer Profilbildung ermöglichen. Das allgemeine Persönlichkeitsrecht schütze daher davor, dass der Staat die allein oder in ihren technischen Vernetzungen personenbezogene Daten des Betroffenen in einem Umfang und in einer Vielfalt enthalten könne, dass er einen Einblick in wesentliche Teile der Lebensgestaltung einer Person gewinnen oder gar ein aussagekräftiges Bild der Persönlichkeit erhalten könne.[541]

Die Entscheidung betraf u.a. das heimliche Durchsuchen von Computern via Internet (sog. **Onlinedurchsuchung**), bei dem ein Spähprogramm auf dem Zielrechner installiert wird, um dort gespeicherte Daten auszuforschen. Vgl. dazu näher Rn 864 ff. Zur Frage, ob die Erfassung personenbezogener Daten und deren Darstellung durch **Internetsuchmaschinen** in den Schutzbereich des Art. 2 I i.V.m. 1 I G fällt, vgl. Rn 274a.

---

[534] Vgl. dazu aus jüngerer Zeit BVerfG NJW 2015, 1506, 1507 ff.
[535] Vgl. dazu LG Köln NJW 2015, 801 f. (Kohl-Protokolle).
[536] BVerfGE 32, 373, 379 (Krankenakte).
[537] BVerfGE 89, 69, 82 f. (Haschischkonsum).
[538] BVerfGE 80, 367, 373 ff. (Verwertung tagebuchähnlicher Aufzeichnungen).
[539] BVerfGE 65, 1 ff. (Volkszählung).
[540] BVerfGE 65, 1, 42 ff. (Volkszählung).
[541] BVerfGE 120, 274, 302 (Onlinedurchsuchung von Computern).

271 Einen weiteren Teilaspekt des allgemeinen Persönlichkeitsrechts stellt das **Recht am eigenen Bild** dar[542], das seine Relevanz freilich weniger im Verhältnis zwischen Bürger und Staat, sondern vielmehr im Verhältnis zwischen Privaten entfaltet. Die Rspr. versteht darunter das Recht, die bildliche Darstellung der eigenen Person anderen gegenüber grundsätzlich selbst zu bestimmen.[543] Zwar hat der Träger des Persönlichkeitsrechts kein Recht darauf, von Dritten nur so wahrgenommen zu werden, wie er sich selbst gerne sehen möchte[544], er kann wohl aber erwarten, dass er im Fall, dass er die Veröffentlichung dulden muss, sein fotografisch erstelltes Bild nicht manipulativ (etwa durch eine Fotomontage oder digitale Veränderung) entstellt und veröffentlicht wird. Lediglich, wenn die Abwägung mit Grundrechten (i.d.R. die Kunstfreiheit) des Beeinträchtigenden oder Allgemeininteressen ergibt, dass diese Interessen höher wiegen, ist die Veröffentlichung zu dulden (vgl. dazu Rn 278, 284 ff., 536 und 537). Das gilt auch hinsichtlich (nicht manipulierter) Fotos von Personen der Zeitgeschichte.[545] In allen Fällen gilt aber: Ist die Veröffentlichung mit dem allgemeinen Persönlichkeitsrecht unvereinbar, ist sie zu unterlassen und sogar gem. § 201a StGB bzw. § 33 I KUG strafbar.

272 Mit dem Recht am eigenen Bild korrespondiert das **Recht am eigenen Wort**. Damit ist die Befugnis gemeint, selbst und allein zu bestimmen, wer das Wort aufnehmen soll, sowie ob und von wem die auf einem Tonträger aufgenommene Stimme wieder abgespielt werden darf.[546] So hat der Einzelne grundsätzlich ein Recht darauf, dass Sprachaufnahmen, die von ihm gefertigt wurden, bzw. Inhalte seines nicht öffentlich gesprochenen Wortes nicht ohne seine Zustimmung veröffentlicht werden.[547] Das Recht am eigenen Wort beinhaltet auch das **Recht auf Gegendarstellung**.[548] So ist z.B. dem Betroffenen, über den rechtswidrig (d.h. ehrverletzend) in einer Fernsehsendung oder einem Zeitschriftenartikel berichtet wird, das Recht zu gewähren, die Veröffentlichung einer Gegendarstellung in demselben Medium zu verlangen.[549] Auch ist dem Betroffenen u.U. das Recht zu gewähren, nach einer **Verdachtsberichterstattung**, deren Inhalte sich nachträglich aber als unzutreffend erwiesen haben, eine Berichtigung zu verlangen (**Recht auf Richtigstellung**).[550] Allerdings ist auch stets zu beachten, dass die Verpflichtung zur Veröffentlichung der Gegendarstellung oder zur Richtigstellung in das Grundrecht der Rundfunk- bzw. Pressefreiheit (Art. 5 I S. 2 GG) eingreift, denn sehr leicht kann ein Imageschaden bzw. ein Glaubwürdigkeitsverlust für die betroffene Rundfunkanstalt/das betroffene Presseunternehmen entstehen, wenn durch die Gegendarstellung der Eindruck erweckt wird, die Redaktion habe unzutreffend oder oberflächlich recherchiert. Das grundsätzliche Recht, die Veröffentlichung einer Gegendarstellung oder einer Richtigstellung verlangen zu können, kann daher versagt werden, wenn gewichtige Belange der Rundfunk- bzw. Pressefreiheit entgegenstehen. Als solch einen gewichtigen Belang hat es das BVerfG (in Bezug auf den Gegendarstellungsanspruch) angesehen, wenn der ursprüngliche Bericht, auf den sich der Gegendarstellungsan-

---

[542] BVerfGE 35, 202, 224 (Lebach); 54, 148, 154 f. (Eppler); 101, 361, 380 f. (Caroline von Hannover); BVerfG NJW 2001, 594, 595 (Willy-Brandt-Gedenkmünze); NJW 2005, 3271, 3272 f. (Vorstandsvorsitzender der Deutschen Telekom); NVwZ 2016, 53 f. (Bildaufnahmen von Polizisten); BGH NJW 2000, 2195, 2196 f. (Marlene Dietrich I); NJW 2000, 2201 („Der Blaue Engel" – Marlene Dietrich II); NJW 2004, 596 f. (Vorstandsvorsitzender der Telekom AG; aufgehoben von BVerfG NJW 2005, 3271 ff.); NJW 2015, 2500 f.; NJW 2008, 3134, 3135 f. (Heide Simonis beim Einkaufen); LG München I NJW 2004, 617, 618 (Ungenehmigte Veröffentlichung von Nacktaufnahmen im Fernsehen); OLG Jena OLG-NL 2005, 171 ff. (Recht auf ungestörte Trauer); Vgl. auch EGMR NJW 2014, 3291 ff. (in Bezug auf Art. 8 EMRK).

[543] BVerfGE 101, 361, 381; 97, 228, 268 f.; BVerfG JZ 2001, 203; BGH NJW 1995, 861, 852 f.; BGH NJW 2004, 596 f. (Vorstandsvorsitzender der Telekom AG - aufgehoben von BVerfG NJW 2005, 3271).

[544] Vgl. nur BVerfG NJW 2012, 756, 757.

[545] Vgl. etwa BVerfG NJW 2014, 2019; OLG Stuttgart AfP 2014, 352 ff. (Amoklauf von Winnenden).

[546] BVerfGE 34, 238, 246 (Heimliche Tonbandaufnahme); 54, 208, 217 (Fernsehkommentar Böll).

[547] LG Köln NJW 2015, 801 f. (Kohl-Protokolle).

[548] BVerfGE 97, 125, 146 f.; BVerfG NJW 2008, 1654, 1655 f. (jeweils Berichtigung durch Gegendarstellung). Vgl. auch *Dörr*, JuS 2008, 927 f.; *Seitz*, NJW 2001, 579; LG München I NJW 2004, 606 ff.

[549] BVerfGE 63, 131, 142 f. (Gegendarstellung).

[550] BGH NJW 2015, 778, 779 ff. (Berichtigungsanspruch nach zulässiger Verdachtsberichterstattung). Vgl. auch EGMR NJW 2016, 1373, 1374 (Verleumdung einer ehemaligen Richterin durch Journalistin; dazu Rn 517h).

spruch bezieht, mehrdeutig war bzw. lediglich versteckte Aussagen enthielt. In diesem Fall sei nicht bewiesen, dass sich ein ehrrühriger Inhalt als unabweisliche Schlussfolgerung aus der offenen Aussage ergebe.[551] Hinsichtlich der Frage nach einem Berichtigungsanspruch nach einer Verdachtsberichterstattung durch die Presse, wenn die Verdachtsberichtserstattung (hier: Verdacht einer Straftat) sich auf ein Mindestmaß an Beweistatsachen stützte, also nicht vorverurteilend war, und eine Stellungnahme des Betroffenen abgefragt wurde (womit die Verdachtsberichterstattung zulässig war)[552], hat der BGH entschieden, dass der Betroffene nicht die Richtigstellung der ursprünglichen Berichterstattung verlangen könne, sondern nur die nachträgliche Mitteilung („Nachtrag"), dass nach Klärung des Sachverhalts der berichtete Verdacht nicht mehr aufrechterhalten werde.[553] Mit dieser Entscheidung trägt der BGH offenbar dem Umstand Rechnung, dass eine „Richtigstellung" den (unerwünschten) Eindruck erweckt, die Presse habe falsch gelegen und müsse daher ihren Fehler nun öffentlich eingestehen. Andererseits darf nicht übersehen werden, dass allein ein Nachtrag, „dass der berichtete Verdacht nicht mehr aufrechterhalten" werde, nicht geeignet ist, den Betroffenen vollständig zu rehabilitieren, weil durch die „unverbindliche" Formulierung ja nicht deutlich zum Ausdruck kommt, dass sich der Tatverdacht nicht bestätigt hat. Wenn die Presse schon (richtigerweise) das Recht für sich in Anspruch nimmt, in der Öffentlichkeit allein aufgrund des Bestehens eines Tatverdachts zu berichten, dann sollte sie auch im Rahmen einer Richtigstellung deutlich machen müssen, dass sie aus Ex-post-Betrachtung falsch gelegen habe. Zu verlangen ist also eine stärkere Distanzierung zur ursprünglichen Verdachtsberichtserstattung. Eine Kompensation allein mit dem Nachtrag, „dass der berichtete Verdacht nicht mehr aufrechterhalten" werde, ist nach der hier vertretenen Auffassung nicht ausreichend, die mit der Verdachtsberichterstattung einhergehende schwerwiegende Grundrechtsbeeinträchtigung „wiedergutzumachen".

(Weitere) Beispiele des Schutzgehalts des APR: **273**

(1) § 24c KWG verpflichtet die Kreditinstitute, **Kontostammdaten** ihrer Kunden (Nummer der Konten, Tag der Einrichtung und ggf. Tag der Auflösung) zu speichern, damit die Bundesanstalt für Finanzdienstleistungsaufsicht (BaFin) und – mit ihrer Genehmigung – auch Strafverfolgungsbehörden darauf zurückgreifen können. Außerdem erlaubt § 93 VII AO den Finanzämtern Kontoabfragen, wenn diese zur Festsetzung oder Erhebung von Steuern erforderlich sind und ein Auskunftsersuchen an den Steuerpflichtigen gescheitert ist oder keinen Erfolg verspricht. ⇨ Da die Kontostammdaten zu den persönlichen Informationen gehören, über deren Kenntnisnahme der Betroffene grds. selbst frei entscheiden können soll, greifen § 24c KWG und § 93 VII AO in Art. 2 I GG i.V.m. Art. 1 I GG ein.[554]

(2) Die Feststellung, Speicherung und (künftige) Verwendung des DNA-Identifizierungsmusters („**genetischer Fingerabdruck**") betreffen das Recht auf informationelle Selbstbestimmung.[555]

(3) Wenn der Gesetzgeber eine Regelung schafft, die die Telekommunikationsdiensteanbieter[556] verpflichtet, **Verkehrsdaten**[557] zu erheben und gem. §§ 113a ff. TKG für einen bestimmen Zeitraum zu speichern (sog. **Verkehrsdatenspeicherung**), liegt sogar ein Eingriff in Art. 10 I GG vor.[558] Dasselbe gilt hinsichtlich der Ermächtigung

---

[551] BVerfG NJW 2008, 1654, 1655 f. Das Recht der Gegendarstellung ist einfachgesetzlich in den Landespressegesetzen normiert (vgl. etwa Art. 10 BayPresseG; § 11 HbgPresseG).
[552] Siehe auch BVerfG 28.6.2016 - 1 BvR 3388/14 (Nichterweislichkeit einer Tatsachenbehauptung).
[553] BGH NJW 2015, 778, 780 f.; NJW 2014, 2029, 2031.
[554] BVerfGE 118, 168, 185 ff. Vgl. auch *Kahl/Ohlendorf*, JuS 2008, 682, 684 f.
[555] BVerfG NJW 2001, 2320, 2321. Vgl. auch *Satzger*, JZ 2001, 639 und LG Hamburg NJW 2001, 2563.
[556] Z.B. Dt. Telekom, Vodafone u.a., vgl. § 3 Nr. 6, § 10, § 24 TKG.
[557] Das sind gem. § 3 Nr. 30, § 96, § 113b TKG insb. Identität des in Anspruch genommenen Telekommunikationsdiensteanbieters, Nummer des Anschlusses, Name und Anschrift des Anschlussinhabers, Beginn und Ende der jew. Verbindung.
[558] BVerfGE 125, 260, 304 ff. (zur früheren „Vorratsdatenspeicherung").

gem. § 100g StPO gegenüber den Strafverfolgungsbehörden, Verkehrsdaten abzurufen.[559]

(4) Art. 2 I i.V.m. 1 I GG ist einschlägig bei der automatisierten Erfassung von Kfz-Kennzeichen durch **Kennzeichenlesesysteme** und deren Abgleich mit dem Fahndungsbestand durch die Polizei[560], der **Video-Verkehrsüberwachung**[561], der polizeilichen Übermittlung von personenbezogenen Daten zum Zwecke des Abgleichs mit anderen Datenbeständen (**Rasterfahndung**)[562] sowie der (längerfristigen) **Observation** eines aus der Haft entlassenen (Sexual-)Straftäters.[563]

(5) Werden in der Hauptverhandlung eines Mordprozesses **tagebuchähnliche Aufzeichnungen** des Täters verlesen, ist ebenfalls der Schutzbereich des allgemeinen Persönlichkeitsrechts eröffnet.[564] Das allgemeine Persönlichkeitsrecht ist erst recht betroffen, wenn es um die Verlesung von Details aus dem **Sexualleben** eines prominenten Angeklagten geht und diese später auch noch in den Medien veröffentlicht werden[565] (dazu Rn 286e f.). Auch eine im nackten Zustand zu duldende körperliche Durchsuchung gehört hierher.[566]

(6) Wenn (auf der Grundlage des § 100i StPO) mittels technischer bzw. elektronischer Maßnahmen der **Standort eines Mobiltelefons** (und damit i.d.R. auch der Aufenthaltsort des Besitzers) ermittelt wird, ist das Grundrecht der informationellen Selbstbestimmung betroffen.

(7) Nicht unproblematisch ist auch die polizeiliche **Videoüberwachung** an öffentlichen Orten, an denen vermehrt Straftaten begangen werden oder bei denen aufgrund der örtlichen Verhältnisse die Begehung von Straftaten besonders zu erwarten ist (etwa Bahnhofsvorplätze, U-Bahnhöfe, Parks, einzelne Straßenabschnitte, Fußgängerunterführungen etc.). Während das Videographieren mit Aufzeichnungsfunktion wohl unstreitig einen Eingriff in das Grundrecht auf informationelle Selbstbestimmung darstellt[567], wird die Grundrechtsrelevanz hinsichtlich der bloßen Videobeobachtung (also des Videographierens ohne Aufzeichnung – sog. Kamera-Monitoring) teilweise in Frage gestellt. Wer sich der Öffentlichkeit aussetze und andere beobachte, müsse auch mit der Beobachtung anderer rechnen.[568] Gegen eine solche Bagatellisierung des Persönlichkeitsrechts spricht aber schon, dass mithilfe technischer und elektronischer Mittel Informationen erlangt werden können, deren Verarbeitung für den Bürger nicht ersichtlich ist. Darüber hinaus besteht die latente Gefahr der Aushöhlung des Rechts auf informationelle Selbstbestimmung der Bürger, sofern eine flächendeckende Überwachung stattfindet.[569] Daher ist ein Eingriff in das Grundrecht auf informationelle Selbstbestimmung selbst bei bloßer Beobachtung mittels Bildübertragung ohne Bildaufzeichnung zu bejahen.[570] Das gilt letztlich auch für das Aufstellen bloßer Kameraattrappen, da auch hierdurch das Bewegungsverhalten der Bürger beeinflusst wird,[571] sowie hinsichtlich des Einsatzes sog. **Video-Drohnen**[572], unabhängig davon,

---

[559] BVerfGE 125, 260, 304 ff. Vgl. dazu das „Gesetz zur Einführung einer Speicherpflicht und einer Höchstspeicherfrist für Verkehrsdaten" v. 17.12.2015 (BGBl I S. 2218) – dazu auch unten Rn 734g, Rn 738 Bsp. (4) und Rn 747 Bsp. (4).
[560] BVerfGE 120, 378, 397 ff.; BVerwG NVwZ 2015, 906, 907; vgl. dazu *R. Schmidt*, POR, Rn 174 ff.
[561] BVerfG NJW 2009, 3293 (mit Bespr. v. *Muckel*, JA 2010, 74); BVerfG NJW 2010, 2717 f. (mit Bespr. v. *Muckel*, JA 2010, 835); OLG Stuttgart DAR 2010, 148 f.; OLG Bamberg NJW 2010, 100 f.; OLG Jena NJW 2010, 1093; OLG Koblenz NStZ 2010, 589; ausf. *Arzt/Eier*, NZV 2010, 113 ff.; *Roggan*, NJW 2010, 1042 ff.
[562] Vgl. BVerfGE 115, 320, 341 f.; OLG Frankfurt a.M. NVwZ 2002, 626, 623; OLG Düsseldorf NVwZ 2002, 629; ausführlich *R. Schmidt*, POR, Rn 376 ff.
[563] VG Aachen Städte- und Gemeinderat 2011, Nr. 3, 30 (mit Bespr. v. *Muckel*, JA 2011, 394).
[564] BVerfGE 80, 367 ff. (Verwertung tagebuchähnlicher Aufzeichnungen).
[565] Vgl. BGH NJW 2013, 1681 ff. – Kachelmann.
[566] BVerfG NJW 2015, 3158, 3159 (Körperliche Durchsuchung eines Strafgefangenen bei nacktem Körper).
[567] Vgl. nur BVerwG NVwZ 2012, 757, 758.
[568] VG Karlsruhe NVwZ 2002, 117 f.; *Collin*, JuS 2006, 494.
[569] Vgl. auch *Zöller*, NVwZ 2005, 1235 ff.; *Gödde ke*, NVwZ 2002, 181, 182; *Roggan*, NVwZ 2001, 134 ff.; *Vahle*, NVwZ 2001, 165 f.; *Dolderer*, NVwZ 2001, 130 ff.; *Maske*, NVwZ 2001, 1248 ff.; *Siegel*, NVwZ 2012, 738 ff.
[570] So auch BVerfG NJW 2009, 3293 f. (Video-Verkehrsüberwachung); NVwZ 2007, 688, 690; VGH Mannheim NVwZ 2004, 498, 499 ff. Vgl. auch OVG Münster DVBl 2011, 175 f.; OVG Hamburg NordÖR 2010, 498 ff.; *Bull*, NJW 2009, 3279 ff.; *Schnabel*, NVwZ 2010, 1457 ff. Offengelassen von BVerwG NVwZ 2012, 757, 759.
[571] Vgl. *Siegel*, NVwZ 2012, 738, 739.
[572] Hierbei handelt es sich um unbemannte Flugkörper, die mit Foto- oder Videotechnik ausgestattet sind.

ob eine Speicherung der Aufnahmen stattfindet oder ob der Einsatz von den Betroffenen bemerkt wird.[573] Hierher gehört auch die von Polizisten vorgenommene Videoaufzeichnung zur Eigensicherung. Gemeint ist die Verwendung von Miniatur-Videokameras (Körperkameras, auch als **„Bodycams"** bezeichnet), die mittels einer Haltevorrichtung bspw. auf der Schulter eines Polizeibeamten platziert werden und das Geschehen im unmittelbaren Umfeld des Polizisten aufzeichnen.[574] Es besteht also in allen genannten Fällen die Notwendigkeit der verfassungsrechtlichen Rechtfertigung durch ein verfassungsmäßiges Gesetz, das in verfassungskonformer Weise angewendet wird.[575] Vgl. dazu näher *R. Schmidt*, POR, Rn 153 ff.

(8) Eindeutig wird auch durch die Speicherung personenbezogener Daten in einer **Antiterrordatei** und den Datenaustausch zwischen den Sicherheitsbehörden das Recht auf informationelle Selbstbestimmung beeinträchtigt.[576]

(9) Nach Auffassung des BGH reicht das APR sogar so weit, dass es bei nicht konsentierter Zusendung von Werbe-E-Mails an einen Verbraucher verletzt ist (vgl. Rn 284).

Hinweis für die Fallbearbeitung: Da nach ganz h.M. Private keine Grundrechtsadressaten sind, können sie auch unmittelbar keine Grundrechte verletzen (sogleich Rn 276). Die Grundrechte sind aber Ausdruck einer objektiven Wertordnung, die mittelbar (und „horizontal") auch das Verhältnis zwischen Privaten beeinflusst. Daher müssen die Grundrechte im Rahmen der Auslegung unbestimmter Rechtsbegriffe, insbesondere bei zivilrechtlichen Schadensersatz- und Unterlassungsansprüchen, berücksichtigt werden (Rn 21 ff./105). Aus diesem Grund ist es in Bsp. (1) von Rn 266 möglich, dass F aus § 823 I BGB auf Schadensersatz oder aus § 1004 I BGB auf Unterlassung oder Beseitigung klagt. Aufgabe des Tatrichters ist es dann, das allgemeine Persönlichkeitsrecht als geschütztes Rechtsgut im Rahmen der Tatbestandsauslegung der Anspruchsnorm zu berücksichtigen. Vgl. dazu insg. Rn 111, 276 und 517 ff.

Das allgemeine Persönlichkeitsrecht umfasst auch den Schutz vor **Fragen im Berufsleben** (z.B. in einem Bewerbungsgespräch oder in einem Kündigungsverfahren) über persönliche Lebensumstände (etwa nach einer bestehenden HIV-Infektion, einer Schwangerschaft oder nach bestimmten sexuellen Vorlieben). Wurden sie unzutreffend beantwortet, dürfen daraus keine arbeitsrechtlichen Konsequenzen gezogen werden.[577] **274**

Fraglich ist, ob die Erfassung personenbezogener Daten und deren Darstellung durch **Internetsuchmaschinen** in den Schutzbereich des Art. 2 I i.V.m. 1 I GG fällt. Der EuGH hat hinsichtlich Art. 7 GRC (Achtung u.a. des Privatlebens) und Art. 8 I GRC (Schutz personenbezogener Daten)[578] entschieden, dass Suchmaschinen den Zugang zu im Internet veröffentlichten Informationen deutlich erleichtern, indem sie sie organisierten und aggregierten. Die angezeigte Ergebnisliste gebe einen strukturierten und detaillierten Überblick über die Daten und erstelle damit ein Persönlichkeitsprofil. Damit griffen die Suchmaschinen(betreiber) sogar stärker in Persönlichkeitsrechte ein als die Webseitenbetreiber selbst und diejenigen, die die Informationen ins Netz stellten, was (erst recht) einen Eingriff in Art. 7 und 8 I GRC darstelle.[579] Die Suchmaschinenbetreiber könnten daher gezwungen werden, bestimmte personenbezogene Daten nicht mehr anzuzeigen, wenn anderenfalls die genannten Schutzrechte verletzt würden.[580] **274a**

---

[573] Vgl. dazu ausführlich *Roggan*, NVwZ 2011, 590 ff. und unten Rn 659, 660.
[574] Vgl. dazu näher *R. Schmidt*, POR, Rn 171 ff.
[575] Aus präventivpolizeilicher Sicht kommen v.a. Rechtsgrundlagen aus den Versammlungsgesetzen, den Polizeigesetzen, den Datenschutzgesetzen in Betracht, vgl. näher Rn 277.
[576] BVerfGE 133, 277, 316 (Antiterrordateigesetz). Ausführlich zur Neuregelung *Hörauf*, NVwZ 2015, 181 ff.
[577] Vgl. dazu BVerfGE 96, 171, 181.
[578] Zur GRC der EU vgl. bereits oben Rn 9-9h und Rn 224a sowie *R. Schmidt*, Staatsorganisationsrecht, Rn 327 ff.
[579] EuGH NVwZ 2014, 857, 863 f.
[580] EuGH NVwZ 2014, 857, 863 f.

Dem liegt folgende Erwägung zugrunde: Die von Art. 8 I GRC erfassten Daten sind nicht vorbehaltlos geschützt. Aus Art. 52 I S. 1 und 2 GRC ergibt sich, dass die Grundrechte der GRC eingeschränkt werden dürfen, allerdings nur auf Grundlage eines Gesetzes, unter Beachtung ihres Wesensgehalts und unter Wahrung des Grundsatzes der Verhältnismäßigkeit. Gemäß Art. 52 I S. 2 GRC muss dazu die Beschränkung notwendig sein und den von der Union anerkannten, dem Gemeinwohl dienenden Zielsetzungen oder den Erfordernissen des Schutzes der Rechte und Freiheiten anderer entsprechen.

Im vorliegenden Zusammenhang waren die „Rechte und Freiheiten anderer" mit Art. 7 und 8 I GRC abzuwägen. Als „Rechte und Freiheiten anderer" kommen die Meinungs- und Informationsfreiheit aus Art. 11 I GRC und die Medienfreiheit aus Art. 11 II GRC, aber auch die Kunst- und Wissenschaftsfreiheit aus Art. 13 GRC in Betracht, weil durch die an die Suchmaschinenbetreiber gerichtete Untersagung, Suchergebnisse anzuzeigen, die Informationen der Öffentlichkeit bzw. dem Suchenden nicht mehr zur Verfügung stehen. Ferner kommt eine Kollision mit Art. 16 GRC in Betracht, da die Suchmaschinenbetreiber in ihrer unternehmerischen Freiheit beschränkt werden. Bei der erforderlichen Abwägung zwischen den widerstreitenden Rechten und Freiheiten wird man als Faustformel sagen können: Je weniger die betroffene Person in der Öffentlichkeit steht, desto eher setzt sich ihr Anspruch gegen den Suchmaschinenbetreiber durch, bestimmte personenbezogene Daten nicht mehr anzuzeigen. Das entspricht der allgemeinen Abwägung bei **Art. 2 I i.V.m. 1 I GG** (dazu Rn 279 ff.).

274b Bezüglich des **persönlichen** Schutzbereichs des APR (auch in Bezug auf Wirtschaftsunternehmen[581]) kann auf die Ausführungen bei Rn 57 ff. (insb. Rn 60) verwiesen werden.

2. Eingriff in den Schutzbereich

275 Zunächst kann das allgemeine Persönlichkeitsrecht **durch staatliche Stellen** beeinträchtigt werden. Das kann insbesondere durch eine im nackten Zustand zu duldende körperliche Durchsuchung (Beeinträchtigung des Schamgefühls) geschehen.[582] Auch die Kundgabe abfälliger Äußerungen stellt ebenso einen Eingriff dar wie die (offene oder heimliche) **Erhebung**, **Speicherung**, **Verwendung** bzw. **Weitergabe** von **personenbezogenen Daten** durch Organe der Gefahrenabwehr oder Strafverfolgung.

Beispiele: Identitätsfeststellung[583], automatisierter Kontenabruf (gem. § 24c KWG), Video-Verkehrsüberwachung, automatisierte Erfassung von Kfz-Kennzeichen[584], Lesen von Daten aus PC oder Handy bzw. Onlinedurchsuchung von Computern, Erstellen eines „genetischen Fingerabdrucks", „Rasterfahndung", Observation, Videoüberwachung öffentlicher Orte, Einsatz von „Bodycams", Verkehrsdatenspeicherung, Aufnahme personenbezogener Daten in eine Antiterrordatei, heimliche Anfertigung von Sprachaufnahmen etc. – vgl. dazu die bei Rn 273/283 angeführten Beispiele. Nicht weniger relevant sind Eingriffe durch Verwaltungsakt, etwa die Anordnung und Durchführung eines DNA-Tests im Rahmen der Gefahrenabwehr oder der Strafverfolgung.

275a Um einen Eingriff anzunehmen, spielt es keine Rolle, ob der Staat Daten erstmalig erhebt oder auf bereits zuvor erhobene Daten erneut zugreift (wie das etwa beim Datenabgleich bzw. bei der Rasterfahndung der Fall ist).

Da sich in derartigen Fällen der Betroffene grundsätzlich zunächst an die Fachgerichtsbarkeit wenden muss (er also nicht gleich Verfassungsbeschwerde erheben kann, vgl. Rn 1061 ff.), kommt eine Verfassungsbeschwerde i.d.R. nur nach Erschöpfung des Rechtswegs, d.h. gegen das letztinstanzliche Gerichtsurteil in Betracht. **Dieses Urteil** (ggf. zusammen mit der

---

[581] Vgl. dazu aus jüngerer Zeit OVG Münster NVwZ 2015, 304 ff.
[582] BVerfG NJW 2015, 3158, 3159 (Körperliche Durchsuchung eines Strafgefangenen bei nacktem Körper).
[583] Vgl. auch BVerfG NVwZ 2016, 53 f. (Identitätsfeststellung nach gefertigter Bildaufnahmen von Polizisten).
[584] Nach Auffassung des BVerfG (BVerfGE 120, 378, 399) und des BVerwG (NVwZ 2015, 906, 907) liegt indes kein Eingriff vor, wenn das (automatisiert) erfasste Kennzeichen nach dem automatisierten Abgleich mit dem Fahndungsbestand sofort (automatisiert) spurenlos und ohne die Möglichkeit, einen Personenbezug herzustellen, gelöscht wird (vgl. dazu ausführlich *R. Schmidt*, POR, Rn 176).

dem Urteil zugrunde liegenden staatlichen Maßnahme) ist dann **Gegenstand der Verfassungsbeschwerde.**[585] Freilich ändert dies nichts daran, dass bei der Überprüfung des Urteils die ihm zugrunde liegende staatliche Maßnahme eigentlicher Prüfungsgegenstand der Verfassungsbeschwerde ist. Lediglich der „Einstieg" in die Prüfung erfolgt über das Fachgerichtsurteil. Nur, wenn der Betroffene durch die gesetzliche Regelung selbst, unmittelbar und gegenwärtig beschwert ist, kann er sofort Verfassungsbeschwerde erheben (Rn 1042 ff.).

Wird das allgemeine Persönlichkeitsrecht durch **private Dritte** (etwa durch Romanschreiber, Zeitungsreporter, Journalisten, Fotografen, Rundfunkveranstalter, User in Internetforen, Bewerter auf Internetbewertungsportalen oder durch deren Betreiber, Vertreter der Werbewirtschaft etc.) beeinträchtigt, ist zunächst zu beachten, dass Private grundsätzlich nicht grundrechtsverpflichtet sind und daher auch nicht – zumindest nicht unmittelbar – Grundrechte anderer Privater verletzen können. Dies kann nur der Staat.[586] Da andererseits die Grundrechte aber auch eine objektive Wertordnung darstellen, können sie ihre Wirkung zumindest mittelbar über die zwischen Privaten geltenden Zivilrechtsnormen entfalten.[587] Das ändert aber nichts daran, dass auf beiden Seiten ein Privatrechtssubjekt steht und daher eine privatrechtliche Streitigkeit vorliegt, für die der **Zivilrechtsweg** einzuschlagen ist.[588] Das Zivilgericht nimmt unter Zugrundelegung der streitentscheidenden Norm (etwa §§ 242, 823 I, II, 1004, 826 BGB, §§ 22 f. KUG, § 29 BDSG) dann eine Abwägung zwischen dem allgemeinen Persönlichkeitsrecht des Betroffenen und den Rechten des Dritten (etwa der Meinungsäußerungs- oder Pressefreiheit, aber auch vermögensrechtlichen Interessen) vor.[589] Die gerichtliche Entscheidung (das Urteil) stellt dann den Grundrechtseingriff dar, der der verfassungsrechtlichen Rechtfertigung bedarf; vgl. dazu ausführlich Rn 284/517 ff. Geht es um eine ehrrührige Aussage, die dem Tatbestand der Beleidigung (§ 185 StGB) unterfallen könnte, sind im Rahmen des **strafgerichtlichen Verfahrens** ebenfalls die Meinungsäußerungsfreiheit (aber auch die Kunstfreiheit, wenn es etwa um eine Satire geht) und das allgemeine Persönlichkeitsrecht gegeneinander abzuwägen (vgl. dazu Rn 514 und 537). 276

3. Verfassungsrechtliche Rechtfertigung

Staatliche Eingriffe in das allgemeine Persönlichkeitsrecht sind trotz der Bezugnahme auf Art. 1 I GG rechtfertigungsfähig. Denn das allgemeine Persönlichkeitsrecht ist dogmatisch dem Art. 2 I GG zugeordnet, dessen Schutzniveau lediglich durch Art. 1 I GG verstärkt wird (siehe Rn 266). Insoweit zieht die Rspr. auch die Schrankentrias des Art. 2 I GG heran.[590] Eingriffe bedürfen daher zunächst einer **formellen gesetzlichen** 277

[585] Vgl. exemplarisch den Fall BVerfG NJW 2010, 1587 f. (dazu Rn 517b ff.). Vgl. auch BVerfG NVwZ 2016, 53 f.

[586] Zur Grundrechtsberechtigung und -verpflichtung vgl. Rn 39 ff.

[587] Zur Grundrechtsbindung zwischen Privaten vgl. Rn 105 ff.

[588] Die Klage ist hier – sofern sie auf Unterlassung gerichtet ist – auf § 1004 I S. 2 BGB ggf. i.V.m. den Vorschriften des UrhG und des KUG bzw. des § 35 BDSG zu stützen. Vgl. dazu aus jüngerer Zeit etwa BVerfG 29.6.2016 – 1 BvR 3487/14 (Nennung des Namens des Schuldners auf einem Internetbewertungsportal und Hinweis auf dessen schleppende Zahlungsmoral); BVerfG NJW 2012, 756 f. (Caroline von Hannover); NJW 2010, 1587 f. (Veröffentlichung eines nicht für die Allgemeinheit bestimmten Briefes); BGH NJW 2015, 489 ff. (Bewertungsportal im Internet – dazu Rn 787); NJW 2015, 782 ff. (Veröffentlichung von privaten Inhalten rechtswidrig erlangter E-Mails); NJW 2013, 1681 (Jörg Kachelmann); NJW 2005, 2844, 2845 ff. (Roman „Esra" – teilweise erfolgreich angegriffen vor dem BVerfG, vgl. E 119, 1, 29 ff.); NJW 2005, 497, 498 (Heimlich eingeholter DNA-Vaterschaftstest); NJW 2005, 592 (Bekanntgabe der Abtreibungspraxis eines Gynäkologen). Zur zivilrechtlichen Komponente des APR vgl. weitergehend *R. Schmidt*, SchuldR BT II, 11. Aufl. 2016, Rn 655, 1120, 1159, 1160.

[589] Vgl. aus jüngerer Zeit etwa BVerfG NJW 2015, 1506, 1507 ff.; NJW 2015, 782 ff.; BGH NJW 2015, 2500 f. Vgl. auch EGMR NJW 2014, 3291 ff. (in Bezug auf eine Abwägung zwischen den Rechten aus Art. 8 EMRK und denen aus Art. 10 EMRK). Auf Art. 8 und 10 EMRK geht erfreulicherweise auch BGH NJW 2015, 489 ff. ein (dazu Rn 787). Vgl. auch BGH NJW 2016, 870, 871 ff. (Zusendung von E-Mail mit werbendem Inhalt eines Unternehmers an einen Verbraucher verletzt dessen APR, wenn er nicht zuvor zugestimmt hat).

[590] Vgl. nur BVerfG NJW 2001, 594, 595 (Willy Brandt); BVerfGE 120, 180, 201; 101, 361, 387 (jeweils Caroline von Hannover); 97, 391, 401. BVerfG NJW 2001, 2320, 2321 (DNA-Identitätsfeststellungsgesetz); Zu beachten ist jedoch, dass der postmortale Persönlichkeitsschutz nach der (zweifelhaften) Rspr. des BVerfG allein auf Art. 1 I GG fußt (Rn 56 und 230) und dass Eingriffe in Art. 1 I GG keiner Abwägung zugänglich sind. Steht also fest, dass eine Handlung das postmortale Persönlichkeitsrecht beeinträchtigt, ist zugleich ihre Rechtswidrigkeit gegeben, vgl. BVerfG NVwZ 2008, 549,

Grundlage (die selbstverständlich auch die allgemeinen Rechtmäßigkeitsvoraussetzungen wie das Bestimmtheitsgebot, den Verhältnismäßigkeitsgrundsatz etc. beachten muss). Gerade aufgrund der dogmatischen Zuordnung zu Art. 2 I GG gilt aber das Zitiergebot des Art. 19 I S. 2 GG nicht.

Beispiele: Gesetze i.S. dieses Schrankenvorbehalts sind etwa die strafprozessualen Befugnisse (vgl. etwa §§ 81e, 81g, 81h, 100a ff. StPO) und die präventivpolizeigesetzlichen Befugnisse zur Rasterfahndung oder Videoüberwachung öffentlicher Plätze (s.o.). Im Strafvollzug kann § 81 II StVollzG eine mit einer Entkleidung verbundene körperliche Durchsuchung rechtfertigen; wegen der Schwere des Eingriffs in das allgemeine Persönlichkeitsrecht gelten aber strenge Maßstäbe.[591] Bei Übergriffen Privater in das Recht am eigenen Bild sind §§ 22 f. KUG streitentscheidend. Vgl. auch die Beispiele bei Rn 273.

278 Im Rahmen der **Verhältnismäßigkeitsprüfung** ist (trotz der Heranziehung der Schrankentrias des Art. 2 I GG) wegen der Hochrangigkeit und Absolutheit des **Würdeschutzes** ein strengerer Maßstab anzulegen als bei der allgemeinen Verhaltensfreiheit.[592] Die Rechtmäßigkeit/Rechtswidrigkeit der grundrechtsbeeinträchtigenden Maßnahme muss **mit Hilfe einer umfassenden Interessen- und Güterabwägung festgestellt werden**. Das gilt insbesondere bei staatlich angeordneten Maßnahmen, etwa bei der Durchsuchung eines Strafgefangenen bei entkleidetem Körper[593], der polizeilichen Rasterfahndung oder der richterlich angeordneten Erfassung von personenbezogenen Daten aus einem privaten PC oder Mobiltelefon. So müssen bei der körperlichen Durchsuchung eines entkleideten Strafgefangenen der Würdeschutz und das Schamgefühl beachtet werden.[594] Bei der Rasterfahndung muss eine konkrete Gefahr für ein hochrangiges Rechtsgut wie der Bestand des Bundes oder eines Landes oder für Leib, Leben oder Freiheit einer Person bestehen.[595] Bei der Erfassung von personenbezogenen Daten aus einem privaten PC oder Mobiltelefon müssen der Tatverdacht dringend sein und der Verhältnismäßigkeitsgrundsatz streng gehandhabt werden, um den Eingriff in das Grundrecht der informationellen Selbstbestimmung zu rechtfertigen.[596] Bei der offenen Videoüberwachung öffentlicher Plätze (oder Straßenabschnitte) sind die Anforderungen nicht ganz so streng.[597]

279 Hinsichtlich der Frage nach der Rechtmäßigkeit von Eingriffen bzw. Beeinträchtigungen hatte das BVerfG in Fällen, in denen es um Offenbarung persönlicher Umstände geht, seinerzeit die sog. **Sphärentheorie** entwickelt. Danach unterteilt sich der Lebensbereich des Einzelnen in drei Sphären:

- Die **Intimsphäre** kennzeichnet den unantastbaren Kernbereich der Persönlichkeit. Dazu zählen innere Vorgänge wie Empfindungen und Gefühle sowie Überlegungen, Ansichten und Erlebnisse höchstpersönlicher Art sowie Ausdrucksformen unbewussten Erlebens oder der Sexualität. Die Intimsphäre ist der Wesensgehalt des allgemeinen Persönlichkeitsrechts. Dieser Bereich ist absolut geschützt somit jeglicher öffentlicher Gewalt (und Eingriffen Privater) verschlossen; eine Abwägung mit den Interessen des Eingreifenden

---

550 (Theaterstück „Ehrensache"); NJW 2006, 3409, 3410 f.; NJW 2001, 2957; allesamt zurückgehend auf BVerfGE 30, 173, 194 (Mephisto).

[591] BVerfG NJW 2015, 3158, 3159 (Körperliche Durchsuchung eines Strafgefangenen bei nacktem Körper). Grundlegend BGHZ 13, 334, 337 ff. (Caterina Valente); BVerfGE 35, 202, 220 ff. (Soldatenmord von Lebach).

[592] Vgl. BVerfG NJW 2014, 2019: „Eine Regelung, die zu Eingriffen in das allgemeine Persönlichkeitsrecht ermächtigt, ist nur dann zulässig, wenn sie zum Schutz eines gewichtigen Gemeinschaftsgutes geeignet und erforderlich ist und der Schutzzweck hinreichend schwerwiegt, so dass er die Beeinträchtigung des Persönlichkeitsrechts in ihrem Ausmaß rechtfertigt".

[593] BVerfG NJW 2015, 3158, 3159 (Körperliche Durchsuchung eines Strafgefangenen bei nacktem Körper).

[594] Vgl. BVerfG NJW 2015, 3158, 3159.

[595] BVerfGE 115, 320, 341 f.

[596] BVerfGE 115, 166, 183 ff.

[597] Vgl. dazu die schulmäßige Prüfung des BVerwG NVwZ 2012, 757 ff. (Videoüberwachung der Reeperbahn).

bzw. der Öffentlichkeit ist nicht möglich[598] (zu den damit verbundenen Problemen vgl. sogleich Rn 281 f. und Rn 286e ff.).

- Die **Privatsphäre** kennzeichnet den engeren persönlichen Lebensbereich, insbesondere innerhalb der Familie, und ist daher ebenfalls durch Art. 2 I GG i.V.m. Art. 1 I GG geschützt. Allerdings ist das Schutzniveau nicht so hoch wie bei der Intimsphäre. Eingriffe in die Privatsphäre zugunsten von Grundrechten Dritter oder der Allgemeinheit sind daher zulässig, allerdings unter strengen Voraussetzungen, die an den Verhältnismäßigkeitsgrundsatz gestellt werden. So erklärt sich, dass unter den genannten Voraussetzungen z.B. das heimliche Abhören von Gesprächen während eines Spaziergangs durchaus möglich ist.
- Die dritte Sphäre ist die **Sozial- oder Öffentlichkeitssphäre**. Mit dieser Sphäre ist das Ansehen (die soziale Achtung) des Einzelnen in der Gesellschaft gemeint. Wegen des Bezugs nach außen sind Eingriffe unter weniger strengen Voraussetzungen zulässig. Das betrifft in erster Linie Sachverhalte, die nicht durch Abschottung der Allgemeinheit entzogen sind, etwa Gespräche in der U-Bahn oder auf der Parkbank. Auch das Betroffensein von Bewertungen auf Internetbewertungsportalen gehört ebenso hierher[599] wie die identifizierende Berichterstattung darüber, dass ein „Promifriseur" einen Filialleiter beschäftigt, gegen den wegen des Verdachts eines Verbrechens im Rockermilieu ermittelt wird[600].

Im Einzelfall kann es schwierig sein, einen Sachverhalt zweifelsfrei einer bestimmten Sphäre zuzuordnen. Möchte man aber gleichwohl an der Sphärentheorie festhalten, ist eine Zuordnung des betreffenden Lebenssachverhalts zu einer der Stufen unvermeidlich. Gelegentlich ist die Rechtsprechung nicht konsequent, wenn es etwa um sichergestellte Tagebücher geht, in denen z.B. Sexualstraftaten, Steuerhinterziehungen, Morde etc. gestanden werden. Bei solchen Tagebüchern soll dann nur die schlichte Privatsphäre betroffen sein.[601] Dass eine solche Betrachtungsweise ergebnisorientiert ist, liegt auf der Hand. Denn nähme man durchweg die Intimsphäre an, gelangte man stets zur Unverwertbarkeit der gewonnenen Erkenntnisse. So aber schafft sich die Rechtsprechung Raum für eine Abwägung. **280**

Jedenfalls aus rechtsmethodischer Sicht kritikwürdig sind diesbezüglich die Ausführungen des BVerfG hinsichtlich der Frage nach der (vermeintlichen) Pflicht zur Offenbarung des Namens des Sexualpartners, bei denen es einen Aspekt des Geschlechtslebens der Privatsphäre zuordnet und sich damit im Ergebnis eine Abwägungsmöglichkeit eröffnet. **281**

Beispiel[602]: Die damals zwanzigjährige F führte mit M eine Beziehung, während derer sie schwanger wurde. F hatte zu diesem Zeitpunkt bereits ein anderes wenige Monate altes Kind. Vor der Geburt dieses ersten Kindes hatten F und M bereits eine sexuelle Beziehung unterhalten, der das erste Kind aber nicht entstammt. Nachdem F und M infolge der zweiten Schwangerschaft geheiratet hatten, wurde die Tochter T ehelich geboren, sodass M nach § 1592 Nr. 1 BGB rechtlicher Vater dieses Kindes wurde. F erwähnte gegenüber M nicht, dass auch ein anderer Mann als Erzeuger des Kindes in Betracht kam, behauptete aber auch nicht ausdrücklich, dass M der leibliche Vater sei. Einige Jahre später eröffnete F dem M die Möglichkeit, dass er nicht der leibliche Vater sein könnte. Ein Jahr später wurde die Ehe geschieden. M beantragte das alleinige Sorgerecht für T. Daraufhin lebte das Kind jedenfalls zeitweise bei ihm. Sowohl F als auch M kamen für den Kindesunterhalt auf. Fünf Jahre nach der Scheidung focht M erfolgreich die Vaterschaft an.

---

598 BVerfGE 6, 32, 41 (Elfes); 34, 238, 245 (Tonband); 35, 202, 220 (Soldatenmord von Lebach); 80, 367, 373 f. (Verwertung tagebuchähnlicher Aufzeichnungen); 109, 279, 313 f. (akustische Wohnraumüberwachung); 119, 1, 29 f. (Sexualität). Vgl. aus jüngerer Zeit auch BGH NJW 2015, 782, 784.
599 Vgl. dazu aus jüngerer Zeit etwa BVerfG 29.6.2016 – 1 BvR 3487/14 (Nennung des Namens des Schuldners auf einem Internetbewertungsportal und Hinweis auf dessen schleppende Zahlungsmoral seien vom Betroffenen zu dulden, da dadurch kein unverhältnismäßiger Verlust an sozialer Achtung drohe).
600 BGH NJW 2016, 776, 777.
601 So etwa BGHSt 19, 325, 334.
602 Nach BVerfG NJW 2015, 1506 ff.

Wiederum zwei Jahre später forderte er F zwecks Durchsetzung seines Unterhaltsregressanspruchs aus § 1607 III S. 1 und 2 BGB auf, mitzuteilen, wer der mutmaßlich leibliche Vater von T ist. F verweigerte die Auskunft. Daraufhin nahm M die F gerichtlich auf Auskunft in Anspruch und stützte sich dabei auf die (bisherige) Rechtsprechung des BGH, wonach dem Scheinvater nach erfolgreicher Vaterschaftsanfechtung zur Vorbereitung eines Unterhaltsregresses in Ermangelung einer ausdrücklichen Rechtsgrundlage auf Grundlage des § 242 BGB (Treu und Glauben) ein Anspruch gegen die Mutter auf Auskunft über die Person zustehe, die ihr in der gesetzlichen Empfängniszeit beigewohnt hat[603], damit er in die Lage versetzt wird, gegen den (ihm noch unbekannten) Erzeuger Schadensersatzansprüche geltend zu machen. Gegen die stattgebenden zivilgerichtlichen Entscheidungen erhob F Verfassungsbeschwerde.

Das BVerfG hat entschieden, dass die zivilgerichtlichen Entscheidungen die F in ihrem allgemeinen Persönlichkeitsrecht aus Art. 2 I i.V.m. Art. 1 I GG verletzten, weil sie die Tragweite dieses Grundrechts der F unzutreffend eingeschätzt hätten.

Unabhängig davon, ob dies im Ergebnis überzeugt, ist die Entscheidung des BVerfG in rechtsmethodischer Hinsicht mehreren Einwänden ausgesetzt. Denn wenn das Gericht feststellt, dass F durch die Verpflichtung, über die Person des mutmaßlichen leiblichen Vaters Auskunft zu erteilen, gezwungen werde, eine geschlechtliche Beziehung zu einem bestimmten Mann oder zu mehreren bestimmten Männern preiszugeben und damit intimste Vorgänge ihres Privatlebens offenbaren müsse, und dann weiter ausführt, dass es für die meisten Menschen wenige Vorgänge von größerer Intimität geben dürfte, deren Geheimhaltung ihnen um ihrer persönlichen Integrität willen wichtiger wäre als ihre geschlechtlichen Beziehungen, ist das so genommen zwar richtig und nachvollziehbar. Dann aber hätte das BVerfG nach der von ihm selbst vertretenen Sphärentheorie das Geheimhaltungsinteresse der F der Intimsphäre zuordnen müssen mit dem Resultat, dass eine Abwägung mit den Auskunftsinteressen nicht möglich gewesen wäre. Indem das BVerfG aber gleichwohl eine Abwägung vornimmt („Dem haben die Gerichte hier im Ansatz zutreffend das Interesse des Scheinvaters an der Durchsetzung seines einfachrechtlichen Regressanspruchs aus § 1607 Abs. 3 Satz 1 und 2 BGB gegenübergestellt"), gibt es zu verstehen, dass es den Zwang, eine geschlechtliche Beziehung zu einem bestimmten Mann oder zu mehreren bestimmten Männern preiszugeben und damit intimste Vorgänge des Privatlebens zu offenbaren, der Privatsphäre zuordnet. Das ist inkonsistent, jedoch Resultat der starren Sphärentheorie und der Schwierigkeit, einen Lebenssachverhalt mit höchstpersönlichen Aspekten stets eindeutig der Intim- oder Privatsphäre zuzuordnen (vgl. dazu auch Rn 286e).

282 Da die Sphärentheorie letztlich nichts anderes darstellt als der Versuch einer Kategorisierung des allgemeinen Grundsatzes der Verhältnismäßigkeit, aufgrund ihrer Starrheit nicht flexibel genug auf atypische Konstellationen reagieren kann und – wie gesehen – zudem nicht frei von Ungereimtheiten ist, unterscheidet das BVerfG in einigen jüngeren Entscheidungen[604] nicht mehr ausdrücklich zwischen den Sphären, sondern stellt vielmehr darauf ab, ob die fragliche Maßnahme[605] in den unantastbaren Kernbereich des allgemeinen Persönlichkeitsrechts eingreift oder dem (relativen) Bereich des privaten Lebens zuzuordnen ist, bei dem ein Eingriff unter bestimmten Voraussetzungen zulässig ist. Dazu hat das Gericht folgende Kriterien aufgestellt:

---

[603] Vgl. BGH NJW 2012, 450, 451 f.; NJW 2013, 2108; NJW 2014, 2571.

[604] Vgl. BVerfG NJW 2006, 2836, 2837 (Veröffentlichung von Luftbildaufnahmen von Feriendomizilen Prominenter); NJW 2005, 3271 ff. (Vorstandsvorsitzender der Telekom AG); BVerfG NJW 2008, 1793 ff. (Caroline von Hannover); NJW 2001, 594, 595 (Willy-Brandt-Gedenkmünze); BVerfGE 101, 361 ff.; BVerfG NJW 2015, 3158, 3159 (Körperliche Durchsuchung eines Strafgefangenen bei nacktem Körper). Vgl. aber auch BGH NJW 2014, 768 und BGH NJW 2015, 782, 784, der an der Sphärentheorie festhält.

[605] Etwa – bei Maßnahmen der Staatsanwaltschaft oder der Polizei – insb. die Datenerhebung nach der StPO oder den Polizeigesetzen oder – bei Maßnahmen durch private Dritte – das Urteil des Fachgerichts, das über das Verhalten des privaten Dritten zu entscheiden hatte.

- Zunächst ist danach zu fragen, ob der Betroffene überhaupt einen **Geheimhaltungswillen** gebildet hat, denn willigt er in den Eingriff in sein Persönlichkeitsrecht ein oder gibt dieses preis, ist eine Verletzung desselben ausgeschlossen.
- Nur wenn *keine* Einwilligung vorliegt, ist in einem zweiten Schritt danach zu fragen, ob in den **Kernbereich** oder lediglich in den **Randbereich** des allgemeinen Persönlichkeitsrechts eingegriffen worden ist.
- Ist in den **Kernbereich** des allgemeinen Persönlichkeitsrechts eingegriffen worden, folgt aus der Absolutheit des Schutzes die Rechtswidrigkeit des Eingriffs, wobei auch hier nicht zweifelsfrei beantwortet werden kann, welche Gegenstände den Kernbereich ausmachen.
- Ist dagegen lediglich in den **Randbereich** (also den relativen Bereich) eingegriffen worden, findet eine **Abwägung** statt. Geht es um eine Beeinträchtigung des allgemeinen Persönlichkeitsrechts durch Private, bedarf es regelmäßig einer **praktischen Konkordanz** zwischen den Grundrechten des Eingreifenden (insbesondere Art. 5 I und 5 III GG, aber auch Vermögensinteressen) und denen des Betroffenen (Art. 2 I i.V.m. 1 I GG) bzw. den Belangen der Allgemeinheit[606] (dazu näher Rn 284 ff.).

Beispiele: 283

(1) Die durch § 24c KWG und § 93 VII AO erlaubte Speicherung und automatisierte Abfrage von **Kontostammdaten** (Rn 273 Bsp. 1) hält das BVerfG für gerechtfertigt, da die Belange der gleichmäßigen Besteuerung und der Strafverfolgung grds. höher wögen als das Interesse der Betroffenen an der Geheimhaltung.[607]

(2) Die Erhebung von personenbezogenen **Daten aus einem privaten PC oder Mobiltelefon** durch die Staatsanwaltschaft oder Polizei wegen des Verdachts, dort Beweise für eine Straftat zu finden, ist nur dann gerechtfertigt, wenn ein dringender Tatverdacht besteht und – wegen der Bedeutung des allgemeinen Persönlichkeitsrechts – der Grundsatz der Verhältnismäßigkeit in besonderer Weise beachtet wird.[608] Speziell zur **Onlinedurchsuchung** von Computern vgl. Rn 734d/864 ff.

(3) Die Feststellung, Speicherung und (künftige) Verwendung des DNA-Identifizierungsmusters (Rn 273 Bsp. 2) greifen in das Recht auf informationelle Selbstbestimmung ein. Rechtsgrundlage ist § 81g StPO. Diese Vorschrift ist nach Auffassung des BVerfG nicht von vornherein verfassungswidrig, da die danach erlaubte DNA-Probe technisch keine Rückschlüsse auf Erbanlagen zulasse, sondern nur als **„genetischer Fingerabdruck"** geeignet sei. Auch im Übrigen sei sie verfassungsgemäß, da das Interesse an der Strafverfolgung die Rechte des Betroffenen auf informationelle Selbstbestimmung überwiege und der in der Norm verwendete Begriff der „Straftat von erheblicher Bedeutung" auch hinreichend bestimmt sei. Jedoch hat das BVerfG bei dieser verfassungskonformen Auslegung des § 81g StPO das Augenmerk auf die Einzelfallmaßnahme gerichtet. Bei Anwendung und Auslegung der Vorschrift müssten die Gerichte eine Abwägung vornehmen zwischen dem öffentlichen Interesse an der Erleichterung der Aufklärung künftiger Straftaten und dem allgemeinen Persönlichkeitsrecht des Betroffenen. Verfassungsgemäß sei die Anordnung der Maßnahme nach § 81g StPO nur dann, wenn wegen der Art oder Ausführung der bereits abgeurteilten Straftat, der Persönlichkeit des Verurteilten oder sonstiger Erkenntnisse Grund zu der Annahme bestehe, dass gegen ihn künftig erneut Strafverfahren wegen Straftaten von erheblicher Bedeutung zu führen seien. Dabei entbinde das Vorliegen eines Regelbeispiels i.S.v. § 81g I StPO nicht in jedem Fall von einer einzelfallbezogenen Prüfung der Erheblichkeit der Straftat. Diese Einzelfallentscheidung setze auf jeden Fall eine Sachverhaltsaufklärung voraus.[609]

---

[606] Vgl. zu dieser Abwägung auch BVerfG 29.6.2016 – 1 BvR 3487/14 (Nennung des Namens des Schuldners auf einem Internetbewertungsportal und Hinweis auf dessen schleppende Zahlungsmoral); BVerfG NJW 2011, 740 ff. (Caroline von Hannover); BVerfGE 119, 1, 29 ff.; BVerfG NJW 2008, 1793 ff.; BGH NJW 2011, 744 ff.; NJW 2011, 746 ff.; NJW 2008, 3134, 3135 f.; NJW 2005, 2844; 2005, 592 f.; 2005, 497 f.; 2004, 596 f. (aufgehoben von BVerfG NJW 2005, 3271 ff.); OLG Köln ZUM 2008, 869, 870 ff. (dazu Rn 429, 436 und 517b ff.). Zum Roman Esra vgl. Rn 532, 536.

[607] BVerfGE 118, 168, 185 ff.

[608] BVerfGE 115, 166, 183 ff.

[609] BVerfG NJW 2001, 2320, 2321. Vgl. auch *Satzger*, JZ 2001, 639 ff. und BVerfG NJW 2008, 281.

(4) Bei der verdachtsunabhängigen und automatisierten Erfassung von **Kfz-Kennzeichen** und dem ebenfalls automatisierten Abgleich mit dem Fahndungsbestand (Rn 273 Bsp. 4) ist zu beachten, dass die bloße gesetzliche Benennung des Zwecks, das erfasste Kfz-Kennzeichen mit einem gesetzlich nicht näher definierten Fahndungsbestand abzugleichen, den Anforderungen an die Normenbestimmtheit nicht genügt.[610] Darüber hinaus verbietet es der Grundsatz der Verhältnismäßigkeit, dass die Maßnahmen anlasslos erfolgen oder flächendeckend durchgeführt werden.[611]

(5) Hinsichtlich des Einsatzes von „**Bodycams**" (Rn 273 Bsp. 7) ist wegen des damit verbundenen Eingriffs in das Recht auf informationelle Selbstbestimmung eine gesetzliche Grundlage erforderlich, aus der sich zunächst die Voraussetzungen und der Umfang des Grundrechtseingriffs klar und für den Bürger erkennbar ergeben. Tatbestandlich ist mindestens eine abstrakte Gefahr für ein bedeutsames Rechtsgut, namentlich Leib oder Leben, zu fordern. Verhältnismäßig ist die Regelung, wenn in ihr zum Ausdruck kommt, dass der Einsatz einer Schulterkamera nur anlassbezogen zulässig ist, dass er zum Schutz des Polizeibeamten oder von Dritten vor Angriffen auf Leib oder Leben erforderlich ist.[612]

(6) Eine **Rasterfahndung** (Rn 273 Bsp. 4) darf nur zur Abwehr einer (gegenwärtigen) Gefahr für den Bestand oder die Sicherheit des Bundes oder eines Landes, für Leib, Leben oder Freiheit einer Person oder zur Verhütung einer Straftat von erheblicher Bedeutung und nur dann angeordnet werden, wenn die Abwehr der gegenwärtigen Gefahr – dem Grundsatz der Verhältnismäßigkeit entsprechend – auf andere Weise weniger Erfolg versprechend oder nicht möglich wäre.[613]

(7) Die Erfassung und Speicherung personenbezogener Daten in einer gemeinsamen **Antiterrordatei** von Polizei und Nachrichtendiensten (Rn 273 Bsp. 8) ist nur dann mit den Grundrechten der Betroffenen (Art. 2 I i.V.m. 1 I GG, aber auch Art. 10 I und 13 I GG) vereinbar, wenn die gesetzliche Grundlage hinreichend bestimmt und verhältnismäßig ist. Das ist hinsichtlich der vom BVerfG geprüften Gesetzesfassung aus 2006 bzw. 2008[614] nicht der Fall. Das BVerfG hat entschieden, dass die Vorschriften über den Kreis der beteiligten Behörden, die Reichweite der als terrorismusnah erfassten Personen, die Einbeziehung von Kontaktpersonen, die Nutzung von verdeckt bereitgestellten Grunddaten und die Konkretisierungsbefugnis der Sicherheitsbehörden für die zu speichernden Daten zu unbestimmt und unverhältnismäßig seien. Zudem werde eine wirksame Aufsicht nicht gewährleistet. Daher seien die beanstandeten Vorschriften verfassungswidrig.[615] Eine Neuregelung ist am 1.1. 2015 in Kraft getreten. Ob aber diese Neufassung allen Vorgaben des BVerfG gerecht wird, darf bezweifelt werden. Vor allem die Befugnis zur erweiterten Datennutzung (§ 6a ATDG) dürfte zu weit gefasst sein.[616]

284 Oft geht es auch um eine Beeinträchtigung des allgemeinen Persönlichkeitsrechts durch **Private**. Insbesondere das Fertigen von Bildaufnahmen und deren Verbreiten im Internet durch Private (dazu Rn 285), die Wort- oder Bildberichterstattung seitens der Presse zulasten Prominenter bzw. Personen der Zeitgeschichte (Politiker, Sportler etc.), abfällige Äußerungen eines Privaten, die die Ehre eines anderen Privaten betreffen, unverlangtes Zusenden von Werbe-E-Mails an Verbraucher[617] oder negative Bewertungen im Internet[618] seien zu nennen. In diesen Fällen muss infolge der mittelbaren Geltung der

---

[610] BVerfGE 120, 378, 397 ff.
[611] BVerfGE 120, 378, 397 ff.; dazu *Roßnagel*, NJW 2008, 2547 ff., *Muckel*, JA 2009, 77 ff.; *R. Schmidt*, POR, Rn 174 ff.
[612] Vgl. dazu *R. Schmidt*, POR, Rn 171 ff.
[613] Zur Rasterfahndung vgl. *R. Schmidt*, POR, Rn 376 ff.
[614] Vgl. das „Gemeinsame-Dateien-Gesetz" v. 22.12.2006 (BGBl I 2006, S. 3409) sowie das Änderungsgesetz v. 26.2.2008.
[615] BVerfGE 133, 277, 316 ff. (Antiterrordatei).
[616] Vgl. auch *Hörauf*, NVwZ 2015, 181, 185.
[617] Vgl. BGH NJW 2016, 870, 871 ff.
[618] Vgl. nur BVerfG 29.6.2016 – 1 BvR 3487/14 (Nennung des Namens des Schuldners auf einem Internetbewertungsportal und Hinweis auf dessen schleppende Zahlungsmoral); BVerfG BGH NJW 2015, 489 ff. Vgl. auch AG München 11.8. 2015 – 161 C 7001/15 – dazu Rn 517f.

Grundrechte im Privatrecht (dazu Rn 21/105 ff.) eine umfassende Güterabwägung i.S. einer praktischen Konkordanz vorgenommen werden zwischen den Grundrechten des Agierenden und dem allgemeinen Persönlichkeitsrecht des Betroffenen. Es müssen das Grundrecht auf Meinungsäußerungs- bzw. Presse-, aber auch Kunstfreiheit auf Seiten des Agierenden sowie das Informationsinteresse der Öffentlichkeit (jeweils Art. 5 I GG oder Art. 5 III GG) einerseits mit dem allgemeinen Persönlichkeitsrecht bzw. dem Recht auf informationelle Selbstbestimmung des Betroffenen aus Art. 2 I i.V.m. 1 I GG, andererseits gegeneinander und untereinander abgewogen werden.[619] Sollte das Zivilgericht es versäumen, einen gerechten Ausgleich zwischen den widerstreitenden Grundrechtspositionen herzustellen, und daher eines der Grundrechtsgüter verletzen, verletzt es spezifisches Verfassungsrecht.[620] Dann kann (nach Erschöpfung des Rechtswegs) der Betroffene **Verfassungsbeschwerde** gegen das letztinstanzliche Gerichtsurteil erheben (Rn 517 ff.). Das gilt auch für den Fall, dass über die Strafbarkeit wegen Beleidigung zu entscheiden ist. Verurteilt das Strafgericht den Angeklagten wegen Beleidigung (vgl. § 185 StGB), ohne dabei hinreichend die Meinungsäußerungsfreiheit (oder gar die Kunstfreiheit, etwa wenn es um eine ehrrührige Satire geht) zu würdigen, verletzt es spezifisches Verfassungsrecht.

Aufgrund der Geltung der EMRK auch im innerstaatlichen Bereich (vgl. Rn 4b ff.) sind **284a** bei der erforderlichen Abwägung auch die Gewährleistungen der **EMRK** zu berücksichtigen.[621] Vgl. dazu auch Rn 518a.

> **Hinweis für die Fallbearbeitung:** Bei der Lösung derartiger Fälle gilt es, lediglich den „Einstieg" über das Zivilgerichtsurteil zu wählen und sodann zu prüfen, ob die Abwägung zwischen den widerstreitenden Interessen verfassungsgemäß und ggf. auch konventionskonform vorgenommen wurde. Vgl. dazu auch Rn 111, 517 ff., 787.

Zur Frage, ob das Erfassen personenbezogener Daten und deren Darstellung durch **Internetsuchmaschinen** in den Schutzbereich des Art. 2 I i.V.m. 1 I GG fällt, vgl. bereits Rn 274a. Zu den **Internetbewertungsportalen** vgl. Rn 266, 276, 517c, 517f, 787. **284b**

Bei der Frage nach der Beeinträchtigung des allgemeinen Persönlichkeitsrechts durch **Private** ist oft das **Recht am eigenen Bild** von Relevanz. Einfachgesetzlich ist der Bildnisschutz als spezielles Persönlichkeitsrecht in §§ 22, 23 KUG geregelt (mit der Strafbarkeit nach § 33 KUG). Dieses Gesetz stellt ein Gesetz i.S.d. des Schrankenvorbehalts des Art. 2 I GG dar, der, wie bereits erwähnt, auch auf das allgemeine Persönlichkeitsrecht anwendbar ist. Die Auslegung und Anwendung des KUG haben aber stets vor dem Hintergrund verfassungsrechtlicher (und konventionsrechtlicher) Vorgaben zu erfolgen. So ist bei widerstreitenden Interessen (etwa das allgemeine Persönlichkeitsrecht auf der einen, die Meinungsäußerungs- bzw. Pressefreiheit oder die Kunstfreiheit auf der anderen Seite) stets eine Abwägung vorzunehmen. Der Konflikt ist dann – weil es sich in dieser Konstellation um eine privatrechtliche Streitigkeit handelt – über die Ausstrahlungswirkung der Grund- und Menschenrechte und über die Figur der praktischen Konkordanz zu lösen.[622] **285**

Zum **Kunsturhebergesetz:** Zunächst einmal ist klarzustellen, dass das Recht auf informationelle Selbstbestimmung auch vor dem bloßen Fertigen von Bild- (und Ton-)aufnahmen (und nicht lediglich vor deren Verbreitung) schützt. Es kann daher lediglich um die Frage gehen,

---

[619] Vgl. auch BGH NJW 2015, 489 ff. (Bewertungen in einem Internetbewertungsportal); NJW 2015, 782 ff. (Veröffentlichung von privaten Inhalten rechtswidrig erlangter E-Mails); NJW 2014, 768 ff. (Veröffentlichung von Informationen über Prominententochter); OLG Stuttgart AfP 2014, 352 ff. (Amoklauf von Winnenden). Vgl. auch *Sajuntz*, NJW 2015, 595 ff. Sollte ein Angriff auf die Ehre vorliegen und damit eine strafbare **Beleidigung** in Betracht kommen, hat das Strafgericht bei der Prüfung des § 185 StGB die Meinungsäußerungsfreiheit mit dem Ehrschutz abzuwägen (BVerfG NJW 2015, 2022 f. – Tragen eines Ansteckers mit der Aufschrift „FCK CPS", was für „Fuck Cops" steht).

[620] Vgl. nur BVerfG 28.6.2016 – 1 BvR 3388/14; BVerfG 29.6.2016 – 1 BvR 3487/14; BVerfG NJW 2015, 1506, 1507 ff.; NJW 2013, 3021, 3022; NJW 2012, 756 f.

[621] Vgl. dazu EGMR NJW 2014, 3291 ff. und BGH NJW 2015, 489 ff. Vgl. auch EGMR NJW 2016, 1867, 1869.

[622] Vgl. dazu auch BGH NJW 2009, 757 ff.; NJW 2010, 1454 ff.; *Stender Vorwachs*, NJW 2010, 1414 ff.

unter welchen Voraussetzungen Beeinträchtigungen zu rechtfertigen sind. Während der Gesetzgeber das schlichte Fertigen von Bildaufnahmen (trotz der damit verbundenen Grundrechtsrelevanz) offenbar für nicht relevant hält[623], hat er deren Verbreiten einer differenzierten Regelung unterzogen. So dürfen nach § 22 KUG Bildnisse grds. nur mit Einwilligung des Abgebildeten verbreitet oder öffentlich zur Schau gestellt werden. Etwas anderes gilt für die in § 23 KUG genannten Ausnahmen. Das betrifft v.a. Personen der Zeitgeschichte.[624] Deren Bildnisse dürfen ohne Einwilligung verbreitet werden (§ 23 I Nr. 1 KUG), es sei denn, durch die Abbildung werden berechtigte Interessen der abgebildeten Person verletzt (§ 23 II KUG).[625] Mit dieser Systematik (Regel-Ausnahme-Gegenausnahme) ordnet das Gesetz zwar eine Abwägung im Einzelfall an, bei Personen der Zeitgeschichte geht es jedoch von einem grundsätzlichen Vorrang des Rechts auf Bild- und Berichterstattung vor dem Persönlichkeitsrecht aus. Vgl. dazu auch sogleich Rn 286 ff. sowie Rn 517 ff. und 536. Bei Personen, die nicht dem Bereich der Zeitgeschichte angehören, greift der in § 22 KUG einfachgesetzlich ausgeformte Schutz des Art. 2 I i.V.m. 1 I GG (hier: Recht am Bild), es sei denn, sie erscheinen auf Bildern nur als „Beiwerk neben einer Landschaft oder sonstigen Örtlichkeit“. In diesem Fall ist gem. § 23 I Nr. 2 KUG unter Berücksichtigung aller widerstreitenden Grund- und Menschenrechte die Veröffentlichung auch ohne Einwilligung zulässig, wenn die betroffene Person nur eine nebensächliche Rolle spielt und sie zudem nicht negativ dargestellt wird.[626] Kein „Beiwerk“ i.S.d. § 23 I Nr. 2 KUG liegt aber vor, wenn die betroffene Person im Hintergrund einer Bildaufnahme einer (die Bildveröffentlichung dulden müssenden) Person der Zeitgeschichte zu sehen ist. In diesem Fall ist sie nicht „Beiwerk neben einer Landschaft oder sonstigen Örtlichkeit“ und muss die Bildveröffentlichung nicht dulden.[627] Zur zivilrechtlichen Komponente (insb. zum Unterlassungs- und Beseitigungsanspruch gem. § 1004 BGB[628], aber auch zum Schmerzensgeld bzw. Schadensersatz gem. § 823 I BGB, ggf. i.V.m. § 253 II BGB) vgl. insgesamt *R. Schmidt*, SchuldR BT II, 11. Aufl. 2016, Rn 655 ff.

286 Geht es um Personen, die sich bewusst der Öffentlichkeit aussetzen (in erster Linie also Politiker, Prominente), hatte das BVerfG hinsichtlich der Abwägung der Grundrechte des eingreifenden Privaten (insbesondere Art. 5 I, III GG) mit dem allgemeinen Persönlichkeitsrecht (bzw. dem Recht auf informationelle Selbstbestimmung) des Betroffenen im Grundsatz liberal (d.h. pressefreundlich) entschieden. Der in seinem Grundrecht auf informationelle Selbstbestimmung betroffene Prominente habe bereits vor der in Frage stehenden Veröffentlichung sein Privatleben durch eine von ihm geförderte und gebilligte Berichterstattung der Allgemeinheit eröffnet und sei daher nur eingeschränkt schutzwürdig.[629] Diese Rechtsprechung ist dann aber im Hinblick auf die Rechtsprechung des EGMR, der im Hinblick auf Art. 8 EMRK das allgemeine Persönlichkeitsrecht tendenziell stärker betont, restriktiver geworden.

---

[623] Das ist abzulehnen. Richtigerweise muss bereits bei der Frage nach der Zulässigkeit des schlichten Fertigens von Bildaufnahmen eine allgemeine Güterabwägung vorgenommen werden. Es kann nicht sein, dass man das Fertigen von Bildaufnahmen ohne weiteres dulden muss, und zwar auch dann nicht, wenn das spätere Verbreiten verboten bzw. strafbar wäre. Bemerkenswert in diesem Zusammenhang ist daher eine Entscheidung des BVerfG, in der das Gericht der Auffassung ist, dass man nicht ohne weiteres davon ausgehen könne, Personen würden von ihnen gefertigte Bildaufnahmen auch ins Internet stellen, da dies ja gem. § 33 KUG strafbar sei (BVerfG NVwZ 2016, 53 f.).

[624] Vgl. näher zum Begriff Person der Zeitgeschichte BGH NJW 2015, 2500 f.

[625] Ob es sich um ein Bildnis aus dem Bereich der Zeitgeschichte handelt, muss unter Bezug auf die dargestellte Person (ihren Bekanntheitsgrad, Stellung in der Gesellschaft etc.) und unter Berücksichtigung des Informationsinteresses der Öffentlichkeit nach dem Verständnis des Durchschnittspublikums beantwortet werden (BVerfG NJW 2008, 1793; NJW 2001, 594, 595; NJW 2000, 1026; BGH NJW 2004, 596 f.; NJW 2002, 2317, 2318). So werden Personen als Personen der Zeitgeschichte angesehen, die aus der Masse der Mitmenschen herausragen und deswegen dauerhaft im Blickpunkt der Öffentlichkeit stehen. Die Rechtsprechung hat dies bei Politikern (Willy Brandt), Sportlern (Boris Becker, Franz Beckenbauer), Schauspielern (Joachim Fuchsberger, E. Wepper), Musikern (Bob Dylan), Adligen (Caroline von Hannover) und hohen Persönlichkeiten der Wirtschaft (Vorstandsvorsitzender der Deutschen Telekom AG) angenommen.

[626] BGH NJW-RR 2014, 1193 (Bild eines Mieters auf Informationsbroschüre des Vermieters über seine Wohnanlagen).

[627] Vgl. BGH NJW 2015, 2500 f.

[628] Vgl. dazu auch OLG Dresden K&R 2015, 412, 413 ff.; BGH NJW 2012, 2345 f.; NJW 2012, 148.

[629] Vgl. BVerfG NJW 2006, 2838. Anders aber BVerfG NJW 2006, 2836, 2837.

Daraufhin ist das BVerfG dazu übergegangen, die Pflicht der Fachgerichte zu betonen, das allgemeine Persönlichkeitsrecht und die Meinungsäußerungs- bzw. Pressefreiheit einer echten Abwägung zu unterziehen und zu praktischer Konkordanz zu verhelfen.[630] **286a**

So kann bei der Abwägung zwischen der Meinungsäußerungs- bzw. Pressefreiheit und dem allgemeinen Persönlichkeitsrecht des Betroffenen, über den in einem Presseartikel berichtet wird, von Bedeutung sein, ob die fragliche Äußerung den Schwerpunkt des Artikels bildet oder nur im Rahmen eines allgemeinen Berichts über ein Thema, über das ein Informationsinteresse besteht, dargestellt wird.[631] Geht es aber nur um eine **rein kommerziell** geprägte Veröffentlichung von Bildnissen (etwa in Werbespots), hat der Grundrechtsträger des allgemeinen Persönlichkeitsrechts (bzw. nach dessen Ableben die Erben, weil insbesondere die kommerziellen Aspekte des allgemeinen Persönlichkeitsrechts vererbbar sind) i.d.R. ein Art. 5 I GG übergeordnetes Interesse. Die Werbewirtschaft kann sich daher i.d.R. nicht auf § 23 I Nr. 1 KUG stützen, sondern muss die Einwilligung des Grundrechtsträgers (bzw. von dessen Erben, vgl. § 22 S. 3 KUG) einholen (besser „erkaufen").[632] **286b**

Meinungsäußerungen, die sich als **Schmähkritik** Dritter darstellen (dasselbe gilt für die **Anprangerung** und die **Formalbeleidigung**), treten (sofern man nicht schon den Schutzbereich verneint[633]) regelmäßig hinter dem Persönlichkeitsschutz des Betroffenen zurück.[634] Im Einzelfall ist sogar die Gewährung eines Schmerzensgeldes (aus § 823 I BGB i.V.m. § 253 II BGB) möglich bzw. – sofern ein kommerzieller Schaden entsteht – ein Schadensersatzanspruch (aus § 823 I BGB), wenn diese vermögenswerten Bestandteile des Persönlichkeitsrechts schuldhaft und in schwerwiegender Weise verletzt werden.[635] **286c**

Fazit: Auch Personen der Zeitgeschichte haben ein Recht auf Privatsphäre. Die **Bildveröffentlichung** ist nur mit einem konkreten Informationsinteresse der Allgemeinheit zu begründen.[636] Fotos aus dem Alltagsleben (Urlaub, Geburtstagsfeier, Miete einer Ferienvilla etc.) sind nicht von allgemeinem Interesse, soweit sie nicht ausnahmsweise Bezug zu einem zeitgeschichtlichen Ereignis aufweisen. Stehen rein kommerzielle Interessen oder die Befriedigung bloßer Neugier an den privaten Angelegenheiten im Raum, genießen das allgemeine Persönlichkeitsrecht und seine besonderen Erscheinungsformen wie das Recht am eigenen Bild i.d.R. den Vorrang gegenüber den Interessen der Werbewirtschaft bzw. der Sensationslustigen. Die Presse darf daher i.d.R. nicht ohne Erlaubnis Bildnisse zu Werbezwecken für eigene Produkte oder zur Befriedigung bloßer Neugier an den privaten Angelegenheiten verwenden, sondern bedarf der Einwilligung des Grundrechtsträgers bzw. von dessen Erben. Bei einer reinen **Wortberichterstattung** ist der Schutz des allgemeinen Persönlichkeitsrechts nicht ganz so stark ausgeprägt.[637] Geschwächt ist das Schutzbedürfnis der betreffenden Person der Zeitgeschichte jedenfalls dann, wenn sie sich bewusst der Medienöffentlichkeit aussetzt. **286d**

Besondere Schwierigkeiten ergeben sich hinsichtlich der Zuordnung der **Sexualität** zu einer Sphäre. Bei Rn 280 wurde aufgezeigt, dass das BVerfG die Sexualität richtigerweise dem absolut geschützten Wesensgehalt des allgemeinen Persönlichkeitsrechts, d.h. der Intimsphäre zuordnet. Dieser Bereich ist Eingriffen des Staates und Privater verschlossen; eine Abwägung mit den Interessen des Eingreifenden bzw. der Öffentlichkeit ist nicht möglich. Allerdings lässt das BVerfG Ausnahmen zu und ordnet Aspekte der Sexualität lediglich der Privatsphäre zu, wenn es eine Abwägung mit widerstreitenden Interessen zulassen möchte (vgl. bereits **286e**

---

[630] Vgl. BVerfG NJW 2008, 1793 ff.; NJW 2012, 756 f.; 2011, 740 ff., wo das Gericht dem allgemeinen Persönlichkeitsrecht bei der Wortberichterstattung eine geringere Schutzweite zuerkennt als bei einer Bildveröffentlichung. Aktuell auch BGH NJW 2012, 767 ff.; 2014, 2029, 2031). Vgl. insgesamt auch unten Rn 517 ff.

[631] BVerfG NJW 2012, 756 f.

[632] Vgl. BVerfG NJW 2006, 3409 f. (Marlene Dietrich). Vgl. auch oben Rn 56.

[633] Siehe dazu Rn 439.

[634] Zum Ehrschutz (auch) in diesem Zusammenhang vgl. ausführlich *R. Schmidt*, StrafR BT I, 16. Aufl. 2016, Rn 943 ff.

[635] Vgl. OLG Hamm NJW-RR 2001, 1622; BGH NJW 1995, 861, 852 f. (Caroline von Hannover). Vgl. auch BVerfG NJW 2015, 2022 f. Zur Schmähkritik vgl. Rn 439 ff., zur Anprangerung Rn 517b ff.

[636] OLG Stuttgart AfP 2014, 352 ff. (Amoklauf von Winnenden).

[637] Vgl. BVerfG NJW 2011, 740 ff. (Caroline von Hannover); BGH NJW 2011, 744 ff.; BGH NJW 2011, 746 ff.

Rn 281a). Das erstaunt, aber anderenfalls hätten die Gerichte nicht billigen können, dass die Presse über einen Sexualstraftäter nach Verbüßung seiner Haftstrafe unter voller Namensnennung[638] oder über einen kommerziellen Pornodarsteller unter voller Namensnennung[639] berichtet. Hinsichtlich der Veröffentlichung des Namens eines Pornodarstellers durch die Medien ist die Entscheidung des BGH, dass bei einer Abwägung der widerstreitenden Interessen die Presse- und Informationsfreiheit höher wiege als das allgemeine Persönlichkeitsrecht (hier: das Geheimhaltungsinteresse), noch nachvollziehbar, wenn man bedenkt, dass der Pornodarsteller zuvor bewusst seine Sexualität der interessierten Öffentlichkeit preisgegeben hat und dass die Öffentlichkeit angesichts der Tatsache, dass es sich bei dem Pornodarsteller um den gegenwärtigen Lebensgefährten einer bekannten Schauspielerin handelt, ein erhöhtes Informationsinteresse hat. Rechtsmethodisch angreifbar ist aber die Entscheidung des BVerfG hinsichtlich der Veröffentlichung des Namens eines Sexualstraftäters, der seine Strafe verbüßt hat (und damit rehabilitiert ist), da das Gericht die Sexualität aus dem Intimbereich und damit aus dem unantastbaren Kernbereich des Persönlichkeitsrechts herausnimmt, wo es doch sonst die (vom Betroffenen nicht freiwillig offenbarte) Sexualität der Intimsphäre zuordnet. Jedenfalls wird man bei der Abwägung der widerstreitenden Güter der sexuellen Selbstbestimmung einen hohen Wert beimessen müssen.[640]

286f Daher begegnet auch die Entscheidung des BGH im Fall Kachelmann gewissen Bedenken. In der Entscheidung ging es um die Frage nach der Zulässigkeit der Medienberichterstattung über Details aus dem Sexualleben des wegen Vergewaltigung angeklagten Jörg Kachelmann, die während der öffentlichen Strafgerichtsverhandlung zur Sprache kamen. Der BGH hat entschieden, dass Details über sexuelle Vorlieben in den Medien verbreitet werden dürften, weil bei einer Berichterstattung aus öffentlichen Strafgerichtsverhandlungen das Informationsinteresse der Bevölkerung das Geheimhaltungsinteresse des Prominenten überwiege.[641] Das ist bedenklich, da das Sexualleben auch bei Prominenten jedenfalls dann der unantastbaren Intimsphäre zuzuordnen ist, wenn die Betroffenen ihr Sexualleben nicht selbst offenbaren. Zudem lässt sich die Medienöffentlichkeit nicht mit der Saalöffentlichkeit gleichsetzen. Denn während im Gerichtssaal nur wenige Personen anwesend sind, erreicht eine Medienberichterstattung (insbesondere über das Internet) Millionen Menschen.[642] Die Grundrechtsbeeinträchtigung ist also um ein Vielfaches größer.

286g Fazit: Insgesamt erweckt die Rspr. den Eindruck, dass sie ergebnisorientiert entscheidet und den unantastbaren Kernbereich des Persönlichkeitsrechts desto enger fasst, je stärker sie ein Bedürfnis für eine Abwägung verspürt. Ihr Dilemma ist, dass einerseits mit der Sphärentheorie versucht wurde, Rechtssicherheit zu schaffen, andererseits aber gerade die schwersten Delikte, bei denen ein erhöhtes Interesse der Allgemeinheit an einer Veröffentlichung besteht, oft dem Intimbereich zuzuordnen sind. Das gilt gerade für Sexualdelikte. Abhilfe aus diesem Dilemma kann nur eine Abkehr von der Sphärentheorie schaffen, zumal sich die Zuordnung zu einer Stufe ohnehin als schwierig erweisen kann. Stellt man allein auf die Abwägung zwischen den widerstreitenden Interessen ab, kommt man nicht in Bedrängnis, sich für die eine oder andere Stufe entscheiden zu müssen. Mit der allgemeinen Abwägungslehre schafft man sich einen Freiraum, im Einzelfall sachadäquat entscheiden zu können: Je intimer bzw. persönlicher der Sachverhalt ist, desto restriktiver muss die Zulässigkeit der Offenbarung durch Dritte (Berichterstattung etc.) sein.[643]

---

638 BVerfG NJW 2009, 3357, 3359.
639 BGH NJW 2012, 767 f.
640 Vgl. BVerfG NJW 2011, 909 (Transsexueller).
641 BGH NJW 2013, 1681 ff. (Kachelmann).
642 Vgl. dazu auch *Mäsch*, JuS 2014, 73 ff.
643 Insoweit besteht eine Parallele zur Drei-Stufen-Theorie, die das BVerfG einst zu Art. 12 I GG entwickelt hatte. Da auch das BVerfG mittlerweile erkannt hat, dass die zwanghafte Zuordnung einer staatlichen Maßnahme zu einer Stufe an die Grenzen des Vertretbaren (und damit der Glaubwürdigkeit des Gerichts) führt, ist in einigen jüngeren Entscheidungen eine Lossagung von der Drei-Stufen-Theorie zu erkennen (vgl. auch die Kritik zur Inkonsequenz des BVerfG bei Rn 809).

4. Konkurrenz zu anderen Grundrechten

Im Hinblick auf den Schutz der Privatsphäre ist das Grundrecht neben anderen Grundrechten parallel anwendbar. Lediglich die Abgrenzung zum Brief-, Post- und Telekommunikationsgeheimnis sowie zur Unverletzlichkeit der Wohnung stellt sich als nicht eindeutig dar. 287

In **Beispiel** 2 von Rn 266 ist zunächst eindeutig, dass das Grundrecht auf informationelle Selbstbestimmung und das **Wohnungsgrundrecht** selbstständig nebeneinander stehen (sog. Idealkonkurrenz). Das gilt insbesondere dann, wenn die Daten in einer Wohnung oder aus einer Wohnung heraus erhoben werden (etwa durch Wanzen, Richtmikrofone etc. im Rahmen sog. „Lauschangriffe"). Unklar ist jedoch das Verhältnis zwischen dem Grundrecht auf informationelle Selbstbestimmung und dem **Telekommunikationsgeheimnis** (Telekommunikationsgrundrecht). Es stellt sich die Frage, ob die Durchsuchung der Polizei, die zielgerichtet und ausdrücklich die Sicherstellung von Datenträgern (PC, Mobiltelefon etc.), auf denen Telekommunikationsverbindungsdaten gespeichert sein sollen, bezweckt, nur in das Recht auf informationelle Selbstbestimmung oder auch bzw. ausschließlich in das Telekommunikationsgrundrecht eingreift.

Das BVerfG hat entschieden, dass die nach Abschluss des Übertragungsvorgangs im Herrschaftsbereich des Kommunikationsteilnehmers gespeicherten Verbindungsdaten nicht durch das Telekommunikationsgeheimnis, sondern durch das Recht auf informationelle Selbstbestimmung und ggf. durch das Recht auf Unverletzlichkeit der Wohnung geschützt seien. Der Schutz des Telekommunikationsgeheimnisses ende in dem Moment, in dem die Nachricht bei dem Empfänger angekommen und der Übertragungsvorgang beendet sei. Während für den Kommunikationsteilnehmer keine technischen Möglichkeiten vorhanden seien, das Entstehen und die Speicherung von Verbindungsdaten durch den Nachrichtenmittler zu verhindern oder auch nur zu beeinflussen, änderten sich die Einflussmöglichkeiten, wenn sich die Daten in der Sphäre des Teilnehmers befänden. Der Nutzer könne sich bei den seiner Verfügungsmacht unterliegenden Geräten gegen den unerwünschten Zugriff Dritter durch vielfältige technische Vorkehrungen schützen. Insoweit bestehe eine Vergleichbarkeit mit den sonst in der Privatsphäre des Nutzers gespeicherten Daten. Die spezifischen Risiken eines der Kontroll- und Einwirkungsmöglichkeit des Teilnehmers entzogenen Übertragungsvorgangs, denen Art. 10 I GG begegnen wolle, bestünden im Herrschaftsbereich des Kommunikationsteilnehmers nicht mehr (BVerfGE 115, 166, 183 f.).

Daraus folgt: 287a

- Der **Übertragungsvorgang** (das Gespräch oder die Nachricht via SMS o.Ä.) ist durch das **Telekommunikationsgeheimnis** geschützt. Dasselbe gilt für auf dem Mailserver eines Providers gespeicherte E-Mails[644] und die gespeicherten Telekommunikationsverkehrsdaten („Verkehrsdatenspeicherung")[645].
- Nach **Beendigung des Übertragungsvorgangs** greift Art. 10 GG dagegen nicht mehr. In diesem Fall werden die in der Herrschaftssphäre des Betroffenen gespeicherten personenbezogenen Verbindungsdaten (nur noch) durch das Recht auf **informationelle Selbstbestimmung** geschützt.

Zur sog. **Onlinedurchsuchung eines heimischen Computers**, bei der via Internet bestimmte Programme (Trojaner; Spyware) in einen Computer eingeschleust werden, deren Aufgabe darin besteht, Daten auszuforschen, vgl. Rn 734e und Rn 864 ff. Zur **Standortermittlung von Mobiltelefonen** vgl. Rn 734f. 287b

Hinweis: Die Frage, ob in der jeweiligen Maßnahme ein Eingriff in das Wohnungsgrundrecht, in das Telekommunikationsgrundrecht oder (nur) in das Grundrecht der informationellen 287c

---

[644] BVerfG NJW 2009, 2431 ff. (dazu Rn 734b).
[645] BVerfGE 125, 260, 304 ff. (dazu Rn Rn 273 Bsp. 3, Rn 734g, Rn 738 Bsp. 4 und Rn 747 Bsp. 4).

Selbstbestimmung vorliegt, übt Einfluss auf die verfassungsrechtliche Rechtfertigung der Maßnahme aus. Denn zum einen enthalten die genannten Grundrechte unterschiedliche Grundrechtsschranken und zum anderen sind die Prüfungsmaßstäbe unterschiedlich ausgeprägt. Daher kann es für die Frage, ob eine Maßnahme gerechtfertigt ist, entscheidend sein, welches Grundrecht betroffen ist.

287d Unabhängig von der soeben beschriebenen Konstellation verdrängt das allgemeine Persönlichkeitsrecht die **allgemeine Verhaltensfreiheit** (Art. 2 I GG) nicht, sofern für Letztere ein eigenständiger Gehalt verbleibt, der durch eine separate Grundrechtsprüfung gewürdigt werden muss. Zur **Freiheit der Person** (Art. 2 II S. 2 GG) besteht Grundrechtskonkurrenz, sofern im Zuge des Eingriffs in das allgemeine Persönlichkeitsrecht auch die Fortbewegungsfreiheit eingeschränkt wird.

C. Recht auf Leben und körperliche Unversehrtheit – Art. 2 II S. 1 GG

Art. 2 II S. 1 GG enthält zwei Grundrechte, das Recht auf Leben und das Recht auf körperliche Unversehrtheit. Beide stellen zunächst Abwehrrechte des Einzelnen gegen den Staat dar. Das BVerfG hat dies frühzeitig festgestellt, zugleich aber die Funktion der Grundrechte auf Abwehrrechte beschränkt.[646] Erst in späteren Entscheidungen hebt das Gericht die Pflicht des Staates hervor, sich schützend und fördernd vor die Grundrechte zu stellen (objektiv-rechtliche Dimension des Art. 2 II S. 1 GG).[647] Bei der Erfüllung dieser Schutzpflicht hat der Staat grundsätzlich jedoch einen weiten Einschätzungs-, Wertungs- und Gestaltungsspielraum.[648] **288**

Abwehrrechte des Art. 2 II S. 1 GG

I. Schutzbereiche

⇨ **Recht auf Leben**

Zunächst statuiert Art. 2 II S. 1 GG das **Recht auf Leben**. Unter Leben ist die biologisch-physische Existenz zu verstehen. Nicht geschützt ist nach h.M. die Entscheidung über das eigene Leben, der Suizid. Dieser ist aber wohl durch Art. 2 I GG geschützt.

⇨ **Recht auf körperliche Unversehrtheit**

Des Weiteren schützt das Grundrecht die **körperliche Unversehrtheit**. Es schützt zunächst vor Einwirkungen, die die menschliche Gesundheit im biologisch-physiologischen Sinn beeinträchtigen. Körperliche Unversehrtheit i.S.d. Art. 2 II S. 1 GG bedeutet also Freisein von Unfruchtbarkeit, Freisein von Schmerzen, Freisein von Verunstaltungen und Freisein von Verletzungen der körperlichen Gesundheit. Schließlich schützt es – über den Wortlaut hinaus – auch die Gesundheit im psychischen Bereich.

II. Eingriffe in den Schutzbereich

Eingriffe in das Leben sind die Vollstreckung der Todesstrafe, der polizeiliche finale Rettungsschuss und die Pflicht zum Einsatz von Leben und Gesundheit in den öffentlich-rechtlichen Dienstverhältnissen der Bundeswehr, Polizei, Feuerwehr und des Katastrophenschutzes. Einen Eingriff in das Leben stellt auch die aktive Sterbehilfe dar. Das **Recht auf körperliche Unversehrtheit** wird beeinträchtigt bei Maßnahmen, die entweder mit einer Zufügung von Schmerzen oder mit einer Gesundheitsbeschädigung verbunden sind oder sich als üble unangemessene Behandlung von nicht unbeträchtlichem Gewicht darstellen. Beispiel von Eingriffen sind: Menschenversuche, Zwangssterilisationen, körperliche Strafen und Züchtigungen, Impfzwang sowie strafprozessuale Eingriffe wie Blutentnahme, Liquorentnahme und die Hirnkammerluftfüllung zur Überprüfung der Zurechnungsfähigkeit.

III. Verfassungsrechtliche Rechtfertigung

Art. 2 II S. 1 GG ist **aufgrund eines Gesetzes** einschränkbar, vgl. Art. 2 II S. 3 GG. Das einschränkende Gesetz muss – um verfassungsmäßig zu sein – die **Schranken-Schranken** beachten. Als Schranken-Schranken wirken insbesondere die Art. 104 I S. 2 und 102 GG. Diese Vorschriften stellen spezielle Schranken-Schranken des Art. 2 II S. 1 GG dar. Schließlich sind die allgemeinen Schranken-Schranken zu beachten.

IV. Schutzpflicht des Staates gem. Art. 2 II S. 1 GG

In Parallele zu dem Recht auf Leben leitet die Rspr. aus der Garantie der körperlichen Unversehrtheit über die Abwehrfunktion hinaus aus diesem Grundrecht eine objektive **Schutzverpflichtung** – bspw. das Drogenverbot oder die Verpflichtung zur Verhängung eines Rauchverbots in öffentlichen Gebäuden – ab. Werden diese Schutzpflichten verletzt, liegt darin zugleich eine Verletzung des Art. 2 II S. 1 GG, die alle Grundrechtsträger **gerichtlich geltend machen können**. Zu beachten ist jedoch, dass dem Gesetzgeber und der Exekutivspitze ein erheblicher Einschätzungsspielraum eingeräumt ist.

---

[646] BVerfGE 1, 97, 104 f. (Handeln des Gesetzgebers).

[647] BVerfGE 39, 1, 4; 88, 203, 251 ff. (jeweils Schwangerschaftsabbruch) – dazu bereits Rn 21/228. Zum Schutz des Lebens Ungeborener nach der EMRK vgl. EGMR NJW 2005, 727 ff.; *Groh/Lange-Bertalot*, NJW 2005, 713 ff.

[648] BVerfGE 77, 381, 405 (Gorleben); 79, 174, 202 (Verkehrslärmschutz); BVerfG NVwZ 2013, 502 (WaffG).

I. Abwehrrechte des Art. 2 II S. 1 GG

1. Schutzbereich

289 Art. 2 II S. 1 Var. 1 gewährt GG das **Recht auf Leben**, worunter ist die biologisch-physische Existenz zu verstehen ist.

290 Unklar ist, ob Art. 2 II S. 1 Var. 1 GG auch eine Pflicht zum Leben begründet, ob also die Entscheidung, sich das Leben zu nehmen, verwehrt ist. Zwar besteht Einigkeit darüber, dass die Verfassungsbestimmung den Freitod nicht verbietet, jedoch geht die h.M. davon aus, dass Art. 2 II S. 1 GG kein Recht auf einen Suizid gewährt, dieser jedoch durch das Recht der allgemeinen Verhaltensfreiheit (Art. 2 I GG) geschützt sei.[649]

Beispiel: Während einer Streifenfahrt an einem Samstagabend entdeckt die Polizei den Suizidenten S, der gerade im Begriff ist, sich von einer Brücke zu stürzen. Als er sich weigert, Hilfe entgegenzunehmen, und auch im Übrigen einen äußerst verwirrten Eindruck erweckt, nimmt ihn die Polizei unter Widerstand mit auf die Dienststelle (polizeiliche Ingewahrsamnahme).

Hier könnte ein Eingriff in Art. 2 II S. 1 Var. 1 GG vorliegen. Das würde aber voraussetzen, dass der Freitod durch das Grundrecht auf Leben geschützt ist. Nach h.M. ist das nicht der Fall. Allerdings liegt wohl ein Eingriff in Art. 2 I GG (allgemeine Verhaltensfreiheit) vor. Dieser Grundrechtseingriff ist jedoch gerechtfertigt. Zwar wird überwiegend angenommen, Art. 2 I GG gebe in gewissen Grenzen ein Recht auf Selbstgefährdung und -verletzung. Die Grenzen dieses Rechts seien aber dort zu ziehen, wo der sich selbst Gefährdende die Tragweite seines Handelns nicht mehr erkenne, was etwa bei Kindern sowie bei Erwachsenen, die sich in einem die freie Willensbestimmung ausschließenden Geisteszustand befänden, der Fall sei. Ob dieser Auffassung gefolgt werden kann, ist fraglich. Jedenfalls gebietet der staatliche Schutzauftrag aus Art. 2 II S. 1 GG (dazu Rn 301) ein Eingreifen der Polizei. Die Ingewahrsamnahme des S zu dessen Schutz vor einer Gefahr für sein Leben war daher gerechtfertigt.

Je nach Fallkonstellation greift auch der Grundrechtsschutz aus Art. 2 II S. 1 Var. 2 GG.

Beispiel: Strafgefangener S tritt in den Hungerstreik. Als der Tod droht, ordnet der Anstaltsleiter die Zwangsernährung an.

Hier liegt kein Eingriff in Art. 2 II S. 1 Var. 1 GG vor, wohl aber Eingriffe in Art. 2 II S. 1 Var. 2 GG (körperliche Unversehrtheit) und in Art. 2 I GG (allgemeine Verhaltensfreiheit).

291 Das Grundrecht auf **körperliche Unversehrtheit** (Art. 2 II S. 1 Var. 2 GG) schützt zunächst vor Einwirkungen, die die menschliche Gesundheit im *biologisch-physiologischen* Sinn beeinträchtigen.[650] Körperliche Unversehrtheit i.S.d. Art. 2 II S. 1 Var. 2 GG bedeutet also das Nichtvorhandensein von Unfruchtbarkeit, Schmerzen, Verunstaltungen und Verletzungen der körperlichen Gesundheit. Über den Wortlaut hinaus schützt das Grundrecht auch die Gesundheit im *psychischen* Bereich. Eine solche Erweiterung des Schutzbereichs ist aufgrund des klaren Wortlauts zwar nicht unproblematisch, aber zum einen wegen der Nähe des Grundrechts zu Art. 1 I GG, der die Wahrung der Identität und Integrität ebenfalls nicht auf den körperlichen Bereich beschränkt, konsequent. Zum anderen entspricht die Erweiterung des Schutzbereichs der Entstehungsgeschichte des Art. 2 II S. 1 GG, die die Schrecken des Nationalsozialismus vor Augen hatte, und damit auch den psychischen Terror und die seelische Folterung. Erforderlich ist aber eine Intensität, die der Zufügung von Schmerzen entspricht.[651]

---

[649] Vgl. nur *Müller-Terpitz*, in: HdbStR VII, § 147 Rn 39; *Murswiek*, in: Sachs, GG, Art. 2 Rn 210 f.; *Schulze-Fielitz*, in: Dreier, GG, Art. 2 II Rn 32; *Kunig*, in: v. Münch/Kunig, GG, Art. 2 Rn 50; *Epping*, Grundrechte, Rn 101; *Augsberg*, JuS 2011, 28, 32. A.A. *P/S/K/P*, Rn 419; *Lang*, in: Epping/Hillgruber, GG, Art. 2 Rn 58.
[650] Vgl. BVerfGE 56, 54, 74 (Fluglärm).
[651] BVerfGE 56, 54, 75 (Fluglärm).

Träger der Grundrechte des Art. 2 II S. 1 GG sind alle natürlichen Personen. Die Grundrechtsträgereigenschaft endet mit dem Hirntod.[652] Ob auch das werdende Leben im Mutterleib (der *nasciturus*) Träger des Grundrechts ist, wird unterschiedlich gesehen.[653] Das BVerfG hat die Frage offengelassen. Es könne dahinstehen, ob der *nasciturus* Grundrechtsträger sei oder ob er mangels Grundrechtsträgereigenschaft „nur" von den objektiven Normen der Verfassung in seinem Recht auf Leben geschützt werde. Denn die Grundrechtsnormen enthielten nicht nur subjektive Abwehrrechte des Einzelnen gegen den Staat, sondern sie verkörperten zugleich eine objektive Wertordnung, die alle staatliche Gewalt binde. Ob und gegebenenfalls in welchem Umfang der Staat zu rechtlichem Schutz des noch ungeborenen Lebens von Verfassungs wegen verpflichtet sei, könne deshalb schon aus dem objektiv-rechtlichen Gehalt der grundrechtlichen Normen erschlossen werden.[654] Jedenfalls sei der *nasciturus* ab dem 14. Tag nach der Empfängnis (Nidation) objektiv-rechtlich dem Schutz des Art. 2 II S. 1 GG unterstellt.[655] **292**

2. Eingriff in den Schutzbereich

Eingriffe in das Leben sind z.B. die Vollstreckung der Todesstrafe oder der polizeiliche finale Rettungsschuss.[656] Auch die *Gefährdung* des Grundrechts kann einen Eingriff darstellen. Das ist jedenfalls dann der Fall, wenn der Verlust des Lebens ernsthaft zu befürchten ist (etwa bei der Pflicht zum Einsatz von Leben und Gesundheit in den öffentlich-rechtlichen Dienstverhältnissen der Bundeswehr, Polizei, Feuerwehr und des Katastrophenschutzes).[657] Bei der Sterbehilfe ist zu beachten, dass sie i.d.R. von privater Seite ausgeht. Private können nicht unmittelbar Grundrechte anderer Privater verletzen (Rn 24, 105 ff.). Dar Staat hat daher eine Schutzordnung aufzustellen, um dem Erfordernis des absoluten Lebensschutzes nachzukommen. So ist die aktive Sterbehilfe, da sie eine echte Lebensverkürzung darstellt, nicht zu rechtfertigen. Der einfache Gesetzgeber stellt sie gem. §§ 211 ff. StGB unter Strafe. Aufgrund der Indisponibilität wirkt eine etwaige Einwilligung des Betroffenen auch nicht strafbefreiend, lediglich privilegierend (§ 216 StGB). Von der aktiven Sterbehilfe ist die (keinen Eingriff in das Leben darstellende) echte Sterbehilfe zu unterscheiden. Darunter ist die Unterstützung zu verstehen, einem sterbenden Menschen einen würdevollen Tod zu ermöglichen. Dazu gehört das palliativ intendierte Verabreichen von Schmerzmitteln, die lediglich als ungewollte, aber unvermeidbare Nebenfolge eine Lebensverkürzung mit sich bringen. **293**

Das **Recht auf körperliche Unversehrtheit** wird beeinträchtigt bei einer Zufügung von Schmerzen, bei einer Gesundheitsschädigung oder wenn sich eine Maßnahme schlicht als üble unangemessene Behandlung von nicht unbeträchtlichem Gewicht darstellt.[658] **294**

Da sich der Schutz, den das Grundrecht entfaltet, nicht auf das Freisein von Krankheit beschränkt (s.o.), werden auch Maßnahmen, die auf die Wiederherstellung der Gesundheit gerichtet sind (z.B. Operationen oder die Vorbereitungen hierzu), vom Schutzbereich des Grundrechts erfasst und können, wenn kein wirksames Einverständnis des Patienten vorliegt, einen Eingriff darstellen. Daher stellt z.B. die Zwangsbehandlung von Maßregelpatienten mit neuroleptischen Medikamenten selbst dann einen Eingriff in den Schutzbereich dar, wenn die die Medikamente allein eine **psychische Wirkung** entfalten.[659] Die Wechselwirkung zwischen psychischen und physischen Befindlichkeiten verbietet es, den Schutz allein vor physischen Eingriffen zu beschränken.

---

[652] Kritisch *Merkel*, Jura 1999, 113 ff.
[653] Vgl. nur *Fisahn*, ZRP 2001, 49 ff.; *Sendler*, NJW 2001, 2148 ff. und *Schröder*, NJW 2001, 2144 ff.
[654] BVerfGE 39, 1, 41 f. (Schwangerschaftsabbruch I).
[655] BVerfGE 39, 1, 37 (Schwangerschaftsabbruch I).
[656] Allgemeine Auffassung, vgl. nur *Kunig*, in: v. Münch/Kunig, GG, Art. 2 Rn 44.
[657] Sie dazu etwa BVerfGE 77, 170, 171 (C-Waffen).
[658] BVerwGE 125, 85, 93. Vgl. auch BVerwG NVwZ-RR 2014, 767 f.
[659] Vgl. nunmehr auch BVerfG NJW 2011, 2113 f. und BVerfG NJW 2011, 3571 f.

Eingriffe sind auch insbesondere bei Menschenversuchen, Zwangssterilisationen, körperlichen Strafen und Züchtigungen, beim Impfzwang sowie bei strafprozessualen Eingriffen wie Blutentnahme[660], Liquorentnahme und Hirnkammerluftfüllung zur Überprüfung der Zurechnungsfähigkeit[661] anzunehmen.[662] Auch die zwangsweise Verabreichung von Neuroleptika stellt einen Eingriff dar.[663] Da eine Schmerzzufügung nicht erforderlich ist[664], kann die körperliche Unversehrtheit sogar durch das Kürzen des Haupthaares beeinträchtigt werden, nach Auffassung des BVerwG jedoch nur dann, wenn dies zu einer Entstellung oder Verunstaltung führt.[665] Die an Polizeibeamte gerichtete Vorgabe des Dienstherrn, die Haare in Hemdkragenlänge zu tragen, hat nach Auffassung des BVerwG keine derartigen Folgen.[666] Es liege zwar ein Eingriff in die freie Entfaltung der Persönlichkeit vor, da die Freiheit beeinträchtigt werde, über die äußere Erscheinung auch im Dienst eigenverantwortlich zu bestimmen, nicht jedoch ein Eingriff in die körperliche Unversehrtheit.[667] Ist die Maßnahme jedoch mit körperlicher Gewalt verbunden, ist ein Eingriff zu bejahen.[668]

Das Betreiben einer öffentlichen Einrichtung stellt einen Eingriff in Art. 2 II S. 1 GG dar, wenn die von ihr ausgehenden Immissionen (Lärm, Geruch, Strahlung etc.) zu Gesundheitsbeeinträchtigungen führen.[669]

Wird Cannabis zu therapeutischen Zwecken benötigt, kann die Versagung einer Ausnahmegenehmigung hinsichtlich des Selbstanbaus von Hanf einen Eingriff in Art. 2 II S. 1 GG darstellen. Die Notwendigkeit des Cannabiskonsums zu therapeutischen Zwecken (etwa weil für einen chronisch kranken Menschen außer Cannabis kein wirksames Schmerzmittel zur Verfügung steht) kann sogar eine Ausnahmegenehmigung zum heimischen Anbau von Hanf erfordern.[670] Im Übrigen ist wie beim Eingriff in das Leben auch hier ein Eingriff bereits dann zu bejahen, wenn eine *Gefährdung* der Gesundheit vorliegt.[671]

3. Verfassungsrechtliche Rechtfertigung

295 Art. 2 II S. 1 GG ist **aufgrund eines Gesetzes** einschränkbar, vgl. Art. 2 II S. 3 GG. Diese Formulierung könnte darauf schließen lassen, dass nur-materielle Gesetze (Rechtsverordnungen und Satzungen) ausreichen. Wegen der Bedeutung des Grundrechts auf Leben und körperliche Unversehrtheit ist aber ein **förmliches Gesetz** zu fordern. Dies ergibt sich aus der Wesentlichkeitsrechtsprechung und dem Parlamentsvorbehalt.[672] Lediglich weniger intensive Eingriffe in die körperliche Unversehrtheit dürfen auf nur-materiellen Gesetzen beruhen.[673]

Beispiele: **(1)** So können gem. § 81a StPO (förmliches Gesetz) strafprozessuale körperliche Eingriffe zu Untersuchungszwecken angeordnet werden. **(2)** Gleiches gilt für Impfungen zur Bekämpfung von Seuchen, vgl. § 29 InfSchG. **(3)** Demgegenüber können die Regelungen über die medizinische Zwangsbehandlung von im Maßregelvollzug Untergebrachten (vgl. etwa § 15 II-IV RhPfMVollzG) bzw. deren Ausführung einen Eingriff in die körper-

---

[660] BVerfG NJW 1996, 771, 772 (DNA-Analyse einer Blutprobe im Strafverfahren).
[661] BVerfGE 17, 108, 115 (Hirnkammerluftfüllung).
[662] *P/S/K/P*, Rn 423 m.w.Nachw.
[663] BVerfGE 128, 282, 300 ff.; BVerfG NJW 2011, 3571 f.; NJW 2013, 2337 ff. (jeweils Zwangsbehandlung im Maßregelvollzug).
[664] Vgl. BVerfGE 47, 239, 248 (Haar- und Barttracht). Nach BVerwG NVwZ-RR 2014, 767 f. liegt bei den Regelungen über die Haartracht (bei Soldaten) indes nur ein Eingriff in Art. 2 I GG vor, was nicht überzeugt. Möglicherweise liegt die Entscheidung darin begründet, dass in den Regelungen über die Haartracht von Soldaten Art. 2 II S. 1 GG nicht als einschränkbares Grundrecht zitiert wird und das Gericht daher ein Verstoß gegen das Zitiergebot aus Art. 19 I S. 2 GG hätte annehmen müssen (*Muckel*, JA 2015, 397, 398). Art. 2 I GG unterliegt nicht der Zitierpflicht.
[665] BVerwGE 46, 1, 7 f.; 103, 99, 101; 125, 85, 93 ff. Vgl. auch BVerwG NVwZ-RR 2014, 767 f.
[666] BVerwGE 125, 85, 93 ff.
[667] BVerwGE 125, 85, 93 ff.
[668] BVerfGE 47, 239, 248 f.
[669] BVerfGE 79, 174, 201 (Verkehrslärmschutz).
[670] Vgl. VG Köln PharmR 2014, 426, 427 ff.
[671] BVerfG NJW 1998, 295, 296 (Räumungsvollstreckungsschutz bei Suizidgefahr).
[672] Zur Wesentlichkeitsrechtsprechung und zum Parlamentsvorbehalt vgl. *R. Schmidt*, Staatsorganisationsrecht, Rn 241 ff. und 246 ff.
[673] Vgl. *P/S/K/P*, Rn 424.

liche Unversehrtheit grds. nicht rechtfertigen.[674] **(4)** Hinsichtlich der Haar- und Barttracht bei Bundeswehrsoldaten soll nach einer früheren Entscheidung des BVerwG aufgrund der „geringen Grundrechtsrelevanz" die Regelung über eine Verwaltungsvorschrift genügen; insbesondere liege kein Eingriff in Art. 2 II S. 1 GG vor.[675] Diese Auffassung wurde hinsichtlich der Haar- und Barttracht von Polizeibeamten später vom BVerwG zumindest insoweit revidiert, als nunmehr zumindest eine gesetzliche Grundlage erforderlich ist.[676] **(5)** Zu § 14 III LuftSiG vgl. Rn 233, 244 und 306.

Weiterhin muss das einschränkende Gesetz – um verfassungsmäßig zu sein – die **Schranken-Schranken** beachten. Als absolute Schranken-Schranken wirken Art. 104 I S. 2 und 102 GG. Diese Vorschriften stellen spezielle Grenzen eines Eingriffs in Art. 2 II S. 1 GG dar. **Art. 104 I S. 2 GG** bestimmt, dass **festgehaltene Personen weder seelisch noch körperlich misshandelt** werden dürfen. Streng genommen ist diese Anordnung überflüssig, denn man könnte aus ihr den Umkehrschluss ziehen, dass seelische oder körperliche Misshandlungen nicht festgehaltener Personen rechtfertigungsfähig wären. Dass Derartiges jedoch in einem Rechtsstaat ebenfalls nicht in Betracht kommen kann, liegt auf der Hand. Niemand braucht sich misshandeln zu lassen, weder in Gefängnissen noch sonst wo. Daher kann die Vorschrift des Art. 104 I S. 2 GG nur dahingehend verstanden werden, dass der Schutz vor Misshandlungen in Gefängnissen oder anderen Gewahrsamseinrichtungen nicht geringer ist als außerhalb.[677] Art. 104 I S. 2 GG ist somit lediglich deklaratorischer Natur: Es soll den Exekutivorganen nochmals vor Augen geführt werden, dass Gefangene keinen geringeren Grundrechtsschutz genießen als andere Menschen. Können also Misshandlungen nicht festgehaltener Personen nicht gerechtfertigt werden, gilt dies genauso für festgehaltene Personen. 296

Nicht mit Misshandlungen im dargelegten Sinn gleichzusetzen sind Eingriffe in die körperliche Unversehrtheit durch unmittelbaren Zwang. Dieser ist rechtfertigungsfähig, sofern er die rechtlichen Voraussetzungen erfüllt. Kann er gegenüber nicht festgehaltenen Personen gerechtfertigt sein, gilt dies auch gegenüber festgehaltenen Personen.

Beispiel: Der Schlag mit dem Polizeiknüppel zur Durchsetzung einer polizeilichen Verfügung kann gerechtfertigt sein, obwohl er einen Eingriff in die körperliche Unversehrtheit darstellt (vgl. § 12 BundesVwVG). In einer Gewahrsamseinrichtung könnte aufgrund des Art. 104 I S. 2 GG demgegenüber angenommen werden, dass der Einsatz des Schlagstocks gegenüber festgehaltenen Personen i.S.v. Art. 104 I S. 2 GG stets unzulässig sei. Das ist in dieser Stringenz jedoch nicht richtig. Hier wie dort ist der Einsatz eines Schlagstocks nicht zu rechtfertigen, wenn es an einem sachlichen Grund fehlt. Seelische oder körperliche Misshandlungen lassen sich niemals auf einen sachlichen Grund stützen.[678] Wäre aber umgekehrt der Schlagstockeinsatz gegenüber äußerst gewalttätigen „Demonstranten" zur Abwehr von Angriffen auf Leib oder Leben gerechtfertigt, muss dies auch gegenüber „außer Kontrolle" geratenen, in Gewahrsamseinrichtungen oder Polizeistationen festgehaltenen Personen gelten.

Gemäß **Art. 102 GG** ist die **Todesstrafe** abgeschafft. Da diese Vorschrift aber nicht der Ewigkeitsgarantie des Art. 79 III GG unterliegt, ist fraglich, ob sie aufgehoben werden könnte mit der Folge, dass die Todesstrafe wieder zulässig wäre. Die überwiegende Auffassung geht davon aus, dass das Verbot der Todesstrafe wegen Art. 1 I GG nicht aufgehoben werden darf.[679] Verhängung und Vollstreckung der Todesstrafe würden den 297

[674] Vgl. dazu BVerfG NJW 2011, 2113 f. und NJW 2011, 3571 f. (jeweils Zwangsbehandlung mit Neuroleptika).
[675] BVerwGE 46, 1, 6 f.
[676] BVerwGE 125, 85 ff. (Haar- und Barterlass für Polizeibeamte).
[677] Vgl. *Kunig*, in: v. Münch/Kunig, GG, Art. 104 Rn 14; *Gusy*, in: v. Mangoldt/Klein/Starck, GG, Art. 104 Rn 33.
[678] Zur staatlichen „Rettungsfolter", wo dies virulent wird, vgl. Rn 233.
[679] BGHSt 41, 317, 325; *Lorenz*, in: HdbStR VI, S. 25; *Gusy*, in: v. Mangoldt/Klein/Starck, Bonner GG, Art. 102 Rn 33; *Ebel/Kunig*, Jura 1998, 617, 622; einschränkend *Scholz*, in: Maunz/Dürig, GG, Art. 102 Rn 31; a.A. *Zippelius*, in: Bonner Kommentar, GG, Art. 1 Rn 70.

Betroffenen zum Objekt staatlichen Handelns machen; es sei keine Vollstreckungsmethode denkbar, die die Menschenwürde beachte. Darüber hinaus könnten Fehlurteile nicht mit Sicherheit ausgeschlossen werden. Die staatliche Schutzpflicht gebiete es schon deshalb, von der Vollstreckung der Todesstrafe abzusehen.

Fraglich ist, ob das Verbot der Todesstrafe auch die Auslieferung eines Ausländers wegen einer Straftat in ein Land, in dem die Todesstrafe droht, verhindert. Da Art. 16 II S. 2 GG „rechtsstaatliche Grundsätze" vorschreibt und die Todesstrafe wegen Art. 1 I, III GG diesen wohl zuwiderlaufen dürfte[680], lässt sich sagen, dass die Auslieferung eines *Deutschen* in ein Land, in dem ihm die Todesstrafe droht, schon von Verfassungs wegen ausgeschlossen ist. Einfachgesetzlich ist die Frage durch § 8 IRG geklärt, wonach die Auslieferung nur zulässig ist, wenn der ersuchende Staat zusichert, dass die Todesstrafe nicht verhängt oder nicht vollstreckt werden wird.

298 Keine Todesstrafe stellt der **finale Rettungsschuss** der Polizei dar, da er der Gefahrenabwehr dient und keine Strafe darstellt. Insoweit ist allein Art. 2 II S. 1 GG einschlägig. Da durch ihn in den Kernbereich des Grundrechts auf Leben eingegriffen wird, er aber aufgrund des Gesetzesvorbehalts des Art. 2 II S. 3 GG nicht von vornherein ausgeschlossen ist, richtet sich seine öffentlich-rechtliche Zulässigkeit nach den Bestimmungen der Polizeigesetze unter strenger Beachtung des Grundsatzes der Verhältnismäßigkeit. Bei der Frage nach der öffentlich-rechtlichen Zulässigkeit ist eine Abwägung zwischen dem Recht auf Leben des Täters (etwa eines Geiselnehmers) und dem Recht auf Leben des zu schützenden Opfers (etwa einer Geisel) vorzunehmen. Entscheidet sich der Schütze des polizeilichen Sonderkommandos, sich schützend und fördernd vor das Leben der Geisel zu stellen und den finalen Rettungsschuss auszuführen, ist dieser verfassungsrechtlich nicht zu beanstanden, wenn kein anderes Mittel mehr zur Verfügung steht, um das Leben der Geisel zu retten (dazu Rn 300). Dieser Befund wird auch von der Europäischen Menschenrechtskonvention (Art. 2 II EMRK) zugelassen. Strafrechtlich können sich Einsatzleiter und Schütze auf § 32 StGB (Nothilfe) berufen. Ist der Rettungsschuss allerdings bereits nach dem Polizeirecht gerechtfertigt, kann das strafrechtliche Ergebnis kein anderes sein, weil der Schütze nicht rechtswidrig handelt.

Beispiel: Der äußerst gewalttätig vorgehende Bankräuber O ist auf der Flucht und hat eine Geisel genommen, an deren Hals er seine Pistole hält. Da er bereits zuvor in der Bank einen Bankangestellten erschossen hat, hat er nichts zu verlieren. Der Einsatzleiter der Polizei E hat daher Grund zur Annahme, dass sich die Geisel in Lebensgefahr befindet. Er erteilt dem Scharfschützen S die Freigabe, O mit einem gezielten Schuss zu töten. Dieser erschießt O.

299 Eine ausdrückliche Regelung enthalten § 41 II S. 2 MePolG und die meisten Polizeigesetze.[681] Danach ist ein Schuss, der mit an Sicherheit grenzender Wahrscheinlichkeit tödlich wirkt, **zulässig, wenn er das einzige Mittel zur Abwehr einer gegenwärtigen Lebensgefahr oder der gegenwärtigen Gefahr einer schwerwiegenden Verletzung der körperlichen Unversehrtheit ist.**[682]

Fände der Sachverhalt des obigen Beispiels im Anwendungsbereich eines der genannten Polizeigesetze statt, könnte sich S auf die entsprechende Befugnisnorm stützen, ohne dass es zur verfassungsrechtlichen Rechtfertigung des Grundrechtseingriffs eines Rückgriffs auf § 32 StGB bedürfte. Der Todesschuss wäre zulässig, stünde aber – trotz der Freigabe des E – im Ermessen des S.

---

[680] Vgl. dazu *Uhle*, NJW 2001, 1889 ff. und Rn 949 ff.

[681] BaWü: § 54 II PolG; Bay: Art. 66 II S. 2 PAG; Brand: § 66 II PolG; Brem: § 46 II S. 2 PolG; Nds: § 76 II S. 2 SOG; NRW: § 63 II S. 2 PolG; RhlPfl: § 63 II S. 2 POG; Saarl: § 57 I S. 2 PolG; Sachs: § 34 II PolG; SachsAnh: § 65 II S. 2 SOG; Thür: § 64 II S. 2 PAG. Vgl. auch *Beaucamp*, JA 2003, 402 ff.

[682] Eine Kollision dieser Regelung mit Art. 102 GG (Verbot der Todesstrafe) besteht nicht, da ein der Gefahrenabwehr dienender Todesschuss gerade keine Strafe darstellt.

Auch wird durch den finalen Rettungsschuss nicht die **Menschenwürde** des Täters verletzt. Denn nicht jede Tötung führt zu einer Würdeverletzung. Eine solche Verletzung läge nur dann vor, wenn die Tötung einherginge mit Verhaltensweisen, durch die dem Betroffenen der Achtungsanspruch als Mensch abgesprochen würde, etwa bei Erniedrigung, Brandmarkung, Verfolgung oder Ächtung. Solche Umstände sind jedoch bei Anwendung des finalen Rettungsschusses nicht gegeben. Eine solche Maßnahme dient allein dazu, das Leben der vom Aggressor bedrohten Menschen zu schützen. Dieser selbst hat die Situation herbeigeführt und könnte sie (jederzeit) beenden.

Sind die genannten absoluten Schranken-Schranken nicht einschlägig, müssen die **allgemeinen Schranken-Schranken** beachtet werden. Um verfassungsmäßig zu sein, muss das einschränkende Gesetz dem **Grundsatz der Verhältnismäßigkeit** entsprechen. Es muss also einen legitimen Zweck verfolgen, geeignet, erforderlich und angemessen sein. Bei der entsprechenden Prüfung muss es wiederum im Lichte des Grundrechts gesehen werden. Dabei ist aufgrund der Bedeutung des Grundrechts und der Wesensgehaltsgarantie des Art. 19 II GG eine strenge Prüfung geboten.[683] Des Weiteren sind strenge Anforderungen an den **Bestimmtheitsgrundsatz** zu stellen: So bedürfen etwa die wesentlichen Voraussetzungen für die Zulässigkeit einer Zwangsbehandlung (von im Maßregelvollzug Untergebrachten mit Neuroleptika) klarer und bestimmter gesetzlicher Regelungen. Das gilt auch für das ausgestaltende Verfahren.[684] **300**

II. Schutzpflicht des Staates gem. Art. 2 II S. 1 GG

Wie bereits bei Rn 21 f. und 288 erwähnt, ergibt sich aus der objektiven Wertentscheidung der Grundrechte (insbesondere Art. 2 II S. 1 GG) die Pflicht des Staates, die grundrechtlich geschützten Rechtsgüter vor Beeinträchtigungen durch private Dritte, durch nichtdeutsche staatliche Stellen oder durch Naturgewalten zu wahren.[685] Insbesondere der Schutz vor dem Verhalten Dritter soll im Folgenden näher erläutert werden. Grundlegend hierzu war das erste Urteil des BVerfG zum Schwangerschaftsabbruch.[686] In diesem Urteil bewertete das Gericht nicht nur unmittelbare Eingriffe in das noch ungeborene menschliche Leben als verboten, sondern nahm auch die Pflicht des Staates an, sich **vor jedes menschliche Leben** zu stellen, d.h. vor allem, es auch vor rechtswidrigen Eingriffen Dritter zu bewahren. Diese Pflicht lasse sich unmittelbar aus Art. 2 II S. 1 GG ableiten. Sie ergebe sich darüber hinaus auch aus der ausdrücklichen Vorschrift des Art. 1 I S. 2 Var. 2 GG. An diese Schutzpflicht hätten sich alle staatlichen Gewalten zu halten. Die Schutzverpflichtung des Staates sei umso ernster zu nehmen, je höher der Rang des in Frage stehenden Rechtsguts innerhalb der Wertordnung anzusetzen sei. Im äußersten Falle, wenn der von der Verfassung gebotene Schutz auf keine andere Weise zu erreichen sei, könne der Gesetzgeber auch verpflichtet sein, zum Schutz des sich entwickelnden Lebens das Mittel des Strafrechts einzusetzen.[687] **301**

Außerhalb des Bereichs des Schwangerschaftsabbruchs ist der Inhalt der Schutzpflicht unbestimmt. Insbesondere verengt sich der Schutzauftrag nicht auf eine konkrete Maßnahme. Bei der Frage, welches Maß von Schutz erforderlich ist, billigt das BVerfG sowohl dem Gesetzgeber als auch der vollziehenden Gewalt einen weiten Einschätzungs-, Wertungs- und Gestaltungsspielraum zu, der auch Raum lässt, konkurrierende öffentliche und private Interessen zu berücksichtigen, und der gerichtlich nur in begrenztem **302**

---

[683] BVerfGE 66, 191, 195 (Unterbringungsverfahren). Vgl. auch BVerfG NVwZ 2010, 702, 703; BVerfG NJW 2011, 2113 f. (Zwangsbehandlung mit Neuroleptika).
[684] BVerfG NJW 2011, 2113 f. (Zwangsbehandlung mit Neuroleptika).
[685] BVerfGE 39, 1, 42 (Schwangerschaftsabbruch I); 46, 160, 164; 56, 54, 73; 69, 315, 355 ff.; 115, 118, 152; *v. Münch*, in: v. Münch/Kunig, GG, Vorb. Art. 1-19 Rn 22. Vgl. auch BVerwG NVwZ 1999, 1234 ff.
[686] BVerfGE 39, 1 ff. (Schwangerschaftsabbruch I).
[687] BVerfGE 39, 1, 41 f. (Schwangerschaftsabbruch I).

Maße überprüfbar ist.[688] Der mit einer staatlichen Schutzpflicht verbundene grundrechtliche Anspruch ist daher mit Blick auf diese Gestaltungsfreiheit regelmäßig nur darauf gerichtet, dass die öffentliche Gewalt mögliche Vorkehrungen zum Schutz der betroffenen Grundrechte trifft, die nicht gänzlich ungeeignet oder völlig unzulänglich sind, das gebotene Schutzziel zu erreichen, oder erheblich dahinter zurückbleiben.[689] Das BVerfG betont, dass Risiken nicht gänzlich vermieden werden könnten und verbleibende Restrisiken aufgrund der (begrenzten) menschlichen Erkenntnisfähigkeit unvermeidbar seien und hingenommen werden müssten.[690] Letztlich geht es um eine Abwägung zwischen technischem und gesellschaftlichem Fortschritt und dem Schutz vor Gefährdungen und Schäden. Je hochwertiger das Schutzgut und höher das Risiko, desto eher ist eine staatliche Schutzpflicht anzunehmen. So ist es z.B. geboten, die Bevölkerung vor den Gefahren, die mit dem Gebrauch von Schusswaffen einhergehen[691], oder vor den Gesundheitsgefahren des Passivrauchens (etwa durch den Erlass von Nichtraucherschutzgesetzen) zu schützen.[692] Unter besonderen Umständen kann sich die Gestaltungsfreiheit bei wesentlichen Grundrechtsgütern in der Weise verengen, dass der Schutzpflicht ultimativ allein durch eine bestimmte Maßnahme Genüge getan wird (sog. Gestaltungsreduzierung auf Null).[693] Derartige gestaltungsreduzierende Umstände kommen etwa in Betracht, wenn die Gefahr einer *schweren* Gesundheitsbeeinträchtigung droht und zudem lediglich eine bestimmte Abwehr sachgerecht ist. Darüber hinaus ist bedeutsam, ob die Grundrechtsbeeinträchtigung reparabel bzw. beherrschbar ist. Ist sie irreparabel wie z.B. bei einem Schwangerschaftsabbruch, einem Tötungsdelikt oder einer HIV-Infektion oder unbeherrschbar wie z.B. bei einem Atomunfall oder einem Terroranschlag, sind erhöhte Anforderungen an die Schutzverpflichtung zu stellen.[694] Ein Unterlassen des Gesetzgebers wäre dann rechtswidrig.

Beispiele von Schutzpflichten: Schutzpflicht bzgl. der technischen Entwicklung bei atomaren[695] und elektromagnetischen[696] Gefahren, Flug[697]- und Straßenverkehrslärm[698] und chemischer Verseuchung von Luft und Wald (Ozon, Smog, Saurer Regen)[699]; Schutzpflicht bzgl. des Gebrauchs von Schusswaffen durch Private[700]; Schutzpflicht bzgl. des chancenlosen Grundrechts im privatrechtlichen Konflikt bei Art. 12 I GG[701]; Schutzpflicht des Staates in Form von Warnungen vor Jugendsekten[702]; Schutzpflicht in Bezug auf gesundheitsgefährdende oder -schädliche Fleischprodukte

---

688 BVerfGE 46, 160, 164 (Arbeitgeberpräsident Schleyer); 49, 89, 126 ff. (Kalkar); 53, 30, 57 (Mülheim Kärlich); 56, 54, 78 (Fluglärm); 77, 170, 214 f. (C-Waffen); 77, 381, 402 f. (Gorleben); 79, 174 ff., 201 ff. (Verkehrslärm); 85, 191, 213 (Nachtarbeitsverbot für Arbeiterinnen); 87, 363, 386 (Nachtbackverbot); 88, 203, 251 (Schwangerschaftsabbruch II); 96, 56, 64 (Auskunftsrecht des nichtehelichen Kindes auf Benennung des Vaters); 115, 118, 152 (Luftsicherheitsgesetz); BVerfG NJW 1998, 3264, 3265 (Waldsterben); NVwZ 2010, 702, 703 (Teilchenbeschleuniger); BVerfG NVwZ 2013, 502 (WaffG). Vgl. auch *Voßkuhle*, NVwZ 2013, 1, 6.

689 BVerfGE 56, 54, 81 (Fluglärm); 77, 381, 405 (Gorleben); 79, 174, 202 (Verkehrslärm); 92, 26, 46 (Zweitregister); BVerfG NVwZ 2010, 702, 703 (Teilchenbeschleuniger); BVerfG NVwZ 2013, 502 (WaffG). Kritisch zu dieser verfassungsgerichtlichen Zurückhaltung *Murswiek*, JuS 2010, 1038, 1040.

690 Vgl. nur BVerfG NVwZ 2010, 702, 703 (Teilchenbeschleuniger).

691 BVerfG NVwZ 2013, 502 (WaffG).

692 So jetzt BVerfGE 121, 317 ff. (Nichtraucherschutzgesetz); anders aber noch BVerfG NJW 1998, 2691.

693 BVerwG NJW 1996, 1297.

694 Vgl. bereits die 14. Aufl. 2012; ähnlich später auch *Voßkuhle*, NVwZ 2013, 1, 7.

695 BVerfGE 49, 89, 140 ff. (Kalkar); 53, 30, 57 ff. (Mülheim Kärlich); 77, 381, 405 (Gorleben). Vgl. auch *Voßkuhle*, NVwZ 2013, 1, 6.

696 BVerfG NVwZ 2007, 805 (Gesundheitsgefährdung durch elektromagnetische Felder).

697 BVerfGE 56, 54 (Fluglärm); BVerfG NVwZ 2009, 1489 und 2009, 1494 (jeweils Ergänzungsplanfeststellungsbeschlüsse bzgl. Flughäfen); BVerfG NVwZ 2011, 991, 993 (Fluglärmschutzgesetz). Vgl. auch *Kämper*, NVwZ 2013, 8 ff.

698 BVerfGE 79, 174, 201 f. (Straßenverkehrslärm).

699 BVerfG NJW 1983, 2931 (Umweltverschmutzung); 1996, 651 (Ozon); 1998, 3264 (Waldschäden). In der zuletzt genannten Entscheidung betont das BVerfG ausdrücklich, dass dem Gesetzgeber bei der Bewältigung der Schutzaufgaben im Zusammenhang mit der Luftverunreinigung ein weiter Beurteilungsspielraum zukomme.

700 BVerfG NVwZ 2013, 502 (WaffG).

701 BVerfGE 81, 242, 255 (Wettbewerbsverbot des Handelsvertreters); 92, 26, 46 (Zweitregister).

702 BVerfG NJW 1992, 2496, 2499 (Jugendsekten); OVG Düsseldorf NWVBl 1996, 447 (Scientology).

Der Gesetzgeber kann seiner Schutzpflicht durch Erlass entsprechender Vorschriften nachkommen (Waffengesetz, Atomgesetz, Nichtraucherschutzgesetz, LFGB, Fleischgesetz etc.), die zum einen die materiellen Voraussetzungen für den Umgang mit gefährlichen Materien regeln, und zum anderen geeignete Verwaltungs- bzw. Genehmigungsverfahrensvorschriften ebenso enthalten wie Kontrollinstrumente.[703] Stellen sich später Mängel heraus, sind die Vorschriften nachzubessern.[704] 303

Beispiele: Mit den Vorschriften des Waffengesetzes, die den Umgang mit Waffen und Munition unter Berücksichtigung der Belange der öffentlichen Sicherheit und Ordnung regeln (vgl. etwa das Erfordernis eines Sachkundenachweises und eines Bedürfnisses zum Tragen von Waffen gem. §§ 4 ff. WaffG), hat der Gesetzgeber seiner Schutzpflicht aus Art. 2 II S. 1 GG Genüge getan.[705] Im Bereich des Schutzes vor gesundheitsgefährdenden Lebensmitteln („Gammelfleisch") sind z.B. §§ 5 ff. LFGB zu nennen, die entsprechende Verbote nennen und Ermächtigungen für lebensmittelüberwachende Behörden formulieren; einen umfangreichen Katalog an Überwachungsmaßnahmen enthalten die §§ 38 ff. LFGB und Straf- und Bußgeldvorschriften finden sich in §§ 58 ff. LFGB.

Das Mindestmaß der Schutzverpflichtung wird als **Untermaßverbot** bezeichnet. Unterhalb dieses Mindestmaßes darf sich der Staat nicht bewegen. Das Untermaßverbot wird verletzt, 304

- wenn der Staat überhaupt keine Maßnahmen trifft bzw. nach geltender Rechtslage nicht treffen durfte,
- wenn es Mittel gibt, die einen besseren Schutz gewähren als die bereits vorhandenen, ohne die Rechte Dritte oder öffentliche Interessen stärker zu beeinträchtigen,
- oder wenn die Hinnahme der nach dem geltenden Recht verbleibenden Störung bzw. Gefährdung des Schutzgutes bei Abwägung mit den entgegenstehenden privaten und öffentlichen Interessen nicht zumutbar ist.[706]

Dieses letzte Kriterium bildet die Einbruchstelle für die Interessen desjenigen, der durch die Erfüllung der Schutzpflicht in seinen Rechten betroffen wird. Hier ist eine umfassende Abwägung zwischen den Rechten desjenigen, dem gegenüber eine Schutzverpflichtung besteht, und dem Dritten, in dessen Rechte durch die Erfüllung der Schutzpflicht eingegriffen wird, vorzunehmen. Ist das Untermaßverbot verletzt, wird das BVerfG den Gesetzgeber auffordern, den verfassungswidrigen Zustand zu beseitigen, bzw. ihm bestimmte Vorgaben machen und ggf. auch selbst Übergangsregelungen erlassen. Dies ist mit Blick auf das Gewaltenteilungsprinzip nicht ganz unproblematisch. Letztlich wurzeln die Aufforderung an den Gesetzgeber und die Schaffung einer eigenen vorläufigen Regelung in den Grundrechten i.V.m. der Rechtsschutzgarantie aus Art. 19 IV S. 1 GG. Dies rechtfertigt den Übergriff in die Gesetzgebungskompetenz der Legislative, zumal das Grundgesetz ohnehin keine strikte Gewaltenteilung verlangt, sondern eine Gewaltenverschränkung zugrunde legt.[707] Besteht also eine verfassungsrechtliche Pflicht des Gesetzgebers, eine bestimmte Regelung zu erlassen, etwa weil Grundrechte dies fordern, ist es nicht nur mit dem Gewaltenteilungsprinzip vereinbar, wenn das BVerfG den Gesetzgeber entsprechend verpflichtet, die erforderliche Regelung zu erlassen, sondern auch, wenn es Übergangsregelungen trifft.[708] 305

---

[703] BVerfGE 49, 89, 140 ff. (Kalkar I/Schneller Brüter); 53, 30, 65 f. (Mülheim Kärlich).
[704] BVerfGE 56, 54, 78 f. (Fluglärm).
[705] BVerfG NVwZ 2013, 502 (mit Bespr. v. *Muckel*, JA 2013, 554).
[706] BVerfGE 46, 160, 164 (Schleyer); *Brüning*, JuS 2000, 955, 957; *Möstl*, DÖV 1998, 1029, 1038 f. Vgl. auch BVerfG NVwZ 2013, 502 (WaffG).
[707] Vgl. dazu *R. Schmidt*, Staatsorganisationsrecht, Rn 168.
[708] *R. Schmidt*, Staatsorganisationsrecht, Rn 177.

In die Zeitgeschichte eingegangen ist die Entführung des damaligen Präsidenten der Bundesvereinigung der Deutschen Arbeitgeberverbände e.V. Hanns-Martin Schleyer[709]: Dieser wurde am 5.9.1977 von Mitgliedern der Rote-Armee-Fraktion (RAF) entführt, um die Freilassung von inhaftierten Gesinnungsgenossen zu erzwingen. Die Bundesregierung hatte sich auf verschiedene Weise bemüht, den Entführten frei zu bekommen. Die Überlegung, die inhaftierten Terroristen freizulassen, hat sich aber nicht durchsetzen können. Angehörige des Entführten stellten daher beim BVerfG einen Antrag auf Erlass einer einstweiligen Anordnung nach § 32 BVerfGG, die Bundesregierung zu verpflichten, den Forderungen der Entführer nachzukommen.
Ein schutzfähiges Rechtsgut, das Leben des Entführten (vgl. Art. 2 II S. 1 GG), liegt vor. Durch die Entführung ist das Rechtsgut auch gefährdet. Fraglich ist, ob dem Staat eine Schutzpflicht obliegt, die es erforderlich macht, den Forderungen der Entführer nachzukommen. Vorliegend hat sich die Bundesregierung auf verschiedene Weise um die Freilassung des Entführten bemüht. Sie war also nicht untätig. Eine Verpflichtung des Staates, rechtskräftig verurteilte und inhaftierte Terroristen freizulassen, würde aber zu weit gehen. Denn die entgegenstehenden Interessen (Nichterpressbarkeit und damit verbunden die Funktionstüchtigkeit des Staates sowie Schutz der Bürger vor „frei herumlaufenden" Terroristen) wiegen schwerer als die Gefahr, dass ein einzelner Mensch zu Schaden kommt. Es lag somit kein Verstoß gegen das Untermaßverbot vor.

306 Besondere Aufmerksamkeit hat das im Jahre 2005 vom Bund erlassene, jedoch am 15.2. 2006 vom BVerfG[710] (einstimmig!) für verfassungswidrig und nichtig erklärte **Luftsicherheitsgesetz** (LuftSiG) erfahren. Dessen § 14 III sah vor, dass Einheiten der Bundeswehr bspw. ein durch Terroristen entführtes, mit Passagieren besetztes Luftfahrzeug zur Verhinderung eines besonders schweren Unglücksfalls, insbesondere, wenn das Luftfahrzeug gegen das Leben von Menschen eingesetzt werden soll, abschießen durften, wenn festgestanden hätte, dass die unbeteiligten Passagiere ohnehin den sicheren Tod gefunden hätten.
Zur formell-rechtlichen Seite vgl. *R. Schmidt*, Staatsorganisationsrecht, Rn 807c. In materiellrechtlicher Hinsicht stellen sich in erster Linie grundrechtliche Fragen, weil der im LuftSiG vorgesehene Einsatz des letzten Mittels, die Einwirkung mit Waffengewalt, zwangsläufig zum einen den Tod der Personen, die das Flugzeug als Waffe und Tatmittel verwenden, und – im Fall einer entführten Passagiermaschine – zum anderen auch den Tod der Passagiere, die für die Gefahrenlage keine Verantwortung tragen[711], zur Folge hat. Hinsichtlich der Terroristen kann man einen Verstoß gegen die Menschenwürde verneinen, weil sie – vergleichbar mit einem Geiselnehmer – ihr Handeln jederzeit beenden und einen Abschuss verhindern könnten. Als äußerst problematisch erweist sich dagegen die Beantwortung der Frage, ob es rechtmäßig sein kann, den Tod der Besatzung und Passagiere in Kauf zu nehmen, um andere (unzählige) Menschen am Boden zu retten. Das BVerfG hat § 14 III LuftSiG mit dem Recht auf Leben (Art. 2 II S. 1 GG) i.V.m. mit der Menschenwürdegarantie (Art. 1 I GG) für nicht vereinbar angesehen, soweit von dem Einsatz der Waffengewalt tatunbeteiligte Menschen an Bord des Luftfahrzeugs betroffen würden.

307 Von aktueller Bedeutung für die Schutzpflicht des Staates sind weiterhin die sog. **Präimplantationsdiagnostik** (PID), die „verbrauchende" **Forschung mit Embryonen** und die (aktive) **Sterbehilfe**. Vgl. dazu bereits Rn 227/293. Auch auf die Frage, ob der Staat verpflichtet ist, ein System der **Organspende** zu etablieren oder einen allgemeinen **Vaterschaftsfeststellungsanspruch** gesetzlich zu gewährleisten, kann hier nicht weiter eingegangen werden.[712]

308 **Hinweis für die Fallbearbeitung:** In der Fallbearbeitung kann sich die Frage nach den staatlichen Schutzpflichten auch im Bereich neuer gesellschaftlicher oder technischer Entwicklungen stellen, die noch nicht notwendigerweise gerichtlich entschieden

709 Vgl. BVerfGE 46, 106, 160 (Schleyer). Vgl. auch *Michael*, JuS 2001, 764 ff.
710 BVerfGE 115, 118, 137 ff.
711 Im Polizeirecht würde man von „Nichtverantwortlichen" oder „Nichtstörern" sprechen (vgl. *R. Schmidt*, POR, Rn 826).
712 Zum letzteren Aspekt vgl. *R. Schmidt*, FamR, 6. Aufl. 2016, Rn 494.

sind. Hier ist in der Fallbearbeitung juristische Kreativität gefragt. Sofern das Individualrecht derartigen Entwicklungen hilflos gegenübersteht, ist im Zweifel eine großzügige Schutzpflicht des Staates anzunehmen. Anspruchsgrundlage des Betroffenen ist dann das entsprechende Grundrecht, das gefährdet ist, in Verbindung mit der Schutzpflicht des Staates. Was den Aufbau angeht, ist das bekannte Prüfungsschema für Abwehrrechte (*status negativus*) – Eröffnung des Schutzbereichs, Eingriff in denselben, verfassungsrechtliche Rechtfertigung (Grundrechtsschranke) – beim *status positivus* nicht sachgerecht. Hier bietet sich folgender Aufbau an:

(1) Bestehen und Umfang der Schutzpflicht
   (a) Vorliegen eines schutzfähigen Rechtsguts
   (b) Gefährdung dieses Rechtsguts
(2) Erfüllung der staatlichen Schutzpflicht in ausreichendem Maße (Untermaßverbot)

Staatliche Schutzpflicht bedeutet auch den Ausbau von **Verfahrenspositionen**: Der jeweilige Betroffene soll die Chance erhalten, seine grundrechtlich geschützten Interessen in einem fairen Verfahren geltend zu machen (**verfahrensrechtliche Dimension der Grundrechte**). Vgl. dazu Rn 36 (Grundrechtsschutz durch Organisation und Verfahren). 309-310

D. Freiheit der Person – Art. 2 II S. 2 GG

Freiheit der Person – Art. 2 II S. 2 GG

I. Schutzbereich
Die Freiheit der Person besitzt einen hohen Rang unter den Freiheitsrechten. Durch Art. 2 II S. 2 GG wird jedoch nicht jedwede Freiheit, sondern ausschließlich die körperliche Bewegungsfreiheit geschützt, also die **Freiheit, einen beliebigen Ort aufzusuchen, sich dort aufzuhalten oder ihn zu verlassen**.

II. Eingriff in den Schutzbereich
Ein Eingriff in Art. 2 II S. 2 GG ist bei jeder Maßnahme zu bejahen, die das geschützte Verhalten beeinträchtigt. Das ist bspw. anzunehmen beim polizeilichen Platzverweis, bei der polizeilichen Durchsuchung einer Person, bei der zwangsweisen Vorführung vor Gericht oder bei der Unterbringung einer Person gegen ihren Willen oder im willenlosen Zustand in einem Arrest, einem psychiatrischen Krankenhaus gem. § 63 StGB, in der Sicherungsverwahrung gem. § 66 StGB oder in einer Justizvollzugsanstalt. Keinen Eingriff stellt das polizeiliche kurzfristige Anhalten zwecks Identitätsfeststellung dar.

III. Verfassungsrechtliche Rechtfertigung
Für Eingriffe in die Freiheit der Person stellt Art. 104 GG besondere Anforderungen an die Grundrechtsschranke. Gemäß Art. 104 I S. 1 GG ist die Beschränkung der Freiheit nur aufgrund eines förmlichen Gesetzes und nur unter Beachtung der darin vorgeschriebenen Formen möglich. Zudem stellt der Grundsatz der Verhältnismäßigkeit strenge Maßstäbe an die Rechtfertigung. Im Fall der Freiheitsentziehung stellt des Weiteren Art. 104 II GG besondere Anforderungen an die Grundrechtsschranke. So muss gem. Art. 104 II S. 1 GG über Anordnung und Dauer der Freiheitsentziehung **der Richter entscheiden** (sog. Richtervorbehalt) und gem. Art. 104 II S. 2 GG ist bei jeder nicht auf richterlicher Anordnung beruhenden Freiheitsentziehung **unverzüglich eine richterliche Entscheidung** herbeizuführen. Besondere Bedeutung erlangt hier die Ingewahrsamnahme durch die Polizei.

I. Schutzbereich

311 Art. 2 II S. 2 GG schützt die Freiheit der Person und bezeichnet sie sogar als „unverletzlich". Damit misst das Grundgesetz der Freiheit der Person einen hohen Rang unter den Grundrechten bei.[713] Flankierend tritt Art. 5 I EMRK hinzu.[714] Allerdings umfasst der Schutzbereich des Grundrechts aus Art. 2 II S. 2 GG trotz des weiten Wortlauts („Freiheit") nur die *körperliche Bewegungsfreiheit*. Damit ist das Recht gemeint, **jeden beliebigen Ort aufzusuchen, sich dort aufzuhalten oder ihn zu verlassen**.[715] Art. 104 GG knüpft an Art. 2 II S. 2 GG an und enthält qualifizierte Gesetzesvorbehalte, sodass der einfache Gesetzesvorbehalt des Art. 2 II S. 3 GG von Art. 104 GG verdrängt wird. Die Rechtmäßigkeitsvoraussetzungen im Bereich des Freiheitsgrundrechts richten sich somit ausschließlich nach Art. 104 GG.[716]

312 **Träger des Grundrechts** ist jede natürliche Person, auch der Geschäftsunfähige. Auf juristische Personen und andere Personenvereinigungen ist das Grundrecht nicht an-

[713] BVerfG NVwZ 2016, 1079 f.; BVerfG NJW 2013, 3228, 3229 (Fall Mollath). Vgl. zuvor bereits BVerfGE 45, 187, 223; 105, 239, 247; 109, 133, 157; 128, 326, 372.
[714] Auch in der jüngeren Rechtsprechung werden ganz selbstverständlich die Gewährleistungen der EMRK herangezogen mit der Folge, dass die Anforderungen an die Rechtfertigung von Grundrechtseingriffen erhöht werden (vgl. etwa BVerfG NVwZ 2016, 1079 f. in Bezug auf Freiheitsentziehung). Zu Rechtsnatur und Bindungswirkung der EMRK vgl. Rn 4b.
[715] Vgl. BVerfGE 94, 166, 198; 105, 239, 248; 116, 69, 86 ff.; *Kunig*, in: v. Münch/Kunig, GG, Art. 2 Rn 74.
[716] Vgl. BVerfG NJW 1995, 3047 (Unterbringung in einem psychiatrischen Krankenhaus).

wendbar, da es an einer mit einer natürlichen Person vergleichbaren grundrechtstypischen Gefährdungslage fehlt.[717]

II. Eingriff in den Schutzbereich

Ein Eingriff in Art. 2 II S. 2 GG ist grds. bei jeder die körperliche Bewegungsfreiheit einschränkenden Maßnahme denkbar. Um einen Eingriff aber letztlich annehmen zu können, ist es erforderlich, dass der Betroffene daran **gehindert** wird, einen Ort aufzusuchen, „der ihm an sich (d.h. tatsächlich und rechtlich) zugänglich ist".[718] Bei der Beurteilung der rechtlichen Zulässigkeit, den Ort aufzusuchen, muss allerdings die zu prüfende Maßnahme außer Betracht bleiben, anderenfalls würde man zu einem Zirkelschluss gelangen.[719] 313

Beispiel: Aufgrund des Bannmeilengesetzes ist es verboten, ohne Genehmigung vor bestimmten Bereichen bestimmter Verfassungsorgane zu demonstrieren. Als sich vor dem Regierungsgebäude einige Mitglieder einer Umweltschutzorganisation versammeln und beabsichtigen, in das Regierungsgebäude zu marschieren, um dort gegen ein geplantes Gentechnologiegesetz zu demonstrieren, erlässt die Polizei ein Betretungsverbot.

Rechtstechnisch liegt mit dem Betretungsverbot ein polizeilicher Platzverweis[720] vor, der in das Grundrecht der Freiheit der Person eingreift. Die Hinderung an dem Betreten des Regierungsgebäudes ist allerdings nicht schon deshalb rechtmäßig, weil die Polizei eine entsprechende Verfügung ausgesprochen hat, sondern weil der Platzverweis zur Durchsetzung des Bannmeilengesetzes ergangen ist.[721]

Ein Eingriff liegt auch dann vor, wenn eine Person für einen bestimmten Zeitraum verpflichtet wird, einen Ort **aufzusuchen** oder sich an einem Ort **aufzuhalten**.[722] Das betrifft etwa den freiheitsbeschränkenden **polizeilichen Präventivgewahrsam**. Erst recht stellt eine **Freiheitsentziehung** i.S.d. Art. 104 II GG einen Eingriff dar. 314

Der Unterschied zwischen Freiheitsbeschränkung und Freiheitsentziehung besteht darin, dass die **Freiheitsbeschränkung** den Oberbegriff darstellt und bereits bei einer kurzfristigen Behinderung der Fortbewegungsfreiheit vorliegt, bspw. wenn eine betrunkene Person von der Polizei auf eine Parkbank gesetzt und am Weitergehen gehindert wird. Demgegenüber handelt es sich um eine **Freiheitsentziehung**, wenn die körperliche Bewegungsfreiheit nach jeder Richtung hin und für eine gewisse Mindestdauer aufgehoben wird.[723] Freilich ist diese Definition nicht ganz widerspruchsfrei, denn auch beim Verbringen einer Person zur polizeilichen Dienststelle (Sistierung) zwecks Identitätsfeststellung wird deren Bewegungsfreiheit nach jeder Richtung hin und für eine gewisse Mindestdauer auch dann aufgehoben, wenn die Maßnahme nur eine halbe Stunde dauert. Dennoch wird in diesem Fall einhellig (und richtigerweise) von einer bloßen Freiheitsbeschränkung ausgegangen. Der Grund hierfür besteht darin, dass lediglich die Freiheitsentziehung, nicht auch die Freiheitsbeschränkung, grundsätzlich einer vorherigen richterlichen Entscheidung bedarf (vgl. Art. 104 II S. 1 GG – siehe dazu Rn 320). Würde man also in einer kurzfristigen Sistierung eine Freiheitsentziehung sehen, wäre sie i.d.R. rechtswidrig, weil kaum davon ausgegangen werden kann, dass der Polizeibeamte zuvor eine richterliche Entscheidung einholt. 315

---

[717] Vgl. auch *Jarass*, in: Jarass/Pieroth, GG, Art. 2 Rn 85; *Kunig*, in: v. Münch/Kunig, GG, Art. 2 Rn 73.
[718] BVerfG NVwZ 2006, 579 ff.; BVerfGE 105, 239, 248; 96, 10, 21; 94, 166, 198.
[719] Wie hier *Jarass*, in: Jarass/Pieroth, GG, Art. 2 Rn 86; a.A. *Murswiek*, in: Sachs, GG, Art. 2 Rn 235a.
[720] Bund: § 38 BundesPolG; Bay: Art. 16 PAG; Berl: § 29 I ASOG; Brand: § 16 PolG; Brem: § 14 PolG; Hamb: § 12a SOG; Hess: § 31 SOG; MeckVor: § 52 SOG; Nds: § 17 I SOG; NRW: § 34 PolG, § 24 OBG; RhlPfl: § 13 POG; Saar: § 12 PolG; Sachs: § 21 I PolG; SachsAnh: § 36 I SOG; SchlHolst: § 201 LVwG; Thür: Art. 18 I PAG, § 17 OBG. In BW stützt sich die Platzverweisung auf die polizeiliche Generalklausel.
[721] Zur prüfungstechnischen Aufbereitung derartiger Maßnahmen vgl. *R. Schmidt*, POR, Rn 289 ff.
[722] BVerfGE 105, 239, 248.
[723] BVerfGE 105, 239, 248; 94, 166, 198. Vgl. auch OVG Münster NWVBl 2007, 303.

Hinweis für die Fallbearbeitung: Insbesondere wenn es um eine präventiv-polizeiliche Ingewahrsamnahme einer Person geht, stellt sich die Frage, ob in der Fallbearbeitung eine Unterscheidung zwischen Freiheitsbeschränkung und Freiheitsentziehung vorgenommen werden muss. Denn wie aufgezeigt, ist die Grenzziehung zwischen Freiheitsentziehung und Freiheitsbeschränkung alles andere als klar. Da Art. 104 II GG aber nur die Freiheitsentziehung (nicht auch die Freiheitsbeschränkung) unter Richtervorbehalt stellt und eine Freiheitsentziehung ohne vorherige richterliche Entscheidung

- nur bis zum Ablauf des der Ingewahrsamnahme folgenden Tages,
- und nur dann zulässt, wenn der mit der Freiheitsentziehung verfolgte verfassungsrechtlich zulässige Zweck nicht anders erreicht werden kann[724],

muss in der Fallbearbeitung eine Abgrenzung erfolgen. Sollte hinsichtlich der zu prüfenden Maßnahme eine Freiheitsentziehung angenommen werden, müssen deren Voraussetzungen („Unverzüglichkeit"; zeitliche Höchstgrenzen) zusätzlich zu den ohnehin strengen Voraussetzungen der polizeilichen Befugnisnorm geprüft werden, sofern die Maßnahme ohne richterliche Entscheidung durchgeführt wurde.

316 Als Kurzformel lässt sich festhalten: Körperliche Bewegungsfreiheit bedeutet das Recht, **jeden Ort aufzusuchen, sich dort aufzuhalten oder ihn zu verlassen**. Jede diesbezügliche Hinderung oder Verpflichtung stellt einen Eingriff in Art. 2 II S. 2 GG dar.

317 **Weitere Beispiele:** Eingriffe sind etwa auch anzunehmen bei der polizeilichen Durchsuchung einer Person, der zwangsweisen Vorführung vor Gericht oder bei der Unterbringung einer Person gegen ihren Willen oder im willenlosen Zustand in einem Arrest, einem psychiatrischen Krankenhaus gem. § 63 StGB[725], in der Sicherungsverwahrung gem. § 66 StGB oder in einer Justizvollzugsanstalt[726]. Auch der bereits genannte polizeiliche Platzverweis greift in Art. 2 II S. 2 GG ein. Zwar wird mit ihm eine Person lediglich vorübergehend eines Ortes verwiesen oder ihr wird vorübergehend das Betreten eines Ortes verboten, da der Platzverweis jedoch automatisch auch das Verbot einschließt, innerhalb seiner Geltungsdauer an den Ort zurückzukehren, ihn also aufzusuchen, ist Art. 2 II S. 2 GG betroffen.[727] Schließlich liegt ein Eingriff in Art. 2 II S. 2 GG vor bei einer polizeilichen Meldeauflage. Denn sie verpflichtet den Betroffenen (etwa einen gewaltbereiten Fußballfan), in einer festgelegten Polizeidienststelle unter Vorlage eines Personaldokuments persönlich vorstellig zu werden. Auf diese Weise soll gewährleistet werden, dass der Betroffene nicht an der Veranstaltung teilnehmen bzw. sie stören kann.

318 **Gegenbeispiele:** Kein Eingriff ist das kurzfristige Anhalten der Polizei zwecks Identitätsfeststellung. Denn die damit verbundene Beeinträchtigung der Bewegungsfreiheit ist nur marginal.[728] Einschlägiges Grundrecht ist Art. 2 I i.V.m. Art. 1 I GG (Recht auf informationelle Selbstbestimmung). Kein Eingriff ist auch die Ausweisung eines Ausländers, da sich der Betroffene (aus deutscher Sicht) beliebig im Ausland bewegen kann.[729] Auch die Unterbringung von Asylsuchenden im Transitbereich eines Flughafens ist kein Eingriff, sofern der Betroffene jederzeit ausreisen kann.[730] Ferner sollen die Anordnung des Nachsitzens in der Schule[731], die Vorladung zum Verkehrsunterricht[732], die Einberufung zum Wehrdienst[733] (Gleiches gilt für die Schulpflicht) oder die Verpflichtung, sich zu einem

---

[724] Vgl. BVerfGE 22, 311, 317 f.
[725] Vgl. dazu BVerfG NJW 2013, 3228, 3229 (Fall Mollath) – dazu unten Rn 319.
[726] Vgl. dazu aus jüngerer Zeit BVerfGE 116, 69 ff. (Jugendstrafvollzug).
[727] Das war schon die in den Vorauflagen vom Verfasser vertretene Auffassung. Später auch *Pieroth/Schlink/Kniesel*, POR, § 16 Rn 4; a.A. VGH München NVwZ 2000, 454, 455 f. (Eingriff nur in Art. 2 I GG). Nach *Hetzer*, JR 2000, 1, liegt sogar ein Eingriff in Art. 11 GG vor.
[728] Wie hier *Kunig*, in: v. Münch/Kunig, GG, Art. 2 Rn 78.
[729] BVerfGE 94, 166, 198 f.
[730] BVerfGE 94, 166, 198 f. Die Abschiebehaft ist jedoch wiederum ein Eingriff in Art. 2 II S. 1 GG.
[731] Es sei denn, das Nachsitzen fände in einem abgeschlossenen Raum statt.
[732] BVerfGE 22, 21, 26; BVerwGE 6, 354, 355.
[733] Wie hier *Jarass*, in: Jarass/Pieroth, GG, Art. 2 Rn 86; *Schulze-Fielitz*, in: Dreier, GG, Art. 2 Rn 65; *Gusy*, in: v. Mangoldt/Klein/Starck, Bonner GG, Art. 104 Rn 18; *Stern*, StaatsR IV/1, S. 1097 f.; a.A. *P/S/K/P*, Rn 445.

Amtsarzt zwecks Untersuchung zu begeben, keine Eingriffe in die Freiheit der Person sein. Einen Eingriff bildet aber die zwangsweise Durchsetzung solcher Maßnahmen.[734]

III. Verfassungsrechtliche Rechtfertigung

Für Eingriffe in die Freiheit der Person stellt Art. 104 GG besondere Anforderungen an die Grundrechtsschranke. Gemäß **Art. 104 I GG** ist die **Freiheitsbeschränkung** (und erst recht die Freiheitsentziehung) nur aufgrund eines **förmlichen Gesetzes** möglich, d.h. durch eine Norm, die in dem von der Verfassung vorgesehenen Verfahren durch die gesetzgebende Körperschaft zustande gekommen ist, und nur unter Beachtung der darin vorgeschriebenen Formen. Zu diesen Normen zählen insbesondere solche des Strafrechts und des Strafverfahrensrechts, die freiheitsentziehende Maßnahmen zulassen, etwa § 63 StGB (Unterbringung in einem psychiatrischen Krankenhaus), § 66 StGB (Unterbringung in der Sicherungsverwahrung), §§ 112 ff. StPO (Untersuchungshaft) und § 126a StPO (einstweilige Unterbringung). Zudem stellt der **Grundsatz der Verhältnismäßigkeit** strenge Anforderungen an die freiheitsbeschränkende Maßnahme.[735] Zutreffend hat das BVerfG entschieden, dass eine freiheitsentziehende Maßnahme (etwa die Unterbringung in einem psychiatrischen Krankenhaus) einen tiefgreifenden Eingriff in die Freiheit der Person darstellt und daher nur aus besonders gewichtigen Gründen und unter strengen formellen Gewährleistungen angeordnet werden dürfe.[736] Zu den besonders gewichtigen Gründen, die eine Freiheitsbeschränkung bzw. -entziehung rechtfertigen, zähle insbesondere der **Schutz der Allgemeinheit**.[737] 319

Das bedeutet z.B. für die **zwangsweise Vorführung vor Gericht**, dass diese nur durch Gerichtsbeschluss erfolgen kann, der in Anwendung der einschlägigen formell-materiellen Normen einschließlich der entsprechenden Verfahrensvorschriften (z.B. StPO) ergangen ist.

Auch bei der **Unterbringung** eines schuldunfähigen oder erheblich vermindert schuldfähigen Straftäters, von dem infolge seines Zustandes erhebliche rechtswidrige Taten zu erwarten sind, in ein **psychiatrisches Krankenhaus** gem. § 63 StGB ist sowohl bei der Anordnung der Maßnahme als auch bei der Entscheidung über die Fortdauer der Unterbringung der Verhältnismäßigkeitsgrundsatz streng zu handhaben.[738]

Speziell für den **Jugendstrafvollzug** fehlte lange Zeit eine gesetzliche Regelung, die über die allgemeinen Regelungen des Erwachsenenstrafvollzugs (vgl. das vor der Föderalismusreform 2006 einschlägige StVollzG des Bundes) und des Jugendgerichtsgesetzes (JGG) hinausgeht und die Voraussetzungen für Eingriffe in die Grundrechte der in Strafvollzug befindlichen Jugendlichen regelt. Vielmehr war es gängige Praxis, z.B. Postkontrollen oder Disziplinarmaßnahmen in extensiver Handlung der §§ 91, 92, 115 JGG a.F. und §§ 176, 178 StVollzG a.F. durchzuführen, was nach der hier vertretenen Auffassung jedoch weder mit dem Parlamentsvorbehalt noch mit der Wesentlichkeitsrechtsprechung vereinbar ist (str.). Dementsprechend hat das BVerfG im Jahre 2006 in erfreulicher Weise klargestellt, dass diesbezüglich eine gesetzliche Grundlage geschaffen werden müsse.[739] Es hat dem Gesetzgeber (d.h. mit der am 1.9.2006 in Kraft getretenen Föderalismusreform den Landesgesetzgebern, da Art. 74 I Nr. 1 GG n.F. den Strafvollzug nicht mehr aufführt) aufgegeben, entsprechende formalgesetzliche Regelungen zu schaffen. Zu den neuen Strafvollzugsgesetzen der Länder vgl. die jeweiligen landesrechtlichen Regelungen.

---

[734] BGHZ 82, 261, 264 f. (Nachsitzen); *Jarass*, in: Jarass/Pieroth, GG, Art. 2 Rn 87.
[735] BVerfG NVwZ 2016, 1079 f.; BVerfG NJW 2013, 3228, 3229 (Fall Mollath). Vgl. zuvor bereits BVerfGE 45, 187, 223; 105, 239, 247; 109, 133, 157; 128, 326, 372.
[736] BVerfG NJW 2013, 3228, 3229 (Fall Mollath) mit Bespr. v. *Muckel*, JA 2014, 73.
[737] BVerfG NJW 2013, 3228, 3229 mit Verweis auf BVerfGE 22, 180, 219; 45, 187, 223; 58, 208, 224 f.
[738] BVerfG NJW 2013, 3228, 3229 mit Verweis auf BVerfGE 70, 297, 307. Vgl. dazu auch den Hinweis für die Fallbearbeitung bei Rn 180a.
[739] BVerfGE 116, 69, 79 ff. (Erfordernis einer gesetzlichen Grundlage im Jugendstrafvollzug).

320 Die freiheitssichernde Funktion des Art. 2 II S. 2 GG hat auch eine **verfahrensrechtliche Dimension**. So ist unverzichtbare Voraussetzung eines rechtsstaatlichen Verfahrens, dass (richterliche) Entscheidungen, die den Freiheitsentzug betreffen, auf zureichender Sachaufklärung beruhen[740] und eine in tatsächlicher Hinsicht genügende Grundlage haben, die der Bedeutung der Freiheitsgarantie entspricht[741]. Erst eine hinreichende Tatsachengrundlage ermöglicht es dem Richter, über eine freiheitsentziehende Maßnahme (etwa die Unterbringung in einem psychiatrischen Krankenhaus) zu entscheiden. Das gilt auch für die Entscheidung, ob die Unterbringung in einem psychiatrischen Krankenhaus fortzusetzen, zur Bewährung auszusetzen (§ 67d II StGB) oder für erledigt zu erklären (§ 67d VI StGB) ist. Nur auf dieser Grundlage kann er die von ihm geforderte Prognose künftiger Straffälligkeit stellen sowie die Verantwortbarkeit einer Erprobung des Untergebrachten in Freiheit und die Verhältnismäßigkeit einer weiteren Unterbringung prüfen.[742] Verletzt der Richter diese Maßstäbe, verletzt die Anordnung der Fortdauer der Unterbringung das Freiheitsrecht aus Art. 2 II S. 2 GG.

Im Fall der **Freiheitsentziehung** stellt **Art. 104 II GG** zusätzliche Anforderungen an die Grundrechtsschranke. So muss gem. Art. 104 II S. 1 GG über Anordnung und Dauer der Freiheitsentziehung **der Richter entscheiden** (sog. Richtervorbehalt). Die Gerichte müssen organisatorisch Sorge tragen, dass – im Rahmen des Zumutbaren – ein Richternotdienst eingerichtet wird, damit auch nachts und am Wochenende der Richtervorbehalt nicht leerläuft.[743] Sollte eine Freiheitsentziehung ausnahmsweise aufgrund von Gefahr im Verzug ohne richterliche Anordnung durchgeführt werden, ist gem. Art. 104 II S. 2 GG **unverzüglich** eine richterliche Entscheidung **nachzuholen**. „Unverzüglich" heißt nicht etwa (wie bei § 121 BGB) „ohne schuldhaftes Zögern", sondern bedeutet, dass die Verzögerung sachlich zwingend geboten sein muss.[744] Allerdings ist das verfahrensrechtliche Gebot der unverzüglichen Einschaltung eines Richters nicht zwingend dadurch verletzt, dass dieser zur „Unzeit" (etwa an einem Sonntagmorgen um 2.30 Uhr) nicht erreichbar war; die Einrichtung eines durchgängigen richterlichen Bereitschaftsdienstes ist aus Zumutbarkeitsgründen nicht stets erforderlich. Ab den Morgenstunden ist dann aber die Erreichbarkeit eines Richters zu gewährleisten.[745]

Zu beachten ist in diesem Zusammenhang auch, dass eine ohne richterliche Entscheidung durchgeführte Ingewahrsamnahme spätestens bei Erreichen der **zeitlichen Höchstgrenzen** des Art. 104 III S. 1 GG (bei Strafverfolgung) oder des Art. 104 II S. 3 GG (bei Gefahrenabwehr) enden muss. Liegt mit Ablauf der jeweiligen Frist nicht die richterliche Entscheidung vor, ist der Betroffene sofort freizulassen. Anderenfalls liegt eine Freiheitsberaubung (§ 239 StGB) vor (zum Polizeigewahrsam vgl. *R. Schmidt*, POR, Rn 449 ff.). Art. 104 IV GG gewährt schließlich dem Festgehaltenen ein subjektives Recht auf **Benachrichtigung** der Angehörigen oder einer Vertrauensperson. Eine Versagung dieses Rechts bedingt die Rechtswidrigkeit der Freiheitsentziehung.

321 Rechtsstaatlich besonders bedeutsam ist die **Untersuchungshaft**. Gemeint ist damit die Inhaftierung eines noch nicht bzw. noch nicht rechtskräftig verurteilten Beschuldigten[746] zwecks Sicherung eines geordneten Strafverfahrens. Freilich stehen dem Erfordernis eines geordneten Strafverfahrens die Unschuldsvermutung (Art. 6 II EMRK) und das Freiheitsrecht (Art. 2 II S. 2, 104 I GG; Art. 5 I EMRK) des Beschuldigten gegenüber. Die Untersuchungshaft kann bei der Sicherung eines geordneten Strafverfahrens

[740] BVerfG NJW 2013, 3228, 3229 mit Verweis auf BVerfGE 58, 208, 222.
[741] BVerfG NJW 2013, 3228, 3229 mit Verweis auf BVerfGE 58, 208, 230.
[742] BVerfG NJW 2013, 3228, 3229.
[743] Vgl. BVerfGE 105, 239, 248 (Durchsuchung einer Wohnung).
[744] BVerfG NVwZ 2016, 1079 f.; BVerwGE 45, 51, 63; vgl. auch BVerfGE 105, 239, 249; EGMR NJW 2001, 51, 53.
[745] Vgl. BVerfG NVwZ 2006, 579, 580.
[746] *Meyer-Goßner*, StPO, Vor § 112 Rn 1.

daher nur Ultima Ratio sein. Dementsprechend ist eine besonders sorgfältige Prüfung der gesetzlichen Voraussetzungen (vgl. §§ 112 ff. StPO: v.a. richterlicher Haftbefehl, dringender Tatverdacht, Bestehen eines Haftgrundes, Tatschwere) und der Verhältnismäßigkeit geboten. Aufgrund ihres Charakters als verfahrenssicherndes Instrument darf die Untersuchungshaft auch keinen Strafcharakter haben.[747]

---

[747] BVerfGE 19, 342, 349. Zur Verfassungsmäßigkeit der **lebenslangen Freiheitsstrafe** vgl. BVerfGE 45, 187 ff.; 72, 195 ff.; zur **Sicherungsverwahrung** vgl. BVerfGE 109, 133 ff.; zur **nachträglichen Sicherungsverwahrung** vgl. BVerfGE 128, 326 ff.

E. Das Gleichheitsgebot – Art. 3, 6 V, 33 I-III GG

I. Der allgemeine Gleichheitssatz (Art. 3 I GG)

1. Allgemeines

322 Gemäß Art. 3 I GG sind **alle Menschen vor dem Gesetz gleich**. Die indikative Fassung dieser Formulierung könnte darauf schließen lassen, dass die Vorschrift einen Zustand der (tatsächlichen) Gleichheit beschreibt. Im Gegensatz dazu steht aber die Erfahrung, dass sich Menschen voneinander in vielfacher Hinsicht unterscheiden. So können z.B. nicht alle Menschen auf den gleichen Bestand an Eigentum zurückgreifen. Selbst wenn man den Wortlaut des Art. 3 I GG daher so versteht, dass alle Menschen vor dem Gesetz gleich sein *sollen*, sind damit noch nicht die Probleme gelöst, was (1.) unter Gleichheit „vor dem Gesetz" zu verstehen ist und ob (2.) eine strikte Rechtsgleichheit aller Menschen überhaupt gemeint sein kann.

323 **Zu (1.):** Gleichheit „vor dem Gesetz" bedeutet zunächst Rechtsanwendungsgleichheit: Bei der Anwendung eines Gesetzes (durch die Exekutive und Judikative) muss der Gleichheitssatz willkürfrei Anwendung finden. Der Gleichheitssatz verlangt aber auch eine Rechtsetzungsgleichheit (Gleichheit des Gesetzes): Der Gesetzgeber muss bei Erlass von Gesetzen den Gleichheitssatz beachten. Das Gebot der Rechtsetzungsgleichheit folgt zwar nicht aus dem Wortlaut des Art. 3 I GG, ergibt sich aber aus Art. 1 III GG, wonach auch der Gesetzgeber an die Grundrechte gebunden ist.

324 **Zu (2.):** Gemäß Art. 3 II S. 1 und III S. 1 GG ist es verboten, bestimmte Gegebenheiten als Anlass für Bevorzugungen und Benachteiligungen zu nehmen. Aus dem Zusammenhang des Art. 3 I GG mit diesen Vorschriften lässt sich erkennen, dass Art. 3 I GG nicht die völlige Gleichbehandlung verlangt, also nicht jede Bevorzugung und Benachteiligung verbietet. Wäre Art. 3 I GG als absoluter Gleichheitssatz zu verstehen, bedürfte es der Regelungen der Art. 3 II S. 1 und III S. 1 GG nicht. Aber auch wenn mit der Regelung des Art. 3 I GG eine strikte Rechtsgleichheit gemeint wäre, stünde sie im Widerspruch zu den grundgesetzlich garantierten Freiheitsrechten. Denn wenn die Rechtsordnung neben der Gleichheit auch persönliche Freiheiten wie die allgemeine Verhaltensfreiheit, die Berufsfreiheit oder die Eigentumsfreiheit gewährleistet, liegt hierin zugleich die Anerkennung faktischer Ungleichheit.

> **Beispiel:** Gewährt die Rechtsordnung das Privateigentum, besitzt derjenige, der über Eigentumspositionen verfügt, größere Handlungsspielräume als derjenige, der über kein oder kein nennenswertes Eigentum verfügt. Die Gewährleistung von Freiheitsgrundrechten hat also stets zur Folge, dass eine Ungleichbehandlung stattfindet. Es lässt sich sogar sagen: Je mehr Freiheit gewährleistet ist, desto größer ist die Ungleichheit. Freiheit und Gleichheit stehen in einem Konflikt zueinander. Wo Freiheit gewährt wird, kann es keine Gleichheit geben. Die Gleichheitsverbürgung des allgemeinen Gleichheitssatzes kann daher nur so verstanden werden, dass es keine *ungerechtfertigte* Differenzierung geben darf.

2. Prüfungsaufbau

325 Unterschiede zwischen dem allgemeinen Gleichheitssatz und den Freiheitsrechten bestehen in der Rechtstechnik: Während bei den Freiheitsrechten nach der Eröffnung des Schutzbereichs, dem Eingriff in den Schutzbereich und nach der verfassungsrechtlichen Rechtfertigung des Eingriffs gefragt wird, ist die Unterscheidung zwischen Schutzbereich und Eingriff beim allgemeinen Gleichheitssatz (anders aber bei den speziellen Gleichheitsrechten, vgl. Rn 345 ff.) nicht angesagt.[748] Vielmehr vollzieht sich nach überwie-

---

[748] Anders *Möckel*, DVBl 2003, 488 ff., der *stets* zwischen Schutzbereich und Eingriff unterscheidet. Siehe auch *Sachs/Jasper*, JuS 2016, 769 f., die zwischen „Schutzgegenstand" und „Ungleichbehandlung als Grundrechtseingriff" unterscheiden, jedoch (auch) einräumen, dass die Annahme eines solchen Schutzgegenstands von vielen nicht geteilt werde; ausreichend und erforderlich sei es nur, den grundsätzlich verbotenen Verstoß gegen Art. 3 I GG als oder wie den Grundrechtseingriff zu untersuchen (S. 770).

gender Auffassung die Prüfung in zwei Schritten: Zunächst ist die Gleich- bzw. Ungleichbehandlung festzustellen und danach die Frage nach der verfassungsrechtlichen Rechtfertigung für die Ungleich- bzw. Gleichbehandlung zu beantworten. Es empfiehlt sich folgendes Prüfungsschema:

Allgemeiner Gleichheitssatz, Art. 3 I GG

I. Gleich- bzw. Ungleichbehandlung
Anknüpfungspunkt der Grundrechtsprüfung ist die Frage, ob das Gesetz „wesentlich Gleiches" ungleich bzw. „wesentlich Ungleiches" gleich behandelt. Die Prüfung des „wesentlich Gleichen" vollzieht sich regelmäßig in drei Schritten[749]:

(1) Zunächst muss festgestellt werden, dass (irgend)eine Person, Personengruppe oder Situation in einer bestimmten Weise rechtlich behandelt wird, etwa dass eine staatliche Leistung vergeben oder eine Verpflichtung auferlegt wird.
(2) In einem zweiten Schritt ist festzustellen, dass eine andere (d.h. die betroffene) Person, Personengruppe oder Situation in einer anderen Weise oder überhaupt nicht rechtlich behandelt wurde, etwa dass die staatliche Leistung geringer ausgefallen ist oder gar nicht gewährt wurde.
(3) Schließlich ist danach zu fragen, ob beide Personen, Personengruppen oder Situationen unter einem gemeinsamen Oberbegriff, dem Bezugspunkt, zusammengefasst werden können. Nur wenn dies der Fall ist, kann von „wesentlich Gleichem" gesprochen werden.

Sofern man die Konstruktion der Gleichbehandlung von „wesentlich Ungleichem" zulässt, darf es gerade keinen Bezugspunkt geben.

II. Rechtfertigung von Ungleichbehandlungen bzw. Gleichbehandlungen
1. Kompetenz- und verfahrensgemäßes Zustandekommen des Gesetzes
2. Erfüllung der allgemeinen Anforderungen an das Bestehen eines sachlichen Grundes für die Ungleichbehandlung

⇨ Bei Ungleichbehandlungen *geringerer Intensität* beschränkt sich die gerichtliche Rechtfertigungsprüfung auf eine Evidenzkontrolle („**Willkürformel**"). Das Gericht akzeptiert eine Ungleichbehandlung schon dann als willkürfrei und verfassungsrechtlich gerechtfertigt, wenn sich nur irgendein sachlicher Grund zugunsten der Ungleichbehandlung anführen lässt. Hier hat der Gesetzgeber also eine weite Gestaltungsfreiheit.

⇨ Bei Ungleichbehandlungen *größerer Intensität* verlangt das Gericht eine Verhältnismäßigkeitsprüfung („**Neue Formel**") und nimmt eine durch einen sachlichen Grund gerechtfertigte Ungleichbehandlung erst dann an, wenn

⇨ die Ungleichbehandlung einen *legitimen Zweck* verfolgt,
⇨ sie zur Erreichung dieses Zwecks *geeignet* und *erforderlich* ist
⇨ und in *angemessenem Verhältnis zum Wert des Zwecks* steht.

3. Gleich- bzw. Ungleichbehandlung

a. Ungleichbehandlung von „wesentlich Gleichem"

Rechtfertigungsbedürftig ist aufgrund ihrer verfassungsrechtlichen Relevanz zunächst die Ungleichbehandlung von „wesentlich Gleichem"[750]. Dabei ist irrelevant, ob die Ungleichbehandlung eine Belastung oder eine Begünstigung betrifft.[751] Denn auch eine Begünstigung, die einem Personenkreis gewährt, einem anderen jedoch vorenthalten 326

[749] Vgl. *P/S/K/P*, Rn 467.
[750] St. Rspr., vgl. nur BVerfGE 129, 49, 68 ff.; 131, 239, 255 ff.; 132, 179, 193 ff.; BVerfG NJW 2015, 303, 306.
[751] BVerfGE 79, 1, 17; 126, 400, 416; 129, 49, 68 ff.; 131, 239, 255.

wird, stellt eine Ungleichbehandlung dar und bedarf der Rechtfertigung.[752] Zu beachten ist jedoch, dass die Ungleichbehandlung vom *selben Träger der Hoheitsgewalt* ausgehen muss. Das gilt aus bundesstaatlich zwingenden Gründen föderaler Kompetenzabgrenzung im Verhältnis zwischen Bund, Ländern und Gemeinden, aus justizverfassungsrechtlichen Gründen für die Praxis unterschiedlicher Gerichte sowie für die jeweiligen Zuständigkeitsbereiche der einzelnen Behörden.[753] Wenn also die Bürger des Bundeslandes X durch eine landesgesetzliche Regelung anders behandelt werden als die Bürger des Bundeslandes Y, stellt diese unterschiedliche Behandlung keinen Verstoß gegen den Gleichheitssatz dar. Es fehlt die Gleichheit, die Anknüpfungspunkt einer Ungleichbehandlung sein könnte: Die Bürger des Landes X sind nicht mit den Bürgern des Landes Y vergleichbar. Entsprechendes gilt für die Gemeinden, Hochschulen etc. Der Hoheitsträger muss den Gleichheitssatz nur in seinem Hoheitsbereich beachten.[754]

Beispiel: Der im Gemeindegebiet A ansässige Softwarehersteller C bekommt von der Gemeindeverwaltung einen einmaligen Zuschuss i.H.v. 300.000,- Euro zugesagt. D, ebenfalls ein Softwarehersteller, ist im Gebiet der Nachbargemeinde B ansässig. Auch er beantragt bei seiner Gemeindeverwaltung einen solchen Zuschuss. Der Antrag wird abgelehnt. D fühlt sich durch den Ablehnungsbescheid in seinem Grundrecht aus Art. 3 I GG verletzt. Zu Recht?

Fraglich ist, ob D im Vergleich zu C ungleich behandelt worden ist. Dazu müsste er zunächst „gleich" i.S.d. Art. 3 I GG sein. Der Gleichheitsanspruch besteht aber nur gegenüber dem nach der Kompetenzordnung konkret zuständigen Träger öffentlicher Gewalt. Die Gemeinde A ist daher nur verpflichtet, in ihrem Bereich den Gleichheitssatz zu wahren. Da D nicht im Hoheitsgebiet der Gemeinde A ansässig ist und auch von dieser keinen Zuschuss zugesagt bekommen hat, ist Art. 3 I GG vorliegend nicht verletzt.

327 Ungeachtet der Problematik um denselben Hoheitsträger ist die Bestimmung des „wesentlich Gleichen" mitunter schwierig. Denn kein Mensch gleicht dem anderen und keine Situation gleicht genau einer anderen. Eine Vergleichbarkeit ist aber erforderlich, um überhaupt der Frage nach einer Ungleichbehandlung nachgehen zu können. Daher wird zumindest eine Übereinstimmung in wesentlichen (maßgeblichen) Punkten gefordert.

328 **Wesentliche Gleichheit** bedeutet, dass Personen, Personengruppen oder Situationen aufgrund eines Bezugspunkts (*tertium comparationis*) vergleichbar sind.

329 Der **Bezugspunkt** ist der gemeinsame Oberbegriff (*genus proximum*), der einen Vergleich zulässt. Gehören die zu vergleichenden Personen, Personengruppen oder Situationen demselben Bezugspunkt an, ist eine Vergleichbarkeit gegeben.

Folgende Anwendungsbeispiele sollen die Materie konkretisieren:

330 **Ungleichbehandlung von Ehe und eingetragener Lebenspartnerschaft:** In zahlreichen Gesetzen wurden Eheleuten Vergünstigungen gewährt, nicht aber Partnern von eingetragenen Lebenspartnerschaften nach dem LPartG. Das betraf etwa das Schenkungsteuerrecht, das Grunderwerbsteuerrecht, die Hinterbliebenenversorgung, den beamtenrechtlichen Familienzuschlag, das Einkommensteuerrecht und die Gewährung von Kindergeld.

In diesen Fällen liegt eine wesentliche Vergleichbarkeit zwischen (insoweit privilegierten) Ehen und (insoweit benachteiligten) eingetragenen Lebenspartnerschaften vor. Ehen und Lebensgemeinschaften nach dem LPartG sind auch einem gemeinsamen Oberbegriff zuzuordnen, da beide auf Dauer angelegt sind und eine gegenseitige Einstandspflicht begründen. Zur Verfassungswidrigkeit dieser Ungleichbehandlungen vgl. Rn 342 ff.

[752] Vgl. BVerfG NJW 2015, 303, 306 mit Verweis auf BVerfGE 116, 164, 180; 121, 108, 119; 121, 317, 370; 126, 400, 416.
[753] Siehe dazu *Kirchhof*, in: HdBStR VIII, 3. Aufl. 2010, § 181 Rn 33.
[754] BVerfGE 21, 54, 68; 32, 346, 369; 33, 224, 231; 78, 179, 205; BVerfG NVwZ 1998, 52, 53; NVwZ 2015, 582, 587; aufgegriffen auch von *Sachs/Jasper*, JuS 2016, 769, 771.

Ungleichbehandlung von Verkaufsstellen in Bezug auf das Verbot, nachts alkoholische Getränke zu verkaufen[755]**:** Mit Wirkung zum 1.3.2010 wurde in das Gesetz über die Ladenöffnung in Baden-Württemberg (LadÖG) zur Abwehr alkoholbeeinflusster Störungen der öffentlichen Sicherheit und Ordnung ein § 3a eingefügt. Nach § 3a I S. 1 LadÖG dürfen in Verkaufsstellen alkoholische Getränke in der Zeit von 22 Uhr bis 5 Uhr nicht verkauft werden. Im gleichen Zeitraum ist das gewerbliche Feilhalten alkoholischer Getränke, auch durch Warenautomaten, verboten. Hofläden sowie Verkaufsstellen von landwirtschaftlichen Genossenschaften, von landwirtschaftlichen Betrieben und auf Verkehrsflughäfen innerhalb der Terminals dürfen alkoholische Getränke abweichend von S. 1 verkaufen (§ 3a I S. 3 LadÖG). Gemäß § 3a III S. 1 LadÖG können auf Antrag der Gemeinden die Regierungspräsidien örtlich und zeitlich beschränkte Ausnahmen vom Verbot nach § 3a I LadÖG zulassen, wenn dabei die mit dem Gesetz verfolgten öffentlichen Belange gewahrt bleiben. Das Nähere wird gem. § 3a III S. 2 LadÖG durch Verwaltungsvorschrift der Landesregierung bestimmt. 331

K ist Pächter einer Tankstelle mit Shop, über den er auch alkoholische Getränke verkauft. Seitdem die neue Regelung in Kraft getreten ist, verzeichnet er deutliche Umsatzeinbußen bei dem Verkauf alkoholischer Getränke, da er in der Zeit von 22-5 Uhr ja keine alkoholischen Getränke mehr verkaufen darf. K ist der Auffassung, die neue Bestimmung verletze ihn in seinem Grundrecht auf Berufsfreiheit (Art. 12 I GG) und verstoße gegen den allgemeinen Gleichheitssatz (Art. 3 I GG), da z.B. bei Volksfesten und Märkten Ausnahmen gem. § 3a III LadÖG zugelassen werden, nicht aber für seinen Tankstellenshop.

Hier liegt eine wesentliche Vergleichbarkeit zwischen (insoweit privilegierten) Verkaufsstellen (Volksfeste, Märkte) und (insoweit nicht privilegierten) Verkaufsstellen (Tankstellenshops) vor. Die genannten Verkaufsstellen sind auch einem gemeinsamen Oberbegriff zuzuordnen, da beide darauf ausgerichtet sind, u.a. alkoholische Getränke zu verkaufen.

Ungleichbehandlung von Schank- und Speisewirtschaft bei der Einrichtung separater Raucherräume[756]**:** Gemäß § 2 I Nr. 9 hamburgisches Passivraucherschutzgesetz war das Rauchen in Speisegaststätten ausnahmslos verboten, wohingegen gem. § 2 IV des Gesetzes unter den dort genannten Voraussetzungen kein Rauchverbot hinsichtlich Gaststätten bestand, in denen keine zubereiteten Speisen angeboten werden. 331a

K ist Betreiberin einer Speisegaststätte. Sie beantragte eine Ausnahmeregelung vom Rauchverbot, die ihr unter Verweis auf die o.g. gesetzliche Regelung versagt wurde. Wegen Verstoßes gegen Art. 12 I GG i.V.m. Art. 3 I GG („gleichheitswidriger Begünstigungsausschluss") erhob sie Verpflichtungsklage. Das VG Hamburg setzte das Verfahren aus und legte gem. Art. 100 I GG die gesetzliche Regelung dem BVerfG zur Prüfung vor.

Das BVerfG entschied, dass Speisegaststätten und reine Schankwirtschaften im Wesentlichen vergleichbar seien.

Ungleichbehandlung bei Ausübung eines Handwerks („Meisterzwang")[757]**:** Gemäß § 1 I HandwO ist die selbstständige Ausübung eines zulassungspflichtigen Handwerks von der Eintragung in die Handwerksrolle abhängig. Voraussetzung für die Eintragung in die Handwerksrolle ist wiederum ein Befähigungsnachweis, der in erster Linie durch die Meisterprüfung erbracht wird (§ 7 Ia HandwO). Wenn nun gem. § 9 HandwO einem Gewerbetreibenden mit einer in einem anderen EU-Mitgliedstaat erworbenen Qualifikation die Ausübung eines Handwerks in Deutschland unter teilweise anderen (milderen) Voraussetzungen ermöglicht wird, stellt sich die Frage nach der Vereinbarkeit mit Art. 3 I GG unter dem Aspekt der Inländerdiskriminierung. 331b

Ungleichbehandlung bei der Beschneidung von Mädchen und Jungen: Gemäß § 1631d I S. 1 BGB umfassen sorgerechtliche Entscheidungsbefugnisse der Personensorgeberechtigten auch die Einwilligung in die Beschneidung ihrer nicht einsichts- und urteilsfähigen 331c

---

[755] Vgl. BVerfG NVwZ 2011, 355 ff.
[756] BVerfGE 130, 131, 143 f. (dazu *Muckel*, JA 2012, 556 und *Sachs*, JuS 2013, 184).
[757] BVerwG NVwZ-RR 2012, 23 f. (dazu *Selmer*, JuS 2012, 666).

männlichen Kinder, wenn die Beschneidung nach den Regeln der ärztlichen Kunst[758] durchgeführt werden soll. Lediglich, wenn durch die Beschneidung das Kindeswohl gefährdet würde, ist sie unzulässig (§ 1631d I S. 2 BGB), wobei der Gesetzgeber meint, zwingende religiöse Motive (der Eltern) seien nicht kindeswohlwidrig. Anders sieht es hinsichtlich der Beschneidung weiblicher Genitalien aus; richtigerweise ist diese strafbar gem. § 226a StGB, und zwar selbst dann, wenn nur um die Beschneidung der Klitorisvorhaut geht. Auch hierdurch zeigt sich, dass der Gesetzgeber die Beschneidung von Jungen gerade nicht als kindeswohlwidrig ansieht. Geht man richtigerweise von einer tertium comparationis aus, wäre diese Ungleichbehandlung von wesentlich Gleichem nur dann gerechtfertigt, wenn sie sich auf einen Sachgrund stützen ließe bzw. verfassungsrechtlich gerechtfertigt wäre. Doch das ließe sich argumentativ nicht begründen.[759]

331d **Ungleichbehandlung bei der Erbschaftsteuer[760]:** Gemäß §§ 13a und 13b ErbStG a.F. wurde unter den dort genannten Voraussetzungen unternehmerisches Vermögen (Betriebsvermögen) beim Übergang auf den Rechtsnachfolger verschont. Anderes Vermögen (von den generellen Ausnahmen nach § 13 ErbStG und den Freigrenzen nach § 14 ErbStG abgesehen) war bzw. ist nicht privilegiert.

332 **Hinweis für die Fallbearbeitung:** In der Fallbearbeitung ist die Prüfung des „wesentlich Gleichen" in drei Schritten zu vollziehen[761]:

(1) Zunächst muss festgestellt werden, dass eine Person, Personengruppe oder Situation in einer bestimmten Weise rechtlich behandelt werden, indem etwa eine staatliche Leistung vergeben oder eine Verpflichtung auferlegt wird.

(2) In einem zweiten Schritt ist festzustellen, dass eine andere Person, Personengruppe oder Situation rechtlich in einer anderen Weise oder überhaupt nicht behandelt wurden, etwa dass die staatliche Leistung geringer ausgefallen ist oder gar nicht gewährt wurde.

(3) Schließlich ist danach zu fragen, ob beide Personen, Personengruppen oder Situationen unter einen gemeinsamen Oberbegriff, den Bezugspunkt, zusammengefasst werden können. Nur wenn dies der Fall ist, kann von „wesentlich Gleichem" gesprochen werden.

b. Gleichbehandlung von „wesentlich Ungleichem"

333 Das BVerfG entscheidet in st. Rspr., dass der Gleichheitssatz nicht nur dann verletzt sei, wenn „wesentlich Gleiches" willkürlich, d.h. ohne sachlichen Grund, ungleich behandelt, sondern auch dann, wenn „wesentlich Ungleiches" willkürlich gleich behandelt werde.[762] Folgte man dieser Auffassung, wäre die Bildung eines gemeinsamen Oberbegriffs unmöglich. Es müsste dann danach gefragt werden, ob es gerade keinen Bezugspunkt gibt. Gibt es einen Bezugspunkt nicht, kann von „wesentlich Ungleichem" ausgegangen werden. Findet dann ohne sachlich gerechtfertigten Grund eine Gleichbehandlung statt, ist der Gleichheitssatz verletzt.

---

[758] Eine Ausnahme vom „Arztvorbehalt" findet sich in § 1631d II BGB, wonach in den ersten sechs Monaten nach der Geburt des Kindes auch von der Religionsgesellschaft dazu vorgesehene Personen Beschneidungen durchführen dürfen, wenn sie dafür besonders ausgebildet und, ohne Arzt zu sein, für die Durchführung der Beschneidung vergleichbar befähigt sind.

[759] Vgl. auch *Putzke*, Monatsschrift Kinderheilkunde 2013, 950 f. Zur strafbaren Klitorisbeschneidung (§ 226a StGB) vgl. auch *R. Schmidt*, StrafR BT I, 16. Aufl. 2016, Rn 392a.

[760] Vgl. dazu BVerfG NJW 2015, 303 ff.

[761] *P/S/K/P*, Rn 467.

[762] BVerfGE 49, 148, 165 (Revisionsrecht); 98, 365, 385 (Betriebliche Altersrenten); 129, 49, 68 ff. (Teilerlass im BAföG); 133, 59, 86 (Sukzessivadoption); BVerfG NJW 2015, 303, 306 (Erbschaftsteuer). Auch das BVerwG (Urt. v. 19.6.2014 - 10 C 1.14) und der BGH (BGHZ 112, 163, 173) haben sich dieser Auffassung angeschlossen.

4. Rechtfertigung von Ungleich- bzw. Gleichbehandlungen

a. Formel des BVerfG vom Willkürverbot

Nach der traditionellen Willkürformel des BVerfG liegt ein Verstoß gegen Art. 3 I GG zum einen dann vor, wenn wesentlich Gleiches *willkürlich* ungleich oder wesentlich Ungleiches *willkürlich* gleich behandelt wird.[763] „Willkürlich" sind eine Ungleichbehandlung von wesentlich Gleichem bzw. eine Gleichbehandlung von wesentlich Ungleichem dann, „wenn sich für sie ... keine vernünftigen Erwägungen bzw. sachlichen Gründe finden lassen, die sich aus der Natur der Sache ergeben oder sonst wie einleuchtend sind"[764]. 334

Willkürliche Differenzierungen können nicht nur von der Exekutive ausgehen, sondern auch von der Legislative und der Judikative. So handelt die Legislative willkürlich, wenn sich für die gesetzliche Regelung kein sachlicher Grund finden lässt.[765] Die Judikative handelt willkürlich, wenn der Richterspruch unter keinem denkbaren Aspekt rechtlich vertretbar ist und sich daher der Schluss aufdrängt, dass er auf sachfremden Erwägungen beruht.[766] Das ist der Fall, wenn eine offensichtlich einschlägige Norm nicht berücksichtigt, der Inhalt einer Norm in krasser Weise missverstanden oder sonst in nicht mehr nachvollziehbarer Weise angewendet wird.[767] 335

b. So genannte „Neue Formel"

Die oben dargestellte Formel vom Willkürverbot ist vielfach zu eng, da schon begrifflich zum Ausdruck kommt, dass nur in **Extremfällen** die Wertungen des Gesetzgebers (bzw. die Entscheidungen der ausführenden Gewalt) korrigiert werden können. Daher hat das BVerfG einen weiteren Ansatz entwickelt, die sog. „Neue Formel". 336

Nach der **„Neuen Formel"** ist das Gleichheitsgebot verletzt, „wenn eine Gruppe von Normadressaten im Vergleich zu anderen Normadressaten anders behandelt wird, obwohl zwischen beiden Gruppen keine Unterschiede von solcher Art und solchem Gewicht bestehen, dass sie die ungleiche Behandlung rechtfertigen könnten"[768]. 337

Während also nach der Willkürformel alle nicht-willkürlichen Erwägungen eine Ungleichbehandlung zu rechtfertigen vermögen, fordert die „Neue Formel" ausdrücklich eine **Abwägung im Sinne einer Verhältnismäßigkeitsprüfung**. Dies führt in der Praxis zu einer höheren Kontrolldichte und einem eingeschränkten gesetzgeberischen Gestaltungsspielraum. Dabei unterscheidet das BVerfG zunächst wie folgt: 338

- Ist die (gesetzliche oder behördliche) Ungleichbehandlung von *geringerer Intensität* für den Betroffenen, findet lediglich eine Evidenzkontrolle durch das überprüfende Gericht statt. Das Gericht akzeptiert eine Ungleichbehandlung schon dann als verfassungsrechtlich gerechtfertigt, wenn sich nur irgendein sachlicher Grund zu ihren Gunsten anführen lässt[769], mit anderen Worten also keine **Willkür** stattgefunden hat. Hier hat der Gesetzgeber eine gewisse Gestaltungsfreiheit.[770] 339

---

[763] So die hergebrachte Formel des BVerfG seit BVerfGE 1, 14, 52; vgl. nur BVerfGE 18, 38, 46; 49, 148, 165; 93, 319, 348; 78, 104, 121.

[764] BVerfGE 10, 234, 246 (Platow-Amnestie); 102, 127, 141 ff. (Lohnersatzleistungen); BVerfG-K NJW 2001, 1853 u. 1854 (Verfassungsmäßigkeit der Gewerbesteuer).

[765] Vgl. BVerfGE 91, 118, 123 (Bezirksrevisor); 102, 127, 141 ff. (Lohnersatzleistungen).

[766] Vgl. BVerfG 3.3.2015 – 1 BvR 3271/14: Annahme von Arglist bei einem Autoverkäufer in krasser Verkennung der Voraussetzungen, die an die Annahme von Arglist zu stellen sind.

[767] BVerfG 3.3.2015 – 1 BvR 3271/14 unter Verweis auf BVerfGE 89, 1, 13 f.; 96, 189, 203.

[768] BVerfGE 55, 72, 88 (Neue Formel); 99, 129, 139 (DDR-Enteignung); 101, 239, 269 (Vermögensgesetz); 105, 73, 110 (Unterschiedliche Besteuerung von Pensionen und Renten); 105, 313, 356 f. (Lebenspartnerschaftsgesetz); 107, 205, 214 (Familienversicherung); 126, 400, 415 ff. (Steuerliche Diskriminierung eingetragener Lebenspartnerschaften). Vgl. auch BVerfGE 121, 317, 345 ff. (dazu unten Rn 806) sowie BVerfG NJW 2015, 303, 306 (Erbschaftsteuer).

[769] *P/S/K/P*, Rn 471; BVerfGE 91, 118, 123 (Bezirksrevisor); 102, 127, 141 ff. (Lohnersatzleistungen); 107, 27, 46 (Doppelte Haushaltsführung); 107, 205, 214 (Familienversicherung).

[770] BVerfGE 80, 109, 118 (Nichtermittlung eines Fahrzeugführers). Vgl. auch BVerfG NVwZ 2011, 355 ff. (Nächtliches Verkaufsverbot für alkoholische Getränke).

340 ▪ Bei Ungleichbehandlungen *größerer Intensität* verlangt das Gericht eine **Verhältnismäßigkeitsprüfung** und nimmt eine durch einen sachlichen Grund gerechtfertigte Ungleichbehandlung erst dann an, wenn

⇨ die Ungleichbehandlung einen *legitimen Zweck* verfolgt,
⇨ sie zur Erreichung dieses Zwecks *geeignet* und *erforderlich* ist
und in *angemessenem Verhältnis zum Wert des Zwecks* steht.[771]

341 Das BVerfG ist in der Anwendung der Neuen Formel aber nicht konsequent. Vielmehr legt es seine Rechtfertigungsprüfung einmal als bloße Evidenzkontrolle und ein anderes Mal als volle Verhältnismäßigkeitsprüfung an, ohne dass eine Systematik erkennbar wäre. So wendete es sowohl bei der Prüfung der Verfassungsmäßigkeit der Gewerbesteuer als auch bei der Wehrpflicht schlicht die Willkürformel an, obwohl die unterschiedliche Steuerbelastung bzw. Einberufungspraxis durchaus von größerer Intensität sind und somit (wie bei der Frage der Vereinbarkeit der Verschonung von Betriebsvermögen bei der Erbschaftsteuer) eine umfassende Verhältnismäßigkeitsprüfung geboten gewesen wäre.[772] Hinzukommt, dass das BVerfG im Laufe der Zeit die „Neue Formel" mehrfach modifiziert hat[773] und in jüngeren Entscheidungen nicht selten eine „Je-desto-Formel" anwendet, die simplifiziert dargestellt lautet: „Je stärker die Ungleichbehandlung diskriminierend wirkt, desto gewichtiger müssen die Sachgründe sein, die diese Ungleichheit rechtfertigen sollen".[774] In der Tendenz führt das BVerfG also eine umfassende Verhältnismäßigkeitsprüfung durch. So führte es in seiner Entscheidung über die Ungleichbehandlung von Ehepartnern und Lebenspartnern nach dem LPartG hinsichtlich der Möglichkeit der Sukzessivadoption (die zur seinerzeit geltenden Gesetzeslage nur Ehepartnern zustand) eine umfassende Verhältnismäßigkleitsprüfung durch, weil auch Grundrechte betroffener Kinder berührt waren.[775] Und in seiner Entscheidung zur Frage nach der Vereinbarkeit der Verschonung von Betriebsvermögen bei der Erbschaftsteuer bejahte das BVerfG die Notwendigkeit einer umfassenden Verhältnismäßigkeitsprüfung, weil neben dem Gleichheitsgrundsatz auch Freiheitsrechte betroffen waren.[776]

Hinweis für die Fallbearbeitung: Aufgrund der „Dynamik" des BVerfG bei der Anwendung der „Neuen Formel" kann dem Klausurbearbeiter kein allgemeingültiges Prüfungsschema für die Rechtfertigungsprüfung an die Hand gegeben werden. Es empfiehlt sich aber, den oben aufgestellten Grundsätzen zu folgen und in der Fallbearbeitung bei der Frage nach dem sachlichen Grund für die Ungleichbehandlung zunächst (gedanklich) zu klären, ob eine Ungleichbehandlung geringerer oder größerer Intensität vorliegt. Bei einer Ungleichbehandlung geringerer Intensität sollte bereits eine auf eine Evidenzkontrolle beschränkte Willkürprüfung genügen. Nur bei einer Ungleichbehandlung von größerer Intensität ist auf jeden Fall eine Prüfung der verfassungsrechtlichen Rechtfertigung vorzunehmen, die sich an dem Grundsatz der Verhältnismäßigkeit bzw. der „Je-desto-Formel" orientiert.

342 In den bei Rn 330 genannten Fällen liegt die Ungleichbehandlung darin, dass Ehegatten Vorteile gewährt werden, den Lebenspartnern einer eingetragenen Lebenspartnerschaft hingegen nicht. Für diese Ungleichbehandlung, die an die sexuelle Orientierung anknüpft, müsste ein sachlicher Grund bzw. eine verfassungsrechtliche Rechtfertigung bestehen.

---

[771] *P/S/K/P*, Rn 472; vgl. dazu BVerfG NJW 2015, 303, 306 (Erbschaftsteuer); BVerfGE 98, 1, 12 (Rentenanwartschaft von Beamten); 91, 389, 401 (Gewährung von Ausbildungsförderungen nach dem BAföG); 88, 87, 97 (Transsexuelle); 87, 234, 255 (Arbeitslosenhilfe). Vgl. auch BAGE 64, 315, 320; BVerfGE 111, 10, 28 ff. (Verfassungsmäßigkeit des LadSchlG); 131, 239, 255 ff. (Ungleichbehandlung von Ehe und Lebenspartnerschaft bei der Gewährung von Familienzuschlag im Beamtenrecht).
[772] Vgl. BVerfG-K NJW 2001, 1853 und 1854 zur Gewerbesteuerpflicht; BVerwGE 122, 331 ff. zur Wehrpflicht.
[773] Beginnend mit BVerfGE 127, 263 ff.
[774] Vgl. etwa BVerfGE 130, 131, 143 f. (Hamburgisches Passivraucherschutzgesetz); vgl. auch *Britz*, NJW 2014, 346 ff.
[775] BVerfGE 133, 59, 86 ff.
[776] BVerfG NJW 2015, 303, 306.

Der bloße Verweis auf die besondere verfassungsrechtliche Stellung der Ehe aus Art. 6 I GG (vgl. dazu Rn 555 ff.) rechtfertigt nach Auffassung des BVerfG eine Differenzierung zwischen Verheirateten und Lebenspartnern nicht. Zwar stehe die Ehe unter dem besonderen Schutz des Staates, jedoch folge daraus nicht, dass Lebenspartnern nach dem LPartG, die in vergleichbarer Weise rechtlich miteinander verbunden sind, Leistungen bzw. Vorteile vorenthalten bleiben müssten. Denn auch immer mehr Ehen blieben kinderlos und die Zahl alleinerziehender Menschen steige, sodass das Argument, die Ehe sei auf Fortpflanzung gerichtet, keine Privilegierung der Ehe gegenüber der eingetragenen Lebenspartnerschaft rechtfertige.[777] Mit der gleichen Argumentation hat das BVerfG auch die bisherige Ungleichbehandlung im Einkommensteuerrecht beanstandet[778], was zur Anwendung des sog. Ehesplittingtarifs auf Partner einer eingetragenen Lebenspartnerschaft geführt hat[779].

Aus alledem folgt, dass sich ein hinreichend gewichtiger Differenzierungsgrund zwischen Ehe und eingetragener Lebenspartnerschaft etwa im Bereich des **Erbschaft-** und **Schenkungsteuerrechts**[780], des **Grunderwerbsteuerrechts**[781], der **Hinterbliebenenversorgung**[782], des beamtenrechtlichen **Familienzuschlags**[783] und des **Einkommensteuerrechts**[784] nicht feststellen lässt[785], was zu entsprechenden Gesetzesänderungen geführt hat. Mittlerweile hat der Gesetzgeber eine vollständige Gleichbehandlung in allen steuerlichen Belangen vorgenommen.[786] Im **Adoptionsrecht** ist infolge eines Urteils des BVerfG[787] die Sukzessivadoption gesetzlich eingeführt worden.[788] Jedoch ist die **gemeinschaftliche Adoption** nach wie vor nur Eheleuten möglich (§§ 1741 II S. 2, 1754 I BGB). Andererseits ist Partnern einer Lebenspartnerschaft die **alleinige Adoption** möglich (§ 9 VI S. 1 LPartG), was wiederum bei Ehepartnern wegen § 1741 II S. 2 BGB grds. nicht möglich ist. Insgesamt besteht also noch weiterer Angleichungsbedarf auf diesem Gebiet.[789]

Bei der **Vormundschaft** ist auf die Regelung in § 1775 S. 1 BGB hinzuweisen. Danach kann das Familiengericht nur ein Ehepaar gemeinschaftlich zu Vormündern bestellen. Im Übrigen soll das Familiengericht grds. nur einen Vormund bestellen (§ 1775 S. 2 BGB). Gleichgeschlechtliche Partner nach dem LPartG können demzufolge also nicht gemeinschaftlich zu Vormündern bestellt werden. Darin hat das AG München zu Recht eine Diskriminierung gegenüber Ehepartnern gesehen und § 1775 S. 1 BGB analog auf eine eingetragene Lebenspartnerschaft angewendet.[790]

Auch in der **Fortpflanzungsmedizin** besteht gesetzlicher Angleichungsbedarf. Selbst die bislang noch vorgenommene *begriffliche* Unterscheidung von Ehe und eingetragener Lebenspartnerschaft könnte eine Diskriminierung darstellen und – wenn wohl auch nicht zeitnah – auf dem verfassungsgerichtlichen Prüfstand wiederzufinden sein (vgl. dazu Rn 555a ff.).

Im **Beispiel** von Rn 331 liegt die Ungleichbehandlung darin, dass u.a. Tankstellen in der Zeit von 22-5 Uhr keine alkoholischen Getränke verkaufen dürfen, dies jedoch den Verkaufsstellen bei Volksfesten und Märkten gem. der auf § 3a III S. 2 LadÖG ergangenen **342a**

---

[777] BVerfGE 124, 199, 218 ff. (Hinterbliebenenversorgung); 132, 179, 193 ff. (Grunderwerbsteuer); 131, 239, 255 ff. (Familienzuschlag). Vgl. auch OVG Münster NVwZ 2014, 1534 ff.

[778] BVerfGE 133, 377, 407 ff.

[779] Gesetz v. 27.6.2013, BGBl I S. 2397 (steuerliche Gleichstellung von Ehen und eingetragenen Lebenspartnerschaften): Einfügung eines § 2 VIII EStG, wonach die Regelungen des EStG zu Ehegatten und Ehen auch auf Lebenspartner und Lebenspartnerschaften anzuwenden sind.

[780] BVerfGE 126, 400, 415 ff.

[781] BVerfGE 132, 179, 193 ff.

[782] BVerfGE 124, 199, 218 ff.

[783] BVerfGE 131, 239, 255 ff. Vgl. auch OVG Münster NVwZ 2014, 1534 ff.

[784] BVerfGE 133, 377, 407 ff.

[785] BVerfGE 124, 199, 218 ff. Zur Nivellierung der Unterscheidung von Ehe und eingetragener Lebenspartnerschaft vgl. auch BVerfGE 126, 400, 415 ff. (dazu Rn 555a ff. sowie *Muckel*, JA 2011, 74).

[786] Vgl. zuletzt das Gesetz v. 18.7.2014 (BGBl I S. 1042: Anpassung von Abgabenordnung und Bundeskindergeldgesetz).

[787] BVerfGE 133, 59, 73 ff. (Verfassungswidrigkeit der Nichtzulassung der Sukzessivadoption durch eingetragene Lebenspartner) - dazu *R. Schmidt*, FamR, 6. Aufl. 2016, Rn 599.

[788] Gesetz v. 20.6.2014 (BGBl I S. 786).

[789] Vgl. dazu *R. Schmidt*, FamR, 6. Aufl. 2016, Rn 599.

[790] AG München 18.5.2016 – 551 F 7061/12 RE.

Verwaltungsvorschrift der Landesregierung erlaubt ist. Diese Ungleichbehandlung verstößt jedoch nicht gegen den allgemeinen Gleichheitssatz aus Art. 3 I GG. Denn die von dem Verbot betroffenen Stellen (und damit auch der von K betriebene Tankstellenshop) haben ein größeres Potential, den Missbrauch von Alkohol und die damit verbundenen Gefahren sowie Szenetreffs zu fördern. Somit ist ein sachlicher Grund für die Differenzierung gegeben.[791] Ein Verstoß gegen Art. 3 I GG liegt somit nicht vor. Zur Vereinbarkeit der Regelung mit Art. 12 I GG vgl. Rn 796, 804, 806.

342b Im **Beispiel** von Rn 331a liegt die Ungleichbehandlung darin, dass Speisegaststätten von der Möglichkeit, das Rauchen der Gäste zuzulassen, vollständig ausgeschlossen sind, dies aber nicht für reine Schankwirtschaften gilt. Diese Ungleichbehandlung ist nach Auffassung des BVerfG nicht zu rechtfertigen. Zwar könne unter dem Aspekt des Nichtraucherschutzes das Rauchen in Gaststätten beschränkt werden, allerdings mache es keinen Unterschied, ob beim Rauchen gegessen oder (lediglich) getrunken werde. Wenn sich also der Gesetzgeber für ein Nichtraucherschutzkonzept entscheide, dürfe er nicht zwischen Speisegaststätten und reinen Schankwirtschaften unterscheiden.[792]

342c Hinsichtlich der im **Beispiel** von Rn 331b genannten Ungleichbehandlung ist das BVerwG der Auffassung, dass Art. 3 I GG nicht verletzt sei. Grundsätzlich sei das Erfordernis der Meisterprüfung als Voraussetzung für die Ausübung bestimmter selbstständiger Handwerke aus zweierlei Gründen gerechtfertigt, zum einen zur Abwehr von Gefahren für Gesundheit oder Leben Dritter durch unsachgemäße Handwerksausübung und zum anderen zum Schutze der Leistungsfähigkeit des betroffenen Handwerks.[793] Dadurch, dass der Gesetzgeber bereits 2004 die Anzahl der Berufe mit grundsätzlichem Meisterzwang deutlich reduziert (vgl. Anlage A zur HandwO: von ehemals 94 auf nunmehr 41 Handwerke) und auch eine Ausübungsberechtigung für „Altgesellen" durch Aufnahme zweier weiterer alternativer, gleichrangiger persönlicher Eintragungsvoraussetzungen (§ 7b I Nr. 1 und 2 HandwO) geschaffen habe, von denen der Gewerbetreibende die ihn am wenigsten belastende wählen könne, würden die im Inland ausgebildeten Handwerker nicht unzumutbar belastet. Der für sie geltende Zugangsweg des § 7b HandwO sei daher in seiner Eingriffsintensität mit den Voraussetzungen für eine Niederlassung von Handwerkern aus dem EU-/EWR-Raum im Wesentlichen vergleichbar. Die verbleibenden Unterschiede (vgl. § 7b I HandwO, wonach die in Nr. 12 und 33-37 der Anlage A zur HandwO genannten Berufe nach wie vor dem Meisterzwang unterliegen) fielen verfassungsrechtlich nicht ins Gewicht.[794] Das überzeugt nicht. Denn nach wie vor unterliegt z.B. ein in Deutschland ausgebildeter Augenoptiker (Nr. 33 der Anlage A) dem Meisterzwang, wohingegen ein in Deutschland niedergelassener, jedoch in Frankreich ausgebildeter Augenoptiker keinem Meisterzwang unterliegt. Dass eine derartige Ungleichbehandlung z.B. für Frisöre (Nr. 38 der Anlage A) nicht gegeben ist, kann die Ungleichbehandlung in Bezug auf Augenoptiker nicht rechtfertigen. Wenn der Gesetzgeber mit dem Meisterzwang die o.g. Ziele verfolgt, muss er an sich gewährleisten, dass auch Handwerker aus anderen EU-Staaten diesem Standard gerecht werden. Wenn er unionsrechtlich aufgrund der Niederlassungsfreiheit[795] und der Verordnung bzgl. der Ausübung eines zulassungspflichtigen Handwerks (EU/EWR HwV) aber eben daran gehindert ist, wäre – um die Inländerdiskriminierung zu beseitigen – die einzige richtige Lösung, sich gänzlich von dem Meisterzwang zu verabschieden.

342d In Bezug auf die im **Beispiel** von Rn 331d genannte Ungleichbehandlung bei der Erbschaftsteuer hat das BVerfG entschieden, dass eine Verschonung von Betriebsvermögen bei der Erbschaftsteuer zwar nicht von vornherein gleichheitswidrig sei, insbesondere, um

---

[791] Vgl. auch BVerfG NVwZ 2011, 355 ff.

[792] BVerfGE 130, 131, 143 f.

[793] Vgl. BVerfGE 13, 97, 107 (Befähigungsnachweis Handwerk); 69, 209, 218 (Steuerberaterprüfung); BVerwG NVwZ-RR 2012, 23 f.; BVerwG GewArch 2012, 35 f.

[794] BVerwG NVwZ-RR 2012, 23 f.

[795] Die Niederlassungsfreiheit gewährleistet natürlichen und juristischen Personen den freien Aufenthalt, das freie Wohnrecht und die freie Wahl des Studien- und Arbeitsplatzes im Hoheitsgebiet eines beliebigen Mitgliedstaats (Art. 49 I S. 1 AEUV). Vgl. dazu *R. Schmidt*, Staatsorganisationsrecht, Rn 341k.

Arbeitsplätze zu erhalten. Die bisherigen gesetzlichen Verschonungsregeln für Betriebsvermögen seien aber zu weitgehend und unverhältnismäßig, soweit es um große Unternehmensvermögen gehe. Diesbezüglich bedürften sie der Korrektur.[796] Zwar hat das BVerfG die beanstandeten Regelungen nicht für nichtig erklärt, es hat dem Gesetzgeber aber eine Frist bis zum 30.6.2016 gesetzt, um verfassungskonforme Regelungen zu treffen.[797] Der Versuch einer gesetzgeberischen Neuregelung ist vorerst jedoch gescheitert, nachdem der Bundesrat die Zustimmung verweigert und den Vermittlungsausschuss angerufen hat. Daraufhin hat das BVerfG angekündigt, sich nach der Sommerpause Ende September 2016 mit einem noch anhängigen Normenkontrollverfahren in Bezug auf das Erbschaftsteuer- und Schenkungsteuergesetz zu befassen.[798] Da dann sogar eine Nichtigkeitsfeststellung droht (mit der Konsequenz, dass dann in Ermangelung einer Gesetzesgrundlage überhaupt keine Erbschaftsteuer festgesetzt werden könnte), bleibt abzuwarten, ob es dem Gesetzgeber nicht doch noch gelingt, rechtzeitig eine (verfassungskonforme) Neuregelung zu erlassen.

Zu den **Nichtraucherschutzgesetzen** vgl. auch Rn 794/802/804/808. Zur Verlängerung der **Verjährungsfristen** bei der Strafverfolgung von **Steuerhinterziehungen** vgl. *R. Schmidt*, Statsorganisationsrecht, Rn 291/297. **343**

Keine Gleichheit im Unrecht: Diese auf Dürig[799] zurückgehende Formel besagt, dass niemand einen Anspruch auf Fehlerwiederholung der Behörde hat. Wenn also die Behörde in rechtswidriger Weise einen Bürger privilegiert, kann sich ein anderer Bürger nicht auf Art. 3 I GG stützen, um ebenfalls rechtswidrig privilegiert zu werden. Die Bindung an Gesetz und Recht (Art. 20 III GG) verbietet eine Fehlerwiederholung. **344**

Beispiel[800]: K betreibt seit 15 Jahren in einem als Wohnhaus genehmigten Gebäude einen bordellartigen Betrieb, den er als „FKK-Sauna-Club" bezeichnet. Eine baurechtliche Genehmigung für diese Nutzung liegt nicht vor; der Betrieb wurde bislang aber von der Gemeindeverwaltung geduldet. Nunmehr aber untersagt der Bürgermeister die Nutzung des Anwesens als bordellartiger Betrieb, weil der als Vergnügungsstätte zu typisierende Betrieb formell und materiell illegal sei. K wehrt sich und beruft sich im Wesentlichen darauf, dass das Gebäude in einem überwiegend gewerblich geprägten Gebiet liege und der Gemeinde die Ausübung der Prostitution schon seit Jahren bekannt sei. Die Nutzungsuntersagung sei daher unverhältnismäßig und zudem gleichheitswidrig, weil die Gemeinde gegen einen vergleichbaren Betrieb nicht vorgehe.

Unterstellt, dass der bordellartige Betrieb formell und materiell rechtswidrig ist, wäre die Nutzungsuntersagung nicht rechtswidrig. Dass die zuständige Behörde auch gegenüber dem anderen Bordellbetreiber, dessen Betrieb ja ebenfalls baurechtswidrig betrieben wird, eine Nutzungsuntersagungsverfügung hätte anordnen müssen, ist zwar richtig, dies hilft K aber nicht weiter, weil es wegen der Bindung der Verwaltung an Gesetz und Recht (Art. 20 III GG) keinen Anspruch auf Fehlerwiederholung und damit auch keinen Anspruch auf Gleichbehandlung im Unrecht gibt.

Ergebnis: Obwohl K im Vergleich zu dem anderen Bordellbetreiber anders behandelt wird, liegt kein Verstoß gegen Art. 3 I GG vor.

---

[796] BVerfG NJW 2015, 303, 309 ff.
[797] BVerfG NJW 2015, 303, 327.
[798] Siehe Pressemitteilung des BVerfG Nr. 41/2016 v. 14.7.2016.
[799] *Scholz*, in: Maunz/Dürig, GG, Art. 3 Rn 179.
[800] In Anlehnung an VG Karlsruhe 28.5.2014 – 6 K 701/13.

II. Spezielle Gleichheitsrechte

1. Gleichberechtigung von Mann und Frau (Art. 3 II, III S. 1 Var. 1 GG)

345 Art. 3 II S. 1 GG enthält ein grundsätzliches Differenzierungsverbot. Ungleichbehandlungen, die mit dem Geschlecht des Betroffenen begründet werden, sind grundsätzlich unzulässig.[801] Gleiches statuiert Art. 3 III S. 1 Var. 1 GG. An das Geschlecht anknüpfende Diskriminierungen unterfallen also einem doppelten Verbot. Art. 3 II S. 2 GG enthält darüber hinaus einen Auftrag (im Sinne einer Staatszielbestimmung) an den Staat, die tatsächliche Durchsetzung der Gleichberechtigung von Frauen und Männern zu fördern und auf die Beseitigung bestehender Nachteile hinzuwirken. Das kann zu einer Rechtfertigung einer Differenzierung führen, die sonst unzulässig wäre.

Hinweis für die Fallbearbeitung: Im Unterschied zum allgemeinen Gleichheitssatz des Art. 3 I GG stellt das spezielle Diskriminierungsverbot des Art. 3 II S. 1 i.V.m. III S. 1 Var. 1 GG nach Wortlaut und Zweck ein **subjektives Abwehrrecht** dar. Aus diesem Grund sowie wegen des speziellen Sachverhalts, der geregelt wird, kann das Grundrecht wie ein Freiheitsrecht geprüft werden: Schutzbereich, Eingriff in den Schutzbereich und verfassungsrechtliche Rechtfertigung.

a. Schutzbereich

346 Art. 3 II S. 1 i.V.m. III S. 1 Var. 1 GG schützt vor Diskriminierungen aufgrund des Geschlechts.

b. Eingriff in den Schutzbereich

347 Ein Eingriff ist immer dann anzunehmen, wenn Männer gegenüber Frauen und Frauen gegenüber Männern ungleich behandelt werden. Ungleichbehandlungen können direkter, aber auch indirekter Natur sein. Setzt eine Maßnahme ausdrücklich an das Geschlecht als Differenzierungskriterium an, liegt eine **direkte Ungleichbehandlung** (unmittelbare Diskriminierung) vor. Dagegen wird unter **indirekter Ungleichbehandlung** (mittelbarer bzw. faktischer Diskriminierung) ein „Sachverhalt verstanden, bei dem eine Regelung äußerlich zwar an ein geschlechtsneutrales Merkmal anknüpft, sich faktisch aber zum Nachteil eines Geschlechts auswirkt, weil das Merkmal ganz überwiegend von Angehörigen dieses Geschlechts verwirklicht wird"[802]. Häufiger Fall der indirekten Ungleichbehandlung ist die **Teilzeitarbeit**.

Beispiel: A beschäftigt in seinem Reinigungsbetrieb 4 Vollzeit- und 4 Teilzeitkräfte auf Stundenlohnbasis. Dabei liegt der Stundenlohn der Vollzeitkräfte um ein Drittel höher als der bei den Teilzeitkräften.

Wenn man davon ausgeht, dass Teilzeitarbeit ganz überwiegend von Frauen ausgeübt wird und auch vorliegend die 4 Teilzeitkräfte weiblich sind, besteht eine mittelbare Diskriminierung. Zwar kann A nicht unmittelbar Grundrechte verletzen, weil er kein Grundrechtsverpflichteter ist, jedoch wirkt Art. 3 II S. 1 i.V.m. III S. 1 Var. 1 GG über die zivilrechtlichen Generalklauseln bzw. arbeitsrechtlichen Bestimmungen mittelbar auch im Arbeitsverhältnis. Vorliegend verstößt A gegen § 1 AGG (früher: § 611a BGB) und damit mittelbar gegen Art. 3 II S. 1 i.V.m. III S. 1 Var. 1 GG. Ein Verstoß würde nur dann zu verneinen sein, wenn ein zwingender Grund für die unterschiedliche Behandlung vorläge. Davon ist vorliegend jedoch nicht auszugehen.

---

[801] Vgl. VG Berlin 7.12.2012 – 5 L 419.12 (dazu *Ruffert*, JuS 2013, 664). Vgl. im Übrigen die Antidiskriminierungsrichtlinien 2000/43/EG, 2000/78/EG und 2002/73/EG, die im Sommer 2006 in Form des Allgemeinen Gleichbehandlungsgesetzes (AGG, vgl. BGBl I S. 1897) umgesetzt worden sind.

[802] Vgl. dazu BVerfG NVwZ 2008, 987 (Ruhegehalt von Teilzeitbeamten - mit Bespr. v. *Sachs*, JuS 2008, 1014); BVerfGE 109, 64, 89 f. (Mutterschaftsgeld); EuGH EuZW 2001, 58 ff. (Ausgleich für Wehrpflicht bei Zugang zum Referendariat keine Diskriminierung) mit Bespr. von *Streinz*, JuS 2001, 390 ff.; BVerfGE 97, 35, 43 (Teilzeitbeschäftigte); BAGE 80, 173, 181; 83, 327, 336; *Weth/Kerwer*, JuS 2000, 425, 429.

c. Rechtfertigung von Ungleichbehandlungen

Trotz des Wortlautes in Art. 3 II S. 1, III S. 1 Var. 1 GG, der auf ein absolutes Differenzierungsverbot schließen lässt, versteht das BVerfG das Diskriminierungsverbot nur als Grundsatz. Es lässt Differenzierungen nach dem Geschlecht ausnahmsweise zu, **348**

- wenn im Hinblick auf die objektiven **biologischen Unterschiede** nach der Natur des jeweiligen Lebensverhältnisses eine besondere Regelung erlaubt oder sogar geboten ist[803]
- oder wenn sie zur **Lösung von Problemen, die ihrer Natur nach entweder nur bei Männern oder nur bei Frauen auftreten können**, zwingend erforderlich sind.[804]

Auch kann der Nachteilsbeseitigungsauftrag aus Art. 3 II S. 2 GG eine Ungleichbehandlung rechtfertigen (siehe bereits Rn 345).

Dagegen sind Differenzierungen, die auf **funktionalen Unterschieden** beruhen („die Frau gehört ins Haus“, vgl. § 1360 S. 2 BGB a.F.), unzulässig.[805] **349**

Beispiel: Es existiert eine Regelung, wonach weiblichen Bewerbern mit gleicher Qualifikation wie männliche Mitbewerber bei der Bewerbung um einen Posten in einer Abteilung, bei der im jeweiligen Anstellungs- oder Beförderungsamt weniger Frauen als Männer beschäftigt sind, bei einer Einstellung oder Beförderung automatisch der Vorzug eingeräumt wird.

Gemäß Art. 2 der Richtlinie 76/207/EWG (abgelöst durch Richtlinie 2006/54/EG) ist eine derartige geschlechtsbezogene Diskriminierung grundsätzlich unzulässig.[806] Daran ändert auch die neue Staatszielbestimmung des Art. 3 II S. 2 GG nichts, wonach der Staat die tatsächliche Durchsetzung der Gleichberechtigung von Frauen und Männern fördert und auf die Beseitigung bestehender Nachteile hinwirkt.[807] Allerdings ist nach einem neueren Judikat des EuGH die sog. Öffnungsklausel (vgl. z.B. § 19 VI S. 2 LBG NRW) zu beachten, nach der Frauen nicht vorrangig befördert (ergänze: ernannt) werden müssen, sofern in der Person des männlichen Bewerbers liegende Gründe überwiegen.[808] Der EuGH hob hervor, dass solche Öffnungsklauseln zum Abbau der tatsächlichen Ungleichstellung beitragen könnten. Zulässig seien sie dann, wenn im Einzelfall garantiert sei, dass eine „objektive“ Beurteilung folge, alle in Betracht kommenden Kriterien gewürdigt würden und eben der Frauen-Vorrang entfalle, sobald solche Kriterien zugunsten des Mannes „überwögen“. Diesen Kriterien dürfe aber nicht ihrerseits diskriminierende Wirkung zukommen. Vgl. weiterhin Rn 367 f.

Das gilt auch für die Einstellung in den **öffentlichen Dienst**. Hier enthält Art. 33 II GG (vgl. Rn 366) ein besonderes Diskriminierungsverbot, das jedoch (wie Art. 3 II S. 1 GG) mit dem Nachteilsbeseitigungsauftrag aus Art. 3 II S. 2 GG überwunden werden kann. **350**

Beispiel[809]**:** Es existiert eine gesetzliche Regelung, wonach in allen Dienststellen der öffentlichen Verwaltung eine Frauenvertreterin zu wählen ist. Wahlberechtigt sind zudem nur Frauen. Ein männlicher Beschäftigter macht geltend, diese Regelung verstoße gegen Art. 33 II GG und Art. 3 II S. 1 GG.

Unabhängig von der Frage, ob Art. 33 II GG überhaupt bei Wahlämtern zu beachten ist[810], hat der Gesetzgeber durch die Beschränkung des aktiven und passiven Wahlrechts

---

803 BVerfGE 74, 163, 179 (Rentenalter).
804 BVerfGE 92, 91, 109 (Feuerwehrabgabe). Vgl. aber auch BVerfG NZA 2011, 857, wo das Gericht hinsichtlich der Vergabe von Leistungen durch die Versorgungsanstalt des Bundes und der Länder (VBL), einer Anstalt des öffentlichen Rechts, diese Differenzierungsmöglichkeit aufzugeben scheint.
805 BVerfGE 85, 191 ff. (Arbeitszeitordnung); anders aber noch BVerfGE 74, 163 ff. (Rentenalter).
806 EuGH NJW 1995, 3109 ff. (Fall Kalanke); vgl. dazu auch *Holznagel/Schlünder*, Jura 1996, 519 ff.
807 OVG Lüneburg NVwZ 1996, 497, 499; VG Arnsberg NVwZ 1995, 725; VG Schleswig NVwZ 1995, 724.
808 EuGH DVBl 1998, 181 ff. (Fall Marschall); vgl. dazu *Erichsen*, JK 1998, GG Art. 3 II/8.
809 Vgl. VG Berlin 7.12.2012 – 5 L 419.12 - dazu *Ruffert*, JuS 2013, 664.
810 Vgl. dazu *Kunig*, in: v. Münch/Kunig, GG, Art. 33 Rn 21.

nicht gegen das Diskriminierungsverbot verstoßen. Auch der Bundesgesetzgeber geht davon aus, dass es hinsichtlich des Amtes einer Frauenvertreterin wichtig sein kann, die Verhältnisse aus der Sicht desselben Geschlechts zu beurteilen. Es sei auch naheliegend, dass die weiblichen Beschäftigten sich mit ihren Problemen bei einer Frau besser aufgehoben und vertreten fühlen.[811] Mithin ist die Regelung mit Art. 3 II S. 1 GG vereinbar.

351 Auch Differenzierungen hinsichtlich des Dienstes von **Frauen in den Streitkräften** sind seit dem Urteil des EuGH[812] nicht mehr zulässig. Die Richtlinie 76/207/EWG (abgelöst durch Richtlinie 2006/54/EG) stehe der Anwendung nationaler Bestimmungen entgegen, die Frauen allgemein vom Dienst an der Waffe ausschließen und ihnen nur den Zugang zum Sanitäts- und Militärmusikdienst erlauben (vgl. Art. 12a I, IV S. 2 GG a.F.).

2. (Sonstige) Diskriminierungsverbote des Art. 3 III GG

352 In Anlehnung an das zum Diskriminierungsverbot des Art. 3 II, III S. 1 Var. 1 Gesagte stellen auch alle anderen speziellen Diskriminierungsverbote des Art. 3 III GG nach Wortlaut und Zweck **subjektive Abwehrrechte** dar. Daher können auch diese Grundrechte wie Freiheitsrechte geprüft werden: Schutzbereich, Eingriff in den Schutzbereich und verfassungsrechtliche Rechtfertigung.

a. Schutzbereich

353 Gemäß Art. 3 III S. 1 GG darf niemand wegen seines Geschlechts, seiner Abstammung, seiner Rasse, seiner Sprache, seiner Heimat und Herkunft, seines Glaubens, seiner religiösen oder politischen Anschauungen benachteiligt oder bevorzugt werden.[813]

Abstammung meint die natürliche biologische Beziehung eines Menschen zu seinen Vorfahren.[814] Das Merkmal der **Rasse** bezieht sich auf Gruppen mit bestimmten biologisch vererbbaren Eigenschaften.[815] Mit **Heimat** ist die örtliche Herkunft gemeint.[816] Der Begriff **Herkunft** meint die „ständisch-soziale Abstammung und Verwurzelung“[817]. Das Merkmal der **Sprache** schützt Gruppen vor Diskriminierungen aufgrund ihrer Muttersprache.[818] **Glaube** und **religiöse Anschauung** bezeichnen die Schutzgüter des Art. 4 I GG. **Politische Anschauungen** bezeichnen Grundeinstellungen zu Fragen des (staatlichen) Gemeinwesens.

b. Eingriff in den Schutzbereich durch Benachteiligung bzw. Bevorzugung

354 Eine **Beeinträchtigung** des Grundrechts liegt vor, wenn betroffene Personen anhand der o.g. Kriterien ungleich behandelt werden. Das kann dadurch geschehen, dass eine Maßnahme ausdrücklich auf ein solches Kriterium abhebt (direkte Ungleichbehandlung). Unklar ist, ob auch Maßnahmen, die nur indirekt eine Ungleichbehandlung der o.g. Personengruppe mit sich bringen (sog. indirekte Ungleichbehandlung), eine Beeinträchtigung des Grundrechts zur Folge haben. In Anlehnung des zur Ungleichbehandlung von Männern und Frauen Gesagten wird man generell für den gesamten Art. 3 III GG ein Verbot indirekter Ungleichbehandlung fordern müssen.[819]

---

[811] Vgl. VG Berlin 7.12.2012 – 5 L 419.12 mit Verweis auf BT-Drs. 14/5679, S. 27.
[812] EuGH NJW 2000, 497 ff. (Tanja Kreil). Vgl. auch BVerwG NVwZ-RR 2014, 767 f. (Haartracht).
[813] Eine einfachgesetzliche Ausprägung des Diskriminierungsverbots mit subjektiven Ansprüchen stellt das im August 2006 in Kraft getretene Allgemeine Gleichheitsgesetz (AGG, vgl. BGBl I S. 1897) dar.
[814] BVerfGE 9, 124, 128 (Zum Begriff der „Herkunft“).
[815] *Jarass*, in: Jarass/Pieroth, GG, Art. 3 Rn 70.
[816] BVerfGE 5, 17, 22 (Zum Begriff der „Heimat“).
[817] BVerfGE 48, 281, 288 (Versorgungsleistungen an deutsche Teilnehmer des spanischen Bürgerkriegs).
[818] *Sachs*, in: HdbStR V, S. 1037.
[819] *Gubelt*, in: v. Münch/Kunig, GG, Art. 3 Rn 86; *Osterloh*, in: Sachs, GG, Art. 3 Rn 256.

c. Verfassungsrechtliche Rechtfertigung

Wie gesagt, gelten die Diskriminierungsverbote des Art. 3 III S. 1 GG nicht absolut. Differenzierungskriterien sind zulässig, wenn sie zur Lösung von kollidierenden Verfassungsgütern notwendig sind. Vgl. dazu auch die differenzierten Regelungen des AGG. **355**

3. Das Verbot der Diskriminierung Behinderter (Art. 3 III S. 2 GG)

Schließlich statuiert das Grundgesetz in Art. 3 III S. 2 das Verbot der Benachteiligung Behinderter. Wie die anderen speziellen Diskriminierungsverbote des Art. 3 III GG stellt auch das Verbot der Benachteiligung Behinderter nach Wortlaut und Zweck ein **subjektives Abwehrrecht** dar[820] und kann daher ebenfalls wie ein Freiheitsrecht geprüft werden: Schutzbereich, Eingriff in den Schutzbereich und verfassungsrechtliche Rechtfertigung. **356**

a. Schutzbereich

Zentraler Begriff für die Bestimmung des Schutzbereichs ist die Behinderung. Diese lässt sich sowohl weit als auch eng verstehen. Versteht man den Begriff weit, so fallen alle Personen unter den Begriff, die von Auswirkungen einer nicht nur vorübergehenden Funktionsbeeinträchtigung betroffen sind, welche auf einem regelwidrigen, insbesondere altersuntypischen, körperlichen, geistigen oder seelischen Zustand beruht[821]. Der Wortlaut des Art. 3 III S. 2 GG lässt aber auch ein enges Verständnis des Begriffs Behinderung zu, wonach eine bestimmte Schwere der Behinderung zu fordern wäre. Parallel zu § 2 II SGB IX wären dann nur diejenigen berechtigt, sich auf Art. 3 III S. 2 GG zu berufen, die mindestens einen Behinderungsgrad von 50 aufweisen.[822] Relevant wird die unterschiedliche Interpretationsmöglichkeit des Art. 3 III S. 2 GG also immer dann, wenn der Betroffene nicht Schwerbehinderter i.S.d. § 2 II SGB IX ist. Nach der hier vertretenen Auffassung ist der verfassungsrechtliche Begriff der Schwerbehinderung nicht mit dem des einfachgesetzlichen Begriffs identisch, sondern weiter. Denn es überzeugt nicht, dass sich Ausgrenzungen und Diskriminierungen am Grad der Behinderung festmachen lassen.[823] **357**

> **Hinweis für die Fallbearbeitung:** Die Frage kann dahinstehen, wenn die Voraussetzungen des engen Verständnisses vorliegen. So ist z.B. der Schutzbereich des Art. 3 III S. 2 GG im Fall der Erblindung oder der Querschnittslähmung eröffnet.

b. Eingriff in den Schutzbereich durch Benachteiligung

Der Schutzbereich des Art. 3 III S. 2 GG ist tangiert, wenn behinderte Menschen im Vergleich zu nicht behinderten benachteiligt werden. Eine Benachteiligung besteht nicht nur bei einer *direkten* Schlechterstellung Behinderter, sondern sie kann auch dann vorliegen, wenn sich die Maßnahmen *indirekt* nachteilig auf Behinderte auswirken. **358-364**

c. Verfassungsrechtliche Rechtfertigung des Eingriffs

Parallel zur Ungleichbehandlung von Männern und Frauen lassen sich Ungleichbehandlungen, die an das Merkmal der Behinderung anknüpfen, nur durch kollidierendes Verfassungsrecht, d.h. durch Grundrechte Dritter oder andere Verfassungsgüter rechtfertigen (sog. verfassungsimmanente Schranken). Die gegenläufigen Verfassungsgüter sind in ein Verhältnis praktischer Konkordanz zueinander zu bringen, wobei dem Diskriminierungsverbot des Art. 3 III S. 2 GG eine besondere Bedeutung zukommt. Wegen des Grundsatzes vom Vorbehalt des Gesetzes ist aber auch hier stets eine gesetzliche Grundlage zu fordern. **365**

---

[820] Vgl. *Osterloh*, in: Sachs, GG, Art. 3 Rn 305. Vgl. auch *Jarass*, in: Jarass/Pieroth, GG, Art. 3 Rn 106.
[821] *Osterloh*, in: Sachs, GG, Art. 3 Rn 310; *Jarass*, in: Jarass/Pieroth, GG, Art. 3 Rn 106.
[822] *Beaucamp*, JA 2001, 36, 37.
[823] Vgl. auch *Beaucamp*, JA 2001, 36, 38.

4. Gleicher Zugang zu öffentlichen Ämtern (Art. 33 II GG)

366 Die Entscheidung über die Einstellung in ein öffentliches Amt erfolgt regelmäßig als **Auswahlentscheidung** zwischen mehreren Bewerbern. Bei dieser Auswahlentscheidung sind die Vorgaben des Art. 33 II, III GG (Leistungsprinzip) zu beachten. Dieses Leistungsprinzip hat über den Zugang zum und das Fortkommen im öffentlichen Dienst zu entscheiden, ist also auswahlbestimmend. Die Auswahlentscheidung ist strikt nach dem Wortlaut des Art. 33 II GG (wiederholt in § 9 BeamtStG, § 9 BBG und den jeweiligen Bestimmungen der Landesbeamtengesetze) an der **Eignung**, **Befähigung** und der **fachlichen Leistung** auszurichten.

- Unter **Eignung** versteht man die persönliche, intellektuelle und charakterliche Eigenschaft.
- Mit dem Begriff **Befähigung** werden die allgemeinen für die dienstliche Verwendung bedeutsamen Eigenschaften wie Begabung, Allgemeinwissen, Lebenserfahrung und allgemeine Ausbildung umschrieben.[824]
- Die **fachliche Leistung** kennzeichnet die bisherige Arbeitsleistung in Form von praktischer Tätigkeit.[825] Der Begriff zielt auf die Arbeitsergebnisse des Beamten bei Wahrnehmung seiner dienstlichen Aufgaben, auf Fachwissen und Fachkönnen.[826]

367 Weiterhin ist die Auswahl ohne Rücksicht auf Geschlecht, Abstammung, Rasse, Glauben, religiöse oder politische Anschauungen, Herkunft oder Beziehungen vorzunehmen (Art. 33 III GG, Art. 3 I, II und III GG, § 9 BBG, § 9 BeamtStG).

Das **Geschlecht** ist also grds. kein zulässiges Auswahlkriterium.[827] Es darf grds. auch nicht hilfsweise herangezogen werden, etwa bei der Frage, ob eine Bewerberin bei gleicher Leistung einem Bewerber bevorzugt werden darf. Gemäß Art. 3 III S. 1 GG darf das Geschlecht gerade nicht berücksichtigt werden.[828] Der Nachteilsbeseitigungsauftrag aus Art. 3 II S. 2 GG kann aber zu einer Rechtfertigung einer Differenzierung führen, die sonst unzulässig wäre, siehe dazu Rn 343 ff.

Eine Besonderheit gilt hinsichtlich **Schwerbehinderungen**. Das Sozialstaatsprinzip des Art. 20 I GG legitimiert grds. die vorrangige Auswahl eines Schwerbehinderten bei gleicher Leistung. Verboten ist aber weiterhin die Bevorzugung einzelner Personen aus sachwidrigen Gründen. So ist die vorrangige Auswahl eines Bewerbers oder dessen Ablehnung aufgrund politischer, landsmannschaftlicher oder religiöser Verbundenheit unzulässig. Auch ein Proporz ist unzulässig.

Auch eine **Altersdiskriminierung** ist durch Art. 33 II GG ausgeschlossen. Das schließt indes nicht aus, dass der Dienstherr in gerechtfertigter Weise eine gewisse Berufserfahrung an ein Amt knüpfen darf. Daher sind Mindestaltersgrenzen für die Einstellung in den öffentlichen Dienst nicht per se unzulässig. Aber auch Höchstaltersgrenzen können (mit Blick auf Einstellungen, Entfristungen und Beförderungen[829]) gerechtfertigt sein, etwa, um eine angemessen lange Dienstzeit und eine ausgewogene Altersstruktur im öffentlichen Dienst zu gewährleisten.[830] Geht es um die Frage, ob (starre) Altersgrenzen hinsichtlich des Eintritts in den Ruhestand zulässig sind, hat der EuGH diese nicht beanstandet, sofern arbeitsmarkt- oder sozialpolitische Zwecke verfolgt werden.[831] Und das BVerwG hat die gesetzliche allgemeine Altersgrenze von 65 Jahren für Fachhochschulprofessoren nicht beanstandet.[832] Nach zutreffender

[824] BVerwG NVwZ 2005, 457.
[825] Vgl. *Jarass*, in: Jarass/Pieroth, GG, Art. 33 Rn 10.
[826] BVerwG NVwZ 2005, 457; NVwZ 2013, 80 ff.
[827] EuGH NJW 2000, 2653 ff.; EuGH NJW 2000, 1549, 1550 f.; VG Göttingen NVwZ 1998, 100, 101.
[828] Vgl. nunmehr auch *Schwarz*, JuS 2009, 417, 421. Zur Richtlinie 76/202/EWG, die zum Erlass des AGG geführt hat, vgl. EuGH NJW 2000, 2653, 2655 f.
[829] Beispiel: keine Beförderung 3 Jahre vor Eintritt in den Ruhestand.
[830] Vgl. dazu etwa BVerwGE 142, 59 ff.; BVerfG NVwZ 2013, 1540, 1541; NVwZ 2015, 1279, 1280.
[831] EuGH NJW 2011, 3209 ff.
[832] BVerwG NVwZ 2012, 1052 ff. Vgl. auch *Hufen*, JuS 2013, 760, 761.

Auffassung des BVerwG verstößt es aber gegen Art. 33 II GG, wenn Aufstiegsmöglichkeiten zur Laufbahn des gehobenen Dienstes von einem Mindestalter von 40 Jahren oder einer Mindestverweildauer von 12 Jahren in dem Verwaltungszweig abhängig gemacht werden.[833] Werden Altersgrenzen in Laufbahnverordnungen (Rechtsverordnungen) festgelegt, ist dies bereits (wegen Verstoßes gegen Art. 80 I S. 2 GG bzw. die Wesentlichkeitsrechtsprechung) rechtswidrig, wenn es an einer hinreichend bestimmten Ermächtigungsgrundlage fehlt.[834]

Die der Auswahlentscheidung zugrunde liegenden Kriterien *Eignung*, *Befähigung* und *fachliche Leistung* sind Beurteilungskriterien für die entscheidende Behörde.[835] Bei diesem **Beurteilungsspielraum** beschränkt sich die gerichtliche Überprüfung auf die Frage, ob die Behörde von einem zutreffenden Sachverhalt ausgegangen ist, ob sie allgemein gültige Wert- und Beurteilungsmaßstäbe beachtet hat oder ob sie sachwidrige Erwägungen hat einfließen lassen. Wegen der Relativität der drei Kriterien ist der Behörde auch zuzubilligen, im Rahmen sachgerechter Beurteilung eine Gewichtung zwischen den einzelnen Kriterien vorzunehmen. Diesbezüglich beschränkt sich die Nachprüfung auf eine Plausibilitätskontrolle. **368**

5. Art. 6 V GG; Chancengleichheit politischer Parteien

Zu Art. 6 V GG vgl. unten Rn 552; zur Chancengleichheit politischer Parteien vgl. *R. Schmidt*, Staatsorganisationsrecht, Rn 381 ff. **369**

[833] BVerwG NVwZ 2013, 80 ff.
[834] BVerfG NVwZ 2015, 1279, 1280. Zu Art. 12 I GG in diesem Zusammenhang vgl. Rn 775 (Bsp. 6), 798, 805, 806.
[835] Vgl. BVerwGE 68, 109 f.; 80, 224, 225 f.; 92, 147, 149; 97, 128 ff.; 106, 263, 266 ff.; BVerwG NVwZ 2001, 200, 201; NVwZ 2013, 80 f.; VG Lüneburg NJW 2001, 767, 768 (Übernahme in das Beamtenverhältnis auf Probe).

F. Religions-, Weltanschauungs- und Gewissensfreiheit – Art. 4, 140 GG i.V.m. Art. 136 I, III und IV, Art. 137 II, III und VII WRV

370 Bei der in Art. 4 I GG genannten Glaubensfreiheit und dem religiösen und weltanschaulichen Bekenntnis sowie bei dem in Art. 4 II GG genannten Recht der ungestörten Religionsausübung handelt es sich nach h.M. um ein **einheitliches Grund- und Menschenrecht der Glaubensfreiheit**.[836] Konsequenz dieses Verständnisses ist, dass die nach st. Rspr. des BVerfG jedenfalls für Art. 4 I GG geltende vorbehaltlose Grundrechtsgewährung auch für Art. 4 II GG gilt. Sofern man dieser Interpretation folgt, sollte man auch in der Fallbearbeitung aufgrund desselben (Prüfungs-)Maßstabs von einem einheitlichen Schutzbereich ausgehen. Geschützt wird demnach das umfassende Recht, einen Glauben zu bilden, zu haben, den Glauben zu bekennen, zu verbreiten und gemäß diesem Glauben zu handeln.[837] Demgegenüber werden die in Art. 4 III GG gewährleistete **Gewissensfreiheit** und das **Recht der Kriegsdienstverweigerung** als jeweils eigenständige Grundrechte angesehen.[838] Mithin enthält Art. 4 GG auf der Basis der h.M. insgesamt drei Grund- und Menschenrechte:

- die Religions- und Weltanschauungsfreiheit (Glaubensfreiheit),
- die Gewissensfreiheit
- und das Recht auf Kriegsdienstverweigerung.

371 In engem Zusammenhang mit Art. 4 I, II GG stehen die durch Art. 140 GG inkorporierten Vorschriften der Weimarer Reichsverfassung (Art. 136, 137, 138, 139, 141 WRV), die wegen Art. 140 GG vollgültiger Teil des Grundgesetzes sind. Art. 4 I, II GG und die durch Art. 140 GG inkorporierten Vorschriften der WRV bilden nach Auffassung des BVerfG ein „organisches Ganzes".[839] Von besonderer Bedeutung in diesem Zusammenhang ist Art. 136 I WRV, wonach die individuelle Religionsfreiheit die staatsbürgerlichen Rechte und Pflichten weder bedingen noch beschränken kann. Nach dieser Systematik unterliegt die individuelle Religionsfreiheit damit quasi einem Gesetzesvorbehalt, was Einschränkungen eher rechtfertigen lässt, als wenn man eine vorbehaltlose Gewährleistung annimmt. Entgegen dieser Systematik steht das BVerfG gleichwohl auf dem Standpunkt, die inkorporierten Vorschriften der WRV würden von Art. 4 I und II GG „überlagert" und damit in ihrer Anwendung insgesamt in Bezug auf die individuelle Glaubensfreiheit gesperrt.[840] Auf die damit verbundenen Probleme bei der Rechtfertigung von Grundrechtseingriffen wird im Laufe der folgenden Ausführungen noch ausführlich einzugehen sein (siehe Rn 381 ff. und 398 ff.).

372 Das Grundrecht auf Glaubensfreiheit steht zunächst allen natürlichen Personen zu und stellt insoweit eine **individuelle** Glaubensfreiheit dar. Darüber hinaus kommt es als Garant einer **kollektiven** Glaubensfreiheit religiösen und weltanschaulichen Gemeinschaften bzw. Vereinigungen zugute. Zwar besteht im Rahmen des Schutzbereichs kein

---

[836] BVerfG NJW 2015, 1359, 1360 (Kopftuchverbot); BVerfGE 108, 282, 294 ff. (Kopftuchverbot); 93, 1, 15 (Kruzifix); 83, 341, 354 (Baha´i); 69, 1, 33 f. (Kriegsdienstverweigerung); 32, 98, 106 (Gesundbeter); 24, 236, 245 (Rumpelkammer/Kanzelwerbung). Vgl. auch BVerfGE 102, 370, 383 (Zeugen Jehovas); 105, 279, 293 ff. (Osho); BVerwGE 112, 314 ff. (Cannabisanbau); BVerwGE 112, 227 ff. und NVwZ 2007, 461 ff. (Schächten von Tieren) und aus der Lit. *v. Campenhausen*, in: HdbStR VI, S. 391 f.; *Jarass*, in: Jarass/Pieroth, GG, Art. 4 Rn 1; a.A. *Pauly/Pagel*, NVwZ 2002, 441 ff.; *Starck*, in: von Mangoldt/Klein/Starck, GG, Art. 4 Rn 3 ff.; *Herzog*, in: Maunz/Dürig, GG, Art. 4 Rn 63.

[837] BVerfGE 32, 98, 106 f. (Gesundbeter); 69, 1, 33 f. (Kriegsdienstverweigerung); 108, 282, 297 (Kopftuchverbot); 125, 39, 79 (Ladenschluss); siehe auch BVerwGE 75, 188, 191; BVerwG NVwZ 2012, 162, 163.

[838] Vgl. dazu *Mager*, in: v. Münch/Kunig, GG, Art. 4 Rn 9 f.

[839] BVerfGE 53, 366, 400 (Konfessionelles Krankenhaus); 102, 370, 371 (Zeugen Jehovas); 105, 279, 293 ff. (Osho). Vgl. auch BVerfGE 53, 366, 400; 102, 370, 371. Vgl. auch BVerfG NVwZ 2015, 1434, 1438.

[840] Vgl. BVerfGE 104, 337, 345 ff. (Schächten).

Unterschied, Besonderheiten ergeben sich aber im Rahmen der Schranken. Daher bietet sich diesbezüglich eine getrennte Prüfung an.

I. Individuelle Glaubensfreiheit

1. Schutzbereich

Die Freiheit des Glaubens schützt die religiöse, aber auch die weltanschauliche Überzeugung. Glaubensfreiheit bedeutet die innere Freiheit, sich eine religiöse oder areligiöse Überzeugung von der **Stellung des Menschen in der Welt** und seiner **Beziehung zu höheren Mächten und tieferen Seinsschichten** zu bilden, und die äußere Freiheit, sich zu diesen Überzeugungen bzw. Entscheidungen zu bekennen und sie zu verbreiten. Geschützt sind auch **kultische Handlungen** sowie religiöse und weltanschauliche **Feiern** und **Gebräuche**.

Erfasst wird, wie auch Art. 136 III S. 1, IV WRV und Art. 141 WRV verdeutlichen, ebenso die **negative Glaubensfreiheit**. Negative Glaubensfreiheit bedeutet die Freiheit, eine religiöse oder weltanschauliche Überzeugung abzulehnen, sofern dies auf einer Gewissensentscheidung beruht. Darunter fällt das Recht, die eigene Überzeugung zu verschweigen.

2. Eingriff in den Schutzbereich

Der Schutzbereich der individuellen Glaubensfreiheit ist betroffen, wenn der Staat die o.g. geschützten Tätigkeiten in irgendeiner Weise regelt oder faktisch in erheblicher Weise behindert.

3. Verfassungsrechtliche Rechtfertigung

Vereinzelte Grundrechtsschranken finden sich in den Vorschriften der Weimarer Reichsverfassung, die gem. Art. 140 GG vollgültiges Verfassungsrecht darstellen. Gleichwohl ist nach st. Rspr. des BVerfG die Glaubensfreiheit vorbehaltlos gewährleistet. Die demzufolge vorbehaltlos gewährte Glaubensfreiheit darf aber auch nach dem BVerfG nicht dazu führen, dass andere wichtige Verfassungsgüter oder Grundrechte anderer unangemessen beschränkt werden. Art. 4 I GG kann also durch kollidierendes Verfassungsrecht eingeschränkt werden (sog. **verfassungsimmanente Schranken**), wobei man wegen des Grundsatzes vom Vorbehalt des Gesetzes eine gesetzliche Grundlage verlangen muss. Zwischen dem Freiheitsrecht des Art. 4 I GG und den kollidierenden Verfassungsgütern muss eine Abwägung stattfinden (**praktische Konkordanz**); vgl. dazu den Cannabis-Fall bei Rn 17.

Nach der Rspr. des BVerwG ist über Art. 140 GG i.V.m. Art. 136 I WRV (Religionsfreiheit kann staatsbürgerliche Rechte und Pflichten weder bedingen noch beschränken) auch eine Einschränkung der individuellen Glaubensfreiheit zugunsten eines Rechtsguts (hier: des Tierschutzes – nun aber in Art. 20a GG verankert) möglich, das im Rang unterhalb der Verfassung steht. Das BVerfG hat diese Auffassung jedoch ausdrücklich abgelehnt.

I. Individuelle Glaubensfreiheit

1. Schutzbereich

Die Freiheit des Glaubens schützt die religiöse, aber auch weltanschauliche Überzeugung. Glaubensfreiheit bedeutet die innere Freiheit, sich eine religiöse oder areligiöse Überzeugung von der **Stellung des Menschen in der Welt** und seiner **Beziehung zu höheren Mächten und tieferen Seinsschichten** zu bilden (sog. *forum internum*), und die äußere Freiheit, sich zu diesen Überzeugungen bzw. Entscheidungen zu bekennen und sie zu verbreiten (sog. *forum externum*).[841] 373

Beispiel[842]**:** Die Eheleute M und F gehören einer bestimmten Glaubensgemeinschaft an. Ihr Glaube verbietet es ihnen, im Krankheitsfall eine medizinische Behandlung in Anspruch zu nehmen. Als F eines Tages schwer erkrankt, weigert sich M, auf F derart einzuwirken, dass diese sich medizinisch behandeln lässt. F stirbt daraufhin. M wird rechtskräf-

[841] BVerfGE 32, 98, 106 f. (Gesundbeter); 69, 1, 33 f. (Kriegsdienstverweigerung); 93, 1, 15 (Kruzifix); 108, 282, 297 (Kopftuchverbot); BVerfG NJW 2009, 3151 (mit Bespr. v. *Muckel*, JA 2010, 396 ff.). Vgl. auch BVerfG NJW 2007, 1865 ff.; NJW 2015, 1359, 1361 (Kopftuchverbot); BGH NJW 2008, 216, 217; BVerwG NVwZ 2012, 162, 163.

[842] Vgl. BVerfGE 32, 98 ff. (Gesundbeter); 93, 1, 15 (Kruzifix); Vgl. auch BGH NJW 2008, 216; BVerfG NJW 2009, 3151.

tig wegen fahrlässiger Tötung durch Unterlassen (§§ 222, 13 StGB[843]) verurteilt. Gegen dieses Urteil erhebt er Verfassungsbeschwerde.

Das Verhalten des M war von religiöser Überzeugung geprägt. Sein Unterlassen unterfällt daher dem Schutzbereich des Art. 4 I GG. In dem Urteil liegt ein Eingriff in den Schutzbereich der Glaubensfreiheit. Eine Rechtfertigung des Eingriffs durch kollidierendes Verfassungsrecht scheidet aus, da F selbst die Behandlung ablehnte und das durch die Art. 1 I und 2 I GG geschützte Recht auf Selbstbestimmung überwiegt. Etwas anderes würde nur dann gelten, wenn es sich bei F um ein minderjähriges Kind des M handelte.

374 Geschützt sind auch **kultische Handlungen** (Opfergaben, Lieder, Gebete, Abendmahle, Kundgaben etc.), rituelles Verhalten (z.B. Fasten, aber auch Beschneiden von Knaben[844]) sowie (mit kultischen Handlungen teilidentische) religiöse und weltanschauliche **Feiern** und **Gebräuche**. Auch das **Schächten von Tieren**[845] und sogar der **Drogenkonsum** (Marihuana) können in den Schutzbereich des Art. 4 I GG fallen[846].

375 Bei dieser sehr weiten Interpretation der Glaubensfreiheit besteht die Gefahr der Konturlosigkeit des Schutzbereichs. Insbesondere kann nicht die schlichte Behauptung genügen, es handele sich bei einem bestimmten Verhalten um eine religiös motivierte Betätigung. Das BVerfG fordert daher, es müsse sich auch tatsächlich, nach geistigem Gehalt und äußerem Erscheinungsbild, um eine religiös motivierte Handlung (bzw. bei der kollektiven Glaubensfreiheit um eine Religion oder Religionsgemeinschaft) handeln.[847] Es lässt auch nicht genügen, dass jemand lediglich behauptet, sein Handeln sei glaubensgeleitet. Vielmehr müsse die Behauptung nach Gehalt und Erscheinung als Glaubensregel der betreffenden Religionsgemeinschaft **plausibel** erscheinen.[848] So komme es hinsichtlich des Tragens von bestimmten Kleidungsstücken (hier: eines Kopftuchs durch eine Lehrerin muslimischen Glaubens) nicht darauf an, dass der genaue Inhalt der Bekleidungsvorschriften für Frauen unter islamischen Gelehrten durchaus umstritten sei und andere Richtungen des Islam ein als verpflichtend geltendes Bedeckungsgebot nicht kennen würden. Es genüge, dass diese Betrachtung unter den verschiedenen Richtungen des Islam verbreitet sei und insbesondere auf zwei Stellen im Koran zurückgeführt werde.[849]

Nicht notwendigerweise von Art. 4 I GG geschützt ist religiöses Handeln, das nach den Regeln der Glaubensgemeinschaft zwar erlaubt, aber nicht vorgeschrieben ist. Gestattet die Religion etwa die Mehrehe, schreibt sie aber nicht vor, ist sie auch nicht (notwendigerweise) von Art. 4 I GG geschützt. Gleiches gilt hinsichtlich des Tragens eines Schleiers. Nach dem BVerwG fallen jedenfalls solche Tätigkeiten nicht in den Schutzbereich des Art. 4 I GG, die ausschließlich oder hauptsächlich wirtschaftlichen Zielen dienen.[850]

376 Erfasst wird, wie auch Art. 136 III S. 1, IV WRV und Art. 141 WRV verdeutlichen, ebenso die negative Glaubensfreiheit.

377 **Negative Glaubensfreiheit** bedeutet die Freiheit, eine religiöse oder weltanschauliche Überzeugung abzulehnen, sofern dies auf einer Gewissensentscheidung beruht.[851]

---

[843] Sofern man die Garantenstellung verneint, kommt eine unterlassene Hilfeleistung (§ 323c StGB) in Betracht.
[844] Vgl. Rn 384.
[845] Vgl. BVerfGE 104, 337, 345 ff.; BVerwG NVwZ 2007, 461 ff.; BVerwGE 112, 227, 229 ff.; VGH Kassel NJOZ 2006, 953. Unter Schächten ist das Schlachten von warmblütigen Tieren ohne vorherige Betäubung zu verstehen.
[846] Vgl. BVerwGE 112, 314, 315 ff. (Cannabisanbau) und ausführlich Rn 17 und 195.
[847] BVerfGE 83, 341, 353 (Baha´i); vgl. auch BVerfG NJW 1993, 455, 456 (Keine Steuerverweigerung aus Gewissensgründen).
[848] BVerfGE 108, 282, 298 f.; BVerfG NJW 2015, 1359, 1360 ff.; vgl. auch BVerwGE 112, 314, 315 ff. (Cannabisanbau); BVerwG NVwZ 2012, 162, 163 (islamisches Gebet in Schule).
[849] BVerfG NJW 2015, 1359, 1360 ff.
[850] BVerwGE 90, 112, 118; 105, 313, 321.
[851] *Jarass*, in: Jarass/Pieroth, GG, Art. 4 Rn 8; *Zippelius*, in: Bonner Kommentar, Art. 4 Rn 30.

378 Unter die negative Glaubensfreiheit fällt das Recht, die eigene Überzeugung zu verschweigen.[852] Diese negative Bekenntnisfreiheit wird aber durch den Vorbehalt des Art. 136 III S. 2 WRV eingeschränkt, der es den Behörden gestattet, nach der Zugehörigkeit zu einer Religionsgesellschaft zu fragen, wenn davon Rechte und Pflichten abhängen oder eine gesetzlich angeordnete statistische Erhebung dies erfordert. Eine solche zulässige Ausnahme lag z.B. bei dem Volkszählungsgesetz 1983 vor, da es sich um eine gesetzlich angeordnete statistische Erhebung für Bundeszwecke (Art. 73 Nr. 11 GG) handelte.[853] Unter die negative Glaubensfreiheit fällt aber auch das Recht, sich dem Einfluss des Glaubens entziehen zu können. Daher steht das Tragen von religiösen Symbolen und Kleidungsstücken durch Lehrer oder Mitschüler (= positive Glaubensfreiheit) mit dem Recht derjenigen Schüler (bzw. deren Eltern), die sich diesem Einfluss nicht ausgesetzt sehen möchten und sich dem Einfluss auch nicht entziehen können (= negative Glaubensfreiheit), in einem Spannungsverhältnis.[854] Schließlich bedeutet negative Glaubensfreiheit die Freiheit, aus der Kirche oder einer Weltanschauungsgemeinschaft auszutreten.[855]

379 **Träger der individuellen Glaubensfreiheit** sind alle natürlichen Personen. Das Grundrecht der Kinder wird allerdings durch das Erziehungsrecht der Eltern nach Art. 6 II GG begrenzt. Im Verhältnis zwischen der Glaubensfreiheit des Kindes und dem Erziehungsrecht der Eltern hat der Gesetzgeber eine verfassungskonforme Regelung im Gesetz über die religiöse Kindererziehung getroffen.[856] Danach dürfen Kinder nach Vollendung ihres 12. Lebensjahres gegen ihren Willen nicht mit einem anderen als dem bisherigen Bekenntnis erzogen werden. Nach Vollendung des 14. Lebensjahres ist die Entscheidung in Glaubensfragen allein dem Kind zu überlassen.[857]

2. Eingriff in den Schutzbereich

380 Der Schutzbereich der individuellen Glaubensfreiheit ist betroffen, wenn der Staat eine der geschützten Verhaltensweisen in irgendeiner Weise regelt oder faktisch (in erheblicher Weise) behindert.

Beispiele:

(1) Zugangsbeschränkungen zu öffentlichen Ämtern, die ihren Grund in der Bekenntnis der Bewerberin des Bewerbers haben (vgl. Art. 33 III GG)

(2) Erhebung von Kirchensteuer aufgrund einer Mitgliedschaft in einer Religionsgemeinschaft[858]

(3) Auf §§ 3, 5 I BtMG gestütztes Verbot, zu kultischen Zwecken Cannabis anzubauen und zu konsumieren[859]

(4) Ablehnung eines Antrags eines Mitglieds einer Religionsgemeinschaft der Sikhs auf Befreiung von der Helmpflicht, um während der Motorradfahrt einen Turban tragen zu können[860]

---

852 BVerfGE 46, 266, 267 (Angabe der Konfessionszugehörigkeit bei Aufnahme in Krankenhaus); 65, 1, 39 (Volkszählung).

853 BVerfGE 65, 1, 39 (Volkszählung).

854 Vgl. grundlegend BVerfGE 93, 1, 18 (Kruzifix in der Schule); BVerfGE 108, 282, 294 (Kopftuch) und BayVerfGH NVwZ 2008, 420 ff.; HessStGH NVwZ 2008, 199 ff. (jeweils Tragen von religiösen Symbolen und Kleidungsstücken durch Lehrer). Die negative Glaubensfreiheit ist aber nicht betroffen, wenn die Person sich ohne weiteres dem Einfluss entziehen kann (vgl. VG Hamburg NJW 2012, 2536, 2537 sowie unten Rn 380 Bsp. 6 und 15).

855 BVerfG NJW 2008, 2978 f.; *Stuhlfauth*, DÖV 2009, 225 ff.

856 Gesetz v. 15.7.1921 (RGBl. 939); vgl. dazu BVerfGE 30, 415, 425 (Kirchensteuer/Kirchenmitgliedschaft).

857 Vgl. *Mager*, in: v. Münch/Kunig, GG, Art. 4 Rn 20; *Hemmrich*, in: v. Münch/Kunig, GG, Art. 7 Rn 20.

858 BVerfGE 30, 415, 423 (Kirchensteuer/Kirchenmitgliedschaft); 44, 37, 50 ff. (Nachbesteuerung bei Kirchenaustritt); OVG Koblenz 1.2.2016 – 6 A 10941/15. Unabhängig von der Kirchensteuerproblematik ist zu beachten, dass nach überwiegender Auffassung die als Körperschaften des öffentlichen Rechts anerkannten Religionsgesellschaften grds. keine Organe der öffentlichen Gewalt sind, mithin nicht zur mittelbaren Staatsverwaltung gehören (BVerfGE 66, 1, 19 f.). Das gilt nur dann nicht, wenn sie in bestimmten Teilbereichen, besonders bei der Erhebung von Kirchensteuer gem. Art. 140 GG i.V.m. Art. 137 VI WRV, selbst öffentliche Gewalt ausüben (vgl. BVerfGE 73, 388, 399 f.). Dann unterliegen sie auch wie beliehene private Rechtssubjekte der Bindung an die Grundrechte; vgl. dazu Rn 394.

859 BVerwGE 112, 314, 315 ff. (Cannabisanbau); vgl. dazu Rn 17 und 195.

(5) Verpflichtung von Schülerinnen muslimischen Glaubens zur Teilnahme am Sport- bzw. Schwimmunterricht[861] oder an (anderen) bestimmten Schulveranstaltungen[862]

(6) Schulgebet ohne zumutbare Ausweichmöglichkeiten für Andersdenkende[863]; generell kann die allgemeine Schulpflicht als solche einen Eingriff in Art. 4 I GG darstellen[864].

(7) Einschränkung des Schächtens[865]

(8) Strafrechtliche Sanktion gegenüber einem glaubensgeleiteten Verhalten[866]

(9) Fristlose Kündigung wegen Wahrnehmung eines hohen islamischen Feiertags[867] oder Änderung des Aufgabenbereichs eines Theologieprofessors[868]

(10) Gerichtliche Bestätigung des Begehrens eines Vermieters gegenüber seinem Mieter, eine Parabolantenne zu entfernen, die dieser auf dem Balkon der Mietwohnung aufgestellt hat, um Sender zu empfangen, die (auch) religiöse Inhalte verbreiten[869]

(11) Staatliche Anordnung, in sämtlichen Klassenzimmern einer Schule ein Kreuz oder ein Kruzifix anzubringen[870]

(12) Das an eine Lehrerin muslimischen Glaubens gerichtete (jedenfalls undifferenzierte) Verbot des Tragens eines Kopftuchs in Schule und Unterricht.[871]

(13) Das an eine Rechtsreferendarin muslimischen Glaubens gerichtete Verbot des Tragens eines Kopftuchs im Gerichtssaal und bei Vernehmungen.[872]

(14) Das an eine muslimische Schülerin gerichtete Verbot des Tragens eines gesichtsverhüllenden Schleiers während des Unterrichts.[873]

(15) Verbot der Schulleitung, rituelle Gebete im Schulgebäude durchzuführen, wenn dadurch der „Schulfriede" gestört würde[874]

Kein Eingriff in die Glaubensfreiheit liegt bspw. vor bei einer staatlichen Bestimmung (etwa in einem Schulgesetz), die für Schüler, die sich aus religiösen Motiven weigern, am Religionsunterricht teilzunehmen, stattdessen einen glaubens- und bekenntnisneutralen Ethikunterricht vorschreibt.[875] Dadurch, dass der Ethikunterricht glaubens- und bekenntnisneutral ist, findet gerade keine staatliche Indoktrination statt. Auch, wenn die Ordnungsbehörden es unterlassen, gegen ein aus der Sicht des Klägers blasphemischen Theaterstücks einzuschrei-

---

[860] VG Freiburg 29.10.2015 – 6 K 2929/14 (mit Bespr. v. *Muckel*, JA 2016, 313). Siehe auch Rn 384 Bsp. (6).

[861] BVerwGE 94, 82, 89 f. (Sportunterricht); BVerwG NVwZ 2014, 81, 82 ff. (koedukativer Schwimmunterricht).

[862] BVerfG NJW 2009, 3151 (mit Bespr. v. *Muckel*, JA 2010, 396 ff.).

[863] BVerfGE 52, 223, 235 ff. (Schulgebet).

[864] Vgl. BVerfG NJW 2015, 44, 45 ff., das zwar von einer Rechtfertigung des Eingriffs ausgeht, allerdings hätte es nach der hier vertretenen Auffassung mit dem Argument der Glaubensneutralität der allgemeinen Schulpflicht (und des Schulunterrichts) bereits einen Eingriff verneinen können. Vgl. dazu auch Rn 564.

[865] Vgl. BVerfGE 104, 337, 345 ff.; BVerwG NVwZ 2007, 461 ff.; BVerwGE 112, 227, 229 ff.; 99, 1 ff.; VGH Kassel NVwZ 2000, 951 ff.; VGH Kassel NJOZ 2006, 953 ff.; *Kluge*, NVwZ 2006, 650 ff.

[866] BVerfGE 32, 98, 106 (Gesundbeter); 69, 1, 34 (Kriegsdienstverweigerung); OLG Hamm 26.2.2015 – 5 RVs 7/15 (Sachbeschädigung). Dazu gehört letztlich auch die strafrechtliche Verfolgung der religiös motivierten Beschneidung von Knaben (dazu Rn 384 Bsp. 8). Vgl. auch BVerfG NJW 2015, 44, 45 ff. – dazu Rn 564.

[867] LAG Düsseldorf JZ 1964, 258. Dieser Fall veranschaulicht noch einmal die Funktion der Grundrechte als objektive Wertordnung, die mittelbar auch im Zivilrecht zu beachten ist.

[868] BVerwGE 124, 310 ff.; BVerfGE 122, 89 ff.

[869] Vgl. BGH NJW 2008, 216 ff. (mit Bespr. v. *Sachs*, JuS 2008, 451 ff.).

[870] Ein Eingriff in die Glaubensfreiheit liegt deshalb vor, da aufgrund der allgemeinen Schulpflicht Schüler, die die christliche Glaubensüberzeugung nicht teilen, dazu gezwungen werden, „unter dem Kreuz" zu lernen (BVerfGE 93, 1, 18 - Kruzifix in der Schule - mit Stellungnahme von *Czermak*, NJW 1995, 3348 ff.; vgl. auch BayVerfGH NJW 1997, 3157 mit Stellungnahme von *Czermak*, DÖV 1998, 107 ff. und BayVerfGH NVwZ 2008, 420 ff). Wesentlich für die Annahme eines Grundrechtseingriffs ist vor allem, dass die staatliche Anordnung als eine Identifikation mit bestimmten Glaubensüberzeugungen verstanden werden kann. Vgl. auch BVerwG NJW 1999, 3063 ff. und *Mager*, in: v. Münch/Kunig, GG, Art. 4 Rn 41. Der EGMR hat entschieden, dass die zwingende Zurschaustellung eines Kruzifixes in Klassenzimmern mit der Pflicht zur staatlichen Neutralität unvereinbar sei und das Erziehungsrecht der Eltern sowie die Religionsausübungsfreiheit der Schüler verletze (EGMR NVwZ 2011, 737 ff.). Zum Anspruch eines Lehrers auf Entfernung eines Kreuzes aus dem Klassenzimmer vgl. VGH München NVwZ 2002, 1000 ff. (mit Bespr. v. *Renck*, NVwZ 2002, 955 ff.).

[871] Vgl. dazu BVerfGE 108, 282, 294 ff.; BVerfG NJW 2015, 1359, 1360 ff.; BVerwGE 116, 359 ff.; BVerwG NVwZ 2014, 81, 82 ff. Vgl. auch VG Lüneburg NJW 2001, 767 ff.; BVerwGE 116, 359, 360.

[872] VG Augsburg 30.6.2016 - Au 2 K 15.457.

[873] VGH München NVwZ 2014, 1109 f. (Niqab-Verbot).

[874] BVerwG NVwZ 2012, 162, 166 f. Freilich wünschenswert gewesen wäre es, wenn das BVerwG den „Schulfrieden" als abwägungserheblichen Belang näher beschrieben und herausgearbeitet hätte, ob ihm Verfassungsrang zukommt.

[875] Vgl. BVerwGE 107, 75, 78 f.

ten, liegt kein Eingriff in die (negative) Glaubensfreiheit vor, da eine Person einer Theateraufführung ja auch fernbleiben kann.[876]

3. Verfassungsrechtliche Rechtfertigung (Grundrechtsschranken)

a. Rechtsgrundlage für den Eingriff

Zwar steht nach dem Wortlaut des Art. 4 GG die Glaubensfreiheit unter keinem Gesetzesvorbehalt. Grundrechtsschranken finden sich aber in den Vorschriften der Art. 136 ff. der **Weimarer Reichsverfassung** (WRV), die – wie bereits bei Rn 193 und 371 ausgeführt – gem. Art. 140 GG vollgültiges Verfassungsrecht darstellen. 381

- **Art. 137 III WRV** enthält einen Schrankenvorbehalt, sofern es um die Regelung *eigener* Angelegenheiten der religiösen oder weltanschaulichen Vereinigungen geht.
- **Art. 136 III S. 2 WRV** enthält einen Gesetzesvorbehalt für Eingriffe in die negative Glaubens- und Bekenntnisfreiheit. Dieser Gesetzesvorbehalt wird auch gegenüber der *individuellen* Glaubensfreiheit etwa bei statistischen Erhebungen im Rahmen von Volkszählungen angewendet.[877]
- Demgegenüber wird nach Auffassung des BVerfG **Art. 136 I WRV**, wonach die bürgerlichen und staatsbürgerlichen Rechte und Pflichten durch die Ausübung der individuellen Religionsfreiheit weder bedingt noch beschränkt werden, von Art. 4 I und II GG „überlagert" und somit in seiner Anwendung gesperrt.[878] Demnach bliebe es bei der vorbehaltlosen Gewährleistung der individuellen Glaubensfreiheit. Wenn das BVerfG andererseits aber konstatiert, Art. 4 I, II GG und die durch Art. 140 GG inkorporierten Vorschriften der Weimarer Reichsverfassung bildeten ein „organisches Ganzes"[879] (s.o.), stellt sich die Frage, wie die Bestimmung des Art. 136 I WRV dann von Art. 4 I und II GG überlagert werden kann. Diesen Widerspruch hat wohl auch das BVerwG erkannt, indem es meint, das Individualgrundrecht aus Art. 4 I und II GG könne auf der Grundlage **allgemeiner Gesetze** (also solcher, die gem. Art. 136 I WRV bürgerliche und staatsbürgerliche Rechte und Pflichten festschreiben und sich nicht gezielt gegen die Religionsfreiheit richten) begrenzt werden.[880] Nach dieser Entscheidung ist das Individualgrundrecht quasi einem (einfachen) Gesetzesvorbehalt auf der Grundlage des Art. 136 I WRV unterstellt.

  Diese Auffassung hat das BVerfG in einer darauf folgenden Entscheidung wiederum ausdrücklich abgelehnt.[881] Für diesen Befund spricht jedenfalls die genetische Auslegung des Art. 4 I GG, wonach die Religionsausübung dem Willen des Parlamentarischen Rates zufolge vorbehaltlos gewährleistet sein soll.[882] Andererseits sind damit in der modernen Gesellschaft Probleme verbunden, die mit der ursprünglichen Intention des Verfassungsgebers, auf die Schreckensherrschaft des NS-Regimes zu reagieren, nichts zu tun haben. Wie bereits bei Rn 193 ausgeführt, greifen nach der hier vertretenen Auffassung wegen Art. 140 GG, der u.a. Art. 136 I WRV zum vollgültigen Verfassungsrecht erklärt, daher die Schranken der bürgerlichen und staatsbürgerlichen Rechte und Pflichten, die durch die allgemeinen Gesetze geregelt sind. Art. 4 I GG untersteht damit einem (einfachen) Gesetzesvorbehalt.[883] In Anlehnung an Art. 5 II Var. 1 GG, der die Grundrechte aus Art. 5 I

---

[876] VG Hamburg NJW 2012, 2536, 2537.

[877] BVerfGE 65, 1, 39 (Volkszählung). Der Offenbarungszwang im Rahmen der Volkszählung war deshalb verfassungsrechtlich nicht zu beanstanden (BVerfG a.a.O., S. 38 f.).

[878] So BVerfGE 33, 23, 31 (Eidesleistung). Vgl. auch BVerfGE 93, 1, 21 (Kruzifix). Dem zustimmend *Kokott*, in: Sachs, GG, Art. 4 Rn 83; *Morlok*, in: Dreier, GG, Art. 4 Rn 90. Vgl. auch BayVerfGH NVwZ 2008, 420 ff.

[879] BVerfGE 53, 366, 400; 102, 370, 371. Vgl. auch BVerfG NVwZ 2015, 1434, 1438.

[880] So ausdrücklich BVerwGE 112, 227, 231 f. (Schächten). Allerdings erwähnt der gleiche Senat in der nur vier Wochen später ergangenen Entscheidung zum Cannabisanbau und -konsum (BVerwGE 112, 314, 315 ff.) Art. 136 I WRV nicht mehr, sondern rechtfertigt das Verbot von (auch) religiös motiviertem Anbau von Cannabis mit kollidierendem Verfassungsrecht, wozu kein Anlass bestehen würde, wenn ein (einfacher) Gesetzesvorbehalt vorhanden wäre.

[881] Vgl. BVerfGE 104, 337, 345 ff. (Schächten).

[882] Vgl. *Leibholz/v. Mangoldt*, JöR, Neue Folge Bd. 1, 1951, S. 73 ff.

[883] Art. 136 I WRV als Gesetzesvorbehalt qualifiziert etwa (auch) *Muckel*, in: de Wall/Muckel, Kirchenrecht, 4. Aufl. 2014, § 10 Rn 27 ff.; VG Freiburg 29.10.2015 – 6 K 2929/14 unter Berufung auf BVerwGE 112, 227, 231 f. (Schächten) und *Kästner*, in: Stern/Becker, Grundrechte-Kommentar, 2. Aufl. 2015, Art. 4 Rn 211/212); *Muckel*, JA 2016, 313, 315.

GG unter den Vorbehalt der allgemeinen Gesetze stellt, wären hinsichtlich Art. 4 I, II GG i.V.m. Art. 140 GG i.V.m. Art. 136 I WRV solche Gesetze allgemein, die nicht eine Religion bzw. eine kultische Handlung oder ein Bekenntnissymbol als solche(s) verbieten oder sich dagegen richten, sondern die vielmehr dem Schutz eines schlechthin, ohne Rücksicht auf eine bestimmte Religion, zu schützenden Rechtsguts dienen, das gegenüber der Betätigung der Religionsausübungsfreiheit den Vorrang hat.[884]

Demzufolge käme es bei der Prüfung der verfassungsrechtlichen Rechtfertigung des Eingriffs in Art. 4 I, II GG also nicht darauf an, dass mit der Maßnahme Werte von Verfassungsrang geschützt würden, die bei einer Abwägung mit der Religionsfreiheit den Vorrang genössen. Vielmehr genügte es, dass die Durchsetzung des einfachgesetzlichen Schutzzwecks auf den geringstmöglichen Eingriff beschränkt bliebe (also dem Grundsatz der Verhältnismäßigkeit entspräche), wobei das einschränkende Gesetz freilich (ähnlich wie bei der Wechselwirkungstheorie in Bezug auf Art. 5 I, II GG[885]) im Lichte der besonderen Bedeutung des Art. 4 I, II GG ausgelegt und angewendet werden müsste.

Vom Standpunkt des BVerfG aus betrachtet gilt aber: Vom Fall der negativen Glaubensfreiheit einmal abgesehen, unterliegt die **individuelle Glaubensfreiheit keinem Gesetzvorbehalt; sie ist vorbehaltlos gewährleistet und kann nur durch kollidierendes Verfassungsrecht eingeschränkt werden**.[886]

382 Unabhängig von dieser Problematik darf – von der Osho-Entscheidung des BVerfG einmal abgesehen[887] – wegen des Grundsatzes vom Vorbehalt des Gesetzes auf jeden Fall nur **durch Gesetz oder aufgrund eines Gesetzes** eingegriffen werden. Mit diesem Grundsatz, der sich auch in Art. 19 I S. 1 GG findet, ist gemeint, dass die Einschränkung durch ein **förmliches Gesetz** (Parlamentsgesetz) und – auf diesem basierend – durch Rechtsverordnung, Satzung oder Verwaltungsakt erfolgen kann.[888] Soll die Einschränkung einer Rechtsverordnung, Satzung oder einem Verwaltungsakt überlassen bleiben, muss das ermächtigende förmliche Gesetz aber alle für die Grundrechtsausübung wesentlichen Fragen selbst regeln (Parlamentsvorbehalt; **Wesentlichkeitsrechtsprechung** des BVerfG).[889]

383 So stellt etwa eine Verordnung eines Landesjustizministeriums, die es dem Justizprüfungsamt erlaubt, auf der Basis einer Auflage einer Rechtsreferendarin muslimischen Glaubens zu verbieten, im Gerichtssaal und bei Vernehmungen ein Kopftuch zu tragen, keine hinreichende Rechtsgrundlage dar.[890] Denn eine solche Angelegenheit ist von einer derart hohen Grundrechtsrelevanz, dass sie nur durch den förmlichen Gesetzgeber geregelt werden könnte. An einer solchen hinreichenden gesetzlichen Regelung fehlt(e) es im Bsp. 13 von Rn 380.[891]

Demgegenüber stellen etwa gesetzliche Genehmigungsvorbehalte und Ausnahmetatbestände in Fällen, in denen der Antragsteller die Voraussetzungen nicht erfüllt, ebenso Eingriffsgrundlagen für eine Beschränkung der Religionsausübung (Art. 4 I, II GG) dar wie Bestimmungen in Schulgesetzen, die religiöses Verhalten regeln.

Beispiele:

(1) § 4a II Nr. 2 TierSchG lässt das Schächten von Tieren nur unter den in der Vorschrift näher bezeichneten Ausnahmen zu.[892]

---

[884] Vgl. zu dieser (in Bezug auf Art. 5 I, II GG entwickelten) Formel Rn 507.
[885] Siehe dazu Rn 508.
[886] „Einlenkend" denn dann auch BVerwG NVwZ 2012, 162, 164. Vgl. auch BVerfG NJW 2015, 1359, 1362.
[887] Vgl. dazu Rn 198 (mit Verweis auf *R. Schmidt*, AllgVerwR, Rn 893 ff.) und Rn 403 ff.
[888] St. Rspr. seit BVerfGE 33, 1, 7 ff. (Strafvollzug). Vgl. auch BVerfGE 108, 282, 297; BVerwG NVwZ 2012, 162, 164; *v. Münch*, in: v. Münch/Kunig, GG, Vorb Art. 1-19 Rn 57; *Mager*, in: v. Münch/Kunig, GG, Art. 4 Rn 52.
[889] Zu Wesentlichkeitsrechtsprechung und Parlamentsvorbehalt vgl. *R. Schmidt*, Staatsorganisationsrecht, Rn 241 ff./246 ff.
[890] VG Augsburg 30.6.2016 - Au 2 K 15.457.
[891] Ob ein Verbot des Tragens eines Kopftuches selbst auf der Basis einer formell-gesetzlichen Rechtsgrundlage rechtmäßig wäre, ist unklar. Zu den Kriterien vgl. Rn 384.
[892] Vgl. dazu BVerwGE 112, 314, 315 ff.; BVerfGE 104, 337, 345 ff.; VGH Kassel NJOZ 2006, 953 ff.; *Kluge*, NVwZ 2006, 650 ff.; *Häußler*, JA 2002, 548 ff.

(2) Der Anbau und das Konsumieren von Marihuana stehen unter dem strengen Genehmigungsvorbehalt der §§ 3, 5 I Nrn. 5 u. 6 BtMG[893] (vgl. Rn 17).

(3) Das an eine Schülerin muslimischen Glaubens gerichtete Verbot des Tragens eines gesichtsverhüllenden Schleiers während des Unterrichts (Rn 380 Bsp. 14) stützt sich ebenso auf das Schulgesetz des Landes wie das Verbot des Tragens eines Kopftuchs durch eine Lehrerin (Rn 380 Bsp. 12), sofern schulgesetzlich geregelt.

Freilich eine andere Frage ist es, ob die gesetzliche Grundlage materiell mit Art. 4 I, II GG vereinbar ist. Vgl. dazu sogleich Rn 384.

b. Praktische Konkordanz

Sofern man mit der Auffassung des BVerfG davon ausgeht, dass die (individuelle) Glaubensfreiheit trotz der inkorporierten Vorschrift des Art. 136 I WRV unter keinem Gesetzesvorbehalt steht, also vorbehaltlos gewährleistet ist (siehe Rn 371/381), kann Art. 4 I, II GG nur durch **kollidierendes Verfassungsrecht** eingeschränkt werden (sog. **verfassungsimmanente Schranken**).[894] Bei einer Kollision zwischen dem Freiheitsrecht des Art. 4 I, II GG und dem kollidierenden Verfassungsgut muss dann eine Abwägung stattfinden (**praktische Konkordanz**[895]). Sämtliche widerstreitenden Verfassungsgüter sind dann in einen gerechten Ausgleich zu bringen, freilich unter Beachtung der Vorbehaltlosigkeit des Art. 4 I, II GG. 384

Beispiele:

(1) Das Tragen eines **Kopftuchs** durch eine Lehrerin muslimischen Glaubens in Schule und Unterricht (Rn 380 Bsp. 12) steht im Widerstreit zum staatlichen Integrations-, Bildungs- und Erziehungsauftrag i.V.m. dem Prinzip religiös-weltanschaulicher Neutralität (Art. 4 I, II u. 7 I GG), zur negativen Bekenntnisfreiheit der Schüler bzw. der Eltern (Art. 4 I GG) sowie zum elterlichen Erziehungsrecht (Art. 6 II GG).[896] Solange aber von dem (auffälligen) Kopftuch keine Suggestivwirkung in Form einer fundamentalen Grundeinstellung auf die Schüler ausgeht und die Persönlichkeit der Lehrerin auch sonst die Gewähr bietet, dass sie den Schülern religiös-weltanschaulich offen gegenübertritt und sie in keiner Weise zu missionieren oder zu indoktrinieren versucht, ist – so das BVerfG in seiner Entscheidung v. 24.9.2003 – das Tragen des Kopftuchs nicht zu beanstanden. Wolle der Dienstherr das Tragen eines Kopftuchs durch eine Lehrerin muslimischen Glaubens beschränken, sei hierzu eine gesetzliche Regelung erforderlich, die das Spannungsverhältnis löse.[897] Daraufhin haben etliche Bundesländer in ihren Schulgesetzen entsprechende Regelungen erlassen. Eine gesetzliche Regelung, die jedoch undifferenziert das Tragen eines Kopftuchs verbietet, ist mit Art. 4 I GG kaum vereinbar. So hat das BVerfG in seinem Beschluss v. 27.1.2015 entschieden, dass ein pauschales (gesetzliches) Verbot (hier: § 57 IV S. 1 und 2 SchulG NRW) religiöser Bekundungen in öffentlichen (und nicht bekenntnisgebundenen) Schulen durch das äußere Erscheinungsbild von Pädagoginnen und Pädagogen mit deren Glaubens- und Bekenntnisfreiheit nicht vereinbar sei. Die dem Staat gebotene weltanschaulich-religiöse Neutralität sei nicht im Sinne einer strikten Trennung von Staat und Kirche zu verstehen, sondern als eine offene und übergreifende, die Glaubensfreiheit für alle Bekenntnisse gleichermaßen fördernde Haltung. Dies komme in § 57 IV S. 1 und 2 SchulG NRW nicht genügend zum Ausdruck. Jedoch sei diese Regelung einer verfassungskonformen Auslegung zugänglich und dahingehend einzu-

---

[893] Vgl. dazu BVerwGE 112, 227, 229 ff.

[894] I.Ü. hat das BVerfG gerade hinsichtlich des Art. 4 GG zum ersten Mal festgestellt, dass auch vorbehaltlos gewährleistete Grundrechte eingeschränkt werden könnten, dies jedoch nur durch entgegenstehendes Verfassungsrecht (Grundrechte Dritter oder andere wichtige Verfassungsgüter) erfolgen dürfe (BVerfGE 28, 243, 261). Vgl. auch BVerfG NJW 2015, 1359, 1362 (Kopftuchverbot): Einschränkungen des Art. 4 I, II GG nur aufgrund verfassungsimmanenter Schranken.

[895] Begriff nach *Hesse*, Grundzüge des Verfassungsrechts, Rn 317 ff. (vgl. bereits Rn 193).

[896] Vgl. dazu BVerfGE 108, 282, 294 ff.; BVerfG NJW 2015, 1359, 1362 f.; BVerwGE 116, 359 ff.; BVerwG NJW 2008, 3654 ff.; NJW 2009, 1289 ff.; NVwZ 2014, 81, 82 ff.

[897] BVerfGE 108, 282, 294 ff.

schränken, dass von einer äußeren religiösen Bekundung nicht nur eine abstrakte, sondern eine hinreichend konkrete Gefahr der Beeinträchtigung des Schulfriedens oder der staatlichen Neutralität ausgehen müsse, um ein Verbot zu rechtfertigen.[898] Allerdings verstoße § 57 IV S. 3 SchulG NRW, der als Privilegierung zugunsten christlich-abendländischer Bildungs- und Kulturwerte oder Traditionen konzipiert sei und keine verfassungskonforme Auslegung zulasse, gegen das Verbot der Benachteiligung aus religiösen Gründen (Art. 3 III S. 1 und Art. 33 III GG) und sei daher verfassungswidrig und nichtig.[899]

(2) Die durch die Verpflichtung einer Schülerin muslimischen Glaubens zur Teilnahme am **koedukativen Schwimmunterricht** betroffene Religionsfreiheit (Rn 380 Bsp. 5) ist mit kollidierenden Verfassungsgütern, insbesondere mit dem staatlichen Integrations- und Erziehungsauftrag aus Art. 7 I GG i.S. einer praktischen Konkordanz abzuwägen.[900]

(3) Das Gleiche gilt hinsichtlich des Verbots, (islamische) **Gebete** in Schulen durchzuführen (Rn 380 Bsp. 15), wenn durch sie der „Schulfriede" gestört würde.[901]

(4) Das an eine muslimische Schülerin gerichtete Verbot des Tragens eines **gesichtsverhüllenden Schleiers** während des Unterrichts (Rn 380 Bsp. 14) ist – unabhängig von der Frage, ob das Tragen von Schleier oder Kopftuch überhaupt eine zwingende Regel des Islam ist[902] – unter Abwägung mit dem staatlichen Bestimmungsrecht im Schulwesen aus Art. 7 I GG gerechtfertigt. Der VGH München hat mit überzeugender Argumentation entschieden, dass der Gesichtsschleier eine offene Kommunikation, die nicht nur auf dem gesprochenen Wort, sondern auch auf nonverbalen Elementen wie Mimik, Gestik und der übrigen Körpersprache beruhe, verhindere. Die Gesichtsverschleierung behindere mithin den Staat in seinem Bildungsauftrag und im Bildungsziel der offenen Kommunikation zwischen Schülern und Lehrern. Könnten sich Lehrer und Schüler nicht ins Gesicht sehen, sei ein kommunikativer Unterricht nicht möglich und die offene Kommunikation als schulisches Funktionserfordernis sei gestört.[903]

(5) Weil beim Tragen eines Gesichtsschleiers Mimik und Gestik als wichtige Aspekte der Kommunikation nicht zur Verfügung stehen, dürfte auch ein angemessener wissenschaftlicher und akademischer Diskurs durch eine Verschleierung nicht möglich und ein entsprechendes Verschleierungsverbot, das gegenüber einer (muslimischen) Studentin ausgesprochen wird, verfassungsgemäß sein.

(6) Die Ablehnung eines Antrags eines Mitglieds einer Religionsgemeinschaft der Sikhs auf Befreiung von der Helmpflicht, um während der Motorradfahrt einen Turban tragen zu können[904] (siehe Rn 380 Bsp 4), verstößt nicht gegen Art. 4 I GG, weil die durch § 21a II StVO geschützten Aspekte (Schutz vor schweren Kopfverletzungen, Entlastung der Allgemeinheit von schweren Belastungen, die aus Unfällen mit schweren Kopfverletzungen folgen können, wie etwa traumatische Belastungen von Rettern,

---

[898] BVerfG NJW 2015, 1359, 1360 ff. Nach dem abw. Votum genügt eine abstrakte Gefahr. Die Untersagung religiöser Bekundungen durch das äußere Erscheinungsbild von Pädagogen sei schon bei einer abstrakten Gefahr für den Schulfrieden und die staatliche Neutralität verfassungsrechtlich unbedenklich. Zwar genössen Pädagogen ihre individuelle Glaubensfreiheit, zugleich seien sie aber Amtsträger und damit der fördernden Neutralität des Staates auch in religiöser Hinsicht verpflichtet. Ein gesetzliches Verbot des Tragens eines Kopftuchs durch eine Lehrerin muslimischen Glaubens ist nach dieser Auffassung also bereits dann (in Bezug auf Art. 4 GG) gerechtfertigt, wenn Schulfriede und/oder staatliche Neutralität lediglich abstrakt gefährdet sind.

[899] BVerfG NJW 2015, 1359, 1360 ff. § 57 IV SchulG NRW ist inzwischen aufgehoben.

[900] BVerwG NVwZ 2014, 81, 82 ff. (vgl. dazu auch Rn 582 f.).

[901] BVerwG NVwZ 2012, 162, 164 ff.

[902] Vgl. BVerfGE 108, 282, 298: „Auf die umstrittene Frage, ob und inwieweit die Verschleierung für Frauen von Regeln des islamischen Glaubens vorgeschrieben ist, (...)".

[903] VGH München NVwZ 2014, 1109 f. (Niqab-Verbot) – dazu *Muckel*, JA 2014, 634 f. Vgl. dazu auch EGMR NJW 2014, 2925 ff. Ihm zufolge stellt das Verbot der Gesichtsverschleierung – Tragen eines Niqab durch eine Muslima – in einem Konventionsstaat keinen Verstoß gegen die EMRK dar. Es sei nicht zu beanstanden, dass ein Konventionsstaat den zwischenmenschlichen Beziehungen besondere Bedeutung beimesse und die Barriere, die durch das Tragen eines Niqab errichtet werde, als Angriff auf das Recht anderer verstehe, in einem sozialen Raum zu leben, der das Zusammenleben erleichtere. Zum Niqab-Verbot und zur Geltung der EMRK vgl. bereits Rn 4b ff.

[904] VG Freiburg 29.10.2015 – 6 K 2929/14 (mit Bespr. v. *Muckel*, JA 2016, 313 ff.).

Kosten der ärztlichen Versorgung, Rehabilitationsmaßnahmen, Versorgung bei Invalidität, Belastung der Sozialversicherung etc.) bei einer Abwägung mit dem religiös motivierten Tragen eines Turbans den Vorrang genießen.[905]

(7) Auch das Verbot des Tragens eines gesichtsverhüllenden Schleiers während des Steuerns eines Kfz dürfte aus den übergeordneten Aspekten der Verkehrssicherheit gerechtfertigt sein.

(8) Infolge eines strafgerichtlichen Urteils des LG Köln wurde auch die Frage nach der Rechtfertigung des religiös motivierten **Beschneidens** (Zirkumzision) von Knaben in der Öffentlichkeit kontrovers diskutiert. Anlass der Diskussion war ein Strafverfahren gegen einen Arzt bzw. religiösen „Beschneider" wegen Körperverletzung. Das LG Köln hat eine tatbestandliche und nicht gerechtfertigte Körperverletzung angenommen. Eine rechtfertigende Einwilligung (der Eltern), die darin gesehen werden könnte, dass diese die Beschneidung in Auftrag gegeben und damit in die Tat „eingewilligt" haben, hat das Gericht verneint.[906] In der Literatur wurde das Urteil zum Teil scharf kritisiert. Man hat dafür plädiert, dem Erziehungsrecht der Eltern aus Art. 6 II S. 1 GG – verstärkt durch das (nach dem BVerfG vorbehaltlos gewährleistete) Religionsausübungsrecht aus Art. 4 I GG – eine Präjustiziabilität dergestalt zuzusprechen, dass eine Einwilligung der Eltern in den durch den Arzt vorgenommenen Eingriff in die körperliche Unversehrtheit stets beachtlich sei.[907] Dem steht freilich auf Seiten des Kindes Art. 2 II S. 1 GG entgegen[908], der zudem den Staat verpflichtet, sich schützend und fördernd vor das Grundrecht auf körperliche Unversehrtheit zu stellen. Infolge öffentlicher Proteste entsprechender Interessenvertreter hat daraufhin der Gesetzgeber reagiert und die Beschneidung für grundsätzlich zulässig erklärt. Nach der neuen Bestimmung des § 1631d I S. 1 BGB umfassen sorgerechtliche Entscheidungsbefugnisse der Personensorgeberechtigten auch die Einwilligung in die Beschneidung ihrer nicht einsichts- und urteilsfähigen männlichen Kinder, wenn die Beschneidung nach den Regeln der ärztlichen Kunst[909] durchgeführt werden soll. Lediglich, wenn durch die Beschneidung das Kindeswohl gefährdet würde, sei sie unzulässig (§ 1631d I S. 2 BGB). Damit gibt der Gesetzgeber zu verstehen, dass er die Beschneidung als solche gerade nicht als kindeswohlwidrig ansieht. Damit möchte der Gesetzgeber seinem Schutzauftrag aus Art. 2 II S. 1 GG nachkommen und zugleich sein „Wächteramt" aus Art. 6 II S. 2 GG ausfüllen, weshalb die gesetzliche Regelung auch für verfassungsgemäß gehalten wird.[910] In Anbetracht der Irreversibilität des Eingriffs und der nicht gegebenen medizinischen Notwendigkeit überzeugt das aber nicht.[911] Schon gar nicht kann die religiöse Überzeugung der Eltern das Kindeswohl prädeterminieren. Zum sachlich nicht gerechtfertigten Unterschied zur strafbaren Klitorisbeschneidung (§ 266a StGB) vgl. Rn 331c.

(9) Das (gesetzliche) Verbot gegenüber Richterinnen bzw. Rechtsreferendarinnen muslimischen Glaubens, im **Gerichtssaal** und bei **Vernehmungen** ein **Kopftuch** zu tragen, hielte unter Zugrundelegung der Rechtsprechung des BVerfG einer verfassungsrechtlichen Prüfung am Maßstab des Art. 4 I GG wohl nicht stand, weil allein durch

---

[905] So in überzeugender Weise VG Freiburg 29.10.2015 – 6 K 2929/14; *Muckel*, JA 2016, 313, 315.

[906] LG Köln NJW 2012, 2128 f.

[907] So etwa *Rohde*, JZ 2007, 801 ff.; *Zähle*, AöR 134 (2009), 434 ff.; *Schwarz*, JZ 2008, 1125 ff.; *Beulke/Dießner*, ZIS 2012, 338 ff.

[908] So auch *Putzke*, FS Herzberg (2008), S. 669 ff.; MüKo-*Schlehofer*, StGB, Vorbem §§ 32 ff., Rn 143; Sch/Sch-*Lenckner/Sternberg-Lieben*, StGB, Vorbem §§ 32 ff., 41; *Jerouschek*, NStZ 2008, 313; *Muckel*, JA 2012, 636, 637 ff.

[909] Eine Ausnahme vom „Arztvorbehalt" findet sich in § 1631d II BGB, wonach in den ersten sechs Monaten nach der Geburt des Kindes auch von der Religionsgesellschaft dazu vorgesehene Personen Beschneidungen durchführen dürfen, wenn sie dafür besonders ausgebildet und, ohne Arzt zu sein, für die Durchführung der Beschneidung vergleichbar befähigt sind.

[910] Vgl. etwa *Rixen*, NJW 2013, 257 ff. und *Steinbach*, NVwZ 2013, 550 f.

[911] Vgl. bereits die 12. Aufl.; ähnlich später auch *Peschel-Gutzeit*, NJW 2013, 3617, 3619 f. Vgl. auch OLG Hamm NJW 2013, 3662 ff., das Kriterien an eine Einwilligung des gesetzlichen Vertreters aufstellt. Insbesondere hebt das Gericht hervor, dass der Personensorgeberechtigte nicht über den Kopf des Kindes hinweg entscheiden dürfe. Vielmehr seien Wünsche und Neigungen des Kindes zu ermitteln und zu berücksichtigen.

das Tragen eines Kopftuches keine hinreichend konkrete Gefahr der Beeinträchtigung der richterlichen Neutralität angenommen werden kann.

Unterstellt man Art. 4 I, II GG wegen Art. 140 GG i.V.m. Art. 136 ff. WRV aber einem Gesetzesvorbehalt (siehe dazu Rn 371/381), stünde dem Gesetzgeber unter Berufung auf den Grundsatz der religiös-weltanschaulichen Neutralität des Staates[912] (vgl. Art. 137 I WRV) eher die Möglichkeit offen, den Umgang mit und das Tragen von religiösen Bekenntnissymbolen von Beamten und Beschäftigten im öffentlichen Dienst zu regeln. Hierbei wären grundsätzlich drei Positionen denkbar: Ein striktes Verbot, dass weder Aufstellen oder Aufhängen religiöser Symbole („Kruzifixe") noch das Tragen von Bekenntnissymbolen („Kopftücher") gestattet sind, eine weitgehende Liberalisierung und eine differenzierte Regelung, die nach Grad und Art der hoheitlichen Aufgabenwahrnehmung unterscheidet.

Die differenzierte Betrachtungsweise hätte den Vorteil, dass der Gesetzgeber unter Verweis auf das Rechtsstaatsprinzip (Art. 20 III GG), das staatliche religiös-weltanschauliche Neutralitätsgebot (Art. 137 I WRV) und die bürgerlichen und staatsbürgerlichen Rechte und Pflichten (i.S.v. Art. 136 I WRV), die bei Beamten durch die besonderen Pflichten aus §§ 33 ff. BeamtStG und bei Richtern durch die besondere Verhaltenspflicht aus § 39 DRiG konkretisiert werden, eine religiös-weltanschauliche Symbolik jedenfalls auf solchen Gebieten genuin-hoheitlicher Tätigkeit untersagen könnte, die mit einschneidenden grundrechtsrelevanten Folgen verbunden sind, wie das insbesondere bei Polizei, Staatsanwaltschaft und Gericht anzunehmen ist. In diesem Fall käme es z.B. nicht auf die Frage an, ob eine Richterin muslimischen Glaubens, die während der Gerichtsverhandlung ein Kopftuch trägt und über Kopftücher, Schleier, Schächten etc. oder in der Strafjustiz über „Ehrenmorde" oder Zwangsheirat zu entscheiden hätte, im Einzelfall wegen Besorgnis der Befangenheit abgelehnt werden könnte mit der Begründung, dass eine Kopftuch tragende Richterin schon allein durch ihre äußerliche Bekundung eine einschlägige Haltung zum Ausdruck bringe und daher in der betreffenden Angelegenheit nicht neutral sein könne. Demgegenüber wäre das Tragen religiös-weltanschaulicher Symbole von Beamten außerhalb der genuin-hoheitlichen Bereiche sowie von Angestellten des öffentlichen Dienstes i.d.R. jedenfalls dann unproblematisch, wenn von den Symbolen und deren Trägern keine indoktrinierende Wirkung ausgeht und auch sonst kein Anlass besteht, an der Verfassungstreue der/des Betroffenen zu zweifeln.[913]

c. Keine Anwendung der allgemeinen Gesetze als Schranke der Religionsfreiheit

385 Nach der bereits erwähnten Entscheidung des BVerwG hinsichtlich des sog. **Schächtens von Tieren**[914] kann eine Einschränkung der Religionsfreiheit auch zugunsten von Rechtsgütern in Betracht kommen, die *unterhalb* der Verfassung stehen. In dieser Entscheidung hat das Gericht versucht, unter Anwendung des **Art. 136 I WRV** das an sich vorbehaltlos gewährte Grundrecht auf Religionsausübung auf einfachgesetzlicher Basis einzuschränken. Bemerkenswert ist aber, dass der gleiche Senat des BVerwG in einer nur vier Wochen später ergangenen Entscheidung diese Grundsätze wieder relativiert und den vorbehaltlos gewährten Schutz des Art. 4 I und II GG hervorgehoben hat.[915] Auch das BVerfG geht in einer darauf folgenden Entscheidung lediglich von einer verfassungsimmanenten Einschränkbarkeit des Art. 4 I GG aus.[916][917]

---

[912] Vgl. dazu oben Rn 329 mit Verweis auf BVerfGE 105, 279, 294 (Osho); 102, 370, 383 (Zeugen Jehovas); OVG Berlin NVwZ 2005, 1450 f. (Zeugen Jehovas); VGH München NVwZ 2003, 998 ff. (Scientology).

[913] Eine solche nach dem Kern- und Randbereich hoheitlicher bzw. öffentlicher Aufgabenwahrnehmung differenzierende Betrachtungsweise entspräche auch der differenzierenden Betrachtungsweise im Streikrecht (Rn 7b).

[914] BVerwGE 112, 227 ff. (frühere Entscheidungen: BVerwGE 99, 1 ff.; VGH Kassel NVwZ 2000, 951 f.; VG Darmstadt NVwZ-RR 2000, 513); vgl. aber auch BVerfGE 104, 337 ff.!

[915] Vgl. die bereits ebenfalls genannte Entscheidung BVerwGE 112, 314, 315 ff. (Cannabisanbau).

[916] Vgl. BVerfGE 104, 337 ff.

[917] Zum Verhältnis zwischen Religionsfreiheit und **Versammlungsfreiheit** vgl. Rn 668.

II. Kollektive Glaubensfreiheit

Das Grundrecht auf Glaubensfreiheit kommt als Garant einer **kollektiven** Glaubensfreiheit auch religiösen und weltanschaulichen Gemeinschaften bzw. Vereinigungen zugute. **386 -387** Geschützt sind daher die Tätigkeiten der religiösen oder weltanschaulichen Vereinigungen, die sich die Pflege und Förderung eines religiösen Bekenntnisses und die Verkündung des Glaubens ihrer Mitglieder zum Ziel gesetzt haben.[918] Fraglich ist dabei lediglich, ob sich die kollektive Glaubensfreiheit direkt aus Art. 4 I und II GG oder über Art. 19 III GG ergibt. Das BVerfG ist in seiner bisherigen Rechtsprechung davon ausgegangen, dass die kollektive Glaubensfreiheit unmittelbar aus Art. 4 I und II GG folge und dass ein Rückgriff auf Art. 19 III GG nicht erforderlich sei.[919] Das wohl herrschende Schrifttum und das BVerwG teilen diese Auffassung.[920] In seiner Osho-Entscheidung ist das BVerfG jedoch von seiner Auffassung abgerückt und hat den Weg über Art. 19 III GG eingeschlagen.[921] Das war insoweit unproblematisch, weil es sich bei der Osho-Bewegung um eine inländische juristische Person handelte und diese daher in jedem Fall Verfassungsbeschwerde erheben konnte (insb. ist Art. 4 GG kein Deutschengrundrecht). Problematisch wäre der Weg über Art. 19 III GG nur dann gewesen, wenn es sich bei der Osho-Bewegung um eine ausländische Personenvereinigung gehandelt hätte. In diesem Fall wäre eine Grundrechtsträgereigenschaft nur dann zu bejahen gewesen, wenn das BVerfG die Glaubensfreiheit unmittelbar Art. 4 I und II GG entnommen hätte. In seiner Entscheidung zum Berliner Ladenöffnungsgesetz entnimmt das BVerfG die Grundrechtsberechtigung der Religionsgemeinschaften wiederum direkt aus Art. 4 GG.[922]

Ob es sich bei der von *Ron L. Hubbard* gegründeten **Scientology-Organisation** in Anbetracht der Tatsache, dass sich ihr Hauptsitz in Los Angeles (USA) befindet, um eine ausländische Personenvereinigung handelt, ist unklar. **388** Unterstellt man, dass die in Deutschland operierenden Scientology-Unterorganisationen ihren Sitz in Deutschland haben und als ideelle Vereine in den Vereinsregistern eingetragen sind (vgl. § 21 BGB i.V.m. §§ 55 ff. BGB), stellen sie rechtlich selbstständige inländische Töchter einer ausländischen Gesellschaft dar. Dies genügt für die Anerkennung einer inländischen juristischen Person i.S.v. Art. 19 III GG.[923] Die Frage stellt sich aber nicht, wenn man – wie jüngst das BVerwG[924] – die Kollektivverbürgung der Glaubensfreiheit direkt Art. 4 I und II GG entnimmt.
Sollte man Scientology aufgrund ihrer Organisationsstruktur und Zielsetzung als verfassungsfeindlich einstufen bzw. sollte sich nachweisen lassen, dass die Gemeinschaft die religiösen Lehren nur als Vorwand für die Verfolgung wirtschaftlicher Ziele verwendet (Rn 396), kann sie sich schon in sachlicher Hinsicht nicht auf Art. 4 I und II GG stützen. Dann käme es auf die Eröffnung des persönlichen Schutzbereichs letztlich nicht an.

---

[918] BVerfGE 105, 279, 292 ff. (Osho); BVerfGE 102, 370, 383 (Zeugen Jehovas), jeweils zurückgehend auf BVerfGE 83, 341, 355 (Baha´i); 53, 366, 387. Vgl. auch OVG Berlin NVwZ 2005, 1450 f.; *Pieroth/Görisch*, JuS 2002, 937, 938; *Häußler*, JA 2002, 548, 551.
[919] Vgl. nur BVerfGE 42, 312, 332 (Grundrechtsträgereigenschaft von Kirchen und anerkannten Religionsgemeinschaften); 83, 341, 355 (Baha´i); differenzierend jedoch BVerfGE 70, 138, 160 (Kirchliches Kündigungsrecht).
[920] Vgl. etwa *Jarass*, in: Jarass/Pieroth, GG, Art. 4 Rn 19; *Morlok*, in: Dreier, GG, Art. 4 Rn 76; BVerwG NJW 2006, 1303, 1304. Anders *P/S/K/P*, Rn 559, und *v. Campenhausen*, in: HdbStR VI, § 136 Rn 78. Nach *Mager*, in: v. Münch/Kunig, GG, Art. 4 Rn 21, ist die Frage nicht entscheidungserheblich.
[921] BVerfGE 105, 279, 292 f. Vgl. auch VGH München NVwZ 2003, 998, der von „Art. 4 GG in seiner kollektiven Ausprägung gem. Art. 19 III GG" spricht.
[922] BVerfG NVwZ 2010, 570, 571. Vgl. auch *Mosbacher*, NVwZ 2010, 537 ff.; *Kühn*, NJW 2010, 2094 f.
[923] Wie hier *Jarass*, in: Jarass/Pieroth, GG, Art. 19 Abs. 17; *Quaritsch*, in: HdbStR V, § 120 Rn 48; VGH München NVwZ 2003, 998, 999. Anders *Werner*, Scientology im Spiegel des Rechts, 2002, S. 411.
[924] BVerwG NJW 2006, 1303 ff.

389 Hinsichtlich der kollektiven Glaubensfreiheit bietet sich folgendes Prüfungsschema an:

II. Kollektive Glaubensfreiheit

1. Schutzbereich
Geschützt sind die Tätigkeiten der religiösen oder weltanschaulichen Vereinigungen, die sich die Pflege und Förderung eines religiösen Bekenntnisses und die Verkündung des Glaubens ihrer Mitglieder zum Ziel gesetzt haben. Lediglich Vereinigungen, die ausschließlich oder schwerpunktmäßig politische, ökonomische oder gar verfassungsfeindliche oder terroristische Ziele verfolgen, fallen nicht unter den Schutz des Art. 4 I, II GG. Das gilt selbst dann, wenn für viele ihrer Mitglieder eine individuelle Glaubensfreiheit zum Tragen kommt.

2. Eingriff in den Schutzbereich
In die kollektive Glaubensfreiheit wird eingegriffen, wenn der Staat die o.g. geschützten Tätigkeiten regelt oder faktisch in erheblicher Weise behindert, etwa durch (direkte) Warnungen vor einer Religions- oder Weltanschauungsgemeinschaft oder durch Förderungen von Vereinen, deren Aufgabe darin besteht, bestimmte Religions- oder Weltanschauungsgemeinschaften zu bekämpfen. Auch die Ungleichbehandlung verschiedener Religionsgemeinschaften stellt einen Eingriff in den Schutzbereich dar. Weitere Beispiele sind das Verbot der Kanzelankündigung einer karitativen Sammlung oder das Verbot des sakralen Läutens der Kirchenglocken.

3. Verfassungsrechtliche Rechtfertigung
Aufgrund der Formulierung in Art. 137 III S. 1 WRV (der über Art. 140 GG Anwendung findet), könnte angenommen werden, dass staatliche Eingriffe ihre Grundlage in den Schranken der „für alle geltenden Gesetze" fänden, die kollektive Glaubensfreiheit also einem einfachen Gesetzesvorbehalt unterläge. Da die über Art. 140 GG inkorporierten Vorschriften der WRV jedoch richtigerweise zusammen mit Art. 4 I und GG als „organisches Ganzes" angesehen werden müssen, geht die auch hier vertretene Gegenauffassung von einer **vorbehaltlos gewährten kollektiven Glaubens- bzw. Weltanschauungsfreiheit** aus. Demzufolge sind Eingriffe nur durch **kollidierendes Verfassungsrecht** zu rechtfertigen. Aber auch in diesem Fall ist wegen Art. 20 III GG eine **materiell-rechtliche Eingriffsgrundlage** erforderlich. Eine Kompetenznorm wie Art. 65 GG wird dem Gesetzesvorbehalt nicht gerecht.

1. Schutzbereich

390 **Geschützt** sind die Tätigkeiten der religiösen oder weltanschaulichen Vereinigungen, die sich die Pflege und Förderung eines religiösen Bekenntnisses und die Verkündung des Glaubens ihrer Mitglieder zum Ziel gesetzt haben (s.o.). So fallen z.B. die Verbreitung der eigenen Überzeugung oder das sakrale Glockengeläut ebenso in den Schutzbereich wie das Recht der Glaubensgemeinschaft, die Gebäude (Kirchen, Moscheen, Minarette etc.) zu errichten, die nach ihrem Selbstverständnis für die individuelle Religionsausübung ihrer Mitglieder erforderlich sind[925]. Ebenso gehören zur kollektiven Glaubensfreiheit das Bestreben der Anerkennung des Status als Körperschaft des öffentlichen Rechts (dazu bereits Rn 67 sowie sogleich Rn 394) sowie die Selbstbestimmung über die eigene Organisation, Normsetzung und Verwaltung (vgl. Art. 137 III S. 1 WRV, der von *ihren*, d.h. eigenen Angelegenheiten spricht).

391 Eigene Angelegenheiten sind etwa die arbeits- und dienstrechtliche Gestaltung, Berufsbildung im kirchlichen Dienst, Mitbestimmung und Personalvertretung, Ordensrecht, Mitgliedschaft, Beitrag- und Gebührenerhebung (nicht aber Kirchensteuer), kirchliche Gerichtsbarkeit, Haushaltsrecht, Inkompatibilität oder Zusammenschluss mit anderen Glaubensgemeinschaften.

392 Des Weiteren hat das BVerfG betont, dass die genannten Gewährleistungen darin ihren Ausdruck fänden, dass der Staat verpflichtet sei, sich in Fragen des religiösen oder weltanschaulichen Bekenntnisses **neutral** zu verhalten und nicht seinerseits den religiö-

[925] *Goerlich/Zimmermann*, JuS 2013, 1117, 1122.

sen Frieden in der Gesellschaft zu gefährden.[926] Darauf wird im Rahmen der verfassungsrechtlichen Rechtfertigung eingegangen.

Die **Grundrechtsträgereigenschaft** der Vereinigung ist unabhängig von dem Erwerb der Rechtsfähigkeit als eingetragener Verein des Privatrechts.[927] Geschützt sind daher auch alle „der Vereinigung in bestimmter Weise zugeordneten Einrichtungen ohne Rücksicht auf ihre Rechtsform, wenn sie nach kirchlichem Selbstverständnis ihrem Zweck oder ihrer Aufgabe entsprechend berufen sind, einen kirchlichen Auftrag wahrzunehmen und zu erfüllen"[928]. Dazu gehören etwa ein nicht rechtsfähiger kirchlicher Jugendverein[929], ein konfessionelles Krankenhaus[930] oder eine (als Körperschaft des öffentlichen Rechts verfasste) Erziehungseinrichtung[931].[932] **393**

Wegen Art. 137 V WRV i.V.m. Art. 140 GG können sich auch Religionsgemeinschaften, die den Status als *Körperschaft des öffentlichen Rechts* verliehen bekommen haben, auf die kollektive Religions- und Weltanschauungsfreiheit berufen. Da die Bestimmungen der WRV jedoch zusammen mit Art. 4 I und II GG als „organisches Ganzes"[933] angesehen werden müssen, sind die als Körperschaften des öffentlichen Rechts anerkannten Religionsgemeinschaften nicht normale Körperschaften des öffentlichen Rechts. Sie sind keine Organe der öffentlichen Gewalt, gehören nicht zur mittelbaren Staatsverwaltung[934] und stehen unbeschadet ihrer besonderen Qualität, die keine besondere Loyalität zum Staat, aber Verfassungs- und Rechtstreue einschließt[935], „wie jedermann dem Staat gegenüber"[936]. Wenn sie aber in bestimmten Teilbereichen, besonders bei der Erhebung von Kirchensteuer gem. Art. 140 GG i.V.m. Art. 137 VI WRV, selbst öffentliche Gewalt ausüben[937] und sogar über die Dienstherrenfähigkeit und über eine Rechtssetzungsbefugnis verfügen[938], unterliegen sie auch wie beliehene private Rechtssubjekte der Bindung an die Grundrechte.[939] Ob in einer modernen Demokratie, in der die staatliche Neutralität in Bezug auf die Religionsfreiheit stets betont wird, den Religionsgesellschaften überhaupt der Status einer Körperschaft des öffentlichen Rechts zuerkannt werden sollte, ist zweifelhaft.[940] **394**

Hinweis für die Fallbearbeitung: Dadurch, dass auch öffentlich-rechtliche Vereinigungen wegen Art. 4 I und II GG grundsätzlich grundrechtsberechtigt sind, können auch die als Körperschaften anerkannten Religionsgemeinschaften Verfassungsbeschwerde wegen Verletzung ihres kirchlichen Selbstbestimmungsrechts erheben. Erst recht ist die Verfassungsbeschwerde statthaft, wenn es um die Versagung des Status als Körperschaft öffentlichen Rechts geht.[941] **395**

In Anlehnung an das zur individuellen Glaubensfreiheit Gesagte besteht auch hier die Gefahr der Konturlosigkeit des Schutzbereichs. Insbesondere die zunehmende Vermarktung der religiösen bzw. weltanschaulichen Bedürfnisse hat in neuerer Zeit die Frage **396**

---

[926] Vgl. nur BVerfGE 105, 279, 294 (Osho); 102, 370, 383 (Zeugen Jehovas); OVG Berlin NVwZ 2005, 1450 f. (Zeugen Jehovas); VGH München NVwZ 2003, 998 ff. (Scientology).

[927] Daher konnten seinerzeit auch die „Zeugen Jehovas" gegen die Versagung der Zuerkennung als Körperschaft des öffentlichen Rechts gerichtlich klagen (BVerfGE 102, 370 ff.). Vgl. auch BVerfGE 105, 279 ff. (Osho).

[928] BVerfGE 70, 138, 162 (Kirchliches Kündigungsrecht).

[929] BVerfGE 24, 236, 247 (Rumpelkammer/Kanzelwerbung).

[930] BVerfGE 46, 73, 85 f. (Rechtliches Gehör); 53, 366, 391 f. (Konfessionelles Krankenhaus).

[931] BVerfGE 70, 138, 162 f. (Kirchliches Kündigungsrecht). Zur Frage, ob auch Gruppierungen des Islam Religionsgemeinschaften darstellen können, vgl. unten Rn 587.

[932] *P/S/K/P*, Rn 560.

[933] Vgl. dazu BVerfG NVwZ 2015, 1434, 1435 f.

[934] BVerfGE 66, 1, 19 f. (Kirchen und Konkursausfallgeld); *Renck*, JuS 2000, 1001, 1004.

[935] BVerfGE 102, 370, 390 ff. (Zeugen Jehovas); OVG Berlin NVwZ 2005, 1450 - bestätigt von BVerwG NJW 2006, 3156, 3157; BVerfG NVwZ 2015, 1434, 1435 f.

[936] BVerfG NVwZ 2010, 570, 571 ff. (Berliner Ladenschlussgesetz); BVerfGE 42, 312, 322 (Grundrechtsträgereigenschaft von Kirchen und anerkannten Religionsgemeinschaften).

[937] Vgl. BVerfGE 73, 388, 399 f.; BVerfG DVBl 2002, 1625 f.; NVwZ 2015, 1434, 1435 f.

[938] Vgl. BVerfG NVwZ 2015, 1434, 1435 f.

[939] Vgl. *Stern*, StaatsR III/1, S. 1210 ff.; *P/S/K/P*, Rn 563.

[940] Vgl. näher *Magen*, NVwZ 2001, 888 f.; ferner BVerwG NVwZ 2001, 924 ff.

[941] BVerfG NVwZ 2015, 1434, 1435 f.

aufgeworfen, inwieweit eine **wirtschaftliche Betätigung** der Annahme entgegensteht, dass eine Organisation, die (überwiegend oder ausschließlich) nur nach ihrem bekundeten Selbstverständnis eine Religion oder Weltanschauung pflegt, vom Schutzbereich des Art. 4 I, II GG erfasst ist.[942] Im Kern lässt sich sagen, dass eine Organisation, die lediglich unter dem Deckmantel des Glaubens politische oder ökonomische Tätigkeiten ausübt (= *ausschließliche* Verfolgung politischer oder ökonomischer Ziele), nicht unter den Schutzbereich des Art. 4 I, II GG fällt, selbst wenn für viele ihrer Mitglieder eine individuelle Glaubensfreiheit zum Tragen kommt.[943] Eine bloße *überwiegende* wirtschaftliche Betätigung führt dagegen nicht notwendigerweise zu einem vollständigen Entzug des Grundrechtsschutzes aus Art. 4 I, II GG.[944] Auch steht die Vermarktung der Lehre zur Finanzierung der Glaubensgemeinschaft der Einordnung als Religions- oder Weltanschauungsgemeinschaft grds. nicht entgegen.[945] Ob sich eine sog. Glaubensgemeinschaft im Einzelfall auf Art. 4 I, II GG berufen kann, entscheidet sich jedenfalls nicht nur nach dem bekundeten Selbstverständnis, sondern in gleicher Weise auch nach dem äußeren Erscheinungsbild.[946]

2. Eingriff in den Schutzbereich

397 Die kollektive Glaubensfreiheit wird beeinträchtigt, wenn der Staat die o.g. geschützten Tätigkeiten regelt oder faktisch (in erheblicher) Weise behindert.

Beispiele:

(1) Verbot einer Religions- bzw. Weltanschauungsgemeinschaft oder deren Ungleichbehandlung gegenüber anderen Religions- bzw. Weltanschauungsgemeinschaften[947]

(2) Staatliche Warnungen vor Sekten bzw. Glaubens- oder Weltanschauungsgemeinschaften[948]

(3) Förderungen von Vereinen, deren Aufgabe darin besteht, bestimmte Religions- oder Weltanschauungsgemeinschaften zu bekämpfen[949]

(4) Versagung der Anerkennung des Status als Körperschaft öffentlichen Rechts.[950]

(5) Verbot des sakralen Läutens der Kirchenglocken[951] oder ein Bauverbot bzgl. einer Moschee oder eines Minaretts[952]

(6) Verbot, in Fußgängerzonen Handzettel zu verteilen und/oder Artikel zu verkaufen

(7) Erlaubnis, an Sonn- und Feiertagen Verkaufsläden zu öffnen[953]

---

[942] Vgl. nur BVerwG NVwZ 1995, 473; BVerwG NVwZ 1999, 766; VGH München NVwZ 2003, 998, 999 (Scientology); OVG Bremen NVwZ-RR 1997, 408; BAGE 79, 319 ff. (Scientology); *Kempen*, NVwZ 2000, 1115; *Jeand´Heur/Cremer*, JuS 2000, 991 ff.; *Dostmann*, DÖV 1999, 993, 994 f.; *Pieroth/Kingreen*, NVwZ 2001, 841, 843.

[943] Vgl. BVerwGE 90, 112, 118; *Mager*, in: v. Münch/Kunig, GG, Art. 4 Rn 15; *Jeand´Heur/Cremer*, JuS 2000, 991, 993; BAGE 79, 319 ff. (Scientology).

[944] Vgl. BVerfGE 105, 279, 293 ff. (Osho).

[945] BVerwGE 90, 112, 116; BVerwG NJW 1997, 406, 407.

[946] Zutreffend BVerfGE 83, 341, 353 (Baha´i); BAGE 79, 319, 337 ff. (Scientology). Anders *Kopp*, NJW 1990, 2669, 2670.

[947] BVerfGE 93, 1, 17 (Kruzifix).

[948] BVerwGE 82, 76, 79 (Osho I); *Jeand´Heur/Cremer*, JuS 2000, 991, 993 f.; *Frenz*, JA 2009, 493, 495. Anders BVerfGE 105, 279, 293 ff. (Osho), wo das Gericht auf dem bereits erläuterten Standpunkt steht, dass Warnungen keine Grundrechtseingriffe seien, sondern lediglich Grundrechtsbeeinträchtigungen, für die der Gesetzesvorbehalt keine materiellrechtliche Rechtsgrundlage fordere, sondern eine Kompetenznorm wie Art. 65 GG genügen lasse. Dieser Standpunkt ist mit Blick auf die demokratische Funktion des Art. 20 III GG abzulehnen.

[949] Vgl. BVerwGE 90, 112, 116 (Osho II).

[950] Zur Verleihung des Körperschaftsstatus bzw. von Körperschaftsrechten an Religionsgemeinschaften vgl. BVerfGE 102, 370 ff. (Zeugen Jehovas); BVerfG NVwZ 2015, 1434 ff. (Zeugen Jehovas); BVerwG NVwZ 2013, 943 ff. (Baha´i) mit Bespr. *Löhnig/Preisner*, NVwZ 2013, 945 f. Vgl. dazu auch bereits Rn 394.

[951] BVerwGE 68, 62, 66 f.; vgl. auch BVerwGE 90, 163; *Haaß*, Jura 1993, 302.

[952] Vgl. dazu den Fall von *Goerlich/Zimmermann*, JuS 2013, 1117 ff.

[953] BVerfG NVwZ 2010, 570, 571 ff. (Berliner Ladenschlussgesetz). Vgl. dazu *Mosbacher*, NVwZ 2010, 537 ff.

3. Verfassungsrechtliche Rechtfertigung (Grundrechtsschranke)

Nach Auffassung des BVerwG unterliegt auch die kollektive Glaubensfreiheit keinem 398-401
Gesetzesvorbehalt.[954] Das Gericht stützt seine Rechtsauffassung auf die Formulierung des Art. 137 III S. 1 WRV, der von *ihren* Angelegenheiten spricht, und will damit zum Ausdruck bringen, dass die kollektive Religionsausübung eine innerkirchliche Angelegenheit sei, aus der sich der Staat heraushalte solle. Das ist mit Blick auf Art. 140 GG, der Art. 137 III S. 1 WRV zum vollgültigen Verfassungsrecht erklärt, soweit nachvollziehbar. Allerdings erschöpft sich der Wortlaut des Art. 137 III S. 1 GG nicht in der genannten Formulierung. Vielmehr spricht die Vorschrift auch von der Ordnung und Verwaltung der Angelegenheiten „innerhalb der Schranken des für alle geltenden Gesetzes". Ebendiese Formulierung sowie der Umstand, dass die inkorporierten Vorschriften der WRV gem. Art. 140 GG vollgültiges Verfassungsrecht darstellen, lassen sehr wohl auf einen Gesetzesvorbehalt schließen.[955] Danach fänden staatliche Eingriffe ihre Grundlage in den Schranken der „für alle geltenden Gesetze". Als Gesetze i.S.d. Art. 137 III S. 1 WRV wären dann Gesetze anzusehen, die für Religions- und Weltanschauungsgemeinschaften dieselbe Bedeutung hätten wie für jedermann.

Jedoch ist zu beachten, dass das BVerfG auch sonst teilweise der Auffassung ist, dass 402
die gem. Art. 140 GG inkorporierten Vorschriften der WRV von dem (vorbehaltlos gewährten) Grundrecht aus Art. 4 I und II GG „überlagert" seien[956]. Zwar kann die „Überlagerungstheorie" nicht überzeugen, weil nicht ersichtlich ist, wie voll inkorporiertes Verfassungsrecht von anderem Verfassungsrecht „überlagert" sein soll, allerdings würde die Anerkennung eines Gesetzesvorbehalts i.S.d. Art. 137 III S. 1 WRV dazu führen, dass die kollektive Glaubensfreiheit leichter eingeschränkt werden könnte als die vorbehaltlos gewährleistete individuelle Glaubensfreiheit. Für eine solche unterschiedliche Behandlung ist aber kein sachlicher Grund ersichtlich, zumal nach dem Willen des Parlamentarischen Rats bei der Ausarbeitung des Grundgesetzes die Religionsfreiheit (undifferenziert) vorbehaltlos gewährleistet sein solle.[957] Mit der Inkorporation der Art. 136, 137, 138, 139 und 141 WRV in das Grundgesetz sollte lediglich eine einheitliche Rahmenregelung bzgl. der Religionsgesellschaften vorgenommen, nicht jedoch die vorbehaltlose Gewährleistung der Glaubensfreiheit aus Art. 4 I und II GG relativiert werden.[958]

Demnach ist also auch das Kollektivrecht der Glaubens- bzw. Weltanschauungsge- 403
meinschaft vorbehaltlos gewährt. Es kann nur auf Grundlage kollidierender Verfassungsgüter eingeschränkt werden. Wegen des in Art. 20 III GG enthaltenen Grundsatzes vom Vorbehalt des Gesetzes darf der Eingriff allerdings auch hier nur auf der Grundlage eines **formell-materiellen Gesetzes** ergehen.[959] Bei Warnungen vor den „Untrieben" einer Organisation genügen entgegen der Auffassung des BVerwG[960] die sich aus der Kompetenznorm des Art. 65 GG ergebende Befugnis der Bundesregierung zur Öffentlichkeitsarbeit daher nicht.[961] Erst recht liefert ein Haushaltsgesetz

---

[954] BVerwGE 90, 112, 122 (Osho II); 82, 76, 82 f. (Osho I); 68, 62, 63 („Glockenurteil"); 66, 241, 345; in diese Richtung wohl auch BVerfG NJW 1989, 3269, 3270 (Kammerentscheidung zur Sektenwarnung).

[955] Einen Gesetzesvorbehalt annehmend BVerfGE 66, 1, 20; 42, 312, 333; *Mager*, in: v. Münch/Kunig, GG Art. 4 Rn 64; *Morlok*, in: Dreier, GG, Art. 4 GG Rn 57; *Jarass*, in: Jarass/Pieroth, GG, Art. 4 Rn 33 *v. Campenhausen*, in: v. Mangoldt/Klein/Starck, GG, Art. 138 WRV Rn 138; *Preuß*, in: Alternativkommentar, Art. 140 Rn 27.

[956] Vgl. BVerfGE 33, 23, 31 (Eidesleistung); 104, 337, 345 ff. (Schächten) – jeweils zwar ergangen zur individuellen Glaubensfreiheit, aber so pauschal formuliert, dass generell der Vorrang des vorbehaltlos gewährten Art. 4 I und II GG gemeint sein muss.

[957] Vgl. *Leibholz/v. Mangoldt*, JöR, Neue Folge Bd. 1, 1951, S. 73 ff.

[958] Vgl. *Leibholz/v. Mangoldt* a.a.O., S. 900.

[959] Vgl. auch BVerfGE 128, 1, 41 (Gentechnikgesetz).

[960] BVerwGE 82, 78, 82 (Osho I); BVerwG NVwZ 1994, 163.

[961] Erst recht abzulehnen ist die Auffassung des BVerfG in seiner Osho-Entscheidung (E 105, 279, 293 ff.), das bei einer staatlichen Warnung lediglich von einer Grundrechtsbeeinträchtigung statt von einem Grundrechtseingriff ausgeht und sodann konstatiert, dass der Grundsatz vom Vorbehalt des Gesetzes für Grundrechtsbeeinträchtigungen keine materiell-rechtliche Gesetzesgrundlage erfordere, sondern die Kompetenz zur Staatsleitung genügen lasse.

(= nur-formelles Gesetz) keine genügende Rechtsgrundlage etwa für den Fall, dass die Bundesregierung einen „Antisektenverein" erheblich finanziell unterstützt, damit *dieser* vor Jugendsekten warnen kann.[962]

404 Eine Besonderheit besteht hinsichtlich **Religions- und Weltanschauungsgemeinschaften, die verfassungsfeindliche** oder **terroristische Ziele** verfolgen. Da hier jedoch auch und insbesondere Art. 9 I GG betroffen ist, sei auf die zusammenhängenden Ausführungen bei Rn 673 ff. verwiesen.

405 Existiert ein einschränkendes materiell-rechtliches Gesetz, muss dieses seinerseits verfassungsgemäß sein. Insbesondere muss es **entgegenstehendes Verfassungsrecht** und die **Grundrechte** wahren sowie dem **Grundsatz der Verhältnismäßigkeit** entsprechen. Geht man mit der hier vertretenen Auffassung von der Vorbehaltlosigkeit der kollektiven Glaubens- bzw. Weltanschauungsfreiheit aus, ist eine Güterabwägung zwischen den kollidierenden Grundrechten (also der kollektiven Glaubens- bzw. Weltanschauungsfreiheit und bspw. dem Schutz der Jugendlichen) erforderlich (**praktische Konkordanz**). Entsprechendes gilt für den Einzelakt.

406 Hinsichtlich der **Ladenöffnungen** an Sonn- und Feiertagen hat das BVerfG Leitlinien aufgestellt, die bei der Prüfung der Verfassungsmäßigkeit von gesetzlichen bzw. einzelaktmäßigen Erlaubnissen zur Ladenöffnung an Sonn- und Feiertagen zu beachten sind.[963]

III. Konkurrenzen

407 Die Glaubensfreiheit kann insbesondere mit der **Versammlungsfreiheit** (Art. 8 I GG) konkurrieren, wenn es um die kollektive Kundgabe der religiösen Überzeugung geht. In diesem Fall wird teilweise angenommen, dass Art. 4 I und II GG dem Grundrecht der Versammlungsfreiheit vorgehe[964] (Fall der unechten Grundrechtskonkurrenz, vgl. Rn 137). Diese Auffassung ist mit den Gewährleistungen der beiden Grundrechte nicht vereinbar. Geht es den betroffenen Personen um die gemeinschaftliche Erörterung und Kundgebung mit dem Ziel der Teilhabe an der öffentlichen Meinungsbildung und hat die Thematik ihren Ursprung im religiösen Glauben, ist es überzeugend, den Teilnehmern der Veranstaltung sowohl den Schutz des Art. 8 I GG als auch des Art. 4 I und II GG zukommen zu lassen.[965]

408 Hinsichtlich der **Meinungsäußerungsfreiheit** (Art. 5 I S. 1 Var. 1 GG) sollte die Glaubensfreiheit indes als lex specialis angesehen werden, sofern es um die Äußerung der religiösen Überzeugung geht.[966]

IV. Gewissensfreiheit, Art. 4 I und III GG

1. Schutzbereich

409 Obwohl die Gewissensfreiheit in engem Zusammenhang mit der Glaubensfreiheit steht, wird sie überwiegend als eigenständiges Grundrecht betrachtet.[967] Die Gewissensfreiheit schützt die Gewissensentscheidung.

410 Als eine **Gewissensentscheidung** ist jede ernste sittliche, d.h. an den Kategorien von „Gut" und „Böse" orientierte, Entscheidung anzusehen, die der Einzelne in einer be-

[962] Richtig insoweit BVerwGE 90, 112, 122 ff. (Osho II).
[963] Diese sind in BVerfG NVwZ 2010, 570, 571 ff. (Berliner Ladenschlussgesetz) formuliert. Vgl. auch *Kühn*, NJW 2010, 2094 ff.; *Sachs*, JuS 2010, 657 ff.; *Mosbacher*, NVwZ 2010, 537 ff.
[964] So *Jarass*, in: Jarass/Pieroth, GG, Art. 4 Rn 6; *Kokott*, in: Sachs, GG, Art. 4 Rn 134.
[965] Vgl. bereits Rn 139. Wie hier auch *Hoffmann-Riem*, in: Alternativkommentar, Art. 8 Rn 68.
[966] Wie hier BVerfGE 32, 98, 107; *Herzog*, in: Maunz/Dürig, GG, Art. 4 Rn 18; *Kokott*, in: Sachs, GG, Art. 4 Rn 105; a.A. *Campenhausen*, in: HdbStR VI, S. 424.
[967] Vgl. nur *Mager*, in: v. Münch/Kunig, GG, Art. 4 Rn 5 u. 10 f.; *Morlok*, in: Dreier, GG, Art. 4 Rn 30; *Herzog*, in: Maunz/Dürig, GG, Art. 4 Rn 122 f.

stimmten Lage als für sich bindend und unbedingt verpflichtend innerlich erfährt, sodass er gegen sie nicht ohne ernste Gewissensnot handeln könnte.[968]

Der Begriff des Gewissens in Art. 4 I und III GG ist identisch.

Geschützte Tätigkeiten sind ähnlich wie bei der Glaubensfreiheit nicht nur die innere Überzeugung (das *forum internum*), sondern auch das nach außen in Erscheinung tretende Handeln entsprechend einer Gewissensentscheidung (das *forum externum*).[969] 411

Aus der obigen Definition wird deutlich, dass der Schutzbereich der Gewissensfreiheit naturgemäß in besonders großem Maße durch die Einschätzung des Einzelnen determiniert wird. Um daher eine uferlose Ausweitung des (vorbehaltlos gewährten) Grundrechts und eine Überschneidung mit der (ebenfalls weit gefassten) allgemeinen Verhaltensfreiheit zu verhindern, wird die Frage nach der **Eingrenzung des Schutzbereichs** der Gewissensfreiheit unumgänglich. 412

- So ist die Gewissensfreiheit zunächst als ein Recht zu verstehen, das den Einzelnen vor Zwang bewahrt, den der Staat auf ihn ausübt. Die Gewissensfreiheit will dem Bürger die Möglichkeit geben, in Situationen, die er selbst nicht herbeigeführt hat, seinem Gewissen zu folgen. Der Bürger soll das Recht haben, von staatlicher Seite aufgezwungene Verhaltensweisen abwehren zu können, die mit seinem Gewissen nicht zu vereinbaren sind. Der Zweck der Gewissensfreiheit kann aber nicht darin bestehen, dem Bürger weit reichende Möglichkeiten zur Beeinflussung seiner Umwelt nach seinen Vorstellungen zu geben. Dafür stehen ihm andere Grundrechte (etwa Art. 5 oder 8 GG) zur Verfügung. Man kann somit sagen, dass die Gewissensfreiheit dem Einzelnen nur ein negatorisches Recht verleiht, nämlich das Recht zur Verweigerung (staatlicher) Befehle.[970] 413

  Das Recht auf Gewissensfreiheit ermächtigt den Einzelnen somit nicht zur Korrektur staatlicher Entscheidungen. So steht das sog. **Kirchenasyl** nicht unter dem Schutz der Gewissensfreiheit.[971] Mitglieder einer Kirche, die von Abschiebung bedrohten Menschen „Kirchenasyl" gewähren, bringen sich selbst in eine Konfliktsituation und wehren sich nicht lediglich gegen einen Konflikt, der ihnen von staatlicher Seite aufgezwungen wird, sondern gestalten aktiv einen Konflikt mit einer staatlichen Entscheidung. Kirchenasyl kann daher nicht auf das negatorische Grundrecht der Gewissensfreiheit gestützt werden.[972]

- Eine weitere Eingrenzung des Schutzbereichs kann darin gesehen werden, dass man das Grundrecht der Gewissensfreiheit nur auf solche persönliche Entscheidungen anwendet, die sich dem **persönlichen Verantwortungsbereich** des Einzelnen zuordnen lassen. 414

  Somit scheiden Fälle aus, in denen sich ein Einzelner als Bürger oder Mitglied einer **pflichtmitgliedschaftlich verfassten Organisation** für deren Handlungen und Maßnahmen mitverantwortlich fühlt und sich deshalb einem Gewissenskonflikt ausgesetzt sieht, weil die Organe der Organisation in einer Weise handeln, die seinem Gewissensurteil widerstreiten.

- Schließlich ergibt sich eine Schutzbereichsbegrenzung aus dem Grundsatz des ***venire contra factum proprium***. Wer sich selbst in Widerspruch zu seinem früheren Verhalten begibt, soll sich nicht auf ein ihm an sich zur Seite stehendes Recht berufen können. Wer also Atomstrom verbraucht, kann nicht die Zahlung der Stromrechnung mit dem Argu- 415

---

[968] BVerfGE 12, 45, 55 (Kriegsdienstverweigerer); 48, 127, 173 (Wehrpflicht- und Zivildienst-Änderungsgesetz 1977); BVerwGE 79, 24, 26.
[969] *Muckel*, NJW 2000, 689.
[970] *Muckel*, NJW 2000, 689; *Arndt*, NJW 1996, 2204, 2205 f.
[971] *Muckel*, NJW 2000, 689; *v. Münch*, NJW 1995, 565, 566; *Deger*, Gedächtnisschrift für Gülzow, 1999, S. 203, 207; *Fessler*, NWVBl 1999, 449 ff.; a.A. etwa *Bayer*, Das Grundrecht der Religions- und Gewissensfreiheit, 1997, S. 249 ff., 270.
[972] Vgl. dazu *Fessler*, NWVBl 1999, 449 ff.

ment verweigern, die Nutzung von **Kernenergie** sei mit seinem Gewissen nicht zu vereinbaren.[973]

416 **Träger des Grundrechts** sind alle natürlichen Personen. Insoweit gelten die Ausführungen zur individuellen Glaubensfreiheit entsprechend. Nicht geschützt werden juristische Personen und andere Personenvereinigungen, gleich welcher Art.

2. Eingriff in den Schutzbereich

417 Die Gewissensfreiheit wird beeinträchtigt, wenn der Staat die geschützten Tätigkeiten regelt oder faktisch in erheblicher Weise behindert. Eingriffe können auch durch das Privatrecht erfolgen, etwa wenn der Arbeitgeber eine Arbeit zuweist, die mit dem Gewissen des Betroffenen unvereinbar ist. Das folgt aus der Ausstrahlungswirkung der Grundrechte.[974]

3. Verfassungsrechtliche Rechtfertigung (Grundrechtsschranke)

418 Die Gewissensfreiheit steht unter keinem Schrankenvorbehalt. Die Übernahme der Schranken anderer Grundrechte, einschließlich der Religionsfreiheit, scheidet aus. Für die Gewissensfreiheit gelten aber die aus der Verfassung selbst begründeten Schranken, namentlich aus Grundrechten Dritter und anderen mit Verfassungsrang ausgestatteten Rechtswerten (sog. **verfassungsimmanente Einschränkung**). Insbesondere wird die Gewissensfreiheit durch die Grundrechte Dritter begrenzt, was v.a. im Verhältnis zwischen Privaten relevant wird.

Beispiele:

(1) Wenn sich ein Arbeitnehmer unter Berufung auf sein Gewissen weigert, eine bestimmte Arbeit auszuführen, kollidiert seine Gewissensfreiheit mit den Grundrechten seines Arbeitgebers aus Art. 14 I, 12 I und 2 I GG.

(2) Wer sich aus Gewissensgründen weigert, einem anderen Hilfe zu leisten, kann eine Kollision der Gewissensfreiheit mit dem Recht auf Leben und körperliche Unversehrtheit aus Art. 2 II S. 1 GG herbeiführen.

In diesen Fällen bedarf es eines Ausgleichs der gegenläufigen grundrechtlich geschützten Interessen im Sinne einer **praktischen Konkordanz**.[975]

419 Erfolgt eine Beschränkung der Gewissensfreiheit durch eine staatliche Institution, ist dem allgemeinen Grundsatz vom Vorbehalt des Gesetzes folgend stets ein formelles Gesetz zu fordern. Die praktische Konkordanz ist in diesem Fall sowohl bei der Frage nach der Verfassungsmäßigkeit des Gesetzes als auch bei der Frage nach der Verfassungsmäßigkeit der Einzelmaßnahme herzustellen. Es ist eine Abwägung erforderlich zwischen der Gewissensfreiheit und dem Gesetzeszweck, der in der Wahrung der Grundrechte Dritter oder sonstiger wichtiger Verfassungsgüter besteht.

V. Recht der Kriegsdienstverweigerung

420-426 Nachdem durch Beschluss der Bundesregierung am 15.12.2010 mit Wirkung ab dem 1.7.2011 die allgemeine Wehrpflicht (bis auf weiteres) ausgesetzt wurde, hat das Recht, den Kriegsdienst zu verweigern (Art. 4 III GG), seine Bedeutung verloren. Daher hat sich der Verfasser entschlossen, auf dieses Grundrecht nicht mehr einzugehen.

---

[973] AG Stuttgart NJW 1980, 1108; *Hermann*, BB 1979, 602.

[974] Vgl. dazu *Wank*, Jura 1999, 31 ff.

[975] Begriff nach *Hesse*, Grundzüge des Verfassungsrechts, Rn 317 ff. Verwendet bspw. auch von BVerfGE 89, 214, 232; 129, 78, 101 f.; 134, 204, 223; BVerfG NJW 2016, 2247, 2250 (Verwendung von Samples in Musikstück).

G. Meinungsäußerungs-, Informations-, Presse-, Rundfunk- und Filmfreiheit – Art. 5 I GG

427

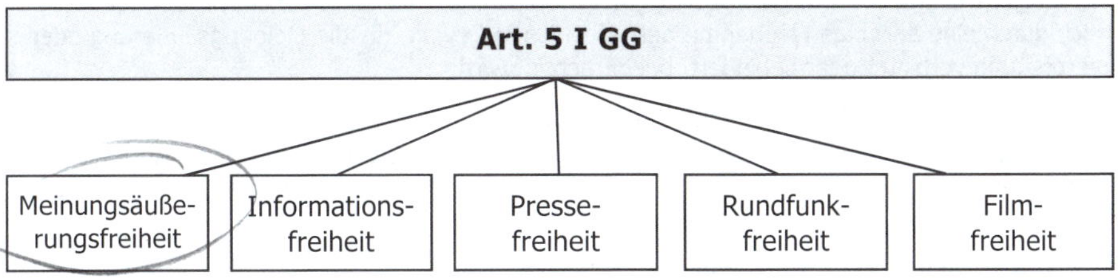

Wie dem graphisch aufbereiteten Wortlaut des Art. 5 I zu entnehmen ist, enthält die Bestimmung fünf (Kommunikations-)Grundrechte:

- Die **Meinungsäußerungsfreiheit** (Art. 5 I S. 1 Var. 1 GG) ist das Recht, seine Meinung in Wort, Schrift und Bild frei zu äußern und zu verbreiten.
- Die **Informationsfreiheit** (Art. 5 I S. 1 Var. 2 GG) ist das Recht, sich aus allgemein zugänglichen Quellen ungehindert zu unterrichten.
- Die **Pressefreiheit** (Art. 5 I S. 2 Var. 1 GG) ist das Recht, alle an die Allgemeinheit bestimmten Druckerzeugnisse zu verbreiten.
- Die **Freiheit der Rundfunkberichterstattung** (Art. 5 I S. 2 Var. 2 GG) ist das Recht, Darbietungen aller Art für die Allgemeinheit mit Hilfe elektrischer Schwingungen zu verbreiten. Lediglich der technische Verbreitungsweg unterscheidet den Rundfunk von der Presse.
- Die **Freiheit der Filmberichterstattung** (Art. 5 I S. 2 Var. 3 GG) ist das Recht, Filme herzustellen und zu verbreiten.[976]

I. Grundrechtstatbestände (Schutzbereiche) und Eingriffe

1. Meinungsäußerungsfreiheit – Art. 5 I S. 1 Var. 1 GG

Meinungsäußerungsfreiheit – Art. 5 I S. 1 Var. 1 GG

I. Schutzbereich

Der Begriff der Meinung ist weit zu verstehen. Jedenfalls umfasst er *Werturteile*, unabhängig von der Thematik oder Qualität der Äußerung; sogar Beleidigungen sind erfasst, wie sich aus dem Rückschluss aus Art. 5 II GG ergibt. Es bietet sich folgende Definition an:

Ein **Werturteil** ist anzunehmen, wenn die Äußerung durch Elemente der subjektiven Stellungnahme, des Dafürhaltens oder Meinens geprägt ist, wenn die Richtigkeit oder Unrichtigkeit der Behauptung eine Sache der persönlichen Überzeugung bleibt.

Nach zutreffender Auffassung des BVerfG werden auch *Tatsachenbehauptungen* erfasst, sofern sie zur Meinungsbildung Dritter beitragen.

Eine **Tatsachenbehauptung** beschreibt wirklich geschehene oder existierende, dem Beweis zugängliche Umstände.

Im Zeitpunkt der Äußerung erwiesen unwahre oder bewusst unwahre Tatsachenbehauptungen sind aber nicht vom Schutzbereich des Art. 5 I S. 1 GG erfasst.
Geschützt wird *jede* Form der Meinungsäußerung und -verbreitung. Auch die **negative Meinungsäußerungsfreiheit** ist erfasst. Das ist das Recht, Meinungen nicht zu äußern und nicht zu verbreiten. Die negative Meinungsäußerungsfreiheit schützt auch davor, fremde Meinungen als eigene äußern und verbreiten zu müssen. **Schmähkritik** fällt je nach Auffas-

[976] Zu den Definitionen vgl. BVerfGE 103, 44, 59 ff. (Fernsehaufnahmen im Gerichtssaal).

sung entweder bereits aus dem Schutzbereich der Meinungsäußerungsfreiheit heraus oder steht jedenfalls bei einer Abwägung mit den betroffenen Rechten Dritter hinter diesen zurück.

II. Eingriff in den Schutzbereich

Ein **Eingriff in die Meinungsäußerungsfreiheit** liegt immer dann vor, wenn der Schutzbereich durch eine beliebige Maßnahme der öffentlichen Gewalt, die die Meinungsäußerung oder -verbreitung verbietet oder behindert, beeinträchtigt wird.

III. Verfassungsrechtliche Rechtfertigung

Die wichtigsten Schranken für die Grundrechte des Art. 5 I GG sind die drei in Art. 5 II GG normierten Schranken der allgemeinen Gesetze, der gesetzlichen Bestimmungen zum Schutz der Jugend und des Rechts der persönlichen Ehre.

⇨ **Die Vorschriften der allgemeinen Gesetze**

Die mit Abstand wichtigste Schranke des Art. 5 II GG und damit die bedeutsamste Grundlage zur Rechtfertigung von Eingriffen ist die der „allgemeinen Gesetze". Fraglich ist, was unter „allgemein" zu verstehen ist. Klar ist, dass damit nicht das Verbot des Einzelfallgesetzes i.S.d. Art. 19 I S. 1 GG gemeint sein kann, denn die Aussage des Art. 19 I S. 1 GG bedarf keiner Bestätigung. Vielmehr ist „allgemein" grundrechtsspezifisch auszulegen. Nach dem BVerfG sind die allgemeinen Gesetze wie folgt zu bestimmen:

Allgemein sind solche Gesetze, die nicht eine Meinung als solche verbieten, die sich nicht gegen die Äußerung einer Meinung als solche richten, die vielmehr dem Schutz eines schlechthin, ohne Rücksicht auf eine bestimmte Meinung, zu schützenden Rechtsguts dienen, das gegenüber der Betätigung der Meinungsfreiheit den Vorrang hat.

Besteht im konkreten Fall ein allgemeines Gesetz, ist der Eingriff aber noch nicht gerechtfertigt. Vielmehr muss (als Schranken-Schranke) die eine besondere Form des Verhältnismäßigkeitsgrundsatzes darstellende **Wechselwirkung** zwischen dem Grundrecht und dem einschränkenden Gesetz beachtet werden. Dies bedeutet, dass das einschränkende Gesetz seinerseits im Lichte der besonderen Bedeutung des Grundrechts aus Art. 5 I GG ausgelegt und angewendet werden muss.

⇨ **Bestimmungen zum Schutz der Jugend**

Die in Art. 5 II GG vorgesehenen **Bestimmungen zum Schutz der Jugend** sind Regelungen zur Abwehr der Jugend drohender Gefahren, wie sie vor allem von Medienprodukten ausgehen können, die Gewalttätigkeiten glorifizieren, Hass auf andere Menschen provozieren, den Krieg verherrlichen oder sexuelle Vorgänge in grob schamverletzender Weise darstellen. Es ist stets eine Güterabwägung vorzunehmen zwischen der Forderung nach umfassendem Grundrechtsschutz und dem verfassungsrechtlich herausgehobenen Interesse an einem effektiven Jugendschutz. Wichtige Einschränkungen zum Schutz der Jugend enthält das Jugendschutzgesetz (JuSchG).

⇨ **Schutz der persönlichen Ehre**

Der **Schutz der persönlichen Ehre** ist zwar durch Art. 2 I i.V.m. 1 I GG (allg. Persönlichkeitsrecht) geschützt. Durch den in Art. 5 II GG genannten Gesetzesvorbehalt ist aber ein einschränkendes Gesetz erforderlich. Solche Gesetze stellen in erster Linie die §§ 185 ff. StGB dar. Auch die §§ 823 und 1004 BGB enthalten als allgemeine Gesetze einen Schutz der Ehre, da die Ehre Bestandteil des in diesen Vorschriften geschützten APR ist. Bei der Frage nach der verfassungsrechtlichen Rechtfertigung von Eingriffen, die auf solchen Gesetzen beruhen, ist stets eine Abwägung unter Beachtung der Wechselwirkungstheorie der betroffenen Grundrechte aus Art. 5 I GG vorzunehmen.

IV. Insbesondere: Grundrechtskollision

Beeinträchtigt eine Privatperson (etwa ein Journalist) Rechte einer anderen Privatperson (etwa die eines Politikers oder Prominenten), wird diese Rechtsbeeinträchtigung vor dem Zivilgericht ausgetragen. Dieses richterliche Urteil ist es dann, das als staatlicher Eingriffsakt unmittelbar Grundrechte (der unterlegenen Partei) beeinträchtigt. Erhebt diese unterlegene Partei nun Verfassungsbeschwerde vor dem BVerfG gegen das (letztinstanzliche) Urteil, hat das BVerfG (und somit der Klausurbearbeiter) zu prüfen, ob das Fachgericht spezifisches Verfassungsrecht verletzt hat. Verletzung spezifischen Verfassungsrechts bedeutet *nicht*, dass das BVerfG (und damit der Klausurbearbeiter) prüft, ob das Gericht die Vorschriften des einfachen Rechts richtig angewendet hat („Verletzung einfachen Rechts"). Das BVerfG ist keine Superrevisionsinstanz. Vielmehr liegt eine spezifische Verfassungsverletzung vor, wenn das Fachgericht

- ⇨ selbst Grundrechte oder grundrechtsgleiche Rechte (z.B. Art. 103 I GG) verletzt (etwa in seiner Entscheidung das entsprechende Grundrecht unverhältnismäßig beschränkt),
- ⇨ seine Entscheidung auf eine grundrechtswidrige Norm gestützt
- ⇨ oder bei der Auslegung und Anwendung einfachen Rechts grundrechtliche Wertungen nicht beachtet hat (mittelbare Drittwirkung von Grundrechten). Vgl. dazu auch Rn 517.

Für eine demokratische Gesellschaft ist die Freiheit der Meinungsäußerung wesentliche Grundlage.[977] Dementsprechend hat der Staat eine **umfassende Äußerungs- und Kommunikationsfreiheit** zu gewährleisten.[978] Der Begriff der Meinung ist daher **weit** zu verstehen.[979] Auf welchen Gegenstand sie sich bezieht und welchen Inhalt sie hat oder auf welchem intellektuellen Niveau sie sich befindet, ist insoweit gleichgültig; sie kann politisch oder unpolitisch, wertvoll oder wertlos, sachlich oder polemisch, vernünftig oder unvernünftig, harmlos oder gefährlich bzw. schockierend sein.[980] Nach Auffassung des BVerfG sind sogar **Beleidigungen** vom Schutzbereich des Art. 5 I GG erfasst, wie sich aus dem Rückschluss aus Art. 5 II GG (hier: Recht der persönlichen Ehre) ergibt, sie treten aber ggf. im Rahmen der praktischen Konkordanz hinter den Ehrschutz zurück.[981] Denn auch das hohe Gut der Meinungsäußerungsfreiheit ist nicht schrankenlos gewährleistet, sondern steht (selbstverständlich) unter dem Postulat der Abwägung mit widerstreitenden Verfassungsgütern, insbesondere mit dem Persönlichkeitsrecht des von der Meinungsäußerung Betroffenen. Der Schrankenvorbehalt des Art. 5 II GG stellt dies klar. Bei **Schmähkritik**, also bei einer Äußerung, bei der nicht mehr die Auseinandersetzung in der Sache, sondern die Diffamierung der Person im Vordergrund steht[982], ist ebenfalls klar, dass im Ergebnis kein Schutz bestehen kann. Insoweit entscheidet das BVerfG aber uneinheitlich hinsichtlich der Frage, ob bereits der Schutzbereich des Art. 5 I GG nicht eröffnet ist oder ob die Schmähkritik bei der Prüfung der verfassungsrechtlichen Rechtfertigung hinter den Ehrschutz zurücktritt (vgl. dazu näher Rn 439 ff.). Davon unbeschadet umfasst der Begriff der Meinung jedenfalls Werturteile. **428**

Ein **Werturteil** ist anzunehmen, wenn die Äußerung durch Elemente der subjektiven Stellungnahme, des Dafürhaltens oder Meinens geprägt ist, wenn die Richtigkeit oder Unrichtigkeit der Behauptung eine Sache der persönlichen Überzeugung bleibt.[983] **429**

Beispiele:

(1) Boykottaufruf, etwa dazu, einen bestimmten Film nicht anzuschauen[984] oder nicht mehr zu einem bestimmten Frisör zu gehen[985]. Gleiches gilt hinsichtlich der auf der

---

977 Insoweit klarstellend EGMR NJW 2016, 1373, 1374 (Verleumdung einer ehemaligen Richterin durch Journalistin). Grundlegend EGMR 7.12.1976 – 5493/72 (jeweils am Prüfungsmaßstab des Art. 10 I EMRK).

978 St. Rspr. seit BVerfGE 7, 198, 208 (Lüth); BVerfG NJW 2003, 1109, 1110 (Weitergabe von Informationen an die Presse); NJW 2003, 1303 (Benetton-Schockwerbung); NVwZ 2004, 90, 91 (Versammlungsverbot); vgl. auch *Grabenwarter*, in: Maunz/Dürig, GG, Art. 5 II Rn 50 ff.; *Schmidt-Jortzig*, in: HdbStR VII, § 162 Rn 21; *Milstein/Lippold*, NVwZ 2013, 182, 184.

979 Vgl. nur BVerfGE 61, 1, 7 (Wahlkampf): „Jeder soll frei sagen können, was er denkt (...)".

980 EGMR NJW 2016, 1373, 1374 (Verleumdung einer ehemaligen Richterin durch Journalistin); BVerfG K&R 2016, 494 f. („ACAB" nicht ohne weiteres Beleidigung); BVerfGE 124, 300, 320 (Rudolf-Heß-Gedenkfeier); 90, 241, 247 (Auschwitzlüge); *Hufen*, JuS 2012, 1145, 1146; *P/S/K/P*, Rn 594; *Muckel*, JA 2010, 672 f. Vgl. auch BVerfGE 30, 336, 347 (Sonnenfreunde); 33, 1, 14 f. (Strafgefangene); 61, 1, 7 (Wahlkampf); 93, 266, 289 („Soldaten sind Mörder"); BVerfG NJW 2012, 1273; NJW 2015, 2022 f.; BVerfG 29.6.2016 – 1 BvR 2646/15.

981 BVerfGE 82, 43, 51; 85, 1, 16; 90, 241, 248; 93, 266, 294; 99, 185, 196; BVerfG NJW 2009, 3016 f.; BVerfG NJW 2014, 764, 765. Vgl. aber auch BVerfG NJW 2013, 3021, 3022!

982 BVerfG 29.6.2016 – 1 BvR 2646/15 mit Verweis auf BVerfGE 82, 272, 283 f.; 85, 1, 16; 93, 266, 294.

983 Vgl. BVerfG NJW 2013, 217, 218 („Focus"-Ärzteliste); NJW 2012, 3712, 3713 (Bezeichnung eines Rechtsanwalts als „rechtsextrem"); BVerfGE 94, 1, 8 (Flugblatt gegen „humanes Sterben"); 85, 1, 14 (kritische Bayer-Aktionäre); BVerfG NJW 1999, 483, 484 (Wehrmachtsausstellung); BGHZ 156, 206 ff.; BGH NJW 2016, 56, 58; NJW 2016, 1584, 1585. Grundlegend BVerfGE 7, 198, 208 ff. (Lüth).

984 Vgl. BVerfGE 7, 198, 217 (Lüth) – dazu oben Rn 21 und 181.

985 OLG Dresden K&R 2015, 590, 591 f. – dazu unten Rn 517e.

Internetseite eines Tierschutzvereins an ein Kreditinstitut gerichteten Aufforderung, das Konto eines Interessenverbands der Tierzüchter zu kündigen, da dieser das tierquälerische Verhalten von Pelztierzüchtern („Nerzquälern") unterstütze.[986]

(2) Bewertung von Lehrern bzw. Professoren durch Schüler bzw. Studenten in Internetforen (z.B. bei www.spickmich.de oder www.meinprof.de)[987] oder Bewertung von Rechtsanwälten oder Ärzten auf Internetbewertungsportalen[988]

(3) Bezeichnung eines Polizisten als Oberförster, Wegelagerer oder Spitzel[989]; Bezeichnung eines Staatsanwalts oder einer ehemaligen Landrätin als „durchgeknallt"[990]; Bezeichnung einer Staatsanwältin als „widerwärtig, boshaft, dümmlich und geisteskrank"[991]; Bezeichnung der Qatar Football Association als „Krebsgeschwür des Weltfußballs" durch das frühere Mitglied des Exekutivkomitees der FIFA, Theo Zwanziger[992]; Tragen eines Kleidungsstücks mit der Aufschrift „ACAB"[993]; Tragen eines Ansteckers mit der Aufschrift „FCK CPS"[994]

(4) Verteilen von Flugblättern mit einem Inhalt, der sich gegen die Bundeswehr richtet (z.B. „Soldaten sind Mörder")

(5) Auch Äußerungen zu (kommerziellen) Werbezwecken bzw. zu Wettbewerbszwecken („Wirtschaftswerbung") sind vom Schutzbereich des Art. 5 I GG erfasst, sofern sie einen wertenden, meinungsbildenden Charakter haben.[995] Insbesondere ist der Schutzbereich der Meinungsäußerungsfreiheit auch bei sog. Schockwerbung (etwa von Benetton, bei der bspw. Fotos einer auf einem Ölteppich schwimmenden, ölverschmutzten Ente, schwer arbeitender Kleinkinder der Dritten Welt oder eines nackten menschlichen Gesäßes mit dem Stempelaufdruck „H.I.V. positive" gezeigt werden) eröffnet. Das gilt auch für Schockwerbung eines Rechtsanwalts, der Werbetassen vertreibt, auf denen Schläge auf das nackte Gesäß eines Kindes und einer Frau sowie das Halten einer Schusswaffe an den Kopf bildlich aufgedruckt sind.[996] Wird derartige Werbung (gerichtlich) untersagt[997], verletzt dies die Meinungsäußerungsfreiheit, sofern die Werbeaussage nicht gegen höherrangige Rechte (insb. die Menschenwürde der von der Werbung Betroffenen) verstößt.[998] Vgl. auch Rn 508. Zur Frage nach dem Schutz durch Art. 12 I GG vgl. Rn 803.

(6) Die Bezeichnung der Farben der Bundesflagge als „Schwarz-Rot-Senf" mag zwar staatskritisch, geschmacklos und polemisch sein, ist aber Ausdruck einer Meinung und ist damit vom Schutzbereich des Art. 5 I S. 1 Var. 1 GG erfasst.[999] Das gilt auch hinsichtlich der Bezeichnung des „BRD-Systems" als „verkommen". Zwar mag eine solche Äußerung (durch Anhänger der NDP) politisch unerwünscht oder gar missbilligenswert sein, sie ist jedoch Ausdruck einer Meinung und vom Staat bzw. der Allgemeinheit hinzunehmen, solange nicht die verfassungsmäßige Ordnung beschimpft wird, der Bestand des Staates und seiner Einrichtungen oder die Friedlichkeit in der Bundesrepublik Deutschland gefährdet wird (vgl. § 90a StGB).[1000] Vgl. dazu Rn 511.

---

986 BGH NJW 2016, 1584 f.
987 BGH NJW 2009, 2888; OLG Köln ZUM 2008, 869, 870 ff.
988 BGH NJW 2015, 489 ff. Vgl. auch BGH NJW 2016, 2106 ff. (zum Prüfungsaufwand des Providers); AG München 11.8. 2015 – 161 C 7001/15 – dazu Rn 517f.
989 Vgl. BayObLG NStZ 2005, 215; BayObLG NJW 2005, 1291 f.; AG Berlin-Tiergarten BeckRS 2008, 18502.
990 Bezüglich Staatsanwalt vgl. BVerfG NJW 2009, 3016 f.; bzgl. ehemaliger Landrätin vgl. BVerfG NJW 2014, 764, 765.
991 BVerfG 29.6.2016 – 1 BvR 2646/15.
992 LG Düsseldorf 19.4.2016 – 6 O 226/15.
993 BVerfG K&R 2016, 494 f. („ACAB" nicht ohne weiteres Beleidigung). „ACAB" steht für „all cops are bastards".
994 BVerfG NJW 2015, 2022 f. „FCK CPS" steht für „Fuck Cops".
995 BVerfG NJW 2015, 1438, 1439 (unter Verweis auf BVerfGE 71, 162, 175; 102, 347, 359).
996 BVerfG NJW 2015, 1438, 1439.
997 Vgl. BGHZ 149, 247 ff.
998 BVerfGE 102, 347 ff.; BVerfG NJW 2003, 1303 ff. Im Fall der genannten Anwaltswerbung (Werbetassen) hat das BVerfG keine Abwägung widerstreitender Güter vorgenommen, sondern lediglich (lapidar) festgestellt, dass der Beschwerdeführer (der Rechtsanwalt, der die Werbetassen vertrieb) eine Grundrechtsverletzung nicht hinreichend dargelegt habe (BVerfG NJW 2015, 1438, 1440).
999 BVerfG NJW 2009, 908, 909 mit Bespr. v. *Muckel*, JA 2009, 312 f., *Preisner*, NJW 2009, 897 f. und *Hufen*, JuS 2009, 950 f.
1000 BVerfG NJW 2012, 1273 ff. (mit Bespr. von *Muckel*, JA 2012, 474).

(7) Auch Satire (i.d.R. Glosse oder Karikatur) kann eine Meinungsäußerung i.S.v. Art. 5 I S. 1 Var. 1 GG sein. Zwar wird bei Satire in aller Regel die Kunstfreiheit (Art. 5 III S. 1 Var. 1 GG) einschlägig sein, da jedoch nicht jede Satire Kunst ist, bleibt insoweit Raum für Art. 5 I S. 1 Var. 1 GG.[1001]

Wie bereits bei Rn 428 beschrieben, ist es für die Schutzbereichseröffnung gleichgültig, wie „wertvoll" oder „wertlos", sachlich oder polemisch das Werturteil (d.h. die Meinung) empfunden wird. Das gilt grds. auch für Anprangerungen und Ehrverletzungen (d.h. Beleidigungen). In diesen Fällen kann aber in Anwendung des Gesetzesvorbehalts des Art. 5 II GG die Beschränkung des Schutzbereichs gerechtfertigt sein (vgl. dazu Rn 439-441 sowie 501 ff. und 517 ff.). **430**

Da der Wortlaut des Art. 5 I GG nur von „Meinungen" und nicht auch von „Tatsachen" spricht, stellt sich die Frage, ob **Tatsachenbehauptungen** überhaupt von dem Grundrecht auf Meinungsäußerungsfreiheit erfasst werden. **431**

Eine **Tatsachenbehauptung** beschreibt wirklich geschehene oder existierende, dem Beweis zugängliche Umstände.[1002] **432**

Entscheidendes Abgrenzungskriterium zum Werturteil ist also, dass Tatsachenbehauptungen entweder wahr oder unwahr sind, wohingegen sich Werturteile dem Wahrheitsbeweis entziehen, da sie gerade Ausdruck des persönlichen Dafürhaltens sind. **433**

- Teilweise wird vertreten, dass *alle* Äußerungen, somit auch reine Tatsachenbehauptungen, schlechthin dem Meinungsbegriff, der mithin weit zu verstehen sei, unterfielen.[1003] Folgte man dieser Auffassung, wäre eine Abgrenzung zwischen Werturteilen und Tatsachenbehauptungen nicht erforderlich; der Schutzbereich des Art. 5 I S. 1 GG wäre in jedem Fall eröffnet.

  Für diese Auffassung spricht die im Einzelfall durchaus schwierige, wenn nicht sogar unmögliche Abgrenzung zwischen Werturteilen und Tatsachenbehauptungen.[1004] Gegen diese Auffassung sprechen jedoch grammatikalische, systematische und historische Gründe. Die Unterscheidung zwischen Werturteilen und Tatsachenbehauptungen, wie sie z.B. bei den Beleidigungsdelikten nach §§ 185 ff. StGB, aber auch im einfachen Presserecht zum Ausdruck kommt, hat in der deutschen Rechtsordnung eine lange Tradition. So werden Gegendarstellungs- und Widerrufsansprüche nur bei Tatsachenbehauptungen gewährt; Werturteile führen allenfalls zu Schadensersatz- und Unterlassungsansprüchen. Aber auch Art. 5 I GG selbst legt eine Unterscheidung zwischen Tatsachenbehauptungen und Werturteilen nahe, wenn in Art. 5 I S. 2 GG von der Freiheit der Berichterstattung gesprochen und damit (lediglich) die *Tatsachen*mitteilung durch Rundfunk und Film gewährleistet wird. Zieht man aus Art. 5 I S. 2 GG sogar den Umkehrschluss, sind Tatsachenbehauptungen gerade nicht von Art. 5 I S. 1 GG umfasst. Die Nivellierung des Unterschieds zwischen Tatsachenbehauptungen und Werturteilen ist daher im Ergebnis abzulehnen.

- Zu weit geht jedoch die Gegenauffassung, wonach reine Tatsachenbehauptungen *generell* aus dem Schutzbereich des Art. 5 I S. 1 GG herauszunehmen seien.[1005]

- Eine „vermittelnde" Position nimmt das BVerfG ein, indem es auf die besondere Verknüpfung von Werturteilen und Tatsachenbehauptungen abstellt. Die Mitteilung einer Tatsa-

---

[1001] Vgl. BVerfG NJW 2002, 3767 f.; BGHZ 156, 206 ff. stellt sogar vorrangig auf Art. 5 I S. 1 GG ab und lässt die Frage, ob Satire auch Kunst sein kann, ausdrücklich offen, was aber grundrechtsdogmatisch abzulehnen ist.

[1002] BVerfG NJW 2013, 217, 218 („Focus"-Ärzteliste); NJW 2012, 3712, 3713 (Bezeichnung eines Rechtsanwalts als „rechtsextrem"); NJW 2006, 207 („IM-Sekretär" Stolpe); NJW 2003, 1109 (Weitergabe von Informationen an die Presse); BVerfGE 94, 1, 8 (Flugblatt gegen „humanes Sterben"); BGHZ 139, 95, 102.

[1003] *Schulze/Fielitz*, in: Dreier, Art. 5 Rn 66; *Grabenwarter*, in: Maunz/Dürig, GG, Art. 5 II Rn 50 ff.; *Schmidt-Jortzig*, in: HdbStR VII, § 162 Rn 21; *Starck*, in: v. Mangoldt/Klein/Starck, GG, Art. 5 Rn 26; *Michael/Morlok*, Rn 209.

[1004] Ähnlich nun auch *Michael/Morlok*, Rn 209.

[1005] Vgl. *Ridder*, in: Neumann/Nipperdey/Scheuner, Handbuch Grundrechte, Bd. 2, S. 243, 264; *Huster*, NJW 1996, 487; vgl. auch *Schmidt Glaeser*, AöR 113 (1988), 52, 78.

che sei im strengen Sinne zwar keine Äußerung einer „Meinung", weil ihr das Element der Stellungnahme, des Dafürhaltens und des Meinens im Rahmen einer geistigen Auseinandersetzung fehle, sie sei allerdings durch das Grundrecht der Meinungsäußerungsfreiheit dann geschützt, wenn sie **geeignet ist, zur Meinungsbildung beizutragen**.[1006]

Diese Auffassung überzeugt schon deshalb, weil sie den Wortlaut des Art. 5 I S. 1 GG, der nur von „Meinung" und nicht auch von „Tatsachenbehauptung" spricht, nicht ignoriert. Reine Tatsachenbehauptungen sind eben keine Meinungen. Da Tatsachenbehauptungen aber sehr oft, ja sogar regelmäßig geeignet sind, zur Meinungsbildung beizutragen (insbesondere, wenn durch selektive Darbietung die Meinungsbildung der Adressaten beeinflusst wird), führt letztlich auch die Rechtsprechung des BVerfG dazu, dass kaum eine Tatsachenbehauptung aus dem Schutzbereich der Meinungsäußerungsfreiheit ausgeschlossen ist, wenn man die „Geeignetheit zur Meinungsbildung" nur weit genug versteht.

Beispiel: Bei der o.g. **Lehrerbewertung** im Internetforum eines Schülerportals (spickmich.de) handelt es sich bei der Nennung des Namens der Lehrer, ihrer beruflichen Tätigkeit und der von ihnen unterrichteten Fächer zunächst nur um – wahre – Tatsachenbehauptungen.[1007] Sofern man sich jedoch auf den Standpunkt stellt, dass diese Informationen zur Meinungsbildung Dritter dienen, unterfallen sie dem Schutzbereich des Art. 5 I S. 1 GG. Das Gleiche dürfte entsprechend für **Professorenbewertungen** bei meinprof.de und die **Bewertungen von Ärzten** und **Rechtsanwälten** bei den zahlreichen Bewertungsportalen gelten. Davon zu unterscheiden sind die infolge der o.g. Informationen vorgenommenen Bewertungen der Lehrer bzw. Professoren oder Ärzte, die als Werturteile („schlecht", „inkompetent", „stets unvorbereitet", „fachliche Leistungen zweifelhaft", „da kann man nur wegrennen" u.Ä.) eindeutig dem Bereich der Meinungsäußerungen zuzuordnen sind.[1008] Zur Frage, ob derartige, auf Art. 5 I GG gestützte Äußerungen bei einer Abwägung mit dem allgemeinen Persönlichkeitsrecht der Betroffenen den Vorrang genießen, vgl. Rn 517 ff.

434 Da das Grundrecht auf Meinungsäußerung Tatsachenäußerungen nur dann schützt, wenn diese geeignet sind, zur Meinungsbildung Dritter beizutragen („meinungsbildende Tatsachenbehauptungen"), endet der Schutz der Meinungsäußerungsfreiheit für Tatsachenbehauptungen folgerichtig dort, wo diese nichts zur Meinungsbildung beitragen können.

435 Auch sind nach der Rechtsprechung des BVerfG im Zeitpunkt der Äußerung **erwiesen unwahre oder bewusst unwahre Tatsachenbehauptungen** grundsätzlich **nicht** vom Schutzbereich des Art. 5 I GG umfasst.[1009] Dem ist zuzustimmen. Die Lüge und die bewusste Verbreitung von Falschinformationen sind kein Schutzgut der Meinungsäußerungsfreiheit. Das vom BVerfG verwendete Wort „grundsätzlich" lässt zwar auf die Möglichkeit von Ausnahmen schließen, eine solche Ausnahme kann aber insbesondere dann nicht in Betracht kommen, wenn es etwa um die Leugnung des Holocaust geht.

436 In jüngerer Zeit hat sich das BVerfG auch zur „Zwischengruppe" geäußert, also zu den Fällen, in denen es zwar um „meinungsbildende Tatsachenbehauptungen" geht, die aber **weder dem Bereich „eindeutig erwiesen" noch dem Bereich „eindeutig**

[1006] BVerfGE 61, 1, 8 (Wahlkampf); 65, 1, 41 (Volkszählung); 54, 208, 219 (Böll); 85, 1, 15 (kritische Bayer-Aktionäre); 90, 241, 247 ff. („Auschwitz-Lüge"); 99, 185, 196 f. (Rufschädigende Behauptung einer Scientology-Mitgliedschaft); BVerfG NJW 1996, 1529, 1530 (Flugblatt); NJW 2003, 1109, 1110 (Weitergabe von Informationen an die Presse); NJW 2003, 1855 (Widerruf durch die Presse); NJW 2010, 1587 (Veröffentlichung eines nicht zur Veröffentlichung bestimmten Briefs). Vgl. auch BVerfG NJW 2011, 47, 48 f.; NJW 2012, 1273, 1274; NJW 2012, 1500, 1501 f.; NJW 2012, 3712, 3713; NJW 2013, 217, 218; NJW 2015, 1438, 1439; BVerfG NVwZ 2016, 761, 762 f. (Kachelmann) – mit Bespr. v. *Muckel*, JA 2016, 635; BVerfG 29.6.2016 – 1 BvR 2646/15; BVerfG 29.6.2016 – 1 BvR 3487/14.

[1007] Wobei auch bereits eine reine Namensnennung das Persönlichkeitsrecht berührt (BVerfG 29.6.2016 – 1 BvR 3487/14).

[1008] So auch OLG Köln ZUM 2008, 869, 870 ff.

[1009] BVerfG NVwZ 2016, 761, 762 f. (Kachelmann); NJW 2013, 217, 218; NJW 2003, 1109, 1110; BVerfGE 99, 185, 187; 90, 241, 259; 85, 1, 15 (Kritische Bayer-Aktionäre); 54, 208, 219; vgl. auch BayObLG NStZ 2002, 40, 41.

widerlegt" zugeordnet werden können, wozu auch die Nichterweislichkeit einer Tatsachenbehauptung gehört.[1010]

Beispiele:

(1) Behauptung, ein bestimmter Politiker sei über 20 Jahre im Dienste des Staatssicherheitsdienstes der ehemaligen DDR tätig gewesen, ohne dass ein Beweis angeführt worden wäre.[1011]

(2) Behauptung, eine bestimmte Sportlerin habe im Alter von 13 Jahren von ihrem damaligen Trainer Dopingmittel verabreicht bekommen, ohne dass ein Nachweis für die Richtigkeit der Behauptung erbracht worden wäre.[1012]

Das BVerfG hat entschieden, dass die Verbreitung einer Tatsachenbehauptung, deren Wahrheitsgehalt nicht festgestellt werden kann, weder von vornherein zulässig noch von vornherein unzulässig sei. Es sei stets ein Ausgleich zwischen den Anforderungen der Meinungsfreiheit und den Belangen des Persönlichkeitsschutzes vorzunehmen. Bei der diesbezüglichen Prüfung könne – jedenfalls, wenn es um eine die Öffentlichkeit wesentlich berührende Angelegenheit geht – unter Umständen auch eine möglicherweise unwahre Behauptung derjenigen, die sie aufstellen oder verbreiten, so lange nicht untersagt werden, wie sie im Vorfeld hinreichend sorgfältige Recherchen über den Wahrheitsgehalt angestellt haben.[1013] Dabei seien einerseits im Interesse der Meinungsfreiheit keine Anforderungen an die Wahrheitspflicht stellen, die die Bereitschaft zum Gebrauch des Grundrechts herabsetzen.[1014] Andererseits sei zu berücksichtigen, dass die Wahrheitspflicht Ausdruck der aus dem allgemeinen Persönlichkeitsrecht folgenden Schutzpflicht ist.[1015] Der Umfang der Sorgfaltspflicht richte sich nach dem jeweiligen Einzelfall und den Aufklärungsmöglichkeiten des Äußernden und sei für Äußerungen der Presse strenger als für Äußerungen von Privatpersonen. Je schwerwiegender die aufgestellte Behauptung in das Persönlichkeitsrecht der Betroffenen eingreift, desto höher seien aber die Anforderungen an die Erfüllung der Sorgfaltspflicht. Werde offenbar, dass die Wahrheit einer persönlichkeitsverletzenden Behauptung sich nicht erweisen lasse, sei es zuzumuten, auch nach Abschluss umfassender Recherchen kenntlich zu machen, wenn verbreitete Behauptungen durch das Ergebnis eigener Nachforschungen nicht gedeckt seien oder kontrovers beurteilt würden.[1016]

Fazit: Ist derjenige, der eine nicht erwiesene persönlichkeitsbeeinträchtigende Behauptung aufstellt, seiner Recherchepflicht hinreichend nachgekommen, kann nach Auffassung des BVerfG die Abwägung von Meinungsäußerungsfreiheit und Persönlichkeitsrecht ergeben, dass die Behauptung einer die Öffentlichkeit wesentlich berührenden Angelegenheit zulässig und damit vom Betroffenen zu dulden ist. Gegebenenfalls muss der Äußernde aber kenntlich machen, dass seine Behauptungen auf unsicherer Tatsachenbasis gestützt sind. 437

Fazit und Hinweis für die Fallbearbeitung: Die vorstehenden Ausführungen haben gezeigt, dass sowohl Werturteile als auch Tatsachenbehauptungen, soweit sie Voraussetzung für die Bildung einer Meinung sind, unter die Meinungsäußerungsfreiheit fallen. Dieser Befund könnte zur Annahme führen, dass eine präzise Einordnung entweder als Werturteil oder als Tatsachenbehauptung mit Meinungsbezug in der Fallbearbeitung dahinstehen könne. Das ist jedoch unzutreffend. Denn führt eine Tatsa- 438

[1010] Vgl. BVerfG NJW 2006, 207 ff. („IM Sekretär" Stolpe); BVerfG 28.6.2016 - 1 BvR 3388/14 (Nichterweislichkeit einer Tatsachenbehauptung).

[1011] Vgl. BVerfG NJW 2006, 207 ff. („IM Sekretär" Stolpe).

[1012] Vgl. BVerfG 28.6.2016 - 1 BvR 3388/14 (Nichterweislichkeit einer Tatsachenbehauptung).

[1013] BVerfG 28.6.2016 - 1 BvR 3388/14 mit Verweis auf BGHZ 132, 13, 23 f.; BGH GRUR 2016, 532, 533 f.

[1014] BVerfG 28.6.2016 - 1 BvR 3388/14 mit Verweis auf BVerfGE 54, 208, 219 f.; 85, 1, 17.

[1015] BVerfG 28.6.2016 - 1 BvR 3388/14 mit Verweis auf BVerfGE 99, 185, 198; 114, 339, 352 ff.

[1016] BVerfG 28.6.2016 - 1 BvR 3388/14 mit Verweis auf BVerfGE 114, 339, 355 f.

chenbehauptung zu negativen Folgen für den Äußerungsgegner, hängt die rechtliche Bewertung vom Wahrheitsgehalt und der Erweislichkeit der Äußerung ab:

- Stellt eine Behauptung eine **erwiesene Tatsache** dar, ist sie (sofern sie geeignet ist, zur Meinungsbildung Dritter beizutragen) vom Schutzbereich des Art. 5 I S. 1 Halbs. 1 GG umfasst; sie ist vom Betroffenen grundsätzlich zu dulden, auch wenn sie für ihn nachteilig ist.[1017] Etwas anderes gilt dann, wenn dadurch ein unverhältnismäßiger Verlust an sozialer Achtung droht[1018], etwa bei Berichten aus dem Intimbereich eines Menschen oder einer sog. Anprangerung einer Person, wobei das BVerfG an deren Vorliegen zugunsten der Meinungsäußerungsfreiheit sehr enge Grenzen setzt (dazu Rn 439-441 und 517 ff.).
- Demgegenüber sind jedenfalls ***bewusst*** **unwahre Tatsachenbehauptungen** schon nicht vom Schutzbereich des Art. 5 I S. 1 Halbs. 1 GG erfasst. Es gibt keinen Schutz der (vorsätzlichen) Verbreitung unrichtiger Informationen.
- Ob eine **fahrlässige Falschbehauptung über eine Tatsache** bereits aus dem Schutzbereich des Art. 5 I S. 1 Halbs. 1 GG herauszuhalten ist oder erst im Rahmen der bei der verfassungsrechtlichen Rechtfertigung vorzunehmenden Abwägung zurücktritt, ist eine Frage des persönlichen Dafürhaltens.
- Bei einem **Werturteil** findet (auf der Ebene der verfassungsrechtlichen Rechtfertigung) eine echte Abwägung statt zwischen der Meinungsäußerungsfreiheit und dem kollidierenden Grundrecht (i.d.R. mit dem allgemeinen Persönlichkeitsrecht, aber auch mit der Berufsfreiheit o.a.). Auf eine Abwägung verzichtet das BVerfG lediglich im Fall des Vorliegens einer Schmähung; diese tritt von vornherein zurück (Rn 439 ff.).
- Geht es um meinungsbildende Tatsachenbehauptungen, die **weder dem Bereich „eindeutig erwiesen" noch dem Bereich „eindeutig widerlegt"** zuzuordnen sind (wozu auch die Nichterweislichkeit einer Tatsachenbehauptung gehört), ist zwar der Schutzbereich des Art. 5 I S. 1 Halbs. 1 GG eröffnet, jedoch muss bei einer Abwägung mit den Grundrechten Dritter (dazu sogleich) berücksichtigt werden, dass der Äußernde erhöhte Sorgfaltspflichten hat; insbesondere muss er seiner Recherchepflicht hinreichend nachkommen und hat er ggf. darauf hinzuweisen, dass seine Behauptung auf ungesicherter Tatsachenbasis beruht.

Soweit in der Fallbearbeitung eine Urteilsverfassungsbeschwerde zu prüfen ist, sollte folgendermaßen vorgegangen werden: Zunächst sollte auf der Schutzbereichsebene (unabhängig von der Einordnung durch das Fachgericht) eine Einordnung entweder als Werturteil bzw. Tatsachenbehauptung mit Meinungsbezug oder als erwiesene bzw. bewusst unwahre Tatsachenbehauptung erfolgen. Im Rahmen der Prüfung der Rechtsanwendung im Einzelfall ist dann zu prüfen, ob die vom Fachgericht vorgenommene Einordnung Fehler erkennen lässt, die auf einer grundsätzlich unrichtigen Anschauung von der Bedeutung des Grundrechts beruhen (das Gericht durch die vorgenommene Einordnung also spezifisches Verfassungsrecht verletzt hat).[1019]

439 Bei Vorliegen von **Ehrverletzung** oder **Anprangerung** (durch private Dritte) nimmt das BVerfG überwiegend die Eröffnung des Schutzbereichs an, lässt die Ehrverletzung bzw. Anprangerung ggf. aber bei einer Abwägung mit den Grundrechten der durch sie betroffenen Personen (allgemeines Persönlichkeitsrecht) zurücktreten.[1020] Bei **Schmäh-**

[1017] Vgl. nur BVerfG NJW 2013, 217, 218; BVerfG 29.6.2016 – 1 BvR 3487/14; BGH NJW 2015, 776, 777.

[1018] Siehe BVerfG 29.6.2016 – 1 BvR 3487/14 (Rn 15): Nennung des Namens des Schuldners auf einem Internetbewertungsportal und Hinweis auf dessen schleppende Zahlungsmoral seien vom Betroffenen zu dulden, da dadurch kein unverhältnismäßiger Verlust an sozialer Achtung drohe.

[1019] Vgl. dazu aus jüngerer Zeit etwa BVerfG 28.6.2016 - 1 BvR 3388/14 (Nichterweislichkeit einer Tatsachenbehauptung); BVerfG NJW 2016, 2247, 2250 ff. (Verwendung von Samples in Musikstück).

[1020] BVerfG NJW 2014, 764, 765; NJW 2013, 217, 218; NJW 2012, 1273, 1274; NJW 2009, 3016 f.; NJW 2003, 1109, 1110; NJW-RR 2000, 1712, 1712 f.; BVerfGE 99, 185, 196; 85, 1, 14. Dem sich anschließend BGH NJW 2004, 596 f.; BayObLG NJW 2005, 1291 f.; OLG Karlsruhe NStZ 2005, 158 f. Vgl. auch BVerfG NJW 2015, 2022 f. („FCK CPS" - dazu Rn 284 und 429) und BVerfG K&R 2016, 494 f. („ACAB" nicht ohne weiteres Beleidigung – dazu Rn 429 Bsp. 3). In diese Richtung geht auch EGMR NJW 2016, 1373, 1374, der eine auch „verletzende" Äußerung (Behauptung einer Journalistin,

kritik, also bei einer Äußerung, bei der nicht mehr die Auseinandersetzung in der Sache, sondern die Diffamierung der Person im Vordergrund steht[1021], entscheidet das BVerfG – wie bereits erwähnt – uneinheitlich hinsichtlich der Frage, ob bereits der Schutzbereich des Art. 5 I GG nicht eröffnet ist oder ob die Schmähkritik bei der Prüfung der verfassungsrechtlichen Rechtfertigung hinter den Ehrschutz zurücktritt. In einigen Entscheidungen sieht das Gericht Schmähkritik (noch) als vom Schutzbereich des Art. 5 I GG erfasst an, lässt sie aber (selbstverständlich) auf Schrankenebene hinter den Ehrschutz zurücktreten.[1022] In anderen Entscheidungen geht es dagegen von einer Regelvermutung für das Überwiegen des Ehrschutzes aus und verzichtet auf eine (umfassende) Abwägung aller Umstände des Einzelfalls[1023], verneint also rechtsdogmatisch wohl die Eröffnung des Schutzbereichs. Im Einzelnen gilt:

Bei der Frage, *ob* es sich bei einer kritischen Äußerung um **Schmähkritik** handelt, sind (unabhängig von der Frage, ob man Schmähkritik aus dem Schutzbereich des Art. 5 I GG heraushält oder sie im Rahmen einer Güterabwägung hinter den Ehrschutz zurücktreten lässt, Rn 440b) sämtliche Umstände des Einzelfalls, wie Anlass und Kontext der Äußerung, zu berücksichtigen.[1024] Dabei ist mit Blick auf die vom BVerfG hervorgehobene Bedeutung des Art. 5 I GG bei einer herabsetzenden Äußerung erst dann der Charakter einer Schmähung gegeben, wenn in ihr nicht mehr die Auseinandersetzung in der Sache, sondern – jenseits auch polemischer und überspitzter Kritik – die Diffamierung und Herabsetzung der Person im Vordergrund steht.[1025] Daher sind selbst geschmacklose und anprangernde Äußerungen nicht als Schmähkritik erachtet worden, sofern sie nur einen sachlichen Bezug hätten und einer themenbezogenen Auseinandersetzung dienten.[1026] **440**

Beispiele:

(1) So ist keine Schmähkritik angenommen worden bei der Bezeichnung eines Polizisten als „Oberförster", „Wegelagerer"[1027] oder der diesem gegenüber getätigten Äußerung „Sie können mich mal...", wenn diese Äußerungen anlassbezogen, bspw. als Ausdruck des Ärgernisses über die Folgen eines Verkehrsverstoßes, getätigt wurden.[1028]

(2) Auch wurde die Bezeichnung eines Staatsanwalts als „durchgeknallt" nicht als Beleidigung bzw. Schmähung angesehen, weil Anlass und Kontext der Äußerung nicht auf eine beabsichtigte persönliche Kränkung hätten schließen lassen.[1029]

(3) In die gleiche Richtung geht ein Beschluss des BVerfG hinsichtlich der Bezeichnung einer Staatsanwältin als „widerwärtig, boshaft, dümmlich und geisteskrank" (siehe bereits Bsp. 3 bei Rn 429). Der Äußernde (hier: ein Strafverteidiger) tätigte die Aussage gegenüber einem mit dem Verfahrensstand vertrauten Journalisten, der ihn in

---

eine Richterin unterhalte obskure Beziehungen zur Verbrecherwelt) unter Art. 10 I EMRK subsumiert, um die Äußerung im Rahmen des Art. 10 II EMRK einer Abwägung zu unterziehen.

[1021] Vgl. etwa jüngst BVerfG 29.6.2016 – 1 BvR 2646/15 (Bezeichnung einer Staatsanwältin als „widerwärtig, boshaft, dümmlich und geisteskrank") mit Verweis auf BVerfGE 82, 272, 283 f.; 85, 1, 16; 93, 266, 294.

[1022] Vgl. etwa BVerfGE 93, 266, 293 f. („Soldaten sind Mörder"); BVerfG NJW 2013, 3021, 3022, wo das Gericht in dem Fall, in dem eine Rechtsanwaltskanzlei als „Winkeladvokatur" bezeichnet wurde, allerdings keine Schmähkritik annahm, da es sich um eine themenbezogene Auseinandersetzung gehandelt habe und zudem eine Personenmehrheit und kein Individuum angegriffen worden sei. Vgl. auch BVerfG NJW 2012, 3712, 3713 (Bezeichnung eines Rechtsanwalts als „rechtsextrem").

[1023] BVerfG NJW 2014, 3357, 3358 (harsche Kritik an Richterin keine Schmähkritik). Ähnlich auch OLG Karlsruhe NJW 2015, 1618 (Bezeichnung des Landesvorsitzenden der AfD Kölmel als Betrüger, Rechtsbrecher, Lügner, Halunke und Gauner keine Schmähkritik, die ohne weitere Abwägung der betroffenen Interessen unzulässig wäre).

[1024] BVerfG NJW 2005, 3274; GRUR 2008, 81; NVwZ-RR 2008, 330; DVBl 2009, 243, 244 f.; NJW 2013, 3021, 3022.

[1025] BVerfG NJW 2013, 3021, 3022 (Bezeichnung einer Rechtsanwaltskanzlei als „Winkeladvokatur" keine Schmähkritik); BVerfG NJW 2012, 3712, 3713 (Bezeichnung eines Rechtsanwalts als „rechtsextrem"); BVerfGE 82, 272, 284 („Schmähkritik"); BVerfG NJW 2014, 3357, 3358 (harsche Kritik an Richterin keine Schmähkritik); OLG Karlsruhe NJW 2015, 1618. BVerfG 29.6.2016 – 1 BvR 2646/15. Vgl. zum Ganzen auch *Hufen*, JuS 2014, 89.

[1026] BVerfG NJW 2013, 3021, 3022 (Bezeichnung einer Rechtsanwaltskanzlei als „Winkeladvokatur" keine Schmähkritik); BVerfG NJW 2012, 3712, 3713 (Bezeichnung eines Rechtsanwalts als „rechtsextrem").

[1027] BayObLG NJW 2005, 1291 f.

[1028] Vgl. die Nachweise bei *R. Schmidt*, StrafR BT I, 16. Aufl. 2016, Rn 943 ff.

[1029] BVerfG NJW 2009, 3016 f. (dazu *Muckel*, JA 2010, 672 f.).

seiner Eigenschaft als Strafverteidiger zu dem Ermittlungsverfahren gegen seinen Mandanten und dessen Inhaftierung befragt hatte. Nach Auffassung des BVerfG war es in diesem Kontext jedenfalls möglich, dass sich die inkriminierten Äußerungen auf das dienstliche Verhalten der Staatsanwältin vor allem mit Blick auf die Beantragung des Haftbefehls bezogen haben. Für die Annahme einer Schmähkritik reiche es unter diesen Umständen nicht, darauf abzustellen, dass die Äußerungen dabei nicht relativiert oder auf ganz bestimmte einzelne Handlungen der betreffenden Staatsanwältin Bezug genommen hätten. Es hätte insoweit in Auseinandersetzung mit der Situation näherer Darlegungen bedurft, dass sich die Äußerungen von dem Ermittlungsverfahren völlig gelöst hatten oder der Verfahrensbezug nur als mutwillig gesuchter Anlass oder Vorwand genutzt wurde, um die Staatsanwältin als solche zu diffamieren.[1030]

(4) Bei der in einer Dienstaufsichtsbeschwerde getätigten Äußerung bzgl. einer Richterin, sie habe Erfindungen in ihr Urteil eingebaut, ihre Urteilsbegründung sei niederträchtig und es müsse verhindert werden, dass sie auf eine schiefe Bahn gerate, stehe trotz des herabsetzenden Charakters die Auseinandersetzung in der Sache im Vordergrund. Es handele sich zwar um polemische und überspitzte Kritik, diese habe aber eine sachliche Auseinandersetzung zur Grundlage, da es dem Äußernden darum gegangen sei, eine Überprüfung dieses Verhaltens durch eine übergeordnete Stelle herbeizuführen.[1031]

(5) Die Bezeichnung einer Rechtsanwaltskanzlei als „Winkeladvokatur" sei keine Schmähkritik, wenn ein Sachbezug bestehe.[1032]

(6) Ebenso ist die Bezeichnung der Qatar Football Association als „Krebsgeschwür des Weltfußballs" durch das frühere Mitglied des Exekutivkomitees der FIFA, Theo Zwanziger, nicht als Schmähung angesehen worden, sondern als ein von der Meinungsäußerungsfreiheit gedeckter Beitrag zur öffentlichen Debatte über die Frage nach der Rechtmäßigkeit der Vergabeentscheidung hinsichtlich der Fußball-Weltmeisterschaft 2022 zugunsten von Katar.[1033]

(7) Sind die vorgenannten Entscheidungen noch nachvollziehbar, ist die Verneinung von Schmähkritik hinsichtlich der Bezeichnung eines Landesvorsitzenden der AfD als Betrüger, Rechtsbrecher, Lügner, Halunke und Gauner durch ein Ex-AfD-Mitglied[1034] zweifelhaft. Das OLG Karlsruhe steht auf dem Standpunkt, dass von einer das sachliche Anliegen völlig in den Hintergrund drängenden persönlichen Kränkung nicht die Rede sein könne. Äußerungen dürften nicht isoliert betrachtet werden, vielmehr müssten auch die Begleitumstände berücksichtigt werden. Bei der in Frage stehenden Äußerung handele es sich ihrem Sinn und systematischen Zusammenhang nach um kritisierte parteiinterne Vorgänge zusammenfassende, bewertende Stellungnahmen. Bei der gebotenen Abwägung spreche eine Vermutung für die Zulässigkeit der beanstandeten Äußerungen, da sonst die Meinungsfreiheit, die Voraussetzung für einen freien und offenen politischen Prozess sei, in ihrem Kern betroffen wäre. Richtig daran ist, dass Äußerungen nicht isoliert betrachtet werden dürfen, sondern im Gesamtzusammenhang mit den Begleitumständen zu sehen sind. Nach der hier vertretenen Auffassung kann Kritik aber auch ohne Diffamierung geübt werden, ohne dass die Meinungsäußerungsfreiheit unzulässig beeinträchtigt würde, zumal jedenfalls die Bezeichnungen „Rechtsbrecher" und „Lügner" dem Beweis zugänglich wäre und daher sogar dem Straftatbestand der üblen Nachrede (§ 186 StGB) unterfallen dürfte. Wenn hinsichtlich harscher Ausdrücke und Bezeichnungen der Wahrheitsbeweis nicht erbracht werden kann, sind bei der Wortwahl Zurückhaltung geboten und die Persönlichkeitsrechte des anderen zu achten.

1030 BVerfG 29.6.2016 – 1 BvR 2646/15.
1031 BVerfG NJW 2014, 3357, 3358 (harsche Kritik an Richterin keine Schmähkritik), dazu *Muckel*, JA 2015, 155 ff.
1032 BVerfG NJW 2013, 3021, 3022.
1033 LG Düsseldorf 19.4.2016 – 6 O 226/15.
1034 So OLG Karlsruhe NJW 2015, 1618.

Ob eine derart enge Auslegung des Begriffs der Schmähkritik wirklich mit Blick auf die Bedeutung der Meinungsäußerungsfreiheit für die demokratische Willensbildung erforderlich ist, darf bezweifelt werden.[1035] Denn Kritik ist – gerade, wenn sie öffentlich (und womöglich unter Verwendung eines Pseudonyms im Internet) erfolgt – auch ohne diffamierende Wirkung möglich, indem sich die Kritiker auf sachliche Kritik beschränken. Wie sich im Beispiel (3) von Rn 440 zeigt, sollte auch dann nichts anderes vorliegen, wenn die inkriminierten Äußerungen sich auf das dienstliche Verhalten der Staatsanwältin v.a. mit Blick auf die Beantragung des Haftbefehls bezogen haben. Der Ehrschutz wird nicht unbedeutender, wenn die betroffene Person aufgrund einer dienstlichen (bzw. beruflichen) Maßnahme diffamiert wird. **440a**

Unabhängig davon, ob man die enge Auslegung des Begriffs der Schmähkritik durch das BVerfG teilt, bleibt festzuhalten, dass das BVerfG bei Vorliegen von Schmähkritik teilweise dazu neigt, diese zwar noch nicht aus dem Schutzbereich des Art. 5 I GG herauszuhalten, sie aber jedenfalls auf Schrankenebene im Rahmen der Prüfung der verfassungsrechtlichen Rechtfertigung hinter den Ehrschutz zurücktreten zu lassen.[1036] Das ist dogmatisch grundsätzlich richtig (vgl. dazu Rn 130 f.). Ist aber das wesentliche Merkmal einer Schmähung, die das sachliche Anliegen völlig in den Hintergrund drängende persönliche Kränkung, erfüllt, ist es überzeugender, bei Vorliegen einer Schmähung bereits die Schutzbereichseröffnung zu verneinen und damit auf eine (an sich) im Rahmen der verfassungsrechtlichen Rechtfertigung vorzunehmende Abwägung unter Berücksichtigung aller Umstände des Einzelfalls zu verzichten.[1037] In diesem Fall wirkte die Schmähung schutzbereichsbegrenzend, und die Prüfung, ob die ehrrührige Aussage eine Schmähung darstellt, erfolgte abschließend auf Schutzbereichsebene. **440b**

Handelt es sich bei der polemischen, überspitzten und/oder geschmacklosen Äußerung aber nicht um solche Schmähkritik, bei der allein eine persönliche Kränkung bzw. Diffamierung bezweckt ist, ist (im Rahmen der Prüfung der verfassungsrechtlichen Rechtfertigung) eine echte Abwägung zwischen den widerstreitenden Interessen geboten. Abzuwägen i.S. einer praktischen Konkordanz sind die Meinungsäußerungsfreiheit auf der einen Seite mit dem allgemeinen Persönlichkeitsrecht auf der anderen Seite. **440c**

> **Beispiel:** Die Bezeichnung eines Rechtsanwalts als „rechtsextrem" wurde als von der Meinungsäußerungsfreiheit gedeckt angesehen. Wer sich (als Rechtsanwalt) öffentlich in eine in einem Internetforum kontrovers und emotional geführte Debatte einschalte, müsse eine scharfe Reaktion grds. auch dann hinnehmen, wenn diese sein Ansehen mindere; der Betroffene könne sich ja im Meinungskampf seinerseits wieder öffentlich zur Wehr setzen.[1038] Überschritten war die Grenze zulässiger Kritik nach Auffassung der Gerichte immerhin bei der gegenüber einem uniformierten Polizeibeamten getätigten Äußerung „da kann ja jeder Clown kommen"[1039] und der Bezeichnung eines Politikers als „Puff-Politiker", weil er sein Mietshaus an Prostituierte vermietete[1040].

> **Hinweis für die Fallbearbeitung:** Ob man bei Vorliegen von Schmähkritik den Schutzbereich des Art. 5 I GG verneint oder diesen als eröffnet ansieht und die Schmähung auf Schrankenebene zurücktreten lässt, mag auf den ersten Blick einerlei **441**

[1035] Vgl. bereits die 17. Aufl. (erschienen Jan 2015); ähnlich kritisch später auch *Hufen*, JuS 2015, 283, 284.
[1036] Vgl. BVerfG NJW 2013, 3021, 3022 (Bezeichnung einer Rechtsanwaltskanzlei als „Winkeladvokatur" keine Schmähkritik).
[1037] Vgl. dazu BVerfG K&R 2016, 494 f. („ACAB", was für „All Cops Are Bastards" steht, nicht ohne weiteres Beleidigung); BVerfG NJW 2014, 3357, 3358 (harsche Kritik an Richterin keine Schmähkritik).
[1038] BVerfG NJW 2012, 3712, 3714 (Bezeichnung eines Rechtsanwalts als „rechtsextrem"). Diese Auffassung, der Rechtsanwalt könne sich ja jederzeit öffentlich zur Wehr setzen, ist problematisch, weil ein unter realem Namen auftretender Rechtsanwalt kaum eine Chance hat, gegen eine mitunter große Zahl von pseudonym auftretenden „Gegnern" ohne weitere Schädigung seiner Person anzukommen. Zum (wenig ausgeprägten) Schutz von Persönlichkeitsrechten vor Meinungsäußerungen im Internet vgl. auch *Ladeur/Gostomzyk*, NJW 2012, 710 und *Glaser*, NVwZ 2012, 1432 ff.
[1039] KG NJW 2005, 2872.
[1040] LG Berlin AfP 2007, 63.

sein, da die Schmähung auf jeden Fall keinen Bestand hat. Jedenfalls hinsichtlich solcher Schmähkritik, bei der allein eine persönliche Verletzung bzw. Diffamierung bezweckt ist, sprechen die besseren Argumente jedoch für die Verneinung bereits des Schutzbereichs, allein, um dem Äußernden nicht noch den Schutzbereich des Grundrechts zu eröffnen.

Keinesfalls offenbleiben darf aber die Frage, ob die zu prüfende Äußerung eine Schmähkritik oder lediglich eine polemische und überspitzte Kritik darstellt. Denn während die Schmähkritik entweder zur Verneinung bereits des Schutzbereichs führt oder jedenfalls hinter das kollidierende allgemeine Persönlichkeitsrecht zurücktritt, ist bei einer lediglich polemischen oder überspitzten Kritik eine echte Abwägung zwischen den kollidierenden Rechtsgütern erforderlich.[1041] Zur „Anprangerung" vgl. Rn 517a ff.

441a Auch bei der Frage, ob eine ehrrührige Äußerung sogar eine (strafbare) **Beleidigung** darstellt (wobei die Vornahme einer konturscharfen Abgrenzung zur Schmähung ohnehin unmöglich erscheint), ist eine umfassende Güterabwägung vorzunehmen. Ausgangspunkt dabei ist zunächst, dass die ehrrührige Aussage (gerade wenn ein politischer oder gesellschaftlicher Hintergrund aufgegriffen wird) grds. nicht wörtlich verstanden werden darf, sondern nach ihrem Bedeutungsgehalt interpretiert werden muss. Zudem darf sie auch nicht isoliert betrachtet werden, sondern muss stets im Gesamtzusammenhang gesehen werden, in dem die Äußerung getätigt wurde.[1042] Es sind **sämtliche Begleitumstände** der Äußerung wie deren Anlass und Kontext, in dem sie getätigt wurde, zu berücksichtigen.[1043] Aber auch hierbei lässt sich sagen: Je verletzender die Äußerung ist, desto eher überwiegt das Persönlichkeitsrecht.[1044]

442 **Zusammenfassung:** Sowohl **Werturteile** als auch **Tatsachenbehauptungen** mit Meinungsbezug sind vom Schutzbereich des Art. 5 I GG umfasst. Letzteres gilt auch dann, wenn sich die Tatsachenbehauptungen später als unwahr herausstellen. **Erwiesen unwahre Tatsachenbehauptungen** und solche, deren Unwahrheit für den Äußernden bereits im Zeitpunkt der Äußerung unzweifelhaft feststeht, sind dagegen **nicht** vom Schutzbereich des Art. 5 I GG umfasst. **Ehrverletzung** und **Anprangerung** sind nach überwiegender Rspr. zwar vom Schutzbereich des Art. 5 I GG umfasst, treten aber bei einer Abwägung mit den betroffenen (Grund-)Rechten Dritter (insbesondere dem allgemeinen Persönlichkeitsrecht) regelmäßig hinter diesen zurück. Bei **Schmähkritik** ist das BVerfG bei der Frage nach der Eröffnung des Schutzbereichs zurückhaltender. Jedenfalls hinsichtlich solcher Schmähkritik, bei der allein eine persönliche Kränkung bezweckt ist, geht es von einer Regelvermutung für das Überwiegen des Ehrschutzes aus und verzichtet auf eine Abwägung aller Umstände des Einzelfalls, verneint also (ohne dies ausdrücklich zu sagen) rechtsdogmatisch die Eröffnung des Schutzbereichs. Sofern es (in den übrigen Fällen) den Schutzbereich des Art. 5 I GG dennoch bejaht, lässt es die Schmähung jedenfalls auf Schrankenebene hinter den Ehrschutz zurücktreten.

443 Zum geschützten Verhalten gehören – wie Art. 5 I S. 1 GG es nennt – das **Äußern und Verbreiten in Wort, Schrift und Bild**. Diese drei genannten Medien werden aber nicht als abschließend betrachtet.[1045] Auch Äußerungen in „modernen" Medien wie In-

---

[1041] Vgl. dazu BVerfG NJW 2003, 1109, 1110; DVBl 2009, 243, 244 f.; NJW 2012, 3712, 3713 f.; BGH NJW 2004, 596 f.
[1042] Vgl. auch BVerfG K&R 2016, 494 f. („ACAB", was für „all cops are bastards" steht); BVerfG NJW 2015, 2022 f. („FCK CPS", was für „Fuck Cops" steht); BVerfG 29.6.2016 – 1 BvR 2646/15 (Bezeichnung einer Staatsanwältin als „widerwärtig, boshaft, dümmlich und geisteskrank").
[1043] BVerfG NJW 2005, 3274; GRUR 2008, 81; NVwZ-RR 2008, 330; DVBl 2009, 243, 244 f.; NJW 2013, 3021, 3022; BVerfG 29.6.2016 – 1 BvR 2646/15.
[1044] Vgl. abermals BVerfG NJW 2015, 2022 f. Vgl. auch BVerfG NJW 2014, 764, 765 bezüglich der Bezeichnung einer ehemaligen Landrätin als „durchgeknallt" und dass ihre Hormone dermaßen durcheinander seien, dass sie nicht mehr wisse, was Liebe, Sehnsucht, Orgasmus, Feminismus und Vernunft sei.
[1045] *Hesse*, Grundzüge des Verfassungsrechts, Rn 392; *Grabenwarter*, in: Maunz/Dürig, GG, Art. 5 Abs. 1, 2 Rn 73.

ternetforen, Chatrooms etc. können zum geschützten Verhalten gehören.[1046] Dabei macht es keinen Unterschied, ob die Äußerung unter realem Namen oder unter einem Pseudonym getätigt wird.

Geschützt wird **jede Form der Meinungsäußerung** und **-verbreitung**, auch mit Hilfe von CDs, DVDs, USB-Sticks oder anderer Medien wie etwa das Internet.[1047] Gleichfalls erfasst werden bildhafte und suggestive Meinungsäußerungen durch Gesten, Tragen und Verwenden von Symbolen, Plaketten, Uniformen.[1048] **444**

Zu beachten ist jedoch, dass Art. 5 I S. 1 GG kein Recht verleiht, den Meinungsaustausch mit anderen zu erzwingen. Die Grenze des Schutzbereichs besteht somit dort, wo andere Menschen bedrängt und in ihrer Fortbewegung behindert werden, um ihnen eine Meinungsäußerung aufzudrängen.[1049] **445**

Ebenfalls geschützt ist, dass die Meinung **beim Adressaten ankommt** (sog. Wirkungsdimension des Grundrechts). So sind z.B. die Nichtweiterleitung von Strafgefangenenpost[1050] oder die Veranlassung einer Presseveröffentlichung[1051] an Art. 5 I, II GG zu messen. Allerdings ist das Recht der Meinungsäußerungsfreiheit nur auf Seiten des Erklärenden/Veranlassenden gegeben. Auf Seiten des Empfängers ist das Recht auf Informationsfreiheit (Art. 5 I S. 1 Halbs. 2 GG) einschlägig, soweit es sich um allgemein zugängliche Informationen handelt. **446**

Art. 5 I S. 1 Halbs. 1 GG schützt auch die negative Meinungsäußerungsfreiheit. **447**

Negative Meinungsäußerungsfreiheit ist das Recht, eine Meinung nicht zu äußern und nicht zu verbreiten.[1052] Die negative Meinungsäußerungsfreiheit schützt auch davor, eine fremde Meinung als eigene äußern und verbreiten zu müssen.[1053] **448**

Beispiel/Gegenbeispiel: Da die negative Meinungsäußerungsfreiheit das Recht impliziert, seine Meinung nicht zu äußern, schützt sie etwa vor der Aufforderung, eine Bewertung abgeben oder an einer Diskussionsveranstaltung aktiv teilnehmen zu müssen. Bei staatlich angeordneten Produkthinweispflichten, z.B. bei dem Aufdruck „Rauchen kann tödlich sein", gilt: Erlaubt die Hinweispflicht, dass der fremde Urheber und Verantwortliche für den Hinweis benannt wird, z.B. bei der Zigarettenwarnung: „Die EU-Gesundheitsminister: ...", liegt nach der Rspr. des BVerfG indes *kein* Eingriff in die negative Meinungsfreiheit vor, da nur die Verpflichtung zur Wiedergabe einer *fremden* Meinung bestehe. Es komme aber ein Eingriff in die Berufsfreiheit (Art. 12 I GG) in Betracht. Ein Eingriff in Art. 5 I S. 1 Halbs. 1 GG liege nur dann vor, wenn die Urheberschaft des verordneten Warnhinweises nicht ausgewiesen werden darf.[1054]

Träger des Grundrechts sind zunächst alle natürlichen Personen, die die geschützten Tätigkeiten ausüben. Aber auch juristische Personen und Personenvereinigungen i.S.d. Art. 19 III GG sind erfasst, da das Äußern und Verbreiten einer Meinung nicht an die natürliche Eigenschaft eines Menschen anknüpft.[1055] Staatliche Organe und juristische **449**

[1046] Teilweise wird vertreten, dass auch das im Internetbrowser angezeigte Ergebnis einer Internetsuchmaschine eine Meinungsäußerung darstelle, sofern es wertende Elemente enthalte (*Milstein/Lippold*, NVwZ 2013, 182, 185). Das ist abzulehnen, weil die Ergebnisse regelmäßig nicht von Menschen, sondern vollautomatisch über Algorithmen generiert werden.

[1047] Zum Konkurrenzverhältnis zur Rundfunkfreiheit vgl. Rn 519; zur Pressefreiheit Rn 461/519.

[1048] Vgl. BVerwGE 72, 183, 185 f. (Verwenden von Symbolen); BVerfGE 71, 108, 113 (Tragen von Plaketten); BVerfG NJW 1982, 1803 (Tragen von Uniformen).

[1049] OLG Köln NVwZ 2000, 350, 351.

[1050] BVerfGE 35, 35, 39 (Briefkontrolle bei Untersuchungsgefangenen); BVerfG NJW 1995, 1477, 1478 (Überprüfung von Strafgefangenenpost – „Reichsparteitags-OLG").

[1051] BVerfG NJW 2003, 1109, 1110 (Weitergabe von Informationen an die Presse).

[1052] BVerfGE 65, 1, 40 (Volkszählung).

[1053] *P/S/K/P*, Rn 603.

[1054] Vgl. dazu BVerfGE 95, 173, 182 (Warnhinweise auf Tabakverpackungen – wiedergegeben auch von *P/S/K/P*, Rn 604). Vgl. auch *Nolte/Tams*, JA 2002, 259, 262; *Doerfert*, JA 2003, 550 ff.; *Hardach/Ludwigs*, DÖV 2007, 288.

[1055] Vgl. BVerfGE 113, 63, 75 (Junge Freiheit). Vgl. auch *Milstein/Lippold*, NVwZ 2013, 182, 184.

Personen des öffentlichen Rechts können sich dagegen nicht auf die Meinungsäußerungsfreiheit berufen.[1056]

450 Ein **Eingriff in die Meinungsäußerungsfreiheit** liegt immer dann vor, wenn der Schutzbereich durch eine beliebige Maßnahme der öffentlichen Gewalt, die die Meinungsäußerung oder -verbreitung verbietet oder behindert, beeinträchtigt wird.

Beispiele: Nachteilige Rechtsfolgen für bestimmte Äußerungen[1057]; Auflagen zum Umgang mit der Presse[1058]; Sanktionen, die den Wortlaut und die Erklärungsabsicht des Urhebers verkennen[1059]; Strafgerichtliche Verurteilung wegen Anbringens von Plaketten oder Aufklebern[1060] oder wegen Bezeichnung der Farben der Bundesflagge als „Schwarz-Rot-Senf"[1061]; Untersagung einer (kommerziellen) Werbung mit Meinungsbildungscharakter[1062]; Verbot der Nutzung von öffentlichem Verkehrsgrund oder sonstiger öffentlicher Sachen (Parks etc.) zu Zwecken der Meinungsäußerung. Denn die Frage nach der Beeinträchtigung des Grundrechts kann nicht davon abhängen, ob die Meinungsäußerung vom Gemeingebrauch umfasst ist oder ob sie eine erlaubnispflichtige Sondernutzung darstellt, da anderenfalls die Reichweite des Schutzbereichs von der Widmung abhinge. Es kann sich sogar ein Nutzungsanspruch ergeben, wenn die staatlich vorgesehene Nutzung nicht behindert wird und zudem ein sachlicher Zusammenhang besteht.

451 Auch **Gerichtsurteile**, die Meinungsäußerungen sanktionieren, sind Eingriffe.

Beispiele: Der Vorstandsvorsitzende der Deutschen Telekom AG, der in einer von einem Wochenmagazin veröffentlichten satirischen Fotomontage verzerrt dargestellt wird, klagt vor dem **Zivilgericht** auf Unterlassung, weil er in seinem allgemeinen Persönlichkeitsrecht verletzt sei. Gibt das Gericht der Klage statt, greift es mit dem Urteil in die Meinungsäußerungsfreiheit/Pressefreiheit und ggf. in die Kunstfreiheit des Verlags, der die Fotomontage veröffentlicht hat, ein.[1063] Vgl. dazu auch Rn 287 Fall 1. Auch **strafgerichtliche** Verurteilungen wegen Beleidigung greifen in die Meinungsäußerungsfreiheit ein (Rn 441a) und verletzen spezifisches Verfassungsrecht, wenn sie bei Auslegung und Anwendung der §§ 185 ff. StGB die grundlegende Bedeutung der Meinungsäußerungsfreiheit nicht beachtet oder nur unzureichende Tatsachenfeststellungen getroffen haben.[1064]

452 Schließlich werden nach dem heute herrschenden weiten Eingriffsbegriff **faktische Einwirkungen** erfasst, sofern sie von erheblichem Gewicht sind, etwa das heimliche Abhören von Gesprächen.

2. Informationsfreiheit – Art. 5 I S. 1 Var. 2 GG

Informationsfreiheit – Art. 5 I S. 1 Var. 2 GG

I. Schutzbereich der Informationsfreiheit

Die Informationsfreiheit (Art. 5 I S. 1 Var. 2 GG) steht selbstständig neben der Meinungsfreiheit (Art. 5 I S. 1 Var. 1 GG). Sie gewährleistet das Recht, sich ungehindert aus allgemein zugänglichen Quellen zu informieren. Gegenüber der Rundfunkfreiheit (Art. 5 I S. 2 Halbs. 2 GG) tritt sie allerdings zurück, da diese die Informationsbeschaffung umfasst.

Als **Quelle** sind alle denkbaren Träger von Informationen einzustufen, unabhängig davon, ob

---

[1056] BVerfG NJW 1984, 2591 (Meinungsfreiheit der Regierung).
[1057] BVerfGE 86, 122, 128 (Meinungsäußerung des Berufsschülers).
[1058] BVerfGE 85, 248, 263 (Ärztliches Werbeverbot).
[1059] BVerfGE 82, 43, 52 (Strauß-Transparent); 82, 272, 280 f. („Zwangsdemokrat Strauß").
[1060] BVerfG NJW 1994, 2943 („Soldaten sind Mörder").
[1061] BVerfG NJW 2009, 908 f. - dazu *Muckel*, JA 2009, 312 f., *Preisner*, NJW 2009, 897 f. und *Hufen*, JuS 2009, 950 f.
[1062] BVerfG NJW 2015, 1438, 1439 f. – dazu oben Rn 429 (Bsp. 5).
[1063] BGH NJW 2004, 596 f. (aufgehoben von BVerfG NJW 2005, 3271). Vgl. auch BVerfG NJW 2011, 47, 48 f.; *Muckel*, JA 2010, 759 f.
[1064] Vgl. etwa die Fälle BVerfG K&R 2016, 494 („ACAB" nicht ohne weiteres Beleidigung); BVerfG 29.6.2016 – 1 BvR 2646/15 (Bezeichnung einer Staatsanwältin als „widerwärtig, boshaft, dümmlich und geisteskrank").

die Informationen eher Meinungen bzw. Tatsachen enthalten oder ob sie öffentliche oder private Angelegenheiten betreffen. **Allgemein zugänglich** ist eine Quelle, wenn sie geeignet und bestimmt ist, der Allgemeinheit, also einem individuell nicht bestimmbaren Personenkreis, Informationen zu verschaffen. **Geschützt** werden die schlichte Entgegennahme von Informationen ebenso wie das aktive Beschaffen, unabhängig von den verwandten Methoden. So sind auch das Beziehen ausländischer Zeitungen oder das Fotografieren eine Art der Informationsbeschaffung. Erfasst sind auch die Informationsaufbereitung und -speicherung und die Beschaffung und Benutzung erforderlicher technischer Hilfsmittel. Schließlich ist das Recht erfasst, sich der Information zu entziehen (sog. negative Informationsfreiheit).

II. Eingriff in den Schutzbereich

Beeinträchtigt wird das Grundrecht durch jede Maßnahme, die die Informationsaufnahme verbietet oder einem Erlaubnisvorbehalt unterwirft. Auch der Ausschluss von einem einzigen Informationsmedium oder die Verzögerung des Zugangs stellen einen Eingriff dar. Ebenso beeinträchtigt die psychische Erschwerung, etwa die Registrierung der Informationsaufnahme, die „ungehinderte" Informationsbeschaffung.

III. Verfassungsrechtliche Rechtfertigung

Vgl. die Ausführungen zur Meinungsäußerungsfreiheit.

Die Informationsfreiheit (Art. 5 I S. 1 Var. 2 GG) steht selbstständig neben der Mei- 453
nungsäußerungsfreiheit (Art. 5 I S. 1 Var. 1 GG), weil sie schlicht das Recht verleiht, sich ungehindert aus allgemein zugänglichen Quellen zu informieren. Dagegen tritt die Informationsfreiheit gegenüber der Rundfunkfreiheit zurück, da die Rundfunkfreiheit das Recht einschließt, sich zuvor über die später zu sendenden Beiträge zu informieren (Recherche).[1065] Im Anwendungsbereich der Rundfunkfreiheit ist ein Rückgriff auf die Informationsfreiheit also nicht erforderlich (und auch nicht zulässig).

Durch die Informationsfreiheit geschützt wird nur die Informationsbeschaffung aus 454
allgemein zugänglichen Quellen.

Als **Quelle** sind alle denkbaren Träger von Informationen einzustufen, unabhängig 455
davon, ob die Informationen eher Meinungen oder Tatsachen enthalten oder ob sie öffentliche oder private Angelegenheiten betreffen.[1066]

Allgemein zugänglich ist eine Quelle, wenn sie geeignet und bestimmt ist, der Allge- 456
meinheit, also einem individuell nicht bestimmbaren Personenkreis, seien es Privatpersonen oder Medienvertreter, Informationen zu verschaffen.[1067]

Beispiele: Zu den allgemein zugänglichen Quellen zählen insbesondere die Massenkommunikationsmittel wie Zeitung, Rundfunk, Fernsehen oder das Internet. Auch der Bezug ausländischer Zeitungen und der Empfang ausländischer Sender (über Satellit) sind geschützt. Vom Schutzbereich erfasst ist daher auch die Installation einer Parabolantenne zum Empfang ausländischer Fernsehprogramme.[1068] Keine allgemein zugänglichen Quellen sind etwa private oder betriebliche Aufzeichnungen, die nicht zur Veröffentlichung bestimmt sind, oder der Polizeifunk. Gleiches gilt für Behörden- oder Gerichtsakten (außer sie lagern in öffentlichen Archiven) oder Verwaltungsvorschriften, die von

[1065] Vgl. BVerfGE 103, 44, 60 (Fernsehaufnahmen im Gerichtssaal).

[1066] Vgl. *Jarass*, in: Jarass/Pieroth, GG, Art. 5 Rn 12.

[1067] BVerfGE 27, 71, 83 (Leipziger Volkszeitung); 90, 27, 32 (Parabolantenne oder Kabelanschluss bei ausländischem Mieter); 103, 44, 60; wiedergegeben auch von *P/S/K/P*, Rn 608.

[1068] BVerfGE 90, 27, 32. Zivilgerichtliche Entscheidungen auf dem Gebiet des Mietrechts zu der Frage, ob der Vermieter vom Mieter die Entfernung einer Satelliten-Empfangsantenne verlangen kann, wenn das Haus über einen Kabelanschluss verfügt, verstoßen aber grundsätzlich nicht gegen das Grundrecht der Informationsfreiheit, vgl. hierzu BVerfGE 90, 27, 32. Etwas anderes gilt aber für Ausländer, die Sender in ihrer Heimatsprache nicht über Kabel empfangen können. Hier ist das Interesse an der Informationsbeschaffung über Satellit regelmäßig höher zu gewichten als das Eigentumsinteresse des Vermieters. Vgl. dazu BGH NJW 2010, 436. Zur Frage, ob auch die Religionsausübungsfreiheit die Installation einer Parabolantenne rechtfertigt, vgl. BGH NJW 2008, 216, 217.

übergeordneten Behörden erlassen wurden und an untergeordnete Stellen gerichtet sind. Auch die Redaktion eines privaten Verlags ist keine allgemein zugängliche Quelle.

457 **Geschützt** werden die schlichte Entgegennahme von Informationen ebenso wie das aktive Beschaffen, unabhängig von den verwandten Methoden.[1069]

458 So sind auch das **Fotografieren** und das Anfertigen von **Ton- und Bildaufnahmen** Arten der Informationsbeschaffung. Erfasst sind auch die Informationsaufbereitung und -speicherung und die Beschaffung und Benutzung erforderlicher technischer Hilfsmittel.[1070]

459 **Träger des Grundrechts** sind alle natürlichen und juristischen Personen, die sich informieren wollen, auch Pressevertreter.[1071]

460 **Beeinträchtigt** wird das Grundrecht durch jede Maßnahme, die die Informationsaufnahme verbietet, (faktisch) erschwert oder einem Erlaubnisvorbehalt unterwirft. Auch der Ausschluss von einem einzigen Informationsmedium oder die Verzögerung des Zugangs stellen Eingriffe dar. Ebenso beeinträchtigt die psychische Erschwerung, etwa die Registrierung der Informationsaufnahme, die „ungehinderte" Informationsbeschaffung. Definiert die betreffende Regelung aber lediglich den Begriff „allgemein zugänglich", liegt noch kein Eingriff vor, weil die *allgemeine* Zugänglichkeit bereits den Schutzbereich begrenzt. Gleichwohl muss sich die schutzbereichsbegrenzende Regelung am Maßstab der Verfassung messen lassen. Vgl. dazu auch Rn 478.

3. Pressefreiheit – Art. 5 I S. 2 Var. 1 GG

Pressefreiheit – Art. 5 I S. 2 Var. 1 GG

I. Schutzbereich der Pressefreiheit

Bei der Pressefreiheit geht es um die Verbreitung von Meinungen (oder Tatsachen mit oder ohne Meinungsbezug) mit Hilfe eines Presseerzeugnisses. Im Anwendungsbereich der Pressefreiheit ist also ein Rückgriff auf die Meinungsäußerungsfreiheit nicht erforderlich. Das schließt jedoch nicht aus, dass sich eine **andere Person**, deren Meinung in der Presse publiziert wird, auf die **Meinungsäußerungsfreiheit** berufen kann. Das Gleiche gilt, wenn der Träger der Pressefreiheit seine Meinung äußert und es dabei nicht auf die massenkommunikative Verbreitungsleistung der Presse ankommt.

Durch die Pressefreiheit **geschützt** sind alle wesensmäßig mit der Pressearbeit zusammenhängenden Tätigkeiten von der Beschaffung der Information bis zur Verbreitung der Nachricht und Meinung. Die Qualität der in der Presse kundgetanen Meinung bzw. Berichterstattung spielt keine Rolle. Daher sind auch als wenig wertvoll eingestufte Produkte wie Skandal- und Sensationsblätter vom Schutzbereich erfasst.

Der Begriff der „**Presse**" umfasst nicht nur die Erzeugnisse der Druckpresse, sondern alle zur Verbreitung an die Allgemeinheit bestimmten Vervielfältigungen wie bspw. Bücher, Zeitungen, Zeitschriften, Flugblätter, Handzettel, Aufkleber, Plakate, Fotokopien, Leserbriefe usw. Auch Ton- und Bildträger wie Videokassetten, CDs oder DVDs sollte man als vom Begriff der Presse erfasst ansehen, sofern sie der Berichterstattung (und nicht primär kommerziellen Interessen) dienen. Keinen Unterschied macht es auch, ob das Druckerzeugnis periodisch erscheint oder nur einmal in Umlauf gebracht wird. Auch unter Berücksichtigung des weiten Verständnisses des Begriffs der Pressefreiheit muss die Verbreitung an die Allgemeinheit durch einen Vervielfältigungsvorgang (etwa mittels mechanischer, elektronischer oder chemischer Mittel) erfolgen. Ein Einzelstück ist deshalb kein Presseerzeugnis. An die *Allgemeinheit* ist ein Druckerzeugnis adressiert, wenn es sich an eine unbestimmte Zahl von Personen richtet. Wie groß der Kreis ist, spielt dabei keine Rolle. So hat das BVerfG klargestellt, dass auch Werkszeitungen

[1069] Vgl. BVerfGE 27, 71, 82 f.; 103, 44, 60.
[1070] BVerfGE 90, 27, 32; 103, 44, 60 ff.
[1071] Vgl. BVerfGE 103, 44, 60 ff.

den Schutz des Art. 5 I S. 2 Var. 1 GG genießen.

II. Eingriff in den Schutzbereich

Das Grundrecht der Pressefreiheit wird durch jede staatliche Maßnahme beeinträchtigt, die zu einer Behinderung oder Unterbindung der Pressefreiheit führt. Besondere Bedeutung erlangt die selektive **Subventionierung von Presseunternehmen**.

III. Verfassungsrechtliche Rechtfertigung

Zur verfassungsrechtlichen Rechtfertigung vgl. die Ausf. zur Meinungsäußerungsfreiheit.

Auch die Pressefreiheit besitzt einen hohen Verfassungsrang. „Eine freie, nicht von der öffentlichen Gewalt gelenkte, keiner Zensur unterworfene Presse ist Wesensmerkmal des freiheitlichen Staates und für die moderne Demokratie unentbehrlich"[1072]. Nach der hier vertretenen Auffassung ist die Pressefreiheit von der Meinungsäußerungsfreiheit dadurch abzugrenzen, dass die Meinungsäußerung immer dann betroffen ist, wenn es um einen bestimmten Inhalt einer Äußerung geht, wohingegen die Pressefreiheit einschlägig ist, wenn die Meinungsäußerung durch das Medium der Presse kommuniziert wird, wenn also die kommunikative Vermittlungsleistung der Presse[1073] betroffen ist. Mithin geht es bei der Pressefreiheit also um die Verbreitung von Meinungen (oder Tatsachen mit oder ohne Meinungsbezug) mit Hilfe eines Presseerzeugnisses durch ein Presseorgan. Im Anwendungsbereich der Pressefreiheit ist also ein Rückgriff auf die Meinungsäußerungsfreiheit nicht erforderlich.[1074] Das schließt jedoch nicht aus, dass sich der Träger der Pressefreiheit auch auf die Meinungsäußerungsfreiheit berufen kann, wenn er – unabhängig vom gewählten Medium – seine Meinung äußert. In diesem Fall misst das BVerfG die Äußerungen sogar ausschließlich am Maßstab des Art. 5 I S. 1 GG.[1075] Auch kann sich die Person, deren Meinung in der Presse publiziert wird (z.B. der Autor eines Buches oder der Verfasser eines Berichts), separat auf die Meinungsäußerungsfreiheit berufen.[1076] Denn Personen, die sich nicht auf die Pressefreiheit des Reporters, Journalisten, Verlags etc. berufen können, genießen nicht den Schutz der Pressefreiheit, dafür aber den der Meinungsäußerungsfreiheit.[1077] **461**

Pressefreiheit und Rundfunkfreiheit stehen selbstständig nebeneinander. Die Pressefreiheit steht auch neben der (allgemeinen) Informationsfreiheit. Da die Informationsfreiheit aber lediglich die Beschaffung der Informationen aus allgemein zugänglichen Quellen schützt, wohingegen die Pressefreiheit diese Einschränkung nicht enthält, greift sie in ihrem Anwendungsbereich weiter als die Informationsfreiheit, sodass Pressevertreter sich in aller Regel ohnehin auf die Pressefreiheit berufen dürften, wenn es um besondere (individuelle) Recherche geht. Zum presserechtlichen Auskunftsanspruch vgl. Rn 467. **462**

Der Begriff „**Presse**" ist unter Berücksichtigung des Zwecks des Grundrechts, nämlich (unter Nutzung eines Massenkommunikationsmittels) eine Informations- und Kontrollfunktion der Presse zu gewährleisten[1078], grundsätzlich weit auszulegen. Daher kann auch die Qualität des Inhalts des Presseerzeugnisses keine Rolle spielen. Auch als wenig wertvoll eingestufte Produkte wie Skandal- und Sensationsblätter sind vom Schutzbereich der Pressefreiheit erfasst.[1079] **463**

[1072] Vgl. grundlegend BVerfGE 7, 198, 203 (Lüth); später BVerfGE 117, 244, 258 (Cicero); NJW 2001, 507 (Presserechtlicher Schutz von „Bekennerschreiben"); BVerfGE 20, 162, 174 (Nachrichtenmagazin „Der Spiegel"); 66, 116, 133 (Springer/Wallraff). Vgl. auch EGMR NJW 2006, 591 (zur Bedeutung von Art. 8 EMRK); OVG Weimar NJW 2015, 1836.

[1073] *Jarass*, in: Jarass/Pieroth, GG, Art. Rn 23; *Bäcker*, JuS 2013, 522, 524.

[1074] Auch das BVerfG prüft nicht auch noch die allgemeine Meinungsäußerungsfreiheit, wenn es zuvor bereits den Schutzbereich der Pressefreiheit bejaht hat (vgl. BVerfG NJW 2006, 2836, 2837; NJW 2006, 2838).

[1075] BVerfG NJW 2012, 756 f.; BVerfG NJW 2011, 740 f.

[1076] BVerfG NJW 2003, 1109, 1110 (Weitergabe von Informationen an die Presse).

[1077] BVerfGE 85, 1, 12 (Zur Abgrenzung von Pressefreiheit und Meinungsäußerungsfreiheit); 86, 122, 128 (Meinungsfreiheit im Arbeitsverhältnis); BVerfGE 102, 347, 359 und BVerfG NJW 2003, 1303, 1304 (jeweils Benetton-Schockwerbung).

[1078] BVerfG NJW 2015, 3708, 3709 mit Verweis auf BVerfG NJW-RR 2010, 470, 471.

[1079] BVerfGE 34, 269, 283; 66, 116, 134; 101, 361, 389. Insofern besteht eine Übereinstimmung mit dem zur Meinungsäußerungsfreiheit Gesagten.

463a Unter den Begriff der „Presse" sollte man nicht nur Meinungsäußerungen in Büchern, Zeitungen, Zeitschriften, auf Flugblättern, Handzetteln, Aufklebern, Plakaten, Fotokopien, sondern auch auf Ton- und Bildträgern wie HDDs, Speicherkarten, CDs, DVDs und Blu-rays fassen, sofern diese Medien der Berichterstattung dienen.[1080] Etwas anderes mag freilich gelten, wenn sie vornehmlich kommerziellen Zwecken dienen, denn dann steht nicht die Berichterstattung im Vordergrund, sondern die Gewinnerzielung i.S.d. Art. 12 I GG.

464 Fraglich ist, ob die Berichterstattung im **Internet** („Online-Nachrichtendienste") vom Begriff der „Presse" (oder von dem des „Rundfunks") erfasst ist. Im Hinblick auf den Begriff „Presse" müsste man den Schutzbereich der Pressefreiheit verneinen, weil die Inhalte nicht auf ein Medium „gepresst" werden. Mit Blick auf den o.g. Sinn und Zweck der Pressefreiheit ist die Beschränkung des Begriffs „Presse" auf sog. Printmedien jedoch nicht haltbar. Insbesondere konnten die Mitglieder des Parlamentarischen Rates bei der Ausarbeitung des Grundgesetzes nicht wissen, dass es einmal das Medium *Internet* geben würde. Für sie stand allein im Vordergrund, dass eine unbestimmte Zahl von Personen adressiert werde. Sie nahmen eine Abgrenzung zur Rundfunkfreiheit maßgeblich anhand des Verbreitungsweges vor[1081] (Presse = Verbreitung über Printmedien; Rundfunk = Verbreitung mittels elektromagnetischer Wellen). Aufgrund des Wandels in der Kommunikationstechnologie ist daher der Begriff „Presse" ebenso wie der des Rundfunks (Rn 482) auch auf Internetnachrichtendienste und Internetenzyklopädien anwendbar[1082] und insgesamt wie folgt zu verstehen:

465 Der Begriff „**Presse**" umfasst nicht nur die Erzeugnisse der Druckpresse, sondern alle zur Verbreitung an eine unbestimmte Zahl von Personen bestimmten Vervielfältigungen durch ein Presseorgan/einen Pressevertreter.

Wie groß der Adressatenkreis ist, spielt keine Rolle. So hat das BVerfG klargestellt, dass auch Werkszeitungen den Schutz des Art. 5 I S. 2 Var. 1 GG genießen.[1083] Jedoch muss auch unter Berücksichtigung des weiten Verständnisses des Begriffs der Presse die Verbreitung an die Allgemeinheit durch einen Vervielfältigungsvorgang (etwa mittels mechanischer, elektronischer oder chemischer Mittel) erfolgen. Ein Einzelstück ist deshalb kein Presseerzeugnis. Dergestalt definiert sich auch der Schutzbereich:

466 Durch die Pressefreiheit **geschützt** sind alle wesensmäßig mit der Pressefreiheit zusammenhängenden Tätigkeiten „von der Beschaffung der Informationen bis zur Verbreitung der Nachricht und Meinung".[1084]

Da in einer freiheitlichen Demokratie der Presse nicht nur eine Informationsfunktion, sondern insbesondere auch eine Kontrollfunktion zukommt[1085], folgt aus Art. 5 I S. 2 GG

[1080] Vgl. bereits die 7. Aufl. 2005 dieses Buches.

[1081] Vgl. *Leibholz/v. Mangoldt*, JöR, Neue Folge Bd. 1, 1951, S. 79 ff.

[1082] So auch OLG München MMR 2005, 768 ff.; LG Tübingen K&R 2013, 138, 139; *Schulze/Fielitz*, in: Dreier, GG, Art. 5 Rn 90 f.; *Bäcker*, JuS 2013, 522, 524. Demgegenüber hat das BVerfG im Fall einer Internetzeitung noch nicht einmal die Pressefreiheit erwähnt, sondern allein auf die Meinungsäußerungsfreiheit abgestellt (BVerfG NJW 2012, 1500 – Kammerentscheidung). Auf die Meinungsäußerungsfreiheit abzustellen, ist im Ergebnis zwar vertretbar, jedoch wäre es in der juristischen Fallbearbeitung m.E. ein methodischer Fehler, die Pressefreiheit und die Rundfunkfreiheit zu „verschweigen", wenn diese jedenfalls in Betracht kommen.

[1083] BVerfGE 95, 28, 35 (Pressefreiheit bei Werkszeitungen). Forumsbeträge oder Blogbeträge von Internetusern dürften aber von vornherein nicht der Pressefreiheit, sondern ausschließlich der Meinungsäußerungsfreiheit unterfallen.

[1084] BVerfG NJW 2015, 3430 (Durchsuchung bei Medienorganen); NVwZ 2007, 1306 (Straßenverkauf von Zeitungen); BVerfGE 117, 224, 258 ff.; BVerfG NJW 2001, 507; NJW 1999, 2880, allesamt zurückgehend auf BVerfGE 20, 162, 176 (Nachrichtenmagazin „Der Spiegel"). Das Recht der Presseorgane zur Informationsbeschaffung ergibt sich demnach unmittelbar aus dem Grundrecht der Pressefreiheit, nicht aus dem Grundrecht der Informationsfreiheit.

[1085] BVerfG NJW 2015, 3708, 3709 mit Verweis auf BVerfG NJW-RR 2010, 470, 471.

ein verfassungsunmittelbarer Auskunftsanspruch der Presse gegenüber Behörden[1086] und Gerichten[1087]. Sofern aber die Pressegesetze der Länder anwendbar sind und einen Auskunftsanspruch (gegen Landesbehörden)[1088] gewähren, geht dieser Anspruch vor, wobei Art. 5 I S. 2 GG dann bei Auslegung und Anwendung der Vorschriften zu beachten ist (norminterne Wirkung, dazu sogleich).

Ob die Beschaffung aus allgemein zugänglichen Quellen stammt, spielt dabei keine Rolle. Geschützt sind daher auch die Beschaffung von Informationen etwa von Verfassungsschutzbehörden[1089] oder vom Bundesnachrichtendienst[1090] sowie die Medienberichterstattung aus (auch nicht öffentlichen) Gerichtsverhandlungen[1091]. Hierzu gehört auch das Recht, eine Abschrift (Kopie) einer (auch vom Gericht nicht veröffentlichten oder einer ein noch nicht rechtskräftiges Urteil betreffenden[1092]) Urteilsbegründung anzufordern.[1093] Denn nur der prinzipiell ungehinderte Zugang zu Informationen versetzt die Presse in den Stand, die ihr bereits oben genannte, in einer freiheitlichen Demokratie zukommende (Kontroll-)Funktion wirksam wahrzunehmen.[1094] Die (allgemeine) Veröffentlichungspflicht der Gerichte folgt aus dem Rechtsstaatsprinzip (Art. 20 III GG) i.V.m. der Justizgewährungspflicht aus Art. 19 IV S. 1 GG[1095], dem Demokratieprinzip aus Art. 20 I, II GG und dem Grundsatz der Gewaltenteilung.[1096] Begehrt ein Pressevertreter die entsprechenden Informationen (auch gegenüber (anderen) Behörden), tritt Art. 5 I S. 2 Var. 1 GG hinzu. Zwar haben die einfachgesetzlichen Anspruchsgrundlagen aus den Landespressegesetzen Anwendungsvorrang[1097] (s.o.), jedoch ist der Schutz aus Art. 5 I S. 2 GG bei der Auslegung der Vorschriften stets zu berücksichtigen.[1098] Gegenüber Bundesbehörden können die Landespressegesetze jedoch keinen Anspruch gewähren.[1099] In diesem Fall folgt der Auskunftsanspruch daher unmittelbar aus Art. 5 I S. 2 Var. 1 GG.[1100] Der Veröffentlichungspflicht bzw. dem Auskunftsanspruch stehen auch persönliche Daten (etwa aus dem Bereich des Intimlebens, des Steuerrechts etc.) nicht entgegen, denn soweit sie dem Auskunftsanspruch entgegenstehen könnten, sind sie zu 467

1086 BVerwGE 146, 56 ff.; 151, 348, 349 ff. (Bundesanstalt für Immobilienaufgaben); BVerwG NVwZ 2016, 1020, 1021 und 1023, 1024 (Bundestagsverwaltung); VG Köln ZUM-RD 2016, 271 (Bundesamt für Verfassungsschutz). Das BVerfG hat indes ausdrücklich offengelassen, ob aus Art. 5 I S. 2 GG überhaupt ein verfassungsunmittelbarer Auskunftsanspruch der Presse besteht (BVerfG NVwZ 2016, 50, 51 - BND). Sofern er bestünde, ginge er ohnehin nicht über das hinaus, was die Landespressegesetze gewähren.

1087 BVerfG NJW 2015, 3708, 3709 f. (Strafgerichtliches Verfahren gegen früheren Innenminister Thüringens).

1088 Das BVerwG verneint zu Recht die Anwendbarkeit der Landespressegesetze auf dem Gebiet der Bundesgesetzgebungskompetenz und damit (wohl) gegen Bundesbehörden (BVerwGE 151, 348, 349 ff.). Das OVG Münster und das VG Köln nehmen dies indes an (OVG Münster NJW 2014, 3387 ff.; VG Köln ZUM-RD 2016, 271 – jeweils Bundesamt für Verfassungsschutz). Das BVerfG hat wiederum ausdrücklich offengelassen, ob die landesrechtlichen Pressegesetze einen Auskunftsanspruch der Presse auch gegenüber Bundesbehörden gewähren (können) (BVerfG NVwZ 2016, 50, 51 - BND).

1089 Vgl. dazu OVG Münster NJW 2014, 3387; VG Köln ZUM-RD 2016, 271 (Bundesamt für Verfassungsschutz).

1090 Vgl. BVerwGE 146, 56 ff. (mit Bespr. v. *Sachs*, JuS 2014, 91); BVerfG NVwZ 2016, 50, 51 (BND).

1091 BVerfG NJW 2015, 3708, 3709 f. (Strafgerichtliches Verfahren gegen früheren Innenminister Thüringens).

1092 BVerfG NJW 2015, 3708, 3710 mit Verweis auf *Putzke/Zenthöfer*, NJW 2015, 1777, 1778.

1093 Vgl. auch OLG Celle NJW 1990, 2570 f.; *Mensching*, AfP 2007, 534, 537. Vgl. auch BVerwG NJW 2015, 807, 808 f. (Anspruch der Presse auf Kenntnis der Namen von Personen, die an Gerichtsverfahren mitgewirkt haben); *Putzke/Zenthöfer*, NJW 2015, 1777 f. Das bestätigte kürzlich auch das BVerfG NJW 2015, 3708, 3709 f.

1094 BVerfG NJW 2014, 3711 f.; BVerfG NJW 2015, 3708, 3709 f.

1095 Art. 19 IV S. 1 GG gewährt nicht nur einen effektiven Rechtsschutz, sondern u.a. auch einen Justizgewährungsanspruch (vgl. dazu *R. Schmidt*, Staatsorganisationsrecht, Rn 160).

1096 Vgl. etwa BVerwGE 104, 105, 108 ff.; aufgegriffen von BVerfG NJW 2015, 3708, 3709 f.

1097 BVerwG NJW 2015, 807, 811; *Putzke/Zenthöfer*, NJW 2015, 1777, 1778. Vgl. auch OLG Hamm NVwZ 2016, 551 ff. (Presserechtlicher Auskunftsanspruch gegenüber privatrechtlichen Betrieb der Daseinsvorsorge). Der presserechtliche Auskunftsanspruch ist wegen der grundrechtlichen Bedeutung der Pressefreiheit auch hinreichend im vorläufigen Rechtsschutz zu würdigen. Daher kann die Presseberichterstattung auch dann den Vorrang haben, wenn dies eine Vorwegnahme der Hauptsache bedeutet (BVerfG NJW 2014, 3711 f.).

1098 Zur norminternen Wirkung der Grundrechte vgl. oben Rn 16b.

1099 Wie hier BVerwGE 146, 56 ff. (Bundesnachrichtendienst); BVerwGE 151, 348, 349 ff. (Bundesanstalt für Immobilienaufgaben); a.A. OVG Münster NJW 2014, 3387 ff. (Bundesamt für Verfassungsschutz); VG Köln ZUM-RD 2016, 271 (Bundesamt für Verfassungsschutz). Das BVerfG hat indes ausdrücklich offengelassen, ob die landesrechtlichen Pressegesetze einen Auskunftsanspruch der Presse auch gegenüber Bundesbehörden gewähren (können), BVerfG NVwZ 2016, 50, 51 (BND).

1100 Vgl. BVerwGE 146, 56 ff.; 151, 348, 349 ff. Offengelassen von BVerfG NVwZ 2016, 50, 51 (BND). Zum presserechtlichen Auskunftsanspruch gegen Bundesbehörden vgl. auch *Schnabel*, NJW 2016, 1692 ff.

anonymisieren.[1101] Lediglich, wenn keinerlei öffentliches Interesse an der Veröffentlichung besteht, kann die Veröffentlichungspflicht verneint werden.[1102] Sofern Geschäfts- oder Betriebsgeheimnisse dem Auskunftsanspruch entgegenstehen, ist ebenfalls eine Anonymisierung bzw. eine Abwägung vorzunehmen.[1103]

468 Neben dem presserechtlichen Auskunftsanspruch gewährt Art. 5 I S. 2 GG auch das Recht, Art und Ausrichtung, Inhalt und Form eines Publikationsorgans (inklusive des Titelblatts) frei zu bestimmen.[1104] Auch die Entscheidung, ob und wie ein Presseerzeugnis bebildert wird (etwa die Abbildung von Personen) ist geschützt.[1105] Von der Eigenart oder dem Niveau des Presseerzeugnisses hängt der Schutz nicht ab (s.o.). Geschützt sind auch die Vertraulichkeit der Redaktionsarbeit[1106], die Geheimhaltung der Informationsquellen und das Vertrauensverhältnis zu Informanten[1107].

> **Beispiel:** Durchsucht die Polizei auf Anordnung der Staatsanwaltschaft Redaktionsräume eines Nachrichtenmagazins und stellt zahlreiche Unterlagen sicher, weil vermutet wird, ein Mitarbeiter der Staatsanwaltschaft habe vertrauliche Informationen weitergegeben und es müsse die „undichte" Stelle aufgedeckt werden, stellt dies einen Eingriff in die Pressefreiheit dar. Wegen des hohen Schutzes, den die Pressefreiheit genießt, ist ein solches Vorgehen nur dann gerechtfertigt, wenn es um Güter geht, die bei einer Abwägung mit der Pressefreiheit den Vorrang genießen. Das ist u.U. z.B. bei Angelegenheiten der Staatssicherheit der Fall. Auf keinen Fall aber rechtfertigt das staatliche Interesse an der Aufklärung leichterer und mittlerer Straftaten den mit einer Durchsuchung der Presseräume bzw. Räume eines Rundfunksenders verbundenen Grundrechtseingriff.[1108]

469 Geschützt sind auch der Zugang zu den Presseberufen und die Tätigkeit der Pressegrossisten. Auch werden die pressetechnischen Hilfstätigkeiten (z.B. Druckereitätigkeiten) vom Schutzbereich erfasst, sofern sie notwendige Bedingungen einer freien Presse sind.[1109] Schließlich umfasst die Pressefreiheit das Recht, sich über Vorgänge in einer *öffentlichen* (sonst greift § 353d StGB!) Gerichtsverhandlung zu informieren und darüber zu berichten.[1110]

470 **Nicht** geschützt ist die Informationsbeschaffung gegen den Willen des Informationsinhabers. Die Pressefreiheit befugt nicht zur widerrechtlichen Informationsbeschaffung.

471 Problematisch ist, ob auch der **Anzeigenteil** (Werbeanzeigen) einer Zeitung/Zeitschrift von der Pressefreiheit umfasst ist. Das Parallelproblem bei der Meinungsäußerungsfreiheit, nämlich die Frage, ob reine Tatsachenbehauptungen durch Art. 5 I S. 1 Var. 1 GG geschützt sind, wurde bereits dargestellt. *Gegen* eine Einbeziehung des Anzeigenteils in die Pressefreiheit spricht, dass das Element der wertenden Stellungnahme durch das veröffentlichende Presseunternehmen fast völlig hinter der sachlichen Wiedergabe zu-

---

[1101] Vgl. bereits die 17. Auflage; wie hier nun auch BVerfG NJW 2015, 3708, 3710.
[1102] Vgl. *Putzke/Zenthöfer*, NJW 2015, 1777, 1778.
[1103] Vgl. BVerwGE 151, 348, 349 ff. (Bundesanstalt für Immobilienaufgaben). Im Bereich des Landesrechts verpflichten die Landespressegesetze die Behörden, den Vertretern der Presse die der Erfüllung ihrer öffentlichen Aufgaben dienenden Auskünfte zu erteilen, sofern nicht durch die Erteilung der Auskünfte schwebende Verfahren verzögert, vereitelt, erschwert oder gefährdet werden können, Vorschriften über die Geheimhaltung verletzt werden oder ein überwiegendes öffentliches oder schutzwürdiges privates Interesse verletzt würde (vgl. etwa § 4 BremPresseG, § 4 NRWPresseG, § 4 HambPresseG). Vgl. auch OVG Münster NJW 2014, 3387 (presserechtlicher Auskunftsanspruch ggü Bundesamt für Verfassungsschutz allenfalls auf dem Niveau eines verfassungsrechtlich gewährleisteten Minimalstandards).
[1104] BVerfGE 97, 125, 144 f. (Anspruch auf Gegendarstellung).
[1105] BVerfGE 101, 361, 389 (Caroline von Hannover); BGH NJW 2007, 1977 ff. und NJW 2007, 1981 ff. (Caroline und Ernst August von Hannover).
[1106] BVerfGE 20, 162, 176 (Nachrichtenmagazin „Der Spiegel"); BVerfGE 66, 116, 133 (Springer/Wallraff); 107, 299, 330; 117, 244, 258.
[1107] BVerfGE 107, 299, 330; BVerfG NJW 2011, 1859, 1860 (Durchsuchung der Geschäftsräume eines Senders).
[1108] Vgl. dazu auch BVerfG NJW 2011, 1859, 1860 f. (Durchsuchung der Geschäftsräume eines Rundfunksenders).
[1109] BVerfGE 77, 346, 354 (Verbot jugendgefährdender Schriften).
[1110] BVerfGE 91, 125, 134 (Fernsehaufnahmen im Gerichtssaal). Zum rundfunkrechtlichen Aspekt der Informationsbeschaffung vgl. BVerfGE 103, 44, 59 ff.

rücktritt. Das BVerfG hat den Schutz dennoch bejaht. Das Grundrecht der Pressefreiheit umfasse, wie das BVerfG entschieden habe[1111], auch den Anzeigenteil von Presseerzeugnissen. Soweit Meinungsäußerungen Dritter, die den Schutz des Art. 5 I S. 1 GG genössen, in einem Presseerzeugnis veröffentlicht würden, schließe die Pressefreiheit diesen Schutz mit ein.[1112] Einem Presseorgan darf also die Veröffentlichung einer fremden Meinungsäußerung nicht verboten werden, wenn dem Meinungsträger selbst seine Äußerung und Verbreitung zu gestatten sind. In diesem Umfang kann sich das Presseunternehmen auf eine Verletzung der Meinungsfreiheit Dritter auch in einer gerichtlichen Auseinandersetzung berufen. Das gilt auch in einem Zivilrechtsstreit über wettbewerbsrechtliche Unterlassungsansprüche.

Hinweis für die Fallbearbeitung: Im Regelfall wird ein Presseunternehmen zivilgerichtlich auf Unterlassung der fraglichen Werbung (Beispiel: **Schockwerbung von Benetton**) in Anspruch genommen. Der Unterlassungsanspruch stützt sich dann auf § 3 UWG. Gibt das Zivilgericht der Klage statt, kann das betroffene Presseunternehmen Verfassungsbeschwerde gegen das Urteil erheben. Das BVerfG prüft dann, ob das angegriffene Urteil bei der Anwendung und Auslegung des § 3 UWG die grundsätzliche Bedeutung der Pressefreiheit beachtet hat. Vgl. dazu Rn 520. 472

Auch das **Chiffregeheimnis** fällt in den Schutzbereich des Art. 5 I S. 2 GG.[1113] Möglicherweise ist ihm aber bei einer Abwägung mit entgegengesetzten Interessen ein geringeres Gewicht beizumessen. 473

Das Grundrecht der Pressefreiheit enthält nach umstrittener Auffassung eine **Institutsgarantie** („wird ... gewährleistet").[1114] Geschützt ist also auch die Einrichtung der Presse selbst. Fraglich ist daher, ob den Staat eine Verpflichtung trifft, der zunehmenden Pressekonzentration entgegenzuwirken. Denn die Pressefreiheit ist aufgrund des Fortfalls freier Konkurrenz infolge der zunehmenden wirtschaftlichen Monopolisierung auch der Gefahr einer publizistischen Monopolisierung ausgesetzt; Pressefreiheit setzt aber eine Meinungsvielfalt voraus. Im Rahmen dieser Bearbeitung kann aber darauf nicht weiter eingegangen werden.[1115] 474

Träger des Grundrechts sind alle natürlichen Personen und Unternehmen (inländische juristische Personen und sonstige Vereinigungen des Privatrechts), die in enger organisatorischer Bindung zu den geschützten Tätigkeiten stehen.[1116] 475

Beispiele: Verlage, Redakteure, Journalisten, sonstige Verlagsmitarbeiter, Herausgeber, Buchhändler, Grossisten, Presseagenturen

Hilfstätigkeiten ohne pressespezifischen Bezug werden hingegen nur dann erfasst, wenn sie *innerhalb* eines Presseunternehmens erbracht werden, nicht wenn sie organisatorisch verselbstständigt sind. Für Letztere stehen aber andere Grundrechte wie z.B. Art. 12 I GG zur Verfügung.[1117]

[1111] Vgl. BVerfGE 21, 271, 278 f. (Südkurier); 64, 108, 114 (Zeugnisverweigerung von Presseangehörigen).
[1112] BVerfGE 102, 347, 359; BVerfG NJW 2003, 1303, 1304. Vgl. auch *Schulze-Fielitz*, JZ 2001, 302 ff.
[1113] BVerfGE 64, 108, 115.
[1114] Dafür *Degenhart*, in: Bonner Kommentar, Art. 5 Rn 55 f. und 388 ff.; kritisch *P/S/K/P*, Rn 90, mit dem Argument, dass die freie Presse ein gesellschaftlicher Befund und weder privatrechtliches Institut noch öffentlich-rechtliche Institution sei. Dieser Standpunkt verkennt jedoch den klaren Wortlaut des Art. 5 I S. 2 Var. 2 GG, der ausdrücklich von Gewährleistung spricht.
[1115] Vgl. BVerfGE 20, 162, 176 (Nachrichtenmagazin „Der Spiegel"); 52, 283, 296 (Tendenzschutz für Presseunternehmen); *Papier*, Der Staat 18 (1979), S. 422 ff..
[1116] BVerfGE 20, 162, 171, 175 (Nachrichtenmagazin „Der Spiegel"); 50, 234, 239 (Ausschluss eines Reporters); 66, 116, 130 (Springer/Wallraff); 80, 124, 132 (Staatliche Presseförderung); 95, 28, 34 (Werkzeitungen). Vgl. auch BGH NJW 2007, 1977 ff. und NJW 2007, 1981 ff. (Caroline und Ernst August von Hannover). Vgl. auch BVerfG NJW 2015, 3430 (Durchsuchung bei Medienorganen) mit Bespr. v. *Muckel*, JA 2016, 238.
[1117] Vgl. BVerfGE 77, 346, 354 (Verbot jugendgefährdender Schriften).

476 Die Pressefreiheit kommt selbstverständlich auch Minderjährigen zugute, ist also auch bei Schülerzeitungen einschlägig. Von der Institution Schule als solche herausgebrachte Publikationen werden dagegen nicht von der Pressefreiheit erfasst. Auch kann sich eine öffentlich-rechtliche Rundfunkanstalt grundsätzlich nur auf die Rundfunkfreiheit, nicht auf die Pressefreiheit berufen.[1118]

Ein Problem ergibt sich, wenn z.B. ein Verleger einem Redakteur und dieser einem Journalisten, die sich ja alle auf die Pressefreiheit berufen können, vorschreibt, über bestimmte Ereignisse in einer bestimmten Weise zu schreiben. Diese Problematik wird unter dem Begriff „**innere Pressefreiheit**" diskutiert. Es handelt sich um ein Problem der Grundrechtskollision, bei dessen Lösung die Kompetenzverteilung innerhalb des Presseunternehmens herangezogen werden kann. In der Praxis bestehen privatrechtliche Verträge, die diese Kollision lösen bzw. zu lösen versuchen.

477 Das Grundrecht der Pressefreiheit wird durch jede staatliche Maßnahme **beeinträchtigt**, die zu einer Unterbindung oder Behinderung der Pressefreiheit führt.

Beispiele: Verbot der Berufsausübung als Redakteur[1119]; Beschlagnahme von Zeitungen oder redaktionellen Unterlagen[1120]; Durchsuchung von Redaktionsräumen oder sonstige Beeinträchtigungen des Redaktionsgeheimnisses[1121]; Bezeichnung eines Verlags als „verfassungsfeindlich" und Aufnahme desselben in den Verfassungsschutzbericht[1122]; Erzwingung von Aussagen über Pressetätigkeiten[1123]; Verhinderung des Zugangs zu einem Strafverfahren[1124]; Verpflichtung der Presse zur Auskunft über ihre Informanten[1125] (Rn 468); Verbot der Veröffentlichung von bestimmten Werbeanzeigen[1126]; Erhebung von Daten über den Telefonverkehr von Presse- und Rundfunkveranstaltern[1127]; Verpflichtung zur Gegendarstellung[1128]; zivilgerichtliche Urteile, die im Rahmen eines Unterlassungsstreits den Grundrechtsträger daran hindern, seine Tätigkeit fortzuführen[1129]

478 Ein besonderes Spannungsfeld liegt in der **Medienberichterstattung aus laufenden Gerichtsverhandlungen**, da hier die Pressefreiheit mit verschiedenen Verfahrensgrundsätzen sowie Persönlichkeitsrechten der Verfahrensbeteiligten kollidieren kann.

Beispiel: Die Regelung des **§ 169 S. 2 GVG**, wonach die Medienvertreter keine Ton- und Bildaufnahmen während der Hauptverhandlung machen dürfen[1130], definiert nach Auffassung des BVerfG die Reichweite des Begriffs „allgemein zugänglich", greift also nicht in das Grundrecht der Informationsfreiheit, sehr wohl aber in das Grundrecht der Pressefreiheit (und der Rundfunkfreiheit) ein. Mithin muss die Regelung (mit Blick auf das Rechtsstaats- und Demokratieprinzip sowie die Presse- bzw. Rundfunkfreiheit der Medienvertreter) verfassungsgemäß sein. Nach Auffassung des BVerfG fordern der Schutz des **Persönlichkeitsrechts** der am Verfahren Beteiligten (Art. 1 I i.V.m. Art. 2 I GG), das rechtsstaatliche Anliegen eines **fairen Verfahrens** (Art. 20 III GG) sowie das öffentliche Interesse an der **Funktionstüchtigkeit der Rechtspflege**, insbesondere an der ungestörten **Wahrheits- und Rechtsfindung**, eine Begrenzung der Öffentlichkeit auf die

---

[1118] BVerfGE 83, 238, 312 (WDR Köln); *Jarass*, in: Jarass/Pieroth, GG, Art. 5 Rn 28.
[1119] BVerfGE 10, 118, 121 (Behördliches Presseverbot; FDJ).
[1120] BVerfGE 56, 247, 248 f. (Beschlagnahme von Bildmaterial); BVerfG NJW 2005, 965 f.
[1121] BVerfGE 20, 162, 187 („Der Spiegel"); 64, 108, 115 (Zeugnisverweigerung von Presseangehörigen).
[1122] BVerfG NJW 2005, 2912 („Junge Freiheit"; vgl. dazu Rn 151 Bsp. 5).
[1123] BVerfGE 36, 193, 204 (Zeugnisverweigerungsrecht der Presse im Strafverfahren).
[1124] BVerfGE 50, 234, 240 f. (Ausschluss eines Reporters); 87, 334, 339 (Filmen im Gerichtssaal). Vgl. Rn 510.
[1125] BVerfG EuGRZ 1999, 490, 493 (Verpflichtung der Presse zur Auskunft über ihre Informanten).
[1126] BVerfGE 102, 347 ff.; BVerfG NJW 2003, 1303, 1304.
[1127] BVerfG NJW 2003, 1787, 1788 ff. (Auskunft über Telefonverbindungsdaten).
[1128] BVerfG NJW 2008, 1654 ff.; vgl. dazu Rn 272.
[1129] BVerfG NJW 2006, 2836, 2837; NJW 2006, 2838; BGH NJW 2007, 1977 ff.; NJW 2007, 1981 ff. Vgl. dazu auch Rn 276, 284 ff. und 517.
[1130] Vgl. aber für Verfahren vor dem BVerfG die Sonderregelung des § 17a BVerfGG.

bloße Saalöffentlichkeit.[1131] Demnach ist die Regelung des § 169 S. 2 GVG verfassungsgemäß. Außerhalb des Regelungsbereichs des § 169 S. 2 GVG (d.h. vor Beginn und nach Schluss einer mündlichen Verhandlung sowie in den Sitzungspausen) besteht ein gesetzliches Verbot von Film- und Fernsehaufnahmen nicht. Zur Öffentlichkeit der Urteilsverkündung vgl. § 173 GVG. Durch sitzungspolizeiliche Anordnungen des Vorsitzenden Richters (vgl. § 176 GVG) können Beschränkungen zur Aufrechterhaltung der Würde des Gerichts bzw. der Ordnung vorgenommen werden (vgl. dazu insgesamt §§ 175-177 GVG).

Die genannten sitzungspolizeilichen Verfügungen – insbesondere gegenüber Medienvertretern verhängte Beschränkungen von Ton- und Bildaufnahmen unmittelbar vor oder nach einer Verhandlung oder in den Sitzungspausen – müssen im Interesse der Wirksamkeit des materiellen Grundrechtsschutzes vom Vorsitzenden begründet werden. Die Begründung muss die für die Entscheidung maßgebenden Gründe offenlegen und dadurch für die Betroffenen erkennen lassen, dass in die Abwägung alle dafür erheblichen Umstände eingeflossen sind.[1132]

Auch bei einer an sich öffentlichen Verhandlung kann die Öffentlichkeit ausgeschlossen werden, soweit Umstände aus dem persönlichen Lebensbereich eines Prozessbeteiligten, Zeugen oder durch eine rechtswidrige Tat (§ 11 I Nr. 5 StGB) Verletzten zur Sprache kommen, deren öffentliche Erörterung schutzwürdige Interessen verletzen würde, soweit nicht das Interesse an der öffentlichen Erörterung dieser Umstände überwiegt (§ 171b I S. 1, S. 2 GVG). Dies gilt nicht, soweit die Personen, deren Lebensbereiche betroffen sind, in der Hauptverhandlung dem Ausschluss der Öffentlichkeit widersprechen (§ 171b IV GVG). Die Öffentlichkeit ist aber in jedem Fall zwingend auszuschließen, wenn die Voraussetzungen des § 171b I S. 1 GVG vorliegen und der Ausschluss von der Person, deren Lebensbereich betroffen ist, beantragt wird (§ 171b III S. 1 GVG). Dies dürfte eine verfassungsgemäße Abwägung sein, die der Gesetzgeber getroffen hat.

Von Bedeutung ist auch die **Subventionierung von Presseunternehmen**. Eine Sub- **479**
ventionsvergabe ist grundsätzlich ohne materielle Gesetzesgrundlage zulässig, da sie einen Teil der Leistungsverwaltung darstellt und mit ihr keine Rechtsbeeinträchtigungen verbunden sind. Vielmehr genügt ein entsprechender Posten im Haushaltsplan.[1133] Etwas anderes gilt jedoch bei der Förderung einzelner Presseunternehmen, denn die selektive Förderung von Presseunternehmen verschlechtert die Wettbewerbsstellung der übergangenen Presseunternehmen. Daher liegt ein Eingriff in die grundrechtlich geschützte Pressefreiheit des nicht geförderten Unternehmens vor, was gem. dem Grundsatz vom Vorbehalt des Gesetzes eine formell-materielle Rechtsgrundlage erforderlich macht. Soweit der nicht subventionierte Konkurrent also einen **Eingriff** in die Pressefreiheit erleidet, muss schon deshalb eine gesetzliche Rechtsgrundlage vorhanden sein. Darüber hinaus enthält das Grundrecht aus Art. 5 I S. 2 Var. 1 GG neben seiner Funktion als Abwehrrecht die Garantiefunktion der staatlichen Unabhängigkeit (Institutsgarantie, s.o.). Wenn der Staat durch selektive Förderung lenkend und gestaltend in das Pressewesen eingreift, besteht die Gefahr, dass die geförderten Presseunternehmen ihre Neutralität gegenüber dem Staat ablegen, um ihre Aussichten auf künftige Förderungen nicht zu verschlechtern. Auch aus diesem Grund ist eine über die Etatlegitimierung hinausgehende formell-materielle Rechtsgrundlage zu fordern. Allerdings ist zu beachten, dass trotz Vorliegens einer entsprechenden Rechtsgrundlage staatliche Förderungen bestimmte Meinungen oder Tendenzen weder begünstigen noch benachteiligen dürfen.[1134] Das Grundrecht auf Pressefreiheit begründet im Subventionsrecht eine staatliche **Neutralitätspflicht**, die jede Differenzierung nach Meinungsinhalten verbietet. Daraus folgt zum einen ein subjektiver Abwehranspruch des übergangenen Presseun-

---

[1131] Vgl. BVerfGE 103, 44, 59 ff.; BVerfG NJW 2008, 977, 978 f.; BVerfG NJW 2009, 350, 351 f. (Holzklotz). Vgl. auch *Huff*, NJW 2001, 1622 und *Dieckmann*, NJW 2001, 2451.
[1132] BVerfG NJW 2014, 3013, 3014.
[1133] Vgl. dazu ausführlich die Bearbeitung bei *R. Schmidt*, AllgVerwR, Rn 206 ff.
[1134] BVerfGE 80, 124, 134 (Staatliche Presseförderung/„Postzeitungsdienst"). Vgl. auch BVerfG NJW 2011, 1859, 1860.

ternehmens, der darauf gerichtet ist, die Subventionierung des Konkurrenten abzuwehren. Zum anderen hat das übergangene Presseunternehmen einen Anspruch auf Gleichbehandlung (zu den Konkurrentenklagen vgl. *R. Schmidt*, VerwProzR, Rn 23 ff.).

4. Rundfunkfreiheit – Art. 5 I S. 2 Var. 2 GG

Rundfunkfreiheit – Art. 5 I S. 2 Var. 2 GG

I. Schutzbereich der Rundfunkfreiheit

Die Rundfunkfreiheit dient der Gewährleistung freier individueller und öffentlicher Meinungsbildung. Rundfunk ist jede an eine unbestimmte Zahl von Personen gerichtete drahtlose oder drahtgebundene Übermittlung von Gedankeninhalten, auch über das Internet. Selbstverständlich ist auch das Fernsehen einbezogen, obwohl sich die Umgangssprache bei dem Begriff Rundfunk allein auf Hörfunk bezieht. Die Rundfunkfreiheit unterscheidet sich von der Pressefreiheit also durch den technischen Verbreitungsweg. Der Inhalt der Darbietung ist irrelevant. Geschützt ist jede Vermittlung von Information und Meinung. Auch Werbesendungen werden erfasst. Das ist jedenfalls dann der Fall, wenn sie der Finanzierung des Programms dienen.

Geschützt sind alle wesensmäßig mit der Veranstaltung von Rundfunk zusammenhängenden Tätigkeiten, von der Beschaffung der Informationen und der Produktion der Sendungen bis hin zu ihrer Verbreitung. Sie erstreckt sich auch auf die medienspezifischen Vorkehrungen. Geschützt sind – wie bei der Pressefreiheit – auch die Vertraulichkeit der Redaktionsarbeit, die Geheimhaltung der Informationsquellen und das Vertrauensverhältnis zu Informanten. Lediglich rein telekommunikationstechnische Tätigkeiten werden nicht erfasst.

Träger des Grundrechts sind alle natürlichen und juristischen Personen sowie sonstige Vereinigungen, die eigenverantwortlich Rundfunk veranstalten und verbreiten. Dazu zählen die privaten Veranstalter ebenso wie die öffentlich-rechtlichen.

II. Eingriff in den Schutzbereich

Beeinträchtigt wird die Rundfunkfreiheit durch jede Handlung des Staates, die die Rundfunkanstalten und Unternehmen in ihrer geschützten Tätigkeit behindert. Insb. die staatliche Einflussnahme auf Auswahl, Inhalt und Ausgestaltung des Programms wird erfasst.

III. Verfassungsrechtliche Rechtfertigung

Vgl. die Ausführungen zur Meinungsäußerungsfreiheit.

480 Die Rundfunkfreiheit dient der **Gewährleistung freier individueller und öffentlicher Meinungsbildung**.[1135] Sie ist wie die Meinungsäußerungs- und Pressefreiheit konstituierendes Element einer Demokratie.[1136] Es muss garantiert sein, dass die Meinungen aller gesellschaftlich relevanten Gruppen Berücksichtigung finden.

481 **Rundfunk** ist jede an eine unbestimmte Zahl von Personen gerichtete drahtlose oder drahtgebundene, analoge oder digitale Übermittlung von Gedankeninhalten.[1137]

482 Unter „Rundfunk" ist nicht nur der „Hörfunk" gemeint, sondern selbstverständlich auch das (Satelliten- und Kabel-)**Fernsehen**. Gleiches gilt für Pay-TV oder interaktives Fernsehen. Auch das **Internet** ist erfasst, solange die Kommunikation nicht nur zwischen einzelnen Personen stattfindet. Die Rundfunkfreiheit unterscheidet sich von der Pressefreiheit (und damit letztlich auch von der allgemeinen Meinungsäußerungsfreiheit) somit in erster Linie durch den technischen Verbreitungsweg, was aber – da sowohl die Pressefreiheit als auch die Rundfunkfreiheit entwicklungsoffen sind – gewisse Überschneidungen der Schutzbereiche nicht ausschließt (Rn 464). Letztlich kann die Frage, ob die massenkommunikative Verbreitung von Meinungsäußerungen über das Internet der Presse- oder der Rundfunkfreiheit zuzuordnen ist, dahinstehen, da sich die Anforderungen an die verfassungsrechtliche Rechtfertigung von Eingriffen nicht unterscheiden.

[1135] BVerfGE 74, 297, 323 (Landesmediengesetz Baden-Württemberg); BVerfG NVwZ 2014, 867, 868 (ZDF-Staatsvertrag).
[1136] Vgl. nur BVerfGE 117, 224, 258 (Cicero).
[1137] Vgl. grundlegend BVerfGE 12, 205, 226 ff. (Deutschland-Fernsehen).

Sowohl die Pressefreiheit als auch die Rundfunkfreiheit können daher auch unter den Begriff der „**Medienfreiheit**" gefasst werden (vgl. dazu auch die bei Rn 478 dargestellte Problematik der Medienberichterstattung aus Gerichtsverhandlungen).

Das private Telefonat, das private Telefax und die private E-Mail sind nicht einbezogen, weil sie nicht an eine unbestimmte Zahl von Personen gerichtet sind.[1138] Aufgrund der zunehmenden Integration von Medien, Netzen und Diensten („Medienkonvergenz") ist die Abgrenzung zur Individualkommunikation aber schwierig geworden. Ein brauchbares Abgrenzungskriterium bietet das Vorliegen einer redaktionellen Tätigkeit. **483**

Geschützt sind wie bei der Pressefreiheit alle wesensmäßig mit der Berichterstattung zusammenhängenden Tätigkeiten, von „der Beschaffung der Information bis zur Verbreitung der Nachricht und der Meinung".[1139] Dazu gehört insbesondere der Einsatz von Aufnahme- und Übertragungsgeräten.[1140] Geschützt sind – wie bei der Pressefreiheit – auch die Vertraulichkeit der Redaktionsarbeit, die Geheimhaltung der Informationsquellen und das Vertrauensverhältnis zu Informanten.[1141] Ebenso ist die Beteiligung an privaten Rundfunkunternehmen geschützt.[1142] Lediglich rein telekommunikationstechnische Tätigkeiten werden nicht erfasst.[1143] **484**

Mit „Beschaffung der Information" ist der prinzipiell ungehinderte Zugang zur Information gemeint. Dazu gehört auch die Informationsaufnahme an der Quelle (Beispiel: Fernsehaufnahmen im Gerichtssaal während der strafgerichtlichen Hauptverhandlung, dazu Rn 478). Denn erst der Zugang zur Information versetzt die Medien überhaupt in die Lage, die ihnen in der freiheitlichen Demokratie zukommende Funktion wahrzunehmen. Soweit die Medien an der Zugänglichkeit einer für jedermann geöffneten Informationsquelle teilhaben, wird der Zugang durch die Allgemeinheit der Quelle begrenzt. Insoweit reicht die Rundfunkfreiheit also nicht weiter als die Informationsfreiheit des Art. 5 I S. 1 GG, die als Abwehrrecht nur den Zugang zu allgemein zugänglichen Quellen gegen Beschränkungen sichert. **485**

Mit „Verbreitung der Nachricht und der Meinung" ist das Recht zur Berichterstattung durch Rundfunk gemeint. Dazu zählt die Möglichkeit, ein Ereignis den Zuhörern und Zuschauern akustisch und optisch in voller Länge oder in Ausschnitten zu übertragen. **486**

Der **Inhalt der Darbietung** ist irrelevant. Auch die Mitteilung, wo die Polizei gerade Geschwindigkeitsmessungen vornimmt („Flitzer-Blitzer"), ist von der Rundfunkfreiheit erfasst. Werbesendungen werden jedenfalls dann erfasst, wenn sie der Finanzierung des Programms dienen. **487**

Träger des Grundrechts sind alle natürlichen und inländischen juristischen Personen sowie sonstige inländische Vereinigungen, die eigenverantwortlich Rundfunk veranstalten und verbreiten.[1144] Dazu zählen jedenfalls die *privaten Veranstalter*, sofern sie über eine Lizenz der Landesrundfunkanstalt verfügen und Rundfunkprogramme veranstalten[1145], so etwa RTL, SAT.1, Pro 7 usw. Aber auch die vom Staat unabhängigen *öffentlich-rechtlichen Rundfunkanstalten* (ARD, ZDF, DLF usw.) sind erfasst.[1146] Zwar sind juristische Personen des öffentlichen Rechts und sonstige Organe von öffentlich-rechtlichen Körperschaften grundsätzlich nicht grundrechtsberechtigt. Für die Rundfunkfrei- **488**

[1138] *Hoffmann-Riem*, in: Benda/Maihofer/Vogel (Hrsg.), HdbVerfR, S. 207; *Grabenwarter*, in: Maunz/Dürig, GG, Art. 5 Abs. 1, 2 Rn 194 f.
[1139] BVerfGE 10, 118, 121 (Berufsverbot); 66, 116, 133 (Springer/Wallraff); 77, 65, 74 ff. (Beschlagnahme von Filmmaterial); BVerfG NJW 2011, 1859, 1860 (Durchsuchung der Geschäftsräume eines Senders).
[1140] BVerfGE 103, 44, 59 ff. (Fernsehaufnahmen im Gerichtssaal); *P/S/K/P*, Rn 619.
[1141] Vgl. etwa BVerfG NJW 2011, 1859, 1860 (Durchsuchung der Geschäftsräume eines Rundfunksenders).
[1142] BVerfG NVwZ 2008, 658 ff. (mit Bespr. v. *Reffken*, NVwZ 2008, 857 ff.).
[1143] BVerfGE 12, 205, 263 (Deutschland-Fernsehen).
[1144] BVerfGE 95, 220, 234 (Herausgabe von Sendemitschnitten); 97, 298, 310 (Private Rundfunkanbieter).
[1145] BVerfGE 103, 44, 59 ff. unter Berufung auf BVerfGE 95, 220, 234 und 97, 298, 310. Vgl. auch BVerfG NJW 2011, 1859, 1860 (Durchsuchung der Geschäftsräume eines Senders).
[1146] Vgl. BVerfG NJW 2008, 977, 978 f. (ZDF); BVerfGE 103, 44, 59 ff. (n-tv).

heit gilt jedoch eine Ausnahme, da anderenfalls die Unabhängigkeit gegenüber dem Träger, mithin die Rundfunkfreiheit, nicht gewährleistet wäre. Gleichzeitig sind sie aber wegen Art. 1 III GG auch Grundrechtsverpflichtete und insbesondere an den Gleichheitssatz gebunden. So haben sie z.B. bei der Vergabe von Sendezeiten für politische Parteien während des Wahlkampfes die Bedeutung der jeweiligen Partei zu beachten. Für private Veranstalter ergibt sich die Verpflichtung zur Beachtung der Grundrechte (zumindest des Gleichheitssatzes) über die Figur der mittelbaren Drittwirkung der Grundrechte.[1147] Im Übrigen bestimmt sich die Grundrechtsträgereigenschaft wie bei der Pressefreiheit.[1148]

Rundfunk**teilnehmer** können sich **nicht** auf die Rundfunkfreiheit berufen, insbesondere ist eine „negative Rundfunkfreiheit", also die Freiheit, sich dem Rundfunk zu entziehen, nicht durch Art. 5 I S. 2 Var. 2 GG geschützt. In Betracht kommt aber eine Verletzung der individuellen (negativen) Informationsfreiheit (Art. 5 I S. 1 Var. 2 GG). Vgl. dazu die dortigen Ausführungen.

489 Soweit der Rundfunk öffentlich-rechtlich ausgestaltet ist, muss gewährleistet sein, dass der Rundfunk vom Staat **unabhängig** ist.[1149] Deshalb müssen die Anbieter des Rundfunks so organisiert sein, dass alle in Betracht kommenden Kräfte in ihren Organen Einfluss haben und im Gesamtprogramm zu Wort kommen können. Die Rundfunkfreiheit verlangt daher eine gesetzliche Ausgestaltung durch materielle und organisatorische Regelungen sowie durch Verfahrensregelungen, die einen freien Kommunikationsprozess gewährleisten, in denen also die Vielfalt der bestehenden Meinungen im Rundfunk möglichst breit und vollständig Ausdruck findet.[1150] Insoweit kann man sagen, der Schutzbereich der Rundfunkfreiheit stehe unter **Ausgestaltungsvorbehalt**[1151], wobei der Gesetzgeber die Anforderungen an die institutionelle Ausgestaltung der Rundfunkanstalten wiederum an dem Ziel der **Vielfaltsicherung** auszurichten hat[1152]. Es besteht eine enge Wechselwirkung zwischen der rahmensetzenden Grundentscheidung des Gesetzgebers für eine duale Rundfunkordnung und den Aufgaben, die dem öffentlich-rechtlichen Rundfunk in dieser Ordnung zukommen.[1153] Die erforderliche Vielfaltsicherung des öffentlich-rechtlichen Rundfunks innerhalb der Organisation als öffentlich-rechtliche Anstalt setzt eine binnenpluralistische Struktur voraus, bei welcher der Einfluss der in Betracht kommenden Kräfte unter maßgeblicher Einbeziehung der Zivilgesellschaft intern im Rahmen von Kollegialorganen vermittelt wird.[1154] Das bedingt eine Begrenzung des Anteils staatlicher und staatsnaher Personen im Fernseh- und im Verwaltungsrat. Zudem dürfen Vertreter der Exekutive auf die Auswahl der staatsfernen Mitglieder keinen bestimmenden Einfluss haben; auch sind Inkompatibilitätsregelungen zu schaffen, die ihre Staatsferne in persönlicher Hinsicht gewährleisten. Die persönliche Unabhängigkeit bei der Aufgabenwahrnehmung ist dadurch zu sichern, dass die Gremienmitglieder weisungsfrei gestellt werden und nur aus wichtigem Grund abberufen werden dürfen. Zudem muss ein Mindestmaß an Transparenz über die Arbeit der Aufsichtsgremien hergestellt werden.[1155] Der damals geltende ZDF-Staatsvertrag wurde diesen Anforderungen überwiegend nicht gerecht.[1156] Das BVerfG hatte den Ländern

---

[1147] BVerfGE 7, 99, 103 f.; 14, 121, 133. Vgl. auch BayVerfGH NVwZ 2006, 82 in Bezug auf die Landesmedienanstalten.
[1148] *Bethge*, DÖV 2002, 673, 674; *P/S/K/P*, Rn 621.
[1149] BVerfGE 12, 205 ff. (Deutschlandfernsehen); BVerfG NVwZ 2014, 867, 868 (ZDF-Staatsvertrag).
[1150] Vgl. dazu BVerfGE 73, 118, 153 (Niedersächsisches Landesrundfunkgesetz); 83, 238, 296 (WDR Köln); BVerfG NVwZ 2014, 867, 868 (ZDF-Staatsvertrag).
[1151] BVerfGE 12, 205, 262 f.; 119, 181, 214; 121, 30, 50; BVerfG NVwZ 2014, 867, 868.
[1152] BVerfGE 57, 295, 320, 325; 73, 118, 152 f.; 121, 30, 51; BVerfG NVwZ 2014, 867, 868.
[1153] BVerfGE 73, 118, 157 f.; 83, 238, 296 ff.; 114, 371, 387 f.; 119, 181, 217 f.; 121, 30, 51 f.; BVerfG NVwZ 2014, 867, 868.
[1154] BVerfGE 12, 205, 261 ff.; 83, 238, 333; BVerfG NVwZ 2014, 867, 868.
[1155] BVerfG NVwZ 2014, 867, 869.
[1156] BVerfG NVwZ 2014, 867, 878.

aufgegeben, bis zum 30.6.2015 eine Neuregelung zu treffen.[1157] Die Ministerpräsidenten der Länder haben am 18.6.2015 einen neuen ZDF-Staatsvertrag unterzeichnet, der die Vorgaben des BVerfG umsetzt. Der Vertrag trat am 1.1.2016 in Kraft.

Da auch Privatrechtssubjekte Träger von Rundfunkeinrichtungen sein können (s.o.), spricht man vom sog. **Dualen System**. Auch hier verlangt die Rundfunkfreiheit eine gesetzliche Ausgestaltung, die Grundlinien der Rundfunkordnung aufzeigt und gewährleistet, dass das Gesamtangebot der Programme der bestehenden Meinungsvielfalt im Wesentlichen entspricht. Freilich ist das nicht ganz einfach, wenn man bedenkt, dass die privaten Anbieter sich vornehmlich aus Werbeeinnahmen finanzieren. Gleichwohl ist wichtig, dass das Entstehen vorherrschender Meinungsmacht verhindert wird. So fordert das BVerfG[1158] vom Landesgesetzgeber (Rundfunkrecht ist Landesrecht, Art. 30, 70 I GG[1159]), dass[1160] 490

- Informationsmonopole verhindert werden,
- ein Mindestmaß an inhaltlicher Ausgewogenheit, Sachlichkeit und gegenseitiger Achtung gewährleistet ist,
- dem Grundsatz des Jugendschutzes Rechnung getragen wird,
- eine begrenzte Staatsaufsicht (durch die Länder) besteht
- und der gleiche Zugang zu Veranstaltungen privater Rundfunksendungen eröffnet wird.

Die Länder sind diesem Postulat dadurch nachgekommen, dass sie einen Staatsvertrag für Rundfunk und Telemedien (**Rundfunkstaatsvertrag** – RStV) geschlossen haben.[1161] So bedürfen gem. § 20 I S. 1 RStV private Rundfunkveranstalter einer Zulassung. Veranstalter von bundesweit verbreitetem Rundfunk (Beispiele: SAT.1, RTL, Pro7 etc.) unterliegen zudem den strengen Voraussetzungen des § 20a RStV. § 25 RStV verpflichtet die privaten Rundfunkveranstalter zu Meinungsvielfalt; bedeutsame politische, weltanschauliche und gesellschaftliche Kräfte und Gruppen müssen in den Vollprogrammen angemessen zu Wort kommen; Auffassungen von Minderheiten sind zu berücksichtigen. Weitere Sicherungsmechanismen (Verhinderung von Medienmonopolen) statuiert § 26 RStV. Schließlich sichert der RStV die Einhaltung der Regularien durch zahlreiche Ordnungswidrigkeitentatbestände (§ 49 RStV). Auch die Möglichkeit der Rücknahme und des Widerrufs einer Zulassung ist geregelt (§ 38 RStV). 491

Da aufgrund der primär kommerziellen Zielsetzung der privaten Veranstalter die für die demokratische Ordnung und das kulturelle Leben unerlässliche „Grundversorgung" der Bürger mit inhaltlich ausgewogenen und umfassenden Rundfunksendungen nicht gewährleistet ist, kommt im dualen System diese Aufgabe gerade den öffentlich-rechtlichen Rundfunkanbietern zu.[1162] Die Gebührenfinanzierung stellt diese Aufgabe in finanzieller Hinsicht sicher.[1163] 492

Beeinträchtigt wird die Rundfunkfreiheit durch jede Handlung des Staates, die die Rundfunkanstalten und Unternehmen in ihren geschützten Tätigkeiten behindert. Insbesondere wird das Grundrecht durch ein Verbot, Fernsehaufnahmen durchzuführen, oder durch eine staatliche Einflussnahme auf Auswahl, Inhalt und Ausgestaltung des Programms[1164] beeinträchtigt. 493

[1157] BVerfG NVwZ 2014, 867, 878.
[1158] BVerfGE 97, 228, 257 f.; 83, 238, 296 f.; 73, 118, 153 ff.; BVerfG NJW 1998, 1627, 1629 (Nachrichtenmäßige Kurzberichterstattung im Fernsehen).
[1159] Vgl. BVerfGE 12, 205, 209; 83, 238, 296; 92, 203, 238; 97, 228, 257 f.; BVerfG NVwZ 2008, 658, 659.
[1160] Aufzählung nach *P/S/K/P*, Rn 624.
[1161] RStV v. 31.8.1991 i.d.F. des 16. Staatsvertrags zur Änderung rundfunkrechtlicher Staatsverträge v. 17.7.2014 bzw. 31.3.2015, überwiegend in Kraft getreten am 1.4.2015.
[1162] Vgl. BVerfGE 73, 118, 158 f.
[1163] BVerfGE 90, 60, 90 (Rundfunkgebühr; Staatsfreiheit des Rundfunks).
[1164] BVerfGE 59, 231, 258 (Freier Rundfunkmitarbeiter/WDR).

Beispiele:

(1) Die Regelungen im RStV über Zulassungsvoraussetzungen und Programmgestaltung stellen Eingriffe in die Rundfunkfreiheit dar.

(2) Dasselbe gilt für die Verpflichtung, die Sendungen zu Zwecken der Rundfunkaufsicht aufzuzeichnen und der Landesmedienanstalt vorzulegen[1165], sowie für die Erhebung von Daten über den Telefonverkehr von Presse- und Rundfunkveranstaltern[1166].

(3) Die Durchsuchung von Redaktionsräumen bzw. von Räumen eines Rundfunksenders oder sonstige Beeinträchtigungen des Redaktionsgeheimnisses stellen ebenfalls Grundrechtseingriffe dar.[1167]

(4) Demgegenüber begrenzt die Regelung des § 169 S. 2 GVG, wonach die Medienvertreter keine Ton- und Bildaufnahmen *während der Hauptverhandlung* machen dürfen, lediglich die Reichweite des Schutzbereichs der Rundfunkfreiheit, weil die der Ausübung der Rundfunkfreiheit vorgelagerte Informationsbeschaffung wie die Informationsfreiheit auf „allgemein zugängliche" Quellen begrenzt ist.[1168] Zu weiteren Ausschlüssen bzw. Ausschlussmöglichkeiten vgl. §§ 170 ff. GVG sowie Rn 478/510.

5. Filmfreiheit – Art. 5 I S. 2 Var. 3 GG

Filmfreiheit – Art. 5 I S. 2 Var. 3 GG

I. Schutzbereich der Filmfreiheit

Fünftes Grundrecht des Art. 5 I GG ist die Filmfreiheit. Die Filmfreiheit schützt die **Herstellung** und **Verbreitung** der Filme, u.a. die Erstellung des Drehbuchs, die Aufnahmen, die Herstellung der Kopien, die Filmeinfuhr, den Filmverleih und das Abspielen. **Filme** sind alle zur Darstellung durch einen Projektor geeigneten Bilderreihen, denen meistens eine Tonspur beigefügt ist und die in der **Öffentlichkeit** vorgeführt werden. Auch Videobänder, DVDs und Blu-rays fallen darunter. Auf das Kriterium der Öffentlichkeit kann aber verzichtet werden, wenn es sich bei dem Film um ein Massenmedium handelt, das an eine unbestimmte Zahl von Personen gerichtet ist. So fallen auch Videofilme, die im privaten Bereich abgespielt werden, unter die Filmfreiheit. Ob nur Bericht erstattende Filme oder auch Spielfilme unter den Schutz der Filmfreiheit fallen, wird aufgrund des Wortlauts des Art. 5 I S. 2 Var. 3 GG unterschiedlich gesehen. Selbst wenn man Spielfilme aus dem Schutzbereich herausnimmt, sind diese doch durch Art. 5 I S. 1 Var. 1 GG und durch Art. 5 III S. 1 Var. 1 GG geschützt.

II. Eingriff in den Schutzbereich

Beeinträchtigt wird die Filmfreiheit durch jede Form der Behinderung der geschützten Tätigkeiten. Das gilt insb. für staatliche Ge- oder Verbote. Auch die Förderung von Filmen dürfte die Filmfreiheit nicht geförderter Filme beeinträchtigen, soweit diese erheblich behindert werden.

III. Verfassungsrechtliche Rechtfertigung

Zur verfassungsrechtlichen Rechtfertigung vgl. die Ausführungen zur Meinungsfreiheit.

494 Fünftes Grundrecht des Art. 5 I GG ist die Filmfreiheit. Die Bedeutung der Filmfreiheit ist allerdings gering, da für die meisten Filme auch die Kunstfreiheit in Anspruch genommen werden kann, die einen weiterreichenden Schutz bietet.

495 **Filme** sind alle zur Darstellung durch einen Projektor geeigneten Bilderreihen, denen meistens eine Tonspur beigefügt ist und die in der Öffentlichkeit vorgeführt werden.[1169]

496 Auch Filme auf Speicherkarten, USB-Sticks, DVDs und Blu-rays fallen darunter. Auf das Kriterium der Öffentlichkeit kann aber verzichtet werden, wenn es sich bei dem Film um ein Massenmedium handelt, das an eine unbestimmte Zahl von Personen gerichtet ist.

[1165] BVerfGE 95, 220, 235 f.
[1166] BVerfG NJW 2003, 1787, 1788 ff. (Auskunft über Telefonverbindungsdaten).
[1167] BVerfGE 20, 162, 187 („Der Spiegel"); 64, 108, 115 (Zeugnisverweigerung von Presseangehörigen).
[1168] Vgl. BVerfGE 103, 44, 59 ff. Vgl. dazu auch Rn 510.
[1169] *Schulze-Fielitz*, in: Dreier, GG, Art. 5 Rn 84; *Jarass*, in: Jarass/Pieroth, GG, Art. 5 Rn 50.

So fallen auch Filme auf DVDs und Blu-rays, die im privaten Bereich abgespielt werden, unter die Filmfreiheit.[1170] Ob nur Bericht erstattende Filme oder auch Spielfilme unter den Schutz der Filmfreiheit fallen, wird aufgrund des Wortlauts des Art. 5 I S. 2 Var. 3 GG unterschiedlich gesehen.[1171] Selbst wenn man Spielfilme aus dem Schutzbereich herausnimmt, sind diese doch durch Art. 5 I S. 1 Var. 1 GG und durch Art. 5 III S. 1 Var. 1 GG geschützt.[1172]

Die Filmfreiheit **schützt** die Herstellung und Verbreitung der Filme, u.a. die Erstellung 497
des Drehbuchs, die Aufnahmen, die Herstellung der Kopien, die Filmeinfuhr, den Filmverleih und das Abspielen.[1173] Auch die Werbung für einen Film wird geschützt.

Träger des Grundrechts sind alle natürlichen und inländischen juristischen Personen, 498
aber auch alle sonstigen Personenvereinigungen, die die geschützten Tätigkeiten ausüben. Zuschauer können den Schutz nicht in Anspruch nehmen. Für sie ist die Informationsfreiheit einschlägig.

Beeinträchtigt wird die Filmfreiheit durch jede Form der Behinderung der geschützten 499
Tätigkeiten. Das gilt insbesondere für staatliche Ge- oder Verbote. Auch die Förderung von Filmen dürfte die Filmfreiheit nicht geförderter Filme beeinträchtigen, soweit diese erheblich behindert werden.

II. Verfassungsrechtliche Rechtfertigung von Eingriffen

1. Schranken der Grundrechte aus Art. 5 I GG

Die Grundrechte aus Art. 5 I GG sind nicht vorbehaltlos gewährleistet. Sie stehen in 500
erster Linie unter dem Gesetzesvorbehalt des Art. 5 II GG, d.h. sie finden ihre Grenzen in den *allgemeinen Gesetzen*, den *gesetzlichen Bestimmungen zum Schutze der Jugend* und dem *Recht der persönlichen Ehre*.[1174] Bedeutsam werden können auch die Eingriffsermächtigungen des Art. 9 II, Art. 18 und des Art. 21 II GG. Ferner kommt der Gesetzesvorbehalt des Art. 17a GG in Betracht.

2. Die qualifizierten Gesetzesvorbehalte des Art. 5 II GG

a. Die Vorschriften der allgemeinen Gesetze

Die mit Abstand ausschlaggebendste Schranke des Art. 5 II GG und damit die zentrale 501
Grundlage zur Rechtfertigung von Eingriffen ist die der „allgemeinen Gesetze".[1175]

Als „allgemeine Gesetze" kommen sowohl förmliche Gesetze als auch Rechtsverordnun- 502
gen und Satzungen in Betracht. Die für die Grundrechtsausübung relevanten Belange müssen aber stets vom förmlichen Gesetzgeber geregelt sein (Parlamentsvorbehalt).

Das einschränkende Gesetz muss „allgemein" sein. Klar ist, dass damit nicht das Verbot 503
des Einzelfallgesetzes i.S.d. Art. 19 I S. 1 GG gemeint sein kann, denn die Aussage des Art. 19 I S. 1 GG bedarf keiner Bestätigung. Vielmehr ist „allgemein" grundrechtsspezifisch auszulegen. Früher wurden die sog. Sonderrechtstheorie und die Abwägungslehre

---

[1170] So auch *Grabenwarter*, in: Maunz/Dürig, GG, Art. 5 Rn 198; anders *Wendt*, in: v. Münch/Kunig, GG Art. 5 Rn 61, der privat abgespielte Filme nicht unter die Film-, sondern unter die Pressefreiheit subsumiert.

[1171] Für eine Begrenzung des Schutzbereichs auf berichterstattende Filme BVerwGE 1, 303, 305; für eine Ausweitung auch auf Spielfilme *Jarass*, in: Jarass/Pieroth, GG, Art. 4 Rn 42; *Grabenwarter*, in: Maunz/Dürig, GG, Art. 5 Abs. 1, 2 Rn 200 ff.

[1172] BVerwGE 1, 303, 305.

[1173] *Jarass*, in: Jarass/Pieroth, GG, Art. 5 Rn 42.

[1174] Geht es um eine Einschränkung des Schutzes aus Art. 10 I EMRK, greifen die Schranken aus Art. 10 II EMRK (vgl. dazu EGMR NJW 2016, 1373, 1374 f.).

[1175] Vgl. BVerfG NJW 2001, 507 (Presserechtlicher Schutz von „Bekennerschreiben"). Aus der Lit. vgl. etwa *Bethge*, in: Sachs, GG, Art. 5 Rn 142.

* materielles Recht

herangezogen, die zwar speziell für die Meinungsäußerungsfreiheit entwickelt wurden, aber auch auf die anderen Grundrechte des Art. 5 I GG übertragbar sind.[1176]

504 - Nach der **Sonderrechtstheorie** ist ein Gesetz allgemein i.S.d. Art. 5 II GG, wenn es kein Sonderrecht für die Meinungsäußerungsfreiheit darstellt, wenn es also die Meinung nicht als solche verbietet oder beschränkt.[1177]

505 - Demgegenüber sind nach der **Abwägungslehre** solche Gesetze allgemein, die ein Rechtsgut schützen, das bei einer Güterabwägung mit der Meinungsäußerungsfreiheit den Vorrang genießt.[1178]

506 Das BVerfG hat die beiden Ansätze miteinander verzahnt. Damit sind die allgemeinen Gesetze wie folgt zu bestimmen:

507 **Allgemein** sind solche Gesetze, die nicht eine Meinung als solche verbieten, die sich nicht gegen die Äußerung einer Meinung als solche richten, die vielmehr dem Schutz eines schlechthin, ohne Rücksicht auf eine bestimmte Meinung, zu schützenden Rechtsguts dienen, das gegenüber der Betätigung der Meinungsfreiheit den Vorrang hat.[1179]

508 **Hinweis für die Fallbearbeitung:** Durch die Formulierung „... das gegenüber der Betätigung der Meinungsäußerungsfreiheit den Vorrang hat" macht das BVerfG das einschränkende Gesetz – um als Grundrechtsschranke in Betracht zu kommen – zugleich von dem Vorliegen seiner verfassungsrechtlichen Rechtfertigung abhängig. Das ist aus dogmatischer Sicht abzulehnen, geht es doch vorliegend zunächst nur um das Vorliegen einer Grundrechtsschranke, nicht um die Schranken-Schranke. Folgt man aber dem BVerfG, ist in der Fallbearbeitung eine zweistufige Prüfung ohne ausdrückliche Unterscheidung zwischen „Eingriff in den Schutzbereich" und „Verfassungsrechtlicher Rechtfertigung" angezeigt:

- In einem ersten Schritt ist zu prüfen, ob das einschränkende Gesetz gerade die Meinung (oder ein anderes Kommunikationsgrundrecht des Art. 5 I GG) als solche verbietet. Die Formulierung „allgemeine Gesetze" verlangt eine **Meinungsneutralität** des einschränkenden Gesetzes. Meinungsneutral sind zahlreiche Gesetze, etwa die polizei- und ordnungsrechtlichen Befugnisgeneralklauseln, die beamtenrechtlichen Bestimmungen zur Achtung der Funktion (vgl. etwa § 60 II BBG)[1180], nahezu alle Bestimmungen des Straf[1181]-, Strafprozess- und Strafvollzugsrechts sowie des Straßenverkehrs-, Bau- und Gewerberechts. Auch Einschränkungen von Fernsehaufnahmen in Gerichtssälen gem. § 169 S. 2 GVG, das Rechtsdienstleistungsgesetz, das auch die Erteilung von Rechtsrat in den Medien beschränkt, § 43b BRAO, der ein Werbeverbot für Rechtsanwälte enthält[1182], sowie die Vorschriften des Zivilrechts, insb. die §§ 823, 1004 BGB (Unterlassungs- und Beseitigungsanspruch, insb. beim Ehr- und Persönlichkeitsschutz), sind meinungsneutral. Zur Problematik des § 130 III und IV StGB siehe Rn 511. Freilich richten sich auch angeblich „meinungsneutrale" Gesetze, z.B. §§ 22, 23 KUG, durchaus gegen bestimmte Meinungen, denn sonst käme es zu keinem Grundrechtseingriff. Daher ist dieses Kriterium wenig griffig.

[1176] Vgl. ausführlich *Wendt*, in: v. Münch/Kunig, GG, Art. 5 Rn 73 ff.
[1177] Vgl. *Häntzschel*, in: Anschütz/Thoma, Handbuch des deutschen Staatsrechts II, 1932, S. 651, 659 f.
[1178] Vgl. *Smend*, Das Recht der freien Meinungsäußerung, in: VVDStRL Band 4, 1928, S. 44, 52 f. Vgl. auch BVerfGE 7, 198, 209 (Lüth).
[1179] St. Rspr. seit BVerfGE 7, 198, 209 (Lüth); vgl. auch BVerfGE 111, 147, 153; BVerwG JZ 2008, 1102, 1103 ff. (jeweils Versammlungsverbot); BVerfG NJW 2015, 1438, 1439 (Schockwerbung durch Rechtsanwalt – dazu oben Rn 429 Bsp. 5).
[1180] Vgl. dazu BVerfG NVwZ 2008, 416 f.
[1181] So versteht insbesondere das BVerfG die Beleidigungsdelikte der §§ 185 ff. StGB als „allgemeine Gesetze" i.S.v. Art. 5 II Var. 1 GG (vgl. nur BVerfG K&R 2016, 494 f. - „ACAB"), wobei dann eine gewisse Überschneidung mit dem Schutz der persönliche Ehre (Art. 5 II Var. 3 GG – dazu unten Rn 514 f.) besteht.
[1182] Vgl. dazu BVerfG NVwZ 2015, 1438, 1439 f. – dazu Rn 429 Bsp. 5.

- Bedeutender ist deshalb die in einem zweiten Schritt durchzuführende Rechtsgüterabwägung. Dabei ist auf die vom BVerfG diesbezüglich seinerzeit entwickelte Figur der „**Wechselwirkung**“[1183] einzugehen. Es ist (abstrakt) danach zu fragen, ob die Einschränkung der Meinungsäußerungsfreiheit (bzw. eines anderen Kommunikationsgrundrechts) dem Schutz eines vorrangigen Rechtsguts (kollidierendes Verfassungsrecht, insb. Grundrechte Dritter) dient. Dabei muss das einschränkende Gesetz seinerseits wiederum im Lichte der besonderen Bedeutung des Grundrechts aus Art. 5 I GG ausgelegt und angewendet werden.[1184]

Graphik: Wechselwirkung zwischen dem Grundrecht und dem einschränkenden Gesetz, das wiederum im Lichte der besonderen Bedeutung des Grundrechts aus Art. 5 I GG ausgelegt und angewendet werden muss.

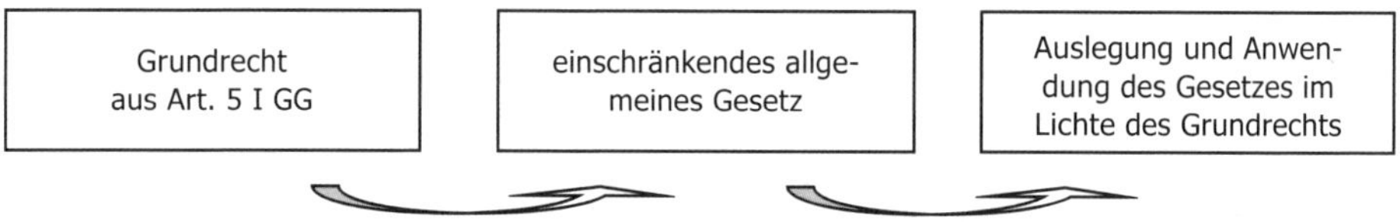

Letztlich bedeutet die Figur der Wechselwirkung (ebenso wie die „Drei-Stufen-Theorie“ bei Art. 12 I GG) nichts anderes als eine Konkretisierung des **Grundsatzes der Verhältnismäßigkeit** für die Einschränkung der Grundrechte aus Art. 5 I GG. 509

Hinweis für die Fallbearbeitung: Da die Figur der Wechselwirkung nur eine Konkretisierung des allgemeinen Grundsatzes der Verhältnismäßigkeit darstellt, sollte die Abwägung in gewohnter Weise vorgenommen werden: Nachdem das einschränkende allgemeine Gesetz als Grundrechtsschranke benannt und die Geeignetheit und Erforderlichkeit des Gesetzes bejaht wurden, muss in einem dritten Schritt im Rahmen einer Abwägung die Wertigkeit des Zwecks, der mit der fraglichen Regelung verfolgt werden soll, mit der Wertigkeit des Grundrechts aus Art. 5 I GG verglichen, also nach der Angemessenheit der Regelung gefragt werden.
Steht (nach entsprechender Prüfung) die Vereinbarkeit des einschränkenden Gesetzes mit Art. 5 I, II GG fest, muss sodann der konkrete Einzelakt auf seine Vereinbarkeit mit Art. 5 I, II GG überprüft werden

Beispiel[1185]**:** Vor der Großen Strafkammer des Landgerichts findet die Hauptverhandlung 510
im Strafverfahren wegen eines an inneren Verletzungen verstorbenen dreijährigen Mädchens statt. Angeklagte des Strafverfahrens sind die Eltern des Kindes. Dem Vater wird die Misshandlung von Schutzbefohlenen und Körperverletzung mit Todesfolge vorgeworfen. Die Mutter ist wegen Mordes angeklagt. Es sind 22 Verhandlungstermine angesetzt. Der Prozess war und ist Gegenstand umfangreicher Berichterstattung in den regionalen und überregionalen Medien und beschäftigte die Öffentlichkeit so nachhaltig, dass ein parlamentarischer Untersuchungsausschuss zur Aufklärung von möglichen Fehlern in den zuständigen Behörden und Trägern eingesetzt wurde. Wegen des Medieninteresses erließ der Vorsitzende Richter gem. § 176 GVG eine Medienverfügung, wonach Ton-, Foto- und Filmaufnahmen im Sitzungssaal nur nach Maßgabe einer sodann näher beschriebenen „Poollösung“ (keine Interviews oder interviewähnliche Gespräche mit Verfahrensbeteiligten im Sitzungssaal; Wahrung der Persönlichkeitsrechte der Betroffenen; keine Nah- bzw. Porträtaufnahmen des Gerichts; keine Aufnahmen von Zeugen und Sachverständigen ohne deren ausdrücklicher Zustimmung; keine Foto-, Film- und Tonbandaufnahmen im Sit-

[1183] Zur Figur der Wechselwirkung vgl. BVerfGE 7, 198, 208 f. (Lüth); 10, 118, 121; 93, 266, 292; 107, 299, 331 f.; 124, 300, 342; BVerfG NJW 1999, 2262, 2263; NJW 1999, 2880; NVwZ 2008, 416 f.; NJW 2015, 1438, 1439; K&R 2016, 494 f.
[1184] Siehe die Nachweise in der vorigen Fußnote. Auch der EGMR betont, dass die Schrankenregelung (des Art. 10 II EMRK) eng auszulegen sei (vgl. EGMR NJW 2016, 1373, 1374 f.).
[1185] Nach BVerfG NJW 2014, 3013; vgl. bereits zuvor BVerfG NJW 2008, 977, 978 f.

zungssaal; Ausschalten von Aufnahmegeräten, Mobiltelefonen und Laptops während der Verhandlung) gestattet werden, um eine Störung des Sitzungsbetriebs zu vermeiden.

Die Öffentlichkeit der Gerichtsverhandlung gehört zu den grundlegenden Einrichtungen des Rechtsstaats.[1186] Da jedoch auch Zeugen und v.a. der Angeklagte ein Recht auf Achtung und Wahrung ihrer Persönlichkeit haben, sind während der mündlichen Verhandlung gemäß der verfassungskonformen Bestimmung des § 169 S. 2 GVG (Rn 478 sowie Rn 493 Bsp. 5) Ton- und Bildaufnahmen unzulässig. Andererseits schließt das GVG die Berichterstattung durch den Rundfunk weder im Zeitraum vor Beginn und nach Schluss einer mündlichen Verhandlung noch in den Verhandlungspausen aus. Auch die Urteilsverkündung ist insoweit „öffentlich" i.S.v. Art. 5 I S. 1 Var. 2 GG (Informationsfreiheit), vgl. § 173 I GVG. Aber auch außerhalb der Geltung des § 169 S. 2 GVG können Ton- und Bildaufnahmen unzulässig sein, etwa unter den Voraussetzungen des § 171b GVG. Auch können sitzungspolizeiliche Anordnungen getroffen werden (vgl. §§ 176, 177 GVG). Nimmt die Presse zwecks Berichterstattung an öffentlichen Gerichtsverhandlungen teil, sind §§ 171b, 176, 177 GVG wegen Art. 5 I GG jedoch pressefreundlich auszulegen. Denn die öffentliche Kontrolle von Gerichtsverhandlungen wird durch die Anwesenheit der Medien und deren Berichterstattung grundsätzlich gefördert. Es liegt auch im Interesse der Justiz, mit ihren Verfahren und Entscheidungen öffentlich wahrgenommen zu werden, und zwar auch im Hinblick auf die Durchführung mündlicher Verhandlungen.

Öffentlichkeitsbeschränkende Maßnahmen unterliegen daher stets einer Abwägung zwischen der Informations-, Presse- und Rundfunkfreiheit, die im vorliegenden Zusammenhang eine öffentliche Wahrnehmung und Kontrolle von Gerichtsverhandlungen garantieren sollen, und den Persönlichkeitsrechten des/der Betroffenen.[1187]

Wie bereits bei Rn 478 ausgeführt, sind sitzungspolizeiliche Verfügungen – insbesondere gegenüber Medienvertretern verhängte Beschränkungen von Ton- und Bildaufnahmen unmittelbar vor oder nach einer Verhandlung oder in den Sitzungspausen – im Interesse der Wirksamkeit des materiellen Grundrechtsschutzes vom Vorsitzenden zu begründen. Die Begründung muss die für die Entscheidung maßgebenden Gründe offenlegen und dadurch für die Betroffenen erkennen lassen, dass in die Abwägung alle dafür erheblichen Umstände eingeflossen sind.[1188] Fehlt eine solche Begründung, liegt eine Grundrechtsverletzung vor.

511 Ein besonderes Problem besteht in der Regelung des **§ 130 III StGB**. Diese Vorschrift stellt das öffentliche Billigen, Leugnen und Verharmlosen des nationalsozialistischen Völkermordes unter Strafe. Mit § 130 III StGB möchte der Gesetzgeber insbesondere die Leugnung des Holocaust (sog. „Auschwitz-Lüge") strafrechtlich sanktionieren. Was die Vereinbarkeit des § 130 III StGB mit Art. 5 I S. 1 Var. 1 GG betrifft, hat das BVerfG die Leugnung des Holocaust als erwiesen unwahre Tatsachenbehauptung eingeordnet und damit dem Schutzbereich des Art. 5 I S. 1 Var. 1 GG entzogen.[1189] Damit kann die Frage, ob § 130 III StGB ein „allgemeines Gesetz" i.S.v. Art. 5 II GG (also ein meinungsneutrales Gesetz) darstellt, dahinstehen. Allerdings ist fraglich, ob die Schutzbereichsöffnung auch dann versagt werden kann, wenn die Leugnung des Holocaust mit wertenden Elementen durchsetzt ist. Denn das BVerfG erachtet auch sonst bei einer Verquickung von reinen (unwahren) Tatsachenbehauptungen und Wertungen den Schutzbereich des Art. 5 I S. 1 Var. 1 GG für einschlägig.[1190] Es wäre nur konsequent, in diesem Fall wertende Äußerungen über das Leugnen der Judenverfolgung und des Völkermordes unter den Schutzbereich des Grundrechts auf Meinungsäußerungsfreiheit zu subsumieren[1191] und sie unter Anwendung des Art. 5 II GG einer allgemeinen Güterab-

---

[1186] Vgl. BVerfGE 103, 44, 63; BVerfG NJW 2008, 977, 978 f.; *Hartmann/Schmidt*, StrafprozR, 6. Aufl. 2016, Rn 134 ff.
[1187] BVerfG NJW 2014, 3013 f.
[1188] BVerfG NJW 2014, 3013 f.
[1189] BVerfGE 90, 241, 249 (Judenverfolgung/„Auschwitz-Lüge").
[1190] Vgl. BVerfGE 61, 1, 8 f. (Meinungsäußerung im Wahlkampf); 90, 1, 15 (Schuldfrage des 2. Weltkriegs).
[1191] Selbstverständlich wäre ihnen dann im Rahmen der Eingriffsrechtfertigung zu begegnen.

wägung zu unterstellen. Von dieser dogmatischen Schwäche abgesehen ist es selbstverständlich richtig, die Leugnung des Holocaust unter Strafe zu stellen.[1192]

Nach **§ 130 IV StGB** macht sich strafbar, wer öffentlich oder in einer Versammlung den öffentlichen Frieden in einer die Würde der Opfer verletzenden Weise dadurch stört, dass er die nationalsozialistische Gewalt- und Willkürherrschaft billigt, verherrlicht oder rechtfertigt. Da die Billigung, Verherrlichung und Rechtfertigung Werturteile darstellen, ist unabhängig von deren Unsachlichkeit und Gefährlichkeit der Schutzbereich des Art. 5 I S. 1 Var. 1 GG eröffnet.[1193] Folglich stellt die Strafandrohung in § 130 IV StGB einen Eingriff in die Meinungsäußerungsfreiheit dar[1194], der einer verfassungsrechtlichen Rechtfertigung bedarf. **511a**

Ob aber § 130 IV StGB (wie § 130 III StGB) ein „allgemeines", d.h. meinungsneutrales Gesetz gem. Art. 5 II GG darstellt und (daher) den Eingriff in die Meinungsäußerungsfreiheit rechtfertigen kann ist zweifelhaft. Denn beide Strafvorschriften verbieten bestimmte Meinungen, sind daher gerade nicht meinungsneutral.[1195] Auch das BVerfG stellt fest, dass § 130 IV StGB kein allgemeines Gesetz i.S.v. Art. 5 II GG sei. Allerdings sei § 130 IV StGB auch als nicht-allgemeines Gesetz mit Art. 5 I GG vereinbar. Angesichts des sich allgemeinen Kategorien entziehenden Unrechts und des Schreckens, die die nationalsozialistische Herrschaft über Europa und weite Teile der Welt gebracht habe, und der als Gegenentwurf hierzu verstandenen Entstehung der Bundesrepublik Deutschland sei Art. 5 I GG für Bestimmungen, die der propagandistischen Gutheißung des nationalsozialistischen Regimes in den Jahren zwischen 1933 und 1945 Grenzen setzten, eine Ausnahme vom Verbot des Sonderrechts für meinungsbezogene Gesetze immanent.[1196] **511b**

Mit anderen Worten heißt dies: Bei Billigung, Verherrlichung und Rechtfertigung der nationalsozialistischen Gewalt- und Willkürherrschaft macht das BVerfG vom Erfordernis der „allgemeinen", d.h. meinungsneutralen Gesetze eine Ausnahme. Mag der Vorstoß des BVerfG dem (selbstverständlich zutreffenden) Ergebnis geschuldet sein, propagandistischen Gutheißungen der nationalsozialistischen Gewalt- und Willkürherrschaft Grenzen zu setzen, so muss dennoch berücksichtigt werden, dass auch das BVerfG nicht befugt ist, sich über den Wortlaut des Art. 5 II GG, wo von „allgemeinen Gesetzen" die Rede ist, hinwegzusetzen. § 130 IV StGB ist nun einmal kein „allgemeines" Gesetz.[1197] **511c**

Rechtsdogmatisch überzeugender wäre es gewesen, auch terminologisch einen Rückgriff auf die von den vorbehaltlosen Grundrechten bekannte **verfassungsimmanente Einschränkbarkeit** (Einschränkung des Grundrechts bei Kollision mit Grundrechten Dritter oder anderen wichtigen Verfassungsgütern) zuzulassen.[1198] Denn sind bereits vorbehaltlos gewährleistete Grundrechte (wie etwa diejenigen aus Art. 5 III GG) zugunsten anderer wichtiger Verfassungsgüter einschränkbar, muss dies erst recht für Grundrechte gelten, die unter einem Gesetzesvorbehalt stehen. Fraglich wäre dann, was als wichtiges anderes Verfassungsgut in Frage kommt. Ein Schutzgut wie etwa „der öffentliche Friede" (vgl. § 130 III, IV StGB) ist entgegen der Auffassung des BVerfG[1199] dem Grundgesetz nicht zu entnehmen. Dogmatisch möglich wäre aber, auch in *diesem* Zusammenhang auf die Menschenwürde der verstorbenen Opfer des Nationalsozialis- **511d**

[1192] Vgl. dazu näher *R. Schmidt*, StrafR BT I, 16. Aufl. 2016, Rn 1035a ff.
[1193] BVerfG NJW 2010, 47, 48 ff. (Rudolf-Heß-Gedenkkundgebung Wunsiedel).
[1194] BVerfG NJW 2010, 47, 48 ff.
[1195] Vgl. auch BVerfGE 111, 147, 155; BVerfG NJW 2010, 47, 48 ff.; *Poscher*, NJW 2005, 1316, 1317 f.
[1196] BVerfG NJW 2010, 47, 48 ff.; zustimmend *Degenhart*, JZ 2010, 306.
[1197] Kritisch auch *Möllers*, in: Jahrbuch Öffentliche Sicherheit, 2011, 173, 175 f.; vgl. später auch *Beyerbach*, JA 2015, 881, 885.
[1198] Vgl. bereits die 10. Aufl. 2008.
[1199] BVerfG NJW 2010, 47, 48 ff.

mus bzw. des Holocaust abzustellen und somit den Grundrechtsschutz aus Art. 5 I S. 1 Var. 1 GG zu überwinden.

511e Auch hinsichtlich einer strafgerichtlichen Verurteilung wegen Verwirklichung des **§ 90a StGB** (etwa Verunglimpfung des Staates und seiner Symbole durch Bezeichnung der Farben der Bundesflagge als „Schwarz-Rot-Senf"; Bezeichnung des „BRD-Systems" als „verkommen" – vgl. oben Rn 429) hat sich das BVerfG nunmehr geäußert. Es hat zunächst seine ständige Rechtsprechung bestätigt, wonach auch die Strafgerichte bei der Auslegung und Anwendung strafrechtlicher Vorschriften die Bedeutung des Grundrechts der Meinungsäußerungsfreiheit beachten müssten. Eine Verurteilung wegen Verunglimpfung des Staates und seiner Symbole (etwa der Bundesflagge) gem. § 90a StGB sei nur dann verfassungsmäßig, wenn die strafrechtlich relevante Äußerung nicht Ausdruck einer – wenn auch staatskritischen – Meinung sei, sondern eine böswillige Schmähung darstelle. Lasse dabei der Inhalt der fraglichen Äußerung mehrere Deutungen zu, sei diejenige zugrunde zu legen, die von dem Grundrecht der Meinungsäußerungsfreiheit gedeckt sei. Verkenne das Strafgericht diese Deutungsmöglichkeit und damit die Bedeutung der Meinungsäußerungsfreiheit, verletze es mit seinem Urteil das Grundrecht aus Art. 5 I S. 1 Var. 1 GG.[1200] Mit ganz ähnlicher Argumentation hat das BVerfG auch die strafgerichtliche Verurteilung wegen der Bezeichnung des „BRD-Systems" als „verkommen" beanstandet.[1201]

512 **Hinweis für die Fallbearbeitung:** Die vorstehende Problematik hat gezeigt, dass sich die Schranken für die Rechte aus Art. 5 I GG auch aus anderen Verfassungsnormen ergeben können. Praktische Bedeutung hat dies vor allem für Gesetze, die sich gegen eine bestimmte Meinung richten und daher nicht „allgemein" sind. Das ist – wie gesehen – z.B. bei § 130 III und IV StGB (aber wohl auch bei § 90a StGB) der Fall. Dabei ist allerdings Vorsicht geboten, um Art. 5 II GG nicht leerlaufen zu lassen. Methodisch ist es geboten, zuerst die Möglichkeit des Art. 5 II GG zu prüfen. Erst wenn die fragliche Beschränkung nicht unter Art. 5 II GG subsumiert werden kann, ist die verfassungsimmanente Einschränkung in Betracht zu ziehen (Beschränkung der Meinungsäußerungsfreiheit durch andere Güter von Verfassungsrang, insbesondere Staatsschutz). Für Beamte kann sich kollidierendes Verfassungsrecht vor allem aus Art. 33 V GG i.V.m. der staatlichen Neutralitätspflicht ergeben.[1202] Greift die verfassungsimmanente Einschränkbarkeit im Ergebnis nicht (etwa im Fall des § 130 III und IV StGB, weil der „öffentliche Friede" nicht von Verfassungsrang ist und man die Menschenwürde nicht bemühen möchte), ist die sanktionswürdige Aussage in eine reine Tatsachenbehauptung und ein Werturteil zu unterteilen. Dann kann die reine Tatsachenäußerung ohne Meinungsbezug aus dem Schutzbereich herausgenommen werden und das Werturteil kann mit Hilfe der meinungsneutralen „allgemeinen Gesetze" sanktioniert werden.

b. Die gesetzlichen Bestimmungen zum Schutz der Jugend und dem Recht der persönlichen Ehre

513 Die in Art. 5 II GG vorgesehenen **Bestimmungen zum Schutz der Jugend** sind Regelungen zur Abwehr der Jugend drohender Gefahren, wie sie vor allem von Medienprodukten ausgehen können, die Gewalttätigkeiten glorifizieren, Hass auf andere Menschen provozieren, den Krieg verherrlichen oder sexuelle Vorgänge in grob schamverletzender Weise darstellen.[1203] Es ist stets eine Güterabwägung vorzunehmen zwischen der Forderung nach umfassendem Grundrechtsschutz und dem verfassungsrechtlich

---

1200 BVerfG NJW 2009, 908, 909.
1201 BVerfG NJW 2012, 1273 ff. mit Bespr. von *Muckel*, JA 2012, 474 ff. und *Hufen*, JuS 2012, 1145 ff.
1202 BVerfGE 39, 334 (Radikale im öffentlichen Dienst).
1203 BVerfGE 30, 336, 347 (Sonnenfreunde); 116, 5, 9 ff. (Pornographische Darbietung im Fernsehen).

herausgehobenen Interesse an einem effektiven Jugendschutz. Wichtige Regelungen zum Schutz der Jugend enthält das Jugendschutzgesetz (JuSchG).[1204]

Beispiele:

(1) Ordnet die Prüfstelle (§ 14 VI JuSchG) einen zur Indizierung anstehenden Videofilm dem Bereich der Kunst i.S.v. Art. 5 III S. 1 GG zu, ist eine Abwägung der Belange des Jugendschutzes und der Belange der Kunstfreiheit mit dem Ziel eines angemessenen Ausgleichs geboten. Dabei folgt unmittelbar aus Art. 5 III S. 1 GG eine Pflicht der Bundesprüfstelle zur prinzipiell umfassenden Ermittlung der für den Jugendschutz und der für die Kunstfreiheit sprechenden Belange. Dazu gehört grundsätzlich auch die Anhörung derjenigen Personen, die an der Herstellung des „Kunstwerks" (bei einem Videofilm typischerweise der Regisseur und möglicherweise auch der Produzent) schöpferisch und/oder unternehmerisch mitgewirkt haben.[1205]

(2) Der Jugendschutz deckt auch das auf Grundlage des § 3 I Rundfunkstaatsvertrag behördlich angeordnete Verbot des Verbreitens pornographischer Darbietungen (vgl. § 184 I Nr. 2 StGB: „Zugänglichmachen") im Fernsehen. Die Wirksamkeit eines Ausstrahlungsverbots setzt aber nicht nur voraus, dass tatsächlich Pornographie vorliegt, sondern dass diese auch Minderjährigen „zugänglich" gemacht wird i.S.v. § 184 I Nr. 2 StGB. Nach Auffassung des BVerwG liegt ein „Zugänglichmachen" selbst dann vor, wenn vom Veranstalter Sicherungsvorkehrungen (etwa Verschlüsselungstechnik via Decoder mit Passwort bzw. PIN) vorgenommen wurden. Denn diese seien nicht effektiv genug, um zu verhindern, dass Minderjährige die Darbietung wahrnähmen. Hinzukommen müsse mindestens eine weitere im System angelegte effektive Vorkehrung, die es Minderjährigen regelmäßig unmöglich macht, die in Rede stehenden Filme wahrzunehmen.[1206] Leider sagt das BVerwG nicht, wie eine solche weitere Maßnahme aussehen könnte.

Der **Schutz der persönlichen Ehre** ist zwar ohnehin durch Art. 2 I i.V.m. 1 I GG (allgemeines Persönlichkeitsrecht) gewährleistet (vgl. dazu Rn 269), was dazu führt, dass bei einer Kollision mit der Meinungsäußerungsfreiheit eine umfassende Rechtsgüterabwägung vorzunehmen ist (vgl. Rn 517). Durch den in Art. 5 II GG genannten Gesetzesvorbehalt ist aber ein einschränkendes Gesetz erforderlich, das sich zudem am Maßstab des Art. 5 I GG messen lassen muss. Solche Gesetze stellen in erster Linie die §§ 185 ff. StGB dar, die von der Rechtsprechung jedoch bereits als „allgemeine Gesetze" i.S.v. Art. 5 II Var. 1 GG angesehen werden (vgl. Rn 508). Auch die §§ 823 und 1004 BGB enthalten als allgemeine Gesetze einen Schutz der Ehre, da die Ehre Bestandteil des in diesen Vorschriften geschützten allgemeinen Persönlichkeitsrechts ist. **514**

Bei der Frage, ob also eine strafbare Beleidigung vorliegt, ist im Rahmen der Auslegung des Tatbestands des § 185 StGB eine umfassende Rechtsgüterabwägung der widerstreitenden Verfassungsgüter vorzunehmen, die dazu führen kann, dass eine Meinungsäußerung trotz ihres ehrrührigen Inhalts Vorrang vor dem Ehrschutz genießt. Dabei kommt es auf sämtliche Begleitumstände an. Eine Äußerung darf niemals isoliert betrachtet werden, sondern muss immer im Rahmen der Gesamtumstände beurteilt werden, in denen sie getätigt wurde.[1207]

Im Prinzip dasselbe gilt hinsichtlich der Frage nach der verfassungsrechtlichen Rechtfertigung **515**
von Beeinträchtigungen durch Dritte, gegen die der Grundrechtsträger des allgemeinen Persönlichkeitsrechts Unterlassung oder Widerruf begehrt. Auch hier ist stets eine Abwägung der

---

[1204] Vgl. dazu (d.h. zum früheren Gesetz zum Schutz der Jugend in der Öffentlichkeit) BVerfG NJW 1991, 1471 ff. (Indizierung des pornographischen Romans "Josefine Mutzenbacher"); BVerfG NStZ 1988, 412 ff. (Vertrieb jugendgefährdender Schriften); BVerfG NJW 1986, 1241 ff. (Werbung für indizierte Videofilme); BVerfG NJW 1994, 1781 ff. (Aufnahme eines Buches in die Liste jugendgefährdender Schriften); *Beisel/Heinrich*, NJW 1996, 491 ff.

[1205] BVerwG NJW 1999, 75.

[1206] BVerwGE 116, 5, 16. Vgl. auch VG München ZUM 2003, 160.

[1207] BVerfG K&R 2016, 494 f. („ACAB" nicht ohne weiteres Beleidigung). Vgl. dazu im Einzelnen *R. Schmidt*, StrafR BT I, 16. Aufl. 2016, Rn 934 ff.

widerstreitenden Interessen (Art. 5 I GG auf der einen Seite, Art. 2 I GG i.V.m. 1 I GG auf der anderen Seite) vorzunehmen[1208], vgl. dazu näher Rn 517.

3. Sonstige Grundrechtsschranken

516 Wie die Gesetze zum Schutz der Jugend und der persönlichen Ehre müssen auch die das Grundrecht auf Meinungsfreiheit einschränkenden Gesetze zum Schutz des Wehr- und Ersatzdienstes nicht allgemein sein. **Art. 17a GG** ermöglicht gesetzliche Einschränkungen der Meinungsfreiheit gegenüber Wehr- und Ersatzdienstleistenden durch einfachen Gesetzesvorbehalt. Zweck der Regelung ist es, die Funktionstüchtigkeit der Bundeswehr aufrechtzuerhalten und der Loyalitätspflicht des Bediensteten gegenüber dem Staat Ausdruck zu verleihen. **Art. 9 II, 18 und 21 II GG** sind besondere Staatsschutzbestimmungen. Sie sind zwar nicht speziell auf Art. 5 I GG bezogen, haben für Art. 5 I GG aber eine besondere Bedeutung. Individuelle wie kollektive politische Meinungsäußerungen, Partei- und Vereinigungszeitungen, -plakate, -embleme können insoweit einem Sonderrecht unterworfen werden, wie dies durch die Art. 9 II, 18 und 21 II GG vorgesehen ist.

4. Insbesondere: Grundrechtskollision

517 Den sowohl in der Praxis als auch im juristischen Studium am häufigsten anzutreffenden Fall stellt die Kollision von Grundrechten verschiedener Grundrechtsträger dar. Dabei gilt es, die kollidierenden Grundrechte i.S. einer praktischen Konkordanz[1209] gegeneinander abzuwägen. Man stelle sich nur den Fall vor, dass ein früheres Mitglied des Exekutivkomitees der FIFA die Qatar Football Association öffentlich als „Krebsgeschwür des Weltfußballs" bezeichnet.[1210] Hier ist offenkundig, dass widerstreitende Interessen (Meinungsäußerungsfreiheit des Äußernden sowie Informationsinteresse der Bevölkerung auf der einen Seite; allgemeines Persönlichkeitsrecht der betroffenen Vereinigung[1211] auf der anderen Seite) gegeneinander abgewogen werden müssen (vgl. bereits Bsp 6 bei Rn 440).[1212] Ähnliches gilt für den Fall, dass ein Tierschutzverein auf seiner Internetseite ein Kreditinstitut auffordert, das Konto eines Interessenverbands der Tierzüchter zu kündigen, da dieser das tierquälerische Verhalten von Pelztierzüchtern („Nerzquälern") unterstütze.[1213] Auch hier müssen widerstreitende Interessen (Meinungsäußerungsfreiheit des Tierschutzvereins auf der einen Seite; allgemeines Persönlichkeitsrecht und Berufsfreiheit der betroffenen Pelztierzüchter auf der anderen Seite) gegeneinander abgewogen werden.[1214] Nichts anderes gilt für den Fall, dass einer (ehemaligen) Richterin von einer Journalistin öffentlich „obskure Beziehungen zur Verbrecherwelt" nachgesagt werden. Auch hier sind widerstreitende Interessen (Pressefreiheit der Journalistin sowie Informationsinteresse der Bevölkerung auf der einen Seite; allgemeines Persönlichkeitsrecht der betroffenen Richterin auf der anderen Seite) gegeneinander abzuwägen.[1215] Von nicht minderer Bedeutung ist der Fall, dass eine

---

[1208] Siehe etwa BVerfG 29.6.2016 – 1 BvR 3487/14 (Nennung des Namens des Schuldners auf einem Internetbewertungsportal und Hinweis auf dessen schleppende Zahlungsmoral seien vom Betroffenen zu dulden, da dadurch kein unverhältnismäßiger Verlust an sozialer Achtung drohe).

[1209] Vgl. dazu Rn 162.

[1210] LG Düsseldorf 19.4.2016 – 6 O 226/15.

[1211] Zur Grundrechtsfähigkeit von juristischen Personen bzw. Pesonenmehrheiten vgl. Rn 60.

[1212] Vgl. zu dieser Abwägung auch BVerfG NVwZ 2016, 761, 762 f. (Kachelmann) – mit Bespr. v. *Muckel*, JA 2016, 635.

[1213] BGH NJW 2016, 1584 f.

[1214] BGH NJW 2016, 1584, 1585, wobei der BGH ausschließlich auf das allgemeine Persönlichkeitsrecht abstellt und den von der Berufsfreiheit geschützten Gewerbebetrieb unerwähnt lässt. Das ist für die Fallbearbeitung im juristischen Studium abzulehnen, obwohl sich dadurch im Ergebnis nichts ändert, da im vorliegenden Fall der Schutz aus Art. 12 I S. 1 GG nicht weiter reicht als derjenige aus Art. 2 I i.V.m. Art. 1 I GG.

[1215] Vgl. den Fall EGMR NJW 2016, 1373, 1374 (Verleumdung einer ehemaligen Richterin durch Journalistin), wo der EGMR zudem betont, dass die Äußerung dem Schutzbereich des Art. 10 I EMRK unterfalle und die Schrankenregelung des Art. 10 II EMRK eng auszulegen sei. Da die Behauptung allerdings nicht auf bewiesenen Tatsachen beruhte und die Journalistin zudem weder genau noch sorgfältig recherchierte, überwog das Persönlichkeitsrecht der Richterin. Zur Verdachtsberichterstattung vgl. auch Rn 517h.

Umweltschutzorganisation Milchprodukte eines bestimmten Herstellers öffentlich als „**Gen-Milch**" bezeichnet und damit darauf hinweisen möchte, dass die Milch von Kühen stammt, die u.a. genetisch veränderte Futtermittel erhalten haben.[1216] Dass derartige Äußerungen über Gefahren und Risiken des Einsatzes gentechnischer Verfahren in der Lebensmittelproduktion informieren und damit legitime Anliegen verfolgen, ist nachvollziehbar. Auf der anderen Seite darf nicht verkannt werden, dass solche Äußerungen das Kaufverhalten der Verbraucher in erheblichem Maße beeinflussen und sogar die Überlebensfähigkeit des betroffenen Milchprodukteherstellers betreffen können. Daher müssen auch hier die widerstreitenden Interessen (Meinungsäußerungsfreiheit der Umweltschutzorganisation sowie das Informationsinteresse der Bevölkerung auf der einen Seite; Unternehmenspersönlichkeitsrecht, Berufsfreiheit und Eigentumsfreiheit des betroffenen Unternehmens auf der anderen Seite) gegeneinander abgewogen werden.

Auch wenn von einer Äußerung (gleichgültig, ob sie ein Werturteil oder eine Tat- **517a**
sachenbehauptung darstellt) eine **Prangerwirkung** ausgeht (dazu Rn 517f), sind die genannten gegenläufigen Grundrechtspositionen miteinander und gegeneinander abzuwägen. Denn die Anprangerung kann sich bei demjenigen, der angeprangert wird, abträglich auf die Ehre und/oder (vernichtend) auf das Ansehen auswirken, insbesondere, wenn die Anprangerung im Internet erfolgt und womöglich viele Jahre dort verbleibt.

Ausgangspunkt derartiger Streitfälle ist dann oft ein **Zivilprozess**, bei dem sich die von **517b**
der fraglichen Behauptung oder Darstellung betroffene Person um Unterlassung, Widerruf und/oder Schadensersatz wegen Verletzung des allgemeinen Persönlichkeitsrechts bzw. der Berufs- und/oder Eigentumsfreiheit bemüht.[1217] Zwar kann der Klagegegner als Privatperson unmittelbar keine Grundrechte verletzen, weil Private nicht Grundrechtsadressaten sind, jedoch kann eine Privatperson gegen einfachgesetzliche Bestimmungen[1218] verstoßen, die auch und gerade dem Grundrechtsschutz zu dienen bestimmt sind.[1219] Das Gericht, das über diesen Rechtsverstoß zu entscheiden hat, muss dann im Rahmen der Auslegung der streitentscheidenden einfachgesetzlichen Normen i.d.R. eine Abwägung zwischen den Grundrechten des Klägers einerseits und den Grundrechten des Beklagten andererseits vornehmen. Sofern kein Vergleich geschlossen, sondern vom Gericht ein Urteil gesprochen wird, ergeht dieses zu Lasten mindestens einer Prozesspartei und greift damit in Grundrechte ein. **Dieses zivilgerichtliche Urteil ist es dann, das als staatlicher Akt in Grundrechte eingreift und wegen (möglicher) Verletzung von Grundrechten nach Erschöpfung des Rechtswegs vor dem BVerfG im Rahmen einer Urteilsverfassungsbeschwerde angegriffen werden kann**. Das BVerfG prüft sodann, ob das Fachgericht bei der Anwendung und Auslegung des Privatrechts die Bedeutung eines der widerstreitenden Grundrechte verkannt, ob es also **spezifisches Verfassungsrecht verletzt** hat; es überprüft, ob das Fachgericht eine **rechtsfehlerfreie Abwägung zwischen den widerstreitenden Grundrechtsgütern** vorgenommen hat.[1220] Diese Abwägung ist nach der hier vertretenen Auffassung folgendermaßen vorzunehmen: Zunächst ist eine abstrakte, d.h.

[1216] BVerfG NJW 2010, 3501 f. Vgl. auch *Muckel*, JA 2011, 77; *Hufen*, JuS 2011, 570.

[1217] Auch im Rahmen eines **Strafverfahrens** (Anklage wegen Beleidigung) ist eine entsprechende Prüfung der Grundrechtskollision erforderlich (vgl. BVerfG K&R 2016, 494 f. - „ACAB" nicht ohne weiteres Beleidigung); BVerfG 29.6.2016 – 1 BvR 2646/15 (Bezeichnung einer Staatsanwältin als „widerwärtig, boshaft, dümmlich und geisteskrank").

[1218] In Betracht kommen insb. § 1004 BGB oder § 823 I BGB, in denen das allgemeine Persönlichkeitsrecht als Schutzgut bzw. als Rahmenrecht einfachgesetzliche Ausgestaltung erfahren hat und Unterlassungs- und Schadensersatzansprüche begründen kann; in Betracht kommt aber auch ein Verstoß gegen §§ 22, 23 KUG, sofern es um die Veröffentlichung von Bildern geht. Vgl. dazu auch BVerfG NVwZ 2016, 761, 762 f. (Kachelmann).

[1219] Zur Grundrechtsgeltung zwischen Privaten vgl. Rn 105 ff., aber auch Rn 197a, 197b und insb. 276 ff., 284 ff.

[1220] Vgl. BVerfG 28.6.2016 - 1 BvR 3388/14 (Nichterweislichkeit einer Tatsachenbehauptung); BVerfG 29.6.2016 – 1 BvR 3487/14 (Nennung des Namens des Schuldners auf einem Internetbewertungsportal und Hinweis auf dessen schleppende Zahlungsmoral); BVerfG NJW 2015, 1506, 1507 ff. (dazu Rn 281a); BVerfG NJW 2014, 764, 765 (Bezeichnung einer Frau als „durchgeknallt"); BVerfG NJW 2012, 3712, 3713 (Bezeichnung eines Rechtsanwalts als „rechtsextrem"); NJW 2012, 1500, 1501 f. (identifizierende Wortberichterstattung); NJW 2012, 756 f. (Caroline von Hannover); allesamt zurückgehend auf BVerfGE 7, 198, 206 ff. (Lüth). Vgl. dazu auch Rn 276 ff./284 ff.

eine vom zu entscheidenden Fall unabhängige Bewertung der widerstreitenden Rechtsgüter vorzunehmen. Ist z.B. das eine Grundrecht einfacher einzuschränken als das andere (Beispiel: Art. 5 I GG gegenüber Art. 4 I GG), besitzt es grundsätzlich eine geringere Wertigkeit. Entscheidend ist aber letztlich der konkrete Einzelfall. Es ist zu untersuchen, bei welchem Grundrecht der Eingriff schwerer wiegt. Dabei ist die Unterscheidung zwischen Peripherie und Kernbereich nützlich: Ist bei dem – abstrakt gesehen – höherwertigen Grundrecht lediglich der Randbereich betroffen, bei dem – abstrakt gesehen – geringerwertigen Grundrecht dagegen in den Kernbereich eingegriffen worden, ist es i.d.R. nicht zu beanstanden, wenn die konkrete Bewertung für den Vorrang des an sich geringerwertigen Grundrechts ausfällt. Im Übrigen sollten folgende, von der Rechtsprechung aufgestellte Grundsätze (freilich unter Beachtung der soeben genannten abstrakten Prinzipien) genügend Hilfestellung für die Fallbearbeitung bieten:

517c
- Eine Regelvermutung für den Vorrang eines der widerstreitenden Rechtsgüter besteht nicht.[1221] Als grobe Richtschnur gilt aber, dass bei **Werturteilen** die Meinungsäußerungsfreiheit nur dann hinter den allgemeinen Persönlichkeitsschutz zurücktritt, wenn die Äußerung einen Angriff auf den Menschenwürdegehalt darstellt[1222] oder wenn von ihr eine Prangerwirkung ausgeht[1223]. Bei einer von Art. 5 III Var. 1 GG geschützten (politischen) Satire[1224] oder bei öffentlich geführtem Meinungskampf (etwa in einem Internetforum) unter Beteiligung des Betroffenen ist das BVerfG bei der Annahme einer Prangerwirkung bzw. Persönlichkeitsverletzung indes sehr zurückhaltend. Wer sich der Öffentlichkeit präsentiere, müsse eher scharfe und unsachliche Kritik hinnehmen als jemand, der sich nicht der Öffentlichkeit aussetze.[1225] Auch wenn der Äußernde keine eigennützigen bzw. wirtschaftlichen Ziele verfolgt, sondern die Aussage im Rahmen eines gesellschaftlichen Anliegens (etwa Verbraucherschutz; Umweltschutz) vorgenommen oder mit ihr einen Beitrag zur öffentlichen Meinungsbildung geleistet hat[1226], nehmen das BVerfG und der BGH einen grundsätzlichen Vorrang der Meinungsäußerung gegenüber dem allgemeinen Persönlichkeitsrecht bzw. der Berufsausübungsfreiheit an.[1227]

  Die in einem Internetforum (z.B. **www.spickmich.de** oder **www.meinprof.de**) von Schülern bzw. Studenten (anonym) abgegebenen Bewertungen hinsichtlich ihrer Lehrer bzw. Professoren (vgl. bereits Rn 429, 436) stellen auf Eigenschaften der Lehrer bzw. Professoren ab, die sich jedenfalls auch im schulischen bzw. universitären Wirkungskreis spiegeln, und sind nach der Rspr. grds. von Art. 5 I GG gedeckt.[1228] Zivilrechtliche Unterlassungs- bzw. Widerrufsklagen gem. §§ 823, 1004 BGB sind grds. unbegründet. Lediglich, wenn die Aussagen eine Schmähung oder eine Anprangerung darstellen oder den unantastbaren Kernbereich privater Lebensgestaltung (d.h. die Intim- oder Vertraulichkeitssphäre)[1229] betreffen, ist eine Verbreitung unzulässig und eine Klage wäre begründet.[1230] Dasselbe muss man annehmen für den Fall, dass negative Bewertungen nur deshalb abgegeben werden, um sich am Lehrer wegen schlechter Notenvergabe zu rächen, oder aus allgemeinem Frust heraus.

[1221] So ausdrücklich nunmehr (aufgrund des Einflusses der Rspr. des EGMR) auch BVerfG NJW 2013, 217, 218; NJW 2012, 1500, 1501 f. (identifizierende Wortberichterstattung) und *Muckel*, JA 2012, 399 f. Vgl. auch *Glaser*, NVwZ 2012, 1432, 1434. Vgl. auch BGH NJW 2014, 768; BGH NJW 2016, 1584, 1585. Zur EMRK und zum EGMR siehe Rn 4b ff.
[1222] Vgl. BVerfGE 99, 185, 196 f. (Rufschädigende Behauptung einer Scientology-Mitgliedschaft); 93, 266, 294 („Soldaten sind Mörder"); 75, 369, 380 (Karikaturen).
[1223] BVerfG NJW-RR 2008, 200 (Junge Union vs. Scientology). Zur Anprangerung vgl. auch BVerfG NJW 2010, 1587 (Veröffentlichung eines nicht zur Veröffentlichung bestimmten Briefs) mit Bespr. v. *Dörr*, JuS 2010, 1034.
[1224] Zur Begründung, warum hier neben Art. 5 I GG auch Art. 5 III Var. 1 GG einschlägig ist, vgl. Rn 538a.
[1225] Vgl. BVerfG NJW 2012, 3712, 3713 (Bezeichnung eines Rechtsanwalts als „rechtsextrem" – dazu bereits Rn 440, aber auch Rn 517f); BVerfG NJW 2002, 3767 f. mit Bespr. v. *Hufen*, JuS 2003, 608 f.
[1226] Vgl. BVerfG NVwZ 2016, 761, 762 f. (Kachelmann).
[1227] BVerfG NVwZ 2016, 761, 762 f. (Kachelmann); NJW-RR 2008, 200 (Junge Union vs. Scientology); BVerfGE 7, 198, 212 (Lüth); 93, 266, 294 („Soldaten sind Mörder"); BGH NJW 2008, 2110, 2111 („Gen-Milch").
[1228] Vgl. OLG Köln ZUM 2008, 869, 870 ff.
[1229] Zur Sphärentheorie vgl. Rn 279.
[1230] Vgl. dazu auch OLG Dresden K&R 2015, 412, 413 ff.; BGH NJW 2012, 2345 f.; NJW 2012, 148.

Die gleichen Maßstäbe gelten auch bei **Rechtsanwalts-** bzw. **Arztbewertungen** auf Internetbewertungsportalen. Der BGH hat (hinsichtlich Arztbewertungen) entschieden, dass diese in aller Regel lediglich die Sozialsphäre betreffen. Im Bereich der Sozialsphäre müsse sich der Einzelne wegen der Wirkungen, die seine Tätigkeit hier für andere habe, von vornherein auf die Beobachtung seines Verhaltens durch eine breite Öffentlichkeit und auch auf Kritik an seinen Leistungen einstellen.[1231] Dass Bewertungen zudem **anonym** abgegeben werden können, ändere nichts an dem grundsätzlichen Vorrang der Meinungsäußerungsfreiheit. Denn die Möglichkeit zur anonymen Nutzung sei (wegen § 13 VI S. 1 TMG) dem Internet immanent.[1232] Letztlich ist diese Argumentation rechtsmethodisch angreifbar. Zwar ist es richtig, dass § 13 VI S. 1 TMG grds. das Recht auf Anonymität der Internetnutzer gewährt, bei der Abwägung zwischen den widerstreitenden Grundrechten ist aber *verfassungsrechtlich* zu argumentieren. Hinzu kommt, dass die (anonym abgegebene) Bewertung praktisch dauerhaft im Internet verbleibt, was bei der verfassungsrechtlichen Abwägung ebenfalls mit einfließen muss. Immerhin sieht der BGH in einem späteren Urteil durchaus die Missbrauchsgefahr, die mit der Möglichkeit der anonymen oder pseudonymen Bewertung verbunden ist.[1233]

Fazit: Die Meinungsäußerungsfreiheit tritt regelmäßig zurück, wenn eine **Schmähung** (Rn 286c, 440a ff., 439 ff.), **Anprangerung** (Rn 286c, 517a, d, f), **Verleumdung** oder **Formalbeleidigung** (Rn 276, 286c, 440) vorliegt.[1234] Ansonsten sind der freien Meinungsäußerung – auch und gerade anonym im Internet – aber so gut wie keine Grenzen gesetzt, auch wenn von der Äußerung eine diskreditierende, mitunter auch existenzvernichtende Wirkung ausgeht.

- Auch bei **wahren Tatsachenbehauptungen** (mit Meinungsbildungscharakter) hat das BVerfG entschieden, dass eine Regelvermutung für den Vorrang eines der widerstreitenden Rechtsgüter nicht bestehe.[1235] Daher ist auch hier eine umfassende Güterabwägung vorzunehmen, ohne dass ein Präjudiz bestünde. In einigen Fällen hat das BVerfG aber entschieden, dass grds. die Meinungsäußerungsfreiheit vorgehe; wahre Aussagen müssten i.d.R. hingenommen werden, auch wenn sie nachteilig für den Betroffenen seien.[1236] Lediglich, wenn die Aussagen die **Intim- oder Vertraulichkeitssphäre**[1237] betreffen oder eine **Anprangerung** darstellen, sei eine Verbreitung auch hier unzulässig, da hier kaum ein berechtigtes Informationsinteresse der Öffentlichkeit bestehe.[1238] Geht es indes um den Bereich des sozialen Lebens (die Sozialsphäre), können eine Berichterstattung oder eine Bewertung auf einem Internetbewertungsportal eher zulässig sein, wenn ein berechtigtes öffentliches Interesse an der Berichterstattung bzw. der Äußerung besteht. Die Meinungsäußerungsfreiheit tritt aber auch hier zurück, wenn eine wahre Äußerung einen besonderen „Persönlichkeitsschaden" anzurichten droht.[1239] 517d

- Auch bei **Boykottaufrufen** (mit Meinungsbildungscharakter) ist eine umfassende Güterabwägung vorzunehmen, wenngleich in der Rechtsprechung eine Tendenz für den Vorrang der Meinungsäußerungsfreiheit zu erkennen ist.[1240] 517e

  1. Hinsichtlich der Bezeichnung von Milchprodukten als „Gen-Milch" durch Greenpeace (Rn 517) hat der BGH entschieden, dass die Verwendung dieses Begriffs eine Meinungs-

---

[1231] BGH NJW 2015, 489, 493. Vgl. auch AG München 11.8.2015 – 161 C 7001/15.
[1232] BGH NJW 2015, 489, 493.
[1233] BGH NJW 2016, 2106, 2107 f. (Prüfungsaufwand des Providers bei Ärztebewertungen).
[1234] Vgl. BVerfGE 93, 266, 293 f.; 99, 185, 196; BVerfG NJW 2010, 1587; vgl. auch *Dörr*, JuS 2010, 1034, 1035.
[1235] BVerfG NJW 2012, 1500 ff. (identifizierende Wortberichterstattung); vgl. auch *Muckel*, JA 2012, 399 f.
[1236] BVerfG NJW 2013, 217, 218; NJW 2003, 1109, 1110; BVerfGE 99, 185, 196; BGH NJW 2008, 2110, 2111.
[1237] Zur Sphärentheorie vgl. Rn 279.
[1238] BVerfGE 34, 269, 281 ff. (Schadensersatz bei schweren Verletzungen des allg. Persönlichkeitsrechts); 99, 185, 197 (Rufschädigende Behauptung einer Scientology-Mitgliedschaft). Vgl. auch BVerfGE 119, 1, 29 ff.; BVerfG NJW 2010, 1587 f.; *Dörr*, JuS 2010, 1034, 1035.
[1239] Vgl. aus jüngerer Zeit etwa BVerfG 29.6.2016 – 1 BvR 3487/14 (Nennung des Namens des Schuldners auf einem Internetbewertungsportal und Hinweis auf dessen schleppende Zahlungsmoral seien vom Betroffenen zu dulden, da dadurch kein unverhältnismäßiger Verlust an sozialer Achtung drohe). Vgl. dazu auch Rn 284 ff.
[1240] Vgl. nur BVerfG NJW 2010, 3501 f.; BGH NJW 2016, 1584, 1585; NJW 2008, 2110, 2111; OLG Dresden K&R 2015, 590, 591 f.

äußerung sei und unter Abwägung zwischen der Schwere der damit verbundenen Beeinträchtigung des betroffenen Milchproduktehersteller und dem Gewicht der Meinungsäußerungsfreiheit der Umweltschutzorganisation den Vorrang genieße. Der Begriff „Gen-Milch" sei isoliert betrachtet substanzarm und ohne Tatsachengehalt, weil er nicht notwendigerweise darauf schließen lasse, dass die Milch selbst gentechnisch verändert sei. Aus der beanstandeten Äußerung lasse sich daher keine unwahre Tatsachenbehauptung entnehmen. Letztlich habe Greenpeace mit der beanstandeten Bezeichnung lediglich ihre Kritik an dem Milchproduktehersteller und an der Verwendung gentechnisch manipulierter Futtermittel äußern und ihre Kampagne für eine verbesserte Kennzeichnungspflicht untermauern wollen. Daher bleibe Greenpeace mit den gewählten Ausdrucksformen noch in einem Rahmen, der in einem vertretbaren Verhältnis zum sachlichen Anliegen und zu den belastenden Auswirkungen auf den Milchproduktehersteller stehe. Mögliche Fehlvorstellungen über den Zusammenhang zwischen gentechnischen Verfahren und den Produkten des Milchproduktehersteller seien hinzunehmen.[1241]

2. Auch die im Rahmen eines Landtagswahlkampfs in einem sozialen Netzwerk verbreitete „Empfehlung" eines Mitglieds der Partei Bündnis 90/Die Grünen, nicht mehr zu einem bestimmten Frisör (einem Mitglied der AfD) zu gehen, weil man bei diesem nie wisse, wo er die Schere ansetze (Rn 429), wurde von der Rechtsprechung als von der Meinungsäußerungsfreiheit gedeckt angesehen. Nach Auffassung des OLG Dresden begründet die fragliche „Empfehlung" weder einen rechtswidrigen Eingriff in den (durch Art. 14 I S. 1 GG geschützten) eingerichteten und ausgeübten Gewerbebetrieb noch eine Verletzung des (durch Art. 2 I i.V.m. 1 I GG geschützten) allgemeinen Persönlichkeitsrechts. Im öffentlichen Meinungskampf seien Boykottaufrufe, gerade wenn sie – wie vorliegend – wirtschaftlich uneigennützig seien, grds. gerechtfertigt. Die Äußerung, der von dem Boykottaufruf Betroffene sei Mitglied der AfD, sei eine wahre Tatsachenbehauptung, deren Verbreitung nicht untersagt werden könne. Auch die Äußerung, dass man bei diesem nie wisse, wo er die Schere ansetze, stelle keinen rechtswidrigen Eingriff in das Persönlichkeitsrecht dar, sondern sei als eine sarkastische und in zulässiger Form zugespitzte Äußerung im Wahlkampf zu werten.[1242]

3. Im Fall, dass ein Tierschutzverein auf seiner Internetseite ein Kreditinstitut auffordert, das Konto eines Interessenverbands der Tierzüchter zu kündigen, da dieser das tierquälerische Verhalten von Pelztierzüchtern („Nerzquälern") unterstütze (Rn 517), hat der BGH entschieden, dass die Folgen nicht außer Verhältnis zum mit dem Aufruf verfolgten Zweck stünden.[1243] Insbesondere beeinträchtige die Bezeichnung als „Nerzquäler" den Interessenverband nicht unangemessen. Zwar treffe es zu, dass mit einer öffentlichen Personalisierung des Angriffs eine Prangerwirkung verbunden sein könne, die regelmäßig in besonderem Maße in die Rechte der auf diese Weise kritisierten Person eingreife und deshalb erhöhte Anforderungen an die Rechtmäßigkeitsprüfung stelle. Eine unzulässige Prangerwirkung gegenüber dem betroffenen Interessenverband der Pelztierzüchter bestehe vorliegend jedoch nicht, da dieser (ebenfalls) nach außen auftrete und dadurch schon seit Langem der Diskussion ausgesetzt sei, ob der Umgang insbesondere mit Zuchtnerzen beanstandungswürdig sei oder nicht.[1244] Dem ist (jedenfalls im Ergebnis) zu folgen. Zwar kann man eine (unzulässige) Prangerwirkung nicht pauschal mit dem Argument verneinen, der Betroffene trete (ebenfalls) nach außen auf und sei dadurch schon seit Langem der Diskussion ausgesetzt. Im vorliegenden Fall ist eine Prangerwirkung aber deshalb nicht gegeben, weil zum einen „nur" ein Interessenverband und keine namentlich genannte Einzelperson betroffen ist, und zum anderen der verfassungsrecht-

[1241] BGH NJW 2008, 2110, 2111. Bestätigt von BVerfG NJW 2010, 3501 f.
[1242] OLG Dresden K&R 2015, 590, 591 f.
[1243] BGH NJW 2016, 1584, 1585.
[1244] BGH NJW 2016, 1584, 1585, wobei der BGH ausschließlich auf das allgemeine Persönlichkeitsrecht abstellt und den von der Berufsfreiheit geschützten Gewerbebetrieb unerwähnt lässt. Das ist für die Fallbearbeitung im juristischen Studium abzulehnen, obwohl sich dadurch im Ergebnis nichts ändert, da im vorliegenden Fall der Schutz aus Art. 12 I S. 1 GG nicht weiter reicht als derjenige aus Art. 2 I i.V.m. Art. 1 I GG.

lich verankerte Tierschutz (Art. 20a GG) gewichtig genug ist, um öffentliche Hinweise auf Missstände der vorliegenden Art zu rechtfertigen.

- Wegen ihrer Bedeutung soll näher auf die sog. **Prangerwirkung** (Rn 517a, d, e) eingegangen werden. Dabei geht es nach der vom BVerfG nicht beanstandeten zivilgerichtlichen Rechtsprechung um Fälle, in denen ein – nach Auffassung des Anprangernden – beanstandungswürdiges Verhalten des Angeprangerten einer breiteren Öffentlichkeit bekannt gemacht wird und sich dies schwerwiegend auf Ansehen und Persönlichkeitsentfaltung des Angeprangerten auswirkt. Eine Anprangerung liegt vor, wenn eine Einzelperson aus der Vielzahl derjenigen, die das vom Äußernden kritisierte Verhalten gezeigt haben, herausgehoben wird, um die Kritik des als negativ bewerteten Geschehens durch Personalisierung zu verdeutlichen.[1245] Eine Abwägung der widerstreitenden Interessen kann dann trotz der Hochrangigkeit der Meinungsäußerungsfreiheit dazu führen, dass auch eine regelmäßig zulässige Äußerung einer wahren Tatsache aus der Sozialsphäre des Betroffenen im Einzelfall mit Rücksicht auf dessen Persönlichkeitsbelange zu untersagen ist. Ein Indiz dafür, dass eine unzulässige Anprangerung gegeben ist, liegt vor, wenn sich die Äußerung abträglich auf die Ehre und/oder (vernichtend) auf das Ansehen des Betroffenen auswirkt[1246], insbesondere, wenn sie im Internet vorgenommen wird. Aber auch hier ist stets zu prüfen, ob wirklich eine Anprangerung vorliegt. **517f**

Beispiel[1247]**:** A ist niedergelassener Arzt. Eines Tages entdeckte er im Internet auf einem Arztbewertungsportal eine von einer Patientin abgegebene Bewertung seiner Person. Die Bewertung lautet: „Der eigentlich freundliche Arzt hat mir nur leider mehrere Gründe gegeben, nach der Behandlung ohne einen neuen Termin herauszurennen." Im Anschluss werden fünf Gründe aufgeführt, die die fachliche Kompetenz des Arztes doch sehr in Frage stellen. Schließlich heißt es: „Alles in allem der absolut falsche Arzt – schade." Nachdem das Bewertungsportal trotz Aufforderung durch A die Bewertung nicht gelöscht hatte, verklagte A den Portalbetreiber auf Unterlassung gem. § 1004 I S. 2 BGB wegen Verletzung seiner (beruflichen) Persönlichkeitsrechte.

Bei den fraglichen Äußerungen in der Bewertung handelt es sich nicht um Tatsachenbehauptungen, sondern um Werturteile, da die Patientin hierbei ihre Unzufriedenheit bzgl. der Behandlung durch A zum Ausdruck bringt. Zutreffend führt das AG München aus, dass ein Bewertungsportalbetreiber in den Schutzbereich der Meinungsäußerungsfreiheit einbezogen sei und die Pflicht zur Löschung von Einträgen daher seine Tätigkeit in nicht unerheblicher Weise einschränke. Geht es also um einen Löschungsanspruch, bedarf es daher einer Rechtsgrundlage, die diesen Grundrechtseingriff rechtfertigt. Einschlägig ist § 1004 I S. 2 BGB. Vorliegend sind daher – da jedenfalls nicht die Intimsphäre des A betroffen ist – im Rahmen des § 1004 I S. 2 BGB die Meinungsäußerungsfreiheit (hier: in Form der Kommunikationsfreiheit) des Portalbetreibers gem. Art. 5 I S. 1 GG mit dem Recht des A auf informationelle Selbstbestimmung gem. Art. 2 I i.V.m. 1 I GG (hier: das Recht, selbst zu bestimmen, was über ihn verbreitet wird) abzuwägen. Dabei ist zu berücksichtigen, dass A durch die Bewertung nur in seiner beruflichen Sozialsphäre berührt ist. Wie bereits bei Rn 517c ausgeführt, hat der BGH entschieden, dass im Bereich der Sozialsphäre sich der Einzelne wegen der Wirkungen, die seine Tätigkeit hier für andere habe, von vornherein auf die Beobachtung seines Verhaltens durch eine breite Öffentlichkeit und auch auf Kritik an seinen Leistungen einstellen müsse.[1248] Dass Bewertungen zudem i.d.R. anonym abgegeben würden, ändere nichts an dem grundsätzlichen Vorrang der Meinungsäußerungsfreiheit.[1249] Lediglich im Fall von schwerwiegenden Auswirkungen auf das Persönlichkeitsrecht, etwa bei Stigmatisierung, sozialer

---

[1245] Vgl. etwa BVerfG NJW 2010, 1587, 1588; BGH NJW 2016, 1584, 1588.
[1246] Freilich ist das BVerfG bei der Annahme einer Anprangerung (zugunsten der freien Rede) ebenso zurückhaltend wie bei der Annahme von Schmähkritik; vgl. etwa BVerfG NJW 2012, 3712, 3713 f., wo sich ein Rechtsanwalt die in einem Internetforum getätigte Bezeichnung als „rechtsextrem" gefallen lassen musste – dazu Rn 440. Vgl. auch BVerfG NJW 2013, 3021, 3022 (Bezeichnung einer Rechtsanwaltskanzlei als „Winkeladvokatur" keine Schmähkritik).
[1247] In Anlehnung an AG München 11.8.2015 – 161 C 7001/15.
[1248] BGH NJW 2015, 489, 493. Vgl. auch AG München 11.8.2015 – 161 C 7001/15.
[1249] BGH NJW 2015, 489, 493.

Ausgrenzung oder wenn jemand dadurch an den Pranger gestellt werde, überwiege das Persönlichkeitsrecht.[1250] Das alles sei im vorliegenden Fall nicht gegeben. Die Klage des A sei daher unbegründet.[1251]

517g ▪ **Erwiesen unwahre Tatsachen** (etwa die Leugnung des Holocaust) sind demgegenüber schon gar nicht vom Schutzbereich des Art. 5 I GG erfasst[1252] (siehe Rn 435).

517h ▪ Geht es um meinungsbildende Tatsachenbehauptungen, die **weder dem Bereich „eindeutig erwiesen" noch dem Bereich „eindeutig widerlegt"** zuzuordnen sind, sind diese zwar grds. von der Meinungsäußerungsfreiheit gedeckt, jedoch muss bei der Frage nach der Vereinbarkeit mit den konfligierenden Grundrechten Dritter (insbesondere dem allgemeinen Persönlichkeitsrecht des von der Äußerung negativ Betroffenen) berücksichtigt werden, dass der Äußernde – gerade, weil die Behauptung nicht erwiesen ist – erhöhte Sorgfaltspflichten bei der Recherche hat. Je schwerwiegender die aufgestellte Behauptung in das Persönlichkeitsrecht des Betroffenen eingreift, desto höher sind die Anforderungen an die Erfüllung der Pflicht zur sorgfältigen Recherche.[1253] Gegebenenfalls hat der Äußernde darauf hinzuweisen, dass seine Behauptung auf ungesicherter Tatsachenbasis beruht.[1254] Das gilt auch und gerade für die sog. „**Verdachtsberichterstattung**" durch die Presse[1255] (siehe dazu Rn 272). Das Risiko der Nichterweislichkeit einer rufschädigenden Äußerung muss (entgegen der Grundlinie des BVerfG) der Äußernde tragen. Siehe hierzu insgesamt bereits Rn 436.

Vgl. dazu auch den vom EGMR entschiedenen Fall, bei dem es darum ging, dass einer (ehemaligen) Richterin von einer Journalistin öffentlich „obskure Beziehungen zur Verbrecherwelt" nachgesagt worden waren. Der EGMR stellt zunächst fest, dass auch eine solche Behauptung vom Schutzbereich des Art. 10 I EMRK erfasst sei und dass im Rahmen der Schrankenregelung des Art. 10 II EMRK die widerstreitenden Interessen (Pressefreiheit der Journalistin sowie Informationsinteresse der Bevölkerung auf der einen Seite; allgemeines Persönlichkeitsrecht der betroffenen Richterin auf der anderen Seite) gegeneinander abgewogen werden müssten, wobei die Schrankenregelung des Art. 10 II EMRK aber eng auszulegen sei.[1256] Da allerdings die Behauptung nicht auf bewiesenen Tatsachen beruhte und die Journalistin zudem weder genau noch sorgfältig recherchierte, überwog letztlich das Persönlichkeitsrecht (vgl. Art. 8 EMRK) der Richterin.[1257] Art. 10 I EMRK war daher nicht verletzt.[1258]

517i ▪ Geht es um die **Veröffentlichung von Fotos Prominenter** (und anderer Personen der Zeitgeschichte), muss ebenfalls eine Interessenabwägung stattfinden, und zwar zwischen der Pressefreiheit des Journalisten bzw. dem Informationsinteresse der Öffentlichkeit einerseits und dem Interesse des Abgebildeten an dem Schutz seiner Privatsphäre andererseits. Als Faustformel lässt sich sagen: Je stärker sich die betreffende Person der Zeitgeschichte bewusst der Medienöffentlichkeit aussetzt, desto eher muss sie jedenfalls eine Wortberichterstattung dulden (dazu näher Rn 284 ff.). Hinsichtlich einer Bildveröffentlichung ist die Rechtsprechung etwas zurückhaltender, lässt sie aber wiederum in großzügiger Weise zu, sofern sie nicht den Schwerpunkt des Artikels ausmacht, sondern dieser darin besteht, allgemein über ein Thema, bei dem ein Informationsinteresse besteht, zu informieren.[1259] Geht es um Fotos von Kindern Prominenter, genießt der Bildnis-

---

[1250] BGH NJW 2015, 489, 493. Vgl. auch AG München 11.8.2015 – 161 C 7001/15.
[1251] AG München 11.8.2015 – 161 C 7001/15.
[1252] BVerfGE 99, 185, 196 f.; 90, 241, 247 (Judenverfolgung/Leugnung des Holocaust); 85, 1, 15 (Kritische Bayer-Aktionäre); BGHZ 90, 113, 116.
[1253] BVerfG 28.6.2016 – 1 BvR 3388/14.
[1254] BVerfG 28.6.2016 – 1 BvR 3388/14 (Nichterweislichkeit einer Tatsachenbehauptung).
[1255] BGH NJW 2014, 2029, 2031 (Persönlichkeitsrechtsverletzung im Internet).
[1256] EGMR NJW 2016, 1373, 1376.
[1257] Zum Einfluss der EMRK auf die nationale Rechtsordnung vgl. bereits Rn 4b ff. sowie sogleich Rn 518a.
[1258] Vgl. aber auch EGMR 13.1.2015 - 34447/05 („Diebe in der Justiz"), wo der EGMR von einer sorgfältig und verantwortlich recherchierten Verdachtsberichterstattung ausging und (daher) einen Verstoß gegen Art. 10 I EMRK annahm.
[1259] BVerfG NJW 2012, 756 f. Vgl. auch EGMR NJW 2014, 3291 ff. (in Bezug auf eine Abwägung zwischen den Rechten aus Art. 8 EMRK und denen aus Art. 10 EMRK).

schutz wegen des umfassenden Schutzes von Minderjährigen jedoch grds. Vorrang vor der Pressefreiheit.[1260]

- Hinsichtlich der Schadensersatzklage des Vaters des Amokschützen von Winnenden wegen Veröffentlichung eines nicht ausreichend verpixelten Fotos hat das OLG Stuttgart unter Anwendung des aufgezeigten abgestuften Schutzkonzepts entschieden, dass bei der Abwägung insbesondere zu berücksichtigen sei, dass die Berichterstattung über eine Straftat, die zum Zeitgeschehen gehöre, ureigene Aufgabe der Medien sei. Die Verletzung der Rechtsordnung und die Beeinträchtigung individueller Rechtsgüter, die Sympathie mit den Opfern, die Furcht vor Wiederholungen solcher Straftaten und das Bestreben, dem vorzubeugen, begründeten grundsätzlich ein anzuerkennendes Interesse der Öffentlichkeit an näherer Information über Tat und Täter. Dieses Interesse werde umso stärker sein, je mehr sich die Tat in Begehungsweise und Schwere von der gewöhnlichen Kriminalität abhebt. Auf der anderen Seite sei zu berücksichtigen, dass eine den Täter identifizierende Bildberichterstattung einen erheblichen Eingriff in dessen Persönlichkeitssphäre darstelle. Ein Überwiegen des Informationsinteresses der Öffentlichkeit sei aber letztlich anzunehmen, weil ein Strafverfahren gegen den Kläger geführt wurde, nachdem dieser schuldhaft eine entscheidende Ursache für die Taten seines Sohnes dadurch gesetzt hatte, dass er die in seinem Besitz befindlichen Waffen nicht ausreichend sorgfältig weggeschlossen hatte.[1261] 518

Schließlich ist zu beachten, dass die Gewährleistungen der **EMRK** stets mit zu berücksichtigen sind (vgl. dazu Rn 4b ff./517h).[1262] Geht es z.B. um eine Kollision widerstreitender Rechtsgüter, ist nicht nur eine Grundrechtsprüfung i.S. der bei Rn 517b/517h dargestellten praktischen Konkordanz vorzunehmen, sondern es sind auch die jeweiligen Positionen der EMRK in die Abwägung mit einzubeziehen. 518a

Beispiel[1263]**:** K verteilte vor einer Tagesklinik, die u.a. Schwangerschaftsabbrüche durchführt, Flugblätter. Auf der ersten Seite der Flugblätter stand in Fettbuchstaben, dass die Klinik der beiden behandelnden Ärzte, deren vollständige Namen genannt wurden, „rechtswidrige Abtreibungen" durchführe. Darunter wurde in kleinerer Schriftgröße ausgeführt, dass diese vom deutschen Gesetzgeber „erlaubt und nicht unter Strafe" gestellt seien. Die Rückseite des Flugblattes enthielt folgenden Satz: „Die Ermordung der Menschen in Auschwitz war rechtswidrig, aber der moralisch verkommene NS-Staat hatte den Mord an den unschuldigen Menschen erlaubt und nicht unter Strafe gestellt." Die Flugblätter verwiesen außerdem auf die Internetseite des K, die in einer Adressliste von „Abtreibungsärzten" die vollständigen Namen der beiden behandelnden Ärzte der Tagesklinik aufführte.

Gestützt auf § 1004 I S. 2 BGB wurde K von den deutschen Zivilgerichten verurteilt, es zu unterlassen, in der Nähe der Tagesklinik Flugblätter gegen Abtreibung zu verteilen und die Namen der behandelnden Ärzte auf seiner Internetseite zu nennen. Mit der Individualbeschwerde gem. Art. 34 EMRK machte K vor dem EGMR geltend, dass das von den deutschen Gerichten verhängte Verbot der Verbreitung der Flugblätter und der Nennung der Namen der Ärzte auf seiner Internetseite sein Recht auf freie Meinungsäußerung gem. Art. 10 I EMRK verletzt habe.

Der EGMR gab der Beschwerde statt. Die deutschen Gerichte hätten es versäumt, einen gerechten Ausgleich zwischen dem Recht des Beschwerdeführers auf Meinungsäußerungsfreiheit (Art. 10 I EMRK) und dem Persönlichkeitsrecht der Ärzte (Art. 8 EMRK) herzustellen.[1264]

[1260] BVerfG NJW 2011, 740 f.; NJW 2012, 756 f.; OLG Hamburg NJW 2009, 87, 88.
[1261] OLG Stuttgart AfP 2014, 352 ff.
[1262] Vgl. dazu EGMR NJW 2014, 3291 ff. Erfreulicherweise ist auch der BGH dazu übergegangen, den Einfluss der EMRK auf die nationale Rechtsordnung stärker zu betonen, vgl. BGH NJW 2015, 489 ff. Vgl. auch EGMR NJW 2016, 1867, 1869.
[1263] Nach EGMR NJW 2016, 1867 ff. (Annen/Deutschland).
[1264] Zum Ausgleich zwischen Art. 10 I EMRK und Art. 8 EMRK vgl. bereits Rn 517h.

5. Zensurverbot

519 Eine spezielle Schranken-Schranke bildet das Zensurverbot (Art. 5 I S. 3 GG). Danach kann das Zensurverbot auch nicht durch ein beschränkendes Gesetz i.S.d. Art. 5 II GG durchbrochen werden. Zu beachten ist, dass mit Zensur nur die **Vorzensur** gemeint ist, d.h. ein präventives Verfahren, vor dessen Abschluss ein Werk noch nicht veröffentlicht werden darf[1265] („präventives Verbot mit Erlaubnisvorbehalt"). Vorbeugende Kontroll- und Überwachungsmaßnahmen sind also grundsätzlich nicht statthaft. Daran ändert auch das Bedürfnis nach Ehrschutz nichts. Zugunsten des Jugendschutzes müssen aber auch (vorbeugende) Kontroll- und Überwachungsmaßnahmen möglich sein. *Nachträgliche* Kontroll- und Repressionsmaßnahmen sind indes von vornherein nicht vom Zensurverbot des Art. 5 I S. 3 GG erfasst, sie müssen jedoch selbstverständlich dem Gesetzesvorbehalt des Art. 5 II GG gerecht werden.

III. Konkurrenzen

520 Im Anwendungsbereich der **Pressefreiheit** ist ein Rückgriff auf die **Meinungsäußerungsfreiheit** ausgeschlossen (Rn 461). Dagegen steht die **Informationsfreiheit** stets selbstständig neben der Meinungsäußerungsfreiheit (und der Pressefreiheit). Die **Rundfunkfreiheit** erfasst nicht die Meinungsäußerungen der Redakteure im Fernsehen oder im Radio; insoweit ist die Meinungsäußerungsfreiheit einschlägig. Für den Empfänger von Rundfunksendungen ist die **Informationsfreiheit** einschlägig, nicht die Rundfunkfreiheit. Zum Verhältnis zwischen Meinungsäußerungsfreiheit und **Versammlungsfreiheit** vgl. Rn 671, zum Verhältnis zwischen Meinungsäußerungsfreiheit und **Glaubensfreiheit** vgl. Rn 408 und zum Verhältnis zwischen Meinungsäußerungsfreiheit und **Kunstfreiheit** vgl. Rn 538a.

[1265] BVerfGE 33, 52 , 71 ff. (Verbringungsgesetz); 87, 209, 230 (Einziehung einer Videokassette).

H. Kunst- und Wissenschaftsfreiheit – Art. 5 III GG

I. Kunstfreiheit – Art. 5 III S. 1 Var. 1 GG

Kunstfreiheit – Art. 5 III S. 1 Var. 1 GG

I. Schutzbereich der Kunstfreiheit

Dem Wesen der Kunst widerspricht es eigentlich, den Begriff der Kunst zu definieren. Eine Definition ist aber für die Rechtsanwendung unerlässlich.

- Kunst kann zunächst material bestimmt werden (sog. **materialer Kunstbegriff**). Danach ist jede künstlerische Betätigung als freie schöpferische Gestaltung, in der Eindrücke, Erfahrungen, Erlebnisse des Künstlers durch das Medium einer bestimmten Formensprache zum Ausdruck gebracht werden, erfasst.
- Des Weiteren kann Kunst formal bestimmt werden. Danach liegt Kunst vor, wenn das Wesentliche des betreffenden Werks einem bestimmten Werktyp (Malerei, Musik, Bildhauerei, Dichtung, Schauspiel etc.) zugeordnet werden kann (sog. **formaler Kunstbegriff**).
- Ein dritter Definitionsversuch sieht das kennzeichnende Merkmal einer künstlerischen Betätigung darin, dass es wegen der Mannigfaltigkeit des Aussagegehalts möglich sei, der Darstellung im Wege einer fortgesetzten Interpretation immer weit reichendere Bedeutungen zu entnehmen, sodass sich eine praktisch unerschöpfliche, vielstufige Informationsvermittlung ergebe (sog. **offener Kunstbegriff**).

Unerheblich ist, welches Niveau das Objekt hat. Insbesondere spielt es keine Rolle, ob das Objekt als künstlerisch hochwertig oder als profan angesehen wird. Auch Pornographie ist dem Kunstbegriff nicht abträglich. Gleiches gilt für anstößige oder unästhetische Objekte oder aggressive Äußerungen über Personen, z.B. in einer Satire, Karikatur, Parodie (Persiflage) oder in Pop-Songs. Die Kunstfreiheit endet aber dort, wo nur gelegentlich einer künstlerischen Betätigung eigenmächtig Rechte anderer verletzt werden. In diesen Fällen ist nach der Rechtsprechung des BVerfG bereits der **Schutzbereich** des Art. 5 III S. 1 Var. 1 **nicht eröffnet**.

Zum geschützten Verhalten gehört zunächst die künstlerische Tätigkeit selbst, der sog. **Werkbereich**. Die Kunstfreiheit schützt aber auch die Darbietung und Verbreitung des Werks an Dritte, den sog. **Wirkbereich**. So hat das BVerfG den Schutz der Kunstfreiheit auf den Verleger eines Romans, den Hersteller von Schallplatten und den „Abspieler" von Schallplatten erstreckt. Auch die Werbung für ein Kunstwerk wird geschützt.

Träger des Grundrechts ist nicht nur derjenige, der das Kunstwerk herstellt, sondern – in Übereinstimmung mit dem geschützten Wirkbereich – auch derjenige, der das Kunstwerk verbreitet, etwa ein Verleger oder ein Filmproduzent. Die Kunstfreiheit ist auch auf juristische Personen oder andere Personenmehrheiten anwendbar. Auch Kunst- und Musikhochschulen sowie die in staatlichen Kunsteinrichtungen künstlerisch tätigen Personen können sich auf die Kunstfreiheit berufen.

II. Eingriff in den Schutzbereich

Die Kunstfreiheit wird beeinträchtigt, wenn der Staat den Künstler im **Werk- oder Wirkbereich behindert**, etwa durch Verbote, strafrechtliche oder andere Sanktionen.

Wo jedoch schon der Schutzbereich aufgrund eigenmächtigen Eingreifens in die Rechte Dritter als nicht eröffnet angesehen wird (s.o.), ist kein Eingriff denkbar.

III. Verfassungsrechtliche Rechtfertigung

Nach inzwischen einhelliger Meinung wird das Grundrecht der Kunstfreiheit (und der Wissenschaftsfreiheit) nicht durch den Schrankenvorbehalt des Art. 5 II GG tangiert. Die Kunstfreiheit unterliegt allein den **verfassungsimmanenten Schranken** durch Grundrechte Dritter und andere wichtige Güter von Verfassungsrang. Vgl. dazu ausführlich die Ausführungen bei Rn 193 (Rechtfertigung durch kollidierendes Verfassungsrecht) und den dort gegebenen Beispielsfall. Es ist daher stets eine **Abwägung** zwischen dem Grundrecht auf Kunstfreiheit und dem kollidierenden Grundrecht oder sonstigem wichtigen Rechtsgut mit Verfassungsrang vorzunehmen. Dabei genießt der Wirkbereich einen geringeren Schutz als der Werkbereich.

1. Schutzbereich

521 Dem Wesen der Kunst widerspricht es, sie zu definieren. Für die Rechtsanwendung ist eine Definition aber unerlässlich.[1266] Im sog. Mephisto-Beschluss hat das BVerfG die Kunst als „freie schöpferische Gestaltung, in der Eindrücke, Erlebnisse des Künstlers durch das Medium einer bestimmten Formensprache zur unmittelbaren Anschauung gebracht werden"[1267], definiert („materialer Kunstbegriff"). In späteren Entscheidungen unterstreicht das Gericht zwar die Unmöglichkeit, Kunst (zweifelsfrei) zu definieren[1268] („offener Kunstbegriff"), verwendet aber mehrere Kunstbegriffe nebeneinander[1269]:

- Kunst kann material bestimmt werden („**materialer Kunstbegriff**"). Danach ist jede künstlerische Betätigung erfasst, die als freie schöpferische Gestaltung, in der Eindrücke, Erfahrungen, Erlebnisse des Künstlers durch das Medium einer bestimmten Formensprache zum Ausdruck gebracht werden (BVerfG a.a.O.).
- Kunst kann formal bestimmt werden. Danach liegt Kunst vor, wenn das Wesentliche des betreffenden Werks einem bestimmten Werktyp (Malerei, Musik, Bildhauerei, Dichtung, Schauspiel etc.) zugeordnet werden kann („**formaler Kunstbegriff**", BVerfG a.a.O.).
- Ein dritter Ansatz sieht das kennzeichnende Merkmal einer künstlerischen Betätigung darin, dass es wegen der Mannigfaltigkeit des Aussagegehalts möglich sei, der Darstellung im Wege einer fortgesetzten Interpretation immer weit reichendere Bedeutungen zu entnehmen, sodass sich eine praktisch unerschöpfliche, vielstufige Informationsvermittlung ergebe („**offener Kunstbegriff**").[1270]

522 Keiner der genannten Definitionsversuche bietet jeweils zuverlässige und abschließende Kriterien. Der materiale Kunstbegriff ist unpräzise. Der formale Kunstbegriff ist zu eng, da das Bestreben moderner Kunst gerade darin besteht, neue Erscheinungsformen der Kunst zu entwickeln, die gerade noch nicht einem bestimmten Werktyp zugeordnet sind. Der formale Kunstbegriff hilft also lediglich dann weiter, wenn ein bestimmtes Werk einem bereits bekannten Werktyp zugeordnet werden kann. Der offene Kunstbegriff lässt zwar vielfältige Interpretationsmöglichkeiten zu und wirkt einem **„staatlichen Kunstrichtertum"** entgegen, leidet aber daran, dass ihm zufolge nicht stets eine Beurteilung möglich ist, eine solche für die Rechtsanwendung aber unerlässlich ist.

523 Um staatliches Kunstrichtertum auszuschließen, bietet es sich an, auf eine Gesamtschau der genannten Definitionsversuche abzustellen und Kunst **weit** zu verstehen[1271], was für die Betonung des materialen Kunstbegriffs spricht.

524 **Unerheblich** ist, welches **Niveau** das Objekt hat.[1272] Grundsätzlich spielt es keine Rolle, ob das Objekt als künstlerisch hochwertig oder als profan angesehen wird, sarkastisch, zynisch, geschmacklos oder obszön ist. Einer Bewertung der „Höhe" der Kunst hat sich der Staat zu enthalten. Kunst ist einer staatlichen Stil- und Niveaukontrolle nicht zugänglich.[1273] Daher kann auch Pornographie Kunst sein.[1274] Gleiches gilt für

---

[1266] Vgl. BGH NJW 1975, 1882, 1884.
[1267] BVerfGE 30, 173, 189 (Mephisto). Bestätigt in BVerfGE 67, 213, 225 f. (Anachronistischer Zug). Vgl. auch BFH NJW 2016, 831, 832 (Hochzeits- und Trauerredner als ausübender Künstler) – mit Bespr.v. *Muckel*, JA 2016, 637.
[1268] BVerfG NJW 2001, 596 (Verunglimpfung des Staates); BVerfGE 67, 213, 225 f. (Anachronistischer Zug).
[1269] Darstellung der drei Kunstbegriffe nach *P/S/K/P*, Rn 660. Vgl. auch *Muckel*, JA 2016, 637, 638.
[1270] BVerfGE 67, 213, 225 f. (Anachronistischer Zug); 81, 278, 291 ff. (Verunglimpfung der Bundesflagge). Vgl. auch AG Kassel NJW 2014, 901, 802 („Hitlergruß" bei Kunstperformance).
[1271] So auch BVerfGE 119, 1, 23 (Roman Esra); AG Kassel NJW 2014, 901, 802 („Hitlergruß" bei Kunstperformance).
[1272] BVerfG NJW 2001, 596, 597 (Verunglimpfung des Staates); BVerfGE 81, 298, 305 (Verunglimpfung der Nationalhymne); 81, 278, 289 (Verunglimpfung der Bundesflagge); vgl. auch BGH NJW 2001, 603, 604 (K´s Mattscheibe) mit Bespr. v. *v. Becker*, NJW 2001, 583 ff.
[1273] BVerfG NJW 2001, 596, 597 (Verunglimpfung des Staates); BVerfGE 81, 278, 291 (Verunglimpfung der Bundesflagge). Vgl. auch BGH NJW 2001, 603, 605 (K´s Mattscheibe); *v. Becker*, NJW 2001, 583, 584; *Michael*, JuS 2001, 654, 659; *Hufen*, JuS 2001, 700.
[1274] Vgl. BVerfGE 83, 130, 138, 147 ff. („Josefine Mutzenbacher"); BGHSt 37, 55, 58 („Opus Pistorum").

anstößige oder unästhetische Objekte[1275] oder aggressive bzw. anstößige oder gar abfällige und verunglimpfende Äußerungen über Personen, bspw. in einer Satire, Karikatur, Parodie (Persiflage) oder einem Pop-Song[1276].

- **Satire** ist die offene – oft boshafte und geschmacklose – Bloßstellung eines Gegenstands oder einer Person mit dem Ziel, diese(n) der Lächerlichkeit preiszugeben. Da jedoch nicht jede Satire zwingend Kunst darstellt, ist Satire, die ausnahmsweise nicht Kunst ist, der Meinungsäußerungsfreiheit des Art. 5 I S. 1 Var. 1 GG zuzuordnen.[1277] Dann entscheidet über die Zulässigkeit der Schrankenvorbehalt in Art. 5 II GG.
- Die **Karikatur** ist sozusagen die Satire mit graphischen Mitteln.
- Die **Parodie** (**Persiflage**) hingegen bedient sich eines bestehenden Werkes, indem sie dieses in ein antithematisches Umfeld stellt und dadurch eine neue – oft künstlerische – Aussage hervorbringt. Die Parodie soll zum einen an ein bestehendes Werk erinnern, von dem sie sich wahrnehmbar unterscheiden muss, und zum anderen einen Ausdruck von Humor vermitteln oder eine Verspottung darstellen.[1278]
- Eine **Performance** ist eine Leistung, Darbietung oder Aufführung eines Darstellers oder einer Gruppe von Darstellern, in der in einer bestimmten Art und Weise eine Botschaft oder eine Nachricht kommuniziert werden soll. Chormusik und Ballett sind bekannte Beispiele. Aber auch die genannten Kunstformen Satire, Karikatur und Parodie können ebenso Gegenstand oder Teil einer Kunstperformance sein wie eine Inszenierung.
- Ein **Happening** ist eine Art Aktionskunst. Im Rahmen eines Ereignisses werden zuvor eingeweihte Personen oder auch das (nichtsahnende) Publikum in die Aktion einbezogen. Beispiele sind das Bewerfen mit Ekel erregenden Substanzen oder das Beschädigen oder Zerstören von Gegenständen. Die unterschiedlichen Reaktionen innerhalb des Publikums sind Bestandteil des Happenings.

Die Übergänge zwischen diesen Erscheinungsformen sind oft fließend. So kann sich die **525** Satire auf Kunstwerke, aber auch auf reale Sachverhalte oder Personen beziehen, die Parodie i.d.R. nur auf Kunstwerke. Allen Erscheinungsformen gemeinsam ist aber, dass sie sich auf einen urheberrechtlich geschützten Gegenstand beziehen können, was u.U. die Einwilligung des Urheberrechtsinhabers bzw. des Berechtigten erforderlich macht. Bei fehlender, aber erforderlicher Einwilligung kann es sich mithin um eine unfreie Benutzung gem. § 24 UrhG handeln, was Unterlassungs- und Schadensersatzansprüche nach sich ziehen kann. Umgekehrt besitzen auch Satiren, Karikaturen und Parodien die grundsätzliche Fähigkeit, als urheberrechtlich geschützte Leistung angesehen zu werden. Daher kommt es regelmäßig zu Konflikten, die Gegenstand zahlreicher gerichtlicher Auseinandersetzungen sind. Aufgabe der Gerichte ist dann, die widerstreitenden Interessen in ein Verhältnis praktischer Konkordanz zu bringen. Wie dies geschieht, wird im Folgenden anhand einer Darstellung aktueller Entscheidungen gezeigt.

Kunstfreiheit bedeutet schließlich, dass der rechtlichen Würdigung von mehreren mögli- **526** chen Interpretationen eines Kunstwerks diejenige zugrunde zu legen ist, in der das Kunstwerk fremde Rechte oder Allgemeininteressen nicht beeinträchtigt.[1279]

Beispiele:

(1) Eine Punkrockgruppe, die ein Lied mit der Bezeichnung „Deutschland muss sterben, damit wir leben können" komponiert und verbreitet, verstößt nicht notwendigerweise gegen § 90a StGB. Denn im Lichte des Art. 5 III S. 1 GG darf der Schutz des Staates

---

[1275] LG Düsseldorf NJW 1988, 345 („Fettecke").
[1276] Vgl. *v. Becker*, NJW 2001, 583, dessen Beitrag auch die nachfolgenden Definitionen entnommen sind.
[1277] Vgl. BVerfG NJW 2002, 3767 f. mit Bespr. v. *Hufen*, JuS 2003, 608 f.; BGHZ 156, 206 ff.
[1278] EuGH EuGRZ 2014, 536, 537 f.
[1279] Vgl. BVerfG NJW 2002, 3767 f. BVerfG NJW 2001, 596, 597 (Verunglimpfung des Staates); BVerfGE 67, 213, 230 (Anachronistischer Zug); 81, 298, 307 (Verunglimpfung der Nationalhymne).

und seiner Symbole nach § 90a StGB nicht zu einer „Immunisierung" des Staates gegen Kritik und selbst gegen Ablehnung führen. Vielmehr bedarf es einer einzelfallbezogenen Abwägung der widerstreitenden Verfassungsrechtsgüter.[1280]

(2) Ein Roman, der sich mit dem Intimleben tatsächlich existierender Vorbilder befasst, kann auch dann Kunst sein, wenn er dabei eine Vielzahl von Details aus dem Leben der realen Personen aufgreift, die eine Identifizierung der Betroffenen zulassen. Das gilt jedenfalls dann, wenn für den Leser nicht erkennbar ist, wo tatsächlich reale Gesichtspunkte realer Figuren beschrieben werden und wo dies nicht der Fall ist und die Fiktion beginnt. Vgl. dazu auch Rn 536 (Bsp. 1).

(3) Eine Collage, bei der ein Mann auf die anlässlich eines Gelöbnisses von Bundeswehrsoldaten gezeigte Bundesflagge uriniert (vgl. § 90a I Nr. 2 StGB), muss nicht den Staat und die verfassungsmäßige Ordnung angreifen, sondern kann als Satire lediglich dem Militärdienst und den militärischen Einrichtungen gelten.[1281]

(4) Auch eine satirische Nachdichtung der Nationalhymne muss diese nicht der Lächerlichkeit preisgeben, sondern kann Widersprüche zwischen Anspruch und Wirklichkeit anprangern und dabei den Idealen der Nationalhymne gerade verpflichtet sein.[1282]

(5) Selbst das Zeigen des „Hitlergrußes" kann als Bestandteil einer geschützten Kunstperformance den Schutz des Art. 5 III S. 1 Var. 1 GG genießen. Der in Betracht zu ziehende Straftatbestand des § 86a I, II StGB ist dann (wegen § 86a III i.V.m. 86 III StGB) zu verneinen, wenn der Künstler sich nicht mit dem NS-Regime identifiziert, sondern den „Hitlergruß" satirisch zeigt, um ihn bewusst zu enttabuisieren und eine inhaltliche Auseinandersetzung mit ihm herbeizuführen.[1283]

527 Die Kunstfreiheit endet aber dort, wo nur gelegentlich einer künstlerischen Betätigung eigenmächtig Rechte anderer verletzt werden (sog. „**Unfriedlichkeit der Kunst**").

Beispiele:

(1) Wer Bauwerke oder Bahnwaggons mit Farbe besprüht (Graffiti), kann sich im Ergebnis nicht auf Kunstfreiheit berufen. Denn deren Reichweite erstreckt sich nicht auf die eigenmächtige Inanspruchnahme oder Beeinträchtigung fremden Eigentums zum Zwecke der künstlerischen Entfaltung (sei es im Werk- oder Wirkbereich der Kunst).[1284] Überdies enthält das Eigentumsgrundrecht (Art. 14 GG) gleichfalls eine Verbürgung von Freiheit; nach den vom Grundgesetz getroffenen Wertungen steht es nicht prinzipiell hinter der Freiheit der Kunst zurück. Kunst kann sich auch ohne Beschädigung fremden Eigentums entfalten.[1285]

(2) Auch wenn ein Bildhauer sexuelle Handlungen an einem unter 14 Jahre alten Modell vornimmt, ist dieses Verhalten selbstverständlich nicht mehr von der Kunstfreiheit umfasst. Gleiches gilt für einen Totschlag auf der Bühne (siehe Rn 126).

(3) Wenn jemand ein „Happening" veranstaltet, indem er die Verkehrsregelungsanlage einer vielbefahrenen Kreuzung (durch Computerhack) derart manipuliert, dass „per Mausklick" aus allen Richtungen kommende Fahrzeug „grün" erhalten und kollidieren, kann er sich ebenfalls nicht auf die Kunstfreiheit berufen (siehe Rn 126).

528 Hier kann allein fraglich sein, ob bereits eine **Schutzbereichsbegrenzung** angenommen werden sollte oder ob die Kunstfreiheit auf der Ebene der verfassungsrechtlichen Rechtfertigung im Rahmen einer **Abwägung** mit dem kollidierenden Verfassungsgut zurücktritt. Eine ausdrückliche Schutzbereichsbegrenzung unter dem Aspekt der Unfriedlichkeit hat das Grundgesetz in Art. 8 I GG vorgenommen, was die Frage aufwirft, ob ein (ungeschriebener) Friedlichkeitsvorbehalt auch bei Art. 5 III GG angenommen

---

[1280] BVerfG NJW 2001, 596, 597 (Verunglimpfung des Staates).
[1281] BVerfGE 81, 278, 294 (Verunglimpfung der Bundesflagge).
[1282] BVerfGE 81, 298, 306 f. (Verunglimpfung der Nationalhymne).
[1283] AG Kassel NJW 2014, 801 ff.; *Muckel*, JA 2014, 479 f.; *Hufen*, JuS 2014, 855.
[1284] BVerfG NJW 1984, 1293, 1294 („Sprayer von Zürich"); *P/S/K/P*, Rn 665.
[1285] BVerfG NJW 1984, 1293, 1294.

werden kann. Jedoch wird man das mit folgender Überlegung verneinen müssen: Hätte der Verfassungsgeber gewollt, dass auch die „unfriedliche" Kunst aus dem Schutzbereich der Kunstfreiheit herausgehalten werden sollte, hätte er dies mit einer entsprechenden Formulierung im Verfassungstext zum Ausdruck gebracht (*argumentum e contrario* – Umkehrschluss)[1286]. Zudem dürfte es gerade erst eine Frage der Güterabwägung sein, inwiefern kollidierende Rechte von Verfassungsrang hinter der Kunstfreiheit zurücktreten müssen. Schließt man sich diesem Gedanken an, kommt eine Annahme eines (ungeschriebenen) Friedlichkeitsvorbehalt bei Art. 5 III GG nicht in Betracht. Zur Bewertung vgl. auch Rn 130 f.

Hinweis für die Fallbearbeitung: Selbstverständlich ist es dem Fallbearbeiter unbenommen, die „unfriedliche" Kunst entweder bereits aus dem Schutzbereich des Art. 5 III GG herauszuhalten oder aber im Rahmen der auf der Ebene der verfassungsrechtlichen Rechtfertigung zu prüfenden Güterabwägung hinter dem kollidierenden Verfassungsgut zurücktreten zu lassen, solange nur ein vertretbares Ergebnis erzielt wird. Gerade aber die Güterabwägung ist es, die zu einer differenzierten Bewertung der Arbeit führt. Im Zweifel sollte der Schutzbereich großzügig gehandhabt werden, denn nur die Bejahung des Schutzbereichs lässt die Behandlung weiterer, auf der Ebene des Eingriffs bzw. der verfassungsrechtlichen Rechtfertigung zu diskutierenden Probleme zu. Die Grenze liegt allerdings dort, wo abwegige Ergebnisse erzielt würden. 529

Geschütztes Verhalten: Zum geschützten Verhalten gehört zunächst die künstlerische Tätigkeit selbst, der sog. **Werkbereich**. Die Kunstfreiheit schützt aber auch die Darbietung und Verbreitung des Werks an Dritte, den sog. **Wirkbereich**.[1287] So hat das BVerfG den Schutz der Kunstfreiheit auch auf den Verleger eines Romans[1288] oder eines Theaterstücks[1289], auf den Hersteller von Schallplatten[1290] und den „Abspieler" einer Musikkassette, deren Inhalt als Kunst eingestuft wurde[1291], erstreckt. Auch die Werbung für ein Kunstwerk wird geschützt.[1292] Die reine wirtschaftliche Verwertung des Kunstobjekts (also die Einnahmeerzielung) wird dagegen nicht von Art. 5 III GG geschützt; insoweit sind andere Grundrechte (etwa Art. 14 I, 12 I, 2 I GG) einschlägig.[1293] Da Berufsschutz und Eigentumsschutz aber weniger stark ausgeprägt sind als der Schutz der Kunstfreiheit[1294], sind Eingriffe in die wirtschaftliche Verwertung eher zu rechtfertigen.[1295] Nimmt der Staat allerdings auf diesem Weg Einfluss auf die Kunstausübung oder macht er eine freie künstlerische Betätigung praktisch unmöglich, wird man auch in diesem Fall die Kunstfreiheit heranziehen müssen.[1296] 530

Träger des Grundrechts ist nicht nur derjenige, der das Kunstwerk herstellt (persönlichkeitsrechtlicher Aspekt der Kunst), sondern – in Übereinstimmung mit dem geschützten Wirkbereich – auch derjenige, der das Kunstwerk verbreitet, etwa ein Verleger oder ein Filmproduzent (vermögensrechtlicher Aspekt der Kunst). Dies beruht zum einen auf der – wenn auch nicht begriffsnotwendigen, aber doch jedenfalls von Art. 5 III GG mit 531

[1286] Anders *Muckel*, in: Die Macht des Geistes (Festschrift für Hartmut Schiedermair), S. 347, 353.
[1287] Vgl. BVerfGE 36, 321, 331; 67, 213, 224. Vgl. auch BVerfG NJW 2005, 2843 (Nutzung der Räume des Bundestags für eine Kunstaktion); BVerfG NJW 2001, 596, 597 (Verunglimpfung des Staates); NJW 2016, 2247, 2250 (Verwendung von Samples in Musikstück); AG Kassel NJW 2014, 801, 802 („Hitlergruß" bei Kunstperformance) und grundlegend BVerfGE 30, 173, 189 (Mephisto); 67, 213, 224 (Anachronistischer Zug); 119, 1, 21 f. (Esra).
[1288] BVerfGE 30, 173, 191 (Mephisto). Vgl. auch BVerfGE 119, 1, 29 ff. (Esra).
[1289] BVerfG-K NJW 2001, 598 (Grenzen der Zitierfreiheit).
[1290] BVerfGE 36, 321, 331 (Schallplatten-Umsatzsteuer).
[1291] BVerfG NJW 2001, 596 (Verunglimpfung des Staates).
[1292] BVerfGE 77, 240, 251 (Herrnburger Bericht).
[1293] BVerfGE 31, 229, 239 (Schulbuch); 49, 382, 392 (Urheberrecht); 71, 162, 176 (Werbeverbot für Ärzte).
[1294] Der Schutz unterliegt hier formell dem Vorbehalt gesetzlicher Ausgestaltung bzw. Regelung (vgl. Art. 12 I S. 2, 14 I S. 2 GG) und materiell der Einschränkung durch den Gesetzesvorbehalt des Art. 12 I S. 2 bzw. die Sozialpflichtigkeit nach Art. 14 II GG.
[1295] Vgl. BVerfG NJW 2016, 2247, 2250 ff. (Verwendung von Samples in Musikstück) – vgl. dazu unten Rn 536 Bsp. 3.
[1296] *Scholz*, in: Maunz/Dürig, GG, Art. 5 Abs. 3 Rn 18; vgl. auch BVerfGE 31, 229, 240 (Schulbuch).

geschützten – kommunikativen Dimension der Kunst, zum anderen auf der freien Übertragbarkeit des im Urheberverwertungsrecht verkörperten Vermögenswerts des Kunstwerks.[1297] Die Kunstfreiheit ist auch auf juristische Personen oder andere Personenmehrheiten anwendbar. Schließlich können sich Kunst- und Musikhochschulen (auch soweit es sich um Einrichtungen des öffentlichen Rechts handelt) sowie die in staatlichen Kunsteinrichtungen künstlerisch tätigen Personen auf die Kunstfreiheit berufen.

2. Eingriff in den Schutzbereich

532 Die Kunstfreiheit wird beeinträchtigt, wenn der Staat den Grundrechtsinhaber im **Werk- oder Wirkbereich behindert**, etwa durch Verbote, Gerichtsentscheidungen, strafrechtliche oder andere Sanktionen.

Beispiele:

(1) Strafgerichtliche Verurteilung eines Versammlungsleiters wegen des öffentlichen Abspielens des Liedes „Deutschland muss sterben"[1298]

(2) Zivilgerichtliche Verurteilung eines Hip-Hop-Produzenten, der eine 2-sekündige Rhythmussequenz aus einem anderen Werk verwendete, ohne dessen Urheber und Rechteinhaber um Erlaubnis gefragt zu haben, auf Unterlassung und Schadensersatz.[1299]

(3) Strafgerichtliche Verurteilung eines Schauspielers des politischen Straßentheaters „Anachronistischer Zug" wegen Beleidigung des Kanzlerkandidaten Franz Josef Strauß[1300]

(4) Verbot, den Roman „Mephisto, Roman einer Karriere" von Klaus Mann zu vertreiben, weil er das Persönlichkeitsrecht des Gustav Gründgens verletze[1301];

(5) Gleiches gilt hinsichtlich des Verbots des Romans „Esra" von Maxim Biller, weil er das Persönlichkeitsrecht der Person, an die die Romanfigur angelehnt wurde, verletze[1302]

(6) Verbot gegenüber Zirkusbetreibern, Darbietungen mit Wildtieren (Raubkatzen, Großbären, Elefanten etc.) vorzunehmen

533 Wo jedoch schon der Schutzbereich aufgrund eigenmächtigen Eingreifens in die Rechte Dritter bzw. kollidierende Verfassungsgüter als nicht eröffnet angesehen wird (s.o.), ist kein Eingriff denkbar.

534 Geht es um ein Leistungsbegehren (z.B. „Antrag" auf Benutzung öffentlicher Verkehrsflächen, um eine Kunstperformance darbieten zu können), sind die einschlägigen Vorschriften (etwa landesrechtliche Vorschriften des Straßenrechts bzgl. Gemeingebrauch oder Sondernutzung) „kunstfreundlich" auszulegen. Musikalische Darbietungen weniger Straßenmusikanten ohne Verstärker sind daher wohl als (zulassungsfreier) Gemeingebrauch einzustufen. Auf jeden Fall lässt die Kunstfreiheit das Ermessen bei der Erteilung einer Sondernutzungserlaubnis schrumpfen.[1303]

535 Ein Eingriff in den Schutzbereich kommt unter dem Aspekt der Diskriminierung auch bei **faktischen Maßnahmen** in Betracht, etwa wenn eine andere Kunstrichtung durch eine Subvention gefördert wird. Allerdings folgt aus dem objektiven Auftrag des Staates zur Förderung der Kunst ein weiter Spielraum, der erst dann überschritten wird, wenn die Förderung einer bestimmten Kunstrichtung willkürlich erscheint oder auf nicht ver-

---

[1297] Vgl. BVerfGE 30, 173, 191 (Mephisto); 81, 278, 292 (Bundesflagge).

[1298] BVerfG NJW 2001, 596, 597 (Verunglimpfung des Staates).

[1299] BVerfG NJW 2016, 2247 ff. (Verwendung von Samples in Musikstück) - dazu unten Rn 536 Bsp. 3.

[1300] BVerfGE 67, 213, 222 f. (Anachronistischer Zug). Auch wenn ein Satiriker („Fall Böhmermann") aufgrund diverser Äußerungen in seiner Satire wegen Beleidigung strafgerichtlich verurteilt würde, läge ein Eingriff in die Kunstfreiheit vor.

[1301] BVerfGE 30, 173, 188 f. (Mephisto); *P/S/K/P*, Rn 678.

[1302] BVerfGE 119, 1, 29 ff.; BGH NJW 2008, 2587, 2588 (jeweils Esra). Vgl. dazu sogleich Rn 536.

[1303] Vgl. BVerwGE 84, 71, 78.

tretbaren Umständen basiert. Eine Vergabe der Förderung durch unabhängige sachverständige Gremien wird der Kunstfreiheit am ehesten gerecht.

3. Verfassungsrechtliche Rechtfertigung von Eingriffen (Grundrechtsschranken)

Die Kunstfreiheit unterliegt **keinem Gesetzesvorbehalt**.[1304] Insbesondere wird sie (in Übereinstimmung zur Wissenschaftsfreiheit) nicht durch den Schrankenvorbehalt des Art. 5 II GG tangiert. Denn dieser bezieht sich auf die Grundrechte aus Art. 5 I GG und steht zudem systematisch *vor* den Grundrechtsverbürgungen des Art. 5 III GG. Es wäre unsystematisch, wenn im Gesetz die Schranke vor ihrem Grundrecht stünde. Die Kunstfreiheit ist mithin schrankenlos gewährleistet, kann daher (zumindest was das künstlerische Schaffen selbst angeht) allein durch **kollidierendes Verfassungsrecht**, d.h. durch Grundrechte Dritter und andere wichtige Güter von Verfassungsrang eingeschränkt werden (verfassungsimmanente Schranken). Es ist daher stets[1305] eine **Abwägung** zwischen dem Grundrecht auf Kunstfreiheit und dem kollidierenden anderen wichtigen Verfassungsgut vorzunehmen (**praktische Konkordanz**).[1306] 536

Beispiele:

(1) Ein Grundrecht Dritter ist das **allgemeine Persönlichkeitsrecht** aus Art. 2 I i.V.m. Art. 1 I GG, das etwa bei Angriffen auf die **Ehre** (dazu Rn 269), bei der Veröffentlichung einer satirischen Fotomontage[1307] oder bei sonstiger Entstellung der Persönlichkeit[1308] einschlägig ist. Auch wenn die Hauptfigur des Romans „**Esra**" von Maxim Biller eng an eine wirklich existierende Person angelehnt ist und der Autor dabei höchstpersönliche Sachverhalte offenbart, kann ein zivilgerichtliches Verbot des Romans aufgrund des Schutzes des Persönlichkeitsrechts der Person, an die die Romanfigur angelehnt wurde, gerechtfertigt sein. Hierbei hat das BVerfG folgende Formel aufgestellt: Je stärker Abbild und Urbild übereinstimmten, desto schwerer wiege die Beeinträchtigung des Persönlichkeitsrechts. Je mehr die künstlerische Darstellung besonders geschützte Dimensionen des Persönlichkeitsrechts berühre, desto stärker müsse die Fiktionalisierung sein, um eine Verletzung des Persönlichkeitsrechts auszuschließen.[1309] Der BGH, dessen Urteil vom BVerfG aufgehoben wurde, hat zwischenzeitlich erneut entschieden.[1310]

(2) Bei einer **Satire** kann das Grundrecht des Satirikers aus Art. 5 III S. 1 GG mit dem ebenfalls grundrechtlich geschützten **Urheberrecht** (Art. 14 I GG) oder dem **allgemeinen Persönlichkeitsrecht** (Art. 2 I i.V.m. Art. 1 I GG) desjenigen kollidieren, dessen Person der Lächerlichkeit preisgegeben wird.[1311]

(3) Bei der unautorisierten Verwendung einer aus einem fremden Werk stammenden 2-sekündigen Rhythmusfolge in einem Hip-Hop-Song (**Sampling**) müssen die widerstreitenden Interessen (Kunstfreiheit des Produzenten des Hip-Hop-Songs auf der einen Seite; in der Eigentumsgarantie wurzelndes Urheberrecht des Rechteinhabers

---

[1304] Insoweit klarstellend etwa BVerfG NJW 2016, 2247, 2250 (Verwendung von Samples in Musikstück); BVerfGE 119, 1, 29 ff.; BGH NJW 2008, 2587, 2588 (jeweils Esra); BVerfG NJW 2001, 596, 597 (Verunglimpfung des Staates); BVerfG NJW 2001, 598 (Grenzen der Zitierfreiheit); BVerfGE 30, 173, 191 (Mephisto); 83, 130, 139 („Josefine Mutzenbacher"); *Wendt*, in: v. Münch/Kunig, GG, Art. 5 Rn 95 ff.

[1305] Eine Ausnahme besteht hinsichtlich der Kollision mit dem postmortalen Persönlichkeitsrecht.

[1306] Begriff nach *Hesse*, Grundzüge des Verfassungsrechts, Rn 317 ff. Später verwendet bspw. auch von BVerfGE 89, 214, 232; 129, 78, 101 f.; 134, 204, 223; BVerfG NJW 2016, 2247, 2250 (Verwendung von Samples in Musikstück).

[1307] BGH NJW 2004, 596 f. (aufgehoben von BVerfG NJW 2005, 3271).

[1308] BVerfGE 119, 1, 29 ff. (Esra).

[1309] BVerfGE 119, 1, 29 ff. (Esra). Das Gericht hat entschieden, dass der Roman die Persönlichkeitsrechte der Ex-Geliebten Billers mit seiner detaillierten Beschreibung einer Liebesbeziehung verletze. Im Unterschied zu vorhergehenden Instanzen wurde allerdings gleichzeitig betont, dass die Mutter der Geliebten, die sich ebenfalls in einer Figur des Romans wiedererkannte, keinen Unterlassungsanspruch habe.

[1310] BGH NJW 2008, 2587, 2588 f. (Esra). Vgl. dazu auch *Enders*, JZ 2008, 581 ff.; *Hahn*, ZUM 2008, 97, 100 ff.; *Ladeur*, AfP 2008, 30 ff.; *Lenski*, NVwZ 2008, 281 ff.; *Gostomzyk*, NJW 2008, 737 ff.; *Schröder*, DVBl 2008, 146 ff.; *Hufen*, JuS 2008, 363 ff.; *Wittreck*, Jura 2009, 128 ff.; *Betzinger*, JA 2009, 125 ff.

[1311] Vgl. dazu ebenfalls BGH NJW 2004, 596 f.; NJW 2001, 603 ff. Zum „Fall Böhmermann" siehe sogleich Bsp. (6).

auf der anderen Seite) miteinander und gegeneinander abgewogen werden. Das BVerfG ist der Auffassung, dass die Entnahme lediglich kleiner Ausschnitte aus einer fremden Tonspur nicht ohne weiteres das Leistungsschutzrecht des Tonträgerherstellers gem. § 85 I S. 1 UrhG verletze. Zu berücksichtigen sei der Umstand, dass der Einsatz von Samplern ein stilprägendes Element des Hip-Hop sei und eine zu restriktive Auslegung des Gesetzes zum Aus für diese Musikrichtung führen könne. Die Verwendung kurzzeitiger Rhythmusfolgen sei daher vom Rechteinhaber zu dulden, wenn hierdurch dessen Verwertungsmöglichkeiten nur geringfügig beschränkt würden. Dies gelte insbesondere für die Nutzung der nach § 85 I S. 1 UrhG geschützten Tonträger zu künstlerischen Zwecken. Bei der erforderlichen Abwägung der widerstreitenden Güter sei andererseits zu berücksichtigen, ob die Gefahr von Absatzrückgängen für den Urheber und damit eine Schmälerung seines wirtschaftlichen Rechts am eigenen Werk auch im Hinblick auf Art. 14 GG zu befürchten sei, was dann anzunehmen sei, wenn das neu geschaffene Werk eine so große Nähe zu dem Tonträger der Originalsequenz aufweise, dass eine Konkurrenzsituation mit dem neuen Tonträger entstehen könne. Dabei seien die künstlerische Signifikanz der Ähnlichkeit der entlehnten Sequenz, der zeitliche Abstand zum Ursprungswerk sowie die Bekanntheit des Werkes und des Urhebers zu gewichten.[1312]

(4) Wird Zirkusbetreibern verboten, Darbietungen mit Wildtieren (Wildkatzen, Großbären, Elefanten etc.) vorzunehmen („**Wildtierverbot**"), bedarf es einer gesetzlichen Grundlage, die die widerstreitenden Verfassungsgüter (Art. 5 III S. 1 Var. 1 GG, aber auch Art. 12 I GG auf der einen Seite; durch die Staatszielbestimmung des Art. 20a GG gewährleisteter Tierschutz auf der anderen Seite) abwägt. Freilich muss dabei berücksichtigt werden, dass dem Staatsziel Tierschutz aufgrund der „weichen" Formulierung in Art. 20a GG und der dort formulierten Vorbehaltsklausel nicht der gewünschte Stellenwert zukommt, um dem Tierschutz tendenziell den Vorrang einräumen zu können. Aufgrund der bundesverfassungsgerichtlichen Judikatur zur Kunstfreiheit müsste man eher das Gegenteil annehmen. Entsprechendes gilt für die Einzelfallentscheidung, sofern das Verbot nicht schon gesetzlich besteht.

(5) Geht es um **politische Satire**, die eine (vermeintliche) Verunglimpfung des Staates und seiner Symbole zur Folge hat, ist – wie bereits erwähnt – zu beachten, dass der Staats- und Symbolschutz nicht zu einer Immunisierung des Staates gegen Kritik führen darf. Es bedarf einer einzelfallbezogenen Abwägung der widerstreitenden Verfassungsgüter. Dabei gilt es, den politischen Kern der Aussage zu erkennen und dessen Funktion im politischen Meinungskampf zu würdigen und schließlich gegen die Staatsschutzinteressen abzuwägen.[1313]

(6) Geht es (im Rahmen einer **Satire** wie im „Fall Böhmermann") speziell um die Kritik an einem politischen System, wobei das betreffende **Staatsoberhaupt** herabgewürdigt wird, ist ebenfalls eine umfassende Güterabwägung vorzunehmen, wobei die ehrrührige Aussage selbst dann nicht isoliert betrachtet werden darf, wenn sie geschmacklos ist oder sogar einen Angriff auf die Würde des Verschmähten („Ziegenficker") darstellt. Auch in einem solchen Fall ist die Äußerung stets im Gesamtzusammenhang zu sehen, in dem sie getätigt wurde.[1314]

537 **Hinweis für die Fallbearbeitung:** Fälle wie die Beispiele 1, 2, 3 und 6 sind oft Ausgangspunkt für einen **Zivilprozess**, bei dem sich die in ihren Rechten verletzte Per-

[1312] Vgl. BVerfG NJW 2016, 2247, 2250 f. (Verwendung von Samples in Musikstück). Im entschiedenen Fall ging es um die Übernahme einer 2-sekündigen Rhythmussequenz aus der Tonspur des Musikstücks „Metall auf Metall" der Band „Kraftwerk" in dem Titel „Nur mir" von Moses Pelham (gesungen von Sabrina Setlur). Das BVerfG hob damit ein Urteil des BGH (NJW 2013, 1885) auf. Der BGH hatte entschieden, dass die Übernahme selbst kleinster Tonsequenzen einen unzulässigen Eingriff in das Tonträgerherstellerrecht der Kläger darstelle, soweit der übernommene Ausschnitt gleichwertig nachspielbar sei. Das BVerfG verwies die Sache zwecks Neuverhandlung unter Berücksichtigung der von ihm aufgestellten Kriterien an den BGH zurück.

[1313] Vgl. dazu die Rspr. des BVerfG zu politischen Kunstwerken: BVerfG NJW 2001, 596 (Lied „Deutschland muss sterben"); BVerfGE 81, 298, 304 (Nationalhymne); 81, 278, 289 (Bundesflagge).

[1314] Vgl. dazu ausführlich *R. Schmidt*, StrafR BT I, 16. Aufl. 2016, Rn 944a, 944b (Abwägung im Rahmen des Beleidigungsparagraphen § 185 StGB).

son um Unterlassung oder Schadensersatz wegen Verletzung des allgemeinen Persönlichkeitsrechts bemüht. Zwar kann der Klagegegner als Privatperson unmittelbar keine Grundrechte verletzen, weil er nicht Grundrechtsadressat ist, jedoch kann er gegen einfachgesetzliche Bestimmungen (etwa gegen §§ 22, 23 KUG, § 29 BDSG[1315], §§ 24 I, 85 I S. 1 UrhG oder §§ 823 I, 1004 I BGB) verstoßen, die gerade dem (Grund-) Rechtsschutz des Betroffenen zu dienen bestimmt sind. Geht man von der Verfassungsmäßigkeit der streitentscheidenden Normen aus, hat das Tatgericht dann bei deren Auslegung i.d.R. eine Abwägung vorzunehmen zwischen den Grundrechten (i.d.R. Persönlichkeitsrecht, Meinungsäußerungsfreiheit, Kunstfreiheit) des Klägers und den Grundrechten (i.d.R. Meinungsäußerungs-, Pressefreiheit, Kunstfreiheit, Eigentumsgarantie) des Beklagten. Sofern ein Urteil gesprochen wird, ergeht dieses zu Lasten mindestens einer Prozesspartei und greift damit in deren Grundrechte ein. Dieses (bzw. das letztinstanzliche) Urteil ist es dann, das als staatlicher Akt wegen Verletzung von Grundrechten vor dem BVerfG im Rahmen einer Urteilsverfassungsbeschwerde angegriffen werden kann. Das BVerfG prüft dann, ob das Fachgericht bei seiner Urteilsfindung die Bedeutung der widerstreitenden Grundrechte verkannt, ob es also spezifisches Verfassungsrecht verletzt hat. Überprüft wird, ob das Fachgericht eine rechtsfehlerfreie Abwägung zwischen den widerstreitenden Rechtsgütern vorgenommen hat.[1316] Diese Abwägung ist folgendermaßen vorzunehmen: Zunächst ist eine abstrakte, d.h. eine vom zu entscheidenden Fall unabhängige Bewertung der widerstreitenden Rechtsgüter vorzunehmen. Ist z.B. das eine Grundrecht einfacher einzuschränken als das andere, besitzt es grundsätzlich eine geringere Wertigkeit. Entscheidend ist aber letztlich der konkrete Einzelfall. Es ist zu untersuchen, bei welchem Grundrecht der Eingriff schwerer wiegt. Dabei ist die Unterscheidung zwischen Peripherie und Kernbereich nützlich: Ist bei dem – abstrakt gesehen – höherwertigen Grundrecht lediglich der Randbereich betroffen, bei dem – abstrakt gesehen – geringerwertigen Grundrecht dagegen in den Kernbereich eingegriffen worden, ist es nicht zu beanstanden, wenn die konkrete Bewertung für den Vorrang des an sich geringerwertigen Grundrechts ausfällt. Daher war im Fall Esra die Verfassungsbeschwerde insofern begründet, als im Roman intime Lebenssachverhalte einer natürlichen Person offenbart wurden und aufgrund der Erzählungen für den Leser die Verbindung zu der betroffenen natürlichen Person zu erkennen war. Zur Prüfung der Verhältnismäßigkeit vgl. Rn 180a.

Kommt es zu einem **Strafprozess** (etwa wegen Beleidigung gem. § 185 StGB), ist ebenfalls eine umfassende Rechtsgüterabwägung vorzunehmen. Sollte im konkreten Fall die Kunstfreiheit gegenüber dem Ehrschutz gewichtiger sein, ist der Angeklagte (wegen Verneinung des Tatbestands des § 185 StGB oder wegen Vorliegens berechtigter Interessen i.S.v. § 193 StGB) freizusprechen. Denn eine grundrechtlich erlaubte Äußerung/Verhaltensweise kann nicht strafbar sein.[1317]

Aufgrund des Grundsatzes vom Vorbehalt des Gesetzes ist bei Eingriffen durch die Exekutive aber stets eine **gesetzliche Grundlage** erforderlich. Bei einem Eingriff der Judikative (Eingriff in Form eines Urteils) ist dies i.d.R. die streitentscheidende Norm bzw. (bei einem Strafurteil) die materielle Strafnorm, derentwegen der Betroffene verurteilt wird. In Anwendung der Norm muss der Richter bei seiner Entscheidung die Bedeutung der Kunstfreiheit beachten (keine Verletzung spezifischen Verfassungsrechts). Vgl. dazu auch Rn 287. **538**

[1315] Das betrifft konkret die Frage nach der Zulässigkeit/Unzulässigkeit der Veröffentlichung von Einträgen in Internetbewertungsportalen, vgl. dazu Rn 266, 276, 517c und 787.
[1316] Vgl. zu dieser Abwägung bspw. BVerfG NJW 2016, 2247, 2250 f. (Verwendung von Samples in Musikstück).
[1317] Vgl. oben Rn 536 Bsp. 6 mit Verweis auf *R. Schmidt*, StrafR BT I, 16. Aufl. 2016, Rn 944a, 944b (Abwägung im Rahmen des Beleidigungsparagraphen § 185 StGB).

538a **Konkurrenzen:** Zu den Grundrechten aus Art. 5 I GG (insbesondere Meinungsäußerungsfreiheit) ist die Kunstfreiheit das spezielle Grundrecht.[1318] Kann sich also der Grundrechtsträger sachlich sowohl auf Meinungsäußerungs- als auch auf Kunstfreiheit berufen, braucht die Meinungsäußerungsfreiheit in der Fallbearbeitung i.d.R. nicht separat geprüft zu werden. Etwas anderes kann freilich dann gelten, wenn im Rahmen der Grundrechtskollision (= Kollision mit Grundrechten Dritter) die Kunstfreiheit mit den Grundrechten des anderen (insbesondere mit dem allgemeinen Persönlichkeitsrecht aus Art. 2 I GG i.V.m. Art. 1 I GG) abgewogen werden muss. Dann kann die Meinungsäußerungsfreiheit zur „Verstärkung" der Kunstfreiheit (insbesondere bei der sog. *engagierten Kunst*, also bei der Kunst, die neben der eigentlichen künstlerischen Aussage auch eine politische Aussage enthält[1319]) herangezogen werden.

Beispiel: Beeinträchtigt ein Satiriker mit einer politischen Satire das allgemeine Persönlichkeitsrecht eines Politikers und begehrt dieser Politiker daher Unterlassung, muss bei der Frage, ob der Unterlassungsanspruch (aus § 1004 I BGB) begründet ist, eine Abwägung zwischen der Kunstfreiheit des Satirikers und dem allgemeinen Persönlichkeitsrecht des von der Satire negativ betroffenen Politikers vorgenommen werden. Da in diesem Fall die Satire nicht nur Ausdruck der Kunstfreiheit, sondern auch der Meinungsäußerungsfreiheit ist, kann diese zur „Verstärkung" der Kunstfreiheit herangezogen werden. „Zusammen" können also die Kunstfreiheit und die Meinungsäußerungsfreiheit das allgemeine Persönlichkeitsrecht überwiegen; der Unterlassungsanspruch wäre dann unbegründet.

Hinweis für die Fallbearbeitung: Da es in der vorstehenden Konstellation nicht um einen Abwehranspruch gegen eine Maßnahme der Exekutive, sondern um eine Abwägung widerstreitender Interessen Privater geht, die im Rahmen eines Zivilprozesses vorzunehmen ist, ist es zulässig, die Schutzbereiche der Kunstfreiheit und der Meinungsäußerungsfreiheit auf Seiten des Satirikers kumuliert zu prüfen und gegen das allgemeine Persönlichkeitsrecht des von der politischen Satire negativ Betroffenen abzuwägen.

II. Wissenschaftsfreiheit – Art. 5 III S. 1 Var. 2 GG

538b Als weiteres Grundrecht enthält Art. 5 III S. 1 GG die Freiheit der Wissenschaft, Forschung und Lehre, die – wie die Kunst – „frei" sind. Mit „frei" ist nicht nur gemeint, dass das Grundrecht in einer Funktion als Abwehrrecht vorbehaltlos gewährt ist und zu einer selbstständigen und weisungsungebundenen Ausübung berechtigt[1320], sondern dass der Staat (d.h. der Gesetzgeber) auch den auf dem Gebiet der Wissenschaft tätigen Personen gegenüber verpflichtet ist, eine Organisationsstruktur zu schaffen, die eine entsprechende freie wissenschaftliche Betätigung ermöglicht[1321]. Aus Art. 5 III S. 1 GG ergibt sich aber weder für die Hochschule oder Teile davon noch für Professoren ein Recht auf Fortbestand einer konkreten wissenschaftlichen Einrichtung; die Wissenschaftsfreiheit gewährt kein Recht auf Schaffung oder gegen Abschaffung einer bestimmten wissenschaftlichen Einrichtung.[1322] Daher steht Hochschulen, Fakultäten und Professoren auch kein Recht auf Erhaltung „ihrer" Hochschule zu.[1323] Freilich ist zu beachten, dass auch die vorbehaltlos gewährleistete Wissenschaftsfreiheit ihre Grenze in kollidierendem Verfassungsrecht findet (dazu Rn 549).

[1318] BVerfGE 30, 173, 191, 200; 33, 52, 70 f.; 75, 369, 377; *Zöbeley*, in: Umbach/Clemens, GG, Art. 5 Rn 105.
[1319] Vgl. bereits die 1. Aufl. 2000; wie hier auch *Wittreck*, JuS 2006, 729, 732 (Klausurfall).
[1320] BVerfG NVwZ 2015, 1370, 1371 f. mit Verweis auf BVerfGE 35, 79, 113; 47, 327, 367; 90, 1, 12; 111, 333, 354; 127, 87, 115.
[1321] Vgl. BVerfG NVwZ 2015, 1370, 1371 f. (Fusion zweier Hochschulen); NVwZ 2011, 224 ff. (Verfassungswidrigkeit von Teilen des HambHochschG). Vgl. auch BVerfG NVwZ 2015, 432, 433.
[1322] BVerfG NVwZ 2015, 1370, 1373 mit Verweis auf BVerfGE 85, 360, 384 f.
[1323] BVerfG NVwZ 2015, 1370, 1371 ff. Vgl. auch BbgVerfG NVwZ 2016, 1175.

Beispiel: P ist Professor an der Universität des Landes L und Leiter des universitätseigenen Instituts für Hirnforschung. Im Rahmen seiner Grundlagenforschung möchte P Affenversuche durchführen und beantragt daher die erforderliche Genehmigung gem. § 7 II S. 1 Nr. 1, § 7a I Nr. 1 i.V.m. § 8 I S. 1 TierSchG. Der zuständige Wissenschaftsminister von L möchte den Antrag nicht genehmigen, weil er der Auffassung ist, P habe wissenschaftlich nicht begründet dargelegt, dass die Grundlagenforschung unerlässlich sei (vgl. § 7a I Nr. 1, II TierSchG). Zudem sei das Merkmal „unerlässlich" wegen der Verfassungsbestimmung *Tierschutz* (Art. 20a GG) restriktiv auszulegen.

In diesem Fall hat der Minister aufgrund der Formulierung „ist zu erteilen, wenn..." in § 8 I S. 2 TierSchG zwar kein Ermessen, dennoch hat er auf Tatbestandsebene bei der Frage nach der „Unerlässlichkeit" die Bedeutung des Grundrechts der Wissenschaftsfreiheit, das für die Erteilung der Genehmigung streitet, mit dem ebenfalls verfassungsrechtlich garantierten Tierschutz abzuwägen. Da es sich bei Art. 20a GG aber „nur" um eine Staatszielbestimmung handelt, die den Tierschutz lediglich „im Rahmen der verfassungsmäßigen Ordnung" gewährleistet[1324], andererseits die Wissenschaftsfreiheit jedoch ein Grundrecht ohne Schrankenvorbehalt darstellt, genießt bei einer Abwägung dieser widerstreitenden Positionen tendenziell die Wissenschaftsfreiheit jedenfalls dann den Vorrang, wenn die Belastungen für die Tiere nur gering bis mäßig sind.[1325] Man kann sagen, dass Art. 5 III S. 1 Var. 2 GG bei der Auslegung von unbestimmten Rechtsbegriffen in Genehmigungsnormen eine gewichtige Rolle spielt, was in Ermangelung überragend wichtiger Gegengründe zur Erteilung der Genehmigung führt, auch wenn man aus ethischer Sicht dem Tierschutz den Vorrang gewähren möchte. Möglicherweise verstoßen die genannten Vorschriften des TierSchG aber gegen die EU-Tierversuchsrichtlinie.[1326] Aus den Punkten 23 und 38 der Erwägungsgründe sowie aus Art. 16 II, 36 und 38 der Richtlinie ergibt sich, dass Tierversuchsprojekte vor der Genehmigung einer sorgfältigen und vom Antragsteller unabhängigen Prüfung durch die Behörde unterzogen werden müssen. Insbesondere muss unter Berücksichtigung ethischer Erwägungen geprüft werden, ob das erwartete Ergebnis die Schäden, die den Tieren zugefügt werden (Leiden, Schmerzen, Ängste, dauerhafte Schäden) rechtfertigt. Gemäß § 8 I TierSchG ist es hingegen ausreichend, wenn der Antragsteller hierzu wissenschaftlich begründet darlegt, dass die Genehmigungsvoraussetzungen vorliegen. Diese Regelung unterschreitet also das Mindestschutzniveau der Richtlinie und könnte daher unionsrechtswidrig sein.[1327]

Wissenschaftsfreiheit – Art. 5 III S. 1 Var. 2 GG

I. Schutzbereich der Wissenschaftsfreiheit

Der Schutzbereich der Wissenschaftsfreiheit wird durch die Begriffe Wissenschaft, Forschung und Lehre bestimmt. Dabei handelt es sich nicht um ein Nebeneinander dreier Grundrechte. Vielmehr bildet der Begriff der Wissenschaft den Oberbegriff und umschließt die Forschung und Lehre. Daher ist die Formulierung in Art. 5 III S. 1 Var. 2 GG so zu verstehen, dass die „wissenschaftliche Forschung und Lehre frei" sind.

Nach der Rspr. des BVerfG ist **wissenschaftliche Forschung** jede Tätigkeit, die „nach Inhalt und Form als ernsthafter und planmäßiger Versuch zur Ermittlung der Wahrheit anzusehen" ist. In der Literatur werden zutreffend zusätzlich ein gewisser Kenntnisstand sowie ein methodisches Vorgehen verlangt. Jedenfalls steht fest, dass der Schutzbereich nicht auf die wissenschaftliche Tätigkeit an staatlichen Einrichtungen beschränkt ist. Allerdings liegt hier ein Schwerpunkt wissenschaftlicher Tätigkeit. Erfasst werden nicht nur alle Aktivitäten der Forschung mit allen vorbereitenden und unterstützenden Handlungen, sondern auch die angewandte Forschung, nicht jedoch die bloße Anwendung bereits erforschter Erkenntnisse. Auch die sog. Zweck- oder Auftragsforschung genießt den Schutz der Wissenschaftsfreiheit, solange nicht der Auftraggeber entscheidenden Einfluss auf das Forschungsergebnis hat.

[1324] Zu den Staatszielbestimmungen vgl. ausführlich *R. Schmidt*, Staatsorganisationsrecht, Rn 62 ff./306 ff.
[1325] So BVerwG NVwZ 2014, 450, 451 f.
[1326] Richtlinie 2010/63/EU des Europäischen Parlaments und des Rates vom 22.9.2010.
[1327] Zum Verhältnis EU-Recht/nationales Recht vgl. *R. Schmidt*, Staatsorganisationsrecht, Rn 354 ff.

Die **wissenschaftliche Lehre** steht im Zusammenhang mit der wissenschaftlichen Forschung und muss selbstständig und frei von Weisung durchgeführt werden. Hauptanwendungsfeld der wissenschaftlichen Lehre sind Universitäten und (wissenschaftliche) Fachhochschulen. Der Unterricht an Schulen ist – da er diese Voraussetzungen nicht erfüllt – nicht geschützt. Hier ist aber Art. 7 GG einschlägig. In den Schutzbereich des Art. 5 III GG fällt aber u.a. die Bestimmung der Hochschullehrer über Inhalt, Methoden und Ablauf der Lehrveranstaltungen. Auch Prüfungen werden erfasst, sofern sie rechtlich oder faktisch die Lehre abschließen.
Ähnlich wie bei der ebenso vorbehaltlos gewährleisteten Kunstfreiheit kann auch bei der Wissenschaftsfreiheit in Erwägung gezogen werden, bereits eine **Schutzbereichsbegrenzung** für die Fälle vorzunehmen, in denen der Tätige eigenmächtig in fremde Rechte, insbesondere Leben und Gesundheit von Menschen, eingreift.

II. Eingriff in den Schutzbereich

Eingriffe in den Schutzbereich kommen bei **beliebigen staatlichen Einwirkungen** auf den Prozess der Gewinnung und Vermittlung wissenschaftlicher Erkenntnisse in Betracht. Der Eingriff kann dabei in der Einflussnahme auf einen einzelnen Wissenschaftler liegen, aber auch in der Einflussnahme auf die gesamte Einrichtung. Insbesondere schützt das Grundrecht vor Eingriffen in die Hochschulautonomie.

III. Verfassungsrechtliche Rechtfertigung

Nach inzwischen einhelliger Meinung wird das Grundrecht der Wissenschaftsfreiheit nicht durch den Schrankenvorbehalt des Art. 5 II GG tangiert. Die Wissenschaftsfreiheit unterliegt allein den **verfassungsimmanenten Schranken** durch Grundrechte Dritter und andere wichtige Güter von Verfassungsrang. Vgl. dazu die Ausführungen bei Rn 193 (Rechtfertigung durch kollidierendes Verfassungsrecht) und den Beispielsfall bei Rn 195. Es ist daher stets eine **Abwägung** zwischen dem Grundrecht auf Wissenschaftsfreiheit und dem kollidierenden Grundrecht oder sonstigem wichtigen Rechtsgut mit Verfassungsrang vorzunehmen.

1. Schutzbereich

539 Der Schutzbereich der Wissenschaftsfreiheit wird durch die Begriffe Wissenschaft, Forschung und Lehre bestimmt, wobei man den Begriff der Wissenschaft als Oberbegriff ansehen muss, der die beiden Teilgebiete der Forschung und Lehre umfasst. Daher ist die Formulierung in Art. 5 III S. 1 GG so zu verstehen, dass die „wissenschaftliche Forschung und Lehre frei" sind.[1328]

540 **Wissenschaftliche Forschung** ist jede Tätigkeit, die „nach Inhalt und Form als ernsthafter und planmäßiger Versuch zur Ermittlung der Wahrheit anzusehen" ist.[1329]

541 In der Literatur werden zusätzlich ein gewisser Kenntnisstand sowie ein methodisch geordnetes und kritisch reflektierendes Denken verlangt.[1330] Dem ist zuzustimmen. Denn anderenfalls wäre eine Fortentwicklung von bestehenden Erkenntnisständen, ein Hauptanliegen der wissenschaftlichen Forschung, kaum vorstellbar.

541a Aus der „Freiheit" der Wissenschaft folgt, dass der Schutzbereich nicht auf die wissenschaftliche Tätigkeit an Universitäten beschränkt ist[1331], sondern sich auch auf andere Hochschulen erstreckt, deren Aufgabenbereich wissenschaftliche, auch anwendungsbezogene, Forschung umfasst. Auch und gerade der sog. Bologna-Prozess, wonach Universitäten und Fachhochschulen gleichermaßen als wissenschaftliche Ausbildungsstätten angesehen werden sollen, hat dies aufgezeigt. Desgleichen haben Bundes- und Landesgesetzgeber in den vergangenen Jahren Universitäten und Fachhochschulen aneinander angenähert. So unterscheiden die Hochschulgesetze nicht mehr strikt zwischen solchen

---

[1328] Vgl. *Wendt*, in: v. Münch/Kunig, GG, Art. 5 Rn 100 ff.; *Jarass*, in: Jarass/Pieroth, GG, Art. 5 Rn 95 ff.; *Wernsmann*, Jura 2001, 106, 109; *Bremer*, NVwZ 2001, 167, 168 f.; *Müller*, NJW 2004, 1073.

[1329] BVerfGE 35, 79, 113 (Hochschule/Gruppenuniversität); 47, 327, 367 (Hessisches Universitätsgesetz); vgl. auch BVerwGE 102, 304, 308; *Bremer*, NVwZ 2001, 167, 168 f.; *Müller*, NJW 2004, 1073.

[1330] *Scholz*, in: Maunz/Dürig, GG, Art. 5 Abs. 3 Rn 91; *Wernsmann*, Jura 2001, 106, 109; *P/S/K/P*, Rn 670.

[1331] *P/S/K/P*, Rn 672.

Regelungen, die allein für Universitäten Geltung beanspruchen, und solchen, die für andere Hochschulen gelten. Ein „Abstandsgebot" existiert nicht.[1332] So werden die wesentlichen Aufgaben und Ausbildungsziele heute von vielen Hochschulgesetzen für alle Hochschularten einheitlich normiert (vgl. etwa §§ 2 und 29 I BadWürttHochschG; Art. 2 und 55 I BayHochschG; § 3 NdsHochschG; §§ 3, 46 und 49 HambHochschG). Vor dem Hintergrund dieser Entwicklung hat auch das BVerfG entschieden, dass die einst von ihm getroffene Feststellung, dass bei wissenschaftlichen Hochschulen die Pflege und Entwicklung der Wissenschaften durch Forschung und Lehre im Vordergrund stünden und dem Studierenden eine umfassende wissenschaftliche Ausbildung vermittelt werden solle, bei Fachhochschulen hingegen die Vorbereitung auf eine berufliche Tätigkeit durch anwendungsbezogene Lehre vornehmliche Aufgabe sei[1333], nicht mehr aufrechterhalten werden könne. Zum einen seien auch für die Universitäten Ausbildungsaufgaben zentral, sodass die Universitätslehre notwendig auf Prüfungsordnungen ausgerichtet und durch Studienpläne gesteuert werde, ohne dass dadurch der Wissenschaftscharakter der Lehre in Frage gestellt würde. Zum anderen könne es ebenso wie bei Universitäten Aufgabe einer Fachhochschule oder der in ihr tätigen Professoren sein, ihren Studierenden im Rahmen der Ausbildungsaufgaben wissenschaftliche Erkenntnisse und Methoden zu vermitteln sowie sie zu wissenschaftlicher Arbeit zu befähigen.[1334]

Damit ist höchstrichterlich geklärt, dass Fachhochschulprofessoren (und erst recht Professoren etwa an Hochschulen für Angewandte Wissenschaften) jedenfalls dann, wenn ihnen ein Fach in Forschung und Lehre eigenständig übertragen wurde, sie wissenschaftliche, auch anwendungsbezogene, Forschung betreiben und Studierenden im Rahmen der Ausbildungsaufgaben wissenschaftliche Erkenntnisse und Methoden vermitteln sowie diese zu wissenschaftlicher Arbeit befähigen sollen, in gleicher Weise wie ihre Kollegen von den Universitäten Wissenschaft i.S.d. Art. 5 III S. 1 GG betreiben.[1335] **541b**

Schließlich ist zu beachten, dass die Freiheit der wissenschaftlichen Forschung generell nicht auf staatliche Einrichtungen beschränkt ist[1336], sondern auch die Forschung an privaten Einrichtungen erfasst. Denn Art. 5 III S. 1 GG ist kein ausschließliches Grundrecht der im Staatsdienst tätigen Wissenschaftler. **541c**

Mit der wissenschaftlichen Forschung in engem Zusammenhang steht die wissenschaftliche Lehre. Diese wird allgemein wie folgt definiert: **542**

Wissenschaftliche Lehre bedeutet freie Wahl von Inhalt, Ansatz, Gegenstand, Form, Methode sowie der Art der Äußerung des wissenschaftlichen Befunds. Geschützt sind auch die Zeit und u.U. der Ort der Darbietung.[1337] **543**

Auch hier gilt, dass wissenschaftliche Lehre nicht auf Universitäten beschränkt ist. Die Lehrtätigkeit sämtlicher Hochschulprofessoren ist durch Art. 5 III S. 1 GG geschützt, und zwar unabhängig davon, ob sie auf eigener Forschung des Lehrenden aufbaut.[1338] Denn Aufgabe der Lehrfreiheit ist es, ein freiheitliches Bildungs- und Ausbildungssystem zu gewährleisten. Insoweit sind der Fachhochschullehrer – und erst recht der Hochschullehrer etwa an einer Hochschule für Angewandte Wissenschaften – auch in Bezug **543a**

[1332] Siehe bereits die 18. Auflage dieses Buches; später auch *Knopp*, NVwZ 2016, 1139, 1141, der ebenfalls auf die „nahezu fehlende Trennschärfe zwischen Universitäten und Fachhochschulen" hinweist.
[1333] Vgl. BVerfGE 61, 210, 244 f.; 64, 323, 354 f.
[1334] BVerfG NVwZ 2010, 1285, 1286 – dazu *Kaufhold*, NJW 2010, 3276 ff.; *Waldeyer*, NVwZ 2010, 1279, 1280 ff.; *Hufen*, JuS 2011, 476 ff.
[1335] BVerfG a.a.O.
[1336] *Wendt*, in: v. Münch/Kunig, GG, Art. 5 Rn 103.
[1337] Vgl. *Bremer*, NVwZ 2001, 167, 168 mit zahlreichen Nachweisen aus der Rspr.
[1338] BVerfG NVwZ 2010, 1285, 1298.

auf wissenschaftliche Lehre ebenso vom Schutz des Art. 5 III S. 1 GG erfasst wie sein universitärer Kollege.[1339] Ein „Abstandsgebot" gibt es insofern nicht.

544 In den Schutzbereich des Art. 5 III S. 1 GG fällt das Recht der Hochschullehrer, ihr Fach in Forschung und Lehre eigenständig zu vertreten.[1340] Dazu gehört, Inhalt, Methoden und Ablauf der Lehrveranstaltungen zu bestimmen[1341], freilich unter Beachtung des Curriculums. Auch Prüfungen werden erfasst, sofern sie rechtlich oder faktisch die Lehre abschließen. Dagegen ist der Unterricht an (allgemein bildenden) Schulen – da er diese Voraussetzungen nicht erfüllt – nicht geschützt.[1342] Hier ist aber Art. 7 GG einschlägig.

544a Art. 5 III S. 1 GG hat auch eine **verfahrens- und organisationsrechtliche** Dimension: Der Schutz erfasst das Recht auf Mitwirkung der Grundrechtsträger im wissenschaftsorganisatorischen Gesamtgefüge der Hochschule und erstreckt sich auf alle wissenschaftsrelevanten Bereiche einschließlich Entscheidungen über die Organisationsstruktur und den Haushalt.[1343] Das BVerfG führt zudem aus: Je mehr, je grundlegender und je substantieller wissenschaftsrelevante personelle und sachliche Entscheidungsbefugnisse dem Vertretungsorgan der akademischen Selbstverwaltung entzogen und einem Leitungsorgan zugewiesen seien, desto stärker müsse die Mitwirkung des Vertretungsorgans an der Bestellung und Abberufung und an den Entscheidungen des Leitungsorgans ausgestaltet sein.[1344] Ein Recht auf Schaffung oder Fortbestand einer konkreten wissenschaftlichen Einrichtung bzw. einer ganzen Hochschule gewährt Art. 5 III S. 1 GG aber nicht[1345] (vgl. bereits Rn 538b). Insofern begründet Art. 5 III S. 1 GG auch keine Beteiligungsrechte der Hochschulen, Fakultäten oder einzelner Wissenschaftler beim Zustandekommen eines Gesetzes zur Fusion zweier Hochschulen.[1346]

545 Ähnlich wie bei der ebenso vorbehaltlos gewährleisteten Kunstfreiheit kann auch bei der Wissenschaftsfreiheit in Erwägung gezogen werden, bereits eine **Schutzbereichsbegrenzung** für die Fälle vorzunehmen, in denen der Tätige eigenmächtig in fremde Rechte, insbesondere Leben und Gesundheit von Menschen, eingreift.

Beispiele:

(1) Die Forschung an lebenden Menschen mag zwar der Wissenschaft dienlich sein, verbietet sich aber im Hinblick auf Art. 1 I und Art. 2 II S. 1 GG.

(2) Auch mag für einen Sozialforscher das heimliche Filmen und Abhören von Personen Aufschluss über das soziale Verhalten von Menschen geben, verbietet sich aber im Hinblick auf das allgemeine Persönlichkeitsrecht aus Art. 2 I i.V.m. 1 I GG.

Die (noch) h.M. geht jedoch den Weg über die verfassungsimmanente Einschränkbarkeit (kollidierende Grundrechte Dritter und andere wichtige Rechtsgüter von Verfassungsrang, siehe Rn 193 ff.) auf der Ebene der verfassungsrechtlichen Rechtfertigung und nimmt keine Schutzbereichsbegrenzung vor.[1347] Dieser Weg ist zumindest dann vorzugswürdig, wenn es nicht gerade um extrem sozialschädliche Verhaltensweisen geht (vgl. Rn 126 f.).

[1339] Vgl. auch *Kaufhold*, NJW 2010, 3276, 3277; *Waldeyer*, NVwZ 2010, 1279, 1280 f.; *Hufen*, JuS 2011, 476 ff.

[1340] BVerfG NVwZ 2015, 432, 433 mit Verweis auf BVerfGE 122, 89, 105 f.; 126, 1, 19.

[1341] BVerfGE 55, 37, 68 (Verfassungsmäßigkeit des Bremischen Hochschulgesetzes); BVerfG NVwZ 2010, 1285, 1287 (Wissenschaftsfreiheit auch für Fachhochschullehrer).

[1342] *Wendt*, in: v. Münch/Kunig, GG, Art. 5 Rn 103.

[1343] BVerfG NVwZ 2015, 1370, 1371; NVwZ 2014, 1370. Vgl. auch *Hufen*, JuS 2015, 378.

[1344] BVerfG NVwZ 2015, 1370, 1371 mit Verweis u.a. auf BVerfG NVwZ 2014, 1370, 1371 f.

[1345] BVerfG NVwZ 2015, 1370, 1373. Vgl. auch BbgVerfG NVwZ 2016, 1175.

[1346] BVerfG NVwZ 2015, 1370, 1373 f. Vgl. BbgVerfG NVwZ 2016, 1175

[1347] Vgl. nur *Wernsmann*, Jura 2001, 106, 109 und *Bremer*, NVwZ 2001, 167, 168 f. Auch BVerfG NVwZ 2010, 1285 ff. geht in diese Richtung.

Träger des Grundrechts sind alle, die eigenverantwortlich in wissenschaftlicher Weise tätig sind oder tätig werden wollen. Darunter fallen nicht nur Professoren an Universitäten, sondern auch solche an (Fach-)Hochschulen (siehe Rn 541a, 541b, 543a). Auch Studierende sind erfasst, sofern sie wissenschaftlich tätig sind[1348], nicht jedoch Tutoren, da diese nicht eigenverantwortlich handeln. Auf Wissenschaftsfreiheit berufen können sich selbstverständlich auch Privatgelehrte, d.h. Gelehrte, die außerhalb der öffentlichen Forschungseinrichtungen tätig sind.[1349] Art. 5 III S. 1 Var. 2 GG ist kein ausschließliches Grundrecht der Professoren und anderer Gelehrter in öffentlichen Forschungs- und Lehreinrichtungen. Darüber hinaus kommt die Wissenschaftsfreiheit auch juristischen Personen zugute, die Wissenschaft betreiben und organisieren, insbesondere den Hochschulen[1350] und den Fakultäten[1351], trotz des Status als Körperschaften des öffentlichen Rechts. Auch privatrechtlich organisierte Hochschulen sind jedenfalls dann erfasst, wenn sie staatlich zugelassen sind.[1352] Sonstige private Einrichtungen können sich nur dann auf die Wissenschaftsfreiheit berufen, wenn sie als wissenschaftlich eingestuft werden, insbesondere wenn sie die Wissenschaft fördern und effektivieren und den beschäftigten Wissenschaftlern, d.h. den Privatgelehrten (die sich – wie aufgezeigt – zweifellos auf die Wissenschaftsfreiheit berufen können) einen ausreichenden Spielraum einräumen.[1353] Das betrifft in erster Linie die Deutsche Forschungsgemeinschaft (DFG), die Fraunhofer-Gesellschaft (FhG), die Max-Planck-Gesellschaft (MPG) und andere, im Wissenschaftsfreiheitsgesetz des Bundes genannte Einrichtungen, dürfte aber auch die forschenden Pharmaunternehmen betreffen. 546

2. Eingriff in den Schutzbereich

Eingriffe in den Schutzbereich kommen bei **beliebigen staatlichen Einwirkungen** auf den Prozess der Gewinnung und Vermittlung wissenschaftlicher Erkenntnisse in Betracht. Insbesondere schützt das Grundrecht vor (übermäßigen) Eingriffen des Staates (i.d.R. die Landesregierung) in die Hochschulautonomie[1354] oder vor Einflussnahme auf die inhaltliche Ausrichtung der Einrichtung. Dasselbe gilt, wenn ein Hochschulgesetz die Zulassung von Studiengängen oder ganzer Hochschulen von einer Akkreditierung (durch Akkreditierungsagenturen) abhängig macht[1355] (vgl. dazu auch Rn 549a). Ebenfalls liegt ein Eingriff vor, wenn ein Hochschulgesetz organisatorische Regelungen enthält, die die Partizipation der Professoren in Fragen der Verwirklichung der Wissenschaftsfreiheit erschweren oder unmöglich machen (etwa durch Schaffung eines übermächtigen externen Hochschulrates mit weitgehenden Entscheidungskompetenzen auch im Bereich der Wissenschaft und Lehre), oder wenn es dem Leitungsorgan (Präsident, Dekan) substanzielle personelle und sachliche Entscheidungsbefugnisse im wissenschaftsrelevanten Bereich zuweist, sodass dem mit Hochschullehrern besetzten Vertretungsgremium (etwa der Hochschulsenat) im Verhältnis hierzu kaum Kompetenzen und auch keine maßgeblichen Mitwirkungs- und Kontrollrechte verbleiben.[1356] Ein Eingriff liegt auch vor bei der Verpflichtung zur Übernahme von Lehrveranstaltungen in einem anderen Fachbereich der Hochschule[1357] sowie bei der (hochschulgesetzlichen oder zumindest hochschulsatzungsmäßigen) Verpflichtung, zu Zwecken der „Qualitätssicherung" die Lehrveranstaltungen evaluieren zu lassen und die Ergebnisse der Hochschulleitung vorzulegen. Bezüglich der Beschränkung der Wissenschaftsfreiheit zugunsten 547

1348 BVerfGE 55, 37, 67 f.
1349 Vgl. dazu auch BVerfG NVwZ 2016, 675, 676 ff. (Akkreditierung von Studiengängen durch Akkreditierungsagenturen).
1350 Vgl. BVerfGE 15, 256, 262; BVerwG NJW 2016, 1113, 1114.
1351 Vgl. dazu BVerfGE 122, 89 ff.
1352 Vgl. dazu auch BVerfG NVwZ 2016, 675, 676 ff. (Akkreditierung von Studiengängen durch Akkreditierungsagenturen).
1353 *Jarass*, in: Jarass/Pieroth, GG, Art. 5 Rn 99; *Bremer*, NVwZ 2001, 167, 168; *Wernsmann*, Jura 2001, 106, 109.
1354 Vgl. BVerfG NVwZ 2011, 224 ff. (HambHochschG) sowie die Nachweise bei Rn 549a.
1355 Vgl. dazu auch BVerfG NVwZ 2016, 675, 676 ff. (Akkreditierung von Studiengängen durch Akkreditierungsagenturen).
1356 BVerfG NVwZ 2011, 224 ff. (HambHochschG).
1357 BVerfG NVwZ 2015, 432, 433.

des Tierschutzes stellen die näheren Regelungen der §§ 7, 7a und 8 TierSchG Eingriffe dar (vgl. bereits Rn 538b). Generell kann ein Eingriff in jedweder Einflussnahme auf einen einzelnen Wissenschaftler liegen.

548 Angesichts des (mit finanziellen Gründen zu erklärenden) Staatsmonopols in vielen Bereichen der Wissenschaft wird dem Grundrecht auf Wissenschaftsfreiheit auch ein **objektiver Gehalt** beigemessen (Rn 538b). Es verlangt ein Einstehen des Staates für die Idee der freien Wissenschaft und seine Mitwirkung an ihrer Verwirklichung.[1358] Er hat schützend und fördernd einer Aushöhlung dieser Freiheitsgarantie vorzubeugen.[1359] Darüber hinaus müssen im Bereich des mit öffentlichen Mitteln eingerichteten und unterhaltenen Wissenschaftsbetriebs geeignete organisatorische Regelungen getroffen werden, damit das Grundrecht der freien wissenschaftlichen Betätigung so weit unangetastet bleibt, wie das unter Berücksichtigung der anderen legitimen Aufgaben der Wissenschaftseinrichtungen und der Grundrechte der verschiedenen Beteiligten möglich ist.[1360] Kommt der Staat diesen Verpflichtungen nicht nach, liegt ein Eingriff in die Wissenschaftsfreiheit vor. Verletzungen dieser Förderungs- und Ausgestaltungspflicht können von den Trägern des Grundrechts (trotz der objektiven Grundlage) klageweise geltend gemacht werden.[1361]

Auch im **Beispiel** von Rn 538b liegt ein Eingriff in die Wissenschaftsfreiheit vor, weil die Verweigerung der nach dem TierSchG erforderlichen Genehmigung zur Durchführung der Affenversuche die Ausübung der Forschung behindert. Zwar besitzt Art. 5 III S. 1 Var. 2 GG primär den Charakter eines Abwehrrechts, sofern jedoch der Gesetzgeber – wie hier mit dem TierSchG – ein grundrechtlich geschütztes Verhalten präventiv verbietet, indem er es unter einen Erlaubnisvorbehalt stellt, ist mit der Versagung der Erlaubnis gleichwohl der status negativus des Grundrechts tangiert.[1362]

3. Verfassungsrechtliche Rechtfertigung von Eingriffen

549 Ausweislich des Normtextes des Art. 5 III GG ist das Grundrecht der Wissenschaftsfreiheit ebenso wie die Kunstfreiheit vorbehaltlos gewährleistet, vordergründig also nicht einschränkbar. Dennoch bestehen auch hier Grundrechtsschranken. Sie ergeben sich aus der Verfassung selbst, d.h. aus **kollidierendem Verfassungsrecht**, wozu andere legitime Aufgaben der Wissenschaftseinrichtungen sowie Grundrechte Dritter gehören können. Bei einer Kollision mit anderem Verfassungsrecht muss der Konflikt durch Abwägung der Wissenschaftsfreiheit mit dem kollidierenden Verfassungsgut im Wege einer **praktischen Konkordanz**[1363] gelöst werden.[1364] Entscheidend sind dabei stets die Wertigkeit der grundgesetzlich geschützten Position und die Intensität der Beeinträchtigung (zu den Kriterien vgl. Rn 193). Wird bspw. ein Hochschulprofessor verpflichtet, Lehrveranstaltungen in einem anderen Fachbereich der Hochschule zu übernehmen, kann dies gerechtfertigt sein, wenn sich die Lehrveranstaltungen auf sein Fachgebiet beziehen und anderenfalls der Lehrbetrieb nicht gesichert werden kann.[1365]

549a Auch im Rahmen der Einschränkung vorbehaltlos gewährleisteter Grundrechte sind stets der Grundsatz vom **Vorbehalt des Gesetzes** und die **Wesentlichkeitsrechtsprechung** des BVerfG zu beachten, wonach es nicht nur einer parlamentarischen Gesetzesgrundlage bedarf, sondern der parlamentarische Gesetzgeber die für die

---

[1358] BVerfGE 35, 79, 114 (Hochschule/Gruppenuniversität).
[1359] BVerfGE 85, 360, 384 (Akademie der Wissenschaften der DDR).
[1360] BVerfGE 35, 79, 115 (Hochschule/Gruppenuniversität); 93, 85, 95 (Verfassungsmäßigkeit des Universitätsgesetzes Nordrhein-Westfalen). Vgl. auch BVerfG NVwZ 2015, 1370, 1371 ff.
[1361] BVerfGE 35, 79, 116. Vgl. dazu auch das Parallelproblem bei Art. 2 II S. 1 GG.
[1362] Zu den Funktionen der Grundrechte vgl. Rn 13; zum präventiven Verbot mit Erlaubnisvorbehalt vgl. Rn 17.
[1363] Begriff nach *Hesse*, Grundzüge des Verfassungsrechts, Rn 317 ff. (vgl. bereits Rn 193).
[1364] Vgl. auch BVerfGE 128, 1, 41 (Gentechnikgesetz).
[1365] BVerfG NVwZ 2015, 432, 433 (auch zu weiteren Voraussetzungen).

Grundrechtsverwirklichung maßgeblichen Regelungen im Wesentlichen auch selbst zu treffen hat und diese nicht über mehr oder minder globale Ermächtigungen an die Exekutive delegieren darf.[1366] So muss der Gesetzgeber, wenn es bspw. um die Akkreditierung von Studiengängen („Programmakkreditierung") oder ganzer Hochschulen („Systemakkreditierung") geht (vgl. dazu bereits Rn 547), wesentliche Entscheidungen durch hinreichend bestimmte gesetzliche Vorschriften regeln. Verweisen Hochschulgesetze lediglich auf „geltende Regelungen"[1367], nach denen akkreditiert werden solle, ohne selbst zumindest eine grobe Zielbestimmung vorzunehmen und Regelungen zum Verfahren der Akkreditierung, zur Rechtsform der Entscheidungen der Agenturen und des Akkreditierungsrates der Akkreditierungsstiftung zu treffen und ohne die Folgen bei fehlender Umsetzung von Auflagen der Agenturen sowie den zeitlichen Abstand der Reakkreditierung zu regeln, sind die gesetzlichen Bestimmungen dahingehend zu unbestimmt, um der Stellung der Wissenschaftsfreiheit gerecht zu werden.[1368]

Exkurs zur Akkreditierung von Hochschulen: Die Akkreditierung von Hochschulen richtet sich nach dem nordrhein-westfälischen Gesetz zur Errichtung einer Stiftung „Stiftung zur Akkreditierung von Studiengängen in Deutschland" v. 15.2.2005 (GV NRW S. 45). Diese Stiftung ist durch eine Vereinbarung der Länder[1369] für die bundesweite Programm- und Systemakkreditierung der staatlichen Hochschulen zuständig. Hauptorgan der Stiftung ist der Akkreditierungsrat (§ 6 I Nr. 1 AkkStiftG), der insbesondere die Agenturen (meist als gemeinnützige privatrechtliche Vereine organisiert) akkreditiert und reakkreditiert (§ 7 I S. 1, S. 2 AkkStiftG), d.h. ihnen befristet die Berechtigung verleiht, wiederum Studiengänge („Programmakkreditierung") und hochschulinterne Qualitätssicherungssysteme („Systemakkreditierung") zu akkreditieren und zu reakkreditieren (§ 2 I Nr. 1 AkkStiftG). Nichtstaatliche Hochschulen (meist als gGmbH oder als privatrechtliche Stiftungen organisiert) werden zusätzlich vom Wissenschaftsrat institutionell akkreditiert. Der Wissenschaftsrat ist eine durch Verwaltungsvereinbarung gegründete gemeinsame Einrichtung von Bund und Ländern.[1370] [1371]

Das BVerfG hat (aufgrund der lapidaren Verweisung im nordrhein-westfälischen Hochschulgesetz lediglich auf „geltende Regelungen", s.o.) das beschriebene Akkreditierungssystem (in Bezug auf die Programmakkreditierung) für mit der Wissenschaftsfreiheit unvereinbar erklärt und dem Gesetzgeber aufgegeben, bis 31.12.2017 verfassungskonforme Regelungen zu erlassen. Es ist also mit einer umfassenden formalgesetzlichen Regelung zu rechnen, und zwar auch in den übrigen Bundesländern, da deren Hochschulgesetze die Materie im Wesentlichen nicht anders regeln.

Geht es um den **staatlichen Einfluss auf die Hochschulen**, sind in der jüngeren **549b**
Vergangenheit deutliche gesetzgeberische Aktivitäten zur Hierarchisierung und damit zur Einflussnahme zu verzeichnen. Namentlich geht es insbesondere um die Schaffung von Leitungsgremien ohne Beteiligung der wissenschaftlich verantwortlichen Hochschullehrer, das Zurückdrängen des wissenschaftlichen Einflusses bei der Wahl der Hochschulleitung oder die Schließung von Fachbereichen oder Hochschulen. Im Urteil zum brandenburgischen Hochschulgesetz hat das BVerfG es gebilligt, dass der Gesetzgeber monokratische Leitungsorgane, externe Hochschulräte mit Entscheidungskompetenzen und externe Evaluationen von Hochschullehrern einführt. Auch die gesetzlich angeordnete Fusion zweier Hochschulen ohne Beteiligung der Hochschulen, Fakultäten oder

[1366] Vgl. dazu *R. Schmidt*, Staatsorganisationsrecht, Rn 241 mit entsprechenden Nachweisen.
[1367] Damit sind die Regeln des Akkreditierungsrats und der durch den Akkreditierungsrat zu Akkreditierungen der Hochschulen berechtigten Akkreditierungsagenturen nach dem nordrhein-westfälischen Gesetz zur Errichtung einer Stiftung „Stiftung zur Akkreditierung von Studiengängen in Deutschland" v. 15.2.2005 (GV NRW S. 45) gemeint (dazu sogleich).
[1368] BVerfG NVwZ 2016, 675, 676 ff. (Akkreditierung von Studiengängen durch Akkreditierungsagenturen).
[1369] Siehe die Beschlüsse der Kultusministerkonferenz v. 16.12.2004 und v. 15.12.2005.
[1370] Siehe BAnz v. 17.10.1957 S. 200.
[1371] Siehe dazu auch insgesamt *Otting/Ziegler*, NVwZ 2016, 1064, 1065.

einzelner Wissenschaftler ist gebilligt worden.[1372] Das BVerfG hat bei allen genannten Maßnahmen den großen Gestaltungsspielraum des Gesetzgebers betont und selbst gravierende organisatorische Eingriffe in die Wissenschaftsfreiheit toleriert mit dem Argument, dass der Kernbereich der Wissenschaftsfreiheit nicht berührt sei.[1373] Richtig daran ist, dass die institutionelle Funktionsfähigkeit des Staates und seiner Einrichtungen durchaus als verfassungsimmanente Schranke der Grundrechtsausübung wirken können.[1374] Gleichwohl sind die genannten Entscheidungen mit Blick auf die Hochrangigkeit der Wissenschaftsfreiheit und deren vorbehaltlose Gewährleistung sehr bedenklich. Umso erfreulicher ist es, dass das BVerfG hinsichtlich des hamburgischen Hochschulgesetzes (vgl. bereits Rn 547) entschieden hat, dass der Ausschluss oder die Erschwerung der Partizipation der Professoren in Fragen der Verwirklichung der Wissenschaftsfreiheit mit Art. 5 III S. 1 GG unvereinbar sei. Dasselbe gelte, wenn das Hochschulgesetz dem Leitungsorgan (Präsident, Dekan) substanzielle personelle und sachliche Entscheidungsbefugnisse im wissenschaftsrelevanten Bereich zuweist, sodass dem mit Hochschullehrern besetzten Vertretungsgremium (etwa der Hochschulsenat oder der Fakultätsrat) im Verhältnis hierzu kaum Kompetenzen und auch keine maßgeblichen Mitwirkungs- und Kontrollrechte verbleiben.[1375] Auch sei es mit Art. 5 III S. 1 GG unvereinbar, wenn der monokratisch agierende Dekan das Recht habe, die der Fakultät vom Präsidium zu gewinnenden Haushaltsmittel nach eigenem Ermessen einzusetzen, oder über die Zuordnung von Professorenstellen innerhalb der Fakultät zu entscheiden, wenn diese weitreichenden Steuerungsmöglichkeiten nicht hinreichend durch direkte oder indirekte Mitwirkungs-, Einfluss-, Informations- und Kontrollrechte des Fakultätsrats als kollegialem Vertretungsorgan der Grundrechtsträger kompensiert werde.[1376] Schließlich genüge die staatliche Einsetzung eines Leitungsorgans im Zuge einer Hochschulfusion („Gründungspräsident" bzw. „Gründungsbeauftragter") den Anforderungen des Grundgesetzes an eine wissenschaftsadäquate Organisation umso weniger, je länger diese Leitung ohne ein universitäres Selbstverwaltungsorgan tätig sei und je weniger Befugnisse auf Notkompetenzen für reversible Entscheidungen beschränkt seien.[1377]

550 Für die wissenschaftliche Lehre konkretisiert Art. 5 III S. 2 GG die verfassungsimmanente Grundrechtsschranke. Wegen seines Wortlauts kann in dieser Bestimmung zwar schon eine sachliche Schutzbereichsbegrenzung gesehen werden.[1378] Richtigerweise wird man darin aber eine besondere Ausprägung der allgemeinen beamtenrechtlichen Verpflichtung zur Loyalität gegenüber der freiheitlichen demokratischen Grundordnung zu sehen haben[1379], also eine Schranke, deren Anwendung bei Eingriffen einer gesetzlichen Grundlage bedarf. Im Übrigen sei auf die Ausführungen zur Kunstfreiheit bei Rn 521 ff. und auf die allgemeinen Ausführungen zu den verfassungsimmanenten Schranken bei Rn 193 ff. verwiesen.

551 Neben den beiden oben genannten Bsp. (1) und (2) von Rn 545 zur der Forschung an lebenden Menschen und zum heimlichen Filmen und Abhören von Personen, bei denen regelmäßig die Menschenwürde gem. Art. 1 I und Art. 2 II S. 1 GG (Bsp. 1) und das allgemeine Persönlichkeitsrecht gem. Art. 2 I i.V.m. Art. 1 I GG (Bsp. 2) Vorrang vor der Wissenschaftsfreiheit

---

[1372] BVerfG NVwZ 2015, 1370, 1371 ff.

[1373] *Hufen*, JuS 2010, 85 ff. mit Bezugnahme auf BVerfG NVwZ 2003, 600, 603 (Schaffung eines Leitungsgremiums ohne Beteiligung des wissenschaftlichen Einflusses); BVerfG NVwZ-RR 2001, 587 (Zurückdrängung des wissenschaftlichen Einflusses auf die Wahl der Hochschulleitung); BVerfG NVwZ-RR 2005, 442 (Schließung eines Fachbereichs); BVerfGE 111, 333 ff. (Einführung monokratischer Leitungsorgane und externer Hochschulräte mit Entscheidungskompetenzen); BayVerfGH NVwZ 2009, 177 (Zusammensetzung des Hochschulrats und Wahl des Hochschulpräsidenten). Vgl. auch BVerfG NVwZ 2015, 1370, 1371 ff. (Fusion zweier Hochschulen).

[1374] Vgl. dazu oben Rn 193 sowie *R. Schmidt*, AllgVerwR, Rn 461.

[1375] BVerfG NVwZ 2011, 224 ff.

[1376] BVerfG NVwZ 2011, 224 ff.

[1377] Vgl. BVerfG NVwZ 2015, 1370, 1371 ff. (Fusion zweier Hochschulen).

[1378] So *P/S/K/P*, Rn 674.

[1379] So BVerfGE 39, 334, 347 (Radikale im öffentlichen Dienst); BVerwGE 61, 200, 206; 81, 212, 218.

genießen, ist z.B. bei Tierexperimenten unklar, ob sich der **Tierschutz** als vorrangiges Verfassungsrecht qualifizieren lässt (dazu Rn 538b).

Beispiel: Professor P durchtrennt Stränge des Zentralen Nervensystems von Affen, um bestimmte neurologische Ausfallerscheinungen zu untersuchen. Daraufhin wird er wegen Verstoßes gegen das Tierschutzgesetz zu einer Geldstrafe verurteilt. Gegen die (letztinstanzliche) gerichtliche Entscheidung erhebt er Verfassungsbeschwerde.

Die Verfassungsbeschwerde ist begründet, wenn das Gericht bei der Urteilsfindung spezifisches Verfassungsrecht verletzt hat. Vorliegend könnte das Gericht die Bedeutung der Wissenschaftsfreiheit verkannt haben.
Der Schutzbereich der Wissenschaftsfreiheit ist eröffnet, da P wissenschaftlich tätig ist. Durch die Verurteilung zu einer Geldstrafe wurde auch in den Schutzbereich eingegriffen. Fraglich ist, ob der Eingriff verfassungsrechtlich gerechtfertigt ist. Das wäre der Fall, wenn das Gericht die Wissenschaftsfreiheit mit anderen Rechtsgütern von Verfassungsrang rechtsfehlerfrei abgewogen hätte. Dann wäre die Verfassungsbeschwerde unbegründet.
Der Tierschutz ist in der Staatszielbestimmung des Art. 20a GG enthalten und genießt daher Verfassungsrang. Doch bei einer Abwägung mit vorbehaltlos gewährten Individualverfassungsgütern wie der Wissenschaftsfreiheit steht eine Staatszielbestimmung i.d.R. im Rang darunter, zumal der verfassungsändernde Gesetzgeber den Tierschutz unter den Vorbehalt der „verfassungsmäßigen Ordnung“ gestellt hat. Die Verurteilung des P verstößt damit gegen Art. 5 III S. 1 Var. 2 GG. Die Verfassungsbeschwerde ist begründet.

I. Schutz von Ehe und Familie – Art. 6 GG

552 Art. 6 GG stellt „Ehe und Familie unter den besonderen Schutz der staatlichen Ordnung". Die Norm enthält verschiedene objektive und subjektive Grundrechtsgewährleistungen, aber auch Einschränkungsmöglichkeiten.

- Art. 6 I GG statuiert grundsätzlich und allgemein den Schutz von Ehe und Familie. Die Norm begründet ein objektives Diskriminierungsverbot, staatliche Schutzpflichten, ein Leistungsrecht und eine Institutsgarantie, die von Strukturprinzipien einer Ehe gekennzeichnet ist. Insbesondere stellt sie aber eine wertentscheidende Grundsatznorm für die gesamte Rechtsordnung dar (v.a. für das Familienrecht nach BGB) und enthält ein subjektiv-rechtliches Abwehrrecht des Familienangehörigen.
- Art. 6 II GG regelt die Beziehung zwischen Kind und Eltern in pflegerischer und erzieherischer Hinsicht: S. 1 enthält eine Institutsgarantie und gewährt ein Abwehrrecht; S. 2 sieht ein „staatliches Wächteramt" vor und rechtfertigt Eingriffe in das Elternrecht.
- Art. 6 III GG bestimmt das räumliche Zusammensein von Kindern und Eltern und stellt ebenfalls ein Abwehrrecht dar. Gleichzeitig knüpft die Vorschrift Voraussetzungen an die Trennung der Kinder von der Familie.
- Art. 6 IV GG begründet für die Mutter einen Anspruch auf staatlichen Schutz und Fürsorge der Gemeinschaft. Das betrifft insbesondere den arbeitsrechtlichen Kündigungsschutz.[1380]
- Art. 6 V GG enthält einen Gleichstellungsauftrag gegenüber dem Gesetzgeber. Eine Ungleichbehandlung von ehelichen und nichtehelichen Kindern ist verfassungsrechtlich unzulässig.

553 Art. 6 I und II GG stellen (auch) **Abwehrrechte** dar; sie schützen vor staatlichen Eingriffen in den Schutzbereich von Ehe und Familie, der allerdings stark **normgeprägt** ist. Das bedeutet, dass die Begriffe Ehe und Familie einer gewissen **Ausgestaltung** durch den Gesetzgeber bedürfen, die ihre Grenzen aber in der Institutsgarantie des Art. 6 I GG und den Strukturprinzipien der Ehe findet. Daher stellt auch nicht jede ehe- und familienbezogene Regelung einen Eingriff dar. Es kann schlicht eine Definition der Begriffe Ehe und Familie vorliegen. Diese Kenntnis ist insbesondere bei der Beurteilung neuer Formen des Zusammenlebens jenseits der klassischen Ehe wichtig. Art. 6 III GG enthält ein Abwehrrecht und einen Gesetzesvorbehalt.

Schutz von Ehe und Familie – Art. 6 GG

I. Schutzbereich der Abwehrrechte

1. Die Begriffe Ehe und Familie

Das Grundgesetz definiert den Begriff der **Ehe** nicht. Nach dem traditionellen Verständnis ist Ehe i.S.d. GG eine Verbindung eines Mannes und einer Frau zur grundsätzlich unauflöslichen Lebensgemeinschaft. Danach können gleichgeschlechtliche Verbindungen nicht dem Ehebegriff unterfallen. Immerhin zwingen Art. 21 I GRC, Art. 3 I, III S. 1 GG sowie Art. 8 EMRK eine Auslegung des Art. 6 I GG dergestalt, dass auch die eingetragene Lebenspartnerschaft nach dem Lebenspartnerschaftsgesetz den gleichen Schutz wie eine Ehe genießt. Möglicherweise ist aus Gründen des Diskriminierungsverbots sogar die Öffnung des Instituts der Ehe für gleichgeschlechtliche Paare geboten. Der Wortlaut des Art. 6 I GG stünde dem nicht entgegen.

Geschützt werden auch Ehen, die nach ausländischem Recht wirksam geschlossen wurden, auch wenn sie in der Bundesrepublik Deutschland unwirksam sind (sog. hinkende Ehen).

Ob auch die sog. Namens- oder Scheinehen in den Schutzbereich fallen, wird unterschiedlich gesehen. Die Rechtsprechung verneint dies. Eheschließungen, die ausschließlich dem Zweck der Erlangung einer Aufenthaltserlaubnis durch einen der Ehepartner dienen, hätten nicht das Ziel der gemeinsamen Lebensgestaltung. Deshalb genössen sie nicht den Schutz des Art. 6 I

[1380] Vgl. dazu BVerfGE 84, 133, 156; 85, 360, 372.

GG. Gleiches gelte für zwar formell rechtmäßige, aber nur wegen der Weitergabe des Namens geschlossene Ehen. Weiterhin sind nur Einehen als Ehen zu verstehen. Mehrehen (die rechtsgültig im Ausland geschlossen wurden) können aber unter dem Gesichtspunkt des Schutzes der Familie unter Art. 6 I GG fallen.

Das geschützte Verhalten beginnt mit der Wahl des Ehepartners und der Entscheidung, mit ihm die Ehe einzugehen. Geschützt sind auch die Wahl des Familiennamens, die Ausgestaltung der Eheführung einschließlich der Wahl des Güterrechts, der finanziellen Beziehung untereinander und des Abschlusses eines auf Gleichberechtigung beruhenden Ehevertrags, des gemeinsamen Wohnorts und bei der Verteilung der Aufgaben in der Gemeinschaft. Geschützt ist auch die Entscheidung, ob, wann und wie viele Kinder die Eltern haben wollen. Auch die Entscheidung, die Ehe nicht mehr aufrecht halten zu wollen, genießt den Schutz aus Art. 6 I GG. Die Ehe ist keine Zwangsgemeinschaft. Art. 6 I GG entfaltet auch nacheheliche Wirkungen. Denn das eheliche Pflichtenverhältnis wird mit der Scheidung zwar verändert, aber nicht beendet. So sind auch die Folgewirkungen einer Ehe, etwa Unterhaltsansprüche, durch Art. 6 I GG geschützt.

2. Das Elternrecht
Vom Schutz der Familie wurde das Recht der Eltern zur Pflege und Erziehung (sog. **Elternrecht**) verselbstständigt, Art. 6 II S. 1 GG. Diese Vorschrift ist (wie Art. 6 III GG) lex specialis zu Art. 6 I GG. Relevant wird das Elternrecht im Bereich des Schulwesens, weil gem. Art. 7 I GG das gesamte Schulwesen unter der Aufsicht des Staates steht.

II. Eingriff in den Schutzbereich
Da die Begriffe Ehe und Familie einer gewissen Ausgestaltung durch den Gesetzgeber bedürfen, stellt nicht jede ehe- und familienbezogene Regelung einen Eingriff dar. Vielmehr bestehen zahlreiche Regelungen, die die Begriffe Ehe und Familie erst definieren. Von einem Eingriff kann daher erst dann gesprochen werden, wenn der Bereich der definierenden Regelungen verlassen wird und die betreffende Regelung freiheitsverkürzend auf Ehe und Familie wirkt.

III. Verfassungsrechtliche Rechtfertigung
Eine grundrechtsimmanente Schranke besteht lediglich in Art. 6 II S. 2 GG bezüglich des Elternrechts aus Art. 6 II S. 1 GG. Aus rechtsstaatlichen Gründen (Vorbehalt des Gesetzes, Art. 20 III GG) darf hiervon aber nur durch Gesetz oder aufgrund eines Gesetzes Gebrauch gemacht werden. Das einschränkende Gesetz muss dabei der Pflege und Erziehung der Kinder dienen. Art. 6 II S. 2 GG ist somit ein qualifizierter Gesetzesvorbehalt. Der stärkste Eingriff in das Elternrecht, die Trennung des Kindes von seinen Eltern gegen deren Willen, ist unzulässig, wenn nicht einer der besonderen, in Art. 6 III GG genannten Gründe *Versagen der Erziehungsberechtigten* und *Drohung der Verwahrlosung der Kinder*, vorliegen.
Im Übrigen ist das Grundrecht auf Ehe und Familie **vorbehaltlos gewährleistet**. Wie bereits dargestellt, darf der Staat den Bereich von Ehe und Familie aber gestalten. Hält sich der Staat an die Gestaltungsfreiheit (die aber an Art. 6 I GG zu messen ist), liegt ein Eingriff schon nicht vor, der etwa einer Schranken-Schranke unterworfen sein müsste. Die ausgestaltenden Regelungen müssen aber dem Grundsatz der Verhältnismäßigkeit entsprechen. Liegt aber ein Eingriff vor, müssen die Regelungen, die das vorbehaltlos gewährleistete Grundrecht aus Art. 6 I GG tangieren, ihre Legitimation in **kollidierendem Verfassungsrecht** finden.

I. Schutzbereich der Abwehrrechte

Träger des Grundrechts können alle natürlichen Personen unabhängig von ihrer Staats- **554**
angehörigkeit sein.[1381] **Grundrechtsberechtigt** ist jedes Mitglied des Ehe- bzw. Familienverbands, sodass sich nicht nur der unmittelbar von einer staatlichen Maßnahme Betroffene, sondern auch dessen Ehepartner und (andere) Familienmitglieder, die aufgrund der Maßnahme (mittelbar) in der ehelichen oder familiären Lebensführung betroffen sind, auf Art. 6 I GG berufen können.

[1381] Vgl. etwa BVerfGE 65, 55, 71; 111, 160, 169; 111, 176, 184; BVerfG NVwZ 2011, 879 f.

1. Ehe und Familie

555 Eine Definition, was unter den Begriffen **„Ehe"** und **„Familie"** zu verstehen ist, enthält das Grundgesetz nicht. Vielmehr setzt Art. 6 I GG mit seinem normgeprägten Schutzbereich die Existenz von Ehe und Familie als gesellschaftliche und rechtliche Institute voraus und überlässt es dem Gesetzgeber, unter Beachtung unveränderbarer Strukturprinzipien die Institute zu gestalten.[1382] Infolge dieser „Gestaltungsoffenheit" lässt sich sagen: Art. 6 I GG gewährleistet die Institutionen „Ehe" und „Familie" in der Ausgestaltung, wie sie den herrschenden, in den gesetzlichen Regelungen maßgebend zum Ausdruck gelangten Anschauungen entspricht, freilich unter Beachtung verfassungsrechtlicher Strukturprinzipien, die zugleich den Wesensgehalt des Grundrechts ausmachen.

555a Damit steht der grundgesetzliche Ehebegriff also einer gewissen Gestaltung und damit einer (einfachgesetzlichen bzw. richterrechtlichen) Definition offen. Unter Verweis auf die „Strukturprinzipien" einer Ehe und in Anknüpfung an die „christlich-abendländische Tradition" wird die Ehe insbesondere aber vom BVerfG als eine Verbindung eines Mannes und einer Frau zur grundsätzlich auf Dauer und zur gemeinsamen Lebensgestaltung angelegten und auf freiwilligem Entschluss beruhenden gleichberechtigten Lebensgemeinschaft verstanden, die durch staatlichen Mitwirkungsakt zustande kommt.[1383] Das Institut der Ehe ist demnach geprägt durch:

- Monogamie
- ~~Geschlechtsverschiedenheit der Ehepartner~~
- auf Dauer angelegt mit dem Ziel der gemeinsamen Lebensgestaltung
- freiwilliger Entschluss beider Partner zur Eheschließung und zur Fortpflanzung
- Gleichberechtigung der Ehepartner
- staatlicher Mitwirkungsakt (feststellender Verwaltungsakt des Standesbeamten, dass die Ehe geschlossen wurde)

555b Das Kriterium der Geschlechtsverschiedenheit wird mit der „idealtypischen Funktion der Ehe" – der Möglichkeit zur Gründung einer Familie – begründet, die auf natürliche Weise aus biologischen Gründen nur verschiedengeschlechtlichen Paaren gegeben sei. Die Ehe sei „von Natur aus" auf die potentiell aus ihr hervorgehende Familie und die Fähigkeit, Nachkommen zu zeugen, ausgerichtet und gelte als „Keimzelle einer jeden menschlichen Gemeinschaft"[1384]. Die Erzeugung von Nachkommen und die Familiengründung seien geradezu der Zweck sowie die „natürliche Folge" einer Ehe.[1385] Die Verschiedengeschlechtlichkeit gehöre zu den unveränderlichen „Strukturprinzipien" einer Ehe und sei daher mit Blick auf die Institutsgarantie des Art. 6 I GG unantastbar.[1386]

555c Unter Zugrundelegung dieses Eheverständnisses ist eine Ehe unter Gleichgeschlechtlichen in der Tat ausgeschlossen. Das überzeugt nicht. Denn es steht außer Zweifel, dass das Institut der Ehe auch zeugungsunfähigen Personen offensteht, solange sie nur verschiedengeschlechtlich sind, obwohl die „idealtypische Funktion der Ehe" – die Möglichkeit, Nachkommen zu zeugen und eine Familie zu gründen – hier ganz offensichtlich ebenso wenig erreicht werden kann wie bei gleichgeschlechtlichen Paaren. Es wäre aber absurd, zeugungsunfähigen Menschen das Institut der Ehe zu verschließen. Auch die Berufung auf die „Strukturprinzipien" der Ehe überzeugt nicht, da die „Verschiedengeschlechtlichkeit" verfassungstextlich nicht als unveränderliches „Strukturprinzip" festgeschrieben, sondern lediglich einer von einer bürgerlichen Tradition geleiteten Verfas-

---

[1382] BVerfGE 105, 313, 345; 15, 328, 332.
[1383] BVerfGE 105, 313, 342 ff.; 53, 224, 245; 31, 58, 82; *Hillgruber*, JZ 2010, 41, 42.
[1384] BVerfGE 6, 55, 71.
[1385] Vgl. *Uhle*, in: Epping/Hillgruber, Art. 6 Rn. 4; *Gade/Thiele*, DÖV 2013, 142, 143 f.; *Kreß*, ZRP 2012, 234, 235.
[1386] BVerfGE 105, 313, 345.

sungsinterpretation entsprungen ist, die jedoch (und das wird vom BVerfG insoweit unberücksichtigt gelassen) einem Verfassungswandel unterworfen ist.[1387]

Ob es daher mit Blick auf die geänderten gesellschaftlichen Anschauungen, das Diskriminierungsverbot aus Art. 3 I, III S. 1 GG und die völkerrechtlichen Vorgaben (vgl. Art. 8, 12 und 14 EMRK) dauerhaft haltbar ist, mit Verweis auf die „Strukturprinzipien" gleichgeschlechtliche Partnerschaften aus dem Ehebegriff herauszuhalten, bleibt abzuwarten. Wortlaut und Institutsgarantie des Art. 6 I GG stünden der Öffnung des Instituts der Ehe für gleichgeschlechtliche Paare jedenfalls nicht entgegen und die historische Auslegung kann angesichts des gesellschaftlichen Wandels nicht (mehr) maßgeblich sein.[1388] Auch das in Art. 12 EMRK garantierte Recht, eine Ehe einzugehen, ist nicht auf verschiedengeschlechtliche Personen beschränkt, wie der EGMR festgestellt hat, wenngleich sich der EGMR in Zurückhaltung geübt hat, indem er formuliert, dass die Entscheidung, ob die gleichgeschlechtliche Ehe gestattet werden solle, „zum gegenwärtigen Zeitpunkt dem Recht der Konventionsstaaten überlassen bleibt".[1389] Dass eine Ehe zwischen Gleichgeschlechtlichen in anderen (ebenfalls „christlich geprägten") Staaten mittlerweile möglich ist[1390], sollte ein starker Indikator für ein wandelndes gesellschaftliches Selbstverständnis sein. Daher stellt sich die Frage, wie die Debatte in Deutschland nun weitergeht. **555d**

Die Bundesregierung ist der Auffassung, dass zur Öffnung des Instituts der Ehe infolge der Rspr. des BVerfG[1391] eine Änderung des Art. 6 I GG erforderlich wäre (vgl. BT-Drs. 18/4862 v. 8.5.2015, S. 5). Dem ist nicht zuzustimmen. Denn zum einen handelt es sich – wie aufgezeigt – bei Art. 6 I GG um ein gestaltungsoffenes Grundrecht (Rn 555), und zum anderen müsste eine Änderung des Art. 6 I GG – auf der Basis der Auffassung der Bundesregierung – dann ja gegen das vom BVerfG aufgezeigte und offenbar dem Wesensgehalt des Art. 6 I GG zugeordnete verfassungsrechtliche Strukturprinzip *Verschiedengeschlechtlichkeit* verstoßen und damit (wegen Verstoßes gegen die Wesensgehaltsgarantie aus Art. 19 II GG) verfassungswidrig sein. Wenn man sich also – so wie die Bundesregierung – auf das BVerfG beruft, dürfte eine Änderung des Art. 6 I GG gerade *nicht* zulässig sein. Insofern ist die Argumentation der Bundesregierung nicht schlüssig. **555e**

Nach der hier vertretenen Auffassung ist allein auf die Normgeprägtheit und die Gestaltungsoffenheit des Art. 6 I GG abzustellen. Unter dieser Maßgabe wäre es dem einfachen Gesetzgeber möglich, z.B. durch eine Änderung im BGB-Familienrecht die Ehe auch gleichgeschlechtlichen Paaren zu öffnen. Sollte es dann zu einer Überprüfung durch das BVerfG kommen, könnte man das Gericht an die von ihm selbst angeführte „Normgeprägtheit" und „Gestaltungsoffenheit" des Art. 6 I GG erinnern sowie auf die veränderten gesellschaftlichen Anschauungen hinweisen, wonach es bei Lebenspartnerschaften (gleichgültig, ob gleich- oder verschiedengeschlechtlich) mehr auf das Beste- **555f**

[1387] Auf den Verfassungswandel abstellend bereits die 16. Auflage; später auch *Koschmieder*, JA 2014, 566, 570 ff.

[1388] Im Ergebnis auch *Brosius-Gersdorf*, NJW-Editorial 12/2013 und FamFR 2013, 169 ff.; *Koschmieder*, JA 2014, 566, 570 ff.; scharf ablehnend *Benedict*, JZ 2013, 477, 486; *Selder*, DStR 2013, 1064, 1067; *Gade/Thiele*, DÖV 2013, 142, 150 f.; *Hillgruber*, JZ 2010, 41, 41; *Krings*, NVwZ 2011, 26, 26; *Hofmann*, JuS 2014, 617, 620.

[1389] EGMR NJW 2011, 1421 ff. Den weiten Ermessensspielraum der Konventionsstaaten bei der Regelung familienrechtlicher Strukturen betont der EGMR auch in NJW 2014, 2015 f.

[1390] So hat – nachdem bereits im Mai 2015 das Referendum in Irland den Weg für die dortige Öffnung der Ehe auch für gleichgeschlechtliche Paare freigemacht hat – auch der Supreme Court der USA entschieden, dass die Beschränkung der Ehe auf verschiedengeschlechtliche Paare mit der Verfassung der USA nicht vereinbar ist. Die Bundesverfassung garantiere bundesweit das Recht auf gleichgeschlechtliche Eheschließung („same-sex marriage"). Vgl. www.supremecourt.gov/opinions/14pdf/14-556_3204.pdf.

[1391] BVerfGE 10, 59, 66; 53, 224, 245; 62, 323, 330; 105, 313, 345; 128, 109, 125; 131, 239, 259; 133, 377, 409.

hen einer Einstands- und Fürsorgegemeinschaft ankommt als auf die Fähigkeit, auf natürlichem Weg Nachkommen zu produzieren.[1392]

Zu begrüßen ist es in jedem Fall, dass jüngst der Bundesrat einen Gesetzentwurf vorgelegt hat, das Institut der Ehe auch gleichgeschlechtlichen Paaren zu öffnen.[1393] Zwar misst der Verfasser dem keine allzu großen Erfolgsaussichten bei, sollte es aber (bei entsprechenden Mehrheitsverhältnissen im Bundestag) irgendwann einmal gleichwohl zur gesetzlich eingeräumten Möglichkeit der Eheschließung zwischen gleichgeschlechtlichen Partnern kommen, wäre das LPartG obsolet; allein das Eherecht müsste angepasst werden.[1394]

555g Folgt man der (noch) h.M., können die **gleichgeschlechtlichen** Partnerschaften nicht dem Ehebegriff unterfallen. Jedoch hat das BVerfG entschieden, dass sich der Schutz aus Art. 6 I GG auch auf Lebenspartnerschaften nach dem LPartG erstrecke. Dies gebiete der allgemeine Gleichheitssatz (Art. 3 I GG) im Lichte europäischer Grundrechte (namentlich Art. 21 I der GRC, der die Diskriminierung der „sexuellen Orientierung" verbietet).[1395] Mit dieser Entscheidung statuiert das BVerfG also ein Abstandsverbot zwischen Ehe und eingetragener Lebenspartnerschaft und stellt im Ergebnis materiell-rechtlich die eingetragene Lebenspartnerschaft der Ehe weitgehend gleich. Dies mag dem konservativen Verständnis von Ehe und Familie zwar zuwiderlaufen, entspricht aber den heutigen Lebensverhältnissen und ist infolge des Art. 21 I GRC sogar geboten.[1396] Denn Art. 6 I Halbs. 2 EUV i.d.F. von Lissabon bestimmt die rechtliche Gleichrangigkeit der GRC mit den Unionsverträgen; die GRC ist also integraler Bestandteil des EU-Primärrechts. Folge ist (im Anwendungsbereich des Unionsrechts) ein Anwendungsvorrang auch gegenüber den Grundrechten des GG.[1397] Des Weiteren ist die gleichgeschlechtliche Lebenspartnerschaft hinsichtlich des Anspruchs auf Achtung der Privatsphäre und des Familienlebens gleichermaßen von Art. 8 I EMRK geschützt wie die Ehe im traditionellen Sinn.[1398]

555h Infolge der verfassungsrechtlich, unionsrechtlich und konventionsrechtlich gebotenen Gleichstellung von Ehe und eingetragener Lebenspartnerschaft sind unter dem Aspekt der Ausräumung mittelbarer Ungleichbehandlungen wegen der sexuellen Orientierung zahlreiche Gesetzesänderungen vorgenommen worden. So wurde im Einkommensteuerrecht die Anwendbarkeit des sog. Ehegattensplittingtarifs auch auf die eingetragene Lebenspartnerschaft erstreckt.[1399] (vgl. dazu und zu weiteren Bereichen Rn 330/342). Im Adoptionsrecht ist infolge eines Urteils des BVerfG[1400] die Sukzessivadoption gesetzlich eingeführt worden (§ 9 VII S. 2 LPartG, der nunmehr auch auf § 1742 BGB verweist). In der Fortpflanzungsmedizin werden ebenfalls Änderungen zu erwarten sein. Selbst die bislang noch vorgenommene *begriffliche* Unterscheidung von Ehe und eingetragener Lebenspartnerschaft könnte eine Diskriminierung darstellen und – wenn auch nicht zeitnah – auf dem verfassungsgerichtlichen Prüfstand wiederzufinden sein. Die „Gestaltungsoffenheit" des Art. 6 I GG stünde jedenfalls einer Neu-

---

[1392] Zu begrüßen ist es auch, dass jüngst der Bundesrat die Bundesregierung aufgefordert hat, das Institut der Ehe auch gleichgeschlechtlichen Paaren zu öffnen (BR-Drs. 274/15 v. 5.6.2015).

[1393] BT-Dr. 18/6665 v. 11.11.2015; vgl. zuvor schon BR-Drs. 274/15 v. 5.6.2015.

[1394] Abzulehnen *Schwab* (FamR, 23. Aufl., § 7 Rn 35a), der davon ausgeht, dass gleichgeschlechtlichen Paaren dann zwei Rechtsinstitute, die Ehe und die eingetragene Lebenspartnerschaft, nebeneinander offen stünden. Vielmehr darf davon ausgegangen werden, dass der Gesetzgeber mit der Öffnung der Ehe auch für gleichgeschlechtliche Paare das LPartG aufheben wird, da dieses dann seinen Zweck verloren hätte.

[1395] BVerfGE 126, 400, 415 ff. (Verfassungswidrigkeit der unterschiedlichen Besteuerung im Erbschaft- und Schenkungsteuerrecht). Aus europäischer Sicht vgl. EuGH Slg 2008, I-1757 ff. (Maruko).

[1396] Vgl. dazu ausführlich *Michael*, NJW 2010, 3537 ff.

[1397] Insofern sind die Ausführungen von *Hillgruber*, JZ 2010, 41 ff., der dem BVerfG (E 126, 400 ff.) eine „objektiv willkürliche und eklatante verfassungsgerichtliche Missachtung" der Wertentscheidung des Verfassungsgebers vorwirft, nicht überzeugend. Überzeugend hingegen *Tölle*, NJW 2011, 2165 ff., *Classen*, JZ 2010, 411, 412, *Michael*, NJW 2010, 3537 ff. und *Hoppe*, DVBl 2009, 1517 ff.

[1398] Vgl. etwa EGMR NJW 2011, 1426 ff. Zum Rang und zur Geltung der EMRK vgl. Rn 4b ff.

[1399] Gesetz v. 27.6.2013, BGBl I S. 2397 (steuerliche Gleichstellung von Ehen und eingetragenen Lebenspartnerschaften): Einfügung eines § 2 VIII EStG, wonach die Regelungen des EStG zu Ehegatten und Ehen auch auf Lebenspartner und Lebenspartnerschaften anzuwenden sind.

[1400] BVerfGE 133, 59, 73 ff. (Nichtzulassung der Sukzessivadoption durch eingetragene Lebenspartner ist verfassungswidrig), dazu *R. Schmidt*, FamR, 6. Aufl. 2016, Rn 599.

definition der Ehe unter Einschluss gleichgeschlechtlicher Paare nicht entgegen (dazu bereits Rn 555d).

Infolge des Kriteriums „grundsätzlich auf Dauer angelegt" sind **geschiedene Ehen** nicht vom Schutzbereich des Art. 6 I GG erfasst.[1401] Allerdings entfaltet das Grundrecht aufgrund seiner objektiv-rechtlichen Funktion „eheliche Nachwirkungen", die sich insbesondere im Zugewinn- und Versorgungsausgleich sowie im nachehelichen Unterhalt konkretisieren (dazu Rn 559). **556**

Ob es mit dem Ziel der „gemeinsamen Lebensgestaltung" vereinbar ist, wenn eine Ehe nur **zum Schein geschlossen** wird, darf bezweifelt werden. Das betrifft insbesondere den Fall, dass eine Ehe (womöglich gegen Entgelt) nur zur Erlangung der deutschen Staatsangehörigkeit oder zur Verhinderung einer Abschiebung geschlossen wird (sog. **Aufenthaltsehe**). **557**

Beispiel: Dem sich in Deutschland aufhaltenden somalischen Staatsangehörigen S droht die Abschiebung. Er kann die sozialschwache F gegen Zahlung von 5.000,- € dazu bringen, die Ehe mit ihm einzugehen.

Die Rechtsprechung verneint den Schutz des Art. 6 I GG mit dem Argument des Gestaltungsmissbrauchs. Eheschließungen, die ausschließlich dem Zweck der Erlangung einer Aufenthaltserlaubnis durch einen der Ehepartner dienen, hätten nicht das Ziel der gemeinsamen Lebensgestaltung. Deshalb genössen sie nicht den Schutz des Art. 6 I GG. Gleiches gelte für zwar formell rechtmäßige, aber nur wegen der Weitergabe des Namens geschlossene Ehen (sog. **Namensehen**).[1402] Diese Rechtsprechung ist nicht ganz unproblematisch. Denn sie nivelliert die rechtsgestaltende Wirkung der standesamtlichen Eheschließung, die erst mit der richterlichen Ehescheidung aufgehoben wird (§ 1313 BGB). Bis auf die Fälle, in denen der Rechtsmissbrauch evident ist, sollten daher auch Aufenthalts- und Namensehen dem Schutz des Art. 6 I GG unterstellt werden, und zwar so lange, bis die Ehe gem. §§ 1314 II Nr. 5, 1315 ff. BGB aufgehoben ist.

Im obigen **Beispiel** stünde nach der Rechtsprechung Art. 6 I GG der Abschiebung des S von vornherein nichts entgegen. Aber auch nach der hier vertretenen Auffassung ergibt sich nichts anderes, weil der Missbrauch von S und F offensichtlich ist.

Nach der Rechtsprechung des BVerfG geschützt sind aber Ehen, die zwar nach deutschem Recht unwirksam, nach ausländischem Recht jedoch wirksam sind (sog. **hinkende Ehen**). Voraussetzung ist aber, dass sie mit den nach deutschem Recht geschlossenen Ehen funktional vergleichbar sind. **557a**

Beispiel[1403]**:** Der US-Amerikaner A und die Deutsche D wurden in Deutschland von einem amerikanischen Pfarrer getraut. Zunächst lebten sie noch eine Weile in Deutschland, dann eine Zeitlang in den USA, später wieder in Deutschland. Das gesamte soziale Umfeld ging von einer wirksamen Ehe aus. Nachdem A gestorben war und D Hinterbliebenenrente beantragte, versagte ihr diese die Behörde mit dem Argument der Ungültigkeit der Ehe, da in Deutschland eine Ehe nur von einem Standesbeamten geschlossen werden könne.

Ist die hinkende Ehe so, wie sie gelebt wird, mit der Ehe i.S.d. Art. 6 I GG funktional vergleichbar, bezieht sie das BVerfG in den Schutzbereich mit ein.[1404] Funktional mit der nach deutschem Recht geschlossenen Ehe vergleichbar ist eine hinkende Ehe, wenn die **557b**

[1401] BVerwGE 15, 306, 316.
[1402] BVerwGE 65, 174, 180. Scheinehen sind jedenfalls gem. § 1314 II Nr. 5 BGB aufhebbar.
[1403] In Anlehnung an BVerfGE 62, 323 ff. und *P/S/K/P*, Rn 691.
[1404] BVerfGE 62, 323, 329 f. Vgl. auch BVerwGE 123, 18, 20.

Verbindung zwischen den Partnern als lebenslange personale Gemeinschaft beabsichtigt ist und nach ihrer Ausgestaltung einer echten Lebensgemeinschaft entspricht.[1405]

Demzufolge hatte im obigen **Beispiel** D Anspruch auf Rente. Etwas anderes hätte nur dann gegolten, wenn die Ehe nach beiden Rechtskreisen unwirksam gewesen wäre. Auch Mehrehen unterliegen einer anderen Bewertung (dazu sogleich).

558 Weiterhin sind im deutschen Rechtskreis nur **Einehen** als Ehen zu verstehen.[1406] **Mehrehen** (die rechtsgültig im Ausland geschlossen wurden) können aber unter dem Gesichtspunkt des Schutzes der Familie unter Art. 6 I GG fallen.[1407]

559 Das **geschützte Verhalten** beginnt bei der Eheschließung[1408] und umfasst das eheliche Zusammenleben[1409] einschließlich der Entscheidung, gemeinsam im Bundesgebiet zu leben, und der Entscheidung, ob, wann und wie viele Kinder die Eheleute haben wollen, bis zur Ehescheidung und (zumindest vermögensrechtlich) sogar darüber hinaus. Denn das eheliche Pflichtenverhältnis wird mit der Scheidung zwar verändert, aber nicht beendet. So sind nach der Rechtsprechung des BVerfG auch die Folgewirkungen einer Ehe, etwa Unterhaltsansprüche, durch Art. 6 I GG geschützt.[1410]

560 Geschützt ist die Wahl des Ehepartners und des Zeitpunkts der Eheschließung.[1411] Auch die Entscheidung, ob die Partner einen gemeinsamen Familiennamen haben wollen und wie die Kinder heißen sollen, ist geschützt.[1412] Ebenso obliegt den Ehepartnern die freie Bestimmung des Güterrechts und der finanziellen Beziehung untereinander. Das schließt die Freiheit ein, einen auf Gleichberechtigung basierenden Ehevertrag zu schließen[1413], den gemeinsamen Wohnort zu wählen[1414] und die Aufgaben in der Gemeinschaft zu verteilen[1415].[1416] Lediglich bei Unbilligkeiten (etwa wenn der Ehevertrag einen Ehepartner extrem benachteiligt oder die einseitige Dominanz eines Ehepartners widerspiegelt) räumen die Familiengerichte unter ausdrücklicher Billigung des BVerfG[1417] für sich das Recht ein, korrigierend einzugreifen.[1418]

561 Ebenso wie der Begriff der Ehe knüpft der Begriff der **Familie** an das bürgerlichrechtliche Institut der Familie an. Nach der (antiquierten) Rechtsprechung des BVerfG ist die Familie als „Keimzelle der staatlichen Gemeinschaft" anzusehen.[1419] Nach modernem Verständnis ist unter Familie zunächst das umfassende Beziehungsverhältnis zwischen Eltern und Kindern zu verstehen, seien die Eltern miteinander verheiratet oder nicht. Auch spielt es keine Rolle, ob die Kinder minderjährig oder volljährig, aus Ein- oder Mehrehen hervorgegangen, Adoptiv-, Stief- oder Pflegekinder sind.[1420] Selbst das Zusammenleben von nur einem Elternteil mit einem (selbst nichtehelichen) Kind ist von

---

[1405] BVerfGE 62, 323, 331; OVG Lüneburg NVwZ 2005, 1739, 1740; a.A. BVerwGE 71, 228, 231.

[1406] Ist also einer der beiden Eheschließenden bereits anderweitig verheiratet, ist die Eheschließung in Deutschland ausgeschlossen (Verbot der Doppelehe). Diesem Eheverbot liegt das im hiesigen Kulturkreis vorherrschende Prinzip der Einehe (Monogamie) zugrunde. Ob dieses Prinzip mit der fortschreitenden Öffnung der deutschen Rechtsordnung gegenüber anderen Kulturkreisen dauerhaft Bestand haben wird, bleibt (ebenso wie die Entscheidung, ob eine Eheschließung zwischen Homosexuellen einmal möglich sein wird) abzuwarten.

[1407] BVerwGE 71, 228, 231 f.

[1408] Wegen BVerfGE 126, 400, 415 ff.: auch die Eingehung der eingetragenen Lebenspartnerschaft.

[1409] Vgl. BVerwGE 110, 99, 105 und die Grundsatzentscheidung BVerfGE 105, 1, 11 ff.

[1410] BVerfGE 53, 224, 250; 53, 257, 297; 66, 84, 93. Vgl. auch *Coester-Waltjen*, Jura 2009, 105, 107.

[1411] Auch hier gilt wegen BVerfGE 126, 400, 415 ff. die Wahl auch des gleichgeschlechtlichen Partners und der Zeitpunkt der Eingehung der eingetragenen Lebenspartnerschaft.

[1412] BVerfGE 104, 373, 385.

[1413] Vgl. dazu BVerfGE 103, 89, 101; BGH NJW 2004, 930 ff.; NJW 2004, 3491 ff.

[1414] BVerfG NJW 2005, 3556, 3557.

[1415] BVerfGE 105, 1, 11.

[1416] *P/S/K/P*, Rn 694.

[1417] Vgl. BVerfGE 103, 89, 101 ff.

[1418] BGH NJW 2004, 930 ff.; fortgeführt von BGH NJW 2004, 3431 ff.; NJW 2005, 142 f.; NJW 2005, 1370 ff.; OLG Hamm NJW 2006, 753 ff.

[1419] BVerfGE 6, 55, 71.

[1420] *P/S/K/P*, Rn 695.

Art. 6 I GG geschützt.[1421] Der Schutzgehalt des Art. 6 I GG schließt zudem familiäre Bindungen zwischen (sonstigen) nahen Verwandten ein, insbesondere zwischen Großeltern und ihren Enkelkindern (weiter Familienbegriff).[1422] Diese Ausweitung des Schutzbereichs übt Einfluss etwa auf die Frage aus, ob nahe Verwandte das Recht haben, bei der Entscheidung über die Auswahl eines Vormunds oder Ergänzungspflegers in Betracht gezogen zu werden. Das BVerfG bejaht dies nicht nur, sondern geht sogar so weit, dass es den nahen Verwandten bei der Entscheidung über die Auswahl eines Vormunds oder Ergänzungspflegers den Vorrang gegenüber dritten Personen einräumt, sofern nicht im Einzelfall konkrete Erkenntisse darüber vorliegen, dass dem Wohl des Kindes durch die Auswahl einer nicht verwandten Person besser gedient ist.[1423] Voraussetzung ist nur, dass eine tatsächliche enge familiäre Bindung besteht. Zugleich ist im Urteil des BVerfG eine Annäherung zur vom EGMR vorgenommenen weiten Auslegung des Art. 8 EMRK (Recht auf Achtung des Privat- und Familienlebens – dazu Rn 4b ff.) deutlich zu erkennen. Welche „Fernwirkung“ das Urteil entfalten wird, etwa auf den Gebieten des Adoptionsrechts oder des Erbschaftsteuerrechts, ist derzeit noch nicht absehbar.

Ehe und Familie stehen unter dem besonderen Schutz der staatlichen Ordnung. Mit **562**
dieser grundgesetzlichen Formulierung wird – wie bereits ausgeführt – dem Art. 6 I GG eine **Institutsgarantie** entnommen: Art. 6 I GG garantiert die normative Ausgestaltung der Ehe (und der eingetragenen Lebenspartnerschaft) als Erscheinungsform der Rechtsordnung. Dabei hat der Gesetzgeber einen erheblichen Ausgestaltungsraum, muss aber die verfassungs-, europa- und konventionsrechtlichen Strukturprinzipien beachten. Zudem begründet Art. 6 I GG eine **Schutzpflicht**. Um dieser Schutzpflicht zu entsprechen, hat der Staat alles zu unterlassen, was die Ehe (und die eingetragene Lebenspartnerschaft) beeinträchtigen könnte; positiv ist er nicht nur verpflichtet, Normen zu erlassen, die es den Bürgern ermöglichen, eine Ehe (bzw. eine eingetragene Lebenspartnerschaft) einzugehen und eine Familie zu gründen, sondern er muss sie auch durch geeignete Maßnahmen fördern.[1424] Soweit entsprechende Normen bestünden, dürfe er sie nicht ersatzlos abschaffen. Im Übrigen hat der Gesetzgeber auch bei der Gestaltung des Familienrechts (insbesondere des Ehe- und Scheidungsrechts) einen weiten Gestaltungsspielraum. Wann dieser Gestaltungsspielraum überschritten und Art. 6 I GG verletzt ist, kann nicht immer leicht festgestellt werden. Jedenfalls darf der Wesensgehalt des Art. 6 I GG nicht angetastet werden (Art. 19 II GG).[1425]

Beispiel (fiktiv): Der Gesetzgeber ändert das Familienrecht dergestalt, dass eine Ehescheidung nicht mehr eines gerichtlichen Gestaltungsurteils bedarf. Vielmehr kann bereits durch eine einseitige, empfangsbedürftige Willenserklärung seitens eines Ehepartners (also durch eine Art „Kündigung“) die Auflösung der Ehe herbeigeführt werden. Liegt hierin ein Verstoß gegen die Institutsgarantie des Art. 6 I GG?

Zum Verständnis der „verweltlichten“ bürgerlich-rechtlichen Ehe, wie es vom BVerfG zugrunde gelegt wird, gehört der Grundsatz der Unauflöslichkeit. Eine Scheidung kann nur in einem streng formalisierten gerichtlichen Verfahren erwirkt werden. Zwar ist der Gesetzgeber aufgrund seines ihm zustehenden erheblichen Gestaltungsspielraums zur Weiterentwicklung des Familienrechts befugt, aber nur insoweit, als er nicht die Institutsgarantie des Art. 6 I GG in Frage stellt. Die Institutsgarantie des Art. 6 I GG ist jedenfalls

---

[1421] Vgl. dazu insgesamt BVerfGE 79, 256, 267; 92, 158, 162 ff., 176 ff.; *Beck*, NJW 2001, 1894, 1893 f.; *Krings*, FPR 2001, 7, 8.
[1422] Auf diesen weiten Familienbegriff stellt das BVerfG nunmehr (NJW 2014, 2853, 2854 f.) explizit ab und erteilt damit seiner früheren Rechtsprechung, in der das Gericht den Begriff auf das Eltern-Kind-Verhältnis beschränkte (enger Familienbegriff, vgl. BVerfGE 48, 327, 339), eine klare Absage (dazu näher *R. Schmidt*, FamR, 6. Aufl. 2016, Rn 29a).
[1423] BVerfG NJW 2014, 2853, 2854 f.
[1424] BVerfGE 105, 313, 342 ff.
[1425] BVerfGE 105, 313, 342 ff.; 53, 224, 245: keine Berührung des „Ordnungskerns“.

dann verletzt, wenn der Gesetzgeber den Grundsatz der Unauflöslichkeit der Ehe nivelliert. Die hier vorgenommene Änderung des Familienrechts ist deshalb verfassungswidrig.

2. Das Elternrecht

563 Das Recht der Eltern zur Pflege und Erziehung (sog. **Elternrecht**) ist speziell in Art. 6 II S. 1 GG geregelt. Es umfasst die Pflege, d.h. die Sorge für das Wohl und die Erziehung der minderjährigen Kinder[1426] einschließlich des Aufenthaltsbestimmungsrechts[1427], der Entscheidungsfreiheit, ob sie die Kindeserziehung selbst vornehmen möchten oder jemand anderem anvertrauen[1428], der Namensgebung[1429] und der religiösen Erziehung[1430]. Die im Elternrecht wurzelnden Befugnisse und Pflichten nehmen mit zunehmendem Alter des Kindes ab und erlöschen mit Eintritt der Volljährigkeit des Kindes.[1431]

564 Relevant wird das Elternrecht im Bereich des **Schulwesens**, weil gem. Art. 7 I GG das gesamte Schulwesen unter der Aufsicht des Staates steht. Allerdings wird das Elternrecht des Art. 6 II S. 1 GG nicht durch Art. 7 I GG verdrängt. Vielmehr sind beide Verfassungspositionen gleichgeordnet.[1432] So ist die allgemeine Schulpflicht mit Art. 6 II S. 1 GG vereinbar, da – wie das BVerfG zutreffend konstatiert – eine „gemeinsame Erziehungsaufgabe" von Eltern und Schule besteht[1433], die die Ausformung von „Parallelgesellschaften" vermeiden und Minderheiten in die Gesellschaft integrieren soll[1434]. Die Eltern haben aber ein grundsätzliches Wahlrecht zwischen verschiedenen Schulformen.[1435] Des Weiteren ist in der Rechtsprechung anerkannt, dass aus dem Elternrecht keine Ansprüche auf einen bestimmten Standort einer Schule abgeleitet werden können, solange das Recht auf freie Schulwahl nicht unzumutbar eingeschränkt und der Ausbildungsanspruch der Schüler nicht wesentlich beeinträchtigt wird.[1436] Auch können die Eltern nicht verlangen, dass ihnen eine ihren Wünschen entsprechende Schule zur Verfügung gestellt wird. Zur Frage nach den sonstigen (begrenzten) Mitwirkungsrechten der Eltern im Schulbereich vgl. die Beispiele bei Rn 584.

565 Träger des Grundrechts sind nicht nur die **leiblichen Eltern**[1437], sondern auch die **Adoptiveltern**.[1438] Dagegen sollen sich **Pflegeeltern** *nicht* auf das Elternrecht berufen können.[1439] Träger des Elternrechts sind auch Väter von nichtehelichen Kindern, deren Interessen etwa bei der Adoption des Kindes von dritter Seite zu beachten sind. Der Gesetzgeber muss hier eine Ausgestaltung wählen, welche die Interessen des Vaters hinreichend berücksichtigt.[1440]

[1426] Vgl. aus jüngerer Zeit BVerfG NJW 2003, 1031; FamRZ 2014, 1177; NJW 2015, 44, 45 ff.; NJW 2015, 223, 224.
[1427] BVerfG FamRZ 2014, 1177; NJW 2015, 44, 45 ff.
[1428] BVerfGE 99, 216, 234; 105, 313, 354; *Beaucamp*, JA 2014, 682, 685.
[1429] BVerfG NJW 2009, 663 ff. (Schutz der freien Wahl des Vornamens, solange keine Kindeswohlgefährdung vorliegt). Zur Frage nach der Verfassungsmäßigkeit des Ausschlusses von Familiendoppelnamen der Kinder vgl. BVerfGE 103, 373 ff.
[1430] Vgl. dazu Rn 373 ff.
[1431] BVerfGE 59, 360, 382; 72, 122, 137. Zwar kann die im BGB genannte Altersgrenze zur Volljährigkeit von 18 Jahren (§ 2 BGB) nicht automatisch ein verfassungsrechtliches Recht entfallen lassen, jedoch ist es zulässig, einfachgesetzliche Regelungen als Orientierungshilfe bei der Bestimmung der Reichweite von Verfassungsnormen heranzuziehen.
[1432] BVerfG NJW 2015, 44, 45 ff.
[1433] BVerfGE 98, 218, 244 f.
[1434] BVerfG NJW 2015, 44, 45 ff. Zur Vereinbarkeit der allgemeinen Schulpflicht mit Art. 4 GG vgl. Rn 583 f.
[1435] Vgl. dazu insgesamt BVerfGE 34, 165, 182 f., 197 ff.
[1436] *Theuersbacher*, NVwZ 1999, 838, 839 unter Bezugnahme auf OVG Münster NVwZ-RR 1996, 90; VGH Mannheim NVwZ-RR 1996, 89.
[1437] Keine Rolle spielt es, ob die Eltern miteinander verheiratet sind. Auch nicht verheiratete Eltern sind Grundsrechtsträger aus Art. 6 II S. 1 GG (insoweit klarstellend BVerfG FamRZ 2015, 817 f.).
[1438] *Coester-Waltjen*, in: v. Münch/Kunig, GG, Art. 6 Rn 71.
[1439] BVerfGE 79, 51, 60; offengelassen von BVerfG NJW 1994, 183.
[1440] BVerfG NJW 1995, 2155, 2157 f.

II. Eingriff in den Schutzbereich

Da die Begriffe Ehe und Familie einer Ausgestaltung durch den Gesetzgeber bedürfen, stellt nicht jede ehe- und familienbezogene Regelung einen Eingriff dar. Es kann schlicht eine Definition der Begriffe Ehe und Familie vorliegen. 566

Beispiele für definierende Regelungen[1441]**: (1)** § 1353 I S. 2 BGB verpflichtet die Ehegatten einander zur ehelichen Lebensgemeinschaft und zu gegenseitigen Verantwortung. **(2)** Nach § 1357 I BGB ist jeder Ehegatte berechtigt, Geschäfte zur angemessenen Deckung des Lebensbedarfs der Familie mit Wirkung für und gegen den anderen Ehegatten zu besorgen. **(3)** Auch die Regelungen über das Scheidungsrecht (§§ 1564 ff. BGB) definieren das Gebilde Ehe.

Grundrechten mit Ausgestaltungs- und Regelungsvorbehalt (und damit auch Art. 6 I GG) ist es eigentümlich, dass ausgestaltende und regelnde einfachgesetzliche Bestimmungen, die den Ausgestaltungs- bzw. Regelungsspielraum nicht überschreiten, zwar keine Grundrechtseingriffe darstellen, jedoch mit (sonstigen) verfassungsrechtlichen Vorgaben vereinbar sein müssen. Der Unterschied zu „echten" Grundrechtseingriffen besteht v.a. darin, dass das Zitiergebot nicht gilt und geringere Anforderungen an die Verhältnismäßigkeit zu stellen sind (vgl. dazu bereits Rn 145, 156 ff.). Das ist auch bei Art. 6 I GG der Fall. Gesetzliche Ausgestaltungen und Regelungen, die die Definition von Ehe und Familie nicht verlassen, stellen sich also nicht als Grundrechtseingriffe dar. In diesem Fall kommt es für die Rechtmäßigkeit darauf an, ob die *Einzelmaßnahme* einen Grundrechtseingriff darstellt und verfassungsrechtlich zu rechtfertigen ist. Nach der ständigen Rechtsprechung des BVerfG liegt ein Eingriff in Art. 6 I GG immer dann vor, wenn eine betreffende Regelung die Ehe und Familie beeinträchtigt bzw. wenn sie mit der Institutsgarantie des Art. 6 I GG nicht zu vereinbaren ist.[1442] 567

Ein Eingriff kann auch in der **Verweigerung von Schutz** gesehen werden, denn der Staat hat die Pflicht, Ehe und Familie vor Beeinträchtigungen durch andere Kräfte zu bewahren und durch geeignete Maßnahmen zu fördern (objektiv-rechtliche Dimension des Grundrechts). Allerdings hat der Staat hier einen weiten Spielraum. Die Pflicht zur Förderung umfasst insbesondere den wirtschaftlichen Zusammenhalt der Familie. Die staatliche Familienförderung steht aber unter dem Vorbehalt des Möglichen: Die Familie kann nur diejenige Leistung erwarten, die vernünftigerweise erwartet werden kann. Der Staat ist daher nicht verpflichtet, jegliche die Familie treffende finanzielle Belastung auszugleichen.[1443] 568

Eingriffe in das **Elternrecht** (Art. 6 II S. 1 GG) sind staatliche Maßnahmen, die sowohl das Elternrecht im Verhältnis zum Kind beschränken (z.B. Schulpflicht[1444], aber auch Beschränkungen in der Namensgebung[1445]) als auch das Verhältnis der Eltern untereinander (z.B. die Übertragung des alleinigen Sorgerechts auf einen Elternteil oder auf einen Dritten). Dabei gilt jedoch, dass der generelle Ausschluss eines Elternteils von der Kindssorge grds. verfassungswidrig ist[1446], was den – vollständigen oder teilweisen – Ausschluss eines Elternteils von der Personensorge im Einzelfall (aufgrund von Gewalt- 569

[1441] Vgl. *P/S/K/P*, Rn 702.
[1442] BVerfGE 6, 55, 76; 55, 114, 126 f.; 81, 1, 6. Vgl. auch BVerfGE 105, 313, 342 ff.
[1443] BVerfGE 23, 258, 264; 55, 114, 127; 75, 348, 360.
[1444] Auch die Bestrafung nach den Schulgesetzen (z.B. nach § 182 I HessSchulG) wegen Entziehung des Kindes von der Schulpflicht stellt einen (gerechtfertigten) Eingriff in das Elternrecht aus Art. 6 II S. 1 GG dar (BVerfG NJW 2015, 44 ff.).
[1445] Vgl. BVerfG NJW 2009, 663 ff.
[1446] Vgl. BVerfGE 61, 358, 375; 84, 168, 181; BVerfG NJW 2015, 223, 224; FamRZ 2014, 1177; ZKJ 2014, 242; FamRZ 2014, 907; FamRZ 2014, 1270; NJW 2014, 2936.

tätigkeit; Verwahrlosung etc.) jedoch nicht ausschließt, wobei strenge Voraussetzungen zu beachten sind[1447] (unten Rn 576).

570 Einen tiefgreifenden Eingriff in das Elternrecht *des Vaters* aus Art. 6 II S. 1 GG stellt es dar, wenn das Gesetz ohne die Möglichkeit einer gerichtlichen Überprüfung die Teilhabe an der gemeinsamen Sorge von der Zustimmung der Mutter abhängig macht.

571 Dennoch wurde § 1626a I Nr. 1, II BGB vom BVerfG zunächst als verfassungsgemäß angesehen.[1448] Der daraufhin angerufene EGMR war jedoch anderer Meinung und entschied, dass die Regelung gegen das Diskriminierungsverbot nach Art. 14 i.V.m. Art. 8 EMRK verstoße. Das gesetzliche alleinige Sorgerecht der Mutter, das eine (gerichtliche) Prüfung nicht zulasse, ob im Einzelfall nicht auch ein Sorgerecht des Vaters in Betracht komme, stelle eine Ungleichbehandlung des Vaters dar, die auch nicht durch Gründe des Kindeswohls zu rechtfertigen sei.[1449] Daraufhin hat dann auch das BVerfG seine Meinung geändert. Es hat entschieden, dass mit der gesetzlichen Zuordnung des alleinigen Sorgerechts für ein nichteheliches Kind zur Mutter eine Verletzung des Elternrechts des Kindsvaters aus Art. 6 II GG vorliege, weil dieser ohne Zustimmung der Mutter generell von der Sorgetragung für sein Kind ausgeschlossen sei und nicht überprüfen lassen könne, ob es aus Gründen des Kindeswohls angezeigt sei, ihm zusammen mit der Mutter die Sorge für sein Kind einzuräumen oder ihm anstelle der Mutter die Alleinsorge für sein Kind zu übertragen.[1450] Dasselbe gelte hinsichtlich § 1672 BGB, da auch durch den Zustimmungsvorbehalt der Mutter das Elternrecht des Vaters verletzt werde.[1451] Der Gesetzgeber ist daraufhin tätig geworden und hat durch Gesetz v. 16. 4.2013 (BGBl I S. 795), welches am 19.5.2013 in Kraft trat, die Vorschrift des § 1626a BGB geändert. Danach ist die gemeinsame elterliche Sorge auch durch familiengerichtliche Übertragung auf Antrag eines Elternteils gegeben, wenn die Übertragung „dem Kindeswohl nicht widerspricht" (§ 1626a I Nr. 3, II BGB).

572 Auch die (gesetzliche) Erschwerung der gegenüber dem rechtlichen Vater bestehenden Vaterschaft durch den leiblichen Vater stellt einen Eingriff in das Elternrecht dar.[1452] Den gravierendsten Eingriff in das Elternrecht stellt aber die Entziehung des Sorgerechts hinsichtlich beider Elternteile dar.[1453] Zur Rechtfertigung siehe sogleich Rn 576.

III. Verfassungsrechtliche Rechtfertigung von Eingriffen

573 Grundrechtsbeeinträchtigende Maßnahmen bedürfen stets einer verfassungsrechtlichen Rechtfertigung. Hinsichtlich Art. 6 GG ist zu unterscheiden: Art. 6 I GG ist vorbehaltlos garantiert. Eingriffe können daher nur verfassungsimmanent, d.h. durch kollidierende höherwertige Grundrechte Dritter und andere mit Verfassungsrang ausgestattete Rechte im Rahmen der Verhältnismäßigkeit legitimiert werden.

Beispiele: Die **Ausweisung eines Ausländers**, der in Deutschland verheiratet ist und/ oder Kinder hat, stellt einen Eingriff in Art. 6 I GG dar. Hinsichtlich der verfassungsrechtlichen Rechtfertigung, die in den Regelungen des AufenthG über die Erteilung einer Aufenthaltserlaubnis zu suchen ist, hat das BVerfG entschieden, dass Art. 6 I GG keinen Anspruch auf Aufenthalt (oder Familiennachzug) gewähre. Zwar mache die Ausweisung die Aufrechterhaltung des ehelichen bzw. familiären Zusammenhalts in Deutschland unmöglich, der Aufenthalt für Ausländer in Deutschland sei aber nicht grundsätzlich gewährleistet. Ausländer und Deutsche, die Ehen mit Ausländern schließen, müssten daher damit rechnen, dass sie das familiäre Zusammenleben nicht stets in der Bundesrepublik

---

[1447] Vgl. BVerfG NJW 2015, 223, 224; FamRZ 2014, 1177; ZKJ 2014, 242; FamRZ 2014, 907; FamRZ 2014, 1270; NJW 2014, 2936. Vgl. auch OLG Nürnberg 11.6.2015 – 9 UF 1430/14 u. 9 UF 1549/14.
[1448] BVerfGE 107, 150, 168 ff.
[1449] EGMR NJW 2010, 501.
[1450] BVerfG NJW 2010, 3008.
[1451] BVerfG NJW 2010, 3008, 3011.
[1452] BVerfG FamRZ 2015, 817 f.; vgl. dazu ausführlich *R. Schmidt*, FamR, 6. Aufl. 2016, Rn 485.
[1453] BVerfG NJW 2015, 223.

Deutschland verwirklichen können.[1454] Ob im konkreten Fall ausgewiesen werden dürfe, sei eine Frage der Verhältnismäßigkeit.[1455] Je verwurzelter die Ehe oder Familie in Deutschland seien (Lebens-, Beistands-, Erziehungsgemeinschaft und nicht bloße Begegnungsgemeinschaft), desto schwerwiegender müssten die Gründe sein, um eine Ausweisung zu rechtfertigen.[1456] Das **Lebenspartnerschaftsgesetz** hat nach Auffassung des BVerfG den Bereich der definierenden Regelungen nicht verlassen. Sein Erlass stelle insoweit schon keinen Eingriff in Art. 6 I GG dar.[1457] Vgl. zur Problematik Rn 555d ff.

Auch das Elternrecht aus Art. 6 II S. 1 GG steht zunächst unter dem Vorbehalt der Abwägung mit kollidierenden Verfassungsgütern. So ist die allgemeine Schulpflicht geeignet, das Elternrecht zu begrenzen (dazu Rn 564). Eine grundrechtsimmanente Schranke enthält Art. 6 II S. 2 GG („**staatliches Wächteramt**"). Der Staat soll lediglich darüber wachen, dass die Kindeserziehung dem Wohl des Kindes entspricht, und erst dann einschreiten, wenn das Kindeswohl konkret gefährdet ist.[1458] Aus rechtsstaatlichen Gründen (Vorbehalt des Gesetzes, Art. 20 III GG) dürfen Einschränkungen aber nur durch Gesetz oder aufgrund eines Gesetzes erfolgen. Beim Elternrecht muss das einschränkende Gesetz dabei der Pflege und Erziehung der Kinder dienen. Art. 6 II S. 2 GG ist somit ein **qualifizierter Gesetzesvorbehalt**.[1459] Bei einer Kollision zwischen dem Kindeswohl und dem Elternrecht genießt grundsätzlich das Kindeswohl den Vorrang.[1460] Vgl. dazu auch bereits Rn 569 ff. **574**

Eine (landes-)gesetzlich angeordnete Impfpflicht, die zugunsten des Gesundheitsschutzes der Kinder eingeführt würde, müsste also der Pflege und Erziehung der Kinder dienen. Sollten die durch die Impfung hervorgerufenen Symptome vergleichbar sein mit denjenigen der Krankheit, vor der die Impfung schützen soll (etwa Masern), wäre das Gesetz nicht mit Art. 6 II GG vereinbar. **575**

Verwaltungsvorschriften (etwa Dienstanweisung für Standesbeamte, keine Vornamen zu akzeptieren, die keine eindeutige Zuordnung zu einem Geschlecht zulassen) genügen dem Gesetzesvorbehalt des Art. 6 II S. 2 GG von vornherein nicht. Die Weigerung, einen bestimmten Vornamen einzutragen, kann sich allerdings aus dem in Art. 6 II S. 2 GG niedergelegten Schutzauftrag des Staates ergeben, darüber zu wachen, dass u.a. nur solche Vornamen akzeptiert werden, die dem Kindeswohl nicht zuwiderlaufen. Das ist stets im Einzelfall zu prüfen.[1461]

Die **Entziehung des Sorgerechts** ist dagegen grds. unzulässig, wenn nicht einer der besonderen, in Art. 6 III GG genannten Gründe *Versagen der Erziehungsberechtigten* und *Drohung der Verwahrlosung der Kinder* (die mittelbar auch über das Persönlichkeitsrecht des Kindes Verstärkung finden) vorliegt. **576**

Beispiel 1[1462]**:** Nach seiner Einschulung entwickelte K sehr gewalttätige Wutausbrüche, bei denen er mehrere Erwachsene verletzte. In der Folgezeit fand eine ambulante Psychotherapie statt, dort wurden u.a. eine Störung des Sozialverhaltens und eine Selbstwertproblematik diagnostiziert. Im Rahmen einer stationären psychiatrischen Behandlung wurde zudem eine phobische Störung mit Wutanfällen diagnostiziert; K erhält seitdem Psychopharmaka. Den Eltern fiel es schwer, dem Kind Strukturen und Regeln, Halt und

[1454] BVerfGE 76, 1, 47; BVerwGE 110, 99, 105; a.A. *Zuleeg*, DÖV 1988, 587, 588 ff.

[1455] So etwa BVerfG NVwZ 2011, 870 f. (die nach § 30 I S. 1 Nr. 2 AufenthG für die Erteilung einer Aufenthaltserlaubnis erforderliche Verpflichtung des Ehegatten eines in Deutschland lebenden Ausländers, sich zumindest auf einfache Art in dt. Sprache verständigen zu können, verstößt nicht gg Art. 6 I, II GG). Differenzierend EuGH NVwZ 2014, 1081, 1082 f.

[1456] Vgl. dazu BVerwGE 106, 13, 19.

[1457] BVerfGE 105, 313, 346 ff.

[1458] BVerfG NJW 2015, 223 ff.; *Coester-Waltjen*, in: v. Münch/Kunig, GG, Art. 6 Rn 93; *Beaucamp*, JA 2014, 682, 695.

[1459] BVerfGE 7, 320, 323; 24, 119, 138; 84, 168, 181.

[1460] BVerfGE 99, 145, 156.

[1461] Vgl. BVerfG NJW 2009, 663 ff.

[1462] In Anlehnung an BVerfG FamRZ 2014, 1177. Vgl. auch BVerfG NJW 2015, 223 ff. Zur Vereinbarkeit des Entzugs des elterlichen Sorgerechts mit Art. 8 EMRK vgl. EGMR NJW 2014, 2015 f. (zur Bedeutung der EMRK vgl. bereits Rn 6).

Orientierung zu vermitteln. Daraufhin entzog ihnen das Familiengericht das Aufenthaltsbestimmungsrecht sowie weitere große Teile des Sorgerechts. Zu Recht?

Das BVerfG hat entschieden, dass eine Entziehung des Sorgerechts nur dann gerechtfertigt ist, wenn das Kind beim Verbleib bei den Eltern in seinem körperlichen, geistigen oder seelischen Wohl nachhaltig gefährdet wäre.[1463] Zudem sei die Entziehung des Sorgerechts als Ultima Ratio nur dann verhältnismäßig, wenn zur Beseitigung der festgestellten Gefährdung des Kindes keine milderen Mittel erkennbar seien, mit denen der Gefahr genauso wirksam begegnet werden könne. Die Entziehung des Aufenthaltsbestimmungsrechts sowie weiterer großer Teile des Sorgerechts sei daher unverhältnismäßig, wenn nicht zuvor mildere Maßnahmen als erfolglos festgestellt würden. Jedenfalls sei ein Sorgerechtsentzug auf Vorrat nicht zu rechtfertigen.[1464]

Beispiel 2[1465]**:** Mehrere der Glaubensgemeinschaft „Zwölf Stämme" angehörende Eltern praktizierten in Übereinstimmung mit ihrer religiösen Überzeugung körperliche Züchtigungen mit der Rute an ihren minderjährigen Kindern. Daraufhin entzog ihnen das Familiengericht Teilbereiche der elterlichen Sorge, insbesondere das Aufenthaltsbestimmungsrecht.

Nach Auffassung des OLG Nürnberg, das die Entscheidung des Familiengerichts bestätigte, steht fest, dass die betroffenen Eltern aufgrund ihrer religiösen Überzeugung ihre Kinder auch in Zukunft körperlich züchtigen würden, weil die Züchtigung mit der Rute nach den Vorstellungen der Glaubensgemeinschaft, die die betroffenen Eltern teilen, unabdingbar zur Kindererziehung gehört.

Dem ist uneingeschränkt zuzustimmen. In Konkretisierung des Art. 2 II S. 1 Var. 2 GG (Recht auf körperliche Unversehrtheit) verbietet § 1631 II BGB körperliche Strafen und andere entwürdigende Maßnahmen.

Werden körperliche Züchtigungen nachhaltig vorgenommen und sind damit weitere entwürdigende Maßnahmen wie der Einsatz einer Rute verbunden, muss das Kindeswohl als gefährdet angesehen werden. Zutreffend führt das OLG Nürnberg dazu aus, dass die Gefährdung des Kindeswohls bereits darin liege, dass die Kinder einer solchen Behandlung künftig wiederkehrend ausgesetzt seien, ständig mit der Verabreichung von Schlägen rechnen und daher in Angst davor leben müssten. Hinzu komme, dass sie beim Einsatz der Rute körperliche Schmerzen erdulden müssten und die daraus resultierende Demütigung als psychischen Schmerz erführen. Zwar stelle eine Trennung der Eltern von ihren leiblichen Kindern den stärksten vorstellbaren staatlichen Eingriff in das Elternrecht dar. Mildere Maßnahmen kämen aber nicht in Betracht, um die Kindeswohlgefährdung abzustellen.

Im Ergebnis ist daher der Eingriff in das Elternrecht aus Art. 6 II S. 1 GG gerechtfertigt.

577 Im Rahmen des elterlichen Erziehungsrechts enthält Art. 7 I GG einen besonderen Gesetzesvorbehalt. Sofern Art. 7 I GG einen Eingriff in das Elternrecht zulässt, bedarf es bei der Frage nach der Verfassungsmäßigkeit des Eingriffs eines Ausgleichs mit dem elterlichen Erziehungsrecht (praktische Konkordanz) – vgl. dazu auch Rn 584.

IV. Konkurrenzen

578 Im Verhältnis zu Art. 3 III GG ist Art. 6 I GG lex specialis.[1466] Innerhalb des Art. 6 GG gehen die Absätze II und III dem Absatz I vor.[1467] Abs. IV verstärkt die Bedeutung des Abs. I.

[1463] BVerfG NJW 2015, 223 mit Verweis auf BVerfGE 60, 79, 91.

[1464] Vgl. auch BVerfG ZKJ 2014, 242; FamRZ 2014, 907; FamRZ 2014, 1270; NJW 2014, 2936; NJW 2015, 223, 224. Diese Entscheidungen heben allesamt die hohe Bedeutung des Elternrechts hervor. Ob damit das (kollidierende) Kindeswohl stets hinreichend Beachtung findet, erscheint fraglich (kritisch auch *Heilmann*, NJW 2014, 2904, 2906 ff.).

[1465] Nach OLG Nürnberg 11.6.2015 – 9 UF 1430/14 u. 9 UF 1549/14.

[1466] BVerfG NJW 1993, 3058; *Jarass*, in: Jarass/Pieroth, GG Art. 6 Rn 11.

[1467] *Stern*, StaatsR IV/1, S. 646.

J. Schulbezogene Grundrechte – Art. 7 GG

Art. 7 GG ist eine inhomogene Vorschrift. Sie enthält nicht nur Grundrechte, sondern **579** auch Einrichtungsgarantien und Auslegungsregeln für den Bereich des Schulrechts.[1468] Geregelt sind neben der institutionellen Garantie der staatlichen Schulaufsicht (Abs. I) und des Religionsunterrichts (Abs. III) die Institutsgarantie der Privatschulen (Abs. IV) und Abwehrrechte im Sinne subjektiver öffentlicher Rechte (Abs. II, III S. 3 und IV S. 1). Wegen Art. 5 III GG erfasst Art. 7 GG nicht die Hochschulen.

I. Staatliche Schulaufsicht – Art. 7 I GG

Schulen sind Einrichtungen, die auf gewisse Dauer berechnet sind und ein zusammen- **580** hängendes Unterrichtsprogramm haben.[1469]

> **Beispiele:** Grund-, Haupt-, Realschule, Orientierungsstufe, Gymnasium, Berufsschule. Keine Schulen sind dagegen Fahrschulen, Lehrgänge, Arbeitsgemeinschaften, Vortragsreihen, Kindergärten und die Volkshochschulen.[1470]

Schulträger sind in der Bundesrepublik Deutschland die Länder, die Kommunen (Ge- **581** meinden)[1471], die Kirchen und auch Privatpersonen. Dementsprechend unterscheidet man zwischen öffentlichen Schulen und Privatschulen. Das Schulrecht ist in Ermangelung einer entgegenstehenden grundgesetzlichen Regelung Landesrecht. Vgl. dazu die Landesverfassungen, Schulgesetze, Schulorganisationsgesetze, Schulbedarfsgesetze, Schulpflichtgesetze und die Schulordnungen.

Der Begriff der Schulaufsicht wird traditionell als die Gesamtheit der staatlichen Befug- **582** nisse zur Organisation, Leitung und Planung des Schulwesens verstanden.[1472] Sie umfasst die in den Schulgesetzen der Länder statuierte **allgemeine Schulpflicht** und tritt in allen Formen der Staatsaufsicht auf, also in der Form der Rechts-, Fach- und Dienstaufsicht.[1473] Sie umfasst auch die Festlegung der Ausbildungsgänge und Unterrichtsziele sowie die Errichtung, Änderung und Aufhebung von Schulen.[1474] Zudem statuiert Art. 7 I GG einen Integrationsauftrag, d.h. Kinder verschiedener gesellschaftlicher, kultureller und religiöser Gruppen sind in einem gemeinsamen Schulkonzept zu integrieren.[1475] Da das gesamte Schulwesen unter der Aufsicht des Staates steht, sind **Beschränkungen** des staatlichen Integrations- und Erziehungsauftrags möglich. Beschränkungen müssen aber zur Verwirklichung der legitimen Ziele der Schulaufsicht geeignet, erforderlich und angemessen sein sowie durch Gesetz erfolgen und in einem Verhältnis praktischer Konkordanz stehen. Diese Aufgabe nehmen die Schulgesetze der Länder wahr.

Begrenzt wird der staatliche Integrations- und Erziehungsauftrag aus Art. 7 I GG durch **583** kollidierende Verfassungsgüter; insbesondere können die **Religionsfreiheit** der Schüler und Eltern (Art. 4 I GG) sowie das **Elternrecht** (Art. 6 II S. 1 GG – dazu Rn 563) den Gewährleistungsgehalt des Art. 7 I GG begrenzen.[1476] So ist auf die religiösen Verhaltensgebote Rücksicht zu nehmen. Jedoch ist einer Schülerin muslimischen Glaubens

---

[1468] BVerfGE 75, 40, 61 (Privatschulfinanzierung); *P/S/K/P*, Rn 726.
[1469] *Hemmrich*, in: v. Münch/Kunig, GG, Art. 7 Rn 4.
[1470] Vgl. dazu näher *Hemmrich*, in: v. Münch/Kunig, GG, Art. 7 Rn 4 f.
[1471] Gerade bei größeren und leistungsfähigen Gemeinden gehört es zum verfassungsrechtlich gewährleisteten Kernbestand kommunaler Selbstverwaltung (vgl. Art. 28 II S. 1 GG), Schulträger zu sein.
[1472] BVerfGE 26, 228, 238 (Schulzweckverbandsausschluss); BVerwGE 47, 201, 204.
[1473] Zu den einzelnen Arten der Staatsaufsicht vgl. *R. Schmidt*, AllgVerwR, Rn 89 ff.
[1474] St. Rspr., vgl. nur BVerfGE 59, 360, 377 (Schweigepflicht des Schülerberaters).
[1475] Vgl. etwa BVerwG NVwZ 2014, 81, 82 ff.
[1476] BVerfGE 34, 165, 182 f. (Hessisches Schulpflichtgesetz); 52, 223, 236 (Schulgebet); vgl. auch BVerwG NVwZ 2014, 81, 82 ff.; OVG Bremen NordÖR 2009, 158 ff. Auch die Bestrafung nach den Schulgesetzen (z.B. nach § 182 I HessSchulG) wegen Entziehung des Kindes von der Schulpflicht stellt einen durch den staatlichen Erziehungsauftrag gerechtfertigten Eingriff in das Elternrecht aus Art. 6 II S. 1 GG dar (BVerfG NJW 2015, 44 ff.).

die Teilnahme am koedukativen Schwimmunterricht in einer Badebekleidung zumutbar, die muslimischen Bekleidungsvorschriften entspricht.[1477] Eltern können wählen, welchen Bildungsweg ihre Kinder einschlagen. Das Elternrecht verpflichtet den Staat jedoch nicht, eine den Wünschen der Eltern entsprechende Schulform zu errichten. Auch die konkrete Ausgestaltung des Unterrichts kann nicht den Vorstellungen aller Eltern entsprechen. Insoweit billigt Art. 7 GG dem Staat bzw. der Schulverwaltung einen **weiten Gestaltungsspielraum** hinsichtlich der organisatorischen, pädagogischen und didaktischen Gestaltung des Unterrichts zu.[1478]

584 So haben die Eltern kein Mitwirkungsrecht bei der Errichtung einer Förderstufe, bei der Neuordnung einer gymnasialen Oberstufe[1479], bei der Festlegung der ersten Fremdsprache in der Orientierungsstufe, bei der Schaffung der integrierten Gesamtschule oder bei der Veränderung eines humanistischen Gymnasiums.[1480] Auch kann sich das Elternrecht nicht gegen den staatlichen Schulauftrag durchsetzen, wenn es um die Frage geht, ob die Eltern ein Recht haben, ihre Kinder unter staatlicher Aufsicht privat zu Hause unterrichten zu lassen.[1481] Schließlich haben die Eltern keinen Anspruch auf Einführung eines Ethikunterrichts (an Grundschulen).[1482] Derartige Entscheidungen fallen in das staatliche Gestaltungsrecht im Schulwesen. Wegen der Eingriffsintensität hat das BVerfG den Eltern aber einen Anspruch auf Information über Inhalt und Methode eines fächerübergreifenden Sexualkundeunterrichts zugesprochen.[1483]

Generell ist eine **praktische Konkordanz** zwischen dem staatlichen Integrations-, Erziehungs- und Bildungsauftrag (Art. 7 I GG) und dem elterlichen Erziehungsrecht (Art. 6 II GG) bzw. der Religionsfreiheit der Eltern und Schüler (Art. 4 I GG) herzustellen.

Beispiel[1484]**:** Der Kultusminister des Bundeslandes X erlässt eine Richtlinie, durch die der Sexualkundeunterricht an den öffentlichen Schulen des Landes eingeführt werden soll. Die Eltern des Schülers A sehen darin einen unzulässigen Eingriff in ihr Elternrecht. Sie sind der Auffassung, die Sexualerziehung sei ausschließlich Sache der Eltern.

Ohne Zweifel unterfällt die individuelle Sexualerziehung dem Elternrecht aus Art. 6 II GG. Gleichwohl besitzt der Staat einen Integrations-, Erziehungs- und Bildungsauftrag (Art. 7 I GG). Er ist daher grundsätzlich nicht gehindert, Sexualkundeunterricht an den öffentlichen Schulen durchzuführen. Aufgrund der mit der Sexualerziehung verbundenen Grundrechtsrelevanz (Beachtung verschiedener weltlicher und/oder religiöser Wertvorstellungen sowohl der Kinder als auch der Eltern) bedarf es aber einer formell-gesetzlichen Rechtsgrundlage (Vorbehalt des Gesetzes; Wesentlichkeitsrechtsprechung). Eine solche würde etwa eine entsprechende Bestimmung des Schulgesetzes des Landes X darstellen. An einer derartigen Bestimmung fehlt es vorliegend jedoch. Die Einführung des Sexualkundeunterrichts verstößt daher gegen das elterliche Erziehungsrecht aus Art. 6 II GG.
Selbst wenn man eine entsprechende formell-gesetzliche Grundlage unterstellen würde, bliebe zu beachten, dass diese einen angemessenen Ausgleich zwischen dem elterlichen Erziehungsrecht aus Art. 6 II GG und dem staatlichen Erziehungsauftrag (Art. 7 I GG) treffen muss (praktische Konkordanz). Das ist bei den in den Schulen auferlegten Geboten der Zurückhaltung und Toleranz auf dem Gebiet der Sexualerziehung der Fall.[1485]

[1477] BVerwG NVwZ 2014, 81, 82 ff.
[1478] Das wird auch vom BVerwG betont (BVerwG NVwZ 2014, 1163).
[1479] BVerfGE 53, 185, 195 ff.
[1480] Vgl. *P/S/K/P*, Rn 699.
[1481] OVG Bremen NordÖR 2009, 158 ff.
[1482] BVerwG NVwZ 2014, 1163 ff.
[1483] BVerfGE 47, 46, 76.
[1484] Vgl. BVerfGE 47, 46 ff. (Sexualkundeunterricht).
[1485] Vgl. BVerwG NVwZ 2009, 56 ff. (mit Bespr. v. *Hufen*, JuS 2009, 555).

II. Religionsunterricht – Art. 7 II und III GG

Art. 7 II GG gewährleistet das Recht der Erziehungsberechtigten, über die Teilnahme des Kindes am Religionsunterricht zu bestimmen. Damit konkretisiert die Vorschrift das elterliche Erziehungsrecht des Art. 6 II S. 1 GG und die Religions- und Weltanschauungsfreiheit der Eltern (Art. 4 I und II GG). Allerdings ist zu beachten, dass das Kind nach Erreichen der sog. Religionsmündigkeit (vgl. § 5 S. 1 RelKErzG sowie Rn 81 ff. und Rn 1028) selbst über die Teilnahme am Religionsunterricht bestimmen kann. Ein entgegenstehender Wille der Erziehungsberechtigten ist dann unbeachtlich. Dies ergibt sich unmittelbar aus Art. 4 I GG.[1486] Kein Verstoß gegen Art. 7 II bzw. Art. 4 I und II sowie Art. 6 II S. 1, Art. 3 I und Art. 33 III S. 2 GG liegt vor, wenn die Länder für am Religionsunterricht nicht teilnehmende Schüler einen obligatorischen Ersatzunterricht, z.B. Philosophie oder Ethik, einrichten[1487], wobei ein Anspruch der Eltern nicht besteht. 585

Art. 7 III S. 1 GG stellt v.a. eine organisationsrechtliche Regelung dar: Trotz der grundsätzlichen Trennung von Staat und Kirche ist der Staat verpflichtet, innerhalb des staatlichen Schulwesens Religionsunterricht einzurichten, d.h. zu veranstalten und die Kosten dafür zu tragen. Art. 7 III GG ist *lex specialis* zu Art. 137 I WRV i.V.m. Art. 140 GG. Darüber hinaus handelt es sich bei Art. 7 III S. 1 (und S. 2) GG um ein Grundrecht der Eltern, Schüler *und* Religionsgemeinschaften.[1488] Es wird den Religionsgemeinschaften garantiert, dass Religionsunterricht als ordentliches Unterrichtsfach (d.h. als Pflichtfach) an allen öffentlichen Schulen (mit Ausnahme der bekenntnisfreien Schulen) stattfindet. Unter bestimmten Voraussetzungen gewährt Art. 7 III S. 1 GG den Religionsgemeinschaften sogar einen Rechtsanspruch gegen den Staat auf Einführung eines ihren Glaubensinhalten entsprechenden Religionsunterrichts an seinen Schulen.[1489] 586

Insbesondere in Großstädten wird – soweit nicht bereits eingeführt – die Möglichkeit einer **religiösen Unterweisung muslimischer Schüler** an öffentlichen Schulen diskutiert.[1490] Da Art. 7 III GG – wie gesehen – auch eine Anspruchsgrundlage zugunsten des Religionsunterrichts darstellt, können Staat und Schulträger unter bestimmten Voraussetzungen von Schülern, Eltern und Organisationen islamischen Glaubens verpflichtet werden, einen islamischen Religionsunterricht einzuführen bzw. zuzulassen. Art. 7 III GG knüpft daran folgende Voraussetzungen[1491]: 587

- Erforderlich ist zunächst, dass die islamische Unterweisung *Religionsunterricht* i.S.v. Art. 7 III GG darstellt. Zweifellos ist der Islam eine Religion. Um als Religionsunterricht anerkannt zu sein, müssen die grundlegenden Überzeugungen der Religion als Glaubenswahrheit vermittelt werden. Die Vermittlung von Sprache, historischer Entwicklung oder der Kultur genügen dementsprechend nicht. Es ist somit eine Sachverhaltsfrage, ob die konkrete Unterweisung diese Voraussetzung erfüllt.
- Problematischer ist das Merkmal des *„ordentlichen Lehrfachs"*. Dieses setzt voraus, dass die Schule dafür Sorge tragen muss, dass ein entsprechender Unterricht stattfindet. Hier ergeben sich vor allem zwei Probleme: (1) Unterrichtssprache und (2) Lehrerqualifikation. Zu (1): An deutschen Schulen ist die Unterrichtssprache grds. Deutsch. Will also ein Religionsunterricht ordentliches Lehrfach sein, kommt die Erteilung des Unterrichts etwa in türkischer Sprache selbst dann nicht in Betracht, wenn alle Schüler Türken sind. Selbstverständlich bleibt hiervon das Recht unberührt, etwa aus dem Koran in der Originalfassung zu lesen. Zu (2): Da die Schulen selbst organisatorisch kaum in der Lage sind, über eigene qualifizierte Lehrer zu verfü-

---

[1486] *Badura*, in: Maunz/Dürig, GG, Art. 7 Rn 32.
[1487] Vgl. dazu BVerfGE 104, 305 ff.; BVerwG NVwZ 1999, 769, 770; *Theuersbacher*, NVwZ 1999, 838, 841.
[1488] *Korioth*, NVwZ 1997, 1041, 1045 f.; *de Wall*, NVwZ 1997, 465. Zum Religionsunterricht an brandenburgischen Schulen vgl. BVerfG NVwZ 2002, 981 f.
[1489] BVerfG NJW 2005, 2101 ff. (islamische Religionsgemeinschaften); BVerwG NVwZ 2000, 922.
[1490] Mit Ausnahme jedenfalls von Bremen und Berlin, wo wegen der sog. Bremer Klausel (Art. 141 GG) Religionsunterricht von vornherein Sache der Religionsgemeinschaften ist (vgl. dazu Rn 598).
[1491] Vgl. dazu ausführlich *Muckel*, JZ 2001, 58 ff. Vgl. auch VG Berlin NVwZ 2002, 1011 ff. und BVerfG NJW 2005, 2101 ff.

gen, hat sich in der Praxis die Bestellung von Angehörigen der Religion bewährt. Freilich müssen diese Kräfte über die notwendigen pädagogischen Fähigkeiten verfügen.

- Das größte Problem bietet das Erfordernis des Art. 7 III S. 2 GG: Der Religionsunterricht muss in Übereinstimmung mit den Grundsätzen einer Religions*gemeinschaft* erteilt werden. Eine Religionsgemeinschaft ist eine Vereinigung, die sich die Pflege und Förderung eines religiösen Bekenntnisses und die Verkündung des Glaubens ihrer Mitglieder zum Ziel gesetzt hat.[1492] Erforderlich ist ein Mindestmaß an geordneter Struktur, vergleichbar mit einer juristischen Person i.S.v. Art. 19 III GG. Ob dies der Fall ist, muss im konkreten Einzelfall entschieden werden. Jedenfalls ist der Islam als solcher keine Religionsgemeinschaft. Dies können aber diverse islamische Organisationen sein, so z.B. die islamische Religionsgemeinschaft in Berlin und der Ahmadiyya Muslim Jamaat in Hessen, die zudem den Status als Körperschaft des öffentlichen Rechts verliehen bekommen haben.
- Schließlich muss die Religionsgemeinschaft – da es hier um ein staatliches Unterrichtsfach geht – die *staatlichen Bildungs- und Erziehungsziele* beachten sowie im Übrigen *rechtstreu* sein und die *Grundlagen der staatlichen Ordnung* anerkennen. Insoweit können dieselben Kriterien herangezogen werden, die das BVerfG für die Anerkennung der Zeugen Jehovas als Körperschaft des öffentlichen Rechts aufgestellt hat. Vgl. hierzu ausführlich Rn 394.

588 Art. 7 III GG hindert einen Landesgesetzgeber nicht, darüber hinaus auch Weltanschauungsgemeinschaften zu einem „Weltanschauungsunterricht" an den öffentlichen Schulen zuzulassen, selbst wenn die Unterscheidbarkeit der betreffenden Weltanschauung gegenüber anderen Weltanschauungsgemeinschaften offenbleibt. Der Grundsatz der religiös-weltanschaulichen Neutralität des Staates wird dadurch ebenfalls nicht verletzt.[1493]

589 Eine Abweichung von der Regelung des Art. 7 III GG enthält Art. 141 GG (sog. **Bremer Klausel**), wonach in Ländern, in denen am 1.1.1949 eine andere landesrechtliche Regelung bestand, eine Verpflichtung des Staates aus Art. 7 III S. 1 GG nicht besteht. Hier ist der Religionsunterricht Sache der Religionsgemeinschaften. Das trifft jedenfalls für die Länder Bremen und Berlin[1494] zu und ist bei den neuen Bundesländern unklar.[1495]

590 Die Grundrechte aus Art. 7 II, III GG unterliegen **keinem Gesetzesvorbehalt**. Sie sind also nur durch kollidierendes Verfassungsrecht einschränkbar. Wegen des Grundsatzes vom Vorbehalt des Gesetzes (Art. 20 III GG) ist bei Eingriffen der Exekutive aber stets ein Gesetz zu fordern.

III. Privatschulfreiheit – Art. 7 IV und V GG

Privatschulfreiheit – Art. 7 IV und V GG

I. Schutzbereich der Privatschulfreiheit

Art. 7 IV GG gewährt natürlichen Personen und Personenmehrheiten das Recht, Privatschulen zu errichten (*Grundrecht* zur Errichtung einer Privatschule). Damit wird zum einen deutlich, dass ein staatliches Schulmonopol nicht erstrebt wird, und zum andern, dass zugleich der Bestand der Privatschule als Institution (*Institutsgarantie* des Art. 7 IV GG) gewährleistet ist. Die näheren Voraussetzungen der Errichtung sind in Art. 7 IV S. 2-4 GG genannt. Für Volksschulen gilt zusätzlich die Einschränkung des Art. 7 V GG. Aus der Institutsgarantie folgt grundsätzlich ein Anspruch auf Privatschulsubventionierung. **Privatschulen** sind alle Schulen, die nicht von einem Träger öffentlicher Gewalt betrieben werden.

Geschütztes Verhalten sind das Errichten und Betreiben von Privatschulen, insbesondere die eigenverantwortliche Gestaltung des Unterrichts und die freie Schüler- und Lehrerwahl.

1492 BVerfGE 102, 370, 383 (Zeugen Jehovas); BVerwG NJW 2006, 3156, 3157.

1493 *Theuersbacher*, NVwZ 1999, 838, 841.

1494 Zu Berlin vgl. BVerwGE 110, 326 ff. (Bremer Klausel).

1495 Vgl. zum Streit *Lörler*, ZRP 1996, 121 ff.; *Theuersbacher*, NVwZ 1999, 838, 841; *Renck*, ThürVBl 1999, 149 ff.

II. Eingriff in den Schutzbereich

Eingriffe in die Privatschulfreiheit sind alle Maßnahmen, die das Errichten oder Betreiben einer Privatschule beeinträchtigen, z.B. die Verweigerung der **staatlichen Unterstützung**.

III. Verfassungsrechtliche Rechtfertigung

Die Privatschulfreiheit unterliegt keinem Gesetzesvorbehalt. Insbesondere ist die Klausel, dass die Ersatzschulen den Landesgesetzen unterstehen (Art. 7 IV S. 2 Halbs. 2 GG), kein Gesetzesvorbehalt, sondern ein Hinweis darauf, dass die Privatschulen in die Gesetzgebungskompetenz der Länder fallen. Die Ablehnung eines Antrags auf Genehmigung trotz Vorliegens der Genehmigungsvoraussetzungen ist daher rechtswidrig. Das gilt auch für die gem. Art. 7 V GG schwächer geschützten privaten Volksschulen.

1. Schutzbereich

Art. 7 IV S. 1 GG gewährt natürlichen Personen und Personenmehrheiten das Recht, 591
Privatschulen zu errichten (*Grundrecht* zur Errichtung einer Privatschule). Dabei ist zu beachten, dass der Grundrechtsschutz weitgehend wertlos wäre, wenn mit dem Recht zur Errichtung einer Privatschule nicht auch der Status einer staatlich anerkannten Ersatzschule verbunden wäre, also das Recht, nach dem schulbezogenen Gesamtzweck Ersatz für eine vorhandene oder grundsätzlich vorgesehen öffentliche Schule und damit berechtigt zu sein, schulpflichtige Kinder zu unterrichten und staatlich anerkannte Abschlüsse zu verleihen.[1496] Damit wird zum einen deutlich, dass ein staatliches Schulmonopol nicht erstrebt wird, und zum andern, dass zugleich der Bestand der Privatschule als Institution (*Institutsgarantie* des Art. 7 IV GG) gewährleistet ist. Die näheren Voraussetzungen der Errichtung (insbesondere das Genehmigungserfordernis für Ersatzschulen) sind in Art. 7 IV S. 2-4 GG genannt.[1497] Aus der Institutsgarantie folgt grundsätzlich ein Anspruch auf Privatschulzulassung und -subventionierung.[1498]

Privatschulen sind alle Schulen, die nicht von einem Träger öffentlicher Gewalt betrie- 592
ben werden. Diesbezüglich keine Träger öffentlicher Gewalt sind die Religionsgemeinschaften (vgl. Rn 67 ff.), auch wenn ihnen der Status „Körperschaft des öffentlichen Rechts" erteilt wurde. Von dem Begriff der Privatschule nicht erfasst werden private Hochschulen und private Fachhochschulen.

Geschütztes Verhalten sind das Errichten und Betreiben von Privatschulen, insbe- 593
sondere die eigenverantwortliche Gestaltung des Unterrichts, die freie Schüler- und Lehrerwahl und das Recht, staatlich anerkannte Abschlüsse zu verleihen.

Begrifflich ist zwischen **Ersatzschulen** und **Ergänzungsschulen** zu unterscheiden: 594
Während die Ersatzschulen lediglich als Ersatz für eine in dem Land vorhandene oder grundsätzlich vorgesehene öffentliche Schule dienen[1499], heißen sonstige private Unterrichtseinrichtungen, die diese Eigenschaft nicht haben, Ergänzungsschulen. Art. 7 IV S. 1 gilt für beide Privatschularten, Art. 7 IV S. 2-4 und Art. 7 V GG nur für Ersatzschulen. Das Erfordernis der staatlichen Genehmigung lediglich für Ersatzschulen (Art. 7 IV S. 2 GG) ist konsequent, wenn man bedenkt, dass Ersatzschulen öffentliche Schulen ersetzen und sie daher ein Mindestmaß an Verträglichkeit mit vorhandenen Schulstrukturen, die landesrechtlich geregelt sind, aufweisen müssen[1500], verbunden mit der Folge der Anerkennung der verliehenen Abschlüsse. Allerdings besteht ein Anspruch auf Erteilung der Genehmigung, wenn folgende Voraussetzungen erfüllt sind (vgl. Art. 7 IV S. 2 GG, beachte aber die unten erläuterte Einschränkung für Volksschulen gem. Art. 7 V GG):

[1496] *Hufen*, JuS 2012, 376, 377.
[1497] Vgl. dazu ausführlich BVerwG DÖV 2001, 422 ff.
[1498] Vgl. dazu grundlegend BVerfGE 75, 40 ff. (Privatschulfinanzierung); 90, 107 ff. (Privatschulförderung); 90, 128 ff. (Waldorfschulen).
[1499] Vgl. BVerfG NVwZ 2011, 1384; BVerwGE 105, 20, 24; BVerwG DÖV 2001, 422, 423; MVVerfG LKV 2002, 27.
[1500] BVerwGE 104, 1, 7; BVerwG DÖV 2001, 422, 433; *Theuersbacher*, NVwZ 1999, 838, 842.

- Der Träger der künftigen Schule hat einen entsprechenden Antrag gestellt.
- Die Ersatzschule steht in ihren Lehrzielen und Einrichtungen sowie der wissenschaftlichen Ausbildung ihrer Lehrkräfte nicht hinter den öffentlichen Schulen zurück (Gleichwertigkeit der Schulen); daher sind staatliche Erziehungsziele auch für Ersatzschulen verbindlich.[1501]
- Die Ersatzschule fördert keine Sonderung der Schüler nach den Einkommensverhältnissen ihrer Eltern.
- Die Ersatzschule sichert in genügendem Maße die wirtschaftliche und rechtliche Stellung der Lehrkräfte.[1502]

595 Insbesondere die beiden mittleren Voraussetzungen führen dazu, dass eine rein privat finanzierte Ersatzschule nicht möglich erscheint. Denn dadurch, dass ein mit den öffentlichen Schulen vergleichbarer Standard gehalten werden muss, müssten Schulgelder erhoben werden, die nur von besser situierten Eltern bezahlt werden könnten. Damit wäre aber eine Sonderung der Kinder nach den Einkommensverhältnissen der Eltern verbunden. Daraus schließt das BVerfG, dass der Staat die Pflicht habe, das Ersatzschulsystem auch finanziell zu unterstützen.[1503] Es handelt sich somit um einen der seltenen Fälle, in dem ein direkter Anspruch auf finanzielle Förderung besteht. Allerdings besteht kein Anspruch auf eine bestimmte Geldleistung. Der Gesetzgeber ist lediglich verpflichtet, die Existenz von Privatschulen überhaupt zu ermöglichen.

596 Das BVerwG hat klargestellt, dass es für die Einordnung Ersatzschule/Ergänzungschule nicht auf die Terminologie des Art. 7 IV GG ankomme, sondern maßgeblich auch auf das Landesschulrecht, das bestimmt, welche öffentlichen Schulen es gibt, denen eine private Schule entsprechen könne. Legt man diesen Maßstab zugrunde, steht fest, dass eine Schule für „Medizinisch-Technische Assistenten" (MTA-Schule) in Niedersachsen wegen ihrer traditionellen Einbindung in Krankenanstalten (oder andere medizinische Einrichtungen) und ihrer Finanzierung durch Krankenhauspflegesätze nicht zu den Schulen i.S. des dortigen Schulgesetzes rechnen und demgemäß solche Schulen in privater Trägerschaft nicht als Ersatzschulen genehmigt werden können.[1504] Das hat vor allem zur Konsequenz, dass eine finanzielle Förderung nicht in Betracht kommt. Eine Finanzierung käme allenfalls über die Pflegesätze in Betracht. Anders wäre die Rechtslage, wenn keine Einbindung in Krankenanstalten oder andere medizinische Einrichtungen vorläge und MTA-Schulen als selbstständige schulische Einrichtungen vorhanden oder grundsätzlich vorgesehen wären.[1505]

597 Dass sich die Genehmigungsfähigkeit einer Ersatzschule maßgeblich durch das Landesrecht bestimmt, geht auch aus einer weiteren Entscheidung des BVerwG[1506] hervor. Dort hatte das Gericht über die Genehmigung eines schon ab der 5. Klasse beginnenden privaten Gymnasiums zu entscheiden. In dem betreffenden Bundesland beginnen die staatlichen Gymnasien nach einer sechsjährigen Grundschule erst mit der 7. Klasse. Da das private Gymnasium wegen dieser Andersartigkeit nicht die öffentlichen Schulen „ersetzt", könne es auch nicht genehmigt werden.[1507] Dabei verstoße das Bundesland auch nicht gegen Art. 7 IV GG, wenn es mit dieser Schulregelung von der üblichen Schulregelung anderer Bundesländer abweiche. Denn eine bestimmte Abgrenzung nach Jahrgangsstufen ergebe sich aus dem Grundgesetz nicht.[1508]

[1501] BVerwG DÖV 2001, 422, 423; BVerwGE 90, 1, 6 ff.; kritisch *Thiel*, in: Sachs, GG, Art. 7 Rn 69.
[1502] *P/S/K/P*, Rn 738 mit Verweis u.a. auf *Stern*, StaatsR IV/2 S. 531 ff.
[1503] BVerfGE 75, 40, 66 f. (Privatschulfinanzierung).
[1504] BVerwGE 105, 20, 24 ff.
[1505] *Theuersbacher*, NVwZ 1999, 838, 842.
[1506] BVerwGE 104, 1 ff.
[1507] BVerwG a.a.O., S. 7.
[1508] BVerwG a.a.O., S. 7.

Während die bisherigen Ausführungen *alle* Ersatzschulen betrafen, ist nun auf die Besonderheit bezüglich **privater Volksschulen** (d.h. Grund- und Hauptschulen[1509]) einzugehen. Eine private Volksschule ist gem. Art. 7 V GG nur dann zuzulassen, wenn die Genehmigungsbehörde ein *besonderes pädagogisches Interesse* anerkennt, oder, auf Antrag von Erziehungsberechtigten, wenn sie als *Gemeinschaftsschule, als Bekenntnis- oder Weltanschauungsschule* errichtet werden soll und eine öffentliche Volksschule dieser Art in der Gemeinde nicht besteht.[1510] Durch das Erfordernis des besonderen pädagogischen Interesses sollen eine flächendeckende Zulassung von privaten Grundschulen verhindert und somit der Vorrang öffentlicher Volksschulen statuiert werden. Allerdings darf das besondere pädagogische Interesse nicht schon mit der Begründung verneint und ein Genehmigungsantrag abgelehnt werden, es gäbe bereits eine größere Zahl von Grundschulen im Land, solange weder landesweit noch regional eine flächendeckende Zulassung privater Grundschulen desselben pädagogischen Konzepts besteht.[1511] Für die Errichtung einer privaten Volksschule fehlt aber das besondere pädagogische Interesse, wenn diese durch eine flächendeckende Zulassung privater Grundschulen den Vorrang der staatlichen Schulen gefährden würde. Die Feststellung einer solchen Gefährdung verlangt aber nicht nur eine geographische Betrachtung, sondern darüber hinaus eine Gewichtung und Abwägung aller Umstände des Einzelfalls.[1512] **598**

2. Eingriffe

Eingriffe sind alle Maßnahmen, die das Errichten oder Betreiben einer Privatschule beeinträchtigen, z.B. die Verweigerung der **staatlichen Unterstützung**. Zu beachten ist aber, dass die Förderungspflicht des Staates den privaten Ersatzschulen zugutekommt, nicht aber den übrigen privaten Schulen, den sog. Ergänzungsschulen, da für diese die Anforderungen des Art. 7 IV S. 3, 4 GG nicht gelten.[1513] **599**

Einen Eingriff könnte auch das **Genehmigungserfordernis** des Art. 7 IV S. 2 GG darstellen.[1514] Da der Schutzbereich des Art. 7 IV GG aber normgeprägt ist, wird man richtigerweise das Genehmigungserfordernis nicht als Eingriff, sondern – aufgrund seiner Nennung im Verfassungstext – als Ausgestaltung des normgeprägten Schutzbereichs verstehen dürfen. Prüfungsgegenstand ist aber eine mögliche Überschreitung der Ausgestaltung, die dann in einen Eingriff umschlägt. Jedenfalls stellt die Ablehnung der Genehmigung einen Eingriff dar. Gleiches gilt für einen der Genehmigung beigefügten Widerrufsvorbehalt.[1515] **600**

3. Verfassungsrechtliche Rechtfertigung

Sieht man das in Art. 7 IV S. 2 GG genannte Genehmigungserfordernis lediglich als Ausprägung eines normgeprägten Schutzbereichs an, ist darin kein Gesetzesvorbehalt zu sehen. Die Privatschulfreiheit unterliegt dann insgesamt keinem Gesetzesvorbehalt.[1516] Das BVerfG hat indes den Genehmigungsvorbehalt als „Schranke des Grundrechts" bezeichnet[1517] und damit wohl (unausgesprochen) einen Gesetzesvorbehalt angenommen. Jedenfalls ist die Klausel, dass die Ersatzschulen den Landesgesetzen unterstehen (Art. 7 IV S. 2 Halbs. 2 GG), kein Gesetzesvorbehalt, sondern ein Hinweis darauf, dass die Privatschulen in die Gesetzgebungskompetenz der Länder fallen. **601**

Die Ablehnung eines Antrags auf Genehmigung trotz Vorliegens der Genehmigungsvoraussetzungen ist in jedem Fall rechtswidrig. Das gilt auch für die gem. Art. 7 V GG schwächer geschützten privaten Volksschulen. **602**

[1509] *Hemmrich*, in: v. Münch/Kunig, GG, Art. 7 Rn 44.
[1510] Vgl. dazu BVerfGE 88, 40, 52 (Zulassung einer privaten Grundschule); BVerwG NJW 2000, 1280 ff. mit Bespr. von *Hufen*, JuS 2000, 1021 ff.
[1511] VGH Mannheim DVBl 1997, 1189.
[1512] BVerwG NJW 2000, 1280, 1281. Vgl. auch *Niehues*, NVwZ 2001, 872, 877.
[1513] BVerfGE 90, 107, 114 ff. (Privatschulförderung).
[1514] So wohl BVerfG NVwZ 2011, 1384 f.
[1515] Vgl. BVerwG DÖV 2001, 422 ff.
[1516] So BVerwG DÖV 2001, 422, 423 f.; MVVerfG LKV 2002, 27; a.A. *Richter*, in: AK, Art. 7 Rn 58.
[1517] BVerfG NVwZ 2011, 1384 f.

K. Versammlungsfreiheit – Art. 8 GG

603 Das Recht auf (verbale) Auseinandersetzung ist in einer pluralistischen und demokratischen Gesellschaft selbstverständlich. Ein wesentlicher Bestandteil dieser Auseinandersetzung ist die gemeinsame Bekundung eines politischen oder gesellschaftlichen Themas, was das Recht umfasst, sich friedlich und ohne Waffen zu versammeln. Das BVerfG sieht die Versammlungsfreiheit als ein „wesentliches Element demokratischer Offenheit", das für eine freiheitliche demokratische Staatsordnung konstituierend sei.[1518] Da in einem parlamentarischen Repräsentativsystem mit geringen plebiszitären Mitwirkungsrechten die Versammlungsfreiheit oft das einzige wirksame Mittel sei, die Meinung (im Kollektiv) zu äußern, besitze Art. 8 I GG einen hohen verfassungsrechtlichen Rang, der bei der Abwägung mit kollidierendem Verfassungsrecht (insb. mit Grundrechten Dritter) stets zu beachten sei[1519] (dazu Rn 631 ff.). Es steht außer Frage, dass das Recht zur öffentlichen Diskussion und damit auch das Recht, sich friedlich und ohne Waffen zu versammeln für eine freiheitliche demokratische Staatsordnung konstituierend ist, dass aber in der modernen Internetgesellschaft das Sich-vor-Ort-Versammeln wirklich noch das einzige wirksame Mittel ist, die Meinung (im Kollektiv) zu äußern, lässt sich bezweifeln, da heutzutage vermehrt „Massenmeinungsäußerungen" in Foren, Chatrooms, Blogs etc. stattfinden, die in sehr viel effektiverem Maße Kenntnisse über Missstände verbreiten und zur großflächigen Meinungsbildung beitragen. Gleichwohl ist Art. 8 I GG nach wie vor ein wichtiges Grundrecht, die eigene Meinung im Kollektiv kundzutun. Es empfiehlt sich folgendes Prüfungsschema:

Versammlungsfreiheit, Art. 8 GG

I. Schutzbereich der Versammlungsfreiheit

Der Begriff der **Versammlung** wird uneinheitlich definiert. Um eine Versammlung annehmen zu können, muss nach allen Auffassungen wenigstens ein gemeinsamer Zweck verfolgt werden. Überwiegend wird zusätzlich gefordert, dass dieser in einer **gemeinsamen Meinungsbildung und -äußerung** liegen müsse. Eine noch engere Auffassung unter Einschluss des BVerfG und des BVerwG verlangt, dass der gemeinsame Zweck in der Teilhabe an der **öffentlichen Meinungsbildung** liegen müsse. Die Frage kann jedoch offenbleiben, soweit es um politische Demonstrationen und Aufzüge geht, da diese Veranstaltungen alle Kriterien erfüllen. Was die Teilnehmerzahl betrifft, dürften im Hinblick auf den Schutzbereich des Art. 8 I GG bereits **zwei Personen** genügen. **Planung** und **Organisation** sind keine begriffsnotwendigen Elemente einer Versammlung. Daher fallen auch sog. **Spontan- und Eilversammlungen** unter Art. 8 GG. Auch die **Wahl des Versammlungsortes** sowie die **An- und Abreise** zum und vom Versammlungsort fallen in den Schutzbereich.

Der Schutzbereich des Art. 8 I GG ist sowohl in sachlicher als auch in persönlicher Hinsicht begrenzt. In sachlicher Hinsicht ist der Schutzbereich auf **friedliche Versammlungen ohne Waffen** begrenzt. Friedlich ist eine Versammlung, die keinen gewalttätigen oder aufrührerischen Verlauf nimmt. Verhalten sich einige Teilnehmer friedlich und einige unfriedlich, ist zunächst von Friedlichkeit auszugehen. Diese endet erst, wenn die Versammlung insgesamt einen gewalttätigen aufrührerischen Verlauf nimmt oder die Veranstalter Gewalt erkennbar billigen oder dazu aufrufen. In persönlicher Hinsicht ist der Schutzbereich des Art. 8 I GG auf **Deutsche** begrenzt. Nichtdeutsche können sich demzufolge nicht auf das Grundrecht berufen. Für diese gilt die Versammlungsfreiheit nur eingeschränkt über Art. 2 I GG, freilich nicht mit dem hohen Schutzniveau des Art. 8 I GG. EU-Bürgern muss mit Blick auf das Diskriminierungsverbot aus Art. 18 AEUV ein gleichwertiger Schutz gewährt werden (etwa durch eine „Umdeutung" des Begriffs des „Deutschen" in „EU-Bürger" in Art. 8 I GG oder durch eine Erhöhung des Schutzniveaus des Art. 2 I GG auf das des Art. 8 I GG). Siehe dazu Rn 45 ff.

[1518] St. Rspr., vgl. zuletzt etwa BVerfG NVwZ 2013, 570.

[1519] Vgl. BVerfG NJW 2001, 2459, 2460 und BVerwG NVwZ 2014, 883, 884 f. jeweils mit Bezugnahme auf die Grundsatzentscheidung BVerfGE 69, 315, 346 f. (Brokdorf). Dieser Beschluss stellt die grundlegende Entscheidung zur Interpretation des Art. 8 GG dar. Aufgrund seiner Bedeutung wird im Folgenden immer wieder darauf Bezug genommen.

II. Eingriff in den Schutzbereich

Eingriffe in die Versammlungsfreiheit liegen zunächst bei Maßnahmen vor, die das geschützte Verhalten regeln, z.B. **Anmeldungs**- und **Erlaubnispflichten**. Das geht schon aus der Formulierung des Art. 8 I GG „ohne Anmeldung oder Erlaubnis" hervor. Eindeutige Eingriffe sind auch **Verbote** und **Auflösungen** von Versammlungen. Auch die **Behinderung** von Anfahrten und schleppende vorbeugende Kontrollen beeinträchtigen das Grundrecht. Das Grundrecht wird auch durch **faktische Maßnahmen** beeinträchtigt, wenn sie in ihrer Intensität imperativen Maßnahmen gleichstehen. So können staatliche Überwachungsmaßnahmen dazu führen, dass die innere Entschlussfreiheit, an einer Versammlung teilzunehmen, beeinträchtigt wird. Führt daher eine Überwachungsmaßnahme dazu, dass der Betroffene lieber auf die Grundrechtsausübung verzichtet, ist von einem Eingriff auszugehen. Das BVerfG hat daher in seiner Brokdorf-Entscheidung einen Eingriff bei „exzessive(n) Observationen und Registrierungen" angenommen. Schließlich seien beidseitige Begleitungen von Demonstrationen durch voll ausgerüstete Polizeibeamte genannt.

III. Verfassungsrechtliche Rechtfertigung

Art. 8 II GG stellt nur Versammlungen unter freiem Himmel unter einen Gesetzesvorbehalt. Versammlungen in **geschlossenen Räumen** sind demnach vorbehaltlos gewährleistet. Aber auch Versammlungen in geschlossenen Räumen müssen einer Einschränkung zugänglich sein (verfassungsimmanente Einschränkbarkeit). *Öffentliche* Versammlungen in geschlossenen Räumen sind nach §§ 5, 13 VersG einschränkbar. Hinsichtlich *nichtöffentlicher* Versammlungen in geschlossenen Räumen sind die §§ 5, 13 VersG dagegen – zumindest direkt – nicht anwendbar. Nach der hier vertretenen Auffassung ist diesbezüglich das allg. POR in verfassungskonformer Konkretisierung des Versammlungsrechts anwendbar.

Versammlungen unter freiem Himmel können durch Gesetz oder aufgrund eines Gesetzes eingeschränkt werden. Wichtigstes Gesetz i.S. dieses Schrankenvorbehalts ist das **Versammlungsgesetz**, insbesondere dessen § 15 I. Diese Norm setzt auf der Tatbestandsebene eine **„unmittelbare Gefährdung der öffentlichen Sicherheit oder Ordnung"** voraus. Da es aber um eine Beschränkung der verfassungsrechtlich garantierten Versammlungsfreiheit geht, ist bei der Auslegung des § 15 I VersG stets die grundlegende Bedeutung des Art. 8 I GG zu beachten. Das führt nach der Kernaussage des Brokdorf-Beschlusses des BVerfG dazu, dass ein Verbot nur zum **Schutz gleichwertiger anderer Rechtsgüter** unter strikter Wahrung des **Grundsatzes der Verhältnismäßigkeit** möglich ist.[1520] Als gleichwertige andere Rechtsgüter sind Leib und Leben von Personen anerkannt, aber auch die freiheitliche demokratische Grundordnung. Ob dagegen der Staat mit seinen Veranstaltungen, etwa das Ansehen der Bundesrepublik Deutschland im Ausland bzw. die reibungslose Durchführung eines internationalen Wirtschaftsgipfels (G8-Gipfel), gleichwertige Rechtsgüter darstellen, zu deren Gunsten großflächige Versammlungsverbote erlassen werden können, ist mit Blick auf die Bedeutung des Art. 8 I GG fraglich, wurde jedoch vom BVerfG angenommen.

I. Schutzbereich (Vorliegen einer Versammlung)

1. Begriff der Versammlung

Zentraler Begriff des Art. 8 GG ist die **Versammlung**. Da das Grundgesetz diesen Begriff nicht definiert, haben sich Rechtsprechung und Literatur stets darum bemüht, den Begriff (richtig) auszulegen. Daher verwundert es nicht, dass unterschiedliche Auffassungen bestehen. Im Folgenden werden die vertretenen Ansätze diskutiert. 604

a. Gemeinsamer Zweck: Teilhabe an der öffentlichen Meinungsbildung

Wohl unstreitig ist, dass nicht jedes beliebige Zusammenkommen mehrerer Personen eine Versammlung i.S.d. Art. 8 I GG ausmachen kann. Gefordert wird eine innere Verbindung in der Gestalt der **Verfolgung eines gemeinsamen Zwecks**.[1521] 605

[1520] BVerfGE 69, 315, 349 ff.

[1521] BVerfGE 104, 92, 101 ff.; 128, 226, 250 f.; BGH NVwZ 2015, 1622, 1623; BVerwG NVwZ 2007, 1431, 1432 f.; OVG Berlin NJW 2001, 1740; *Heckmann*, JuS 2001, 675, 680; *Kniesel*, NJW 2000, 2857; *Wiefelspütz*, DÖV 2001, 21, 22; *Tillmanns*, JA 2002, 277, 278; *P/S/K/P*, Rn 749.

Das Kriterium der gemeinsamen Zweckverfolgung ist notwendig, um die Versammlung von sog. **Ansammlungen**, denen keine gemeinsame Zweckverfolgung zugrunde liegt und die daher **nicht** dem Schutz des Art. 8 I GG unterfallen, abzugrenzen. Reine Ansammlungen sind etwa Schaulustige oder Wartende nach einem Verkehrsunfall, das Publikum bei einer Aufführung (Musical etc.) sowie nichtkommunikative (Konsum-)Veranstaltungen wie Rockkonzerte, Fußballspiele etc. Hier verfolgen zwar alle (Zuschauer, Zuhörer, Fans) den gleichen, nicht aber einen gemeinsamen Zweck. Sogar das Zusammentreffen mehrerer Personen am Informationsstand einer politischen Partei soll nach Auffassung des BVerwG eine nicht von Art. 8 I GG geschützte Ansammlung sein. Der Annahme einer Versammlung stehe insbesondere der Umstand entgegen, dass der eigentliche Zweck nicht in der gemeinsamen Meinungsbildung und -äußerung liege, sondern allein darin, Vorbeigehenden ein einseitiges Informationsangebot zu unterbreiten, sodass allenfalls Art. 5 I GG einschlägig sei.[1522] Diese Auffassung vermag nicht so richtig zu überzeugen, zumal das BVerfG auch sonst stets eine großzügige Interpretation der Schutzbereiche annimmt. Sofern man jedoch eine Versammlung verneint, ist zu beachten, dass die Veranstaltung zu einer Versammlung i.S.d. Art. 8 I GG werden kann, wenn sich die anfangs fehlende innere Verbindung einstellt.

Auch bei **kommerziell geprägten (Event-)Veranstaltungen** mag bezweifelt werden, ob die Teilnehmer einen gemeinsamen Zweck verfolgen. So ist eine **„Weihnachtsparade"** nicht als eine durch Art. 8 I GG geschützte Versammlung angesehen worden, weil nach den tatrichterlichen Feststellungen die einzelnen Teilnehmer im Wesentlichen ihre eigenen, überwiegend wirtschaftlichen Interessen verfolgten.[1523] Auch bei sog. **„gemischten Veranstaltungen"** wie den Paraden („Loveparade", „Fuckparade", „Christopher Street Day" ist fraglich, ob sich bei ihnen überhaupt eine gemeinsame Zweckverfolgung bejahen lässt oder ob die Teilnehmer schlicht das Massenspektakel „konsumieren".[1524] Siehe dazu Rn 606/609. Zu **„Occupy" und „Blockupy"** siehe Rn 610a/617c.

Ungeachtet dieser Problematik gilt jedenfalls, dass eine körperliche Anwesenheit am Versammlungsort vorausgesetzt wird.[1525] Daher genießen etwa **Internetuser** im (virtuellen) Chatroom **keinen** Schutz aus Art. 8 I GG[1526] (oben Rn 603).

606 Ganz überwiegend wird darüber hinaus gefordert, dass die gemeinsame Zweckverfolgung in einer **gemeinsamen Meinungsbildung und -äußerung** liegen müsse.[1527] Diese Auffassung stützt sich auf die Komplementärfunktion der Versammlungsfreiheit zu den (anderen) Kommunikationsgrundrechten, insbesondere zur Meinungsfreiheit.[1528] Eine noch engere Auffassung, der sich auch das BVerfG angeschlossen hat, verlangt, dass der gemeinsame Zweck in der Teilhabe an der **öffentlichen Meinungsbildung** bzw. **-kundgabe** liegen müsse.[1529]

Das BVerfG führt dazu aus: „Das Grundrecht der Versammlungsfreiheit erhält seine besondere verfassungsrechtliche Bedeutung in der freiheitlichen demokratischen Ordnung des Grundgesetzes wegen des Bezugs auf den Prozess der öffentlichen Meinungsbildung. Namentlich in Demokratien mit parlamentarischem Repräsentativsystem und geringen plebiszitären Mitwirkungsrechten hat die Freiheit kollektiver Meinungskundgabe die Bedeutung eines grundle-

---

[1522] BVerfG NJW 1977, 671; BVerwGE 56, 63, 67-69; BVerwG NVwZ 2007, 1434. Etwas anderes kann aber im Hinblick auf die Betreiber des Informationsstandes selbst gelten, vgl. dazu *Kniesel*, NJW 1996, 2606, 2611.

[1523] Vgl. OVG Berlin NJW 2001, 1740.

[1524] Den Versammlungscharakter beider Veranstaltungen verneinend BVerfG NJW 2001, 2459, 2460 (beides Kammerentscheidungen); bejahend hinsichtlich der Fuckparade BVerwG NVwZ 2007, 1431, 1432 f.

[1525] BVerfG NJW 2001, 2459, 2460.

[1526] *Kniesel*, NJW 2000, 2857, 2860; a.A. *Pötters/Werkmeister*, Jura 2013, 5, 9, die damit jedoch die Wortlautgrenze des „sich versammeln" überschreiten und zudem die Grenze zu Art. 5 I S. 1 Var. 1 GG verwischen.

[1527] Vgl. BVerfG NVwZ 2004, 90, 91; BVerfGE 104, 92, 101 ff.; BVerwGE 56, 63, 69; OVG Berlin NJW 2001, 1740; VG Braunschweig NZV 2000, 142; VGH Mannheim NVwZ 1998, 761, 763; OVG Weimar NVwZ-RR 1998, 498; *Gröpl*, Jura 2002, 18, 20; *Kniesel/Poscher*, NJW 2004, 422, 423; *Tillmanns*, JA 2002, 277, 278; *Seidel*, DÖV 2002, 283, 284 f.; *Kunig*, in: v. Münch/Kunig, GG, Art. 8 Rn 14.

[1528] *P/S/K/P*, Rn 750.

[1529] Vgl. etwa BVerfG NVwZ 2014, 1453 (Geldbuße wegen Verstoßes gegen VersG); BVerfGE 104, 92, 104 (Sitzblockade); vgl. auch BVerfG NJW 2001, 2459, 2460 f. („Loveparade" und „Fuckparade"), das gleichzeitig die Definition der Versammlung in Art. 8 I GG mit der *öffentlichen* Versammlung nach dem Versammlungsgesetz gleichsetzt.

genden Funktionselements. Das Grundrecht gewährleistet insbesondere Minderheitenschutz und verschafft auch denen Möglichkeiten zur Äußerung in einer größeren Öffentlichkeit, denen der direkte Zugang zu den Medien versperrt ist."[1530] Und in seinem Urteil zum Verbot einer Versammlung im Frankfurter Flughafen führt das BVerfG aus: „Art. 8 I GG schützt die Freiheit, mit anderen Personen zum Zwecke einer gemeinschaftlichen, auf die Teilhabe an der öffentlichen Meinungsbildung gerichteten Erörterung oder Kundgebung örtlich zusammenzukommen. Als Freiheit zur kollektiven Meinungskundgabe ist die Versammlungsfreiheit für eine freiheitlich demokratische Staatsordnung konstituierend. In ihrer idealtypischen Ausformung sind Demonstrationen die gemeinsame körperliche Sichtbarmachung von Überzeugungen, bei der die Teilnehmer in der Gemeinschaft mit anderen eine Vergewisserung dieser Überzeugungen erfahren und andererseits nach außen – schon durch die bloße Anwesenheit, die Art des Auftretens und die Wahl des Ortes – im eigentlichen Sinne des Wortes Stellung nehmen und ihren Standpunkt bezeugen."[1531]

Zu weit ginge es jedoch, den Versammlungsbegriff auf die **Erörterung öffentlicher** 607
Angelegenheiten (insb. auf politische Themen) zu beschränken. Eine derartige Auslegung wäre weder mit dem Wortlaut des Art. 8 I GG noch mit der systematischen Stellung des Versammlungsgrundrechts innerhalb der Kommunikationsgrundrechte vereinbar. Sofern die betreffende Veranstaltung aber die Erörterung politischer Themen zum Gegenstand hat, stellt sich das Problem nicht. Jedenfalls ist eine verbale Auseinandersetzung nicht erforderlich. Daher kann auch eine Zusammenkunft von Menschen, die durch ihre bloße Anwesenheit, die Art ihres Auftretens und des Umgangs miteinander Stellung nehmen und ihren Standpunkt bezeugen, eine Versammlung i.S.d. Art. 8 I GG sein.[1532]

Dementsprechend ist eine **Versammlung** i.S.d. Art. 8 GG eine örtliche Zusammenkunft 608
mehrerer Personen zur gemeinschaftlichen Erörterung oder Kundgebung mit dem Ziel der Teilhabe an der öffentlichen Meinungsbildung.[1533]

Hinsichtlich der bereits genannten Paraden „Loveparade" und „Fuckparade" hat das BVerfG 609
entschieden, dass es sich bei beiden Veranstaltungen überwiegend um Musik- und Tanzereignisse handele, bei denen die von Art. 8 I GG geschützten kommunikativen Zwecke nur eine untergeordnete Bedeutung spielten. Sie seien daher keine Versammlungen i.S.d. Art. 8 I GG.[1534] Demgegenüber hat das BVerwG hinsichtlich der Fuckparade entschieden, dass deren Zweck darin bestehe, eine Gegenveranstaltung zur Loveparade zu bilden, und dass die Veranstalter nur deshalb dieselben darstellerischen Elemente nutzten, um auf die öffentliche Meinungsbildung einzuwirken. Daher charakterisiere das Gesamtgepräge der Veranstaltung eine Versammlung i.S.d. Art. 8 I GG, zumal sich im Zweifel der Freiheitsgehalt der Grundrechte durchsetze.[1535] Sieht man also die „Fuckparade" als Versammlung i.S.d. Art. 8 I GG an, dürfte dies im Zweifel auch für eine „Technoparade" und eine „Nacht-Tanz-Demo" gelten[1536]. Beim Christopher Street Day handelt es sich hingegen wohl zweifellos um eine Versammlung, da die in vielen Staaten nach wie vor zu beobachtende Diskriminierung von Homosexuellen gemeinschaftlich erörtert und kundgegeben wird.

Zu weit ginge es aber, eine „Fete mit Musik" als Versammlung anzusehen, auch wenn sie von 610
einer politischen Partei veranstaltet wird und dabei auch ein „Infotisch" dieser Partei aufgestellt wird.[1537] Auch eine Massenparty oder eine Tanzveranstaltung einer Weltanschauungsgemeinschaft, bei der nicht die Kundgabe einer Meinungsbildung, sondern Spaß im Mittel-

[1530] BVerfG NJW 2001, 2459, 2460 mit Bezugnahme auf BVerfGE 69, 315, 346 f.
[1531] BVerfGE 128, 226, 250 (Fraport) mit Bezugnahme auf BVerfGE 104, 92, 104; 111, 147, 154 f.; 69, 315, 344 f.
[1532] BVerfG NVwZ 2011, 422, 423; *Muckel*, JA 2011, 555.
[1533] BVerfG NVwZ 2014, 1453; NJW 2014, 2706, 2707 f.; BVerfGE 104, 92, 104; 128, 226, 250 f.
[1534] BVerfG NJW 2001, 2459, 2460 f. (beides Kammerentscheidungen).
[1535] BVerwG NVwZ 2007, 1431, 1432 f.
[1536] Vgl. VG Frankfurt a.M. NJW 2001, 1741.
[1537] VG Braunschweig NZV 2000, 142. Vgl. auch BVerwG NVwZ 2007, 1431, 1435.

punkt steht, ist keine Versammlung.[1538] Gleiches dürfte hinsichtlich sog. Facebook-Partys und sog. Flashmobs (nicht aber Smartmobs) gelten. Ein Flashmob (engl.: zu Deutsch etwa „Blitzmeute" oder „Blitzpöbel") zeichnet sich dadurch aus, dass an einem öffentlichen Ort eine Vielzahl von Personen spontan erscheint, eine gemeinsame, gewollt sinnfreie „Aktion" durchführt und sich anschließend wieder zerstreut. Die Koordination erfolgt im Vorfeld meist über das Internet, insbesondere mittels sozialer Netzwerke, Weblogs, Chatforen. Die Teilnehmer kennen sich i.d.R. nicht (näher). Die Bezeichnung „flash" soll dabei zweierlei ausdrücken: Zum einen geht es um die Spontanität der Aktion selbst, zum anderen aber auch darum, Unbeteiligte zu schockieren oder jedenfalls zu überraschen. Flashmobs sind Ausdruck eines Lebensgefühls, durch eine „verrückte Sache" für eine kurze Zeit aus der Anonymität herauszutreten und nach dem Ende des Flashmobs ebenso schnell und spurlos wieder in diese Anonymität zu verschwinden. In erster Linie sollen sie Spaß machen bzw. ein Spaß sein.[1539] Insoweit kann man Flashmobs zwar dem gesellschaftlichen Bereich zuordnen, kaum jedoch die Teilhabe an der öffentlichen Meinungsbildung oder gar politische Wirkungen zusprechen. Aus diesem Grund unterfallen sie wohl nicht dem Versammlungsbegriff i.S.d. Art. 8 I GG.[1540]

Bei einem Smartmob („schlaue Meute") handelt es sich zwar auch um eine vergleichbare Organisationsform, im Unterschied zum Flashmob besteht hier aber eine politische oder gesellschaftliche Sinnhaftigkeit der Aktion. I.d.R. handelt es sich um eine Protestaktion, weshalb man eher unproblematisch von einer Versammlung i.S.d. Art. 8 I GG ausgehen kann.

610a Fraglich ist auch, ob die sog. Occupy-Bewegung (engl. *to occupy* = besetzen) eine Versammlung i.S.d. Art. 8 I GG darstellt. Dabei handelt es sich um eine v.a. über das Internet verbundene Bewegung ohne Hierarchien oder Anführer, die in Deutschland 2011 v.a. durch zahlreiche „Aktionstage" in mehreren Großstädten (insb. Berlin, Frankfurt a.M. und Hamburg), die sich in erster Linie gegen die „unkontrollierte Bankenmacht" richteten, in den Fokus der Öffentlichkeit geriet. Legt man die auf der Internetseite von „Occupy Deutschland" vorzufindende Selbstdarstellung zugrunde, wonach man Unmut und Besorgnis über wirtschaftliche, politische und gesellschaftliche Missstände wie Korruption unter Politikern, Geschäftsleuten und Bankern kundtue, was das untereinander verbindende Moment darstelle[1541], wird man ohne weiteres eine Versammlung i.S.d. Art. 8 I GG annehmen können, zumal die Bewegung ausdrücklich konstatiert, dass man ohne Gewalt vorgehe und keine Strafgesetze verletze. Dennoch bestehen an der Erfüllung des Kriteriums „Verfolgung eines *gemeinsamen* Zwecks" (Rn 605) Zweifel, da ein einheitliches Ziel, für das man streitet, nicht klar erkennbar ist.[1542] Erforscht man aber die Hintergründe der Bewegung, wird der gemeinsame Zweck erkennbar: Man greift den gerade in sozialen Netzwerken wie Facebook, Twitter etc. vermehrt zu beobachtenden Unmut wegen (gefühlter) Chancenlosigkeit, Machtlosigkeit und Verteilungsungerechtigkeit auf und macht darauf aufmerksam. Daher lässt sich gut vertreten, die für die Bejahung des Versammlungsbegriffs erforderliche Verfolgung eines gemeinsamen Zwecks anzunehmen. Bei den Aktionen von Blockupy (aus engl. *to block* = blockieren und *to occupy* = besetzen), bei der es sich um eine politisch links gerichtete Bewegung handelt, die sich gegen Kapitalismus und Globalisierung wendet und v.a. wegen ihrer Blockadeaktion in Bezug auf die Eröffnung des Neubaus des EZB-Gebäudes am 18.3.2015 in Frankfurt am Main auf sich aufmerksam machte, dürfte es sich zwar – gerade wegen ihrer Zielsetzung – ebenfalls um Versammlungen handeln, allerdings ist der Schutzbereich des Art. 8 I GG zu verneinen,

---

[1538] VGH München BayVBl 2009, 629 ff.

[1539] *Neumann*, NVwZ 2011, 1171, 1172; *Höfling/Krohne*, JA 2012, 734, 736; *Mann/Fontana*, JA 2013, 734, 740.

[1540] Jedoch kann im Einzelfall durchaus eine Versammlung i.S.d. Art. 8 I GG anzunehmen sein, wenn die Merkmale einer Versammlung vorliegen. Davon geht offenbar das BVerfG bei der Veranstaltung „Bierdosen-Flashmob für die Freiheit" aus, bei der auf das Schwinden des staatlichen Gewaltmonopols sowie auf eine zunehmende Beschränkung von Freiheitsrechten hingewiesen werden soll. Auf Kommando „Für die Freiheit – trinkt AUS!" sollen die Teilnehmer jeweils eine Dose Bier öffnen und diese schnellstmöglich leer trinken. Eine Versammlung kann hier jedenfalls dann angenommen werden, wenn anschließend ein Redebeitrag des Antragstellers und eine Diskussion erfolgen (BVerfG NJW 2015, 2485 f.).

[1541] Vgl. www.occupydeutschland.de, Download am 26.8.2016.

[1542] Davon geht das VG Frankfurt a.M. (NVwZ-RR 2012, 806) aus. In der Entscheidung ging es um die Frage, ob die Stadt Frankfurt a.M. ein Occupy-Camp auf einer Grünanlage der Stadt dulden musste. Das VG hat die Auffassung der Stadt, dass das Occupy-Zeltlager vor der Europäischen Zentralbank (EZB) nicht vom Versammlungsrecht geschützt sei, bestätigt (vgl. dazu unten Rn 1056c).

wenn bspw. Container und Autos in Brand gesetzt, Polizisten mit Gegenständen beworfen, angrenzende Geschäftsgebäude mit Farbe beschmiert oder deren Schaufensterscheiben eingeworfen werden. Zur Unfriedlichkeit vgl. auch unten Rn 620 ff.

Hinweis: Die Unterscheidung, ob eine Veranstaltung eine Versammlung i.S.d. Art. 8 I GG oder eine kommerzielle Veranstaltung bzw. Vergnügungsveranstaltung ist, hat in der Praxis weit reichende Konsequenzen: **610b**

- Eine Versammlung ist zulassungsfrei, wohingegen eine kommerzielle Veranstaltung bzw. Vergnügungsveranstaltung genehmigungspflichtig ist, wobei die Genehmigung (= Sondernutzungserlaubnis) nur erteilt wird, wenn die Belange des Straßenverkehrs und der Anlieger nicht unverhältnismäßig beeinträchtigt werden. Die Entscheidung über die Genehmigungserteilung steht im Ermessen der Behörde. Bei Flashmobs sollte eine Sondergenehmigungsbedürftigkeit indes nur dann angenommen werden, wenn die Veranstaltung geeignet ist, den öffentlichen Verkehrsraum in erheblichem Maße zu beanspruchen.
- Eine nicht genehmigte, aber genehmigungspflichtige kommerzielle Veranstaltung bzw. Vergnügungsveranstaltung kann (auf der Grundlage des Straßenrechts oder des Polizei- und Ordnungsrecht) untersagt werden; Verstöße gegen die Erlaubnispflicht stellen zudem eine Ordnungswidrigkeit (gem. § 113 OWiG) dar und können mit Bußgeld sanktioniert werden. Demgegenüber kann eine durch Art. 8 I GG geschützte Versammlung nur unter den strengen Voraussetzungen des § 15 VersG verboten bzw. aufgelöst werden, wobei der strenge Prüfungsmaßstab des Art. 8 I GG zu beachten ist.
- Die Benutzung der Straße durch eine von Art. 8 I GG geschützte Versammlung ist kostenfrei, wohingegen die Benutzung durch eine andere (sondererlaubnispflichtige) Veranstaltung kostenpflichtig (Sondernutzungsgebühren) ist.

Diskussionsstoff liefert auch der Fall, dass ein Veranstalter Personen „**mietet**", damit **611**
diese für seine Zwecke demonstrieren.

Beispiel (fiktiv): Im Rahmen des Besuchs des dänischen Kronprinzenpaares in Hamburg am 1.4.2016 demonstrierten einige hundert Menschen vor dem Rathaus gegen Monarchie und mangelnder demokratischer Legitimation des Königshauses. Im Nachhinein stellt sich heraus, dass die Demonstranten vom Veranstalter, einem dänischen Großindustriellen, für 100 € bezahlt wurden, um die Veranstaltung durchzuführen.

Ob eine solche Veranstaltung den Schutz aus Art. 8 I GG beanspruchen kann, ist angesichts des Normzwecks (demokratisches Partizipationsrecht) zumindest dann fraglich, wenn es den „gemieteten" Personen weniger um Kundgabe ihrer Meinung, sondern primär oder ausschließlich um Erhalt eines Entgelts geht. Stellt man bei der Frage nach der Eröffnung des Schutzbereichs aus Art. 8 I GG auf das Gesamtgepräge der Veranstaltung ab, spricht der besondere Charakter des Grundrechts gegen das Vorliegen einer Versammlung i.S.d. Art. 8 I GG.[1543]

Hinweis für die Fallbearbeitung: Bei der Beantwortung der Frage, ob im konkreten Fall eine Versammlung i.S.d. Art. 8 I GG oder lediglich eine Ansammlung vorliegt, besteht zumindest für die Praxis eine gewisse Rechtssicherheit. Für die Fallbearbeitung ist wichtig, sich nicht von der formalen Bezeichnung der Veranstaltung beeinflussen zu lassen. Abzustellen ist allein auf den verfolgten Zweck. Liegt dieser in erster Linie in der gemeinschaftlichen Erörterung und Kundgebung mit dem Ziel der Teilhabe an der öffentlichen Meinungsbildung, schadet es nicht, wenn dies unter Einsatz von Musik und Tanz erfolgt. Denn im Zweifel setzt sich der Freiheitsgehalt der Grundrechte durch („in dubio pro libertate"). Lediglich rein (oder doch zumindest hauptsächlich) kommerziell **612**

[1543] Vgl. näher *Bredt*, NVwZ 2007, 1358 ff.

ausgerichtete Veranstaltungen sowie auf Spaß und Unterhaltung ausgerichtete öffentliche Massenpartys müssen aus dem Schutzbereich herausgehalten werden. Dies hat zur Folge, dass eine Sondernutzungserlaubnis erforderlich wird, jedenfalls soweit die Veranstaltung auf öffentlichem Grund stattfindet. Eine Sondernutzungserlaubnis wird regelmäßig aber nur dann erteilt, wenn die Kosten der Abfallentsorgung übernommen werden. Soweit es aber um Parteitage, politische Diskussionsveranstaltungen, Demonstrationen oder Protestmärsche geht, kann der Streit um den Versammlungsbegriff dahinstehen, da diese Veranstaltungen allesamt unstreitig Versammlungen darstellen. Auch der in § 1 VersG (zur Föderalismusreform 2006 vgl. Rn 635) genannte „Aufzug" ist eine sich fortbewegende Versammlung.

b. Mindestteilnehmerzahl

613 Fraglich ist auch, ob für die Annahme einer Versammlung eine bestimmte **Teilnehmerzahl** erforderlich ist. Überwiegend werden zwei Personen als ausreichend erachtet.[1544] Teilweise werden aber auch drei Personen gefordert.[1545] Eine dritte Auffassung differenziert zwischen dem Begriff der Versammlung i.S.d. Art. 8 GG und dem des Versammlungsgesetzes, wonach für Art. 8 GG zwei Personen genügten, für das Versammlungsgesetz aber drei Personen erforderlich seien.[1546] Nach der hier vertretenen Auffassung kann die Differenzierung bei der Benennung der Mindestteilnehmerzahl zwischen Art. 8 I GG und dem VersG nicht überzeugen. Denn das VersG ist unmittelbarer Ausfluss aus Art. 8 I GG und muss deshalb denselben Wertungen unterliegen. Bei der Beantwortung der Frage, ob nun zwei oder drei Personen erforderlich sind, gilt es zu bedenken, dass Art. 8 GG die Freiheit des einzelnen Bürgers, seine Meinung gemeinsam mit anderen zu äußern, um damit seine politische Isolierung zu verhindern, schützen will. Daher scheint es angebracht, **zwei Personen** genügen zu lassen. Zudem folgt aus dem Wortlaut des Art. 8 GG „sich versammeln" nicht notwendigerweise, dass es sich dabei um drei oder mehr Personen handeln muss.[1547]

614 **Zusammenfassung:** Um eine **Versammlung** annehmen zu können, muss nach allen Auffassungen wenigstens ein gemeinsamer Zweck verfolgt werden. Überwiegend wird zusätzlich gefordert, dass dieser in einer **gemeinsamen Meinungsbildung und -äußerung** liegen müsse. Eine noch engere Auffassung, der sich nun auch das BVerfG angeschlossen hat, verlangt, dass der gemeinsame Zweck in der Teilhabe an der **öffentlichen Meinungsbildung** bestehen müsse. Abzulehnen ist jedenfalls die Einschränkung des Versammlungsbegriffs auf die Erörterung **öffentlicher Angelegenheiten**. Die Frage kann jedoch regelmäßig offenbleiben, da es zumeist um Veranstaltungen oder Aufzüge geht, die alle Kriterien erfüllen. Was die Teilnehmerzahl betrifft, dürften im Hinblick auf den Schutzbereich des Art. 8 I GG **zwei Personen** genügen.

c. Spontan- und Eilversammlungen

615 **Planung** und **Organisation** sind keine begriffsnotwendigen Elemente einer Versammlung. Auch das in § 14 VersG (zur Föderalismusreform 2006 vgl. Rn 635) enthaltene Erfordernis, dass Versammlungen im Freien angemeldet werden müssen, ist für die Qualifikation einer Veranstaltung als Versammlung in Anbetracht des Wortlauts des Art.

[1544] *Hermanns*, JA 2001, 79; *Kniesel*, NJW 2000, 2857; *Kahl*, JuS 2000, 1090, 1092; *Höfling*, in: Sachs, GG, Art. 8 Rn 9; *Kloepfer*, in: HdbStR VI, S. 747; *Jarass*, in: Jarass/Pieroth, GG, Art. 8 Rn 3; *Kunig*, in: v. Münch/Kunig, GG, Art. 8 Rn 13.

[1545] OLG Saarbrücken NStZ-RR 1999, 119; *Hoffmann-Riem*, in: Alternativkommentar, Art. 8 Rn 12; *Benda*, in: Bonner Kommentar, Art. 8 Rn 21.

[1546] Vgl. OLG Düsseldorf JR 1982, 299, 300. Diese Auffassung dürfte sich aber nach der Entscheidung des BVerfG zu den Paraden erledigt haben, da das Gericht dort die Begriffe der Versammlung einheitlich auslegt (vgl. auch BVerwG NVwZ 2007, 1434 f.).

[1547] Vgl. bereits die 4. Aufl. 2000; wie hier nun auch VGH Mannheim VBlBW 2008, 60-62. Mit dem Wortlaut „sich versammeln" in Art. 8 I GG jedenfalls nur schwerlich vereinbar BVerfG NJW 1987, 3245, wonach eine Einzelmahnwache eine Versammlung darstellen soll.

8 I GG, wo von „ohne Anmeldung" die Rede ist, irrelevant.[1548] Daher fallen auch **Spontan- und Eilversammlungen** unter Art. 8 I GG.

Spontanversammlungen sind Versammlungen, die nicht geplant waren und bei denen keine Veranstalter vorhanden sind, sondern die sich „aus dem Augenblick heraus" entwickeln.[1549] **615a**

Beispiel: Überraschend wird ein Angeklagter freigesprochen. Aus Protest gegen das Urteil versammeln sich spontan Menschen vor dem Gerichtsgebäude und demonstrieren gegen das Urteil. Die Behörde sieht darin einen Verstoß gegen die Anmeldungspflicht nach § 14 I VersG und löst die Versammlung gem. § 15 III VersG auf.

Zwar lässt Art. 8 II GG Einschränkungen von öffentlichen Versammlungen unter freiem Himmel zu, allerdings bestünde ein klarer Bruch mit dem Wortlaut des Art. 8 I GG, der ausdrücklich das Recht verleiht, sich ohne Anmeldung oder Erlaubnis zu versammeln. Zudem bestünde in Fällen der vorliegenden Art, in denen es von vornherein praktisch unmöglich ist, den Anforderungen des § 14 VersG gerecht zu werden, die Gefahr einer Entwertung bzw. Aushöhlung des Art. 8 I GG, wollte man § 14 I VersG uneingeschränkt Geltung verleihen. Das BVerfG hat dies erkannt und nimmt seit seiner Brokdorf-Entscheidung **Spontanversammlungen** von der Anmeldepflicht aus, soweit der mit der Spontanversammlung verfolgte Zweck bei Einhaltung der Anmeldepflicht nicht erreicht werden könnte.[1550] Rechtstechnisch nimmt das BVerfG also eine verfassungskonforme Auslegung des § 14 VersG (und des § 15 III VersG) vor.

Im vorliegenden Fall wäre der Zweck der Demonstration vereitelt, wenn die Anmeldepflicht nach § 14 I VersG gelten würde. Daher können sich die Demonstranten auch ohne Anmeldung auf Art. 8 I GG berufen. § 14 I VersG ist – trotz des Gesetzesvorbehalts des Art. 8 II GG – nicht anwendbar. Auch § 15 III VersG ist verfassungskonform dahingehend auszulegen, dass eine Auflösung allein wegen nicht erfolgter Anmeldung ausscheidet.[1551] Denn würde man eine Auflösung zulassen, wäre der Zweck der Spontanversammlung in gleicher Weise gefährdet. Folgerichtig ist auch die Strafnorm des § 26 Nr. 2 VersG nicht anwendbar: Zum einen dürfte es bei einer Spontanversammlung kaum einen Veranstalter geben, der strafrechtlich zur Verantwortung gezogen werden könnte, und zum anderen würde man das soeben gefundene Ergebnis konterkarieren, sanktionierte man die nicht aufzulösende Spontanversammlung mit Mitteln des Strafrechts.

Eilversammlungen sind Versammlungen, die im Unterschied zu Spontanversammlungen zwar geplant sind und Veranstalter haben, aber ohne Gefährdung des Versammlungszwecks nicht unter Einhaltung der Frist des § 14 VersG (48 Stunden) angemeldet werden können. **615b**

Beispiel[1552]**:** Die Einreise eines Staatsoberhaupts eines totalitären Staates wird erst 24 Stunden vorher bekannt gegeben.

Würde man strikt auf der Einhaltung der Anmeldungsfrist beharren, hätte dies zur Folge, dass Eilversammlungen mit Blick auf Art. 8 I GG („ohne Anmeldung") von vornherein unzulässig wären. Im Unterschied zu den Spontanversammlungen ist bei den Eilversammlungen aber nicht die Anmeldung überhaupt, sondern lediglich die Fristwahrung unmöglich. Daher ist § 14 VersG bezüglich Eilversammlungen zwar anwendbar, jedoch in verfas-

[1548] Freilich eine andere Frage ist es, ob eine nicht angemeldete Versammlung aufgelöst werden kann, vgl. dazu Rn 615c.
[1549] Vgl. BVerfG NVwZ 2005, 80 f. Auch sog. Flashmobs (dazu Rn 610) sind Spontanversammlungen, sofern aber die übrigen Voraussetzungen, die an eine Versammlung gestellt werden, erfüllt sind.
[1550] Vgl. BVerfGE 69, 315, 349 f.; 85, 69, 75; BVerfG NVwZ 2005, 80, 81. Für Verfassungsmäßigkeit des § 14 VersG auch *Kunig*, in: v. Münch/Kunig, GG, Art. 8 Rn 33; *Heckmann*, JuS 2001, 675, 681; für Verfassungswidrigkeit *Jarass*, in: Jarass/Pieroth, GG, Art. 8 Rn 17; *Höfling*, in: Sachs, GG, Art. 8 Rn 58. Geht man von der Verfassungsgemäßheit der Vorschrift aus, ist es dadurch, dass auch Spontanversammlungen unter den Versammlungsbegriff fallen, möglich, dass auch Teilnehmer der Loveparade den Schutz des Art. 8 I GG genießen, wenn sie sich plötzlich zu politischen Fragen äußern.
[1551] Vgl. BVerfGE 69, 315, 350.
[1552] Vgl. *Kahl*, JuS 2000, 1090, 1093.

sungskonformer Weise so auszulegen, dass Eilversammlungen anzumelden sind, sobald dies möglich ist. Das wird spätestens mit dem Beschluss, die Versammlung durchzuführen, der Fall sein.[1553]

Im vorliegenden Fall hat also eine Anmeldung gem. § 14 VersG zu erfolgen, und zwar mit dem Beschluss, die Versammlung durchzuführen.

615c **Zusammenfassung:** Der **Schutz des Art. 8 I GG** besteht auch dann, wenn eine Versammlung entgegen § 14 I VersG **nicht angemeldet** wurde. Denn die Eröffnung des Schutzbereichs kann nicht von einer erfolgten Anmeldung abhängen. Liegt eine Spontanversammlung vor, besteht regelmäßig auch keine Möglichkeit, die Versammlung gem. § 15 III GG allein wegen der nicht erfolgten Anmeldung aufzulösen. Aber auch wenn eine Versammlung nicht als Spontanversammlung zu bewerten und daher anzumelden ist, ist bei einem Verstoß gegen die Anmeldungspflicht der Schutzbereich des Art. 8 I GG eröffnet. Freilich eine andere Frage ist es, ob *in diesem Fall* eine Auflösung der Versammlung nach § 15 III VersG in Betracht kommt. Die Entscheidung steht zwar im Ermessen der Behörde (§ 15 III VersG: „kann"), wegen der Bedeutung des Grundrechts der Versammlungsfreiheit ist aber eine restriktive Handhabung erforderlich. I.d.R. ist daher von einer Auflösung abzusehen (verfassungskonforme Auslegung des § 15 III VersG). Sollte ausnahmsweise dennoch eine Auflösung rechtmäßig sein, hat dies zur Folge, dass die Versammlung nicht mehr besteht. Das VersG kann in diesem Fall keine Sperrwirkung gegenüber dem allgemeinen POR mehr entfalten, sodass Folgemaßnahmen (Platzverweis, Ingewahrsamnahme etc.) nach dem Polizeigesetz getroffen werden können.

d. Geschütztes Verhalten

616 Zum **geschützten Verhalten** zählt zunächst die Freiheit, an einer Versammlung teilzunehmen und sie zu verlassen, aber auch über Ort, Zeit, Art und Inhalt sowie sonstiger Modalitäten der Versammlung zu entscheiden (sog. Gestaltungsfreiheit).[1554]

617 Prüfungsrelevant ist insbesondere die **Wahl des Versammlungsortes**[1555], weil dies die Frage aufwirft, ob Art. 8 I GG uneingeschränkt den Zugriff auf beliebige Flächen oder Räume gewährleistet. Man stelle sich vor, das Versammlungsgrundrecht würde freien Zugang zu Startbahnen von Flughäfen, (geheimen) Militäreinrichtungen oder zu Räumen der Verfassungsschutzämter oder des BND gewährleisten. Ein funktionierendes Gemeinwesen bzw. die Wahrnehmung bestimmter öffentlicher Aufgaben wären dann nicht möglich. Daher muss die Freiheit der Ortswahl ihre Grenze in kollidierenden Verfassungsgütern finden, was entweder zu einer Begrenzung des Schutzbereichs des Art. 8 I GG (verfassungsimmanente Schutzbereichsbegrenzung[1556]) führt oder aber im Rahmen der Prüfung der verfassungsrechtlichen Rechtfertigung die behördliche Verbotsverfügung (oder Auflage) rechtfertigt. Überwiegend ist man der Meinung, dass die rechtliche Verfügungsbefugnis über den Versammlungsort eine ungeschriebene Bedingung für die Ortswahl darstelle und Art. 8 I GG insoweit kein Benutzungsrecht einräume, das nicht schon nach allgemeinen Rechtsgrundsätzen bestehe.[1557] Diese Sichtweise ist sehr bedenklich, da sie die Reichweite der Versammlungsfreiheit von vornherein in die allgemeine (einfachgesetzlich determinierte) Rechtsordnung einbettet.

[1553] So die h.M., vgl. nur BVerfGE 85, 69, 75; *Kahl*, JuS 2000, 1090, 1093; *Hermanns*, JA 2001, 79, 83; a.A. BVerfGE 85, 69, 77 f. (abw. Meinung); *Höfling*, in: Sachs, GG, Art. 8 Rn 58 f.

[1554] BVerfG NVwZ 2013, 570 (versammlungsrechtliche Auflagen); BVerfGE 128, 226, 250 ff. (Frankfurter Flughafen); 104, 92, 105 f. (Sitzblockade); 73, 206, 249 (Sitzblockade); BGH NVwZ 2015, 1622, 1623 (Flughafen Berlin-Schönefeld) – allesamt zurückgehend auf BVerfGE 69, 315, 343 (Brokdorf).

[1555] Vgl. dazu BVerfGE 128, 226, 250 ff. (Frankfurter Flughafen); BVerfG NJW 2014, 2706, 2707 f. (Friedhof); BGH NVwZ 2015, 1622, 1623 (Flughafen Berlin-Schönefeld); *Muckel*, JA 2016, 75, 76.

[1556] Vgl. dazu Rn 127.

[1557] BGH NJW 2006, 1054, 1055 (Fraport AG); BVerwGE 91, 135, 138 f. (Bonner Hofgartenwiese), unter Bezugnahme auf *Depenheuer*, in: Maunz/Dürig, GG, Art. 8 Rn 78; vgl. auch *Hoffmann-Riem*, in: AK-GG, Art. 8 Rn 33; *Schulze-Fielitz*, in: Dreier, GG, Art. 8 Rn 35; *Geis*, in: Berliner Kommentar, Art. 8 Rn 34; *Herrmanns*, JA 2001, 79, 82; *Deger*, VBlBW 1995, 303, 304; *v. Alemann/Scheffczyk*, JA 2013, 407.

Folgte man ihr, hätten es der einfache Gesetzgeber und die Verwaltung in der Hand, die Reichweite der Versammlungsfreiheit ggf. sogar durch Benutzungsordnungen oder Satzungen zu regeln. Richtigerweise wird man das Recht zur freien Ortswahl grds. auf den gesamten **öffentlichen Raum** (insbesondere auf öffentliche Straßen und Plätze), wo ein kommunikativer Verkehr stattfindet, erstrecken müssen.[1558] Hierbei handelt es sich um einen (zulassungsfreien) Gemeingebrauch bzw. um die schlichte Ausübung des Versammlungsgrundrechts, keinesfalls aber um eine (zulassungspflichtige) Sondernutzung. Nähme man das Gegenteil an, führte dies dazu, dass eine wegen Art. 8 I GG („ohne Anmeldung oder Erlaubnis") nicht genehmigungspflichtige Versammlung ggf. beantragt werden müsste, auch wenn bei der Genehmigung Art. 8 I GG das Ermessen der Behörde dahingehend reduzierte, dass faktisch ein Zulassungsanspruch bestünde, sofern nicht höherrangige Interessen berührt würden. Aber auch bei der schlichten Ausübung des Versammlungsgrundrechts besteht der Grundrechtsschutz im Ergebnis nicht, wenn die oben genannten oder vergleichbare andere Bereiche betroffen sind. Rechtstechnisch ist in diesen Fällen zwar der Schutzbereich eröffnet, jedoch führen die gegenläufigen Verfassungsgüter zur Rechtfertigung des Eingriffs.[1559]

Obwohl die Versammlungsfreiheit den Grundrechtsträgern gewährleistet, über den Ort der Veranstaltung grundsätzlich frei zu bestimmen, verschafft sie ihnen also kein Zutrittsrecht zu beliebigen (öffentlichen) Orten und zu beliebigen Zeiten. Außer hinsichtlich der soeben genannten Objekte ist die Ausübung der Versammlungsfreiheit auch auf öffentlichen Straßen, insbesondere auf Autobahnen, gerade dann einzuschränken, wenn etwa die Straße blockiert und Rettungskräften die Durchfahrt unmöglich gemacht wird. In solchen Fällen ist entweder eine verfassungsimmanente Schutzbereichsbegrenzung vorzunehmen[1560] oder aber es überwiegt das in § 15 I VersG genannte Schutzgut öffentliche Sicherheit, das im Rahmen der Prüfung der verfassungsrechtlichen Rechtfertigung des Eingriffs mit der kollidierenden Versammlungsfreiheit abzuwägen ist.[1561] **617a**

Auch wenn Demonstranten tage- oder gar wochenlang das Wohnhaus eines ehemaligen (Sexual-)Straftäters „Belagern" und laute Beschimpfungen von sich geben, ist nachvollziehbar, dass damit auch schutzwürdige Belange des ehemaligen Strafgefangenen betroffen sind und dass für die Behörde die Möglichkeit bestehen muss, die Wahl des Versammlungsortes etwa durch eine versammlungsrechtliche Auflage zu beschränken. Denn auch ehemalige (Sexual-)Straftäter haben das (aus Art. 2 I GG i.V.m. 1 I GG) garantierte Recht, gerade in ihrem privaten Rückzugsbereich vor Schmähungen und Beleidigungen geschützt zu werden.[1562] **617b**

Auch bei der Occupy-Bewegung (dazu bereits Rn 610a) stellte sich die Frage, ob die Gruppierung ihre Camps dauerhaft auf der Grünanlage vor der Europäischen Zentralbank errichten durfte. Das VG Frankfurt a.M. hat entschieden, dass dies nicht durch das Grundrecht der Versammlungsfreiheit gedeckt sei und dass das zuvor ergangene behördliche Verbot des Aufstellens von Zelten und des Campierens in Grünanlagen verfassungsgemäß gewesen sei. Das Gericht war der Auffassung, dass das von Art. 8 I GG umfasste Recht der freien Ortswahl nicht dazu berechtige, fremdes Grundeigentum nach Belieben in Anspruch zu nehmen. Das gelte auch für ein Grundstück, das als öffentliche Einrichtung der Allgemeinheit zur Verfügung stehe. Die Stadt Frankfurt a.M. sei berechtigt gewesen, wegen Vorliegens einer unmittelbar drohenden Gefahr für die öf- **617c**

[1558] So auch BVerfGE 73, 206, 249; BVerfG NJW 2014, 2706, 2707 f. (Friedhof). Dabei kommt es nicht darauf an, ob der kommunikative Verkehr etwa durch Satzung oder (sonstige) Benutzungsregeln zugelassen wurde; entscheidend ist allein die **tatsächliche Eröffnung der allgemeinen Kommunikation** (BVerfG NJW 2014, 2706, 2707 f. - Friedhof).

[1559] Vgl. nunmehr auch VG Gießen DÖV 2013, 992 (mit Bespr. v. *Muckel*, JA 2014, 317).

[1560] Vgl. dazu Rn 127.

[1561] VG Gießen DÖV 2013, 992; *Muckel*, JA 2014, 317, 318.

[1562] OVG Magdeburg NJW 2012, 2535 f.

fentliche Sicherheit (vgl. dazu Rn 647) Auflagen und Verbote zu erlassen (vgl. § 15 I, III VersG). Die unmittelbar drohende Gefahr für die öffentliche Sicherheit sah das Gericht im Hinblick auf die hygienischen Umstände vor Ort, aufgrund der massiven Verdichtung des Bodens in der Grünanlage sowie des mit der „Okkupation" einhergehenden Entzugs der Fläche für die Allgemeinheit als gegeben.[1563]

617d Fraglich ist, ob Versammlungen auch auf frei gewählten **Privatgrundstücken** durchgeführt werden können. Bedenken bestehen deswegen, weil Private grds. keine Grundrechtsadressaten sind[1564] und eine Benutzung ihres Grundstücks durch andere grds. nicht dulden müssen. Es ist zu unterscheiden:

- Jedenfalls verbürgt die Versammlungsfreiheit die Durchführung von Versammlungen an Orten, an denen ein **öffentliches Unternehmen** (bzw. ein **gemischtwirtschaftliches Unternehmen**) einen allgemeinen öffentlichen (Publikums-)Verkehr eröffnet hat. Denn wenn heute die Kommunikationsfunktion der öffentlichen Straßen zunehmend durch weitere Foren wie Einkaufszentren oder sonstige Begegnungsstätten ergänzt wird, können die Verkehrsflächen solcher Einrichtungen jedenfalls dann nicht von der Versammlungsfreiheit ausgenommen sein, wenn sie als Orte allgemeinen kommunikativen Verkehrs ausgestaltet sind und eine **unmittelbare Grundrechtsbindung** der betreffenden Einrichtung bzw. des Trägers der Einrichtung besteht. Dies ist etwa der Fall, wenn der Staat die Mehrheitsanteile an der privatrechtlichen Organisation bzw. dem Privateigentum hält, wie das z.B. auf Bereiche des Frankfurter Flughafens zutrifft (dazu Rn 80/94). So umfasse der Frankfurter Flughafen neben den flugspezifischen und abgegrenzten Bereichen wie dem Sicherheitsbereich und der Gepäckausgabe auch Orte, die zum Konsumieren, Flanieren und damit auch zum Kommunizieren ausgestaltet seien. Daher stelle er insoweit eine Stätte kommunikativen Verkehrs dar, und die Grundrechtsträger seien berechtigt, dort von ihrer Meinungsäußerungs- und Versammlungsfreiheit Gebrauch zu machen.[1565] Noch weiter geht der BGH, indem er hinsichtlich des Flughafens Berlin-Schönefeld, der im Übrigen zu 100% der öffentlichen Hand gehört, entschieden hat, dass die Fläche selbst dann, wenn sie nicht zum Verweilen oder Flanieren offenstehe, sondern eher einem Gewerbegebiet gleiche, als Versammlungsort genutzt werden dürfe, solange sie nur der Öffentlichkeit allgemein zugänglich sei.[1566] Dem ist jedenfalls insoweit zuzustimmen, als von der Versammlung keine Gefährdung der Sicherheit und Funktionsfähigkeit der Einrichtung ausgeht.
- Steht der Ort im **reinen Privateigentum**, gilt wegen Art. 1 III GG keinesfalls eine unmittelbare Grundrechtsbindung der betreffenden Einrichtung bzw. des Trägers der Einrichtung, sodass grds. auch keine Duldungspflicht besteht. Das gilt jedenfalls dann, wenn die Eigentümer die betreffenden Flächen nicht der Allgemeinheit zugänglich gemacht haben. Wenn bspw. eine Gruppe von Personen aus Protest gegen ausländerrechtliche Maßnahmen das Dach eines Hotels besetzt, muss der Hotelinhaber dies nicht dulden. Das Dach eines Hotels ist der Öffentlichkeit nicht allgemein zugänglich.[1567] Anders sähe es wohl aus, wenn der Privateigentümer einer Fläche diese allgemein dem Publikumsverkehr geöffnet hat (was etwa bei einem öffentlich zugänglichen Supermarktparkplatz oder generell einer Fläche des Flanierens, des Verweilens und der Begegnung angenommen werden kann). Dann kommt – wie auch das BVerfG in seinem soeben genannten Urteil zum Frankfurter Flughafen angedeutet hat – unter dem Aspekt der **Horizontalwirkung** der Grundrechte (dazu Rn 106) eine Pflicht zur Duldung eher in Betracht, sofern die Funktionsfähigkeit nicht unzumutbar beeinträchtigt wird.[1568] In diese Richtung geht auch

---

[1563] VG Frankfurt a.M. NVwZ-RR 2012, 806.
[1564] Das ergibt sich aus Art. 1 III GG, wonach nur die drei Staatsgewalten unmittelbar an die Grundrechte gebunden sind.
[1565] BVerfGE 128, 226, 251 f. Vgl. auch *Sachs*, JuS 2011, 665 ff.; *Muckel*, JA 2011, 557 ff.; *Enders*, JZ 2011, 577 ff.; *Kramer*, JA 2011, 810 ff.
[1566] BGH NVwZ 2015, 1622, 1623. Vgl. auch *Muckel*, JA 2016, 75, 76.
[1567] Vgl. dazu VG Berlin 29.8.2014 – 1 L 245.14.
[1568] Vgl. bereits seit der 15. Auflage. Das BVerfG hat sich jüngst im Rahmen einer einstweiligen Anordnung diesem Standpunkt angenähert, vgl. BVerfG NJW 2015, 2485 f. (Nibelungenplatz in Passau, der im Privateigentum steht).

§ 21 S. 1 des Musterentwurfs eines Versammlungsgesetzes des Arbeitskreises Versammlungsrecht, wonach auf Verkehrsflächen von Grundstücken in Privateigentum, die dem allgemeinen Publikumsverkehr geöffnet sind, öffentliche Versammlungen auch ohne Zustimmung des Eigentümers durchgeführt werden können. Ob eine solche Beschränkung des Eigentumsrechts trotz der Sozialpflichtigkeit des Eigentums (Art. 14 II GG) mit Art. 14 I S. 1 GG vereinbar ist, erscheint auf den ersten Blick zweifelhaft, sie ist aber nachvollziehbar und richtig, wenn man bedenkt, dass der Grundstückseigentümer die Fläche dem Publikumsverkehr öffentlich zugänglich gemacht hat. In diesem Fall ergibt sich für den Eigentümer jedenfalls dann, wenn von der Versammlung keine Gefährdung der Sicherheit und Funktionsfähigkeit der Einrichtung ausgeht oder keine sonstige unzumutbare Beeinträchtigung vorliegt, eine Duldungspflicht aus § 1004 II BGB i.V.m. Art. 8 I GG, der über die Figur der mittelbaren Drittwirkung der Grundrechte Anwendung findet.

Zu der genannten Gestaltungsfreiheit gehören auch die Wahl der Form der Meinungsäußerung und damit das Verwenden von Lautsprechern, Megaphonen, Fahnen und Trommeln.[1569] Sogar das Mitführen der Reichskriegsflagge (ohne Hakenkreuz!) dürfte erfasst sein.[1570] Eine andere Frage ist die Möglichkeit eines entsprechenden Verbots (in Form einer Auflage i.S.v. § 15 I VersG).[1571] Geschützt sind auch vorbereitende Maßnahmen; insbesondere hat der Veranstalter in Ausübung der aus Art. 8 I GG fließenden Veranstalterfreiheit das Recht auf Darstellung seiner Intention in der Öffentlichkeit. **617e**

Auch der ungehinderte **Zugang** zu einer bereits stattfindenden, bevorstehenden oder sich bildenden Versammlung bzw. Demonstration fällt in den Schutzbereich des Art. 8 I GG. Denn das Grundrecht schützt nicht nur diejenigen, die schon versammelt sind, sondern auch die Personen, die sich auf dem Weg zu einer Versammlung befinden. Zwar sind sie zu diesem Zeitpunkt noch nicht versammelt, aber sie versammeln sich.[1572] Gleiches ergibt sich aus dem Sinn und Zweck des Grundrechts. Denn der Schutz von Versammlungen liefe leer, wenn er nicht schon im Vorfeld bestünde. Anderenfalls ließen sich Versammlungen z.B. durch Behinderungen bei der Anfahrt, etwa durch bewusst verzögernde oder exzessiv umfangreiche Kontrollen, erschweren oder praktisch ganz unmöglich machen. Der grundrechtliche Schutz beginnt daher zu dem Zeitpunkt, in dem die Versammlungsteilnehmer die Reise zum Versammlungsort unmittelbar, d.h. ohne versammlungsunabhängige Zwischenstopps oder Umwege, antreten.[1573] Von Relevanz ist dieser Befund für die Anwendbarkeit des Versammlungsgesetzes (Rn 633/640 ff.). **618**

Typische Maßnahmen im Vorfeld von Versammlungen und Demonstrationen sind Personenkontrollen (Identitätsfeststellungen, Durchsuchungen) an Zufahrtswegen sowie der sog. Rückführungsgewahrsam als Sonderfall des Verbringungsgewahrsams: Die betroffenen Personen werden angehalten und in Polizeibegleitung zum Ausgangsort zurückbeordert. Die besondere Problematik besteht darin, dass das Versammlungsgesetz dafür keine ausdrückliche Rechtsgrundlage enthält, die Maßnahme aber in Art. 8 I GG eingreift. Hier wird der Rückgriff auf das allg. Polizei- und Ordnungsrecht diskutiert, vgl. dazu Rn 633/640 ff. **619**

e. Schutzbereichsbegrenzung auf Friedlichkeit und Waffenlosigkeit

Hat man die mitunter sehr schwierige Frage beantwortet, ob es sich bei der Veranstaltung um eine Versammlung handelt, und festgestellt, dass dem so ist, kann doch noch nicht ohne weiteres von der Eröffnung des Schutzbereichs gesprochen werden. Denn der Schutzbereich des Art. 8 GG ist sowohl in sachlicher als auch in persönlicher Hin- **620**

[1569] BVerfG NVwZ 2014, 1453 (Geldbuße wegen Verstoßes gegen VersG).
[1570] Würde die Reichskriegsflagge das Hakenkreuz zeigen, wäre sie ein Kennzeichen verfassungswidriger Organisationen, was zur Annahme der Unfriedlichkeit führte (und nach § 86a StGB strafbar wäre).
[1571] Vgl. dazu BVerfG NVwZ 2014, 1453 f.; OVG Weimar NVwZ-RR 2000, 154 L.
[1572] *Dietel/Gintzel/Kniesel*, Versammlungsgesetze, § 1 Rn 71.
[1573] BVerfGE 69, 315, 348; 84, 203, 209.

sicht **begrenzt**. In sachlicher Hinsicht ist der Schutzbereich auf **friedliche Versammlungen ohne Waffen** begrenzt, in persönlicher Hinsicht auf **Deutsche**.

621 Grundrechtlich geschützt werden nur **friedliche Versammlungen ohne Waffen**. Der Begriff der „friedlichen Versammlung" wird vom Grundgesetz nicht definiert. Von Rechtsprechung und Literatur wird er in Anlehnung an die Legaldefinition der §§ 5 Nr. 3, 13 I Nr. 2 VersG negativ bestimmt. Danach ist eine Versammlung unfriedlich, wenn ein „gewalttätiger und aufrührerischer Verlauf" angestrebt ist oder eintritt. Freilich sind auch diese Begriffe unbestimmt und bedürfen einer Auslegung, die wiederum vor dem Hintergrund des hohen Schutzniveaus der Versammlungsfreiheit zu erfolgen hat. Um daher eine Gewalttätigkeit annehmen zu können, kann eine bloße Behinderung Dritter, auch wenn sie nicht nur in Kauf genommen, sondern beabsichtigt wird, nicht genügen.[1574] Vielmehr muss eine aktive körperliche Einwirkung auf Personen oder Sachen stattfinden. Überwiegend wird verlangt, dass die körperliche Einwirkung aggressiv und von einiger Erheblichkeit (d.h. Gefährlichkeit) ist.[1575] Damit ist der Gewaltbegriff i.S.d. Art. 8 GG enger als derjenige, der im Strafrecht (§ 240 StGB) verwendet wird.

622 So ist eine Versammlung als gewalttätig angesehen worden, bei der körperliche Handlungen von einiger Gefährlichkeit auftraten wie Gewaltausübung mittels gefährlicher Werkzeuge oder aggressive Ausschreitungen gegen Personen oder Sachen.[1576] Dazu zählt insbesondere das Werfen mit harten Gegenständen (Bierflaschen, gefüllten Getränkedosen, Steinen etc.) sowie mit Farbbeuteln, was wegen der objektiven Gefährlichkeit stets eine Unfriedlichkeit begründet. Erst recht liegt Unfriedlichkeit vor, wenn bspw. Autos oder Schaufensterauslagen angezündet oder auf andere Weise beschädigt werden. Ob das Werfen mit (relativ) weichen Gegenständen (Eiern, Tomaten etc.) unfriedlich ist, kann nicht eindeutig gesagt werden. Eine Unfriedlichkeit sollte aber jedenfalls dann angenommen werden, wenn sich derartige Aktionen gegen Polizeibeamte richten und die Situation dadurch eskaliert.

Verhinderungsblockaden, also Blockaden von Verkehrswegen, sowie Sitzblockaden, bei denen sich die Teilnehmer auf passive Resistenz beschränken, begründen nicht ohne weiteres eine Unfriedlichkeit, selbst wenn dabei der Tatbestand der Nötigung verwirklicht wird.[1577] Daran ändert sich auch nichts, wenn sich die Teilnehmer untereinander anketten. Ketten sich die Teilnehmer aber an Sachen an (z.B. an Zäunen, Toren, Schienen, stehenden Zügen etc.), muss die Friedlichkeit in Frage gestellt werden, weil der Grad der Behinderung ein anderer ist. Das BVerfG nimmt aber auch in diesem Fall keine Unfriedlichkeit an. Die Frage, ob eine Versammlung unfriedlich sei, dürfe nicht mit der Verwirklichung des (weiten) Gewaltbegriffs in § 240 StGB gleichgesetzt werden. Vielmehr müsse die Friedlichkeit rein verfassungsrechtlich bestimmt werden. Liege der Zweck der Blockade in der gemeinschaftlichen Erörterung und Kundgebung mit dem Ziel der Teilhabe an der öffentlichen Meinungsbildung, sei auch dann von einer Friedlichkeit i.S.v. Art. 8 I GG auszugehen, wenn sich die Versammlungsteilnehmer bspw. an das Haupttor eines befriedeten Geländes anketteten und die Zu- und Abfahrt versperrten. Denn in einem solchen Fall sei der erforderliche Grad an Gefährlichkeit noch nicht erreicht, um eine „Unfriedlichkeit" i.S.v. Art. 8 I GG annehmen zu können.[1578]

Verhalten sich nur einige Versammlungsteilnehmer unfriedlich, die anderen dagegen friedlich, ist nur den unfriedlichen Teilnehmern der Schutz des Art. 8 I GG verwehrt.[1579] Es ist also, dem Wortlaut des Art. 8 I GG i.V.m. §§ 18 III und 19 IV VersG entsprechend, auf den einzelnen Teilnehmer abzustellen, nicht auf die Versammlung insgesamt. Nur wenn ein Einschreiten gegen die einzelnen gewalttätigen Teilnehmer nicht möglich ist, keinen Erfolg verspricht oder sich die friedlich verhaltenden Versammlungsteilnehmer mit den Gewalttätigkeiten

---

[1574] Richtig BVerfGE 73, 206, 248; 87, 399, 406; 104, 92, 106.
[1575] BVerfG NVwZ 2005, 80 f.; BVerfGE 104, 92, 101 ff.
[1576] BVerfGE 73, 206, 248 f.; 87, 399, 406. Vgl. auch *Hoffmann-Riem*, NVwZ 2002, 257, 259.
[1577] BVerfG StraFo 2011, 180, 181; BVerfGE 104, 92, 101 ff.; 92, 1, 17 f.; 87, 399, 406; 73, 206, 249.
[1578] BVerfGE 104, 92, 106. Diese Grundsätze bestätigend BVerfG NVwZ 2005, 80 f. Vgl. auch BVerfG StraFo 2011, 180, 181 f. und *R. Schmidt*, StrafR BT I, 16. Aufl. 2016, Rn 798.
[1579] BVerfGE 69, 315, 359; BVerfG NVwZ 2011, 422, 423.

identifizieren, kann entsprechend dem Gesetzesvorbehalt des Art. 8 II GG und unter strenger Beachtung des Verhältnismäßigkeitsgrundsatzes gegen die ganze Versammlung vorgegangen werden (Verbot, Auflösung etc.). Ist demnach die Versammlung insgesamt unfriedlich, ist *allen* Teilnehmern der Schutz aus Art. 8 I GG versagt, auch denen, die sich nicht an den Aktionen beteiligt haben, die die Versammlung haben unfriedlich werden lassen.[1580]

Eine **Gegendemonstration** genießt ebenfalls den Schutz des Art. 8 GG, sofern sie friedlich ist. Bezweckt sie, die Versammlung zu stören, kann je nach Sachverhalt entweder bereits der Schutzbereich begrenzt oder jedenfalls aufgrund des Gesetzesvorbehalts des Art. 8 II GG eingeschritten werden (Verbot, Auflösung etc.).

Ein **aufrührerischer Verlauf** besteht oder wird angestrebt, wenn das Ziel der Versammlung in einem Umsturz liegt oder wenn aktiv Widerstand gegen rechtmäßig handelnde Vollstreckungsbeamte geleistet wird bzw. geleistet werden soll. 623

Mit **Waffen** sind zunächst Waffen im technischen Sinne gemeint. Darunter sind Waffen i.S.d. § 1 WaffG zu verstehen (z.B. Pistole, Dolch, Schlagring).[1581] Der Zweck, zu dem sie mitgeführt werden, ist unerheblich. Überwiegend werden dem Waffenbegriff auch gefährliche Werkzeuge (i.S.d. § 224 StGB) wie Baseballschläger, Eisenketten oder chemische Kampfstoffe zugeordnet, sofern sie nicht nur zur Verletzung von Personen geeignet sind, sondern vor allem *zu diesem Zweck* mitgeführt werden.[1582] 624

> **Beispiel:** Auch Fahnen, v.a. die Fahnenstangen, sind für sich genommen gefährliche Werkzeuge. Werden sie aber nicht zum Zweck des Einsatzes als Schlaginstrumente mitgeführt, ist die Versammlung zumindest diesbezüglich nicht unfriedlich.

Keine Waffen sind jedenfalls reine Schutzgegenstände wie Schutzhelme, Gasmasken, Schutzbrillen etc.[1583] Freilich eine andere Frage ist es, ob deren Mitführen ein Verbot nach § 17a I VersG rechtfertigen kann.[1584] 625

Unfriedlich ist eine Versammlung schließlich auch dann, wenn eine Unfriedlichkeit **droht**, also unmittelbar bevorsteht. So ist der Aufruf zu verbrecherischen Handlungen ebenso wenig von Art. 8 I GG gedeckt wie die Behinderung einer Versammlung durch Gegendemonstrationen. Bei der Frage, ob eine Unfriedlichkeit droht, ist auf die sachgerechte Prognose der zuständigen Behörde abzustellen.[1585] 626

f. Persönlicher Schutzbereich

In persönlicher Hinsicht ist der Schutzbereich des Art. 8 I GG auf **Deutsche** begrenzt. Der Begriff des Deutschen ist in Art. 116 GG legaldefiniert. **Nichtdeutsche** können sich demzufolge nicht auf das Grundrecht der Versammlungsfreiheit berufen. Für diese gilt die Versammlungsfreiheit (aus verfassungsrechtlicher Sicht) nur eingeschränkt über Art. 2 I GG, freilich nicht mit dem hohen Schutzniveau des Art. 8 I GG. Dies gilt zumindest im Hinblick auf Ausländer, die keine EU-Bürger sind. Ob **EU-Bürgern** mit Blick auf das Diskriminierungsverbot aus Art. 18 AEUV, das Anwendungsvorrang genießt, ein intensiverer Schutz gewährt werden muss (etwa durch eine „Umdeutung" des Begriffs des „Deutschen" in „EU-Bürger" in Art. 8 I GG oder durch eine Erhöhung des Schutzniveaus des Art. 2 I GG auf das des Art. 8 I GG), ist verfassungsgerichtlich noch nicht entschieden. Vgl. dazu die Parallelproblematik bei Art. 12 I GG (Rn 788) sowie die allge- 627

[1580] VG Stuttgart 16.4.2015 – 1 K 4014/13.
[1581] Zwar kann nach der Normenhierarchie ein einfaches Gesetz nicht die Reichweite einer Norm des Grundgesetzes bestimmen, jedoch kann man auch bei einer rein verfassungsrechtlichen Betrachtungsweise dessen Wertung heranziehen.
[1582] *Kahl*, JuS 2000, 1090, 1091; *Depenheuer*, in: Maunz/Dürig, GG, Art. 8 Rn 66; *P/S/K/P*, Rn 756; *Jarass*, in: Jarass/Pieroth, GG, Art. 8 Rn 7. Anders *Kunig*, in: v. Münch/Kunig, GG, Art. 8 Rn 26, der gefährliche Werkzeuge i.S.v. § 224 StGB nicht den Waffen i.S.d. Art. 8 I GG zuordnet.
[1583] *Hermanns*, JA 2001, 79, 81; *Kahl*, JuS 2000, 1090, 1091; *Depenheuer*, in: Maunz/Dürig, GG, Art. 8 Rn 68.
[1584] Bejahend *Hermanns*, JA 2001, 79, 81.
[1585] *Jahn*, JuS 2001, 172, 174.

meinen Ausführungen (Rn 48, 63). Vom persönlichen Schutzbereich umfasst sind aber inländische juristische Personen des Privatrechts und sonstige inländische Personenmehrheiten[1586] (Beispiel: politische Partei, die einen Parteitag oder einen Aufmarsch oder eine Mahnwache abhält[1587]). Zur Problematik, inwieweit eine inländische juristische Person bzw. Personenmehrheit sich auf Deutschengrundrechte berufen kann, wenn sie von Ausländern beherrscht ist, vgl. Rn 64. Die Versammlung selbst ist kein Grundrechtsträger.

2. Ergebnis zur Herleitung des Versammlungsbegriffs

628 Unter Zugrundelegung der bisherigen Ausführungen ergibt sich folgende Subsumtionsgrundlage:

Versammlungen sind friedliche Zusammenkünfte mehrerer Personen (nach h.M. genügen zwei) zwecks gemeinschaftlicher Erörterung oder Kundgebung mit dem Ziel der Teilhabe an der öffentlichen Meinungsbildung.

Diese Definition hat sich auch der niedersächsische Gesetzgeber zunutze gemacht, indem er in § 2 des niedersächsischen Versammlungsgesetzes den Begriff der Versammlung definiert: „Eine Versammlung im Sinne dieses Gesetzes ist eine ... Zusammenkunft von mindestens zwei Personen zur gemeinschaftlichen, auf die Teilhabe an der öffentlichen Meinungsbildung gerichteten Erörterung oder Kundgebung" (zur Föderalismusreform vgl. Rn 635).

II. Eingriffe in den Schutzbereich

629 Eingriffe in die Versammlungsfreiheit liegen zunächst vor bei Maßnahmen, die das geschützte Verhalten regeln, z.B. **Anmeldungs- und Erlaubnispflichten**. Das geht schon aus der Formulierung des Art. 8 I GG „ohne Anmeldung oder Erlaubnis" hervor. Eindeutige Eingriffe sind auch **Auflagen**, **Verbote** und **Auflösungen** von Versammlungen sowie die sie bestätigenden Gerichtsentscheidungen. Auch die **Behinderung von Anfahrten** und **Personenkontrollen** beeinträchtigen das Grundrecht.[1588] Das Grundrecht wird auch durch (andere) faktische Maßnahmen beeinträchtigt, wenn sie in ihrer Intensität imperativen Maßnahmen gleichstehen. So können **staatliche Überwachungsmaßnahmen** (etwa Dokumentation oder Videoüberwachung[1589]) dazu führen, dass die innere Entschlussfreiheit, an einer Versammlung teilzunehmen, beeinträchtigt wird. Ist daher eine Überwachungsmaßnahme geeignet, Versammlungsteilnehmer abzuschrecken oder bei ihnen den Entschluss auszulösen, lieber auf die Grundrechtsausübung zu verzichten, ist von einem Eingriff auszugehen.[1590] Das BVerfG hat daher in seiner Brokdorf-Entscheidung einen Eingriff bejaht bei „exzessiven Observationen und Registrierungen".[1591] Jüngere fachgerichtliche Entscheidungen nehmen einen Grundrechtseingriff auch dann an, wenn der Einsatz einer Kameraübertragung geeignet ist, bei den Versammlungsteilnehmern das Gefühl des Überwachtwerdens mit den damit verbundenen Unsicherheiten und Einschüchterungseffekten zu erzeugen.[1592] Auch die bloße Videobeobachtung einer Versammlung – ohne eine Speicherung der Aufnahmen

---

[1586] BVerwG BayVBl 1999, 632, 633. Auch rechtsradikale Organisationen, die (noch) nicht verboten sind, können sich auf den Schutz der Art. 5 I, 8 I und 9 I GG berufen (vgl. Art. 21 II GG).
[1587] Vgl. dazu BVerwG NVwZ 2014, 883 ff.
[1588] BVerfGE 69, 315, 349 (Brokdorf); VG Lüneburg NVwZ-RR 2005, 248, 249 (Castortransport).
[1589] Ob es sich bei der Videoüberwachung um eine Übersichts- oder Individualaufnahme handelt, ist bei der Frage nach dem Grundrechtseingriff irrelevant. Wegen möglicher unterschiedlicher Eingriffsintensität kann aber im Rahmen der verfassungsrechtlichen Rechtfertigung zu unterscheiden sein (wie hier *Neskovic/Uhlig*, NVwZ 2014, 1317 f.; nicht differenzierend BerlVerfGH NVwZ-RR 2014, 577); vgl. später auch OVG Koblenz NVwZ-RR 2015, 570.
[1590] BVerfGE 65, 1, 43 (Volkszählung); vgl. auch OVG Koblenz NVwZ-RR 2015, 570.
[1591] BVerfGE 69, 315, 359 (Brokdorf).
[1592] OVG Koblenz NVwZ-RR 2015, 570. Vgl. auch OVG Münster DVBl 2011, 175 f., das allerdings „bloße Übersichtsmaßnahmen bei Großdemonstrationen" zwar als Eingriff in das allgemeine Persönlichkeitsrecht, nicht aber in Art. 8 I GG wertet; ferner VG Berlin NVwZ 2010, 1442.

(sog. **Kamera-Monitoring-Verfahren**) – ist demnach ein Eingriff in Art. 8 I GG.[1593] Denn wegen der heutigen technischen Möglichkeiten (Zoom) muss prinzipiell von der Erkennbarkeit einzelner Teilnehmer, daher von einem Personenbezug der Aufnahmen und somit von einem Grundrechtseingriff ausgegangen werden.[1594] Das gilt auch hinsichtlich des Einsatzes sog. **Video-Drohnen**[1595], unabhängig davon, ob eine Speicherung der Aufnahmen stattfindet, oder ob der Einsatz von den Betroffenen bemerkt wird.[1596]

Des Weiteren sind die **Verurteilung** zu einer Strafe (Freiheitsstrafe, Geldstrafe) oder Geldbuße wegen Verstoßes gegen das Versammlungsgesetz sowie die Erhebung von **Gebühren** im Zusammenhang mit der Erteilung von Auflagen (gem. § 15 I VersG) als Eingriffe zu sehen.[1597] Schließlich sind **einschließende Begleitungen** von Demonstrationen durch voll ausgerüstete Polizeibeamte (sog. „Wanderkessel"), die sich dadurch kennzeichnen, dass einzelne Versammlungsteilnehmer die Versammlung nicht verlassen bzw. dieser nicht beitreten können[1598], sowie Überflüge mit Bundeswehrkampfjets[1599] Grundrechtseingriffe.

Unter Zugrundelegung dieser Ausführungen ergibt sich folgende Definition: 630

Ein **Eingriff** in Art. 8 I GG liegt vor, wenn eine Versammlung **verboten**, **aufgelöst** oder die Art und Weise ihrer Durchführung durch einen staatlichen Akt **beschränkt** wird.

III. Verfassungsrechtliche Rechtfertigung

1. Der Gesetzesvorbehalt des Art. 8 II GG

Ist der Schutzbereich des Art. 8 I GG eröffnet, muss der Frage nach der Einschränkbarkeit des Grundrechts nachgegangen werden. Gemäß Art. 8 II GG kann die Versammlungsfreiheit für Versammlungen unter freiem Himmel durch Gesetz oder aufgrund eines Gesetzes eingeschränkt werden. Bei Auslegung dieses (auf Versammlungen unter freiem Himmel beschränkten) Gesetzesvorbehalts muss zunächst klargestellt werden, dass er nur für **versammlungsspezifische Eingriffe** gilt. Wird durch eine Maßnahme bspw. auch in eines der Grundrechte aus Art. 5 I GG eingegriffen, bestimmt sich die verfassungsrechtliche Rechtfertigung des Eingriffs – da Art. 8 I GG und 5 I GG grundsätzlich gleichrangig nebeneinander stehen – nicht nur nach dem Gesetzesvorbehalt des Art. 8 II GG, sondern auch nach dem des Art. 5 II GG (Fall der echten Grundrechtskonkurrenz, vgl. Rn 138). Geht es der Behörde bei einem Versammlungsverbot allerdings ausschließlich darum, die Meinungsäußerungsfreiheit zu beschränken, kommt nach Auffassung des BVerfG eine Rechtfertigung, soweit die Beschränkung der Meinungsäußerung nicht dem Schutz der Jugend oder dem Recht der persönlichen Ehre dient, nur im Rahmen der allgemeinen Gesetze i.S.d. Art. 5 II GG in Betracht (vgl. dazu auch Rn 501 sowie *R. Schmidt*, POR, Rn 1065 ff.). 631

[1593] BVerfGE 122, 342, 368 f. (Bayerisches Versammlungsgesetz); OVG Koblenz NVwZ-RR 2015, 570; VG Berlin NVwZ 2010, 1442.
[1594] OVG Koblenz NVwZ-RR 2015, 570; VG Berlin NVwZ 2010, 1442.
[1595] Hierbei handelt es sich um unbemannte Flugkörper, die mit Foto- oder Videotechnik ausgestattet sind.
[1596] Vgl. dazu ausführlich *Roggan*, NVwZ 2011, 590 ff.
[1597] Vgl. etwa BVerfG NVwZ 2014, 1453 (Geldbuße wegen Verstoßes gegen VersG); *Greve/Quast*, NVwZ 2009, 500 ff.
[1598] OVG Bremen NVwZ 1990, 1188, 1189; OVG Hamburg NVwZ 1987, 829, 830. Vgl. auch *Kniesel*, NJW 1996, 2606 ff.; *Brenneisen/Martins*, Polizeiforum 2006, 56 ff.; *Krüger/van der Schoot*, NordÖR 2007, 276 ff. Ob bereits eine „offene" Begleitung (also eine Begleitung, die die Versammlung nicht einschließt und auch einzelne Personen durchlässt) eine Beschränkung der Versammlungsfreiheit darstellt, ist zweifelhaft; dies sollte aber zumindest dann bejaht werden, wenn (potentielle) Teilnehmer abgeschreckt werden, der Versammlung beizutreten.
[1599] Vgl. dazu BVerfG NJW 2007, 2172 sowie *Droege*, JuS 2008, 135, 137.

Hinweis für die Fallbearbeitung: Greift die in der Grundrechtsklausur zu untersuchende Maßnahme nicht nur in die Versammlungsfreiheit, sondern auch in eines der Grundrechte aus Art. 5 I GG (etwa die Meinungsäußerungsfreiheit) ein, ist es überwiegende Auffassung in der Lehre, die Maßnahme (entgegen der Praxis des BVerfG[1600]) in einer **getrennten Prüfung** sowohl auf ihre Vereinbarkeit mit Art. 8 I GG als auch mit Art. 5 I GG zu untersuchen. Denn Art. 5 I GG steht prinzipiell neben Art. 8 I GG.[1601] Das führt jedoch zu erheblichen Problemen im Gutachtenaufbau und in der Argumentation. Denn der Inhalt einer Meinungsäußerung, der den Schutz der Meinungsäußerungsfreiheit genießt und im Rahmen des Art. 5 I GG nicht unterbunden werden darf, darf auch nicht zur Rechtfertigung von Maßnahmen herangezogen werden, die das Grundrecht des Art. 8 I GG beschränken.[1602] Wie dieser Umstand bei einer nach einzelnen Grundrechten getrennten Prüfung dargestellt werden soll, wird von den Vertretern, die ausschließlich eine nach Grundrechten getrennte Prüfung akzeptieren, nicht beantwortet. Davon unabhängig gilt aber, dass eine Maßnahme nur dann gerechtfertigt ist, wenn sie den Schrankenvorbehalten beider Grundrechte entspricht. Dabei ist zu beachten, dass die in Art. 5 II und 8 II GG enthaltenen Schranken nur auf die jeweiligen Schutzbereiche bezogen sind. Es gilt der Grundsatz: keine Übertragung von grundrechtsspezifischen Grundrechtsschranken auf ein anderes Grundrecht.

Beispiel: Wird eine Versammlung wegen des Inhalts der zu erwartenden Meinungskundgabe verboten, ist Prüfungsmaßstab nicht nur Art. 8 I GG, sondern auch Art. 5 I GG. Ob das Verbot rechtmäßig ist, richtet sich demnach sowohl nach Art. 8 II GG (in Bezug auf Art. 8 I GG) als auch nach Art. 5 II GG (in Bezug auf Art. 5 I GG). Daher darf der Inhalt einer Meinungsäußerung, der den Schutz der Meinungsäußerungsfreiheit genießt und im Rahmen des Art. 5 I GG nicht unterbunden werden darf, auch nicht zur Rechtfertigung von Maßnahmen herangezogen werden, die das Grundrecht des Art. 8 I GG beschränken (BVerfGE 111, 147, 152). Dies wäre in einer verzahnten Prüfung festzustellen. Die Ausübung des Freiheitsrechts aus Art. 8 I GG darf in diesem Fall nur aus anderen Gründen verboten werden.

632 Kommt eine Rechtfertigung des Eingriffs gem. Art. 8 II GG am Maßstab des Art. 8 I GG in Betracht, ist zu beachten, dass der **Gesetzesvorbehalt** nur Versammlungen **unter freiem Himmel** erfasst. **Versammlungen in geschlossenen Räumen** sind demnach scheinbar **vorbehaltlos** gewährleistet. Die Differenzierung hat den Hintergrund, dass der Grundgesetzgeber bei Versammlungen in geschlossenen Räumen offenbar ein weniger großes Gefahrenpotential erblickt als bei Versammlungen unter freiem Himmel.[1603] Daher dürfte es für die Abgrenzung weniger darauf ankommen, ob der Raum überdacht ist, sondern vielmehr darauf, ob Versammlungsteilnehmer unter sich und von der Allgemeinheit abgeschirmt sind, sodass Konflikte, die eine gesetzliche Regelung erfordern, weniger vorgezeichnet sind.[1604]

Beispiel: Daher handelt es sich bei einer Versammlung in einem Flughafen auch dann um eine Versammlung „unter freiem Himmel", wenn sie hauptsächlich im Innern des Flughafens stattfindet und damit überdacht und seitlich begrenzt ist, solange sie sich nur inmitten des allgemeinen Flughafenpublikums befindet, an das sich die kollektive Meinungskundgabe richtet. Denn in einem solchen Fall besteht im Aufeinandertreffen der Versammlungsteilnehmer mit Dritten ein höheres, weniger beherrschbares Gefahrenpotential.[1605]

[1600] Vgl. nur BVerfGE 111, 147, 152 ff.
[1601] Wie hier nun auch *Droege*, JuS 2008, 135, 139.
[1602] BVerfGE 111, 147, 152 ff.
[1603] *Leibholz/v. Mangoldt*, Jahrbuch des öffentlichen Rechts der Gegenwart, Neue Folge Bd. 1, 1951, S. 114. Vgl. auch BVerfGE 128, 226, 255 f. (Frankfurter Flughafen).
[1604] BVerfGE 128, 226, 255 f. (Frankfurter Flughafen).
[1605] BVerfGE 128, 226, 256 (Frankfurter Flughafen).

Versammlungen unter **freiem Himmel** können gem. Art. 8 II GG **durch** oder **aufgrund eines Gesetzes** eingeschränkt werden. Vor dem Hintergrund der Bedeutung der Versammlungsfreiheit und des Parlamentsvorbehalts ist jedenfalls für einen gezielten Eingriff in den Schutzbereich des Art. 8 I GG ein förmliches Gesetz zu fordern. Der Bundesgesetzgeber ist diesem Erfordernis vor allem durch den Erlass des **Versammlungsgesetzes** (VersG, insb. des § 15; vgl. zur Föderalismusreform 2006 sogleich Rn 635) und des Gesetzes über **befriedete Bezirke für Verfassungsorgane** des Bundes (BefBezG), welches das ehemalige Bannmeilengesetz des Bundes ersetzt hat (dazu später), nachgekommen. Als Eingriffsgrundlage können ferner das Straßenverkehrsrecht und das Straßenrecht dienen. Auf Landesebene kommen Bannmeilengesetze, **Sonn- und Feiertagsgesetze** (und deren konkretisierende Rechtsverordnungen)[1606], Straßen- und Wegegesetze sowie (subsidiär) die allgemeinen Polizei- und Ordnungsgesetze in Betracht. 633

Im Anwendungsbereich der beschränkenden Bestimmungen des VersG ist ein Rückgriff insbesondere auf das allgemeine Polizei- und Ordnungsrecht grds. ausgeschlossen, denn wegen der Beschränkung des VersG auf Abwehr versammlungstypischer Gefahren geht es als Spezialgesetz gerade dem POR vor („**Polizeifestigkeit des Versammlungsrechts**").[1607] Zweck des VersG ist es, versammlungstypische Gefahren abzuwehren (daher wird das Versammlungsrecht auch als Teilbereich des Besonderen Gefahrenabwehrrechts bezeichnet); es soll aber auch einen Ausgleich i.S. einer praktischen Konkordanz schaffen zwischen dem Grundrechtsschutz aus Art. 8 I GG einerseits und den kollidierenden Verfassungsgütern Dritter (insbesondere Leben und körperliche Unversehrtheit) bzw. der Allgemeinheit andererseits. Die grundsätzliche Sperrwirkung gilt daher nicht nur gegenüber dem POR, sondern auch gegenüber dem Straßenrecht. Maßnahmen auf der Grundlage des POR oder des Straßenrechts können grds. also erst dann getroffen werden, wenn die Versammlung insgesamt beendet (d.h. aufgelöst) wurde. Gegenüber **strafprozessualen** Maßnahmen entfaltet das Versammlungsrecht nach der hier vertretenen Auffassung indes keine Sperrwirkung, da Gefahrenabwehr und Strafverfolgung nicht miteinander konkurrieren, sondern in einem Aliud-Verhältnis zueinander stehen. Jedoch darf das Strafprozessrecht nicht dazu führen, dass „über die Hintertür" die Versammlungsfreiheit eingeschränkt wird, wo dies sonst weder nach Versammlungsrecht noch nach POR möglich wäre.

Versammlungen in **geschlossenen Räumen** sind nicht vom Gesetzesvorbehalt des Art. 8 II GG erfasst. Vielmehr sind sie **vorbehaltlos gewährleistet**. Gleichwohl ist eine Einschränkung möglich, wenn dies zum Schutz der Grundrechte Dritter oder anderer Güter mit Verfassungsrang zwingend geboten ist (verfassungsimmanente Einschränkung).[1608] Wegen des Grundsatzes vom Vorbehalt des Gesetzes (Art. 20 III GG) ist aber auch hier stets eine parlamentarische Rechtsgrundlage erforderlich, die wiederum insbesondere im VersG zu finden ist. 634

[1606] Oft heißt es dort (sinngemäß): *An Sonntagen und an gesetzlichen Feiertagen sind in der Zeit von 6 Uhr bis 12 Uhr öffentliche Versammlungen unter freiem Himmel verboten, soweit es sich nicht um Gottesdienste, andere religiöse Veranstaltungen oder Feierstunden von Weltanschauungsgemeinschaften handelt* (vgl. etwa § 3 I Nr. 1 hamb FeiertagsschutzVO). Derartige pauschale Verbote, die offenbar dem Schutz der ungestörten Religionsausübung dienen, sind mit Art. 8 I GG jedenfalls dann kaum vereinbar, wenn sie auch solche Versammlungen verbieten, die dem Zweck des Sonn- oder Feiertags nicht entgegenstehen (wie hier auch OVG Koblenz NVwZ-RR 2013, 641 f.). Um eine von vornherein anzunehmende Verfassungswidrigkeit zu vermeiden, haben die Landesgesetzgeber immerhin die Möglichkeit einer Ausnahmebewilligung zugelassen. Danach können *aus wichtigem Grund Ausnahmen vom gesetzlichen Verbot zugelassen werden* (vgl. etwa § 5 hamb FeiertagsschutzVO). Das wird man insb. dann annehmen müssen, wenn die Versammlung (etwa eine Mahnwache eines Tierschutzvereins vor einem Reitturnier oder einer Zirkusveranstaltung) in keiner Weise in Beziehung zu einer religiösen Veranstaltung steht und diese daher auch nicht stören kann. Vgl. dazu BVerfG NVwZ 2003, 601 f.; NVwZ 2007, 574; OVG Koblenz NVwZ-RR 2013, 641 f; VG Neustadt LKRZ 2012, 473; *Arndt/Droege*, NVwZ 2003, 906 ff.

[1607] BVerfG NVwZ 2005, 80, 81; VGH Mannheim VBlBW 2008, 60-62.

[1608] BVerwG NVwZ 1999, 991 unter Berufung auf BVerwGE 90, 112, 122 (zu Art. 4 GG).

2. Insbesondere: Das Versammlungsgesetz

635 Liegt eine Versammlung vor, hält das **VersG** wichtige Rechtsgrundlagen für Eingriffe in die Versammlungsfreiheit bereit. Relevant ist v.a. § 15 VersG (unten Rn 647 ff.).[1609]

Die Föderalismusreform 2006 hat u.a. zum Wegfall der Bundesgesetzgebungskompetenz für das Versammlungsrecht geführt. Nunmehr sind die Länder befugt, diese Materie auf ihren Territorien zu regeln. Gemäß Art. 125a I GG n.F. gelten aber die Bundesgesetze, die u.a. wegen Art. 74 I GG n.F. nicht mehr als Bundesrecht erlassen werden könnten (also auch das VersG), als Bundesrecht fort, sofern nicht die Länder eigene Gesetze erlassen. Einige Bundesländer (Bayern, Sachsen, Sachsen-Anhalt und Niedersachsen) haben bereits eigene Landesversammlungsgesetze erlassen; Berlin und Brandenburg haben Teilbereiche des Versammlungsrechts geregelt. Solange aber in den übrigen Ländern noch das VersG des Bundes gilt, wird dieses der vorliegenden Darstellung zugrunde gelegt.

636 Nicht zuletzt mit Blick auf die unterschiedlichen Rechtfertigungsvoraussetzungen müssen grundsätzlich die öffentliche Versammlung von der nichtöffentlichen und die Versammlung unter freiem Himmel von der in geschlossenen Räumen unterschieden werden. Zu den einzelnen Bereichen vgl. eingehend *R. Schmidt*, POR, Rn 1074 ff. Im vorliegenden Zusammenhang sollen lediglich die öffentlichen Versammlungen unter freiem Himmel erläutert werden.

a. Öffentliche Versammlungen

aa. Begriff der öffentlichen Versammlung

637 Wie die obigen Ausführungen zeigen, schützt Art. 8 I GG jede Form von Versammlung, also *öffentliche* und *nichtöffentliche* Versammlungen sowie Versammlungen in *geschlossenen Räumen* und *unter freiem Himmel*. Demgegenüber enthält Art. 8 II GG nur für Versammlungen unter freiem Himmel einen Gesetzesvorbehalt. Das VersG, das diesen Gesetzesvorbehalt ausfüllt, ist wiederum gem. § 1 VersG lediglich auf *öffentliche* Versammlungen (unter freiem Himmel oder in geschlossenen Räumen) anwendbar. Nichtöffentliche Versammlungen können demnach nicht auf der Grundlage des VersG beschränkt werden. Beschränkungen sind nur auf anderer Grundlage möglich. Zur Frage ob und inwieweit hier die Vorschriften des allg. POR anwendbar sind, vgl. Rn 662 ff.

637a Bei der Frage, ob im konkreten Fall die Versammlung öffentlich oder nichtöffentlich ist, kommt es jedenfalls nicht darauf an, ob die Versammlung auf öffentlichen Flächen oder auf einem Privatgrundstück stattfindet.[1610] Entscheidend ist allein, ob zu der Versammlung **jedermann** Zugang hat. Ist die Teilnahme nicht auf einen bestimmten Teilnehmerkreis begrenzt, liegt eine *öffentliche* Versammlung vor. Wird dagegen zur Teilnahme geladen und wünscht der Veranstalter über den Kreis der Geladenen hinaus keine weiteren Teilnehmer, ist von einer *nichtöffentlichen* Versammlung auszugehen.[1611]

Beispiele: Mitgliederversammlungen von Verbänden, Gewerkschaften oder Parteien sind demnach *nichtöffentliche* Versammlungen. Gleiches gilt für einen Parteitag mit entsandten Delegierten und geladenen Gästen.[1612] Werden die Einladungen aber kopiert und frei weitergegeben und findet auch keine Zugangskontrolle durch den Veranstalter statt, ist von einer *öffentlichen* Versammlung auszugehen.[1613] Zu den *nichtöffentlichen* Versammlungen vgl. *R. Schmidt*, POR, Rn 1123 ff.

[1609] Zu dieser Vorschrift und den anderen Vorschriften des VersG vgl. eingehend *R. Schmidt*, POR, Rn 1072 ff.

[1610] *Heckmann*, JuS 2001, 675, 678.

[1611] Vgl. BVerwG NVwZ 1999, 991, 992; OVG Weimar DVBl 1998, 104, 105; *Jahn*, JuS 2001, 172, 175; *Führing*, NVwZ 2001, 157, 159; *Heckmann*, JuS 2001, 675, 678; *Hermanns*, JA 2001, 79, 81 f.

[1612] BVerwG NVwZ 1999, 991, 992; OVG Weimar NVwZ-RR 1998, 498 f.; *Kniesel*, NJW 2000, 2857, 2862.

[1613] OVG Weimar NVwZ-RR 1999, 499.

Eine Versammlung ist **öffentlich**, wenn die Teilnahme jedermann offensteht, insbesondere nicht von einer persönlichen Einladung abhängt. 638

bb. Öffentliche Versammlungen unter freiem Himmel

Steht fest, dass es sich bei der betreffenden Versammlung um eine öffentliche Versammlung handelt, ist des Weiteren zu klären, ob es sich bei der Versammlung um eine Versammlung unter **freiem Himmel** oder um eine Versammlung in geschlossenen Räumen handelt, weil sich der Gesetzesvorbehalt des Art. 8 II GG auf Versammlungen unter freiem Himmel beschränkt. 639

Handelt es sich bei der Versammlung um eine öffentliche Versammlung unter freiem Himmel, füllen die Bestimmungen des VersG den Gesetzesvorbehalt des Art. 8 II GG grds. abschließend aus. Im Anwendungsbereich des VersG ist also ein Rückgriff auf das allgemeine Polizei- und Ordnungsrecht grundsätzlich ausgeschlossen (sog. **Polizeifestigkeit des Versammlungsrechts**, s.o.). Gleichwohl kann es in bestimmten Fällen erforderlich sein, auf das allgemeine Polizei- und Ordnungsrecht zurückzugreifen. Das betrifft insbesondere das Stadium der Anreise.

a.) Maßnahmen im Vorfeld einer Versammlung

Besonders problematisch ist der **Vorfeldbereich von öffentlichen Versammlungen**. 640
Die Problematik besteht darin, dass das VersG kaum Rechtsgrundlagen enthält, die zu Maßnahmen während der Anreise zu einer Versammlung befugen, der Schutzbereich des Art. 8 I GG jedoch auch das Vorfeld von Versammlungen, namentlich den Zugang zu einer sich bildenden Versammlung, umfasst (Rn 618).

Beispiel: Die Menschenrechtsorganisation *pro human* e.V., deren Mitglieder für eine ra- 641
dikale Durchsetzung ihrer Auffassung bekannt und teilweise wegen Haus- und Landfriedensbruchs vorbestraft sind, plant eine Mahnwache vor dem Zufahrtstor eines in der Stadt B gelegenen Biotechnologiezentrums und meldet sie gem. § 14 VersG an. Am Tag der Veranstaltung reisen einige Mitglieder der Organisation mit einem gemieteten Reisebus an. Der Polizeipräsident von B befürchtet erhebliche Störungen für die öffentliche Sicherheit und lässt an der Stadtgrenze eine Kontrollstelle einrichten. Dort werden die anreisenden Mitglieder der Organisation kontrolliert. Die Polizei stellt die Identität der betreffenden Personen fest und durchsucht sie nach Waffen bzw. gefährlichen Werkzeugen.

Zunächst bleibt festzuhalten, dass das VersG keine Rechtsgrundlagen enthält, die zu *Identitätsfeststellungen* und *Durchsuchungen* befugen. Das heißt jedoch nicht, dass die genannten Maßnahmen ohne weiteres auf der Grundlage des allgemeinen Polizei- und Ordnungsrechts (d.h. des Polizeigesetzes) zulässig wären. Vielmehr muss zunächst untersucht werden, ob sich die betreffenden Personen auf das Versammlungsgrundrecht stützen und ob die Rechtsgrundlagen des VersG analog angewendet werden können. Immerhin füllt das VersG den Gesetzesvorbehalt des Art. 8 II GG (in Bezug auf öffentliche Versammlungen unter freiem Himmel) grundsätzlich abschließend aus. Zudem ist der Rückgriff auf das allgemeine Polizei- und Ordnungsrecht deshalb problematisch, weil Art. 8 I GG in den meisten Polizeigesetzen[1614] nicht als einschränkbares Grundrecht zitiert wird. Die nicht vorhandene Zitierung des Art. 8 I GG ist (mit Blick auf Art. 19 I S. 2 GG) aber unschädlich, sofern man sich auf den Standpunkt stellt, dass das Zitiergebot nicht gelte, wenn die Vorfeldmaßnahmen lediglich der Sicherung der Durchführung der Versammlung dienten bzw. es sich beim allgemeinen Polizei- und Ordnungsrecht um vorkonstitutionelles Recht handele.[1615]

[1614] Art. 8 I GG wird aber als einschränkbares Grundrecht zitiert in Art. 74 bayPAG, § 10 NdsSOG und § 8 Nr. 3 rpPOG.
[1615] Die Rspr. (vgl. etwa VG Lüneburg NVwZ-RR 2005, 248 f.) umgeht diese Problematik, indem sie das Zitiergebot des Art. 19 I S. 2 GG einfach nicht erwähnt. Auch *Pieroth/Schlink*, Grundrechte, ließen bis zur 21. Aufl. 2005 das Zitiergebot gänzlich unerwähnt. Für eine (methodisch) korrekte Fallbearbeitung ist aber eine Auseinandersetzung mit ihm erforderlich. Vgl. dazu die Argumentation bei *R. Schmidt*, POR, Rn 1072 ff.

Auch in materieller Hinsicht ist der Rückgriff auf das allgemeine Polizei- und Ordnungsrecht problematisch, weil es letztlich um einen Grundrechtseingriff in Art. 8 I GG geht und die Polizeigesetze oftmals weniger stringente Eingriffsvoraussetzungen normieren als das VersG. Ein Verstoß gegen Art. 8 I GG lässt sich aber dadurch vermeiden, dass die Vorschriften des allgemeinen Polizei- und Ordnungsrechts im Lichte der Bedeutung der Versammlungsfreiheit, also verfassungskonform, ausgelegt werden. Auf das allgemeine Polizei- und Ordnungsrecht gestützte Maßnahmen sind demnach nur dann (materiell) rechtmäßig, wenn sie dem Schutz von Rechtsgütern dienen, die bei einer Abwägung mit Art. 8 I GG den Vorrang genießen. Dazu gehören die Individualgüter Leib, Leben und Gesundheit von Menschen, aber auch die freiheitliche demokratische Grundordnung des Grundgesetzes. Darüber hinaus dürfen sie nicht den Zugang zu einer Versammlung unzumutbar erschweren oder gar unmöglich machen.[1616]

Schließt man sich jedoch keiner der genannten „Rettungsversuche" an, sind Vorfeldmaßnahmen (in Ermangelung einer anwendbaren Rechtsgrundlage) schlichtweg rechtswidrig. Aus rechtsstaatlicher Sicht ist dieser Standpunkt konsequent.

Folgt man aber der h.M., kommen daher im vorliegenden Fall die Rechtsgrundlagen des Polizeigesetzes für die Identitätsfeststellung und die Durchsuchung in Betracht (beide Maßnahmen wären nunmehr in der Fallbearbeitung zu prüfen mit dem Ergebnis, dass beide rechtmäßig ergingen; vgl. dazu ausführlich *R. Schmidt*, POR, Rn 1072 ff. sowie *ders.*, Fälle zum POR, Fall 3).

b.) Maßnahmen nach Beendigung der Versammlung

642 Auch die Phase nach **Beendigung der öffentlichen Versammlung** kann mit Blick auf die Anwendbarkeit des allgemeinen Polizeirechts problematisch sein, weil das VersG hierzu kaum Regelungen enthält. Ausnahmen sind in §§ 12a und 13 II VersG enthalten. Aus § 13 II VersG (vgl. auch § 18 I VersG für Versammlungen unter freiem Himmel) ergibt sich eine Entfernungspflicht aller Teilnehmer nach einer Auflösung der Versammlung durch die Polizei. Ob damit aber der Weg frei ist für Anschlussmaßnahmen auf Grundlage des allgemeinen Polizei- und Ordnungsrechts, ist fraglich, weil Art. 8 I GG auch für die „Beendigungsphase" Nachwirkungen zeigt. Dennoch ist nach der hier vertretenen Auffassung die Anwendung der Befugnisnormen des allg. Polizeirechts zulässig, nachdem die Versammlung **aufgelöst** (§ 15 III bzw. § 13 VersG) wurde. Gleiches gilt hinsichtlich einzelner Teilnehmer, wenn diese von der Versammlung gem. § 18 III VersG **ausgeschlossen** wurden. Denn mit der rechtsgestaltenden Wirkung, die eine Auflösungs- bzw. Ausschlussverfügung bewirkt, wird der Grundrechtsschutz des Art. 8 I GG beendet. Solche Personen können also unverzüglich nach den Polizeigesetzen z.B. in Gewahrsam genommen werden, wenn im Übrigen die polizeirechtlichen Voraussetzungen (Gefahrenlage, Störereigenschaft, Verhältnismäßigkeit) vorliegen.[1617]

643 Da die Auflösung (neben dem Verbot) der Versammlung und der Ausschluss Einzelner von der Versammlung jedoch den intensivsten Eingriff in das Grundrecht der Versammlungsfreiheit darstellen, erfordert es der Schutz des Art. 8 I GG, dass die Auflösungs- bzw. Ausschlussverfügung **eindeutig und unmissverständlich** formuliert ist und für die Betroffenen erkennbar zum Ausdruck bringt, dass die Versammlung aufgelöst bzw. sie für ihn zu Ende ist.[1618] Selbstverständlich sind auch materiell-rechtlich hohe Rechtmäßigkeitshürden zu nehmen, um der Bedeutung des Art. 8 I GG Rechnung zu tragen. Wird die Auflösungs- bzw. Ausschlussverfügung diesen Anforderungen nicht gerecht, ist sie rechtswidrig und entfaltet nach Auffassung des BVerfG (trotz der insoweit eindeutigen Formulierung in § 43 II, III VwVfG, wonach auch ein rechtswidriger – aber nicht

---

[1616] Vgl. dazu VG Lüneburg NVwZ-RR 2005, 248 f. (Castortransport).
[1617] BVerfG NVwZ 2005, 80 f. Vgl. auch BVerfG NVwZ 2007, 1180, 1182; OLG Stuttgart NStZ 2016, 353, 356.
[1618] Vgl. auch hierzu BVerfG NVwZ 2005, 80 f.

nichtiger – Verwaltungsakt wirksam ist, solange und soweit er nicht zurückgenommen, widerrufen, anderweitig aufgehoben oder erledigt ist) keine konstitutive Wirkung mit der Folge, dass die Versammlung nicht beendet bzw. aufgelöst wird und Anschlussmaßnahmen auf der Grundlage des POR daher nicht möglich sind.[1619]

Merke: Erst nach **expliziter Auflösung** der Versammlung bzw. nach **explizitem Ausschluss** einzelner Versammlungsteilnehmer von der Versammlung besteht die Sperrwirkung des VersG nicht mehr, sodass dem betroffenen Personenkreis gegenüber Folgemaßnahmen auf der Grundlage des POR erteilt werden können. Allerdings muss nach Auffassung des BVerfG die (Teil-)Auflösung bzw. der Ausschluss Einzelner von der Versammlung rechtmäßig sein, um die Sperrwirkung des VersG zu beenden und den Rückgriff auf das POR zu ermöglichen. Das ist der Fall, wenn die Verfügung dem strengen Prüfungsmaßstab des Art. 8 I GG entspricht.[1620] **644**

c.) Bannmeilen und befriedete Bezirke

645 Zu den öffentlichen Versammlungen unter freiem Himmel zählen auch Versammlungen innerhalb der befriedeten Gebiete (= **Bannkreise**) der Gesetzgebungsorgane des Bundes oder der Länder sowie des BVerfG. Das Bannmeilengesetz (BannmG) vom 6.8.1955 sah ein grundsätzliches Verbot von Versammlungen innerhalb der Bannkreise vor. Dortige Versammlungen durften nur durch behördliche Ermessensentscheidung (§ 4 BannmG) ausnahmsweise erlaubt werden. Das behördliche Ermessen konnte aber in diesem Fall auf Null reduziert sein mit der Folge, dass nur eine einzige Entscheidung ermessensfehlerfrei war, die Zulassung der Versammlung, wenn diese dem Schutzbereich des BannmG nicht zuwiderlief. Im Jahre 1999 hat der Gesetzgeber das BannmG aufgehoben und durch das Gesetz über befriedete Bezirke für Verfassungsorgane des Bundes (BefBezG) ersetzt. In § 3 I S. 1 BefBezG ist dem Bürger nunmehr ein Rechtsanspruch auf Erteilung einer Ausnahmebewilligung vom abstrakten Verbot des § 16 I VersG eingeräumt worden (vgl. dazu § 16 II VersG). Voraussetzung ist nur, dass keine Beeinträchtigung der Tätigkeit des Deutschen Bundestages und seiner Fraktionen, des Bundesrates und des BVerfG sowie ihrer Organe und Gremien und keine Behinderung des freien Zugangs zu ihren in dem befriedeten Bezirk gelegenen Gebäuden zu befürchten sind (vgl. § 3 I S. 1 BefBezG: „sind zuzulassen").[1621]

d.) Zusammenfassung

646 Bei versammlungsspezifischen Gefahren, die im Zusammenhang mit öffentlichen Versammlungen im Freien stehen, sind die Voraussetzungen für das polizeiliche Einschreiten und dessen Umfang speziell und abschließend in den Befugnisnormen des VersG (und anderen Spezialgesetzen) geregelt. Ein Rückgriff auf das allgemeine Polizei- und Ordnungsrecht ist grds. unzulässig (sog. Polizeifestigkeit des Versammlungsrechts).

e.) Maßnahmen auf Grundlage des Versammlungsgesetzes

aa.) Verbot und Auflagen nach § 15 I VersG

647 Kommen (wie im Regelfall) die Befugnisnormen des VersG in Betracht, ist v.a. **§ 15 I VersG** relevant. Diese Vorschrift setzt auf der Tatbestandsseite eine „**unmittelbare Gefährdung der öffentlichen Sicherheit oder Ordnung**" voraus. Aufgrund der gleichlautenden Merkmale der entsprechenden Tatbestände aus dem allgemeinen Polizei- und Ordnungsrecht und des gleichen Schutzzwecks (hier wie dort geht es um Ge-

[1619] Vgl. BVerfG NVwZ 2005, 80 f. (anders noch BVerfGE 87, 399, 400); OLG Celle NVwZ-RR 2006, 254.
[1620] Zur gutachterlichen Prüfung vgl. *R. Schmidt*, Fälle zum POR, Fall 4.
[1621] Zu den Voraussetzungen, unter denen eine Beeinträchtigung der Tätigkeit der genannten Verfassungsorgane bzw. eine Behinderung des freien Zugangs vorliegt bzw. zu befürchten ist, vgl. *R. Schmidt*, POR, Rn 1077.

fahrenabwehr) könnte man annehmen, die Merkmale einheitlich auszulegen.[1622] Da es bei § 15 I VersG aber um eine Beschränkung der verfassungsrechtlich garantierten Versammlungsfreiheit geht, ist bei der Auslegung der im Tatbestand des § 15 I VersG genannten Schutzgüter *öffentliche Sicherheit und Ordnung* stets die grundlegende Bedeutung des Art. 8 I GG (ggf. i.V.m. Art. 5 I GG) zu beachten, was zu einer äußerst zurückhaltenden Annahme der Verbotsvoraussetzungen zwingt (sog. **verfassungskonforme Auslegung**). Eine Gefährdung der öffentlichen Sicherheit oder Ordnung kann daher nur angenommen werden, wenn es um den **Schutz gleichwertiger anderer Rechtsgüter** geht.[1623] Als gleichwertige andere Rechtsgüter sind jedenfalls **Leib und Leben von Personen** anerkannt, aber auch die **freiheitliche demokratische Grundordnung** des Grundgesetzes. Ob auch der Staat mit seinen Einrichtungen und Veranstaltungen, etwa das Ansehen der Bundesrepublik Deutschland im Ausland bzw. die reibungslose Durchführung eines internationalen Wirtschaftsgipfels (G8-Gipfel), gleichwertige Rechtsgüter darstellen, zu deren Gunsten großflächige Versammlungsverbote erlassen werden können, ist in Anbetracht der besonderen Bedeutung des Art. 8 I GG fraglich.[1624] Denn oftmals bietet Art. 8 I GG dem Bürger die einzige Möglichkeit, sich vor Ort im Kollektiv erkennbar zu machen (Bsp. bei *R. Schmidt*, POR, Rn 1081).

648 Der besonderen Bedeutung des Art. 8 I GG ist aber nicht nur auf der Tatbestandsseite des § 15 I VersG durch restriktive, d.h. verfassungskonforme Auslegung, sondern auch auf der **Rechtsfolgenseite** Rechnung zu tragen. Auch das BVerfG betont in ständiger Rechtsprechung, dass die Behörden *im Einzelfall* gewährleisten müssten, dass die Versammlungsfreiheit nur dann und nur insoweit zurückstehe, als dies zum Schutz **mindestens gleichwertiger Schutzgüter** und unter strikter Wahrung des **Grundsatzes der Verhältnismäßigkeit** erforderlich sei.[1625]

649 Nach dieser Rechtsprechung genügt es also nicht, dass ein Versammlungsverbot zur Erreichung seines Ziels allgemein geeignet, erforderlich und angemessen ist. Vielmehr muss eine praktische Konkordanz zwischen dem Grundrecht der Versammlungsfreiheit und den genannten widerstreitenden Verfassungsgütern hergestellt werden. Das gilt auch hinsichtlich solcher Gruppierungen, deren politische Gesinnung als „unerwünscht" gilt. Insbesondere gilt hinsichtlich politischer Parteien, dass sich die Versammlungsteilnehmer so lange in gleichem Maße auf Art. 8 I GG berufen können wie andere Personen, bis das BVerfG die Partei gem. Art. 21 II GG für verfassungswidrig erklärt hat.[1626]

> **Beispiel:** So wäre ein Verbot eines Aufmarschs einer rechtsextremen Vereinigung an einem „stillen" Feiertag wie dem Volkstrauertag unverhältnismäßig, wenn der Bedeutung des Volkstrauertags, der durch Art. 140 GG i.V.m. Art. 139 WRV geschützt ist, dadurch Rechnung getragen werden kann, dass der Vereinigung im Rahmen einer Auflage das Führen von Trommeln, Fanfaren etc. untersagt wird.[1627]

Bzgl. der Verfassungsmäßigkeit von **Auflagen** (etwa Änderung der Streckenführung, der Änderung der Versammlung von einem Aufzug zu einer stationären Kundgebung oder das Untersagen des Führens von Trommeln, Fanfaren etc.) hat das BVerfG ähnlich entschieden, wobei es wegen der im Vergleich zu einem Verbot weniger schwerwiegenden Folgen an den Grundsatz der Verhältnismäßigkeit nicht ganz so strenge Maßstäbe

---

[1622] Zu den Begriffen „Gefahr" und "öffentliche Sicherheit und Ordnung" i.S.d. POR vgl. *R. Schmidt*, POR, Rn 628 ff./657 ff.
[1623] BVerfGE 69, 315, 349/353; 87, 399, 407; BVerfG NVwZ 2014, 1453, 1454.
[1624] Vgl. dazu BVerfG NJW 2007, 2167, 2169, das diese Frage allerdings (wie in BVerfGE 69, 315, 352) bejaht.
[1625] BVerfGE 69, 315, 348 f.; 87, 399, 407; 111, 147, 152 f.; vgl. auch BVerfG NJW 2007, 2167, 2169; NJW 2000, 3051, 3052 f.; NJW 2000, 3053, 3054 f.; NJW 2001, 2076, 2077; OVG Koblenz NVwZ-RR 2013, 641 ff.
[1626] Vgl. BVerfG NJW 2001, 2076, 2077 (1. Mai-Demo 1).
[1627] OVG Koblenz NVwZ-RR 2013, 641.

stellt, aber dennoch die konstituierende Bedeutung der Versammlungsfreiheit für eine freiheitliche demokratische Staatsordnung betont.[1628]

Hinweis für die Fallbearbeitung: Bevor eine Norm (etwa § 15 I VersG) für verfassungswidrig erklärt wird, ist sie **verfassungskonform auszulegen**. Eine verfassungskonforme Auslegung geht der Feststellung der Verfassungswidrigkeit vor! Gelingt die verfassungskonforme Auslegung, ist die Norm gültig, und zwar mit *der* Auslegung, die vorgenommen wurde, um einen Verstoß mit höherrangigem Recht abzuwenden. § 15 I VersG kann (nach entsprechender Prüfung!) verfassungskonform auslegt werden, indem die auf der Tatbestandsseite enthaltenen unbestimmte Rechtsbegriffe *öffentliche Sicherheit oder Ordnung* mit Blick auf die besondere Bedeutung des Art. 8 I GG für den Einzelnen, seine Meinung im Kollektiv zum Ausdruck zu bringen, einschränkend interpretiert werden, mit dem Ergebnis, dass Verbote nur zugunsten solcher Schutzgüter in Betracht kommen, die mindestens so hochwertig sind wie die Versammlungsfreiheit. Das ist jedenfalls bei Leib und Leben von Personen, aber auch bei der freiheitlichen demokratischen Grundordnung des Grundgesetzes der Fall. Ob dagegen der Staat mit seinen Veranstaltungen, etwa das Ansehen der Bundesrepublik Deutschland im Ausland bzw. die reibungslose Durchführung eines internationalen Wirtschaftsgipfels (G8-Gipfel), gleichwertige Rechtsgüter darstellen, zu deren Gunsten großflächige Versammlungsverbote erlassen werden können, ist mit Blick auf die Bedeutung des Art. 8 I GG fraglich, wurde jedoch vom BVerfG angenommen. 650
Kann eine Norm verfassungskonform ausgelegt werden, richtet sich sodann das Augenmerk auf die Anwendung im Einzelfall. § 15 I VersG ist eine Ermessensnorm. Das Ermessen ist so auszuüben, dass die zentrale Bedeutung der durch Art. 8 I GG garantierten kollektiven Meinungskundgabe nicht verkannt wird. Dazu kann es gehören, dass die Behörden, bevor sie die Durchführung der Versammlung von bestimmten Auflagen abhängig machen oder gar ein Verbot verhängen, zunächst versuchen, durch eine **demonstrationsfreundliche Kooperation** mit den Versammlungsteilnehmern Art. 8 I GG maximale Geltung zu verschaffen (vgl. *R. Schmidt*, POR, Rn 1083).

Da der Brokdorf-Beschluss keine Ausführungen zu neonazistischen Demonstrationen und Aufmärschen enthält, stellt sich die Frage, wie diesen zu begegnen ist. Der Neonazismus ist in Ausmaß und Brisanz erst nach der Wiedervereinigung zu einem der gesellschaftlichen Hauptprobleme geworden. Im Kern geht es um die Frage, ob eine Gefährdung der öffentlichen Ordnung ein Versammlungsverbot rechtfertigt. Da die Beantwortung dieser Frage aber zu sehr ins Versammlungsrecht führen würde, sei insoweit auf die Darstellung bei *R. Schmidt*, POR, Rn 1084 ff. verwiesen. Vgl. i.Ü. auch *R. Schmidt*, Fälle zum POR, Fall 1. 651

bb.) Flächenverbote und Auflagen nach § 15 II VersG

§ 15 II VersG enthält „Klarstellungen" für Auflagen oder Verbote von extremistisch ausgerichteten Versammlungen. Insbesondere regelt die Vorschrift, dass Versammlungen verboten oder von bestimmten Auflagen abhängig gemacht werden können, wenn sie an einem Ort stattfinden (sollen), „der als Gedenkstätte von historisch herausragender, überregionaler Bedeutung an die Opfer der menschenunwürdigen Behandlung unter der nationalsozialistischen Gewalt- und Willkürherrschaft erinnert ... und nach den zur Zeit des Erlasses der Verfügung konkret feststellbaren Umständen zu besorgen ist, dass durch die Versammlung die Würde der Opfer beeinträchtigt wird". Als einen solchen Ort legt § 15 II VersG das Denkmal für die ermordeten Juden Europas in Berlin fest. Andere Orte können durch Landesgesetz bestimmt werden. Zur Kritik bzgl. § 15 II VersG vgl. *R. Schmidt*, POR, Rn 1088 ff. 652

cc.) Auflösung nach § 15 III VersG

Gemäß § 15 III VersG kann die Versammlungsbehörde eine Versammlung oder einen Aufzug auflösen, wenn sie nicht angemeldet sind, wenn von den Angaben der Anmel- 653

[1628] BVerfG NVwZ 2013, 570.

dung abgewichen oder den Auflagen zuwidergehandelt wird oder wenn die Voraussetzungen zu einem Verbot nach § 15 I oder II VersG gegeben sind. Zur (nicht möglichen) Auflösung unangemeldeter Versammlungen vgl. Rn 615a und c; zu den Voraussetzungen des Art. 15 I und II VersG vgl. Rn 647 ff.

cc.) Anmeldepflicht nach § 14 I VersG; Spontan- und Eilversammlungen

654 § 14 I VersG statuiert für den Veranstalter einer öffentlichen Versammlung unter freiem Himmel die Pflicht, die Versammlung mindestens 48 Stunden vor ihrer Bekanntgabe **anzumelden** (eine Genehmigungspflicht besteht nicht!). Zweck der Anmeldepflicht ist es, im Interesse aller Beteiligten einen reibungslosen Ablauf der Versammlung zu gewährleisten.[1629] Da Art. 8 I GG jedoch ausdrücklich das Recht verleiht, sich ohne Anmeldung oder Erlaubnis zu versammeln, ist § 14 I VersG, der zwar nicht von Genehmigungspflicht, aber immerhin von Anmeldepflicht spricht, verfassungsrechtlich bedenklich, jedenfalls in Bezug auf Spontan- und Eilversammlungen. Vgl. dazu bereits Rn 615 ff.

dd.) Videoüberwachung nach §§ 12a, 19a VersG

655 § 12a I VersG stellt hohe Anforderungen an die Videoüberwachung. Die Polizei darf Bild- und Tonaufnahmen von Teilnehmern bei oder im Zusammenhang mit öffentlichen Versammlungen nur anfertigen, wenn tatsächliche Anhaltspunkte die Annahme rechtfertigen, dass von ihnen erhebliche Gefahren für die öffentliche Sicherheit oder Ordnung ausgehen. Unter „erheblichen Gefahren" sind Gefahren gemeint, die für wichtige Rechtsgüter wie Leib, Leben, Gesundheit oder die freiheitliche demokratische Grundordnung des Grundgesetzes bestehen.[1630] Da ebendiese Rechtsgüter geeignet sind, die Versammlungsfreiheit einzuschränken, ist § 12a VersG abstrakt mit Art. 8 I GG vereinbar.

656 Ist § 12a I VersG abstrakt mit Art. 8 I GG vereinbar, fokussiert sich der Blick auf die Rechtmäßigkeit der Einzelmaßnahme (etwa den Einsatz sog. Video-Drohnen, siehe Rn 629). Zunächst ist ein konkreter Anlass (Vorliegen von tatsächlichen Anhaltspunkten, die die Annahme rechtfertigen, dass von der Versammlung erhebliche Gefahren für die öffentliche Sicherheit oder Ordnung ausgehen) erforderlich. Eine anlasslose Videoüberwachung (etwa im Rahmen von Übersichtsaufnahmen) durch die Polizei verstößt wegen der einschüchternden Wirkung gegen Art. 8 I GG.[1631] Das gilt erst recht bei Individualaufnahmen, aber auch dann, wenn keine Aufzeichnung erfolgt und dies für die Teilnehmer erkennbar ist. Verdeckte Videoüberwachung dürfte von vornherein mit Art. 8 I GG (und mit Art. 2 I i.V.m. 1 I GG) unvereinbar sein.[1632]

cc. Öffentliche Versammlungen in geschlossenen Räumen

657 Aufgrund der Beschränkung des Art. 8 II GG auf Versammlungen unter freiem Himmel kann es Versammlungen geben, die zwar vom Schutzbereich des Art. 8 I GG, nicht aber vom ausdrücklichen Gesetzesvorbehalt des Art. 8 II GG erfasst sind. Hierbei handelt es sich um Versammlungen in geschlossenen Räumen, die scheinbar **vorbehaltlos** gewährt sind. Aber auch bei sog. vorbehaltlos gewährten Grundrechten ist eine Einschränkungsmöglichkeit anerkannt, wenn die Einschränkung zum Schutze eines **kollidierenden Verfassungsguts**[1633] zwingend geboten ist. Aufgrund des Grundsatzes vom Vorbehalt des Gesetzes ist aber auch hier stets ein förmliches Gesetz zu fordern, das die Voraussetzungen eines Einschreitens regelt. Ein solches förmliches Gesetz ist wiederum das VersG. So stellen etwa die **§§ 5 und 13 VersG** eine zulässige Schrankenregelung

---

[1629] BVerfGE 69, 315, 350 (Brokdorf); 85, 69, 74 (Eilversammlung).

[1630] Vgl. bereits die 5. Aufl. 2001 dieses Buches; später auch OVG Koblenz NVwZ-RR 2015, 570.

[1631] VG Berlin NVwZ 2010, 1442; a.A. BerlVerfGH NVwZ-RR 2014, 577 – dazu *Neskovic/Uhlig*, NVwZ 2014, 1317 f.

[1632] So auch *Roggan*, NVwZ 2011, 590 ff.

[1633] Dazu zählen insbesondere Leib, Leben und Gesundheit der Teilnehmer oder Dritter sowie die freiheitliche demokratische Grundordnung des Grundgesetzes.

dar, soweit sie sich auf Friedlichkeit und Waffenlosigkeit beziehen und die Einschränkung zum Schutze eines kollidierenden Verfassungsguts zwingend geboten ist. Vor diesem Hintergrund bestehen auch keine durchgreifenden Bedenken gegen die Anwendbarkeit des **§ 12a VersG** (insbesondere die Videoüberwachung) auf öffentliche Versammlungen in geschlossenen Räumen.[1634] Das gilt insbesondere dann, wenn die Voraussetzungen für ein Einschreiten nach § 13 VersG vorliegen.[1635]

b. Nichtöffentliche Versammlungen

Wie bereits erwähnt, sind nichtöffentliche Versammlungen eingehend bei *R. Schmidt*, POR, Rn 1123 ff. erläutert, weshalb insoweit drauf verwiesen wird. **658 -667**

IV. Konkurrenzen

Die Versammlungsfreiheit kann insb. mit dem Grundrecht der **Glaubensfreiheit** (Art. 4 I und II GG) konkurrieren, wenn es um die kollektive Kundgabe der religiösen Überzeugung geht. In diesem Fall wird teilweise angenommen, dass Art. 4 I und II GG dem Grundrecht der Versammlungsfreiheit vorgehe[1636] (Fall der unechten Grundrechtskonkurrenz, vgl. Rn 137). Diese Auffassung ist mit den Gewährleistungen der beiden Grundrechte nicht vereinbar. Geht es den betroffenen Personen um die gemeinschaftliche Erörterung und Kundgebung mit dem Ziel der Teilhabe an der öffentlichen Meinungsbildung und hat die Thematik ihren Ursprung im religiösen Glauben, ist es überzeugend, den Teilnehmern der Veranstaltung sowohl den Schutz des Art. 8 I GG als auch des Art. 4 I und II GG zukommen zu lassen.[1637] **668**

Im Verhältnis zu Art. 9 I GG ist bedeutsam, dass die **Vereinigungsfreiheit** auf Dauer oder zumindest auf gewisse Zeit angelegte Verbände schützt, wohingegen Art. 8 I GG einen „Augenblicksverband" schützt. Ein Konkurrenzproblem gibt es also i.d.R. nicht.[1638] **669**

Hinsichtlich des Verhältnisses zur **Meinungsäußerungsfreiheit** (Art. 5 I S. 1 Halbs. 1 GG) gilt, dass in erster Linie Art. 8 I GG betroffen ist, wenn eine Versammlung verboten oder aufgelöst oder die Art und Weise ihrer Durchführung durch staatliche Maßnahmen beschränkt wird. Verfolgt die Versammlungsbehörde mit dem Verbot bzw. der Beschränkung einer Versammlung allerdings (auch) die Unterbindung der Meinungsäußerung, greift sie damit (auch) in den Schutzbereich des Art. 5 I GG ein. Das Grundrecht der Meinungsäußerungsfreiheit ist also auch dann betroffen, wenn die Meinungsäußerung in einer oder durch eine Versammlung erfolgt. Mithin besteht in einem solchen Fall eine Idealkonkurrenz.[1639] Nach Auffassung des BVerfG ist die Rechtfertigung in diesem Fall allein in Art. 5 II GG zu suchen. Der Inhalt einer Meinungsäußerung, der im Rahmen des Art. 5 II GG nicht unterbunden werden dürfe, könne daher auch nicht zur Rechtfertigung von Maßnahmen herangezogen werden, die das Grundrecht des Art. 8 I GG beschränkten.[1640] **670**

> **Beispiel:** Verbietet die Behörde eine Versammlung und stützt ihr Verbot (vgl. § 15 I VersG) ausschließlich oder zumindest überwiegend auf den Inhalt der erwarteten Kundgebung, greift sie sowohl in Art. 5 I GG als auch in Art. 8 I GG ein. In diesem Fall kommt nach Auffassung des BVerfG (E 111, 147 ff.) eine inhaltliche Begrenzung von Meinungsäußerungen, soweit sie nicht dem Schutze der Jugend oder dem Recht der

---

[1634] Vgl. *Kniesel*, NJW 2000, 2857, 2865; *Guldi*, VR 1999, 180. Vgl. auch *Droege*, JuS 2008, 135, 137 f.

[1635] VGH Mannheim NVwZ 1998, 761, 764. Als Beispiel vgl. den bei *R. Schmidt*, POR, Rn 1098 dargestellten Übungsfall und im Übrigen *R. Schmidt*, Fälle zum POR, Fall 5.

[1636] So *Jarass*, in: Jarass/Pieroth, GG, Art. 4 Rn 6; *Kokott*, in: Sachs, GG, Art. 4 Rn 134.

[1637] Vgl. bereits Rn 139. Wie hier auch *Hoffmann-Riem*, in: Alternativkommentar zum GG, Art. 8 Rn 68.

[1638] Vgl. *Rinken*, in: Alternativkommentar, Art. 9 Rn 49; *Schulze-Fielitz*, in: Dreier, GG, Art. Rn 8 Rn 76.

[1639] Vgl. bereits die 4. Aufl. 2000; wie hier nun auch *Droege*, JuS 2008, 135, 139.

[1640] BVerfGE 111, 147, 155; 90, 241, 246; BVerfG-K NVwZ 2004, 90, 91.

persönlichen Ehre diene, nur im Rahmen der allgemeinen Gesetze im Sinne des Art. 5 II GG in Betracht. Dies seien Gesetze, die sich nicht gegen die Meinungsfreiheit an sich oder gegen die Äußerung einer bestimmten Meinung richteten, sondern vielmehr dem Schutz eines schlechthin, ohne Rücksicht auf eine bestimmte Meinung, zu schützenden Rechtsguts dienten. § 15 I VersG sei kein „allgemeines Gesetz" i.S.v. Art. 5 II GG, sondern beziehe sich nur auf Art. 8 I GG. Daher könne die Behörde ihre Verbotsverfügung, mit der sie (auch) in Art. 5 I GG eingreife, nicht auf Art. 15 I VersG stützen.

671 Bezüglich des Grundrechts auf **informationelle Selbstbestimmung** (Art. 2 I i.V.m. 1 I GG), das bspw. bei Video- und Fotoaufnahmen (Fertigen von Übersichtsaufnahmen, Einsatz von Video-Drohnen etc.) betroffen ist, wird teilweise die Auffassung vertreten, es habe keinen eigenständigen Anwendungsbereich neben Art. 8 I GG.[1641] Dem ist nicht zuzustimmen. Vielmehr ist aufgrund der Bedeutung des Rechts auf informationelle Selbstbestimmung Idealkonkurrenz mit Art. 8 I GG anzunehmen.[1642]

[1641] Vgl. *Droege*, JuS 2008, 135, 139 f.; *Söllner*, DVBl 2010, 1248 ff.
[1642] Wie hier *Roggan*, NVwZ 2011, 590, 591; *Brenneisen/Wilksen*, VersR, 4. Aufl. 2011, S. 265 ff.

L. Vereinigungs- und Koalitionsfreiheit – Art. 9 GG

Art. 9 GG schützt zwei Arten von **Vereinigungsfreiheit**, in Absatz 1 die allgemeine 672
Vereinigungsfreiheit und in Absatz 3 die wirtschaftliche Vereinigungsfreiheit (die sog. **Koalitionsfreiheit**). Der Unterschied zwischen diesen beiden Grundrechtsarten besteht darin, dass Art. 9 I GG inhaltlich in der Nähe anderer Kommunikationsgrundrechte (Art. 5 I GG, Art. 8 I GG) steht, wohingegen Art. 9 III GG einen engen Bezug zu den wirtschaftlichen Grundrechten der Art. 12 I und 14 I GG aufweist.

I. Vereinigungsfreiheit – Art. 9 I GG

Vereinigungsfreiheit – Art. 9 I GG

I. Schutzbereich der Vereinigungsfreiheit

Gemäß Art. 9 I GG haben alle Deutschen das Recht, Vereine und Gesellschaften (Oberbegriff: Vereinigungen) zu gründen. Zur Definition des Begriffs der **Vereinigung** wird ganz herrschend die Legaldefinition des § 2 I VereinsG herangezogen, wonach Vereinigungen i.S.d. Art. 9 I GG **freiwillige Zusammenschlüsse** natürlicher und/oder juristischer Personen sind, die einen **gemeinsamen Zweck** verfolgen, auf eine **bestimmte Dauer** angelegt sind und ein **Mindestmaß an Organisation** aufweisen. Umfasst ist auch das Recht, Vereinigungen fernzubleiben (sog. *negative Vereinigungsfreiheit*), jedenfalls soweit es sich um privatrechtliche Vereinigungen handelt. Dagegen ist umstritten, ob die negative Vereinigungsfreiheit auch das Recht umfasst, aus den **öffentlich-rechtlichen Vereinigungen** auszutreten bzw. ihnen nicht beitreten zu müssen. Das betrifft insbesondere die öffentlich-rechtlichen Zwangsvereinigungen wie bspw. Bundesrechtsanwaltskammer, Landesärztekammern, Industrie- und Handelskammern, Arbeitnehmerkammern etc. Die Rspr. und der überwiegende Teil der Lit. sehen Art. 9 I GG für nicht einschlägig an. Öffentlich-rechtliche Körperschaften gehörten nicht zu den Vereinigungen i.S.d. Art. 9 I GG. Sie entstünden insb. durch Rechtssatz, seien also keine freiwilligen Zusammenschlüsse. Der freiwillige Zusammenschluss sei aber konstitutives Element der (negativen) Vereinigungsfreiheit. Daher sei auch nicht das Recht umfasst, den Beitritt zu verweigern. Die Zulässigkeit von Pflichtmitgliedschaften sei daher an Art. 2 I GG zu messen. od. Art. 12 GG

Fraglich ist, ob Art. 9 I GG auch ein **kollektives Freiheitsrecht**, also ein Recht der Vereinigungen selbst, darstellt. Dem Wortlaut des Art. 9 I GG ist dies nicht zu entnehmen. Gleichwohl nimmt das BVerfG trotz der Regelung des Art. 19 III GG ein kollektives Freiheitsrecht an. In der Fallbearbeitung ist dieser dogmatische Streit aber nicht sehr ergiebig, da beide Auffassungen im Ergebnis zur Bejahung der kollektiven Vereinigungsfreiheit kommen.

In persönlicher Hinsicht ist der Schutzbereich des Art. 9 I GG auf **Deutsche** begrenzt. Der Begriff des Deutschen ist in Art. 116 GG legaldefiniert. Ausländer können sich demnach nicht auf das Grundrecht der Vereinigungsfreiheit berufen. Für **Ausländer** gilt die Vereinigungsfreiheit nur eingeschränkt über Art. 2 I GG. Besonderheiten gelten für Bürger aus anderen **EU-Staaten**.

II. Eingriff in den Schutzbereich

Art. 9 I GG wird durch jede belastende Maßnahme beeinträchtigt, die die Grundrechtsausübung erschwert. Dazu können auch heimliche und faktische Maßnahmen gehören.

III. Verfassungsrechtliche Rechtfertigung

Gemäß Art. 9 II GG sind Vereinigungen verboten, wenn (1) deren Zweck oder deren Tätigkeit den Strafgesetzen zuwiderlaufen oder (2) sich gegen die verfassungsmäßige Ordnung oder (3) gegen den Gedanken der Völkerverständigung richten. Klausurrelevant ist die 2. Alternative. Der Begriff der verfassungsmäßigen Ordnung in Art. 9 II GG entspricht wegen des sachlichen Zusammenhangs mit den Art. 18 und 21 GG der „freiheitlichen demokratischen Grundordnung" in Art. 21 II GG als der Kernsubstanz der Verfassung, wie sie das BVerfG im SRP-Urteil (Sozialistische Reichspartei) umschrieben hat. Die freiheitliche demokratische Ordnung ist hiernach „eine rechtsstaatliche Herrschaftsordnung, die jegliche Gewalt und Willkürherrschaft ausschließt und sich nach dem Willen der jeweiligen Mehrheit richtet. Zur verfassungsmäßigen Ordnung gehören demnach die Achtung vor den im Grundgesetz konkretisierten Menschenrechten, vor allem vor dem Recht der Persönlichkeit auf Leben und freie Entfaltung, die Volkssouveränität, die Gewaltenteilung, die Verantwortlichkeit der Regierung, die Gesetzmäßigkeit der Verwaltung, die Unabhängigkeit der Gerichte, das Mehrparteienprinzip und die Chancengleichheit für alle politischen Parteien mit dem Recht auf verfassungsmäßige Bildung und Ausübung einer Opposition" (BVerfGE 2, 1, 12). Unabhängig von den qualifizierten Verbotsvoraussetzungen des Art. 9 II GG muss das Verbot dem Grundsatz der Verhältnismäßigkeit entsprechen. Dies ist nur dann der Fall, wenn es zum Schutz von **kollidierendem Verfassungsrecht** notwendig ist.

1. Schutzbereich

673 Gemäß Art. 9 I GG haben alle Deutschen das Recht, Vereine und Gesellschaften zu gründen. Vereine und Gesellschaften werden – wie sich aus Art. 9 II GG ergibt – unter den Oberbegriff der **„Vereinigungen"** zusammengefasst. Die Vereinigungsfreiheit ist ein konstituierendes Prinzip der demokratischen und rechtsstaatlichen Ordnung des Grundgesetzes und nimmt daher eine herausragende Stellung im demokratischen Gemeinwesen ein. Es gilt das „Prinzip freier sozialer Gruppenbildung".[1643]

Zur Definition des Begriffs der Vereinigung wird ganz herrschend[1644] die Legaldefinition des § 2 I VereinsG herangezogen, wonach Vereinigungen i.S.d. Art. 9 I GG **freiwillige Zusammenschlüsse** natürlicher und/oder juristischer Personen sind, die einen **gemeinsamen Zweck** verfolgen, auf eine **bestimmte Dauer** angelegt sind und ein **Mindestmaß an Organisation** aufweisen.

Hinweis für die Fallbearbeitung: Dogmatisch kann zwar eine einfachgesetzliche Definition nicht zur Bestimmung eines verfassungsrechtlichen Begriffs herangezogen werden, da sich das Verfassungsrecht nur durch sich selbst bestimmen kann. Gleichwohl ist die Heranziehung der Definition des § 2 I VereinsG unschädlich, wenn man in ihr aus verfassungsrechtlicher Sicht eine Definition des Begriffs der Vereinigung sieht.[1645] In der Grundrechtsprüfung sollte aber klargestellt werden, dass der Begriff der Vereinigung verfassungsrechtlich bestimmt werden muss und dass die einfachgesetzliche Definition lediglich als Interpretationshilfe herangezogen werden kann.

674 ▪ Der Zusammenschluss muss durch **konstitutiven Akt** und zudem **freiwillig** erfolgen. An die Qualität des Konstitutivakts sind keine allzu hohen Anforderungen zu stellen.[1646] Das Kriterium der Freiwilligkeit bringt zum Ausdruck, dass jedenfalls privatrechtliche *Zwangs*zusammenschlüsse (vgl. dazu Rn 679) nicht durch Art. 9 I GG geschützt sind. Auch öffentlich-rechtliche Zusammenschlüsse unterfallen nach h.M. nicht dem Schutzbereich des Art. 9 I GG, soweit die Mitgliedschaft erzwungen ist (sog. Verkammerung; vgl. nur die Zwangsmitgliedschaft in der Bundesrechtsanwaltskammer, in der Landesärztekammer, in der Industrie- und Handelskammer etc.).[1647] Vgl. dazu Rn 679 ff.

675 ▪ Fraglich ist, ob für die Bejahung des Begriffs „Vereinigung" eine **Mindestmitgliederzahl** erforderlich ist. Die ganz h.M. geht richtigerweise von einer Mitgliederzahl von mindestens zwei aus.[1648] Die Gegenauffassung, die drei Mitglieder (*„tres faciunt collegium"*) fordert[1649], findet im Wortlaut des Art. 9 GG keine Stütze; das Erfordernis von drei Mitgliedern ist zudem weder historisch noch teleologisch begründbar. Auf der Basis der h.M. ist somit z.B. eine Ein-Personen-GmbH trotz ihrer Zugehörigkeit zum Gesellschaftsrecht

---

[1643] Vgl. dazu BVerfGE 38, 281, 303 (Arbeitnehmerkammern); 50, 290, 353 (Mitbestimmung); 80, 244, 252 (Verstoß gegen Vereinsverbote); 100, 214, 223 (Koalitionsfreiheit); BVerfG NJW 2015, 612 f. (Rauchverbot in Vereinsräumen).
[1644] Vgl. nur *Attendorn/Baier*, JuS 2013, 158, 160; *Kahl*, JuS 2000, 1090, 1095; *Höfling*, in: Sachs, GG, Art. 9 Rn 8; *Scholz*, in: Maunz/Dürig, GG, Art. 9 Rn 57; *Löwer*, in: v. Münch/Kunig, GG, Art. 9 Rn 27.
[1645] Davon geht auch das BVerwG aus, vgl. etwa BVerwG NVwZ 2014, 1573, 1575.
[1646] BVerwG NVwZ 2014, 1573, 1575.
[1647] BVerfGE 10, 89, 102 (Erftverband); 38, 281, 297 f. (Arbeitnehmerkammern); *Löwer*, in: v. Münch/Kunig, GG, Art. 9 Rn 30.
[1648] *Löwer*, in: v. Münch/Kunig, GG, Art. 9 Rn 28; *Rinken*, in: Alternativkommentar, Art. 9 Rn 47; *Scholz*, in: Maunz/Dürig, GG, Art. 9 Rn 59; *Bauer*, in: Dreier, GG, Art. 9 Rn 9; *Höfling*, in: Sachs, GG, Art. 9 Rn 10.
[1649] *Merten*, in: HdbStR VI, § 144 Rn 36; BGHSt 28, 147, 149.

(unabhängig von der Frage, ob eine Vereinigung mit wirtschaftlicher Zwecksetzung überhaupt eine Vereinigung i.S.d. Art. 9 I GG sein kann) keine Vereinigung i.S.d. Art. 9 I GG.[1650]

- Welcher Zweck durch die Vereinigung verfolgt wird, ist unerheblich. Es muss nur ein **gemeinsamer Zweck** verfolgt werden. Dieser kann ein politischer, religiöser, wissenschaftlicher, künstlerischer, wohltätiger, geselliger, sportlicher, nach h.M. aber auch ein wirtschaftlicher sein.[1651] Erkennt man mit der h.M. die Anwendbarkeit des Art. 9 I GG auch auf Vereinigungen mit wirtschaftlicher Zielsetzung an, hat dies zur Folge, dass Art. 9 I GG dem Gesetzgeber bei der Erweiterung von Mitbestimmungsrechten der Arbeitnehmer entgegenstehen kann.[1652] **676**

  Da der gemeinsame Zweck auch darin liegen kann, **Strafgesetzen zuwiderzulaufen**, ist fraglich, ob auch eine nach Art. 9 II GG verbotene Vereinigung eine Vereinigung i.S.d. Art. 9 I GG darstellt. Diese Frage wird unterschiedlich beantwortet. Teilweise wird aufgrund der Formulierung in Art. 9 II GG „sind verboten" angenommen, dass es sich um eine Schutzbereichsbegrenzung auf nicht verbotene Vereinigungen handelt.[1653] Demzufolge fallen Vereinigungen, deren Zweck den Strafgesetzen zuwiderläuft, bereits aus dem Schutzbereich des Art. 9 I GG heraus. Folge ist, dass es einer Prüfung des Eingriffs und der verfassungsrechtlichen Rechtfertigung des Eingriffs nicht bedarf. Eine Verbotsverfügung hätte lediglich deklaratorische Wirkung.

  Das ist rechtsdogmatisch abzulehnen, da es anderenfalls der einfache Gesetzgeber in der Hand hätte, durch den Erlass einer Strafvorschrift die Reichweite des verfassungsrechtlichen Schutzbereichs des Art. 9 I GG zu bestimmen. Die h.M. geht daher (folgerichtig) davon aus, dass auch „verbotene" Vereinigungen (zunächst) vom Schutzbereich des Art. 9 I GG umfasst sind und dass es sich bei Art. 9 II GG um eine Schrankenregelung handelt, auf deren Basis Verbotsverfügungen ausgesprochen werden können[1654] (vgl. Rn 688).

- Des Weiteren muss der Zusammenschluss auf **bestimmte Dauer** angelegt sein. Das Merkmal der Dauerhaftigkeit dient insbesondere der Abgrenzung zur Versammlung i.S.d. Art. 8 I GG, die als Augenblicksverband keine Vereinigung i.S.d. Art. 9 I GG darstellt. Keine Augenblicksverbände, sondern Vereinigungen i.S.d. Art. 9 I GG, sind Zusammenschlüsse zu einem vorübergehenden Zweck.[1655] **677**

- Die **organisatorische Festigkeit** besteht, wenn eine gemeinsame Willensbildung vorhanden ist, der sich alle Mitglieder unterwerfen müssen. Da bei einer Ein-Personen-GmbH keine gemeinsame Willensbildung stattfinden kann, fällt sie schließlich auch wegen Nichterfüllung dieses Kriteriums aus dem Schutzbereich des Art. 9 I GG heraus. **678**

  Beispiele: Berücksichtigt man die vorstehenden Kriterien, stellen etwa Handels- und Kapitalgesellschaften (OHG, KG, GmbH - mit Ausnahme der Ein-Personen-GmbH -, AG), Konzerne, Holdings, Kartelle nach organisatorischem Zusammenschluss ebenso Vereinigungen i.S.d. Art. 9 I GG dar wie „Rockerclubs". *Keine* Vereinigungen i.S.d. Art. 9 I GG sind dagegen Kartelle, bei denen lediglich Marktstrategien abgesprochen werden. Auch Stiftungen sind (wie Ein-Mann-GmbHs) keine Vereinigungen in diesem Sinne, da es bei ihnen gerade am personellen Zusammenschluss fehlt.[1656]

Zunächst stellt Art. 9 I GG ein **Individualgrundrecht** dar. Das geht unproblematisch aus der Formulierung des Art. 9 I GG „das Recht, Vereine und Gesellschaften zu bilden" hervor. Darunter wird das Recht verstanden, sich mit anderen zusammenzuschließen **679**

[1650] Vgl. BVerwGE 106, 177, 181.
[1651] Vgl. nur *Löwer*, in: v. Münch/Kunig, GG, Art. 9 Rn 31; *P/S/K/P*, Rn 785.
[1652] Vgl. näher *Löwer*, in: v. Münch/Kunig, GG, Art. 9 Rn 31.
[1653] So *Ipsen*, Grundrechte, Rn 550.
[1654] So *P/S/K/P*, Rn 807; *Löwer*, in: v. Münch/Kunig, GG, Art. 9 Rn 36; *Höfling*, in: Sachs, GG, Art. 9 Rn 38 f.; offengelassen in BVerfGE 80, 244, 254 (Verstoß gegen Vereinsverbote).
[1655] *Löwer*, in: v. Münch/Kunig, GG, Art. 9 Rn 29.
[1656] BVerwGE 106, 177, 181; *P/S/K/P*, Rn 787.

und Vereine zu gründen. Das schließt auch das Recht ein, über den Zeitpunkt der Gründung, den Zweck, die Rechtsform, den Namen, die Satzung und den Sitz der Vereinigung zu entscheiden.[1657] Erfasst ist auch die Mitgliederwerbung.[1658] Über den Wortlaut hinaus schützt das Grundrecht auch die Betätigung des Einzelnen im und mit dem Verein und den Verbleib (sog. **positive Vereinigungsfreiheit**) sowie den Austritt und das Recht, ihm von vornherein fernzubleiben (sog. **negative Vereinigungsfreiheit**), jedenfalls soweit es sich um privatrechtliche Vereinigungen handelt.[1659] Eine gesetzlich angeordnete Mitgliedschaft in privatrechtlichen Vereinigungen stellt aber die Ausnahme dar, weil dies praktisch nur bei den Genossenschaften in den als eingetragene Vereine organisierten Prüfungsverbänden (vgl. §§ 54 ff. GenG) vorkommt.[1660]

680 Dagegen ist unklar, ob die negative Vereinigungsfreiheit auch das Recht umfasst, aus den **öffentlich-rechtlichen Vereinigungen** auszutreten bzw. ihnen nicht beitreten zu müssen. Das betrifft insbesondere die öffentlich-rechtlichen Zwangsvereinigungen wie bspw. Bundesrechtsanwaltskammer, Landesärztekammern, Industrie- und Handelskammern, Arbeitnehmerkammern etc. Dabei dürfte es weniger um die Zwangsmitgliedschaft als solche gehen, sondern eher um die damit verbundene Beitragspflicht.

- Die Rechtsprechung und der wohl überwiegende Teil der Literatur halten Art. 9 I GG für nicht einschlägig. Öffentlich-rechtliche Körperschaften gehörten nicht zu den Vereinigungen i.S.d. Art. 9 I GG. Sie entstünden insbesondere durch Rechtssatz, seien also keine freiwilligen Zusammenschlüsse. Der freiwillige Zusammenschluss sei aber konstitutives Element der (negativen) Vereinigungsfreiheit. Daher beinhalte Art. 9 I GG nicht das Recht, sich solchen Vereinigungen zu verweigern. Die Zulässigkeit von Pflichtmitgliedschaften sei daher am Maßstab des Art. 2 I GG (und ggf. an dem des Art. 12 I GG) zu messen.[1661] Bei der im Rahmen des Art. 2 I GG vorzunehmenden Prüfung des Übermaßverbots sei entscheidend, dass die öffentlich-rechtliche Körperschaft gerade öffentliche Aufgaben wahrnehme und diese auch den verkammerten Unternehmen zugutekämen.[1662]
- Die Gegenauffassung – auf deren Linie sich auch die Rspr. des EGMR[1663] bewegt – misst auch die Zulässigkeit der negativen Vereinigungsfreiheit gegenüber öffentlich-rechtlichen Zwangsvereinigungen an Art. 9 I GG, denn es gehe um die klassische Grundrechtsfunktion: die Abwehr eines staatlichen Zwangsaktes. Diese Schutzfunktion werde auch von der h.M. anerkannt, die Art. 9 I GG immerhin vor privatrechtlichen Zwangszusammenschlüssen schützen lasse. Es sei aber nicht einzusehen, dass Art. 9 I GG vor privatrechtlichen Zwangszusammenschlüssen schützen solle und vor öffentlich-rechtlichen Zwangszusammenschlüssen nicht. Auch geschichtlich habe sich die Vereinigungsfreiheit gegen hoheitliche Zwangszusammenschlüsse wie beispielsweise Zünfte gerichtet. Die negative Vereini-

---

[1657] *P/S/K/P*, Rn 788.

[1658] Vgl. dazu BVerfG NJW 1993, 1253 f., wonach der Schutz des Art. 9 I GG nur für „typische" Mitgliederwerbung besteht. Stehen bei der fraglichen Mitgliederwerbung finanzielle Zuwendungen (etwa die mit der Mitgliedschaft verbundenen Mitgliedsbeiträge) im Vordergrund, besteht lediglich ein Schutz aus Art. 12 GG, der durch die landesrechtlichen Sammlungsgesetze in verhältnismäßiger Weise eingeschränkt wird.

[1659] BVerfGE 50, 290, 354 (Mitbestimmung); 85, 360, 370 (Einigungsvertrag); BVerfG NJW 1995, 514, 515 (Privatisierung der Hamburger Feuerkasse); BGH NJW 1995, 2981, 2983 (Zwangsmitgliedschaft im genossenschaftlichen Prüfungsverband); *Scholz*, in: Maunz/Dürig, GG, Art. 9 Rn 88; *Merten*, in: HdbStR VI, S. 797; *Löwer*, in: v. Münch/Kunig, GG, Art. 9 Rn 19.

[1660] Zur Verfassungsmäßigkeit dieser Pflichtmitgliedschaft vgl. BGHZ 130, 243, 248.

[1661] BVerfGE 10, 89, 102 (Erftverband); 15, 235, 239 f. (IHK); 38, 281, 297 f. (Arbeitnehmerkammern); BVerwGE 39, 100, 102 (Ärztekammer); 59, 231, 236 (Studentenschaft); 64, 115, 117 (Steuerberaterkammer); BVerfG NVwZ 2002, 335, 336; BVerwG GewArch 2010, 400, 401 f. (IHK); NJW 1995, 514, 515 (Privatisierung der Hamburger Feuerkasse); VGH München NVwZ 2013, 236 f. (IHK); *Merten*, in: HdbStR VI, S. 798; *Ipsen*, Grundrechte, Rn 551; *Kemper*, in: v. Mangoldt/Klein/Stark, GG, Art. 9 Rn 59; *Löwer*, in: v. Münch/Kunig, GG Art. 9 Rn 20; *Rinken*, in: Alternativkommentar, Art. 9 Abs. 1 Rn 50. Vgl. auch *Waldhoff*, JuS 2011, 670 ff. Nach dem EuGH (NJW 2009, 1325) verstoßen nationale Pflichtmitgliedschaften nicht gegen EU-Recht.

[1662] BVerfG NVwZ 2002, 335, 336 f.; VGH München NVwZ 2013, 236 f. (IHK).

[1663] EGMR NJW 1999, 3695, 3699.

gungsfreiheit schütze den Einzelnen daher auch vor dem staatlichen Zwang, einer öffentlich-rechtlichen Vereinigung beizutreten und/oder ihr fernzubleiben.[1664]

Hinweis für die Fallbearbeitung und Stellungnahme: Aufgrund der unterschiedlichen Schrankenregelung der Art. 2 I und 9 II GG, wonach

⇨ die allgemeine Verhaltensfreiheit nur dem Vorbehalt des Gesetzes und der Verhältnismäßigkeit unterworfen ist,

⇨ wohingegen die Vereinigungsfreiheit grds. vorbehaltlos gewährt ist und daher nur zugunsten kollidierender Grundrechte Dritter oder anderer wichtiger Verfassungsgüter eingeschränkt werden kann,

muss aber eine Entscheidung zugunsten der einen oder der anderen Auffassung getroffen werden. Dadurch, dass Eingriffe in ein vorbehaltlos gewährleistetes Grundrecht nur durch kollidierendes Verfassungsrecht einschränkbar sind, käme das BVerfG wohl zu dem Ergebnis, dass die gesetzlich angeordneten Zwangsmitgliedschaften verfassungswidrig wären, würde es auf Art. 9 I GG abstellen. Das dürfte wohl der Hauptgrund sein, warum das BVerfG Zwangsmitgliedschaften lediglich am Maßstab des Art. 2 I GG misst. Die Versagung des Art. 9 I GG gerade für den klassischen Fall der Abwehr gegen staatliches Handeln (hier: angeordnete Zwangsmitgliedschaften) überzeugt aber nicht. Zudem bleibt für Art. 9 I GG kein nennenswerter Anwendungsbereich, stellt man bei gesetzlich angeordneten Zwangsmitgliedschaften lediglich auf Art. 2 I GG ab. Die Bedeutung des Art. 9 I GG wird dadurch verkannt. Nach der hier vertretenen Auffassung ist das Abwehrrecht des Art. 9 I GG daher auch bei der Frage nach der Verfassungsmäßigkeit gesetzlich angeordneter Zwangsmitgliedschaften in öffentlich-rechtlichen Vereinigungen anwendbar.
Die Frage, ob die Pflichtmitgliedschaft zu einer IHK und die damit verbundene Beitragspflicht gegen **EU-Recht** verstößt, weil Unternehmer anderer EU-Staaten nicht verkammert werden, hat der VGH München verneint. Insbesondere das Diskriminierungsverbot des Art. 18 AEUV sei nicht verletzt, da Unternehmer anderer EU-Staaten auch nicht die Leistungen der IHK in Anspruch nehmen könnten.[1665] Zur Frage, ob die Pflichtmitgliedschaft eines Grundstückseigentümers, dessen Grundstück in einem Jagdbezirk liegt, in der Jagdgenossenschaft mit der **EMRK** vereinbar ist, vgl. Rn 4b ff.

Fraglich ist, ob Art. 9 I GG auch ein **kollektives Freiheitsrecht** enthält (Grundrechtsträger wären dann also nicht nur die Mitglieder selbst, sondern auch die Vereinigung selbst – sog. Lehre vom „**Doppelgrundrecht**"). Dem Wortlaut des Art. 9 I GG ist dies nicht zu entnehmen. Gleichwohl nimmt das BVerfG[1666] ein kollektives Freiheitsrecht an. Neben den aufgezeigten Gewährleistungen für die einzelnen Vereinsmitglieder sieht es auch die Vereinigung selbst, einschließlich ihres Entstehens und Bestehens, durch Art. 9 I GG als geschützt an. Zur Begründung zieht es die Effektivität des Grundrechtsschutzes heran, die nur dann gewährleistet sei, wenn sich die Vereinigung insgesamt auf Art. 9 I GG stützen könne. Teilweise nimmt das Gericht einen kollektiven Grundrechtsschutz aber nur bezüglich des „Kernbereichs des Vereinsbestandes und der Vereinstätigkeit" an,[1667] wozu es die Namensführung[1668] und die werbewirksame Selbstdarstellung (insbesondere Mitgliederwerbung)[1669] rechnet. Im Übrigen garantiert es umfassend die Existenz und die Funktionsfähigkeit der Vereinigung, die Selbstbestimmung über die eigene Organisation, das Verfahren der Willensbildung und die Führung der Geschäf- 681

[1664] *P/S/K/P*, Rn 792; *Scholz*, in: Maunz/Dürig, GG, Art. 9 Rn 90; *Bauer*, in: Dreier, GG, Art. 9 Rn 47; *Höfling*, in: Sachs, Art. 9 Rn 22; *Murswiek*, JuS 1992, 116, 118; *Friauf*, in: Festschrift für Reinhardt, 1972, S. 395; *Hesse*, Grundzüge des Verfassungsrechts, Rn 413 f.; wohl auch *Michael/Morlok*, Rn 299.
[1665] VGH München NVwZ 2013, 236 f. (IHK).
[1666] BVerfG NVwZ 2003, 855 (Schießsportverein); BVerfG NVwZ 2000, 1281 (Grundrechtsschutz für Ausländervereine); BVerfGE 84, 372, 378 (Lohnsteuerhilfeverein); 50, 290, 354 (Mitbestimmung); 30, 227, 241 (Vereinsname); 13, 174, 175. Zustimmend *Jarass*, in: Jarass/Pieroth, GG, Art. 9 Rn 8; *Merten*, in: HdbStR VI, § 144 Rn 27.
[1667] BVerfGE 80, 244, 253 (Verstoß gegen Vereinsverbote).
[1668] BVerfGE 30, 227, 241 (Vereinsname).
[1669] BVerfGE 84, 372, 378 (Lohnsteuerhilfeverein).

te.[1670] Allerdings vertritt es die Auffassung, dass der kollektive Gehalt des Art. 9 I GG nicht mehr erfasse, als den einzelnen Vereinsmitgliedern bei der gleichen Tätigkeit aufgrund des Individualcharakters des Grundrechts zustehe.[1671]

682 Wenn aber der kollektive Gehalt des Art. 9 I GG nicht mehr gewährt, als den einzelnen Mitgliedern zusteht, besteht die gleiche Folge, als wenn man Art. 9 I GG *kein* kollektives Freiheitsrecht (und damit kein „Doppelgrundrecht") entnähme und den kollektiven Freiheitsschutz über Art. 19 III GG annähme. Denn der Grundgesetzgeber hat die Frage nach der kollektiven Ausübung von Freiheitsrechten explizit in Art. 19 III GG geregelt. So nimmt die Gegenauffassung an, dass die dogmatische Konstruktion eines „Doppelgrundrechts" von Individualgrundrecht und Kollektivgrundrecht nicht erforderlich sei und dass die Grundrechtsberechtigung von Vereinen ausschließlich über Art. 19 III GG erfolge.[1672]

Hinweis für die Fallbearbeitung: In der Fallbearbeitung ist dieser dogmatische Streit i.d.R. nicht sehr ergiebig, da beide Auffassungen – sofern die Voraussetzungen des Art. 19 III GG vorliegen – im Ergebnis zur Bejahung der kollektiven Vereinigungsfreiheit kommen. Es könnte daher wie folgt formuliert werden: „Ob die kollektive Vereinigungsfreiheit unmittelbar aus Art. 9 I GG oder aber über Art. 19 III GG hergeleitet wird, kann dahinstehen, da sie auf jeden Fall anerkannt ist."

683 Einschränkend ist jedoch zu beachten, dass sich die Vereinigung nicht auf Art. 9 I GG berufen kann, wenn sich die Tätigkeit außerhalb des vereinsspezifischen Bereichs bewegt. In diesem Fall ist die Vereinigung nur durch das betätigungsspezifische Grundrecht geschützt, soweit es auf Personenmehrheiten anwendbar ist (Art. 19 III GG).[1673]

Beispiele:

(1) Ist eine Vereinigung beruflich, d.h. **gewerblich**, tätig, kommt hinsichtlich *dieser* Betätigung allenfalls der Schutz aus Art. 12 I bzw. 2 I GG und ggf. aus Art. 14 I GG in Betracht. Bei einer Vereinigung, die eine Demonstration oder sonstige **Versammlung** durchführt, greift Art. 8 GG. Ein **Rauchverbot** für einen als Verein organisierten öffentlich zugänglichen „Raucherclub" berührt nicht den Schutzbereich des Art. 9 I GG, weil mit einem Rauchverbot keine vereinsspezifische Tätigkeit berührt wird.[1674]

(2) Verpflichtet die zuständige Behörde durch Verwaltungsakt einen in der Rechtsform einer Aktiengesellschaft betriebenen Energiekonzern zur Errichtung einer neuen Filteranlage, greift sie in die Grundrechte aus Art. 14 I, 12 I und subsidiär 2 I GG ein, nicht jedoch in das Grundrecht der Vereinigungsfreiheit (Art. 9 I GG).

(3) Erlässt die zuständige Behörde gegenüber einer Bürgerinitiative das Verbot, sich auf dem Marktplatz zu versammeln, greift sie in das Grundrecht auf Versammlungsfreiheit (Art. 8 I GG) und ggf. in das Grundrecht auf Meinungsfreiheit (Art. 5 I GG) ein, nicht aber in das Grundrecht der Vereinigungsfreiheit (Art. 9 I GG). Auch wenn eine Demonstration bzw. Versammlung wegen gewalttätiger Ausschreitungen verboten bzw. aufgelöst wird, richtet sich der Schutz der Mitglieder der Vereinigung nicht nach Art. 9 I GG, sondern nach Art. 8 I GG.[1675]

684 In persönlicher Hinsicht ist der Schutzbereich des Art. 9 I GG auf **Deutsche** begrenzt. Der Begriff des Deutschen ist in Art. 116 GG legaldefiniert. Ausländer (und Ausländervereine) können sich demnach nicht auf das Grundrecht der Vereinigungsfreiheit beru-

---

[1670] BVerfG NVwZ 2003, 855 (Schießsportverein); BVerfGE 50, 290, 354 (Mitbestimmung).
[1671] BVerfG NJW 1996, 1203 (Berufsfreiheit und Vereinsautonomie); BVerwGE 88, 9, 11 f.
[1672] *P/S/K/P*, Rn 793; *Isensee*, in: HdbStR V, § 118 Rn 62 ff.; *Scholz*, in: Maunz/Dürig, GG, Art. 9 Rn 23 ff.; *Höfling*, in: Sachs, GG, Art. 9 Rn 26.
[1673] BVerfG NJW 2000, 1251.
[1674] BVerfG NJW 2015, 612 f. – dazu *Muckel*, JA 2015, 394.
[1675] Vgl. dazu *Kahl*, JuS 2000, 1090, 1095. Zum Konkurrenzverhältnis zu Art. 8 I GG vgl. im Übrigen Rn 670.

fen.[1676] Für **Ausländer** gilt die Vereinigungsfreiheit nur eingeschränkt über Art. 2 I GG. Denn dieses Grundrecht wird als Auffangtatbestand verstanden, das die Freiheit allgemein und stets dann schützt, wenn kein spezielles Freiheitsgrundrecht einschlägig ist. **EU-Bürger** können sich im Anwendungsbereich der Unionsverträge zwar ebenfalls nicht auf Art. 9 I GG berufen, ihnen ist aber das gleiche Schutzniveau zu garantieren wie im Rahmen des Art. 9 I GG (vgl. dazu grundlegend Rn 48 und 63). Träger des Grundrechts sind weiterhin juristische Personen und Personenvereinigungen des Privatrechts, entweder unmittelbar aus Art. 9 I GG oder über Art. 19 III GG (siehe oben). Allerdings muss die Vereinigung ihren Sitz in der Bundesrepublik Deutschland haben. Wegen der Begrenzung des Grundrechts auf Deutsche muss sie weiterhin von Deutschen beherrscht bzw. kontrolliert werden.[1677] Anderenfalls würden Ausländer, die sich individuell nicht auf Art. 9 I GG berufen können, im Rahmen ihrer Organisation doch den Schutz des Art. 9 I GG genießen.

2. Eingriff in den Schutzbereich

Art. 9 I GG wird zunächst durch jedes **rechtsförmliche** Handeln beeinträchtigt, das die Grundrechtsausübung zielgerichtet erschwert. **685**

Beispiele: Verbot einer Vereinigung oder deren Gründung, Verhinderung des Beitritts zu einer Vereinigung, Verbot einer bestimmten Betätigung der Vereinigung, präventive Kontrolle durch Genehmigungsvorbehalte, Genehmigungsvorbehalte bei Vereinssatzungen

Auch **heimliche** (Datenerhebungs-)Maßnahmen, die das Ziel verfolgen, die Voraussetzungen für ein Vereinsverbot zu schaffen, stellen Eingriffe dar. **686**

Beispiele: Überwachungen des Wohnraums („Großer Lauschangriff"), der Telekommunikation („TKÜ"), aber auch heimliche Observationen etc. sind verdeckte Maßnahmen, die repressiv (also zur Verfolgung von – schweren – Straftaten bei Vorliegen besonderer Verdachtsmomente) oder präventiv (also zur Verhinderung von Straftaten bzw. zur Gefahrenabwehr) angeordnet werden können. Auch der Einsatz Verdeckter Ermittler, die die Aufgabe haben, kriminelle Strukturen aufzudecken, um u.a. vereinsrechtliche Sanktionen (Verbot) durchzuführen, gehört hierher.[1678] Entsprechende Rechtsgrundlagen finden sich in der StPO, dem BKAG, dem BundesPolG und den Landespolizeigesetzen.

Auch **faktische** Maßnahmen, also Maßnahmen, die nicht zielgerichtet, sondern lediglich mittelbar die Vereinigungsfreiheit beeinträchtigen, stellen Eingriffe dar, sofern sie von einem Gewicht sind, das dem einer zielgerichteten Maßnahme gleichkommt. Jedoch stellen Maßnahmen, die weder das Bestehen noch den Fortbestand des Vereins beeinträchtigen oder von Art. 9 I GG nicht gewährleistete Freiheiten verkürzen, wie das etwa bei einem Rauchverbot während öffentlich zugänglicher Vereinsveranstaltungen der Fall ist[1679], keine Eingriffe dar. **686a**

Da die Vereinigungsfreiheit in gewissem Maße auf eine **Ausgestaltung**, d.h. auf Regelungen angewiesen ist, welche die freien Zusammenschlüsse und ihr Leben in die allgemeine Rechtsordnung einfügen, die die Sicherheit des Rechtsverkehrs gewährleisten, Rechte der Mitglieder sichern und den schutzbedürftigen Belangen Dritter oder auch öffentlichen Interessen Rechnung tragen[1680], stellen Vorschriften des Gesellschafts- oder **687**

[1676] BVerfG NVwZ 2000, 1281 (Grundrechtsschutz für Ausländervereine).
[1677] BVerfG NVwZ 2000, 1281 (Grundrechtsschutz für Ausländervereine); *Scholz*, in: Maunz/Dürig, GG, Art. 9 Rn 50; *Löwer*, in: v. Münch/Kunig, GG, Art. 9 Rn 7; *Bauer*, in: Dreier, GG, Art. 9 Rn 28.
[1678] Siehe dazu auch die neu geschaffene Regelung in § 28 II Nr. 4 BundesPolG, die (aus Gründen der Terrorabwehr) den präventiv-polizeilichen Einsatz Verdeckter Ermittler für die Bundespolizei zulässt (dazu *Gnüchtel*, NVwZ 2016, 1113, 1115).
[1679] BVerfG NJW 2015, 612 f.
[1680] BVerfGE 50, 290, 354 f. (Mitbestimmung); 84, 372, 378 (Lohnsteuerhilfeverein); *Löwer*, in: v. Münch/Kunig, GG, Art. 9 Rn 23 f.; *P/S/K/P*, Rn 802; *Merten*, in: HdbStR VI, S. 803; *Scholz*, in: Maunz/Dürig, GG, Art. 9 Rn 69.

Vereinsrechts, die etwa die Typen der Vereinigungen (OHG, KG, GmbH, AG) festlegen, *keine* Eingriffe in den Schutzbereich dar. Denn diese Normen erschweren nicht die Bildung und Betätigung der Vereinigung, sondern normieren lediglich die Voraussetzungen für die Inanspruchnahme bestimmter Rechtsformen.[1681] Ein Eingriff wäre erst dann denkbar, wenn diese Normen die grundsätzliche Vereinigungsautonomie nicht mehr berücksichtigten.

3. Verfassungsrechtliche Rechtfertigung

a. Das Verbot von bestimmten Vereinigungen

688 Eingriffe in den Schutzbereich sind zunächst nur dann gerechtfertigt, wenn die Vereinigungsfreiheit einschränkbar ist und eine entsprechende Grundrechtsschranke besteht. Eine solche Schrankenregelung könnte Art. 9 II GG sein.[1682] Der Wortlaut „sind verboten" könnte allerdings eine Schutzbereichsbegrenzung bedeuten.[1683] Der Vergleich mit Art. 21 II GG sowie der Grundsatz der Rechtssicherheit und das Erfordernis der Effektuierung der Vereinigungsfreiheit verlangen jedoch, in Art. 9 II GG eine Ermächtigung zum Erlass grundrechtsbeschränkender Vorschriften zu sehen.[1684] Für die Annahme einer Schrankenklausel spricht auch die Systematik des Grundrechts ebenso wie der Umstand, dass diese erst durch Gesetze ausgefüllt werden kann. Zudem entspräche es nicht dem Prinzip der Verfassungsinterpretation, wenn der einfache Gesetzgeber die Reichweite des Schutzbereichs durch einfaches Verbotsgesetz bestimmen könnte (dazu bereits Rn 676). Verbotsverfügungen sind daher nicht lediglich deklaratorisch, sondern konstitutiv und bedürfen somit einer **formell-gesetzlichen Grundlage**.

689 Eine Rechtsgrundlage für eine entsprechende Verbotsverfügung ist in **§ 3 VereinsG** zu sehen.[1685] Eine Besonderheit besteht hinsichtlich eines **Verbots von Religions- und Weltanschauungsgemeinschaften**[1686], die zwar **verfassungsfeindliche Ziele** verfolgen bzw. mit der **freiheitlichen demokratischen Grundordnung** des GG (dazu Rn 692 f.) kollidieren, sich aber dennoch auf den vorbehaltlos gewährleisteten Grundrechtsschutz aus Art. 4 I, II GG berufen können, wie das selbst bei Organisationen der Fall ist, die z.B. die Lehren der **Scharia**[1687] anwenden und propagieren. Denn Art. 4 I, II GG ist nur unter Zugrundelegung der verfassungsimmanenten Schranken (andere wichtige Verfassungsgüter, insbesondere Grundrechte Dritter) einschränkbar, nicht aber – wie Art. 9 I GG – durch einfaches Gesetz i.S.v. Art. 9 II GG i.V.m. § 3 VereinsG.[1688] Der stärkere Grundrechtsschutz aus Art. 4 I, II GG könnte also unterlaufen werden, wenn man Art. 9 II GG auf Religions- bzw. Weltanschauungsgemeinschaften anwendete und diese auf der Grundlage des Gesetzesvorbehalts des Art. 9 II GG i.V.m. § 3 VereinsG verböte. Diese Bedenken sind jedoch unbegründet. Zwar ist

---

[1681] *P/S/K/P*, Rn 802 mit Bezugnahme auf BVerfG NJW 2011, 2617.

[1682] Zu beachten ist, dass der Gesetzgeber auch außerhalb des Art. 9 II GG der Vereinigungsfreiheit Grenzen ziehen darf, etwa durch die Anerkennungs- und Genehmigungspflicht nach § 15 I-IV WaffG (vgl. BVerfG NVwZ 2003, 855 - Schießsportverein).

[1683] Vgl. BVerfGE 80, 244, 253; BVerwGE 4, 188, 189.

[1684] BVerwG NVwZ 2006, 214 f.; *Jarass*, in: Jarass/Pieroth, GG, Art. 9 Rn 16; *Scholz*, in: Maunz/Dürig, GG, Art. 9 Rn 113 f.; *Höfling*, in: Sachs, GG, Art. 9 Rn 38; *Löwer*, in: v. Münch/Kunig, GG, Art. 9 Rn 39.

[1685] Vgl. auch BVerwG NVwZ 2013, 521 ff. sowie die Fallbearbeitung von *Attendorn/Baier*, JuS 2013, 158 ff.

[1686] Zur für Art. 9 I, II GG erforderlichen Deutscheneigenschaft vgl. Rn 684.

[1687] Die Anwendung der Scharia verstößt deswegen gegen die freiheitliche demokratische Grundordnung des GG, weil sie nach dem Gottesstaat verlangt, wohingegen das Grundgesetz eine Staatskirche ablehnt. Auch Demokratie, Gewaltenteilung und Gewährung einer Opposition sind dem Islam fremd, wohingegen diese Grundsätze in Art. 20 GG verankert sind. Auch stehen im Islam die Grund- und Menschenrechte unter dem Vorbehalt der Scharia. Diese lässt Körperstrafen wie Steinigen, Köpfen und Auspeitschen zu, was in islamischen Ländern wie Iran teilweise auch praktiziert wird. Das Recht auf Leben und körperliche Unversehrtheit wird nicht anerkannt. Zudem sind Rechte der Frauen praktisch nicht gegeben. Des Weiteren ist im Islam Religionsfreiheit nicht akzeptiert. Die Abwendung vom Glauben (Apostasie) wird (körperlich) schwer bestraft (vgl. dazu BVerwG NVwZ 2014, 1573, 1576 f. sowie näher *Bock*, in: Spenlen, Gehört der Islam zu Deutschland?, 2013, S. 165, 181 ff.). Unter der Geltung des GG ist dies alles ausgeschlossen, weil die Grund- und Menschenrechte sowie die in Art. 1 und 20 GG niedergelegten Grundsätze dem entgegenstehen.

[1688] § 3 VereinsG ist im Rahmen des im Herbst 2001 verabschiedeten Sicherheitspakts I grundlegend geändert worden. Die frühere Regelung des § 2 II Nr. 3 VereinsG a.F., wonach Religions- und Weltanschauungsgemeinschaften im Rahmen des Art. 140 GG i.V.m. Art. 137 WRV keine Vereine i.S.d. VereinsG waren und deshalb auch nicht gem. § 3 I S. 1 VereinsG verboten werden konnten, wurde aufgehoben.

es richtig, dass Art. 4 I, II GG nicht mit einem Gesetzesvorbehalt versehen ist, daraus lässt sich aber auch nach Auffassung des BVerwG[1689] nicht ableiten, dass eine Religions- oder Weltanschauungsgemeinschaft im Gegensatz zu anderen Vereinigungen auch bei schweren Verfassungsverstößen keinesfalls verboten werden könnte. Um ein solches Verbot zu rechtfertigen, bedürfe es nicht des Rückgriffs auf die ungeschriebenen verfassungsimmanenten Schranken der Religionsfreiheit. Denn das Grundgesetz halte in Gestalt des Art. 9 II GG eine spezielle Verbotsregelung bereit, die der Wahrung zentraler, für den Bestand des Staates und seine Einordnung in die Völkergemeinschaft unverzichtbarer Verfassungsgüter diene und die dem Wirken von Vereinigungen ohne Rücksicht auf Art und Inhalt ihrer Tätigkeit äußerste, nicht ohne Gefahr für ihre Existenz überschreitbare Grenzen setze. Gerade aus diesem Grund sei Art. 9 II GG auch auf Religions- und Weltanschauungsgemeinschaften anwendbar.[1690]

Demnach kommt also auch bei Religions- und Weltanschauungsgemeinschaften – da auch diese als Vereinigungen i.S.v. Art. 9 I GG zu qualifizieren sind – der Gesetzesvorbehalt des Art. 9 II GG zum Tragen. Als Rechtsgrundlage für ein Verbot ist die Vorschrift des § 3 I S. 1 VereinsG heranzuziehen. Im Rahmen der verfassungsrechtlichen Rechtfertigung muss dann aber die Bedeutung der Religions- bzw. Weltanschauungsgemeinschaft berücksichtigt werden. Es ist eine Abwägung vorzunehmen zwischen den mit dem Verbot verfolgten Zielen und den Grundrechten des Vereins aus Art. 9 I GG bzw. Art. 4 I, II GG. Besteht der Zweck der Vereinigung etwa darin, unter dem Deckmantel der Religionsfreiheit **Terroranschläge** zu planen, zu **Straftaten aufzurufen** oder die **Völkerverständigung** zu bekämpfen, dürfte die Abwägung mit den Sicherheitsinteressen der Allgemeinheit eindeutig zugunsten der Letzteren ausfallen. Extremistische Religionsgemeinschaften und Weltanschauungsvereinigungen können also wie alle übrigen Vereine verboten werden, sofern die genannte Abwägung dies erfordert (vgl. auch Rn 398 ff. und 696 f.). Das Gleiche gilt hinsichtlich Organisationen, die die Lehren der **Scharia** (s.o.) und die sich daraus ergebenden Verhaltenspflichten anwenden und propagieren.[1691] 689a

Hinweis für die Fallbearbeitung: Unabhängig von der soeben geschilderten Problematik gewinnt die Qualifizierung des Art. 9 II GG als Schutzbereichsbegrenzung oder als Schrankenvorbehalt vor allem im Hinblick auf den Rechtsschutz an Bedeutung: Sieht man in der Regelung des Art. 9 II GG eine Schutzbereichsbegrenzung, ist z.B. ein Vereinsverbot lediglich deklaratorisch. Einer besonderen Rechtsgrundlage für ein Verbot bedarf es dann nicht. In einem anschließenden Verwaltungsprozess wird demzufolge im Rahmen einer Feststellungsklage nur festgestellt, dass das Vereinsverbot den Schutzbereich des Art. 9 I GG berührt bzw. nicht berührt. Sieht man in der Regelung des Art. 9 II GG dagegen einen Schrankenvorbehalt, ist das Vereinsverbot konstitutiv. In diesem Fall bedarf das Verbot wegen des Grundsatzes vom Vorbehalt des Gesetzes einer formellen Rechtsgrundlage. Verwaltungsprozessual ist dann eine Anfechtungsklage gegen diese Verbotsverfügung statthaft.
Schließlich ist Art. 9 II GG auf politische Parteien nicht anwendbar. Insoweit ist Art. 21 II GG als lex specialis einschlägig.

Gemäß der Regelung des Art. 9 II GG sind Vereinigungen (auch Religions- bzw. Weltanschauungsgemeinschaften, s.o.) verboten, wenn deren Zweck oder deren Tätigkeit den Strafgesetzen zuwiderlaufen oder sich gegen die verfassungsmäßige Ordnung oder gegen den Gedanken der Völkerverständigung richten. 690

[1689] Diese vom Verfasser seit der 4. Aufl. 2002 vertretene Auffassung wurde später vom BVerwG (NJW 2006, 694 ff. und NVwZ 2014, 1573 ff.) bestätigt.
[1690] BVerwG NJW 2006, 694, 695; bestätigt von BVerwG NVwZ 2014, 1573, 1577.
[1691] BVerwG NVwZ 2014, 1573, 1577.

aa. Vereinigungen, die den Strafgesetzen zuwiderlaufen

691 Nach allgemeiner Auffassung sind unter „Strafgesetzen" die allgemeinen Strafgesetze zu verstehen.

- Unter „Strafgesetze" sind nur solche Normen zu verstehen, deren Tatbestandsverwirklichungen als strafbare Verbrechen oder Vergehen zu ahnden sind (vgl. § 12 StGB). Ordnungswidrigkeiten fallen demnach nicht darunter.[1692]
- „Allgemein" sind Strafgesetze, wenn sie sich nicht speziell gegen die Vereinigungsfreiheit richten. Die Beschränkung auf „allgemeine" Strafgesetze ist wichtig, da sonst der einfache Gesetzgeber Strafnormen erlassen könnte, die sich (speziell) gegen die Vereinigungsfreiheit richten. Damit könnte er über das Grundrecht in einer Weise disponieren, wie Art. 9 II GG es ausschließen will. §§ 30 II, 84 II, 85 II, 121, 129, 129a StGB sind daher stets vor diesem Hintergrund auszulegen. Bei dem Verbot der Betätigung der Terrororganisation „Islamischer Staat" (IS) in Deutschland durch den Bundesinnenminister am 12.9.2014 sind die Grenzen verfassungskonformer Auslegung in jedem Fall eingehalten.[1693]

Geht es um eine *Vereinigung*, die verboten werden soll, die ihrer Satzung nach aber nicht den Strafgesetzen zuwiderläuft, muss danach gefragt werden, ob ihr informeller Zweck Strafgesetzen zuwiderläuft oder sie sich das Verhalten ihrer Mitglieder zurechnen lassen muss. Letzteres ist jedenfalls anzunehmen, wenn das strafgesetzwidrige Verhalten der Mitglieder den Charakter der Vereinigung prägt und Ausdruck des Selbstverständnisses der Vereinigung ist.[1694] Auch der Gesetzgeber hat mit § 3 V VereinsG eine Zurechnung des Verhaltens der Mitglieder angeordnet. Werden von den Mitgliedern der Organisation also z.B. Nötigung, Körperverletzung, Raub, Erpressung, Menschenhandel, Förderung der Prostitution, Zuhälterei, Waffen- und Drogenhandel etc. in Vereinskluft begangen und wird dieses Verhalten vom Vereinsvorstand getragen, stellt dies ein gewichtiges Indiz dafür dar, dass sich der Verein insgesamt mit diesen Taten identifiziert und er durch sie seine Rolle in der Gesellschaft manifestiert. Dann lässt sich annehmen, dass der Verein als solcher den Strafgesetzen zuwiderläuft und verboten werden kann.

bb. Vereinigungen, die sich gegen die verfassungsmäßige Ordnung richten

692 Nach Art. 9 II GG sind weiterhin Vereinigungen verboten, die sich gegen die verfassungsmäßige Ordnung richten. Aufgrund der parallelen Formulierung in Art. 2 I GG könnte man meinen, die Begriffe der verfassungsmäßigen Ordnung seien gleichbedeutend. Das ist jedoch nicht der Fall. Während die in Art. 2 I GG genannte verfassungsmäßige Ordnung vom BVerfG als „Gesamtheit der Normen" begriffen wird, die „formell und materiell verfassungsgemäß"[1695] sind, entspricht der Begriff der verfassungsmäßigen Ordnung in Art. 9 II GG wegen des Sachzusammenhangs mit den Art. 18 und 21 GG vielmehr der **„freiheitlichen demokratischen Grundordnung"** in Art. 21 II GG als der Kernsubstanz der Verfassung, wie sie das BVerfG im SRP-Urteil (Sozialistische Reichspartei) umschrieben hat. Die freiheitliche demokratische Ordnung ist hiernach eine rechtsstaatliche Herrschaftsordnung, die jegliche Gewalt und Willkürherrschaft ausschließt und sich nach dem Willen der jeweiligen Mehrheit richtet.[1696]

[1692] Vgl. nur *Löwer*, in: v. Münch/Kunig, GG, Art. 9 Rn 39.
[1693] Speziell für den Bereich der Bekämpfung des Internationalen Terrorismus ist jüngst ein Artikelgesetz verabschiedet worden, das insbesondere den Datenaustausch auf dem Gebiet des Verfassungsschutzes/Nachrichtendienstes und den präventiv-polizeilichen Einsatz von Verdeckten Ermittlern der Bundespolizei ermöglicht (BGBl I 2016, 1818 – dazu *Gnüchtel*, NVwZ 2016, 1113 ff.).
[1694] Vgl. BVerwGE 80, 299 ff.; VGH Mannheim VBlBW 2012, 218 ff.; *Attendorn/Baier*, JuS 2013, 158, 161.
[1695] So BVerfGE 6, 32, 38 ff. (Elfes).
[1696] BVerfGE 2, 1, 12 f. (Verbot der Sozialistischen Reichspartei); BVerwGE 47, 330, 352. Zustimmend *Merten*, in: HdbStR VI, S. 805; *Stern*, StaatsR I, § 6 V 3 b; *Bauer*, in: Dreier, GG, Art. 9 Rn 52. Vgl. auch BVerwG NVwZ 2014, 1573, 1576 f. Dagegen mit beachtlichen Argumenten *Scholz*, in: Maunz/Dürig, GG, Art. 9 Rn 127, der den Begriff im Sinne einer weitergehenden Einbeziehung von Verfassungsprinzipien verstehen will, die von der freiheitlichen demokratischen Grundord-

693 Zur verfassungsmäßigen Ordnung gehören demnach die Achtung der im Grundgesetz konkretisierten Menschenrechte, vor allem das Recht auf Leben und Gesundheit sowie die freie Entfaltung der Persönlichkeit, die Volkssouveränität, die Gewaltenteilung, die Verantwortlichkeit der Regierung, die Gesetzmäßigkeit der Verwaltung, die Unabhängigkeit der Gerichte, das Mehrparteienprinzip und die Chancengleichheit für alle politischen Parteien mit dem Recht auf verfassungsmäßige Bildung und Ausübung einer Opposition.[1697] Freilich sind gewisse Überschneidungen mit der Verbotskategorie „Vereinigungen, die den Strafgesetzen zuwiderlaufen" möglich, was z.B. deutlich wird, wenn eine Vereinigung Lehren der **Scharia**, wonach Körperstrafen wie Steinigen, Köpfen und Auspeitschen erlaubt sind, propagiert[1698].

cc. Vereinigungen, die sich gegen den Gedanken der Völkerverständigung richten

694 Schließlich nennt Art. 9 II GG Vereinigungen, die sich gegen den Gedanken der Völkerverständigung richten. Nach h.M. ist diese Voraussetzung erfüllt, wenn eine Vereinigung auf die Störung des Friedens unter den Völkern und Staaten abzielt.[1699] Eine engere Auffassung verlangt, dass die betreffende Vereinigung die Bundesrepublik Deutschland bei der Erfüllung ihrer verfassungsrechtlichen Verpflichtung zur Förderung des friedlichen Zusammenlebens der Völker effektiv behindert.[1700] Jedenfalls ist ein Verbot noch nicht gerechtfertigt, wenn lediglich Kritik an fremden Staaten geübt wird oder politische bzw. völkerrechtliche Kontakte mit bestimmten Staaten abgelehnt werden.

b. Voraussetzungen für ein Vereinigungsverbot und Ausspruch des Verbots/zuständige Verbotsbehörde

695 Voraussetzung für ein Vereinigungsverbot ist, dass sich die Vereinigung gegen die genannten Rechtsgüter, insbesondere die verfassungsmäßige Ordnung, „richtet". Wie bei Art. 18 S. 1 und 21 II GG ist hierfür eine „**aggressiv kämpferische Haltung**"[1701] erforderlich.[1702] Wird das verbotene Verhalten nur von einigen Mitgliedern ausgeübt, kommt ein Vereinigungsverbot nur dann in Betracht, wenn dieses von der Mehrheit der Mitglieder und auch vom Vorstand gebilligt bzw. widerspruchslos hingenommen wird (oben Rn 691).

696 Trotz der Formulierung in Art. 9 II GG „sind verboten" muss das Verbot ausgesprochen werden. Dabei muss eine Feststellung getroffen werden, dass die Voraussetzungen des Art. 9 II GG vorliegen. Fraglich ist, wer das Vereinigungsverbot aussprechen darf. Diese Frage beantwortet Art. 9 II GG nicht. Jedenfalls besteht keine Kompetenz des BVerfG. Gemäß § 3 VereinsG ist die dort (in Abs. 2) genannte Verbotsbehörde (Verwaltungsbehörde) zuständig. Hat die zu verbietende Vereinigung Sitz und Schwerpunkt ihrer Aktivität in einem Bundesland, ist das Innenministerium des Landes zuständige Verbotsbehörde (vgl. § 3 II S. 1 Nr. 1 VereinsG).[1703] Erstreckt sich die Organisation oder deren Tätigkeit über das Gebiet eines Bundeslandes hinaus (etwa durch Internetaktivität), ist der Bundesinnenminister zuständig (vgl. § 3 II S. 1 Nr. 2 VereinsG).[1704]
Die Entscheidung der Behörde kann durch das BVerfG nach Erschöpfung des Rechtswegs im Wege der Verfassungsbeschwerde überprüft werden. Hierbei prüft das BVerfG (ebenso wie der Klausurbearbeiter), ob die Verbotsverfügung verhältnismäßig ist. Un-

---

nung nicht umfasst werden; ihm prinzipiell folgend („die gesamte Verfassung") *Jarass*, in: Jarass/Pieroth, GG, Art. 9 Rn 17.

[1697] BVerfGE 2, 1, 12 f. Vgl. auch BVerwG NVwZ 2014, 1573, 1576 f.

[1698] Vgl. dazu bereits oben Rn 689/689a sowie BVerwG NVwZ 2014, 1573, 1576.

[1699] BVerwG NVwZ 2006, 694, 695; NVwZ 2005, 1435 f.; *Scholz*, in: Maunz/Dürig, GG, Art. 9 Rn 131; *Löwer*, in: v. Münch/Kunig, Art. 9 Rn 44.

[1700] *Jarass*, in: Jarass/Pieroth, GG, Art. 9 Rn 18.

[1701] BVerfGE 5, 85, 141 (KPD-Verbot); BVerwGE 37, 344, 358 f.; 61, 218, 220.

[1702] *P/S/K/P*, Rn 813.

[1703] Vgl. etwa OVG Schleswig NordÖR 2012, 502 ff. und BVerwG NVwZ 2013, 521 ff. (Verbot der Hells Angels Flensburg).

[1704] Vgl. dazu etwa BVerwG NVwZ 2014, 1573, 1574; BVerwGE 80, 299, 301 f.

abhängig von den qualifizierten Verbotsvoraussetzungen des Art. 9 II GG muss das Verbot dem Grundsatz der Verhältnismäßigkeit entsprechen.[1705] Dies ist nur dann der Fall, wenn es zum Schutz von **kollidierendem Verfassungsrecht** notwendig ist.

c. Kollidierendes Verfassungsrecht

697 Insbesondere können Grundrechte Dritter und andere wichtige Güter von Verfassungsrang die Vereinigungsfreiheit beschränken. So ist es zulässig, dass der Gesetzgeber Vorschriften über die Gründung und Betätigungen von Vereinigungen erlässt, soweit diese Vorschriften eine geordnete Gründung und Betätigung zum Schutz von Verfassungswerten bezwecken.

Beispiele: Das Verbot einer Vereinigung, deren Mitglieder Nötigung, Körperverletzung, Raub, Erpressung, Menschenhandel, Förderung der Prostitution, Zuhälterei, Waffen- und Drogenhandel etc. begehen, ist gerechtfertigt, da die genannten Straftaten von erheblicher Bedeutung sind und Verfassungsgüter anderer verletzen.[1706] Das Verbot der Betätigung der Terrororganisation „Islamischer Staat" (IS) in Deutschland durch den Bundesinnenminister am 12.9.2014 ist ebenfalls gerechtfertigt.

d. Folge eines Vereinsverbots

698 Folge eines Vereinsverbots ist die Auflösung (§ 3 I VereinsG). Mit dem Verbot sind i.d.R. die Beschlagnahme und die Einziehung insbesondere des Vereinsvermögens verbunden (§ 3 I S. 2 VereinsG). Die Bildung einer Ersatzorganisation ist verboten (§ 8 VereinsG).

4. Grundrechtskonkurrenzen

699 Die allgemeine Vereinigungsfreiheit des Art. 9 I GG wird von allen besonderen Vereinigungsfreiheiten als leges specialis verdrängt. Zu nennen ist insb. die Koalitionsfreiheit gem. Art. 9 III GG[1707] (dazu Rn 700 ff.). Auch Art. 21 I und II GG stellen gegenüber Art. 9 I und II GG spezielle und abschließende Regelungen dar. So ist etwa die Parteiengründungsfreiheit allein durch Art. 21 I S. 2 GG geschützt; Verfassungswidrige Ziele können allein auf der Grundlage des Art. 21 II GG sanktioniert werden.[1708] Ein Rückgriff auf Art. 9 I und II GG ist ausgeschlossen. Allerdings ist nach der Rechtsprechung des BVerfG nicht immer eindeutig zu entscheiden, ob es sich bei der fraglichen Gruppierung um eine politische Partei oder eine sonstige Vereinigung handelt.[1709] Kann dies nicht zweifelsfrei geklärt werden, sollten Art. 9 I und II GG neben Art. 21 I und II GG für anwendbar erklärt werden. Auch die religiöse Vereinigungsfreiheit gem. Art. 4 I, II, 140 GG i.V.m. Art. 137 II WRV steht in Idealkonkurrenz zur Vereinigungsfreiheit. Nähme man ein Spezialitätsverhältnis zugunsten der kollektiven Glaubensfreiheit an, könnte eine Organisation, die sich zwar auf die Glaubensfreiheit berufen kann, im Übrigen jedoch strafrechtlich relevante Ziele verfolgt, nur zugunsten kollidierenden Verfassungsrechts, nicht aber auf der Grundlage des Art. 9 II GG sanktioniert werden (vgl. dazu näher Rn 398 ff./689a). Zum Verhältnis des Art. 9 I GG zu Art. 8 I GG vgl. Rn 670.

[1705] Strittig; nach a.A. sind die in Art. 9 II GG formulierten Anforderungen so hoch, dass für eine zusätzliche Prüfung der Verhältnismäßigkeit kein Raum sei (so BVerwGE 134, 275, 292 ff.; *Attendorn/Baier*, JuS 2013, 158, 162).
[1706] OVG Schleswig NordÖR 2012, 502 ff. (Verbot der Hells Angels Flensburg).
[1707] Vgl. BVerfGE 84, 212, 224 (Aussperrung); *Bauer*, in: Dreier, GG, Art. 9 Rn 93; *Höfling*, in: Sachs, GG Art. 9 Rn 9, 47.
[1708] BVerfGE 12, 296, 304; 13, 174, 177; 25, 69, 78.
[1709] Vgl. BVerfGE 91, 262 ff. (Begriff der Partei); 91, 276 ff. (Begriff der Partei II).

II. Koalitionsfreiheit – Art. 9 III GG

1. Bedeutung des Art. 9 III GG

Art. 9 III GG gewährleistet die Koalitionsfreiheit, die gleichermaßen der Arbeitnehmer- und Arbeitgeberseite zugutekommt. Sie soll einen von staatlicher Rechtsetzung und Einflussnahme freien Raum garantieren, in dem frei gebildete Arbeitgeber- sowie Arbeitnehmervereinigungen (Koalitionen) das Arbeitsleben selbstständig (durch Tarifverträge) ordnen[1710] (sog. Tarifmodell, siehe Rn 710 und 713). 700

Das hält den Gesetzgeber freilich nicht davon ab, gem. § 5 TVG das Bundesministerium für Arbeit und Soziales zu ermächtigen, Tarifverträge für allgemeinverbindlich zu erklären und damit deren Geltung über die Tarifparteien hinaus anzuordnen. Das BVerfG hat diesen massiven Eingriff in die (negative) Koalitionsfreiheit und die Berufsfreiheit als verfassungsgemäß angesehen[1711], obwohl damit auch nicht dem Tarifvertrag beigetretene kleine Handwerksbetriebe mit nicht unerheblichen Beitragspflichten belastet werden (vgl. dazu auch Rn 709). Insgesamt empfiehlt sich folgende Prüfungsfolge: 701

Koalitionsfreiheit – Art. 9 III GG

I. Schutzbereich der Koalitionsfreiheit

Koalitionen i.S.d. Art. 9 III GG sind in erster Linie Arbeitgeberverbände, Gewerkschaften und ihre jeweiligen Spitzenverbände. Sie müssen auf den Prinzipien der

- Gegnerfreiheit,
- Unabhängigkeit,
- demokratischen Willensbildung
- und der Überbetrieblichkeit (str.)

beruhen.

Art. 9 III GG stellt zunächst ein **Individualgrundrecht** dar. Das ist das Recht, sich mit anderen zu Koalitionen zusammenzuschließen, und gilt für jedermann, auch für Minderjährige, Ausländer, Beamte (z.B. § 116 BBG), Richter (§ 46 DRiG) und Soldaten (§ 6 S. 1 SoldatenG). Geschützt sind auch juristische Personen des Privatrechts und sonstige Personenvereinigungen. Durch Art. 9 III GG geschütztes Verhalten sind der Beitritt zu einer bereits bestehenden Vereinigung, der Verbleib und die Betätigung in und mit der Vereinigung (sog. positive Koalitionsfreiheit). Darüber hinaus sind auch das Fernbleiben von einer Koalition und der Austritt daraus geschützt (sog. negative Koalitionsfreiheit).
Auch die **kollektive Koalitionsfreiheit** ist geschützt. Geschütztes Verhalten sind vor allem der Abschluss von Tarifverträgen („Tarifautonomie") durch die Tarifpartner, aber auch die Werbung für die Koalition, die Beratung und gerichtliche Vertretung von Mitgliedern, die Beteiligung an der betrieblichen Mitbestimmung und Arbeitskampfmaßnahmen.

II. Eingriff in den Schutzbereich

Nicht jede die Koalitionsfreiheit betreffende Maßnahme stellt einen Eingriff dar, da die Koalitionsfreiheit einer gesetzlichen **Ausgestaltung** bedarf. Diese besteht in der Schaffung der Rechtsinstitute und Normenkomplexe, die erforderlich sind, die grundrechtlich garantierten Freiheiten ausüben zu können. Wenn also der Staat lediglich die Rahmenbedingungen für die Ausübung dieses Grundrechts erstmalig festlegt oder modifiziert, etwa in Fällen, in denen die Tarifpartner nicht in der Lage sind, selbst eine sinnvolle Ordnung zu schaffen, oder wenn die Kampfparität gestört ist, liegt eine Ausgestaltung der Koalitionsfreiheit vor. Eine solche Ausgestaltung des Grundrechts stellt keinen Eingriff dar. Soweit die Ausgestaltung das Verhältnis gleichgeordneter Grundrechtsträger betrifft, kann sie auch durch Richterrecht erfolgen.
Ein **Eingriff** in die Koalitionsfreiheit liegt dagegen vor, wenn einzelne Gewährleistungen des Art. 9 III GG zunächst durch *staatliche Maßnahmen* verkürzt oder beeinträchtigt werden.

[1710] BVerfGE 44, 322, 340 f. (Allgemeinverbindlichkeitserklärung von Tarifverträgen); 50, 290, 367 (Mitbestimmung); 64, 208, 215 (Deputatkohle des Bergarbeiters); BAG ZIP 2001, 529 ff.
[1711] Vgl. BVerfGE 44, 322, 340 f. Vgl. auch BVerfG NJW 2015, 3294, 3295. Beispiele bilden etwa der Tarifvertrag über das Sozialkassenverfahren im Baugewerbe und der Tarifvertrag über die Berufsbildung im Baugewerbe.

Art. 9 III GG gewährt aber nicht nur Schutz gegenüber dem Staat, sondern auch gegen rechtswidrige Beeinträchtigungen durch *private Mächte* (vgl. Art. 9 III S. 2 GG). Der Effekt des Art. 9 III S. 2 GG wird daher häufig als „**unmittelbare Drittwirkung**" bezeichnet.

III. Verfassungsrechtliche Rechtfertigung

Ebenso wie bei Art. 5 GG wäre es bei Art. 9 GG unsystematisch, wenn man den in Abs. 2 geregelten Schrankenvorbehalt auf das in Abs. 3 gewährte Grundrecht übertragen wollte. Auch das BVerfG hat bisher nicht auf Art. 9 II GG zurückgegriffen. Ein Rückgriff auf Art. 9 II GG hätte auch keine große praktische Bedeutung. Das Grundrecht der Koalitionsfreiheit betreffende Regelungen können daher zum einen nur durch die o.g. **Ausgestaltung** erfolgen, zum anderen bildet das **kollidierende Verfassungsrecht** eine Grenze. Kollidierendes Verfassungsrecht sind Grundrechte Dritter oder andere Rechtsgüter von Verfassungsrang.

2. Schutzbereich

702 Die Eröffnung des Schutzbereichs des Art. 9 III GG setzt voraus, dass es sich bei der betreffenden Vereinigung (vgl. Art. 9 I GG) um eine **Koalition** handelt. Damit eine Vereinigung eine Koalition darstellt, müssen nicht nur die allgemeinen Voraussetzungen einer Vereinigung i.S.d. Art. 9 I GG (also freiwilliger und dauerhafter Zusammenschluss zu einem gemeinsamen Zweck) erfüllt sein, sondern es müssen kumulativ auch die Wahrung und Förderung der Arbeits- und Wirtschaftsbedingungen (vgl. Art. 9 III S. 1 GG) verfolgt werden. Allgemein anerkannt ist folgende Definition:

703 **Koalitionen** i.S.d. Art. 9 III GG sind auf dem Gebiet des Arbeitsrechts frei gebildete Zusammenschlüsse von Arbeitgeberverbänden, Gewerkschaften und ihren jeweiligen Spitzenverbänden zum Zweck der Wahrung und Förderung der **Arbeits- und Wirtschaftsbedingungen** (vgl. Art. 9 III S. 1 GG).

704 Im Einzelnen müssen Vereinigungen damit folgende Voraussetzungen erfüllen, um als Koalitionen i.S.d. Art. 9 III GG anerkannt zu sein[1712]:

- Der Zusammenschluss von entweder Arbeitnehmern oder Arbeitgebern muss zunächst auf **freiwilliger**, d.h. auf **autonom-privatrechtlicher** Ebene erfolgen.

  Zwangsmitgliedschaftlich organisierte öffentlich-rechtliche Körperschaften wie IHK, Handelskammer, Handwerkskammer, Landesärztekammer, Architektenkammer, Rechtsanwaltskammer etc. sind daher keine Koalitionen i.S.d. Art. 9 III GG (vgl. Rn 680).[1713]

- Die Vereinigung muss **auf Dauer angelegt** sein und muss eine **körperschaftliche Struktur** aufweisen. Körperschaftliche Struktur bedeutet:
  - ⇨ Es muss einen Mitgliederbestand geben, unabhängig vom Ein- oder Austritt einzelner Mitglieder.
  - ⇨ Es muss die Möglichkeit einheitlicher Willensbildung bestehen.
  - ⇨ Die Vereinigung muss über eine Organstruktur verfügen, d.h. über einen Vorstand, eine Mitgliederversammlung, einen Verwaltungsrat etc.
  - ⇨ Schließlich muss der Zweck in der Wahrung und Förderung der Arbeits- und Wirtschaftsbedingungen liegen. Zu diesen zählen etwa Arbeitszeiten, Urlaubsregelungen, Arbeitsplatzzuweisung, Pausenregelungen etc.

- Die Vereinigung muss auf den Prinzipien der **Gegnerfreiheit** und der **Gegnerunabhängigkeit** beruhen. Das bedeutet, dass sie personell, organisatorisch und finanziell gegnerfrei und gegnerunabhängig sein muss.[1714]

[1712] Vgl. etwa *Junker*, Grundkurs Arbeitsrecht, 15. Aufl. 2016, Rn 451 ff.
[1713] Eine Besonderheit besteht hinsichtlich Handwerksinnungen, denen der Gesetzgeber eine Tariffähigkeit zuerkannt hat (§§ 54 III Nr. 1, 82 Nr. 3, 85 II S. 1 HandwO), vgl. dazu BVerfGE 20, 312, 319.
[1714] Vgl. BVerfGE 4, 96, 106 f.; 50, 290, 368 (Unabhängigkeit) und BVerfGE 50, 290, 373 ff. (Gegnerfreiheit).

- ⇨ Gegnerfreiheit bedeutet, dass die Mitglieder des jeweiligen Verbandes entweder Arbeitgeber *oder* Arbeitnehmer sind. Gegnerfreiheit liegt mithin nicht vor, wenn in einem Arbeitgeberverband Arbeitnehmer Mitglieder sind oder umgekehrt in einem Arbeitnehmerverband Arbeitgeber. Auch Zusammenschlüsse von Arbeitgeber- und Arbeitnehmerverbänden sind niemals zulässig.
- ⇨ Gegnerunabhängigkeit beschreibt die wirtschaftliche Unabhängigkeit von der Gegenseite; insbesondere ist die Annahme einer finanziellen Unterstützung durch den gegnerischen Verband unzulässig.

- Um Interessenkonflikte zu vermeiden, muss die Vereinigung natürlich auch **von anderen gesellschaftlichen Organisationen** (etwa von politischen Parteien, Religionsgemeinschaften etc.) **unabhängig** sein.

  Freilich schließt das eine bestimmte politische oder religiöse Ausrichtung der Koalition nicht aus. Es darf lediglich keine (wirtschaftliche und/oder organisatorische) Abhängigkeit bestehen.

- Selbstverständlich muss der Verband auch dem Prinzip **demokratischer Willensbildung** folgen. Es muss eine interne Verbandsdemokratie bestehen, was insbesondere dadurch gewährleistet wird, dass Beschlüsse dem Mehrheitsprinzip entsprechen und dass die Mitglieder zumindest mittelbar in sämtliche Willensbildungsprozesse einbezogen werden.

- Schließlich muss der Verband den Zweck der **Wahrung und Förderung der Arbeits- und Wirtschaftsbedingungen** verfolgen.

  Während Arbeitsbedingungen sich auf das Arbeitsverhältnis selbst – z.B. Lohnbedingungen, Arbeitszeit, Arbeitsschutz und Urlaub – beziehen, können Wirtschaftsbedingungen auch wirtschafts- oder sozialpolitischen Bezug haben, wie das z.B. bei Arbeitsplatzgarantien, Verringerung der Arbeitslosigkeit oder neuen Technologien der Fall ist. Für die Anerkennung als Koalition muss die betreffende Vereinigung *beide* Ziele anstreben.[1715]

  Nicht zu den Arbeits- und Wirtschaftsbedingungen gehören die Verfolgung von allgemeinen politischen oder wirtschaftlichen Zielen, die privaten Angelegenheiten von Arbeitgebern und Arbeitnehmern, unternehmerische (Investitions-)Entscheidungen und die Begründung und Aufhebung von Konzernverpflichtungen. Daher fallen reine Wirtschaftsverbände wie etwa Einkaufsgenossenschaften, Kartelle oder Verbraucherverbände, die nicht zum (Haupt-)Zweck haben, Wirtschafts- und Arbeitsbedingungen zu wahren und zu fördern, nicht unter Art. 9 III GG[1716], sondern unter Art. 9 I GG. Im Ergebnis werden die Voraussetzungen des Art. 9 III GG somit in erster Linie nur von **Arbeitgeberverbänden**, Arbeitnehmerverbänden (**Gewerkschaften**) und ihren jeweiligen **Spitzenverbänden** *Bundesvereinigung der deutschen Arbeitgeber* und *Deutscher Gewerkschaftsbund* (vgl. § 2 II TVG) erfüllt. Auch die Einzelverbände zählen dazu, sie sind aber i.d.R. nach dem Industrieverbandsprinzip organisiert, d.h. sie betätigen sich nur in einem bestimmten Wirtschafts- oder Gewerbezweig (IG Metall, IG Bergbau, Chemie, Energie etc.). Vgl. dazu Rn 706.

  Die Wahrung und Förderung der Arbeits- und Wirtschaftsbedingungen kann, muss aber nicht durch den **Abschluss von Tarifverträgen** wahrgenommen werden. Der Schutz des Art. 9 III GG gilt auch für Vereinigungen, die in diesem Aufgabenfeld operieren, ohne sich des Mittels *Tarifvertrag* zu bedienen.[1717] Daher ist auch die Betätigung der Koalitionen etwa im Bereich der Betriebsverfassung oder im Personalvertretungswesen (z.B. Werbung für Personalratswahlen) geschützt.

[1715] Vgl. *P/S/K/P*, Rn 795 und näher BVerfGE 103, 293, 304 (Bundesurlaubsgesetz); 100, 271, 282 (Lohnabstandsklausel); 84, 212, 224 (Aussperrung); 50, 290, 373 f. (Mitbestimmung).
[1716] *P/S/K/P*, Rn 795.
[1717] Vgl. BVerfG 4, 96, 107 (Koalitionsfreiheit); BVerfG-K NJW 1995, 3377; *Löwer*, in: v. Münch/Kunig, GG, Art. 9 Rn 76.

- Nach der Rechtsprechung des BVerfG ist es auch erforderlich, dass die Vereinigung auf **überbetrieblicher** Grundlage organisiert ist, um als Koalition zu gelten.[1718] Dagegen ist es nicht (mehr) erforderlich, dass die Vereinigung (aufgrund ihrer Größe) durchsetzungsfähig („sozial mächtig") ist. Dieser Aspekt spielt aber für die Tariffähigkeit eine Rolle.

705 **Zusammenfassend** lässt sich sagen, dass in erster Linie Arbeitgeberverbände, Gewerkschaften und ihre jeweiligen Spitzenverbände Koalitionen i.S.d. Art. 9 III GG darstellen. Dabei müssen sie auf den Prinzipien der

- Gegnerfreiheit,
- Unabhängigkeit,
- demokratischen Willensbildung
- und Überbetrieblichkeit (str.)

beruhen.

706 Die überwiegend als nichtrechtsfähige Vereine organisierten **Arbeitnehmerverbände** (Gewerkschaften, siehe § 2 I TVG) sind traditionell nach dem **Industrieverbandsprinzip** organisiert. So können Arbeitnehmer der Metall- und Elektroindustrie bspw. der IG-Metall beitreten. Alternativ können Arbeitnehmerverbände auch nach dem **Berufsverbandsprinzip** organisiert sein. So können Lokomotivführer bspw. der Gewerkschaft der Lokomotivführer (GdL), Mitarbeiter der Flugsicherung (etwa der DFS GmbH) bspw. der Gewerkschaft der Flugsicherung (GDF), Luftfahrzeugführer (Piloten) bspw. der Vereinigung Cockpit (VC) und Ärzte bspw. dem Marburger Bund beitreten. Arbeitnehmer aus der Dienstleistungsbranche (etwa Finanzdienstleistungen, Ver- und Entsorgung, Gesundheit, soziale Dienste, Wohlfahrt und Kirchen, Sozialversicherung, Bildung, Wissenschaft und Forschung, Medien, Kunst und Industrie, Telekommunikation, Informationstechnologie, Datenverarbeitung, Postdienste, Speditionen und Logistik, Verkehr, Handel)[1719], aber auch Angestellte des öffentlichen Dienstes können bspw. der Vereinten Dienstleistungsgewerkschaft (ver.di) beitreten.

Die Arbeitnehmerverbände sind wiederum regelmäßig in **Spitzenverbänden bzw. Dachorganisationen** organisiert (§ 2 II TVG, s.o.). Die größte Dachorganisation von Mitgliedsgewerkschaften in der Bundesrepublik Deutschland ist der Deutsche Gewerkschaftsbund (DGB.) Ihm gehören folgende acht Mitgliedsgewerkschaften an[1720]:

- IG Bauen-Agrar-Umwelt (IG BAU)
- IG Bergbau, Chemie, Energie (IG BCE)
- EVG – Eisenbahn- und Verkehrsgewerkschaft
- Gewerkschaft Erziehung und Wissenschaft (GEW)
- IG Metall (IGM)
- Gewerkschaft Nahrung-Genuss-Gaststätten (NGG)
- Gewerkschaft der Polizei (GdP)
- Vereinte Dienstleistungsgewerkschaft (ver.di)

Damit sind alle (Wirtschafts-)Bereiche abgedeckt. Neben dem DGB gibt es aber noch weitere Dachorganisationen wie z.B. den Deutschen Beamtenbund (DBB), die Dachorganisation für die Beamtenvertretung. Im Bereich des öffentlichen Dienstes ist also zu unterscheiden: Während die Mitgliedsgewerkschaften des DBB selbst die Interessen der Beamtinnen und Beamten wahrnehmen, vertreten die DGB-Gewerkschaften ver.di, GEW, GdP und der DGB selbst die Interessen der Arbeiter und Angestellten und zum Teil auch der Beamtinnen und Beamten.

[1718] Vgl. dazu BVerfGE 50, 290, 368; 58, 233, 247 (Deutscher Arbeitnehmerverband).
[1719] www.verdi.de/ueber-uns/organisation/++co++2ab3bae6-b914-11e0-6fc7-00093d114afd, Download am 26.8.2016.
[1720] www.dgb.de/uber-uns/dgb-heute/gewerkschaften-im-dgb, Download am 26.8.2016.

Bei den **Arbeitgeberverbänden** handelt es sich um Zusammenschlüsse von Arbeitgebern (Unternehmern) zum Zweck gemeinsamer Interessenvertretung gegenüber Gewerkschaften und Staat. Im Gegensatz zu den Arbeitnehmerverbänden sind sie i.d.R. als eingetragene Vereine (e.V.) und traditionell nach dem **Industrieverbandsprinzip** (Branchenprinzip) organisiert. Beispiele von Arbeitgeberverbänden sind: 707

- Südwestmetall
- Arbeitgeberverband der Verlage und Buchhandlungen in Hamburg, Schleswig-Holstein und Mecklenburg-Vorpommern (AGV)
- Allgemeiner Verband der Wirtschaft Norddeutschlands (AGV NORD)
- ANA – Allgemeiner Norddeutscher Arbeitgeberverband e.V.
- AGA – Norddeutscher Unternehmensverband Großhandel, Außenhandel, Dienstleistung e.V.
- Gesamtmetall, bei dem Arbeitgeberverbände der Metall- und Elektroindustrie zusammengeschlossen sind.
- Bundesarbeitgeberverband Chemie (BAVC)

Oft wird eine Mitgliedschaft ohne Tarifbindung angeboten („OT-Mitgliedschaft"). Das bedeutet, dass Unternehmen zwar Mitglied sein können, nicht aber an die Tarifverträge gebunden sind. Vielmehr sind sie frei, eigene Tarifverträge mit den Gewerkschaften zu schließen. Bundesweiter und branchenübergreifender **Dachverband** der Arbeitgeberverbände ist die Bundesvereinigung der Deutschen Arbeitgeberverbände (BDA). Größtes Mitglied ist Gesamtmetall.

Art. 9 III GG stellt zunächst ein **Individualgrundrecht** dar. Das ist das Recht, sich mit anderen zu Koalitionen zusammenzuschließen. Träger der individuellen Koalitionsfreiheit ist jeder Arbeitgeber und Arbeitnehmer.[1721] Zu den Arbeitgebern zählen insbesondere die juristischen Personen des Privatrechts und die sonstigen privatrechtlich organisierten Personenvereinigungen, da die Funktion als Arbeitgeber nicht nur von natürlichen Personen, sondern auch von juristischen Personen des Privatrechts und sonstigen Personenvereinigungen ausgeübt wird. Auf Arbeitnehmerseite sind nicht nur Arbeiter und Angestellte, sondern auch Werkstudenten[1722], Beamte (§ 52 BeamtStG, § 116 BBG), Richter (§ 46 DRiG) und Soldaten (§ 6 S. 1 SoldatenG) erfasst[1723]. 708

Geschütztes Verhalten sind zunächst der Beitritt zu einer bereits bestehenden Vereinigung, der Verbleib darin und die Betätigung in und mit der Vereinigung (**positive Koalitionsfreiheit**). Darüber hinaus ist auch das Recht erfasst, Koalitionen nicht beitreten zu müssen bzw. aus ihnen austreten zu dürfen (**negative Koalitionsfreiheit**).[1724] Das wirft ein besonderes Problem in Bezug auf Differenzierungsklauseln auf. 709

> **Beispiel:** Der gültige Tarifvertrag enthält die Klausel, dass nur Gewerkschaftsangehörigen ein Erholungsurlaub zusteht, der fünf Tage über dem gesetzlichen Mindesturlaub nach dem BUrlG liegt. Nichtgewerkschaftsangehörigen steht lediglich der gesetzliche Mindesturlaub gem. § 3 BUrlG zu (jährlich mindestens 24 Werktage, wobei als Werktage alle Kalendertage gelten, die nicht Sonn- oder gesetzliche Feiertage sind).
>
> Diese Klausel ist nicht nur wegen ihrer diskriminierenden Wirkung unwirksam (Verstoß gegen Art. 3 I GG), sondern auch, weil sie die negative Koalitionsfreiheit unterläuft (Verstoß gegen die durch Art. 9 III GG geschützte negative Koalitionsfreiheit).

[1721] BVerfGE 84, 212, 224; *Löwer*, in: v. Münch/Kunig, GG, Art. 9 Rn 81. Vgl auch BAG ZIP 2001, 529 ff.
[1722] Vgl. BAG ZIP 2001, 529 ff.
[1723] *Löwer*, in: v. Münch/Kunig, GG, Art. 9 Rn 90.
[1724] BVerfGE 50, 290, 367; 64, 208, 213 (Deputatkohle des Bergarbeiters); *Scholz*, in: Maunz/Dürig, GG, Art. 9 Rn 226; a.A. *Kittner*, in: Alternativkommentar, Art. 9 Abs. 3 Rn 41.

Enthielte sie aber eine Öffnungsklausel dergestalt, dass der Arbeitgeber die tarifvertragliche Vereinbarung auch Nichtgewerkschaftsangehörigen zugutekommen lassen darf, wäre sie nicht aus den genannten Gründen unwirksam.

Das vorgenannte Beispiel ist Ausdruck dafür, dass (generell) zivilrechtliche Vereinbarungen, welche die Koalitionsfreiheit beschränken, gem. Art. 9 III S. 2 GG nichtig sind (unmittelbare Wirkung des Grundrechts für den Privatrechtsverkehr, siehe Rn 714).

Auch die ministerielle Allgemeinverbindlichkeitserklärung von Tarifverträgen (Rn 701) untergräbt in gewisser Weise die negative Koalitionsfreiheit, indem sie die allgemeinverbindliche Geltung von Tarifverträgen praktisch gesetzesvertretend und damit unter Umgehung des parlamentarischen Gesetzgebungsverfahrens anordnet. Wie bei Rn 701 aufgezeigt, billigt das BVerfG aber diese auf § 5 TVG gestützte Möglichkeit.

710 Geschützt ist auch die **kollektive Koalitionsfreiheit**, auf die sich alle Koalitionen (Rn 703) stützen können. Unklar ist, ob sich die kollektive Koalitionsfreiheit (in Parallele zu Art. 4 I, II und Art. 9 I GG) unmittelbar aus Art. 9 III GG oder über Art. 19 III GG ergibt. Da Art. 9 III S. 3 GG selbst von „Arbeitskampf" spricht, ist eine spezifisch koalitionsmäßige Betätigung der kollektiven Freiheit ausdrücklich genannt. Dieser Umstand spricht dafür, die kollektive Koalitionsfreiheit unmittelbar aus Art. 9 III GG herzuleiten. Geschütztes Verhalten sind dabei vor allem die Wahl der Organisationsform, die Satzungsautonomie, der Abschluss von **Tarifverträgen** („Tarifautonomie")[1725] durch die Tarifpartner, aber auch die Werbung für die Koalition[1726], die Beratung und gerichtliche Vertretung von Mitgliedern[1727], die Beteiligung an der betrieblichen Mitbestimmung[1728] und die **Arbeitskampfmaßnahmen**[1729].

711
- Der **Tarifvertrag** regelt die Rechte und Pflichten der Tarifvertragsparteien und enthält Rechtsnormen über den Inhalt, den Abschluss und die Beendigung von Arbeitsverhältnissen sowie betriebliche und betriebsverfassungsrechtliche Regelungen (vgl. § 1 I TVG). Vertragsparteien sind Gewerkschaften, einzelne Arbeitgeber sowie Vereinigungen von Arbeitgebern (§ 2 I TVG).

  Ist die arbeitgeberseitige Partei ein Arbeitgeberverband, spricht man von einem Verbandstarifvertrag (Flächentarifvertrag). Ist die arbeitgeberseitige Partei ein einzelner Arbeitgeber, liegt ein sog. Haustarifvertrag (Firmentarifvertrag) vor.

  Auch Zusammenschlüsse von Gewerkschaften und von Vereinigungen von Arbeitgebern (Spitzenorganisationen) können im Namen der ihnen angeschlossenen Verbände Tarifverträge abschließen, wenn sie eine entsprechende Vollmacht haben (§ 2 II TVG).

  Spitzenorganisationen können selbst Vertragspartei sein, wenn der Abschluss von Tarifverträgen zu ihren satzungsgemäßen Aufgaben gehört (§ 2 III TVG).

  Gewerkschaften können nach der Rechtsprechung des BVerfG[1730] Vertragspartner nur dann sein, wenn sie „sozial mächtig" sind. Der Grund dafür besteht darin, dass sie anderenfalls kaum wirksam Arbeitnehmerinteressen durchsetzen können.

  Die angesprochenen Rechtsnormen des Tarifvertrags enthalten Regelungen über den Inhalt, den Abschluss oder die Beendigung von Arbeitsverhältnissen, gelten unmittelbar und zwingend zwischen den beiderseits Tarifgebundenen, die unter den Geltungsbereich des Tarifvertrags fallen (vgl. § 4 I TVG). Sie haben die Kraft wie ein Gesetz und gelten unmittelbar und zwingend für die einzelnen Arbeitsverhältnisse. Rechtsnormen des Tarifver-

---

[1725] BVerfGE 44, 322, 341 (Allgemeinverbindlichkeitserklärung von Tarifverträgen).
[1726] BVerfGE 57, 220, 245 f. (Bethel); 93, 352, 357 f. (Erstreckung des Schutzes des Art. 9 III GG auf alle koalitionsspezifischen Tätigkeiten).
[1727] BVerfGE 88, 5, 15 (Beratungshilfe).
[1728] BVerfGE 50, 290, 372 (Mitbestimmung).
[1729] BVerfGE 84, 212, 225 (Aussperrung); 92, 365, 393 f. (Kurzarbeitergeld bei Streik).
[1730] Vgl. BVerfGE 50, 290, 368; 58, 233, 247 (Deutscher Arbeitnehmerverband).

trags über betriebliche und betriebsverfassungsrechtliche Fragen gelten für alle Betriebe, deren Arbeitgeber tarifgebunden ist (§ 3 II TVG).

Beispiel: Arbeitgeberverband V und Gewerkschaft G schließen einen Tarifvertrag, in dem ab 2016 für alle Beschäftigten u.a. die Zahlung eines jährlichen Urlaubsgeldes i.H.v. 0,5% des Jahresbruttogehalts vereinbart wird.

Arbeitgeber X, der Mitglied im Arbeitgeberverband V ist, muss daher diese Regelung im Verhältnis zu seinen Beschäftigten anwenden, und zwar auch gegenüber solchen Beschäftigten, die nicht gewerkschaftlich organisiert sind bzw. nicht Mitglied der Gewerkschaft sind, die den Tarifvertrag mit dem Arbeitgeberverband geschlossen hat.

- Unter einer **Arbeitskampfmaßnahme** versteht man die aufgrund eines Kampfbeschlusses vorgenommene Störung des Arbeitsablaufs zu dem Zweck, durch gemeinsame (kollektive) Maßnahmen die andere Seite absichtlich unter (wirtschaftlichen) Druck zu setzen, um ein bestimmtes Verhandlungsziel zu erreichen.[1731] 712

Auf *Arbeitnehmerseite* ist als Arbeitskampfmaßnahme in erster Linie der **Streik** zu nennen. Darunter ist die gewerkschaftlich organisierte gemeinsame und planmäßig durchgeführte Arbeitsniederlegung durch eine größere Zahl von Arbeitnehmern[1732] zu verstehen. Der Streik muss von einer Gewerkschaft geführt werden, d.h. die Gewerkschaft muss den Streik entweder ausrufen oder einen bereits begonnenen Streik genehmigen und fortführen. Ein nicht gewerkschaftlich organisierter oder fortgeführter Streik („wilder Streik") ist nicht von Art. 9 III GG gedeckt und damit rechtswidrig.

Inhaltlich erfasst das Streikrecht wegen Art. 9 III S. 1 GG lediglich Arbeitsbedingungen der betroffenen Arbeitnehmer; daher darf sich ein Streik grds. auch nur gegen den Tarifpartner (Arbeitgeber oder Arbeitgeberverband) richten. Streiks zur Unterstützung des Arbeitskampfs anderer Arbeitnehmer in einem anderen Tarifbereich (Solidaritäts-/Unterstützungs- bzw. Sympathiestreiks) sind aber ausnahmsweise zulässig.[1733] Streiks, die das Ziel verfolgen, auf politische Organe (insb. den Bundestag) einzuwirken (politische Streiks), sind von vornherein unzulässig. Auch Betriebsblockaden und -besetzungen sind nicht durch Art. 9 III S. 1 GG geschützt.[1734] Im Übrigen muss der Streik selbstverständlich verhältnismäßig sein und kommt wegen seiner folgenschweren Wirkung lediglich als Ultima-ratio-Maßnahme in Betracht, wenn zuvor sämtliche milderen Mittel (wozu wiederum ein „Warnstreik" zählen kann) ausgeschöpft worden sind. Während eines ungekündigt geltenden Tarifvertrags ist ein Streit von vornherein ausgeschlossen. Die sog. Friedenspflicht endet erst nach Ablauf der Kündigungsfrist. Nach Maßgabe der tarifvertraglichen Regelungen sind aber Erzwingungsstreiks möglich, die auf die Aufnahme von Tarifverhandlungen gerichtet sind und i.d.R. nach dem offiziellen Scheitern der Tarifverhandlungen und einer anschließenden Schlichtung durchgeführt werden.

Rechtsfolge: Der rechtmäßige Streik ändert nichts an dem Fortbestand des Arbeitsverhältnisses der am Streik teilnehmenden Arbeitnehmer; er führt lediglich zur Suspendierung (also zum Ruhen) der beiderseitigen Rechte und Pflichten aus dem Arbeitsverhältnis. Das bedeutet: Die Arbeitnehmer sind für die Dauer des Streiks von der Arbeitspflicht befreit, verlieren umgekehrt für die Dauer der Arbeitsniederlegung aber ihre Ansprüche auf Entgeltzahlung und bezahlten Urlaub. Eine (fristlose) Kündigung durch den Arbeitgeber ist im Falle der Rechtmäßigkeit der Arbeitsniederlegung aber ausgeschlossen. Als Reaktionsmöglichkeit des Arbeitgebers steht diesem aber ggf. die Aussperrung zur Verfügung (dazu sogleich). Bei rechtswidrigem Streik riskieren die teilnehmenden Arbeitnehmer eine (fristlose) Kündigung oder zumindest eine arbeitsrechtliche Abmahnung.

[1731] Vgl. etwa *Junker*, Grundkurs Arbeitsrecht, 15. Aufl. 2016, Rn 592.
[1732] BAGE 1, 291, 304; *Junker*, Grundkurs Arbeitsrecht, 15. Aufl. 2016, Rn 593.
[1733] BAGE 123, 134 ff. (Zulässigkeit von Sympathie- bzw. Unterstützungsstreiks).
[1734] *P/S/K/P*, Rn 801; *Scholz*, in: HdbStR VI, S. 1172 f.; *Löwer*, in: v. Münch/Kunig, GG, Art. 9 Rn 80. Bzgl. der Unzulässigkeit einer Betriebsblockade vgl. BAGE 59, 49 und 61, 171; ArbG Berlin 7.4.2016 - 41 Ca 15029/15.

Ein Problem ergibt sich für solche Arbeitnehmer, die nicht gewerkschaftlich organisiert sind bzw. nicht am Streik teilnehmen, jedoch betriebsbedingt oder aufgrund einer Aussperrung durch den Arbeitgeber ihre Arbeitsleistung nicht erbringen können. Denn auch in diesen Fällen ist der Arbeitgeber von der Entgeltzahlungspflicht befreit. Die Gewerkschaft zahlt – wenn auch nur einen Teil des ausgefallenen Entgelts – nur an die gewerkschaftsangehörigen Streikteilnehmer. Die übrigen Arbeitnehmer erhalten also keine Geldleistung, sofern nicht der Arbeitgeber auf freiwilliger Basis das Gehalt fortzahlt. Das kann mitunter existenzgefährdend sein.

Auf *Arbeitgeberseite* ist neben der Einstellung der Lohnfortzahlung und der Massenänderungskündigung insbesondere die **Aussperrung** als Arbeitskampfmittel zu nennen. Aussperrung ist die planmäßige Ausschließung einer Mehrzahl von Arbeitnehmern von der Arbeit, wobei als spezifisch koalitionsgemäß und damit verfassungsrechtlich jedenfalls die suspendierende Abwehraussperrung (also die Aussperrung als Reaktion auf einen zuvor begonnenen Streik) zur Herstellung der Kampfparität geschützt ist[1735]. Ob die Angriffsaussperrung (also die Aussperrung ohne vorausgehenden Streik) zulässig ist, wird bezweifelt, sie kommt aber (wegen ihrer selbstschädigenden Wirkung) in der Praxis ohnehin nicht vor.[1736] Teilweise wird aber auch die suspendierende Abwehraussperrung wegen angeblich fehlender Erforderlichkeit dieses Kampfmittels ganz abgelehnt.[1737] Das ist mit Blick auf Art. 9 III GG abzulehnen. Das BAG lässt die Abwehraussperrung jedenfalls dann zu, wenn sie zur Wiederherstellung des Verhandlungsgleichgewichts erforderlich ist (was das Gericht an „Aussperrungsquoten" festmacht, d.h. es bemisst die Zahl der auszusperrenden Arbeitnehmer im Verhältnis zu der Zahl der streikenden Arbeitnehmer) und sie sich auf das umkämpfte Tarifgebiet beschränkt.[1738] Jedenfalls sind solche Aussperrungen dann nicht erforderlich und damit (wegen Verstoßes gegen die positive Koalitionsfreiheit) rechtswidrig, wenn sie gezielt nur die Mitglieder einer streikenden Gewerkschaft erfassen, nicht organisierte Arbeitnehmer aber verschonen.

Beispiel: Aufgrund der stark gestiegenen Stromenergiepreise sinkt die allgemeine Kaufkraft. Die Gewerkschaft kämpft daher für höhere Löhne und organisiert einen Streik, der dazu führt, dass insgesamt 5.000 gewerkschaftsangehörige Arbeitnehmer ihre Arbeit niederlegen. Daraufhin sperren die Arbeitgeberverbände insgesamt mehr als 150.000 Arbeitnehmer aus.

Nach der durch das BVerfG bestätigten Auffassung des BAG war die Aussperrung von über 150.000 Arbeitnehmern als Reaktion auf den Streik von lediglich 5.000 Arbeitnehmern zur Wiederherstellung des Verhandlungsgleichgewichts nicht erforderlich und somit unverhältnismäßig. Die Aussperrung war rechtswidrig.

Rechtsfolge einer rechtmäßigen Aussperrung ist die Suspendierung des Arbeitsverhältnisses. Das Arbeitsverhältnis wird sozusagen vorübergehend „außer Vollzug" gesetzt. Eine Auflösung des Arbeitsverhältnisses (d.h. eine Aussperrung mit auflösender Wirkung) dürfte in aller Regel unverhältnismäßig sein. Sie kommt aber dann in Betracht, wenn es sich um einen rechtswidrigen Streik handelt (s.o.) und der Arbeitgeber zuvor ausdrücklich erklärt hat, dass seine Aussperrung auflösende Wirkung haben soll. Gegenüber Arbeitnehmern, deren Arbeitsplätze durch besondere gesetzliche Kündigungsschutzregelungen geschützt sind, was insbesondere auf Betriebsratsmitglieder (§ 103 BetrVG, § 15 I KSchG), schwerbehinderte Menschen (§ 91 VI SGB IX) und Schwangere (vgl. § 9 MuSchG) zutrifft, ist von vornherein lediglich eine suspendierende Aussperrung zulässig.

[1735] BVerfGE 84, 212, 225 (Aussperrung); *P/S/K/P*, Rn 801; *Löwer*, in: v. Münch/Kunig, GG, Art. 9 Rn 80; *Junker*, Grundkurs Arbeitsrecht, 15. Aufl. 2016, Rn 594.

[1736] *Junker*, Grundkurs Arbeitsrecht, 15. Aufl. 2016, Rn 611.

[1737] *Kittner*, in: Alternativkommentar, Art. 9 Abs. 3 Rn 66; *Wolter*, in: Däubler (Hrsg.), Arbeitskampfrecht, Rn 873 ff.

[1738] BAG (GS) AP, Nr. 43 zu Art. 9 GG: Arbeitskampf, Bl 304, 310; AP, Nr. 64, 65 zu Art. 9 GG: Arbeitskampf. Bestätigt durch BVerfGE 84, 212, 229 (Aussperrung).

Kein Streikrecht für Beamte: Für Beamte gilt das Streikrecht nicht.[1739] Denn Arbeitskämpfe setzen ein tarifvertraglich regelbares Ziel voraus. Rechte und Pflichten zwischen Beamten und Dienstherren werden aber nicht durch Tarifverträge, sondern durch Gesetze auf Grundlage des Art. 33 II-V GG geregelt, woraus sich ein besonderes Treueverhältnis zum Dienstherrn ergibt. Die Rechtsordnung folgt im Beamtenrecht also nicht dem Tarifmodell, sondern dem Gesetzesmodell. Dieses System gewährleistet eine uneingeschränkte Erfüllung der Verwaltungsaufgaben, was nicht möglich wäre, wenn Beamte dem Tarifmodell unterstünden und streiken dürften. Zur Frage nach der Vereinbarkeit des Streikverbots für Beamte mit Art. 11 I EMRK vgl. Rn 7b. 713

3. Eingriff in den Schutzbereich

Da die Koalitionsfreiheit einer gesetzlichen **Ausgestaltung** bedarf, stellen Maßnahmen, welche das Grundrecht ausgestalten (Beispiel: **TVG**, dazu bereits Rn 701/709), grundsätzlich keine Eingriffe dar. Die gesetzliche Ausgestaltung besteht in der Schaffung der Rechtsinstitute und Normenkomplexe, die erforderlich sind, die grundrechtlich garantierten Freiheiten ausüben zu können.[1740] Wenn also der Staat lediglich die Rahmenbedingungen für die Ausübung dieses Grundrechts erstmalig festlegt oder modifiziert, etwa in Fällen, in denen die Tarifpartner nicht in der Lage sind, selbst eine sinnvolle Ordnung zu schaffen, oder wenn die Kampfparität gestört ist, liegt eine Ausgestaltung der Koalitionsfreiheit und somit kein Eingriff vor. Soweit die Ausgestaltung das Verhältnis gleichgeordneter Grundrechtsträger betrifft, kann sie auch durch Richterrecht erfolgen.[1741] Ist allerdings der Staat selbst involviert (etwa beim Einsatz von Beamten bei Streiks), muss der Gesetzgeber die Frage eines solchen Einsatzes regeln.[1742] 714

Ein **Eingriff** in die Koalitionsfreiheit liegt aber dann vor, wenn die Ausgestaltung den Kernbereich der Koalitionsfreiheit berührt. Gleiches gilt, wenn einzelne Gewährleistungen des Art. 9 III GG durch *staatliche Maßnahmen* verkürzt oder beeinträchtigt werden. Art. 9 III GG gewährt aber nicht nur Schutz gegenüber dem Staat, sondern auch gegen rechtswidrige Beeinträchtigungen durch *private Mächte* (vgl. Art. 9 III S. 2 GG). Der Effekt des Art. 9 III S. 2 GG wird daher als **„unmittelbare Drittwirkung"** bezeichnet.[1743] 715

Beispiele:

(1) Der Arbeitgeberverband V und die Gewerkschaft G schließen einen Tarifvertrag, in dem ab 2016 für alle Beschäftigten u.a. die Zahlung eines jährlichen Urlaubsgeldes i.H.v. 0,5% des Jahresbruttogehalts vereinbart wird. Arbeitgeber X, der Mitglied im Arbeitgeberverband V ist, gewährt seinen Beschäftigten, die Mitglied in der Gewerkschaft G sind, ein jährliches Urlaubsgeld i.H.v. 0,5% des Jahresbruttogehalts, allen übrigen Arbeitnehmern 1%. ⇨ In diesem Fall werden in der Gewerkschaft G organisierte Arbeitnehmer schlechtergestellt als die übrigen Arbeitnehmer. Das verstößt gegen das nach Art. 9 III GG geschützte Recht von Arbeitnehmern, Mitglied einer (bestimmten) Gewerkschaft zu sein.[1744] Damit liegt ein Eingriff in die *individuelle Koalitionsfreiheit* vor.

(2) Einen Eingriff in die *kollektive Koalitionsfreiheit* stellt nach der hier vertretenen Auffassung auch die **Allgemeinverbindlichkeitserklärung von Tarifverträgen** dar (dazu oben Rn 701 und 709), da dadurch die Dispositionsfreiheit der Mitbetroffenen verengt ist.

[1739] St. Rspr. seit BVerfGE 8, 28, 33 ff. (Besoldungsrecht).
[1740] BVerfGE 50, 290, 368 (Mitbestimmung); 58, 233, 247 (Deutscher Arbeitnehmerverband); 88, 103, 115 (Einsatz von Beamten bei Streik); *Kannengießer*, in: Schmidt-Bleibtreu/Hofmann/Henneke, GG, Art. 9 Rn 12b.
[1741] BVerfGE 84, 212, 226 f. (Aussperrung); 88, 103, 115 (Einsatz von Beamten bei Streik).
[1742] BVerfGE 88, 103, 116 (Einsatz von Beamten bei Streik).
[1743] Vgl. BVerfGE 57, 220, 245 (Bethel); *Löwer*, in: v. Münch/Kunig, GG, Art. 9 Rn 85; *Kannengießer*, in: Schmidt-Bleibtreu/Hofmann/Henneke, GG, Art. 9 Rn 19.
[1744] Vgl. BAG NZA 2000, 1294, 1295.

(3) Auch wenn der Arbeitgeber als Reaktion auf einen Streik eine (suspendierende Abwehr-)**Aussperrung** vornimmt (oben Rn 712), liegt ebenso ein Eingriff in Art. 9 III GG vor wie beim **Einsatz von Beamten auf bestreikten Arbeitsplätzen**[1745].

(4) Schließlich ist als Eingriff in die Tarifautonomie das am 10.7.2015 in Kraft getretene **Tarifeinheitsgesetz** zu nennen, das zu einer Änderung des TVG (Einfügung eines § 4a) geführt hat. Ausgangsfall der Gesetzesänderung war der Lokführerstreik der GdL: Die nach dem Industrieverbandsprinzip organisierte Eisenbahn- und Verkehrsgewerkschaft EVG führte mit der Deutsche Bahn AG eine tarifvertragliche Auseinandersetzung. Gleichzeitig führte die nach dem Berufsverbandsprinzip organisierte Gewerkschaft Deutscher Lokomotivführer GdL mit der Deutsche Bahn AG eine tarifvertragliche Auseinandersetzung. Beide Gewerkschaften wollten unabhängig voneinander den Abschluss eines Tarifvertrags herbeiführen, was zu einer Tarifpluralität (Nebeneinander verschiedener Tarifverträge) und damit zu großer Belastung für den Arbeitgeber und zur Unzufriedenheit in der Belegschaft geführt hätte bzw. geführt hat. Kernaussage des § 4a TVG ist: Soweit sich die Geltungsbereiche nicht inhaltsgleicher Tarifverträge verschiedener Gewerkschaften überschneiden (kollidierende Tarifverträge), sind im Betrieb nur die Rechtsnormen des Tarifvertrags derjenigen Gewerkschaft anwendbar, die zum Zeitpunkt des Abschlusses des zuletzt abgeschlossenen kollidierenden Tarifvertrages im Betrieb die meisten Mitglieder hat (Tarifeinheit nach dem Mehrheitsprinzip). Die Neuregelung ist wegen geltend gemachten Verstoßes gegen die durch Art. 9 III GG geschützte Tarifautonomie angegriffen worden. Das BVerfG hat den Erlass einer einstweiligen Anordnung (vgl. § 32 BVerfGG) jedoch abgelehnt[1746] und auch eine Verfassungsbeschwerde als unzulässig verworfen[1747].

4. Verfassungsrechtliche Rechtfertigung

716 Bezüglich des in Art. 9 II GG geregelten Schrankenvorbehalts (siehe Rn 688 ff.) besteht eine Parallele zu Art. 5 II GG. Ebenso wie bei Art. 5 GG ist bei Art. 9 GG unklar, ob der Schrankenvorbehalt des Abs. 2 auch auf Abs. 3 anwendbar ist.

- Nach einer Auffassung[1748] kann der Schrankenvorbehalt des Art. 9 II GG ohne weiteres auf die Koalitionsfreiheit angewendet werden. Die Entstehungsgeschichte und der systematische Zusammenhang zwischen Art. 9 und Art. 21 GG ergäben, dass die Koalitionsfreiheit nach Art. 9 III GG nicht weitergehend geschützt sein könne als die Parteienfreiheit nach Art. 21 GG.
- Nach der auch hier vertretenen Gegenauffassung[1749] ist eine Anwendung des Schrankenvorbehalts des Art. 9 II GG auf die Koalitionsfreiheit nicht möglich. Die systematische Stellung des Art. 9 II GG *nach* der Vereinigungsfreiheit, aber *vor* der Koalitionsfreiheit verbietet eine Schrankenübertragung auf die Koalitionsfreiheit. Insofern besteht eine Parallele zu Art. 5 GG, wo der Schrankenvorbehalt des Art. 5 II GG anerkanntermaßen nicht auf die Wissenschafts- und Kunstfreiheit des Art. 5 III GG übertragen wird. So hat auch das BVerfG im Rahmen von Art. 9 III GG bisher nicht auf Art. 9 II GG zurückgegriffen.

717 I.d.R. kann die Frage dahinstehen. Denn ist eine Vereinigung gem. Art. 9 II GG verboten, wird sie kaum unter den Begriff der Koalition fallen. Eine Vereinigung, welche die Wahrung und Förderung der Arbeits- und Wirtschaftsbedingungen zum Zweck hat, läuft nicht den Strafgesetzen zuwider und richtet sich nicht gegen die verfassungsmäßige Ordnung oder gegen den Gedanken der Völkerverständigung.[1750] Damit wäre schon der

---

[1745] BVerfGE 88, 103, 115 f. (Einsatz von Beamten bei Streik).
[1746] BVerfG NJW 2015, 3294, 3295 f.
[1747] BVerfG NZA 2016, 893 f.
[1748] *Löwer*, in: v. Münch/Kunig, GG, Art. 9 Rn 89; *v. Münch*, in: Bonner Kommentar, Art. 9 Rn 172 ff.; *Scholz*, in: Maunz/Dürig, GG, Art. 9 Rn 337; *Bauer*, in: Dreier, GG, Art. 9 Rn 87.
[1749] *Kittner*, in: Alternativkommentar, Art. 9 Abs. 3 Rn 36; *Jarass*, in: Jarass/Pieroth, GG, Art. 9 Rn 37; *Höfling*, in: Sachs, GG, Art. 9 Rn 127; *Schmidt*, NJW 1965, 424, 426. Vgl. dazu auch die Argumentation zu Art. 5 GG.
[1750] *P/S/K/P*, Rn 817.

Schutzbereich des Art. 9 III GG nicht eröffnet. Zur Frage nach der Anwendbarkeit des Art. 9 II GG auf Art. 9 III GG käme man dann gar nicht.

Folgt man der hier vertretenen Auffassung bzw. lässt die Frage nach der Anwendbarkeit des Art. 9 II GG auf die Koalitionsfreiheit dahinstehen, können Eingriffe in die Koalitionsfreiheit nur durch **kollidierendes Verfassungsrecht** gerechtfertigt sein. Im Verhältnis Staat-Bürger ist dazu aber stets eine gesetzliche Grundlage erforderlich. Kollidierendes Verfassungsrecht sind auch bei Art. 9 III GG Grundrechte Dritter oder andere mit Verfassungsrang ausgestattete Rechtsgüter.[1751] 718

Als **Grundrechte Dritter** kommen Art. 9 III S. 1 GG der Gegenseite (etwa Werbung der Gewerkschaft um neue Mitglieder)[1752] oder Art. 2 II S. 1 GG (etwa Verbot von Arbeitskämpfen in lebensnotwendigen Betrieben wie etwa Krankenhäusern oder Feuerwehren) in Betracht. Das BVerfG hat es auch für zulässig erachtet, wenn der Gesetzgeber Vorschriften über die zwingende Befristung der Arbeitsverhältnisse von wissenschaftlichen Mitarbeitern an den Hochschulen und staatlichen Forschungseinrichtungen erlässt und anderweitige tarifvertragliche Vereinbarungen ausschließt (vgl. § 57a S. 2 HRG a.F.). Den damit verbundenen Eingriff in die Koalitionsfreiheit hat das BVerfG damit gerechtfertigt, dass der Gesetzgeber Stellen im sog. akademischen Mittelbau für Nachwuchswissenschaftler zur Verfügung stellen wolle, die in periodischen Abständen neu besetzt werden.[1753] Höherrangiges Schutzgut ist hier also Art. 5 III GG seitens der anderen Nachwuchswissenschaftler. 719

Andere **wichtige Güter von Verfassungsrang** sind bspw. die hergebrachten Grundsätze des Berufsbeamtentums, die, wenn sie nicht schon bereits eine Schutzbereichsbegrenzung darstellen, zumindest eine verfassungsrechtliche Rechtfertigung für das Streikverbot von Beamten abgeben. Zwar genießen auch Beamte Koalitionsfreiheit (vgl. Art. 9 III GG: „jedermann"), jedoch enthält Art. 33 V GG („hergebrachte Grundsätze des Berufsbeamtentums") eine der Verfassung selbst zu entnehmende Einschränkung. So legitimieren nach h.M. die hergebrachten Grundsätze des Berufsbeamtentums das Streikverbot (zweifelhaft, vgl. Rn 7b). Auch gibt es keine Tarifautonomie für Beamte.[1754] Des Weiteren kann Art. 33 IV und V GG den Einsatz von Beamten während eines Streiks auf bestreikten Arbeitsplätzen nicht rechtfertigen.[1755] Hierzu bedarf es einer gesetzlichen Regelung.[1756] 720

Unabhängig davon, ob ein Eingriff in die Koalitionsfreiheit durch kollidierende Grundrechte Dritter oder andere wichtige Verfassungsgüter gerechtfertigt sein soll, muss die betreffende Beschränkung dem **Grundsatz der Verhältnismäßigkeit** entsprechen. 721

5. Grundrechtskonkurrenzen

Die Koalitionsfreiheit gem. Art. 9 III GG ist ein Spezialfall der allgemeinen Vereinigungsfreiheit gem. Art. 9 I GG, da der Vereinigungszweck in der Verfolgung der Ziele des jeweiligen Verbands (der Arbeitgeber oder Arbeitnehmer) liegt und daher spezifisch ist (Rn 699). Die Koalitionsfreiheit geht auch Art. 5 I GG und Art. 2 I GG vor.[1757] Für andere als koalitionsspezifische Tätigkeiten sind allein die sonstigen Grundrechte einschlägig. 722

[1751] Vgl. dazu BVerfGE 100, 271, 283 (Lohnabstandsklauseln); 94, 268, 284 (befristete Arbeitsverträge an Hochschulen und Forschungseinrichtungen); 84, 212, 228 (Aussperrung).
[1752] Vgl. BVerfGE 84, 212, 228 (Aussperrung).
[1753] Vgl. BVerfGE 94, 268 ff. (befristete Arbeitsverträge an Hochschulen und Forschungseinrichtungen).
[1754] BVerfGE 44, 249, 264 (Kinderreiche Beamte).
[1755] BVerwGE 69, 208, 124.
[1756] Vgl. BVerfGE 88, 103, 116 (Beamte bei Streik).
[1757] Vgl. BVerfGE 28, 295, 310 (Werbung durch Personalratsmitglieder) zum Verhältnis zu Art. 5 I GG und BVerfGE 58, 233, 256 (Deutscher Arbeitnehmerverband) zum Verhältnis zu Art. 2 I GG.

M. Brief-, Post- und Telekommunikationsgeheimnis – Art. 10 GG

I. Allgemeine Bedeutung

723 Art. 10 I GG schützt das Brief-, Post- und Telekommunikationsgeheimnis und umfasst sämtliche der Post AG bzw. der Telekom AG und anderen Dienstleistungsunternehmen zur Beförderung oder Übermittlung anvertrauten Kommunikationsvorgänge und Inhalte.[1758] Das Grundrecht dient insgesamt der Wahrung des Persönlichkeitsrechts, das sich durch einen privaten, vor der Öffentlichkeit verborgenen Austausch von Nachrichten, Gedanken und Meinungen kennzeichnet. Schutzgut ist somit die **Vertraulichkeit der individuellen Kommunikation**.

Art. 10 I GG schützt in seiner Funktion als **Abwehrrecht** vor Eingriffen des Staates allgemein. Die öffentliche Gewalt soll grundsätzlich nicht die Möglichkeit haben, sich Kenntnis vom Inhalt des über Telekommunikationsanlagen abgewickelten mündlichen oder schriftlichen Informations- und Gedankenaustauschs zu verschaffen. Durch die Privatisierung der Deutschen Bundespost (vgl. Art. 87f II S. 1 und Art. 143b II GG) hat Art. 10 I GG in seiner Funktion als Abwehrrecht allerdings an Anwendungsbereich verloren, da die privaten Nachfolgeunternehmen der staatlichen Post nach überzeugender Auffassung gerade wegen der Privatisierung nicht unmittelbar Grundrechtsverpflichtete sein können.[1759] Bezüglich der Nachfolgeunternehmen Post AG und Telekom AG besteht aber eine Grundrechtsverpflichtung über die Figur der Fiskalgeltung der Grundrechte. Diese Figur kann aber bei den sonstigen privaten Dienstleistungsunternehmen wie etwa der Mobilcom keine Anwendung finden. Hinsichtlich des privatisierten Kommunikationsbereichs wird Art. 10 I GG daher heute primär eine **Schutzverpflichtung** des Staates entnommen: Der Staat ist gehalten, durch gezielte Regelungen zu gewährleisten, dass die Nachfolgeunternehmen und andere Kommunikationsmittler den Geheimnissen des Art. 10 I GG ebenso verpflichtet sind, wie die ehemalige staatliche Post es war. Denn die (formelle und/oder materielle) Privatisierung darf nicht dazu führen, dass sich der Staat seiner Grundrechtsbindung entledigt. Das Schutzgebot des Art. 10 I GG bleibt also – freilich in veränderter Form – auch nach der Umwandlung der öffentlichen Unternehmen der ehemaligen Deutschen Bundespost in solche privater Rechtsformen von aktueller Bedeutung. Zu der Zeit, als der Staat noch die Mehrheitsanteile (Aktien) an den Nachfolgeunternehmen (Post AG, Telekom AG) hielt, konnte er seiner Schutzverpflichtung dadurch nachkommen, dass er auf die Gesellschaften entsprechend einwirkte (z.B. über den Aufsichtsrat, §§ 95 ff. AktG, oder über die Hauptversammlung, §§ 118 ff. AktG). Mit dem zunehmenden Übergang der Anteile vom Staat auf Private nahm diese Möglichkeit der Einflussnahme aber ab.[1760] Entsprechendes gilt von vornherein für die sonstigen privaten Dienstleistungsunternehmen. Hier wird die Wirkung des Grundrechts über die Schutzverpflichtung des Staates – zumindest mittelbar – dadurch gewährleistet, dass die privaten Unternehmen das Postgeheimnis (§ 39 PostG) bzw. das Telekommunikationsgeheimnis (§§ 88, 89 TKG) zu beachten haben.

[1758] Vgl. BVerfGE 100, 313, 363; BFH NJW 2001, 2118; *Schmidt-Bleibtreu*, in: Schmidt-Bleibtreu/Hofmann/Henneke, GG, Art. 10 Rn 1.

[1759] *Löwer*, in: v. Münch/Kunig, GG, Art. 10 Rn 9; *Hermes*, in: Dreier, GG, Art. 10 Rn 43; *Pagenkopf*, in: Sachs, GG, Art. 10 Rn 20. Vgl. hierzu auch *Müller-Terpitz*, NWVBl 1999, 292, 294. Anders BVerwGE 108, 203, 211 für die Post AG (für die Telekom AG könne nichts anderes gelten): Die Nachfolgeunternehmen seien so lange an die Grundrechte gebunden und Grundrechtsadressaten, wie der Bund über die Kapitalmehrheit an diesen Unternehmen verfüge. Dem zustimmend *Jarass*, in: Jarass/Pieroth, GG, Art. 10 Rn 13; *Müller-Dehn*, DÖV 1996, 863, 865. Liegt allerdings eine Beleihung vor (vgl. Art. 143b III 2 GG, § 33 PostG), sind die Nachfolgeunternehmen auf jeden Fall Grundrechtsadressaten. Zu den Grundrechtsadressaten vgl. Rn 87 ff.

[1760] Vgl. dazu BVerwGE 113, 208, 211.

Die Funktion des Art. 10 I GG als Abwehrrecht bleibt jedenfalls in Bereichen bestehen, in denen der Staat selbst freiheitsverkürzend tätig wird, etwa im Bereich der Strafverfolgung oder des Staatsschutzes[1761]. Hier gilt Art. 10 I GG nach wie vor unmittelbar und in seiner Funktion als Abwehrrecht. 724

Art. 10 II S. 1 GG enthält einen einfachen Gesetzesvorbehalt. Danach dürfen Beschränkungen nur aufgrund eines Gesetzes angeordnet werden. Art. 10 II S. 2 GG enthält eine Befugnis zu weitergehenden Beschränkungen, wenn Maßnahmen zum Schutz der freiheitlichen demokratischen Grundordnung oder des Bestandes oder der Sicherung des Bundes oder eines Landes erforderlich werden. Es empfiehlt sich folgende Prüfung: 725

Brief-, Post- und Telekommunikationsgeheimnis – Art. 10 GG

I. Schutzbereich des Brief-, Post- und Telekommunikationsgeheimnisses

Das **Briefgeheimnis** schützt alle privaten (schriftlichen) Mitteilungen von Person zu Person vor unberechtigter Kenntnisnahme, also die Wahrung aller brieflichen Korrespondenz. Das **Postgeheimnis** schützt die gesamte körperliche Nachrichtenübermittlung und Kommunikation durch Postdienstleister. Unter einem Postdienstleister ist dabei jede natürliche oder juristische Person oder Personenvereinigung zu verstehen, die geschäftsmäßig (§ 4 Nr. 4 PostG) Postdienstleistungen erbringt. Erfasst werden nicht nur Briefe, sondern auch Telegramme, Postkarten, geschlossene Drucksachen etc. Nicht erfasst sind Postwurfsendungen, da bei ihnen der individuelle Kommunikationspartner fehlt, unverschlossene Bücher- und Warensendungen und unternehmerische Infosendungen (Infopost), da hiermit regelmäßig keine persönlichen Informationen übermittelt werden. Das Postgeheimnis verpflichtet den Zusteller im Postverkehr zum Stillschweigen gegenüber Dritten über alle ihm anvertrauten Sendungen. Gegenstand des **Telekommunikationsgeheimnisses** ist der Schutz der individuellen Telekommunikation. Der Schutz erfasst den Inhalt der Telekommunikation sowie die ihre näheren Umstände, insbesondere Verbindungsdaten und die Identität der Teilnehmer. Ist der Kommunikationsvorgang jedoch abgeschlossen, endet der Schutz des Art. 10 I GG; einschlägig ist dann Art. 2 I i.V.m. 1 I GG (allgemeines Persönlichkeitsrecht).

II. Eingriff in den Schutzbereich

Ein Eingriff in den Schutzbereich liegt vor, wenn ein Grundrechtsverpflichteter vom Kommunikationsinhalt Kenntnis erlangt oder sich vom jeweiligen Kommunikationsmittler Kenntnis geben lässt. Das Gleiche gilt, wenn eine staatliche Stelle oder ein Telekommunikationsdiensteanbieter die Übermittlungsdaten (Zeit, Teilnehmer etc.) speichert, verwertet oder an Dritte weitergibt. Fraglich ist, ob ein Eingriff vorliegt, wenn die Kenntnisnahme **betriebsbedingt** ist. Eine betriebsbedingte Kenntnisnahme liegt etwa in dem Öffnen einer unzustellbaren und mit keiner Absenderangabe versehenen Sendung zur Ermittlung des Absenders oder in der Untersuchung eines Telefonmissbrauchs. Rechtsprechung und Literatur verneinen in derartigen Fällen teilweise einen Eingriff und gehen von einer Schutzbereichsbegrenzung aus. Die Gegenauffassung sieht das Problem differenzierter. Ablehnen lasse sich die Eingriffsqualität nur für die betriebsbedingten Maßnahmen, die, wie das Sortieren der Sendungen, für die Vermittlung der Kommunikation schlechterdings unerlässlich und von den Betroffenen auch vorausgesetzt seien. Besonders grundrechtssensibel ist der Bereich des staatlich verordneten **Abhörens** zu Staats- und Verfassungsschutzzwecken sowie zum Zweck der Bekämpfung schwerer Kriminalität. Eine solche Maßnahme liegt etwa vor, wenn der Telekommunikationsdiensteanbieter die Leitung zu den staatlichen Stellen vermittelt oder die staatlichen Stellen sich selbst in die Telefonleitung einschalten. Davon zu unterscheiden ist der sog. **Lauschangriff**. Bei diesem handelt es sich um den verdeckten Einsatz technischer Mittel zum gezielten Abhören und Aufzeichnen des nichtöffentlich gesprochenen Wortes bspw. mit Hilfe von Tonbandgeräten, Richtmikrofonen oder „Wanzen". Er richtet sich, sofern Gespräche in Wohnungen abgehört werden, nach Art. 13 GG, ansonsten nach Art. 2 I i.V.m. 1 I GG.

[1761] Zur Telekommunikationsüberwachung durch den Bundesnachrichtendienst vgl. BVerfGE 100, 313 ff. (G 10); BVerfG NJW 2016, 1781 ff. (BKAG).

III. Verfassungsrechtliche Rechtfertigung

Beschränkungen des Brief-, Post- und Telekommunikationsgeheimnisses dürfen zunächst nur **durch Gesetz** oder **aufgrund eines Gesetzes** erfolgen, Art. 10 II S. 1 GG. Vgl. dazu etwa das PostG, das TKG, das G 10 und das BKAG. Die Beschränkung des Brief-, Post- und Telekommunikationsgeheimnis muss im **Lichte des Art. 10 I GG** erfolgen. Das bedeutet, dass das einschränkende Gesetz seinerseits aus der Erkenntnis der grundlegenden Bedeutung des Art. 10 I GG auszulegen und so in seiner grundrechtsbegrenzenden Wirkung selbst wieder im Lichte dieses Grundrechts einzuschränken ist. Schließlich muss das grundrechtseinschränkende Gesetz **verhältnismäßig** sein, also einen legitimen Zweck verfolgen, geeignet, erforderlich und angemessen sein. Eine Erweiterung des Gesetzesvorbehalts findet sich in Art. 10 II S. 2 GG. Vgl. dazu insb. das G 10, das BNDG und das BKAG.

IV. Konkurrenzen

Das aus Art. 2 I i.V.m. 1 I GG folgende Recht auf informationelle Selbstbestimmung kommt neben Art. 10 I GG nicht zur Anwendung. Bezogen auf die Schutzgüter des Art. 10 I GG (insb. das Telekommunikationsgeheimnis) enthält Art. 10 I GG eine spezielle Garantie, welche die allgemeine Vorschrift verdrängt. Zu Art. 13 I GG steht Art. 10 I GG regelmäßig in einem Alternativverhältnis.

II. Schutzbereich(e)

726 Nach seinem Wortlaut scheint die Bestimmung des Art. 10 I GG mehrere Grundrechte zu enthalten: das Brief-, das Post- und das Telekommunikationsgeheimnis. Man kann sich allerdings auch auf den Standpunkt stellen, dass es sich bei Art. 10 I GG um ein einheitliches Grundrecht handelt, das die **Vertraulichkeit individueller Kommunikation** schützt, soweit die Kommunikation schriftlich oder telekommunikationstechnisch übertragen wird.[1762] Jedenfalls stimmen die drei Bereiche in Struktur und Zweck überein.

1. Briefgeheimnis

727 Das **Briefgeheimnis** schützt alle privaten schriftlichen Mitteilungen von Person zu Person vor unberechtigter Kenntnisnahme, also die Wahrung aller brieflichen Korrespondenz.[1763]

728 Unter das Briefgeheimnis fallen sämtliche individuellen privaten schriftlichen Inhalte. Bei *verschlossenen* Schriftstücken kann zwar die Feststellung, ob eine Mitteilung privater Natur ist, erst dann getroffen werden, wenn von dem Inhalt der Mitteilung Kenntnis erlangt worden ist. Der Verschluss will aber gerade gegen die Erkennbarkeit und Kenntnisnahme Vorsorge treffen, sodass insbesondere verschlossene Mitteilungen in den Schutzbereich des Briefgeheimnisses fallen.[1764] Anderenfalls würde das Grundrecht leerlaufen. Auch der *offene* Versand persönlicher Mitteilungen ist geschützt, denn das Briefgeheimnis schützt nicht nur den Inhalt der Sendung vor Kenntnisnahme, sondern auch den Beförderungsvorgang von der Ablieferung der Sendung beim Beförderungsunternehmen bis zur Zustellung beim Adressaten. Daher ist es unschädlich, wenn die ausgetauschten persönlichen Informationen offen versendet werden.[1765] Mithin fallen auch Postkarten mit persönlichen Inhalten in den Schutzbereich des Briefgeheimnisses.[1766]

Beispiele/Gegenbeispiele: Entsprechend der postalischen Nomenklatur sind vom Briefgeheimnis nicht nur Briefe erfasst, sondern auch Telegramme, Postkarten, geschlos-

---

1762 So BFH NJW 2001, 2118, 2119.

1763 BVerfGE 33, 1, 11 (Strafgefangener); 67, 157 ff. (Überwachung des Brief- und Telefonverkehrs); *Schmitt Glaeser*, in: HdbStR VI, S. 78; *Löwer*, in: v. Münch/Kunig, GG, Art. 9 Rn 16.

1764 *Durner*, in: Mainz/Dürig, GG, Art, 10 Rn 67 und 95; *Hermes*, in: Dreier, GG, Art. 10 Rn 31 ff.; *P/S/K/P*, Rn 829.

1765 So zutreffend *Löwer*, in: v. Münch/Kunig, GG, Art. 10 Rn 16; *Badura*, in: Bonner Kommentar zum GG, Rn 29; *Michael/Morlok*, Grundrechte, Rn 322.

1766 Anders BVerwGE 6, 299, 300; 76, 152, 153 f.; *Durner*, in: Maunz/Dürig, GG, Art. 10 Rn 13; *Groß*, JZ 1999, 326, 332: Verschlossensein erforderlich. Danach fielen insbesondere Postkarten aus dem Schutzbereich heraus.

sene Drucksachen etc. Nicht erfasst sind Postwurfsendungen, da bei ihnen der individuelle Kommunikationspartner fehlt, unverschlossene Bücher- und Warensendungen und unternehmerische Infosendungen („Infobrief"), da hiermit regelmäßig keine persönlichen Informationen übermittelt werden. Ob Päckchen und Pakete vom Briefgeheimnis oder eher vom Postgeheimnis erfasst sind, ist zwar streitig, der Streit ist aber unergiebig.

Das Briefgeheimnis schützt nicht nur den Inhalt der Sendung, sondern auch die Beförderungsdaten, insbesondere die Dokumentation des Beförderungswegs. Das Briefgeheimnis setzt auch dann ein, wenn die geschützte Sendung von einer Privatperson befördert wird. In persönlicher Hinsicht sind sowohl der Absender als auch der Adressat geschützt. **729**

2. Postgeheimnis

Das **Postgeheimnis** schützt die gesamte körperliche Nachrichtenübermittlung und Kommunikation durch Postdienstleister. Unter einem Postdienstleister ist dabei jede natürliche oder juristische Person oder Personenvereinigung zu verstehen, die geschäftsmäßig (§ 4 Nr. 4 PostG) Postdienstleistungen erbringt.[1767] **730**

Unter das Postgeheimnis fallen auch der Transport von Briefen, Postkarten, Päckchen, Paketen, Drucksachen, Büchersendungen und Warenproben.[1768] Der Schutzbereich des Postgeheimnisses ist damit teilweise identisch mit dem des Briefgeheimnisses, teilweise aber auch weiter als dieser. Das Postgeheimnis verpflichtet im Postverkehr zum Stillschweigen gegenüber Dritten über alle dem Überbringer anvertrauten Sendungen. Inhaltlich erfasst das Postgeheimnis in Parallele zum Briefgeheimnis nicht nur Kommunikationsinhalt und die -umstände[1769], sondern auch Absender und Adressaten. So werden ebenfalls die Beförderungsdaten (Dokumentation des Beförderungswegs) geschützt. Der Schutz beginnt also mit der Einlieferung der Sendung über den Transport bis hin zur Ablieferung beim Empfänger. Bei Postfachlagerungen bzw. Lagerungen in Packstationen endet der Schutz nicht schon mit dem Einwurf in das Postfach bzw. in das Fach der Packstation, sondern erst mit der Abholung der Sendung.[1770] In Anlehnung an das Briefgeheimnis sind unverschlossene Warensendungen, Büchersendungen und unternehmerische Infosendungen („Infobrief") nicht geschützt. Eine Verletzung des Postgeheimnisses liegt aber vor, wenn auf diesem Wege erlangte Daten an unbefugte Dritte weitergegeben werden. Für die Postbeförderung sieht § 39 IV PostG (verfassungsgemäße) Ausnahmen vom Postgeheimnis vor, wenn die Kenntnisnahme von Inhalten zur betriebsbedingten Abwicklung des Postdienstes erforderlich ist.[1771] **731**

Durch die Privatisierung der Deutschen Bundespost im Jahre 1994 und deren Umwandlung in das privatrechtlich organisierte Nachfolgeunternehmen Post AG (vgl. Art. 87f II S. 1 und Art. 143b GG) hat sich die Bedeutung des Postgeheimnisses – wie bereits in der Einleitung erwähnt – gewandelt. Nunmehr wird dem Staat primär die Verpflichtung auferlegt, durch gezielte Regelungen zu gewährleisten, dass die Nachfolgeunternehmen und andere Kommunikationsmittler den Geheimnissen des Art. 10 I GG ebenso verpflichtet sind, wie die ehemalige staatliche Post es war. Bezüglich der Post AG konnte der Staat zwischenzeitlich dieser Verpflichtung dadurch nachkommen, dass er über die Aktienmehrheit Einfluss auf die Gesellschaft ausüben konnte. Diesbezüglich galten die Grundrechte über die Figur der Fiskalgeltung der Grundrechte. Seit der Bund aber durch Aktienverkauf nicht mehr über die Mehrheit der Aktien verfügt, muss er seiner Schutzverpflichtung insbesondere durch § 39 PostG (Postgeheimnis) bzw. §§ 88, 89 TKG (Telekommunikationsgeheimnis) nachkommen. **732**

[1767] *Löwer*, in: v. Münch/Kunig, GG, Art. 10 Rn 17; *Groß*, JZ 1999, 326, 332.
[1768] *Löwer*, in: v. Münch/Kunig, GG, Art. 10 Rn 17.
[1769] *P/S/K/P*, Rn 836.
[1770] BVerwGE 79, 110, 115 zum Postfach.
[1771] BVerfGE 85, 386 ff. (Fangschaltungen).

3. Telekommunikationsgeheimnis

733 Das „**Telekommunikationsgeheimnis**"[1772] betrifft den Schutz der individuellen Telekommunikation. Der Schutz erfasst Inhalt und Vertraulichkeit der Telekommunikation sowie ihre näheren Umstände, insbesondere Verbindungsdaten und die Identität der Teilnehmer.[1773]

734 Die Beteiligten sollen frei von Überwachung sein. Daher sollen sie auch selbst darüber bestimmen können, ob Kommunikationsinhalte und Daten etwa über den Zeitpunkt der Kommunikation und über die Person des Kommunikationspartners erfasst werden. Daher schützt das Grundrecht zunächst vor staatlichen Abhörmaßnahmen (etwa durch den Verfassungsschutz, den BND oder durch die Staatsanwaltschaften und deren Ermittlungspersonen). Insoweit handelt es sich um ein reines Abwehrrecht des Bürgers gegen den Staat. Zum anderen verpflichtet das Grundrecht auch die staatsfremden (d.h. privaten) Telekommunikationsunternehmen zum Stillschweigen über alle mit technischen Mitteln im Telegramm-, Fernsprech-, Fernschreib- und Funkverkehr übermittelten Äußerungen.[1774] In dieser Funktion enthält das Grundrecht eine Schutzverpflichtung des Staates, dafür Sorge zu tragen, dass das Telekommunikationsgeheimnis gewahrt bleibt (vgl. bereits Rn 723).

734a Hinsichtlich der technischen Entwicklung ist das Grundrecht dynamisch. Daher wird auch die Übertragung von individuellen Daten über Standleitungen zwischen Computern ebenso erfasst wie die Kommunikation über Festnetz, Mobiltelefon, Satellitenfunksysteme und das Internet. Die Reichweite des Grundrechtsschutzes betrifft zunächst den **Kommunikationsinhalt**. Mit Kommunikationsinhalt ist der konkrete Inhalt etwa eines Telefonats, einer SMS oder einer E-Mail gemeint.[1775] Des Weiteren sind der **Kommunikationsvorgang**, d.h. der Informations- und Datenverarbeitungsprozess, sowie die Vertraulichkeit der **Umstände** von Telekommunikationsvorgängen erfasst.[1776] Darunter fallen Informationen darüber, wer mit wem zu einem bestimmten Zeitpunkt über das Mittel der Telekommunikation Kontakt aufgenommen hat oder aufnehmen wollte. Denn auch die Kenntnis über solche auf den ersten Blick nur formale Daten gibt Hinweise auf ganz bestimmte Kommunikationswege und -formen, die als persönliche Daten gleichfalls dem Schutzbereich des Art. 10 I GG unterfallen.[1777]

734b Auch der zugangsgesicherte Kommunikationsinhalt in einem E-Mail-Postfach, auf das der Nutzer nur über eine Internetverbindung zugreifen kann (**E-Mail-Account beim Provider**), ist vom Schutzbereich des Art. 10 I GG erfasst.[1778] Denn solange die E-Mails noch auf dem Mailserver gespeichert sind, können der Provider und damit auch die Ermittlungsbehörden jederzeit auf sie zugreifen.[1779] Der Kommunikationsteilnehmer hat keine technische Möglichkeit, die Weitergabe der E-Mails durch den Provider zu ver-

---

[1772] Zwar spricht Art. 10 I GG von „Fernmeldegeheimnis", aufgrund des Einsatzes moderner Telekommunikationsmittel und -methoden (SMS, E-Mail, Twitter, PN, WhatsApp und andere Messenger-Dienste; generell: Kommunikation via Internet) ist es treffender, von „**Telekommunikationsgeheimnis**" zu sprechen. Die nachfolgende Darstellung trägt dem Rechnung.

[1773] St. Rspr. des BVerfG, vgl. nur BVerfGE 67, 157, 172; 85, 386, 396; 100, 313, 358 ff.; 120, 274, 307; 124, 43, 54; 125, 260, 309; 130, 151, 179; BVerfG NJW 2016, 1781, 1796 f. (BKAG).

[1774] BVerfG NJW 2005, 2603, 2604 (präventive Telekommunikationsüberwachung); BVerfGE 110, 33, 53 (Verfassungswidrigkeit des AWG); 107, 299, 313 f. (Auskunft über Telefonverbindungsdaten); 106, 28, 36 (Mithören von Telefongesprächen); *Schmidt-Bleibtreu*, in: Schmidt-Bleibtreu/Hofmann/Henneke, GG, Art. 10 Rn 6; *Löwer*, in: v. Münch/Kunig, GG, Art. 9 Rn 18. Vgl. auch die Definition in § 3 Nr. 22 TKG.

[1775] Vgl. dazu etwa BVerfG NJW 2007, 2752 ff. und BVerfG NJW 2009, 2431 ff.

[1776] BVerfGE 100, 313, 358 ff. (Telekommunikationsüberwachung durch den BND - drittes Abhörurteil). Vgl. auch BFH NJW 2001, 2118; BVerfGE 115, 166, 183 ff.; 125, 260, 304 ff. (zur früheren „Vorratsdatenspeicherung"); 130, 151, 179 f. (Zuordnung dynamischer IP-Adressen).

[1777] Vgl. BVerfGE 100, 313, 358 ff., wo das Gericht klarstellt, dass jede Kenntnisnahme, Aufzeichnung und Verwertung von Kommunikationsdaten durch den Staat einen Eingriff in Art. 10 I GG darstelle. Vgl. auch BVerfG NJW 2016, 1781, 1796 f. (BKAG).

[1778] BVerfGE 124, 43, 53 (Beschlagnahme von E-Mails).

[1779] BVerfGE 124, 43, 55 f.

hindern. Dieser technisch bedingte Mangel an Beherrschbarkeit begründet die besondere Schutzbedürftigkeit durch das Telekommunikationsgeheimnis.[1780]

Ist der Telekommunikationsvorgang jedoch **abgeschlossen**, greift das Grundrecht **nicht** mehr, weil die Informationen, die zugegangen sind, nicht mehr den Gefahren ausgesetzt sind, die sich aus der Verwundbarkeit des Kommunikationsvorgangs ergeben und vor denen Art. 10 GG schützen soll; nach Zugang unterscheiden sich diese Informationen nicht mehr von anderen.[1781] Grundrechtsschutz entfaltet dann (nur noch) das Grundrecht auf informationelle Selbstbestimmung aus Art. 2 I i.V.m. 1 I GG. **734c**

Beispiel: Wird ein **Mobiltelefon** mit den darauf gespeicherten persönlichen Daten **beschlagnahmt**, liegt zwar ein Eingriff in die informationelle Selbstbestimmung (und ggf. in das Wohnungsgrundrecht) vor, nicht aber in das Telekommunikationsgrundrecht.[1782] Vgl. dazu Rn 266, 286. Dasselbe gilt, wenn die Polizei z.B. in der Wohnung Einzelverbindungsnachweise beschlagnahmt. Einzelverbindungsnachweise enthalten zwar Daten über Kommunikationsvorgänge, als bloße Auflistung abgeschlossener Kommunikationsvorgänge fallen sie aber nicht unter den Schutz des Art. 10 I GG. Ebenfalls ist der Telekommunikationsvorgang abgeschlossen, der Telekommunikationsteilnehmer E-Mails vom E-Mail-Server heruntergeladen hat und dabei keine Kopie auf dem Server belassen hat.

Insgesamt folgt aus den voranstehenden Ausführungen: **734d**

- Der **Übertragungsvorgang** (also das Gespräch, die gesendete Nachricht via SMS, die E-Mail auf dem E-Mail-Account beim Server o.Ä.) ist durch das **Telekommunikationsgeheimnis** geschützt. In dieses Grundrecht eingreifende Maßnahmen haben sich am strengen Maßstab des Art. 10 GG zu orientieren. Damit wird der besonderen Schutzwürdigkeit der Telekommunikationsumstände hinreichend Rechnung getragen und die Vertraulichkeit räumlich distanzierter Kommunikation wird gewahrt.
- Nach **Beendigung des Übertragungsvorgangs** (SMS auf dem Handy; E-Mails auf dem Computer des Telekommunikationsteilnehmers etc.) greift Art. 10 GG dagegen nicht mehr. In diesem Fall werden die ausschließlich in der Herrschaftssphäre des Betroffenen gespeicherten personenbezogenen Verbindungsdaten (nur noch) durch Art. 2 I GG i.V.m. 1 I GG geschützt.

Daher liegt auch bei einer sog. **Onlinedurchsuchung eines heimischen Computers** **734e** durch die Strafverfolgungsbehörde oder den Verfassungsschutz **kein** Eingriff in das Telekommunikationsgrundrecht vor, weil auch hier nicht auf den Kommunikationsvorgang eingewirkt wird, sondern via Internet bestimmte Programme (Trojaner; Spyware) in einen Computer eingeschleust werden, deren Aufgabe darin besteht, Daten auszuforschen.[1783] Ein Eingriff liegt aber vor bzgl. des allgemeinen Persönlichkeitsrechts aus Art. 2 I i.V.m. 1 I GG in seiner Ausgestaltung als Grundrecht der Vertraulichkeit und Integrität informationstechnischer Systeme; ggf. liegt auch ein Eingriff in das Wohnungsgrundrecht vor (dazu Rn 270a und 864 ff.).

Kein Eingriff in die Telekommunikationsfreiheit liegt auch vor, wenn lediglich die jeweiligen **734f** Umstände der Bereitstellung von Telekommunikationsdienstleistungen betroffen sind wie etwa die Zuordnung der von den Diensteanbietern vergebenen Telekommunikationsnummern zu bestimmten Anschlussinhabern.[1784] Das gilt selbst dann, wenn die Zuordnung einer Behörde mittelbar ermöglicht, die Inhalte oder die Umstände konkreter Kommunikationsvorgänge zu rekonstruieren und einer bestimmten Person zuzuordnen.[1785] Das Gleiche gilt, wenn Aktivmeldungen, d.h. die Signale, mit denen ein eingeschaltetes Mobiltelefon („Handy")

[1780] BVerfGE 124, 43, 53 ff.; 125, 260, 304 ff.
[1781] BVerfGE 115, 166, 183 ff.
[1782] BVerfGE 115, 166, 183 ff.
[1783] BVerfGE 115, 166 ff.; 120, 274 ff.
[1784] BVerfGE 130, 151, 180.
[1785] BVerfGE 130, 151, 180.

in regelmäßigen Abständen seine Kennung an die nächste Funkvermittlungsstation sendet[1786], abgefragt werden, um den **Standort des Mobiltelefons** (und damit i.d.R. auch den Aufenthaltsort des Besitzers) zu ermitteln (vgl. § 100i StPO). Denn eine reine Standortermittlung erfasst lediglich die technische Kommunikation zwischen Geräten, nicht den durch Art. 10 I GG geschützten Austausch von vertraulichen, persönlichen und individuellen Informationen.[1787] Betroffen ist in diesen Fällen allein das Grundrecht der informationellen Selbstbestimmung[1788] (vgl. dazu Rn 273 Bsp. 6).

734g Andererseits ist Art. 10 I GG einschlägig, wenn der Staat Telekommunikationsanbieter verpflichtet, (anlasslos) **Verkehrsdaten** (Verbindungsdaten)[1789] über einen bestimmten Zeitraum zu speichern, selbst wenn die Speicherung aus betrieblichen Gründen nicht erforderlich wäre (z.B. bei sog. „Flatrateverträgen"), damit Ermittlungs- und Gefahrenabwehrbehörden bei Bedarf darauf zurückgreifen können („**Verkehrsdatenspeicherung**").[1790] Die Verkehrsdatenspeicherung ist eine Vorstufe der Telekommunikationsüberwachung. Das Problematische daran ist, dass die auf Vorrat gespeicherten Daten weitgehende Rückschlüsse auf persönliche Kontakte zulassen und dass sich auf diese Weise – ohne dass auf Kommunikationsinhalte zugegriffen wird – das Kommunikationsverhalten jedes Teilnehmers analysieren lässt. Dadurch lassen sich umfangreiche Persönlichkeitsprofile erstellen, was die Grundrechtsrelevanz (auch mit Blick auf Art. 10 I GG) verdeutlicht.

734h Auch die **Zuordnung dynamischer IP-Adressen** zu Anschlussinhabern greift in Art. 10 I GG ein, sofern die IP-Adressen eine besondere Nähe zu konkreten Telekommunikationsvorgängen aufweisen.[1791] Die unterschiedliche Behandlung im Vergleich zur Zuordnung der von den Diensteanbietern vergebenen Telekommunikationsnummern zu bestimmten Anschlussinhabern (Rn 734f) begründet das BVerfG damit, dass die Telekommunikationsunternehmen für die Zuordnung von dynamischen IP-Adressen zunächst ja die entsprechenden Verbindungsdaten ihrer Kunden sichten müssen, also auf konkrete Telekommunikationsvorgänge zugreifen.[1792] Soweit der Gesetzgeber die Telekommunikationsunternehmen dazu verpflichtet, auf diese Daten zurückzugreifen und sie für die staatliche Aufgabenwahrnehmung auszuwerten, liegt ein Eingriff in Art. 10 I GG vor.[1793]

Hinweis für die Fallbearbeitung: Die Frage, ob in der jeweiligen Maßnahme ein Eingriff in das Wohnungsgrundrecht, in das Telekommunikationsgrundrecht oder (nur) in das Grundrecht der informationellen Selbstbestimmung vorliegt, ist nicht nur akademischer Natur, sondern übt Einfluss auf die verfassungsrechtliche Rechtfertigung der Maßnahme aus. Denn zum einen enthalten die genannten Grundrechte unterschiedliche Grundrechtsschranken und zum anderen sind die Prüfungsmaßstäbe unterschiedlich ausgeprägt. Daher kann es für die Frage, ob eine Maßnahme gerechtfertigt ist, entscheidend sein, welches Grundrecht man als betroffen ansieht.

735 Auf die Datenerfassung kann allerdings nicht gänzlich verzichtet werden, da anderenfalls die Übermittlung selbst unmöglich gemacht würde.

Hinweis für die Fallbearbeitung: Gerade bei den modernen Kommunikationsmedien ist genau zu prüfen, ob es sich um eine individuelle Kommunikation handelt oder ob sich die Weitergabe an eine unbestimmte Zahl von Adressaten richtet. Nur im ers-

[1786] Zu den technischen Grundlagen vgl. *Hartmann/Schmidt*, StrafprozR, 6. Aufl. 2016, Rn 656.
[1787] BVerfG NJW 2007, 351, 353 f.; vgl. auch *Funke/Lüdemann*, JuS 2008, 780, 781.
[1788] Vgl. BVerfGE 130, 151, 180 f.
[1789] Das sind gem. § 3 Nr. 30, § 96, § 113b TKG insbesondere Identität des in Anspruch genommenen Telekommunikationsdiensteanbieters, Nummer oder Kennung des Anschlusses, Name und Anschrift des Anschlussinhabers, Beginn und Ende der jeweiligen Verbindung.
[1790] BVerfGE 125, 260, 304 ff. (zur früheren „Vorratsdatenspeicherung"). Vgl. dazu Rn 273 Bsp. (4), Rn 738 Bsp. (4) und Rn 747 Bsp. (4).
[1791] BVerfGE 130, 151, 181.
[1792] BVerfGE 130, 151, 181.
[1793] BVerfGE 130, 151, 181.

ten Fall ist der Schutzbereich des Art. 10 I GG eröffnet. Im zweiten Fall ist allerdings Art. 5 I S. 2 GG (Rundfunkfreiheit) einschlägig.

Auch in Bezug auf das Telekommunikationsgeheimnis hat die Privatisierung der ehemaligen Deutschen Bundespost das Verständnis des Grundrechtsschutzes gewandelt. Auch hier befindet sich die Mehrheit der Aktien der Deutschen Telekom AG nicht mehr im Besitz des Bundes, sodass der Einfluss des Bundes nicht mehr aktienrechtlich gewährleistet ist. Der Bund muss daher gewährleisten, dass das Telekommunikationsgeheimnis durch die Telekom AG beachtet wird. Gleiches gilt von vornherein hinsichtlich anderer Telekommunikationsdiensteanbieter vgl. dazu §§ 88, 89 TKG sowie bereit oben Rn 732. **736**

4. Träger des Grundrechts

Das Brief-, Post- und Telekommunikationsgeheimnis kommt jeder natürlichen Person zugute. Auch juristische Personen des Privatrechts und sonstige Personenvereinigungen können geschützt sein. Voraussetzung ist, dass die betreffende Person z.B. als Absender eines Briefes oder als Teilnehmer an einem Telefongespräch auftritt oder per Internet (Chat, E-Mail, Messenger etc.) kommuniziert. Nicht von Art. 10 I GG geschützt sind die die Kommunikation übermittelnden Dienstleistungsunternehmen selbst.[1794] Auch juristische Personen des öffentlichen Rechts können sich grds. nicht auf Art. 10 I GG berufen (mit Ausnahme etwa der öffentlich-rechtlichen Rundfunkanstalten, vgl. Rn 77). **737**

III. Eingriff in den Schutzbereich

Ein Eingriff in den Schutzbereich liegt vor, wenn ein Grundrechtsverpflichteter (etwa der BND, siehe dazu sogleich) den Kommunikationsinhalt liest, mithört, aufzeichnet (speichert) oder das Lesen, Mithören oder Speichern durch Dritte ermöglicht bzw. anordnet. Das Gleiche gilt, wenn ein Grundrechtsverpflichteter die Übermittlungsdaten (Zeit, Teilnehmer etc.) speichert, verwertet oder an Dritte weitergibt.[1795] **738**

Beispiele/Gegenbeispiel:

(1) Wenn der BND oder das BKA den internationalen Kommunikationsverkehr (Gespräche, E-Mails) überwachen, greifen sie in das Telekommunikationsgrundrecht ein.[1796]

(2) Ein Eingriff liegt auch vor, wenn ein Polizeibeamter einen Zeugen in dessen Wohnung befragt und dabei unbemerkt die Gelegenheit nutzt, von dem Inhalt eines auf dem Tisch liegenden Briefes Kenntnis zu nehmen.

(3) Gleiches gilt, wenn die Strafverfolgungsbehörde in einem Verteilzentrum eines Paketbeförderungsunternehmens eine Sendung beschlagnahmt.

(4) Auch wenn der Gesetzgeber eine Regelung schafft, die die Telekommunikationsdiensteanbieter[1797] verpflichtet, Verkehrsdaten zu erheben und gem. §§ 113a ff. TKG für einen bestimmen Zeitraum zu speichern (sog. Verkehrsdatenspeicherung – Rn 734g), liegt ebenso ein Eingriff in Art. 10 I GG vor[1798] wie bei der Verpflichtung zur Zuordnung dynamischer IP-Adressen (Rn 734h) und der Ermächtigung gem. § 100g StPO gegenüber den Strafverfolgungsbehörden, Verkehrsdaten abzurufen.[1799]

[1794] *Hermes*, in: Dreier, GG, Art. 10 Rn 25; *Jarass*, in: Jarass/Pieroth, GG, Art. 10 Rn 8. Differenzierend *Löwer*, in: v. Münch/Kunig, GG, Art. 10 Rn 10; BVerfGE 125, 260, 304 ff.

[1795] Vgl. BVerfGE 110, 33, 56 ff. (Verfassungswidrigkeit des § 39 I und II AWG a.F.); 100, 313, 359 (Telekommunikationsüberwachung durch den BND); 107, 299, 313 ff. (Auskunft über Telefonverbindungsdaten).

[1796] Vgl. BVerfG NJW 2016, 1781, 1785 ff. (BKAG); vgl. auch *Becker*, NVwZ 2015, 1335, 1339, *Deiseroth*, DVBl 2015, 197, 198 f. sowie unten Rn 750. Zur räumlichen Geltung des Telekommunikationsgrundrechts bei Maßnahmen des BND mit Auslandsbezug vgl. Rn 3.

[1797] Dt. Telekom, Vodafone, O2, E-Plus, vgl. § 3 Nr. 6, § 10, § 24 TKG.

[1798] BVerfGE 125, 260, 304 ff. (zur früheren „Vorratsdatenspeicherung").

[1799] Zur Erhebung und Speicherung von Verkehrsdaten vgl. BVerfGE 125, 260 ff.; *Hartmann/Schmidt*, StrafprozR, 6. Aufl. 2016, Rn 633 ff.; *R. Schmidt*, POR, Rn 309q ff. Zum „Gesetz zur Einführung einer Speicherpflicht und einer Höchstspeicherfrist für Verkehrsdaten" v. 17.12.2015 (BGBl I S. 2218) vgl. bereits Rn 273 Bsp. (3) sowie unten Rn 747 Bsp. (4).

(5) Gleiches gilt, wenn die Strafverfolgungsbehörde auf dem E-Mail-Account des E-Mail-Providers gespeicherte E-Mails beschlagnahmt, indem sie vom E-Mail-Provider die Daten auf einen Datenträger kopieren und sich diesen aushändigen lässt.[1800]

(6) Ist der Kommunikationsvorgang bereits abgeschlossen, kann etwa in der Beschlagnahme eines Mobiltelefons und der Erhebung von darin gespeicherten Gesprächsdaten schon deshalb kein Eingriff in Art. 10 I GG vorliegen, weil schon der Schutzbereich des Art. 10 I GG nicht eröffnet ist. Vielmehr ist Art. 2 I i.V.m. 1 I GG einschlägig, vgl. oben Rn 734b, 266, 286.

739 Besonders grundrechtssensibel ist neben der erwähnten Erhebung von Verkehrsdaten und der Beschlagnahme von E-Mails auch der Bereich des staatlich verordneten **Abhörens** zu Staats- und Verfassungsschutzzwecken sowie zum Zweck der Bekämpfung von Straftaten von erheblicher Bedeutung. Solche Maßnahmen liegen etwa vor, wenn der Telekommunikationsdiensteanbieter die Leitung zu den staatlichen Stellen vermittelt oder die staatlichen Stellen selbst den Überwachungsvorgang einleiten.[1801] Davon zu unterscheiden ist der sog. **Lauschangriff**. Bei diesem handelt es sich um den verdeckten Einsatz technischer Mittel zum gezielten Abhören und Aufzeichnen des nichtöffentlich gesprochenen Wortes bspw. mit Hilfe von Tonbandgeräten, Richtmikrofonen oder „Wanzen". Er richtet sich, sofern Gespräche in Wohnungen abgehört werden, nach Art. 13 GG, ansonsten nach Art. 2 I i.V.m. 1 I GG (allgemeines Persönlichkeitsrecht).

Beispiel/Gegenbeispiel:

(1) Wenn der BND oder das BKA den Telekommunikationsverkehr überwachen, aufzeichnen und auswerten sowie die daraus gewonnenen Informationen an andere Behörden weitergeben, liegt ein Eingriff in **Art. 10 I GG** vor.[1802] Das Gleiche gilt, wenn die Polizei den Telekommunikationsverkehr zur Vorsorge oder zur Verhütung einer Straftat (von erheblicher Bedeutung) abhört[1803] oder wenn das Zollkriminalamt den Telekommunikationsverkehr überwacht, wenn Tatsachen die Annahme rechtfertigen, dass die zu überwachende Person Straftaten von erheblicher Bedeutung plant.[1804]

(2) Wenn die Staatsanwaltschaft die Wohnung eines Verdächtigen mit Wanzen bestückt und auf dem Nachbargelände Richtmikrofone installiert, um die Gespräche des Verdächtigen mitzuhören, greift sie in das Grundrecht des **Art. 13 I GG** ein.

740 Fraglich ist, ob ein Eingriff vorliegt, wenn die Kenntnisnahme **betriebsbedingt** erfolgt. Eine betriebsbedingte Kenntnisnahme liegt etwa in dem Öffnen einer unzustellbaren und mit keiner Absenderangabe versehenen Sendung zur Ermittlung des Absenders oder in der Untersuchung eines Telefonmissbrauchs. Da die Post- und Telekommunikationsunternehmen aufgrund der Privatisierung dieses Sektors nicht bzw. nicht mehr grundrechtsverpflichtet sind, können sie auch nicht (mehr) unmittelbar in Grundrechte eingreifen. Hier ist dann der Staat gefordert, seiner Schutzverpflichtung nachzukommen und die betriebsbedingte Kenntnisnahme durch Private zu regeln. Freilich greift die staatliche Schutzpflicht nur dann, wenn bei unterstellter Grundrechtsverpflichtung der privatisierten Unternehmen ein Grundrechtseingriff vorläge. Insoweit kann der frühere Meinungsstand hinsichtlich der Bundespost herangezogen werden, wonach teilweise angenommen wurde, dass bei betriebsbedingter Kenntnisnahme kein Eingriff, sondern

---

[1800] BVerfGE 124, 43, 53 ff.

[1801] Vgl. BFH NJW 2001, 2118, 2119; BVerfGE 110, 33, 56 ff.; BVerfG NJW 2005, 2603, 2604; NJW 2007, 2752 ff.; NJW 2016, 1781, 1796 ff. (BKAG).

[1802] Vgl. BVerfGE 100, 313 ff. (Telekommunikationsüberwachung durch den BND) zu Art. 1 III, 5 I S. 2 und 10 GG, §§ 1 I, 9 II S. 3, VI G 10 a.F. und §§ 1, 2, 4, 11, 12 BNDG; BVerfG NJW 2016, 1781, 1796 ff. zum BKAG.

[1803] BVerfG NJW 2005, 2603, 2604 (Verfassungswidrigkeit des § 33a I Nr. 2 und 3 NdsSOG); SächsVerfGH NVwZ 2005, 1310, 1311.

[1804] BVerfGE 110, 33, 57 (Verfassungswidrigkeit des § 39 I und II AWG a.F.).

eine Schutzbereichsbegrenzung vorliege.[1805] Die Gegenauffassung ging demgegenüber grundsätzlich von einem Eingriff aus. Ablehnen lasse sich die Eingriffsqualität nur für die betriebsbedingten Maßnahmen, die, wie das Sortieren der Sendungen, für die Vermittlung der Kommunikation schlechterdings unerlässlich und von den Betroffenen auch vorausgesetzt seien.[1806]

Die Beteiligten können auf ihren Grundrechtsschutz (durch Einwilligung) **verzichten**. 741
Geschieht dies freiwillig, liegt keine Grundrechtsbeeinträchtigung vor.[1807] Geht es um Telefongespräche, genügt der Verzicht *eines* Telefonpartners allerdings nicht. Hier müssen beide auf den Grundrechtsschutz verzichten.

Keine Grundrechtsbeeinträchtigung liegt in der bloßen Verhinderung der Kommunikation; insoweit greifen andere Grundrechte wie etwa die Meinungsfreiheit (Art. 5 I S. 1 Halbs. 1 GG) oder das allgemeine Persönlichkeitsrecht (Art. 2 I GG).

Grundrechtsverpflichteter ist zunächst der Staat. Das Grundrecht kann demzufolge 742
durch eine entsprechende Abhöranordnung jeder staatlichen Stelle (insbesondere durch den BND, das BKA, den Verfassungsschutz, das Zollkriminalamt, die Staatsanwaltschaft und die Polizei, aber auch durch Untersuchungsausschüsse) beeinträchtigt werden. Das Grundrecht verpflichtet aber auch privatrechtliche Unternehmen, deren Geschäftsanteile sich überwiegend oder ausschließlich im Besitz der öffentlichen Hand befinden. Der Staat soll sich nicht durch die Rechtsformenwahl seiner Grundrechtsverpflichtung entziehen können. Freilich ist Grundrechtsadressat die hinter dem Unternehmen stehende öffentliche Hand. Wieder anderes gilt für die (echten) Privatunternehmen. Diese sind von vornherein keine Grundrechtsadressaten des Art. 10 GG. Für sie kann allerdings, wie für andere Private, die Ausstrahlungswirkung der Grundrechte zum Tragen kommen. Außerdem haben sie die Schutzvorschriften insbesondere des Telekommunikationsgesetzes und des Telemediengesetzes zu beachten, die der Staat im Zuge seiner staatlichen Schutzpflicht, die sich gerade aus Art. 10 GG ergibt, erlassen hat.

IV. Verfassungsrechtliche Rechtfertigung

1. Der einfache Gesetzesvorbehalt des Art. 10 II S. 1 GG

Beschränkungen des Brief-, Post- und Telekommunikationsgeheimnisses dürfen zu- 743
nächst nur **durch Gesetz** oder **aufgrund eines Gesetzes** erfolgen, Art. 10 II S. 1 GG. Das bedeutet, dass Eingriffe sowohl durch ein förmliches Gesetz als auch durch eine Rechtsverordnung bei entsprechend hinreichender Ermächtigung gem. Art. 80 GG zulässig sind.

> **Beispiele:** Gesetze i.S. dieses Vorbehalts sind das „Gesetz zur Beschränkung des Brief-, Post- und Fernmeldegeheimnisses" (sog. G 10), die Verfassungsschutzgesetze sowie die nachrichtendienstlichen Gesetze (insbesondere das BNDG und das BKAG[1808]), die Eingriffe in den Schutzbereich des Art. 10 I GG nicht nur aus Gründen der Strafverfolgung, sondern auch zu präventiven Zwecken zulassen.[1809] Auch die Strafprozessordnung lässt (aus Gründen der Strafverfolgung) unter bestimmten Voraussetzungen Eingriffe in das Brief-, Post- und Telekommunikationsgeheimnis zu, vgl. § 99 StPO bzgl. Postbeschlagnahme[1810], §§ 100a, b StPO bzgl. Überwachung und Aufzeichnung der Telekommunikation[1811], §

[1805] So BVerwGE 76, 152, 155; *Badura*, in: Bonner Kommentar, Art. 10 Rn 49.
[1806] So hat das BVerfG (E 85, 386, 396 ff.) die Installation einer Fangschaltung als Eingriff gewertet. Generell von einem Eingriff ausgehend *Jarass*, in: Jarass/Pieroth, GG, Art. 10 Rn 9; *Schuppert*, in: Alternativkommentar, GG, Art. 10 Rn 25.
[1807] BVerfGE 85, 386, 298; BVerwG NJW 1982, 840; *Löwer*, in: v. Münch/Kunig, GG, Art. 10 Rn 7; *Jarass*, in: Jarass/Pieroth, GG, Art. 10 Rn 9; *Durner*, in: Maunz/Dürig, GG, Art. 10 Rn 30.
[1808] Vgl. dazu BVerfG NJW 2016, 1781 ff.
[1809] Vgl. BVerfGE 100, 313, 357 ff. (G 10); BVerfG NJW 2016, 1781, 1786 (BKA-Gesetz).
[1810] Vgl. dazu ausführlich *Hartmann/Schmidt*, StrafprozR, 6. Aufl. 2016, Rn 562 ff.
[1811] Vgl. dazu BVerfG NJW 2007, 2752 ff. sowie ausführlich *Hartmann/Schmidt*, a.a.O. Rn 578 ff.

100g StPO bzgl. Erhebung sog. Verkehrsdaten der Telekommunikation[1812] und §§ 99, 100a StPO bzgl. Sicherstellung/Beschlagnahme von E-Mails auf dem Mailserver des E-Mail-Providers[1813]. Eine weitere Eingriffsgrundlage bildet § 30 III InfSchG zur Öffnung von Post zur Verhinderung der Verbreitung übertragbarer Krankheiten.

744 Das einschränkende Gesetz muss zunächst **formell verfassungsgemäß** sein. Es muss unter Beachtung von Zuständigkeits-, Verfahrens- und Formvorschriften zustande gekommen sein. Formelle Fehler können sich insbesondere in Bezug auf die Gesetzgebungskompetenz ergeben, weil Eingriffe in Art. 10 I GG sowohl der Gefahrenabwehr als auch der Strafverfolgung dienen können. Gefahrenabwehr ist – sofern keine Bundeskompetenz besteht (vgl. etwa Art. 73 I Nr. 9a GG[1814]) – Ländersache (vgl. Art. 30, 70 I GG), wohingegen Strafverfolgung der Bundesgesetzgebungskompetenz des Art. 74 I Nr. 1 GG (gerichtliches Verfahren) unterfällt. Auch Gesetze, die der Strafverfolgungsvorsorge dienen, sind dem Bereich der Strafverfolgung und damit der Bundesgesetzgebungskompetenz zuzuordnen.

Diesbezüglich sei § 33a I Nr. 2 und 3 NdsSOG a.F. erwähnt, der es der Polizei erlaubte, zur Vorsorge oder zur Verhütung einer Straftat (von erheblicher Bedeutung) den Telekommunikationsverkehr abzuhören. Dabei hob das BVerfG nicht nur den Verstoß gegen den Bestimmtheitsgrundsatz und den Grundsatz der Verhältnismäßigkeit hervor, sondern stellte auch fest, dass der Bundesgesetzgeber abschließend von seiner Gesetzgebungsbefugnis aus Art. 74 I Nr. 1 GG Gebrauch gemacht habe, die Verfolgung von Straftaten durch Maßnahmen der Telekommunikationsüberwachung zu regeln. Die Länder seien nicht befugt, die Polizei zur Telekommunikationsüberwachung zum Zwecke der Vorsorge für die Verfolgung von Straftaten zu ermächtigen.[1815]

745 Neben der Gesetzgebungskompetenz muss das Gesetz das Zitiergebot (Art. 19 I S. 2 GG) wahren. Daher bildet § 34 StGB keine Eingriffsgrundlage.[1816] Gleiches gilt für die polizeiliche Generalklausel. Dieser fehlt überdies die erforderliche Bestimmtheit, um in materiell-rechtlicher Hinsicht als Rechtsgrundlage für Eingriffe in Art. 10 I GG zu fungieren.

746 In **materiell-rechtlicher** Hinsicht muss die Beschränkung des Brief-, Post- und Telekommunikationsgeheimnisses stets die Bedeutung des Art. 10 I GG beachten.[1817] Das folgt insbesondere aus der Formulierung in Art. 10 I GG „... ist unverletzlich". Das einschränkende Gesetz ist also unter Berücksichtigung der grundlegenden Bedeutung des Art. 10 I GG auszulegen.[1818] Des Weiteren gilt insbesondere bei Art. 10 I GG angesichts seiner Bedeutung für die Persönlichkeit des Betroffenen, dass das einschränkende Gesetz in besonderer Weise dem verfassungsrechtlichen **Bestimmtheitsgrundsatz** gerecht werden muss. Es muss für den Rechtsunterworfenen vorhersehbar sein, zu welchen Zwecken der Rechtsanwender (i.d.R. eine bei Rn 742 genannte Behörde) von der Ermächtigung Gebrauch machen kann.[1819]

[1812] Vgl. oben Rn 738 Bsp. (4).

[1813] Nicht ganz eindeutig BVerfGE 124, 43, 53 ff.

[1814] Vgl. dazu BVerfG NJW 2016, 1781, 1785 (BKA-Gesetz als Art. 73 I Nr. 9a GG ausfüllendes Gesetz).

[1815] Vgl. BVerfG NJW 2005, 2603, 2604 ff. Zum Begriff der Strafverfolgungsvorsorge als Schnittstelle zwischen Prävention und Repression sowie der diesbezüglichen Gesetzgebungskompetenz vgl. *R. Schmidt*, POR, Rn 93 ff./293 ff.

[1816] *Jarass*, in: Jarass/Pieroth, GG, Art. 10 Rn 14; *Schuppert*, in: Alternativkommentar, Art. 10 Rn 69.

[1817] BVerfG NJW 2007, 2752, 2753 f. (Telefonüberwachung einer Rechtsanwaltskanzlei); BVerfGE 67, 157, 172 (Überwachung des Brief- und Telefonverkehrs) - zweites Abhörurteil.

[1818] BVerfG a.a.O. Vgl. auch das neue G 10 v. 26.6.2001 (dazu *Huber*, NJW 2001, 3296).

[1819] Vgl. BVerfGE 107, 299, 321 ff.; 110, 33, 56 f.; BVerfG NJW 2005, 2603, 2604. Zur Bestimmtheit der Eingriffsgrundlage der §§ 94 ff. StPO bzgl. der Sicherstellung/Beschlagnahme von E-Mails auf dem Mailserver eines Providers vgl. BVerfG NJW 2009, 2431 ff.

Die enge, am Maßstab des Art. 10 I GG vorzunehmende Auslegung des einschränken- 747
den Gesetzes gebietet schließlich eine strenge Beachtung des Grundsatzes der **Verhältnismäßigkeit** auch und insbesondere der **Einzelmaßnahme**.

Beispiele:

(1) Die Kontrolle der **Briefpost von Untersuchungshäftlingen** gem. § 119 III StPO darf, sofern man die Vorschrift nicht schon wegen zu großer Unbestimmtheit für verfassungswidrig oder zumindest für unanwendbar erklärt, gemessen am Maßstab des Art. 10 I GG nur erfolgen, wenn konkrete Anhaltspunkte für eine Störung der Anstaltsordnung vorliegen. Zu Art. 5 GG vgl. dort.

(2) Die Anordnung einer **Abhörmaßnahme** gem. § 100a StPO ist unverhältnismäßig, wenn die Wahrscheinlichkeit, durch die Überwachung der Telekommunikation geeignete Hinweise zur Ergreifung des Täters zu erhalten, als äußerst gering zu bewerten ist.[1820] Vgl. aber nunmehr § 100a StPO n.F., der diese Vorgaben beachtet.

(3) Die Sicherstellung bzw. Beschlagnahme von **E-Mails** auf dem Mailserver eines Providers auf der Grundlage der §§ 99, 100a StPO müssen in angemessenem Verhältnis zur Schwere der Straftat und der Stärke des Tatverdachts stehen. Auch müssen bereits in der Durchsuchungsanordnung Vorgaben zur Beschränkung des Beweismaterials auf den tatsächlich erforderlichen Umfang gemacht werden und beim Vollzug muss die Gewinnung für das Verfahren bedeutungsloser Daten nach Möglichkeit vermieden werden. Als verfahrensrechtliche Schutzvorkehrungen sind insbesondere Unterrichtungs-, Auskunfts-, Löschungs- und Kennzeichnungspflichten, Teilnahmerechte und Verwertungsverbote erforderlich.[1821]

(4) Das BVerfG sah die (in Umsetzung der Richtlinie 2006/24/EG ergangene[1822]) gesetzliche Verpflichtung zur Speicherung von **Telekommunikationsverkehrsdaten** durch die privaten Telekommunikationsdiensteanbieter als hoheitlichen Eingriff in Art. 10 I GG an, der jedoch nicht von vornherein verfassungswidrig sei. Auch sei die sechsmonatige anlasslose Speicherung von Verkehrsdaten („**Vorratsdatenspeicherung**"; jetzt: „**Verkehrsdatenspeicherung**"[1823]) für qualifizierte Verwendungen im Rahmen der Strafverfolgung, der Gefahrenabwehr und der Aufgaben der Nachrichtendienste, wie sie §§ 113a, 113b TKG a.F. anordneten, mit Art. 10 GG nicht schlechthin unvereinbar. Jedoch sei die Vorratsdatenspeicherung *in ihrer bisherigen Umsetzung* verfassungswidrig, da die gesetzlichen Regelungen zur anlasslosen Speicherung umfangreicher Daten sämtlicher Nutzer elektronischer Kommunikationsdienste keine konkreten Maßnahmen zur Datensicherheit vorsähen und zudem die Hürden für den Abruf dieser Daten zu niedrig seien. Die bislang gesammelten Daten seien daher sofort zu löschen. Unter zu schaffenden schärferen Sicherheits- und Transparenzvorkehrungen sowie begrenzten Abrufmöglichkeiten für die Sicherheitsbehörden sei die (künftige) Vorratsdatenspeicherung jedoch grds. zulässig.[1824] Eine neue Regelung („Gesetz zur Einführung einer Speicherpflicht und einer Höchstspeicherfrist für Verkehrsdaten" mit Neuregelungen insbesondere der §§ 113a ff. TKG und der §§ 100g, 101a StPO) wurde vom Bundestag am 16.10.2015 verabschiedet und ist am 18.12.2015 in Kraft getreten (BGBl I, S. 2218). Ob die Neuregelungen in Bezug auf den Bestimmtheitsgrundsatz, den Verhältnismäßigkeitsgrundsatz und mit Blick auf die besondere Schutzbedürftigkeit in Bezug auf Berufsgeheimnisträger (insbesondere Rechtsanwälte) rechtsstaatlichen Anforderungen gerecht wird, darf bezweifelt werden.[1825]

[1820] BVerfG NJW 2007, 2752, 2753 f. (Telefonüberwachung einer Rechtsanwaltskanzlei); *Sachs*, JuS 2007, 953.

[1821] BVerfGE 124, 43, 53 ff. Vgl. auch *Sachs*, JuS 2009, 1131 ff.

[1822] Der EuGH hat die Richtlinie wegen Verstoßes gegen EU-Primärrecht für ungültig erklärt (EuGH NVwZ 2014, 709 ff.).

[1823] Siehe dazu das „Gesetz zur Einführung einer Speicherpflicht und einer Höchstspeicherfrist für Verkehrsdaten" v. 17.12. 2015 (BGBl I S. 2218).

[1824] BVerfGE 125, 260, 304 ff. (zur früheren „Vorratsdatenspeicherung").

[1825] Vgl. dazu *R. Schmidt*, POR, Rn 309 ff. Das BVerfG hat mit Beschl v. 8.6.2016 (1 BvQ 42/15; 1 BvR 229/16) zwei Anträge auf Erlass einer einstweiligen Anordnung, die auf Außervollzugsetzung der Vorschriften über die Verkehrsdatenspeicherung gerichtet waren, abgewiesen. Jedoch ist zu beachten, dass das BVerfG bei Eilanträgen gem. § 32 BVerfGG grds.

2. Der erweiterte Gesetzesvorbehalt gem. Art. 10 II S. 2 GG

748 Eine Erweiterung des Gesetzesvorbehalts findet sich in Art. 10 II S. 2 GG. Die Vorschrift wurde zusammen mit Art. 19 IV S. 3 GG im Rahmen der Notstandsgesetzgebung 1968 in das Grundgesetz eingefügt. Gemäß Art. 10 II S. 2 GG kann das einschränkende Gesetz auch bestimmen, dass die Beschränkung des Brief-, Post- und Telekommunikationsgeheimnisses dem Betroffenen nicht mitgeteilt wird[1826] und dass an die Stelle des Rechtswegs die Nachprüfung durch von der Volksvertretung bestellte Organe oder Hilfsorgane tritt, sofern die Beschränkung dem Staats- und Verfassungsschutz, also dem Schutz der freiheitlichen demokratischen Grundordnung oder des Bestandes oder der Sicherung des Bundes oder eines Landes dient (sog. Staatsschutzklausel). Von dieser Ermächtigung hat der Gesetzgeber durch den Erlass des **„Gesetzes zur Beschränkung des Brief-, Post- und Fernmeldegeheimnisses"** (**G 10**) Gebrauch gemacht (auf Landesebene vgl. § 5 II Nr. 10 i.V.m. § 7a VerfSchG NRW, der auf das G 10 verweist). Dadurch besteht eine besondere Eingriffsintensität: Der Betroffene kann den Eingriff in das Brief-, Post- und Telekommunikationsgeheimnis nicht bemerken und ihn gerichtlich nicht abwehren. Eine gerichtliche Überprüfung kann nur nach Abschluss des Verfahrens stattfinden, da die Überwachungs- und Abhörmaßnahmen grundsätzlich erst nach ihrer Einstellung dem Betroffenen mitgeteilt werden müssen.[1827] Der gerichtliche Rechtsschutz beschränkt sich dann auf die Feststellung, dass die fragliche(n) Maßnahme(n) rechtswidrig war(en) und der Kläger dadurch in seinen Rechten verletzt wurde, § 113 I S. 4 VwGO analog.[1828]

749 Die Verfassungsmäßigkeit des erweiterten Gesetzesvorbehalts des Art. 10 II S. 2 GG war und ist aus rechtsstaatlichen Gründen umstritten. Das BVerfG hat die Vorschrift im sog. ersten Abhörurteil mit 5:3 Stimmen für mit dem Grundgesetz vereinbar erklärt.[1829] Das Gericht ist aber stark kritisiert worden. Art. 10 II S. 2 GG verstoße gegen die Menschenwürde und das Rechtsstaatsprinzip und habe daher nicht in Art. 10 GG aufgenommen werden dürfen. Durch die Ermächtigung sei zum einen die Grenze einer zulässigen Verfassungsänderung (Art. 79 III GG) überschritten und zum anderen verstoße die Versagung des gerichtlichen Rechtsschutzes gegen Art. 19 IV S. 1 GG. Außerdem sei in den Wesensgehalt des Art. 10 I GG eingegriffen worden. Es handele sich daher um eine verfassungswidrige Verfassungsnorm.[1830] Die Verfassungsmäßigkeit der Regelung mag in der Tat bezweifelt werden. Zumindest ist eine restriktive Handhabung geboten. Voraussetzung für eine rechtmäßige Beschränkung des Brief-, Post- und Telekommunikationsgeheimnisses ist daher zunächst, dass

- der Ausschluss der Benachrichtigung und des Rechtswegs **geeignet** ist, den Schutz der freiheitlichen demokratischen Grundordnung oder des Bestandes bzw. die Sicherung des Bundes oder eines Landes zu gewährleisten. Insoweit müssen konkret nachprüfbare Anhaltspunkte bestehen.[1831]
- Des Weiteren muss der Ausschluss sowohl der Benachrichtigung als auch des Rechtswegs im Hinblick auf diese Zwecke **erforderlich** sein. Daran fehlt es etwa, wenn die fraglichen Informationen auf andere Weise gewonnen werden können.[1832]

---

nur eine Abwägung der Folgen, die eine Außervollzugsetzung mit sich brächte, vornimmt. Eine summarische Prüfung der Rechtslage findet bei § 32 BVerfGG (anders als bei §§ 80 V, 123 VwGO) grds. nicht statt.

[1826] Erfolgt also eine Einschränkung auf Grundlage des Art. 10 II S. 1 GG, besteht eine Benachrichtigungspflicht. Dieser ist der Gesetzgeber etwa im Rahmen der Telekommunikationsüberwachung nach § 100a StPO durch die Pflicht zur nachträgliche Benachrichtigung des Betroffenen nachgekommen (vgl. § 101 IV S. 1 Nr. 3 StPO).

[1827] Selbst eine Mitteilung von Kontrollmaßnahmen an den Betroffenen ist entbehrlich, wenn die G-10-Kommission festgestellt hat, dass die in § 12 I Nr. 1-3 G 10 n.F. genannten Voraussetzungen vorliegen.

[1828] Vgl. dazu BVerwGE 87, 23, 25 ff.

[1829] So BVerfGE 30, 1, 26 f. (erstes Abhörurteil); *Schenke*, in: Bonner Kommentar, Art. 19 Abs. 4 Rn 79.

[1830] Vgl. dazu die abw. Meinung BVerfGE 30, 1, 33 ff.; *Hesse*, Grundzüge des Verfassungsrechts, Rn 378; *Durner*, in: Maunz/Dürig, GG, Art. 10 Rn 37 ff.; *Hermes*, in: Dreier, GG, Art. 79 Rn 54; *Hufen*, StaatsR II § 17 Rn 14.

[1831] BVerfGE 67, 157, 159 (Überwachung des Brief- und Telefonverkehrs - zweites Abhörurteil).

[1832] BVerfG a.a.O. S. 177; *Jarass*, in: Jarass/Pieroth, GG, Art. 10 Rn 18.

- Schließlich müssen Geheimhaltung und Ausschluss des Rechtswegs **angemessen** sein. Daher ist eine Benachrichtigung geboten, sobald dies ohne Gefährdung des Zwecks der Beschränkung und der genannten Schutzgüter möglich ist[1833]; ein Verzicht ist nur dann zu rechtfertigen, wenn die erfassten Daten sogleich als irrelevant vernichtet worden sind[1834].
- Weiterhin ist erforderlich, dass die ersatzweise Überprüfung „durch unabhängige und durch keine Weisung gebundene staatliche Organe sichergestellt"[1835] und diese Kontrolle „materiell und verfahrensmäßig der gerichtlichen Kontrolle gleichwertig ist"[1836].
- Außerdem dürfen die Kontrollergebnisse nur zu den in Art. 10 II S. 2 GG genannten Zwecken verwendet werden.[1837] Rechtswidrig erlangte Informationen dürfen überhaupt nicht verwendet werden.[1838]

Verfassungsrechtliche Bedenken bestanden auch hinsichtlich der (Neu-)Fassung des **§ 3 G 10**, die aufgrund des **Verbrechensbekämpfungsgesetzes** vom 28.10.1994 beschlossen wurde. Diese Neufassung hatte zu einer substantiellen Erweiterung der Befugnisse des BND zur Überwachung des internationalen, nicht leitungsgebundenen Telekommunikationsverkehrs geführt. Der BND wurde ermächtigt, diesen Telekommunikationsverkehr ohne konkrete Verdachtsmomente zu überwachen, um die Gefahr der Planung oder Begehung bestimmter Straftaten von erheblichem Gewicht rechtzeitig erkennen zu können (§ 3 I S. 2 Nr. 2-6 G 10 a.F.). Dies war nach Auffassung des BVerfG mit Art. 10 I GG nicht vereinbar.[1839] Bedenken äußerte das BVerfG auch hinsichtlich der gesetzgeberischen Ausgestaltung der Verarbeitung personenbezogener Daten. Ermächtige der Gesetzgeber den BND zu Eingriffen in das Fernmeldegeheimnis, verpflichte ihn Art. 10 GG, Vorsorge gegen diejenigen Gefahren zu treffen, die sich aus der Erhebung und Verwertung personenbezogener Daten ergäben. Dazu gehöre insbesondere die Bindung der Verwendung erlangter Kenntnisse an den Zweck, der die Erfassung rechtfertige. Diese Bindung müsse bereits im einschränkenden Gesetz beschrieben sein. Unter diesem Gesichtspunkt verwarf das Gericht weitere Regelungen des G 10 und des BNDG. Der Gesetzgeber hat daraufhin eine Neuregelung beschlossen. Ob z.B. § 5 G 10 der aktuellen Gesetzesfassung, der den BND befugt, nach Anordnung der zuständigen obersten Landesbehörde bzw. des Bundesinnenministeriums (vgl. § 10 G 10) zur Informationssammlung den internationalen Telekommunikationsverkehr (Gespräche, E-Mails) zu überwachen, mit Art. 10 I GG vereinbar ist, wird teilweise bezweifelt[1840], die Vorschrift ist jedoch nach der hier vertretenen Auffassung gerade zugunsten der Abwehr des internationalen Terrorismus verfassungsgemäß. 750

Bezüglich der Ermächtigung des BKA zum Einsatz von heimlichen Überwachungsmaßnahmen (Wohnraumüberwachungen, Onlinedurchsuchungen, Telekommunikationsüberwachungen, Verkehrsdatenerhebungen und Überwachungen außerhalb von Wohnungen mit besonderen Mitteln der Datenerhebung) zur Abwehr von Gefahren des internationalen Terrorismus durch das **BKAG** hat das BVerfG jüngst im Grundsatz die Vereinbarkeit der betreffenden Vorschriften des BKAG mit den Grundrechten des Grundgesetzes festgestellt.[1841]

V. Konkurrenzen

Das aus Art. 2 I i.V.m. Art. 1 I GG folgende Recht auf informationelle Selbstbestimmung kommt neben Art. 10 I GG nicht zur Anwendung. Bezogen auf die Schutzgüter des Art. 10 I GG (insbesondere das Telekommunikationsgeheimnis) enthält Art. 10 I GG eine spezielle Garantie, welche die allgemeine Vorschrift verdrängt[1842] (vgl. dazu aus- 751

[1833] BVerfGE 30, 1, 22 (erstes Abhörurteil); BVerfGE 100, 313, 397 ff. (Telekommunikationsüberwachung durch BND).
[1834] BVerfGE 100, 313, 397 ff.
[1835] BVerfGE 67, 157, 185 (Überwachung des Brief- und Telefonverkehrs).
[1836] BVerfGE 30, 1, 23 (erstes Abhörurteil).
[1837] BVerfGE abw. Meinung 57, 170, 200 f. (Briefverkehr in der Untersuchungshaft).
[1838] BVerfGE 85, 386, 399; *Jarass*, in: Jarass/Pieroth, GG, Art. 10 Rn 15/18 ff. Vgl. auch BFH NJW 2001, 2118 f.
[1839] BVerfGE 100, 313, 368 ff.
[1840] Vgl. *Becker*, NVwZ 2015, 1335, 1339; *Deiseroth*, DVBl 2015, 197, 198 f.
[1841] BVerfG NJW 2016, 1781, 1785 ff. (BKA-Gesetz).
[1842] BVerfGE 115, 166, 183 ff.; 113, 348, 364; 110, 33, 53; 107, 299, 312; 100, 313, 358; 67, 157, 171.

führlich Rn 286). Zu Art. 13 I GG steht Art. 10 I GG regelmäßig in einem Alternativverhältnis: Art. 13 I GG schützt u.a. die Kommunikation in der räumlich geschützten Privatsphäre, Art. 10 I GG den übrigen kommunikativen Verkehr. Deshalb ist der „Lauschangriff" auf das in der Wohnung gesprochene Wort grundsätzlich Thema des Art. 13 I, III-V GG, nicht des Art. 10 I GG. Werden aber Telefone „angezapft", um nicht nur Telefongespräche mitzuhören, sondern auch persönlich geführte Gespräche in einer Wohnung zu belauschen, liegt neben dem Eingriff in Art. 10 I GG auch ein Eingriff in Art. 13 I GG vor.[1843]

[1843] *Löwer*, in: v. Münch/Kunig, GG, Art. 10 Rn 55.

N. Freizügigkeit – Art. 11 GG

Freizügigkeit – Art. 11 GG

I. Schutzbereich der Freizügigkeit

Art. 11 GG garantiert die Freizügigkeit aller Deutschen (wegen Art. 18 AEUV ist eine Erweiterung des Schutzes auch auf andere EU-Bürger erforderlich). Freizügigkeit ist das Recht, unbeschränkt durch die deutsche Staatsgewalt an jedem Ort innerhalb des Bundesgebiets Aufenthalt und Wohnsitz zu nehmen und auch zu diesem Zweck in das Bundesgebiet einzureisen. Die Ausreisefreiheit ist dagegen lediglich von Art. 2 I GG geschützt (BVerfGE 6, 32, 35 f. – Elfes). Unter dem Begriff des Wohnsitzes ist die ständige Niederlassung mit dem Willen, nicht nur vorübergehend zu bleiben, sondern den Ort zum Mittelpunkt des Lebens zu machen, zu verstehen. Demgegenüber bedeutet Aufenthalt lediglich ein vorübergehendes Verweilen an einem bestimmten Ort. Der Begriff des Wohnsitzes ist also gegenüber dem Begriff des Aufenthalts enger. Für die Reichweite des Grundrechtsschutzes ist daher der Begriff des Aufenthalts entscheidend.

Die Freizügigkeit garantiert die Freiheit des Ziehens, d.h. die Fortbewegung. Sie umschließt als den freien Zugang von Bundesland zu Bundesland und hierbei wiederum den freien Zugang von Gemeinde zu Gemeinde sowie den freien Zugang zu Orten innerhalb der Gemeinde ein. Geschützt wird auch das Recht, einen Ortswechsel nicht vorzunehmen (**negative Freizügigkeit**). Allerdings gewährt Art. 11 I GG kein „Recht auf Heimat". So ist der Schutzbereich nicht beeinträchtigt, wenn ein Anwohner infolge der Zulassung des Braunkohletageabbaus als Form der staatlichen Bodenordnung/Bodennutzung seinen Wohnsitz aufgeben und wegziehen muss.

II. Eingriff in den Schutzbereich

Das Grundrecht wird jedenfalls durch jede freizügigkeitsbegrenzende imperative Maßnahme beeinträchtigt. So schützt es etwa davor, die Freizügigkeit von Bedingungen, Genehmigungen oder Nachweisen abhängig zu machen. Ob auch mittelbare Behinderungen und Beeinträchtigungen am Maßstab des Art. 11 I GG zu messen sind, wird unterschiedlich gesehen. Verneint man dies, bestimmt sich z.B. der Schutz deutscher Familienangehöriger von ausgewiesenen Ausländern allein nach Art. 6 I GG.

III. Verfassungsrechtliche Rechtfertigung

Gemäß Art. 11 II GG kann die Freizügigkeit „nur durch Gesetz oder auf Grund eines Gesetzes und nur für die Fälle eingeschränkt werden, in denen eine ausreichende Lebensgrundlage nicht vorhanden ist und der Allgemeinheit daraus besondere Lasten entstehen würden oder in denen es zur Abwehr einer drohenden Gefahr ... erforderlich ist". Es handelt sich somit um einen **qualifizierten Gesetzesvorbehalt**. Als Gesetz kommen nur formelle Gesetze in Frage. Doch können Rechtsverordnungen und Verwaltungsakte Einzelfragen regeln. Interessant ist vor allem der sog. **Kriminalvorbehalt** (Art. 11 II GG a.E.: „um strafbaren Handlungen vorzubeugen"). Dieser bezieht sich *nicht* auf den Vollzug von Freiheitsstrafen; insoweit ist Art. 2 II S. 2 GG einschlägig. Vielmehr geht es um präventive, d.h. vorbeugende Maßnahmen zur Verhinderung von Straftaten. Hier stellt sich aber ein Kompetenzproblem. Denn während die Freizügigkeit gem. Art. 73 Nr. 3 GG dem ausschließlichen Kompetenzbereich des Bundes zuzuordnen ist, fällt das präventive Polizeirecht in die Gesetzgebungskompetenz der Länder. Das wirft die Frage auf, ob Landesbehörden die Freizügigkeit einschränken dürfen. Die Antwort gibt Art. 11 II GG. Dem dort geregelten Kriminalvorbehalt wird entnommen, dass das in der Gesetzgebungskompetenz der Länder stehende allgemeine Polizei- und Ordnungsrecht von Art. 73 Nr. 3 GG unberührt bleibt. Präventivpolizeiliche Maßnahmen können daher das Grundrecht auf Freizügigkeit einschränken.

I. Schutzbereich

Art. 11 GG garantiert die Freizügigkeit aller Deutschen im ganzen Bundesgebiet. Darunter wird zunächst das Recht verstanden, unbeschränkt durch die deutsche Staatsgewalt an jedem Ort innerhalb des Bundesgebiets Aufenthalt und Wohnsitz zu nehmen.[1844] 752

[1844] BVerfGE 2, 266, 273 ff. (Notaufnahmegesetz); 80, 137, 150 (Reiten im Wald); 110, 177, 190 (Freizügigkeit von Spätaussiedlern); 134, 242 Rn 251 ff. (Braunkohletageabbau Garzweiler).

753 Unter **Wohnsitz** ist die ständige Niederlassung mit dem Willen, nicht nur vorübergehend zu bleiben, sondern den Ort zum Mittelpunkt des Lebens zu machen, zu verstehen (vgl. § 7 BGB). Demgegenüber bedeutet **Aufenthalt** lediglich ein vorübergehendes Verweilen an einem bestimmten Ort.[1845]

754 Unter Zugrundelegung des § 7 BGB ist der Begriff des Wohnsitzes also gegenüber dem Begriff des Aufenthalts enger. Für die Reichweite des Grundrechtsschutzes ist daher der Begriff des Aufenthalts entscheidend, zumal § 7 BGB ohnehin nicht in verbindlicher Weise die Reichweite des verfassungsrechtlichen Begriffs des Wohnsitzes definieren kann. Da das Verweilen an einem bestimmten Ort auch durch Art. 2 II S. 2 GG geschützt ist, muss gegebenenfalls *diesbezüglich* eine Abgrenzung vorgenommen werden. Teilweise wird vertreten, dass auch das Verweilen von wenigen Minuten den Schutz des Art. 11 I GG genieße. Folgte man dieser Auffassung, wäre bei einem kurzfristigen polizeilichen Platzverweis auch Art. 11 I GG betroffen und es würde zu einer Grundrechtskonkurrenz mit Art. 2 II S. 2 GG kommen, da sich dann beide Schutzbereiche deckten. Um daher eine Abgrenzung zu Art. 2 II S. 2 GG vornehmen zu können, verlangt eine andere Auffassung eine gewisse Dauer, die mehr als nur wenige Minuten betrage.[1846] Wieder andere verlangen den Einschluss einer Übernachtung.[1847] Und schließlich wird vertreten, dass der Aufenthalt der persönlichen Entfaltung[1848] oder der Schaffung eines neuen und dauernden Lebensmittelpunkts[1849] dienen müsse. Die richtige Lösung dürfte in der Mitte liegen. Sachgerecht erscheint es, eine Dauer von einem Tag zu fordern. Denn anderenfalls hätte Art. 11 I GG neben Art. 2 II S. 2 GG keine eigenständige Bedeutung. Auch dem Wortlaut des Art. 11 I GG ist eine Beschränkung auf die durch Art. 2 II S. 2 GG geschützte kurzfristige Freiheitsbeschränkung nicht zu entnehmen.

Beispiele:

(1) Man wird daher annehmen müssen, dass ein Tagesausflug, der einen Kurzaufenthalt in einem Ausflugslokal beinhaltet, eher nur von Art. 2 II S. 2 GG geschützt ist. Demgegenüber kann sich ein Gastdozent, die sich einen Tag lang in einer Universitätsstadt aufhält, um dort einem Lehrauftrag an einer Hochschule nachzukommen, auf Art. 11 I GG (selbstverständlich auch auf Art. 12 I GG) berufen.[1850]

(2) Auch polizeiliche Aufenthaltsverbote berühren den Schutzbereich des Grundrechts auf Freizügigkeit jedenfalls dann, wenn sie für den Betroffenen von gewisser Bedeutung sind.[1851] Demgegenüber stellt der kurzfristige polizeiliche Platzverweis von vornherein lediglich eine Freiheitsbeschränkung i.S.d. Art. 2 II S. 2, 104 I GG dar.[1852]

755 Die Freizügigkeit garantiert die Freiheit des Ziehens, d.h. die Fortbewegung **innerhalb des gesamten Bundesgebiets**. Sie schließt den freien Zugang von Bundesland zu Bundesland (sog. interterritoriale Freizügigkeit) und hierbei wiederum den freien Zugang von Gemeinde zu Gemeinde (sog. interkommunale Freizügigkeit) sowie den freien Zugang zu Orten innerhalb der Gemeinde (sog. interlokale bzw. intrakommunale Freizügigkeit) ein.[1853]

756 Art. 11 I GG garantiert die **Einreisefreiheit** bzw. den **Zuzug** aus dem Ausland[1854] sowie das Recht, **nicht** nach Deutschland **ausgeliefert** zu werden[1855]. Fraglich ist, ob

---

[1845] Vgl. *Kunig*, in: v. Münch/Kunig, GG, Art. 8 Rn 11 ff.
[1846] *Rittstieg*, in: Alternativkommentar, Art. 11 Rn 32.
[1847] *Jarass*, in: Jarass/Pieroth, GG, Art. 11 Rn 2.
[1848] *Kunig*, in: v. Münch/Kunig, GG, Art. 11 Rn 14.
[1849] BVerwGE 3, 308, 312; *Randelzhofer*, in: Bonner Kommentar, Art. 11 Rn 28 ff.
[1850] Vgl. auch *P/S/K/P*, Rn 860.
[1851] Wie hier *Jarass*, in: Jarass/Pieroth, GG, Art. 11 Rn 7; *Hetzer*, JR 2000, 1 ff. Zu den polizeilichen Aufenthaltsverboten vgl. unten Rn 763 sowie ausführlich *R. Schmidt*, POR, Rn 429 ff.
[1852] *R. Schmidt*, POR, Rn 416.
[1853] BVerfGE 110, 177, 190; 134, 242 Rn 251 ff.
[1854] BVerfGE 2, 266, 273; 43, 203, 211; 110, 177, 191; 134, 242 Rn 251 ff.

auch die **Ausreise** (und die Auswanderung) aus dem Bundesgebiet von Art. 11 GG geschützt ist. Gegen die Einbeziehung von Ausreise und Auswanderung in den Schutzbereich des Art. 11 GG spricht bereits dessen Formulierung „im" Bundesgebiet. Darüber hinaus sprechen historische und entstehungsgeschichtliche Gründe gegen die Einbeziehung.[1856] Seit dem **Elfes-Urteil** des BVerfG entspricht es daher der h.M., die Ausreisefreiheit **nicht** dem Schutz des Art. 11 GG zu unterstellen.[1857] Die Ausreisefreiheit (und die Auswanderung) ist aber von Art. 2 I GG als Ausfluss der allgemeinen Verhaltensfreiheit innerhalb der Schranken der verfassungsmäßigen Ordnung gewährleistet.[1858]

Auch die **berufliche** Niederlassungsfreiheit wird **nicht** durch Art. 11 I GG geschützt. **757**
Zwar schützt Art. 11 I GG das Recht, (auch zum Zweck der Berufsausübung) ungehindert von staatlichen Restriktionen an jedem Ort innerhalb des Bundesgebiets Aufenthalt und Wohnsitz zu nehmen[1859], allerdings ist für berufsbezogene Regelungen allein Art. 12 I GG einschlägig.[1860] Eine ausschließlich berufsbezogene Regelung ist auch dann anzunehmen, wenn Art. 11 I GG mittelbar betroffen wird, wie das z.B. bei Residenzpflichten der Fall ist.

Beispiele:

(1) Ein Hausmeister einer Schule, der nach dem Arbeitsvertrag verpflichtet ist, seinen Wohnsitz in einem eigens für Hausmeister errichteten Nachbargebäude der Schule einzunehmen, kann sich auf Art. 12 I GG berufen. Art. 11 I GG ist nicht einschlägig.

(2) Auch Residenzpflichten von Beamten und Organwaltern der Rechtspflege sind an Art. 12 I und 33 GG zu messen, nicht an Art. 11 I GG.

Geschützt wird aber das Recht, einen Ortswechsel nicht vorzunehmen (**negative Freizügigkeit**). Denn das Recht, an einem beliebigen Ort Aufenthalt und Wohnsitz zu nehmen, würde unterlaufen, wenn man nicht auch ein Bleiberecht gewährte. So wird Art. 11 I GG z.B. etwa bei der Ausweisung und Abschiebung von Deutschen beeinträchtigt.[1861] Da sich andererseits der Schutz aus Art. 11 I GG nicht auf die Abwehr staatlicher Maßnahmen zur Regelung der Bodenordnung oder Bodennutzung erstreckt, ist der Schutzbereich der Freizügigkeit **nicht** tangiert, wenn ein Anwohner infolge der Zulassung des Braunkohletageabbaus seinen Wohnsitz aufgeben und wegziehen muss.[1862] Art. 11 I GG gewährt kein „Recht auf Heimat".[1863] Das gilt jedenfalls dann, wenn die Regelungen (zur Bodenordnung oder Bodennutzung) allgemein gelten und nicht gezielt die Freizügigkeit bestimmter Personengruppen beeinträchtigen sollen.[1864] Zur Frage, ob in diesem Fall Art. 14 I GG tangiert ist, vgl. Rn 918 ff. **758**

Grundrechtsträger sind alle Deutschen. Zum Begriff des Deutschen vgl. Art. 116 GG. **759**
Auch Minderjährige können sich auf Art. 11 GG berufen. Das ergibt sich aus dem Gesetzesvorbehalt des Art. 11 II GG („Zum Schutze der Jugend vor Verwahrlosung").
Die Ausländerfreizügigkeit wird durch Art. 2 I GG (allgemeine Verhaltensfreiheit) bzw. durch Art. 2 II S. 2 GG (Freiheit der Person) geschützt. Der Gesetzgeber ist danach grundsätzlich zur Regelung über den Aufenthalt von Ausländern und die Verlängerung einer befristeten Aufenthaltserlaubnis befugt. Vgl. dazu die Vorschriften des Aufent-

---

1855 BVerfGE 29, 183, 194 (Rücklieferung); vgl. auch *Frenzel*, JuS 2011, 595, 596.
1856 Vgl. *P/S/K/P*, Rn 864 sowie im Einzelnen *Leibholz/v. Mangoldt*, JöR, Neue Folge/Band 1, Tübingen 1951, S. 127 ff.
1857 Vgl. BVerfGE 6, 32, 35 f. (Elfes); 72, 200, 245 (Deutsch-Schweizerisches Doppelbesteuerungsabkommen); *Kunig*, in: v. Münch/Kunig, GG, Art. 11 Rn 15; *P/S/K/P*, Rn 864; a.A. *Hesse*, Grundzüge des Verfassungsrechts, Rn 371; *Pernice*, in: Dreier, GG, Art. 11 Rn 15, mit nicht überzeugendem Hinweis auf Art. 1 III GG, welcher an grundrechtliche Schutztatbestände anknüpft, sie aber nicht inhaltlich bestimmt (*Kunig*, a.a.O.).
1858 Vgl. BVerfGE 72, 200, 245 (Deutsch-Schweizerisches Doppelbesteuerungsabkommen).
1859 BVerfG 134, 242 Rn 251 ff. (Braunkohletageabbau Garzweiler).
1860 BVerwGE 2, 151, 152; 12, 140, 162.
1861 *P/S/K/P*, Rn 867.
1862 BVerfG 134, 242 Rn 251 ff. (Braunkohletageabbau Garzweiler)
1863 BVerfG 134, 242 Rn 251 ff.
1864 BVerfG 134, 242 LS 5.

haltsgesetzes. Speziellen grundrechtlichen Schutz kann hier aber Art. 6 I GG bieten, speziell, wenn es um Familienzuführung geht (vgl. dort). Für Bürger aus anderen EU-Mitgliedstaaten sind Art. 18 und 45 ff./49 ff. AEUV zu beachten, die innerhalb der EU die Freizügigkeit der EU-Bürger (Art. 49 AEUV) und der Arbeitnehmer (Art. 45 AEUV) gewährleisten. Die Freizügigkeit gehört zu den Grundfreiheiten der EU, um die Beseitigung der Hindernisse für den freien Personen-, Dienstleistungs- und Kapitalverkehr zwischen den Mitgliedstaaten zu erreichen. Das Recht von Unionsangehörigen, in das Hoheitsgebiet eines anderen Mitgliedstaates einzureisen, ist daher nicht von der Erteilung einer Aufenthaltserlaubnis oder dergleichen seitens des Aufnahmestaates abhängig. Hier wird man entweder den persönlichen Schutzbereich des Art. 11 I GG auf EU-Bürger erweitern oder aber das hohe Schutzniveau des Art. 11 I GG auf Art. 2 I GG bzw. Art. 2 II S. 2 GG übertragen müssen.
Juristische Personen des Privatrechts oder andere privatrechtliche Personenvereinigungen können sich nach Maßgabe des Art. 19 III GG auf Art. 11 I GG berufen (wobei wegen Art. 18 AEUV der in Art. 19 III GG verwendete Begriff „inländisch" keine Anwendung findet).[1865] Verfolgen die juristischen Personen bzw. Personenvereinigungen aber primär einen wirtschaftlichen bzw. beruflichen Zweck, ist Art. 12 I GG einschlägig.

II. Eingriff in den Schutzbereich

760 Das Grundrecht wird jedenfalls durch jede freizügigkeitsbegrenzende imperative Maßnahme beeinträchtigt. So schützt es etwa davor, die Freizügigkeit von Bedingungen, Genehmigungen oder Nachweisen abhängig zu machen.[1866] Auch die beamtenrechtliche Residenzpflicht und polizeiliche Aufenthaltsverbote und Wohnungsverweisungen greifen in den Schutzbereich ein (dazu Rn 763 ff.). Ob auch mittelbare Behinderungen und Beeinträchtigungen am Maßstab des Art. 11 I GG zu messen sind, ist nicht zweifelsfrei zu beantworten. Früher war es h.M., dass Art. 11 I GG nicht dem modernen Eingriffsbegriff, der auch mittelbare Beeinträchtigungen umfasst, zugänglich sei.[1867] Das BVerfG hat in einer Entscheidung aus dem Jahre 1994 jedoch auch eine mittelbare Beeinträchtigung als Eingriff in Art. 11 I GG gewertet.[1868] Allerdings betrifft diese Entscheidung Spätaussiedler, denen die Sozialhilfe versagt wurde, weil sie an einem anderen als dem ihnen zugewiesenen Ort ständigen Aufenthalt nahmen. Warum die Versagung der Sozialhilfe den Schutz des Art. 11 I GG beeinträchtigen soll, auch wenn letztlich in weitestem Sinne Einfluss auf den Aufenthaltsort genommen wird, ist nicht unbedingt überzeugend. Daher dürfte es nach wie vor gut vertretbar sein, mittelbare Grundrechtsbeeinträchtigungen zumindest *dieser Art* nicht als Eingriffe in Art. 11 I GG zu werten.
Lässt man (entgegen der Rspr. des BVerfG) nur unmittelbare Eingriffe zu, bestimmt sich z.B. der Schutz deutscher Familienangehöriger von ausgewiesenen Ausländern allein nach Art. 6 I GG.[1869] Auch die Regelung, dass Spätaussiedler, die an einem anderen als dem ihnen zugewiesenen Ort ständigen Aufenthalt nehmen, keine Sozialhilfe enthalten, ist demnach kein Eingriff in Art. 11 I GG.[1870] Der Schutz aus Art. 11 I GG ist in diesem Fall auch nicht notwendig, da die Spätaussiedler wegen der versagten Sozialhilfe hinreichend über Art. 2 II S. 1 GG i.V.m. dem Sozialstaatsprinzip geschützt sind.

III. Verfassungsrechtliche Rechtfertigung

761 Gemäß Art. 11 II GG kann die Freizügigkeit „nur durch Gesetz oder auf Grund eines Gesetzes und nur für die Fälle eingeschränkt werden, in denen eine ausreichende Le-

---

[1865] *Schoch*, Jura 2005, 34, 36; vgl. auch *Frenzel*, JuS 2011, 595, 597.
[1866] BVerfGE 2, 266, 274 (Notaufnahmegesetz); 8, 95, 97 f. (Verfassungsmäßigkeit des § 8 I LandeswohnungsG NRW); *P/S/K/P*, Rn 869.
[1867] BVerwGE 64, 153, 159; *Kunig*, in: v. Münch/Kunig, GG, Art. 11 Rn 19.
[1868] BVerfGE 110, 177, 191.
[1869] BVerwGE 42, 133, 134; *Kunig*, in: v. Münch/Kunig, GG, Art. 11 Rn 8.
[1870] A.A. BVerfGE 110, 177, 191 (Spätaussiedler) mit Bespr. v. *Sachs*, JuS 2005, 937.

bensgrundlage nicht vorhanden ist (eine ausreichende Lebensgrundlage ist dann nicht vorhanden, wenn die betroffene Person dauerhaft auf Sozialhilfe angewiesen sein würde) und der Allgemeinheit daraus besondere Lasten entstehen würden oder in denen es zur Abwehr einer drohenden Gefahr ... erforderlich ist". Es handelt sich somit um einen **qualifizierten Gesetzesvorbehalt.**[1871] Als Gesetz kommen nur formelle Gesetze in Frage, die zudem die freizügigkeitsbeschränkenden Voraussetzungen hinreichend bestimmt genug regeln. Das hat häufig Konsequenzen für freizügigkeitsbeschränkende Maßnahmen, die nach dem allgemeinen Polizei- und Ordnungsrecht, insbesondere der Generalklausel, erlassen werden.[1872] Zum Kompetenzproblem, das wegen Art. 73 Nr. 3 GG besteht, vgl. sogleich Rn 763.

Des Weiteren kann die Freizügigkeit eingeschränkt werden, wenn dies zur Abwehr einer drohenden Gefahr für den Bestand oder die freiheitliche demokratische Grundordnung des Bundes oder eines Landes erforderlich ist. Mit der freiheitlichen demokratischen Grundordnung sind die durch Art. 79 III GG garantierten Grundsätze gemeint.[1873] **762**

Von besonderer Bedeutung ist der sog. **Kriminalvorbehalt** (Art. 11 II GG a.E.; „um strafbaren Handlungen vorzubeugen"). Dieser bezieht sich *nicht* auf den Vollzug von Freiheitsstrafen; insoweit ist Art. 2 II S. 2 GG einschlägig. Vielmehr geht es um **präventive**, d.h. vorbeugende Maßnahmen zur Verhinderung von Straftaten. Hier stellt sich aber ein Kompetenzproblem. Denn während die Freizügigkeit gem. Art. 73 Nr. 3 GG dem ausschließlichen Kompetenzbereich des Bundes zuzuordnen ist, fällt das präventive Polizeirecht in die Gesetzgebungskompetenz der Länder. Das wirft die Frage auf, ob Landesbehörden auf der Grundlage des Landespolizeigesetzes die Freizügigkeit einschränken dürfen. Die Antwort gibt Art. 11 II GG selbst. Dem dort geregelten Kriminalvorbehalt ist zu entnehmen, dass das in der Gesetzgebungskompetenz der Länder stehende allgemeine Polizei- und Ordnungsrecht von Art. 73 Nr. 3 GG unberührt bleibt. Präventivpolizeiliche Maßnahmen (**längerfristige Platzverweise**, **Aufenthaltsverbote**, **Wohnungsverweisungen** etc.) können daher das Grundrecht auf Freizügigkeit einschränken, müssen sich aber in verfassungskonformer Auslegung an den Voraussetzungen des Art. 11 II GG orientieren.[1874] **763**

Beispiel: D, der in Brandenburg wohnt, unterhält intensive Kontakte zur Berliner Drogenszene. Er ist verdächtig, gegen strafbewehrte Vorschriften des Betäubungsmittelgesetzes (BtMG) zu verstoßen. Allerdings sind ihm bislang weder Drogenhandel noch Drogenkonsum nachzuweisen, jedoch steht fest, dass er mit mehreren Drogenhändlern und -konsumenten eng befreundet ist und sich regelmäßig und über längere Zeiträume in der Berliner Drogenszene aufhält. Die zuständige Ordnungsbehörde (S) ist daher der Auffassung, dass D (weiterhin) nach dem BtMG strafbare Handlungen begehen wird und erlässt deshalb gegen D ein auf 6 Monate befristetes Aufenthaltsverbot für den Hauptbahnhof und einen Umkreis von 1 km. Zur Begründung führt sie an, D trage dazu bei, dass sich in Berlin eine sog. offene Drogenszene etabliere und verfestige. Das Aufenthaltsverbot sei erforderlich, um zu verhindern, dass der Begehung von Straftaten weiter Vorschub geleistet werde.

Die Anordnung, sich 6 Monate aus dem Bahnhofsgebiet fernzuhalten, greift in Art. 11 I GG ein und bedarf einer Rechtsgrundlage. Diese könnte der landesrechtlichen Befugnisnorm über längerfristige polizeiliche Aufenthaltsverbote zu entnehmen sein (für Berlin vgl. § 29 II ASOG).[1875] Fraglich ist jedoch, wie es sich auswirkt, dass die Gesetzgebungskom-

---

[1871] Vgl. BVerfGE 110, 177, 190 ff. (Spätaussiedler).
[1872] Vgl. dazu *R. Schmidt*, POR, Rn 429 ff.
[1873] Vgl. dazu *R. Schmidt*, Staatsorganisationsrecht, Rn 788 ff.
[1874] Vgl. auch BayVerfGH NVwZ 1991, 664, 666; *Kunig*, v. Münch/Kunig, GG, Art. 11 Rn 21; *Guckelberger*, JA 2011, 1 f.
[1875] Vgl. auch Brand: § 16 II PolG; Brem: § 14 II PolG; Hamb: § 12b II SOG; Hess: § 31 III SOG; MeckVor: § 52 III SOG; Nds: § 17 IV SOG; NRW: § 34 II PolG; RhlPfl: § 13 III POG; Saar: § 12 III PolG; Sachs: § 21 II PolG; SachsAnh: § 36 II SOG; Thür: Art. 18 III PAG, § 17 II OBG.

petenz zur Regelung der Freizügigkeit ausschließlich dem Bund unterfällt (Art. 73 I Nr. 3 GG). Da aber der Kriminalvorbehalt des Art. 11 II GG einen Aspekt des allgemeinen Gefahrenabwehrrechts bezeichnet, das wiederum ausschließlich in die Gesetzgebungskompetenz der Länder fällt (Art. 30, 70 I GG), folgt daraus, dass die Gesetzgebungskompetenz des Bundes für die Regelung der Freizügigkeit sich nicht auf das allgemeine Gefahrenabwehrrecht bezieht. Da das Grundgesetz die Voraussetzungen für eine Einschränkung des Art. 11 I GG unter dem Aspekt der Vorbeugung strafbarer Handlungen aber in Art. 11 II GG geregelt hat, müssen sich auch die Befugnisnormen der Polizeigesetze am Maßstab des Art. 11 II GG messen lassen. § 29 II ASOG hat also nur Bestand, wenn er verfassungskonform dahin interpretiert wird, dass er zu Eingriffen in Art. 11 I GG nur unter den Voraussetzungen des Art. 11 II GG ermächtigt.

Da es vorliegend darum geht, strafbaren Handlungen, nämlich Straftaten nach dem BtMG (und letztlich Körperverletzungen) vorzubeugen, verstößt § 29 II ASOG nicht gegen Art. 11 I GG. Ob die Einzelmaßnahme rechtmäßig ist, hängt davon ab, ob man ein 6-monatiges Aufenthaltsverbot für verhältnismäßig hält, zumal D bisher nur verdächtig ist, gegen Vorschriften des BtMG zu verstoßen. Vgl. dazu *R. Schmidt*, POR, Rn 429 ff.

763a Eingriffe in Art. 11 I GG sind aber auch außerhalb des Gesetzesvorbehalts des Art. 11 II GG möglich. So sind weitere Grundrechtsbeeinträchtigungen zum Zweck der **Verteidigung** (vgl. Art. 17a II GG) zulässig. Weiterhin können sich Beschränkungen des Art. 11 I GG aus **kollidierendem Verfassungsrecht** ergeben. Das geht zwar nicht unbedingt aus Art. 11 II GG hervor, ergibt sich aber aus dem allgemeinen Verfassungsgrundsatz, wonach selbst vorbehaltlos gewährte Grundrechte zugunsten anderer Verfassungsgüter, insbesondere Grundrechte Dritter, eingeschränkt werden können. Dies muss erst recht für Grundrechte mit Gesetzesvorbehalt gelten.[1876]

Beispiel: Gemäß den Bestimmungen der Polizeigesetze[1877] darf die Polizei Minderjährige, die sich der Obhut von Sorgeberechtigten entzogen haben (sog. „Ausreißer"), in Gewahrsam nehmen und sie den Sorgeberechtigten oder dem Jugendamt zuführen.

Die Ausreißer können sich nicht nur auf Art. 2 II S. 2 GG, sondern auch auf Art. 11 I GG berufen. Der mit der Zuführung zum Erziehungsberechtigten verbundene Eingriff in dieses Grundrecht kann zwar nicht auf der Grundlage des Art. 11 II GG gerechtfertigt werden, ist jedoch durch kollidierendes Verfassungsrecht (hier: das elterliche Erziehungsrecht aus Art. 6 II GG) gerechtfertigt.[1878] Die diesbezüglich zu fordernde Rechtsgrundlage ergibt sich aus den genannten Bestimmungen der Polizeigesetze.

IV. Konkurrenzen

763b Soweit das Grundrecht der Freiheit der Person (Art. 2 II S. 2 GG) einschlägig ist, wird teilweise angenommen, Art. 11 I GG trete subsidiär zurück.[1879] Dies ist abzulehnen, weil der Schrankenvorbehalt des Art. 11 II GG gänzlich anders ist als der des Art. 2 II S. 3 GG. Nähme man Subsidiarität des Art. 11 I GG an, unterliefe man den Gesetzesvorbehalt des Art. 11 II GG; zudem wäre Art. 11 I GG praktisch bedeutungslos. Richtigerweise ist daher wenigstens Idealkonkurrenz zu Art. 2 II S. 2 GG anzunehmen.[1880] Gut vertretbar ist es auch, von einer Spezialität des Art. 11 GG auszugehen.

[1876] Zu den verfassungsimmanenten Grundrechtsschranken vgl. Rn 162 und 193.

[1877] Vgl. Bay: Art. 17 II PAG; Berl: § 30 II ASOG; Brand: § 17 II PolG; Brem: § 15 II PolG; Hamb: § 13 II SOG; Hess: § 32 II SOG; MeckVor: § 55 II SOG; Nds: § 18 III SOG; NRW: § 35 II PolG; RhlPfl: § 14 II POG; Saar: § 13 II PolG; Sachs: § 22 II PolG; SachsAnh: § 37 II SOG; SchlHolst: § 204 II LVwG; Thür: § 19 II PAG.

[1878] Das Sorgerecht (Personensorgerecht) umfasst nach § 1631 I BGB auch das Recht, den Aufenthalt des Kindes zu bestimmen. Es ist Teil der elterlichen Sorge (§ 1626 I S. 1 BGB). Das Sorgerecht steht den Eltern (§§ 1626, 1626 a I BGB), bei nicht verheirateten Eltern und fehlenden gemeinsamen Sorgeerklärungen der Mutter (§ 1626 a II BGB) und bei Mündeln dem Vormund (§ 1793 BGB) zu. Verfassungsrechtlich ist das Sorge- und Aufenthaltsbestimmungsrecht durch Art. 6 GG abgesichert.

[1879] So *Jarass*, in: Jarass/Pieroth, GG, Art. 11 Rn 83; *Gusy*, in: v. Mangoldt/Klein/Starck, GG, Art. 11 Rn 25 und 65; *Randelzhofer*, in: Bonner Kommentar zum GG, Art. 11 Rn 143.

[1880] Wie hier *Kunig*, in: v. Münch/Kunig, GG, Art. 2 Rn 74; *Schulze-Fielitz*, in: Dreier, GG, Art. 2 Rn 76.

O. Berufsfreiheit – Art. 12 GG

I. Das Abwehrrecht des Art. 12 I GG

Berufsfreiheit – Art. 12 GG

I. Schutzbereich der Berufsfreiheit

Art. 12 I S. 1 GG gewährleistet das Recht, *Beruf, Arbeitsplatz* und *Ausbildungsstätte* frei zu wählen. Gemäß Art. 12 I S. 2 GG kann die *Berufsausübung* durch Gesetz oder aufgrund eines Gesetzes geregelt werden. Dies könnte so verstanden werden, als handele es sich um zwei verschiedene Schutzbereiche, wobei nur der zweite Schutzbereich, die *Berufsausübung*, einer Regelung durch den Gesetzgeber zugänglich wäre. Das ist aber nicht der Fall. Beide Elemente beschreiben ein einheitliches Grundrecht auf Berufsfreiheit, das einheitlich den Schranken des Art. 12 I S. 2 GG unterliegt. Zentraler Begriff des Art. 12 I GG ist der des Berufs:

Beruf ist jede nicht extrem sozial- oder gemeinschaftsschädliche Tätigkeit, die auf Dauer angelegt ist und in ideeller und materieller Hinsicht der Schaffung und Erhaltung einer Lebensgrundlage dient.

Des Weiteren garantiert Art. 12 I GG die freie Wahl der (berufsbezogenen) **Ausbildungsstätte**. Dazu zählen alle Einrichtungen, die der Ausbildung für bestimmte Berufe oder Berufsgruppen dienen. Schließlich umfasst der Schutzbereich des Art. 12 I GG das Recht, den **Arbeitsplatz** frei zu wählen, d.h. anzunehmen, beizubehalten und aufzugeben. Arbeitsplatz ist die Stätte, an der eine berufliche Tätigkeit ausgeübt wird. Zur Frage, ob die Wettbewerbsfreiheit von Art. 12 GG geschützt ist, vgl. Rn 781 ff. **Träger** des Grundrechts sind alle Deutschen i.S.d. Art. 116 GG. Aber auch Bürger aus anderen Mitgliedstaaten der EU können sich aufgrund des Diskriminierungsverbots (Art. 18 I AEUV) auf Art. 12 I GG berufen. Die Gegenauffassung stellt auf Art. 2 I GG ab, gewährt aber ein vergleichbares Schutzniveau. Übrige Ausländer und Staatenlose genießen dagegen stets nur den Schutz aus Art. 2 I GG mit dem dafür geltenden geringen Schutzniveau.

II. Eingriff in den Schutzbereich

Da nur berufs- und ausbildungsspezifische Handlungen geschützt sind, stellt eine staatliche Regelung oder Maßnahme auch nur dann einen Eingriff in den Schutzbereich dar, wenn sie nicht nur irgendwie geartete, entfernte Folgen für die berufliche Tätigkeit herbeiführt, sondern ihr subjektiv oder objektiv eine **berufsregelnde Tendenz** innewohnt.

III. Verfassungsrechtliche Rechtfertigung

Zunächst ist gem. Art. 12 I S. 2 GG ein Gesetz erforderlich, das sowohl hinsichtlich der Berufswahl als auch der Berufsausübung die Reichweite der Beschränkung bestimmt. Zulässig sind auch Rechtsverordnungen und Satzungen, sofern der Parlamentsvorbehalt beachtet wird. Das Gesetz muss sich aber am Maßstab des Art. 12 I GG messen lassen. Besondere Bedeutung hat hier die Unterscheidung zwischen den Berufsausübungsregeln und der Wahl des Berufs, dort insbesondere zwischen subjektiven und objektiven Zulassungsbeschränkungen, sog. **Drei-Stufen-Theorie**:

- Relativ gering ist die Beeinträchtigung des Grundrechts, wenn es lediglich um die Regelung der **Berufsausübung**, also um die Frage des „Wie" der beruflichen Tätigkeit geht (1. Stufe).
- Ein mittleres Beeinträchtigungsniveau liegt bei sog. **subjektiven Zulassungsvoraussetzungen** vor, die für die Wahl eines Berufs oder den Verbleib im Beruf persönliche Eigenschaften und Fähigkeiten, erworbene Abschlüsse oder erbrachte Leistungen des Berufsbewerbers vorschreiben (2. Stufe).
- Am intensivsten sind Eingriffe, welche die **objektiven Zulassungsvoraussetzungen** zu einer beruflichen Tätigkeit regeln. Objektive Zulassungsvoraussetzungen binden die Wahl eines Berufs bzw. den Verbleib darin an Voraussetzungen, die mit der Person des Bewerbers nichts zu tun haben (3. Stufe).

Gemäß der Drei-Stufen-Theorie sind Beschränkungen der Freiheit der **Berufsausübung** bereits zugunsten von vernünftigen Erwägungen des Gemeinwohls zulässig. **Subjektive Zulassungsbeschränkungen** können zugunsten von gewichtigen Gemeinwohlbelangen vorgenommen werden. **Objektive Zulassungsbeschränkungen** sind dagegen nur zugunsten von überragend wichtigen Gemeinwohlbelangen zugelassen.

1. Stufe

2. Stufe

3. Stufe

764 Die in Art. 12 I GG gewährleistete Berufsfreiheit gehört zu den praktisch bedeutsamsten Grundrechten. Sie garantiert die **berufsbezogene Persönlichkeitsentfaltung** und damit die **Existenzsicherung**. Es ist daher berechtigt, die Berufsfreiheit zusammen mit der in Art. 14 I GG gewährleisteten Eigentumsgarantie als verfassungsrechtlichen Grundpfeiler der Wirtschaftsordnung anzusehen.

1. Schutzbereich

765 Art. 12 I GG gewährleistet in S. 1 das Recht, *Beruf*, *Arbeitsplatz* und *Ausbildungsstätte* frei zu wählen (Freiheit der Berufswahl). Gemäß S. 2 kann die *Berufsausübung* durch Gesetz oder aufgrund eines Gesetzes geregelt werden (Regelungsvorbehalt). Diese Systematik könnte so verstanden werden, dass es sich um zwei verschiedene Schutzbereiche handelt, wobei nur der zweite Schutzbereich, die *Berufsausübung*, einer Regelung durch den einfachen Gesetzgeber zugänglich ist. Gleichwohl hat das BVerfG schon frühzeitig entschieden, dass es sich bei Art. 12 I GG um ein **einheitliches Grundrecht auf Berufsfreiheit** handelt, das den Schutz der **wirtschaftlichen Entfaltung der Persönlichkeit** gewährleistet bzw. der **Persönlichkeit im Bereich der individuellen Leistung und Existenzerhaltung** zu dienen bestimmt ist.[1881]
Mit der Annahme eines einheitlichen Grundrechts hat das BVerfG also den Regelungsvorbehalt des Art. 12 I S. 2 GG auch auf Art. 12 I S. 1 GG erstreckt. Das Recht, *Beruf*, *Arbeitsplatz* und *Ausbildungsstätte* frei zu wählen, unterliegt damit dem gleichen Gesetzesvorbehalt wie die *Berufsausübung*. Allerdings ist durch die Annahme *eines* einheitlichen Schutzbereichs und *eines* Gesetzesvorbehalts die Unterscheidung zwischen Berufswahl und Berufsausübung nicht eingeebnet. Sie spielt insb. bei der Frage nach der Rechtfertigung von Eingriffen eine Rolle: Eingriffe in die Berufsausübung sind eher gerechtfertigt als Eingriffe in die Berufswahl. Darauf wird bei Rn 802 ff. eingegangen.

a. Schutz berufsbezogenen Verhaltens (sachlicher Schutzbereich)

aa. Begriff des Berufs, des Arbeitsplatzes und der Ausbildungsstätte

766 Der sachliche Schutzbereich des Art. 12 I GG ist zunächst durch den Begriff des **Berufs** geprägt. Unter Berücksichtigung der grundsätzlichen Freiheitsvermutung der Grundrechte ist dieser weit zu verstehen[1882] und beschränkt sich daher nicht auf bekannte und etablierte Berufsbilder, sondern umfasst auch vom Einzelnen frei gewählte, untypische Betätigungen, aus denen sich dann wieder neue, feste Berufsbilder etablieren mögen[1883], die (auch) Sinnbild einer sich wandelnden Gesellschaft sind[1884]. Nach dem BVerfG ist unter dem Begriff des Berufs jedenfalls jede Tätigkeit zu verstehen, die **auf Dauer angelegt** ist und in ideeller und materieller Hinsicht der **Schaffung und Erhaltung einer Lebensgrundlage** dient.[1885] Es reicht aus, dass durch die betreffende Tätigkeit ein maßgeblicher Beitrag zur Erhaltung der Lebensgrundlage geschaffen wird, sodass auch nicht ganz unbedeutende *Nebentätigkeiten* erfasst sind[1886], solange sie nicht lediglich Liebhaberei (Rn 767) darstellen.

767 Ob die Tätigkeit selbstständig (freiberuflich bzw. im Rahmen eines Gewerbebetriebs) oder abhängig (d.h. im Angestelltenverhältnis) ausgeübt wird, ist unerheblich. Bei juristischen Personen ist der Begriff Beruf regelmäßig zu bejahen, wenn die Tätigkeit der

---

[1881] St. Rspr. seit BVerfGE 7, 377, 402 f. (Apothekenurteil); vgl. auch BVerfGE 102, 197, 212 f. (Öffentliche Spielbanken); 104, 357, 364 ff. (Ladenschlusszeiten für Apotheken); 105, 252, 264 ff. (Glykolwein); 111, 10, 28 ff. (Verfassungsmäßigkeit des LadSchlG); ferner BVerfG NJW 2001, 1926 u. 2461; BVerwG NVwZ 2011, 1319, 1320 f.; OLG Nürnberg NJW 2001, 2481; BGH NJW 2005, 2304; 2001, 1138.
[1882] So BVerfGE 7, 377, 397 in seinem Apothekenurteil (mit Verweis auf BVerfGE 2, 89, 92; 4, 250, 254).
[1883] BVerfGE 7, 377, 397.
[1884] BVerfGE 97, 12, 25 ff. (Patentgebührenüberwachung); 115, 59, 78 (Hufversorgung).
[1885] Grundlegend BVerfGE 7, 377, 397. Vgl. aus jüngerer Zeit BVerfGE 102, 197, 212; 105, 252, 264 ff.; 115, 276, 300; BVerfG NJW 2003, 879; BGH NJW 2005, 2304.
[1886] Vgl. dazu BVerfGE 110, 141, 157 (Hundrecht des Bundes).

Gewinnerzielung dient. Daher wird eine Tätigkeit, bei der lediglich eine Kostendeckung beabsichtigt ist oder die der Freizeitgestaltung (Hobby o.Ä.) dient (sog. Liebhaberei), nicht vom Begriff des Berufs erfasst. Irrelevant ist aber, ob *tatsächlich* Gewinne erzielt werden. Maßgeblich ist insoweit allein die **Gewinnerzielungs*absicht***, wenngleich Behörden und Gerichte bei der Beurteilung objektive Gesichtspunkte (erzielte Umsätze) heranziehen.

Das Kriterium der **Dauerhaftigkeit**[1887] verlangt nicht, dass die Tätigkeit ständig ausgeübt wird. Vielmehr genügt auch eine gelegentliche, aber periodisch wiederkehrende Ausübung (etwa sporadische Vortrags- oder Gutachtertätigkeit). Eine Beschäftigung, die sich jedoch in einem *einmaligen* Erwerbsakt erschöpft, erfüllt nicht die Anforderungen an einen Beruf.[1888] **768**

Schutzbereichsbegrenzung auf erlaubte Tätigkeiten? Dass beispielsweise der Verkauf von Wein zum Zwecke der Gewinnerzielung in den bislang erörterten geschützten Freiheitsbereich fällt, kann keinem vernünftigen Zweifel unterliegen. Ein solcher könnte aber angenommen werden für den Fall, dass der Wein, der zum Zwecke der Gewinnerzielung verkauft wird, bspw. mit Diethylenglykol versetzt und damit gesundheitsschädlich ist. Unterstellt, dass es an einem entsprechenden Schädigungsvorsatz fehlt (die Winzer wollten den Wein lediglich versüßen, nicht die Konsumenten in ihrer Gesundheit schädigen), erfüllen die verantwortlichen Winzer (und u.U. auch die Weinhändler) den Tatbestand der fahrlässigen Körperverletzung (§ 229 StGB), sofern ihnen Pflichtwidrigkeit und Vorhersehbarkeit zur Last gelegt werden kann. Mithin stellt sich die Frage, ob von der Rechtsordnung missbilligte Verhaltensweisen, insbesondere die Verwirklichung von Straftatbeständen, aus dem grundrechtlichen Schutzbereich herausgenommen werden können. Folge wäre, dass es einer (weiteren) verfassungsrechtlichen Rechtfertigung (insbesondere einer gesetzlichen Rechtsgrundlage) für freiheitsverkürzende staatliche Maßnahmen nicht bedürfte. **769**

In der Literatur wird die Schutzbereichsbegrenzung durch Elemente außerhalb des eigentlichen Grundrechtstatbestands meist als **verfassungsimmanente Grundrechtsbegrenzung** bezeichnet.[1889] Diese fußt auf der Überlegung, dass bestimmte Verhaltensweisen oder Ziele von vornherein nicht Gegenstand grundrechtlicher Freiheit seien und mithin erst gar nicht vom Schutzbereich eines Grundrechts erfasst würden (vgl. dazu Rn 126 ff.). **770**

Auch das BVerfG sieht die Möglichkeit, bestimmte Verhaltensweisen bereits aus dem Schutzbereich des Art. 12 I S. 1 GG herauszudefinieren. So ergänzt das Gericht in einigen Entscheidungen den Begriff des Berufs durch das einschränkende Merkmal der **erlaubten Betätigung**.[1890] Diese Vorgehensweise ist allerdings nicht ganz unbedenklich. Denn versteht man das Kriterium der erlaubten Betätigung als „Nicht-Verbotensein" der Tätigkeit, hat es der einfache Gesetzgeber in der Hand, durch ein entsprechendes Verbotsgesetz den verfassungsrechtlichen Begriff des Berufs zu definieren und bestimmte Tätigkeiten einfach aus dem Schutzbereich von Art. 12 I GG auszuschließen. Somit würden „einfachgesetzlich verbotene Tätigkeiten" dem Maßstab von Art. 12 I GG entzogen, was methodisch – trotz des Umstands, dass Art. 12 I GG unter einem Regelungsvorbehalt (Rn 765) steht – nicht überzeugt, weil Beschränkungen eines grundrechtlichen Schutzbereichs nur durch Verfassungsinterpretation vorgenommen werden **771**

[1887] Vgl. dazu BVerfGE 32, 1, 28 (Vorexaminierte); 102, 197, 212 f.; 105, 252, 264 ff.

[1888] BVerfGE 97, 228, 253 (Nachrichtenmäßige Kurzberichterstattung im Fernsehen). Anders *Kluth*, Jura 2001, 371, 372, der auch gelegentliche Vorgänge aus dem Schutzbereich des Art. 12 I GG herausnimmt, sind sie auch von noch so großer wirtschaftlicher Bedeutung.

[1889] Vgl. z.B. *Isensee*, in: HdbStR V, § 111 Rn 56; *Dreier*, in: Dreier, GG, Bd. 1, Vorb. Rn 88 ff.; *Muckel*, FS Schiedermair, 2001, S. 347.

[1890] Vgl. BVerfGE 7, 377, 397; 81, 70, 85 (Mietwagen), 102, 197, 213; 115, 276, 300 f. Vgl. auch BVerwGE 96, 302 ff.

können (vgl. zur Begründung auch Rn 155 ff.).[1891] Aus diesem Grund wird das Kriterium des „Erlaubtseins" teilweise so verstanden, dass die beruflichen Handlungen nach den Wertvorstellungen der Rechtsgemeinschaft nicht offensichtlich *sozial- oder gemeinschaftsschädlich* sein dürfen.[1892] Folgt man diesem Gedanken, kommt es nicht darauf an, ob der Gesetzgeber eine Tätigkeit verboten oder unter Strafe gestellt hat, sondern allein die offensichtliche Sozial- oder Gemeinschaftsschädlichkeit der Tätigkeit begrenzt den Schutzbereich.[1893] Aber auch die Ersatzkriterien der Sozial- oder Gemeinschaftsschädlichkeit sind nicht ohne Bedenken. Denn zum einen sind sie völlig vage (was ist schon sozial- oder gemeinschaftsschädlich? Wer darf darüber befinden?) und zum anderen hätte es der Rechtsanwender bei der Auslegung des nicht rechtlichen Begriffs der Sozial- oder Gemeinschaftsschädlichkeit ebenfalls (ähnlich wie der Gesetzgeber bei dem Kriterium des Nicht-Verbotenseins) in der Hand, über die Reichweite des Schutzbereichs zu bestimmen. Daher wird in der Literatur überwiegend auf das Kriterium des „Erlaubtseins" verzichtet.[1894]
Inkonsistent ist jedenfalls die Entscheidung des BVerfG zu den öffentlichen Spielbanken[1895], in der das Gericht bei der Definition des Berufsbegriffs (auf S. 212) nicht auf das Erlaubtsein abstellt, später aber (auf S. 213) bei der Subsumtion die Eröffnung des Schutzbereichs des Art. 12 I GG gleichwohl davon abhängig macht, dass das Betreiben einer Spielbank nicht gesetzlich verboten sei. In seinen Entscheidungen zum Glykolwein und zum staatlichen Sportwetten-Monopol stellt es von vornherein nicht (mehr) auf das Erlaubtsein, sondern ausschließlich auf die Sozial- bzw. Gemeinschaftsschädlichkeit ab.[1896] Aber auch das BVerwG entscheidet nicht konsequent. So hat es im Fall des sog. Laserdromes, bei dem es um die simulierte Tötung von Menschen geht, ohne jedes Problembewusstsein den Schutzbereich des Art. 12 I S. 1 GG auf Seiten des Veranstalters bejaht[1897], obwohl es später einen Verstoß gegen die Menschenwürde angenommen hat[1898]. Bei Beachtung der vom BVerfG aufgestellten Definition des Berufs, wonach nur jede erlaubte bzw. nicht sozial- oder gemeinschaftsschädliche Tätigkeit, die auf Dauer angelegt sei und in ideeller und materieller Hinsicht der Schaffung und Erhaltung einer Lebensgrundlage diene, dem Schutzbereich zugeordnet sei, hätte es bereits die Eröffnung des Schutzbereichs verneinen müssen. Denn wenn es der Auffassung ist, dass die simulierte Tötung von Menschen gegen die Menschenwürde verstoße, kann es auf der Grundlage der Berufsdefinition nicht den Schutzbereich als eröffnet ansehen. Wie nämlich ein Verhalten, das gegen die Menschenwürde verstößt, „erlaubt" bzw. „nicht sozial- oder gemeinschaftsschädlich" i.S.d. der Berufsdefinition des BVerfG sein soll, verschließt sich dem vernünftigen Betrachter.[1899]

772 Nach der hier vertretenen Auffassung bietet sich folgender Ansatz an: Man könnte in Erwägung ziehen, die *konkrete* Handlung (Beispiel: Inverkehrbringen von gesundheitsschädlichem Wein) mit dem Argument des Verbotenseins bzw. der Sozialschädlichkeit (Verwirklichung des § 229 StGB) aus dem Schutzbereich herauszudefinieren. Dies hätte zur Folge, dass die staatliche Stelle (etwa durch eine Warnung vor glykolhaltigem Wein) dann nicht den Schutzbereich des Art. 12 I GG berührt. Da der Beruf i.d.R. jedoch nicht auf eine einzelne Handlung beschränkt ist, sondern ein ganzes Tätigkeitsfeld (Handel mit Wein) beschreibt, mithin eine Bündelung von Einzelhandlungen darstellt, verbietet

---

[1891] Vgl. zur Kritik *Breuer*, in: HdbStR VI, § 147 Rn 95 ff.; *Scholz*, in: Maunz/Dürig, GG, Art. 12 Rn 18; *Wieland*, in: Dreier, GG, Art. 12 Rn 51; *Gubelt*, in: v. Münch/Kunig, GG, Art. 12 Rn 9.
[1892] BVerwGE 22, 286, 289; *Gubelt*, in: v. Münch/Kunig, GG, Art. 12 Rn 9. Offengelassen von BVerwGE 96, 293, 297.
[1893] BVerwGE 22, 286, 288; 96, 293, 297; *Gubelt*, in: v. Münch/Kunig, GG, Art. 12 Rn 9.
[1894] *Jarass*, in: Jarass/Pieroth, GG, Art. 12 Rn 7; *Scholz*, in: Maunz/Dürig, GG, Art. 12 Rn 18; *Breuer*, in: HdbStR VI, § 147 Rn 43 f.; *Wieland*, in: Dreier, GG, Art. 12 Rn 51; *Wernsmann*, Jura 2001, 106, 107; *Kluth*, Jura 2001, 371, 372.
[1895] BVerfGE 102, 197 ff. Vgl. auch die Bespr. v. *Muckel*, JA 2001, 460 ff.
[1896] Vgl. BVerfGE 105, 252, 265 (Glykolwein) und 115, 276, 300 f. (Sportwetten).
[1897] BVerwGE 115, 189, 193 f.
[1898] BVerwGE 115, 189, 198 ff.
[1899] Vgl. dazu den Anwendungsfall bei *R. Schmidt*, Fälle zum POR, Fall 13.

es sich auch bei der Frage nach der Eröffnung des Schutzbereichs, auf die konkrete, im Einzelfall zu beurteilende Tätigkeit abzustellen. Denn hier stellt die verbotene bzw. sozialschädliche Einzelhandlung nur einen Ausschnitt aus einer insgesamt nicht verbotenen bzw. nicht sozialschädlichen Tätigkeit dar. Die Verneinung des Schutzbereichs wäre lediglich dann zu diskutieren, wenn die Tätigkeit insgesamt gegen ein Verbotsgesetz (etwa eine Strafvorschrift) verstoßen würde oder sozialschädlich wäre, wenn also beispielsweise die Tätigkeit insgesamt in dem Verkauf von gesundheitsschädlichem Wein bestünde.

Stellt die fragliche Handlung also nur einen Teilbereich einer insgesamt erlaubten bzw. **773** nicht offensichtlich sozialschädlichen Tätigkeit dar, ist der Schutzbereich des thematisch einschlägigen Grundrechts auch dann eröffnet, wenn die fragliche Handlung verboten bzw. offensichtlich sozialschädlich ist. Insoweit ist im Ergebnis, nicht aber in der Begründung, der Auffassung des BVerfG[1900] zu folgen.

Unabhängig von der erläuterten Unstimmigkeit dürfte aber gelten, dass extrem sozial- **774** schädliche Tätigkeiten wie „Killerdienste" oder der Handel mit kinderpornographischem Material auf jeden Fall aus dem Schutzbereich des Art. 12 I GG herauszuhalten sind. Auch andere Tätigkeiten, die gegen die Menschenwürde verstoßen, müssten demnach aus dem Schutzbereich herausgehalten werden. Vgl. auch Rn 776.

Insgesamt sollte auf der Basis der aktuellen Rechtsprechung des BVerfG[1901] für den **775** Begriff des Berufs daher folgende Definition verwendet werden:

Beruf ist jede nicht extrem sozial- oder gemeinschaftsschädliche Tätigkeit, die auf Dauer angelegt ist und in ideeller und materieller Hinsicht der Schaffung und Erhaltung einer Lebensgrundlage dient.

Beispiele:

(1) Zunächst stellen die klassischen Berufe wie Schreiner, Möbelfabrikant, Schuster, Schneider, Kaufmann, Gastronom, Winzer etc., gleichgültig, ob selbstständig (im Rahmen eines eigenen Gewerbebetriebs) oder abhängig (als Arbeitnehmer in einem Gewerbebetrieb) ausgeübt, Berufe i.S.d. Art. 12 I GG dar.

(2) Da der Gesetzgeber Berufsbilder fixieren, aber auch ändern und ausrichten und verwandte Berufe vereinheitlichen, monopolisieren und typisieren kann, werden auch etwa das Betreiben einer Spielbank[1902], die gewerbliche Personenbeförderung, das Betreiben von Warenautomaten oder Gewinnspielgeräten und das Verkaufen von loser Milch oder die Tätigkeit des Astrologen erfasst.

(3) Erfasst ist auch das Betreiben von Warenhäusern und Apotheken. Bei Apothekern ist eine deutliche Tendenz weg vom Heilberuf (i.S. der „rechten Hand des Arztes") hin zum Gewerbe erkennbar.[1903]

(4) Auch Nebenbeschäftigungen sind vom Schutzbereich des Art. 12 I GG umfasst, sofern sie nicht ganz unbedeutend sind und nicht lediglich Liebhaberei darstellen - Rn 766/767).

(5) Das Gleiche gilt für die sog. **Freien Berufe**, bei denen der Berufsangehörige das volle wirtschaftliche Risiko trägt (etwa Ärzte, Tierärzte, Apotheker, Architekten, Rechtsanwälte, Schriftsteller, die in keinem Abhängigkeitsverhältnis stehen)[1904]

[1900] BVerfGE 105, 252, 265.
[1901] BVerfGE 115, 276, 300 f. (Sportwetten). Vgl. auch OVG Münster NVwZ 2015, 304, 305.
[1902] BVerfGE 102, 197, 212 ff.
[1903] Vgl. BVerfGE 104, 357 ff. mit Bespr. v. *Terhechte*, JuS 2002, 551 ff.
[1904] Vgl. etwa BVerfG NJW 2015, 1438, 1439 (Schockwerbung durch Rechtsanwalt) – dazu oben Rn 429 Bsp 5.

(6) Von Art. 12 I GG auch erfasst sind Berufe des **öffentlichen Dienstes**, die also Tätigkeiten zum Inhalt haben, die in erster Linie dem Staat vorbehalten sind (Beruf des Richters, des Beamten, des Soldaten etc.)[1905]. Jedoch enthält Art. 33 II-V GG (i.V.m. den Beamtengesetzen, dem Richtergesetz oder dem Soldatengesetz) weithin Sonderregelungen, sodass sich hier insbesondere die Berufsfreiheit der Bewerber auf das Recht des gleichen Zugangs zu den öffentlichen Ämtern reduziert.[1906] Art. 33 II-V GG überlagert also in seinem Anwendungsbereich Art. 12 I GG, verdrängt ihn aber nicht.[1907]

(7) Bei **staatlich gebundenen Berufen**, also bei Tätigkeiten, bei denen öffentliche Aufgaben in privater Hand liegen, wie das etwa bei dem Notar, dem öffentlich bestellten Vermessungsingenieur oder dem Bezirksschornsteinfeger der Fall ist, rechtfertigt die Wahrnehmung hoheitlicher Aufgaben lediglich eine stärkere Reglementierung der Berufsausübung. Art. 12 I GG bleibt aber (neben einschlägigen Spezialvorschriften) auch hier anwendbar und wird von Art. 33 II-V GG lediglich insofern überlagert, als eine deutliche Nähe zum öffentlichen Dienst besteht.[1908] Im Übrigen sind die Grundsätze aus Art. 33 II-V GG „ergänzend" hinzuzuziehen.[1909]

Bei der Lösung juristischer Fälle muss im Rahmen der Eröffnung des Schutzbereichs diskutiert werden, ob die Tätigkeit dem öffentlichen Dienst oder einem staatlich gebundenen Beruf mit deutlicher Nähe zum öffentlichen Dienst zuzuordnen ist, Art. 12 I GG also von Art. 33 II-V GG überlagert wird.

Beispiel[1910]**:** N hat das Zweite Juristische Staatsexamen mit der Note „Ausreichend" bestanden. Er bewirbt sich in dem Bundesland X für die Übernahme in den Notardienst. Gemäß einer Verwaltungsvorschrift des Landes X dürfen lediglich solche Bewerber in die engere Auswahl zugelassen werden, die das Zweite Juristische Staatsexamen mindestens mit der Note „Vollbefriedigend" bestanden haben. Da N diese Voraussetzung nicht erfüllt, wird sein Antrag abgelehnt. Verstößt die Ablehnung seines Antrags gegen Art. 12 I GG?

Der Beruf des Notars ist zwar staatlich gebunden, gleichwohl aber ein Beruf i.S.d. Art. 12 I GG. N hat daher das Recht, diesen Beruf zu wählen. Allerdings steht das einheitliche Grundrecht auf Berufswahl und Berufsausübung unter dem Gesetzesvorbehalt des Art. 12 I S. 2 GG. Die Berufswahl kann daher beschränkt werden. Eine weitere Beschränkungsmöglichkeit für die Zulassung zu staatlich gebundenen Berufen besteht durch die Kriterien Eignung, Befähigung und fachliche Leistung (Art. 33 II GG) sowie durch die hergebrachten Grundsätze des Berufsbeamtentums (Art. 33 V GG) jedenfalls dann, wenn sie starken Bezug zum öffentlichen Dienst haben. Das ist bei dem Notarberuf der Fall (vgl. § 1 BNotO: „unabhängige Träger eines öffentlichen Amtes"). Da Notare mithin eine staatliche Funktion ausüben, ist der Staat nicht gehindert, besondere, zusätzliche Zulassungsvoraussetzungen zu schaffen. Gleichwohl greift er damit in das Grundrecht der Berufsfreiheit ein und bedarf gemäß der Wesentlichkeitsrechtsprechung des BVerfG einer formell-gesetzlichen Rechtsgrundlage. Eine Verwaltungsvorschrift wird diesem Erfordernis nicht gerecht und kann als Rechtsgrundlage für den Ablehnungsbescheid nicht in Betracht kommen. Der Ablehnungsbescheid verletzt N daher in seinem Grundrecht auf Berufsfreiheit.

Hinweis für die Fallbearbeitung: Bei staatlichen bzw. staatlich gebundenen Berufen muss in der Fallbearbeitung zunächst untersucht werden, ob Art. 12 I GG überhaupt (allein) einschlägig ist, denn Art. 12 I GG wird von Art. 33 II, V GG und anderen Spezialregelungen überlagert, wenn die fragliche Tätigkeit überwiegend oder ausschließlich „öffentlicher Dienst" ist. Erst wenn eine Spezialregelung den

[1905] BVerfGE 7, 377, 397; 39, 334, 369; BVerfG NVwZ 2015, 1279, 1281.
[1906] BVerfG NVwZ 2015, 1279, 1281.
[1907] BVerfG NVwZ 2015, 1279, 1281.
[1908] BVerfGE 73, 280, 292 (Auswahl von Notarbewerbern); BGH NJW-RR 2001, 1068.
[1909] Vgl. BVerfGE 73, 280, 292 ff. (Auswahl von Notarbewerbern).
[1910] Nach BVerfGE 73, 280 ff.

Sachverhalt nicht oder nicht abschließend regelt, ist auf Art. 12 I GG zurückzugreifen. Dies ist bei den vielen staatlich gebundenen Berufen der Fall. Beispiel: Vertragsarzt (früher: Kassenarzt). Dieser steht weder zu den Krankenkassen noch zu seiner Kassenärztlichen Vereinigung in einem Dienstverhältnis. Vielmehr ist er ein Freiberufler, der in freiem Wettbewerb zu anderen Vertragsärzten steht. Art. 12 I GG wird damit nicht durch Spezialregelungen überlagert. Anders verhält es sich wohl bei einem Notar (s.o.).

(8) Auch die Tätigkeit privater Sportwettenveranstalter, die aufgrund des **staatlichen Sportwettenmonopols** sehr stark eingeschränkt ist, ist vom Schutzbereich des Art. 12 I GG erfasst.[1911]

Nicht durch Art. 12 I GG geschützt sind **extrem sozialschädliche Tätigkeiten** wie der bereits genannte Killerdienst, der Handel mit kinderpornographischem Material oder andere Tätigkeiten, die die Menschenwürde verletzen. Aber auch (gewerbsmäßiger) Diebstahl, Drogenhandel, Zuhälterei oder Spionage sind vom Schutzbereich der Berufsfreiheit auszunehmen. Derartige Verhaltensweisen sind ebenfalls derart sozialschädlich, dass sie schon nicht dem Schutzbereich des Art. 12 I S. 1 GG unterfallen können. Etwas **anderes** gilt bezüglich der **Schwarzarbeit**, etwa Haushaltsdienste oder das Fliesen eines Badezimmers, ohne dass Steuern oder Sozialversicherungsbeiträge abgeführt werden. Da solche Handlungen an sich erlaubte bzw. nicht extrem sozialschädliche Tätigkeiten darstellen und lediglich die Steuer- und Sozialversicherungspflicht umgangen wird, spricht nichts gegen die Eröffnung des sachlichen Schutzbereichs des Art. 12 I GG, auch wenn derartige Verträge wegen § 134 BGB nichtig sind.[1912] Auch die **Prostitution** ist von Art. 12 I GG erfasst. Denn durch das am 1.1.2002 in Kraft getretene Prostitutionsgesetz (BGBl I 2001 S. 3983) hat nun auch der Gesetzgeber klargestellt, dass die Prostitution nicht (mehr) schlechthin sittenwidrig ist. Seitdem sind die aus den entsprechenden „Dienstleistungsverträgen" entstandenen (zivilrechtlichen) Forderungen der Prostituierten durchsetzbar. Daraus folgt der umfassende Schutz aus Art. 12 I GG. 776

Neben der Berufsfreiheit im eigentlichen Sinn garantiert Art. 12 I GG die freie Wahl der (berufsbezogenen) **Ausbildungsstätte**. Dazu zählen alle Einrichtungen, die der Ausbildung für bestimmte Berufe oder Berufsgruppen dienen.[1913] 777

Beispiele: Hochschulen, Fachhochschulen, staatliche Vorbereitungsdienste (Referendariate), betriebliche und überbetriebliche Ausbildungslehrgänge, Lehrstellen, Sprachschulen etc.

Bildungsstätten zählen nicht dazu, da Bildung nicht gleich Ausbildung ist, sondern einen übergeordneten Begriff darstellt und alles erfasst, was überhaupt geistig erworben werden kann. Bildungsstätten sind etwa kirchliche Akademien, private Sport- und Kultureinrichtungen und auch Grund- und Hauptschulen. Etwas anderes gilt für weiterführende Schulen wie etwa Gymnasien. Hier kann von einer Ausbildungsstätte gesprochen werden, da deren Absolvierung Voraussetzung für die Ausübung höherer Berufe ist.[1914]

Das Recht auf freie Wahl der Ausbildungsstätte gewinnt insbesondere dann an Bedeutung, wenn die **öffentlichen Ausbildungseinrichtungen** durch den Staat rechtlich oder tatsächlich **monopolisiert** sind. Das ist insbesondere bei staatlichen **Hochschulen und Universitäten,** aber auch beim **Vorbereitungsdienst (Referendariat)** der Fall. Zwar gewährt Art. 12 I GG kein subjektives öffentliches Recht auf Schaffung zusätzlicher bzw. neuer Ausbildungsstätten. Etwas anderes gilt aber für den Fall, dass die 778

[1911] BVerfGE 115, 276, 300 ff. Vgl. auch BVerfG NVwZ 2009, 1221 ff. und BVerwG NVwZ 2011, 1319 ff.

[1912] Zur Nichtigkeit von Verträgen, bei denen die Parteien gegen das Schwarzarbeitsbekämpfungsgesetz verstoßen, vgl. BGH NJW 2013, 3167 ff. und NJW 2014, 1805, 1806 f. – dazu *R. Schmidt*, BGB AT, 15. Aufl. 2016, Rn 1169 f.

[1913] *Gubelt*, in: v. Münch/Kunig, GG, Art. 12 Rn 26.

[1914] Vgl. BVerfGE 58, 257, 273 (Versetzung eines Schülers in die nächsthöhere Klasse).

staatliche Hochschule Leistungen (in Form der Zur-Verfügung-Stellung von Ausbildungsplätzen) *bereits anderen gewährt hat.* Hier ist er nach Art. 12 I GG i.V.m. Art. 3 I GG und dem Sozialstaatsprinzip zur Gleichbehandlung verpflichtet und darf ohne sachlichen Grund Dritte nicht von der Leistungsgewährung ausschließen (**derivatives Leistungsrecht bzw. Teilhaberecht**).[1915] Ein sachlicher Grund besteht etwa darin, dass vorhandene Ausbildungskapazitäten erschöpft sind, wobei zur Vermeidung unzumutbarer Ergebnisse z.B. Härtefallregelungen erforderlich sein können. Zum Hochschulzulassungsrecht, insbesondere zum Numerus clausus, vgl. Rn 810.

779 Schließlich umfasst der Schutzbereich des Art. 12 I GG das Recht, den **Arbeitsplatz** frei zu wählen, d.h. anzunehmen, beizubehalten und aufzugeben.[1916]

Arbeitsplatz ist die Stätte, an welcher der Einzelne einem gewählten Beruf im konkreten Fall nachgehen möchte.[1917]

780 Der Schutz kommt nach h.M. lediglich Arbeitnehmern zugute. Selbstständige genießen aber auf jeden Fall den Schutz der Berufsausübungsfreiheit, weshalb eine Unterscheidung dahingestellt bleiben kann. Art. 12 I GG schützt deshalb auch die **Niederlassungsfreiheit** (etwa die eines Arztes oder Rechtsanwalts), also die berufliche Freizügigkeit. Art. 11 GG wird insoweit verdrängt.

bb. Wettbewerbsfreiheit, insbesondere Konkurrenzschutz

781 Zwar wird die **Wirtschaftsfreiheit** als solche, zu der insbesondere die Vertrags- und Unternehmensfreiheit zählt, vom Auffanggrundrecht aus Art. 2 I GG geschützt[1918], wegen der sachlichen Nähe sowohl zur Berufswahl als auch zur Berufsausübung ist jedoch die **Wettbewerbsfreiheit** von Art. 12 I GG umfasst[1919]. Dabei geht es um verschiedene Formen staatlicher Einflussnahme auf die Gleichheit der Wettbewerbsbedingungen privater Unternehmen bzw. Gewerbetreibender bspw. durch

- Vergabe von Subventionen,
- Zulassung von Konkurrenten,
- öffentliche Auftragsvergabe
- sowie durch wirtschaftliche Betätigung von Staat und Kommunen.

782 Hinsichtlich der ersten drei Formen staatlicher Einflussnahme liegt es auf der Hand, dass die betroffenen, d.h. übergangenen Unternehmen bzw. Gewerbetreibenden ein existentielles Interesse daran haben, die Begünstigung, die dem Konkurrenten gewährt wurde, anzufechten. (Verwaltungs-)Prozessual handelt es sich um eine Drittanfechtungsklage gem. § 42 I Var. 1 VwGO in Form einer negativen **Konkurrentenklage** (auch **Begünstigungs- oder Konkurrentenabwehrklage** genannt).

[1915] Ganz h.M., vgl. nur BVerfGE 33, 303, 331 f. (erstes Numerus-clausus-Urteil); 43, 291, 313 f. (zweites Numerus-clausus-Urteil); 85, 36, 53 f. (Gebot der erschöpfenden Kapazitätsauslastung); BVerwGE 102, 142, 146 f.; *Breuer*, in: HdbStR VI, S. 937 ff.; *Gubelt*, in: v. Münch/Kunig, GG, Art. 12 Rn 28; *Rittstieg*, in: Alternativkommentar, Art. 12 Rn 126; *Kimms*, JuS 2001, 664, 666.

[1916] BVerfGE 85, 360, 372 f. (Akademie der Wissenschaften der DDR).

[1917] BVerfGE 84, 133, 146 (Wahlfreiheit des Berufs); 85, 360, 372 f. (Akademie der Wissenschaften der DDR); BVerfG NJW 2000, 1483; *Gubelt*, in: v. Münch/Kunig, GG, Art. 12 Rn 23.

[1918] Vgl. etwa BVerfGE 113, 29, 49 (Anwaltsdaten).

[1919] Zum Schutz der Wettbewerbsfreiheit durch Art. 12 GG vgl. BVerfGE 105, 252, 265 ff.; 32, 311, 317; 46, 120, 137 f.; 82, 209, 223 f.; 86, 28, 37; BVerwGE 71, 183, 191; OVG Bremen NVwZ 2002, 874, 875; *Kluth*, Jura 2001, 371, 373 f.; *Scholz*, in: Maunz/Dürig, GG, Art. 12 Rn 136 f.; *P/S/K/P*, Rn 883 f.; *Papier*, ZHR 152 (1988), 493, 499; *Breuer*, in: HdbStR VI, § 148 Rn 75-77. Voraussetzung ist aber, dass die Regelung zumindest eine objektiv berufsregelnde Tendenz besitzt. Fehlt es an dieser, ist Art. 2 I GG einschlägig (*Jarass*, in: Jarass/Pieroth, GG, Art. 12 Rn 14). Auf Art. 2 I GG wird generell abgestellt in BVerwGE 17, 306, 309; 30, 191, 198; 60, 154, 159; 65, 167, 174.

Beispiele:

(1) Die im Gemeindegebiet X ansässigen A-Automobilwerke befinden sich in wirtschaftlichen Schwierigkeiten. Um die Arbeitsplätze in der Region zu sichern, gewährt X ihnen eine öffentliche Beihilfe. Die ebenfalls in X ansässigen, wirtschaftlich aber gesunden B-Automobilwerke sind der Auffassung, dass die Begünstigung der A-Werke mit dem geltenden Recht nicht zu vereinbaren sei. Es könne nicht angehen, dass eine schlechte Unternehmensführung vom Staat noch belohnt werde.

(2) K betreibt ein Taxigeschäft in der Stadt A. Die wirtschaftliche Situation ist aufgrund reichlich vorhandener Konkurrenz angespannt. Als die zuständige Behörde weitere Erlaubnisse nach § 2 I Nr. 4, § 46 II Nr. 1, § 47 i.V.m. § 13 I, IV PBefG erteilt, möchte K, der von deren Rechtswidrigkeit überzeugt ist, erreichen, dass diese Erlaubnisse aufgehoben werden.

Das Problematische an der Konkurrentenklage ist die Klage- bzw. Beschwerdebefugnis. **783**
Insbesondere im Berufs*zulassungs*recht besteht der Grundsatz, dass insgesamt kein Schutz vor Wettbewerb, Konkurrenz und Zulassung weiterer Konkurrenten besteht. Das hat den Grund, dass die wirtschaftlichen Grundrechte eine Wertentscheidung gerade zugunsten des Wettbewerbs enthalten und daher grundsätzlich nicht zur Abwehr missliebiger Konkurrenz berechtigen. Etwas anderes gilt nur dann, wenn die Verwaltung gezielt oder faktisch die wirtschaftliche Betätigung des betroffenen Unternehmens im Verhältnis zu anderen **empfindlich beeinträchtigt**.[1920] Hier kann ein subjektives öffentliches Recht in Form eines Abwehranspruchs angenommen werden. Eine empfindliche Beeinträchtigung des betroffenen Unternehmens liegt nach der Rechtsprechung des BVerwG im Hinblick auf Art. 14 I GG vor, wenn die Begünstigung des anderen für ihn praktisch eine Entwertung seines aufgebauten Bestands bedeutet, im Hinblick auf Art. 12 I und Art. 2 I GG, wenn dadurch ein faktischer Ausschluss vom Wettbewerb bewirkt würde. Wo es um die Konkurrenz um ein knappes Gut geht, sind auch stets Gleichheitsaspekte (Art. 3 I GG) mitentscheidend. Zu beachten ist aber: Räumt eine einfachgesetzliche Vorschrift dem Kläger einen subjektiven Abwehranspruch ein, darf nicht auf den übergeordneten Verfassungskreis zurückgegriffen werden (sog. Anwendungsvorrang unterverfassungsrechtlicher Normen und Ansprüche gegenüber den Grundrechten).[1921]

Im obigen **Beispiel 1** werden die A-Werke durch die Subvention in der Lage sein, günstiger produzieren zu können als die B-Werke. Dadurch könnte das von der Wettbewerbsfreiheit umfasste Recht auf eine von staatlicher Seite unbeeinflusste Preisgestaltung berührt sein. Allerdings greift die Subventionierung eines Konkurrenten nicht per se in die grundrechtlich geschützte Rechtssphäre des Übergangenen ein. Vielmehr müssen dessen Interessen willkürlich vernachlässigt bzw. verletzt und von erheblichem Gewicht sein. Ein Abwehranspruch des Drittanfechtenden ist daher nur dann gegeben, wenn der Staat (durch einseitige Parteinahme) derart schwerwiegend in die bestehenden Wettbewerbsverhältnisse eingreift, dass der Dritte in seiner Wettbewerbsfähigkeit *empfindlich* beeinträchtigt (Art. 12 I, Art. 2 I GG) bzw. in seiner wirtschaftlichen Existenz bedroht ist (Art. 14 I GG). In Bezug auf die B-Werke bedarf es dann einer genauen Sachprüfung, ob sie derart schwerwiegend betroffen sind.

In **Beispiel 2** ist K klagebefugt, wenn er sich auf eine drittschützende Norm berufen kann und diese Norm auch gerade seinen Interessen zu dienen bestimmt ist. In Betracht kommt § 13 IV PBefG. Im Personenbeförderungsrecht besteht zwar ein subjektives öffentliches Recht des Altunternehmers im Linienverkehr, sein Unternehmen leistungsfähig

---

[1920] *Hufen*, VerwProzR, § 14 Rn 88; *Brohm*, Menger-FS, 1985, S. 235, 244; *Schenke*, VerwProzR, Rn 274 u. 523; *Schliesky*, DVBl 1999, 78, 82. Vgl. auch BVerwG NVwZ 2001, 322 ff.

[1921] Auch das BVerwG bestätigt konsequent seine Abneigung, subjektiv-rechtliche Positionen unter Vernachlässigung des einfachen Rechts sogleich unmittelbar aus den Grundrechten abzuleiten (vgl. etwa BVerwG NVwZ 2001, 322). Dagegen prüft das VG Sigmaringen (NJW 2001, 628, 630) die Grundrechte vorrangig vor dem einfachen Recht.

zu halten, aus § 13 II PBefG.[1922] Dem Altunternehmer im Taxigewerbe soll aber – in Übereinstimmung mit der grundsätzlichen Ablehnung subjektiver öffentlich-rechtlicher Positionen im Berufs**zulassungs**recht – § 13 IV PBefG keine Klagebefugnis vermitteln.[1923] Vielmehr soll diese Vorschrift einen Verdrängungswettbewerb verhindern.[1924] Zur Erreichung dieses Ziels steht der Verwaltung das Institut der Zugangsgenehmigung zur Verfügung. Damit wird die im öffentlichen Interesse liegende Funktionsfähigkeit des Taxigewerbes insgesamt geschützt. § 13 IV PBefG schützt daher nicht die individuellen Wettbewerbspositionen der Altunternehmer, sondern begünstigt diese lediglich reflexartig. K ist somit aus einfachgesetzlichen Normen nicht klagebefugt. Eine mögliche Rechtsbeeinträchtigung kann sich daher nur noch aus einer Grundrechtsposition ergeben. Da aber nicht angenommen werden kann, dass die Vergabe weiterer Konzessionen für ihn praktisch eine Gefährdung der unternehmerischen Existenz (Art. 14 I GG) oder einen faktischen Ausschluss vom Wettbewerb (Art. 12 I, 2 I GG) bewirken würde, ist K auch nicht aus Grundrechten klagebefugt.

784 Möchte der Bewerber hingegen die Chancengleichheit im (horizontalen) Konkurrenzverhältnis dadurch wiederherstellen, dass er dieselbe Vergünstigung erhält, *ohne* dass der Konkurrent seine Begünstigung verlieren soll, richtet sich sein Klagebegehren auf die Gewährung derselben Begünstigung, wie sie seinem Konkurrenten gewährt wurde. Man spricht in diesem Zusammenhang von einer *positiven* (oder *partizipativen*) Konkurrentenklage in Form der **Konkurrentengleichstellungsklage**[1925], die verwaltungsprozessual – soweit die Vergünstigung durch Verwaltungsakt zu gewähren ist – mit einer **Verpflichtungsklage** gemäß § 42 I Var. 2 VwGO, anderenfalls mit der allgemeinen Leistungsklage durchgesetzt werden kann.

Beispiel: Die im Gemeindegebiet X ansässigen A-Automobilwerke befinden sich in wirtschaftlichen Schwierigkeiten. Um die Arbeitsplätze in der Region zu sichern, gewährt X ihnen eine öffentliche Beihilfe. Die ebenfalls in X ansässigen und sich in einer ähnlichen Situation befindenden B-Automobilwerke wollen aus Gründen der Gleichbehandlung ebenfalls subventioniert werden.

In diesem Fall liegt eine Konkurrentengleichstellungsklage vor. Wenn man unterstellt, dass die B-Werke selbst die Förderungsvoraussetzungen nicht erfüllten, wird eine auf Art. 12 I i.V.m. 3 I GG gestützte Klage mit dem Ziel, ebenfalls in den Genuss der Begünstigung zu kommen, mangels Klagebefugnis unzulässig sein. Anderenfalls wäre eine Verpflichtungsklage unter dem Aspekt der Ermessensreduzierung gegen Null (Selbstbindung der Verwaltung) zulässig und begründet, jedenfalls sofern noch Mittel zur Verfügung stehen.

785 Ein besonderes Problem stellt sich, wenn die Behörde eine kontingentierte Leistung, im Extremfall eine nur einmalig zu vergebende Vergünstigung, bereits erschöpfend vergeben hat. Beispielhaft seien Numerus-clausus-Studienplätze, Subventionen im Rahmen verfügbarer Haushaltsmittel, Standplätze auf Märkten, Einstellungen oder Beförderungen nach dem Beamtenrecht und kontingentierte Konzessionen etwa nach § 13 PBefG oder nach § 3 GüKG sowie Spielbankerlaubnisse genannt. Begehrt der bei der Verteilung des knappen Guts Übergangene nach der Erschöpfung des zu verteilenden Kontingents eine Begünstigung, kann diese nur auf Kosten des Begünstigten erreicht werden. Man spricht daher von einer **Mitbewerberklage** bzw. einer ausschließenden Konkurrentenklage oder einer **Konkurrentenverdrängungsklage**. Hier ist äußerst problematisch, auf welche Weise der Kläger sein Begehren prozessual durchsetzen kann bzw.

[1922] Vgl. dazu BVerwG NVwZ 2001, 322.
[1923] Vgl. *Kopp/Schenke*, VwGO, § 42 Rn 146; *Kluth*, Jura 2001, 371, 373 f.
[1924] *Wahl/Schütz*, in: Schoch/Schneider/Bier, VwGO, § 42 Abs. 2 Rn 305.
[1925] BVerwGE 60, 25, 30.

muss. Da hier fundierte Kenntnisse bezüglich des Verwaltungsprozessrechts erforderlich sind, sei insoweit auf die Ausführungen bei *R. Schmidt*, VerwProzR (passim), verwiesen.

Hinsichtlich Rechtsstreitigkeiten im Rahmen der **wirtschaftlichen Betätigung von Staat und Kommunen** muss zunächst geklärt werden, ob diese hier überhaupt privatrechtlich tätig werden und wie jedes Wirtschaftsunternehmen Gewinne erzielen dürfen. Verfassungsrechtlich ist es schwierig, den damit verbundenen Eingriff in die Wettbewerbsfreiheit, d.h. in die individuellen Interessen privater Wettbewerber, zu legitimieren.[1926] Jedenfalls verbieten die Art. 14 I, 12 I, und 2 I GG der öffentlichen Hand nicht grundsätzlich, sich wirtschaftlich zu betätigen.[1927] Die Grenzen sind allerdings dort zu ziehen, wo die öffentliche Hand ihre Machtstellung dazu missbraucht, einen Auszehrungs- oder Verdrängungswettbewerb zu betreiben. Als Beurteilungsgrundlage können die §§ 138, 242, 826 BGB, § 3 UWG und § 1 GWB herangezogen werden. Sind deren Voraussetzungen erfüllt, besteht (i.V.m. Art. 12 I, 14 I GG, die über die Figur der „Drittwirkung der Grundrechte" zur Anwendung gelangen) ein zivilrechtlicher Abwehranspruch gegen die erwerbswirtschaftliche Betätigung der öffentlichen Hand. Ein entsprechender Abwehr- bzw. Unterlassungsanspruch kann aber auch vor den Verwaltungsgerichten geltend gemacht werden, soweit er auf die Verletzung von Grundrechten gestützt wird. Da diese Problematik bereits bei Rn 100 f. behandelt ist, sei darauf verwiesen. 786

cc. Außendarstellung von Berufstätigen

Der Schutzbereich des Art. 12 I GG umfasst auch die Außendarstellung von Berufstätigen, insbesondere von Selbstständigen. Voraussetzung ist nur, dass die Außendarstellung auf die Förderung des beruflichen Erfolgs gerichtet ist[1928], was bei kommerzieller Werbung anzunehmen ist[1929]. Umgekehrt schützt das Grundrecht nicht vor der von Dritten ausgehenden Verbreitung zutreffender und sachlich gehaltener Informationen am Markt, und zwar auch dann nicht, wenn sich die Information nachteilig auf einzelne Wettbewerbspositionen (insbesondere den Ruf) auswirkt.[1930] Besonders virulent wird dies, wenn ein Gewerbetreibender bzw. Freiberufler in ein Internetbewertungsportal aufgenommen und dort präsentieren wird. 787

Beispiel[1931]: Arzt Dr. A wurde in das Ärztebewertungsportal www.jameda.de aufgenommen und dort von medizinischen Laien bewertet. Nachdem A davon erfahren hat, begehrt er vom Portalbetreiber die Löschung der Bewertungen.

Ein Anspruch auf Löschung kann sich aus § 35 II S. 2 Nr. 1 BDSG ergeben, wonach personenbezogene Daten zu löschen sind, wenn ihre Speicherung unzulässig ist. Zulässig ist die Speicherung gem. § 29 I S. 1 Nr. 1 BDSG aber, wenn kein Grund für die Annahme besteht, dass der Betroffene ein schutzwürdiges Interesse an dem Ausschluss der Erhebung oder Speicherung der Daten hat. Das „schutzwürdige Interesse" wiederum ergibt sich aus einer umfassenden Abwägung der widerstreitenden Grundrechtspositionen[1932], vorliegend zwischen dem Grundrecht auf informationelle Selbstbestimmung auf Seiten des A und dem Kommunikationsgrundrecht aus Art. 5 I S. 1 GG auf Seiten des Portalbetreibers und der Bewerter. Art. 12 I GG kommt sowohl A als auch dem Portalbetreiber zugute. Nach Auffassung des BGH überwiegen die Interessen des Portalbetreibers und der Bewerter.

[1926] Vgl. dazu LG Offenburg NVwZ 2000, 717 f.; *Kluth*, Jura 2001, 371, 374; *Ehlers*, Jura 1999, 212 ff. Zur Frage, ob die kostenlose Anfertigung von Passfotos durch eine Gemeinde bei der Beantragung von Ausweispapieren eine wirtschaftliche Betätigung darstellt und einen Unterlassungsanspruch nach sich zieht, vgl. VG Münster NVwZ 2015, 1399, 1400 (dazu *Hebeler*, JA 2016, 79).

[1927] OVG Münster NWVBl 2005, 343; LG Offenburg NVwZ 2000, 717; *David*, NVwZ 2000, 738 ff.; *Gern*, NJW 2002, 2593.

[1928] BGH NJW 2015, 489, 492 mit Verweis auf BVerfGE 85, 248, 256; BVerfG NJW-RR 2007, 1048.

[1929] Vgl. etwa BVerfG NJW 2015, 1438, 1439 (Schockwerbung durch Rechtsanwalt) – dazu oben Rn 429 Bsp 5.

[1930] Vgl. BGH NJW 2015, 489, 492 mit Verweis u.a. auf BVerfGE 105, 252, 265.

[1931] Nach BGH NJW 2015, 489 ff. Vgl. auch OVG Münster NVwZ 2015, 304 ff, wo es um die Veröffentlichung des Berichts über eine Umweltinspektion im Internet geht.

[1932] Zur mittelbaren Geltung der Grundrechte auch im Verhältnis zwischen Privaten vgl. Rn 106 ff.

Die Wirkungen von veröffentlichten Bewertungen seien der Sozialsphäre[1933] zugeordnet und im Bereich dieser Sphäre müsse der Bewertete Kritik an seinen Leistungen hinnehmen, solange – wie im vorliegenden Fall – mit den Bewertungen keine stigmatisierenden Wirkungen, sozialen Ausgrenzungen oder Prangerwirkungen verbunden seien.[1934] Auf die interessante Frage, ob aufgrund des Umstandes, dass das Internet „nichts vergisst" und die Bewertungen des A diesen daher „sein Leben lang begleiten", ein anderer Blick auf die Zumutbarkeit der Duldung zu werfen sein könnte, geht der BGH nicht ein.

dd. Berufswahl und Berufsausübung

788 Wie bereits ausgeführt, betrachten das BVerfG, das BVerwG und die ganz herrschende Lehre den Art. 12 I GG bezüglich der Berufswahl und der Berufsausübung als einheitliches Grundrecht der Berufsfreiheit, das umfassend die Wahl (d.h. die Frage des „Ob") und die Ausübung des Berufs (d.h. die Frage des „Wie") schützt, wobei die Unterscheidung zwischen Berufswahl und Berufsausübung die verfassungsrechtliche Rechtfertigung von Grundrechtseingriffen betrifft (dazu Rn 798 ff.).

b. Träger des Grundrechts (personaler Schutzbereich)

789 Nach dem eindeutigen Wortlaut des Art. 12 I GG sind Träger des Grundrechts auf Berufsfreiheit alle Deutschen i.S.d. Art. 116 GG. Damit zählt Art. 12 I GG zu den sog. **Deutschengrundrechten**. Das wirft vor dem Hintergrund des europarechtlich verbürgten Diskriminierungsverbots (Art. 18 I AEUV) und des Rechts auf Freizügigkeit der Arbeitnehmer innerhalb der EU (Art. 45 AEUV) die Frage auf, ob und in welcher Weise sich **Bürger aus anderen Mitgliedstaaten der EU** auf Art. 12 I GG berufen können. Da dieser Problemkreis nebst Beispiel jedoch bereits bei Rn 48 behandelt wurde, wird insoweit verwiesen. Davon unabhängig gilt, dass EU-Bürger, die in einem anderen Mitgliedstaat der EU beruflich und/oder unternehmerisch tätig sind, sich i.d.R. auf die **Dienstleistungsfreiheit** gem. Art. 56 AEUV und die **Warenverkehrsfreiheit** gem. Art. 34 AEUV berufen können.[1935] Übrige Ausländer und auch Staatenlose können sich dagegen auf keinen Fall auf Art. 12 I GG berufen.[1936] Dieser Personenkreis genießt lediglich den (unmodifizierten) Schutz aus Art. 2 I GG.[1937]

790 Schließlich kommt gemäß Art. 19 III GG der Schutz des Art. 12 I GG auch **inländischen juristischen Personen des Privatrechts** sowie sonstigen *inländischen* Personenvereinigungen des Privatrechts zugute, da die Ausübung der Berufsfreiheit nicht an die Eigenschaft einer natürlichen Person anknüpft.[1938] Zu beachten ist aber: Wird die Vereinigung von Ausländern beherrscht, dürfte Art. 12 I GG wohl nicht greifen.[1939] Hier ist ebenfalls Art. 2 I GG einschlägig. Nicht auf Art. 12 I GG berufen können sich auch *ausländische* juristische Personen des Privatrechts[1940] (jedenfalls sofern sie nicht dem EU-Raum entstammen) und (inländische) juristische Personen des öffentlichen Rechts[1941]. Zu den gemischtwirtschaftlichen Unternehmen vgl. Rn 80.

[1933] Zu den Sphären vgl. Rn 279 ff.
[1934] BGH NJW 2015, 489, 493.
[1935] Vgl. dazu ausführlich *R. Schmidt*, POR, Rn 649.
[1936] BVerfG NVwZ 2000, 1281 (Grundrechtsschutz für Ausländervereine).
[1937] BVerfGE 78, 179, 196 f. (Heilpraktiker); *Gubelt*, in: v. Münch/Kunig, GG, Art. 12 Rn 5; *Jarass*, in: Jarass/Pieroth, GG, Art. 12 Rn 10; a.A. *Scholz*, in: Maunz/Dürig, GG, Art. 12 Rn 96.
[1938] BVerfGE 111, 10, 28 ff. (Verfassungsmäßigkeit des LadSchlG); 105, 252, 264 ff.; 102, 197, 212 f.; 95, 173, 181; 30, 292, 312; Vgl. auch OVG Münster NVwZ 2015, 304, 305; *Gubelt*, in: v. Münch/Kunig, GG, Art. 12 Rn 6; a.A. *Rittstieg*, in: Alternativkommentar, Art. 12 Rn 167 mit dem Argument, dass der Begriff „Beruf" sehr wohl an die Eigenschaft einer natürlichen Person anknüpfe.
[1939] So *Jarass*, in: Jarass/Pieroth, GG, Art. 19 Rn 10; a.A. *v. Mutius*, in: Bonner Kommentar, Art. 19 Rn 59 und wohl auch BVerfG NVwZ 2000, 1281, 1282 (Grundrechtsschutz für Ausländervereine).
[1940] BVerfGE 21, 207, 208 f. (Patentanmeldung einer US-amerikanischen Aktiengesellschaft).
[1941] BVerfGE 21, 362, 368 (Sozialversicherungsträger); 45, 63, 78 f. (Stadt Hameln); *Gubelt*, in: v. Münch/Kunig, GG, Art. 12 Rn 6; *Jarass*, in: Jarass/Pieroth, GG, Art. 12 Rn 10; a.A. bei privatrechtlicher Interessenwahrnehmung: *Wieland*, in: Dreier, GG, Art. 12 Rn 65.

2. Eingriff in den Schutzbereich

Zwar spricht Art. 12 I GG von einem Regelungsvorbehalt, dieser ist jedoch als Gesetzesvorbehalt zu verstehen und „Regelungen" sind wie Eingriffe zu behandeln.[1942] Da indes nur berufs- und ausbildungsspezifische Handlungen geschützt sind, stellt eine staatliche Regelung oder Maßnahme nach überkommener Auffassung des BVerfG auch nur dann einen Eingriff in den Schutzbereich dar, wenn sie nicht nur auf irgendeine Art und Weise Folgen für die berufliche Tätigkeit herbeiführt, sondern ihr subjektiv oder zumindest objektiv eine **berufsregelnde Tendenz** innewohnt.[1943] **791**

- Eine **subjektiv berufsregelnde Tendenz** liegt vor, wenn der Staat **zielgerichtet** (d.h. final) die berufliche Betätigung ganz oder teilweise unterbinden oder sonst dafür sorgen will, dass sie „nicht in der gewünschten Weise ausgeübt werden kann"[1944]. Erfasst werden also verbindliche Vorgaben für das „Ob" und „Wie" einer bestimmten beruflichen Tätigkeit, insbesondere Erlaubnispflichten bzw. Genehmigungsvorbehalte (etwa gem. § 2 I Nr. 4, § 46 II Nr. 1, § 47 i.V.m. § 13 I, IV PBefG, gem. §§ 1 II, 2 ApothekenG oder gem. §§ 2 ff. GastG), Werbebeschränkungen[1945], Auskunftspflichten, Regelungen der Vergütung, gesetzliche Aufhebungen von Arbeitsverhältnissen oder Gewerbeuntersagungen (etwa nach § 35 GewO). **792**
- Aber auch staatliche Regelungen oder Maßnahmen mit *berufsneutraler Zielsetzung* können aufgrund ihrer mittelbaren oder tatsächlichen Auswirkungen den Schutzbereich des Art. 12 I GG tangieren.[1946] Ist dies der Fall, spricht man von einer **objektiv berufsregelnden Tendenz.**[1947] Die Auswirkungen müssen jedoch zurechenbar, d.h. **von einigem Gewicht** sein[1948] und einen konkreten Kreis von Personen in ihrer Berufsfreiheit betreffen[1949]. Fehlt es daran, liegt nur ein Eingriff in die allgemeine Verhaltensfreiheit (Art. 2 I GG) „in ihrer Ausgestaltung als wirtschaftliche Betätigungsfreiheit" vor.[1950] So geht insbesondere die Rechtsprechung davon aus, dass Zwangsmitgliedschaften in Berufskammern (z.B. Bundesrechtsanwaltskammer, Industrie- und Handelskammer, Landesärztekammer) Eingriffe in Art. 2 I GG, nicht in Art. 12 I GG darstellten.[1951] Auch liegt keine berufsregelnde Tendenz vor, wenn der Staat unter Verfolgung (raum-)ordnungspolitischer Ziele Standortbedingungen ändert und dadurch faktisch Wirtschaftsunternehmen belastet. Dasselbe gilt in Bezug auf Rechtsanwälte, wenn der Staat die Gerichtsstruktur neu ordnet und die dadurch geänderten Rahmenbedingungen sich negativ auf die anwaltliche Tätigkeit auswirken.[1952] Auch hat das BVerfG entschieden, dass eine **sachlich gerechtfertigte Informationstätigkeit keinen** Eingriff in den Schutzbereich des Art. 12 I GG darstelle. Denn das Grundrecht der Berufsfreiheit schütze nicht vor der Verbreitung zutreffender und sachlich gehaltener Informationen am Markt, auch wenn sie für das wettbewerbliche Verhalten der Marktteilnehmer von unvorteilhafter Bedeutung sein könnten.[1953] **793**

Hinweis für die Fallbearbeitung: Einer Vorschrift kommt eine berufsregelnde Tendenz regelmäßig zu, wenn sie ausschließlich oder im Wesentlichen nur auf berufliche Tätigkeiten anwendbar ist. In der Fallbearbeitung sollte man sich zur Beantwortung

[1942] Vgl. Rn 145. Vgl. auch *Kämmerer*, in: v. Münch/Kunig, Art. 12 Rn 45; *Mann/Worthmann*, JuS 2013, 385, 389.
[1943] BVerfGE 97, 228, 253 f. (Nachrichtenmäßige Kurzberichterstattung im Fernsehen); 95, 267, 302 (Wiedervereinigung); BVerwG NVwZ 2001, 1399; *Wernsmann*, Jura 2001, 106, 107; *Kimms*, JuS 2001, 664, 666; *Schliesky*, JA 2002, 373, 376.
[1944] BVerfGE 82, 209, 223; 97, 228, 253; 121, 317, 345 ff.
[1945] Vgl. dazu aus jüngerer Zeit BVerfG NJW 2011, 2636 f. (Werbebeschränkung ggü Zahnärzten); BGH NJW 2010, 1968 ff.; *Raschke*, NJW 2015, 825 ff.
[1946] BVerfGE 13, 181, 185 f. (Schankerlaubnissteuer); 61, 291, 308 (Tierpräparatoren); 81, 108, 121 f. (Vereinbarkeit der ersatzlosen Streichung von § 34 IV EStG mit dem Grundgesetz).
[1947] BVerfGE 70, 191, 214 (Fischereirechte); *Kluth*, Jura 2001, 371, 372; OVG Bremen NVwZ 2002, 875, 876.
[1948] BVerfGE 97, 228, 253 f. (Nachrichtenmäßige Kurzberichterstattung im Fernsehen); 105, 252, 264 ff.; OVG Bremen NVwZ 2002, 875, 876.
[1949] BVerfGE 47, 1, 21 (Steuerliche Berücksichtigung der Beschäftigung einer Haushaltshilfe).
[1950] BVerfGE 37, 1, 18 (Stabilisierungsfonds für Wein).
[1951] Vgl. BVerfG NVwZ 2002, 335 (mit Bespr. v. *Jahn*, JuS 2002, 434); BVerwGE 107, 169 ff.
[1952] LVerfG Mecklenburg-Vorpommern 30.4.2015 – LVerfG 7/14.
[1953] BVerfGE 105, 252, 264 ff. Vgl. dazu näher *R. Schmidt*, AllgVerwR, Rn 893 ff.

dieser Frage auf das eigene Judiz verlassen und eine berufsregelnde Tendenz immer dann annehmen, wenn man beim Lesen des Sachverhalts ohne zu zögern an Art. 12 I GG denkt. Die Unterscheidung zwischen subjektiv und objektiv berufsregelnder Tendenz ist deshalb relevant, da Maßnahmen mit objektiv berufsregelnder Tendenz von erheblichem Gewicht sein müssen, um eine Eingriffsqualität zu erhalten.

794 ▪ Neuerdings tendiert das BVerfG dazu, das Kriterium der berufsregelnden Tendenz **aufzugeben** und die Frage nach dem Grundrechtseingriff **allein** danach zu beantworten, ob der Grundrechtsträger **in seiner Berufsfreiheit eingeschränkt** wird.[1954] Dem ersten diesbezüglichen Urteil der BVerfG lag der Sachverhalt zugrunde, dass ein Arbeitgeber gem. § 14 I S. 1 MuSchG verpflichtet war, einer bei ihm beschäftigten Mutter drei Monate vor und nach der Niederkunft einen Zuschuss zum staatlichen Mutterschaftsgeld zu zahlen. Das BVerfG gab – unter Aufgabe seiner bisherigen Rspr. – der Verfassungsbeschwerde des Arbeitgebers statt und erklärte die angegriffene, am Maßstab des Art. 12 I GG zu messende Regelung für verfassungswidrig. Auch im Urteil bezüglich des gesetzlichen **Rauchverbots in Gaststätten** stellt das BVerfG fest, dass ein Eingriff in Art. 12 I GG vorliege, da den betroffenen Gastronomen untersagt werde, ihre Leistungen und Dienste an rauchende Gäste anzubieten[1955] bzw. selbst zu bestimmen, ob in ihren Gaststätten geraucht werden darf[1956]. Und der saarländische VerfGH spricht hinsichtlich des Rauchverbots in Gaststätten von einem „unmittelbaren Eingriff in die durch das Berufsgrundrecht geschützte Gewerbefreiheit von Gastwirten".[1957] Ob diese Rechtsprechung die Aufgabe des Kriteriums der berufsregelnden Tendenz eingeläutet hat, muss die Zukunft zeigen. Inhaltlich bedeutet sie im Vergleich zum bisherigen Kriterium der objektiv berufsregelnden Tendenz, dass die Rspr. die Voraussetzungen, unter denen ein Eingriff in Art. 12 I GG anzunehmen ist, im Begriff ist, abzusenken.

795 Legt man die neuere Tendenz des BVerfG zugrunde, nicht mehr nach subjektiv oder objektiv berufsregelnder Tendenz zu unterscheiden, sondern den Eingriff allein freiheitsverkürzend zu verstehen, ergibt sich folgender Begriff des Eingriffs:

Ein **Eingriff** in den Schutzbereich des Art. 12 I GG liegt vor, wenn die durch Art. 12 I GG geschützte Tätigkeit vom Betroffenen nicht in der von ihm gewünschten Art und Weise ausgeübt werden kann.

796 In die **freie Wahl des Arbeitsplatzes** wird eingegriffen, wenn der Staat den Einzelnen am Erwerb eines zur Verfügung stehenden Arbeitsplatzes hindert, ihn zur Annahme eines bestimmten Arbeitsplatzes zwingt oder die Aufgabe seines Arbeitsplatzes verlangt.[1958] Auch hier kann zwischen objektiven und subjektiven Voraussetzungen für den Erhalt eines Arbeitsplatzes unterschieden werden.

Beispiel: Vorschriften oder Vereinbarungen, die einen Bediensteten des öffentlichen Dienstes bei dessen vorzeitiger Aufgabe der Tätigkeit zur Erstattung (eines Teils) der Ausbildungskosten verpflichten, greifen in das Grundrecht auf freie Wahl des Arbeitsplatzes ein, da sie den Betreffenden u.U. daran hindern, die Tätigkeit aufzugeben.[1959]

797 Da die Rechtsverhältnisse rund um den Arbeitsplatz überwiegend **privatrechtlicher** Natur sind, gilt das Grundrecht des Art. 12 I GG nicht unmittelbar zwischen dem Arbeitnehmer und dem Arbeitgeber. Da aber die arbeitsrechtlichen Vorschriften über unbe-

---

[1954] Vgl. BVerfGE 109, 64, 84 ff. (Mutterschaftsgeld II).
[1955] BVerfGE 121, 317, 345 ff. (dazu *Sachs*, JuS 2008, 916 ff. und *Muckel*, JA 2008, 906 ff.).
[1956] BVerfGE 130, 131, 141 f. (dazu *Muckel*, JA 2012, 556).
[1957] VerfGH Saarl LKRZ 2011, 275 f. (dazu *Muckel*, JA 2011, 638).
[1958] BVerfGE 92, 140, 151 (Kündigung eines im Polizeidienst tätigen Arbeitnehmers); 97, 169, 175 (Kleinbetriebsklausel im KSchG); *P/S/K/P*, Rn 910.
[1959] Vgl. BVerfGE 39, 128, 141 ff. (Erstattung der Ausbildungskosten); BVerwGE 30, 65, 69; 40, 237, 239.

stimmte Rechtsbegriffe zahlreiche Einbruchstellen für die Grundrechte enthalten, besteht Grundrechtsschutz über die **Horizontalwirkung** der Grundrechte (Rn 106 f.).

3. Verfassungsrechtliche Rechtfertigung

Art. 12 I S. 2 GG enthält einen Regelungsvorbehalt i.S.e. Gesetzesvorbehalts. Dieser **798**
bestimmt, dass (lediglich) die Berufs*ausübung* **durch oder aufgrund eines Gesetzes** geregelt werden darf. Die Berufs*wahl* wäre demzufolge vorbehaltlos gewährleistet. Beide Aspekte der Berufsfreiheit lassen sich in der Praxis jedoch nicht immer trennen, sodass von einem **einheitlichen Grundrecht der Berufsfreiheit** ausgegangen werden muss. Daher ist es nur konsequent, den Regelungsvorbehalt des Art. 12 I S. 2 GG auch auf Art. 12 I S. 1 GG (d.h. die Berufswahl) zu erstrecken.[1960] Mit der Formulierung „durch Gesetz oder aufgrund eines Gesetzes" ist gemeint, dass nicht nur formelle Gesetze, sondern (auf deren Grundlage) auch nur-materielle Gesetze wie Rechtsverordnungen und Satzungen als berufsregelnde Rechtsnormen in Betracht kommen.[1961] Selbst Verwaltungsakte auf der Grundlage eines der genannten Gesetze können demnach die Berufsfreiheit einschränken. Jedoch muss das ermächtigende formelle Gesetz alle für die Berufsfreiheit wesentlichen Voraussetzungen selbst regeln. Dabei gilt, dass je schwerwiegender der Eingriff in die Berufsfreiheit ausfällt, desto detaillierter die formell-gesetzliche Regelung sein muss. Lediglich Randfragen der Berufszulassung und generell Fragen der Berufsausübung können der Exekutive überlassen werden (Aussage der Wesentlichkeitsrechtsprechung).[1962] Für Rechtsverordnungen gelten dabei zusätzlich die Anforderungen des Art. 80 I S. 2 GG bzw. die entsprechenden Bestimmungen der Landesverfassungen.

Ist eine Rechtsnorm mit beeinträchtigender Wirkung vorhanden, ist sodann ihre Recht- **799**
mäßigkeit zu prüfen. Die Norm muss in formeller und materieller Hinsicht mit dem Grundgesetz vereinbar sein.

- Die formelle Rechtmäßigkeit eines Parlamentsgesetzes bemisst sich insbesondere nach **800**
der **Gesetzgebungskompetenz** (für Bundesgesetze Art. 30, 70 ff. GG) und den **Verfahrensvorschriften** (für Bundesgesetze Art. 76 ff. GG).

  So sind nach h.M. die Länder für den Erlass sog. Nichtraucherschutzgesetze (Rauchverbot in Gaststätten) zuständig. Eine konkurrierende Bundesgesetzgebungszuständigkeit (etwa aus Art. 74 I Nr. 12 GG – Arbeitsschutz; Nr. 19 – gemeingefährliche Krankheiten, Gifte; Nr. 20 – Genussmittel; Nr. 24 – Luftreinhaltung), von der der Bund abschließend Gebrauch gemacht haben könnte, wird abgelehnt. Das Gleiche gilt hinsichtlich des nächtlichen Verkaufsverbots für Alkohol.[1963]

- Die materielle Rechtmäßigkeit bestimmt sich neben der Beachtung der **Wesentlich- 801**
keitsrechtsprechung und des **Bestimmtheitsgrundsatzes** insbesondere nach der **Verhältnismäßigkeit**. Das die Berufsfreiheit einschränkende Gesetz muss die wesentlichen Eingriffsvoraussetzungen selbst regeln (darf sie also nicht der Exekutive überlassen, auch nicht durch die Form der Rechtsverordnung)[1964], einen legitimen Zweck verfolgen, zur Erreichung des Zwecks geeignet, erforderlich und angemessen sein[1965]. Dabei macht das BVerfG die Verfassungsmäßigkeit der gesetzlichen Vorschrift (neuerdings jedoch nicht mehr konsequent) von der in seinem Apothekenurteil[1966] entwickelten Unterscheidung

---

[1960] St. Rspr. des BVerfG seit dem Apothekenurteil (E 7, 377, 402). Vgl. auch BVerfGE 102, 197, 213 f. (Öffentliche Spielbank); 104, 357 ff. (Ladenschlusszeiten für Apotheken); 105, 252, 264 ff. (Glykolwein); ferner BGH NJW 2005, 2304 ff.
[1961] Vgl. BVerwG NVwZ 2014, 86 hinsichtlich einer universitären Schwerpunktbereichsprüfungsordnung (Satzung).
[1962] Vgl. etwa BVerfG NVwZ 2015, 1279, 1280 f., wonach die pauschale Ermächtigung zur Regelung von Einstellungshöchstaltersgrenzen für Beamte durch Rechtsverordnung mit der Wesentlichkeitsrechtsprechung nicht vereinbar ist.
[1963] Vgl. BVerfG NVwZ 2011, 355 ff. (§ 3a Ladenöffnungsgesetz BaWü).
[1964] BVerfG NVwZ 2015, 1279, 1280 f. - vgl. dazu bereits Rn 798.
[1965] Zum allgemeinen Verhältnismäßigkeitsgrundsatz vgl. Rn 169 ff.
[1966] BVerfGE 7, 377 ff.

zwischen **drei Eingriffsstufen** abhängig: Die Anforderungen an die verfassungsrechtliche Rechtfertigung sind abhängig von der Stufe, auf der sich der Eingriff befindet. Je höher die Stufe ist, desto höher sind die Anforderungen an die Verfassungsgemäßheit. Im Überblick dargestellt, der auf BVerfGE 7, 377, 405 ff. basiert, ergibt sich:

⇨ Auf der **ersten Stufe** stehen Berufsausübungsregelungen, also Regelungen, die lediglich das „Wie" der beruflichen Tätigkeit regeln. Die damit verbundenen relativ geringen Beeinträchtigungen können bereits durch vernünftige Belange des Gemeinwohls gerechtfertigt werden.

⇨ Regelungen, die die Wahl eines Berufs oder den Verbleib im Beruf von persönlichen Eigenschaften und Fähigkeiten, erworbenen Abschlüssen oder erbrachten Leistungen der Berufsbewerber abhängig machen, also subjektive Zulassungsvoraussetzungen aufstellen, sind der **zweiten Stufe** zuzuordnen und wegen des damit verbundenen mittleren Beeinträchtigungsniveaus verfassungsrechtlich gerechtfertigt, wenn sie dem Schutz wichtiger Gemeinschaftsgüter dienen.

⇨ Eingriffe, die die Wahl eines Berufs bzw. den Verbleib in einem Beruf an Voraussetzungen knüpfen, die mit der Person des Bewerbers bzw. Berufstätigen nichts zu tun haben (die dieser damit auch nicht beeinflussen kann), also objektive Zulassungsvoraussetzungen (besser gesagt: objektive Zulassungsschranken) aufstellen, stehen auf der **dritten Stufe** und sind wegen der damit verbundenen hohen Eingriffsintensität nur dann gerechtfertigt, wenn sie zur Abwehr nachweisbarer oder höchstwahrscheinlicher schwerer Gefahren für ein überragend wichtiges Gemeinschaftsgut zwingend geboten sind.

Hinweis für die Fallbearbeitung: Wie noch zu sehen sein wird, stellt die Drei-Stufen-Theorie letztlich nur eine spezielle Ausprägung des allgemeinen Verhältnismäßigkeitsgrundsatzes dar und spielt v.a. bei der Erforderlichkeit und der Angemessenheit eine Rolle, nicht bei der Frage nach dem legitimen Zweck und der Geeignetheit des Gesetzes.[1967]

a. Drei-Stufen-Theorie

802 Wie soeben im Überblick dargestellt, ist die Beeinträchtigung des Grundrechts relativ gering, wenn es lediglich um die Regelung der **Berufsausübung**, also um die Frage des „Wie" der beruflichen Tätigkeit geht (**1. Stufe**).

Beispiele: Regelungen der Berufsausübung sind etwa: Anzeigepflicht bestimmter Gewerbe (§ 14 GewO); Festlegung von Ladenschlusszeiten[1968]; Arbeitszeiten und Polizeistunden[1969]; (gesetzliches) Verbot eines nächtlichen Verkaufs von Alkohol (etwa an Tankstellen)[1970]; Verbot der Benutzung von Bräunungsstudios durch Minderjährige[1971]; Verpflichtung, eine Uniform oder Dienstkleidung zu tragen[1972]; Verbot der Augeninnendruckmessung und Gesichtsfeldprüfung durch Optiker[1973]; Werbebeschränkung für Ärzte, Apotheker, Notare und Rechtsanwälte (vgl. nur § 11 HWG und die landesrechtlichen Berufsordnungen der Ärzte und Tierärzte; § 43b BRAO)[1974]; Beschränkung der Werbung für

[1967] Vgl. bereits die 14. Aufl. 2012; später auch *Weinbuch*, JA 2013, 197, 202.
[1968] BVerfGE 13, 237 ff.; 104, 357 ff.; 111, 10 ff.
[1969] BVerwGE 20, 321, 323.
[1970] Vgl. BVerfG NVwZ 2011, 355 ff. (mit Bespr. v. *Muckel*, JA 2011, 237).
[1971] BVerfG NJW 2012, 1062 f. (mit Bespr. v. *Muckel*, JA 2012, 312 f.).
[1972] BVerfGE 28, 21 (Robenzwang für Rechtsanwälte).
[1973] BVerfG NJW 2000, 2736.
[1974] Vgl. dazu etwa BVerfG NJW 2015, 1438, 1439 (Schockwerbung durch Rechtsanwalt – dazu Rn 429 Bsp. 5); NJW 2011, 2636 f. (Zahnärzte); BVerfGE 76, 196; 82, 18; 85, 97 (Steuerberater); 94, 372 (Apotheker); BVerfG NJW 2002, 3091 (Tierärzte); NJW 2008, 839; NJW 2002, 1331; 2003, 879 (jeweils Ärzte); NJW 2001, 1926; NJW 2001, 2461; NJW 2000, 3195; BGH NJW 2010, 1968 (Steuerberater); OLG Nürnberg NJW 2001, 2481; OLG Oldenburg NJW 2001, 2026; BGH NJW 2001, 1138; BGH NJW 2001, 2087; AnwGH Nds NJW 2004, 1536, 1537 (jeweils Rechtsanwälte); BVerfG NJW 1997, 2510 (Notare); BVerwGE 105, 362, 366 ff. (Ärzte); BVerwG NJW 2010, 547 f. (Tierärzte). Begründet wird die Werbebeschränkung mit dem nach wie vor herrschenden Verständnis, die genannten Berufe stellten nach Tradition und

Arzneimittel (vgl. § 3 HWG)[1975]; Nichtzulassung eines Rechtsanwalts zum BGH-Anwalt (vgl. §§ 164 ff. BRAO)[1976]; Verbot für Apotheker, Arzneimittel und Medizinprodukte, die der Apothekenpflicht unterliegen, im Wege der Selbstbedienung in den Verkehr zu bringen (§ 17 III ApoBetrO)[1977]. Auch steuerrechtliche Vorschriften, deren berufsregelnde Tendenz nicht auf die Erdrosselung eines Berufs, aber doch auf die Lenkung seiner Ausübung hinausläuft, sind ebenso Regelungen der Berufsausübung[1978] wie die Verpflichtung zur Offenlegung von Betriebs- und Geschäftsgeheimnissen. Des Weiteren dürfte die Regelung des § 10 JuSchG, wonach das Anbieten von Tabakwaren etc. (auch in Automaten) an Stellen, die Jugendlichen zugänglich sind, grds. verboten ist, der ersten Stufe zuzuordnen sein. Schließlich hat das BVerfG **Rauchverbote** in Gaststätten zwar nicht explizit, jedoch der Sache nach als Beeinträchtigung der Berufsausübungsfreiheit angesehen und damit (unausgesprochen) der 1. Stufe zugeordnet[1979], obwohl mit einem Rauchverbot die Existenzgrundlage eines Kneipeninhabers gefährdet sein kann und daher von einem relativ geringen Beeinträchtigungsniveau, das an sich die 1. Stufe kennzeichnen soll, wohl kaum gesprochen werden kann. Immerhin stellt das BVerfG aufgrund der „Atypik" des Falles höhere Voraussetzungen an die Rechtfertigung[1980] (dazu Rn 804/808).

Weil nach der Terminologie der Drei-Stufen-Theorie Beeinträchtigungen der Berufsausübungsfreiheit relativ gering sind, sollen sie bereits dann **gerechtfertigt** sein, wenn **vernünftige Erwägungen des Allgemeinwohls** diese für zweckmäßig erscheinen lassen.[1981] **803**

Beispiele: So sollen etwa ein Werbeverbot oder eine Werbebeschränkung für Ärzte und Tierärzte verfassungsrechtlich gerechtfertigt sein, wenn die Werbung Verunsicherungen bei der Bevölkerung auslösen würde bzw. geeignet ist, das Vertrauen in die berufliche Integrität des Arztes/Tierarztes in Frage zu stellen[1982], ein Werbeverbot hinsichtlich Arzneimittel dann, wenn ein übermäßiger Medikamentenkonsum der Bevölkerung verhindert werden soll, und ein Werbeverbot für Rechtsanwälte, wenn das Vertrauen gestärkt wird, der Anwalt werde nicht aus Gewinnstreben zu Prozessen raten (Verhinderung übermäßiger Inanspruchnahme der Justiz) oder die Sachbehandlung an Gebühreninteressen ausrichten.[1983] Wie bereits bei Rn 802 erwähnt, ist die Rechtsprechung in jüngerer Zeit hinsichtlich der Werbebeschränkungen aber etwas liberaler geworden. So ist die Werbung einer Zahnarztpraxis mit dem Qualitätssiegel „MacDent" ebenso toleriert worden[1984] wie die Aktion eines (Zahn-)Arztes in einem Supermarkt, der auf seine Praxis aufmerksam macht, sofern dies nicht allzu marktschreierisch geschieht[1985]. Auch das BVerfG gibt sich zunehmend aufgeschlossener hinsichtlich Werbeaktionen von Ärzten.[1986] Der Gesetzgeber hat (in Reaktion auf die Rechtsprechung) mit der Änderung des § 11 HWG Werbeverbote

---

Recht kein Gewerbe dar und der Bürger müsse vor übertriebener und marktschreierischer Werbung, die geeignet sei, die berufliche Integrität und Gemeinwohlbelange anzuzweifeln, geschützt werden. Erfreulicherweise haben in jüngerer Zeit das BVerfG (NJW 2011, 2636) und der BGH (NJW 2010, 1968) freiberufsspezifische Werbeverbote kritisch betrachtet. Der Gesetzgeber hat mit der Änderung des HWG reagiert. Vgl. dazu auch *Raschke*, NJW 2015, 825 ff.

1975 Vgl. dazu BVerfG NJW-RR 2007, 1038 mit Bespr. v. *Muckel*, JA 2008, 236.

1976 Vgl. BGH NJW 2005, 2304 ff. Diese Auffassung ist jedoch sehr zweifelhaft, weil der BGH selbst an anderer Stelle seiner Entscheidungsbegründung konstatiert, dass der Anwalt mit der Wahl, BGH-Anwalt werden zu wollen, eine in beruflicher Hinsicht „Lebensentscheidung" treffe (S. 2304 r. Sp.). Trifft der Anwalt aber eine „Lebensentscheidung", ist die Einstufung lediglich als „Berufsausübungsregel" willkürlich und unhaltbar. Vielmehr hätte der BGH die Zulassung zum BGH-Anwalt als *subjektive Zulassungsvoraussetzung* (Rn 805) qualifizieren müssen. Offenbar hat der BGH nur einen Weg gesucht, erleichterte Zugangsbeschränkungen zu rechtfertigen. Vgl. zur Singularzulassung beim BGH auch BVerfGE 106, 216, 219 ff.

1977 BVerfGE 144, 355, 359 ff.

1978 BVerfGE 99, 202, 211 (Unvereinbarkeit des § 128a I und II AFG mit Art. 12 GG).

1979 BVerfGE 121, 317, 345 ff.; 130, 131, 142; vgl. auch *Muckel*, JA 2008, 906 ff.

1980 BVerfGE 121, 317, 345 ff.; vgl. auch BVerfGE 130, 131, 142 f.

1981 BVerfGE 7, 377, 405.

1982 Vgl. die Nachweise bei Rn 802.

1983 BVerfG NJW 2000, 3195 (Anwaltswerbung durch Sponsoring); BVerfG NJW 2001, 1926, 1927 (Werbung durch Fachanwälte mit Stichworten zur Tätigkeit); BGH NJW 2001, 2087 (Infoveranstaltung mit Mittagsimbiss ist keine unzulässige Werbung). Vgl. auch *Bardenz*, MDR 2001, 247 ff.

1984 BVerwG NJW 2010, 547.

1985 VG Minden GesR 2009, 301.

1986 Vgl. BVerfG NJW 2011, 2636 f.

gelockert. Ebenso ist das Auf-sich-aufmerksam-Machen einer Steuerberatergesellschaft durch das Anbieten von kostenloser Erstberatung als erlaubt angesehen worden.[1987] Weniger liberal reagiert die Rechtsprechung dagegen auf irreführende, weil gar nicht existente Bezeichnungen („Praxis für Zahnheilkunde und Implantologie").[1988] Gleiches gilt hinsichtlich eines Rechtsanwalts, der nicht als Fachanwalt für Medizinrecht tätig war, sich aber dennoch „Spezialist für Zahnarztrecht" nannte.[1989] Bei aller gebotenen oder zumindest nachvollziehbaren Liberalisierung des ärztlichen oder rechtsanwaltlichen Werberechts darf aber auch nicht vergessen werden, dass die sog. Freien Berufe (Rn 775) regelmäßig keine Gewerbe darstellen und damit auch von der Gewerbesteuerpflicht befreit sind. Das, sowie der Umstand, dass die Träger dieser Berufe eine besondere öffentliche Aufgabe erfüllen, rechtfertigt eine im Vergleich zu den Gewerbetreibenden unterschiedliche Behandlung in Bezug auf das Werberecht. Daher ist ein auf § 43b BRAO gestütztes Verbot gegenüber einem Rechtsanwalt, reißerische Werbung („Schockwerbung") zu betreiben, mit Art. 12 I GG (wie mit Art. 5 I S. 1 Var. 1 GG) vereinbar.[1990]

804 Im Übrigen schadet es selbstverständlich nicht, wenn der Eingriff in die Berufsausübungsfreiheit zugunsten eines überragend wichtigen Gemeinwohlbelangs vorgenommen wird, da die „vernünftigen Erwägungen des Allgemeinwohls" nur die Mindestvoraussetzungen darstellen (sog. Erst-recht-Schluss).

Beispiele: Werden mit einem **Rauchverbot** oder einem Verbot der Benutzung von **Bräunungsstudios** durch Minderjährige sogar überragend wichtige Gemeinwohlbelange wie die menschliche Gesundheit verfolgt, führt dies erst recht zur Rechtmäßigkeit des Eingriffs, zumal die Schutzpflicht des Staates eine Risikovorsorge gegen Gesundheitsgefährdungen umfasst.[1991] Daher sind sogar ausnahmslose Rauchverbote verfassungsrechtlich nicht zu beanstanden.[1992] Entscheidet sich der Gesetzgeber aufgrund des ihm zukommenden Einschätzungs-, Wertungs- und Gestaltungsspielraums aber für ein Konzept des Nichtraucherschutzes in Gaststätten, das den Gesundheitsschutz im Ausgleich insbesondere mit der Berufsfreiheit der Gaststättenbetreiber verfolgt und daher Ausnahmen vom Rauchverbot zulässt, müssen diese derart gestaltet sein, dass sie auch bestimmte Gruppen von Gaststätten (etwa Eckkneipen, die aufgrund der geringen Größe nicht wie größere Gastwirtschaften Nichtraucherräume einrichten können) miterfassen, um bei diesen besonders starke wirtschaftliche Belastungen zu vermeiden. Anderenfalls ist nicht nur Art. 12 I GG, sondern auch Art. 3 I GG verletzt.[1993] Auch wäre es sachwidrig, lediglich Speisegaststätten (nicht aber Kneipen) generell von der Möglichkeit auszuschließen, einen Raucherraum einzurichten.[1994]

Ebenfalls mit dem Argument des Gesundheitsschutzes (aber auch mit der Gefahrenabwehr) hat das BVerfG das nächtliche **Verkaufsverbot für Alkohol**[1995] der 1. Stufe zugeordnet und mit Art. 12 I GG für vereinbar erklärt (zur Vereinbarkeit der Regelung mit Art. 3 I GG vgl. Rn 331, 342a).

Das gilt auch hinsichtlich des Verbots für Apotheker, Arzneimittel und Medizinprodukte, die der Apothekenpflicht unterliegen, im Wege der **Selbstbedienung** in den Verkehr zu bringen (§ 17 III ApoBetrO). Das wichtige Gemeinschaftsgut Gesundheit von Menschen ist geeignet, den Eingriff in die Berufsausübungsfreiheit zu rechtfertigen.[1996]

[1987] BGH NJW 2010, 1968 (Steuerberater); vgl. dazu *Kleine-Cosack*, NJW 2010, 1921 ff.
[1988] OVG Münster ArztR 2009, 193; BVerfG NJW 2011, 2636 f.
[1989] OLG Karlsruhe NJW 2009, 3663.
[1990] BVerfG NJW 2015, 1438, 1439 – dazu bereits Rn 429 Bsp. 5 in Bezug auf Art. 5 I S. 1 Var. 1 GG.
[1991] Vgl. BVerfGE 121, 317, 345 ff.; 130, 131, 142 f. (Rauchverbot); BVerfG NJW 2012, 1062 f. (Bräunungsstudios).
[1992] BVerfG NJW 2008, 2701. Das neue bayerische Gesundheitsschutzgesetz, das ein striktes Rauchverbot in allen Gaststätten i.S.d. GastG (also auch in Festzelten) anordnet, ist daher verfassungsgemäß (vgl. BVerfG NVwZ 2010, 1289).
[1993] BVerfGE 121, 317, 345 ff.
[1994] BVerfGE 130, 131, 142 f.
[1995] Vgl. BVerfG NVwZ 2011, 355 ff. (§ 3a Ladenöffnungsgesetz BaWü).
[1996] BVerfGE 144, 355, 359 ff.

Ein mittleres Beeinträchtigungsniveau liegt vor bei sog. **subjektiven Zulassungsvoraussetzungen**, also bei Regelungen, die die **Wahl eines Berufs** oder den Verbleib im Beruf von persönlichen Eigenschaften (etwa Höchstalter) und Fähigkeiten, erworbenen Abschlüssen (etwa Approbation als Apotheker, um eine Apotheke betreiben zu dürfen, § 2 I Nr. 3 ApothekenG) oder erbrachten Leistungen der Berufsbewerber (etwa Meisterbrief für bestimmte Berufe des Handwerks, vgl. § 7 HandwO) abhängig machen (**2. Stufe**). 805

Beispiele: Zu den subjektiven Zulassungsvoraussetzungen zählen etwa das Abitur für die Zulassung zum gehobenen öffentlichen Dienst, die Gesellenprüfung für die Beschäftigung als Handwerksgeselle, der große Befähigungsnachweis (sog. „**Meisterprüfung**") zur Ausübung eines selbstständigen Handwerks (§ 7 HandwO) oder die Approbation als Apotheker, um eine Apotheke betreiben zu dürfen (§ 2 I Nr. 3 ApothekenG). Auch **Höchstaltersgrenzen** für die Zulassung zu oder den Verbleib in einem bestimmten Beruf (etwa für Hebammen, Prüfingenieure, Polizeivollzugsbeamte, Piloten, erste Bürgermeister, Landräte, die Einstellung in den staatlichen Vorbereitungsdienst oder für die Neuzulassung zum Notar)[1997] oder die Eignung und Zuverlässigkeit (Beispiel: Konzession gem. § 4 GastG), das Fehlen bestimmter Vorstrafen (Beispiel: keine Vorstrafe wegen Untreue bei der Beantragung einer Rechtsanwaltszulassung – vgl. § 7 BRAO), der Vorbehalt, einen Schwangerschaftsabbruch ausschließlich durch einen *Fach*arzt vornehmen zu lassen, oder das Vorhandensein von Finanzmitteln stellen subjektive Zulassungsvoraussetzungen dar. Ob der Betreffende auf die Eigenschaften Einfluss hat, ist nicht entscheidend. Zur verfassungsrechtlichen Rechtfertigung solcher Eingriffe vgl. Rn 806.

Nach Auffassung des BVerfG ist auch das Verbot für Ärzte, neben der Gebietsbezeichnung „Allgemeinmedizin" eine weitere Gebietsbezeichnung (etwa „Kinderarzt") zu führen, in diese Stufe einzuordnen.[1998] Was dieses Verbot mit subjektiven Zulassungsvoraussetzungen zu tun haben soll, ist nicht ersichtlich. Warum das BVerfG dieses Verbot dennoch dieser Stufe zuordnet, erschließt sich, wenn man die jeweiligen Voraussetzungen für die verfassungsrechtliche Rechtfertigung und das offenbar gewünschte Ergebnis der Entscheidung betrachtet (dazu Rn 806 ff.).

Eingriffe, die der zweiten Stufe zuzuordnen sind (also subjektive Zulassungsvoraussetzungen), sind wegen des damit verbundenen mittleren Beeinträchtigungsniveaus verfassungsrechtlich gerechtfertigt, wenn sie dem **Schutz wichtiger Gemeinschaftsgüter** dienen.[1999] 806

So ist etwa (nach zweifelhafter Auffassung des BVerfG und des BVerwG) das Erfordernis der **Meisterprüfung** als Voraussetzung für die Ausübung bestimmter selbstständiger Handwerke aus zweierlei Gründen gerechtfertigt, zum einen zur Abwehr von Gefahren für Gesundheit oder Leben Dritter durch unsachgemäße Handwerksausübung und zum anderen zum Schutze der Leistungsfähigkeit des betroffenen Handwerks.[2000] Immerhin hat der Gesetzgeber bereits 2004 die Anzahl der Berufe mit grundsätzlichem Meisterzwang deutlich reduziert (vgl. Anlage A zur HandwO: von ehemals 94 auf nunmehr 41 Handwerke) und auch eine Ausübungsberechtigung für „Altgesellen" durch Aufnahme zweier weiterer alternativer, gleichrangiger persönlicher Eintragungsvoraussetzungen (§ 7b I HandwO) geschaffen, von denen der Gewerbetreibende die ihn am wenigsten belastende wählen kann. Dies stelle keine unverhältnismäßige Beschränkung der Berufsfreiheit dar.[2001]

[1997] BVerfG NVwZ 2015, 1279, 1281; BVerwG NVwZ 2015, 1294, 1295 f.
[1998] BVerfG NJW 2003, 879 ff. (Führen mehrerer Facharztbezeichnungen).
[1999] BVerfGE 7, 377, 405.
[2000] Vgl. BVerfGE 13, 97, 107 (Befähigungsnachweis Handwerk); 69, 209, 218 (Steuerberaterprüfung); BVerwG NVwZ-RR 2012, 23 f.; BVerwG GewArch 2012, 35 f.
[2001] BVerwG NVwZ-RR 2012, 23 f. Zur Vereinbarkeit mit Art. 3 I GG, wenn Gewerbetreibenden mit einer in einem anderen EU-Mitgliedstaat oder in einem EWR-Mitgliedstaat erworbenen Qualifikation die Ausübung eines Handwerks in Deutschland unter teilweise anderen (milderen) Voraussetzungen ermöglicht wird, vgl. Rn 331b/342c.

Auch **Altersgrenzen** für die **Ausübung** bestimmter Berufe sind damit gerechtfertigt worden, dass ab einem bestimmten Alter die Leistungsfähigkeit herabgesetzt und so eine ordnungsgemäße Ausübung des Berufs nicht mehr gewährleistet sei. Hinsichtlich der (mittlerweile abgeschafften) Altersgrenze für die Vertragsarztzulassung (vgl. § 98 II Nr. 12 SGB V a.F.: 55 Jahre) oder der Altersgrenze für die erstmalige Bestellung zum Notar (vgl. § 6 I S. 2 BNotO: 60 Jahre) seien als wichtiges Gemeinschaftsgut die Stabilität der gesetzlichen Krankenversicherung[2002] bzw. die Funktionsfähigkeit der vorsorgenden Rechtspflege[2003] anzusehen. Die Höchstaltersgrenze von 60 Jahren für Piloten diene einem besonders wichtigen Gemeinschaftsgut, namentlich dem Schutz von Leben und Gesundheit einer Vielzahl von Menschen, die bei einem Versagen des Piloten aufgrund von altersbedingten Ausfallerscheinungen gefährdet sein könnten.[2004] Und der bayerische Verfassungsgerichtshof hat (freilich am Maßstab der bayerischen Verfassung) die Altersgrenze für Prüfingenieure von 68 Jahren nicht beanstandet. Die Standfestigkeit von Gebäuden sei von so großer Bedeutung für die öffentliche Sicherheit, zu der insbesondere Leib und Leben von Menschen gehörten, dass sie nur von körperlich und geistig leistungsfähigen Berufsträgern gewährleistet werden solle. Die Altersgrenze von 68 stütze sich auf die allgemeine Lebenserfahrung und die medizinische Erkenntnis, dass mit zunehmendem Alter die Wahrscheinlichkeit einer Beeinträchtigung der Leistungsfähigkeit steige. Gestützt auf diese Erkenntnis dürfe der Normgeber generalisierend Altersgrenzen für den Verbleib in einem Beruf festlegen.[2005] In gleicher Weise hat das BVerwG hinsichtlich der Altersgrenze von 70 Jahren für Prüfsachverständige entschieden.[2006] Das ist nachvollziehbar und in der Sache auch richtig, zumal ja die angegriffenen Altersgrenzen nicht nach unten vom allgemeinen Renteneintrittsalter von 65 Jahren abweichen. Davon zu unterscheiden sind Altersgrenzen für die **Einstellung** bei bestimmten Berufen. So soll etwa die Höchstaltersgrenze von 25 Jahren für die Einstellung in den Polizeivollzugsdienst (des Landes Berlin) der Funktionstüchtigkeit des Polizeidienstes dienen.[2007] Diese nationale Rechtsprechung warf die Frage nach der Vereinbarkeit mit EU-Recht auf. So hat der EuGH entschieden, dass die Höchstaltersgrenze von 60 Jahren für Piloten gegen das Diskriminierungsverbot des Art. 18 I AEUV verstoße, da sie unterhalb des allgemeinen Renteneintrittsalters von 65 Jahren liege und eine Differenzierung nicht gerechtfertigt sei.[2008] Daraufhin hat sich das BVerfG zunächst diesem Standpunkt angenähert.[2009] Dann aber hat das BVerfG die Höchstaltersgrenze von 65 Jahren für die Wählbarkeit zum berufsmäßigen ersten Bürgermeister oder Landrat für mit Art. 12 I GG vereinbar erklärt, da diese Altersgrenze der effektiven Bewältigung der mit diesen Ämtern verbundenen Aufgaben diene.[2010] Andererseits hat das BVerfG *generelle* Einstellungshöchstaltersgrenzen für die Zulassung zum öffentlichen Dienst für mit Art. 33 II GG unvereinbar erklärt, weil eine pauschale Einstellungshöchstaltersgrenze keine Rücksicht auf die vorgesehene Verwendung nehme.[2011]

807 Am intensivsten sind Eingriffe der **3. Stufe**, also Vorschriften, welche die **objektiven Zulassungsschranken** zu einer beruflichen Tätigkeit regeln. Objektive Zulassungsvoraussetzungen (besser gesagt: objektive Zulassungsschranken) binden die **Wahl eines Berufs** bzw. den **Verbleib** an Voraussetzungen, die mit der Person des Bewerbers nichts zu tun haben und die dieser auch nicht beeinflussen kann.

Beispiele: Als objektive Zulassungsbeschränkungen kommen insbesondere Bedürfnisklauseln in Betracht (vgl. etwa § 13 II S. 1 Nr. 3 PBefG für den Linienverkehr und § 13 IV

[2002] Vgl. BVerfGE 103, 172, 185 ff. (mit Bespr. v. *Welti*, JA 2002, 110 ff.).
[2003] BVerfG NJW 2008, 1212 f.
[2004] BVerfG MDR 2005, 341 f. (Piloten).
[2005] BayVerfGH NVwZ 2013, 1075 mit Bespr. v. *Muckel*, JA 2014, 159.
[2006] BVerwG NVwZ 2015, 1294, 1295 f.
[2007] BVerwG NVwZ 2010, 251 f.
[2008] EuGH NJW 2011, 3209 ff.
[2009] BVerfG NVwZ 2012, 297 f. (satzungsmäßige Altersgrenze für öffentlich bestellte und vereidigte Sachverständige; vgl. auch die Bespr. v. *Dilewski*, DS 2011, 377). Dem folgend BVerwG NJW 2012, 1018 ff.
[2010] BVerfG NVwZ 2013, 1540, 1541.
[2011] BVerfG NVwZ 2015, 1279, 1280 ff.

PBefG für den Verkehr mit Taxen)[2012]. Auch das Apothekenurteil des BVerfG hatte eine Bedürfnisklausel zum Gegenstand, die als Voraussetzung für die Errichtung einer Apotheke verlangte, dass die vorhandenen Apotheken zur Versorgung der Bevölkerung mit Arzneimitteln nicht ausreichten und durch die Errichtung wirtschaftlich nicht wesentlich beeinträchtigt würden. Auch die Vorschriften über die Bedarfszulassung von Vertragsärzten (früher: Kassenärzte) stellen eine objektive Berufszulassungsvorschrift dar. Des Weiteren kommen Errichtungsverbote, Höchstzahlen oder Inkompatibilitäten[2013] in Betracht. Auch Steuerbelastungen, die so hoch sind, dass sie einen Beruf wirtschaftlich „erdrosseln", greifen als objektive Zulassungsbeschränkungen in das Grundrecht des Art. 12 I GG ein. Das BVerfG hat jedoch bisher noch keiner steuerrechtlichen Vorschrift diese erdrosselnde Wirkung zuerkannt und nur gelegentlich ausgesprochen, dass eine erdrosselnde Besteuerung vor Art. 12 I GG schwerlich Bestand haben könne.[2014] Auch der Numerus clausus bei Studienplätzen (dazu Rn 810) stellt eine objektive Zulassungsbeschränkung dar.

Eingriffe auf dieser Stufe sind im Allgemeinen nur dann zulässig, wenn sie zur Abwehr nachweisbarer oder höchstwahrscheinlicher **schwerer Gefahren für ein überragend wichtiges Gemeinschaftsgut** zwingend geboten sind.[2015] Als überragend wichtig hat das BVerfG neben der Gesundheit der Bevölkerung[2016] (auch im Hinblick auf den Schutz vor Rauchern, obwohl es das Rauchverbot in Gaststätten der 1. Stufe zugeordnet hat, siehe Rn 802/804)[2017] die Steuerrechtspflege[2018], den Schutz vor ungeeigneten Rechtsberatern[2019] und die Leistungsfähigkeit der öffentlichen Personenbeförderung[2020] anerkannt. Auf das nächtliche Verkaufsverbot für Alkohol wurde bereits eingegangen. 808

Hinweis für die Fallbearbeitung: Wie bereits erwähnt, handelt es sich bei der Drei-Stufen-Theorie letztlich um nichts anderes als um eine spezielle Erscheinungsform des allgemeinen Verhältnismäßigkeitsgrundsatzes, wonach umso höhere Rechtfertigungsanforderungen an die Maßnahme zu stellen sind, je intensiver der Eingriff in grundrechtlich geschützte Rechtspositionen ausfällt. Bei Art. 12 GG hat diese „Faustformel" durch die Rspr. des BVerfG also lediglich vermeintlich präzisere Konturen erlangt. Die Drei-Stufen-Theorie erklärt sich, wenn man ihre Entstehungsgeschichte berücksichtigt. Im Zeitpunkt des Apothekenurteils hatte das BVerfG nämlich noch nicht den Grundsatz der Verhältnismäßigkeit als allgemeines Verfassungsprinzip herausgearbeitet. Aus heutiger Sicht ist die Drei-Stufen-Theorie daher nicht nur überflüssig, sondern teilweise sogar hinderlich. Gerade der neueren Rspr. des BVerfG ist daher 809

[2012] Zur Vereinbarkeit einer Bedarfsprüfung bezüglich der Zulassung zum qualifizierten Krankentransport vgl. BVerwG NVwZ-RR 2000, 213.

[2013] So darf ein Beamter auf Lebenszeit, der zugleich Volljurist ist, nicht neben seiner Beamtentätigkeit (etwa als Hochschullehrer) auch als Rechtsanwalt arbeiten. Eine etwaige Anwaltszulassung ist daher zwingend (gem. § 14 II Nr. 5 BRAO) zu widerrufen. Dem steht nicht Art. 12 I GG entgegen. Denn ein Rechtsanwalt ist als staatfreies unabhängiges Organ der Rechtspflege umfassend zur Rechtsberatung befugt und handelt im Interesse des Rechtssuchenden. Diese Aufgabe könnte ein Rechtsanwalt, der zugleich Beamter auf Lebenszeit und zur Loyalität seinem Dienstherrn gegenüber verpflichtet ist, nicht ohne mögliche Interessenkollision vollbringen (BGH NJW 2012, 615 f.).

[2014] Vgl. BVerfGE 8, 222, 228 (Hamburgische Vergnügungssteuer); ferner BVerfGE 13, 181, 185 f. (Schankerlaubnissteuer).

[2015] St. Rspr. seit BVerfGE 7, 377, 405 (Apothekenurteil); vgl. auch BVerfGE 102, 197, 214 (Öffentliche Spielbanken); BVerwGE 102, 92, 95 ff. (Oddset-Wetten - mit Bespr. v. *Oberrath*, JA 2002, 116).

[2016] Vgl. BVerfGE 7, 377, 414 f. (Apothekenurteil) und BVerfG NJW 2001, 2788 (Arztwerbung).

[2017] Vgl. auch BVerfGE 144, 355, 359 ff., wo das Gericht hinsichtlich der Rechtfertigung des Verbots für Apotheker, Arzneimittel und Medizinprodukte, die der Apothekenpflicht unterliegen, im Wege der Selbstbedienung in den Verkehr zu bringen (§ 17 III ApoBetrO), das wichtige Gemeinschaftsgut Gesundheit von Menschen angeführt hat, obwohl es das Verbot lediglich der 1. Stufe zugeordnet hat.

[2018] Vgl. BVerfGE 21, 173, 179 (Beschränkung der Freiheit der Berufswahl durch Schaffung von Inkompatibilitäten); 69, 209, 218 (Zulassung zur Steuerberatungsprüfung).

[2019] Vgl. BVerfGE 75, 246, 267 (Beseitigung des Berufs der Rechtsbeistände). Freilich ist das „überragende" Schutzgut *Rechtsberatung* nach dem am 1.7.2008 in Kraft getretenen Rechtsdienstleistungsgesetz, das im Übrigen der Umsetzung einer Vorgabe der EU-Kommission dient, zu relativieren. Danach darf einfache Rechtsberatung als Nebenleistung auch von Nicht-Juristen gegeben werden (vgl. § 5 I RDG). Als Beispiel ist der Bankberater zu nennen, der dem Bauherrn steuerrechtliche Rechtsauskünfte hinsichtlich des Bauvorhabens gibt. Jedenfalls ist der Widerruf einer Anwaltszulassung bei Beamtenernennung auf Lebenszeit (vgl. Rn 807 - Inkompatibilitäten) verfassungsrechtlich nicht zu beanstanden. Die besonderen Dienstpflichten, die eine enge Verbindung zwischen Staat und Beamten begründen, rechtfertigen eine Einschränkung des Art. 12 I GG.

[2020] Vgl. BVerfGE 11, 168, 184 f. (Bedürfnisprüfung im Personenbeförderungsrecht).

teilweise zu entnehmen, dass das Gericht offenbar die Schwächen der Drei-Stufen-Theorie erkennt und manchmal dazu übergeht, die Prüfung der verfassungsrechtlichen Rechtfertigung des Grundrechtseingriffs **nicht mehr anhand der starren Drei-Stufen-Theorie vorzunehmen**, sondern schlicht den **allgemeinen Verhältnismäßigkeitsgrundsatz** anzuwenden. Oft ist folgende Formulierung zu finden: „Je empfindlicher die Berufsausübenden in ihrer Berufsfreiheit beeinträchtigt werden, desto stärker müssen die Interessen des Gemeinwohls sein, denen die Regelung zu dienen bestimmt ist“[2021]. Von einer „Stufe“ ist nicht mehr die Rede.[2022] Damit schafft sich das Gericht insbesondere in Fällen, in denen eine Einordnung in eine Stufe unmöglich scheint[2023], eine begrüßenswerte Flexibilität in der Argumentation und verabschiedet sich von dem „Kategoriendenken“ der Drei-Stufen-Theorie.

Wo das BVerfG aber noch an der Drei-Stufen-Theorie festhält, ist – trotz des bisweilen richtigen Ergebnisses – oftmals die Dogmatik fraglich. Das gilt etwa hinsichtlich der Entscheidung bzgl. des (landesrechtlichen) Verbots für Ärzte, neben der Gebietsbezeichnung „Allgemeinmedizin“ eine weitere Gebietsbezeichnung (etwa die Facharztbezeichnung „Kinderarzt“) zu führen. Denn das Gericht ordnet das Werbeverbot der zweiten Stufe zu.[2024] Was dieses Verbot jedoch mit subjektiven Zulassungsvoraussetzungen zu tun haben soll, ist nicht ersichtlich. Warum das BVerfG dieses Verbot dennoch dieser Stufe und nicht – wie es dies eigentlich müsste – der ersten Stufe zuordnet, erschließt sich, wenn man die jeweiligen Voraussetzungen für die verfassungsrechtliche Rechtfertigung betrachtet. Denn während nach dem bisher Gesagten Eingriffe der ersten Stufe bereits durch vernünftige Gemeinwohlbelange gerechtfertigt sind, ist das bei Eingriffen der zweiten Stufe nur bei wichtigen Gemeinschaftsgütern der Fall. Da das BVerfG jedoch zutreffend erkannt hat, dass das genannte Verbot die Berufsausübung besonders stark beeinträchtigt und es bei einer Einordnung des Verbots in die erste Stufe dieses wegen Vorliegens vernünftiger Gemeinwohlbelange für verfassungsmäßig hätte erklären müssen, hat es wohl – um das Verbot für verfassungswidrig erklären zu können – dieses der zweiten Stufe zugeordnet und wichtige Gemeinschaftsgüter gefordert (die im vorliegenden Fall selbstverständlich nicht vorlagen). Da das Verbot aber – wie gesehen – nichts mit subjektiven Zulassungsvoraussetzungen zu tun hat, ist das Gericht schlicht dazu übergegangen zu sagen, eine derartige Regelung komme einer Berufswahlregelung (also der zweiten Stufe) nahe, sodass gewichtige Gründe des Gemeinwohls vorhanden sein müssten, um sie zu rechtfertigen.[2025]

Nicht überzeugend ist es auch, wenn das BVerfG die Drei-Stufen-Theorie lediglich „halbherzig“ anwendet. So spricht es im Urteil bzgl. des Rauchverbots in Gaststätten (vgl. Rn 802/804) von einem „schwerwiegenden Eingriff in die Berufsausübungsfreiheit“ (1. Stufe), dem „überragend wichtige Gemeinwohlbelange“ gegenüberstünden.

Spätestens mit dieser Entscheidung dürfte klar sein, dass das BVerfG dort, wo es die Drei-Stufen-Theorie für nicht opportun hält, diese „zurechtbiegt“ (etwa, indem es eine Übertragung höherer Rechtfertigungsvoraussetzungen auf Eingriffe niedrigerer Stufe

---

[2021] Vgl. dazu BVerfG NJW 2001, 2734 mit Bespr. v. *Laufs*, NJW 2001, 1768 und *Schwerin*, NJW 2001, 1770; BVerfGE 103, 1, 9 ff.; 102, 197, 220; 115, 276, 300 ff. (Sportwetten); BVerfG NJW 2001, 1926 (Werbung von Fachanwälten mit Stichworten zur Tätigkeit).

[2022] Vgl. etwa BVerfG NJW 2002, 3091, 3092; NJW 2002, 1331, 1332 (Bezeichnung von Ärzten als „Spezialisten“); vgl. aber auch BVerfG NVwZ 2013, 1540, 1541, wo das BVerfG wieder die Drei-Stufen-Theorie anwendet. Insgesamt gewinnt man den Eindruck, das BVerfG argumentiere, wie es ihm beliebt. Rechtsdogmatische Überzeugungskraft und Glaubwürdigkeit bleiben auf der Strecke.

[2023] So ist z.B. äußerst fraglich, auf welcher Stufe das für verfassungswidrig erklärte, in § 25 BRAO a.F. statuierte Verbot, dass der bei einem OLG zugelassene Rechtsanwalt nicht zugleich bei einem anderen Gericht zugelassen sein darf, anzusiedeln ist. Nahezu unmöglich ist es auch, die Erlaubnispflicht zum Betreiben einer Spielbank einer Stufe zuzuordnen. Daher behandelt das BVerfG die gesetzlichen Vorschriften, die das Betreiben einer Spielbank durch Private nahezu unmöglich machen, „wie“ objektive bzw. subjektive Berufszulassungsvoraussetzungen (vgl. BVerfGE 102, 197, 214).

[2024] BVerfG NJW 2003, 879 ff. (Führen mehrerer Facharztbezeichnungen).

[2025] BVerfG NJW 2003, 879, 880 f. Vgl. auch BVerfG NJW 2003, 3470, 3471, wo das Gericht nur noch undifferenziert von Gemeinschaftsgütern spricht. Abzulehnen ist auch die Auffassung des BGH (NJW 2005, 2305 ff.) zur Zulassung eines Rechtsanwalts zum BGH-Anwalt (vgl. Rn 802).

für möglich hält) oder mit Verweis auf die „Atypik des Falls"[2026] ganz auf sie verzichtet, um zu dem gewünschten Ergebnis zu gelangen. Damit führt das BVerfG die Drei-Stufen-Theorie ad absurdum. Es bleibt zu hoffen, dass das Gericht sich bald vollständig von diesem Konstrukt löst und ausschließlich den allgemeinen Grundsatz der Verhältnismäßigkeit anwendet. Schließt man sich dem an, bietet sich für die Fallbearbeitung folgende Vorgehensweise an:

⇨ Zunächst ist der Eingriff in den Schutzbereich des Art. 12 I GG zu bestimmen.

⇨ Sodann ist die Frage nach der verfassungsrechtlichen Rechtfertigung aufzuwerfen. Es ist danach zu fragen, ob das die Berufsfreiheit einschränkende Gesetz einen legitimen Zweck verfolgt, geeignet, erforderlich und angemessen ist. Da es um einen Eingriff in die Berufsfreiheit geht, ist bei der Erforderlichkeit/Angemessenheit auf die hierzu vom BVerfG entwickelte Drei-Stufen-Theorie einzugehen und diese (wie oben gezeigt) kurz darzulegen.

⇨ Nachdem die Drei-Stufen-Theorie entsprechend dargestellt worden ist, ist festzustellen, dass diese letztlich nichts anderes darstellt als einen Spezialfall des allgemeinen Grundsatzes der Verhältnismäßigkeit, sich aber wesentlich starrer und unflexibler zeigt, sodass auch die aktuelle Rspr. des BVerfG oftmals dazu übergeht, Formulierungen zu verwenden, die ausschließlich dem allgemeinen Grundsatz der Verhältnismäßigkeit entsprechen.

⇨ Schließt man sich dieser aktuellen Tendenz an, ist die Drei-Stufen-Theorie schlichtweg überflüssig. Geprüft wird also die staatliche Maßnahme unter Zugrundelegung des allgemeinen Verhältnismäßigkeitsgrundsatzes.

Möchte man gleichwohl an der Drei-Stufen-Theorie festhalten, ist (ggf. bereits beim Eingriff) zu prüfen, auf welcher Stufe die fragliche staatliche Maßnahme anzusiedeln ist, um anschließend bei der Rechtfertigung auf die von der einschlägigen Stufe abhängigen Rechtfertigungsvoraussetzungen einzugehen.[2027]

Objektive Berufswahlregelungen (objektive Zulassungsvoraussetzungen bzw. -schranken) gewinnen insbesondere dann an Bedeutung, wenn **öffentliche Ausbildungseinrichtungen** durch den Staat rechtlich oder tatsächlich **monopolisiert** sind. Das ist insbesondere bei staatlichen **Hochschulen und Universitäten,** aber auch beim **Vorbereitungsdienst (Referendariat)** der Fall. Wie bereits erläutert, gewährt Art. 12 I GG zwar kein subjektives öffentliches Recht auf Schaffung zusätzlicher bzw. neuer Ausbildungsstätten. Etwas anderes gilt aber für den Fall, dass die staatliche Hochschule Leistungen (in Form der Zur-Verfügung-Stellung von Ausbildungsplätzen) *bereits anderen gewährt hat*. Hier ist er nach Art. 12 I GG i.V.m. Art. 3 I GG und dem Sozialstaatsprinzip zur Gleichbehandlung verpflichtet und darf ohne sachlichen Grund Dritte nicht von der Leistungsgewährung ausschließen (**derivatives Leistungsrecht bzw. Teilhaberecht**). Ein sachlicher Grund besteht etwa darin, dass vorhandene Ausbildungskapazitäten erschöpft sind. Denn ginge man über die vorhandene Kapazität hinaus, würden zum einen die Ausbildung der anderen Studierenden gefährdet und zum anderen die Funktionsfähigkeit von Forschung und Lehre sowie – beim Studium der Medizin – die Patientenversorgung in Frage gestellt werden. Für die Versagung der Zulassung ist aber aufgrund der Grundrechtswesentlichkeit stets eine **formell-gesetzliche Rechtsgrundlage** erforderlich.[2028] Durch das Erfordernis einer formell-gesetzlichen Grundlage soll gewährleistet werden, dass nicht einzelne Universitäten oder Hochschulen bei Überfüllung der Studienplätze in eigener Machtvollkommenheit Bewerber ausschließen und damit die Verwirklichung des Rechts aus Art. 12 I GG vereiteln.[2029] Seine derzeitige formell-gesetzliche Einschränkung findet das Hochschulzulassungsrecht in den Hoch- 810

[2026] So BVerfGE 102, 197, 213 ff. Vgl. auch BVerfGE 115, 276, 300 ff. (dazu bereits Rn 802).
[2027] Vgl. bereits die 14. Aufl. 2012; vgl. später auch den Hinweis von *Traub*, JA 2015, 42, 47.
[2028] Ganz h.M. seit BVerfGE 33, 303, 336 f. (erstes Numerus-clausus-Urteil).
[2029] Vgl. *Gubelt*, in: v. Münch/Kunig, GG, Art. 12 Rn 30.

schulgesetzen der Länder und in den aufgrund der Ermächtigung in den Hochschulgesetzen der Länder erlassenen Rechtsverordnungen und Satzungen. Materiell-rechtlich ist die Zulassungsbeschränkung gerechtfertigt, wenn sie dem Schutz eines **überragend wichtigen Gemeinschaftsguts** dient und nur in den Grenzen des unbedingt Erforderlichen unter erschöpfender Nutzung der vorhandenen, mit öffentlichen Mitteln geschaffenen Ausbildungskapazitäten angeordnet wird. Darüber hinaus müssen Auswahl der Bewerber und Verteilung der Studienplätze nach sachgerechten Kriterien erfolgen, damit jeder Studienbewerber die gleiche Chance für das Studium erhält.[2030] Das kann auch die Schaffung von Härtefallregelungen notwendig machen.

Beispiel: Abiturient A begehrt die Zulassung zum Medizinstudium an der Universität U. Diese verweigert – obwohl noch freie Plätze vorhanden sind – die Zulassung mit der Begründung, A habe in den mathematisch-naturwissenschaftlichen Fächern lediglich ausreichende Noten erhalten.

Variante: A erhält nur deshalb keinen Studienplatz, weil die vorhandenen Studienplätze bereits vergeben sind.

Verletzen diese Entscheidungen A in seinem Grundrecht aus Art. 12 I GG?

Zum Ausgangsfall: Die Universität ist eine Ausbildungsstätte i.S.d. Art. 12 I GG. Nach ganz h.M. folgt aus dem in Art. 12 I GG gewährleisteten Recht auf freie Wahl des Berufs und der Ausbildungsstätte i.V.m. Art. 3 I GG und dem Sozialstaatsprinzip das grundsätzliche Recht eines jeden Bewerbers mit Hochschulreife auf Zulassung zum Hochschulstudium seiner Wahl unter maximaler Berücksichtigung der gewählten Ausbildungsstätte.[2031] Vorliegend hat A die allgemeine Hochschulreife nachgewiesen. Er hat damit die Zulassungsvoraussetzung erfüllt. Da noch Studienplätze vorhanden sind, steht der Zulassung kein nachvollziehbarer Grund entgegen. A muss deshalb zugelassen werden.

Zur Variante: Das Recht auf Zulassung zu einem bestimmten Studium wird allerdings nicht vorbehaltlos gewährleistet, sondern durch die vorhandenen Kapazitäten eingeschränkt. Daher sind Zulassungsbeschränkungen (Numerus clausus) trotz des grundsätzlichen Rechtsanspruchs unter bestimmten Voraussetzungen zulässig. Erforderlich ist aufgrund des mit der Nichtzulassung verbundenen Eingriffs in Art. 12 I GG zunächst eine formell-gesetzliche Grundlage. Eine solche besteht in den Regelungen des HRG und der Hochschulgesetze der Länder. Materiell-rechtlich ist der Numerus clausus bei Studienplätzen nur dann mit Art. 12 I GG vereinbar, wenn er dem Schutz eines **überragend wichtigen Gemeinschaftsguts** dient. Ein überragend wichtiges Gemeinschaftsgut könnten die ungehinderte Ausbildung der anderen Studierenden sowie die Funktionstüchtigkeit von Forschung und Lehre sein. Denn ginge man über die vorhandene Kapazität hinaus, würden zum einen die Ausbildung der anderen Studierenden gefährdet und zum anderen die Funktionsfähigkeit von Forschung und Lehre sowie – beim Studium der Medizin – die Patientenversorgung in Frage gestellt werden. In der Zulassung über die bereits ausgeschöpfte Kapazität hinaus läge deshalb eine Gefahr für ein überragend wichtiges Gemeinschaftsgut. Die Versagung der Zulassung ist deshalb verfassungsrechtlich gerechtfertigt.

[2030] BVerfGE 33, 303, 338, 345 ff.; 43, 291, 314 ff.; *Gubelt*, in: v. Münch/Kunig, GG, Art. 12 Rn 31.
[2031] So in den beiden Grundsatzentscheidungen BVerfGE 33, 303, 331 und 43, 291, 313.

b. Zusammenfassung:

Sofern man der Fallbearbeitung noch die Drei-Stufen-Theorie zugrunde legen möchte (vgl. 811
Rn 809), ergeben sich bei der Verhältnismäßigkeit i.e.S. folgende Abstufungen:

1. Stufe	2. Stufe	3. Stufe
⇩	⇩	⇩
Berufsausübungsregeln	Subjektive Berufszulassungsvoraussetzungen	Objektive Berufszulassungsvoraussetzungen
⇩	⇩	⇩
Gerechtfertigt bei vernünftigen Erwägungen des Allgemeinwohls	Gerechtfertigt durch den Schutz wichtiger Gemeinschaftsgüter	Gerechtfertigt durch den Schutz überragend wichtiger Gemeinschaftsgüter

II. Schutzgewähr- und Teilhaberecht des Art. 12 I GG

Art. 12 I GG beinhaltet nicht nur ein Abwehrrecht, sondern auch ein Schutzgewähr- und 812
ein Teilhaberecht.

1. Art. 12 I GG als Schutzgewährrecht

Unter dem Gesichtspunkt „Grundrechtsschutz durch Organisation und Verfahren" wirkt 813
sich der Schutz des Art. 12 I GG in besonderer Weise auch auf den Inhalt und die Gestaltung von **Prüfungsverfahren** aus, welche den Zugang zu einem Beruf ermöglichen (Beispiel: Juristische Staatsprüfung). Da aber insbesondere das berufsspezifische Prüfungsverfahren hoch komplexe Wertungen beinhaltet und/oder von komplexen Diagnosen abhängt, ist fraglich, ob eine derartige Prüfung in einem nachfolgenden Gerichtsverfahren überhaupt vollständig nachvollzogen und überprüft werden kann. Zwar fordert das Rechtsstaatsprinzip grundsätzlich die volle richterliche Kontrolle von Hoheitsakten. Eine Ausnahme von diesem Postulat ist aber dort zu machen, wo komplexe prüfungsspezifische Bewertungen – z.B. bei der Gewichtung verschiedener Aufgaben untereinander, bei der Einordnung des Schwierigkeitsgrades der Aufgabenstellung oder bei der Würdigung der Qualität der Darstellung – im Gesamtzusammenhang des Prüfungsverfahrens getroffen werden müssen und sich nicht ohne weiteres im nachfolgenden Verwaltungsstreitverfahren einzelner Prüflinge nachvollziehen lassen.[2032] Eine gerichtliche Überprüfung beschränkt sich dann darauf, ob der gesetzliche **Rahmen**, der dem Gesetzesanwender eingeräumt wurde, **eingehalten wurde**, ob also **keine Beurteilungsfehler** gemacht wurden. Vgl. insgesamt zu dieser Problematik die Ausführungen bei *R. Schmidt*, AllgVerwR, Rn 283 ff.

2. Art. 12 I GG als Teilhaberecht

Wie bereits bei Rn 10 ff. erläutert, fungieren die Grundrechte nicht nur als Abwehrrech- 814
te des Bürgers gegen staatliche Eingriffe (*status negativus*), sondern auch als Leistungs- bzw. Teilhaberechte (*status positivus*) und Mitwirkungsrechte (*status activus*). Zu beachten ist jedoch, dass die Grundrechte unter Berücksichtigung von Wortlaut und Funktion überwiegend nicht als Anspruchsgrundlagen konzipiert sind und dass sich nur bei einigen Grundrechten aus dem Wortlaut oder zumindest im Wege der Auslegung ein Anspruch ergibt. Ob das bei Art. 12 I GG außerhalb des Berufszulassungsrechts der Fall ist, wurde bereits ausführlich anhand der Konkurrentengleichstellungsklage dargestellt.

[2032] Vgl. dazu BVerwG NJW 2000, 1055; NJW 2000, 1280; NVwZ 2001, 200; NVwZ 1998, 738; VG Lüneburg NVwZ 2001, 767.

III. Konkurrenzen

815-818 Im Verhältnis zu **Art. 2 I GG** ist Art. 12 I GG lex specialis. Wenn man auch die wirtschaftliche Betätigungsfreiheit als von Art. 12 I GG umfasst ansieht, steht dem betroffenen Wirtschaftssubjekt somit der Schutz des Art. 12 I GG zu. Im Verhältnis zu **Art. 14 I GG** besteht oft ein Ausschlussverhältnis, weil das Eigentumsgrundrecht primär das Erworbene und das Berufsgrundrecht den Erwerb schützt.[2033] Lediglich, wenn durch einen Akt gleichzeitig der Erwerb und das Erworbene beeinträchtigt werden, ist nach der hier vertretenen Auffassung von Idealkonkurrenz auszugehen.

Beispiel: Hat eine behördliche Warnung vor Lebensmitteln eines bestimmten Lebensmittelherstellers zur Folge, dass sämtliche Produkte dieses Herstellers gemieden werden, genießt der Hersteller nach der hier vertretenen Auffassung sowohl den Schutz des Art. 12 I GG als auch den des Art. 14 I GG, da nicht nur die Berufsfreiheit tangiert, sondern auch die Existenz des Betriebes gefährdet wird. Die Warnung ist also nur gerechtfertigt, wenn sie den Anforderungen beider Grundrechte standhält.

[2033] Siehe dazu etwa BVerfGE 30, 292, 335 (Erdölbevorratung); 84, 133, 157 (Warteschleife); 88, 366, 377 (Tierzuchtgesetz II); 105, 252, 264 ff. (Glykolwein).

P. Unverletzlichkeit der Wohnung – Art. 13 GG

Unverletzlichkeit der Wohnung – Art. 13 GG

I. Schutzbereich der Unverletzlichkeit der Wohnung

Als **Wohnung** sind alle Räume einzustufen, die der allgemeinen Zugänglichkeit durch eine räumliche Abschottung entzogen und zur Stätte privaten Lebens und Wirkens gemacht sind.

Als Wohnung i.S.d. Art. 13 I GG gilt nicht nur die Wohnung i.e.S., sondern es zählen auch die zur Wohnung gehörenden Nebenräume wie Keller, Böden, abgeschlossene Höfe etc. dazu. Weiterhin sind Gast- und Hotelzimmer, Wochenendhäuser, Zelte und (Wohn-) Boote erfasst, nicht jedoch Autos und Strandkörbe oder Hafträume einer Justizvollzugsanstalt. Befriedetes Besitztum ist regelmäßig nicht geschützt. Bei Arbeits-, Betriebs- und Geschäftsräumen kommt es zum einen auf den nach außen erkennbaren Willen des Einzelnen zur beschränkten Zugänglichkeit der Räume und Örtlichkeiten und zum anderen auf die soziale Anerkennung dieser individuellen Bestimmung der räumlichen Privatsphäre an (str.).

II. Eingriff in den Schutzbereich

Das Grundrecht wird durch jede Verletzung der Privatheit der Wohnung durch staatliche Stellen beeinträchtigt. Diese Voraussetzung erfüllen jede Durchsuchung sowie jedes sonstige Eindringen staatlicher Stellen in den geschützten Bereich.

III. Verfassungsrechtliche Rechtfertigung

Da Art. 13 GG in den Absätzen II bis VII unterschiedliche Schrankenregelungen enthält, wird auf die folgenden differenzierenden Ausführungen verwiesen.

I. Schutzbereich

Seinem Wesen und seiner historischen Bedeutung nach gewährt das Wohnungsgrundrecht die Ausübung der Privat- und Intimsphäre im räumlichen Bereich und ist damit besonderer Ausdruck sowohl des Persönlichkeitsrechts als auch der Menschenwürde. Der Grundrechtsberechtigte soll das Recht haben, in seinem „elementaren Lebensraum in Ruhe gelassen zu werden“.[2034] **819**

Zu den Wohnungen i.S.d. Art. 13 I GG zählen daher jedenfalls Wohnhäuser, aber auch Etagenwohnungen. Auch Wohnmobile, Campingwagen, Zelte, Hausboote, nicht jedoch ein gewöhnlicher Pkw, gelten i.d.R. als Wohnung i.S.v. Art. 13 I GG, **soweit sie (auch) als Medium zur Entfaltung von Privatheit dienen.**[2035] Auf die Eigentumsverhältnisse (Wohneigentum; Mietnutzung) und die Dauer der Nutzung kommt es nicht an; entscheidend ist allein die (berechtigte) Ausübung der Privat- und Intimsphäre im räumlichen Bereich (s.o.).[2036] Erfasst sind folgerichtig auch Gast- und Hotelzimmer[2037], Krankenhauszimmer, Wochenendhäuser sowie Vereinshäuser und Clubräume.[2038] **820**

[2034] Vgl. BVerfGE 27, 1, 6; 42, 212, 219; 51, 97, 110; 89, 1, 12; 103, 142, 150 ff.; BVerfG NJW 2002, 1333; NJW 2004, 1517; NStZ 2015, 529, 531. Vgl. auch BVerfG NJW 2007, 1234 und NJW 2007, 1444; BVerwG NJW 2005, 454 f.

[2035] Vgl. BVerfG NJW 2004, 1517; VGH Mannheim DVBl 1998, 96.

[2036] Ob der *unrechtmäßige* Besitz von Art. 13 I GG geschützt ist, ist unklar. Die h.M. gewährt jedenfalls dem gekündigten Mieter, der nunmehr zu Unrecht in der Wohnung verweilt, den Schutz aus Art. 13 I GG, weil der Grundrechtsschutz sozusagen „fortwirke (BVerfGE 89, 1, 12; *Kunig*, in: v. Münch/Kunig, GG, Art. 13 Rn 13). Daraus wird man in Fällen, in denen niemals eine Berechtigung zum Wohnen bestand, den Umkehrschluss ziehen können, dass ein Grundrechtsschutz aus Art. 13 I GG nicht bestehe. Allerdings ist dieser Befund nicht ganz unproblematisch, weil letztlich auf den zivilrechtlichen Begriff des Besitzes abgestellt wird (vgl. näher *Kunig*, in: v. Münch/Kunig, GG, Art. 13 Rn 13 f.).

[2037] *Kühne*, in: Sachs, GG Art. 13, Rn 1; *Tetzlaff*, JuS 2013, 152, 157.

[2038] Vgl. BGHSt 42, 372, 375; *Ruthig*, JuS 1998, 506, 512.

821 **Sammelunterkünfte** (Polizei- oder Bundeswehrkasernen, Haftanstalten, Internate) sind nur dann vom Schutzbereich des Art. 13 I GG erfasst, wenn dem Einzelnen eine Privatsphäre eingeräumt wird. Das ist nach der (durchaus zweifelhaften) Rspr.[2039] i.d.R. aber nicht der Fall.[2040] Sofern man der Rspr. aber folgt, dürfte diese Frage jedenfalls hinsichtlich der Unterbringung im Rahmen einer **Sicherungsverwahrung** gemäß der hierzu ergangenen Rechtsprechung des BVerfG neu zu bewerten sein, denn ihr zufolge muss die Sicherungsverwahrung in deutlichem Abstand zum Strafvollzug so vollzogen werden, dass Belastungen, die über den Freiheitsentzug hinausgehen und nicht durch die Maßnahme selbst erforderlich sind, vermieden werden.[2041] Der *rechtliche* (nicht faktische) Status der Unterbringungsräume nähert sich damit dem eines Hotelzimmers. Entsprechendes wird man wohl auch für die **Untersuchungshaft** annehmen müssen. Denn die U-Haft muss ebenso wie die Sicherungsverwahrung als ein Sonderopfer des noch als unschuldig zu behandelnden Beschuldigten betrachtet werden.[2042]

822 Um dem genannten Schutzbedürfnis Rechnung zu tragen, umfasst die Wohnung i.S.d. Art. 13 I GG auch die zur Wohnung gehörenden **Nebenräume** wie Keller, Wirtschaftsräume, Dachböden, abgeschlossene Höfe, aber auch Garagen. Denn diese Gebäude/Räume können ebenso der Privatsphäre dienen wie die Wohnung i.e.S.

823 Fraglich ist, ob darüber hinaus **befriedete Besitztümer**, also durch Zäune, Hecken, Gräben oder in anderer Weise eingefriedete, nicht nur landwirtschaftlich genutzte Grundstücke von Art. 13 I GG erfasst sind. Stellt man auf den im Strafrecht anerkannten Wohnungsbegriff ab, müsste man dies bejahen. Denn die genannten Objekte sind Schutzgüter des § 123 StGB. Jedoch können einfachgesetzliche Bestimmungen und Auslegungsergebnisse nicht den Schutzbereich von Grundrechten definieren.[2043] Das kann nur die Verfassung selbst. Die Reichweite des Schutzbereichs eines Grundrechts muss stets im Rahmen einer Verfassungsinterpretation aus Wortlaut und Schutzzweck des Grundrechts sowie aus dessen Gesamtzusammenhang im Kontext zu anderen Verfassungsnormen bestimmt werden. Entscheidend kann demnach nur sein, ob das fragliche Objekt durch Verfassungsinterpretation dem Wortbegriff „Wohnung" zuzuordnen ist und im Übrigen dem Schutz der Privatsphäre und damit der Persönlichkeit dient. Bereits der Wortlaut des Art. 13 I GG, der von „Wohnung" spricht, lässt darauf schließen, dass befriedete Besitztümer aus dem Schutzbereich herauszuhalten sind. Denn auf Wiesen und Äckern „wohnt" man nicht, auch wenn diese eingezäunt sind. Auch Sinn und Zweck des Art. 13 I GG (Schutz der Privat- und Intimsphäre im räumlichen Bereich) lassen keine andere Bewertung zu. Etwas anderes mag für das „klassische" Hausgrundstück gelten, sofern dieses der von Art. 13 I GG unmittelbar geschützten Intimsphäre zugeordnet werden kann.

824 In Anbetracht dieser Ausführungen ist weiterhin fraglich, ob auch **Arbeits-, Betriebs- und Geschäftsräume** von Art. 13 I GG geschützt sind. Dagegen spricht die allgemeine Wortbedeutung des Begriffs „Wohnung". Gleichwohl bejahen das BVerfG und ein Teil

---

[2039] Vgl. BVerfG NJW 1996, 2643; BGH NJW 1998, 3284. Vgl. auch BGH NJW 2009, 2463 ff.

[2040] Das kann man auch anders sehen, da nach der Rspr. der Inhaftierte „mit der Zuweisung des Haftraums einen persönlichen, vom allgemeinen Anstaltsbereich abgegrenzten Lebensbereich erhalten" solle (so BVerfG NJW 2006, 2643). Wenn die Rspr. dann aber das Zur-Verfügung-Stellen eines privaten Rückzugsraumes als ein „Gebot der Menschenwürde" ansieht, ist die Ausklammerung von Hafträumen aus dem Schutzbereich des Art. 13 I GG mit der Menschenwürde nicht vereinbar (vgl. *Koranyi*, JA 2014, 241, 243 f.). Freilich dürfte sich mit der Hereinnahme von Hafträumen in den Wohnungsbegriff im Ergebnis nichts ändern, weil nach den entsprechenden Bestimmungen der Strafvollzugsgesetze umfangreiche Betretungsrechte des Anstaltspersonals bestehen, was eine verfassungsgemäße Einschränkung des Art. 13 I GG sein dürfte (vgl. *Koranyi*, JA 2014, 241, 243 f.; *Ostendorf*, in: NK-StGB, § 123 StGB, Rn 21).

[2041] Vgl. BVerfGE 128, 326, 366 ff.

[2042] Vgl. dazu auch unten Rn 853 ff. sowie ausführlich *Hartmann/Schmidt*, StrafprozR, 6. Aufl. 2016, Rn 499, 501, 718b. Zu den Konsequenzen (etwa beim Abhören des nichtöffentlich gesprochenen Wortes mittels technischer Maßnahmen) vgl. ebd. Rn 1114a.

[2043] Das gilt jedenfalls für solche Grundrechte, die nicht normgeprägt sind oder nicht unter Ausgestaltungs- oder Regelungsvorbehalt stehen (vgl. dazu Rn 144 ff. und 155 ff.).

der Literatur die Einbeziehung. Die in Art. 12 I und 14 I GG zum Ausdruck kommende Bedeutung von Beruf und Gewerbe für die Selbstverwirklichung des Einzelnen spreche für die Einbeziehung von Geschäftsräumen in die räumliche Privatsphäre.[2044] Diese nicht differenzierende Ansicht kann nicht unwidersprochen bleiben. Zwar kann die Bedeutung von Beruf und Gewerbe durchaus als Argument für eine weite Auslegung des Wohnungsbegriffs herangezogen werden, jedoch können Beruf und Gewerbe nicht Sinn und Zweck des Wohnungsgrundrechts (nochmals: Schutz der Privat- und Intimsphäre im räumlichen Bereich) beiseiteschieben. Arbeits-, Betriebs- und Geschäftsräume dürften von daher jedenfalls dann vom Schutzbereich des Art. 13 I GG erfasst sein, wenn sie in die eigentliche Wohnung integriert und damit dem öffentlichen Zugang ebenso entzogen sind wie die Wohnung selbst (Beispiele: Dachatelier, Wohnzimmerkanzlei, Kellerwerkstatt).[2045] Umgekehrt dürfte der Schutzzweck des Art. 13 I GG keinesfalls tangiert sein, wenn die betreffenden Räume von der Wohnung getrennt sind und dem öffentlichen Zutritt unkontrolliert zur Verfügung stehen bzw. auf den unkontrollierten Zugang geradezu angelegt sind (Beispiele: Kaufhäuser, Boutiquen, Freizeitzentren etc.).[2046] Denn sind die Geschäftsräume der Öffentlichkeit umfassend zugänglich, verdienen sie zumindest während der Zeit dieser Zugänglichkeit den Schutz des Art. 13 I GG weder nach dessen Wortlaut noch nach dessen Entstehungsgeschichte und Schutzzweck.[2047] Folgt man dieser Auffassung, ist damit lediglich die Konstellation problematisch, in der der fragliche Raum von der eigentlichen Wohnung zwar getrennt, dennoch nicht der Öffentlichkeit unkontrolliert preisgegeben ist (Beispiele: Arztpraxis, Rechtsanwaltskanzlei, Büroetage, Hotelküche).[2048] Zwar spricht auch diesbezüglich der Begriff „Wohnung" gegen eine Einbeziehung in den Schutzbereich des Art. 13 I GG, allerdings kann der aus systematisch-teleologischer Sicht heranzuziehende Zweck des Art. 13 I GG i.V.m. den Aussagen der Art. 12 I, 14 I GG zu einer anderen Bewertung führen. Danach scheint es angebracht, zumindest öffentlich nicht frei zugängliche Geschäftsräume dem Wohnungsbegriff zu unterstellen. Damit jedoch die als Berechtigter i.S.v. Art. 13 I GG in Betracht kommende Person nicht über die Reichweite des Grundrechtsschutzes frei bestimmen und auf diese Weise eine Rechtsunsicherheit begründen kann, sind zum einen der nach außen erkennbare Wille des Einzelnen zur beschränkten Zugänglichkeit von Räumen und Örtlichkeiten und zum anderen die soziale Anerkennung dieser individuellen Bestimmung der räumlichen Privatsphäre entscheidend.[2049]

Fazit: Nach der (abzulehnenden) Auffassung des BVerfG kommt es für die Einbeziehung **825**
von Arbeits-, Betriebs- und Geschäftsräumen in den Schutzbereich des Art. 13 I GG nicht darauf an, ob der Zutritt von einer Entscheidung des Hausrechtsinhabers abhängig gemacht wird oder generell der Öffentlichkeit preisgegeben ist.[2050] Zwar hat dieses weite Verständnis mit dem Begriff der „Wohnung" kaum etwas zu tun, ist aber aufgrund der eindeutigen Position des BVerfG zumindest für die Praxis verbindlich.

Unabhängig von der problematischen Einbeziehung von Geschäftsräumen in den Schutzbereich lässt sich der Begriff der Wohnung wie folgt definieren:

Als **Wohnung** sind jedenfalls solche Räume einzustufen, die der allgemeinen Zugäng- **826**
lichkeit durch eine räumliche Abschottung entzogen und zur Stätte privaten Lebens und

---

[2044] BVerfGE 32, 54, 68 ff.; 42, 212, 219; 44, 353, 371; 76, 83, 88; 96, 44, 51; 97, 228, 138; BVerfG NJW 2004, 1517; DÖV 2007, 607, 608 f.; NJW 2008, 2422, 2423; NJW 2008, 2426 f.; BVerwGE 121, 345, 348; BAGE 19, 217, 225; *Herdegen*, in: Bonner Kommentar, Art. 13 Rn 34; *Kunig*, in: v. Münch/Kunig, GG, Art. 13 Rn 11; *P/S/K/P*, Rn 949; dem sich anschließend *Wißmann*, JuS 2007, 324, 325. Vgl. auch *Sachs*, JuS 2009, 71 f.
[2045] *P/S/K/P*, Rn 950.
[2046] *P/S/K/P*, Rn 950.
[2047] So auch BVerfG NJW 2003, 2669; *Jarass*, in: Jarass/Pieroth, GG, Art. 11 Rn 2; *Hermes*, in: Dreier, GG, Art. 13 Rn 23 f.; *Ipsen*, GrundR, Rn 265; *P/S/K/P*, Rn 949/950; a.A. BVerwGE 121, 345, 348.
[2048] *P/S/K/P*, Rn 950.
[2049] Vgl. BGH NJW 1997, 2189; *Berkemann*, in: AK, Art. 13 Rn 32 f.; *P/S/K/P*, Rn 947.
[2050] Vgl. nur BVerfG DÖV 2007, 607, 608 f.; NJW 2008, 2426 f. Vgl. auch BVerfG NVwZ 2009, 1281, 1282.

Wirkens gemacht sind.[2051] Entscheidend sind der nach außen erkennbare Wille des Betroffenen und die soziale Anerkennung dieser individuellen Bestimmung der räumlichen Privatsphäre.

827 **Träger des Grundrechts** ist jedermann, der einen durch Art. 13 I GG geschützten Raum bewohnt, unabhängig von den Eigentumsverhältnissen. Dazu zählen auch Mieter, Untermieter, Pächter und Hotelgäste (selbst nach Ablauf der jeweiligen Mietzeit). Der den Wohnraum selbst nicht bewohnende Vermieter ist jedenfalls nicht Träger des Grundrechts aus Art. 13 I GG.[2052] Auf Art. 13 I GG können sich nach Auffassung des BVerfG auch juristische Personen des Privatrechts und andere privatrechtliche Personenvereinigungen berufen[2053], da das Grundrecht seinem Wesen nach nicht an die Eigenschaft als natürliche Person anknüpfe (vgl. Art. 19 III GG). Das ist nicht ganz zweifelsfrei, da der bei Rn 819 genannte Schutzzweck bei juristischen Personen eher nicht zutrifft. Jedenfalls können sich juristische Personen des öffentlichen Rechts von vornherein grundsätzlich nicht auf das Wohnungsgrundrecht berufen. Eine Ausnahme besteht lediglich hinsichtlich Religions- und Weltanschauungsgemeinschaften, sofern sie keine staatliche Hoheitsgewalt ausüben.[2054] Entsprechendes dürfte hinsichtlich öffentlich-rechtlicher Rundfunkanstalten anzunehmen sein, sofern auch hier die Ratio des Wohnungsgrundrechts greift. Bei den genannten Gemeinschaftsunterkünften ist i.d.R. nur der Leiter der Organisationseinheit Inhaber. Bei Wohngemeinschaften sind alle Bewohner berechtigt, sofern nicht nur ein Raum von der polizeilichen Maßnahme betroffen ist. Sofern man mit dem BVerfG auch bei Geschäftsräumen den Schutzbereich des Art. 13 I GG bejaht, kommt der Schutz des Art. 13 I GG grds. nur dem Unternehmer, nicht auch dem Arbeitnehmer zugute.[2055]

II. Eingriff in den Schutzbereich

828 Der Gewährleistungsgehalt wird durch jede Beeinträchtigung der Privatheit durch staatliche Stellen verkürzt, was einen Grundrechtseingriff bedingt. Diese Voraussetzung erfüllen **Gerichtsurteile**, die den Inhaber der geschützten Räume verpflichten, das Betreten (und Durchsuchen) durch Private zu dulden[2056], jede (gerichtlich angeordnete) **Durchsuchung**[2057] sowie jedes sonstige (körperliche) **Eindringen** staatlicher Stellen in den geschützten Bereich (etwa durch Betreten, Besichtigen oder Verweilen aus anderen Gründen als der Durchsuchung). Auch **akustische** und **optische Überwachungsmaßnahmen** mittels technischer Geräte stellen Eingriffe dar[2058], und zwar auch dann, wenn Sie außerhalb der geschützten Räume angebracht werden, aber ihre Wirkung innerhalb der geschützten Räume entfalten.

829 Die Grenzen des Einsatzes technischer Mittel werden von Art. 13 III-V GG gezogen. Der Einsatz technischer Mittel zur **akustischen** (nicht optischen!) Überwachung wird als **Lauschangriff** bezeichnet.

- **Art. 13 III GG** erfasst den sog. **großen Lauschangriff** zum Zweck der **Strafverfolgung**, der sich allein technischer Mittel zur **akustischen** Überwachung des durch Art.

[2051] BGHSt 44, 138, 140.
[2052] BVerfG NVwZ 2009, 1281, 1282 (mit Bespr. v. *Sachs*, JuS 2010, 185 und *Muckel*, JA 2010, 314). Das gilt auch für den Arbeitnehmer in Bezug auf die Geschäftsräume seines Arbeitgebers (BVerfG NVwZ 2009, 1281, 1282).
[2053] BVerfGE 42, 212, 219 f. (für KG); 44, 353, 371 (für Verein); 76, 83, 88 (für GmbH).
[2054] *Kunig*, in: v. Münch/Kunig, GG, Art. 13 Rn 9.
[2055] BVerfG NVwZ 2009, 1281, 1282.
[2056] Vgl. BVerfG NJW 2008, 2426 ff. (einstweilige Verfügung eines Landgerichts, die es der Verwertungsgesellschaft Wort erlaubt, die Betriebsräume eines Fotokopierladens gem. § 54g UrhG zu betreten, um Urheberrechtsverletzungen zu untersuchen).
[2057] Vgl. dazu aus jüngerer Zeit BVerfG NStZ 2015, 529, 531; NJW 2014, 1650 f.; NJW 2008, 2422, 2423; NStZ-RR 2008, 176 f.; NJW 2007, 1234; NJW 2007, 1444; BVerfGE 103, 142, 155 ff. sowie unten Rn 847 ff.
[2058] Vgl. BVerfGE 109, 279, 318 ff.; BVerfG NJW 2007, 2753, 2754 ff.

13 I GG geschützten Wohnraums bedient. Dazu zählt die Installation z.B. einer **Wanze** oder eines **Richtmikrofons**.

- **Art. 13 IV GG** regelt den Einsatz **akustischer** und **optischer** technischer Mittel zum Zweck der **Gefahrenabwehr**. Erfasst werden also nicht nur **Wanzen** oder **Richtmikrofone**, sondern z.B. auch **Video- und Infrarotkameras**, **Nachtsichtgeräte**, **Bewegungsmelder** und sonstige Mittel wie **Peilsender** oder Global Positioning System - **GPS**.
- **Art. 13 V GG** regelt ebenfalls den Einsatz **akustischer** und **optischer** technischer Mittel, jedoch zum Schutz der bei einem Einsatz in Wohnungen tätigen Personen (etwa sog. **Verdeckte Ermittler**).

Ob eine **Onlinedurchsuchung** von Computern einen Eingriff in Art. 13 I GG darstellt, ist Gegenstand der Untersuchung bei Rn 864 ff. Jedenfalls dürfte eine Beobachtung von außerhalb der Wohnung *ohne* technische Mittel, wie sie von jedermann möglich ist, keinen Eingriff in Art. 13 I GG darstellen, weil damit die vom Grundrechtsträger vorgenommene Abschirmung nicht über das allgemein mögliche Maß hinaus beeinträchtigt wird (Beispiel: Polizist schaut von der Straße aus durch ein Fenster in die Wohnung). Auch stellt das Anzapfen von Telekommunikationsanlagen („**Telefonüberwachung**") keinen Eingriff in Art. 13 I GG dar, sondern ausschließlich einen Eingriff in **Art. 10 I GG**. Auch sollen nach der Rechtsprechung die Betretungs-, Besichtigungs- und Nachschaurechte durch die Gewerbebehörden keine Beeinträchtigung des Art. 13 I GG darstellen, sondern nur am Maßstab des Art. 2 I GG zu messen sein (vgl. dazu Rn 838 ff.). **830**

Ein Verbot, die **eigene Wohnung zu betreten**, stellt keinen Eingriff in das Grundrecht nach Art. 13 I GG dar. Zwar wird in diesem Fall der Zugang zu der Wohnung verwehrt, es findet aber keine Beeinträchtigung der Privat- oder Intimsphäre statt.[2059] **830a**

Unabhängig von den soeben genannten Fallgruppen gilt, dass ein Grundrechtseingriff nicht vorliegt, wenn der Wohnungsinhaber bspw. in das Betreten und Durchsuchen einwilligt (sog. **Grundrechtsverzicht**), wobei die Einwilligung bzw. der Verzicht freiwillig sein müssen. Einwilligung bzw. Verzicht können auch konkludent erfolgen. **831**

Beispiel: Auf einer nächtlichen Streifenfahrt beobachten zwei Polizeibeamte von der Straße aus durch ein Wohnzimmerfenster, wie eine Person eine andere mit einer Schusswaffe bedroht. Unbemerkt verschaffen sie sich Zugang in die Wohnung, um die Schussabgabe abzuwenden.

Das bloße Beobachten von außerhalb der Wohnung ohne technische Mittel stellt noch keinen Grundrechtseingriff dar (s.o.). Unterstellt man bzgl. des Betretens der Wohnung, dass nur die bedrohte Person Wohnungsinhaberin ist, darf davon ausgegangen werden, dass sie mit dem Betreten ihrer Wohnung durch die Polizei einverstanden ist. Es liegt ein Grundrechtsverzicht vor, der eine weitere Prüfung der Rechtmäßigkeit der Betretung mit Art. 13 I GG als Prüfungsmaßstab überflüssig macht. Denn wo kein Grundrechtseingriff vorliegt, besteht auch kein Rechtfertigungsbedürfnis. Lässt sich die Frage nach dem Grundrechtsverzicht nicht klären, ist dies unschädlich, sofern die Voraussetzungen des Art. 13 II oder VII GG i.V.m. mit der polizeilichen Befugnisnorm der Wohnungsbetretung vorliegen. Vorliegend wird die Rechtmäßigkeit zu bejahen sein.

Willigt der Wohnungsinhaber unter dem Druck der Obrigkeit ein, ist die Freiwilligkeit selbstverständlich ebenso zu verneinen wie in dem Fall, dass der Grundrechtsträger die Tragweite seiner Entscheidung nicht übersehen kann.

[2059] Vgl. BVerfG NJW 2008, 2493 mit Bespr. v. *Sachs*, JuS 2008, 919 f.

III. Verfassungsrechtliche Rechtfertigung

1. Systematik der Schranken des Art. 13 II-VII GG

832 Art. 13 GG unterscheidet in den Absätzen II bis VII Eingriffe, für die nach dem Wortlaut und der gesetzlichen Systematik unterschiedliche Schranken gelten:

- Bei der **Durchsuchung** i.S.d. Art. 13 II GG greift der grundsätzliche Richtervorbehalt[2060] (dazu Rn 847); zudem bedarf der Eingriff stets einer Rechtsgrundlage (in Form eines Parlamentsgesetzes), die dem strengen Maßstab des Art. 13 I GG entspricht. Strafprozessual kommen insbesondere §§ 102, 103 StPO in Betracht, gefahrenabwehrrechtlich die entsprechenden Befugnisnormen der Polizeigesetze (vgl. etwa § 16 HambSOG, § 24 NdsSOG, § 41 NRWPolG). Das Betreten und Durchsuchen der Wohnung durch den Gerichtsvollzieher erlauben §§ 758, 758a ZPO.

  Der gefahrenabwehrrechtlich orientierte Art. 13 VII GG (der jedenfalls das bloße *Betreten* zur Gefahrenabwehr umfasst und besondere Einschränkungen formuliert) soll nach h.M. bei der präventivpolizeilichen Durchsuchung nicht anwendbar sein.[2061] Das ändert aber nichts daran, dass die Durchsuchung nicht unter weniger strengen Voraussetzungen zulässig sein darf als das bloße Betreten. Die strengen Vorgaben des Art. 13 VII GG müssen daher zumindest bei der Anwendung der präventivpolizeilichen Befugnisnorm im Einzelfall durch restriktive Auslegung berücksichtigt werden (vgl. näher Rn 837).

- Art. 13 VII GG erfasst auf der Basis der soeben genannten h.M. lediglich alle **übrigen gefahrenabwehrrechtlich**[2062] **orientierten Eingriffe und Beschränkungen** in den Schutzbereich des Art. 13 I GG, d.h. präventivpolizeiliche Eingriffe, die nicht als Durchsuchungen (oder Einsatz technischer Mittel) zu qualifizieren sind. Zur Frage, ob und inwieweit über Art. 13 VII GG hinaus einfachgesetzliche Rechtsgrundlagen erforderlich sind oder ob bereits Art. 13 VII GG unmittelbar zu Eingriffen in Art. 13 I GG befugt, vgl. Rn 862 ff.

- Die Absätze III bis VI enthalten schließlich Spezialregelungen für die technische Wohnraumüberwachung und spielen wegen ihres klar umrissenen Anwendungsbereichs in den Fällen, die unter die Absätze II und VII fallen, keine Rolle.

> **Hinweis für die Fallbearbeitung:** Da bei der Durchsuchung i.S.d. Art. 13 II GG, dem Einsatz technischer Mittel i.S.d. Art. 13 III-VI GG und den sonstigen Eingriffen und Beschränkungen i.S.d. Art. 13 VII GG unterschiedliche Anforderungen an die verfassungsrechtliche Rechtfertigung gestellt werden (s.o.), empfiehlt sich für die Fallbearbeitung, die Abgrenzung von Durchsuchung und sonstigen Maßnahmen an den Beginn der Rechtfertigungsprüfung zu stellen (vgl. dazu auch das Parallelproblem des Art. 14 GG bei der Unterscheidung zwischen Enteignung und enteignungsgleichem Eingriff). Daher soll bei Rn 833 ff. zunächst der Begriff der Durchsuchung i.S.d. Art. 13 II GG erläutert werden.

2. Durchsuchungen, Art. 13 II GG

a. Begriff der Durchsuchung

833 Art. 13 II GG nennt mit der Durchsuchung einen Spezialfall des Eingriffs in die Unverletzlichkeit der Wohnung und unterwirft sie (Art. 104 II GG vergleichbar) besonderen Verfahrensvorschriften. Danach dürfen Durchsuchungen nur durch den Richter, bei

---

[2060] Vgl. nur BVerfG NStZ 2015, 529, 531.

[2061] Zwar heißt es in Art. 13 VII GG „Eingriffe und Beschränkungen dürfen im Übrigen nur zur ... vorgenommen werden", was darauf schließen lässt, dass sich sämtliche in Art. 13 I GG eingreifenden präventivpolizeilichen Maßnahmen (und damit auch die Durchsuchung und der Einsatz technischer Mittel) am Maßstab des Art. 13 VII GG messen lassen müssen. Allerdings versteht die h.M. Art. 13 VII GG so, dass lediglich „alle übrigen Eingriffe" (d.h. alle präventivpolizeilichen Maßnahmen *außer* der Durchsuchung und dem Einsatz technischer Mittel) erfasst sind (vgl. nur *Kunig*, in: v. Münch/Kunig, GG, Art. 13 Rn 57 und wohl auch *Sachs*, JuS 2009, 71 f.).

[2062] Art. 13 VII GG bezieht sich ausweislich seines Wortlauts nur auf Gefahrenabwehr, nicht auch auf Strafverfolgung.

Gefahr im Verzug auch durch die in den Gesetzen vorgesehenen anderen Organe angeordnet und nur in der dort vorgeschriebenen Form durchgeführt werden (vgl. dazu näher Rn 847 ff.).

Während unter **Betreten** das Eintreten, Verweilen und Besichtigen der Wohnung zu verstehen ist, liegt in einer **Durchsuchung** das ziel- und zweckgerichtete Suchen nach Personen oder Sachen oder zur Ermittlung eines Sachverhalts, um etwas aufzuspüren, was der Inhaber des Raums von sich aus nicht offenlegen oder herausgeben will.[2063] **834**

Ist eine Durchsuchung zulässig, erfasst die Befugnis nicht nur das systematische Durchkämmen der Wohnung, sondern auch das Öffnen von Schränken, das Aufreißen von Wandverkleidungen und das Hochreißen von Fußböden.[2064] Keine Durchsuchung liegt vor, wenn Personen, die sich offen (also nicht versteckt) in der Wohnung aufhalten, kontrolliert werden.[2065] Auch die sog. **Onlinedurchsuchung** von Computern, bei der via Internet bestimmte Programme (Trojaner; Spyware) heimlich in einen Computer eingeschleust werden, um dort gespeicherte Daten sowie Anwendungen (Internetnutzung, Versendung vom E-Mails etc.) auszuforschen, ist keine Durchsuchung i.S.v. Art. 13 II GG (vgl. dazu Rn 864 ff.). **835**

Der Begriff der Durchsuchung umfasst zunächst die **strafprozessuale** Durchsuchung (§§ 102, 103 StPO).[2066] Auch die Durchsuchung der Wohnung zur **Gefahrenabwehr** kann eine Durchsuchung i.S.d. Art. 13 II GG darstellen. Maßgeblich sind dann die Polizeigesetze. Das kann im Einzelfall die Frage aufwerfen, ob die Polizei repressiv oder präventiv tätig ist bzw. war. Schließlich ist die **administrative** Durchsuchung, z.B. des Gerichtsvollziehers nach § 758 ZPO[2067] oder der Finanzbehörde nach der Abgabenordnung (etwa §§ 99, 200, 287 AO)[2068] erfasst.[2069] **836**

Beispiel: In einem mehrere Wohnungen umfassenden Mietshaus hört ein Mieter lautstarkes Geschrei in der über ihm gelegenen Wohnung. In der Annahme, dass dort körperliche Misshandlungen vorgenommen würden, ruft er die Polizei. Diese erscheint sofort und fordert die in der fraglichen Wohnung befindlichen Personen auf, die Tür zu öffnen. Als diese nicht geöffnet wird und sich im Übrigen das Geschrei noch verstärkt, geht die Polizei von einer Gefahr im Verzug aus und bricht die Tür auf.

Das Aufbrechen der Tür war zum Betreten der Wohnung und zu deren Durchsuchung unerlässlich. Daher ist das Verhalten der Polizei einheitlich zu bewerten. Wie bereits dargestellt, kann die Polizei sowohl repressiv (also zur Verbrechensbekämpfung) als auch präventiv (also zur Gefahrenabwehr) tätig sein. Da jeweils aber unterschiedliche Rechtmäßigkeitsanforderungen bestehen, kann eine Unterscheidung nicht dahinstehen. Abzustellen ist auf das **Schwergewicht des polizeilichen Handelns**. Bei der Ermittlung des Schwergewichts ist ein objektiver Maßstab anzulegen. Liegen Anhaltspunkte dafür vor, dass eine *Straftat begangen wurde* und die Polizei weitere Sachverhaltsaufklärung durchführt, ist von einer repressivpolizeilichen Tätigkeit auszugehen. Steht demgegenüber die *Verhütung von (weiteren) Straftaten* im Vordergrund, ist von einer präventivpolizeilichen Maßnahme auszugehen. Vorliegend wusste die Polizei im Zeitpunkt des Aufbrechens der Tür noch nicht, was sie erwarten würde. Ihr konnte es daher lediglich darum gehen, eine mögliche Gefährdung des Rechtsguts Leib und Leben abzuwenden. Der Zweck des Einschreitens lag also in der Gefahrenabwehr. Die Rechtsgrundlage für das Einschreiten ist somit im Gefahrenabwehrrecht zu suchen. Vorliegend einschlägig sind

---

[2063] Vgl. BVerfGE 51, 97, 106 ff.; 76, 83, 89; 103, 142, 150 ff.; BVerwG NJW 2005, 454; OVG Bremen Nord ÖR 2003, 457.
[2064] *Schenke*, POR, Rn 153.
[2065] BVerwG NJW 2005, 454, 455; *Hermes*, JZ 2005, 461 ff.; a.A. *Mittag*, NVwZ 2005, 649, 650.
[2066] Vgl. dazu etwa auch BVerfG NJW 2014, 1650 f.; NJW 2015, 851, 852.
[2067] BVerfGE 51, 97 ff.; 76, 83 ff.
[2068] BVerfGE 57, 346, 354 ff.
[2069] *P/S/K/P*, Rn 953. Sofern man auch Hafträume unter den Wohnungsbegriff subsumiert (vgl. Rn 821), sind die Vorschriften der Strafvollzugsgesetze über das Betreten und die Durchsuchung von Hafträumen Rechtsgrundlage.

daher die polizeigesetzlichen Normen über das Betreten und Durchsuchen von Wohnungen (s.o.) sowie diejenigen über den unmittelbaren Zwang (vgl. die § 6 BundesVwVG entsprechenden Landesgesetze).

837 **Hinweis für die Fallbearbeitung:** Zwar dienen das Betreten und Durchsuchen einer Wohnung zumeist (nur) der Vorbereitung einer anderen Maßnahme wie z.B. der polizeilichen Vorführung, der Ingewahrsamnahme oder der Sicherstellung/Beschlagnahme, wegen des hohen Schutzniveaus des Art. 13 I GG sind das Betreten und Durchsuchen aber stets separat neben den Folgemaßnahmen zu prüfen und am Maßstab des Art. 13 I GG zu messen. Handelt es sich um eine Durchsuchung (gleichgültig, ob zur Strafverfolgung oder zur Gefahrenabwehr), ist zudem der Richtervorbehalt des Art. 13 II GG zu beachten. Bei einer (bloßen) Betretung greift der Richtervorbehalt des Art. 13 II GG also nicht. Jedoch ist bei einer der Gefahrenabwehr dienenden Betretung der strenge Gesetzesvorbehalt des Art. 13 VII GG (sonstige Eingriffe und Beschränkungen nur zur Abwehr einer gemeinen Gefahr bzw. Lebensgefahr oder zur Verhütung dringender Gefahren) zu beachten. Das darf freilich nicht dazu führen, dass präventivpolizeiliche Durchsuchungen unter weniger strengen Voraussetzungen zulässig wären. Würde also eine Befugnisnorm des Polizeirechts eine Wohnungsdurchsuchung zulassen, ohne eine gemeine oder dringende Gefahr zu fordern, müsste sie „Art. 13 VII GG konform" ausgelegt werden, d.h. die in Art. 13 VII GG genannten Voraussetzungen müssten in die Befugnisnorm hineininterpretiert werden.

838 Wendete man die Definition der Durchsuchung uneingeschränkt auch im **Gewerberecht** an, würde etwa die Besichtigung der Küche eines Restaurants (diese ist gerade *nicht* der Öffentlichkeit frei zugänglich) durch Mitarbeiter des Gewerbeaufsichtsamtes zwecks Überprüfung des hygienischen Zustands eine Durchsuchung i.S.d. Art. 13 II GG darstellen, sofern der Hausrechtsinhaber nicht geneigt wäre, den fraglichen Zustand offenzulegen. Zu klären sind daher die Rechtsnatur von Besichtigungen und Überprüfungen sowie der dagegen mögliche Rechtsschutz.

b. Behördliche Betretung, Besichtigung und Nachschau

839 Betretungs-, Besichtigungs- und Nachschaurechte sind die klassischen Instrumente der Gewerbeüberwachung. Außerhalb der GewO sind sie in zahlreichen wirtschaftsverwaltungsrechtlichen Spezialgesetzen und anderen Spezialgesetzen verankert.[2070] In der GewO ist eine Nachschauregelung v.a. in **§ 29 II GewO** geschaffen worden. Diese Bestimmung gewährt der Behörde das Recht, zum Zweck der Gewerbeüberwachung während der üblichen Geschäftszeiten Grundstücke und Geschäftsräume der in § 29 I Nrn. 1-4 GewO Genannten (= Betroffene) zu betreten, um dort Prüfungen und Besichtigungen vorzunehmen. Gemäß **§ 29 IV GewO** kann die Nachschau sogar gegenüber jedermann durchgeführt werden, „wenn Tatsachen die Annahme rechtfertigen, dass ein erlaubnispflichtiges oder überwachungsbedürftiges Gewerbe ausgeübt wird".

840 Ob Betretungen, Besichtigungen oder Nachschauen Eingriffe in Art. 13 I GG darstellen, ist angesichts des Wortlauts der Verfassungsbestimmung unklar. Sähe man in ihnen Eingriffe in Art. 13 I GG, wären die durch § 29 GewO bzw. die entsprechenden Spezialregelungen (z.B. **§ 22 II GastG** oder **§ 17 II HandwO**) gewährten Befugnisse an sich nur unter Berücksichtigung des betreffenden Schrankenvorbehalts des Art. 13 II und VII GG gerechtfertigt. Doch Betretungen, Besichtigungen und Nachschauen lassen sich nicht unter Art. 13 II GG subsumieren. Denn sie sind keine „Durchsuchung" i.S.d. Art. 13 II GG, da nicht gezielt nach Personen oder Sachen gesucht, sondern lediglich eine

[2070] Vgl. Nur § 52 II BImSchG; § 42 II LFGB; §§ 16 II, 28 II InfSchG; §§ 41 I S. 1 Nr. 2, 101 I S. 1 Nr. 4-6, II WHG; § 63 II PflSchG; § 22 I Nr. 3 BtMG; § 31 II SprengstoffG; § 16 III TierSchG; § 39 II WaffG; §§ 12 IV S. 1 Nr. 1, 21a II S. 1 GüKG; §§ 32 I Nr. 2 S. 2, 54a I S. 2 PBefG; § 22 II GastG; § 59 II, III GWB; § 19 II AtomG; § 14 IV KWaffG; § 17 II HandwO, § 54g UrhG.

allgemeine Überwachung des Gewerbes durchgeführt wird. Zudem hat auch der Gesetzgeber zwischen Betretung und Durchsuchung unterschieden. Schließlich macht § 29 II GewO (und auch z.B. § 22 II GastG) die Betretung nicht vom Vorliegen eines richterlichen (Durchsuchungs-)Beschlusses abhängig. Daher genügt § 29 II GewO (wie § 22 II GastG) den Anforderungen des Art. 13 II GG nicht. Auch lassen sich die gewerberechtlichen Betretungs-, Besichtigungs- und Nachschaurechte kaum mit Art. 13 VII GG vereinbaren, denn § 29 II GewO ermächtigt (wie § 22 II GastG) zur Betretung, ohne dies vom Vorliegen einer „gemeinen" oder „dringenden" Gefahr abhängig zu machen.

Damit scheint festzustehen, dass § 29 II GewO bzw. die entsprechenden Spezialregelungen keine Gesetze i.S.d. Schrankensystematik des Art. 13 II und VII GG darstellen und daher Eingriffe in Art. 13 I GG **nicht rechtfertigen können**. **841**

Offenbar um dieses Ergebnis zu vermeiden[2071], hat das BVerfG entschieden, dass Betretungs-, Besichtigungs- und Nachschaurechte, die gesetzlich dezidiert geregelt sind, nicht als Eingriffe und Beschränkungen i.S.d. Art. 13 VII GG zu qualifizieren seien[2072], da sich Art. 13 VII GG lediglich auf die Wohnung i.e.S. beziehe und gewerberechtliche Betretungs- und Besichtigungsrechte nicht ausschließen wolle[2073]. Art. 13 I GG stelle an das Betreten von Geschäfts- bzw. Betriebsräumen weniger hohe Anforderungen als an das Betreten von Räumen, in denen sich das Privatleben im engeren Sinne abspiele. Daraus folgt: **842**

- Es muss eine gesetzliche Befugnisnorm vorliegen, die dezidiert die Voraussetzungen für ein Betreten der Geschäftsräume regelt. Eine solche Vorschrift ist z.B. § 17 II HandwO, die die Handwerkskammer ermächtigt, bei den der Eintragung in die Handwerksrolle unterfallenden Handwerkern (§ 17 I S. 1 HandwO) nach Maßgabe des § 29 II GewO Grundstücke und Geschäftsräume zu betreten, um dort Prüfungen und Besichtigungen vorzunehmen.
- Liegen die Voraussetzungen des § 17 II HandwO vor, richtet sich – nach Auffassung des BVerfG – der Schutz nicht nach Art. 13 VII GG, sondern nach geringeren Rechtfertigungsvoraussetzungen. Um aber eine übermäßige Einengung des Begriffs „Eingriffe und Beschränkungen" i.S.d. Art. 13 VII GG und damit eine Aushöhlung des durch Art. 13 I GG gewährleisteten Schutzes zu vermeiden, fordert das BVerfG immerhin, dass die in BVerfGE 32, 54, 72 ff. definierten Kriterien (dazu Rn 843) im Allgemeinen und die vorliegend einschlägige Vorschrift des § 17 II i.V.m. I S. 1 HandwO im Besonderen eng ausgelegt werden. Sobald auch nur eine Tatbestandsvoraussetzung (etwa die Eintragungsfähigkeit einer bestimmten Tätigkeit) erkennbar nicht gegeben sei, scheide ein Betretungsrecht der Handwerkskammern nach § 17 II HandwO aus.
- Liegen aber die Voraussetzungen der Spezialnorm (etwa § 17 II HandwO) nicht vor, leben die strengen Rechtfertigungsvoraussetzungen des Art. 13 VII GG wieder auf.

Bewertung: Nach der zweifelhaften Rspr. des BVerfG sind auch Gewerberäume vom Schutzbereich des Art. 13 I GG erfasst. Besteht eine gesetzliche Vorschrift, die dezidiert die Voraussetzungen für das gewerberechtliche Betreten öffentlich zugänglicher Gewerberäume beschreibt, liegt nach Auffassung des BVerfG jedoch kein Fall des Art. 13 VII GG vor, weil diese Vorschrift Betretungs- und Besichtigungsrechte nicht ausschließen wolle.[2074] Das ist in Anbetracht des klaren Wortlauts des Art. 13 VII GG abzulehnen, da **843**

[2071] An dieser Stelle sei nochmals darauf hingewiesen, dass das BVerfG das Dilemma selbst zu verantworten hat, indem es undifferenziert den Schutzbereich des Art. 13 I GG auf Gewerberäume erstreckt.
[2072] BVerfG DÖV 2007, 607, 608.
[2073] Dies ergibt sich nicht direkt aus BVerfG DÖV 2007, 607, 608 ff., sondern aus der Entscheidung BVerfGE 32, 54, 72 ff., auf die das BVerfG in DÖV 2007, 607, 608 ff. verweist. In BVerfGE 32, 54, 72 ff. wird die Vorgehensweise mit historischen (gewohnheitsrechtlichen) Aspekten begründet und damit, dass der Verfassungsgeber die gewerberechtliche Betretung nicht bedacht habe, als er Art. 13 VII GG (damals: Art. 13 III GG) geschaffen habe, aber die Zulässigkeit gewerberechtlicher Betretungen und Besichtigungen nicht habe in Frage stellen wollen.
[2074] BVerfGE 32, 54, 72 f.

dies zulasten des Grundrechtsträgers geht. Die Auffassung des BVerfG wird aber klar, wenn man bedenkt, dass anderenfalls der Eingriff in Art. 13 I GG wegen der hohen Hürde des Art. 13 VII GG kaum zu rechtfertigen wäre. Immerhin stellt das BVerfG bestimmte Kriterien auf, die für eine rechtmäßige wirtschaftsüberwachende Nachschau einzuhalten seien:

- Erstens müsse eine **besondere gesetzliche Vorschrift** zum Betreten der Räume ermächtigen.
- Zweitens müssten das Betreten der Räume, die Besichtigung und die Prüfung einem **erlaubten Zweck** dienen und für dessen Erreichung **erforderlich sein**.
- Drittens müsse das Gesetz den Zweck des Betretens, den Gegenstand und den Umfang der zugelassenen Besichtigung und Prüfung **deutlich erkennen lassen**.
- Viertens sei das Betreten **nur in den Zeiten statthaft**, zu denen die Räume normalerweise für die **jeweilige geschäftliche oder betriebliche Nutzung zur Verfügung stehen**.[2075]

844 **Hinweis für die Fallbearbeitung:** Auch danach bleibt wegen der Sperrwirkung, die mit der Eröffnung des Schutzbereichs des Art. 13 I GG verbunden ist, Art. 2 I GG unanwendbar. Lediglich bei der Frage nach der Verfassungsmäßigkeit der Betretung weicht das BVerfG die Kriterien des Art. 13 VII GG auf, indem es eigene Kriterien aufstellt.

Meines Erachtens ist das nicht gradlinig. Vielmehr müsste man den Schutzbereich des Art. 13 I GG bei Geschäftsräumen verneinen (dann gelangte man unproblematisch zu Art. 2 I GG und i.d.R. auch zur Rechtfertigung der Betretung am Maßstab der Schrankentrias in Art. 2 I GG). Wenn man aber schon den Schutzbereich des Art. 13 I GG auf Geschäftsräume erstreckt, muss man im Korsett des Art. 13 GG verbleiben und die Betretung am Maßstab des Art. 13 VII GG prüfen. Dann aber kommt man zur Rechtswidrigkeit der Betretung, weil die Voraussetzungen des Art. 13 VII GG nicht vorliegen. Ebendies wollte wohl das BVerfG vermeiden, indem es eigene, von Art. 13 VII GG losgelöste, Kriterien aufstellt.

845 Virulent wird die Problematik in Bezug auf **§ 29 IV GewO**. Diese Vorschrift statuiert ein Nachschaurecht aufgrund einer bloßen, freilich durch Tatsachen gestützten, behördlichen Annahme, dass ein erlaubnispflichtiges oder überwachungsbedürftiges Gewerbe ausgeübt werde. Nach dieser Regelung ist nicht auszuschließen, dass auch Nicht-Gewerbetreibende von einer Verdachtsnachschau „betroffen" werden.[2076] Es ist also möglich, dass sich die Behörde Zugang zu privaten Wohnungen verschafft, um überhaupt erst einmal festzustellen, ob ein Gewerbe vorliegt. In einer derartigen Konstellation greift das Grundrecht auf Unverletzlichkeit der Wohnung unzweifelhaft. Daher wird die Verdachtsnachschau in verfassungskonformer Auslegung des § 29 IV GewO nur dann zulässig sein, wenn nicht irgendwelche, sondern nachweisliche Tatsachen den Verdacht tragen und wenn weniger eingreifende Mittel der Informationsbeschaffung zuvor ohne Erfolg bzw. nicht Erfolg versprechend waren.[2077]

846 Wird eine Person von einer behördlichen Nachschau betroffen, stellt sich die Frage nach dem **Rechtsschutz**. Da weder das Betreten der Geschäftsräume noch deren Besichtigung lediglich den (einen Realakt darstellenden) tatsächlichen Vorgang der Nachschau in sich schließen, sondern zugleich den Betroffenen verpflichten, die tatsächlichen Maßnahmen zu dulden (die Duldungsverfügung ist ein Verwaltungsakt), kommt der Nachschau eine Doppelnatur zu. Aufgrund der gleichzeitigen konkludenten Duldungsverfü-

---

[2075] BVerfGE 32, 54, 72.
[2076] *Kempen*, NVwZ 1999, 360, 362.
[2077] *Kempen*, NVwZ 1999, 360, 362.

gung sind daher solche Rechtsbehelfe zulässig, die allgemein gegen **Verwaltungsakte** zulässig sind. In Betracht kommen daher stets die **Anfechtungsklage** bzw. – da sich die Nachschau i.d.R. bereits vor Klageerhebung erledigt haben wird – die **Fortsetzungsfeststellungsklage** analog § 113 I S. 4 VwGO.[2078]

Einige Polizeigesetze[2079] befugen die zuständigen Behörden, Grundstücke und Gebäude zu betreten, um zu prüfen, ob die Voraussetzungen für eine Sicherstellung zwecks **Unterbringung von Flüchtlingen oder Asylbegehrenden** vorliegen. Prüfungsmaßstab ist Art. 13 I GG unter Beachtung des Schrankenvorbehalts aus Art. 13 VII GG. Da in den Befugnisnormen die Einschränkung „zur Abwehr von bevorstehenden Gefahren für Leib und Leben" (§ 14a I S. 1 hmbSOG) bzw. „zur Abwehr von Gefahren für Leib oder Leben" (§ 26a I S. 1 bremPolG) benannt ist und dies den Anforderungen des Art. 13 VII GG genügt, liegt insoweit kein verfassungsrechtliches Problem vor. **846a**

c. Richtervorbehalt bei Durchsuchungen

Zu Wahrung eines effektiven Grundrechtsschutzes dürfen gem. Art. 13 II GG Durchsuchungen grds. nur durch den Richter angeordnet werden. Der Richtervorbehalt zielt auf eine vorbeugende Kontrolle der Maßnahme durch eine unabhängige und neutrale Instanz.[2080] Der Richter darf die Durchsuchung nur anordnen, wenn er sich aufgrund umfassender Prüfung der Ermittlungen überzeugt hat, dass die Maßnahme verhältnismäßig ist. Er muss den zeitlichen und inhaltlichen Rahmen, die Grenzen und das Ziel der Durchsuchung definieren. Dabei macht es Art. 13 II GG i.V.m. Art. 1 I, III und Art. 20 III GG dem Richter zur Pflicht, durch eine geeignete Formulierung des Durchsuchungsbeschlusses im Rahmen des Möglichen und Zumutbaren zu gewährleisten, dass der Eingriff in die Grundrechte rechtsstaatlichen Anforderungen genügt.[2081] **847**

Beispiel: Die strafprozessuale Durchsuchung einer Wohnung ist gem. § 102 StPO nur unter folgenden Voraussetzungen zulässig:

- Bestehen eines Tatverdachts, d.h. des Verdachts, dass eine Straftat begangen wurde. Ein Tatverdacht in diesem Sinne liegt nur dann vor, wenn er auf konkreten Tatsachen beruht. Vage Anhaltspunkte und bloße Vermutungen reichen nicht aus.[2082] Eine Durchsuchung darf auch nicht der Ermittlung von Tatsachen dienen, die zur Begründung eines Tatverdachts erforderlich sind, denn der Tatverdacht muss bereits zum Zeitpunkt der Durchsuchung bestehen.[2083] Ist die Tat nicht verfolgbar, greift ggf. § 103 StPO
- Wohnungsinhaber ist tatverdächtig
- Durchsuchungsobjekt Wohnung/anderer Raum
- Durchsuchungszweck
  - Ergreifung des Verdächtigen („Ergreifungsdurchsuchung") oder
  - Auffinden von Beweismitteln („Ermittlungsdurchsuchung")
- Erfolgsaussicht; d.h. die Durchsuchung muss nach kriminalistischer Erfahrung Erfolg versprechend sein (Auffindungsvermutung genügt).
- Darüber hinaus muss sie zur Ermittlung und Verfolgung der Straftat erforderlich sein sowie in angemessenem Verhältnis zur Schwere der möglicherweise begangenen Straftat und zur Stärke des Tatverdachts stehen.[2084]

2078 Zu dieser Klageart vgl. ausführlich *R. Schmidt*, VerwProzR, Rn 395 ff.
2079 Vgl. § 14a I S. 3 hmbSOG; § 26a II S. 1 bremPolG.
2080 BVerfG NStZ 2015, 529, 531 mit Verweis auf BVerfGE 20, 162, 223; 57, 346, 355 f.; 76, 83, 91; 103, 142, 151.
2081 BVerfG NStZ 2015, 529, 531; BVerfGE 96, 44, 51; 103, 146, 151. Vgl. auch BVerfG NJW 2007, 1345, 1346.
2082 Vgl. etwa BVerfGE 44, 353, 371 f.; 115, 166, 197 f.; BVerfG NJW 2014, 1650 f.; NJW 2014, 3085, 3087.
2083 Vgl. BVerfG NJW 2014, 1650 f. NJW 2014, 3085, 3086 ff.
2084 So ausdrücklich BVerfG NJW 2015, 851, 852 mit Verweis auf BVerfGE 20, 162, 186 f.; 59, 95, 97; 96, 44, 51; vgl. auch *Hartmann/Schmidt*, StrafProzR, 6. Aufl. 2016, Rn 497/507 und BVerfG NJW 2014, 2939.

Vom Vorliegen dieser Voraussetzungen muss sich der Richter überzeugen, bevor er eine Durchsuchung der durch Art. 13 I GG geschützten Räume anordnet.[2085] So ist die richterliche Anordnung der Durchsuchung der Wohnung eines Prokuristen eines Rüstungsunternehmens allein aufgrund seiner Stellung als Prokurist und Leiter der Rechtsabteilung rechtswidrig.[2086] Das gilt auch für die richterliche Anordnung der Durchsuchung der Wohnung einer Ärztin wegen des vagen Verdachts eines Abrechnungsbetrugs in der Größenordnung von ca. 75,- €: Zum einen wäre ein konkreter Tatverdacht erforderlich gewesen (ein bloßes Für-möglich-Halten bzw. ein vager Verdacht genügen nicht für eine Durchsuchung nach § 102 StPO) und zum anderen stand die Durchsuchung außer Verhältnis zur Schwere des Eingriffs in Art. 13 I GG.[2087]

848 Der Richtervorbehalt verpflichtet die Länder, alle möglichen und zumutbaren organisatorischen Vorkehrungen zu treffen, damit ein Richter **jedenfalls bei Tage und in den Abendstunden erreichbar ist.**[2088] Daher ist es mit dem Richtervorbehalt des Art. 13 II GG nicht vereinbar, wenn in einer Großstadt am frühen Abend gegen 18:00 Uhr eine Wohnung allein aufgrund der Anordnung der handelnden Polizeibeamten ohne den Versuch, einen richterlichen Durchsuchungsbeschluss zu erwirken, durchsucht wird.[2089] Bei **Nachtzeit** (§ 104 III StPO) ist eine Erreichbarkeit jedenfalls bei einem Bedarf zu gewährleisten.[2090] Ein richterlicher Bereitschaftsdienst „rund um die Uhr" ist aber nur dann erforderlich, wenn hierfür ein praktisches Bedürfnis besteht. Kommt es also in einem Bundesland nur vereinzelt zu nächtlichen Durchsuchungsanordnungen, gefährdet das Fehlen eines richterlichen Nachtdienstes die Regelzuständigkeit des Art. 13 II GG nicht.[2091] Bevor die Polizeibeamten aber eigenmächtig Gefahr im Verzug annehmen, müssen sie wenigstens versuchen, vor der strafprozessualen Wohnungsdurchsuchung eine richterliche Entscheidung herbeizuführen. Ist dies nicht möglich, müssen sie (sofern es um Strafverfolgung geht) zumindest die Anordnung der Staatsanwaltschaft herbeiführen.

849 Bezüglich der zeitlichen Dimension der Durchsuchungsanordnung ist zu beachten, dass diese ihre Geltung spätestens nach **Ablauf eines halben Jahres** verliert.[2092] Das hat den Grund, dass nach Ablauf dieser Zeit dem Richter die Verantwortung für die Durchsuchungsanordnung nicht mehr zugerechnet werden kann.

d. Durchsuchungen bei Gefahr im Verzug

850 Ausnahmsweise, d.h. bei Gefahr im Verzug, kann die Durchsuchung gem. Art. 13 II GG auch durch die in den Gesetzen[2093] vorgesehenen anderen Organe angeordnet werden. Das sind im Bereich des Strafverfahrensrechts gem. § 105 I StPO die Staatsanwaltschaft und ihre Ermittlungspersonen (§ 152 GVG – i.d.R. die Kriminalpolizei) und im Bereich der Gefahrenabwehr die Polizei selbst. Im Bereich der Strafverfolgung besteht der Zweck der Eilkompetenz in der Ermöglichung eines schnellen und situationsgerechten Handelns zur Gewährleistung einer effektiven und funktionstüchtigen Strafverfolgung durch die Ermittlungsbehörden[2094]; insbesondere soll einem drohenden Beweismittelver-

---

[2085] Vgl. BVerfG NJW 2008, 1937; 2007, 1143; 2006, 1048 f.; BGH NStZ-RR 2009, 142.
[2086] Vgl. BVerfG NJW 2014, 1650 f.
[2087] Vgl. BVerfG NStZ-RR 2008, 176 f.
[2088] BVerfG NStZ 2015, 529, 531 mit Verweis u.a. auf BVerfGE 103, 142, 152 u. 156; 105, 239, 248.
[2089] BVerfG NJW 2007, 1345. Vgl. auch BVerfG NJW 2015, 1005, 1006.
[2090] BVerfG NStZ 2015, 529, 531.
[2091] BVerfG NJW 2004, 1442.
[2092] BVerfGE 96, 44, 52.
[2093] Mit der Formulierung „in den Gesetzen" sind Gesetze im formellen Sinne gemeint; eine Ermächtigung in einer Rechtsverordnung oder einer Satzung reicht also nicht aus (*Kunig*, in: v. Münch/Kunig, GG, Art. 13 Rn 33; *Papier*, in: Maunz/Dürig, GG, Art. 13 Rn 15). Etwas anderes gilt bei § 13 VII GG. Aus der dortigen Formulierung „auf Grund eines Gesetzes" ergibt sich, dass Eingriffe und Beschränkungen gem. Art. 13 VII GG auch in Rechtsverordnungen und Satzungen geregelt werden können (vgl. dazu insbesondere die auf der Grundlage des LFGB und des Infektionsschutzgesetzes ergangenen Vorschriften).
[2094] BVerfG NStZ 2015, 529, 532.

lust entgegengetreten werden[2095]. Im Bereich der Gefahrenabwehr steht die effektive Verhinderung eines Schadens an einem polizeirechtlichen Schutzgut im Mittelpunkt.

Art. 13 GG enthält keine Legaldefinition des Begriffs „Gefahr im Verzug". Wegen des hohen Wertes des Schutzguts „Wohnung" und der Ausnahmesituation, in der eine Durchsuchung der Wohnung ohne richterliche Durchsuchungsanordnung stattfinden darf, mahnt das BVerfG (jedenfalls bezüglich der Strafverfolgung) eine restriktive Auslegung an.[2096] Da die Annahme von „Gefahr im Verzug" die Anordnungskompetenz ausnahmsweise vom Richter auf die Strafverfolgungsbehörden verlagere, sei der Begriff „Gefahr im Verzug" **eng auszulegen**. „Gefahr im Verzug" sei nur anzunehmen, wenn die richterliche Anordnung nicht mehr eingeholt werden könne, ohne dass der Zweck der Maßnahme (regelmäßig die Sicherstellung von Beweismitteln) gefährdet werde.[2097] Könne hingegen der Richter mit dem Durchsuchungsbegehren befasst werden und über dieses entscheiden, ohne dass damit ein Risiko des Verlusts von Beweismitteln verbunden sei, sei für einen Rückgriff auf die Eilkompetenz der Strafverfolgungsbehörden kein Raum. Vielmehr habe dann allein der zuständige Richter über den Eingriff in das Grundrecht aus Art. 13 I GG zu entscheiden und dabei auch dem aus dem Rechtsstaatsprinzip abgeleiteten Verfassungsgebot effektiver Strafverfolgung Rechnung zu tragen.[2098] **851**

Die Eilkompetenz der Strafverfolgungsbehörde endet aber (trotz drohenden Beweismittelverlusts), sobald ein Richter mit einem Antrag auf Erlass einer Durchsuchungsanordnung befasst ist (d.h., sobald die Staatsanwaltschaft einen Antrag auf Erlass eines richterlichen Durchsuchungsbeschlusses gestellt hat). Denn ab diesem Zeitpunkt trägt grds. allein der Richter die Verantwortung für die Anordnung der Durchsuchung. Ein Einschreiten ohne richterliche Verfügung ist dann auch bei Annahme von Gefahr im Verzug ausgeschlossen. Lediglich, wenn tatsächliche Umstände eintreten oder bekannt werden, die sich *nicht* aus dem eingeleiteten Prozess der richterlichen Prüfung und Entscheidung über den Durchsuchungsantrag ergeben, und *hierdurch* die Gefahr eines Beweismittelverlusts begründet wird („überholende Kausalität"), kann die Eilkompetenz der Strafverfolgungsbehörde neu begründet werden.[2099]

Fazit: Nach diesen Grundsätzen muss die Strafverfolgungsbehörde also zunächst versuchen, einen Richter zu erreichen. Die Gerichte wiederum müssen die Erreichbarkeit des Dienst habenden Ermittlungsrichters gewährleisten. Erst wenn bei Beachtung dieser Grundsätze ein Beweismittelverlust droht, dürfen die Staatsanwaltschaft bzw. deren Ermittlungspersonen Gefahr im Verzug annehmen und eine Wohnung ohne richterliche Verfügung durchsuchen.[2100] Nach Stellen eines Antrags auf Erlass eines richterlichen Durchsuchungsbeschlusses durch die Staatsanwaltschaft ist die Eilkompetenz der Strafverfolgungsbehörde selbst bei Gefahr im Verzug ausgeschlossen.[2101] Etwas anderes gilt nur dann, wenn nachträglich Umstände eintreten oder bekannt werden, die nicht Gegenstand des Antrags auf Erlass eines richterlichen Durchsuchungsbeschlusses waren.[2102]

Auf den Bereich der **Gefahrenabwehr** sind diese Grundsätze nur eingeschränkt übertragbar, weil anderenfalls die effektive Gefahrenabwehr (Verhinderung eines Schadens an einem polizeirechtlichen Schutzgut) in Frage gestellt werden könnte.[2103]

[2095] BVerfG NStZ 2015, 529, 532; BVerfGE 103, 142, 154.
[2096] BVerfGE 103, 142 ff.; wiederholt in BVerfG NStZ 2015, 529, 532.
[2097] BVerfG NStZ 2015, 529, 532 mit Verweis auf BVerfGE 51, 97, 111; 103, 142, 153 f.
[2098] BVerfG NStZ 2015, 529, 532.
[2099] BVerfG NStZ 2015, 529, 534.
[2100] BVerfGE 103, 142, 155 ff.; BVerfG NStZ 2015, 529, 532. Vgl. auch BVerfG NJW 2015, 1005, 1006, wo das Gericht noch einmal deutlich die Bedeutung des Richtervorbehalts (wenn auch „nur" in Bezug auf § 81a StPO) hervorhebt.
[2101] BVerfG NStZ 2015, 529, 534.
[2102] BVerfG NStZ 2015, 529, 534.
[2103] Vgl. dazu im Einzelnen *R. Schmidt*, POR, Rn 550 ff.

Beispiel: Die Polizei erhielt an einem Sonntag um 11.55 Uhr einen anonymen Anruf, dass in einer Wohnung in der Martinistraße eine Zeitbombe platziert worden sei, deren Zeitzünder auf 14.30 Uhr eingestellt sei. Da die Polizei den Anruf aufgrund einschlägiger Erfahrungen ernst nahm, durchsuchte sie ohne Zögern sämtliche Wohnungen der in der Martinistraße gelegenen Häuser. Verschlossene Wohnungen wurden aufgebrochen.

Hier bestand eine zuverlässige Prognose über das Vorliegen einer gegenwärtigen erheblichen Gefahr für Leib und Leben, sodass jede Zeitverzögerung nicht zu rechtfertigen gewesen wäre. Die vorherige Einholung einer (schriftlichen) richterlichen Durchsuchungsanordnung war somit entbehrlich. Das Aufbrechen und Durchsuchen der Wohnungen waren rechtmäßig.

852 Eine richterliche Anordnung ist ferner entbehrlich, wenn die Wohnung zwangsweise zu **anderen als zu Durchsuchungszwecken** betreten wird, z.B. zur Brand- oder Seuchenbekämpfung, zur Rettung von Personen, zur Besichtigung von Gewerberäumen („Nachschau", vgl. § 22 II GastG für den Bereich der Wirtschaftsaufsicht, s.o. Rn 839). Maßnahmen dieser Art stellen zwar ebenfalls einen Eingriff in die Unverletzlichkeit der Wohnung dar, allerdings verzichtet das Grundgesetz hier auf einen Richtervorbehalt, wenn eine „dringende Gefahr" vorliegt. Darunter ist eine Gefahr für ein bedeutendes Rechtsgut (wie z.B. die menschliche Gesundheit) zu verstehen.

e. Materielle Rechtmäßigkeitsvoraussetzungen

852a Selbstverständlich genügt allein die Beachtung des Richtervorbehalts nicht. In materiellrechtlicher Hinsicht muss sich die Durchsuchung auf eine formell-gesetzliche Rechtsgrundlage stützen lassen, die dem strengen Maßstab des Art. 13 I GG entspricht. Zudem muss die Befugnisnorm, die zur präventivpolizeilichen Durchsuchung ermächtigt, ebenso strenge Voraussetzungen formulieren wie dies bei Art. 13 VII GG der Fall ist (vgl. dazu Rn 832/837). Zumindest aber müssen die strengen Vorgaben des Art. 13 VII GG bei der Anwendung im Einzelfall durch restriktive Auslegung der Befugnisnorm und Beachtung des Verhältnismäßigkeitsgrundsatzes berücksichtigt werden.

2. Wohnungsüberwachung zum Zweck der Strafverfolgung, Art. 13 III GG

853 Gemäß Art. 13 III S. 1 GG dürfen zur *Verfolgung von besonders schweren Straftaten* bei hinreichendem Tatverdacht und aufgrund richterlicher Anordnung (die freilich noch größere Anforderungen als bei Art. 13 II GG zu beachten hat) verdeckt **technische Mittel zur akustischen Überwachung** der Wohnung, in der sich der Beschuldigte vermutlich aufhält, eingesetzt werden, wenn die Erforschung des Sachverhalts auf andere Weise unverhältnismäßig erschwert würde oder aussichtslos wäre. Es handelt sich um den sog. **großen Lauschangriff** (vgl. für den Bereich der Strafverfolgung § 100 c StPO).

854 Bei dem sog. **großen Lauschangriff** handelt es sich um den **verdeckten Einsatz** technischer Mittel zum gezielten **Abhören und Aufzeichnen des nichtöffentlich gesprochenen Wortes** in und aus einer durch Art. 13 I GG geschützten Räumlichkeit („Wohnung") bspw. mit Hilfe von Tonbandgeräten, Richtmikrofonen oder „Wanzen".

855 Wie der Definition zu entnehmen ist, bezieht sich der Lauschangriff somit nicht auf das Abhören des Fernsprech- und Funkverkehrs[2104], sondern nur auf das Abhören und Aufzeichnen des „an Ort und Stelle" innerhalb der Wohnung gesprochenen Wortes. Darin unterscheidet sich der große Lauschangriff von dem – von Art. 13 III GG nicht erfassten – sog. **kleinen Lauschangriff**, der außerhalb von Wohnungen stattfindet (vgl. auch

[2104] Telekommunikation – diese ist Gegenstand einer anderen Maßnahme, dargestellt bei Rn 738 ff.

§ 100 f I StPO). In verfahrensrechtlicher Hinsicht ist der in Art. 13 III GG genannte **Richtervorbehalt** zu beachten: Die Anordnung erfolgt durch einen mit drei Richtern besetzten Spruchkörper (Art. 13 III S. 3 GG). Bei Gefahr im Verzug kann sie auch durch einen einzelnen Richter getroffen werden (Art. 13 III S. 4 GG). Eine Anordnung durch Staatsanwaltschaft oder Polizei ist damit ausgeschlossen.

Die **Rechtmäßigkeitsvoraussetzungen** für den großen Lauschangriff sind von der Verfassung und deren Interpretation durch das BVerfG **sehr eng** gezogen.[2105] Erforderlich sind gem. Art. 13 III GG der durch bestimmte Tatsachen begründete Verdacht einer durch Gesetz einzeln bestimmten besonders schweren Straftat sowie die bereits erwähnte richterliche Anordnung. Das BVerfG fordert in seiner Entscheidung zum großen Lauschangriff vom 3.3. 2004[2106] darüber hinaus zu Recht, dass durch eine akustische Wohnraumüberwachung nicht in den **absolut geschützten Kernbereich privater Lebensgestaltung** eingegriffen werden dürfe. Die Privatwohnung sei als „letztes Refugium" ein Mittel zur Wahrung der Menschenwürde. Dies verlange zwar keinen absoluten Schutz der Räume der Privatwohnung, wohl aber den absoluten Schutz des Verhaltens in diesen Räumen, soweit es sich als individuelle Entfaltung im Kernbereich privater Lebensgestaltung darstelle.[2107] Ob der Schrankenvorbehalt des Art. 13 III GG diesen Abwehranspruch gewährleistet, ist zweifelhaft.[2108] Nach der mit 5:3 Stimmen ergangenen Mehrheitsentscheidung des BVerfG ist diese Verfassungsbestimmung jedoch verfassungskonform auszulegen.[2109] Folge ist, dass sich das Augenmerk auf die einfachgesetzlichen Normen, die den Gesetzesvorbehalt des Art. 13 III GG ausfüllen, konzentriert. So erklärte das BVerfG in dem besagten Urteil die den Richtervorbehalt ausgestaltenden einfachgesetzlichen Bestimmungen der StPO für mit Art. 13 I, III GG (und auch teilweise mit Art. 19 IV GG) unvereinbar. Das Gericht verpflichtete den Gesetzgeber, einen verfassungsgemäßen Rechtszustand bis spätestens zum 30.6.2005 herzustellen. Der Gesetzgeber ist dem nachgekommen und hat mit Wirkung zum 1.7.2005 ein Gesetz zur Umsetzung des Urteils erlassen (BGBl I S. 1841). Zu den Neufassungen der §§ 100c und 100d StPO, die den Vorgaben Genüge tun, vgl. *R. Schmidt*, POR, Rn 273 ff. sowie *Hartmann/Schmidt*, StrafprozR, 6. Aufl. 2016, Rn 600 ff. 856

3. Abhören zur (präventiven) Gefahrenabwehr, Art. 13 IV GG

Gemäß Art. 13 IV GG dürfen technische Mittel zur **Abwehr dringender Gefahren** für die öffentliche Sicherheit, insbesondere einer **gemeinen Gefahr oder einer Lebensgefahr**[2110], zur Wohnraumüberwachung eingesetzt werden. Im Gegensatz zu Art. 13 III GG, der lediglich akustische Überwachungsmaßnahmen zu Zwecken der Strafverfolgung zulässt (s.o.), bezieht sich Art. 13 IV GG also zum einen auf den Einsatz beliebiger technischer Mittel (also nicht nur akustischer, sondern auch optischer Mittel wie Video- und Infrarotkameras, Nachtsichtgeräte und Bewegungsmelder und sonstiger Mittel wie Peilsender oder Global Positioning System - GPS) und zum anderen ausschließlich auf **präventivpolizeiliche** Zwecke, also auf Zwecke der **Gefahrenabwehr**. 857

Art. 13 IV GG verlangt, dass die gefahrenabwehrrechtliche Wohnungsüberwachung grundsätzlich nur aufgrund **richterlicher Anordnung** stattfinden darf. Eine Ausnahme besteht nur bei Gefahr im Verzug. Im Gegensatz zu Art. 13 III GG können nach Art. 13 IV GG auch andere gesetzlich bestimmte Stellen, etwa Polizeipräsidenten, das Abhören anordnen, wobei eine richterliche Anordnung unverzüglich nachzuholen ist (vgl. Art. 13 IV S. 2 GG). Der Grund für die unterschiedliche Regelung besteht darin, dass im Gefah- 858

[2105] Daran wird sehr deutlich, wie brisant die Beantwortung der Frage sein kann, ob Unterbringungsräume von Sicherungsverwahrten und U-Hafträume vom Wohnungsbegriff umfasst sind (oben Rn 821).
[2106] BVerfGE 109, 279 ff.
[2107] BVerfGE 109, 279, 314.
[2108] Für die Verfassungswidrigkeit des Art. 13 III GG vgl. das Minderheitsvotum BVerfGE 109, 279 ff.
[2109] So die Senatsmehrheit BVerfGE 109, 279 ff.
[2110] Zur Auslegung des Begriffs „öffentliche Sicherheit, insbesondere einer gemeinen Gefahr oder einer Lebensgefahr" vgl. *R. Schmidt*, POR, Rn 532 ff.

renabwehrrecht die Dringlichkeit oft eine sofortige Entscheidung erfordert und ein Warten auf die richterliche Entscheidung die Abwehr der Gefahr vereiteln könnte. Im Übrigen ist der Begriff der „Unverzüglichkeit" wie in Art. 104 II S. 2 GG zu verstehen. Danach ist jede Verzögerung unzulässig, die sich nicht durch sachliche Gründe rechtfertigen lässt, mögen diese rechtlicher oder tatsächlicher Natur sein. Materielle Voraussetzung für die Überwachungsmaßnahme ist, dass diese dem Grundsatz der **Verhältnismäßigkeit** entspricht.

859 Unbeschadet der Regelung des Art. 13 IV GG bleibt der Einsatz optischer Mittel zur Abwehr von Gefahren nach den Polizeigesetzen zulässig. Es müssen aber die gleichen Voraussetzungen wie beim Abhören zur Gefahrenabwehr gem. Art. 13 IV GG gegeben sein. Der Einsatz **optischer** Mittel zur **Beweissicherung** ist damit **unzulässig**.

4. Einsatz technischer Mittel zur Eigensicherung von ermittelnden Beamten, Art. 13 V GG

860 Gem. Art. 13 V S. 1 GG können in allen Einzelfällen die erforderlichen Maßnahmen (sowohl akustische als auch optische Mittel) zum Schutz der bei einem Einsatz in Wohnungen tätigen Personen (etwa sog. **Verdeckte Ermittler**) durch gesetzlich bestimmte Stellen angeordnet werden (vgl. schon oben 1.-4.). Art. 13 V S. 2 GG regelt die Verwertbarkeit der hierbei erlangten Kenntnisse, der sog. Zufallsfunde. Die Verwertbarkeit von Zufallsfunden ist nur zu Zwecken der Strafverfolgung oder der Gefahrenabwehr zulässig, und das auch nur dann, wenn zuvor die Rechtmäßigkeit der Maßnahme richterlich festgestellt ist. Bei Gefahr im Verzug ist die richterliche Entscheidung unverzüglich (zum Begriff siehe Rn 858) nachzuholen. Die richterliche Feststellung der Rechtmäßigkeit setzt voraus, dass die Maßnahme ausschließlich der Eigensicherung gedient und somit auch nicht teilweise das Ziel verfolgt hat, darüber hinausgehende Informationen zu gewinnen. Schließlich ist zu beachten, dass die Verwertung mit Rücksicht auf den Grundsatz der Verhältnismäßigkeit nur in engen Grenzen erfolgen darf oder zumindest denen entsprechen muss, die für die Verwertbarkeit der nach den Absätzen III und IV gewonnenen Erkenntnisse gelten.[2111]

5. Parlamentarische Kontrolle, Art. 13 VI GG

861 Nach Art. 13 VI S. 1 GG unterrichtet die Bundesregierung den Bundestag jährlich über den

- nach Art. 13 III GG ,
- im Zuständigkeitsbereich des Bundes nach Art. 13 IV GG
- und, soweit richterlich überprüfungsbedürftig, nach Art. 13 V GG

erfolgten Einsatz technischer Mittel. Die Kontrolle der Einsätze wird durch ein vom Bundestag gewähltes Gremium auf der Grundlage dieses Berichts ausgeübt, Art. 13 VI S. 2 GG. Die Länder gewährleisten eine gleichwertige parlamentarische Kontrolle, Art. 13 VI S. 3 GG.

6. Sonstige Eingriffe und Beschränkungen, Art. 13 VII GG

862 Präventivpolizeiliche Eingriffe in Art. 13 I GG, die weder als Durchsuchungen i.S.d. Art. 13 II GG noch als Einsatz technischer Mittel i.S.d. Art. 13 III-VI GG zu qualifizieren sind, werden von Art. 13 VII GG erfasst (siehe bereits Rn 832/837). Das betrifft insb. das bloße **Betreten** von Wohn- und Nebenräumen zur Gefahrenabwehr. Im Übrigen be-

[2111] Vgl. dazu die Begründung des Rechtsausschusses des Deutschen Bundestags in seinem schriftlichen Bericht v. 15.1. 1998 (BT-Drs. 13/9660).

steht zwischen „Eingriffen" und „Beschränkungen" kein rechtlich greifbarer Unterschied.[2112]

Die beiden Halbsätze des Art. 13 Abs. VII GG unterscheiden sich erheblich voneinander. 863
Während zur Abwehr einer gemeinen Gefahr oder einer Lebensgefahr für eine einzelne Person eine gesonderte gesetzliche Grundlage nicht erforderlich ist (die Befugnis zu Eingriffen und Beschränkungen ergibt sich hier unmittelbar aus Art. 13 VII Halbs. 1 GG), bedarf das Einschreiten zur Verhütung (d.h. Verhinderung) dringender Gefahren für die öffentliche Sicherheit und Ordnung gerade eines solchen Gesetzes.[2113] Ein solches Gesetz stellen die **Polizeigesetze** mit ihren Befugnisnormen dar, sofern sie **verfassungskonform** ausgelegt werden, d.h. wenn trotz der tatbestandlichen Weite der polizeigesetzlichen Eingriffsnormen nur solche Gefahrenabwehrmaßnahmen zugelassen werden, die der Abwehr einer konkreten **dringenden** Gefahr, also einer Gefahr für ein **besonders wichtiges Rechtsgut** (etwa die menschliche Gesundheit) dienen. Im Übrigen gelten die bei Rn 852a genannten materiellrechtlichen Vorgaben auch für das bloße Betreten.

Da eine weitergehende Erläuterung des Art. 13 VII GG den Rahmen dieses Buches sprengen würde, sei insoweit auf die ausführliche Darstellung nebst Anwendungsfall bei *R. Schmidt*, POR, Rn 539 ff. verwiesen.

7. Sonderproblem: Onlinedurchsuchung von Computern

Der Begriff „Onlinedurchsuchung von Computern" ist missverständlich, da es nicht um 864
eine Durchsuchung einer Sache geht, sondern um eine Maßnahme der Polizei (oder des BKA oder des Nachrichtendienstes), mit der via Internet bestimmte Programme (Trojaner; Spyware) heimlich in einen Computer eingeschleust werden, um dort gespeicherte Daten sowie Anwendungen (Internetnutzung, Versendung von E-Mails etc.) auszuforschen. Unbeschadet der missglückten Terminologie gilt aber, dass die Maßnahme ohne Wissen des Betroffenen erfolgt und (daher) einen schwerwiegenden Eingriff jedenfalls in das Grundrecht auf informationelle Selbstbestimmung darstellt. Das BVerfG hat in seiner Entscheidung vom 27.2.2008[2114] jedoch den Schutz, den dieses Grundrecht entfaltet, nicht für ausreichend erachtet, um dem Eingriff in die Persönlichkeitssphäre, der mit der heimlichen Onlinedurchsuchung verbunden ist, zu begegnen. Soweit kein hinreichender Schutz vor Persönlichkeitsgefährdungen bestehe, die sich daraus ergäben, dass der Einzelne zu seiner Persönlichkeitsentfaltung auf die Nutzung informationstechnischer Systeme angewiesen sei, trage das allgemeine Persönlichkeitsrecht dem Schutzbedarf in seiner lückenfüllenden Funktion über seine bisher anerkannten Ausprägungen hinaus dadurch Rechnung, dass es die **Vertraulichkeit und Integrität informationstechnischer Systeme** gewährleiste. Dieses Recht fuße gleich dem Recht auf informationelle Selbstbestimmung auf Art. 2 I i.V.m. 1 I GG; es bewahre den persönlichen und privaten Lebensbereich der Grundrechtsträger vor staatlichem Zugriff im Bereich der Informationstechnik auch insoweit, als auf das informationstechnische System insgesamt zugegriffen werde und nicht nur auf einzelne Kommunikationsvorgänge oder gespeicherte Daten.[2115]

Warum das BVerfG ein neues Grundrecht „kreiert" hat, erschließt sich nicht ohne weite- 864a
res; insbesondere wäre das Grundrecht auf informationelle Selbstbestimmung den Anforderungen durchaus gerecht geworden, hätte man seinen Schutz nur weit genug gefasst. Insbesondere ist es nicht überzeugend, von der Intensität des Grundrechtseingriffs auf eine (noch dazu in Wirklichkeit nicht bestehende) Schutzlücke im Schutzbereich zu schließen. Die Vorgehensweise des BVerfG kann nur so verstanden werden,

---

[2112] *Kunig*, in: v. Münch/Kunig, GG, Art. 13 Rn 57; vgl. auch *Wißmann*, JuS 2007, 324, 327.
[2113] *Kunig*, in: v. Münch/Kunig, GG, Art. 13 Rn 57.
[2114] BVerfGE 120, 274, 302 ff.
[2115] BVerfGE 120, 274, 302 ff.

dass es der besonderen Bedeutung des Grundrechtseingriffs, der mit der heimlichen Infiltration von Computersystemen verbunden ist, schlicht terminologisch Rechnung tragen wollte.

864b Teilweise wird auch ein Eingriff in das **Wohnungsgrundrecht** aus Art. 13 I GG bejaht. Zur Begründung wird angeführt, es sei nach der Rechtsprechung des BVerfG auch sonst anerkannt, dass Art. 13 I GG nicht nur vor dem körperlichen Eindringen in die Wohnung schütze, sondern vor jeder Maßnahme, die den durch Art. 13 I GG geschützten Intimbereich beeinträchtige. Anderenfalls laufe der Gewährleistungsbereich leer. Schütze Art. 13 I GG demnach etwa auch vor dem Überwachen der Wohnung durch technische Hilfsmittel wie Richtmikrofone („großer Lauschangriff", s.o.) oder vor dem gezielten Ausspähen der Vorgänge in einem Garten durch Luftbildaufnahmen, könne in Bezug auf die Onlinedurchsuchung nichts anderes gelten.[2116] Hinzu komme, dass in vielen Privathaushalten der Computer immer mehr an die Stelle des klassischen Aktenordners trete, in dem persönliche Aufzeichnungen und andere Schriftstücke aufbewahrt würden. Zahlreiche sensible Daten – etwa über die Behandlung von Krankheiten, über die persönlichen Finanzen oder das Sexualleben, aber auch digitale Fotos etc. – fänden sich inzwischen auf Festplatten mit hohem Speichervolumen und stünden dort nur dem jeweils berechtigten Nutzer zur Verfügung (abgesehen von den Fällen, in denen jemand seine persönlichen Bilder und Daten aus Gründen der Selbstdarstellung absichtlich „ins Netz stellt"). Angesichts dieser Entwicklung sei es wenig überzeugend, den Schutz durch das Grundrecht der Unverletzlichkeit der Wohnung nur den in der Wohnung abgestellten Dokumentenordnern, Fotoalben oder Tagebüchern zuzubilligen, nicht dagegen der Festplatte des in derselben Wohnung stehenden Computers mit gleichartigem, hochsensiblem Informationsgehalt. Das heimliche Ausspähen dieser Daten mittels einer „Onlinedurchsuchung" sei sogar durch eine noch höhere Eingriffsintensität gegenüber der offenen Durchsuchung der Räume nach §§ 102 ff. StPO gekennzeichnet, wie der BGH richtig bemerke.[2117]

864c In der Tat spricht einiges für die Richtigkeit dieser Annahme. Denn sowohl beim Lauschangriff als auch bei der Onlinedurchsuchung eines Computers geht es um die Ausforschung personenbezogener Daten, die sich nicht in der Öffentlichkeit abspielt, sondern in durch Art. 13 I GG geschützten Räumen. Das gilt auch dann, wenn es sich bei dem Raum, in dem sich der Computer befindet, um einen Arbeits-, Betriebs- oder Geschäftsraum handelt, da das BVerfG den Schutzbereich des Art. 13 I GG großzügig auslegt und auch derartige Räume einbezieht. Gegen die Eröffnung des Schutzbereichs des Art. 13 I GG spricht allerdings, dass sich der Computer, auf dem sich die Daten befinden, im Zeitpunkt der Onlinedurchsuchung auch außerhalb eines durch Art. 13 I GG geschützten Raums befinden kann. Man denke an ein Notebook, das der Benutzer in einem Straßencafé in Betrieb hat und das über WLAN an das Internet angeschlossen ist. Hier von einem Eingriff in Art. 13 I GG auszugehen, wenn die Behörden in diesem Zeitpunkt eine Onlinedurchsuchung vornehmen, kann ersichtlich keinen Bestand haben.

865 Richtigerweise wird man daher eine pauschale Eröffnung des Schutzbereichs des Art. 13 I GG ablehnen müssen.[2118] Da sich der Computer allerdings im Regelfall in einem durch Art. 13 I GG geschützten Raum befindet und für diesen Fall die Onlinedurchsuchung des Computers nach der hier vertretenen Auffassung einen Eingriff in den Schutzbereich des Art. 13 I GG darstellt, trägt die Behörde das Risiko, dass sie im Zeitpunkt ihrer Maßnahme in den Schutzbereich des Wohnungsgrundrechts eingreift.

866 Klar dürfte indes sein, dass eine Onlinedurchsuchung eines Computers **keinen** Eingriff in das **Telekommunikationsgrundrecht** aus Art. 10 I GG darstellt, weil nicht auf den Kommuni-

---

[2116] Davon gehen etwa *Kutscha*, NJW 2007, 1169, 1170 f., *Rux*, JZ 2007, 285, 287 f. und *Kudlich*, JA 2007, 391, 394 aus.
[2117] Vgl. *Kutscha*, NJW 2007, 1169, 1170 f. unter Bezugnahme auf BGH NJW 2007, 930, 931.
[2118] Vgl. bereits die 9. Aufl. 2007; wie hier nun auch BVerfGE 120, 274, 302 ff.; vgl. auch *Hinz*, Jura 2009, 141 ff.

kationsvorgang eingewirkt wird, sondern Daten „ausspioniert" werden, bei denen der Kommunikationsvorgang bereits abgeschlossen ist.[2119]

Unabhängig von der Frage, ob bei einer Onlinedurchsuchung ein Eingriff in das Wohnungsgrundrecht oder ausschließlich in das Grundrecht auf Vertraulichkeit und Integrität informationstechnischer Systeme vorliegt, bedarf die Behörde wegen des Grundsatzes vom Vorbehalt des Gesetzes (Art. 20 III GG) einer **gesetzlichen Grundlage**. Eine solche war bislang nicht vorhanden. Insbesondere waren weder die Vorschriften über die Wohnungsdurchsuchung noch diejenigen über die Durchsuchung von Sachen anzuwenden, da es bei einer Onlinedurchsuchung eines Computers eben nicht um eine „Durchsuchung" geht, sondern um eine elektronische Ausforschung von Daten mittels Installation von „Trojanischen Pferden" bzw. von Spionageprogrammen. Das ist qualitativ etwas anderes als eine „Durchsuchung" i.S.d. Vorschriften über die Durchsuchung von Wohnungen oder Sachen. Hinzu kommt, dass die Onlinedurchsuchung von Computern gerade heimlich erfolgt, wohingegen nach den gesetzlichen Bestimmungen die Durchsuchung von Wohnungen oder Sachen grundsätzlich mit Kenntnis und in körperlicher Anwesenheit des Berechtigten vorgenommen wird. **867**

Gerade aus diesen Gründen hat das BVerfG für den Bereich der Strafverfolgung die Anwendung des § 102 StPO, der im repressivpolizeilichen Bereich die Durchsuchung der Wohnung legitimiert, abgelehnt und die Onlinedurchsuchung eines Computers (wegen fehlender Rechtsgrundlage) für verfassungswidrig erklärt.[2120] **868**

Daher war der Gesetzgeber gefordert, entsprechende Rechtsgrundlagen und Verfahrensregelungen zu schaffen, die den (absoluten und damit unantastbaren) **Kernbereich privater Lebensgestaltung**[2121] sowie den **Grundsatz der Verhältnismäßigkeit** beachten. Denn diese Grenzen sind bei allen heimlichen Informationseingriffen, also bei sog. Lauschangriffen, bei der Überwachung der Telekommunikation und bei der Onlinedurchsuchung, zu beachten. Insbesondere die Onlinedurchsuchung stellt einen Zugriff auf den gesamten Datenbestand des Betroffenen dar, der auch detaillierte Informationen über die persönlichen Verhältnisse und die Lebensführung des Betroffenen umfasst. Die hierbei erhobenen Daten ermöglichen weit reichende Rückschlüsse auf die Persönlichkeit des Betroffenen bis hin zu einer Bildung von Verhaltens- und Kommunikationsprofilen. Daher muss die gesetzliche Grundlage, die zu Onlinedurchsuchungen ermächtigt, einen **Katalog von Anlasstatbeständen** enthalten, die dem Schutz von überragend wichtigen Rechtsgütern dienen, sowie **tatsächliche Anhaltspunkte** für das Vorliegen eines solchen Anlasstatbestands fordern, um dem **Bestimmtheitsgrundsatz** und dem **Grundsatz der Verhältnismäßigkeit** bereits auf Tatbestandsseite Konturen zu verleihen. Des Weiteren muss die Tat **auch im Einzelfall schwerwiegen** und die entsprechende Ermächtigung muss Vorkehrungen enthalten, um den **Kernbereich privater Lebensgestaltung** zu schützen. Schließlich sind angesichts der Schwere und Heimlichkeit der Maßnahme ein grundsätzlicher **Richtervorbehalt** sowie eine **nachträgliche Unterrichtung des Betroffenen** erforderlich.

Diese Anforderungen, die bereits im Wesentlichen in der 10. Auflage dieses Buches formuliert waren, hat später das BVerfG bestätigt. Es hat entschieden, dass die gesetzliche Bestimmung, die zu Onlinedurchsuchungen ermächtige, hinreichend bestimmt genug sein müsse. **869**

[2119] Vgl. auch BVerfGE 120, 274, 302 ff.; 115, 166, 183 ff. sowie Rn 734d. Anders *Huber* (NVwZ 2007, 880, 882 f.), der jedoch BVerfGE 115, 166 ff. nicht berücksichtigt. Vgl. auch *Hinz*, Jura 2009, 141 ff.

[2120] Es gilt also: Keine analoge Anwendung von Rechtsgrundlagen (BVerfG NJW 2007, 930 f.). Die gegenteilige Annahme verstößt gegen den Grundsatz vom Vorbehalt des Gesetzes und damit letztlich gegen das Rechtsstaats- und Demokratieprinzip (Art. 20 III GG).

[2121] Vgl. dazu *R. Schmidt*, POR, Rn 276 ff.

Pauschale Verweisungen z.B. auf Voraussetzungen des G-10-Gesetzes genügten den Anforderungen des Bestimmtheitsgrundsatzes nicht.[2122]

870 Hinsichtlich der strikten Einhaltung des Grundsatzes der Verhältnismäßigkeit stellt sich die Frage nach der Geeignetheit und der Erforderlichkeit. Sicherlich besteht aus der Sicht eines Praktikers bei der Bekämpfung der Schwerkriminalität und des Terrorismus ein „unabweisbares Bedürfnis" für eine Onlinedurchsuchung.[2123] Als milderes Mittel kommt in den Fällen eines hinreichenden Tatverdachts allerdings auch die Durchsuchung gem. §§ 102 ff. StPO in Betracht, in deren Verlauf der betreffende Computer beschlagnahmt und anschließend untersucht werden kann. Auch aus präventivpolizeilicher Sicht kommt eine Wohnungsdurchsuchung mit anschließender Sicherstellung und Durchsuchung des Computers in Betracht. Milder scheinen diese Maßnahmen zu sein, weil sie grds. offen und mit Kenntnis des Betroffenen erfolgen. Gerade wegen der Offenheit erfährt der davon Betroffene allerdings, dass gegen ihn ermittelt bzw. dass gefahrenabwehrrechtlich gegen ihn vorgegangen wird, womit möglicherweise der Fahndungserfolg bzw. die Gefahrenabwehr vereitelt werden. Die „offenen" Maßnahmen sind also nicht wirklich eine Alternative zur heimlichen Datenerhebung. Allerdings ist wiederum bei der heimlichen Onlinedurchsuchung zu bedenken, dass der Personenkreis, dem gegenüber eine solche Maßnahme vorrangig in Betracht kommt (in erster Linie Terroristen, Mitglieder der Organisierten Kriminalität), kaum seine Daten auf der Festplatte desjenigen Computers gespeichert haben wird, mit dem er ins Internet geht. Die relevanten Daten werden daher i.d.R. einer Onlinedurchsuchung ohnehin entzogen sein. Die entsprechenden Speichermedien (externe Festplatte, USB-Stick etc.) können dann nur bei einer klassischen Durchsuchung der Wohnung aufgefunden und sichergestellt werden.

871 Erfolgreich werden Onlinedurchsuchungen deshalb nur bei solchen Computernutzern sein, die ihre Daten nicht „verstecken", sondern die ihre Daten vor dem unbefugten Zugriff lediglich durch Abwehrprogramme zu schützen versuchen. Das betrifft – wie gesehen – nicht den Adressatenkreis, dem gegenüber eine Onlinedurchsuchung Sinn macht und auch gerechtfertigt sein würde, sondern allenfalls eine Vielzahl von „normalen" Straftätern bzw. Kleinkriminellen. Vor allem aber besteht die Gefahr, dass mit dem Instrument der Onlinedurchsuchung die Daten der Computer einer Vielzahl unbescholtener Bürger den verschiedenen Sicherheitsbehörden zur Kenntnis gelangen.[2124]

872 Im Ergebnis dürfte die Zwecktauglichkeit der Onlinedurchsuchung daher trotz Schaffung von Rechtsgrundlagen fraglich sein. Das gilt jedenfalls dann, wenn die Wahrscheinlichkeit, durch die Onlinedurchsuchung eines Computers geeignete Hinweise zur Abwehr einer Gefahr bzw. zur Ergreifung des Täters zu erhalten, als äußerst gering zu bewerten ist.[2125]

873 Das BVerfG hat die Zweck(un)tauglichkeit gänzlich unerwähnt gelassen, sondern allein die Angemessenheit diskutiert. Es hat entschieden, dass ein mit der heimlichen Onlinedurchsuchung verbundener schwerwiegender Eingriff in Art. 2 I GG i.V.m. 1 I GG nur dann angemessen sei, wenn die Rechtsgrundlage den Eingriff davon abhängig mache, dass im Einzelfall bestimmte Tatsachen vorlägen, wonach eine drohende Gefahr für ein überragend wichtiges Rechtsgut bestünde. Überragend wichtig seien zunächst Leib, Leben und Freiheit der Person. Ferner seien solche Güter der Allgemeinheit überragend wichtig, deren Bedrohung die Grundlagen oder den Bestand des Staates oder die Grundlagen der Existenz der Menschen berühre. Hierzu zählten etwa auch die Funktionsfähigkeit wesentlicher Teile existenzsichernder öffentlicher Versorgungseinrichtungen.[2126]

[2122] BVerfGE 120, 274, 302 ff. mit Bespr. v. *Kutscha*, NJW 2008, 1042 ff.; vgl. auch *Gusy*, DuD 2009, 33.
[2123] So *Hofmann*, NStZ 2005, 121, 125; vgl. auch *Kutscha*, NJW 2007, 1169, 1171.
[2124] Vgl. *Kutscha*, NJW 2007, 1169, 1172.
[2125] So ausdrücklich BVerfG NJW 2007, 2752 ff. zur Telekommunikationsüberwachung.
[2126] BVerfGE 120, 274, 302 ff.

Demnach bestehen folgende Anforderungen an die Verfassungsmäßigkeit einer gesetzlichen Befugnis zur Onlinedurchsuchung: 874

- Die Regelung muss bestimmt genug sein, d.h. sie muss **detailliert die Eingriffsvoraussetzungen** beschreiben.
- Die Regelung darf Onlinedurchsuchungen nur zulassen zugunsten **überragend wichtiger Rechtsgüter** wie Leib, Leben und Freiheit der Person sowie Güter der Allgemeinheit, deren Bedrohung die Grundlagen oder den Bestand des Staates oder die Grundlagen der Existenz der Menschen berührt.
- Die Regelung muss Vorkehrungen enthalten, um den **Kernbereich privater Lebensgestaltung** zu schützen.
- Bei strafprozessualer Onlinedurchsuchung muss die Rechtsgrundlage die Anlasstatbestände (die schweren Straftaten) **katalogartig** auflisten und die Einschränkung enthalten, dass die Tat auch im **Einzelfall** schwerwiegen muss.
- Bei gefahrenabwehrrechtlicher Onlinedurchsuchung muss die Regelung eine **konkrete Gefahr** für eines der genannten Rechtsgüter verlangen.
- Die Regelung muss schließlich zur vorbeugenden Kontrolle einen grundsätzlichen **Richtervorbehalt** statuieren und eine nachträgliche **Benachrichtigungspflicht** enthalten.

Inzwischen ist das BKA-Gesetz durch Gesetz v. 25.12.2008 geändert worden. **§ 20k BKAG** 875 („verdeckte Eingriffe in informationstechnische Systeme") erlaubt sowohl präventive als auch repressive Onlinedurchsuchungen durch das BKA. Allerdings beschränkt sich der Anwendungsbereich der Vorschrift auf die Bekämpfung des internationalen Terrorismus. Denn darauf bezieht sich die Gesetzgebungskompetenz des Bundes gem. Art. 73 I Nr. 9a GG. Besondere Verfahrensregelungen sowie Regelungen, die den unantastbaren Kernbereich des Persönlichkeitsrechts schützen sollen, finden sich in den §§ 16 Ia, 20h V, 20k VII, 20l VI und 20u I BKAG.[2127] Ob diese neu geschaffenen Rechtsgrundlagen und Verfahrensregelungen den (absoluten und damit unantastbaren) **Kernbereich privater Lebensgestaltung** sowie den **Grundsatz der Verhältnismäßigkeit** beachten, ist nicht ganz zweifelsfrei. Gerade der Kernbereichsschutz scheint vernachlässigt, weil die Feststellung, ob in den Kernbereich eingegriffen worden ist, i.d.R. erst nach der Onlinedurchsuchung getroffen werden kann. Dann aber ist die Kenntniserlangung irreversibel. Immerhin ordnet § 20k VII BKAG hinsichtlich solcher Daten, die dem absolut geschützten Kernbereich zuzuordnen sind, ein Verwertungsverbot an. Es bleibt also abzuwarten, ob die Neuregelungen Gegenstand eines verfassungsrechtlichen Verfahrens sein werden.[2128] Regelungen in der StPO sind bislang noch nicht verabschiedet.

IV. Konkurrenzen

Da Art. 13 I GG den räumlichen Bereich der Privatsphäre schützt, ist bei einem Eingriff 876 zugleich das **allgemeine Persönlichkeitsrecht** aus Art. 2 I GG i.V.m. Art. 1 I GG berührt. Dieses tritt jedoch regelmäßig subsidiär hinter Art. 13 I GG zurück.[2129] Lediglich dann, wenn der Sachverhalt nicht abschließend von Art. 13 I GG gewürdigt werden kann (etwa wenn im Rahmen einer Wohnungsdurchsuchung auch personenbezogene Daten aus einem PC oder Mobiltelefon erhoben werden), steht das allgemeine Persönlichkeitsrecht neben dem Wohnungsgrundrecht[2130] (siehe auch Rn 286).

Die Abgrenzung zum **Telekommunikationsgeheimnis** aus Art. 10 I GG bemisst sich danach, ob die Beeinträchtigung des Geheimnisschutzes durch Ausnutzung der telekommunikationstechnischen Übermittlung erfolgt oder durch ein (körperliches) Eindrin-

---

[2127] Vgl. zum neuen BKAG ausführlich *Roggan*, NJW 2009, 257 ff. Vgl. auch *Nazari-Khanachayi*, JA 2010, 761, 763 f. und *Soiné*, NVwZ 2012, 1585, 1586 f.
[2128] Kritisch teilweise auch *Roggan*, NJW 2009, 257, 261. Vgl. auch *Soiné*, NVwZ 2012, 1585, 1586 f.
[2129] Vgl. auch BVerfG NJW 2007, 2753, 2754 ff.; BVerfGE 109, 279, 325; 51, 97, 105.
[2130] BVerfGE 115, 166, 183 ff.

gen in den durch Art. 13 I GG geschützten Raum. In der Regel stehen die Grundrechte aus Art. 10 I GG und Art. 13 I GG in einem Exklusivitätsverhältnis zueinander.

Q. Eigentumsgarantie – Art. 14 GG

I. Einführung

Nach ständiger Rechtsprechung des BVerfG ist die Eigentumsgarantie des Art. 14 I S. 1 GG ein elementares Grundrecht und von besonderer Bedeutung für das Individuum. Als *Institutsgarantie* gewährleistet Art. 14 I S. 1 GG den Bestand des Eigentums, als *Individualrechtsgarantie* gewährleistet die Vorschrift die Privatnützigkeit und die grundsätzliche Verfügungsbefugnis des Eigentümers über den Eigentumsgegenstand.[2131] Andererseits beauftragt das Grundgesetz den Gesetzgeber, Inhalt und Schranken des Eigentums und des Erbrechts zu bestimmen (Art. 14 I S. 2 GG); zudem soll der Gebrauch der durch Art. 14 I S. 1 GG geschützten Eigentumsposition dem Wohl der Allgemeinheit dienen (Art. 14 II GG). Diese sog. Sozialpflichtigkeit ist Ausdruck des sozialen Rechtsstaats.[2132] Zum Wohl der Allgemeinheit ist nach Art. 14 III S. 1 GG sogar eine Enteignung, d.h. eine vollständige oder teilweise Entziehung des Eigentums[2133] möglich. Ob im Einzelfall eine Inhalts- und Schrankenbestimmung (ISB) oder sogar eine Enteignung vorliegt, muss anhand einer Grundrechtsprüfung festgestellt werden. Die Unterscheidung ist mit Blick auf die Staatshaftung wesentlich, da die ISB grundsätzlich entschädigungslos hingenommen werden muss, wohingegen bei einer Enteignung eine Entschädigung gezahlt werden muss (Art. 14 III S. 2 bis 4 GG). Nach der hier vertretenen Auffassung erfolgt die Grundrechtsprüfung des Art. 14 I GG nach folgendem Schema: 877

Eigentumsgarantie – Art. 14 GG

I. Schutzbereich der Eigentumsgarantie

Art. 14 I S. 1 GG gewährleistet Eigentum und Erbrecht. Gemäß Art. 14 I S. 2 GG werden Inhalt und Schranken durch den Gesetzgeber bestimmt. Daraus folgt, dass Eigentum und Erbrecht nicht als natürliche, der Rechtsordnung vorgegebene Rechte existieren, sondern erst aus einer Schöpfung der Rechtsordnung hervorgehen (sog. **normgeprägter Schutzbereich**). Eigentum i.S.d. Art. 14 I S. 1 GG ist daher die Summe der vom Gesetzgeber gewährten **vermögenswerten Rechte**. Zum Eigentum i.S.d. Art. 14 GG zählen insbesondere:

- das Sacheigentum an beweglichen Sachen und Grundstücken nach dem bürgerlichen Recht,
- alle dinglichen Rechte wie z.B. Hypotheken, Grundschulden oder Pfandrechte,
- das Recht am **eingerichteten und ausgeübten Gewerbebetrieb**. Das BVerfG lässt die Einordnung zwar offen, bejaht aber den eigentumsrechtlichen Schutz für den Bestand einzelner Rechte und Güter des Unternehmens (Substanz, Kernbereich des Anliegerrechts) und lässt tatsächliche Gegebenheiten wie beispielsweise bestehende Geschäftsverbindungen und günstige Umweltbedingungen (Lage) aus dem Schutzbereich herausfallen. Nach der Rspr. des BGH ist das Recht am eingerichteten und ausgeübten Gewerbebetrieb als „sonstiges Recht" i.S.d. § 823 BGB geschützt. Einschränkend soll Art. 14 GG aber nur vor **unmittelbaren betriebsbezogenen Eingriffen** schützen, die zielgerichtet (**final**) den Betrieb zum Erliegen bringen, d.h. in seiner **Existenz bedrohen**.

Der Begriff der vermögenswerten Rechtsposition zeigt somit am Beispiel des eingerichteten und ausgeübten Gewerbebetriebs, dass die Einbeziehung *künftiger* Rechtspositionen ausgeschlossen ist. Der Schutzbereich des Art. 14 GG ist also zeitpunktbezogen. Daraus folgt, dass bloße Umsatz- und Gewinnchancen, Hoffnungen, Erwartungen und Aussichten (bspw. bestehende Geschäftsverbindungen, erworbener Kundenstamm oder die Marktstellung, die Nachbarschaft beispielsweise einer Kaserne, die der Gaststätte die Gäste verschafft, die Parkmöglichkeit auf öffentlicher Straße in der Nähe des Geschäfts oder die Möglichkeit einer Betriebserweiterung) nicht vom Schutzbereich des Art. 14 GG umfasst sind.

[2131] BVerfGE 134, 242 Rn 167 (Braunkohletageabbau Garzweiler) mit Verweis auf BVerfGE 31, 229, 240; 50, 290, 339; 52, 1, 30; 100, 226, 241; 102, 1, 115.

[2132] Dazu BVerfGE a.a.O.

[2133] Dazu ebenfalls BVerfG a.a.O.

Als Faustformel gilt: **Art. 14 GG schützt das Erworbene**, das Ergebnis einer Betätigung. Der **Erwerb**, die Betätigung selbst, wird dagegen durch **Art. 12 GG** geschützt.

II. Eingriff in den Schutzbereich

Wegen des normgeprägten Schutzbereichs des Art. 14 I GG sollte zunächst untersucht werden, ob eine Inhalts- und Schrankenbestimmung oder eine Enteignung vorliegt, da nur so die genaue Eingriffsqualität des staatlichen Handelns bestimmt werden kann.
Das BVerfG stellt seit seiner Kleingarten-Entscheidung bei der Abgrenzung nur auf formale Kriterien ab, und zwar ausschließlich auf Form- und Zweckrichtung des Eingriffs. Es differenziert zwischen beiden Instituten dahingehend, dass immer dann, wenn eine staatliche Regelung abstrakt-generell Rechte und Pflichten des Eigentümers festlegt, eine Inhalts- und Schrankenbestimmung gem. Art. 14 I S. 2 GG vorliege. Verkürzten gesetzliche Bestimmungen (die *gezielt* eingreifen und das Eigentum vollständig oder teilweise entziehen) die Eigentumsfreiheit dagegen konkret-individuell, stellten sie zwar Eingriffe dar, nicht aber Eingriffe durch Inhalts- und Schrankenbestimmungen, sondern durch Enteignung (sog. *enger Enteignungsbegriff*).

Die **Inhalts- und Schrankenbestimmung** bedeutet demnach eine zukunftsorientierte Neudefinition, während die **Enteignung** eine gezielte Entziehung konkreter gegenwärtiger Eigentumspositionen impliziert.

III. Verfassungsrechtliche Rechtfertigung der Enteignung

Um verfassungsrechtlich gerechtfertigt zu sein, ist für die Enteignung zunächst eine **formalgesetzliche** Regelung erforderlich. Dies ergibt sich unmittelbar aus Art. 14 III GG, wonach eine Enteignung nur durch Gesetz (Legislativenteignung) oder aufgrund eines Gesetzes (Administrativenteignung) und nur zum Wohl der Allgemeinheit erfolgen darf (**qualifizierter Gesetzesvorbehalt**). Des Weiteren fordert Art. 14 III S. 2 GG nicht nur, dass eine Enteignung entschädigt wird, sondern dass das Gesetz, das eine Enteignung bewirkt oder zulässt, *selbst* eine Regelung über Art und Ausmaß der Entschädigung enthält (sog. **Junktimklausel**). Schließlich muss der Grundsatz der Verhältnismäßigkeit gewahrt bleiben.
Ist die Enteignung rechtmäßig erfolgt, ist der Enteignete zu entschädigen. Über die Höhe der Entschädigung entscheiden nach Art. 14 III S. 4 GG die ordentlichen Gerichte.

IV. Verfassungsrechtliche Rechtfertigung der Inhalts- und Schrankenbestimmung

Um verfassungsrechtlich gerechtfertigt zu sein, müssen Inhalts- und Schrankenbestimmungen zunächst **durch Gesetz** erfolgen (Art. 14 I S. 2 GG). Es genügen Gesetze im materiellen Sinn, d.h. neben Gesetzen im formell-materiellen Sinne auch Rechtsverordnungen und Satzungen, die auf formell-gesetzlicher Grundlage beruhen. Gewohnheitsrecht genügt dagegen nicht.
Inhalts- und Schrankenbestimmungen müssen weiter dem **Grundsatz der Verhältnismäßigkeit** entsprechen. Bei der Prüfung der Verhältnismäßigkeit i.e.S. ist insbesondere zu beachten, dass der Gesetzgeber den Eingriff u.U. durch Härteklauseln und Übergangsregelungen gewissermaßen abfedern muss. Hierzu ist auch auf den rechtsstaatlichen Vertrauensschutz zu verweisen. Das BVerfG sieht Übergangsregelungen besonders bei der Neuordnung eines ganzen Rechtsgebiets sowie dann als notwendig an, wenn von einer nach früherem Recht möglichen Nutzungsbefugnis bereits Gebrauch gemacht worden ist und diese entzogen wird. Würden die Übergangsregelungen nicht getroffen, könnten die bereits ausgeübten Nutzungsbefugnisse u.U. nur durch Enteignungen entzogen werden.
Grundsätzlich sind Beschränkungen des Eigentums, die sich aus auf Art. 14 I S. 2 GG stützenden Gesetzen ergeben, entschädigungslos hinzunehmen. Nur in Ausnahmefällen, d.h., wenn die Belastung im Hinblick auf den Grundsatz der Verhältnismäßigkeit nicht mehr vertretbar und damit unzumutbar geworden ist, kann diese übermäßige Belastung durch Gewährung eines finanziellen Ausgleichs aufgefangen und damit ein Verstoß gegen den Grundsatz der Verhältnismäßigkeit und damit auch gegen die Eigentumsgarantie vermieden werden.

II. Grundrechtsprüfung

1. Eröffnung des Schutzbereichs

Wie in der Einführung beschrieben, gewährleistet Art. 14 I S. 1 GG Eigentum und Erbrecht und gem. Art. 14 I S. 2 GG werden Inhalt und Schranken durch den Gesetzgeber bestimmt. Daraus folgt, dass Eigentum und Erbrecht nicht als natürliche, der Rechtsordnung vorgegebene Rechte existieren, sondern erst von der Rechtsordnung ausgestaltet werden müssen. Bei Art. 14 I S. 1 GG handelt es sich somit um einen sog. **normgeprägten Schutzbereich**[2134], bei dem der Gesetzgeber einen Ausgestaltungsauftrag erhalten hat. Bei der Erfüllung dieses Auftrags muss er sowohl den Interessen der Eigentümer als auch den öffentlichen Interessen gerecht werden und das Sozialpflichtigkeitspostulat beachten.[2135] Aus der Normgeprägtheit des Schutzbereichs folgt zudem, dass jedenfalls nicht das **Vermögen als solches**, also nicht die in der Hand einer Person vereinigte Gesamtheit von Geld oder geldwerten Gütern, sondern nur einzelne Vermögensrechte durch Art. 14 GG geschützt sein können.[2136] 878

Bedeutsam ist dieser Befund etwa für die Beantwortung der Frage, ob die Auferlegung staatlicher Geldleistungspflichten, insbesondere von Steuern, an Art. 14 GG zu messen ist. Berücksichtigt man den Umstand, dass die Rechtsordnung auch sonst Eigentum und Vermögen unterscheidet, scheint die Einbeziehung der Steuerbelastung in den aus Art. 14 I S. 1 GG folgenden Abwehranspruch ausgeschlossen. Auch das BVerfG hat lange Zeit die Steuerpflicht grundsätzlich nicht am Maßstab des Art. 14 I GG gemessen, es sei denn, dass die Steuergesetze hinsichtlich des vorhandenen Eigentums „erdrosselnde Wirkung" hatten (sog. **konfiskatorische Besteuerung**).[2137] Das herrschende Schrifttum sieht in Art. 14 I GG insofern einen Maßstab für das Steuerrecht, als Steuern zwar aus dem Vermögen bezahlt werden, die Besteuerungstatbestände aber an den Eigentumsbestand oder die Eigentumsverwendung anknüpfen. Immerhin ist auch der *2. Senat* des BVerfG dazu übergegangen, jedenfalls die Einkommensteuer an Art. 14 I GG zu messen.[2138] Ein Spitzensteuersatz auf hohe Einkommen von ca. 50% dürfte noch als mit Art. 14 I S. 1 GG vereinbar angesehen werden. Bedenklich ist dagegen die Besteuerung von Einkünften aus Kapitalvermögen (Kapitalertragsteuer) lediglich i.H.v. 25% des Kapitalertrags (vgl. § 43a I S. 1 Nr. 1 EStG), da damit Einkünfte aus Kapitalvermögen im Vergleich zu Einkünften aus Erwerbstätigkeit in erheblichem Maße privilegiert werden und dies nicht nur eine Steuerungerechtigkeit bedeutet, sondern auch bewirkt, dass im Eigentum Einzelner befindliches Vermögen zulasten der Allgemeinheit leichter und schneller vermehrt werden kann als durch Erwerbstätigkeit generiertes Vermögen, wodurch die Schieflage noch vergrößert wird. Mit der Sozialpflichtigkeit des Eigentums (Art. 14 II GG) ist dies schwerlich vereinbar. 879

a. Schutzgegenstand: Eigentum

Der verfassungsrechtliche Eigentumsbegriff ist also weit gefasst, wird aber durch die einfachgesetzliche Rechtsordnung konkretisiert bzw. ausgestaltet. Zu ihm zählen z.B. 880

- das Sacheigentum an beweglichen Sachen und Grundstücken nach dem bürgerlichen Recht (vgl. § 903 BGB) sowie die Rechte desjenigen, der in eigentumsähnlicher Weise an einem Grundstück dinglich berechtigt ist (namentlich Erbbaurecht, Nießbrauch, im Grundbuch eingetragene Auflassungsvormerkung).
- Dienstbarkeiten (§§ 1090 ff. BGB) und sonstige dingliche Rechte wie z.B. Hypotheken (§§ 1113 ff. BGB), Grundschulden (§§ 1191 ff. BGB) oder Pfandrechte (§§ 1204 ff. BGB)

[2134] Normgeprägt ist der Schutzbereich, wenn das betreffende Grundrecht einer Ausgestaltung durch den Gesetzgeber zugänglich ist oder ihrer sogar bedarf wie z.B. auch Art. 6 I GG (Bestimmung der Ehe). Vgl. dazu bereits Rn 144.

[2135] St. Rspr. seit BVerfGE 58, 300 ff. (Nassauskiesung).

[2136] BVerfG NJW 2002, 2621, 2625; BVerfG DVBl 1997, 548, 550; BVerfGE 91, 207, 220; 96, 375, 397; *Bryde*, in: v. Münch/Kunig, GG, Art. 14 Rn 23; *Wieland*, in: Dreier, GG, Art. 14 Rn 56; *Depenheuer*, in: v. Mangoldt/Klein/Starck, GG, Art. 14 Rn 160; *Papier*, in: Maunz/Dürig, GG, Art. 14 Rn 160 ff.

[2137] BVerfGE 14, 221, 241; 87, 153, 169 (Grundfreibetrag).

[2138] BVerfG NJW 2006, 1191, 1193; kritisch *Wernsmann*, NJW 2006, 1169. Zum Grundrechtsschutz gegen Steuern vgl. insgesamt *Glaser*, JuS 2008, 341 ff.

- Anteile an Wirtschaftsunternehmen
- die Baufreiheit (im Rahmen der Gesetze, die insoweit ein präventives Verbot mit Erlaubnisvorbehalt darstellen: Die grundrechtlich geschützte Baufreiheit wird zur Rechtskontrolle präventiv eingeschränkt)
- Patent-, Urheber[2139]- und Warenzeichenrechte[2140] einschließlich einer Internetdomain[2141]
- Eigentumsrechte i.S.d. § 823 BGB
- das Erbrecht. Darunter fällt nicht nur das Recht des Erblassers, sein Vermögen an eine frei von ihm zu bestimmende Person zu vererben (Testierfreiheit), sondern auch das Recht des Erben am geerbten Vermögen bzw. Eigentum.[2142]
- privatrechtliche Forderungen[2143] (also auch relative Rechte), soweit es sich nicht um nichtvermögenswerte Personen- oder Familienrechte handelt
- Jagdausübungsrechte, etwa wenn Jagdbezirke durch den Bau von Fernstraßen verkleinert werden[2144] oder wenn das Jagdrecht unter die Leitung der Jagdgenossenschaft gestellt wird[2145]
- nach der Rechtsprechung[2146] auch Rechtspositionen eines Mieters (bzw. Pächters) aus dem Mietvertrag (bzw. Pachtvertrag), wobei aber zu bedenken ist, dass auch der Vermieter (bzw. Verpächter) durch Art. 14 GG geschützt ist. Der Gesetzgeber muss also die schutzwürdigen Interessen beider Seiten berücksichtigen und in ein ausgewogenes Verhältnis bringen (Herstellung praktischer Konkordanz).[2147]
- das Recht am eingerichteten und ausgeübten Gewerbebetrieb (vgl. Rn 882), das Anliegerrecht (vgl. Rn 887) und bestimmte öffentlich-rechtliche Vermögenspositionen (Ansprüche aus der Sozialversicherung, vgl. Rn 890 ff.)

881 **Zusammenfassend** lässt sich der Eigentumsbegriff des Art. 14 I GG folgendermaßen beschreiben:

Eigentum i.S.d. Art. 14 I GG (Bestandsgarantie) ist nicht das Vermögen als solches, sondern die Summe der vom Gesetzgeber gewährten vermögenswerten Rechte.[2148]

b. Recht am eingerichteten und ausgeübten Gewerbebetrieb

882 Als eigentumsfähige Rechtsposition i.S.d. Art. 14 GG ist auch das Recht am eingerichteten und ausgeübten Gewerbebetrieb grundsätzlich anerkannt.[2149]

Beispiele: Gewerbebetriebe aller Art; freiberufliche Tätigkeiten

883 Das BVerfG hat bislang offengelassen, ob der eingerichtete und ausgeübte Gewerbebetrieb von der Gewährleistung der Eigentumsgarantie umfasst ist.[2150] Unabhängig von der Anerkennung des eingerichteten und ausgeübten Gewerbebetriebs hat es Art. 14 I

[2139] BVerfG NJW 2016, 2247, 2250 ff. (Verwendung von Samples in Musikstück) mit Verweis auf BVerfGE 31, 229, 240 (Schulbuchprivileg); 129, 78, 101 (Anwendungserweiterung); 134, 204, 224 f. (Verwertungsverträge).
[2140] Vgl. BVerfG NJW 1999, 2880, 2881; BVerfG NJW 2001, 1784.
[2141] BVerfG NJW 2005, 589.
[2142] Vgl. BVerfGE 93, 165, 174; 99, 341, 352; BVerfG NJW 2011, 366.
[2143] BVerfGE 92, 262, 271.
[2144] Vgl. dazu BGH NJW 2000, 3638 ff.; *Kapsa*, NVwZ 2003, 1423, 1427 f.
[2145] BVerfG NVwZ 2007, 808 ff.
[2146] BVerfGE 89, 1, 6 f. (Mietrecht als Eigentum); BVerfG NJW 2000, 2658, 2659. Auch nach der aktuellen Rspr. des BVerwG ist dem Eigentümer gleichzustellen, wer in eigentumsähnlicher Weise an einem Grundstück dinglich berechtigt ist. Hierzu zählen der Inhaber eines Erbbaurechts ebenso wie der Nießbraucher und der im Grundbuch eingetragene Auflassungsvorgemerkte. Selbst bloße Schuldverhältnisse (Kauf, Miete, Pacht) können nach dieser aktuellen Rspr. zur Antragsbefugnis führen (vgl. BVerwG NVwZ 2000, 806 für den Pächter, BVerwG NVwZ 2000, 807 und NJW 2000, 2658 für den Mieter). Dagegen ist der Nacherbe nicht antragsbefugt. Vgl. dazu insgesamt auch *Seiler*, JuS 2002, 679 ff.; *Kapsa*, NVwZ 2003, 1423 ff.; *Jochum/Durner*, JuS 2005, 220 f.
[2147] BVerfG NJW 2000, 2658, 2659. Vgl. dazu auch *Sachs*, JuS 2000, 1220 f.
[2148] Vgl. BVerfGE 105, 252, 277 (Glykolwein); BVerfGE 95, 267, 300; *Depenheuer/Grzeszick*, NJW 2000, 385, 387; *Bryde*, in: v. Münch/Kunig, GG, Art. 14 Rn 23 ff.
[2149] BGHZ 92, 34, 37; BVerwGE 62, 224, 226; *Schmidt-Preuß*, NJW 2000, 1524.
[2150] Vgl. etwa BVerfGE 105, 252, 278 (Glykolwein).

S. 1 GG jedoch für einschlägig erachtet, wenn der Betrieb durch die staatliche Maßnahme in seinem *konkreten Bestand*, d.h. in seiner Substanz, betroffen ist.[2151] Denn Art. 14 I GG erfasse nur Rechtspositionen, die einem Rechtssubjekt *bereits zustehen*, nicht aber in der Zukunft liegende Chancen und Verdienstmöglichkeiten.[2152] Diese seien Art. 12 I GG zuzuordnen.[2153] Jedenfalls soll der Schutz des Gewerbebetriebs nicht weiter gehen als der Schutz, den seine wirtschaftliche Grundlage genießt.[2154] Damit bejaht das Gericht zumindest den eigentumsrechtlichen Schutz für den Bestand einzelner Rechte und Güter des Unternehmens (Substanz, Kernbereich des Anliegerrechts) und lässt tatsächliche Gegebenheiten wie beispielsweise bestehende Geschäftsverbindungen und günstige Umweltbedingungen (Lage, Kundenstamm oder Marktstellung, siehe sogleich) aus dem Schutzbereich herausfallen[2155].

Der Begriff der vermögenswerten Rechtsposition zeigt somit am Beispiel des eingerichteten und ausgeübten Gewerbebetriebs, dass die Einbeziehung *künftiger* Rechtspositionen ausgeschlossen ist. Der Schutzbereich des Art. 14 GG ist also zeitpunktbezogen. Daraus folgt, dass bloße Umsatz- und Gewinnchancen, Hoffnungen, Erwartungen und Aussichten (bspw. bestehende Geschäftsverbindungen, erworbener Kundenstamm[2156] oder die Marktstellung, die Nachbarschaft beispielsweise einer Kaserne, die der Gaststätte die Gäste verschafft, die Parkmöglichkeit auf öffentlicher Straße in der Nähe des Geschäfts oder die Möglichkeit einer Betriebserweiterung) **nicht** vom Schutzbereich des Art. 14 GG umfasst sind. 884

Als Faustformel gilt: **Art. 14 GG schützt das Erworbene**, das Ergebnis einer Betätigung. Der **Erwerb**, die Betätigung selbst, wird dagegen durch **Art. 12 GG** (Berufs- und Gewerbefreiheit) geschützt.[2157] 885

c. Nutzungsrecht und Anliegerrecht

Zum Eigentumsrecht gehört auch die ungestörte und zulassungsfreie **Nutzung** eines Grundstücks durch den Eigentümer. Der Eigentümer hat grundsätzlich das Recht, über sein Eigentum frei zu verfügen (Art. 14 I S. 1 GG, § 903 BGB). Dies kann in Form der Benutzung, des Verbrauchs oder der Veräußerung geschehen. Staatliche Beschränkungen dieser Handlungsfreiheiten tangieren den Schutzbereich des Art. 14 I S. 1 GG. 886

Von Art. 14 GG erfasst ist auch das sog. **Anliegerrecht** bzw. die **Lage am Verkehrsweg**. Das ist das Recht des Anliegers, eine Verbindung mit der Straße zu haben oder zu behalten. Zu beachten ist jedoch, dass der Anliegergebrauch keine unmittelbar aus Art. 14 I S. 1 GG ableitbare Rechtsposition vermittelt. Wie weit er gewährleistet ist, richtet sich nach dem einschlägigen Straßenrecht, das insoweit i.S.d. Art. 14 I S. 2 GG Inhalt und Schranken des Eigentums am „Anliegergrundstück" bestimmt.[2158] Da die Straße als öffentliche Einrichtung nicht allein der Erschließung der Anliegergrundstücke, sondern schwergewichtig dem allgemeinen Verkehrsbedürfnis in seinen unterschiedlichen Ausgestaltungen dient, muss der Gesetzgeber einen Ausgleich zwischen einer Vielfalt von Interessen schaffen.[2159] Er hat im Rahmen einer Abwägung (vgl. etwa § 8a i.V.m. § 17 887

[2151] BVerfGE 58, 300, 353 (Nassauskiesung); 87, 363 ff. (Nachtbackverbot). Vgl. auch BVerwGE 62, 224, 226.
[2152] BVerfGE 105, 252, 277; BVerfGE 68, 193, 222 (Innungen).
[2153] Vgl. BVerfGE 105, 252, 277 (Glykolwein); BVerfGE 77, 84, 118 (Arbeitnehmerüberlassung im Baugewerbe).
[2154] BVerfGE 58, 300, 353; 87, 363 ff.
[2155] Vgl. BVerfGE 77, 84, 118.
[2156] Dazu gehören auch Raucher in Gaststätten (vgl. BVerfGE 121, 317, 345 ff.).
[2157] Vgl. BVerfGE 30, 292, 335; 84, 133, 157; 88, 366, 377; 105, 252, 264 ff.
[2158] Insoweit sei auf die Parallele zum Baurecht verwiesen, bei dem das subjektive Recht ebenfalls i.d.R. nicht direkt aus Art. 14 I S. 1 GG abgeleitet wird, sondern einfachgesetzlichen Normen entstammt. Vgl. dazu BVerwG NVwZ 1999, 1341, 1342 und *Ortloff*, NVwZ 2000, 750, 754.
[2159] BVerfG NVwZ 1991, 358; BVerwGE 94, 100, 106 ff.; BVerwG NVwZ 1999, 1341, 1342.

S. 2 FStrG[2160]) auf die Belange der Anlieger insofern Rücksicht zu nehmen, als dieser Personenkreis in besonderem Maße auf den Gebrauch der Straße angewiesen ist. Erfolgt diese Abwägung rechtsfehlerfrei, ist Art. 14 I GG nicht verletzt. Eine Verletzung des Art 14 I GG kommt aber insbesondere dann in Betracht, wenn der Kernbereich des Anliegerrechts betroffen ist. Dazu gehören insbesondere die *dauerhafte* Zufahrt bzw. der *dauerhafte* Zugang zur Straße. Dieser Kernbereich schafft die Grundvoraussetzungen, derer es bedarf, um überhaupt an der verkehrlichen Kommunikation teilzunehmen.[2161] Demgegenüber ist – da außerhalb des Kernbereichs des Anliegerrechts liegend – eine nur *zeitweilige* Störung der Nutzungsmöglichkeit, etwa durch zeitlich begrenzte Bauarbeiten an der Zugangsstraße, grundsätzlich zu dulden. Von vornherein von Art. 14 GG nicht geschützt sind besondere Lagevorteile, die dem Anlieger aus der bisherigen Verkehrsbedeutung der Straße erwachsen sind.[2162] Auch kann aus dem Schutzbereich des Art. 14 I GG nicht abgeleitet werden, dass der Anlieger einen Anspruch auf Erhalt einer an seinem Grundstück vorbeiführenden Straße in ihrer ursprünglichen baulichen und widmungsgemäßen Gestalt hat. Dem Widmungsträger (Träger der Straßenbaulast, vgl. z.B. §§ 3 und 5 FStrG, § 12 hambWegeG) steht es nämlich grundsätzlich frei, durch Veränderung der Verkehrsbedeutung jederzeit den Widmungszweck zu verändern (vgl. etwa § 2 FStrG, §§ 6 bis 8 hambWegeG: Widmung, Aufstufung, Abstufung, Einziehung).

Eine Besonderheit gilt in Bezug auf **Gewerbetreibende**, wenn diese auf das Bestehen einer am Grundstück vorbeiführenden Straße mit Anhaltemöglichkeit angewiesen sind. Grundsätzlich gilt, dass auch Betriebsinhaber den Anliegervorteil nur im jeweiligen Rahmen des einen ständigen Wandel unterworfenen Gemeingebrauchs erwarten können. Folgerichtig müssen Gewerbetreibende, wie alle anderen Straßennutzer auch, Verkehrsregelungen oder Verlagerungen des Verkehrs, mit denen die Straßen den sich wandelnden Bedürfnissen des Verkehrs angepasst werden, grundsätzlich hinnehmen.[2163] Allerdings schützt Art. 14 I GG den gewerbetreibenden Grundstückseigentümer – anders als beim allgemeinen Anliegerrecht – auch vor *zeitweiligen* Zugangs- oder Kontaktbeschränkungen. Voraussetzung ist aber, dass Dauer und Intensität der Beeinträchtigung dazu führen, dass ein Gewerbebetrieb in seiner *Existenz* gefährdet ist.[2164] Dann kommt auch ein Entschädigungsanspruch in Betracht.

Beispiel: G ist Inhaber einer Tankstelle. Aufgrund von Bauarbeiten an der vorbeiführenden Bundesstraße, für die ein Zeitraum von einem Jahr angesetzt ist, wird ein Umsatzrückgang von 70 % zu erwarten sein.

Ob ein Anspruch auf Schadensersatz aus straßenrechtlichen Vorschriften (vgl. § 8a IV, V FStrG und entsprechende Vorschriften des Landesstraßengesetzes) gegeben ist, ist eine Tatfrage.

Sollte das verneint werden, kommt ein enteignungsrechtlicher Entschädigungsanspruch unter dem Aspekt des Anliegerrechts bzw. des eingerichteten und ausgeübten Gewerbebetriebs in Betracht, da von einer wesentlichen Beschränkung des Kundenkontakts auszugehen ist und der von G geführte Tankstellenbetrieb jedenfalls unter dem Aspekt des Anliegerrechts vom Schutzbereich des Art. 14 GG umfasst ist. Für G ergibt sich gegen den Straßenbaulastträger aber kein Anspruch aufgrund einer Enteignung, da keine Enteignung vorliegt, sondern ggf. aufgrund eines enteignungsgleichen oder enteignenden Eingriffs. Die Voraussetzungen sind vorliegend aber wohl ebenfalls nicht erfüllt[2165] (die lang andauernden Bauarbeiten stellen keinen unmittelbaren Eingriff in das Recht des G am

---

[2160] Vgl. dazu BVerwG NVwZ 2001, 1154 ff.
[2161] Vgl. BVerwG NVwZ 1999, 1341, 1342; VGH München BayVBl 2007, 45.
[2162] BGHZ 70, 212, 218.
[2163] VG Weimar 10.3.2016 – 7 K 586/13 We, 7 K 439/14 We. Vgl. auch BVerwG NJW 1994, 1080.
[2164] *Papier*, in: Maunz/Dürig, GG, Art. 14 Rn 711. Vgl. auch OLG Nürnberg IBR 2010, 718; BGH 29.7.2010 - III ZR 5/10; VG Weimar 10.3.2016 – 7 K 586/13 We, 7 K 439/14 We.
[2165] Vgl. zu diesen unten Rn 939 ff. sowie ausführlich *R. Schmidt*, AllgVerwR, Rn 1202 ff./1235 ff.

eingerichteten und ausgeübten Gewerbebetrieb dar, der ihm ein Sonderopfer abverlangte.[2166] Eine Verzögerung, die nach Art und Dauer weit über das hinausgeht, was bei ordnungsgemäßer Planung und Durchführung der Arbeiten notwendig ist, und damit ein Sonderopfer begründet, ist (noch) nicht erkennbar. Mittelbare Beeinträchtigungen genügen ebenfalls nicht. G muss die Beeinträchtigung der Vorteile am Verkehrsweg insoweit dulden.

Aus demselben Grund dürfte auch ein Aufopferungsanspruch i.e.S.[2167] ausscheiden, der (nur dann) gegeben ist, wenn durch einen vom öffentlichen Interesse motivierten, unmittelbaren hoheitlichen Eingriff in nichtvermögenswerte Rechtsgüter dem Einzelnen ein Sonderopfer abverlangt wird, das einen Vermögensschaden zur Folge hat, der zur Aufgabe des Geschäfts zwingen würde (a.A. vertretbar).

Anmerkung: Bei kurzfristigen Straßensperrungen (etwa wegen eines Wirtschaftsgipfels, eines Staatsbesuchs etc.) wird man erst recht das Sonderopfer verneinen müssen.

d. Öffentlich-rechtliche Vermögenspositionen

Öffentlich-rechtliche Rechtspositionen (sozialstaatlich motivierte Ansprüche) stehen **890**
nicht ohne weiteres unter dem Schutz der Eigentumsgarantie. So leuchtet ein, dass Ansprüche, die **ausschließlich oder überwiegend** auf bloßer staatlicher Fürsorgepflicht beruhen, ohne dass der Anspruchsteller etwas dazu beigetragen hat, nicht dem Schutz des Eigentumsgrundrechts unterfallen können.[2168]

Beispiele[2169]**:** Fürsorgeansprüche wie Sozialhilfe[2170]; Subventionen und ähnliche staatliche Zuwendungen[2171]; Wohnungsbauprämien für Bausparer[2172]; Ansprüche auf Hinterbliebenenversorgung aus der gesetzlichen Rentenversicherung[2173]

Der Schutzbereich des Art. 14 I S. 1 GG ist aber dann eröffnet, wenn die staatliche **891**
Leistungsgewährung als Gegenleistung für eine eigene Leistung des Betroffenen anzusehen ist (**„Äquivalent eigener Leistung"**).[2174]

Beispiele[2175]**:** Anspruch auf Arbeitslosengeld[2176] (dazu auch sogleich); Anspruch auf Versichertenrente aus der gesetzlichen Rentenversicherung[2177]; Anspruch auf Erstattung zu viel gezahlter Steuern

Einen Sonderfall bildet das **Arbeitslosengeld II.**[2178] Bezieher von Anschlussarbeitslosenhilfe sind solche Arbeitslose, die zuvor aufgrund von geleisteten Beiträgen zur gesetzlichen Arbeitslosenversicherung einen Anspruch auf (zeitlich begrenztes) Arbeitslosengeld hatten und nun wegen Zeitablaufs (nur noch) Arbeitslosengeld II bekommen. Hier ist der Schutzbereich des Art. 14 I S. 1 GG eröffnet. Demgegenüber haben die Bezieher von

---

[2166] Vgl. OLG Nürnberg IBR 2010, 718. Vgl. auch BGH 29.7.2010 - III ZR 5/10.

[2167] Vgl. dazu *R. Schmidt*, AllgVerwR, Rn 1250 ff.

[2168] Vgl. auch BVerfGE 88, 384, 401 ff.; *Maurer*, AllgVerwR, § 26 Rn 44; *Peine*, AllgVerwR, Rn 1190.

[2169] Vgl. *Maurer*, AllgVerwR, § 27 Rn 44.

[2170] BVerfGE 2, 380, 399 ff.

[2171] BVerfGE 72, 175, 193 ff.; 88, 384, 401 f.

[2172] BVerfGE 48, 403, 412 f.

[2173] BVerfGE 97, 271, 283 ff.

[2174] BVerfGE 14, 288, 294; 18, 392, 397; 53, 257, 289; 69, 272, 298 ff.; 70, 101, 110; 72, 9, 18; 76, 256, 203 f.; 94, 241 ff.; BVerfG NJW 1996, 185; *Depenheuer/Grzeszick*, NJW 2000, 385, 388; *Maurer*, AllgVerwR, § 26 Rn 44; *Peine*, AllgVerwR, Rn 1190.

[2175] Vgl. *Peine*, AllgVerwR, Rn 1190.

[2176] BVerfGE 72, 8, 18 ff.

[2177] Vgl. BVerfGE 53, 257, 289 ff.; 69, 272, 300 ff.; 76, 256, 203 f.; 100, 1, 33.

[2178] Im Zuge des sog. „Hartz IV-Konzepts" wurden zum 1.1.2005 die bisherige Arbeitslosenhilfe und die bisherige Sozialhilfe nach dem BSHG zum Arbeitslosengeld II. Die Leistungen, auf die ein Anspruch besteht, sind pauschaliert und betragen im Wesentlichen nur geringfügig mehr als das Niveau der bisherigen Sozialhilfe nach dem BSHG. Das bisherige BSHG wurde Teil des Sozialgesetzbuchs als Zwölftes Buch (SGB XII). Leistungen nach diesem Gesetz erhalten nur noch Menschen, die dauerhaft oder vorübergehend nicht erwerbsfähig sind, und Menschen, die bereits älter sind als 65 Jahre. Auch das bisherige Grundsicherungsgesetz (GSiG) wurde Teil des SGB XII. Leistungen nach den hier genannten Gesetzen sind weitestgehend pauschaliert. Einzelfallbezogene Hilfen, z.B. für defektes Mobiliar oder andere Haushaltsgegenstände, werden nur noch in besonderen Fällen als Darlehen gewährt.

(bisheriger) originärer Arbeitslosenhilfe vor dem Leistungsbeginn entweder keinen oder nur einen geringen Beitrag zur äquivalenzorientierten Arbeitslosenversicherung geleistet. Daher liegt wohl schon kein Eingriff in Art. 14 I S. 1 GG vor, wenn der Gesetzgeber die Bezugsdauer von originärer Arbeitslosenhilfe zeitlich begrenzt bzw. solchen Personen von vornherein lediglich das Arbeitslosengeld II gewährt. Zumindest aber ist eine solche Regelung nicht unverhältnismäßig.

e. Verfahrensgarantie des Art. 14 GG

892 Durch Art. 14 GG ist auch das Recht des Eigentümers geschützt, seine Eigentümerinteressen im Verwaltungs- und im Gerichtsverfahren effektiv vertreten und gegenüber anderen Privatrechtssubjekten verfolgen und durchsetzen zu können[2179] (sog. Verfahrensgarantie des Art. 14 GG).

f. Geschützter Personenkreis

893 Träger des Grundrechts sind alle natürlichen und inländischen juristischen Personen des Privatrechts[2180] sowie inländische nicht rechtsfähige Personengesellschaften und Vereine, soweit sie in dem ihnen zugeordneten (gesamthänderisch gebundenen) Eigentum betroffen sind.[2181] Demgegenüber sind juristische Personen des öffentlichen Rechts i.d.R. keine Grundrechtsträger. Das gilt hinsichtlich des Art. 14 GG auch dann, wenn sie nach privatrechtlichen Vorschriften Eigentum haben und sie wie Private staatlicher Hoheitsgewalt unterworfen sind.

Beispiel: § 68 I S. 1 TKG ermächtigt den Bund, Verkehrswege für die öffentlichen Zwecken dienenden Telekommunikationslinien unentgeltlich zu benutzen. Dieses Recht überträgt er gem. § 69 TKG auf Lizenznehmer im Bereich der Telekommunikation (vgl. §§ 6 ff. TKG). Die Gemeinde G fühlt sich in ihrem Eigentumsrecht aus Art. 14 I GG verletzt und erhebt Individualverfassungsbeschwerde (Art. 93 I Nr. 4a GG, §§ 13 Nr. 8a, 90 ff. BVerfGG).

Die Individualverfassungsbeschwerde ist wegen fehlender Beschwerdebefugnis (§ 90 I BVerfGG) unzulässig. Zwar kann eine Gemeinde Privateigentum haben. Art. 14 I GG schützt aber nicht das Privateigentum, sondern das Eigentum Privater.[2182] G kann daher nicht wegen Verletzung des Art. 14 GG erfolgreich Individualverfassungsbeschwerde erheben.[2183]

G könnte auch erwägen, Kommunalverfassungsbeschwerde (Art. 93 I Nr. 4b GG, §§ 13 Nr. 8a, 90 ff. BVerfGG) zu erheben mit der Rüge, durch die Regelung der unentgeltlichen Nutzungsberechtigung an öffentlichen Verkehrswegen für die Durchleitung von Telekommunikationslinien in § 68 I S. 1 TKG sowie durch die Bestimmungen des § 68 III, IV TKG in ihrem Recht auf kommunale Selbstverwaltung verletzt zu sein. Allerdings wird auch dieser Rechtsbehelf erfolglos sein, da die genannten Bestimmungen nicht den Schutzbereich des Art. 28 II GG berühren.[2184]

[2179] BVerfGE 134, 242 Rn 166 (Braunkohletageabbau Garzweiler); *Bryde*, in: v. Münch/Kunig, GG, Art. 14 Rn 37 ff.; *Papier*, in: Maunz/Dürig, GG, Art. 14 Rn 43 ff. Zur Verfahrensgarantie grundlegend BVerfGE 46, 325, 333 ff.

[2180] Zur Geltung des Grundrechts für juristische Personen trotz der personellen Natur des Eigentumsschutzes vgl. BVerfGE 50, 290, 321 f. (Mitbestimmung).

[2181] BVerfGE 4, 7, 17 (Investitionshilfegesetz); *Bryde*, in: v. Münch/Kunig, GG, Art. 14 Rn 6.

[2182] BVerfGE 61, 82, 109 (Gemeinde Sasbach); vgl. auch BVerfG NVwZ 2005, 82 f.; *Kirchberg/Boll/Schütz*, NVwZ 2002, 550, 551. Zur nicht gegebenen Klagebefugnis einer Gemeinde der Insel Sylt gegen einen Offshore-Windpark vgl. OVG Hamburg NVwZ 2005, 347 ff.

[2183] Sofern es sich nicht um das Privateigentum einer Gemeinde handelt, sondern um das Eigentum eines Privaten, ist die Grundstücksbenutzung, sofern das Grundstück nur unwesentlich beeinträchtigt wird, eine verfassungsmäßige Inhalts- und Schrankenbestimmung (vgl. BVerfG NJW 2000, 798, 799; *Scherer*, NJW 2000, 772, 784.

[2184] So BVerfG NVwZ 1999, 520; vgl. dazu auch *Scherer*, NJW 2000, 772, 783.

2. Eingriff in den Schutzbereich

Bei der Frage, ob in der fraglichen Maßnahme eine Beeinträchtigung der Eigentumsfreiheit liegt, kann es angebracht sein, die Maßnahme zunächst darauf hin zu untersuchen, ob mit ihr eine Inhalts- und Schrankenbestimmung (Art. 14 I S. 2 GG) oder eine Enteignung (Art. 14 III GG) vorliegt.[2185] 894

Hinweis für die Fallbearbeitung: Relevant ist die Unterscheidung zwischen Enteignung und Inhalts- und Schrankenbestimmung vor allem mit Blick auf die unterschiedlichen Anforderungen, die an die **verfassungsrechtliche Rechtfertigung** des Eingriffs zu stellen sind. Darüber hinaus ist eine Enteignung **stets ausgleichspflichtig**, eine Inhalts- und Schrankenbestimmung dagegen **nur in besonderen Fällen**. Daher ist es auch gut vertretbar, den Eingriff in den Schutzbereich allein mit der beeinträchtigenden Wirkung zu bejahen und erst im Rahmen der verfassungsrechtlichen Rechtfertigung zwischen Enteignung und Inhalts- und Schrankenbestimmung zu unterscheiden. 895

a. Abgrenzung Enteignung/Inhalts- und Schrankenbestimmung

aa. Unterscheidung nach formalen Kriterien

Bei der Abgrenzung zwischen Enteignung und Inhalts- und Schrankenbestimmung stellt das BVerfG seit seiner Kleingarten-Entscheidung[2186] auf Form- und Zweckrichtung des Eingriffs ab.[2187] Regele eine Gesetz abstrakt-generell Rechte und Pflichten des Eigentümers, liege eine Inhalts- und Schrankenbestimmung gem. Art. 14 I S. 2 GG vor.[2188] Verkürzten gesetzliche Bestimmungen (die *gezielt* eingreifen und das Eigentum vollständig oder teilweise entziehen) die Eigentumsfreiheit dagegen konkret-individuell, stellten sie eine Enteignung dar (sog. *enger Enteignungsbegriff*).[2189] Erweise sich eine Enteignung als rechtswidrig, müsse der Betroffene den hoheitlichen Akt anfechten (kein „dulde und liquidiere"). Das entspricht mittlerweile auch der gefestigten Rechtsprechung des BGH und des BVerwG.[2190] 896-905

bb. Administrativ- und Legislativenteignung

Art. 14 III S. 2 GG bestimmt, dass eine Enteignung „durch Gesetz" oder „aufgrund eines Gesetzes" erfolgen kann. Mit der Formulierung „durch Gesetz" ist die Legislativenteignung, mit der Formulierung „aufgrund eines Gesetzes" die Administrativenteignung gemeint. Die *Administrativenteignung* zeichnet sich dadurch aus, dass sie durch die Exekutive auf der Grundlage einer entsprechenden gesetzlichen Ermächtigung durchgeführt wird. Das kann durch Verwaltungsakt, Satzung oder Rechtsverordnung erfolgen.[2191] Die zur Administrativenteignung ermächtigende gesetzliche Grundlage stellt im Regelfall dann eine Enteignungsnorm dar, wenn sie die Exekutive ermächtigt, eine vollständige oder teilweise Entziehung konkreter subjektiver Rechtspositionen i.S.d. Art. 14 906

[2185] Zu den sonstigen Eingriffen wie enteignender oder enteignungsgleicher Eingriff vgl. Rn 939 ff.

[2186] BVerfGE 52, 1, 27 ff., ausgebaut in der sog. Nassauskiesungsentscheidung (E 58, 300 ff.).

[2187] Die Rechtmäßigkeit der Regelung ist kein Abgrenzungskriterium, weil diese ja gerade noch festgestellt werden soll und die Rechtmäßigkeit der Maßnahme nur dann festgestellt werden kann, wenn feststeht, ob eine Enteignung oder eine Inhalts- und Schrankenbestimmung vorliegt. Die unterschiedlichen Einwirkungen auf das Eigentum müssen daher primär handlungsbezogen und nicht folgeorientiert voneinander abgegrenzt werden.

[2188] Vgl. aus jüngerer Zeit BVerfGE 100, 226, 239 f. (Denkmalschutz); 101, 239, 259; 102, 1, 15; BVerfG NVwZ 2001, 1023; DÖV 2011, 978. Vgl. auch BVerfG NVwZ 2007, 808 ff., wo das BVerfG bei der Frage nach der gesetzlich angeordneten Zwangsmitgliedschaft in der Jagdgenossenschaft und der damit verbundenen Nutzungseinschränkung bzw. Duldungspflicht (Duldung, dass Jagdpächter die Jagd ausüben dürfen) ebenfalls von einer Inhalts- und Schrankenbestimmung ausgeht (dazu Rn 908). Vgl. auch BVerwG NVwZ-RR 2014, 243.

[2189] BVerfGE 79, 174, 191 (Erbbaurecht); 100, 226, 239 f. (Denkmalschutz); 134 Rn 168 ff. (Braunkohletageabbau Garzweiler).

[2190] Vgl. nur BGHZ 99, 24, 28; BVerwGE 84, 361, 367; BVerwG NVwZ 1998, 725, 726; BVerwG NVwZ 2001, 1038 ff.; dazu auch *Schmidt-Preuß*, NJW 2000, 1524, 1525; *Wilhelm*, JZ 2000, 905, 906; *Roller*, NJW 2001, 1003 ff.; *Hermanns*, JA 2002, 26 ff.; *Seiler*, JuS 2002, 679, 680.

[2191] *Wieland*, in: Dreier, GG Art. 14 Rn 96; *Wendt*, in: Sachs, GG, Art. 14 Rn 158. Legislativenteignung ist also eine Enteignung ausschließlich *durch förmliches Gesetz*.

I S. 1 GG vorzunehmen. Demgegenüber spricht man von einer *Legislativenteignung*, wenn die Enteignung durch die entsprechende gesetzliche Bestimmung selbst vorgenommen wird, ohne dass ein weiterer Vollzugsakt erforderlich wäre.[2192]

b. Zusammenfassung

907 Eine **Inhalts- und Schrankenbestimmung** (ISB) bedeutet eine zukunftsorientierte Neudefinition, während die **Enteignung** eine gezielte vollständige oder teilweise Entziehung konkreter gegenwärtiger Eigentumspositionen impliziert.[2193] Nach dem BVerfG ist die Enteignung von der ISB durch drei Merkmale zu unterscheiden:

(1) Die Enteignung ist *konkret*, wohingegen die ISB Eigentumsrechte *abstrakt* regelt.
(2) Die Enteignung trifft den Adressaten *individuell*; demgegenüber regelt die ISB *generell* Einschränkungen des Eigentumsrechts.
(3) Die Enteignung *entzieht* dem Betroffenen das Eigentum ganz oder teilweise; die ISB *beschränkt* lediglich die Eigentümerbefugnisse, *belässt* dem Betroffenen aber das Eigentum.[2194]

908 Orientierungspunkte für die Grenzziehung bildet eine umfangreiche Judikatur. Beispielhaft seien genannt:

- Denkmalschutzrechtliche Gebote und Pflichten erfüllen nicht den Tatbestand der Enteignung, sondern sind in aller Regel als Inhalts- und Schrankenbestimmungen zu verstehen (die mit Art. 14 I GG unvereinbar sind, wenn sie unverhältnismäßige Belastungen des Eigentümers nicht ausschließen und keinerlei Vorkehrungen zur Vermeidung derartiger Eigentumsbeschränkungen enthalten).[2195]
- Gleiches gilt für naturschutzrechtliche Nutzungsverbote und -beschränkungen[2196] und für Bauverbote in Wasserschutzgebieten.[2197] Auch die Ausweisung eines Naturschutzgebiets[2198] und der Zusammenschluss von Waldgrundstücken zu einem einheitlichen Jagdbezirk[2199] gehören ebenso hierher wie die Pflicht für Grundstückseigentümer, die Jagd durch den Jagdpächter der örtlichen Jagdgenossenschaft zu dulden (sog. Jagdduldungszwang, vgl. §§ 8-10 BJagdG)[2200]. Ebenso sind Festsetzungen in einem Bebauungsplan, mit denen für ein bestimmtes Gebiet Art und Maß der Grundstücksnutzung für die Zukunft neu geordnet werden, ISB.[2201] Das gilt auch für die Pflicht zur Duldung der Nutzung von privaten Grundstücken für die Errichtung, den Betrieb und die Erneuerung von Telekommunikationslinien in § 76 I TKG; diese Duldungspflicht ist nach dem BVerfG verfassungsmäßig, sofern das Grundstück nur unwesentlich beeinträchtigt wird.[2202] Zum Ausgleichsanspruch vgl. § 76 II TKG. Auch die Duldungspflicht des Eigentümers, dass das auf dem Grundstück befindliche Gebäude an das Telekommunikationsnetz angeschlossen wird, stellt eine ISB dar.[2203] Schließlich soll die Befugnis von öffentlichen Bibliotheken, die keinen wirtschaftlichen Zweck verfolgen, ihren Bücherbestand zu digitalisieren, in ihren Räumen an eigens dafür eingerichteten elektronischen Leseplätzen zur Forschung und für private Studien zugänglich zu machen (§ 52b S. 1 UrhG) und den Benutzern das Fertigen

---

[2192] BVerfGE 45, 297, 325 f. (Hamburger U-Bahn). Näher dazu *R. Schmidt*, AllgVerwR, Rn 1152 ff.
[2193] BVerfGE 100, 226, 240 (Denkmalschutz); BVerfG NJW 2000, 413, 414 (Restitutionsausschluss); BVerfG NJW 1993, 196, 197 (Telekommunikationsnetz); *Sachs*, JuS 2000, 1219; *Winkler*, JA 2002, 197, 198; *Seiler*, JuS 2002, 679, 680; *Freund/Bary*, NVwZ 2012, 1504, 1505; *Peine*, AllgVerwR, Rn 1203.
[2194] Vgl. dazu näher sowie zu den einzelnen Konstellationen *R. Schmidt*, AllgVerwR, Rn 1159 ff.
[2195] BVerfGE 100, 226, 244 f. (Denkmalschutz).
[2196] BVerwG NJW 1996, 409; BGHZ 126, 379, 281 f.
[2197] BVerwG NVwZ 1997, 887, 889. Vgl. auch *Roller*, NJW 2001, 1003 ff.
[2198] Vgl. BVerwG DVBl 2001, 931 (mit Bespr. v. *Hermanns*, JA 2002, 26 ff.).
[2199] BVerfG NVwZ 2007, 808 ff. (mit Bespr. v. *Muckel*, JA 2007, 394).
[2200] Nach BVerfG NVwZ 2007, 808, 809 sind §§ 8-10 BJagdG mit Art. 14 I GG vereinbar. Der EGMR (NJW 2012, 3629 ff.) hat indes entschieden, dass §§ 8-10 BJagdG mit dem Eigentumsrecht nach Art. 1 des 1. Zusatzprotokolls der EMRK unvereinbar und daher konventionswidrig seien. Zum Verhältnis GG/EMRK vgl. Rn 4b ff.
[2201] BVerfG DÖV 2011, 978 (mit Bespr. v. *Muckel*, JA 2012, 314).
[2202] BVerfG NJW 2000, 798, 799 (Benutzung eines Grundstücks durch Telekommunikationsanlagen); *Scherer*, NJW 2000, 772, 784.
[2203] Vgl. *Freund/Bary*, NVwZ 2012, 1504, 1505.

von Privatkopien (d.h. Speichern der Dateien bspw. auf mitgebrachten USB-Sticks, vgl. § 53 UrhG) zu ermöglichen[2204], lediglich eine ISB darstellen, obwohl damit eine völlige Entwertung der urheberrechtlichen und wirtschaftlichen Interessen von Autoren und Verlagen verbunden sein kann.

- Dagegen sollen Eingriffe in Jagdausübungsrechte, etwa wenn Jagdbezirke durch den Bau von Fernstraßen verkleinert werden, Enteignungen darstellen.[2205]
- Schließlich stellt der Entzug rechtskräftiger und unbefristeter Betriebsgenehmigungen von Kernkraftwerken nach strittiger Auffassung eine Enteignung dar.[2206]

3. Verfassungsrechtliche Rechtfertigung der Enteignung

Wegen des inhaltlichen Zusammenhangs zu dem bisher Dargestellten soll zunächst auf die verfassungsrechtliche Rechtfertigung von Enteignungen eingegangen werden. Zur verfassungsrechtlichen Rechtfertigung von ISB vgl. Rn 932 ff. **909**

a. Formell-gesetzliche Grundlage für die Enteignung

Um verfassungsrechtlich gerechtfertigt zu sein, ist für die Enteignung zunächst eine **910** **formell-gesetzliche** Regelung erforderlich. Dies ergibt sich nicht nur unmittelbar aus Art. 14 III S. 1 u. 2 GG, wonach eine Enteignung nur durch Gesetz (Legislativenteignung) oder aufgrund eines Gesetzes (Administrativenteignung) und nur zum Wohl der Allgemeinheit erfolgen darf (**qualifizierter Gesetzesvorbehalt**), sondern auch aus dem Parlamentsvorbehalt bezüglich aller wesentlichen, grundrechtsrelevanten Bereiche: Allein dem demokratisch legitimierten Gesetzgeber obliegt die Befugnis, die Voraussetzungen für eine Enteignung zu bestimmen. Das Gesetz muss hinreichend bestimmt regeln, zu welchem Zweck, unter welchen Voraussetzungen und für welche Vorhaben enteignet werden darf. Allein die Ermächtigung zur Enteignung für „ein dem Wohl der Allgemeinheit dienendes Vorhaben" genügt dem nicht.[2207] Zudem stellt der Grundsatz der Verhältnismäßigkeit wegen der großen Bedeutung der Eigentumsfreiheit für den Grundrechtsträger hohe Anforderungen an die materielle Rechtmäßigkeit des Gesetzes.

Hinweis für die Fallbearbeitung: Daraus folgt, dass eine Enteignung, um rechtmäßig zu sein, sich zunächst auf eine formelle Rechtsgrundlage stützen muss, die inhaltlich das in Art. 14 III GG statuierte Gemeinwohlerfordernis hinreichend bestimmt beschreibt und den Grundsatz der Verhältnismäßigkeit beachtet. Fehlt eine solche Rechtsgrundlage, ist der eigentumsverkürzende Eingriff schon deshalb rechtswidrig. In der Fallbearbeitung ist deshalb zunächst die Verfassungsmäßigkeit des formellen Gesetzes zu prüfen.[2208] Der Einstieg in die Prüfung könnte etwa wie folgt vorgenommen werden: „Der Eingriff in den Schutzbereich ist nur dann rechtmäßig, wenn er durch eine Grundrechtsschranke gedeckt ist. Zu prüfen ist demnach, ob eine Enteignungsmöglichkeit besteht, dann, ob ein solches enteignendes Gesetz vorliegt, und schließlich, ob dieses Gesetz seinerseits verfassungsgemäß ist. Das Eigentum kann gem. Art. 14 III S. 2 GG durch Gesetz oder aufgrund eines Gesetzes entzogen werden. Das ... (Gesetz) ist ein solches enteignendes Gesetz. Es müsste aber auch selbst verfassungsgemäß sein. ... ."
Kommt man zu dem Ergebnis, dass das formelle Gesetz verfassungswidrig ist, und befindet man sich im Stadium eines gerichtlichen Verfahrens, kommt nur eine Vorlage an das BVerfG gem. Art. 100 I GG in Betracht. In der Fallbearbeitung sind dann zusätzlich die Zulässigkeitsvoraussetzungen einer solchen Richtervorlage zu prüfen.

[2204] Vgl. BGH MDR 2015, 1251 ff.
[2205] Vgl. dazu BGH NJW 2000, 3638 ff.
[2206] *Wagner*, NVwZ 2001, 1089, 1095; 2000, 1138, 1142; anders wohl *Stüer/Loges*, NVwZ 2000, 9, 13.
[2207] Vgl. BVerfGE 56, 249, 261 (Dürkheimer Gondelbahn); 74, 264, 285 (Daimler-Benz-Teststrecke Boxberg); 134, 242 Rn 174 ff. (Braunkohletageabbau Garzweiler).
[2208] Das ist auch die gerichtliche Praxis, vgl. nur BVerfGE 134, 242 Rn 196 ff. (Prüfung des § 79 I BBergG); BVerwGE 106, 228, 234 ff. (Prüfung des § 35 II BauGB); 106, 290, 293 (Prüfung des § 124 BBergG und des § 17 FStrG).

aa. Formelle Rechtmäßigkeit des Gesetzes, insb. die Junktimklausel

a.) Zuständigkeit

911 Hinsichtlich der Enteignung hat das GG keine umfassende und abschließende Zuordnung der Materie zum Bund oder zu den Ländern vorgenommen. So hat der Bund gemäß Art. 72 II i.V.m. 74 I Nr. 14 GG das Recht der Enteignung, soweit sie auf den Sachgebieten der Art. 73 und 74 GG in Betracht kommt. Im Rahmen des **Luftverkehrs** ist Art. 73 I Nr. 6 GG zu nennen, der es dem Bund ermöglichte, mit § 28 LuftVG eine Enteignungsregelung zu treffen. Dass § 28 III LuftVG auf die Enteignungsgesetze der Länder verweist, ist unschädlich, da sich Art. 73 I Nr. 6 GG nur auf den Luftverkehr bezieht, nicht auf das Enteignungsrecht, für das (wegen Art. 70 I GG) wiederum grundsätzlich die Länder zuständig sind. Das **Bauplanungsrecht** z.B. unterfällt der Bundesgesetzgebungskompetenz des Art. 74 I Nr. 18 GG. Daher durfte der Bund gem. §§ 85 ff. BauGB Enteignungsregelungen erlassen. Im **Fernstraßenrecht** greift § 19 FStrG (Art. 74 I Nr. 22 GG), der allerdings auf landesrechtliche Regelungen verweist. Auch ist § 45 EnWG zu nennen, der Enteignungen zulässt, soweit sie für Vorhaben zum Zwecke der **Energieversorgung** erforderlich sind[2209]). Im **Bundesbergrecht** ist gem. § 79 I BBergG unter den dort genannten Voraussetzungen die Grundabtretung zulässig.[2210] Im Übrigen sind (wegen Art. 70 I GG, s.o.) die Länder zuständig. Sie haben vor allem die Befugnis zum Erlass von allgemeinen Enteignungsgesetzen. Als Beispiel sei das hamburgische Enteignungsgesetz genannt.

b.) Verfahrens- und Formvorschriften

912 Das Gesetzgebungsverfahren ist den jeweiligen Verbandsvorschriften zu entnehmen. Bei Bundesgesetzen sind die Art. 76 ff. GG maßgeblich, auf Landesebene die Landesverfassungen.

c.) Entschädigungsregel (Junktimklausel)

913 Art. 14 III S. 2 GG fordert nicht nur, dass eine Enteignung entschädigt wird, sondern auch, dass das Gesetz, das eine Enteignung bewirkt oder zulässt, *selbst* eine Regelung über Art und Ausmaß der Entschädigung enthält (sog. **Junktimklausel**). Die Junktimklausel hat eine Warn- und Offenbarungsfunktion[2211]: Sie soll dem Gesetzgeber verdeutlichen, dass das Gesetz enteignenden Charakter hat (das allgemeine Zitiergebot des Art. 19 I S. 2 GG tritt insoweit zurück) und dass er die haushaltsrechtliche Verantwortung für die zu gewährende Entschädigung übernehmen muss. Aus diesem Grund darf sich die Entschädigungsregel auch nicht in der bloßen Formulierung, dass für die Enteignung eine Entschädigung zu leisten ist, erschöpfen, zumal dies keine über den Gehalt des Art. 14 III S. 2 GG hinausgehende Regelung darstellte.

914 Die Junktimklausel gilt allerdings **nicht** für **vorkonstitutionelle** Gesetze, also für Gesetze, die vor Inkrafttreten des GG am 23.5.1949 verkündet worden sind.[2212] Schließt ein solches Gesetz allerdings eine Entschädigung ausdrücklich aus, ist es nichtig.

915 Fehlt eine Entschädigungsklausel oder ist sie unzureichend, ist das Gesetz schon aus diesem Grund verfassungswidrig.[2213] Eine darauf erfolgte Enteignung ist rechtswidrig. Hier muss der Enteignete wegen des **Vorrangs des Primärrechtsschutzes** zunächst vor den Verwaltungsgerichten gegen die enteignende Maßnahme vorgehen (i.d.R. mittels einer Anfechtungsklage). Allerdings können die Gerichte eine fehlende oder unzu-

---

2209 Zur Enteignung zugunsten der Errichtung eines Windparks auf der Grundlage des § 45 EnWG vgl. OLG Jena NVwZ 2014, 1471 (mit krit. Bespr. v. *Wichert*, NVwZ 2014, 1471), tw. aufgehoben von BGH MDR 2015, 502.

2210 Vgl. dazu BVerfGE 134, 242 Rn 197 ff. (Braunkohletageabbau Garzweiler).

2211 *Maurer*, AllgVerwR, § 27 Rn 62; *P/S/K/P*, Rn 1017.

2212 BVerfGE 4, 229, 237; 46, 268, 288.

2213 BVerfGE 24, 367, 418 (Hamburger Deich); 46, 268, 287; *Schmidt-Preuß*, NJW 2000, 1524, 1528.

reichende Entschädigungsregelung weder unmittelbar aus Art. 14 III GG noch durch Analogie oder verfassungskonforme Auslegung ableiten, sondern müssen das Gesetz gem. Art. 100 I GG dem BVerfG vorlegen.[2214] Macht der Enteignete von seinem Recht keinen Gebrauch, kann er wegen eines etwaigen, von ihm selbst herbeigeführten Rechtsverlusts nicht anschließend vom Staat Geldersatz verlangen.[2215]

Unter welchen Voraussetzungen er gleichwohl noch einen Entschädigungsanspruch außerhalb des Art. 14 III GG besitzt, wird im Rahmen des enteignungsgleichen Eingriffs erörtert. 916

Hinweis für die Fallbearbeitung: Wegen des Charakters der Junktimklausel als formelle Rechtmäßigkeitsvoraussetzung wird diese bereits an dieser Stelle des Gutachtens geprüft. Stellt sich deren Fehlen oder Fehlerhaftigkeit heraus, muss auf Fragen der materiellen Rechtmäßigkeit in Form eines Hilfsgutachtens eingegangen werden.

bb. Materielle Rechtmäßigkeit des Gesetzes

a.) Parlamentsvorbehalt und Bestimmtheitsgrundsatz

Der sich aus dem in Art. 20 I GG niedergelegten Demokratieprinzip ergebende Parlamentsvorbehalt besagt, dass alle wesentlichen Entscheidungen vom Parlament – dem einzigen unmittelbar demokratisch legitimierten Verfassungsorgan – selbst getroffen werden müssen.[2216] Dabei gilt, dass je grundrechtssensibler und wesentlicher die Regelung für den Einzelnen und die Allgemeinheit ist, desto detaillierter die Regelung durch das Parlament selbst getroffen werden muss. Das bedeutet jedoch nicht, dass sämtliche staats- und verfassungsrechtlich relevanten Entscheidungen in allen Einzelheiten vom Parlament selbst getroffen werden müssten. Würde man dies annehmen, liefe das auf einen Totalvorbehalt hinaus, der (auch) von einem modernen Demokratieverständnis nicht gefordert wird. Darüber hinaus wäre das Parlament stets überfordert und könnte sich nicht seiner eigentlichen Aufgabe (Repräsentation, Integration, Festlegung von Staatszielen, Erlass von abstrakt-generellen Regelungen) widmen. Daher kann das Parlament die nähere Ausgestaltung einer Materie, vorliegend die Administrativenteignung, der Exekutive überlassen. Denn auch die ausführende Gewalt ist – mittelbar (d.h. über die Wahl des Bundeskanzlers bis hin zum Sachbearbeiter in der Verwaltung) – aufgrund der hierarchischen Organisation institutionell, funktionell und personell demokratisch legitimiert. Insbesondere unterliegt sie der parlamentarischen Kontrolle. Jedoch muss der parlamentarische Gesetzgeber alle wesentlichen Enteignungsvoraussetzungen einschließlich der Junktimklausel selbst festlegen. 917

Zudem fordert die Hochrangigkeit der Eigentumsfreiheit, dass das Gesetz hinreichend bestimmt regelt, zu welchem Zweck, unter welchen Voraussetzungen und für welche Vorhaben enteignet werden darf. Allein die Ermächtigung zur Enteignung für „ein dem Wohl der Allgemeinheit dienendes Vorhaben" genügt dem nicht.[2217]

b.) Die Verhältnismäßigkeit

aa.) Der legitime Zweck (Gemeinwohlerfordernis, Art. 14 III S. 1 GG)

Art. 14 III S. 1 GG bestimmt, dass eine Enteignung **nur zum Wohl der Allgemeinheit** vorgenommen werden darf. Das Enteignungsgesetz muss also auf einen im Allge- 918

[2214] Vgl. BVerfGE 58, 300, 323. Dadurch werden das parlamentarische Haushaltsrecht der Legislative und das Verwerfungsmonopol der Verfassungsgerichte für nachkonstitutionelle Parlamentsgesetze gewahrt.
[2215] BVerfGE 58, 300, 324.
[2216] Vgl. nur BVerfGE 68, 1, 109 (auswärtige Beziehungen; Mittelstreckenraketen).
[2217] BVerfG BVerfGE 134, 242 Rn 169 ff. (Braunkohletageabbau Garzweiler). Grundlegend BVerfGE 74, 264, 284 ff. (Daimler-Benz-Teststrecke Boxberg).

meinwohl liegenden Zweck gerichtet sein und hat zudem hinreichend bestimmt zu regeln, unter welchen Voraussetzungen und für welche Vorhaben enteignet werden darf.[2218] Von vornherein ausgeschlossen sind daher Enteignungszwecke, die ausschließlich im Interesse Privater liegen[2219], die rein fiskalischen Interessen dienen[2220] oder die vom Grundgesetz missbilligte Ziele verfolgen.[2221] Eine Enteignung **zugunsten eines Privaten** (etwa zur Verbesserung der Wirtschaftsstruktur, der Energiegewinnung oder zur Arbeitsplatzbeschaffung, aber auch zur Rettung des Wirtschafts- und Finanzmarkts) ist jedoch verfassungsrechtlich nicht zu beanstanden, wenn das Gesetz zusätzliche Vorkehrungen für die dauerhafte Gemeinwohlsicherung des enteigneten Gutes vorsieht.[2222]

Beispiele: Enteignungen zugunsten von Unternehmen der Daseinsvorsorge wie z.B. die der öffentlichen Energieversorgung (§ 45 EnWG) dienen ebenso dem Wohl der Allgemeinheit[2223] wie Enteignungen zugunsten privater Bergbauunternehmer (§§ 77 ff. BBergG), damit diese auf den enteigneten Grundstücken Braunkohletageabbau zur Energiegewinnung betreiben können[2224].

919 In ständiger Rechtsprechung verlangt das BVerfG[2225] zudem vom Gesetzgeber, die entsprechenden strukturpolitischen Gemeinwohlaspekte ausdrücklich und differenziert als **Enteignungszwecke** zu bezeichnen. Auch muss der gesetzliche Enteignungstatbestand grds. alle Enteignungsvoraussetzungen erfüllen.[2226]

bb.) Die Geeignetheit (zwecktaugliches Mittel)

920 Entscheidend ist, ob das Gesetz als solches - abstrakt (d.h. unabhängig von der konkreten Einzelmaßnahme) - geeignet (tauglich) ist, das erwünschte Ziel zu erreichen. Dies wird im Regelfall zu bejahen sein.

cc.) Die Erforderlichkeit (Gebot des Interventionsminimums)

921 Dient die Enteignung der Realisierung eines Vorhabens (etwa des Braunkohletageabbaus), muss das zu enteignende Gut unverzichtbar für die Verwirklichung des Vorhabens sein. Das Vorhaben ist nur dann erforderlich i.S.d. Art. 14 III GG, wenn es zum Wohl der Allgemeinheit vernünftigerweise geboten ist, indem es einen substantiellen Beitrag zur Erreichung des Gemeinwohlziels leistet.[2227] Allerdings genügt es nach ständiger Rechtsprechung des BVerwG und des BVerfG im Hauptanwendungsgebiet der Enteignung, im Fach- und Bauleitplanungsrecht, dass die Enteignung „vernünftigerweise geboten" ist.[2228]

Beispiel[2229]: In Deutschland erfolgt der Abbau von Braunkohle zur Stromerzeugung im großflächigen Tagebau, wobei Aufsuchungsbetriebe, Gewinnungsbetriebe und Betriebe zur Aufbereitung nur aufgrund von Plänen (Betriebsplänen), die vom Unternehmer aufgestellt und von der zuständigen Behörde zugelassen worden sind, errichtet, geführt und

---

[2218] BVerfGE 134, 242 Rn 174 (Braunkohletageabbau Garzweiler).
[2219] BVerfGE 134, 242 Rn 169 ff. (Braunkohletageabbau Garzweiler); 74, 264, 284 ff. (Daimler-Benz-Teststrecke Boxberg);
[2220] BVerfGE 38, 175, 179. (Rückenteignung).
[2221] BVerfGE 134, 242 Rn 169 ff. (Braunkohletageabbau Garzweiler).
[2222] BVerfGE 134, 242 Rn 166 (Braunkohletageabbau Garzweiler). Grundlegend BVerfGE 74, 264, 284 ff. (Daimler-Benz-Teststrecke Boxberg).
[2223] Zur Enteignung zugunsten der Errichtung eines Windparks auf der Grundlage des § 45 EnWG vgl. BGH NVwZ 2015, 915 ff. mit Bespr. v. *Helmes*, NVwZ 2015, 919 f.
[2224] BVerfGE 134, 242 Rn 169 ff. (Braunkohletageabbau Garzweiler).
[2225] BVerfGE 74, 264, 284 (Daimler-Benz-Teststrecke Boxberg).
[2226] Anders ist es nur, wenn bereits durch vorangegangene Verfahrensstufen über die Durchführung bestimmter Projekte diese Rechtmäßigkeitsvoraussetzungen erfüllt wurden und die Zulässigkeit der Enteignung verbindlich festgelegt wird. In diesen Fällen der sog. **enteignungsrechtlichen Vorwirkung** müssen die allgemeinen Voraussetzungen der Enteignung bereits auf der ersten Verfahrensstufe geprüft und über deren Vorliegen entschieden werden (BVerfGE 134, 242 Rn 218; 56, 249, 264; 74, 264, 282; 95, 1, 22). Näher dazu *R. Schmidt*, AllgVerwR, Rn 1177.
[2227] BVerfGE 134, 242 Rn 176 ff. (Braunkohletageabbau Garzweiler).
[2228] Vgl. nur BVerwGE 132, 261, 273; BVerfGE 134, 242 Rn 183 ff. (Braunkohletageabbau Garzweiler).
[2229] Nach BVerfGE 134, 242 ff. (Braunkohletageabbau Garzweiler).

eingestellt werden dürfen (§ 55 I S. 1 BBergG). Gerade der großflächige Tagebau macht dabei regelmäßig die Inanspruchnahme (großer) besiedelter Flächen und damit auch die Umsiedlung ganzer Ortschaften notwendig. Die zwangsweise Inanspruchnahme eines Grundstücks für bergbauliche Zwecke erfolgt im Wege der „Grundabtretung". Vorschriften über Zulässigkeit und Voraussetzungen der Grundabtretung enthalten die §§ 77 ff. BBergG. § 79 I BBergG macht die Zulässigkeit der Grundabtretung davon abhängig, dass sie dem Wohl der Allgemeinheit dient, indem namentlich die Versorgung des Marktes mit Rohstoffen, die Erhaltung der Arbeitsplätze im Bergbau, der Bestand oder die Verbesserung der Wirtschaftsstruktur oder der sinnvolle und planmäßige Abbau der Lagerstätte gesichert werden sollen.

Da es nach Auffassung des BVerwG und des BVerfG im Fach- und Bauleitplanungsrecht genügt, wenn das zur Enteignung führende Vorhaben „vernünftigerweise geboten" ist, indem es einen substantiellen Beitrag zur Erreichung des Gemeinwohlziels leistet, hat das BVerfG die Vorschriften der §§ 77 ff. BBergG für erforderlich gehalten.

Eine Enteignung ist nicht erforderlich, wenn es ein weniger einschneidendes Mittel als die betreffende Enteignungsmaßnahme gibt, um das angestrebte Ziel zu erreichen.

Beispiel: Besteht die Möglichkeit, ein Grundstück dinglich zu belasten (etwa durch Bestellung einer Grunddienstbarkeit), ist der Vollentzug des Eigentums mangels Erforderlichkeit unverhältnismäßig.[2230] Ferner wäre es ein milderes Mittel, wenn das fragliche Grundstück zu angemessenen Bedingungen käuflich zu erwerben ist.

Stellt die zu untersuchende Enteignungsmaßnahme eine Legislativenteignung dar, kann zudem zu diskutieren sein, ob nicht eine Administrativenteignung (z.B. durch Planfeststellungsbeschluss) das mildere Mittel gewesen wäre, weil sie mehr Rechtsschutzmöglichkeiten bietet (Widerspruch und Anfechtungsklage gegen Enteignungsverwaltungsakt mit grundsätzlich aufschiebender Wirkung! Indessen ist gegen die Legislativenteignung nur die Rechtssatzverfassungsbeschwerde oder die verwaltungsgerichtliche Feststellungsklage, evtl. ergänzt durch einstweiligen Rechtsschutz, möglich). Lassen sich keine Gemeinwohlgründe für die Enteignungsform *Legislativenteignung* finden, ist diese mangels Erforderlichkeit rechtswidrig (= Formenmissbrauch). Nur ausnahmsweise ist die Legislativenteignung verhältnismäßig, etwa wenn Einzelenteignungen in angemessener Zeit nicht durchgeführt werden können und dadurch der Enteignungszweck beeinträchtigt würde.[2231] 922

dd.) Die Angemessenheit (Verhältnismäßigkeit im engeren Sinne)

Das BVerfG stellt klar, dass der Eigentümer eine Enteignung nur dann hinnehmen muss, 923
wenn sie dem **Gemeinwohl** dient (Art. 14 III S. 1 GG). Unter engen Voraussetzungen kann auch eine Enteignung **zugunsten Privater** zulässig sein. Für eine solche Enteignung stellt das BVerfG aber bereits an das Enteignungsgesetz besondere Anforderungen. Es führt aus, dass eine Enteignung zugunsten eines privatrechtlich organisierten Unternehmens zwar nicht schon deswegen unzulässig sei, weil sich der Nutzen für das Gemeinwohl nicht aus dem Unternehmensgegenstand selbst ergebe, sondern nur mittelbare Folge der Unternehmenstätigkeit sei, allerdings müsse das Gesetz den betreffenden Unternehmen, zu deren Gunsten eine Enteignung erfolgen solle, die Erfüllung einer dem Gemeinwohl dienenden Aufgabe zuweisen.[2232] Der Gesetzgeber muss also die entsprechenden strukturpolitischen Gemeinwohlaspekte ausdrücklich und differenziert als Enteignungszwecke bezeichnen. Zudem muss die Bedeutung des Vorhabens, das die Enteignung zur Folge hat, für das (indirekt) verfolgte Gemeinwohlziel in einem ange-

---

[2230] *Peine*, AllgVerwR, Rn 1210.
[2231] BVerfGE 95, 1, 22 ff. (Südumfahrung Stendal).
[2232] BVerfGE 74, 264, 284 ff. (Daimler-Benz-Teststrecke Boxberg); 134, 242 Rn 186 ff. (Braunkohletageabbau Garzweiler).

messenen Verhältnis zu den durch das Vorhaben beeinträchtigten Belangen stehen. Ob dies der Fall ist, muss anhand einer **Gesamtabwägung** zwischen dem verfolgten Gemeinwohlziel und dem Eigentumsgrundrecht, ggf. auch im Rahmen einer verfassungskonformen Auslegung des Gesetzes, erfolgen.[2233]

Beispiel: §§ 77 ff. BBergG lassen die Grundabtretung zu (siehe Rn 921), erwähnen die von Art. 14 III S. 1 GG geforderte Gesamtabwägung aber nicht. Das BVerfG hat es jedoch gebilligt, wenn die zur Gewinnung eines Bodenschatzes erfolgte Enteignung *im Einzelfall* aufgrund einer Gesamtabwägung zulässig ist. Dazu führt es aus: „Im Rahmen dieser Abwägung ist nicht nur zu prüfen, ob das öffentliche Interesse an der Gewinnung gerade des bestimmten Bodenschatzes zur Versorgung des Marktes mit Rohstoffen und damit im Ergebnis gleichlaufend das durch eine Bergbauberechtigung gesicherte Interesse des Bergbautreibenden an dessen Gewinnung und Verwertung so gewichtig sind, dass es den Zugriff auf privates Eigentum erfordert. Zu prüfen ist auch, ob andere, gewichtigere Allgemeinwohlinteressen, beispielsweise solche des Landschaftsschutzes, des Denkmalschutzes, der Wasserwirtschaft, der Raumordnung oder des Städtebaus, der Gewinnung des Bodenschatzes an dieser Stelle entgegenstehen. Hierzu zählt bei Vorhaben, die in größerem Ausmaß Umsiedlungen erfordern, insbesondere auch eine nähere Würdigung des Ausmaßes solcher Umsiedlungen insgesamt, ihrer konkreten Bedeutung für die Gesamtheit der Betroffenen sowie der insoweit getroffenen Ausgleichsmaßnahmen".[2234]

Ist die gesetzliche Regelung danach verfassungskonform auslegbar und damit mit Art. 14 GG vereinbar, richtet sich der Fokus auf die Prüfung der enteignenden Einzelmaßnahme (Grundabtretungsbeschluss, Planfeststellungsbeschluss etc.).

ee.) Institutsgarantie

924 Schließlich ist im Rahmen der Prüfung der materiellen Rechtmäßigkeit die Institutsgarantie des Art. 14 I S. 1 GG zu beachten. Auch die Normgeprägtheit des Schutzbereiches darf sich nicht darüber hinwegsetzen. Die Bedeutung der Institutsgarantie ist für die Fallbearbeitung allerdings gering, da eine Verletzung der Institutsgarantie bereits zur Verneinung der zuvor geprüften Verhältnismäßigkeit geführt hätte.[2235]

ff.) Enteignungsverfahren

925 Aus der verfahrensrechtlichen Dimension der Grundrechte („Grundrechtsschutz durch Organisation und Verfahren") ergibt sich für das Enteignungsverfahren, dass dieses gewährleisten muss, dass alle wesentlichen rechtlichen und sachlichen Gesichtspunkte, insbesondere auch die Interessen des Betroffenen, ausreichend berücksichtigt und gegeneinander abgewogen werden.[2236] Diesen verfassungsrechtlichen Vorgaben entsprechend muss das Enteignungsverfahren streng formalisiert sein und auch effektive Rechtsschutzmöglichkeiten beinhalten. In der Sache handelt es sich dabei um ein förmliches Verfahren der §§ 63 ff. VwVfG. Diese Vorschriften kommen wegen ihrer Subsidiarität zu den spezialgesetzlichen und detaillierten Regelungen der Fachgesetze allerdings nur bei ausdrücklicher Verweisung zur Anwendung (so z.B. § 105 BBergG). Ansonsten sind die in den Fachgesetzen enthaltenen Vorschriften über das förmliche Verfahren maßgeblich (vgl. etwa §§ 51 ff. BBergG). Speziell bezüglich der Vorschriften des BBergG hat das BVerfG jedoch entschieden, dass diese in ihrer Ausgestaltung im Hinblick auf die für einen Tagebau gebotene Gesamtabwägung und auf einen effektiven Rechtsschutz in Großverfahren defizitär seien.[2237]

[2233] BVerfGE 134, 242 Rn 186 ff. (Braunkohletageabbau Garzweiler).
[2234] BVerfGE 134, 242 Rn 186 ff. (Braunkohletageabbau Garzweiler).
[2235] Vgl. dazu auch BVerfGE 24, 367, 389 (Hamburger Deich).
[2236] *Maurer*, AllgVerwR, § 27 Rn 64.
[2237] BVerfGE 134, 242 Rn 314 ff. (Braunkohletageabbau Garzweiler).

gg.) Rückübertragung

Eine Folge des Erfordernisses der Verhältnismäßigkeit ist auch, dass der Bürger einen Anspruch auf Rückübertragung (Restitution) hat, wenn das Vorhaben, zu dessen Durchführung er enteignet worden ist, nicht verwirklicht oder – soweit es sich um eine Grundstücksenteignung handelt – das Grundstück dazu nicht mehr benötigt wird.[2238] Insofern stellt Art. 14 GG eine Rechtsgrundlage für einen besonderen Folgenbeseitigungsanspruch dar. Der Anspruch besteht aber nur dann, wenn die Enteignung unter der Geltung des GG angeordnet und vollzogen worden ist. Hinsichtlich des in der ehemaligen DDR enteigneten Eigentums gibt es deshalb keinen Rückübertragungsanspruch nach Art. 14 GG.[2239] Gleiches gilt für vorkonstitutionelle Enteignungen.[2240] 926

b. Rechtmäßigkeit des Einzelakts (Administrativenteignung)

Da gegen Gesetze der Rechtsweg nicht offensteht (vgl. § 90 II BVerfGG) und die Administrativenteignung somit mehr Rechtsschutzmöglichkeiten bietet, ist die Legislativenteignung schon aus diesem Grund verfassungsrechtlich nur unter den bereits genannten engen Voraussetzungen zulässig. Darüber hinaus stellt die Enteignung eine typische Verwaltungsaufgabe dar, die der Gesetzgeber - schon im Hinblick auf die Gewaltenteilung und das Rechtsstaatsprinzip - nicht an sich ziehen, sondern generell-abstrakt bestimmen soll.[2241] Die Legislativenteignung ist daher auch wegen der Gefahr des Formenmissbrauchs nur eingeschränkt verfassungsrechtlich zulässig. 927

Bei einer (den Regelfall darstellenden) Enteignung durch eine Einzelmaßnahme aufgrund eines förmlichen Gesetzes muss **neben** der Rechtmäßigkeit dieses Gesetzes auch die Einzelmaßnahme auf ihre Rechtmäßigkeit hin überprüft werden. Die Prüfung erfolgt unter den gleichen Gesichtspunkten wie die des Gesetzes, allerdings mit dem (entscheidenden!) Unterschied, dass die Enteignung nun im konkreten Einzelfall gerechtfertigt sein muss. Die Argumentation muss in der Fallbearbeitung also konkret-individuell erfolgen![2242]

c. Rechtsfolge: Entschädigung

Ist die Enteignung in rechtmäßiger Weise erfolgt, ist der Enteignete **angemessen zu entschädigen**. Die Höhe der Entschädigung ist gem. Art. 14 III S. 3 GG unter gerechter Abwägung der Interessen der Allgemeinheit und der Beteiligten zu bestimmen.[2243] Sie orientiert sich daran, inwieweit das enteignete Eigentum dem Äquivalent eigener Arbeit und Leistung und inwieweit es staatlichen Vorkehrungen oder einfach Zufällen zu verdanken ist.[2244] 928

Die nach Art. 14 III S. 3 GG zu erfolgende Abwägung dürfte i.d.R. zum vollen Wertersatz, d.h. zum Ersatz des **Verkehrswertes** führen. Eine Entschädigung soll den Betroffenen in die Lage versetzen, eine Sache gleicher Art und Güte zu beschaffen und damit seinen Verlust auszugleichen. In begründeten, freilich eng auszulegenden Ausnahmefällen kann nach unten abgewichen werden. Die Enteignungsgesetze gewähren durchweg volle Entschädigung; vgl. etwa §§ 93 I, 95 I i.V.m. 194 BauGB oder die Landesenteignungsgesetze. Darüber hinaus werden die sog. Folgeschäden oder Folgekosten ersetzt. Entschädigungspflichtig sind aber nur die unmittelbaren Folgekosten wie beispielsweise die Wertminderung des Grundstücks 929

[2238] BVerfGE 38, 175, 179 (Rückenteignung); BVerwG NJW 1999, 1272, 1273.
[2239] BVerfGE 97, 89, 96 f. (Eigentumsgarantie bei Enteignungen in der DDR).
[2240] BVerfG NVwZ 2000, 792.
[2241] BVerfGE 24, 367, 401 ff. (Hamburger Deich); 45, 297, 330 ff. (Hamburger U-Bahn).
[2242] Vgl. dazu auch BVerfGE 134, 242 Rn 318 ff. (Braunkohletageabbau Garzweiler).
[2243] Vgl. dazu EGMR NVwZ 1999, 1325, 1326.
[2244] Vgl. BGH NJW 1999, 3488: „Ist demnach eine Entschädigung zu leisten, ist die Entschädigung nach der Qualität des Eigentums, d.h. der Gesamtheit der im Enteignungsobjekt liegenden Bewertungsmerkmale zu bemessen, nicht etwa nur nach einem an der ausgeübten bzw. vor der Enteignung zuletzt ausübbaren Nutzung ausgerichteten Ertragswert". Vgl. auch *Brüning*, JuS 2003, 2, 6; BGH NJW 2009, 762 ff.

bei Teilenteignung, die Umzugskosten, die Kosten für eine Betriebsverlegung, der Verlust eines bestimmten Kundenkreises oder die Aufwendungen für eine notwendige Rechtsberatung, *nicht* aber mittelbare Folgekosten wie z.B. die Kosten eines Maklers, die bei der Beschaffung eines Ersatzobjekts fällig werden.

930 Eine **Minderung** des Entschädigungsanspruchs ist möglich, wenn der Betroffene im adäquaten Zusammenhang mit der Entschädigung stehende Vorteile erworben hat (Vorteilsausgleich) oder wenn ihn ein Mitverschulden entsprechend § 254 BGB trifft (vgl. z.B. 93 III S. 2 BauGB). Entschädigungspflichtig ist derjenige Verwaltungsträger, der durch die Enteignung begünstigt wird, subsidiär die eingreifende Körperschaft oder Anstalt. Wird zugunsten eines Privaten enteignet, ist dieser begünstigt und entschädigungspflichtig. Der Anspruch **verjährt** relativ nach **3 Jahren** bzw. absolut nach **10 Jahren** (vgl. §§ 195, 199 I, 199 IV BGB analog).

d. Rechtsweg

931 Nach Art. 14 III S. 4 GG entscheiden die ordentlichen Gerichte über die Höhe der Entschädigung. An dieser Stelle sei aber noch einmal darauf hingewiesen, dass **Anspruchsgrundlage** für die Entschädigung **nicht** Art. 14 III GG, sondern nur das **konkrete Enteignungsgesetz** sein kann. Auch aus diesem Grund darf eine Entschädigung nur dann gewährt werden, wenn ein Enteignungsgesetz mit Entschädigungsregelungen vorliegt. Die Zuständigkeit der Zivilgerichte beschränkt sich insoweit auf die Prüfung, ob eine gesetzliche Entschädigungsregelung vorliegt und ob sie im konkreten Fall richtig angewendet worden ist. Liegt eine solche Entschädigungsregelung zwar vor, ist das Gericht aber der Überzeugung (Zweifel genügen nicht!), dass diese Entschädigungsregelung verfassungswidrig sei, muss es das Entschädigungsgesetz - bei Vorliegen der übrigen Voraussetzungen - den Verfassungsgerichten gem. Art. 100 I GG (bzw. vergleichbaren Vorschriften der Landesverfassungen) vorlegen. Davon strikt zu unterscheiden ist die Rechtswegfrage, wenn es von vornherein ausschließlich um die Rechtmäßigkeit der Enteignung bzw. des Enteignungsgesetzes geht (sog. Primärrechtsschutz). Hier sind die Verwaltungsgerichte bzw. das BVerfG zuständig.

4. Verfassungsrechtliche Rechtfertigung der Inhalts- und Schrankenbestimmung

a. Allgemeine Rechtmäßigkeitsvoraussetzungen

932 Um verfassungsrechtlich gerechtfertigt zu sein, müssen Inhalts- und Schrankenbestimmungen zunächst **durch Gesetz** erfolgen (Art. 14 I S. 2 GG). Es genügen allerdings Gesetze im **materiellen Sinn**, d.h. neben Gesetzen im formell-materiellen Sinne auch Rechtsverordnungen und Satzungen, die auf formell-gesetzlicher Grundlage beruhen. Gewohnheitsrecht genügt dagegen nicht.[2245]

933 Selbstverständlich müssen Inhalts- und Schrankenbestimmungen auch dem **Grundsatz der Verhältnismäßigkeit** entsprechen. Die Bindung an den Verhältnismäßigkeitsgrundsatz leitet das BVerfG[2246] bei Art. 14 I S. 2 GG insbesondere aus dem Nebeneinander von Art. 14 I S. 1 und Art. 14 II GG her: Es sieht den Gesetzgeber vor der Aufgabe, ein Sozialmodell zu verwirklichen, dessen normative Elemente sich einerseits aus der grundgesetzlichen Anerkennung des Privateigentums durch Art. 14 I S. 1 GG und andererseits aus dem Sozialgebot des Art. 14 II GG ergeben: Der Gebrauch des Eigentums soll zugleich dem Wohle der Allgemeinheit dienen. Der Gesetzgeber muss also beiden Elementen in gleicher Weise Rechnung tragen, muss sie in einen gerechten

---

[2245] Vgl. *Wieland*, in: Dreier, GG, Art. 14 Rn 78; *P/S/K/P*, Rn 1006; a.A. *Papier*, in: Maunz/Dürig, GG, Art. 14 Rn 332.

[2246] St. Rspr. vgl. nur BVerfGE 50, 290, 340 (Mitbestimmung). Vgl. auch BVerfG DÖV 2011, 978.

Ausgleich und in ein ausgewogenes Verhältnis bringen (**Gebot der gerechten Abwägung**).[2247]

Kriterien für die Abwägung sind:

- **Bedeutung des vermögenswerten Guts oder Rechts für den Eigentümer** (das Eigentumsrecht genießt einen besonders ausgeprägten Schutz, soweit es um die Funktion des Eigentums als Element der Sicherung der persönlichen Freiheit des Einzelnen geht)[2248]
- Eigenart der schutzfähigen Eigentumsposition, d.h. ihre **Nutzbarkeit**, **Ertragsfähigkeit** und **Verfügungsfähigkeit** für den Eigentümer
- **Intensität**, **Schwere** und **Tragweite** der Eigentumsbeeinträchtigung
- Demgegenüber genießt die Eigentumsfreiheit einen schwächeren Schutz, soweit das Eigentum in einem **sozialen Bezug** und einer **sozialen Funktion** steht[2249]

Beispiel[2250]**:** Wie bereits bei Rn 908 ausgeführt, soll die Befugnis von öffentlichen, nichtkommerziellen Bibliotheken, ihren Bücherbestand auch ohne Lizenz der Rechteinhaber zu digitalisieren, in ihren Räumen an eigens dafür eingerichteten elektronischen Leseplätzen zur Forschung und für private Studien zugänglich zu machen (§ 52b S. 1 UrhG) und den Benutzern das Fertigen von Privatkopien (d.h. das Speichern der Dateien bspw. auf mitgebrachten USB-Sticks, vgl. § 53 UrhG) zu ermöglichen[2251], lediglich eine ISB darstellen, obwohl damit eine völlige Entwertung der urheberrechtlichen und wirtschaftlichen Interessen von Autoren und Verlagen verbunden sein kann. Der Anspruch auf „angemessene" Vergütung nach §§ 52b S. 3 und 54 UrhG dürfte dem kaum gerecht werden, da der späteren Verwendung und Weitergabe der Privatkopien (der Dateien) an Dritte nicht wirksam begegnet werden kann.

Des Weiteren kann es der Grundsatz der Verhältnismäßigkeit (zusammen mit dem Grundsatz des Vertrauensschutzes) erforderlich machen, dass der Gesetzgeber den Eingriff durch **Härteklauseln** und **Übergangsregelungen** relativiert. Das BVerfG[2252] sieht Übergangsregelungen besonders bei der Neuordnung eines ganzen Rechtsgebiets sowie dann als notwendig an, wenn von einem früheren Recht bereits Gebrauch gemacht worden ist und dieses entzogen wird. Würden z.B. Übergangsregelungen nicht getroffen, könnten die bereits realisierten Nutzungsbefugnisse u.U. nur durch Enteignung entzogen werden. 934

Beispiel: Die gewerbliche Zucht von Tieren zur Pelzgewinnung ist unter Beachtung des § 2a I TierSchG i.V.m. der Tierschutz-Nutztierhaltungsverordnung (TierSchNutztV) des Bundesministeriums für Ernährung und Landwirtschaft trotz entgegenstehender ethischer und tierschutzrechtlicher Belange grundsätzlich erlaubt. Immerhin dürfen z.B. Nerzkäfige nicht übereinander gestapelt werden (vgl. § 40 IV TierSchNutztV) und müssen eine Grundfläche haben von mindestens drei Quadratmetern sowie von einem Quadratmeter für jedes Tier nach dem Absetzen (vgl. § 40 V Nr. 1 TierSchNutztV).

Möchte nun der Gesetzgeber die Pelztierhaltung und -tötung zum Zweck der Pelzgewinnung gänzlich verbieten, wäre dies unter dem Aspekt des Tierschutzes äußerst begrüßenswert, dabei müsste er aber entgegenstehende Rechte der Pelztierfarmbetreiber und anderer Beteiligter der Vertriebskette (Art. 12, 14 GG) beachten. Da (jedenfalls) in Deutschland kein Grund ersichtlich ist, sich mit Hilfe von Pelzkleidung gegen Kälte zu schützen, dürfte ein Verbot der Pelztierhaltung und -tötung zum Zweck der Pelzgewin-

---

[2247] BVerfGE 100, 226, 244 f. (Denkmalschutz) mit Anm. v. *Ossenbühl*, EuGRZ 1999, 415 und *Sachs*, JuS 2000, 399. Vgl. auch BVerwG NVwZ 2001, 1038 ff.; NVwZ-RR 2014, 243; *Hermanns*, JA 2002, 26 ff.
[2248] BVerfG EuGRZ 1999, 690, 697 (Datschen-Beschluss).
[2249] BVerfG a.a.O. Vgl. auch BVerfGE 102, 1, 20 (Altlasten).
[2250] Weitere Beispiele bei *R. Schmidt*, AllgVerwR, Rn 1192.
[2251] Das folgt aus BGH MDR 2015, 1251 ff.
[2252] BVerfGE 58, 300, 338 (Nassauskiesung); 70, 191, 201 (Fischereirechte); 83, 201, 211 (Vorkaufsrecht).

nung grds. verhältnismäßig sein. Modegesichtspunkte sind nach der hier vertretenen Ansicht von vornherein nicht geeignet, Tierschutzbelange zu überwinden. Jedoch können es die Grundrechte jedenfalls der Pelztierfarmbetreiber erforderlich machen, bestehende Betriebe für eine Übergangszeit von dem Totalverbot auszunehmen. Im Gesetzentwurf des Bundesrates wird eine zehnjährige Übergangsfrist für bestehende Betriebe genannt[2253], die in jedem Fall ausreichen sollte. Nach der hier vertretenen Auffassung würde auch eine fünfjährige Übergangsfrist genügen, da die Forderung nach einem Verbot der Pelztierhaltung zum Zwecke der Pelzgewinnung schon lange besteht und ein solches Verbot für die Betreiber daher nicht „überraschend" käme, was den Grundsatz des Vertrauensschutzes stark einschränkte. Zudem ist Art. 20a GG nicht bloßer Programmsatz, sondern eine Verfassungsbestimmung mit materiellem Gehalt.[2254] Die Verhütung von Schmerzen, Leiden oder Schäden an bzw. von Tieren sollte schließlich auch aus ethischer Sicht ein wichtiges gesellschaftliches Anliegen sein. Es bleibt die Hoffnung, dass sich das BVerfG, sollte es sich mit einem (gesetzlichen) Verbot beschäftigen müssen, mutig genug zeigt, (auch) argumentativ dem Tierschutz den Stellenwert einzuräumen, der ihm gebührt.

b. Rechtsfolge: Gegebenenfalls Ausgleichspflicht

935 Um die Unverhältnismäßigkeit einer Inhalts- und Schrankenbestimmungen zu vermeiden, kann auch die Gewährung einer **Geldentschädigung** in Betracht kommen.

936 Eine ausgleichspflichtige Belastung findet sich insbesondere bei stark emittierenden, hoheitlich betriebenen Anlagen oder Einrichtungen sowie bei unverhältnismäßig belastenden Nutzungsbeschränkungen etwa im Bereich des **Denkmalschutzes**[2255] oder des **Natur-, Landschafts- und Gewässerschutzes**[2256]. Da aber eine Inhalts- und Schrankenbestimmung im Grundsatz schon von sich aus dem Grundsatz der Verhältnismäßigkeit entsprechen muss, kann eine Ausgleichsregelung zur Abfederung von unverhältnismäßigen Maßnahmen immer nur eine Ausnahme darstellen.[2257]

937 Da der im Rahmen einer Ausgleichspflicht zu gewährende eigentumsrechtliche Ausgleichsanspruch keine Billigkeitsentschädigung darstellt, sondern verfassungsrechtlich geboten ist, darf er auch nicht – im Hinblick auf seine Höhe – nach billigem Ermessen festgesetzt werden. Maßgeblich ist die übermäßige Belastung, für die ein Äquivalent geboten werden muss. Im Übrigen gelten die Grundsätze für die Festsetzung und Bemessung der Enteignungsentschädigung entsprechend. Der Anspruch **verjährt** – wie derjenige bei der Enteignung – nach **3** bzw. **10 Jahren**.

c. Rechtsweg

938 Gemäß § 40 II S. 1 VwGO sind Streitigkeiten über das Bestehen und die Höhe eines Ausgleichsanspruchs im Rahmen des Art. 14 I S. 2 GG *ausschließlich* vor den **Verwaltungsgerichten** auszutragen.

[2253] Siehe BT-Drs. 18/5866 v. 26.8.2015.

[2254] Vgl. dazu näher *R. Schmidt*, Staatsorganisationsrecht, Rn 321 ff.

[2255] BVerfGE 100, 226, 244 f. (Denkmalschutz); BGH BauR 1993, 307, 309; NVwZ 1996, 930. Vgl. dazu auch *Roller*, NJW 2001, 1003, 1006.

[2256] BGH NJW 1993, 2095, 2096; BGHZ 123, 242, 245; BGH NJW 1994, 3283; DVBl 1995, 234, 235; DÖV 1997, 125; BVerwGE 94, 1, 4; BVerwG NVwZ 2001, 1038 ff.; *Hermanns*, JA 2002, 26 ff.

[2257] Dies hatte das BVerfG bereits seiner Feldmühle-Entscheidung (E 14, 263) zugrunde gelegt, allerdings ohne den Begriff „ausgleichspflichtige Inhaltsbestimmung" zu verwenden. Daran anknüpfend erkennt das BVerfG in der Pflichtexemplar-Entscheidung (E 58, 137), die für diesen Bereich als Leitentscheidung gilt, eine Ausgleichspflicht ausdrücklich an. Vgl. dazu näher *R. Schmidt*, AllgVerwR, Rn 1196 ff.

5. Enteignungsgleicher und enteignender Eingriff

a. Enteignungsgleicher Eingriff

Wie bereits dargelegt, gewährleistet Art. 14 III GG eine Entschädigung, wenn es sich um eine *rechtmäßige* Enteignung handelt. Fehlt die Entschädigungsklausel oder ist der Eingriff in das Eigentum aus sonst einem Grund rechtswidrig, liegt eine *rechtswidrige* Eigentumsbeeinträchtigung vor, nicht aber eine Enteignung i.S.d. Art. 14 III GG. **939**

> **Beispiel**[2258]**:** Durch eine nicht ordnungsgemäß betriebene gemeindliche Mülldeponie werden Krähen und Möwen angelockt, die einen Großteil der Aussaat vernichten.

Rechtswidrige Eigentumsbeeinträchtigungen werden als **enteignungsgleiche Eingriffe** bezeichnet. Da Art. 14 III GG ganz offensichtlich von einer rechtmäßigen Eigentumsbeeinträchtigung ausgeht, kann sich ein Anspruch auf Entschädigung nicht aus dieser Verfassungsbestimmung herleiten lassen. Vielmehr wird der Entschädigungsanspruch wegen enteignungsgleichen Eingriffs aus Aufopferungsgewohnheitsrecht hergeleitet, namentlich aus dem gewohnheitsrechtlich anerkannten Aufopferungsgedanken der §§ 74, 75 der Einleitung des Preußischen Allgemeinen Landrechts (EinlPrALR) vom 5.2.1794 in seiner richterrechtlich geformten Ausprägung.[2259] Auch das BVerfG hat den enteignungsgleichen Eingriff ausdrücklich anerkannt.[2260] **940**

Da der enteignungsgleiche Eingriff im Rahmen des juristischen Studiums zumeist bei der Lösung verwaltungsrechtlicher, nicht verfassungsrechtlicher Prüfungsarbeiten thematisiert wird, ist er ausführlich bei *R. Schmidt*, AllgVerwR, Rn 1204 ff. erläutert. **941**

b. Enteignender Eingriff

Während es bei dem enteignungsgleichen Eingriff um einen *rechtswidrigen* hoheitlichen Eingriff in eine durch Art. 14 I S. 1 GG geschützte Rechtsposition und bei der ausgleichspflichtigen Inhalts- und Schrankenbestimmung um eine *rechtmäßige* und *beabsichtigte* Beeinträchtigung des Eigentums geht, steht beim **enteignenden Eingriff** die Entschädigung aufgrund einer *unbeabsichtigten* atypischen schädigenden Nebenfolge eines an sich *rechtmäßigen* hoheitlichen Verwaltungshandelns im Vordergrund. **942**

Bei der Bestimmung der Anspruchsgrundlage gilt das zum enteignungsgleichen Eingriff Gesagte entsprechend. Auch der Anspruch wegen enteignenden Eingriffs wird aus dem allgemeinen Aufopferungsgedanken der §§ 74, 75 EinlPrALR in seiner richterrechtlich geformten Ausprägung abgeleitet.[2261] Vgl. auch hierzu ausführlich *R. Schmidt*, AllgVerwR, Rn 1235 ff. **943-948**

[2258] BGH NJW 1980, 770; *Maurer*, AllgVerwR, § 26 Rn 93.
[2259] BGHZ 91, 20, 27 f.; 102, 350, 357; 111, 349, 352; 122, 76, 77; BGH JZ 1997, 557; *Peine*, AllgVerwR, Rn 1223; *Detterbeck*, JuS 2000, 574, 578; *Bull/Mehde*, AllgVerwR, Rn 1120; *Roth*, NVwZ 2001, 34, 36.
[2260] Vgl. etwa BVerfG NJW 2000, 1402 Vgl. dazu auch *Müggenborg*, NVwZ 2001, 172.
[2261] BGHZ 91, 20, 28; BGH NJW 1994, 1006, 1007; *Wilhelm*, JZ 2000, 905.

R. Schutz vor Ausbürgerung und Auslieferung; Asylrecht – Art. 16, 16a GG

I. Allgemeines

949 Art. 16 und 16a GG enthalten verschiedene Grundrechtsgarantien:

- Art. 16 I GG schützt deutsche Staatsangehörige vor Ausbürgerung.
- Art. 16 II GG schützt Deutsche vor Auslieferung.
- Art. 16a GG gewährt politisch Verfolgten das Recht auf politisches Asyl.

950 Wie der Aufzählung zu entnehmen ist, ist zwischen *deutschen Staatsangehörigen*, *Deutschen* und *politisch Verfolgten* zu unterscheiden. Das Grundgesetz regelt die deutsche Staatsangehörigkeit weder in Art. 16 I noch in Art. 116 I. Maßgeblich ist insofern immer noch das Staatsangehörigkeitsgesetz (StAG) von 1913.[2262]

951 Danach ist **deutscher Staatsangehöriger**, wer der Gebietshoheit und Personalhoheit der Bundesrepublik Deutschland unterliegt und Inhaber eines deutschen Passes ist, also die deutsche Staatsangehörigkeit nach dem Staatsangehörigkeitsgesetz (StAG) besitzt.

952 Demgegenüber umfasst der Begriff des **Deutschen** auch Deutsche ohne deutsche Staatsangehörigkeit nach dem StAG sowie Flüchtlinge und Vertriebene deutscher Volkszugehörigkeit (sog. Status-Deutsche).

953 **Fremder** oder **Ausländer** ist, wer zwar der Gebietshoheit eines Aufenthaltsstaates (hier: der Bundesrepublik Deutschland) unterliegt, nicht aber dessen Personalhoheit, und entweder keinem Staat (sog. Staatenloser) oder einem anderen, dem sog. Heimatstaat, verbunden ist.

954 Wesentliches Merkmal für den Erwerb der deutschen Staatsangehörigkeit ist die **Geburt** (vgl. § 4 I StAG). In der Bundesrepublik Deutschland gilt damit zunächst das **Abstammungsprinzip** (*ius sanguinis*[2263]).

Das vornehmlich im kontinental-europäischen Rechtskreis geltende Abstammungsprinzip besagt, dass die Staatsbürgerschaft durch Geburt erworben wird. Allerdings erwirbt ein Kind durch die Geburt die *deutsche* Staatsangehörigkeit nur dann, wenn mindestens ein Elternteil deutscher Staatsbürger ist (§ 4 I S. 1 Halbs. 2 StAG).

955 Des Weiteren erwirbt ein Kind ausländischer Eltern die deutsche Staatsangehörigkeit wenn die Voraussetzungen des § 4 III StAG vorliegen. Damit folgt das StAG alternativ dem **Territorialprinzip** (*ius soli*[2264]).

956 Das Territorialprinzip macht die Staatsbürgerschaft davon abhängig, dass man auf dem Territorium des Staates, dessen Staatsangehörigkeit erworben werden soll, geboren wird, unabhängig davon, welcher Nationalität die Eltern sind. Dieses Prinzip gilt v.a. in den USA, aber auch in vielen Staaten Lateinamerikas. Es ist ein sehr geeignetes Mittel für Einwanderungsländer, da sich dadurch auf einfachste Weise das Staatsvolk vergrößern lässt.

957 In Deutschland wird also allein aufgrund der Geburt im Inland und der übrigen Voraussetzungen des § 4 III StAG die deutsche Staatsangehörigkeit erworben. Dadurch kann es passieren, dass das in Deutschland geborene Kind ausländischer Eltern zwei Staatsangehörigkeiten hat, was vom deutschen Gesetzgeber nicht als „Dauerzustand" gewünscht war. In Aus-

---

[2262] Das StAG (früher: RuStAG ⇨ Reichs- und Staatsangehörigkeitsgesetz) ist mit Wirkung zum 1.1.2000 teilweise tiefgreifend modifiziert worden. So sind insbesondere das Abstammungsprinzip (§ 4 I StAG) und die Einbürgerung eines Ausländers (§ 8 StAG) zu nennen.

[2263] „Recht des Blutes".

[2264] „Recht des Bodens".

führung der Koalitionsvereinbarung zwischen CDU/CSU und SPD ist mit Änderungsgesetz v. 13.11.2014 (BGBl I S. 1714) hinsichtlich der bislang nur zeitlich begrenzten doppelten Staatsbürgerschaft nunmehr ein Optionsmodell geschaffen worden. Während sich nach bisheriger Gesetzeslage das in Deutschland geborene und aufgewachsene Kind ausländischer Eltern nach Erreichen der Volljährigkeit entscheiden musste, ob es die deutsche oder die ausländische Staatsangehörigkeit behalten will (sog. Optionspflicht, s.o.), hat es gem. § 29 StAG n.F. nunmehr die Möglichkeit, unter den dort genannten Voraussetzungen die doppelte Staatsbürgerschaft zu behalten.

II. Schutz vor Ausbürgerung, Art. 16 I GG

1. Schutzbereich

Art. 16 I GG regelt die Ausbürgerung. 958

Ausbürgerung bedeutet den Verlust der deutschen Staatsangehörigkeit.

Die Vorschrift ist folgendermaßen aufgebaut: Art. 16 I S. 1 GG schützt vor dem *Entzug* der deutschen Staatsangehörigkeit. Art. 16 I S. 2 GG nennt die Voraussetzungen, unter denen gesetzlich festgelegte Tatbestände den *Verlust* der deutschen Staatsangehörigkeit herbeiführen dürfen. 959

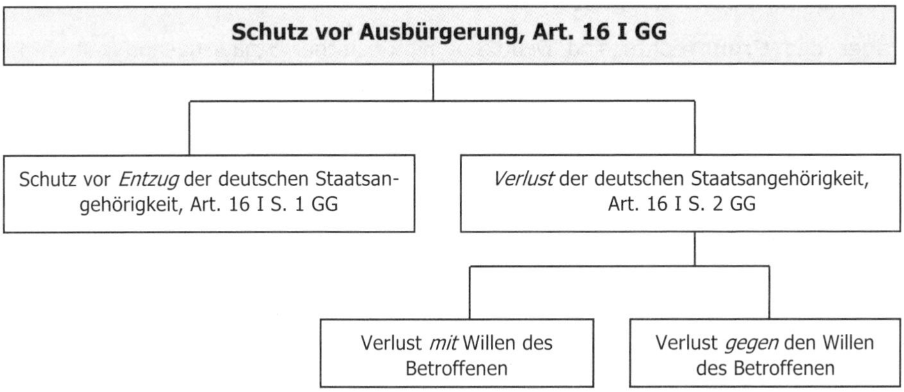

Der Verlust der deutschen Staatsangehörigkeit *mit* dem Willen des Betroffenen (z.B. durch Entlassung, Verzicht und Erklärung, vgl. § 17 I Nr. 1, 3, 6 StAG und § 18 StAG) birgt keine rechtlichen Probleme in sich und soll vorliegend nicht weiter behandelt werden.[2265] Klärungsbedürftig ist das Verhältnis zwischen dem Entzug (der Entziehung) der deutschen Staatsangehörigkeit und deren Verlust *gegen* den Willen des Betroffenen, da sich auch der Entzug gegen den Willen des Betroffenen vollzieht. 960

Unter **Verlust der deutschen Staatsangehörigkeit** ist jede staatliche Maßnahme zu verstehen, durch die jemand seine deutsche Staatsangehörigkeit verliert. 961

Der **Entzug der deutschen Staatsangehörigkeit** stellt den Unterfall des Verlusts dar und liegt bei jeder Maßnahme vor, durch die jemand gegen oder ohne seinen Willen seine deutsche Staatsangehörigkeit verliert, ohne diesen Verlust vermeiden zu können.[2266] 962

[2265] Vgl. dazu näher *Weber*, DVBl 2000, 369 ff.

[2266] Vgl. BVerfG NJW 2014, 1364, 1365 ff.; NJW 2007, 425, 426 f.; BVerfG NVwZ 2006, 807, 808 ff.; BVerwGE 100, 139, 145; *Schnapp*, in: v. Münch/Kunig, GG, Art. 16 Rn 12; *Hailbronner*, ZAR 1999, 51, 58; *Becker*, NVwZ 2006, 304, 305.

Beispiele: Ein unfreiwilliger Verlust der deutschen Staatsangehörigkeit liegt etwa vor, wenn der Betroffene eine ausländische Staatsangehörigkeit erwirbt und dadurch die deutsche Staatsangehörigkeit aufgeben muss (vgl. §§ 17 I Nr. 2, 25 StAG). Hier tritt also ein Verlust der deutschen Staatsangehörigkeit gegen den Willen des Betroffenen ein, sobald rechtswirksam die ausländische Staatsangehörigkeit erworben wird. Der Verlust ist aber vermeidbar, denn der Betroffene ist nicht gezwungen, die ausländische Staatsbürgerschaft zu erwerben. Daher hat das BVerfG auch entschieden, dass der auf § 25 I StAG gestützte Verlust der deutschen Staatsangehörigkeit bei Erwerb einer ausländischen Staatsangehörigkeit verfassungsrechtlich nicht zu beanstanden ist.[2267] Demgegenüber stellt die willkürliche Entziehung der Staatsangehörigkeit, besonders die Ausbürgerung und Aberkennung der Staatsangehörigkeit aus politischen Gründen, eine (nicht zu rechtfertigende) Entziehung der Staatsangehörigkeit dar.

Hinweis für die Fallbearbeitung: Die Unterscheidung zwischen *Verlust gegen den Willen des Betroffenen* und *Entziehung* der deutschen Staatsangehörigkeit ist nicht nur akademischer Natur, sondern entscheidend für die verfassungsrechtliche Rechtfertigung. Während Art. 16 I S. 1 GG seinem Wortlaut nach die Entziehung der Staatsangehörigkeit ausnahmslos verbietet, steht der Verlust der Staatsangehörigkeit gem. Art. 16 I S. 2 GG unter einem Gesetzesvorbehalt, ist also unter den dort gegebenen Voraussetzungen rechtfertigungsfähig. Daher kann in der Fallbearbeitung eine Zuordnung nicht dahinstehen.

963 **Träger des Grundrechts** sind Deutsche mit deutscher Staatsangehörigkeit, nicht jedoch Deutsche aufgrund deutscher Volkszugehörigkeit.[2268] Das sind Deutsche ohne deutsche Staatsangehörigkeit (vgl. Art. 116 GG).

2. Eingriff in den Schutzbereich

964 Beeinträchtigt wird das Grundrecht durch Entzug der deutschen Staatsangehörigkeit und durch Verlust gegen den Willen des Betroffenen. Dabei ist es unerheblich, ob die Beeinträchtigung durch Einzelakt, Sammelverfügung oder durch Gesetz erfolgt. Eingriffe stellen auch die Aufhebung einer rechtmäßig erfolgten Einbürgerung (*Widerruf* gem. § 49 VwVfG des betreffenden Bundeslandes) sowie – unabhängig von der Frage der Zulässigkeit – die Aufhebung einer fehlerhaften (z.B. durch Täuschung erschlichenen), aber nicht nichtigen Einbürgerung (*Rücknahme* gem. § 48 VwVfG) dar. Vgl. dazu Rn 968a.

3. Verfassungsrechtliche Rechtfertigung

965 Wie bereits erwähnt, verbietet Art. 16 I S. 1 GG den *Entzug* der deutschen Staatsangehörigkeit ausnahmslos. Ein Entzug ist daher stets rechtswidrig.[2269] Demgegenüber steht der *Verlust* der deutschen Staatsangehörigkeit gem. Art. 16 I S. 2 GG unter einem **Gesetzesvorbehalt**, was bedeutet, dass eine diesbezügliche verfassungsrechtliche Rechtfertigung grundsätzlich möglich ist.

966 Die Formulierung in Art. 16 I S. 2 GG „auf Grund eines Gesetzes" könnte darauf schließen lassen, dass eine Ausbürgerung „durch Gesetz" nicht möglich ist. Wenn aber eine staatliche Maßnahme schon aufgrund eines Gesetzes, also durch Rechtsverordnung, Satzung oder Verwaltungsakt ergehen darf, muss dies erst recht für ein formelles Gesetz gelten. Eine Ausbürgerung i.S.d. Art. 16 I S. 2 GG ist daher auch durch ein Parlamentsgesetz möglich.

[2267] Vgl. dazu BVerfG NVwZ 2007, 441 ff. (mit Bespr. v. *Muckel*, JA 2007, 474 ff.).
[2268] BVerwGE 8, 340, 343.
[2269] So hat das BVerfG die Regelung des § 1600 I Nr. 5 BGB (i.V.m. Art. 229 § 16 EGBGB) für verfassungswidrig erklärt, da mit ihr eine Entziehung der Staatsangehörigkeit des Kindes verbunden ist (im zu entscheidenden Fall verlor das Kind infolge der behördlichen Anfechtung der Vaterschaft die deutsche Staatsangehörgkeit), BVerfG NJW 2014, 1364, 1365 ff.

Beispiele:

(1) Gesetze im dargelegten Sinne sind die §§ 17 I Nr. 2, 25 StAG (Erwerb einer ausländischen Staatsangehörigkeit). Danach ist ein Verlust der deutschen Staatsangehörigkeit zulässig, weil er zwar gegen den Willen des Betroffenen erfolgt, dieser dadurch aber nicht staatenlos wird. Denn der Verlust der deutschen Staatsangehörigkeit tritt erst mit dem rechtswirksamen Erwerb der ausländischen Staatsangehörigkeit ein.[2270]

(2) Auch der Verlust der deutschen Staatsangehörigkeit gem. §§ 17 I Nr. 1, 18 StAG (Entlassung auf Antrag) ist zulässig, weil er mit Willen des Betroffenen erfolgt.

Weitere materielle Rechtmäßigkeitsvoraussetzung für den Fall, dass der Verlust der deutschen Staatsangehörigkeit gegen den Willen des Betroffenen erfolgt, ist, dass dieser durch die Ausbürgerung **nicht staatenlos wird** (vgl. Art. 16 I S. 2 GG). **967**

Kommt demnach ein *Verlust* der deutschen Staatsangehörigkeit gem. Art. 16 I S. 2 GG auf entsprechender gesetzlicher Grundlage in Betracht, ist des Weiteren der **Grundsatz der Verhältnismäßigkeit** zu beachten, wie das für jede Grundrechtsbeeinträchtigung gilt. Die Regelung muss also einen legitimen Zweck verfolgen und im Hinblick auf das verfolgte Ziel geeignet, erforderlich und angemessen sein. **968**

Rücknahme einer durch Täuschung erschlichenen Einbürgerung: Äußerst problematisch ist die Beantwortung der Frage, ob eine durch Täuschung erschlichene Einbürgerung (die Einbürgerung ist ein feststellender Verwaltungsakt) gemäß den Vorschriften der Verwaltungsverfahrensgesetze über die Rücknahme rechtswidriger Verwaltungsakte (§ 48 VwVfG) bzw. gem. § 35 StAG oder § 15 IV BVFG wieder zurückgenommen werden kann. **968a**

- Gegen die Zulässigkeit einer Rücknahme spricht die Regelung des Art. 16 I S. 1 GG, der die Entziehung der deutschen Staatsangehörigkeit verbietet. Daher ist nach einer Minderauffassung in der Literatur die Rücknahme einer fehlerhaften, aber nicht nichtigen[2271] Einbürgerung auch unzulässig. Die bloß fehlerhafte, aber nicht nichtige Einbürgerung sei gem. § 43 VwVfG verbindlich, begründe also eine Rechtsposition, die wegen Art. 16 I S. 1 GG nicht entzogen werden könne.[2272]
- Die h.M., der sich das BVerfG angeschlossen hat[2273], bejaht dagegen die Möglichkeit einer Rücknahme. Art. 16 I S. 1 GG habe nicht den Zweck, rechtswidrige Einbürgerungen in ihrem Bestand aufrechtzuerhalten. Demzufolge steht Art. 16 I S. 1 GG der Anwendung der Rücknahmevorschriften nicht entgegen. Ob die Behörde dann die Einbürgerung zurücknehmen darf, richtet sich nach den in den Rücknahmevorschriften genannten Voraussetzungen.
- Stellungnahme: Da auch ein fehlerhaft Eingebürgerter deutscher Staatsangehöriger ist und die deutsche Staatsangehörigkeit unter keinen Umständen entzogen werden darf, ist die h.M. mit dem Wortlaut des Art. 16 I S. 1 GG schwerlich zu vereinbaren. *Für* die Möglichkeit der Rücknahme einer fehlerhaften Einbürgerung spricht aber die historisch-teleologische Auslegung. Art. 16 I S. 1 GG stellt eine Reaktion auf die in der Zeit des Nationalsozialismus praktizierte willkürliche Entziehung der Staatsangehörigkeit aus rassistischen, politischen und religiösen Gründen dar. Zudem soll die Vorschrift der Staatenlosigkeit

---

[2270] Vgl. dazu BVerfG NVwZ 2007, 441 ff. (mit Bespr. v. *Muckel*, JA 2007, 474 ff.).

[2271] Der Unterschied zwischen Rechtswidrigkeit, Rechtswirksamkeit und Nichtigkeit mag dem Studienanfänger noch nicht geläufig sein, weil dieser mit der Systematik der §§ 43, 44 VwVfG zusammenhängt. Interessierte erhalten nähere Informationen bei *R. Schmidt*, AllgVerwR, Rn 503 ff.

[2272] *Lübbe-Wolff*, Jura 1996, 57, 62; *Masing*, in: Dreier, Art. 16 Rn 74; *Pieroth/Schlink*, Rn 965 (bis zur 21. Aufl.).

[2273] *Kokott*, in: Sachs, GG, Art. 16 Rn 25; *Randelzhofer*, in: Maunz/Dürig, GG, Art. 16 I Rn 53; *Schnapp*, in: v. Münch/*Kunig*, GG, Art. 16 Rn 14; *Allesch*, in: Umbach/Clemens, Art. 16 Rn 12; *Kämmerer*, NVwZ 2006, 1015, 1016; BVerfG NVwZ 2006, 807, 808 ff. und nun auch *Pieroth/Schlink*, Rn 1047 (seit der 22. Aufl.; dem folgend *P/S/K/P* in der 29. Aufl.).

vorbeugen.[2274] Dagegen kann es nicht Zweck der Vorschrift sein, rechtswidrige Einbürgerungen mit einem verfassungsrechtlichen Bestandsschutz auszustatten und so rechtliche Mängel zu heilen.[2275]

968b **Erfolgreiche Vaterschaftsanfechtung**: An die Rücknahme einer durch Täuschung erschlichenen Einbürgerung schließt sich der Fall an, dass die deutsche Staatsangehörigkeit eines Kindes aufgrund erfolgreicher Anfechtung der Vaterschaft (vgl. § 1599 BGB) rückwirkend wegfällt. Nach Auffassung des BVerfG stellt auch dies keine unzulässige Entziehung dar.[2276]

Fall[2277]**:** Eine in Hamburg lebende albanische Staatsangehörige hatte ein Kind (K) geboren. Da sie zum Zeitpunkt der Geburt mit dem deutschen M verheiratet war, galt dieser gem. § 1592 Nr. 1 BGB als Vater. Später bezweifelte M aber die biologische Vaterschaft und focht – nach einem Vaterschaftstest – erfolgreich die Vaterschaft an. Die zuständige Ausländerbehörde zog daraufhin den Kinderausweis ein, da K nicht mehr im Besitz der deutschen Staatsangehörigkeit sei. Dagegen erhob K Klage auf Feststellung seiner deutschen Staatsangehörigkeit. Er machte geltend, dass er die deutsche Staatsangehörigkeit durch Geburt nach § 4 I StAG erworben habe, da er während der Ehe seiner Mutter mit einem deutschen Staatsangehörigen geboren sei. Seine deutsche Staatsangehörigkeit habe er auch nicht infolge des auf die Anfechtung der Vaterschaft hin ergangenen Urteils wieder verloren. Einer solchen Rechtsfolge stehe Art. 16 I S. 1 GG entgegen. Doch K unterlag in allen Instanzen, sodass er schließlich Verfassungsbeschwerde gegen das letztinstanzliche Urteil erhob.

Das BVerfG hat die Rechtsauffassung der Behörde und der Fachgerichte bestätigt. Art. 16 I GG schütze die durch Geburt erworbene Staatsangehörigkeit nur, soweit und solange die von § 4 I StAG geforderten Erwerbsvoraussetzungen vorlägen und insbesondere nicht durch eine erfolgreiche Anfechtung der Vaterschaft nachträglich und rückwirkend entfielen. Der geschiedene Ehemann der Mutter, von dem K seinen Staatsangehörigkeitserwerb ableite, sei nicht Elternteil i.S.d. § 4 I StAG, weil mit der erfolgreichen Anfechtung der Vaterschaft gem. § 1599 I BGB das Kindschaftsverhältnis zu diesem mit Rückwirkung auf den Tag der Geburt des K entfallen sei. Dies bedeute, dass die Erwerbsvoraussetzungen des § 4 I StAG für K schon im Zeitpunkt der Geburt nicht vorgelegen hätten. Die erfolgreiche Vaterschaftsanfechtung führe somit weder zu einer Entziehung noch zu einem Verlust einer erworbenen deutschen Staatsangehörigkeit i.S.d. Art. 16 I GG, sondern zu der Feststellung ex post, dass ein Erwerb der deutschen Staatsangehörigkeit in Wahrheit nicht stattgefunden habe.

III. Verbot der Auslieferung, Art. 16 II S. 1 GG

1. Schutzumfang

969 Art. 16 II S. 1 GG gewährt das grundsätzliche Recht jedes deutschen Staatsangehörigen, sich auf dem Gebiet der Bundesrepublik Deutschland aufhalten zu dürfen.[2278] Geschützt ist demnach der Aufenthalt selbst, nicht die zu diesem Zweck erfolgte Einreise. Insoweit ist Art. 11 GG einschlägig.

[2274] *Lübbe-Wolff*, in: Dreier, GG, Art. 16 Rn 5 f.; *Jarass*, in: Jarass/Pieroth, GG, Art. 16 Rn 1; *Schnapp*, in: v. Münch/Kunig, GG, Art. 16 Rn 14; diese Argumente sich zu eigen machend BVerfG NVwZ 2006, 807, 808 ff. und *Kämmerer*, NVwZ 2006, 1015, 1016.

[2275] So auch *Kokott*, in: Sachs, GG, Art. 16 Rn 24; *Schnapp*, in: v. Münch/Kunig, GG, Art. 16 Rn 14; vgl. wiederum nunmehr auch BVerfG NVwZ 2006, 807, 808 ff. und *Kämmerer*, NVwZ 2006, 1015, 1016. Zu beachten ist, dass der Gesetzgeber nunmehr spezielle, enger gefasste Rücknahmeregelungen in § 35 StAG und in § 15 IV BVFG geschaffen hat.

[2276] BVerfG NJW 2007, 425, 426 f.

[2277] Nach BVerfG NJW 2007, 425 ff.

[2278] BVerfGE 113, 273, 292 f. (Europäischer Haftbefehl); 29, 183, 192 f. (Rücklieferung eines Deutschen); *Jarass*, in: Jarass/Pieroth, GG, Art. 16 Rn 12.

2. Eingriffe in den Schutzbereich

Einen Eingriff in den Schutzbereich stellt vor allem die Auslieferung dar. 970

Auslieferung liegt vor, wenn eine Person auf Ersuchen (eines ausländischen Staates) zwangsweise aus dem Bereich der inländischen Hoheitsgewalt entfernt und der Hoheitsgewalt des ersuchenden ausländischen Staates überstellt wird.[2279]

Art. 16 II GG verbot zunächst die **Auslieferung eines Deutschen** an das Ausland 971 ausnahmslos. Eine Auslieferung war demnach nicht zu rechtfertigen. Durch die im Jahre 2000 erfolgte Hinzufügung eines zweiten Satzes wird das bisherige Auslieferungsverbot zwar im Grundsatz beibehalten, allerdings in Ausnahmen gelockert. Der neue Satz 2 lautet: „Durch Gesetz kann eine abweichende Regelung für Auslieferungen an einen Mitgliedstaat der Europäischen Union oder an einen internationalen Gerichtshof getroffen werden, soweit rechtsstaatliche Grundsätze gewahrt sind". Dieser hinzugefügte Satz 2 enthält somit die verfassungsrechtliche Grundlage für eine Überstellung eines deutschen Staatsangehörigen an einen Mitgliedstaat der EU sowie an einen internationalen Strafgerichtshof. Er gilt mithin für die schon seit längerem existierenden UN-Tribunale zu Ruanda und Jugoslawien wie auch für den 2002 statuierten Internationalen Strafgerichtshof in Den Haag. Erforderlich ist aber stets ein förmliches Auslieferungsgesetz des Bundes, das sich wiederum am Prüfungsmaßstab des Art. 16 II GG messen lassen muss. Das Gesetz muss nicht nur den qualifizierten Gesetzesvorbehalt des Art. 16 II S. 2 GG, sondern auch die (übrigen) Grundrechte des Grundgesetzes und den allgemeinen Grundsatz der Verhältnismäßigkeit, der bei einem wichtigen Grundrecht wie dem Auslieferungsverbot besondere Bedeutung zukommt, beachten.

Hinweis für die Fallbearbeitung: Erhebt ein Betroffener Verfassungsbeschwerde 972 gegen die seine Auslieferung bestätigende Gerichtsentscheidung, ist mittelbarer Beschwerdegegenstand das Gesetz, das die Auslieferung zulässt und vom Fachgericht angewendet wurde. In der Fallbearbeitung sind nach der Feststellung, dass der Schutzbereich des Art. 16 II S. 1 GG eröffnet ist und in denselben durch die Auslieferungsanordnung eingegriffen wurde, in einer getrennten Prüfung zunächst die verfassungsrechtliche Rechtfertigung der gesetzlichen Regelung und sodann die Auslieferung (also des Einzelakts) zu prüfen. Art. 16 II S. 2 GG enthält einen (qualifizierten) Gesetzesvorbehalt, wonach unter bestimmten Voraussetzungen eine Auslieferung zulässig ist. Hält sich das entsprechende Ausführungsgesetz zu Art. 16 II S. 2 GG an diese Voraussetzungen, d.h. lässt es die Auslieferung nur an einen Mitgliedstaat der EU oder an einen internationalen Strafgerichtshof zu, bei dem rechtsstaatliche Grundsätze (insbesondere die Gewährung eines dem Grundgesetz vergleichbaren Grundrechtsstandards) gewahrt sind, und verfolgt es einen legitimen Zweck und ist im Übrigen geeignet, erforderlich und angemessen, ist es mit Art. 16 II S. 1 GG vereinbar.

Keine Auslieferung ist die **Ausweisung**. Das ist die ohne Ersuchen eines ausländischen 973 Staates ergehende Anordnung, sich aus dem Hoheitsgebiet zu entfernen; gleiches gilt für die Abschiebung als Vollzug der Ausweisung. Insoweit ist Art. 11 GG einschlägig. Aber auch die „**Durchlieferung**" und die „**Rücklieferung**" fallen unter den Schutz des Art. 16 II GG.

Bei der **Durchlieferung** handelt es sich um die Überstellung eines Deutschen von 974 einem Staat zu einem anderen unter Durchquerung der Bundesrepublik Deutschland.[2280]

[2279] BVerfGE 113, 273, 293 (Europäischer Haftbefehl); 10, 136, 139 (Durchlieferung).

[2280] BVerfGE 10, 136, 139 (Durchlieferung); *Schnapp*, in: v. Münch/Kunig, GG, Art. 16 Rn 19.

975 Unter **Rücklieferung** versteht man die Auslieferung eines Deutschen ins Ausland, nachdem dieser zuvor nur vorläufig aufgrund einer Rückführungszusage aus dem Ausland in die Bundesrepublik Deutschland verbracht worden ist.[2281]

976-977 Die **Durchlieferung** deutscher Staatsangehöriger ist demnach verfassungsrechtlich nur dann nicht zu rechtfertigen, wenn sie außerhalb des Anwendungsbereichs des Art. 16 II S. 2 GG erfolgt.

978 Dagegen ist nach Auffassung des BVerfG die **Rücklieferung** mit Art. 16 II S. 1 GG vereinbar. Sie stelle lediglich den Zustand wieder her, der schon vor der vorläufigen Verbringung in das Bundesgebiet bestanden habe. Die Lage des Betroffenen habe sich per saldo also nicht verschlechtert.[2282] Diese Auffassung ist verfassungsrechtlich bedenklich. Dem ausdrücklichen Wortlaut des Art. 16 II S. 1 GG zufolge darf ein Deutscher (ergänze: außerhalb des Anwendungsbereichs des Art. 16 II S. 2 GG) niemals gegen seinen Willen einer anderen Macht zugeführt werden. Das Grundrecht unterscheidet nicht zwischen Deutschen, die sich endgültig oder nur vorläufig im Gebiet der Bundesrepublik Deutschland aufhalten. Daher verstößt bereits ein völkerrechtliches Abkommen über die Rücklieferung von Deutschen gegen Art. 16 II S. 1 GG. Falls ein solches Abkommen dennoch getroffen wurde, darf keinesfalls die Auslieferung vollzogen werden. Daran ändern auch die möglichen Konsequenzen einer Vertragsverletzung nichts.[2283] Der sowohl von der Durchlieferung als auch von der Rücklieferung Betroffene hat daher ein subjektives Abwehrrecht gegen die Auslieferung an auswärtige Staaten.

IV. Asylrecht, Art. 16a GG

1. Schutzbereich

979 Gemäß Art. 16a I GG genießen politisch Verfolgte Asyl. Das Grundgesetz definiert den Begriff des *politisch Verfolgten* nicht. Da sich der Schutzbereich des Art. 16a I GG aber auf solche Personen beschränkt, stellt die Grundrechtsträgereigenschaft das zentrale Auslegungsproblem des Art. 16a GG dar. Die höchstrichterliche Rechtsprechung orientiert sich an der Genfer Flüchtlingskonvention (GFK) vom 28.6.1951 (BGBl. 1953 II, S. 559) und definiert die politische Verfolgung wie folgt:

980 **Politisch verfolgt** ist, wer wegen seiner Rasse, Religion, Nationalität, Zugehörigkeit zu einer sozialen Gruppe oder wegen seiner politischen Überzeugung Verfolgungsmaßnahmen mit Gefahr für Leib und Leben oder Beschränkungen seiner persönlichen Freiheit *ausgesetzt ist* oder solche Verfolgungsmaßnahmen *begründet befürchtet*.[2284]

981 Nach einer weiteren Entscheidung des BVerwG treten andere Gründe wie beispielsweise „irreversible, schicksalhafte homosexuelle Prägung" hinzu. Entscheidend sei, dass jemand „Verfolgungsmaßnahmen deshalb befürchten muss, weil er aufgrund unabänderlicher persönlicher Merkmale anders ist, als er nach Ansicht des Verfolgers zu sein hat"[2285]. Das BVerfG hat die Flüchtlingsdefinition der GFK modifiziert, ohne dass es hierdurch zu nennenswerten Unterschieden kommt.[2286]

[2281] BVerfGE 29, 183, 189 (Rücklieferung); vgl. auch BGHSt 12, 262, 268; 22, 58, 63; *Schnapp*, in: v. Münch/Kunig, GG, Art. 16 Rn 19.

[2282] BVerfGE 29, 183, 188 ff. (Rücklieferung). Zust. *Kokott*, in: Sachs, GG, Art. 16 Rn 34; *Randelzhofer*, in: Maunz/Dürig, GG, Art. 16 II Rn 12; *Jarass*, in: Jarass/Pieroth, GG, Art. 16 Rn 14.

[2283] So auch BVerfGE 10, 136 ff.; *Schnapp*, in: v. Münch/Kunig, GG, Art. 16 Rn 19; *Schmidt-Bleibtreu*, in: Schmidt-Bleibtreu/Hofmann/Henneke, GG, Art. 16 Rn 11; *P/S/K/P*, Rn 1053.

[2284] BVerfG NVwZ 2013, 500, 501; BVerfGE 76, 143, 157; BVerwGE 4, 235, 237; 4, 38, 241; 77, 258, 263 f.; BVerwG InfAuslR 1996, 225, 227; ähnlich auch *Schnapp*, in: v. Münch/Kunig, GG, Art. 16a Rn 8.

[2285] BVerwGE 79, 143, 146.

[2286] Vgl. nur die Definition in BVerfG NVwZ 2000, 1165, 1166 (Politische Verfolgung durch Bürgerkriegspartei – hier: Afghanistan). Vgl. auch EuGH NVwZ 2015, 575 ff. (Shepherd).

Wie aus der o.g. Definition hervorgeht, muss der Betroffene der **Verfolgung** ausgesetzt sein oder diese begründet befürchten. Der Begriff der Verfolgung wird eng ausgelegt. Insbesondere reicht ein Eingriff in Rechte, der nach dem Verfassungsverständnis der Bundesrepublik Deutschland unzulässig wäre, noch nicht aus, um von einer Verfolgung i.S.d. Art. 16a GG zu sprechen. Erforderlich ist vielmehr, dass eine Rechtsgutverletzung droht, die in ihrer Art und Schwere eine Verletzung der Menschenwürde zur Folge hätte und den Betroffenen in eine ausweglose Lage brächte. Das ist immer dann der Fall, wenn sog. *Basisgüter* gefährdet sind. Dazu zählen das *Leben*, die *körperliche Unversehrtheit*, die *persönliche* und *religiöse Freiheit* sowie die *wirtschaftliche Existenzgrundlage*. Nicht zu den Basisgütern gehören etwa Armut, Hunger oder die Folgen von Naturkatastrophen. Daher hat sich folgende Definition herausgebildet: 982

Verfolgung ist eine Beeinträchtigung von Leben, körperlicher Unversehrtheit, persönlicher und religiöser Freiheit sowie der wirtschaftlichen Existenzgrundlage. Dabei muss die (drohende) Verletzung der o.g. Rechtsgüter von einer Intensität sein, die den Betroffenen in eine ausweglose Lage bringt.[2287] **Ausweglos** ist die Lage, wenn der Betroffene keine Fluchtalternative hat. 983

Der Verfolgung **ausgesetzt** ist der Betroffene zunächst nur, wenn die Verfolgung in seinem Staat insgesamt stattfindet oder droht. Existieren sichere Landesteile, ist dem Betroffenen grundsätzlich zuzumuten, zunächst eine Flucht in diese Landesteile in Betracht zu ziehen. Insofern besteht ein subsidiärer Schutz vor politischer Verfolgung in Deutschland. Eine solche inländische Fluchtalternative kommt aber nicht in Betracht, wenn der Betroffene den als sicher angesehenen Landesteil nur mit unzumutbaren Gefährdungen tatsächlich erreichen könnte.[2288] Des Weiteren ist der Betroffene der Verfolgung nur dann ausgesetzt, wenn die Verfolgung **gegenwärtig** ist oder **begründet befürchtet** ist. Der Begriff der Gegenwärtigkeit wird negativ bestimmt. 984

Die Verfolgung ist nicht **gegenwärtig**, wenn jemand erst mehrere Jahre nach erlittener, aber beendeter Verfolgung seinen Heimatstaat[2289] oder einen von diesem beherrschten Drittstaat[2290] verlässt oder in seinen inzwischen verfolgungsfreien Heimatstaat wieder zurückkehren kann.[2291] 985

Als subjektives Merkmal tritt hinzu, dass die **Furcht vor Verfolgung** begründet und für den Betroffenen der Anlass zur Flucht gewesen sein muss. 986

Begründet befürchtet ist die Verfolgung, wenn sie mit beachtlicher Wahrscheinlichkeit droht.[2292] 987

Die Verfolgung muss **politisch** sein. Nach der Rechtsprechung des BVerfG ist eine Verfolgung dann eine politische, wenn sie dem Einzelnen in Anknüpfung an asylerhebliche Merkmale gezielt Rechtsverletzungen zufügt, die ihn ihrer Intensität nach aus der übergreifenden Friedensordnung der staatlichen Einheit ausgrenzen.[2293] Danach ist eine Verfolgung insbesondere dann eine politische Verfolgung, wenn der Betroffene wegen seiner Rasse, Religion, Nationalität, Zugehörigkeit zu einer sozialen Gruppe oder wegen 988

[2287] BVerfGE 54, 341, 357 (Asylgewährung); 74, 51, 64 (Nachfluchtgrund); 76, 143, 158 (Ahmadiyya-Glaubensgemeinschaft); 80, 315, 335 (Tamilen); BVerfG NVwZ 2000, 1165, 1166 (Politische Verfolgung durch Bürgerkriegspartei – hier: Afghanistan); *Schnapp*, in: v. Münch/Kunig, GG, Art. 16a Rn 10.

[2288] BVerwGE 110, 74, 77 (Abschiebung in ein Land, in dem nur in bestimmten Regionen eine Gefahr droht). Vgl. auch BVerwG NVwZ 2001, 815 ff. und BVerwG NVwZ 2001, 818 ff.

[2289] BVerwGE 87, 52, 53 f.

[2290] BVerwGE 89, 171, 175 f.

[2291] *P/S/K/P*, Rn 1061.

[2292] *Schnapp*, in: v. Münch/Kunig, GG, Art. 16a Rn 10.

[2293] BVerfGE 76, 143, 157 (Ahmadiyya-Glaubensgemeinschaft); 80, 315, 335 (Tamilen); BVerfG NVwZ 2013, 500, 501.

seiner politischen Überzeugung Verfolgungsmaßnahmen ausgesetzt ist oder diese begründet befürchtet.[2294]

989 Ferner hat die Rechtsprechung eine politische Verfolgung angenommen, wenn andere irreversible bzw. wesensimmanente Merkmale vorliegen. Dazu zählt etwa die Verfolgung wegen Homosexualität, wegen Heirat eines Menschen mit einer anderen Religionszugehörigkeit oder wegen der Weigerung eines Wehrpflichtigen, sich beschneiden zu lassen.

990 Problematisch ist, ob eine **strafrechtliche Verfolgung** (z.B. wegen Hochverrats, Sabotage oder sonstigen politisch motivierten Terrorismus) durch den Heimatstaat als politische Verfolgung qualifiziert werden kann. Hier stellt sich insbesondere die Frage, ob etwa einem Urheber terroristischer Anschläge, bei denen Menschen ums Leben gekommen sind, Asyl gewährt werden muss. Für den Schutz aus Art. 16a GG ist maßgebend, ob dem Täter im Fall einer Auslieferung gerade aus politischen Gründen eine Verfolgung droht oder ob ausschließlich die bloße Ahndung des kriminellen Unrechtsgehalts der Tat selbst bevorsteht.[2295] Im letzteren Fall ist das Recht auf Asyl zu versagen, auch wenn die Straftaten politisch motiviert waren. Gleiches gilt, wenn der Asylsuchende von der Bundesrepublik Deutschland aus weiterhin terroristische Maßnahmen in seinem Heimatstaat betreibt oder unterstützt. Denn in diesem Fall sucht er nicht den Schutz und Frieden einer übergreifenden staatlichen Friedensordnung, den das Asylrecht gewährleisten will, sondern lediglich eine Plattform für seine terroristischen Maßnahmen.[2296]

991 Schließlich ist zu beachten, dass eine politische Verfolgung grundsätzlich von **staatlicher Seite** ausgehen muss.[2297] Eine Verfolgung von **privater Seite** (beispielsweise von einer Bürgerkriegspartei) kann demnach grundsätzlich keinen Asylanspruch begründen. Etwas anderes gilt aber dann, wenn die Verfolgungshandlungen dem Staat gleich stehen. Man spricht dann von einer **quasi-staatlichen Verfolgung**. Dem Staat stehen solche Organisationen gleich, die den jeweiligen Staat verdrängt haben oder denen dieser das Feld überlassen hat und die ihn daher insoweit ersetzen.[2298]

> **Beispiel:** Die Verfolgung von afghanischen Staatsangehörigen durch die antikommunistischen afghanischen Widerstandskämpfer, die Mudschaheddin, stellt nach Auffassung des BVerwG[2299] eine quasi-staatliche Verfolgung und damit eine politische Verfolgung im Sinne des Art. 16a GG dar, weil die Mudschaheddin zumindest in einem „Kernterritorium" ein staatsähnliches Herrschaftsgefüge errichtet hätten und der Staat diesen Zustand tatenlos hinnehme bzw. nicht in der Lage sei, den nötigen Schutz zu gewährleisten.

992 Eine (verfassungsunmittelbare) **Begrenzung des Schutzbereichs** enthält Art. 16a II S. 1 GG i.V.m. § 26a AsylG.[2300] Danach kann sich auf Art. 16a I GG nicht berufen,

> „wer aus einem Mitgliedstaat der Europäischen Gemeinschaften[2301] oder aus einem anderen[2302] Drittstaat einreist, in dem die Anwendung des Abkommens über die Rechtsstel-

---

[2294] BVerfGE 76, 143, 157.
[2295] Vgl. BVerfGE 80, 315, 339 f. (Tamilen).
[2296] Vgl. BVerfGE 81, 142, 152 (Kurden).
[2297] BVerwG NVwZ 2001, 815, 816 (Politische Verfolgung durch Bürgerkriegspartei – hier: Afghanistan).
[2298] Vgl. BVerwG NVwZ 2001, 815, 816 (Politische Verfolgung durch Bürgerkriegspartei – hier: Afghanistan) und das Parallelverfahren BVerwG NVwZ 2001, 818, 819. Vgl. auch *Heinhold*, JA 2001, 64 ff.
[2299] BVerwG a.a.O.
[2300] So BVerwG NVwZ 2000, 81, 82; BVerfGE 94, 49, 87 (Sichere Herkunftsstaaten); a.A. *Ipsen*, Grundrechte, Rn 930, der (mit Blick auf Art. 18 GG in nicht überzeugender Weise) die Regelung des Art. 16a II S. 1 GG nicht als Schutzbereichsbegrenzung, sondern als Verwirkung des Grundrechts versteht.
[2301] Nach dem Vertrag von Lissabon müsste es „Europäische Union" heißen.
[2302] Die Verwendung des Wortes „anderen" ist nicht korrekt, da es sich bei EU-Staaten gerade nicht um Drittstaaten handelt. Da der Begriff aber dem Wortlaut des Art. 16a I GG entspricht, wurde er auch vorliegend mitzitiert.

lung der Flüchtlinge und der Konvention zum Schutze der Menschenrechte und Grundfreiheiten sichergestellt ist" (sog. **sichere Drittstaaten**).[2303]

Dagegen handelt es sich bei der Regelung des Art. 16a II S. 2 GG zwar auch um eine Schutzbereichsbegrenzung, aber um eine Schutzbereichsbegrenzung durch **Gesetzesvorbehalt**: Der einfache Gesetzgeber wird ermächtigt, die Bestimmung von Staaten als sichere Drittstaaten durch grundrechtsausfüllendes Gesetz nach den dafür in Art. 16a II S. 1 GG aufgestellten Prüfkriterien als eigenständige Aufgabe wahrzunehmen.[2304] Der Gesetzgeber kann also die Reichweite des Grundrechtsschutzes durch Gesetz bestimmen. Von dieser Ermächtigung hat er durch das AsylG, d.h. dessen § 26a, Gebrauch gemacht. **993**

Zu den sicheren Drittstaaten i.S.d. Art. 16a II GG gehören neben den von Verfassungs wegen für sicher erklärten EU-Mitgliedstaaten auch Norwegen und die Schweiz (vgl. Anlage I zu § 26a AsylG[2305]). Finnland, Schweden, Polen, Österreich und die Tschechische Republik sind inzwischen der EU beigetreten, sodass sie bereits unter Art. 16a II S. 1 GG fallen. Danach ist die Bundesrepublik Deutschland ausschließlich von sicheren Drittstaaten umgeben. Asylbewerber haben daher nur dann eine Chance, als Asylsuchende anerkannt zu werden, wenn sie über Luft- oder Seeweg ohne Umweg über einen „sicheren Drittstaat" in die Bundesrepublik Deutschland einreisen.[2306] **994**

2. Eingriff in den Schutzbereich

Das Grundrecht auf politisches Asyl wird durch beliebige aufenthaltsverweigernde und -beendende Maßnahmen gegenüber dem Betroffenen beeinträchtigt.[2307] **995**

Beispiele: Abweisung eines Asylsuchenden an der Grenze, Verweigerung eines für die Einreise gegebenenfalls erforderlichen Sichtvermerks durch eine deutsche Auslandsvertretung, Beschränkung der Asylberechtigung auf das Territorium der Bundesrepublik Deutschland. *Keine* Beeinträchtigung des Grundrechts liegt in der Vorenthaltung von Hilfeleistungen, Unterbringung und Versorgung[2308], da Art. 16a I GG ein Recht des *status negativus*, nicht des *status positivus* enthält[2309].

3. Verfassungsrechtliche Rechtfertigung

a. Sichere Herkunftsstaaten, Art. 16a III GG

Nach der hier vertretenen Auffassung stellt Art. 16a II S. 2 GG (wie S. 1) bereits eine Schutzbereichsbegrenzung dar: Der Betroffene kann sich von vornherein nicht auf den Schutz des Art. 16a I GG berufen. Die Frage nach dem Eingriff und der verfassungsrechtlichen Rechtfertigung stellt sich diesbezüglich also nicht. Etwas anderes gilt für **Art. 16a III S. 1 GG** (sichere Herkunftsstaaten). Diese Vorschrift gehört rechtstechnisch zur verfassungsrechtlichen Rechtfertigung und enthält einen qualifizierten Gesetzesvorbehalt. Durch zustimmungsbedürftiges Gesetz können **996**

> „Staaten bestimmt werden, bei denen aufgrund der Rechtslage, der Rechtsanwendung und der allgemeinen politischen Verhältnisse gewährleistet erscheint, dass dort weder politische Verfolgung noch unmenschliche oder erniedrigende Bestrafung oder Behandlung stattfindet".

[2303] Vgl. zur Anerkennung und zum Status von Drittstaatsangehörigen oder Staatenlosen als Flüchtlinge oder als Personen, die anderweitig internationalen Schutz benötigen, und zum Inhalt des zu gewährenden Schutzes auch EuGH NVwZ 2015, 575 ff. (Shepherd).
[2304] BVerfGE 94, 49, 93 (Sichere Herkunftsstaaten).
[2305] Vgl. die Anlagen zu § 26a und 29a II AsylG.
[2306] Vgl. dazu BVerwG NVwZ 2000, 81, 82 f.
[2307] *P/S/K/P*, Rn 1072.
[2308] BVerwGE 71, 139, 141.
[2309] Zur Status-Lehre vgl. Rn 13 ff.

997 Mit dieser Regelung gibt die Verfassung dem Gesetzgeber bestimmte Prüfkriterien vor, an denen er seine Entscheidung, ob ein Staat die Anforderungen für die Bestimmung zum sicheren Herkunftsstaat erfüllt, auszurichten hat.[2310] Der Bundesgesetzgeber hat von dieser Ermächtigung Gebrauch gemacht und eine Reihe von Staaten benannt, die die Voraussetzungen des Art. 16a III S. 1 GG erfüllen.[2311] Sofern der Gesetzgeber zu Unrecht einen Staat als sicheren Herkunftsstaat bezeichnet, ist die gesetzliche Bestimmung nach entsprechender Prüfung durch das BVerfG verfassungswidrig.[2312] Die Qualifizierung von Staaten als verfolgungsfrei unterliegt damit der verfassungsgerichtlichen Kontrolle.[2313]

In verfahrensrechtlicher Hinsicht gilt, dass gem. § 29a I AsylG ein Asylantrag eines Ausländers aus einem sicheren Herkunftsstaat als offensichtlich unbegründet abzulehnen ist, es sei denn, die von dem Ausländer angegebenen Tatsachen oder Beweismittel begründen die Annahme, dass ihm abweichend von der allgemeinen Lage im Herkunftsstaat Verfolgung i.S.d. § 3 I AsylG oder ein ernsthafter Schaden i.S.d. § 4 I AsylG droht.

998 Bezüglich der vom Gesetzgeber bestimmten sicheren Herkunftsstaaten wird gem. Art. 16a III S. 2 GG vermutet,

> „dass ein Ausländer aus einem solchen Staat nicht verfolgt wird, solange er nicht Tatsachen vorträgt, die die Annahme begründen, dass er entgegen dieser Vermutung politisch verfolgt wird".

999 Art. 16a III S. 2 GG begründet damit eine **widerlegbare Rechtsvermutung** zuungunsten des Asylbewerbers. Aus den allgemeinen (politischen) Verhältnissen des Herkunftsstaates wird folglich auf die individuelle Verfolgungsfreiheit geschlossen, wobei es Sache des Asylbewerbers ist, durch substantiierten Vortrag die Rechtsvermutung zu widerlegen.[2314] Die Regelung des Art. 16a III S. 2 GG ist damit keine Beweislastregel, sondern eine Regelvermutung.

> **Hinweis für die Fallbearbeitung:** Soweit die Vermutung Bestand hat, folgt hieraus die *offensichtliche Unbegründetheit* des Asylantrags und einer eventuell erhobenen Klage (vgl. Art. 16a IV GG). In der Fallbearbeitung ist daher zunächst von der widerlegbaren Rechtsvermutung zuungunsten des Asylbewerbers auszugehen und in einem zweiten Schritt danach zu fragen, ob eine tatsächliche individuelle politische Verfolgung vorliegt. Nur wenn diese Frage bejaht werden kann, sind die widerlegbare Rechtsvermutung entkräftet und der Asylantrag bzw. die gegen die Ablehnung eines solchen Antrags erhobene Klage begründet.

b. Beschränkungen des gerichtl. Rechtsschutzes, Art. 16a II S. 3, IV GG

1000 Art. 16a IV GG enthält (wie Art. 16a II S. 3 GG) eine scharfe Normierung über die Vollziehung aufenthaltsbeendender Maßnahmen[2315] mit qualifizierten Anforderungen an die Aussetzung der Vollziehung und ermächtigt den Gesetzgeber, sowohl den Prüfungsumfang als auch die Berücksichtigung verspäteten Vorbringens des Asylbewerbers im gerichtlichen Verfahren einzuschränken. Nur wenn ernstliche Zweifel an der Rechtmäßig-

---

[2310] So BVerfGE 94, 115, 139 (Sichere Herkunftsstaaten).

[2311] Vgl. § 29a II AsylG i.V.m. der Anlage II, in der die Staaten genannt sind. Im Herbst 2014 wurden Serbien, Mazedonien und Bosnien-Herzegowina in die Anlage aufgenommen, im Herbst 2015 folgten Montenegro, Kosovo und Albanien. Sie alle gelten nunmehr asylrechtlich als „sichere Herkunftsstaaten". Über die Aufnahme von Algerien, Marokko und Tunesien in die Anlage II steht noch eine Entscheidung des Bundesrats an.

[2312] Vgl. *Lübbe-Wolff*, in: Dreier, GG, Art. 16a Rn 89.

[2313] BVerfGE 94, 115 (Sichere Herkunftsstaaten). Im zu entscheidenden Fall hat das BVerfG die Bestimmung Ghanas zum sicheren Herkunftsstaat als mit Art. 16a III S. 1 GG vereinbar erklärt (S. 184 ff.).

[2314] BVerfGE 94, 115, 145 (Sichere Herkunftsstaaten).

[2315] Mit Vollziehung aufenthaltsbeendender Maßnahmen ist nichts anderes als die Abschiebung gemeint.

keit der aufenthaltsbeendenden Maßnahmen besteht, soll im Wege des vorläufigen Rechtsschutzes die Vollziehung ausgesetzt werden.

Hinweis für die Fallbearbeitung: In der Fallbearbeitung sind zunächst die Voraussetzungen des Art. 16a III GG zu prüfen. Liegt ein solcher Fall oder ein anderer Fall, d.h. Asylantrag vor, der offensichtlich unbegründet ist[2316], ist in einem weiteren Schritt auf Art. 16a IV GG einzugehen. Hier ist dann nicht mehr nach der Richtigkeit des Offensichtlichkeitsurteils der über den Asylantrag entscheidenden Behörde zu fragen, sondern nur noch danach, ob an der Richtigkeit des Offensichtlichkeitsurteils ernstliche Zweifel bestehen.[2317] Damit liegt eine Verschärfung der Anforderungen des vorläufigen Rechtsschutzes gegenüber der sonst einschlägigen Regelung des § 80 V bzw. § 123 VwGO vor.

Beispiel: A ist aus Ghana eingereist und stellt einen Antrag auf Gewährung politischen Asyls. Das Bundesamt für die Anerkennung ausländischer Flüchtlinge lehnt den Antrag als offensichtlich unbegründet ab. A komme aus einem sicheren Herkunftsstaat. Er könne nicht substantiiert vortragen, dass er gleichwohl individuell politisch verfolgt werde. Gegen den Ablehnungsbescheid legt er Widerspruch ein. Um die Abschiebung zu verhindern, stellt er gleichzeitig beim Verwaltungsgericht einen Antrag auf Aussetzung der Vollziehung des Ablehnungsbescheids.

Hier richten sich Prüfungsmaßstab und Prüfungsdichte nicht (wie üblich) nach § 80 V bzw. § 123 VwGO, sondern nach Art. 16a IV GG: Das Verwaltungsgericht (und so der Klausurbearbeiter) prüft nicht die Richtigkeit, d.h. die Rechtmäßigkeit des Offensichtlichkeitsurteils der Behörde, sondern fragt nur noch danach, ob an der Richtigkeit des behördlichen Urteils *ernstliche Zweifel* bestehen. Bestehen keine ernstlichen Zweifel, ist der Antrag auf Aussetzung der Vollziehung unbegründet. A darf dann abgeschoben werden.

2316 Zur offensichtlichen Unbegründetheit vgl. § 30 AsylG.
2317 BVerfGE 94, 166, 190 (Flughafenverfahren).

S. Grundrechtsgleiche Rechte/Justizgrundrechte

1001 Da gem. Art. 93 I Nr. 4a GG, § 90 I BVerfGG die Verfassungsbeschwerde nicht nur zulässig ist, wenn der Beschwerdeführer behauptet, durch den angegriffenen Akt der öffentlichen Gewalt in einem seiner Grundrechte verletzt zu sein, sondern auch dann, wenn sich die Behauptung auf die Verletzung eines der in Art. 20 IV, 33, 38 (I S. 1), 101, 103 und 104 GG genannten Rechte (sog. grundrechtsgleiche Rechte) bezieht, ist im Rahmen der nachfolgenden Darstellung zumindest auf Art. 38 I S. 1, 101 I S. 2 GG und 103 I GG einzugehen.[2318]

I. Recht auf den gesetzlichen Richter, Art. 101 I S. 2 GG

1. Schutzumfang

1002 Art. 101 GG ist eine wichtige Ausprägung der rechtsstaatlichen Rechtssicherheit[2319] und des rechtsstaatlichen Objektivitätsgebots.[2320] Die Vorschrift soll „der Gefahr vorbeugen, dass die Justiz durch eine Manipulation der rechtsprechenden Organe sachfremden Einflüssen ausgesetzt wird".[2321]

1003 Art. 101 GG enthält ein einheitliches grundrechtsgleiches Recht; Art. 101 I S. 1 und II GG sind Spezialfälle von Art. 101 I S. 2 GG.

- Art. 101 I S. 2 GG (**Recht auf den gesetzlichen Richter**) enthält für den Einzelnen die Garantie, dass nur der durch Gesetz (namentlich das Gerichtsverfassungsgesetz und die Prozessordnungen) bestimmte, nicht ein auf andere Weise bestimmter Richter über ihn Recht spricht. Art. 101 I S. 2 GG enthält also hinsichtlich der Bestimmung des zuständigen Richters einen Gesetzesvorbehalt: Sie muss durch förmliches Gesetz erfolgen, das die richterliche Zuständigkeit im Voraus abstrakt-generell ausgestaltet.
- Art. 101 I S. 1 GG (**Unzulässigkeit von Ausnahmegerichten**) verbietet Ausnahmegerichte, d.h. Gerichte, die entweder keine gesetzliche Grundlage haben oder zwar eine gesetzliche Grundlage, aber keine abstrakt-generelle Festlegung ihrer Zuständigkeit haben.[2322]
- Art. 101 II GG (**Zulässigkeit von Gerichten für besondere Sachgebiete**) enthält einen Gesetzesvorbehalt für Gerichte für besondere Sachgebiete, z.B. Ehren- und Berufsgerichte.[2323] Mit der Formulierung „durch Gesetz" sind ebenfalls förmliche Gesetze gemeint.

1004 Art. 101 I S. 2 GG enthält ein Leistungsrecht und ein Abwehrrecht. Als **Leistungsrecht** erstreckt sich sein Schutz auf das Bereitstellen des gesetzlichen Richters; als **Abwehrrecht** ist er gegen Eingriffe des nicht gesetzlich bestimmten Richters gerichtet.

1005 **Richter** ist jeder zur Entscheidung im Einzelfall staatlich berufene Richter; auch das Gericht als organisatorische Einheit und das Gericht als Spruchkörper gehören dazu.[2324]

[2318] Zum **Misshandlungsverbot** bei Freiheitsentziehung gem. Art. 104 I S. 2 GG vgl. Rn 233. Zu den **Wahlrechtsgrundsätzen** aus Art. 38 I S. 1 GG, die unstreitig grundrechtsgleiche Rechte darstellen, vgl. *R. Schmidt*, Staatsorganisationsrecht, Rn 97 ff. Zum **freien Mandat** aus Art. 38 I S. 2 GG, bei dem es sich nach zutreffender Auffassung (BVerfGE 6, 445, 448; *Pieroth*, in: J/P, GG, Art. 38 Rn 1, 25, 36) *nicht* um ein sog. grundrechtsgleiches Recht handelt, soweit es um den staatsorganisationsrechtlichen Status des Abgeordneten geht, d.h. um das statusrechtliche Verhältnis zwischen ihm und (anderen) Verfassungsorganen, vgl. *R. Schmidt*, Staatsorganisationsrecht, Rn 498 ff. Zum **Bestimmtheitsgrundsatz** gem. Art. 103 II GG vgl. *R. Schmidt*, StrafR AT, 16. Aufl. 2016, Rn 26 ff., zum **Rückwirkungsverbot** vgl. *R. Schmidt*, Staatsorganisationsrecht, Rn 281 ff. und zum **Wahlrecht** *R. Schmidt*, Staatsorganisationsrecht, Rn 91 ff.

[2319] BVerfGE 20, 336, 344.

[2320] BVerfGE 82, 159, 194.

[2321] BVerfGE 95, 322, 327.

[2322] BVerfGE 3, 213, 223.

[2323] BVerfGE 26, 186, 193; 71, 162, 178.

[2324] BVerfGE 17, 294, 298 f., 40, 356, 361.

Beispiele[2325]**:** Einzelrichter und Kollegialgerichte der Instanzgerichte, des BVerfG und des EuGH[2326], ehrenamtliche Richter, Große und Gemeinsame Senate, Landesverfassungsrichter, Revisionsrichter, Richter in der freiwilligen Gerichtsbarkeit, Schöffen, Untersuchungsführer im förmlichen Disziplinarverfahren, Untersuchungsrichter, Vorprüfungsausschuss des BVerfG und Vorsitzender Richter am Truppendienstgericht; nicht aber parlamentarische Untersuchungsausschüsse und staatliche Prüfer

Als gesetzlicher Richter gilt nur derjenige, der in jeder Hinsicht den Anforderungen des Grundgesetzes entspricht. Dazu gehören in erster Linie die **Unabhängigkeit** gem. Art. 97 GG und die **Unparteilichkeit** gem. Art. 92 GG.[2327] In der Praxis werden damit die Anforderungen aus Art. 92 und 97 GG verfassungsbeschwerdefähig gemacht; entsprechende Verstöße sind zugleich Verstöße gegen Art. 101 GG. **1006**

Träger des grundrechtsgleichen Rechts sind die Prozessbeteiligten, gleichgültig ob natürliche oder juristische Personen bzw. Personenmehrheiten[2328], auch juristische Personen des öffentlichen Rechts. Art. 101 I S. 2 GG gilt auch in sog. objektiven Verfahren, in denen es keine Prozessbeteiligten gibt.[2329] Im abstrakten Normenkontrollverfahren, bei dem es am „Gegner" fehlt, haben die Antragsteller das Recht auf den gesetzlichen Richter.[2330] **1007**

2. Eingriffe

Da Art. 101 I S. 2 GG ein grundrechtsgleiches Recht darstellt und zugleich Ausdruck des Rechtsstaatsprinzips ist, verpflichtet er folgerichtig alle drei Staatsgewalten. **1008**

- Durch die **Legislative** wird Art. 101 I S. 2 GG beeinträchtigt, wenn sie es unterlässt, die grundlegenden abstrakt-generellen Zuständigkeitsregeln in einem Parlamentsgesetz festzulegen.[2331] Dabei fordert das BVerfG keine präzise, alle Einzelheiten regelnde Bestimmung, sondern lässt eine möglichst eindeutige Bestimmung des zuständigen Richters genügen.[2332] Daher ist es (wegen Art. 80 I GG) auch nicht ausgeschlossen, dass die Bestimmung des zuständigen Richters durch Rechtsverordnung erfolgt, solange nur Inhalt, Zweck und Ausmaß hinreichend in der Ermächtigungsgrundlage bestimmt sind.[2333]

- Die Möglichkeit der Entziehung des gesetzlichen Richters durch die **Exekutive** ist unter der Geltung des Grundgesetzes praktisch ausgeschlossen. Denn das Gewaltenteilungsprinzip und die Kompetenzordnung des Grundgesetzes weisen der Exekutive eine Tätigkeit zu, die außerhalb von formeller Rechtsetzung und Rechtsprechung liegt.[2334] Insbesondere sind die Ernennung und Besoldung der Richter durch die Exekutive keine Entziehung des gesetzlichen Richters, weil die Exekutive jedenfalls bei der *Auswahl* der Richter keine dominante Rolle spielt. Auch ist es der Exekutive gesetzlich, namentlich durch das Gerichtsverfassungsgesetz, verwehrt, auf die Aufstellung der Geschäftsverteilungspläne der Gerichte Einfluss nehmen zu können.[2335] (siehe dazu sogleich Rn 1009).

- Die **Judikative** verstößt gegen Art. 101 I S. 2 GG, wenn sie diesbezügliche einfachrechtliche Verfahrensvorschriften willkürlich unrichtig anwendet, d.h. wenn die gerichtliche Entscheidung „nicht mehr verständlich" erscheint oder „offensichtlich unhaltbar" ist oder wenn das Gericht die „Bedeutung und Tragweite von Art. 101 I S. 2 GG grundle-

---

[2325] Vgl. die Nachweise bei *Jarass*, in: Jarass/Pieroth, GG, Art. 101 Rn 2. Vgl. auch *Schroeder*, JuS 2010, 167 ff.
[2326] Vgl. grundlegend BVerfGE 73, 339, 366 ff.; 82, 159, 192.
[2327] BVerfGE 3, 377, 381; 60, 175, 214; 82, 286, 298.
[2328] BVerfGE 18, 441, 447; 64, 1, 11; 82, 286, 295; 96, 231, 244.
[2329] BVerfGE 40, 356, 361 f, 82, 286, 296 f.
[2330] BVerfGE 82, 286, 296 f.; a.A. noch BVerfGE 2, 74, 91.
[2331] BVerfGE 19, 52, 60; 95, 322, 328.
[2332] Vgl. BVerfGE 95, 322, 329 f.
[2333] BVerfGE 2, 307, 326; 24, 155, 166; 27, 18, 34 f.; BVerfG-K, NVwZ 1993, 1080.
[2334] *R. Schmidt*, Staatsorganisationsrecht, Rn 165.
[2335] *P/S/K/P*, Rn 1167.

gend verkennt".[2336] Das ist insbesondere der Fall, wenn sich eine Entscheidung bei der Auslegung und Anwendung einer Zuständigkeitsnorm so weit von dem sie beherrschenden verfassungsrechtlichen Grundsatz des gesetzlichen Richters entfernt hat, dass sie nicht mehr zu rechtfertigen, also willkürlich ist.[2337]

1008a Insbesondere **Vorlagepflichten**: Die Vorlagepflicht an den EuGH wird offensichtlich unhaltbar gehandhabt, wenn sie grds. verkannt wird, wenn bewusst von der Rspr. des EuGH abgewichen oder wenn EU-Recht in unvertretbarer Weise ausgelegt wird.[2338] Ähnliches gilt für die Vorlagepflicht an den Großen Senat eines obersten Bundesgerichts[2339], von Landesverfassungsgerichten an das BVerfG gem. Art. 100 III GG[2340], für Vorlagepflichten nach Art. 100 I GG und für sonstige Vorlagepflichten[2341]. Die Nichtvorlage eines Fachgerichts nach Art. 100 II GG verstößt schon dann gegen Art. 101 I S. 2 GG, wenn hinsichtlich des Bestehens oder der Tragweite einer allgemeinen Regel des Völkerrechts objektiv ernst zu nehmende Zweifel vorliegen.[2342]

1008b **Hinweis für die Fallbearbeitung:** In Klausuren kann man auf die Konstellation treffen, in der sich der Kläger durch einen Rechtsakt deutscher Behörden in Anwendung von EU-Recht in seinen Grundrechten des Grundgesetzes verletzt sieht und hiergegen vor dem zuständigen deutschen Verwaltungsgericht klagt (vgl. dazu eingehend *R. Schmidt*, Staatsorganisationsrecht, Rn 354 ff.). Da das deutsche Verwaltungsgericht zwar deutsches untergesetzliches Regelwerk (bestimmte Rechtsverordnungen und Satzungen), nicht aber EU-Recht für nicht anwendbar erklären kann (hierzu ist nur der EuGH befugt), kann bzw. muss es das Verfahren aussetzen und die fragliche Europarechtsnorm dem EuGH vorlegen, sog. **Vorabentscheidung** (vgl. Art. 267 AEUV).[2343] Unterlassen das Fachgericht (i.d.R. das VG) oder das BVerfG die gebotene Vorlage zum EuGH, kann der Kläger **Verfassungsbeschwerde** vor dem BVerfG gegen den Beschluss des betreffenden Gerichts erheben mit der Rüge, ihm sei der **gesetzliche Richter entzogen** worden (vgl. Art. 101 I S. 2 GG). Der EuGH ist gesetzlicher Richter i.S. dieser Vorschrift.[2344]

1009 Wesen der oben erwähnten **Geschäftsverteilungspläne**, die von den Gerichten im Rahmen ihrer Organisationshoheit erlassen werden, ist, dass die Zuständigkeiten der Richter im Voraus, d.h. vor Beginn des Geschäftsjahrs für dessen Dauer, vollständig, schriftlich[2345] und nach objektiven Kriterien, d.h. ohne Ansehung der Person und des Einzelfalls[2346], geregelt sind. Die Sache muss „blindlings" an den entscheidenden Richter gelangen.[2347] Ermessensentscheidungen des Vorsitzenden sind grds. unzulässig.[2348] Unvermeidliche Ungenauigkeiten ergeben sich hier besonders aus den Fällen des Ausscheidens oder der Krankheit.[2349] Hier wäre es aus rechtsstaatlicher Sicht zwar wünschenswert, wenn auch Ersatzrichter („Ergänzungsrichter", siehe § 192 II, III GVG) im Voraus bestimmt wären. In der Praxis ist dies (aus Personal- und Kostengründen) aber lediglich in Großverfahren anzutreffen, damit zumindest dort bei Ausfall eines Richters/einer Richterin der betreffende Prozess nicht „platzt" und neu aufgerollt werden muss.

[2336] Vgl. BVerfGE 29, 45, 49; 42, 237, 241; 75, 223, 234 ff.; 76, 93, 96 ff.; 82, 159, 194; 82, 286, 299; 87, 282, 285; BVerfG-K NJW 2002, 2859 f.; 2003, 281; *P/S/K/P*, Rn 1168.
[2337] BVerfG NJW 2005, 1105, 1106.
[2338] BVerfGE 82, 159, 195 f.; BVerfG-K NJW 2002, 1487.
[2339] BVerfGE 19, 38, 42 f.; 38, 386, 397 f.; BVerfG-K NJW 1995, 2914; 1996, 513.
[2340] BVerfGE 13, 132, 143; BVerfG-K NJW 1999, 1021.
[2341] Vgl. BVerfGE 101, 331, 359 f.
[2342] BVerfGE 96, 68, 77 f.; 64, 1, 21.
[2343] Vgl. dazu EuGH NJW 2003, 1379 (Alexander Dory); BVerfG NJW 2001, 1267 f.; VG Stuttgart NVwZ 2002, 1274 ff.; *Pache/Knauff*, NVwZ 2004, 16 ff.
[2344] Vgl. dazu BVerfG NJW 2001, 1267, 1268; *Kube*, JuS 2001, 858, 860. Vgl. auch die Fallbearbeitung von *Ludwig*, JuS 2011, 917 ff.
[2345] BVerfGE 95, 322, 328; BGHZ 126, 63, 851.
[2346] BVerfGE 82, 286, 298; BVerwG NJW 1987, 2031; 1988, 1339; *Maunz*, in: Maunz/Dürig, GG, Art. 101 Rn 43; *Kunig*, in: v. Münch/Kunig, GG, Art. 101 Rn 38; *Pieroth*, in: Jarass/Pieroth, GG Art. 101 Rn 14.
[2347] BVerfGE 95, 322, 329.
[2348] BGHZ 126, 63, 81; BAGE 81, 265, 283; 84, 189, 193 f.; 88, 344, 354.
[2349] *Pieroth*, in: Jarass/Pieroth, GG Art. 101 Rn 14; *P/S/K/P*, Rn 1170.

3. Verfassungsrechtliche Rechtfertigung

Das Recht auf den gesetzlichen Richter (nicht die Bestimmung des gesetzlichen Richters, siehe Rn 1003) steht unter keinem Gesetzesvorbehalt. Daher wäre eine verfassungsrechtliche Rechtfertigung von Eingriffen lediglich unter dem Gesichtspunkt der verfassungsimmanenten Einschränkbarkeit denkbar. Allerdings ist kein anderes und höherwertiges Verfassungsgut ersichtlich, das bei einer Abwägung mit dem Recht auf den gesetzlichen Richter den Vorrang genösse. Daher stellt im Ergebnis jeder Eingriff eine Verletzung dar. 1010

II. Anspruch auf rechtliches Gehör, Art. 103 I GG

1. Schutzumfang

Art. 103 I GG formuliert ein grundrechtsgleiches Recht. Eine Missachtung kann (nach erfolgloser Anhörungsrüge) mit der Verfassungsbeschwerde gerügt werden (vgl. Art. 93 I Nr. 4a GG).[2350] Art. 103 I GG enthält aber auch ein objektiv-rechtliches Prinzip.[2351] Der Anspruch auf rechtliches Gehör ist Ausprägung des Rechtsstaatsprinzips[2352] und des Menschenwürdeschutzes[2353]. Der Einzelne soll nicht nur Objekt richterlicher Entscheidung sein, sondern vor einer Entscheidung, die seine Rechte betrifft, zu Wort kommen, um als Subjekt Einfluss auf das Verfahren und dessen Ergebnis nehmen zu können.[2354] Daher ist Art. 103 I GG nicht nur ein Abwehrrecht, sondern auch ein Teilhabe- und Leistungsrecht. Besondere Bedeutung entfaltet er im Strafprozess, aber auch im Zivilprozess, etwa wenn bei Verhinderung des Prozessbevollmächtigten eine Entscheidung unter Nichtberücksichtigung seines schriftsätzlichen Vorbringens getroffen wird[2355]. 1011

Rechtliches Gehör bedeutet, dass der Betroffene vor Erlass einer Entscheidung in tatsächlicher und rechtlicher Hinsicht grundsätzlich die Möglichkeit hat, sich zur Sache zu äußern.[2356] Da dieses Recht nur dann sinnvoll wahrgenommen werden kann, wenn der Betroffene vollständig über den Verfahrensstoff einschließlich der Auffassungen gerichtlicher Sachverständiger und die Argumente der Gegenseite informiert ist und erkennen kann, worauf es dem Gericht für seine Entscheidung ankommt[2357], setzt rechtliches Gehör zum einen ein entsprechendes Informationsrecht voraus.[2358] Zum anderen ist es mit dem bloßen Äußern-Können nicht getan: Das Gericht muss das Vorbringen (auch ein schriftsätzliches) auch zur Kenntnis nehmen und in Erwägung ziehen.[2359] Daraus ergibt sich der dreifache Schutzgehalt des Art. 103 I GG: 1012

- Der Betroffene (Rn 1016) hat das Recht, sich vor Gericht (Rn 1015) zu äußern.
- Das Gericht muss den prozessualen Äußerungen Gehör schenken (d.h. diese zur Kenntnis nehmen und in Erwägung ziehen).
- Der Betroffene hat ein (vorgelagertes) Informationsrecht, zu erfahren, worauf es ankommt.

Ist das rechtliche Gehör bei vorläufigen und Eilmaßnahmen nicht möglich, weil sonst der Rechtsschutz und die Rechtspflege als solche verfehlt würden, muss es unverzüglich nachgeholt werden.[2360] 1013

[2350] Vgl. dazu etwa BVerfG 6.5.2015 – 1 BvR 2724/14 und BVerfG 4.5.2015 – 2 BvR 2169/13.
[2351] BVerfGE 70, 180, 188.
[2352] BVerfGE 9, 89, 95; 39, 156, 168; 74, 220, 224; 107, 395, 409.
[2353] BVerfGE 55, 1, 6; 63, 332, 337; BGHZ 118, 312, 321.
[2354] BVerfG NJW 2003, 1926.
[2355] Vgl. dazu etwa BVerfG 6.5.2015 – 1 BvR 2724/14.
[2356] BVerfGE 69, 145, 148; *P/S/K/P*, Rn 1177.
[2357] *P/S/K/P*, Rn 1177.
[2358] BVerfGE 55, 95, 99; 86, 133, 144 f.
[2359] St. Rspr., vgl. nur BVerfGE 70, 288, 293; BVerfG 6.5.2015 – 1 BvR 2724/14. Vgl. auch *P/S/K/P*, Rn 1177.
[2360] BVerfGE 18, 399, 404.

1014 Fraglich ist, ob Art. 103 I GG das Recht gewährt, einen **Rechtsanwalt** heranzuziehen. In der Lit. wird diese Frage teilweise generell bejaht. Angesichts der Kompliziertheit des Rechts bestehe die Gefahr, dass einzelne Bürger ohne rechtskundigen Beistand ihr Recht gar nicht zu Gehör bringen könnten. Die Möglichkeit, die Hilfe eines Rechtsanwalts in Anspruch zu nehmen, gehöre daher zum Recht aus Art. 103 I GG.[2361] Andere wollen das Recht auf Hinzuziehung eines Rechtsanwalts von der Art, Bedeutung, Kompliziertheit abhängig machen[2362], was freilich die Frage auswirft, wer dies entscheiden darf. Das BVerfG bejaht jedenfalls – abgeleitet aus dem Rechtsstaatsprinzip – das Recht, „sich im *Straf*verfahren von einem Rechtsanwalt als gewähltem Verteidiger seines Vertrauens verteidigen zu lassen".[2363]

1015 Der Anspruch auf rechtliches Gehör besteht in jedem Verfahren (d.h. in jedem Gerichtszweig und in jeder Instanz) vor **staatlichen Gerichten**. Dagegen gilt Art. 103 I GG weder direkt noch analog gegenüber Verwaltungsbehörden[2364] einschließlich der Disziplinarbehörden[2365] und der Staatsanwaltschaft einschließlich ihrer Ermittlungspersonen[2366]. Die Aussagemöglichkeit vor der Polizei entspricht nur dann den Anforderungen des Art. 103 I GG, wenn der Betroffene weiß, dass seine Äußerung für das Gericht bestimmt ist.[2367] Soweit Art. 103 I GG nicht anwendbar ist, fußt das rechtliche Gehör auf dem Rechtsstaatsprinzip, der Menschenwürde und dem allgemeinen Persönlichkeitsrecht.[2368]

1016 **Träger** des grundrechtsgleichen Rechts ist jeder, der an einem gerichtlichen Verfahren als Partei oder in ähnlicher Stellung beteiligt ist oder von dem Verfahren „unmittelbar rechtlich betroffen wird".[2369] Berechtigt sind neben natürlichen Personen, bei denen es nicht auf die Prozessfähigkeit ankommt, auch juristische Personen, juristische Personen des öffentlichen Rechts und teilrechtsfähige Vereinigungen.[2370]

2. Eingriffe

1017 Ein Eingriff ist immer dann anzunehmen, wenn durch eine beliebige Maßnahme das Recht auf rechtliches Gehör missachtet wird. Das ist etwa der Fall, wenn ein Zivilgericht bei Verhinderung des Prozessbevollmächtigten entscheidet und dabei schriftsätzliches Vorbringen unberücksichtigt lässt.[2371] Allerdings führen Funktion und Organisation des Rechtsschutzsystems dazu, in folgenden Fällen *keinen* Eingriff anzunehmen[2372]:

- Ist das Fehlen des rechtlichen Gehörs für die gerichtliche Entscheidung *unerheblich* oder beruht die gerichtliche Entscheidung nicht auf dem fehlenden rechtlichen Gehör, ist ein Eingriff zu verneinen. Das ist insbesondere dann der Fall, wenn ausgeschlossen werden kann, dass die Gewährung des rechtlichen Gehörs zu einer anderen, für den Betroffenen günstigeren Entscheidung geführt hätte.[2373]

[2361] *P/S/K/P*, Rn 1179; *Schmidt-Aßmann*, in: Maunz/Dürig, GG, Art. 103 Rn 103 ff.; *Nolte*, in: v. Mangoldt/Klein/Starck, GG, Art. 103 Rn 67.
[2362] *Michael/Morlok*, Rn 901.
[2363] BVerfGE 39, 156, 168; 66, 313, 318 f.; 68, 237, 255; BVerfG NJW 2004, 1305, 1308.
[2364] BVerfGE 101, 397, 404; *Kunig*, in: v. Münch/Kunig, GG, Art. 103 Rn 5.
[2365] BVerfGE 46, 17, 26.
[2366] BVerfGE 27, 88, 103; vgl. aber BVerfG-K NJW 2002, 2772.
[2367] BVerfGE 83, 24, 36.
[2368] BVerfGE 111, 397, 404 f.; *P/S/K/P*, Rn 1181.
[2369] BVerfGE 89, 381, 390; 92, 158, 183; 101, 397, 404.
[2370] Vgl. BVerfGE 61, 82, 104; 64, 1, 11; 75, 201, 215.
[2371] BVerfG 6.5.2015 – 1 BvR 2724/14.
[2372] Vgl. *P/S/K/P*, Rn 1183.
[2373] BVerfGE 89, 381, 392 f.; BVerfG 6.5.2015 – 1 BvR 2724/14.

- Auch wenn dem Betroffenen zunächst kein rechtliches Gehör gewährt wurde, dieses dann aber in derselben Instanz oder in der Rechtsmittelinstanz nachgeholt worden ist[2374], ist ein Eingriff zu verneinen bzw. der Fehler wurde „geheilt".

3. Verfassungsrechtliche Rechtfertigung

Wie das Recht auf den gesetzlichen Richter aus Art. 101 I S. 2 GG enthält auch Art. 103 I GG keinen Gesetzesvorbehalt. Eine Rechtfertigung ist daher allein in kollidierendem Verfassungsrecht zu suchen. Solches kollidierendes Verfassungsrecht sind die Rechtssicherheit und die Funktionsfähigkeit der Rechtspflege.[2375] Allerdings führt die Normgeprägtheit des Art. 103 I GG dazu, diese Gesichtspunkte bereits bei der Bestimmung von Schutzbereich und Eingriff zu berücksichtigen und bei Überwiegen von Rechtssicherheit und Funktionsfähigkeit der Rechtspflege jedenfalls einen Eingriff zu verneinen. Das führt im Ergebnis dazu, dass jeder Eingriff eine Verletzung des grundrechtsgleichen Rechts bedeutet.[2376] **1018**

4. Rechtsschutz wegen Verstoßes gegen Art. 103 I GG

Um eine Verletzung des rechtlichen Gehörs korrigieren zu können, hat der Gesetzgeber das **Anhörungsrügegesetz** erlassen. Damit hat er sich in erfreulicher Weise gegen das Dogma, Art. 19 IV S. 1 GG gewähre lediglich Rechtsschutz gegen Entscheidungen der Exekutive (Rn 1031), gestellt. **1018a**

[2374] BVerfGE 5, 9, 10; 42, 172, 175.
[2375] *P/S/K/P*, Rn 1183.
[2376] *P/S/K/P*, Rn 1183 mit Verweis auf *Höfling/Burkiczak*, in: Berliner Kommentar zum GG, Art. 103 Rn 25.

3. Teil – Die Verfassungsbeschwerde

1019 Die im Zusammenhang mit einer Grundrechtsverletzung wichtigste prozessuale Verfahrensart ist die Individualverfassungsbeschwerde. Erstaunlich ist, dass diese Verfahrensart dennoch nicht von vornherein im Grundgesetz verankert war. Erst 1969 wurde sie als Gegengewicht zur Notstandsgesetzgebungskompetenz (Art. 115a-115i GG) in das Grundgesetz aufgenommen. Sie ist seitdem nicht nur in §§ 13 Nr. 8a, 90 ff. BVerfGG, sondern auch in Art. 93 I Nr. 4a GG geregelt.[2377] Es bietet sich folgender Aufbau an:

Zulässigkeit und Begründetheit einer Verfassungsbeschwerde

I. Zulässigkeit

1. Zuständigkeit des BVerfG

Für die Individualverfassungsbeschwerde ergibt sich die Zuständigkeit des BVerfG aus Art. 93 I Nr. 4a GG, §§ 13 Nr. 8a, 90 ff. BVerfGG.

2. Beschwerdeführer

a. Beschwerde- bzw. Beteiligtenfähigkeit

Gemäß Art. 93 I Nr. 4a GG, § 90 I BVerfGG kann „jedermann" mit der Behauptung, durch die öffentliche Gewalt in einem seiner Grundrechte oder in einem seiner in Art. 20 IV, 33, 38, 101, 103 und 104 GG genannten Rechte (grundrechtsgleiche Rechte) verletzt zu sein, Verfassungsbeschwerde vor dem BVerfG erheben. Mit „jedermann" sind grundsätzlich alle Personen oder Personenmehrheiten gemeint.

b. Prozessfähigkeit

Das BVerfGG regelt die Prozessfähigkeit nicht. Daher nimmt das BVerfG eine Teilanalogie zu sonstigem Verfahrensrecht vor. In anderen Gerichtsverfahren bedeutet Prozessfähigkeit die Fähigkeit, Prozesshandlungen selbst oder durch einen Prozessbevollmächtigten vorzunehmen (vgl. § 173 VwGO i.V.m. § 51 ZPO).

3. Beschwerdegegenstand

Möglicher Beschwerdegegenstand einer Verfassungsbeschwerde kann jeder Akt der öffentlichen Gewalt sein, sei es ein Akt der Exekutive, der Judikative oder ein Akt der Legislative.

4. Beschwerdebefugnis

a. Möglichkeit einer Grundrechtsverletzung

Nach Art. 93 I Nr. 4a GG, § 90 I BVerfGG ist die Verfassungsbeschwerde nur zulässig, wenn der Beschwerdeführer behauptet, durch den angegriffenen Akt der öffentlichen Gewalt in einem seiner Grundrechte oder grundrechtsgleichen Rechte verletzt zu sein. Für die Bejahung der Beschwerdebefugnis genügt die *Möglichkeit* der Grundrechtsverletzung. „Möglichkeit der Grundrechtsverletzung" bedeutet, dass die geltend gemachte Grundrechtsverletzung lediglich nicht ausgeschlossen sein darf. Eine offensichtlich nicht gegebene Grundrechtsverletzung kann daher i.d.R. nur dann angenommen werden, wenn ein Verhalten der öffentlichen Gewalt *keinerlei Regelungsgehalt* und wenn es *keinerlei Außenwirkung* (sog. Grundrechtsrelevanz) hat.

b. Betroffenheit des Beschwerdeführers

Das BVerfG verlangt in ständiger Rechtsprechung, dass der Beschwerdeführer **„selbst, unmittelbar und gegenwärtig"** beschwert bzw. betroffen ist.

aa. Eigene Beschwer

Eine eigene Beschwer liegt vor, wenn der Beschwerdeführer geltend macht, in *seinen* Rechten verletzt zu sein, und diese geltend gemachte eigene Rechtsverletzung nicht offensichtlich ausgeschlossen ist (i.d.R. nur bei VB gegen Gesetze relevant).

bb. Unmittelbare Beschwer

Unmittelbar betroffen ist ein Beschwerdeführer dann nicht, wenn es noch eines staatlichen Vollzugsaktes bedarf, um eine gesetzliche Regelung greifen zu lassen (i.d.R. nur bei VB gegen Gesetze relevant).

[2377] Zur Zahl der beim BVerfG eingehenden Verfassungsbeschwerden vgl. Fußn. 484. Zur Landesverfassungsbeschwerde vgl. *Klein/Haratsch*, JuS 2000, 209 ff. und *Geis/Thirmeyer*, JuS 2012, 316, 322 f.

cc. Gegenwärtige Beschwer

Gegenwärtig ist die Beschwer, wenn der Beschwerdeführer *schon* oder *noch* betroffen ist (i.d.R. nur bei VB gegen Gesetze relevant).

dd. Spezifische Grundrechtsverletzung

Bei der Urteilsverfassungsbeschwerde ist die spezifische Grundrechtsverletzung zu prüfen. Der Beschwerdeführer muss behaupten, gerade durch den Richterspruch in einem seiner Grundrechte oder grundrechtsgleichen Rechte verletzt zu sein. Eine spezifische Grundrechtsverletzung wird angenommen, wenn

- ⇨ durch das gerichtliche Verfahren selbst Grundrechte oder grundrechtsgleiche Rechte (z.B. Art. 103 I GG) verletzt wurden,
- ⇨ das Gericht seine Entscheidung auf eine grundrechtswidrige Norm gestützt hat
- ⇨ oder das Gericht bei der Auslegung und Anwendung einfachen Rechts grundrechtliche Wertungen nicht beachtet hat (mittelbare Drittwirkung von Grundrechten).

5. Form und Frist

Gemäß § 23 I S. 1 BVerfGG ist die Verfassungsbeschwerde **schriftlich** einzureichen. Möglich ist aber auch die Einreichung via **Telefax**. Darüber hinaus ist der Antrag gem. §§ 92, 93 I S. 1 und § 23 I S. 2 BVerfGG innerhalb der Antragsfrist zu **begründen**.

Gemäß § 93 I S. 1 BVerfGG beträgt die **Frist** zur Einlegung der Verfassungsbeschwerde gegen ein **Gerichtsurteil einen Monat**. Die Frist beginnt mit der letzten im Rechtsweg zulässigerweise herbeigeführten Entscheidung. Für die Berechnung der Frist gelten die auch sonst üblichen Regeln, also die §§ 187, 188 BGB.

Dagegen ist die Verfassungsbeschwerde gegen ein **Gesetz** oder einen sonstigen Hoheitsakt, gegen den der Rechtsweg nicht offensteht, gem. § 93 III BVerfGG **binnen eines Jahres** zu erheben. Die Frist beginnt mit Inkrafttreten des Gesetzes.

6. Rechtsschutzbedürfnis

a. Rechtswegerschöpfung

Gemäß § 90 II S. 1 BVerfGG kann die Verfassungsbeschwerde erst nach Erschöpfung des Rechtswegs erhoben werden, sofern ein Rechtsweg überhaupt eingeräumt ist. Das ist bei Parlamentsgesetzen nicht der Fall. **Rechtsweg** ist der Weg, der den Einzelnen mit dem Begehren, die behauptete Rechtsverletzung zu überprüfen und auszuräumen, vor die deutschen staatlichen Gerichte führt. Er beginnt u.U. bei der Verwaltung mit der Erhebung des Widerspruchs und führt zu den verschiedenen Instanzen der staatlichen Gerichtsbarkeit. **Erschöpfung** des Rechtswegs bedeutet, dass der Beschwerdeführer alle zulässigen und ihm zumutbaren prozessualen Möglichkeiten zur Beseitigung der behaupteten Grundrechtsverletzung in Anspruch genommen haben muss.

b. Subsidiarität

Bei einer Urteilsverfassungsbeschwerde bleibt dem Beschwerdeführer nach Erschöpfung des Rechtswegs keine andere Möglichkeit, den Rechtssatz anderweitig anzugreifen. Daher ist der Grundsatz der Subsidiarität bei einer Urteilsverfassungsbeschwerde neben dem Grundsatz der Rechtswegerschöpfung bedeutungslos. Etwas anderes gilt im Hinblick auf die Rechtssatzverfassungsbeschwerde, da dort gegen ein Gesetz der Rechtsweg nicht offensteht (s.o.). Der Grundsatz der Subsidiarität besagt hier, dass eine Rechtssatzverfassungsbeschwerde trotz unmittelbarer Grundrechtsbetroffenheit durch ein Gesetz dann grundsätzlich unzulässig ist, wenn der Beschwerdeführer noch die Möglichkeit einer fachgerichtlichen Inzidentkontrolle hat.

c. Ausnahmen von Rechtswegerschöpfung und Subsidiarität

§ 90 II S. 2 BVerfGG nennt zwei Ausnahmen, bei deren Vorliegen die Rechtswegerschöpfung entbehrlich ist: die allgemeine Bedeutung der Verfassungsbeschwerde und den schweren und unabwendbaren Nachteil für den Beschwerdeführer.

aa. Allgemeine Bedeutung der Verfassungsbeschwerde

Die Verfassungsbeschwerde ist von allgemeiner Bedeutung, wenn sie grundsätzliche verfassungsrechtliche Fragen aufwirft und die zu erwartende Entscheidung über den Einzelfall hinaus Klarheit über die Rechtslage in einer Vielzahl gleich gelagerter Fälle schafft.

bb. Schwerer und unabwendbarer Nachteil für den Beschwerdeführer

Wann ein schwerer und unabwendbarer Nachteil angenommen werden kann, lässt sich nicht allgemeinverbindlich sagen, sondern ist stets eine Frage des Einzelfalls. Voraussetzung ist jedenfalls, dass gerade das Abwarten einer späteren Entscheidung diesen Nachteil begründet, etwa weil sie zu spät kommt und den Beschwerdeführer damit praktisch schutzlos stellt.

cc. Unzumutbarkeit der Rechtswegerschöpfung bzw. der sonstigen Abhilfe

Neben den o.g. geschriebenen Ausnahmen lässt das BVerfG Ausnahmen von Rechtswegerschöpfung und Subsidiarität zu, wenn dem Beschwerdeführer die Erschöpfung des Rechtswegs bzw. das Bemühen um sonstige Abhilfe unzumutbar sind. Es stellt aber strenge Anforderungen an die Unzumutbarkeit.

II. Begründetheit

Die Verfassungsbeschwerde ist gem. § 95 I BVerfGG begründet, wenn der Beschwerdeführer durch den angegriffenen Akt der öffentlichen Gewalt in einem Grundrecht oder grundrechtsgleichen Recht verletzt ist. Der Aufbau der Begründetheitsprüfung folgt i.d.R. der im 1. u. 2. Teil dargestellten Grundrechtsprüfung: Zunächst wird der **Schutzbereich** des möglicherweise verletzten Grundrechts festgestellt, sodann der **Eingriff** in den Schutzbereich geprüft und schließlich der Frage nach der **verfassungsrechtlichen Rechtfertigung** des Eingriffs nachgegangen.

I. Zulässigkeit

1. Zuständigkeit des BVerfG

1020 Mit Hilfe der Individualverfassungsbeschwerde können Verletzungen von Grundrechten oder grundrechtsgleichen Rechten geltend gemacht werden. Die Zuständigkeit des BVerfG ergibt sich aus Art. 93 I Nr. 4a GG, §§ 13 Nr. 8a, 90 ff. BVerfGG.

2. Beschwerdeführer

a. Beschwerde- bzw. Beteiligtenfähigkeit

1021 Gemäß Art. 93 I Nr. 4a GG, § 90 I BVerfGG kann „jedermann" mit der Behauptung, durch die öffentliche Gewalt in einem seiner Grundrechte oder in einem seiner in Art. 20 IV, 33, 38, 101, 103 und 104 GG genannten Rechte (grundrechtsgleiche Rechte) verletzt zu sein, Verfassungsbeschwerde vor dem BVerfG erheben.

1022 Mit **„jedermann"** sind alle Personen und Personenmehrheiten gemeint. Ein Anwaltszwang besteht bei der Erhebung der Verfassungsbeschwerde nicht. Lediglich bei der mündlichen Verhandlung besteht eine zwingende Prozessvertretung, § 22 I Halbs. 2 BVerfGG. Das Verfahren ist kostenfrei (§ 34 I BVerfGG).[2378] Im Übrigen ergibt sich die Beschwerdefähigkeit aus der **Grundrechtsberechtigung** oder **-fähigkeit**.[2379] **Natürliche Personen** sind daher grds. beschwerde- bzw. beteiligtenfähig, sofern sie nur abstrakt Träger der gerügten Grundrechte sind.[2380] Zum **Sonderrechtsverhältnis** vgl. Rn 201 f., zur Grundrechtsberechtigung oder -fähigkeit von noch **ungeborenem Leben** und von **Verstorbenen** vgl. Rn 50 ff., zu den sog. Deutschenrechten, die zwar nicht Ausländern und Staatenlosen, jedoch **EU-Bürgern** zustehen können, vgl. Rn 44 ff.

1023 Eine Besonderheit gilt hinsichtlich **Abgeordnete** (des Bundestags oder eines Landtags), wobei wie folgt zu unterscheiden ist: Rügt der Abgeordnete die Verletzung eines der **Wahlrechtsgrundsätze** des Art. 38 I S. 1 GG, kommt – da Art. 38 I S. 1 GG grundrechtsgleiche Rechte begründet – prinzipiell eine Verfassungsbeschwerde in Betracht, allerdings stellt das Organstreitverfahren (Art. 93 I Nr. 1 GG, §§ 13 Nr. 5, 63 ff. BVerfGG) gegenüber der Verfassungsbeschwerde den speziellen Rechtsbehelf dar.[2381] Rügt der Abgeordnete hingegen die

---

[2378] Lediglich in Missbrauchsfällen kann eine Gebühr von bis zu 2.600,- € erhoben werden (§ 34 II BVerfGG); vgl. dazu BVerfG NJW-RR 2005, 1721, 1722.

[2379] Zur Grundrechtsberechtigung vgl. ausführlich Rn 39 ff.

[2380] Vgl. *Bethge*, in: Maunz/Schmidt-Bleibtreu/Klein, BVerfGG, § 90 Rn 125 f.

[2381] BVerfGE 61, 1, 32; 60, 364, 380; 62, 1, 31 f.; 80, 188, 208 f.; 94, 351, 362 ff.; 104, 310, 325; BVerfG DVBl 2007, 956, 957 f. Das schließt die Geltendmachung der Verletzung von Rechten des Parlaments aus, vgl. BVerfGE 90, 286, 342.

Verletzung des Art. 38 I S. 2 GG (**freies Mandat**), ist weiter zu differenzieren: Da es sich bei Art. 38 I S. 2 GG nach richtiger Auffassung jedenfalls dann nicht um ein sog. grundrechtsgleiches Recht handelt[2382], wenn es um den staatsorganisationsrechtlichen Status als Abgeordneter geht, kommt eine Verfassungsbeschwerde (Art. 93 I Nr. 4a GG, §§ 13 Nr. 8a, 90 ff. BVerfGG) in diesem Fall grds. nicht in Betracht. Denn die Verfassungsbeschwerde ist kein Mittel zur Austragung von Meinungsverschiedenheiten zwischen Staatsorganen.[2383] Vielmehr kann der Abgeordnete gegen Maßnahmen, die sein freies Mandat in statusrechtlicher Hinsicht beeinträchtigen, i.d.R. das Organstreitverfahren (Art. 93 I Nr. 1 GG, §§ 13 Nr. 5, 63 ff. BVerfGG) einleiten. In diesem Verfahren kann er die Verletzung oder Gefährdung eines Rechts, das mit seinem Status verfassungsrechtlich verbunden ist, geltend machen.[2384]

Eine Verfassungsbeschwerde wegen Verletzung des freien Mandats aus Art. 38 I S. 2 GG ist aber dann zulässig, wenn Individualrechte des Abgeordneten betroffen sind und/oder der Gegner nicht parteifähig in einem Organstreitverfahren ist.[2385] Das BVerfG begründet dies damit, dass Art. 38 GG (und damit auch Art. 38 I S. 2 GG) von § 90 I BVerfGG *insoweit* mitumfasst sei, als diese Norm in ähnlicher Weise wie die übrigen Vorschriften des Grundgesetzes, in die sie eingereiht ist, Individualrechte garantiere.[2386] Das sei etwa der Fall, wenn das Bundesamt für Verfassungsschutz den Abgeordneten beobachte[2387] oder ein Gericht (unter Missachtung des Art. 47 GG) eine Durchsuchungs- und Beschlagnahmeanordnung zum Nachteil des Abgeordneten treffe[2388]. Denn weder das Bundesamt für Verfassungsschutz noch die Gerichte sind beteiligungsfähig in einem Organstreit. In diesen Fällen kann der Abgeordnete Verfassungsbeschwerde erheben. Statthaft ist die Verfassungsbeschwerde auch bzgl. der Folgerechte (z.B. Altersversorgung) nach dem Ausscheiden aus dem Bundestag[2389], da in diesem Fall Individualrechte des Abgeordneten betroffen sind. Zu beachten ist aber, dass das BVerfG mit der Aufnahme des Wortes „insoweit" zu verstehen gibt, dass die Möglichkeit der Verfassungsbeschwerde nicht uneingeschränkt gilt. Gewährt Art. 38 I S. 2 GG also nicht in ähnlicher Weise wie die übrigen Vorschriften des Grundgesetzes, in die er eingereiht ist, Individualrechte, bleibt es bei dem Vorrang des Organstreitverfahrens.

Hinweis für die Fallbearbeitung: Die Frage, ob ein Abgeordneter Verfassungsbeschwerde erheben kann, ist nach der auch hier vertretenen Auffassung des BVerfG[2390] bei der Beschwerdefähigkeit zu behandeln. Nach der Gegenauffassung[2391] gehört die Frage zur Beschwerdebefugnis.

Juristische Personen des Privatrechts (z.B. GmbH, AG, KG auf Aktien, eingetragener Verein, Stiftung des Privatrechts) oder sonstige Personenmehrheiten (z.B. OHG, KG, GbR) können grundrechtsfähig und damit beschwerde- bzw. beteiligtenfähig sein.[2392] **1024**
Voraussetzung ist gem. Art. 19 III GG, dass es sich um eine inländische Personenmehrheit handelt, und dass das betreffende Grundrecht seinem Wesen nach auf sie anwendbar ist (*grundrechtstypische Gefährdungslage* der juristischen Person), vgl. Rn 60 ff.

Beispiel/Gegenbeispiel: Die Meinungs- und Pressefreiheit, aber auch die Kunstfreiheit sind nicht ausschließlich auf einen Menschen als Individuum bezogen, sondern können

[2382] BVerfGE 6, 445, 448; *Pieroth*, in: J/P, GG, Art. 38 Rn 1, 25, 36; a.A. *Degenhart*, Rn 817.
[2383] BVerfG NVwZ 2013, 1468, 1469 (Ramelow) mit Verweis auf BVerfGE 15, 298, 302; 43, 142, 148; 64, 301, 312.
[2384] Vgl. etwa BVerfGE 32, 157, 162; 43, 142, 148; 64, 301, 312; 90, 286, 342; 99, 19, 29; 118, 227, 334 ff.
[2385] BVerfG NVwZ 2013, 1468, 1469; BVerfGE 108, 251, 266; *Pieroth*, in: J/P, GG, Art. 38 Rn 36.
[2386] BVerfG NVwZ 2013, 1468, 1469. In diesem Urteil, bei dem es um die Vereinbarkeit der Beobachtung eines Landtagsabgeordneten durch das Bundesamt für Verfassungsschutz mit dem freien Mandat geht, macht das BVerfG auch deutlich, dass die Verfassungsbeschwerde auch bei Landtagsabgeordneten zulässig sei, sofern es nur um Individualrechte gehe und landesverfassungsgerichtlicher Rechtsschutz gegen Stellen des Bundes ausscheide.
[2387] Vgl. dazu BVerfG NVwZ 2013, 1468 ff. und die Fallbearbeitung von *Holterhus*, JuS 2014, 233 ff.
[2388] BVerfGE 108, 251, 266.
[2389] BVerfGE 32, 157, 162. Vgl. auch BVerfGE 40, 296, 309; 63, 230, 241 f.; 64, 301, 313.
[2390] BVerfG NVwZ 2013, 1468, 1469.
[2391] *Sachs*, JuS 2014, 284, 285.
[2392] Die hier seit der 1. Aufl. 2000 zugrunde gelegte Auffassung, juristische Personen (wie die Abgeordneten) bereits bei der Beschwerde- bzw. Beteiligtenfähigkeit (und nicht erst bei der Beschwerdebefugnis) anzusprechen, ist nunmehr auch bei *Thiemann*, JuS 2012, 735, 736 vorzufinden.

auch kollektiv wahrgenommen werden. Demgegenüber können z.B. das allgemeine Persönlichkeitsrecht oder das Recht auf körperliche Unversehrtheit *nicht* von einer juristischen Person bzw. Personenmehrheit geltend gemacht werden, da diese Grundrechte an natürliche Qualitäten des Menschen anknüpfen und daher nur von natürlichen Personen in Anspruch genommen werden können.

1025 Auch nur **locker zusammenhängende Personengemeinschaften** (etwa Bürgerinitiativen) können sich auf eigene Grundrechte berufen, sofern sie über eine gewisse binnenorganisatorische Struktur (regelmäßige Zusammenkünfte; Existenz eines Vorsitzenden, etc.) verfügen.[2393]

> **Hinweis für die Fallbearbeitung:** Die Frage, ob das jeweilige Grundrecht auf eine juristische Person anwendbar ist, muss nicht zwingend im Rahmen der Beteiligtenfähigkeit geprüft werden, sondern kann auch erst im Rahmen der Beschwerdebefugnis untersucht werden.

1026 Dagegen können sich **juristische Personen des öffentlichen Rechts** grundsätzlich nicht auf Grundrechte berufen. Sie sind in Wahrnehmung von Kompetenzen tätig und nicht in Ausübung von Grundrechtspositionen. Wenn sie durch andere Staatsorgane verletzt werden, geht es der Sache nach um einen **Kompetenzkonflikt**, nicht um einen Eingriff in subjektive (Grund-)Rechte.[2394] Von diesem Grundsatz macht das BVerfG zunächst aber eine Ausnahme im Bereich der **Justiz**- oder **Verfahrensgrundrechte** (Art. 101 I S. 2 GG, Art. 103 I GG). Auf diese können sich auch juristische Personen des öffentlichen Rechts berufen, sofern sie der Justizhoheit unterworfen sind.[2395] Aber auch wenn die betreffende juristische Person des öffentlichen Rechts keine gesetzlich zugewiesene Aufgabe wahrnimmt, sondern sich in einem Bereich bewegt, in dem sie vom Staat unabhängig ist, sich also in der gleichen **grundrechtstypischen Gefährdungslage** befindet wie der Bürger, ist nach der Rechtsprechung des BVerfG von einer Grundrechtsträgereigenschaft auszugehen. Denn dann ist sie zumindest dem durch die Grundrechte geschützten Lebensbereich zuzuordnen (Rn 75-77).

1027 Nach der bereits bei Rn 77 dargestellten Rechtsprechung des BVerfG sind die grundrechtstypische Gefährdungslage und somit eine (partielle) Grundrechtsfähigkeit gegeben bei

- **Rundfunkanstalten** (Rundfunkfreiheit aus Art. 5 I S. 2 GG),
- staatlichen **Universitäten** bzw. **Fakultäten** (Wissenschaftsfreiheit aus Art. 5 III S. 1 GG; Telekommunikationsgeheimnis aus Art. 10 I GG),
- **Religions- und Glaubensgemeinschaften** (Art. 4 I, II und 140 GG i.V.m. Art. 136, 137 WRV)[2396] und
- **bestimmten berufsständische Körperschaften**, wenn diese die Interessen ihrer Mitglieder wahrnehmen (Art. 9 I GG).[2397]

Diesen Personenmehrheiten ist eigentümlich, dass sie außerhalb des Delegationsmodells dezentralisierter staatlicher Aufgabenwahrnehmung liegen und dem durch die Grundrechte geschützten Lebensbereich zuzuordnen sind.

> **Hinweis für die Fallbearbeitung:** Neuerdings wird versucht, die klassische Ausnahme vom materiellen Grundrechtsausschluss der öffentlichen Hand über die oben genannten Phänomene hinaus zu erweitern. So hat das BVerfG auch die Grundrechts-

---

[2393] *Kahl*, JuS 2000, 1090, 1091.
[2394] Vgl. dazu oben Rn 72 ff. mit entsprechenden Nachweisen.
[2395] BVerfGE 6, 45, 49 f.; 61, 82, 104; 75, 192, 200; *Schoch*, Jura 2001, 201, 205.
[2396] Vgl. dazu BVerfG NVwZ 2010, 570, 571; *Mosbacher*, NVwZ 2010, 537 ff.; *Sachs*, JuS 2010, 657 ff.
[2397] BVerfGE 70, 1, 21; BVerfG NJW 1994, 3765 (jeweils Steuerberaterkammer); einschränkend BVerwG NJW 2000, 3150 (Landwirtschaftskammer).

fähigkeit von Landesmedienanstalten in Bezug auf die Rundfunkfreiheit angenommen.[2398] In der Fallbearbeitung muss die Erweiterung der Grundrechts- bzw. Beschwerdefähigkeit aber gut begründet werden. Es muss sich geradezu ein grundrechtliches Spannungsverhältnis zeigen, um den grundsätzlichen Ausschluss der juristischen Person des öffentlichen Rechts von der Grundrechtsfähigkeit nicht aufweichen zu lassen. Insbesondere darf nicht von der allgemeinen Rechtsfähigkeit ohne weiteres auf die Grundrechtsfähigkeit geschlossen werden.

b. Prozessfähigkeit

Weder das GG noch das BVerfGG enthalten Regelungen hinsichtlich der Prozessfähigkeit 1028
bei der Verfassungsbeschwerde. Daher nimmt das BVerfG eine Teilanalogie zu sonstigem Verfahrensrecht vor.[2399] In anderen Gerichtsverfahren bedeutet Prozessfähigkeit die Fähigkeit, einen Prozess selbst oder durch einen selbst bestellten Vertreter zu führen, d.h. Prozesshandlungen vorzunehmen und entgegenzunehmen. Eine prozessunfähige Partei muss durch ihren gesetzlichen Vertreter vertreten werden (vgl. § 62 VwGO oder § 173 VwGO i.V.m. § 51 ZPO). Natürliche Personen, die weder minderjährig noch in ihrer Geschäftsfähigkeit beschränkt sind, sind also i.d.R. prozessfähig. Etwas anderes gilt hinsichtlich Minderjähriger oder unter Betreuungsvorbehalt Stehender. Hier kann i.d.R. nur der gesetzliche Vertreter (vgl. §§ 1629, 1896 ff. BGB) oder, bei einem Interessenkonflikt zwischen Vertreter und Vertretenem, ein Ergänzungspfleger die Prozesshandlung vornehmen oder einen Prozessbevollmächtigten bestimmen[2400]. Allerdings kann der Minderjährige Prozess- und Verfahrenshandlungen selbst ausüben, wenn er über eine hinreichende Einsichtsfähigkeit zur Ausübung des Grundrechts verfügt. Teilweise ist die hinreichende Einsichtsfähigkeit in einfach-gesetzlichen Bestimmungen konkretisiert.

Im Einzelnen sind zum **Beispiel** prozessfähig: für die Teilnahme am Religionsunterricht u.Ä. gem. Art. 4 I GG, § 5 RelKErzG Personen ab 14 Jahre; im Verfahren zur Erteilung der Fahrerlaubnis gem. § 10 I S. 1 Nr. 4 und III S. 1 FeV Personen ab 16 bzw. 15 Jahre; in sie betreffenden Asylangelegenheiten gem. § 12 AsylG und in Ausländerangelegenheiten gem. § 80 AufenthG Personen ab dem vollendeten 18. Lebensjahr.

Sind derartige besondere Vorschriften nicht einschlägig, kann sich die Prozessfähigkeit 1029
eines Minderjährigen aus Art. 1, 2 I/II GG bspw. in Angelegenheiten der Freiheitsentziehung oder sonstiger schwerer **Eingriffe in die Persönlichkeitssphäre** ergeben[2401], insbesondere auch bei Eingriffen in die Selbstbestimmung in Angelegenheiten, die eine **höchstpersönliche Wertentscheidung** betreffen[2402].

Hinweis für die Fallbearbeitung: Ob das öffentliche Recht einem Minderjährigen für die Ausübung eines Grundrechts Handlungsfähigkeit und damit Prozessfähigkeit zuerkennt, ist im Zweifel durch **Auslegung des in Frage stehenden Grundrechts** zu beurteilen. Dabei sind vor allem der Zweck der Regelung, die in der betreffenden Angelegenheit zu erwartende Einsichtsfähigkeit, der Schutzzweck einer Beschränkung der Handlungsfähigkeit im Interesse und zugunsten des beschränkt Geschäftsfähigen sowie der Gesichtspunkt der Rechtssicherheit zu berücksichtigen. Die Prozessfähigkeit eines Minderjährigen ist in ungeregelten Fällen somit immer eine Frage des Einzelfalls. Kann die Prozessfähigkeit nicht bejaht werden, muss sich der Betroffene durch den oder die gesetzlichen Vertreter vertreten lassen.

[2398] BVerfG NVwZ-RR 1993, 550 (Landesmedienanstalt); vgl. dazu ausführlich *Bethge*, NJW 1995, 558.
[2399] BVerfGE 51, 405, 407.
[2400] BVerfGE 72, 122, 135 (Entzug des Sorgerechts); *P/S/K/P*, Rn 1229.
[2401] OVG Lüneburg DVBl 1982, 218.
[2402] BSG NJW 1994, 215; OVG Lüneburg DVBl 1982, 218.

1030 **Juristische Personen** sind dagegen von vornherein nicht prozessfähig. Sie müssen ihre Grundrechte bzw. grundrechtsgleichen Rechte stets durch ihre gesetzlichen Vertreter geltend machen (vgl. z.B. § 78 AktG, § 35 I GmbHG, § 26 BGB).

3. Beschwerdegegenstand: Akt der „öffentlichen Gewalt"

1031 Im Rahmen der Verfassungsbeschwerde kann der Beschwerdeführer gem. Art. 93 I Nr. 4a GG (und § 90 I BVerfGG) jeden **„Akt öffentlicher Gewalt"** angreifen. Unter „öffentliche Gewalt" ist nicht nur diejenige zu verstehen, die in Art. 19 IV S. 1 GG zugrunde gelegt ist und die sich nach ganz h.M. auf Maßnahmen der vollziehenden Gewalt beschränkt.[2403] Denn beschränkte man den Beschwerdegegenstand auf Maßnahmen der vollziehenden Gewalt, würde eine Verfassungsbeschwerde gegen ein Gesetz oder gegen ein Gerichtsurteil nicht möglich sein. Von der Möglichkeit, Verfassungsbeschwerde gegen ein Gesetz oder eine Gerichtsentscheidung zu erheben, geht der Gesetzgeber aber offenbar aus, da er in den §§ 93 und 95 BVerfGG zwischen der Verfassungsbeschwerde gegen eine „Entscheidung" (§ 93 I S. 2, § 95 II, III S. 2 BVerfGG) und der Verfassungsbeschwerde gegen ein „Gesetz" (§ 93 III, § 95 III BVerfGG) differenziert. Zwar ist es richtig, dass das Grundgesetz nicht anhand des einfachen Rechts ausgelegt werden darf. Vorliegend gilt aber die Besonderheit, dass die Verfassungsbeschwerde in den §§ 90 ff. BVerfGG schon einfachgesetzlich geregelt war, bevor sie 1969 auch im Grundgesetz verankert wurde.[2404] Der verfassungsändernde Gesetzgeber wollte aber das Institut der Verfassungsbeschwerde durch diese verfassungsrechtliche Garantie gerade stärken, weshalb die einfachgesetzliche Bestimmung in den §§ 93 und 95 BVerfGG zur Auslegung des in Art. 93 I Nr. 4a GG genannten Begriffs des Akts öffentlicher Gewalt herangezogen werden kann. Im Ergebnis bleibt somit festzuhalten:

1032 Möglicher Beschwerdegegenstand einer Individualverfassungsbeschwerde kann jeder Akt der öffentlichen Gewalt sein, sei es ein Akt der **Exekutive**, der **Judikative** oder sei es ein Akt der **Legislative**.[2405]

Ausgenommen sind nur Entscheidungen des BVerfG selbst, da anderenfalls endlose Rechtsstreitigkeiten möglich wären.

1033 Meist liegen **mehrere Akte** der öffentlichen Gewalt in der gleichen Sache vor (typischerweise Verwaltungsakt und der bestätigende Widerspruchsbescheid sowie der sodann folgende gerichtliche Instanzenzug, bestehend aus: Entscheidung des Verwaltungsgerichts – Berufungsentscheidung des Oberverwaltungsgerichts/Verwaltungsgerichtshofs – Revisionsentscheidung des Bundesverwaltungsgerichts). Regelmäßig wendet sich der Beschwerdeführer aber lediglich gegen die letztinstanzliche Gerichtsentscheidung. Das muss er auch wegen des Subsidiaritätscharakters der Verfassungsbeschwerde bzw. des Erfordernisses der Erschöpfung des Rechtswegs (dazu Rn 1060 ff.). In derartigen Fällen liegt selbstverständlich nur *eine* Verfassungsbeschwerde vor (**objektive Beschwerdehäufung**).[2406] Kommt das BVerfG in seinem Urteil zu dem Ergebnis, dass der Beschwerdeführer sowohl durch den Verwaltungsakt als auch durch die (letztinstanzliche) Entscheidung im anschließenden gerichtlichen Verfahren in einem Grundrecht verletzt wird, sind grundsätzlich alle Entscheidungen einschließlich des Verwaltungsakts aufzuheben. Das gilt auch dann, wenn nicht auszuschließen ist, dass der

---

[2403] Vgl. nur *Jarass*, in: Jarass/Pieroth, GG, Art. 19 Rn 24 f. Der Ausschluss von Akten der Legislative ist damit zu begründen, dass Rechtsschutz gegen Akte der Legislative durch das BVerfG selbst gewährt wird (Verwerfungsmonopol!). Der Ausschluss von Akten der Judikative soll seinen Grund darin haben, dass Art. 19 IV GG nur Rechtsschutz *durch* den Richter, nicht aber *gegen* den Richter garantieren soll. Das ist nach der hier vertretenen Auffassung zweifelhaft; immerhin hat auch der Gesetzgeber mit Erlass des Anhörungsrügegesetz (dazu Rn 1018a) zum Ausdruck gebracht, dass er einen Rechtsweg gegen spruchrichterliche Entscheidungen für erforderlich hält. Wird ein Gericht nicht spruchrichterlich tätig (etwa, wenn es eine Telekommunikationsüberwachung gem. § 100b StPO anordnet), gehört es aber in jedem Fall zur öffentlichen Gewalt i.S.v. Art. 19 IV GG; der Rechtsweg steht dann nach allen Auffassungen offen.

[2404] Vgl. das 19. Gesetz zur Änderung des Grundgesetzes v. 29.1.1969 (BGBl I, S. 97).

[2405] So auch *Bethge*, in: Maunz/Schmidt-Bleibtreu/Klein, BVerfGG, § 90 Rn 176. Vgl. auch BVerfG NJW 2001, 1121, 1123.

[2406] *Kahl*, JuS 2000, 1090, 1091; *P/S/K/P*, Rn 1233.

Verwaltungsakt bei Fortsetzung des fachgerichtlichen Ausgangsverfahrens im Ergebnis bestätigt würde.[2407]

Hinweis für die Fallbearbeitung: In der Fallbearbeitung erkennt man diese Konstellation in aller Regel daran, dass der Beschwerdeführer gegen einen Verwaltungsakt nach Erschöpfung des Rechtswegs Verfassungsbeschwerde erhebt. Durch diese Vorgehensweise schränkt der Beschwerdeführer den Beschwerdegegenstand nicht ein, sodass davon auszugehen ist, dass er alle Akte der öffentlichen Gewalt angreift. Dies geschieht mit *einer* Verfassungsbeschwerde.

Da die Grundrechte und die grundrechtsgleichen Rechte des Grundgesetzes nur die **deutsche** öffentliche Gewalt binden (vgl. Art. 1 III GG), scheiden Maßnahmen etwa der UNO oder der NATO als Beschwerdegegenstand aus. Fraglich ist aber, ob Akte bzw. Maßnahmen von **Organen der EU** Gegenstand einer Verfassungsbeschwerde sein können. Die Antwort auf diese Frage ist das Ergebnis einer längeren Rechtsprechungsentwicklung des BVerfG (vgl. „Solange I", „Solange II", „Maastricht", „Bananenmarktordnung", „Vorlagepflicht nach Art. 234 EGV" (nunmehr Art. 267 AEUV), „Vorrats- bzw. Verkehrsdatenspeicherung" und „Lissabon"). Das BVerfG erachtet eine Verfassungsbeschwerde im Grundsatz für zulässig, da die Rechtsakte supranationaler Organisationen faktische Auswirkungen auf die Grundrechtsberechtigung in Deutschland hätten.[2408] Das Gericht verlangt aber für die Bejahung der Beschwerdebefugnis, dass der Beschwerdeführer dezidiert eine **Kompetenzüberschreitung durch ein Organ der EU** behauptet oder die Verletzung **fundamentaler Grundrechtsprinzipien** (evidente und generelle Missachtung der Grundrechte des Grundgesetzes durch die Union) geltend macht[2409] (vgl. dazu im Einzelnen die Ausführungen zur Beschwerdebefugnis). 1034

Beschwerdegegenstand kann auch ein **Unterlassen** sein (vgl. §§ 92, 95 I S. 1 BVerfGG: „Handlung oder Unterlassung"). Daher kann auch die Unterlassung einer staatlichen Schutzpflicht[2410] mithilfe der Verfassungsbeschwerde gerügt werden.[2411] Bei der Frage der Begründetheit ist allerdings zu beachten, dass das BVerfG dem Gesetzgeber einen weiten Spielraum zubilligt. 1035

4. Beschwerdebefugnis

a. Möglichkeit einer Grundrechtsverletzung

Gemäß Art. 93 I Nr. 4a GG, § 90 I BVerfGG muss der Beschwerdeführer **behaupten**, durch den angegriffenen Akt der öffentlichen Gewalt in einem seiner Grundrechte oder in einem seiner in Art. 20 IV, 33, 38 (I S. 1), 101[2412], 103 und 104 genannten Rechte (grundrechtsgleiche Rechte) verletzt zu sein.[2413] Fraglich ist, wann ein „Behaupten" im Sinne dieser Vorschriften vorliegt. Hier bestehen zwischen der Dogmatik (die insbesondere in der juristischen Ausbildung den Vorrang genießt) und der teilweisen Spruchpraxis des BVerfG zum Teil erhebliche Differenzen. 1036

Im Rahmen der juristischen Ausbildung sollte aufgrund des Charakters der Verfassungsbeschwerde als Mittel zur individuellen Rechtsverteidigung und der Formulierung in Art. 93 I Nr. 4a GG („... können von jedermann mit der Behauptung ... erhoben wer- 1037

[2407] Vgl. BVerfGE 84, 1, 3 ff. (Umfang der Verfassungsbeschwerde; Kindergeldkürzung).
[2408] BVerfGE 89, 155, 174 f. (Maastricht).
[2409] So ausdrücklich BVerfG NJW 2001, 1267.
[2410] Vgl. dazu *R. Schmidt*, Staatsorganisationsrecht, Rn 358 ff.
[2411] BVerfGE 77, 170, 215 (C-Waffen).
[2412] Von Bedeutung ist insbesondere die Rüge des Entzugs des gesetzlichen Richters, wenn das Fachgericht sich weigert, die Sache entweder dem BVerfG (Art. 100 I GG) oder dem EuGH (Art. 267 AEUV; früher: Art. 234 EGV) vorzulegen, vgl. dazu ausf. BVerfG NJW 2001, 1267 sowie *R. Schmidt*, Staatsorganisationsrecht, Rn 358 ff.
[2413] Ob die behauptete Grundrechtsverletzung auch tatsächlich vorliegt, ist eine Frage der Begründetheit.

den") ein „Behaupten" bereits dann angenommen werden, wenn die geltend gemachte Grundrechtsverletzung zumindest möglich erscheint (sog. **Möglichkeitstheorie**).[2414] Möglich ist eine Grundrechtsverletzung immer dann, wenn sie nicht offensichtlich und nach jeder Betrachtungsweise ausgeschlossen werden kann.

1038 Demgegenüber legen sowohl die *Kammern* des für Individualverfassungsbeschwerden zuständigen *Zweiten Senats* des BVerfG (vgl. § 14 II BVerfGG) als auch der *Zweite Senat* selbst dem Begriff „Behaupten" neuerdings teilweise ein strengeres Verständnis zugrunde. Das Gericht fordert in einigen Verfahren, dass der Beschwerdeführer den gerügten Verfassungsverstoß **hinreichend darlegt** und **begründet**.

b. Exkurs: Praxis des BVerfG

1039 Das Stellen strengerer Anforderungen an die Beschwerdebefugnis hat zur Folge, dass das Gericht weniger Verfassungsbeschwerden zur Entscheidung annehmen muss (es braucht in diesen Fällen also keine Begründetheitsprüfung durchzuführen). Insbesondere in der jüngeren Vergangenheit ist das häufiger zu beobachten. So hat die *2. Kammer* des *Zweiten Senats* zwei Verfassungsbeschwerden betreffend die **Verfassungsmäßigkeit der Gewerbesteuer** nicht zur Entscheidung angenommen mit der Begründung, die Beschwerdeführer hätten einen Verfassungsverstoß nicht hinreichend dargelegt.[2415] Auch der *Zweite Senat* tendiert in Fällen, in denen er eine folgenschwere Sachentscheidung vermeiden möchte, dazu, die Beschwerdebefugnis zu verneinen. So betrachtet er eine Vorlage von **sekundärem EU-Recht** (es ging im konkreten Fall um die Vereinbarkeit der Bananenmarktordnung mit dem Grundgesetz) gem. Art. 100 I oder 93 I Nr. 4a GG zwar grundsätzlich für zulässig, knüpft die Zulässigkeit aber an eine dezidierte Begründung des Vorlagebeschlusses bzw. der Verfassungsbeschwerde. Das vorlegende Gericht bzw. der Beschwerdeführer müssten substantiiert darlegen, dass eine **Kompetenzüberschreitung** oder eine **evidente und generelle Missachtung der Grundrechte** durch die EU vorlägen (= besondere Zulässigkeitsvoraussetzung). Beides hat der *Zweite Senat* der Begründung des Vorlagebeschlusses hinsichtlich der Bananenmarktordnung nicht entnommen.[2416] In die gleiche Richtung gehen auch eine Kammerentscheidung hinsichtlich der **Vorlagepflicht nach Art. 234 EGV** a.F.[2417] (vgl. jetzt Art. 267 AEUV) und der Senatsbeschluss zur nicht zulässigen Vorlage gem. Art. 100 I GG in Bezug auf die Verfassungsmäßigkeit der **allgemeinen Wehrpflicht**[2418]. Auch im Beschluss zur **Identitätskontrolle**, bei dem es um die Prüfung geht, ob ein Rechtsakt der Union ein gem. Art. 23 I S. 3 GG i.V.m. Art. 79 III GG für integrationsfest erklärtes Schutzgut aus Art. 1 oder 20 GG verletzt hat (Überprüfung der Einhaltung der „Verfassungsidentität")[2419], betont der 2. Senat, dass sich die strengen Voraussetzungen für eine Aktivierung der Identitätskontrolle in erhöhten Zulässigkeitsanforderungen niederschlagen würden. Es müsse im Einzelnen substantiiert dargelegt werden, inwieweit im konkreten Fall ein Grundrecht (im vorliegenden Fall ging es um die durch Art. 1 I GG geschützte Menschenwürde) verletzt sei.[2420]

1040 Diese Rechtsprechung ist nicht ganz unproblematisch, weil sie eine besondere Zulässigkeitsvoraussetzung statuiert, die weder vom GG noch vom BVerfGG vorgesehen ist. Das Motiv dürfte dem Umstand geschuldet sein, dass das BVerfG eine mitunter folgenreiche Sachentscheidung vermeiden möchte.

1041 **Hinweis für die Fallbearbeitung:** Wie die bisherigen Ausführungen gezeigt haben und die folgenden noch zeigen werden, ist die Kreativität des BVerfG bei der Ausdiffe-

[2414] Vgl. aus der Rspr. BVerfGE 6, 445, 447; 52, 303, 327; 102, 197, 206 f.; 125, 39, 73; aus der Lit. *Frotscher*, JuS 2000, L 21; *Jeand'Heur/Cremer*, JuS 2000, 991, 992; *Kahl*, JuS 2000, 1090, 1091.
[2415] Vgl. BVerfG-K NJW 2001, 1853 und 1984 mit kritischer Bespr. von *Jachmann*, NJW 2001, 1840. Auch zwei Vorlagebeschlüsse des FG Nds hat das BVerfG verworfen (NJW 1997, 3399 und FR 1998, 1041).
[2416] BVerfGE 102, 147 ff. (Bananenmarktordnung).
[2417] BVerfG NJW 2001, 1267.
[2418] BVerfG NVwZ 2002, 922.
[2419] Vgl. dazu *R. Schmidt*, Staatsorganisationsrecht, Rn 365 f.
[2420] BVerfG NJW 2016, 1149, 1152.

renzierung der Zulässigkeitskriterien immens, um nur die Geschäftslast neben dem ohnehin fraglich erscheinenden Annahmeverfahren (dazu Rn 1079) bereits auf prozessualer Ebene zu verringern. Daher ist in der Praxis (trotz der Formulierung in Art. 93 I Nr. 4a GG „jedermann") kaum ein Fall denkbar, bei dem ein nicht anwaltschaftlich vertretener Beschwerdeführer die Hürde der Zulässigkeit überspringt. Insbesondere vermag er kaum darzulegen, warum der Sache grundsätzliche verfassungsrechtliche Bedeutung zukommt oder die Annahme zur Durchsetzung verfassungsmäßig geschützter Rechte angezeigt ist. Selbst für einen Rechtsanwalt ist eine frist- und formgerechte Verfassungsbeschwerde „ein hartes Stück Arbeit"[2421]. Für die juristische Ausbildung spielen diese praktischen Schwierigkeiten jedoch keine Rolle. Dort sollte man – auch wenn es praxisfern ist – der Möglichkeitstheorie folgen und die Beschwerdebefugnis nur dann verneinen, wenn entweder der Schutzbereich des in Betracht kommenden Grundrechts offensichtlich nicht eröffnet ist oder wenn die behauptete Grundrechtsverletzung nach keiner Betrachtungsweise möglich erscheint. In allen übrigen Fällen sollte man die Beschwerdebefugnis bejahen und die Problematik der Grundrechtsverletzung bei der Begründetheit behandeln.

c. Insb. bei Gesetzen: Betroffenheit des Beschwerdeführers

Um Popularbeschwerden auszuschließen, verlangt das BVerfG in st. Rspr., dass der 1042
Beschwerdeführer **„selbst, unmittelbar und gegenwärtig"** beschwert bzw. betroffen ist.[2422] Jedoch ist zu beachten, dass das BVerfG diese Formel in erster Linie für Verfassungsbeschwerden **gegen Gesetze** entwickelt hat.[2423] Denn wird ein Bürger als Adressat eines Aktes der Exekutive oder Judikative beschwert, ist offensichtlich, dass die genannten Kriterien vorliegen; anderenfalls wäre auch schon (in der Fallbearbeitung) die Möglichkeit einer Grundrechtsverletzung auszuschließen gewesen.

Hinweis für die Fallbearbeitung: Ist in der Fallbearbeitung eine Maßnahme der Exekutive oder Judikative Beschwerdegegenstand, genügt zur Bejahung der Beschwerdebefugnis i.d.R. die Feststellung, dass eine Grundrechtsverletzung seitens des Beschwerdeführers nicht von vornherein ausgeschlossen sei. Eines Eingehens auf die o.g. Formel des BVerfG bedarf es in diesen Fällen regelmäßig nicht. Lediglich in Fällen gesetzlicher Prozessstandschaft, wenn also z.B. ein Insolvenzverwalter (§ 80 InsO), ein Nachlassverwalter (§ 1984 BGB) oder ein Testamentsvollstrecker (§ 2212 BGB) hinsichtlich ihres jeweiligen Aufgabenbereichs eine Grundrechtsverletzung geltend machen, ist auf das Erfordernis der Selbstbetroffenheit (sowie auf das der Unmittelbarkeit und der Gegenwärtigkeit) einzugehen (und zu bejahen). Eine Auseinandersetzung mit den genannten Kriterien ist aber in jedem Fall bei Gesetzen erforderlich.

aa. Selbstbetroffenheit (eigene Beschwer)

Eine **eigene Beschwer** i.S.d. Beschwerdebefugnis liegt vor, wenn der Beschwerdefüh- 1043
rer geltend macht, in *seinen* Rechten verletzt zu sein.

Insbesondere das Kriterium der „eigenen Beschwer" dient dem Ausschluss der Popular- 1044
beschwerde: Grundsätzlich soll sich niemand zum Sachwalter anderer machen und fremde Interessen gerichtlich geltend machen dürfen. Daher ist die *gewillkürte* Prozessstandschaft, d.h. die durch Rechtsgeschäft übertragene Geltendmachung fremder Rechte, dem Verfassungsprozessrecht (wie auch dem Verwaltungsprozessrecht) fremd.

2421 *Kreuder*, NJW 2001, 1243, 1248; *Zuck*, MDR 1999, 577.
2422 Vgl. BVerfGE 1, 97, 101; 40, 141, 156; 60, 360, 370; 72, 39, 43; 79, 1, 13; 100, 313 ff.; 102, 197, 206 f.; BVerfG NJW 2010, 1347; NZA 2016, 893 f.
2423 Vgl. dazu etwa BVerfG NJW 2010, 1347; NJW 2011, 366 ff.

Beispiele:

(1) Eine Organisation (etwa ein Naturschutzverband) darf grds. nicht die Verletzung von Rechten ihrer Mitglieder geltend machen, sondern nur die Verletzung ihrer eigenen Rechte (insbesondere ihrer Mitwirkungs- und Beteiligungsrechte).[2424] Gleiches gilt für Religionsgemeinschaften (in Bezug auf Art. 140 GG i.V.m. Art. 139 WRV, etwa wenn es um Ladenöffnungen an Sonn- und Feiertagen geht). Hinsichtlich Letzterem hat das BVerfG entschieden, dass die in Art. 140 GG i.V.m. Art. 139 WRV enthaltene objektive Wertentscheidung die Religionsfreiheit gem. Art. 4 I und II GG konkretisiere und insoweit den Kirchen zumindest mittelbar auch subjektive Rechte vermittele.[2425] Damit rückt z.B. der Sonn- und Feiertagsschutz aus einer rein objektiv-rechtlichen Funktion, die an sich keinerlei subjektive Rechte vermittelt, in die Position eines durchsetzbaren Verfassungsrechts.

(2) Ein Vermieter einer Wohnung oder eines Geschäftsraums kann nicht den Grundrechtsschutz aus Art. 13 I GG geltend machen, wenn er nicht auch selbst die Wohnung bewohnt bzw. nicht selbst sein Gewerbe dort ausübt. Auch ein Angestellter ist nicht grundrechtsberechtigt i.S.d. Art. 13 I GG, da er von vornherein nicht Träger des Grundrechts aus Art. 13 I GG ist. Das ist allenfalls der Arbeitgeber hinsichtlich der Geschäftsräume, die ihm gehören oder die er gemietet hat.[2426]

1045 Davon zu unterscheiden ist die *gesetzliche* Prozessstandschaft. Diese ist zulässig (s.o.).

Beispiele: Die Verfassungsbeschwerde des Testamentsvollstreckers für den Erblasser gem. § 2212 BGB ist zulässig. Entsprechendes gilt für den Insolvenzverwalter (§ 80 InsO) und den Nachlassverwalter (§ 1984 BGB).

1046 Um eine mögliche *eigene* Rechtsverletzung annehmen zu können, ist es nicht erforderlich, dass der Beschwerdeführer Adressat einer ihn belastenden Maßnahme ist. Vielmehr genügt es, wenn er **Drittbetroffener** ist und gleichwohl in seinen Grundrechten berührt wird. Voraussetzung ist aber, dass eine rechtliche Betroffenheit vorliegt. Eine bloß faktische oder wirtschaftliche Betroffenheit genügt nicht.[2427]

Beispiele:

(1) A wird die gewünschte Baugenehmigung erteilt (die Baugenehmigung ist ein Verwaltungsakt). Nachbar N fühlt sich dadurch in seinen Eigentümerrechten verletzt und möchte gegen die Baugenehmigung vorgehen.

Hier ist N Kläger und greift einen an einen Dritten, hier an den A, gerichteten und diesen begünstigenden Verwaltungsakt an. Um klagebefugt (und nach Erschöpfung des Rechtswegs verfassungsbeschwerdebefugt) zu sein, muss N geltend machen, in drittschützenden, d.h. vorliegend in nachbarschützenden, Normen verletzt zu sein. Neben baurechtlichen Vorschriften kommen die Art. 14 I GG und 2 I GG in Betracht.[2428] Im Rahmen der Verfassungsbeschwerde ist sogar ausschließlich auf die Grundrechte abzustellen.

(2) B wird aufgrund eines Subventionsgesetzes eine Beihilfe gewährt. C, ein unmittelbarer Konkurrent des B, erfüllt ebenfalls die Förderungsvoraussetzungen, die das Gesetz an die Leistungsvergabe knüpft. Sein Antrag wird jedoch abgelehnt.

Hier kann C in seiner Berufsfreiheit (Art. 12 I S. 1 GG) betroffen sein.[2429]

[2424] Vgl. etwa §§ 63, 64 BNatSchG. Zur Verbands- bzw. Vereinsklage siehe *R. Schmidt*, VerwProzR, Rn 175 ff.).

[2425] BVerfG NVwZ 2010, 570, 571. Vgl. auch *Mosbacher*, NVwZ 2010, 537 ff.; *Kühn*, NJW 2010, 2094 f.; *Sachs*, JuS 2010, 657 ff.

[2426] BVerfG NVwZ 2009, 1281, 1282 (mit Bespr. v. *Sachs*, JuS 2010, 185). Vgl. auch Rn 827.

[2427] BVerfGE 34, 338, 340; 51, 369, 376 f.

[2428] Zum Drittschutz im Baunachbarrecht vgl. ausführlich *R. Schmidt*, Öffentliches Baurecht, Rn 427 ff.

[2429] Vgl. dazu BVerwG NVwZ 2001, 322 ff.; VG Sigmaringen NJW 2001, 628; *Kluth*, Jura 2001, 3371 ff.

bb. Unmittelbare Beschwer bzw. Betroffenheit

Weiterhin ist die (Rechtssatz-)Verfassungsbeschwerde nur zulässig, wenn der Beschwerdeführer geltend macht, unmittelbar durch das Gesetz betroffen zu sein. 1047

Eine **unmittelbare Betroffenheit** liegt vor, wenn die angegriffene Vorschrift ohne einen weiteren vermittelnden Vollzugsakt in den Rechtskreis des Beschwerdeführers eingreift.[2430] 1048

Bei Urteilen und Verwaltungsentscheidungen ist dieses Kriterium regelmäßig gegeben. 1049
Es fehlt aber i.d.R. bei Normen, die zum Erlass von Verwaltungsakten, Satzungen oder Rechtsverordnungen ermächtigen. In diesen Fällen ist Beschwerdegegenstand grds. nur die Verwaltungsentscheidung bzw. die Entscheidung des überprüfenden Gerichts. Das BVerfG prüft nach Erschöpfung des Rechtswegs dann inzident die Verfassungsmäßigkeit des Gesetzes. Möchte der Beschwerdeführer dennoch direkt gegen die Norm vorgehen, muss er geltend machen, dass er gerade durch die Norm und nicht erst durch deren Vollzug in seinen Grundrechten betroffen ist. Das wird ihm i.d.R. jedoch kaum gelingen.

Beispiele:

(1) Nach einer Bestimmung des Polizeigesetzes des Landes A darf die Polizei zur vorbeugenden Bekämpfung der grenzüberschreitenden Kriminalität eine auf einer Bundesfernstraße angetroffene Person kurzzeitig anhalten, befragen und verlangen, dass mitgeführte Ausweispapiere zur Prüfung ausgehändigt werden. Mitgeführte Sachen dürfen in Augenschein genommen werden. Berufskraftfahrer K erhebt gegen diese Regelung Verfassungsbeschwerde, weil er der Ansicht ist, in seinen Grundrechten verletzt zu sein.

Hier sieht das Gesetz zunächst eine Entscheidung der Behörde über das Vorliegen der Eingriffsvoraussetzungen und über die konkret anzuwendende Maßnahme vor. Des Weiteren muss die Behörde nach der gesetzlichen Formulierung *vor* der Einzelmaßnahme prüfen, ob sie *überhaupt* eine Verdachtskontrolle durchführt (Einschreitermessen) und welches der möglichen Mittel letztlich in Betracht kommt (Auswahlermessen). Daher betreffen den B erst etwaige aufgrund des Gesetzes konkret erlassene Maßnahmen unmittelbar i.S.d. Verfassungsprozessrechts.[2431]

(2) Nach einer Bestimmung des Polizeigesetzes des Landes B darf die Polizei automatische Kennzeichenlesesysteme im Rahmen von Verkehrskontrollen zum Zwecke des **automatisierten Abgleichs mit dem Fahndungsbestand** einsetzen. Der Einsatz von Systemen zur automatisierten Erfassung und Auswertung von Kfz-Kennzeichen soll der Suche nach Fahrzeugen oder Kennzeichen dienen, die als gestohlen gemeldet sind oder nach denen aus sonstigen Gründen gefahndet wird. Dazu werden die Fahrzeuge durch eine Videokamera optisch erfasst. Die erfassten Kennzeichen werden im Bruchteil einer Sekunde automatisch mit dem Fahndungsbestand der Polizei abgeglichen. Ist ein Kennzeichen im Fahndungsbestand enthalten (sog. Trefferfall), werden die betreffenden Informationen gespeichert und an die Polizei vor Ort weitergeleitet, damit diese ggf. weitere Maßnahmen ergreifen kann. Ist das Kennzeichen nicht im Fahndungsbestand enthalten (sog. Nichttrefferfall), werden die Daten unverzüglich gelöscht. K ist Halter eines Kfz und nimmt regelmäßig am Straßenverkehr im Land B teil. Er ist der Meinung, durch die Regelung in seinem Grundrecht auf informationelle Selbstbestimmung verletzt zu sein und erhebt gegen die gesetzliche Regelung Verfassungsbeschwerde.

K müsste durch die Regelung unmittelbar betroffen ist. Das ist nur der Fall, wenn die angegriffene Norm schon jetzt und nicht erst durch einen zusätzlichen Vollzugsakt in

---

[2430] BVerfGE 70, 35, 50 f.; 90, 128, 135; 97, 157, 164; 102, 197, 207. Vgl. ferner BVerfGE 120, 378, 397 ff. (dazu *R. Schmidt*, POR, Rn 174 ff.); BVerfGE 122, 260, 280 (Vorratsdatenspeicherung).
[2431] SachsAnhVerfG NVwZ 2002, 1370, 1371 (mit Bespr. v. *Martell*, NVwZ 2002, 1336).

das Grundrecht des K aus Art. 2 I GG i.V.m. 1 I GG eingreift. Daran könnte es vorliegend fehlen, da nicht die gesetzliche Regelung, sondern erst die tatsächliche Datenerhebung den Grundrechtseingriff konkretisiert. Erlangt allerdings der Betroffene keine Kenntnis von dem Vollzugsakt, reicht es für die Möglichkeit der unmittelbaren Betroffenheit aus, wenn der Beschwerdeführer darlegt, dass er mit einiger Wahrscheinlichkeit durch die auf den angegriffenen Rechtsnormen beruhenden Maßnahmen in seinen Grundrechten berührt wird. K ist regelmäßig mit seinem Kfz auf öffentlichen Straßen im Bundesland B unterwegs. Die Möglichkeit, einer Kennzeichenerfassung unterzogen zu werden, besteht für ihn daher praktisch jederzeit. Dies reicht für die Annahme einer eigenen, gegenwärtigen und unmittelbaren Betroffenheit aus.[2432]

1050 Ausnahmsweise kann ein Bürger auch von einem vollzugsbedürftigen Gesetz unmittelbar in seinen Grundrechten betroffen sein. So ist nach st. Rspr. des BVerfG die unmittelbare Anfechtung eines Gesetzes vor Erlass eines Vollzugsakts zulässig, wenn das Gesetz den Betroffenen schon vorher zu Dispositionen veranlasst, die er nach späterem Gesetzesvollzug nicht mehr rückgängig machen oder korrigieren kann.[2433] Das Gleiche gilt, wenn das Gesetz selbst Rechte und Pflichten begründet (sog. **selbstvollziehende Gesetze**) oder das Verhalten der Bürger auf andere Weise bereits im Vorfeld konkreter Maßnahmen derart beeinflusst, dass diese etwa von der Ausübung grundrechtlich geschützter Betätigungen absehen. In diesem Fall können bereits in den vom Gesetz hervorgerufenen Verhaltenssteuerungen eine Beeinträchtigung der grundrechtlich geschützten Sphäre und damit eine unmittelbare Betroffenheit i.S.d. Verfassungsprozessrechts liegen.[2434]

Das ist etwa bei der im InfSchG oder anderen Gesetzen statuierten **Impfpflicht** der Fall, da hier den Bürgern eine Duldungspflicht, nämlich die Pflicht, die Impfung zu dulden, auferlegt wird. Da sich diese Duldungspflicht allein aus den gesetzlichen Bestimmungen ergibt, betrifft dies die Pflichtigen unmittelbar. Eines Verwaltungsakts, der diese Duldungspflicht anordnen könnte, bedarf es nicht.

Vorschriften des **Straf**- oder **Ordnungswidrigkeitenrechts** betreffen den (rechtstreuen) Bürger dagegen nicht unmittelbar. Das heißt jedoch nicht, dass ein Bürger zunächst eine (vermeintliche) Straftat begehen muss, um die in seinen Augen verfassungswidrige Strafnorm durch Einlegen einer Verfassungsbeschwerde gegen die Strafurteile überprüfen zu lassen. Für diesen Fall macht das BVerfG eine Ausnahme. Denn es kann dem Betroffenen wohl kaum zugemutet werden, zunächst eine strafbare Handlung oder eine Ordnungswidrigkeit zu begehen, um sodann im Straf- oder Bußgeldverfahren die Verfassungswidrigkeit der Norm geltend machen zu können.[2435] Daher kann der Betroffene unmittelbar gegen die Straf- oder Ordnungswidrigkeitengesetze Verfassungsbeschwerde erheben.

Nach § 14 III **Luftsicherheitsgesetz**, der vom BVerfG am 15.2.2006[2436] u.a. wegen Verstoßes gegen die Menschenwürde für verfassungswidrig erklärt wurde, durfte ein von Terroristen entführtes Flugzeug, das als Bombe eingesetzt werden sollte, von Einheiten der Bundeswehr abgeschossen werden. Auch hier konnte es den betroffenen Passagieren bzw. Besatzungsmitgliedern wohl kaum zugemutet werden, erst den Abschuss abzuwarten, um sodann (im Überlebensfall, der jedoch als ausgeschlossen gelten kann) den Klageweg zu beschreiten.

[2432] BVerfGE 120, 378, 397 ff. Zur automatisierten Kennzeichenerfassung vgl. *R. Schmidt*, POR, Rn 174 ff.
[2433] BVerfGE 90, 128, 136; 97, 157, 164; 122, 260, 280 (Vorratsdatenspeicherung).
[2434] BVerfGE 97, 157, 164; 122, 260, 280 (Vorratsdatenspeicherung); BVerfG-K NVwZ 2003, 467, 468.
[2435] BVerfGE 81, 70, 82 f.
[2436] BVerfGE 115, 118, 137 ff.; vgl. dazu Rn 306.

Auch wenn fachgerichtlicher Rechtsschutz gegen die Einzelmaßnahme **aussichtslos** wäre oder überhaupt **nicht zur Verfügung** steht, kann eine Unmittelbarkeit gegeben sein. 1051

So konnte ein Strafverteidiger, der insbesondere Mandanten betreut, die wegen Wirtschaftsstraftaten im Visier der Strafverfolgungsbehörden gerieten, die Vorschrift des § 100c StPO über die heimliche Telekommunikationsüberwachung wegen unmittelbarer Betroffenheit mit einer Verfassungsbeschwerde rügen. Er hatte gerügt, dass er aufgrund seiner Funktion als Strafverteidiger jederzeit von einer staatlichen Abhörmaßnahme betroffen sein könne, ohne dass er davon etwas mitbekomme. Zudem sei die Regelung materiell verfassungswidrig und verletze ihn in seinem Grundrecht aus Art. 13 I GG. Das BVerfG hat diese Rechtsauffassung bestätigt. Wenn die angegriffene Bestimmung, ohne eines weiteren Vollzugsakts zu bedürfen, die Rechtsstellung des Beschwerdeführers verändere, sei die Verfassungsbeschwerde zulässig, wenn der Beschwerdeführer gegen einen denkbaren Vollzugsakt nicht oder nicht in zumutbarer Weise vorgehen könne. Das Abhören des nichtöffentlich gesprochenen Worts in Wohnungen sei eine Maßnahme, von der der Betroffene weder vor noch während der Durchführung etwas erfahre, sodass fachgerichtlicher Rechtsschutz insoweit nicht in Anspruch genommen werden könne. Der Umstand, dass § 100d VIII StPO eine nachträgliche Benachrichtigung der Beteiligten von den getroffenen Maßnahmen vorsehe, stehe der Zulässigkeit der Verfassungsbeschwerde nicht entgegen.[2437]

cc. Gegenwärtige Beschwer bzw. Betroffenheit

Schließlich muss die Beschwer gegenwärtig sein. 1052

Gegenwärtig ist die Beschwer, wenn der Beschwerdeführer *schon* oder *noch* betroffen ist.[2438]

a.) Vergangene Grundrechtsverletzung

An der Gegenwärtigkeit fehlt es nicht schon dann, wenn der angegriffene Akt öffentlicher Gewalt sich durch Zeitablauf erledigt hat. Insbesondere wenn es um die (nachträgliche) Feststellung der Rechtswidrigkeit einer staatlichen Maßnahme geht, ist das BVerfG mit der Annahme der Gegenwärtigkeit eher großzügig (in erster Linie geht es um den Ausschluss „virtueller", d.h. rein zufälliger Grundrechtsverletzungen) und lässt ein „Noch-Betroffensein" im Sinne der Fortwirkung an sich abgeschlossener staatlicher Maßnahmen genügen.[2439] Voraussetzung sei aber, dass die beeinträchtigende Wirkung noch andauert[2440] oder dass eine Wiederholung der angegriffenen Maßnahme zu befürchten ist[2441]. 1053

> **Beispiel:** Wegen eines strafrechtlich relevanten Vorfalls (Behinderung von unbeteiligten Autofahrern an der Weiterfahrt) löst die Polizei die Demonstration einer Bürgerinitiative auf. Der Vorsitzende der Bürgerinitiative ist der Auffassung, die von ihm geleitete Bürgerinitiative sei durch die Auflösung in ihrem Grundrecht aus Art. 8 I GG verletzt, und erhebt für sie Verfassungsbeschwerde. Wenn man davon ausgeht, dass die Bürgerinitiative noch weitere Demonstrationen plant, ist eine Wiederholungsgefahr anzunehmen und somit ein hinreichendes Interesse an der Feststellung der Grundrechtsverletzung zu bejahen.[2442] Die Gegenwärtigkeit der Grundrechtsbetroffenheit liegt vor.

[2437] Vgl. dazu BVerfGE 79, 157, 164; 100, 313, 354; 102, 197, 207; 109, 279, 307; BVerfG NJW 2007, 2753, 2754 ff. Zu beachten ist, dass der Gesetzgeber mit Wirkung zum 1.1.2008 die betreffenden Regelungen der StPO umfassend geändert hat. Gemäß § 160a StPO ist eine Ermittlungsmaßnahme, die sich gegen eine in § 53 I S. 1 Nr. 1, 2 oder Nr. 4 StPO genannte Person richtet und voraussichtlich Erkenntnisse erbringen würde, über die diese Person das Zeugnis verweigern dürfte, unzulässig; vgl. dazu *Hartmann/Schmidt*, StrafprozR, 6. Aufl. 2016, 6. Kapitel (passim).
[2438] Vgl. *Pieroth*, in: Jarass/Pieroth, GG, Art. 93 Rn 44; *P/S/K/P*, Rn 1249.
[2439] Vgl. *Kahl*, JuS 2000, 1090, 1091.
[2440] BVerfGE 85, 36, 53.
[2441] BVerfGE 83, 341, 352 (Verfassungsbeschwerde der Religionsgemeinschaft Baha´i).
[2442] Vgl. *Kahl*, JuS 2000, 1090, 1091.

b.) Künftige Grundrechtsverletzung

1054 An der Gegenwärtigkeit der Beschwer fehlt es, wenn das angegriffene Gesetz noch nicht in Kraft getreten ist, und erst recht, wenn der Beschwerdeführer „irgendwann einmal in der Zukunft von der gerügten Gesetzesbestimmung betroffen sein könnte“[2443]. Zwingt ein (in Kraft getretenes) Gesetz die Normadressaten aber bereits gegenwärtig zu später nicht mehr korrigierbaren Entscheidungen oder veranlasst sie schon jetzt zu Dispositionen, die sie nach dem späteren Gesetzesvollzug nicht mehr nachholen können, ist „Gegenwärtigkeit“ gegeben.[2444]. Insoweit besteht eine gewisse Überschneidung mit der Unmittelbarkeit des Gesetzes.

Beispiel (fiktiv): Durch Änderung des Sozialgesetzbuches wird die Rentenaltersgrenze für Männer von derzeit 65 Jahren auf 60 Jahre herabgesetzt. A, ein 30-jähriger Maschinenschlosser, will aufgrund der mit der Herabsetzung des Rentenalters verbundenen ungünstigen wirtschaftlichen Situation gegen die geplante Neuregelung vorgehen.

In diesem Fall ist noch gar nicht sicher, ob die Regelung bis zu seinem Erreichen der Altersruhegrenze noch existiert. Von einer gegenwärtigen Beschwer kann also nicht gesprochen werden. Etwas anderes würde gelten, wenn A bereits 58 Jahre alt wäre. Ein 58-Jähriger muss zumindest aus wirtschaftlichen Gründen wissen, ob er noch 7 oder nur noch 2 Jahre arbeiten muss bzw. darf.

d. Spezifische Grundrechtsverletzung bei Urteilsverfassungsbeschwerde

1055 Handelt es sich um eine Verfassungsbeschwerde gegen ein Gerichtsurteil, ist zu beachten, dass sich das BVerfG **nicht** als **Superrevisionsinstanz** versteht. Es prüft nicht, ob das angefochtene Gerichtsurteil mit einfachem Recht vereinbar ist bzw. ob bloße Rechtsanwendungsfehler vorliegen. Dazu sind die Fachgerichte berufen. Vielmehr bestimmt Art. 93 I Nr. 4a GG, dass das BVerfG Verstöße gegen Grundrechte oder grundrechtsgleiche Rechte zu prüfen hat. Mithin beschränkt es seine Prüfungskompetenz auf die **Verletzung spezifischen Verfassungsrechts.**[2445]

Beispiel: Die Gewerbebehörde versagt dem Gewerbetreibenden G die weitere Ausübung seines Gewerbes, weil G unzuverlässig sei (§ 35 I GewO). Gegen diese Verwaltungsentscheidung klagt G vor den Verwaltungsgerichten, weil er der Auffassung ist, sehr wohl die erforderliche Zuverlässigkeit zu besitzen. Dennoch er unterliegt in allen Instanzen. Schließlich erhebt er Verfassungsbeschwerde vor dem BVerfG mit dem Ziel der Feststellung, dass er die erforderliche Zuverlässigkeit besitze.

Die von G erhobene Verfassungsbeschwerde ist unzulässig, weil die gewerberechtliche Zuverlässigkeit eine Frage des einfachen Rechts ist und die Auslegung unbestimmter Rechtsbegriffe des einfachen Rechts nicht Aufgabe des BVerfG ist (s.o.).

Die Verfassungsbeschwerde ist aber denkbar, wenn der Beschwerdeführer behauptet, gerade durch den Richterspruch in einem seiner Grundrechte oder grundrechtsgleichen Rechte verletzt zu sein – sog. spezifische Verfassungsrechtsverletzung (s.o.). Dies wird angenommen, wenn

- das Gericht selbst Grundrechte oder grundrechtsgleiche Rechte (z.B. Art. 103 I GG) verletzt hat (etwa in seiner Entscheidung das entsprechende Grundrecht unverhältnismäßig beschränkt hat),

---

[2443] BVerfGE 60, 360, 371 (Krankenversicherung der Rentner) – wiedergegeben auch von *P/S/K/P*, Rn 1249.
[2444] BVerfGE 65, 1, 37 (Volkszählung); 75, 78, 95 (Berufs- und Erwerbsunfähigkeitsrente) – wiedergegeben auch von *P/S/K/P*, Rn 1249.
[2445] Vgl. BVerfGE 18, 85, 92 f.; 30, 173, 188; 85, 248, 258; 89, 276, 285; 95, 96, 128; 103, 142, 150 ff.; 105, 252, 268 ff.; 105, 279, 293 ff.; 106, 28, 45; 122, 248, 257 f.; BVerfG NJW 2011, 669, 670. Vgl. aber auch BVerfG NJW 2012, 1273 ff., wo das Gericht das strafgerichtliche Urteil weitreichend nachprüft und sich dabei nicht auf die Prüfung einer spezifischen Verfassungsrechtsverletzung beschränkt.

- das Gericht seine Entscheidung auf eine grundrechtswidrige Norm gestützt hat oder
- das Gericht bei der Auslegung und Anwendung einfachen Rechts grundrechtliche Wertungen nicht beachtet hat (mittelbare Drittwirkung von Grundrechten).[2446]

Würde G des obigen **Beispiels** also das letztinstanzliche Urteil mit der Verfassungsbeschwerde angreifen und dabei geltend machen, er sei gerade durch das Urteil in seinem Grundrecht aus Art. 12 I GG verletzt, indem die Richter die grundrechtliche Wertung bzw. Bedeutung der Berufsfreiheit bei der Auslegung des unbestimmten Rechtsbegriffs *Unzuverlässigkeit* verkannt hätten, wäre die Verfassungsbeschwerde jedenfalls unter dem Aspekt der Verletzung spezifischen Verfassungsrechts nicht unzulässig.

Wie das Beispiel gezeigt hat, ist es mitunter nicht einfach, die Grenze zwischen einfachem Recht und Verfassungsrecht zu ziehen, weil letztlich jeder einfache Rechtsverstoß eine Beeinträchtigung eines Grundrechts in sich birgt. Mit dem Kriterium der „Verletzung spezifischen Verfassungsrechts" möchte das BVerfG eine einigermaßen verlässliche Eingrenzung des Prüfungsumfangs vornehmen. Dabei ist jedoch auffällig, dass das BVerfG bei der Frage, was es als „spezifisches Verfassungsrecht" ansieht, nicht konsistent ist.[2447] Es drängt sich der Verdacht auf, dass das BVerfG vielmehr nur „überprüft, was es überprüfen will, und nicht überprüft, was es nicht überprüfen will".[2448] Das ist mit Blick auf das Rechtsstaatsprinzip bedenklich. Vgl. auch das Parallelproblem hinsichtlich der Überprüfung von Rechtsakten der EU (*R. Schmidt*, Staatsorganisationsrecht, Rn 363).

Hinweis für die Fallbearbeitung: Im Rahmen der Fallbearbeitung hilft die Vorgehensweise des BVerfG nicht weiter; der Bearbeiter muss eine klare Entscheidung treffen. Dabei ist anzuraten, im Zweifel von einem großzügigen Verständnis des Prüfungsumfangs auszugehen, um die im Fall angesprochenen oder angedeuteten grundrechtlichen Probleme nicht etwa unter Berufung auf die fehlende Verletzung spezifischen Verfassungsrechts zu umgehen. Lediglich, wenn eine spezifische Verfassungsrechtsverletzung offensichtlich nicht gegeben ist, sollte dies (bereits im Rahmen der Beschwerdebefugnis) berücksichtigt werden. Doch ist zu bedenken, dass eine fehlende spezifische Verfassungsrechtsverletzung vom Aufgabensteller kaum beabsichtigt sein wird.

Schließlich ist zu beachten, dass im Rahmen der Urteilsverfassungsbeschwerde zwar das Gerichtsurteil unmittelbarer Beschwerdegegenstand ist, allerdings ist mittelbar dennoch das Gesetz, das dem Urteil des Fachgerichts zugrunde gelegen hat, zu prüfen, sofern Zweifel an der Verfassungsmäßigkeit bestehen. Im Übrigen muss der Bearbeiter prüfen, ob die vom Fachgericht vorgenommene Auslegung der unbestimmten Rechtsbegriffe, die Ausübung des Ermessens sowie die Anwendung des Grundsatzes der Verhältnismäßigkeit den verfassungsrechtlichen Vorgaben entsprechen.

5. Form und Frist

§ 23 I S. 1 BVerfGG bestimmt, dass die Verfassungsbeschwerde **schriftlich** einzureichen ist. Möglich ist aber auch die Einreichung per **Telefax**.[2449] Darüber hinaus ist 1056

[2446] Vgl. nur BVerfG NJW 2016, 2247, 2248 ff. (Verwendung von Samples in Musikstück).
[2447] Vgl. die unterschiedlichen Standpunkte bei BVerfGE 34, 269, 291; 71, 108, 115; 113, 88, 104.
[2448] So die griffige Formulierung von *P/S/K/P*, Rn 1282.
[2449] BVerfG-K NJW 2007, 2839; NJW 2001, 1203; NJW 2001, 3473. Über die Frage, ob auch eine Einreichung per **E-Mail** dem Schriftformerfordernis genügt, besteht Unklarheit, weil – anders als in der VwGO hinsichtlich eines Verwaltungsprozesses – keine Regelung im BVerfGG besteht. Das BVerfG hat zwar entschieden, dass eine per E-Mail übermittelte Verfassungsbeschwerde nicht formgerecht sei (BVerfG HFR 2010, 1235), man wird aber die Legitimität dieser Entscheidung in Frage stellen müssen, weil anderenfalls das BVerfG es selbst in der Hand hätte, über die (gesetzlich nicht geregelte) Formgemäßheit eines per E-Mail übermittelten fristwahrenden Schriftsatzes zu entscheiden. Maßgeblich kann allein § 23 I S. 1 BVerfGG sein, der ausschließlich von „schriftlich" und nicht auch von „elektronisch" oder von „Textform" spricht. Da Schriftform aber etwas anderes bedeutet als Textform (zu der auch die E-Mail gehört), muss man davon ausgehen, dass eine Einreichung der Verfassungsbeschwerde per E-Mail nicht zulässig ist. Angesichts der Rechtslage bei den Fachgerich-

die Beschwerde gem. §§ 92, 93 I S. 1 und § 23 I S. 2 BVerfGG innerhalb der Frist zu **begründen**. Dabei ist es nicht erforderlich, dass das betroffene Grundrecht nach Artikel oder Absatz genannt wird. Vielmehr genügt es, dass es sich hinreichend genau aus der Antragsschrift ergibt. Eine verbale Umschreibung des Grundrechtsinhalts wird diesem Erfordernis gerecht.[2450] In der Verfassungsbeschwerde explizit anzugeben ist aber, inwieweit der Sache grundsätzliche verfassungsrechtliche Bedeutung zukommt oder die Annahme zur Durchsetzung verfassungsmäßig geschützter Rechte angezeigt ist.[2451]

Hinweis für die Fallbearbeitung: Die Begründung der Verfassungsbeschwerde spielt in der Praxis eine sehr große Rolle. Demgegenüber ist in Prüfungsarbeiten des juristischen Studiums i.d.R. davon auszugehen, dass der Beschwerdeführer in der Verfassungsbeschwerde alle Begründungserfordernisse erfüllt hat.

1057 Gemäß § 93 I S. 1 BVerfGG kann eine Verfassungsbeschwerde gegen eine **Gerichtsentscheidung** bzw. **Verwaltungsentscheidung** nur binnen **eines Monats** erhoben werden. Auch ist sie innerhalb dieser Frist zu begründen. Die Frist beginnt mit der Verkündung bzw. der Bekanntgabe der Entscheidung.[2452] Für die Berechnung der Frist gelten die auch sonst üblichen Regeln, also die §§ 187, 188 BGB.[2453] Danach muss die Verfassungsbeschwerde am letzten Tag bis 24 Uhr in den Machtbereich des BVerfG gelangt sein.

1058 In diesem Zusammenhang ist die Vorschrift des § 93 II BVerfGG zu beachten, wonach dem Beschwerdeführer **Wiedereinsetzung in den vorigen Stand** zu gewähren ist, sofern er ohne Verschulden verhindert war, die Frist einzuhalten. Eine solche schuldlose Fristversäumnis kommt etwa bei ungewöhnlich langer Postlaufzeit oder einem nicht vorhersehbaren Poststreik in Betracht. Der Antrag ist binnen zwei Wochen nach Wegfall des Hindernisses zu stellen, § 93 II S. 2 BVerfGG.[2454]

1059 Dagegen kann eine Verfassungsbeschwerde gegen ein **Gesetz** oder einen sonstigen Hoheitsakt, gegen den der Rechtsweg nicht offensteht, gem. § 93 III BVerfGG **binnen eines Jahres** erhoben werden. Sie ist innerhalb dieser Frist auch zu begründen. Die Frist beginnt mit *Inkrafttreten* des Gesetzes[2455] und ist nach den §§ 187 ff. BGB zu berechnen.[2456] Gesetze in diesem Sinne sind Parlamentsgesetze, aber auch Rechtsverordnungen und Satzungen, die nicht der Normenkontrolle nach § 47 VwGO unterstehen. Eine Wiedereinsetzung in den vorigen Stand ist hier nicht möglich.

6. Rechtsschutzbedürfnis

1060 Das Rechtsschutzbedürfnis einer Verfassungsbeschwerde ist in dreierlei Hinsicht zu prüfen: (a) die **Rechtswegerschöpfung**, (b) die **Subsidiarität** und (c) die **zwischenzeitliche Erledigung** des Rechtsstreits.

---

ten dürfte es aber nur eine Frage der Zeit sein, bis die (gesetzliche) Möglichkeit der Einreichung von Schriftsätzen via E-Mail auch beim BVerfG möglich ist. Großzügiger *Hoffmann/Borchers*, JA 2015, 197, 199, die jedenfalls das Computerfax mit eingescannter Unterschrift genügen lassen wollen. Das ist problematisch, weil die Übermittlung via Internet ohne qualifizierte Signatur (etwa nach dem Signaturgesetz) stets unautorisiert erfolgen kann und sich daher nicht sicher sagen lässt, ob das Computerfax wirklich von der als Absender angegebenen Person stammt.

[2450] BVerfGE 59, 98, 101 (Verwerfung der Revision).

[2451] Vgl. BVerfGE 90, 22, 24 und *Kreuder*, NJW 2001, 1243, 1247.

[2452] BVerfGE 28, 1, 6; *Kreuder*, NJW 2001, 1243.

[2453] Vgl. dazu ausführlich *R. Schmidt*, AllgVerwR, Rn 266 ff. und 292.

[2454] Vgl. näher BVerfG NJW 2001, 744; *Kreuder*, NJW 2001, 1243, 1244.

[2455] Tritt das fragliche Gesetz *rückwirkend* in Kraft, beginnt die Frist mit der *Verkündung*, da sonst der gebotene Rechtsschutz verkürzt oder sogar entzogen werden könnte (BVerfGE 58, 208, 218). Handelt es sich bei dem fraglichen Gesetz nur um eine Neuverkündung unter Beibehaltung des bisherigen Wortlauts, kommt eine erneute Frist (und damit eine Verfassungsbeschwerde) nur dann in Betracht, wenn die konkrete Bestimmung des Gesetzes durch die Änderung anderer Gesetzesbestimmungen eine neue belastende Wirkung erhalten hat (BVerfG DVBl 2002, 548).

[2456] BVerfG VIZ 2001, 16.

a. Grundsatz der Rechtswegerschöpfung

Gemäß § 90 II BVerfGG (der seine Grundlage in Art. 94 II S. 2 GG findet) kann die Verfassungsbeschwerde erst nach Erschöpfung des Rechtswegs erhoben werden. Freilich setzt dies voraus, dass ein Rechtsweg überhaupt eingeräumt ist. Das ist bei Parlamentsgesetzen und grundsätzlich auch bei Rechtsverordnungen nicht der Fall. Hier kann ohne weiteres Verfassungsbeschwerde erhoben werden. Bei Satzungen und einigen landesrechtlichen Rechtsverordnungen gilt die Besonderheit, dass sie gem. den landesrechtlichen Ausführungsgesetzen zur VwGO regelmäßig durch ein Normenkontrollverfahren nach § 47 VwGO (Prinzipalkontrolle) zu überprüfen sind.[2457] Sieht das landesrechtliche Ausführungsgesetz die Nachprüfung durch das Oberverwaltungsgericht vor, muss zunächst dieses Verfahren erfolglos durchgeführt werden. Bei Exekutivakten steht der Rechtsweg stets offen. **1061**

Rechtsweg ist der Weg, der den Einzelnen mit dem Begehren, die behauptete Rechtsverletzung zu überprüfen und auszuräumen, vor die deutschen staatlichen Gerichte führt.[2458] **1062**

Der Rechtsweg beginnt u.U. bei der Verwaltung mit der Erhebung des Widerspruchs und führt zu den verschiedenen Instanzen der staatlichen Gerichtsbarkeit.[2459] **1063**

> **Beispiele:** Zum Rechtsweg werden gerechnet: verwaltungsrechtlicher Widerspruch (§§ 68 ff. VwGO)[2460] und Anfechtungsklage (§ 42 I Var. 1 VwGO), die Feststellungsklage (§ 43 VwGO), die (vorbeugende) Unterlassungsklage[2461], das oberverwaltungsgerichtliche Normenkontrollverfahren (§ 47 VwGO) und die verwaltungsgerichtlichen Verfahren des vorläufigen Rechtsschutzes (§§ 47 VI, 80 V, 80a, 123 VwGO). Auch Rechtsbehelfe, die *keinen* Devolutiveffekt haben, bei denen also die Überprüfung nicht durch die nächsthöhere, sondern durch dieselbe Instanz erfolgt, wie das z.B. beim Einspruch gegen einen Strafbefehl (§§ 409 ff. StPO) oder beim Einspruch gegen ein Versäumnisurteil (§ 338 ZPO) der Fall ist, gehören zum Rechtsweg.[2462] Schließlich gehört auch der ordentliche Rechtsweg zum Rechtsweg i.S.d. § 90 II BVerfGG.[2463]

Erschöpft ist der Rechtsweg, wenn der Beschwerdeführer alle zulässigen und ihm zumutbaren prozessualen Möglichkeiten zur Beseitigung der behaupteten Grundrechtsverletzung in Anspruch genommen hat.[2464] **1064**

In diesem Zusammenhang problematisch ist, ob einem Rechtsschutzsuchenden, der ein Verfahren des **vorläufigen Rechtsschutzes** (etwa ein Verfahren nach § 80 V oder § 123 I VwGO) erfolglos durchlaufen hat, zugemutet werden kann, das Ergebnis des Hauptsacheverfahrens abzuwarten, bevor er Verfassungsbeschwerde erheben kann. Das BVerfG geht hier davon aus, dass das Hauptsacheverfahren keinen „Rechtsweg" gegen die Entscheidung im vorläufigen Rechtsschutz darstelle, wenn das Hauptsacheverfahren höchstwahrscheinlich den Ausgang des vorläufigen Verfahrens bestätige. Ist also der Instanzenzug des vorläufigen Rechtsschutzes erschöpft und rügt der Beschwerdeführer die Versagung des vorläufigen **1065**

[2457] Die Normenkontrolle eingeführt haben etwa: BW: § 4 AGVwGO, Bay: Art. 5 AGVwGO, Brand: § 4 I VwGG, Brem: Art. 7 AGVwGO, Hess: § 15 AGVwGO, MeckVor: § 13 GerStrG, Nds: § 75 NJG; RhlPfl: in beschränktem Umfang (§ 4 AGVwGO), Saar: § 18 AGVwGO, Sachs: § 24 I SächsJG, SachsAnh: § 10 AGVwGO, SchlHolst: § 5 AGVwGO, Thür: § 4 AGVwGO. Keine Regelungen bezüglich einer verwaltungsgerichtlichen Normenkontrolle nach § 47 I Nr. 2 VwGO haben bislang Berlin, Hamburg und Nordrhein-Westfalen getroffen (hier kommt aber immer noch inzidenter Rechtsschutz in Betracht).

[2458] *Pieroth*, in: Jarass/Pieroth, GG, Art. 93 Rn 48; wortgleich auch *P/S/K/P*, Rn 1256.

[2459] *P/S/K/P*, Rn 1255. Der formlose Rechtsbehelf *Gegenvorstellung* gehört grundsätzlich nicht zum Rechtsweg nach § 90 II S. 1 BVerfGG (vgl. BVerfG NJW 2000, 273).

[2460] Zu beachten ist, dass die Bundesländer dazu übergegangen sind, das Widerspruchsverfahren weitgehend abzuschaffen; vgl. dazu *R. Schmidt*, VerwProzR, Rn 225.

[2461] Vgl. dazu BVerfG-K NVwZ 2002, 1230, 1231 (Dosenpfand).

[2462] *P/S/K/P*, Rn 1257.

[2463] Vgl. BVerfG-K NJW 2002, 3533.

[2464] BVerfGE 1, 12, 13; BVerfG-K NVwZ 2002, 1230, 1231; BVerfG NJW 2002, 741; ganz ähnlich auch *P/S/K/P*, Rn 1258.

Rechtsschutzes, hat er mit der letztinstanzlichen Versagung des vorläufigen Rechtsschutzes den Rechtsweg erschöpft und kann Verfassungsbeschwerde erheben.[2465] Voraussetzung ist nur ein prognostizierter gleichartiger Ausgang des Hauptsacheverfahrens.[2466] Allerdings kann es *der Grundsatz der Subsidiarität* erforderlich machen, zunächst den Ausgang des Hauptsacheverfahrens abzuwarten (siehe Rn 1071). Schließlich gilt der Grundsatz der Erschöpfung des Rechtswegs auch im verfassungsrechtlichen Eilrechtsschutz.[2467]

Hinweis für die Fallbearbeitung: Da gegen ein Parlamentsgesetz und grds. auch gegen eine Rechtsverordnung, sofern hier § 47 VwGO nicht einschlägig ist, der Rechtsweg nicht offensteht (s.o.), kommt dem Grundsatz der Rechtswegerschöpfung bei einer Rechtssatzverfassungsbeschwerde keine besondere Bedeutung zu. Bei einer Urteilsverfassungsbeschwerde spielt der Grundsatz der Rechtswegerschöpfung (und auch der Grundsatz der Subsidiarität) schon eher eine Rolle. Zwar liegen in der Fallbearbeitung regelmäßig ein letztinstanzliches Urteil und damit die Rechtswegerschöpfung vor, dennoch ist in der Fallbearbeitung stets festzustellen, dass der Rechtsweg erschöpft wurde.

b. Grundsatz der Subsidiarität

1066 Zweite Komponente des Rechtsschutzbedürfnisses ist der Grundsatz der Subsidiarität der Verfassungsbeschwerde.

1067 **Subsidiarität der Verfassungsbeschwerde** bedeutet, dass dem Beschwerdeführer keine andere Möglichkeit eröffnet sein darf, den Rechtssatz anderweitig anzugreifen.[2468]

1068 Dieser Grundsatz verpflichtet den Beschwerdeführer, mit seinem Anliegen vor Anrufung des BVerfG grundsätzlich die dafür allgemein zuständigen Gerichte zu befassen. Damit soll gewährleistet werden, dass durch die umfassende fachgerichtliche Vorprüfung der Beschwerdepunkte dem BVerfG regelmäßig in mehreren Instanzen geprüftes Tatsachenmaterial unterbreitet wird und ihm die Fallanschauung und Rechtsauffassung der Gerichte, auch der Bundesgerichte, vermittelt werden.[2469] Denn bei einer Rechtsanwendung durch die fachlich zuständigen und insoweit sachnäheren Gerichte können möglicherweise für die verfassungsrechtliche Prüfung erhebliche Tatsachen zutage gefördert werden, die dem BVerfG bei unmittelbarer Anrufung verschlossen blieben.[2470]

1069 Bei einer **Urteilsverfassungsbeschwerde** bleibt dem Beschwerdeführer nach Erschöpfung des Rechtswegs keine andere Möglichkeit, den Rechtssatz anderweitig anzugreifen. Daher ist der Grundsatz der Subsidiarität bei einer Urteilsverfassungsbeschwerde neben dem Grundsatz der Rechtswegerschöpfung bedeutungslos. Etwas anderes gilt im Hinblick auf die **Rechtssatzverfassungsbeschwerde**, da gegen ein Gesetz der Rechtsweg nicht offensteht (s.o.). Der Grundsatz der Subsidiarität besagt hier, dass eine Verfassungsbeschwerde auch bei unmittelbarer Grundrechtsbetroffenheit durch das angegriffene Gesetz grds. nur dann zulässig ist, wenn der Beschwerdeführer nicht die Möglichkeit einer fachgerichtlichen Inzidentkontrolle hat.[2471] Eine solche Inzidentkontrolle kommt bei allen Klage- und Verfahrensarten in Betracht.

Beispiele:

(1) Da die Zulässigkeitshürden einer Verfassungsbeschwerde im Hinblick auf selbstvollziehende Gesetze sehr hoch sind, wurde in der Literatur schon seit langem gefor-

---

[2465] BVerfG NJW 2000, 3195; BVerfG-K NVwZ 2002, 1230, 1231; BVerfG-K NVwZ 2003, 981.
[2466] Vgl. BVerfG-K NVwZ 2002, 1230, 1231 (Dosenpfand); *Ahrens*, NJW 2000, 3188.
[2467] Vgl. etwa BVerfG 11.11.2013 – 2 BvR 547/13.
[2468] BVerfG NJW 2010, 669; BVerfG-K NVwZ 2003, 981 und 2001, 796; BVerfG NVwZ 2013, 423; BVerfGE 102, 197, 206 f.
[2469] BVerfG-K NVwZ 2001, 796; NJW 2001, 216, 217.
[2470] BVerfG-K NVwZ 2000, 1407, 1408.
[2471] Vgl. BVerfG-K NVwZ 2000, 1407, 1408; BVerfG-K NJW 2000, 3126; BVerfGE 86, 382, 387; 74, 69, 74 f.; BVerfGE 120, 378, 397 ff. (dazu *R. Schmidt*, POR, Rn 174 ff.); BVerfG NVwZ 2013, 423 f.

dert, zumindest gegen **Bundesrechtsverordnungen** (gegen diese kann nicht gemäß § 47 VwGO vorgegangen werden) als verwaltungsgerichtlichen Rechtsschutz die **Feststellungsklage nach § 43 VwGO** zuzulassen. Diese Forderung hat das BVerfG[2472] vor einiger Zeit aufgegriffen und eine grundlegende Wende im Rechtsschutz herbeigeführt. Der Rechtsschutz durch die Verwaltungsgerichte gegen eine Rechtsverordnung des Bundes dürfe nicht mit der Erwägung abgeschnitten werden, Rechtsschutz gegen verfassungswidrige Rechtsverordnungen werde durch die Verfassungsbeschwerde gewährleistet. Vielmehr sei eine Inzidentkontrolle durchzuführen. Komme das Verwaltungsgericht zu dem Ergebnis, dass die Rechtsverordnung rechtswidrig sei, dürfe es diese nicht anwenden. Diese Rechtsprechung wurde dann auch vom BVerwG für die Klage eines lärmbetroffenen Grundstückseigentümers gegen eine **Flugroutenverordnung** nach § 27a II S. 1 LuftVO (a.F.; jetzt § 33 II LuftVO) zum Flughafen Köln/Bonn bestätigt.[2473] Da wegen Art. 19 IV GG prinzipiell auch Eilrechtsschutz parallel zum Hauptsacheverfahren vor den Verwaltungsgerichten zur Verfügung stehen muss, war es letztlich nur eine Frage der Zeit, bis auch Betroffene im Wege einer einstweiligen Anordnung nach § 123 VwGO versuchen, zumindest vorläufig die Einführung und Umsetzung neuer Flugrouten, von denen sie zusätzliche Lärmimmissionsbelastungen befürchten, zu verhindern. Nun liegen die ersten diesbezüglichen fachgerichtlichen Beschlüsse vor. Der VGH Kassel hatte in einem Verfahren nach § 123 VwGO[2474] über die vorläufige Außervollzugsetzung der Verordnung zur Festsetzung von Flugrouten für den zivilen Luftverkehr am Flughafen Frankfurt a.M. zu entscheiden.[2475] Das Gericht lehnte den Antrag auf Erlass einer einstweiligen Anordnung jedoch ab, weil eine solche die Hauptsache vorwegnehmen würde.[2476] Das VG Düsseldorf hatte im Rahmen einer Feststellungsklage über die Rechtmäßigkeit des § 9 II S. 2 VerpackVO a.F. („**Dosenpfand**") zu entscheiden und erklärte diese Vorschrift wegen Fehlens einer Ermächtigungsgrundlage im zu entscheidenden Fall für unbeachtlich.[2477]

(2) Hinsichtlich des prinzipalen Rechtsschutzes gegen **Landesrechtsverordnungen** gilt im Prinzip dasselbe wie für Bundesrechtsverordnungen. Auch hier ist die Individualverfassungsbeschwerde vor dem BVerfG unter den o.g. Voraussetzungen denkbar. Allerdings ist die vorrangige Möglichkeit der prinzipalen verwaltungsgerichtlichen Normenkontrolle gem. § 47 VwGO zu beachten. Aufgrund der Regelung des § 47 VwGO kann jeder mit der Behauptung, durch die Landesrechtsverordnung in seinen Rechten verletzt zu sein oder in absehbarer Zeit verletzt zu werden, beim Oberverwaltungsgericht seines Landes eine Normenkontrolle beantragen. Einschränkend gilt jedoch, dass die verwaltungsgerichtliche Normenkontrolle nur dann statthaft ist, wenn das Landesrecht dies bestimmt (s.o.). Fehlt eine solche Bestimmung, ist der Betroffene darauf verwiesen, die Gültigkeit der Rechtsverordnung von den Gerichten inzident überprüfen zu lassen, wenn er sich gegen Einzelakte wendet, die aufgrund der Rechtsverordnung ergangen sind.[2478] Als ein solcher inzidenter Rechtsschutz kommen die Anfechtungsklage gem. § 42 I Var. 1 VwGO und die Feststellungsklage gem. § 43 VwGO in Betracht. Da dem Beschwerdeführer aber nicht zugemutet werden kann, sich zunächst bestimmten Sanktionen auszusetzen, die mit der Nichtbeachtung der in der Rechtsverordnung niedergelegten Pflichten verbunden sind (um sodann den Rechtsweg zu den ordentlichen Gerichten zu beschreiten), und die Feststellungsklage regelmäßig unzulässig ist, kann – bei fehlender Möglichkeit der

---

[2472] BVerfG NVwZ 1998, 169, 170 (Lärmbelästigung durch Abflugstrecke eines Flughafens).
[2473] Vgl. BVerwG NJW 2000, 3584 mit Anm. *Geulen/Klinger*, NJW 2001, 1038; *Kukk*, NVwZ 2001, 408.
[2474] Ein Verfahren nach § 47 VI VwGO scheidet aus, weil § 47 VwGO nicht auf Bundesrecht anwendbar ist.
[2475] Vgl. VGH Kassel NVwZ 2001, 826.
[2476] Vgl. dazu ausführlich *Bohl*, NVwZ 2001, 764.
[2477] VG Düsseldorf NVwZ 2002, 1269, 1273 f.; a.A. OVG Münster NVwZ 2003, 65; BVerwG DÖV 2003, 864, 865 f.; BVerfG NVwZ 2003, 187 u. 188.
[2478] Vgl. dazu BVerfG NVwZ 1998, 169 f.

Normenkontrolle nach § 47 VwGO sofort Verfassungsbeschwerde erhoben werden.[2479]

1070 Sieht die Regelung, gegen die sich der Beschwerdeführer wendet, **Ausnahmen** vor, verlangt der Grundsatz der Subsidiarität auch, dass der Beschwerdeführer vor Erhebung der Verfassungsbeschwerde versuchen muss, die Beseitigung der Beschwer unter Berufung auf die Ausnahmeregelung zu erwirken, soweit dies nicht offensichtlich aussichtslos ist.

Beispiel: Internisten können grds. keine hausärztliche Versorgung vornehmen. Wendet sich bspw. Internist A gegen diese Regelung, ist zu beachten, dass gem. § 73 I a S. 3 SGB V der Zulassungsausschuss für Internisten ohne Schwerpunktbildung eine befristete Ausnahmeregelung treffen kann, wenn anderenfalls eine bedarfsgerechte Versorgung nicht gewährleistet ist. Demnach muss A zunächst beim Zulassungsausschuss einen entsprechenden Antrag stellen.[2480]

1070a Der Subsidiaritätsgrundsatz gilt aber nicht, wenn die Verweisung auf die fachgerichtliche Inzidentkontrolle den Beschwerdeführer zu Dispositionen zwingt, die später **nicht mehr korrigiert** werden können[2481], oder wenn die Anrufung der Fachgerichte für den Beschwerdeführer **unzumutbar** erscheint (Rechtsgedanke des § 90 II S. 2 Halbs. 2 BVerfGG)[2482]. Das ist etwa der Fall, wenn die fachgerichtliche Prüfung offensichtlich sinn- und aussichtslos wäre, oder wenn der Beschwerdeführer den Rechtsweg nicht beschreiten kann, weil er z.B. keine Kenntnis von der Maßnahme erlangt. Gleiches gilt, soweit eine nachträgliche Bekanntgabe einer Maßnahme zwar vorgesehen ist, von ihr aber aufgrund weit reichender Ausnahmetatbestände auch langfristig abgesehen werden kann. Unter diesen Umständen ist effektiver fachgerichtlicher Rechtsschutz ebenfalls nicht gewährleistet, sodass der Subsidiaritätsgrundsatz der Erhebung der Verfassungsbeschwerde nicht entgegensteht.[2483]

Das ist in **Beispiel** (2) von Rn 1049 der Fall: K erlangt keine Kenntnis von etwaigen Kennzeichenerfassungen bzw. es wäre reiner Zufall, wenn er eine solche Maßnahme erkennen würde.

1071 Der Grundsatz der Subsidiarität hat auch im fachgerichtlichen **vorläufigen Rechtsschutz** Bedeutung. Zwar erkennt das BVerfG letztinstanzliche Entscheidungen im vorläufigen Rechtsschutz als selbstständigen Rechtsweg i.S.d. § 90 II BVerfGG an, jedoch gebiete der Grundsatz der Subsidiarität, dass die Erschöpfung des Rechtswegs im Eilverfahren dann nicht ausreiche, wenn das Hauptsacheverfahren ausreichende Möglichkeiten biete, der Grundrechtsverletzung abzuhelfen. Daher sei zunächst grundsätzlich das Hauptsacheverfahren abzuwarten. Drohe dem Betroffenen allerdings dadurch ein irreversibler Schaden, brauche das Hauptsacheverfahren nicht abgewartet zu werden.[2484]

c. Zwischenzeitliche Erledigung des Rechtsstreites

1072 Es gibt Konstellationen, in denen der Beschwerdeführer während der anhängigen Verfassungsbeschwerde sein Ziel erreicht hat, sei es, dass das über den Rechtsstreit zu befindende ordentliche Gericht den Rechtsstreit zwischenzeitlich zugunsten des Beschwerdeführers entschieden hat, oder sei es, dass sich der Rechtsstreit wegen Fristab-

---

2479 Zur Überprüfung von Rechtsverordnungen durch das BVerfG vgl. auch *Müller-Terpitz*, DVBl 2000, 232 ff. (zu BVerfGE 101, 1 ff.).
2480 Vgl. BVerfG-K NJW 2001, 2009 (Zulassung eines Internisten zur hausärztlichen Versorgung).
2481 BVerfG NVwZ 213, 423; BVerfGE 60, 360, 372; 43, 291, 387.
2482 BVerfG NVwZ 213, 423 f.; BVerfGE 102, 197, 208; 65, 1, 38; 55, 154, 157.
2483 BVerfG NJW 2008, 1505 ff.
2484 BVerfGE 80, 40, 45 (Multiple-Choice-Prüfung); BVerfG-K NVwZ 2002, 1230, 1231 (Dosenpfand).

laufs erledigt hat. Hier ist das Rechtsschutzinteresse grundsätzlich nicht mehr gegeben (zur Ausnahme siehe Rn 1077).

d. Ausnahmen von Rechtswegerschöpfung und Subsidiarität

§ 90 II S. 2 BVerfGG nennt zwei Ausnahmen, bei deren Vorliegen die Rechtswegerschöpfung entbehrlich ist: die grundsätzliche verfassungsrechtliche („allgemeine") Bedeutung der Verfassungsbeschwerde und den schweren und unabwendbaren Nachteil für den Beschwerdeführer. In diesen Fällen kann das BVerfG über die Verfassungsbeschwerde sofort entscheiden (sog. Vorabentscheidung). Darüber hinaus lässt das BVerfG Ausnahmen von Rechtswegerschöpfung und Subsidiarität zu, wenn dem Beschwerdeführer die Erschöpfung des Rechtswegs bzw. das Bemühen um sonstige Abhilfe unzumutbar sind. **1073**

aa. Grundsätzliche verfassungsrechtliche Bedeutung der Beschwerde

Ist die Verfassungsbeschwerde von grundsätzlicher verfassungsrechtlicher Bedeutung, kann (Ermessensentscheidung) das BVerfG über sie auch ohne Erschöpfung des Rechtswegs entscheiden.[2485] Ob die Verfassungsbeschwerde von grundsätzlicher verfassungsrechtlicher Bedeutung ist, ergibt sich aufgrund einer Abwägung im Einzelfall, bei der *Für* und *Wider* einer Entscheidung des BVerfG vor Erschöpfung des Rechtswegs gegeneinander abgewogen werden.[2486] So ist die Verfassungsbeschwerde von grundsätzlicher verfassungsrechtlicher Bedeutung, wenn **1074**

- sie grundsätzliche verfassungsrechtliche Fragen aufwirft,
- die zu erwartende Entscheidung über den Einzelfall hinaus Klarheit über die Rechtslage in einer Vielzahl gleich gelagerter Fälle schafft[2487],
- eine weitere fachgerichtliche Klärung der Sach- und Rechtslage nicht erreichbar ist
- oder die angegriffene Regelung zu Dispositionen zwingt, die später nicht mehr korrigiert werden können[2488].

Beispiel: Die Frage, ob die (ehemalige) Mietpreisbindung in den neuen Bundesländern mit Art. 14 GG vereinbar ist (bzw. war), hat(te) weit reichende Auswirkungen für Vermieter und Mieter und ist/war deshalb von allgemeiner Bedeutung.[2489]

bb. Schwerer und unabwendbarer Nachteil für den Beschwerdeführer

Des Weiteren kann die Verfassungsbeschwerde auch ohne vorherige Rechtswegerschöpfung bzw. unter Verzicht auf den Grundsatz der Subsidiarität zur Entscheidung angenommen werden, wenn dem Beschwerdeführer anderenfalls ein schwerer und unzumutbarer Nachteil entstünde. Wann ein schwerer und unabwendbarer Nachteil angenommen werden kann, lässt sich nicht allgemeinverbindlich sagen, sondern ist stets eine Frage des Einzelfalls.[2490] Voraussetzung ist jedenfalls, dass gerade das Abwarten einer späteren Entscheidung diesen Nachteil begründet, etwa weil sie zu spät käme und den Beschwerdeführer damit praktisch schutzlos stellte.[2491] **1075**

Beispiel: Wenn einer politischen Partei die Einräumung von Wahlsendezeiten im Rundfunk verweigert wird, sind zwar der Verwaltungsrechtsweg eröffnet und die Möglichkeit des vorläufigen Rechtsschutzes gegeben. Selbst dieser kommt aber möglicherweise zu spät, sodass der Partei der schwere und unabwendbare Nachteil entstehen kann, dass sie

---

[2485] Vgl. BVerfG-K NJW 2000, 274, 275.
[2486] BVerfG NVwZ 2005, 79; BVerfGE 8, 222, 226 f.; 76, 248, 252; 86, 15, 26.
[2487] BVerfGE 25, 236, 246.
[2488] BVerfG NVwZ 2005, 79.
[2489] BVerfGE 91, 294, 306 – wiedergegeben auch von *P/S/K/P*, Rn 1262 f.
[2490] BVerfGE 9, 120, 121.
[2491] Vgl. BVerfGE 7, 99, 105; 14, 121, 130 f.

vor der Wahl nicht in gleicher Weise wie die anderen Parteien (vgl. § 5 PartG) Rundfunksendezeit in Anspruch nehmen kann.[2492]

cc. Unzumutbarkeit der Rechtswegerschöpfung bzw. der sonstigen Abhilfe

1076 Liegt keine der o.g. geschriebenen Ausnahmen vor, verzichtet das BVerfG gleichwohl auf die Erschöpfung des Rechtswegs oder die Subsidiarität, wenn deren Beachtung für den Beschwerdeführer unzumutbar wäre.[2493]

Beispiele[2494]**:**

(1) Das grundsätzliche Erfordernis der Rechtswegerschöpfung ist unzumutbar, wenn dem Begehren des Beschwerdeführers eine **gefestigte Rechtsprechung** entgegensteht. Denn in diesem Fall ist klar, dass er vor den Fachgerichten keinen Erfolg haben wird.[2495]

(2) Gleiches gilt, wenn der Beschwerdeführer bereits in 2 Instanzen erfolglos geblieben und im Hinblick auf die eindeutige **gesetzliche Regelung** auch bei Durchführung eines erneuten Beschwerdeverfahrens kein anderes Ergebnis zu erwarten ist.[2496]

(3) Als unzumutbar hat das BVerfG auch das Erfordernis der Rechtswegerschöpfung bei erfolglosen Studienbewerbern angesehen, die die mangelnde Nutzung vorhandener Kapazitäten nur im Verfahren des vorläufigen Rechtsschutzes gerügt hatten. Das Gericht hat die Verfassungsbeschwerden zugelassen, weil „anderenfalls vorhandene Kapazitäten in erheblichem Umfang für längere Dauer ungenutzt geblieben wären" und dass dies objektiv nicht vertretbar und subjektiv nicht zumutbar sei.[2497]

e. Ausnahmen bei der zwischenzeitlichen Erledigung

1077 Auch bei zwischenzeitlicher Erledigung des Rechtsstreites muss die Verfassungsbeschwerde nicht notwendig am Rechtsschutzinteresse scheitern. Nach der Rechtsprechung des BVerfG ist das Rechtsschutzinteresse nach einem erledigten Ereignis auch dann noch gegeben, wenn anderenfalls die Klärung einer verfassungsrechtlichen Frage von grundsätzlicher Bedeutung unterbliebe und ein besonders schwerwiegender Grundrechtseingriff nicht gerügt würde.[2498]

Beispiel: Wenn die Frage noch nicht entschieden wurde, ob sich *private* Rundfunkanbieter auf das Grundrecht der Rundfunkfreiheit (Art. 5 I S. 2 GG) berufen können, besteht nach Ansicht des BVerfG eine verfassungsrechtliche Frage von grundsätzlicher Bedeutung.

7. Rücknahme der Verfassungsbeschwerde

1078 Es ist möglich, eine Verfassungsbeschwerde zurückzunehmen. Freilich kann die Rücknahme u.U. unwirksam sein, sodass das BVerfG dennoch zur Sache entscheidet. Das BVerfG nimmt dies wegen der objektiven Funktion der Verfassungsbeschwerde dann an, wenn die Beschwerde von allgemeiner Bedeutung ist und über sie deswegen mündlich verhandelt wurde.[2499]

[2492] Siehe vorige Fußnote. Zum Gleichbehandlungsanspruch von politischen Parteien *R. Schmidt*, Staatsorganisationsrecht, Rn 380 ff.
[2493] *P/S/K/P*, Rn 1264 mit Verweis auf BVerfGE 79, 1, 24.
[2494] Vgl. *P/S/K/P*, Rn 1265.
[2495] BVerfGE 84, 59, 72.
[2496] BVerfG NJW 1994, 2749.
[2497] BVerfGE 51, 130, 143.
[2498] BVerfGE 91, 125, 133; 97, 298, 308.
[2499] *P/S/K/P*, Rn 1270 mit Verweis auf BVerfGE 98, 218, 242 f. (Verfassungsmäßigkeit der Rechtschreibreform).

8. Exkurs: Annahme zur Entscheidung

Da einerseits die Zahl eingehender Verfassungsbeschwerden beständig hoch ist (die Zahl der Eingänge lag im Jahre 2015 bei ca. 5.900[2500]) und andererseits die Zahl der Verfassungsrichter nicht beliebig aufgestockt werden kann (sie beträgt gem. § 2 II BVerfGG 8 pro Senat), haben das Grundgesetz und der einfache Gesetzgeber vorgesehen, dass jede Verfassungsbeschwerde der Annahme zur Entscheidung durch eine der beim BVerfG gebildeten Kammern bedarf (Art. 94 II S. 2 GG, §§ 15a, 93a-d BVerfGG). Angezeigt ist die Annahme (nur) dann, wenn die geltend gemachte Verletzung von Grundrechten oder grundrechtsgleichen Rechten besonderes Gewicht hat oder den Beschwerdeführer in existentieller Weise betrifft. Besonders gewichtig ist eine Grundrechtsverletzung, die auf eine generelle Vernachlässigung von Grundrechten hindeutet oder wegen ihrer Wirkung geeignet ist, von der Ausübung von Grundrechten abzuhalten.[2501] Negativ formuliert ist die Verfassungsbeschwerde gem. § 93a II BVerfGG nicht zur Entscheidung anzunehmen, wenn sie in der Sache unter Berücksichtigung der Rspr. des BVerfG keine hinreichende Aussicht auf Erfolg hat.[2502] **1079**

In verfahrensrechtlicher Sicht ist dazu das in §§ 60, 61 der Geschäftsordnung des BVerfG (GOBVerfG) geregelte Verfahren zu beachten, wonach eine erste Beurteilung der Erfolgsaussichten durch Beamte am BVerfG erfolgt. Kommt demnach eine Annahme zur Entscheidung aus o.g. Gründen nicht in Betracht, wird der Beschwerdeführer hierüber informiert. Er kann dies akzeptieren oder aber eine richterliche Entscheidung verlangen. Erst dann wird eine Kammerentscheidung herbeigeführt (§ 60 II GOBVerfG).

Bemerkenswert ist schließlich, dass gegen die Entscheidung der Kammer keine Abhilfemöglichkeit besteht, sind doch die Kammerbeschlüsse, wie am Ende einer jeden Entscheidung hervorgehoben wird, gem. § 93d I S. 2 BVerfGG unanfechtbar.[2503]

Hinweis für die Fallbearbeitung: Im juristischen Studium spielt das Annahmeverfahren gem. §§ 93a ff. BVerfGG für die Frage der Zulässigkeit der Verfassungsbeschwerde zwar keine Rolle, weil es lediglich das Verfahren beim BVerfG regelt und keine Zulässigkeitsvoraussetzung darstellt. Da die Verfassungsbeschwerde aber stets zur Entscheidung von der Kammer angenommen werden muss, wurde das Annahmeverfahren vorliegend dennoch behandelt. In der Fallbearbeitung braucht auf das Annahmeverfahren regelmäßig nicht eingegangen zu werden.

[2500] Vgl. www.bundesverfassungsgericht.de/DE/Verfahren/Jahresstatistiken/2015/statistik_2015_node.html - Download am 26.8.2016.

[2501] So die stereotype Formel des BVerfG, vgl. nur BVerfG FamRZ 2016, 1141 f.

[2502] Vgl. nur BVerfG NJW 2015, 44, 45 ff.

[2503] Vgl. nur BVerfG 26.7.2010 – 2 BvL 21/08.

II. Begründetheit

1080 Allein die Verletzung eines Grundrechts oder grundrechtsgleichen Rechts führt zur Begründetheit der Individualverfassungsbeschwerde. Deshalb sollte im Rahmen einer Begründetheitsprüfung – anders als im Normenkontrollverfahren – nicht nach formeller und materieller Rechtmäßigkeit (d.h. Verfassungsmäßigkeit) aufgebaut werden, sondern nach den einschlägigen Grundrechten, mit folgendem Obersatz:

Die Verfassungsbeschwerde ist gem. § 95 I BVerfGG **begründet**, wenn der Beschwerdeführer durch den angegriffenen Akt öffentlicher Gewalt (Akt der Legislative bei der Rechtssatzverfassungsbeschwerde; Akt der Judikative bei der Urteilsverfassungsbeschwerde) in einem Grundrecht oder grundrechtsgleichen Recht verletzt ist.[2504]

Hinweis für die Fallbearbeitung: Der Aufbau der Begründetheitsprüfung einer Verfassungsbeschwerde folgt i.d.R. der im 1. und 2. Teil dargestellten Grundrechtsprüfung: Zunächst wird der **Schutzbereich** des möglicherweise verletzten (wenn auch nicht explizit vom Beschwerdeführer gerügten, vgl. Rn 112 ff.) Grundrechts festgestellt und sodann der **Eingriff** in den Schutzbereich geprüft (zu den Besonderheiten der Gleichheitsrechte vgl. dort):

- ⇨ Bei der Rechtssatzverfassungsbeschwerde liegt der Eingriff in den Schutzbereich vor, wenn die gesetzliche Regelung freiheitsverkürzend wirkt.
- ⇨ Bei der Urteilsverfassungsbeschwerde liegt der Eingriff in den Schutzbereich vor, wenn das fachgerichtliche Urteil freiheitsverkürzend wirkt.

Schließlich muss der Frage nach der **verfassungsrechtlichen Rechtfertigung** des Eingriffs nachgegangen werden. Da aber das BVerfG (und somit der Klausurbearbeiter) **umfassend** prüft, ob in der Person des Beschwerdeführers (deutsches) Verfassungsrecht verletzt wurde, ist auch die Vereinbarkeit der gerügten Maßnahme mit Normen des sonstigen (objektiven) Verfassungsrechts zu prüfen:

- ⇨ Bei der **Rechtssatzverfassungsbeschwerde** ist der Eingriff in den Schutzbereich verfassungsrechtlich gerechtfertigt, wenn das Gesetz in formeller und materieller Hinsicht mit dem Grundgesetz, insbesondere mit den Grundrechten, aber auch mit sonstigem Verfassungsrecht (Rechtsstaatsprinzip, Art. 1 III, 20 III GG, oder Kompetenzordnung, d.h. Gesetzgebungskompetenznormen) vereinbar ist, vgl. Rn 168 ff.
- ⇨ Bei der **Urteilsverfassungsbeschwerde** ist der Eingriff in den Schutzbereich verfassungsrechtlich gerechtfertigt, wenn das Urteil, gestützt auf die im Sachverhalt angegebenen Normen, spezifisches Verfassungsrecht verletzt hat. Verletzung von spezifischem Verfassungsrecht bedeutet *nicht*, dass das BVerfG (und damit der Klausurbearbeiter) prüft, ob das Gericht die Vorschriften des einfachen Rechts richtig angewendet hat („Verletzung einfachen Rechts"). Das BVerfG ist keine Superrevisionsinstanz. Vielmehr liegt eine spezifische Verfassungsverletzung nur vor, wenn das Fachgericht
  - ⇨ selbst Grundrechte oder grundrechtsgleiche Rechte verletzt (etwa in seiner Entscheidung das entsprechende Grundrecht unverhältnismäßig beschränkt),
  - ⇨ seine Entscheidung auf eine grundrechtswidrige Norm gestützt
  - ⇨ oder bei der Auslegung und Anwendung einfachen Rechts grundrechtliche Wertungen nicht beachtet hat. Vgl. dazu insb. Rn 111, 162, 193, 196, 276, 278, 437, 517 ff. und 1055.

[2504] Zu beachten ist, dass der für Verfassungsbeschwerden zuständige Erste Senat eine Prüfungspflicht nur hinsichtlich solcher Grundrechte annimmt, deren Verletzung der Beschwerdeführer rügt. Daraus folgt: der Erste Senat räumt sich das Recht ein, auch solche Grundrechte zu prüfen, deren Verletzung nicht gerügt wurde. Eine Pflicht zur Prüfung lehnt er indes (anders als der Zweite Senat) ab. Für den Beschwerdeführer, der nicht alle in Betracht kommenden Grundrechtsverletzungen explizit rügt, ist es also unvorhersehbar, ob der Erste Senat auch solche Grundrechtsverletzungen prüft, die der Beschwerdeführer nicht ausdrücklich gerügt hat (vgl. dazu ausführlich *Görisch/Hartmann*, NVwZ 2007, 1007 ff.).

Sehr geehrte Leserinnen und Leser,

an dieser Stelle möchte ich hinweisen auf die auf meiner Internetseite verlag-rolf-schmidt.de präsentierten aktuellen Entwicklungen in Form von Urteilsanmerkungen. Mit Stand Juni 2016 werden für das Jahr 2016 folgende Themen behandelt:

1. Staatsorganisationsrecht: Verfassungsbeschwerden und Organstreitverfahren gegen das OMT-Programm der EZB erfolglos (21.6.2016)
2. Schuldrecht (Kaufrecht): Fehlende Herstellergarantie als Sachmangel (19.6.2016)
3. Familienrecht (nichteheliche Lebensgemeinschaft): Abzug von Betreuungsunterhalt bei Ermittlung der Leistungsfähigkeit bzgl. Elternunterhalt (30.5.2016)
4. Staatsorganisationsrecht: Neues zur Identitätskontrolle des BVerfG und zum "Machtverhältnis" zwischen BVerfG und EuGH (6.5.2016)
5. Staatsorganisationsrecht: Minderheitenrechte/Oppositionsrechte im Bundestag (4.5.2016)
6. Schuldrecht (Kaufrecht): Gewährleistungsansprüche beim Pferdekauf (28.4.2016)
7. Grundrechte: Akkreditierung von Studiengängen (wesentliche Entscheidungen zur Akkreditierung von Studiengängen muss der Gesetzgeber selbst treffen) (20.3.2016)
8. Schuldrecht (Kaufrecht): Fehlende Orientierungslinien in Display von Rückfahrkamera als Sachmangel (15.2.2016)
9. Strafprozessrecht: Benutzung eines Handys/Smartphones während der Hauptverhandlung durch Richter(in) (8.2.2016)
10. Grundrechte/Strafprozessrecht: Rechtsstaatswidrige Tatprovokation als Verfahrenshindernis (4.2.2016)

Für den Bereich Grundrechte ist u.a. folgende Entscheidung aufbereitet:

4.2.2016: Rechtsstaatswidrige Tatprovokation als Verfahrenshindernis

BGH, Urt. v. 10.6.2015 - 2 StR 97/14 (NStZ 2016, 52)

Ausgangslage: Als völkerrechtlicher Vertrag gilt die 1950 vom Europarat erarbeitete **Europäische Menschenrechtskonvention (EMRK)** zwar nur im Verhältnis zwischen den Vertragsstaaten, kraft gesetzlicher Übernahme im Jahre 1953 („Rechtsanwendungsbefehl") gem. Art. 59 Abs. 2 S. 1 GG kommt ihr aber der innerstaatliche Rang eines **einfachen Bundesgesetzes** zu (R. Schmidt, Grundrechte, 19. Aufl. 2016, Rn. 5 mit Verweis auf BVerfG 4.5.2015 - 2 BvR 2169/13; BVerfGE 128, 326, 367; 111, 307, 317; 82, 106, 120; 74, 358, 370; BVerfG NStZ 2015, 49, 51; BGH NStZ 2016, 52, 55). Daraus folgt, dass die EMRK mit ihren Grund- und Menschenrechten in ihrem Rang *unterhalb* der Grundrechte des Grundgesetzes auf der Ebene von Bundesgesetzen steht. Allerdings ist es ständige Rspr. des BVerfG, dass aufgrund der Völkerrechtsfreundlichkeit des GG (Art. 1 Abs. 2 GG) sowie der völkervertraglichen Bindung, die die Bundesrepublik mit der Unterzeichnung der EMRK eingegangen ist, Inhalt und Entwicklungsstand der EMRK nicht nur bei der Anwendung von einfachem Recht, sondern auch bei der **Auslegung des Grundgesetzes** zu berücksichtigen sind (vgl. R. Schmidt, Grundrechte, 19. Aufl. 2016, Rn. 5 mit Verweis auf BVerfGE 128, 326, 366 ff.; 111, 307, 317; 83, 119, 128; 74, 358, 370).

Allerdings spricht das BVerfG der EMRK und den Urteilen des EGMR eine zwingende Bindungswirkung ab. In seiner Entscheidung über die Sicherungsverwahrung vom 4.5.2011 wird dies überaus deutlich, indem das BVerfG ausdrücklich betont, dass eine Angleichung der Aussagen des GG mit denen der EMRK nicht erforderlich sei; vielmehr erfordere die völkerrechtliche Auslegung des GG ein **Aufnehmen der Wertungen der EMRK nur, soweit dies methodisch vertretbar und mit den Vorgaben des GG vereinbar sei** (BVerfGE 128, 326, 366 ff.; vgl. auch BVerfG NStZ 2006, 49, 51; BGH NStZ 2016, 52, 55; enger BGH NStZ 2015, 541, 544: „prägend" und NJW 2014, 2029, 2031: „interpretationsleitend"). Das „letzte Wort" liege bei der deutschen Verfassung (BVerfGE 128, 326, 366 ff.; vgl. auch BVerfG NStZ 2016, 49, 51).

Der Standpunkt des BVerfG hinsichtlich der (begrenzten) Bindungswirkung der Urteile des EGMR findet seine Begründung darin, dass formaler Prüfungsmaßstab des BVerfG allein das Grundgesetz ist (vgl. Art. 93 GG). Andererseits hat sich die Bundesrepublik Deutschland mit Unterzeichnung und Ratifizierung der EMRK dazu verpflichtet, nicht nur die Inhalte der Konvention zu beachten, sondern auch den Urteilen des EGMR Folge zu leisten (Art. 46 Abs. 1 EMRK); das schließt auch den Gesetzgeber und in gewisser Weise die Verfassungsgerichtsbarkeit mit ein. Bei einem Konflikt zwischen der nationalen Rechtsordnung und der EMRK muss das nationale (einfache) Recht daher konventionskonform ausgelegt werden (vgl. R. Schmidt, Grundrechte, 19. Aufl. 2016, Rn. 7a mit Verweis auf Sachs, FS Klein 2013, 321, 330 f.; Meyer-Ladewig, Handkommentar EMRK, 3. Aufl. 2011, Art. 46 Rn 22 ff.; Breuer, in: Karpenstein/Mayer, EMRK, 2. Aufl. 2015, Art. 46 Rn 47 ff., 55 ff.; BVerfG 4.5.2015 - 2 BvR 2169/13). Ist eine konventionskonforme Auslegung des nationalen Rechts nicht möglich (etwa, weil der Wortlaut nicht weiter auslegbar ist), müssen den Gewährleistungen der EMRK nötigenfalls durch richterliche Rechtsfortbildung Rechnung getragen werden.

Sind danach die Gewährleistungen der EMRK bei der Anwendung des nationalen Rechts einschließlich des Verfahrensrechts zu berücksichtigen, gilt das auch und insbesondere für die Strafgerichte, die Straf(verfahrens)normen anzuwenden haben. Das fordert allein schon die Bindung an Gesetz und Recht (Art. 20 Abs. 3 GG), was die EMRK (sogar vorrangig) einschließt (vgl. R. Schmidt, Grundrechte, 19. Aufl. 2016, Rn. 7c).

Vorliegend ist zu prüfen, ob das in Art. 6 EMRK kodifizierte Fair-trial-Prinzip (Grundsatz des fairen Verfahrens), das zu den wesentlichen Grundsätzen eines rechtsstaatlichen Strafverfahrens gehört und auch in der Bundesrepublik Deutschland seinen Niederschlag im Rechtsstaatsprinzip (Art. 20 Abs. 3 GG), im Grundrecht auf Freiheit der Person (Art. 2 Abs. 2 S. 2 GG) sowie in der Menschenwürde (Art. 1 I GG), erfahren hat (vgl. etwa BVerfG NStZ 2016, 49), verletzt ist, wenn beim Einsatz von Lockspitzeln oder Verdeckten Ermittlern der Polizei Straftaten provoziert werden.

Dem hier zu besprechenden Urteil des BGH lag folgender **Sachverhalt** zugrunde (abgewandelt und vereinfacht, um die Probleme zu verdeutlichen): A und B standen im Verdacht, sich wegen Geldwäsche sowie wegen Drogenhandels strafbar gemacht zu haben. Im Zuge des Ermittlungsverfahrens wurden durch richterlichen Beschluss eine längerfristige Observation sowie die Überwachung der Telekommunikation der Tatverdächtigen angeordnet. Im Rahmen der Observation wurde festgestellt, dass sich die Tatverdächtigen in den Niederlanden mit X trafen, gegen den in den Niederlanden mehrfach, wenn auch ergebnislos, wegen internationalen Drogenhandels ermittelt worden war. Trotz längerfristiger Observation und Telekommunikationsüberwachungsmaßnahmen konnte der Verdacht gegen A und B aber nicht bestätigt werden. Daher setzte die Polizei Verdeckte Ermittler aus Deutschland und den Niederlanden ein, um die Sachverhaltsaufklärung voranzubringen. Diese versuchten, über einen Zeitraum von mehreren Monaten die Tatverdächtigen dazu zu bringen, ihnen große Mengen Ecstasy aus den Niederlanden zu besorgen (das würde den Tatbestand des § 30 BtMG, ggf. sogar den des § 30a BtMG - 5-15 Jahre Freiheitsstrafe - erfüllen), was den Ermittlern jedoch zunächst nicht gelang, da sich A und B nicht das Geschäft einließen. Erst, nachdem einer der Verdeckten Ermittler drohend aufgetreten war und ein anderer wahrheitswidrig behauptet hatte, seine Familie werde mit dem Tod bedroht für den Fall, dass er seinen "Auftraggebern" das Ecstasy nicht besorge, halfen A und B bei der Beschaffung und Einfuhr von Ecstasy aus den Niederlanden, ohne dafür ein Entgelt gefordert oder erhalten zu haben.

Lösung: In diesem Fall stellt sich nicht nur die Frage nach der Strafbarkeit von A und B, sondern auch nach der Zulässigkeit einer derartigen Tatprovokation durch Angehörige von Strafverfolgungsbehörden (und von ihnen gelenkten Dritten). In einem Rechtsstaat mutet es nahezu grotesk an, wenn Polizeibeamte oder von ihnen beauftragte Dritte Tatverdächtige, bei denen die bisherigen Beweise für eine Anklage nicht ausreichen, durch Lügen und Drohungen dazu bringen dürften, eine Straftat zu begehen, für die diese dann später angeklagt und verurteilt werden.

Die bisherige Rechtsprechung (des BGH) sah in diesen Fällen weder einen Verstoß gegen Art. 2 Abs. 2 S. 2 GG (Recht auf Freiheit) noch gegen das im Rechtsstaatsprinzip (Art. 20 Abs. 3 GG) verankerte Fair-trial-Prinzip (Grundsatz des fairen Verfahrens - dazu Hartmann/Schmidt, StrafProzR, 5. Aufl. 2015, Rn. 102 mit Verweis u.a. auf BVerfGE 26, 66, 67 ff.; 63, 380, 390; 66, 313, 318; BGHSt 45, 321, 355; 46, 93, 100) und nahm demzufolge kein Strafverfahrenshindernis an, sondern berücksichtigte die Tatprovokation lediglich in der Strafzumessung des oder der Verurteilten (sog. „Strafzumessungslösung"), was aber gleichwohl in vielen Fällen (der Betäubungsmittelkriminalität) nichts an der Verurteilung zu teilweise hohen Haftstrafen änderte (vgl. etwa die Fälle BGHSt 32, 345, 348 ff.; 45, 321, 324 f.; 47, 44, 47; BGH NStZ 2014, 277, 280).

Erstaunlicherweise wurde diese Auffassung vom BVerfG dem Grunde nach gebilligt. So heißt es in seinem Beschluss v. 18.12.2014: „Selbst wenn man ein Verfahrenshindernis aufgrund rechtsstaatswidriger Tatprovokation im Grundsatz für möglich erachten wollte, könnte ein derartiges Verbot der Durchsetzung des staatlichen Strafanspruchs nur in extremen Ausnahmefällen aus dem Rechtsstaatsprinzip hergeleitet werden, weil das Rechtsstaatsprinzip nicht nur Belange des Beschuldigten, sondern auch das Interesse an einer der materiellen Gerechtigkeit dienenden Strafverfolgung schützt"(BVerfG NStZ 2016, 49). Einen solchen „extremen Ausnahmefall" wollte das BVerfG indes nur annehmen, wenn „gänzlich unbescholtene Bürger zu Straftaten angestiftet werden" (BVerfG NStZ 2016, 49, 5o). Freilich dürfte ein solcher Fall faktisch kaum vorkommen, sodass die Tatprovokation von Tatverdächtigen im Ergebnis auch nach dem BVerfG lediglich auf Strafzumessungsebene Berücksichtigung fand.

Nun aber änderte der BGH seine Rspr., wenn auch (nur) unter dem Einfluss der Rspr. des EGMR, der zu Recht die Aufgabe der Ermittlungsbehörden in der Aufklärung von Straftaten sieht, nicht in deren Provokation (EGMR NJW 2015, 3631 ff.). So sieht der EGMR in der eines Rechtsstaates unwürdigen Tatprovokation durch Polizeibeamte einen Verstoß gegen Art. 6 Abs. 1 S. 1 EMRK (Recht auf faires Verfahren) (EGMR NJW 2015, 3631, 3634 f.).

Diese Rspr. des EGMR hat der BGH in das deutsche Strafrechtssystem überführt, indem er eine Nichtverwertbarkeit aller auf die rechtsstaatswidrige Tatprovokation zurückzuführenden unmittelbar und mittelbar erlangten Beweismittel angenommen hat, was in der Sache ein Verfahrenshindernis zur Folge habe (BGH NJW 2016, 91, 96). Das Verfahren gegen A und B war daher gem. §§ 206a, 260 Abs. 3 StPO einzustellen.

Bewertung: Es ist keine Frage, dass der Staat – um Straftaten insb. aus dem Bereich der Organisierten Kriminalität aufklären zu können – die kriminellen Strukturen u.a. durch den Einsatz von Verdeckten Ermittlern unterwandern dürfen muss. Die Grenze ist aber dort zu setzen, wo der Staat tatverdächte Personen erst durch Anstiftung oder andere Provokation dazu bringt, Straftaten zu begehen. Von daher war der Wandel in der Rspr. längst überfällig. Die EMRK mit ihren Gewährleistungen ist "Gesetz und Recht" i.S.d. Art. 20 Abs. 3 GG und daher auch vom BGH zu beachten. Aufgrund der Völkerrechtsfreundlichkeit des GG (Art. 1 Abs. 2 GG) sowie der völkervertraglichen Bindung, die die Bundesrepublik Deutschland mit der Unterzeichnung der EMRK eingegangen ist, sind Inhalt und Entwicklungsstand der EMRK bei der Anwendung und Auslegung des nationalen Rechts zu berücksichtigen. Mit Unterzeichnung und Ratifizierung der EMRK hat sich die Bundesrepublik zudem dazu verpflichtet, auch den Urteilen des EGMR Folge zu leisten (Art. 46 Abs. 1 EMRK). Insofern war die Überführung der Rspr. des EGMR in die staatliche Strafrechtsordnung konsequent und geboten. Aber auch bei rein nationaler Betrachtung des Falls war das Verhalten der Ermittlungsbehörden rechtsstaatswidrig und von solcher Intensität, dass auch auf dem Boden des GG die Annahme eines Verfahrenshindernisses die allein richtige Konsequenz war. Die Annahme eines bloßen Beweisverwertungsverbots wäre dem nicht gerecht geworden. Dem BGH ist daher vollumfänglich beizupflichten. Somit bleibt die Erwartung, dass sich auch das BVerfG klar von der „Strafzumessungslösung" verabschiedet und in der Tatprovokation von Tatverdächtigen durch Polizeibeamte stets ein zwingendes Verfahrenshindernis sieht.

R. Schmidt (4.2.2016)